Riedel (Hrsg.)

Immobilien in der Erbrechtspraxis

NOTARPRAXIS

Immobilien in der Erbrechtspraxis

herausgegeben von

Dr. Christopher Riedel, LL.M.
Rechtsanwalt, Fachanwalt für Steuerrecht,
Steuerberater
Düsseldorf

DeutscherNotarVerlag

Zitiervorschlag:
Riedel/*Bearbeiter*, Immobilien in der Erbrechtspraxis, § 1 Rn 1

Hinweis
Die Ausführungen in diesem Werk wurden mit Sorgfalt und nach bestem Wissen erstellt. Sie stellen jedoch lediglich Arbeitshilfen und Anregungen für die Lösung typischer Fallgestaltungen dar. Die Eigenverantwortung für die Formulierung von Verträgen, Verfügungen und Schriftsätzen trägt der Benutzer. Herausgeber, Autoren und Verlag übernehmen keinerlei Haftung für die Richtigkeit und Vollständigkeit der in diesem Buch enthaltenen Ausführungen und der per Download bereitgestellten Daten.

Anregungen und Kritik zu diesem Werk senden Sie bitte an
info@notarverlag.de
Autoren und Verlag freuen sich auf Ihre Rückmeldung.

Umschlaggestaltung: gentura, Holger Neumann, Bochum
Satz: Cicero Computer GmbH, Bonn
Druck: Hans Soldan Druck GmbH, Essen
ISBN 978-3-95646-346-4

Lizenzausgabe des zerb verlags – eine Marke der Juristische Fachmedien Bonn GmbH
978-3-95661-165-0

Bibliografische Information der Deutschen Bibliothek
Die Deutsche Bibliothek verzeichnet diese Publikation in der Deutschen Nationalbibliografie; detaillierte bibliografische Daten sind im Internet über
http://dnb.d-nb.de abrufbar.

Vorwort

Die Bedeutung der Asset-Klasse „Immobilie“ hat seit dem Erscheinen der ersten Auflage dieses Buches sicher nichts an Bedeutung und Aktualität verloren. Im Gegenteil: Die zwischenzeitliche Marktentwicklung und die Geldentwertung haben dazu geführt, dass der Wert des vorhandenen und – unmittelbar oder auch mittelbar – gehaltenen Immobilienvermögens gegenüber dem Stand im Jahre 2018 deutlich gestiegen ist. Und auch der Steuergesetzgeber hat zum 1.1.2023 die steuerliche Bewertung so modifiziert, dass sich vielfach höhere, dem tatsächlichen Marktwert sehr nahekommende Werte ergeben, insbesondere für Ein- und Zweifamilienhäuser.

Dies und weitere Änderungen bzw. jüngere Entwicklungen in Rechtsprechung und Literatur geben mehr als genug Anlass, das Thema Immobilie und seine Behandlung im Kontext erbrechtlicher und nachfolgeorientierter Überlegungen erneut in einer für die praktische Arbeit verwendbaren Form in Szene zu setzen.

Für ihren Einsatz bei dem Versuch, dieses Ziel in die Tat umzusetzen, bedanke ich mich ganz herzlich bei den schreibenden Mitstreiterinnen und Mitstreitern, insbesondere bei den neu hinzugekommenen Herren Dipl.-Ing. Wolfgang Glunz und Dipl.-Ing. (FH) Andreas Jardin, die als öffentlich bestellter und vereidigter Sachverständiger für Immobilienbewertung bzw. Architekt das Thema „Bewertung“ ins rechte Licht gerückt und einen aus meiner Sicht sehr praxistauglichen Überblick für den interessierten bewertungsrechtlichen Laien zur Verfügung gestellt haben.

Allerdings zeigt die langjährige Erfahrung im fachliterarischen Bereich auch, dass Autoren und Herausgeber ohne eine gute verlagsseitige Unterstützung auf verlorenem Posten stehen. Mein besonderer Dank gilt daher den Mitarbeiterinnen und Mitarbeitern des Verlags. Ohne Frau Rechtsanwältin Andrea Albers, die für dieses Buch verantwortliche Frau Marita Blaschko und unsere hervorragend arbeitenden Lektorinnen wäre dieses Buch nicht erschienenen.

Düsseldorf, im Oktober 2025

Christopher Riedel

Vorwort zur 1. Auflage

Das Immobilienvermögen hat in Deutschland einen beträchtlichen Umfang angenommen. Und obwohl die Wohnungseigentumsquote im Vergleich zu den Nachbarländern nicht besonders hoch ist, werden doch immerhin etwa 45,5 % der in Deutschland bewohnten Wohnungen (u.a.) vom Eigentümer selbst genutzt. Statistisch betrachtet bilden Immobilien also eine Vermögensart, die in ca. der Hälfte aller anstehenden Erbfälle eine Rolle spielen dürfte.

Das gilt nicht nur für die Perspektive der (aktuellen) Eigentümer, sondern auch für die ihrer Angehörigen (potentieller Erbe/Pflichtteilsberechtigter). Denn auch für Letztere spielen Immobilien im erbrechtlichen Kontext eine nicht zu unterschätzende Rolle. Dies hat zum einen wirtschaftliche Gründe, zum anderen aber auch emotionale.

Vor diesem Hintergrund bilden Immobilien als Nachlassbestandteile oder Gegenstände vorweggenommener Erbfolgen sowie im Rahmen entsprechender planerischer Überlegungen eine sehr bedeutsame Vermögensart. Grund genug, sich diese „Asset-Klasse" auch einmal von der rechtlichen bzw. steuerrechtlichen Seite ein wenig eingehender zu widmen. Und das nicht theoretisch-abgehoben, sondern mit klarer Praxisorientierung und als echtes Arbeitsmittel für die tägliche beratende und/oder forensische Tätigkeit.

Die rechtlichen Aufgaben im engeren Sinne, also die Nachlassabwicklung sowie die Planung lebzeitiger und von Todes wegen erfolgender Immobilienübertragungen einschließlich der mitunter erforderlichen steuerlichen Optimierung, erfordern zu ihrer Bewältigung zunächst ein gewisses theoretisches Rüstzeug, das insbesondere die einführenden Kapitel zu Grundbuch und steuerlichen Aspekten einschließlich Bewertungsfragen vermitteln sollen.

Weitere Kapitel widmen sich typischen Fragestellungen, mit denen der juristische Berater im Hinblick auf Immobilienvermögen regelmäßig konfrontiert wird. Hier geht es um die Darstellung der grundlegenden Aspekte, nicht aller möglicherweise relevant werdenden Einzelaspekte – dies würde den gesteckten Rahmen sprengen.

Insgesamt unternimmt dieses Buch den Versuch, einen Überblick über die im Rahmen der täglichen erbrechtlichen Beratungs- und Gestaltungspraxis maßgeblichen rechtlichen und steuerlichen Besonderheiten der Vermögensart Immobilie darzustellen und einige wesentliche Lösungsinstrumente für typische Situationen zu erläutern.

Viele der im Folgenden angesprochenen Einzelfragen, sowohl in den Grundlagen-Kapiteln als auch im Bereich der Einzelaspekte, sind so vielschichtig, dass ihre ausführliche Darstellung jeweils eigene Bücher füllen könnte (bzw. auch tatsächlich füllt). Mithin kann das vorliegende Werk – allein schon im Hinblick auf seinen begrenzten Umfang – keinerlei Anspruch auf Vollständigkeit erheben.

Als Herausgeber hege ich dennoch die Hoffnung, dass es den angestrebten Zweck, einen fundierten Überblick zur Verfügung zu stellen und als zuverlässiges Werkzeug bei der praktischen Bearbeitung von Immobiliennachfolge-Mandaten zu dienen, erfüllen wird.

Mein besonderer Dank gilt allen, die am Gelingen des Projekts „Immobilien in der Erbrechtspraxis" Anteil hatten, insbesondere den Autoren, ohne deren Einsatz und Expertise das Buch niemals hätte entstehen können. Ganz herzlich danke ich auch dem zerb verlag und seinen Mitarbeitern, insbesondere Frau Rechtsanwältin Andrea Albers und Frau Marita Blaschko für ihren unermüdlichen Einsatz bei der Lektorierung, deren Qualität den Schreibenden die Arbeit sehr erleichtert und ihnen vieles abgenommen hat.

Ein herzliches Dankeschön auch an Herrn Andreas Zens für sein stets ermutigendes verlegerisches Engagement.

Düsseldorf, im Mai 2018

Christopher Riedel

Inhaltsübersicht

Autorenverzeichnis

Dr. Ansgar Beckervordersandfort, LL.M., EMBA
Rechtsanwalt und Notar, Mediator, Fachanwalt für Erbrecht, Fachanwalt für Handels- und Gesellschaftsrecht, Münster

André Elsing
Bürovorsteher, Hamburg

Prof. Dr. Jens Escher, LL.M.
Rechtsanwalt, Steuerberater, Fachanwalt für Steuerrecht, Düsseldorf

Dipl.-Ing. Wolfgang Glunz
Vermessungsassessor, von der Ingenieurkammer-Bau NRW öffentlich bestellter und vereidigter Sachverständiger für die Bewertung von bebauten und unbebauten Grundstücken, Ratingen

Prof. Dr. Carmen Griesel
Rechtsanwältin, Steuerberaterin, Düsseldorf

Dipl.-Ing. (FH) Andreas Jardin
Architekt, Immobilienökonom (ebs), von der Architektenkammer Nordrhein-Westfalen öffentlich bestellter und vereidigter Sachverständiger für die Bewertung von bebauten und unbebauten Grundstücken, Ratingen

Dr. Pierre Plottek
Rechtsanwalt und Notar, Fachanwalt für Erbrecht, Bochum

Dr. Christian Reiter
Rechtsanwalt (Attorney at Law), Steuerberater (German Certified Tax Advisor), München

Dr. Christopher Riedel, LL.M.
Rechtsanwalt, Steuerberater, Fachanwalt für Steuerrecht, Düsseldorf

Dr. Bernd Schmalenbach
Rechtsanwalt, Fachanwalt für Erbrecht, Fachanwalt für Steuerrecht, Fachanwalt für Arbeitsrecht, Sindelfingen

Bernhard Schmid
Rechtsanwalt, Steuerberater, München

Literaturverzeichnis

Ann, Die Erbengemeinschaft, 2001

Bärmann, Wohnungseigentumsgesetz, Kommentar, 16. Auflage 2025

Bäß, Die Wertentwicklung von Immobilien vor dem Hintergrund regionaler Wirtschaftsentwicklungen, 2001

Bengel/Reimann/Holtz/Röhl, Handbuch der Testamentsvollstreckung, 8. Auflage 2023

Bös/Jurkat/Neie/Strangmüller, Praxishandbuch für Notarfachangestellte, 5. Auflage 2023

Bonefeld/Wachter, Der Fachanwalt für Erbrecht, 4. Auflage 2023

Brandis/Heuermann, Ertragsteuerrecht, Kommentar, Loseblatt, Stand: Juni 2025

Crimmann, Der Beleihungswert, 4. Auflage 2016

Damrau/Tanck, Praxiskommentar Erbrecht, 5. Auflage 2026

Daragan/Halaczinsky/Riedel, Praxiskommentar ErbStG und BewG, 4. Auflage 2023

Elsing, Der Grundstückskaufvertrag in der notariellen Praxis, 4. Auflage 2024

Elsing, Erbrecht in der notariellen Praxis, 2. Auflage 2019

Erman, BGB, Kommentar, 17. Auflage 2023

Fischer/Pahlke/Wachter (Hrsg.), ErbStG, Kommentar, 8. Auflage 2023

Groll/Steiner, Praxis-Handbuch Erbrechtsberatung, 6. Auflage 2023

Grüneberg, BGB, Kommentar, 84. Auflage 2025

Heckschen/Herrler/Münch (Hrsg.), Beck'sches Notar-Handbuch, 8. Auflage 2024 (zit. BeckNotar-HdB/*Bearbeiter*)

Hofmann, Grunderwerbsteuergesetz, Kommentar, 12. Auflage 2025

Kapp/Ebeling, Erbschaftsteuer- und Schenkungsteuergesetz, Kommentar, Loseblatt, Stand: September 2025

Keller/Munzig (Hrsg.), Grundbuchrecht, Kommentar, 9. Auflage 2023 (zit. KEHE/*Bearbeiter*)

Kleiber, Verkehrswertermittlung von Grundstücken, 10. Auflage 2023

Klein, Abgabenordnung, Kommentar, 18. Auflage 2024

Koenig, Abgabenordnung, Kommentar, 5. Auflage 2024

Kössinger/Najdecki/Zintl, Handbuch der Testamentsgestaltung, 7. Auflage 2024

Korn, Einkommensteuergesetz, Kommentar, Loseblatt, Stand: Juni 2025

Krauß, Immobilienkaufverträge in der Praxis, 10. Auflage 2023

Krauß, Vermögensnachfolge in der Praxis – Vorweggenommene Erbfolge in Privat- und Betriebsvermögen, 7. Auflage 2025

Krug/Daragan/Bernauer, Die Immobilie im Erbrecht, 2. Auflage 2023

Krug/Rudolf/Kroiß/Bittler, Anwaltformulare Erbrecht, 7. Auflage 2023

Lemke, Grundbuchordnung, Kommentar, 3. Auflage 2022

Limmer/Hertel/Frenz (Hrsg.), Würzburger Notarhandbuch, 6. Auflage 2021

Mayer/Süß/Riedel/Bittler (Hrsg.), Handbuch Pflichtteilsrecht, 5. Auflage 2024

Meincke/Hannes/Holtz, Erbschaftsteuer- und Schenkungsteuergesetz, Kommentar, 19. Auflage 2025

Moench/Weinmann, Erbschaft- und Schenkungsteuergesetz, Kommentar, Loseblatt, Stand: September 2025

Münchener Kommentar zum Bürgerlichen Gesetzbuch, Band 8: Sachenrecht §§ 854–1296, WEG, ErbbauRG, 9. Auflage 2023; Band 11: Erbrecht §§ 1922–2385, §§ 27–35 BeurkG, 9. Auflage 2022

Pahlke, Grunderwerbsteuergesetz, Kommentar, 8. Auflage 2025

Prütting/Wegen/Weinreich (Hrsg.), BGB, Kommentar, 20. Auflage 2025

Riedel (Hrsg.), Praxishandbuch Unternehmensnachfolge, 3. Auflage 2021

Rißmann, Die Erbengemeinschaft, 4. Auflage 2024

Rössler/Troll, Bewertungsgesetz, Kommentar, Loseblatt, Stand: Januar 2025

Roglmeier/Sikora/Krug, Anwaltformulare Testamente, 7. Auflage 2025

Rudolf/Bittler/Seiler-Schopp, Handbuch Testamentsauslegung und -anfechtung, 2. Auflage 2013

Scherer (Hrsg.), Münchener Anwaltshandbuch Erbrecht, 6. Auflage 2024 (zit. Scherer/*Bearbeiter*, MAH Erbrecht)

Schmid, Steuerfallen im Erbrecht, 3. Auflage 2025

Schmidt, Einkommensteuergesetz, Kommentar, 44. Auflage 2025

Schmidt-Futterer, Mietrecht, Kommentar, 16. Auflage 2024

Schulz (Hrsg.), Handbuch Nachlasspflegschaft, 2. Auflage 2017

Simon, Wertermittlungsverfahren, 2016

Süß (Hrsg.), Erbrecht in Europa, 5. Auflage 2025

Staudinger, Kommentar zum Bürgerlichen Gesetzbuch, Neubearbeitung 2015 ff.

Troll/Gebel/Jülicher/Gottschalk, Erbschaft- und Schenkungsteuergesetz, Kommentar, Loseblatt, Stand: April 2025

Viskorf, Grunderwerbsteuergesetz, Kommentar, 21. Auflage 2024

Viskorf/Schuck/Wälzholz, Erbschaftsteuer- und Schenkungsteuergesetz, Bewertungsgesetz, Kommentar, 7. Auflage 2023

v. Oertzen/Loose/Stalleiken (Hrsg.), Erbschaftsteuer- und Schenkungsteuergesetz, Kommentar, 3. Auflage 2024

Weirich/Ivo, Grundstücksrecht, 4. Auflage 2015

Wilsch, NotarFormulare Erbbaurecht, 3. Auflage 2025

Zimmermann (Hrsg.), Praxiskommentar Erbrechtliche Nebengesetze, 2. Auflage 2017

§ 1 Einführung

Dr. Christopher Riedel, LL.M.

Literatur

Statistisches Bundesamt (Destatis), Vermögen, Schulden – Geld- und Immobilienvermögen sowie Schulden privater Haushalte (Stand 16. April 2019) https://www.destatis.de/DE/Themen/Gesellschaft-Umwelt/Einkommen-Konsum-Lebensbedingungen/Vermoegen-Schulden/Tabellen/haus-grundbbesitz-evs.html; *Statistisches Bundesamt (Destatis)*, Vermögen, Schulden – Haushalte nach Haus- Und Grundbesitz (Stand 16. April 2019) https://www.destatis.de/DE/Themen/Gesellschaft-Umwelt/Einkommen-Konsum-Lebensbedingungen/Vermoegen-Schulden/Tabellen/haus-grundbbesitz-evs.html; *Statistisches Bundesamt (Destatis)*, Statistischer Bericht – Statistik über die Erbschaft- und Schenkungsteuer – 2024, https://www.destatis.de/DE/Themen/Staat/Steuern/Weitere-Steuern/Publikationen/_publikationen-innen-statistischer-bericht.html; *Hereditas*, Immobilien vererben Deutschland: 7 Statistiken (Update 2025), https://www.ratgeber-erbengemeinschaft.de/erbengemeinschaft/immobilien-vererben-deutschland/

Der Wert des Immobilienbestands in Deutschland ist so hoch wie noch nie. 1
Allein der Wert der auf inländischen Grundstücken befindlichen Bauten belief sich im Jahr 2023 auf rund 19,4 Billionen EUR.[1] Davon entfallen ca. 14 Billionen EUR auf private Haushalte.[2] Etwa 43,7 % der bewohnten Wohnungen wurden im Jahr 2022 (u.a.) vom Eigentümer selbst genutzt.[3]

Dies spiegelt sich auch in den Erbschaft- und Schenkungsteuerstatistiken wider. In den Jahren 2019 bis 2023 wurde durchschnittlich in 39,52 % aller Erbschafts- und Schenkungsfälle, die zu einer Steuerfestsetzung führten, Grundvermögen übertragen bzw. vererbt.[4] In 2023 waren es sogar 46,75 % (steuerlicher Wert: knapp 671 Mio. EUR). Das entspricht bei einem Gesamtvolumen des steuer-

1 Quelle: *ZIA*, Die Bedeutung der Immobilienwirtschaft in Zahlen, Stand 8.4.2024, https://zia-deutschland.de/wp-content/uploads/2021/05/Bedeutung-der-Immobilienwirtschaft-in-Zahlen.pdf.

2 Quelle: *Hereditas*, Immobilien vererben Deutschland: 7 Statistiken (Update 2025), https://www.ratgeber-erbengemeinschaft.de/erbengemeinschaft/immobilien-vererben-deutschland/.

3 Quelle: Deutschlandatlas, 2025, https://www.deutschlandatlas.bund.de/DE/Karten/Wie-wir-wohnen/Eigentumsquote.html#_3vofsju0b.

4 Quelle: *Statistisches Bundesamt*, Statistischer Bericht – Statistik über die Erbschaft- und Schenkungsteuer, https://www.destatis.de/DE/Themen/Staat/Steuern/Weitere-Steuern/Publikationen/_publikationen-innen-statistischer-bericht.html.

pflichtig übergegangenen Vermögens im Wert von ca. 2,1 Mrd. EUR[5] einem Wertanteil von 31,95 %.

2 Außerdem bilden Immobilien für viele Eigentümer (bzw. künftige Erblasser) einen vergleichsweise großen Einzelbestandteil des insgesamt vorhandenen Vermögens. Oft übersteigt der Wert des Immobilienbesitzes den kumulierten Wert des sonstigen Vermögens sogar ganz deutlich, insbesondere dann, wenn eine Fremdfinanzierung nicht besteht.

Hinzu kommt, dass mit Immobilien, insbesondere der selbstgenutzten Immobilie, vielfach ein besonderes Affektionsinteresse des Eigentümers verbunden ist, so dass gerade im Hinblick auf Grundbesitz (ähnlich wie auch im unternehmerischen Bereich) ein besonderer Regelungs- bzw. Gestaltungsbedarf gesehen wird.

3 Das gilt nicht zuletzt auch deswegen, weil gerade die selbstgenutzte Immobilie (steuerlich gesprochen: das Familienheim) nicht nur vermögensmäßig, sondern auch ganz praktisch die persönlichen Lebensverhältnisse maßgeblich prägt. Vor diesem Hintergrund ist die Nachfolgeplanung und deren Umsetzung in Bezug auf Immobilienvermögen mitunter mit anderen – auch psychologischen – Herausforderungen verbunden, als dies bei sonstigem Vermögen (insbesondere Geld, Wertpapieren etc.) der Fall ist.

4 Andererseits bieten Immobilien gerade wegen ihrer Spezifika und der Art ihrer Nutzung eine Vielzahl von Gestaltungsmöglichkeiten, die eine interessengerechte und individuelle Nachfolgegestaltung besonders unterstützen können. Man denke nur an die (teilweise) Trennung von Eigentum und Nutzungsberechtigung, bspw. durch Nießbrauchs- oder Wohnungsrechtsvereinbarungen.

Aber auch rechtliche Besonderheiten gilt es zu beachten, zumal im Hinblick auf die grundbuchliche Erfassung von Immobilien und Rechten daran deutlich höhere formale Anforderungen an die Umsetzung denkbarer Gestaltungsmaßnahmen zu stellen sind.

5 Aus der Sicht sowohl der Eigentümer als auch deren Berater gilt es – wie stets bei nachfolgeplanerischen Überlegungen – zunächst, die Ausgangssituation sowie die (wirtschaftliche und familiäre) Zielrichtung der Gestaltung zu analysieren, um auf dieser Basis eine sinnvolle und interessengerechte Planung aufbauen zu können. Dabei geht es aber natürlich nicht nur isoliert um den Immobilienbestand; vielmehr muss das Vermögen insgesamt (einschließlich etwaiger Verbindlichkeiten) in die Betrachtungen einbezogen werden. Dies zum einen deshalb, weil es gegenständlich beschränkte Erbeinsetzungen nach deutschem Recht nicht gibt, zum anderen aber auch, um eine sinnvolle Verteilung des Gesamtvermögens erreichen zu können und – insbesondere im Hinblick auf lebzeitige Übertragun-

---

5 Quelle: *Statistisches Bundesamt*, Statistischer Bericht – Statistik über die Erbschaft- und Schenkungsteuer, https://www.destatis.de/DE/Themen/Staat/Steuern/Weitere-Steuern/Publikationen/_publikationen-innen-statistischer-bericht.html.

gen – festzustellen, ob bzw. welche Vorbehalte (Nutzungsrechte) und/oder Gegenleistungen (z.B. Renten, Gleichstellungsgelder etc.) anzustreben sind.

Bei Eheleuten sind diese Erwägungen mitunter – auch wenn dieser Ansatz nicht der zivilrechtlichen Gesetzeslage entspricht – von der Vorstellung geprägt, dass ihrer beider Vermögen als Einheit anzusehen sind und es daher um eine gerechte Verteilung des gemeinsamen Vermögens gehen müsse. Das bringt zusätzliche zivilrechtliche Herausforderungen mit sich. 6

Auch die zugrunde zu legenden Wertansätze sind mitunter nur schwer zu greifen. Dies gilt umso mehr, wenn es gar nicht primär um die aktuellen Werte, sondern vielmehr um Prognosen der Wertverhältnisse zur Zeit eines dereinstigen Erbfalls geht.

Ungeachtet dieser praktischen Herausforderungen bildet ein klares Bild der Ausgangssituation die zwingende Voraussetzung aller planerischen Erwägungen. Denn nur auf einer soliden Sachverhaltsbasis lässt sich beurteilen, ob bzw. welche Wünsche der Beteiligten (Vermögensinhaber/Immobilieneigentümer und mögliche Erwerber/Erben) tatsächlich umsetzbar sind – und auf welche Weise. 7

Insoweit stehen gerade für Immobilien sehr vielfältige Gestaltungsmöglichkeiten zur Verfügung – bei Licht betrachtet mehr als für jede andere Vermögensart (neudeutsch: „Asset-Klasse“). Denn bspw. ein Wohnungsrecht kann eben nur an einer Wohnung bzw. einem Wohngebäude, also an einer Immobilie bestellt werden (und nicht an einem Unternehmen oder Wertpapierdepot). Und insbesondere dann, wenn mehrere Immobilien vorhanden sind (oder z.B. durch Teilung oder Umwandlung in Wohnungseigentum geschaffen werden können), sind auch verschiedenste Kombinationen der individuellen Gestaltungsmittel denkbar, so dass die nachfolgende grobe Aufzählung in keinem Fall den Anspruch erheben kann, ein vollständiges Bild der zur Verfügung stehenden Gestaltungsansätze zu zeichnen:

- Übertragung unter Lebenden
  - Schenkung
  - entgeltliche Übertragung
  - gemischte Schenkung
    - Vereinbarung eines Entgelts (an den Übergeber)
    - Vereinbarung von Gleichstellungsgeldern (z.B. an Geschwister des Erwerbers)
    - Vereinbarung von Versorgungsleistungen (Rente, dauernde Last)
  - Vorbehalt von Nutzungsrechten (Vorbehaltsnießbrauch, Wohnungsrecht)
  - Zuwendung von Nutzungsrechten (Zuwendungsnießbrauch, Wohnungsrecht)
- Übertragung von Todes wegen
  - Zuweisung von (einzelnen) Immobilien an einzelne Erben (Teilungsanordnung, Vorausvermächtnis)
  - Vor- und Nacherbschaft (befreit, beschränkt auf – einzelne – Immobilien)

  - Zuweisung von (einzelnen) Immobilien an Nicht-Erben (Vermächtnis)
  - Auseinandersetzungsverbot (im Hinblick auf Immobilien)
  - Übernahmerechte
  - Wohnungsrechtsvermächtnis
  - Nießbrauchsvermächtnis
  - Duldungsauflagen (z.B. „Wohnen-Lassen")
- Gründung einer Familiengesellschaft

Diese und andere Gestaltungsinstrumente, ihre jeweilige Funktionsweise und ihre Auswirkungen zu beschreiben ist Aufgabe einiger der nachfolgenden Kapitel.

8 Vorab gilt es aber, zunächst einige wesentliche rechtliche Aspekte im Hinblick auf Grundstücks- und Wohnungs- bzw. Teileigentum grundsätzlich zu erläutern. Dies umfasst zum einen die Definition der maßgeblichen Begrifflichkeiten und eine Darstellung der Bedeutung des Grundbuchs. Zum anderen werden auch die ertragsteuerrechtlichen Grundlagen sowie die Grundsätze der ökonomischen sowie der bewertungsrechtlichen/steuerrechtlichen Bewertung dargestellt.

Einen wichtigen Bereich bildet auch die Erläuterung der erbrechtlichen Besonderheiten im Hinblick auf zu einem Nachlass gehörenden Grundbesitz. Das gilt sowohl für die Perspektive der Erben als auch für die anderer Nachlassbeteiligter wie den überlebenden Ehegatten/Lebenspartner sowie den Pflichtteilsberechtigten. Einige schlaglichtartige Ausblicke in den internationalen Bereich runden die Darstellung ab.

§ 2 Grundstücke und Grundbuch

André Elsing

Übersicht:

A. Definitionen

I. Grundstück

Der **Grundstücksbegriff** ist gesetzlich nicht definiert, er wird vorausgesetzt (§§ 94 ff., 873, 890 BGB, § 3 GBO). Eine Begriffsklärung, die heute noch Bestand hat, nahm bereits das Reichsgericht vor.[1] Somit wird unter einem Grundstück im natürlichen Sinne ein **räumlich abgegrenzter Teil der Erdoberfläche** verstanden. 1

1 RGZ 84, 270.

In der Natur sind die Grenzen durch Grenzsteine oder Markierungen erkennbar. Zudem wird die vermessene Erdoberfläche mit den Grenzen im Liegenschaftskataster erfasst (§ 2 Abs. 2 GBO).

2 Im **katastertechnischen** Sinn kann der durch amtlichen Messungsvorgang zuvor verzeichnete abgegrenzte Teil der Erdoberfläche **allein** gebucht sein, und zwar als **ein natürliches Grundstück** in einem **eigenen Grundbuchblatt**. Dies ist der Grundsatz nach § 3 Abs. 1 GBO. Ausnahmen vom Grundsatz sind möglich (§ 4 Abs. 1 und 2 GBO).

3 Eine Ausnahme ist in § 4 Abs. 1 GBO geregelt. Ein Grundstück kann auch in der **Spalte 1 des Bestandsverzeichnisses** eines **gemeinschaftlichen Grundbuchblatts** desselben Eigentümers eingetragen sein, unter einer **eigenen laufenden Nummer**. Dasselbe Grundbuchblatt enthält dann noch Eintragungen eines oder mehrerer weiterer Grundstücke (§ 4 GBO i.V.m. § 6 Abs. 1 GBV). Zulässig sind solche Eintragungen in einem gemeinschaftlichen Grundbuchblatt aber nur, wenn durch sie **keine wesentliche Unübersichtlichkeit** zu befürchten ist. Entstünde eine wesentliche Unübersichtlichkeit, **greift die Ausnahme** für eine zulässige Eintragung i.S.d. § 4 Abs. 1 GBO **nicht**.

4 Eine weitere Ausnahme ist in § 4 Abs. 2 GBO geregelt. Möglich ist die Buchung mehrerer Grundstücke auf einem gemeinschaftlichen Grundbuchblatt, wenn ein Grundstück ein **Hof im Sinne der Höfeordnung** ist und diesem Hof weitere Grundstücke zugehören. So können bspw. Wohn- oder Betriebsgrundstücke zugehörig sein. Hierbei ist nicht zwingend, dass die Grundbücher über die Grundstücke von demselben Grundbuchamt geführt werden. Zuständig ist stets das Grundbuchamt, welches das Grundbuch über die Hofstelle führt. Sind tatsächlich verschiedene Grundbuchämter betroffen, könnte dies ggf. zu einer Unübersichtlichkeit führen.[2]

5 Für Grundstücke des **Bundes**, der **Länder**, der **Gemeinden** und anderer **Kommunalverbände** besteht eine Buchungsfreiheit. So sind die Grundstücke zwar buchungsfähig, nicht jedoch buchungspflichtig. Eine Buchung erfolgt ausschließlich auf Antrag des Eigentümers und nicht von Amts wegen.[3]

6 Buchungsfreiheit gilt auch für Grundstücke der staatlich anerkannten und mit Rechtspersönlichkeit ausgestatteten **Kirchen** und **Religionsgemeinschaften**, für **Schulen** und **Klöster**, für **öffentliche Wege** und für Grundstücke der **Bahn**, die einem öffentlichen Verkehr dienen, sowie für alle **Wasserläufe** – Gewässer, die in natürlichen oder künstlichen Betten oberirdisch abfließen.[4]

7 Eine Buchungseinheit einer abgegrenzten Grundstücksfläche ist das **Flurstück**, das eindeutig den betroffenen Teil der Erdoberfläche umgrenzt. Das Flurstück

2 KEHE/*Keller*, Grundbuchrecht, § 4 GBO Rn 5.
3 *Klumpp*, BWNotZ 2013, 137.
4 KEHE/*Keller*, Grundbuchrecht, § 3 GBO Rn 5 m.w.N.

hat eine eigene Nummer; ihm ist die Gemarkung zugeordnet, in der es liegt. Neben der Nummer des Flurstücks **kann** auch eine **Flurnummer** angegeben sein.

Ein Grundstück im **Rechtssinn** ist ein oder sind mehrere Grundstücke, eingetragen im Grundbuch unter **derselben laufenden Nummer** des Bestandsverzeichnisses. 8

Grundsätzlich hat zwar jedes Grundstück auf einem Grundbuchblatt gebucht zu sein (§§ 3 Abs. 1, 116 GBO), jedoch gelten diese **Buchungspflichten nicht** für bestimmte Grundstücke (vgl. Rdn 5). Dies ist nachvollziehbar, weil diese Grundstücke, insbesondere die **öffentlichen Wege- und Grundstücksflächen**, oft unbelastet sind und über lange Zeit keinen Veränderungen unterworfen werden. Dadurch kann eine Buchungspflicht als entbehrlich gewertet werden. Wird eine Eintragung dennoch begehrt, legt das Grundbuchamt ein Grundbuch nach erfolgter Antragstellung durch den Eigentümer an.

Das Grundbuch und das Liegenschaftskataster sind **in Übereinstimmung zu halten**. Sichergestellt ist dies dadurch, dass das Katasteramt vom Grundbuchamt informiert wird, sobald Veränderungen im Bestand oder der Beschreibung der Flurstücke eingetreten sind. Die Änderungsinformationen werden durch eine **Fortführungsmitteilung** des Katasteramts bewirkt. Liegt eine Fortführungsmitteilung dem Grundbuchamt vor, sorgt dieses mit der Eintragung der Anpassungen in das Grundbuch für die notwendige Übereinstimmung. Das Katasteramt erhält vom Grundbuchamt zur Wahrung der Übereinstimmung wiederum eine Mitteilung, nachdem ein Eigentümerwechsel gebucht bzw. grundbuchlich vollzogen wurde.[5] 9

Im **steuerrechtlichen Sinn** versteht sich der Begriff „**Grundstück**" zum Teil **anders als im zivilrechtlichen Sinn**, weil wirtschaftlich geprägte Vorgänge oder Zustände vom Fiskus erfasst werden sollen. So kann eine Baulichkeit, die auf einem fremden Grundstück steht, ggf. steuerlich als Grundstück zu werten sein. Das gilt, obwohl das betroffene Gebäude ein wesentlicher Bestandteil des Grund und Bodens des fremden Grundstücks geworden ist (§ 70 Abs. 3 BewG). Grundstücke im natürlichen Sinn unterliegen **keiner Abnutzung** wie ein Gebäude. Deshalb sind Abschreibungen **nur der Gebäude** steuerrechtlich möglich. Unternehmen führen in ihren Bilanzen die Gebäude und den Grund und Boden deshalb getrennt auf.[6] 10

Verfassungsrechtlich werden das **Eigentum** und das **Erbrecht garantiert** (Art. 14 Abs. 1 S. 1 GG). Die Reichweite der Garantie stößt an Grenzen, weil zwischen 11

5 § 15 Nr. 2 EGGVG i.V.m. Nr. XVIII/1 MiZi i.V.m. den landesrechtlichen Vorschriften über die geschäftliche Behandlung von Grundbuchsachen; vgl. Weirich/Ivo/*Lenschow*, § 3 Rn 45.

6 Weirich/Ivo/*Lenschow*, § 3 Rn 52, 53.

dem bedeutsamen legitimen Eigentümerinteresse und dem bedeutsamen Gemeinwohl verhältnismäßig abgewogen werden muss.

II. Wohnungseigentum, Eigentumswohnung, Teileigentum

12 Das Wohnungseigentum wird als ein **grundstücksgleiches Recht** bezeichnet, weil bedeutende grundstücksrechtliche Vorschriften, insbesondere die §§ 873 ff. BGB, anwendbar sind.

Wohnungseigentum ist das Sondereigentum an einer Wohnung, verbunden mit dem Miteigentumsanteil am gemeinschaftlichen Eigentum, zu dem es gehört, § 1 Abs. 2 WEG. Der Begriff „Wohnung" ist gesetzlich nicht definiert. Insoweit kommt es aufgrund der baulichen Gestaltung auf die Verkehrsauffassung an.[7] Unter einer **Wohnung** ist die Zusammenfassung mehrerer Räume zu verstehen. Diese müssen so beschaffen sein, dass zumindest eine Wasserversorgung, Wasch- und Kochgelegenheit sowie ein WC dazugehören, so dass der Bewohner seinen Haushalt und Lebensmittelpunkt führen kann. Zu einer Wohnung können zudem Nebenräume in einem Keller oder Boden sowie Garagen gehören.

13 **Teileigentum** ist das Sondereigentum an nicht zu Wohnzwecken dienenden Räumen eines Gebäudes, verbunden mit dem Miteigentumsanteil am gemeinschaftlichen Eigentum, zu dem es gehört, § 1 Abs. 3 WEG. Die **nicht zu Wohnzwecken dienenden** Räume können auch eine gewerbliche Einheit sein, z.B. ein Appartement innerhalb eines Hotelgebäudes.

14 Soweit eine Wohnung **entgegen der Zweckbestimmung** nicht für Wohnzwecke, sondern anders für gewerbliche Zwecke genutzt wird, wird dadurch aus dem Wohnungseigentum nicht automatisch ein Teileigentum.[8] Auch umgekehrt wird aus einem Teileigentum, das entgegen den Bestimmungen der Gemeinschaftsordnung zu Wohnzwecken genutzt wird, nicht automatisch Wohnungseigentum. Auf die subjektive Zweckbestimmung kommt es nicht an. Die Entscheidung ist eine der Behörde, die die Abgeschlossenheit einer Wohnung oder eines Teileigentums bescheinigt.[9]

15 Gesetzlich nicht definiert ist der Begriff des **Sondereigentums**. Dieser ergibt sich aus der in § 1 Abs. 5 WEG formulierten Abgrenzung zum gemeinschaftlichen Eigentum. Damit liegt regelmäßig Gemeinschaftseigentum vor, es sei denn, es ist **ausdrücklich** (gem. § 3 Abs. 1 oder § 8 Abs. 1 WEG) **Sondereigentum an bestimmten Räumen gebildet** worden. Ist also an bestimmten Räumen nicht ausdrücklich Sondereigentum gebildet, stehen diese Räume im Gemeinschaftseigentum aller Eigentümer.

---

7 Grüneberg/*Wicke* § 1 WEG Rn 2.
8 Staudinger/*Rapp/Wobst*, Einl. WEG, § 1 Rn 7.
9 Staudinger/*Rapp/Wobst*, Einl. WEG, § 1 Rn 6.

Mit der WEG-Reform[10] wurde § 3 Abs. 2 WEG neu gefasst. Dadurch ist es nun möglich, Sondereigentum auch für einen außerhalb des Gebäudes liegenden Grundstücksteil zu begründen. Bezweckt wird die Möglichkeit, **Freiflächen einzelnen Wohnungseigentümern** wirtschaftlich zuordnen zu können, ohne die mit der Zuweisung von Sondernutzungsrechten verbundenen Rechtsunsicherheiten hinzunehmen.[11] Bei einem so begründeten Sondereigentum handelt es sich um **unselbstständiges Sondereigentum**, begründbar z.B. an **Terrassen- oder Gartenflächen**. Zur Begründung sind diese Flächen im Aufteilungsplan mit maßstabsgerechten Angaben kenntlich zu machen. Sie werden **als Raum fingiert**. Dabei dürfen diese Flächen nicht selbst zur Hauptsache werden; sie sind so zu begründen, dass sie ein wesentlicher Bestandteil einer wirtschaftlich übergeordneten Hauptsache werden (z.B. zur Wohnung oder zum Teileigentum, dem sie als unselbstständiges Sondereigentum dienen).

Bestimmte, besonders die **konstruktiven** Teile des Gebäudes, wie das Dach, die 16
Außenmauern und die Fenster, sind **zwingend Gemeinschaftseigentum**. Das gilt aufgrund ihrer bedeutenden Funktion, dem Schutz vor Feuchtigkeit und Witterung.

Auch das Grundstück ist Gemeinschaftseigentum, schon wegen der Bestimmung des § 1 Abs. 5 WEG.[12]

Zum Gemeinschaftseigentum gehört bspw. zwingend die **Haustür, mit der die Wohnung abgeschlossen wird**; erst mit ihrer Einfügung ist die Abgeschlossenheit der Wohnung bzw. der Sondereigentumsräume erreicht bzw. hergestellt.[13]

Nach herrschender Ansicht und Rechtsprechung gehören zum Gemeinschaftsei- 17
gentum:

- **Abwasserhebeanlage** für mehrere Wohnungs- und/oder Teileigentumseinheiten
- **Abwasserleitung** für benachbarte Wohnungen als gemeinsame Leitung
- **Alarmanlage** für mehrere Einheiten
- **Antennenanlagen** für mehrere Einheiten
- **Außenanstrich**
- **Außenjalousien**
- **Außenwände**[14]

---

10 Gesetz zur Förderung der Elektromobilität und zur Modernisierung des Wohnungseigentumsgesetzes und zur Änderung von kosten- und grundbuchrechtlichen Vorschriften (Wohnungseigentumsmodernisierungsgesetz – WEMoG), BGBl I 2020, 2187.

11 BT-Drucks 19/18791, 39.

12 Vgl. Lemke/*Rehfeld*, Grundbuchordnung, § 5 WEG Rn 5.

13 BGH, Urt. v. 25.10.2013 – V ZR 212/12, ZMR 2014, 223.

14 BayObLG NZM 2004, 106; BGH, Urt. v.28.10.2011 – V ZR 125/11 und verstärkend durch Klarstellung des BGH, Urt. v. 21.3.2025 – V ZR 1/24, wonach Arbeiten an den Außenwänden ohne Zustimmung der Eigentümergemeinschaft nicht zulässig sind.

- **Aufzugsanlagen** – der Aufzug nur für einen Eigentümer kann Sondereigentum sein
- **Balkone** – die konstruktiven Teile, Bodenplatte, Isolierschicht, Balkonbrüstung und -decke[15] – sondereigentumsfähig sind dagegen Putz, Anstrich, Bodenbelag über Isolierschicht,[16] ein Mörtelbett, in das Balkonplatten verlegt sind[17]
- **Bodenbelag** – nur Schallisolierung oder Isolierung gegen Feuchtigkeit und Wärmeverlust sowie der **Estrich**[18]
- **Dachterrasse** – nur Abdichtungsanschlüsse zwischen Dachterrasse und Gebäude[19]
- **Dielen**
- **Fenster**
- **Fundament des Gebäudes**
- **Geschossdecke**
- **Grundstück** – auch die ebenerdige Terrassenfläche
- **Heizungsanlage** für mehrere Einheiten, auch die Thermostatventile,[20] – sondereigentumsfähig kann die Heizungsanlage sein, wenn aus ihr heraus auch andere Wohnanlagen versorgt werden[21]
- **Innenhof** – auch wenn dieser von Mauern umgeben ist
- **Innenwände** – soweit sie tragend sind
- **Kfz-Stellplätze im Freien**
- **Markise**
- **Pflanzen** – auch wenn sie im Sondernutzungsbereich eingepflanzt sind
- **Rauchmelder**
- **Rollladen**
- **Satellitenanlage** für mehrere Einheiten
- **Sprechanlage** für mehrere Einheiten
- **Treppenhaus**
- **Türen** – Wohnabschlusstüren, Terrassentüren, Kellertüren
- **Zähler** für mehrere Einheiten
- **Zwischendecke**[22]

18 Eine den Bestimmungen des Wohnungseigentumsgesetzes unterliegende **gemischt genutzte Einheit** kann als **Wohnungs- und Teileigentum** eintragen werden, soweit die Räumlichkeiten sowohl Wohnräume als auch nicht zu Wohn-

15 *Elsing*, Grundstückskaufvertrag, § 11 Rn 12.
16 BGH NJW 1985, 1551.
17 OLG München NZM 2007, 369.
18 *Grziwotz*, NotBZ 2013, 161.
19 BGH, Urt. v. 4.5.2018 – V ZR 163/17, openJur 2018, 5939.
20 Bärmann/*Armbrüster*, § 5 WEG Rn 37 ff.
21 BGH NJW 1975, 688.
22 Vgl. *Grziwotz*, NotBZ 2013, 161 ff. m.w.N.

zwecken dienende Räume sind und keiner der beiden Zwecke offensichtlich überwiegt.[23]

III. Altrechtliches Erbbaurecht

Ein Erbbaurecht **alten Typs** ist das **altrechtliche Erbbaurecht** (es galten die Regeln der §§ 1012–1017 BGB). Es handelte sich um ein weitreichendes Nutzungsrecht, **vererblich- und veräußerbar**. Die alten zugrunde liegenden Erbbaurechtsverträge enthielten ggf. weder Regelungen eines Erbbauzinses noch solche zur Dauer des Erbbaurechts. Aus den fortgefallenen §§ 1012–1017 BGB war eine Mindest- oder Höchstlaufzeit nicht bestimmt. Unklar blieb ggf., welches Schicksal die Baulichkeiten bei Beendigung des Erbbaurechtsvertrags haben würden. Regelungen eines automatischen Erlöschens oder einer sofortigen Aufhebung des Erbbauzinses bei nicht rechtzeitiger Zahlung waren nicht unüblich.[24] Ein altrechtliches Erbbaurecht konnte nur an einem Grundstück begründet werden (§ 1012 BGB) und die erste Rangstelle musste das Erbbaurecht nicht einnehmen. Gesetzliche Regelungen, wer die **öffentlichen und privatrechtlichen Lasten und Abgaben** zu tragen hatte, fehlten. Deshalb enthielten Erbbaurechtsverträge oft Regelungen dazu.[25] 19

Das Erbbaurechtsgesetz bestimmt in § 38, dass für altrechtliche Erbbaurechte, **die noch am 21.1.1919 bestanden**, die bis dahin geltenden §§ 1012–1017 BGB weiter anzuwenden sind.

Ein bestehendes altrechtliches Erbbaurecht kann inhaltlich in ein **Erbbaurecht nach ErbbauRG** verändert werden mit zugleich der erbbaurechtlichen Laufzeitverlängerung und erneuten Belastung des mit dem Erbbaurecht belasteten Stammgrundstücks. Eine Beeinträchtigung des Eigentümers des Stammgrundstücks liegt vor, so dass seine Zustimmung erforderlich ist. Neben der beizubringenden Unbedenklichkeitsbescheinigung des Grunderwerbsteuerfinanzamts bedarf es auch der Zustimmungserklärungen der dinglich Berechtigten des Grundstücks, die beeinträchtigt sind. Regelmäßig wird deren Beeinträchtigung anzunehmen sein, bspw. durch eine Verlängerung des Erbbaurechts mit Erhöhung eines Erbbauzinses oder inhaltlichen Änderungen des Erbbaurechtsvertrages. Insoweit bedarf es auch der Vorlage der Zustimmungserklärung der dinglich Berechtigten des Erbbaurechts. Eine lediglich vorgenommene Verlängerung des Erbbaurechts allein wäre als ausschließlich vorteilhaft anzusehen, so dass eine Zustimmung der dinglich Berechtigten insoweit entbehrlich wäre.[26] 20

23 Staudinger/*Rapp*/*Wobst*, Einl. WEG, § 1 Rn 10.
24 *Wilsch*, NotarFormulare Erbbaurecht, § 2 Rn 3.
25 *Wilsch*, NotarFormulare Erbbaurecht, § 2 Rn 6.
26 *Ott*, notar 2014, 265, 267.

Muster für Vereinbarungen von Inhaltsänderungen und ausführliche Hinweise siehe in der Spezialliteratur bei *Wilsch*.[27]

IV. Erbbaurecht

21 Im Gegensatz zur Dienstbarkeit ist ein Erbbaurecht stets ein **vererbliches** Recht, so geregelt in § 1 Abs. 1 ErbbauRG, zwingend und nicht abzubedingen. Stirbt der Erbbauberechtigte, so geht das Erbe des Verstorbenen i.d.R. als Ganzes (mit dem Erbbaurecht) auf den Erben des verstorbenen Erbbauberechtigten über. Sieht der Erbbaurechtsvertrag einen **Erbausschluss** vor, wäre diese Bestimmung unwirksam. Der Erbbaurechtsvertrag könnte jedoch einen Anspruch des Eigentümers des Stammgrundstücks auf den Heimfall des Erbbaurechts enthalten, der mit dem Tod des Erbbauberechtigten ausgelöst wird. Das ist zulässig, weil durch einen Heimfallanspruch nach eingetretener Erbschaft die Vererblichkeit des Erbbaurechts unberührt bleibt.

22 Wie die Vererbbarkeit regelt das Erbbaurechtsgesetz in § 1 Abs. 1 auch, dass das Erbbaurecht zwingend ein **veräußerbares** Recht ist. Zulässig und weitgehend üblich sind Regelungen in Erbbaurechtsverträgen, wonach eine Veräußerung der Zustimmung des Eigentümers des Stammgrundstücks bedarf.

23 Als Erbbauberechtigte kommen natürliche Personen, juristische Personen sowie **rechtsfähige Personengesellschaften** in Betracht,[28] somit auch die eingetragene Gesellschaft bürgerlichen Rechts, die offene Handelsgesellschaft, die Kommanditgesellschaft oder die Partnerschaftsgesellschaft. § 1922 BGB bestimmt im Grundsatz, dass mit dem Tod einer Person (Erbfall) ihr **Vermögen als Ganzes** auf eine oder mehrere andere Personen (Erbe, Erbengemeinschaft) übergeht. Dieser Grundsatz gilt nicht uneingeschränkt, **wenn zum Vermögen des Erblassers Anteile an einer Personengesellschaft**, die z.B. Erbbauberechtigte ist, **gehören**. Bestimmt ein Erblasser durch Testament seinen Erben und gehört zum Nachlass ein Personengesellschaftsanteil, könnte der Grundsatz der Vererbung des Vermögens als Ganzes zutreffen, aber auch eine Fehleinschätzung sein. Nicht selbstverständlich ist, dass das Nachlassvermögen des Erblassers immer auch den Personengesellschaftsanteil des Erblassers erfassen wird. Der Gesellschaftsvertrag der Personengesellschaft könnte der Erbeinsetzung des Erblassers im Weg stehen. Möglich ist dies, weil Art. 1 Abs. 2 Buchst. h EuErbVO bestimmt, dass Fragen des Gesellschaftsrechts und Vereinsrechts vom Erbstatut nach der EuErbVO ausgenommen sind, ebenso Klauseln, die das Schicksal der Anteile verstorbener Gesellschafter (bzw. Mitglieder) regeln. Bestimmte Vermögenswerte sind nicht vererblich. Zwar ist ein Erbbaurecht zwingend vererbbar, dem steht aber nicht entgegen, dass ein Personengesellschaftsanteil an einer Erbbauberechtigten nicht

27 *Wilsch*, NotarFormulare Erbbaurecht, § 6 Rn 18, § 7 Rn 14.
28 Grüneberg/*Wicke*, Einl. §§ 1, 2 ErbbauRG Rn 12.

vererblich gestellt ist und gesellschaftsvertraglich eine Anwachsung bestimmt ist, die dem Erbrecht vorgeht. So kann z.B. vorgegeben sein, dass der Personengesellschaftsanteil einem bestimmten Mitgesellschafter oder Ehepartner anwächst, auch wenn der nicht Erbe ist. Der Gesellschaftsanteil geht dann nicht auf den Erben im Wege der Gesamtrechtsnachfolge über, sondern durch ausdrückliche Bestimmung im Gesellschaftsvertrag auf die dort vorgegebene Person.[29]

V. Wohnungserbbaurecht und Teilerbbaurecht

Das **Wohnungserbbaurecht** ist in § 30 Abs. 1 WEG definiert als Bruchteil (Mitberechtigungsanteil) am Erbbaurecht, verbunden mit dem Sondereigentum an einer bestimmten Wohnung in einem aufgrund des Erbbaurechts errichteten oder erst noch zu errichtenden Gebäude. 24

Das **Teilerbbaurecht** ist in § 30 Abs. 1 WEG definiert als Bruchteil (Mitberechtigungsanteil) am Erbbaurecht, verbunden mit dem Sondereigentum an nicht zu Wohnzwecken dienenden Räumen in einem aufgrund des Erbbaurechts errichteten oder erst noch zu errichtenden Gebäude. 25

Wie ein Grundstückseigentümer kann – durch die Verweisung in § 30 Abs. 2 WEG auf § 8 WEG – auch der Erbbauberechtigte das Erbbaurecht gem. § 8 WEG teilen und somit Wohnungs- und/oder Teilerbbaurechte begründen. Der Wohnungs- bzw. Teilerbbauberechtigte hat dann einerseits rechtliche Beziehungen zum Eigentümer des Stammgrundstücks (z.B. über den Erbbaurechtsvertrag). Andererseits hat er rechtliche Beziehungen zu den anderen Wohnungs- und Teilerbbauberechtigten (z.B. über die Teilungserklärung und Gemeinschaftsordnung). 26

VI. Dauerwohnrecht, Dauernutzungsrecht

Das **Dauerwohnrecht** ist in den §§ 31–42 WEG als Sonderform neben dem Wohnungseigentum geregelt. Das Dauerwohnrecht ist das Recht, unter Ausschluss des Eigentümers eine bestimmte Wohnung bewohnen und nutzen zu dürfen (§ 31 Abs. 1 WEG). 27

Dem Teileigentum entspricht das **Dauernutzungsrecht** für Räume, die nicht zu Wohnzwecken bestimmt sind (§ 31 Abs. 2 und 3 WEG). Das Dauernutzungsrecht kann sich auf ein ganzes Gebäude beziehen.[30] Das Dauernutzungsrecht wie auch das Dauerwohnrecht ist im Gegensatz zur Dienstbarkeit **veräußerbar und vererbbar** (§ 33 Abs. 1 S. 1 WEG). Im Gegensatz zum Wohnungs- und Teileigentum ist das Dauernutzungsrecht bzw. das Dauerwohnrecht nicht belastbar mit 28

29 *Elsing*, Erbrecht in der notariellen Praxis, § 1 Rn 5–17 mit Hinweisen zu den einzelnen Gesellschaftsformen.
30 Weirich/Ivo/*Ivo*, § 24 Rn 1678.

Grundpfandrechten oder Dienstbarkeiten und Reallasten oder Vorkaufsrechten. Möglich ist aber, einen Nießbrauch am Dauernutzungsrecht/Dauerwohnrecht zu bestellen oder die Verpfändung gem. §§ 1273 ff. BGB, da das Dauernutzungsrecht und das Dauerwohnrecht pfändbare Rechte sind (§ 873 BGB).

29 Ein Dauerwohnrecht/Dauernutzungsrecht kann durch den Eigentümer zur Eintragung bewilligt werden. Hierzu bedarf es einer Verbindung mit dem Aufteilungsplan und einer Abgeschlossenheitsbescheinigung, die gem. § 32 WEG wenigstens bestätigt, dass die betroffene Wohnung in sich abgeschlossen ist. Anders als beim Wohnungseigentum müssen die übrigen Wohnungen dagegen nicht abgeschlossen sein.

30 Ein Dauerwohnrecht/Dauernutzungsrecht kann zeitlich unbefristet sein. Es kann auch auf die Lebensdauer des Berechtigten oder auf einen kurzen oder auch langen Zeitraum befristet sein (siehe § 41 WEG).

B. Grundbuch

I. Dokumentationsquelle Grundbuch

31 Das Grundbuch ist eine **sichere Dokumentationsquelle** darüber, wer als **rechtlicher Eigentümer** des gebuchten Grundeigentums gilt. Dokumentiert sind zudem solche Belastungen, die in das Grundbuch zugunsten Dritter und/oder des Eigentümers eingetragen werden, z.B. Grundpfandrechte, Wege- und/oder Leitungsrechte, Wohnrechte, ein Nießbrauch oder eine Vormerkung zur Sicherung des Anspruchs auf Eigentumsübertragung.

II. Gesetzliche Vermutung des Bestehens oder Nichtbestehens

32 Das Grundbuchamt geht fortdauernd davon aus, dass die im Grundbuch vorhandenen Eintragungen richtig sind. **Gesetzlich wird vermutet** (§ 891 Abs. 1 BGB), dass **derjenigen Person**, die als Begünstigte des Rechts im Grundbuch eingetragen ist, dieses Recht auch zusteht. Ist im Grundbuch die **Löschung eines Rechts** eingetragen, **wird vermutet**, dass die Eintragung des gelöschten Rechts richtig ist und das Recht **nicht mehr bestehe** (§ 891 Abs. 2 BGB). Jemand, der ein rechtliches Interesse hat und die Vermutung des Bestehens oder Nichtbestehens einer Belastung **widerlegen will**, ist zur Darlegung verpflichtet. Er muss das Gegenteil der Grundbucheintragung voll **beweisen** (§ 292 ZPO). Dasselbe gilt, wenn eine Urkunde in den Grundakten fehlen sollte.[31] Der Beweispflichtige hat zudem die notwendigen Unterlagen der Tatsachen der Unrichtigkeit des Grundbuchs dem Grundbuchamt beizubringen; von Amts wegen ermittelt das Grundbuchamt nicht.[32]

---

31 MüKo-BGB/*H. Schäfer*, § 891 Rn 1; OLG München NotBZ 2014, 1408, 1409.

32 Weiterführend: MüKo-BGB/*H. Schäfer*, § 891 Rn 14 ff.

III. Veränderungen des Eigentümers

Werden die rechtlichen Eigentumsverhältnisse zu Lebzeiten des eingetragenen Eigentümers verändert, liegt i.d.R. eine nach § 311b BGB beurkundungsbedürftige schuldrechtliche Vereinbarung zugrunde. Entscheidend und zwingend für den Eigentumsübergang ist jedoch die beurkundungsbedürftige dingliche Erfüllungsvereinbarung (§ 873 BGB); sie ist die Einigung über den rechtlichen Eigentumswechsel (Auflassung). Ein Erwerber des Grundeigentums wird erst mit seiner Buchung als Eigentümer in der ersten Abteilung **neuer Eigentümer im Rechtssinne.** 33

IV. Tod des Eigentümers

Ist eine **Person verstorben** und im Grundbuch noch als Eigentümerin eingetragen, dann ist mit ihrem Ableben das Grundbuch **unrichtig** geworden (§ 894 BGB). Der Verstorbene kann nicht mehr als Eigentümer gelten und kein Vermögen mehr haben. Das Grundbuch bedarf der Berichtigung in der ersten Abteilung (Eigentümerspalte). Der Erbe, der gem. § 1922 BGB den Nachlass (mit der Immobilie) geerbt hat, ist verpflichtet, die Grundbuchberichtigung unter Vorlage der Erbnachweise herbeizuführen (§ 82 GBO). Zur Form siehe Rdn 88, zu den Gebühren des Gerichts siehe Rdn 93–95. 34

Ist als Eigentümerin eine **Gesellschaft bürgerlichen Rechts (zweigliedrig)** aus der Zeit vor dem 1.1.2024 gebucht (Alt-GbR) oder eine **eingetragene Gesellschaft bürgerlichen Rechts (zweigliedrig)** nach dem 1.1.2024 im Grundbuch eingetragen, ein Gesellschafter verstorben und dieser allein vom anderen einzig verbliebenen Gesellschafter beerbt worden, ist dadurch nach § 712a Abs. 1 BGB ohne Abwicklung bzw. Liquidation die Gesellschaft **erloschen** bzw. **vollbeendet.** Auf den einzig verbliebenen Gesellschafter ist das gesamte Gesellschaftsvermögen (inkl. der Immobilie) gem. § 712a Abs. 1 S. 2 BGB im Wege der Gesamtrechtsnachfolge übergegangen. 35

Das Grundbuch ist durch den sofort eingetretenen Rechtsträgerwechsel auf die einzig verbliebene Person (Gesellschafter) unrichtig geworden und bedarf der **Berichtigung.** Ist die in einem derartigen Fall gebuchte Gesellschaft eine **Alt-GbR,** braucht diese nicht zur Berichtigung des Grundbuchs auch noch in das Gesellschaftsregister des zuständigen Amtsgerichts nach § 47 Abs. 2 GBO voreingetragen zu werden. Eine Voreintragung **aufgrund liquidationslosen Erlöschens** der Gesellschaft ist dann nicht möglich; das Gesellschaftsregister kann keine eGbR eintragen, die nicht existiert. Zur Ausnahme der doppelten Voreintragungspflicht liegt bereits eine obergerichtliche Entscheidung vor.[33]

33 OLG Nürnberg, Beschl. v. 17.2.2025 – 15 Wx 2087/24, ZIP 2025, 699.

36 Ist als Eigentümerin dagegen eine **Alt-GbR** mit **mehr als zwei** Gesellschaftern eingetragen und verbleiben trotz des Todes eines Gesellschafters mindestens zwei Gesellschafter, so dass die Gesellschaft weiter existiert, bedarf es der **Voreintragung** der Gesellschaft in das Gesellschaftsregister. Ist diese erfolgt, kann die **Grundbuchberichtigung** nebst einer **Grundbuchrichtigstellung** mit den erforderlichen Angaben zu der eGbR mit deren Namen, Sitz, der Gesellschaftsregister-Nummer sowie des zuständigen Amtsgerichts beim Grundbuchamt beantragt werden.

V. Gliederung des Grundbuchs

37 Das Grundbuch enthält als **Aufschrift** die Bezeichnung desjenigen Amtsgerichts, das für die Führung des Grundbuchs zuständig ist, den Grundbuchbezirk und die Blattnummer (§ 5 GBV). Das Grundbuchblatt ist in das **Bestandsverzeichnis** und in die **erste Abteilung**, die **zweite Abteilung** sowie die **dritte Abteilung gegliedert**.

1. Bestandsverzeichnis

38 Im **Bestandsverzeichnis** sind die Angaben über das oder die Grundstücke verzeichnet. Jedem rechtlich eigenständigen Grundstück ist eine eigene laufende Nummer zugeordnet. Zudem ist das Grundstück mit der Gemarkung, einer Nummer des Flurstücks und ggf. auch mit einer Nummer der Flur (Flurkarte) beschrieben. Die weiteren Angaben zur Art des Eigentums (bspw. Gebäude- und Freifläche) sowie zur Belegenheit und Größe des Flurstücks entsprechend der Katasterbezeichnung enthält das Bestandsverzeichnis ebenfalls.

2. Grundstücksgleiche Rechte

39 Soweit nicht ein Grundstück gebucht ist, sondern ein **grundstücksgleiches Recht**, ist dieses z.B. als **Wohnungseigentumsrecht**, **Teileigentumsrecht**, **Erbbaurecht**, **Wohnungserbbaurecht** oder **Teilerbbaurecht** verzeichnet.

Wenn für den jeweiligen Eigentümer des im Bestandsverzeichnis gebuchten Grundstücks (als herrschendes Grundstück) eine Berechtigung an einer Grunddienstbarkeit besteht, kann diese Begünstigung im Bestandsverzeichnis vermerkt sein als sog. **Aktivvermerk.** Voraussetzung hierfür ist das Vorausgehen einer formgerechten Bewilligung nebst Antrag nach § 29 GBO in öffentlich beglaubigter Form.

3. Erste Abteilung

40 In der **ersten Abteilung** ist der Eigentümer namentlich und mit seinem Geburtsdatum eingetragen und die **Grundlage** (Auflassung, Erbschein, Europäisches

Nachlasszeugnis, Testament, Bewilligung der Berichtigung des Grundbuchs usw.) vermerkt. Bei Miteigentümern wird der (ideelle) Bruchteil jedes Miteigentümers am Grundeigentum vermerkt.

Bei Erbbaurechten wird in der ersten Abteilung des Erbbaugrundbuchs der Erbbauberechtigte namentlich und mit Geburtsdatum eingetragen mit Angabe der Grundlage.

Widersprüche gegen das Eigentum sind selten und werden in der ersten Abteilung im Grundbuch vermerkt.

4. Zweite Abteilung

In der **zweiten Abteilung** des Grundbuchs sind alle Lasten und Beschränkungen einzutragen, jedoch nicht solche Rechte, die in die dritte Abteilung des Grundbuchs einzutragen sind. Demnach werden in die zweite Abteilung eingetragen: 41

- **Grunddienstbarkeiten**, also Dienstbarkeiten zugunsten des jeweiligen Eigentümers eines anderen Grundstücks
- **beschränkte persönliche Dienstbarkeiten**
- **Vormerkungen** zur Sicherung des Anspruchs auf Übertragung des Eigentums
- **Nießbrauch**
- **Reallasten**
- **dinglich abzusicherndes Vorkaufsrecht**
- **Wohnrechte**
- **Sanierungsvermerke**
- die Belastung eines Grundstücks mit einem **Erbbaurecht**
- **Insolvenzvermerke**
- **Testamentsvollstreckervermerke**
- **Amtswidersprüche gegen Eintragungen** (selten)

5. Dritte Abteilung

In die **dritte Abteilung** des Grundbuchs werden **Grundpfandrechte**, also Grundschulden, Sicherungsgrundschulden, Hypotheken, Sicherungshypotheken und Rentenschulden, eingetragen. 42

VI. Bezugnahme auf Urkunden, Lesbarkeit des Grundbuchinhalts

Ist im Text einer Eintragung auf eine Urkunde Bezug genommen, gehört auch die Grundakte des Grundbuchamts zum Grundbuchinhalt, in der sich die in Bezug genommene Urkunde befindet. 43

Wird eine Eintragung im Grundbuch entfernt (gelöscht), bleibt die erledigte Maßnahme lesbar. Die Löschung wird als Änderung in einer zu der Abteilung gehörenden Veränderungsspalte vermerkt und die ursprüngliche Eintragung wird rot unterstrichen (gerötet). Diese Rötungen sind in den elektronisch geführten Grundbüchern nicht farblich erkennbar, sie sind auf den Ausdrucken nur schwarz kenntlich.

Im Grundsatz erfolgt eine neue Eintragung oder eine Veränderungseintragung in das Grundbuch nur, wenn derjenige sie bewilligt hat, dessen Recht davon betroffen wird (§ 19 GBO).

VII. Öffentlicher Glaube des Grundbuchs

44 Von Bedeutung für den Rechtsverkehr ist der **öffentliche Glaube des Grundbuchs** nach § 892 BGB. Damit kann derjenige, der kein besseres Wissen hat, gutgläubig davon ausgehen, dass der Inhalt des Grundbuchs vollständig und korrekt ist. Dies ist insbesondere für den gutgläubigen Erwerber einer Immobilie bedeutsam. Die Angaben des Bestandsverzeichnisses sind gutgläubig nur auf die Bezeichnungen der Flurstücke gestützt, nicht auch auf die angegebenen Größen, die Lage und die wirtschaftliche Art.

45 Verkaufen die Erben des zuvor verstorbenen Eigentümers, ohne im Grundbuch als Eigentümer eingetragen zu sein, kann der Erwerber sich nicht auf den öffentlichen Glauben des Grundbuchinhalts stützen. Es empfiehlt sich unbedingt, die Grundbuchberichtigung zu veranlassen (siehe hierzu Rdn 68). Ohnehin wird im Rahmen einer Kaufpreisfinanzierung die Vorabeintragung der Erben in das Grundbuch nötig (siehe Rdn 49). Unterbleibt die Grundbuchberichtigung auf die Erben, so könnte der Erwerber auch dann die erworbene Immobilie wieder herausgeben müssen, wenn er als Eigentümer eingetragen wurde. Denkbar ist dies z.B., wenn der Erbschein, der vorlag, eingezogen wurde und die wahren Erben die Herausgabe des Grundeigentums verlangen.

C. Belastungen, Grundpfandrechte, Gesamtgrundpfandrechte

I. Oberbegriff, Zweck

46 Unter dem Begriff der Grundpfandrechte sammeln sich **Hypotheken, Grundschulden** und **Rentenschulden**. Jedes Grundpfandrecht wird in ein Grundbuch eingetragen und belastet damit das gebuchte Grundeigentum des jeweiligen Eigentümers. Ein Grundpfandrecht kann auch nur durch einen Miteigentümer bewilligt werden und lastet mit seiner Eintragung im Grundbuch dann auch nur auf dem Miteigentumsbruchteil, der dem bewilligenden Miteigentümer gehört. Der Berechtigte einer Grundschuld kann **in Höhe des Grundschuldnennbetrags zuzüglich** der im Grundbuch vermerkten **Zinsen und Nebenleistungen** (siehe hierzu Rdn 65) die Verwertung des belasteten Grundstücks durch die Zwangsvollstreckung betreiben (§ 1147 BGB). Soweit nur ein Miteigentumsbruchteil eines Miteigentümers belastet ist, beschränkt sich die Verwertung auf nur diesen

belasteten Miteigentumsbruchteil. Hauptzweck des Grundpfandrechts ist es, einem Gläubiger zur Absicherung einer Darlehensforderung eine dingliche Sicherheit zu gewähren.

Ein Grundpfandrecht kann zugleich an mehreren Grundstücken eingetragen 47
werden (§ 1131 BGB). Lastet es auf mehr als nur einem Grundstück, so ist es ein **Gesamtgrundpfandrecht.** Die mit dem Gesamtgrundpfandrecht belasteten Grundstücke sind dann gesamthaftendes Grundeigentum; alle Grundstücke haften für die ganze Forderung (§ 1132 BGB).

II. Entstehung der Grundschuld

Die Grundschuld ist ein **Vertrag.** Sie entsteht durch die Einigung über die 48
Rechtsänderung, die formlos zwischen dem Eigentümer des zu belastenden Grundeigentums und dem Berechtigten des Grundpfandrechts geschieht, wobei die Rechtsänderung als Grundschuld in das Grundbuch einzutragen ist (§ 873 Abs. 1 BGB).

Der Eintragung muss eine **Bewilligung** des Eigentümers vorausgehen, dessen 49
Eigentum von dem einzutragenden Grundpfandrecht betroffen wird (§ 19 GBO). Anders als bei einer Auflassung, bei der dem Grundbuchamt die Erklärungen des Eigentümers und die des Erwerbers nachzuweisen sind, genügt es, wenn die Grundschuld als Rechtsänderung **einseitig bewilligt wird.** Für die Bewilligung ist die Form des § 29 GBO zu beachten. Der Grund für den Nachweisverzicht der materiell-rechtlichen Erklärungen liegt darin, dass eine umfassende Überprüfung des der Eintragung zugrunde liegenden Rechtsgeschäfts das Eintragungsverfahren unerträglich erschweren würde.[34] Grundsätzlich muss derjenige, der als Betroffener die Eintragung bewilligt, als Rechtsinhaber im Grundbuch eingetragen sein (**Voreintragungsgrundsatz,** § 39 Abs. 1 GBO). Anders kann dies bei der Änderung des Grundschuldinhabers sein, wenn dieser den erteilten **Grundschuldbrief besitzt** und wenn dieser die Abtretung des Rechts auf sich durch schriftliche Abtretungserklärung nachweist (§ 1155 BGB).

An die dingliche Einigung sind die Beteiligten vor der Eintragung des Grund- 50
pfandrechts nur gebunden, wenn die Erklärungen notariell beurkundet oder dem Grundbuchamt eingereicht sind oder dem Gläubiger die Eintragungsbewilligung bereits ausgehändigt worden ist (§ 873 Abs. 2 BGB). Dies gilt selbst dann, wenn die Widerruflichkeit durch Vereinbarung eingeschränkt worden ist.[35] Oft kann somit ein Beteiligter vor der Eintragung noch frei die Einigung widerrufen. Die einseitige Widerrufserklärung ist empfangsbedürftig.

---

34 *Zimmer,* NJW 2014, 337; Lemke/*Zimmer,* GBO, § 19 GBO Rn 2.

35 Prütting/Wegen/Weinreich/*Huhn,* § 873 Rn 25; BGHZ 46, 400; OLG München DNotZ 1966, 283.

III. Öffentlicher Glaube des Grundbuchs

51 Bei einer im Grundbuch eingetragenen Hypothek unter Bezeichnung der Forderung wird der Bestand der Forderung zugunsten des eingetragenen Gläubigers (oder zugunsten desjenigen Gläubigers, der sich gem. § 1155 BGB legitimiert) vermutet. Im Wege der Zwangsvollstreckung (§ 1147 BGB) braucht der klagende Gläubiger den Bestand der Forderung **nicht** zu beweisen. Vielmehr muss der Eigentümer ggf. die gesetzliche Vermutung (§ 891 BGB) widerlegen.[36]

IV. Rang des Grundpfandrechts

52 Nur die Belastungen in **Abteilung zwei oder drei** des Grundbuchs sind rangfähig. Ist auch nur ein einziges Recht im Grundbuch dort eingetragen, so geht dieses Recht allen später ggf. noch zur Eintragung gelangenden Rechten im Rang vor. Das Eigentum selbst hat dagegen keinen Rang.[37] Ein zeitlich **früher eingetragenes** Recht geht einem später eingetragenen Recht **im Rang vor** (§ 879 Abs. 1 BGB), es sei denn, eine abweichende Bestimmung des Rangverhältnisses ist in das Grundbuch eingetragen (§ 879 Abs. 3 BGB).

53 Im Grundsatz ist ein zeitlich früher eingetragenes Recht daran zu erkennen, dass das im Grundbuch verlautbarte Eintragungsdatum **mindestens einen Tag vor dem Datum** eines nachfolgenden Grundpfandrechts oder auch vor dem Datum einer anderen in der zweiten Abteilung eingetragenen Belastung datiert. Sind beide Rechte an demselben Tag in das Grundbuch eingetragen worden, geht dasjenige Recht der anderen Belastung im Rang vor, **welches zeitlich als erstes beim Grundbuchamt eingetroffen ist.**

V. Abhängigkeit des Grundpfandrechtswerts vom Rang im Grundbuch

54 **Der Wert** eines Grundpfandrechts zeigt sich im Ernstfall, wenn das belastete Grundstück zwangsversteigert wird. Dann hängt der Wert entscheidend davon ab, **welchen Rang** das Grundpfandrecht im Grundbuch aufweist. Ist das Grundpfandrecht ein **vorrangiges Recht**, fällt es in das geringste Gebot und **bleibt bestehen** (§§ 44, 10 ZVG). Ist das Grundpfandrecht ein **gleichrangiges oder nachrangiges Recht**, erlischt es grundsätzlich mit der Verkündung des Zuschlagsbeschlusses (§§ 91, 52, 59 ZVG). Somit ist klar, dass ein Grundstück, das als Sicherheit für den Gläubiger mit einem erstrangigen Grundpfandrecht belastet wird, eine angemessene Sicherheit darstellen kann und für den Eigentümer eine entsprechende Bonität bei einer Kreditaufnahme darstellt.

---

36 MüKo-BGB/*Lieder*, § 1138 Rn 12; BGH WM 1972, 786.
37 BGHZ 170, 378, 384 f.; RGZ 123, 19, 22 f.

VI. Zuschreibungen

Wenn einem mit einem Grundpfandrecht belasteten Grundstück nach § 890 Abs. 2 BGB ein weiteres **anderes Grundstück zugeschrieben** wird, erstrecken sich die eingetragenen Grundpfandrechte auch auf das Grundstück, das hinzugebucht wird. Ist das Grundstück, das als Bestandteil zugeschrieben wird, belastet, so gehen diese Belastungen dem Grundpfandrecht des Grundstücks, dem hinzugeschrieben wird, im Rang vor; § 1131 BGB gilt nämlich nur für Grundpfandrechte und darauf bezogene Rangvorbehalte. 55

VII. Duldung der Zwangsvollstreckung

Der jeweilige Eigentümer eines Grundstücks ist dem Gläubiger des Grundpfandrechts (unabdingbar) zur **Duldung der Zwangsvollstreckung** in das belastete Grundstück verpflichtet (§ 1147 BGB). Der Gläubiger kann im Ernstfall zügiger die Zwangsvollstreckung betreiben. Zudem sichert das eingetragene Grundpfandrecht für den Gläubiger einen vereinbarten Rang. Ein Zahlungsanspruch steht dem Gläubiger aus dem Grundpfandrecht nicht zu; dies folgt auch nicht aus § 242 BGB.[38] 56

VIII. Grundschuld, Rentenschuld oder Hypothek?

Die **Grundschuld** kommt in der Praxis am häufigsten vor. Die Grundschuld berechtigt ihren Inhaber, in Höhe des Grundschuldbetrags inkl. der Zinsen und Nebenleistungen die Verwertung und Zwangsvollstreckung in das Grundstück zu betreiben. 57

Die **Rentenschuld** dagegen ist **nahezu bedeutungslos**, und **Hypotheken** werden nur selten vorgesehen. Die Hypothek ist **akzessorisch**; sie folgt der Forderung. Der Gläubiger der Hypothek ist grundsätzlich zwingend identisch mit dem Gläubiger der Forderung. Dies **unterscheidet die Hypothek von der Grundschuld**. 58

Die Hypothek kann mehrere Forderungen gegen mehrere Schuldner absichern, wobei keine Identität zwischen Schuldner und Eigentümer bestehen muss.[39] Trotz der Tatsache, dass die Akzessorietät bei der Hypothek (Verkehrshypothek) mehrfach durchbrochen ist, wird sie kaum als Sicherungsmittel eingesetzt. Die Gläubiger verlangen vielmehr regelmäßig zur Absicherung die Eintragung einer Grundschuld an einem möglichst guten Rang, bevor sie einen Kredit vergeben und valutieren. 59

---

38 Prütting/Wegen/Weinreich/*Waldner*, § 1131 Rn 1; BGH Rpfleger 2011, 21; BGH FamRZ 2011, 93.

39 BGH NJW 2000, 1861.

60 **Streng akzessorisch** ist die **Sicherungshypothek** (§ 1184 BGB) und ebenso die **Höchstbetragshypothek** (§ 1190 BGB). Die Möglichkeiten des Gläubigers, bei einer Hypothek die Forderung auszutauschen, ist den Gläubigern zu aufwendig. Erschwerend kommt hinzu, dass eine Forderungsauswechselung erneute Gebühren verursacht, denn wenn die Forderung nicht dem bisherigen, sondern einem neuen Gläubiger zustehen soll, dann bedarf es einer Zustimmungserklärung des bisherigen Gläubigers. Diese Zustimmung ist entweder gegenüber dem neuen Gläubiger oder gegenüber dem Grundbuchamt zu erklären. Dieser Aufwand, die Zeit und die Kosten werden in der Praxis vermieden, indem von vornherein – nahezu immer – vorgesehen wird, dass **eine Grundschuld bewilligt wird** und keine Hypothek.

61 Wird ein Gläubiger aus dem Grundstück befriedigt, erlischt die Hypothek (§ 1181 Abs. 1 BGB).

62 Wird der Gläubiger aus einem der mit einer Gesamthypothek belasteten Grundstücke befriedigt, werden auch die übrigen Grundstücke frei (§ 1181 Abs. 2 BGB).

63 Bewilligt der Eigentümer eine **Sicherungshypothek**, so muss diese im Grundbuch auch als Sicherungshypothek bezeichnet werden (§ 1184 Abs. 2 BGB). Bei der Sicherungshypothek ist kraft Gesetzes **die Erteilung eines Hypothekenbriefs ausgeschlossen** (§ 1185 BGB), so dass sich diese Tatsache aus der Eintragung als Sicherungshypothek ergibt. Der Briefausschluss kann daher nicht zusätzlich in das Grundbuch eingetragen werden; hierfür gibt es kein Eintragungsbedürfnis. Die Sicherungshypothek ist unter den Arten der Grundpfandrechte das Grundpfandrecht, das den Eigentümer am wenigsten belastet, denn wenn ein Dritter die Forderung erwirbt, erwirbt er als Zessionar die Hypothek nur insoweit, wie die Forderung vorhanden ist; § 1138 BGB wird durch § 1184 Abs. 2 BGB ausgeschlossen.[40]

64 Bewilligt der Eigentümer eine **Höchstbetragshypothek**, so ist diese gem. § 1190 Abs. 3 BGB als Sicherungshypothek zu verstehen, auch wenn sie im Grundbuch nicht als solche bezeichnet wird. In das Grundbuch ist der Höchstbetrag, bis zu dem das Grundstück haften soll, einzutragen. Wenn die Forderung verzinslich ist, werden die Zinsen in den Höchstbetrag eingerechnet. Im Gegensatz zur Grundschuld ist dies transparenter, weil der Eigentümer weiß, bis zu welcher Höhe er sein Grundeigentum belastet.

65 Bei der Grundschuld werden oft dingliche **hohe Sicherungszinsen** prozentual per anno mit zur Eintragung bewilligt und mit dem Grundpfandrecht und der Summe der Grundschuld in das Grundbuch eingetragen. Einem Eigentümer, der eine Grundschuld bestellt, ist der Belastungswert, den die Grundschuld tatsächlich hat, dabei meistens **nicht bewusst**. So kann in einem Zwangsversteigerungsverfahren z.B. der Gläubiger einer mit 18 % p.a. verzinslichen Grundschuld über

---

40 Prütting/Wegen/Weinreich/*Waldner*, § 1184 Rn 1.

100.000 EUR mit dem Rang der Grundschuld **etwa das Doppelte der Grundschuldsumme** geltend machen. In der Zwangsversteigerung können die laufenden Grundschuldzinsen und rückständigen Zinsen der letzten zwei Jahre mit dem Rang der Grundschuld geltend gemacht werden (§ 10 Abs. 1 Nr. 4 ZVG). Zu den laufenden Zinsen gehören nicht nur die anfallenden Zinsen der laufenden Zinsperiode, sondern auch die letzten vor der Beschlagnahme fällig gewordenen Zinsen und zudem die danach noch fällig werden Zinsen (§ 13 Abs. 1 ZVG). Das stellt sich aus der Sicht des Eigentümers **als intransparent** dar. Der Eigentümer glaubt ggf., seine Immobilie mit einer Grundschuld (einem Betrag) in Höhe von 100.000 EUR zu belasten; er weiß regelmäßig nicht, dass der Gläubiger nahezu die doppelte Summe in Höhe von 200.000 EUR in der Zwangsversteigerung geltend machen könnte. Der Begriff „Zinsen und Nebenleistung“ ist dann verfehlt, denn die Hauptsumme der Grundschuld wird fast noch einmal als Belastung erreicht. Transparenter und sicherer wäre es, bei einem Bedarf von 100.000 EUR eine Grundschuld in Höhe von 200.000 EUR ohne Zinsen und Nebenleistung zu bestellen. Dann wüsste der Eigentümer bei der Kreditaufnahme, worauf er sich einlässt. Zudem müsste der Gläubiger nicht befürchten, dass ein Schuldner, der meistens Verbraucher i.S.v. § 13 BGB ist, wegen der nicht klaren und schwer verständlichen Bestimmung eine Inhaltskontrolle nach § 307 BGB anstrengt.

Die **Sicherungsgrundschuld** zeichnet sich im Gegensatz zur Sicherungshypothek dadurch aus, dass das dingliche Recht der Sicherung einer oder mehrerer Forderungen dient. In Teilbereichen bewirkt § 1192 Abs. 1a BGB eine enge Abhängigkeit des dinglichen Rechts von der Forderung, noch enger als dies bei einer Hypothek der Fall ist. Aber auch dies hebt die vielen Vorteile der Grundschuld nicht auf.[41] Der Eigentümer wird als Sicherungsgeber seit dem Risikobegrenzungsgesetz weiter dadurch geschützt, dass die Darlehenskündigung wegen Verzugs erschwert wurde (§ 488 Abs. 3 BGB). Der Darlehensgeber hat zudem die Informationspflichten (§§ 492 Abs. 1a S. 3, Abs. 2, 492a Abs. 1 BGB) zu beachten, und pauschal darf nach § 309 Nr. 10 BGB nicht der Auswechselung des Sicherungsnehmers zugestimmt werden. Vollstreckt ein Darlehensgeber unberechtigt/unzulässig aus einer Urkunde (§ 799a ZPO), macht er sich schadensersatzpflichtig. Der Sicherungsvertrag, der schuldrechtlich zugrunde liegt, hat die Funktion der Akzessorietät.[42] Im Innenverhältnis der Beteiligten ist die Ausübung der Grundschuldbefugnisse begrenzt. Das Grundstück darf nur verwertet werden, wenn die Forderung entgegen den Absprachen nicht bedient wird. Wenn die Forderung gar nicht entsteht oder wenn sie erlischt, ist die Grundschuld dem Eigentümer zurückzuübertragen. 66

41 Lemke/*Regenfus*, Immobilienrecht, § 1191 BGB Rn 10; *Wellenhofer*, JZ 2009, 1077, 1085.
42 Lemke/*Regenfus*, Immobilienrecht, § 1191 BGB Rn 10 m.w.N.

IX. Grundschuld – Berichtigung auf den Erben

67 Mit dem Tod des Erblassers wird das Grundbuch hinsichtlich seiner Eigentümereintragung unrichtig. Soweit der Erblasser als Gläubiger eines Grundpfandrechts (z.B. einer Grundschuld oder einer Hypothek) in einem Grundbuch in der dritten Abteilung eingetragen ist, ist auch diese entsprechende Grundbucheintragung mit seinem Tod unrichtig geworden. Das Grundbuch bedarf einer Berichtigung, die der Erbe beantragen muss.

X. Muster

▼

68 **Muster 2.1: Grundbuchberichtigungsantrag (Grundschuld)**

Der im Grundbuch des Amtsgerichts … von … Blatt … in Abt. III unter lfd. Nr. … eingetragene Gläubiger der Grundschuld ohne Brief über … EUR, Herr …, ist am … verstorben.

Als alleiniger Erbe, ausweislich des in Ausfertigung beigefügten Erbscheins des Amtsgerichts …, Aktenzeichen …, beantrage ich,

Herr …,

geb. am …,

Wohnort: …,

die Berichtigung des vorgenannten Grundbuchs in Abteilung III. dergestalt, dass ich als Alleinerbe anstelle des Erblassers Gläubiger geworden bin.

Durch Übersendung eines einfachen Grundbuchblattabdrucks beantrage ich, benachrichtigt zu werden. Meine Anschrift lautet: ….

…

[*Ort, Datum, Unterschrift des Alleinerben*]

▲

D. Dienstbarkeiten, Nießbrauch

I. Sonstige Belastungen, Dienstbarkeiten

69 Dienstbarkeiten sind dingliche Nutzungsrechte, einzutragen in die zweite Abteilung des mit ihr zu belastenden Grundbuchs. Eine Dienstbarkeit sichert der begünstigten Person bestimmte **Ausübungsbefugnisse**, die der Eigentümer zuvor von seinem Recht abgetrennt und dem Berechtigten der Dienstbarkeit zugestanden hat. Teilweise unterscheiden sich Dienstbarkeiten dadurch, welche Person begünstigt wird. Wenn der Berechtigte der Dienstbarkeit **der jeweilige**

Eigentümer eines anderen Grundstücks ist, liegt eine **Grunddienstbarkeit** vor, die auch dann noch bestehen bleibt, wenn der Begünstigte als Eigentümer des berechtigten Grundstücks wechselt, gleichgültig ob dieser Eigentumswechsel durch eine lebzeitige **Auflassung** vorgenommen wird, durch eine **Anwachsung** geschieht oder durch eine **Erbfolge von Todes wegen** passiert.

Wird als Berechtigte der Dienstbarkeit **eine Person** namentlich bestimmt, ist das 70
dingliche Nutzungsrecht eine auf diese Person **beschränkte persönliche Dienstbarkeit.** Die Ausübungsbefugnisse sind an diese begünstigte Person selbst geknüpft und nicht daran, ob diese Person oder künftige Personen Eigentümer eines begünstigten Grundstücks sind.

Der Begünstigte der Dienstbarkeit kann eine **natürliche Person**, eine **juristische** 71
Person oder eine im Handels- oder Partnerschaftsregister registrierte **Personengesellschaft** sein.[43] Vor dem 1.1.2024 konnte eine nach außen in Erscheinung tretende bzw. am Rechtsverkehr teilnehmende **Gesellschaft bürgerlichen Rechts** als **Berechtigte der Dienstbarkeit** in Betracht kommen; sie besaß die notwendige Teilrechtsfähigkeit.[44] Veränderungen in der Gesellschafterstruktur der GbR mussten früher stets im Grundbuch nachträglich berichtigt werden (nach § 47 Abs. 2 S. 1 GBO a.F. waren die Außen-GbR und ihre sämtlichen Gesellschafter ins Grundbuch einzutragen). Seit dem 1.1.2024 hat die GbR mit der Möglichkeit der Eintragung im Gesellschaftsregister die Möglichkeit, von der Registerpublizität zu profitieren. Mit der Neufassung des § 47 GBO regelt dessen Abs. 2 nun, dass ein Recht für eine GbR nur ins Grundbuch eingetragen werden darf, wenn die Gesellschaft im Gesellschaftsregister registriert ist. Bei einer Inhaltsänderung zugunsten einer berechtigten Alt-GbR bedarf es daher zuvor der Maßnahme, dass die Gesellschaft für ihre Eintragung in das Gesellschaftsregister beim zuständigen Amtsgericht sorgt.

Die beschränkte persönliche Dienstbarkeit **ist nicht vererbbar**, denn § 1090 72
Abs. 2 BGB verweist auf die Geltung von § 1061 BGB, und dort ist in Satz 1 bestimmt, dass die Dienstbarkeit mit dem Tod des Nießbrauchers erlischt. Wenn der Dienstbarkeitsberechtigte eine juristische Person oder eine rechtsfähige Personengesellschaft ist, erlischt die Dienstbarkeit mit **Vollbeendigung** der juristischen bzw. rechtsfähigen Personengesellschaft (§ 1061 S. 2 BGB). Mit Eröffnung des Insolvenzverfahrens über das Vermögen des Nießbrauchers erlischt der Nießbrauch jedoch nicht.[45]

Die beschränkte persönliche Dienstbarkeit **kann grundsätzlich nicht übertra-** 73
gen werden (§ 1092 Abs. 1 S. 1 BGB), sie ist an eine bestimmte Person (Berech-

43 BGHZ 50, 307, 310.

44 BGH NJW 2006, 2191; BGH NJW 2008, 1378; BGHZ 146, 341, 343; vgl. KEHE/*Keller/Munzig*, Grundbuchrecht, § 47 GBO Rn 23.

45 OLG Braunschweig OLGE 26, 99, 100 zu § 1090 BGB; MüKo-BGB/*Pohlmann*, § 1061 Rn 7.

tigte) gebunden. Dennoch kann dieser Grundsatz durchbrochen werden, wenn die Berechtigte der Dienstbarkeit eine juristische Person oder eine eingetragene (rechtsfähige) Personengesellschaft ist (§ 1092 Abs. 3 BGB).

74 Unter dem allgemeinen Begriff „Dienstbarkeit" sammeln sich die **Grunddienstbarkeit**, der **Nießbrauch** und die **beschränkte persönliche Dienstbarkeit** einschließlich des **Wohnungsrechts**. Der Inhalt einer Dienstbarkeit kann nicht beliebig ausgestaltet werden. Rechtlich kommt als Inhalt nur das in Betracht, **was das Gesetz vorgibt**. Bei der Bestimmung des Inhalts ist also die entsprechende **Typenfixierung** einzuhalten. Möglich ist es aber, dass die Beteiligten den Inhalt der Dienstbarkeit der tatsächlichen Ausübung überlassen.[46] Dann bedarf es keiner den Anforderungen des Bestimmtheitsgrundsatzes genügenden Festlegung der örtlichen Lage, bspw. für eine Leitung in der Eintragungsbewilligung (die Ausübung ist hinreichend bestimmt).

75 Die gesetzlichen Bestimmungen zur **Grunddienstbarkeit** ergeben sich aus den **§§ 1018–1029 BGB**. Die gesetzlichen Bestimmungen der **beschränkten persönlichen Dienstbarkeit** regeln die **§§ 1090–1093 BGB**.

II. Nießbrauch

76 Geregelt ist der Nießbrauch in den §§ 1030–1089 BGB. Der **erste Unterabschnitt** (§§ 1030–1067 BGB) enthält die Bestimmungen des Nießbrauchs **an beweglichen und unbeweglichen Sachen**. Der **zweite Unterabschnitt** (§§ 1068–1084 BGB) regelt den Nießbrauch an solchen Rechten, für die die Nießbrauchvorschriften zur Anwendung erklärt werden. Die Bestimmungen zum **Nießbrauch an Vermögensgegenständen sowie an einer Erbschaft** enthält der **dritte Unterabschnitt** (§§ 1085–1089 BGB). Sonderfälle des Nießbrauchs für Handelsgeschäfte werden durch § 22 Abs. 2 HGB und für Unternehmen bzw. zu deren Betriebshaftpflichtversicherung durch § 102 Abs. 2 VVG geregelt.

77 Der **Nießbrauch** an einem Grundstück ist die **Berechtigung** einer natürlichen oder juristischen Person, das mit dem Nießbrauch belastete Grundstück des (rechtlichen, im Grundbuch eingetragenen) Eigentümers **in Besitz nehmen** und alle **Nutzungen daraus ziehen** zu dürfen. Solche Nutzungen sind z.B. die **tatsächliche Nutzung** des Grundstücks durch den Nießbraucher. Die tatsächliche Nutzung kann dabei ganz oder teilweise dem Nießbraucher zustehen, dem auch die Vermietung anstelle des Eigentümers zusteht; der Nießbraucher darf die Mieten entsprechend vereinnahmen.

Die mit dem belasteten Grundstück verbundenen Lasten und Abgaben, z.B. Grundsteuer, trägt nicht der rechtliche Eigentümer, sondern der Nießbraucher.

---

46 BGH, Urt. v. 3.5.2002 – V ZR 17/01, DNotZ 2002, 721.

Der Nießbrauch **ist nicht vererblich**. Ist der Nießbraucher eine natürliche Person, gilt § 1061 S. 1 BGB, der vorgibt, dass ein Nießbrauch mit dem Zeitpunkt des Todes des Nießbrauchers erlischt. Trotzdem geht der Besitz der Nießbrauchsache zunächst auf die Erben des Nießbrauchers über (§ 857 BGB).[47] 78

Ist der Nießbraucher keine natürliche Person, sondern eine rechtsfähige Personengesellschaft, so gilt § 1061 S. 2 BGB. Mit Vollbeendigung der Personengesellschaft erlischt dann der Nießbrauch. Dasselbe gilt, wenn der Nießbraucher eine **juristische Person** ist. Ist der Nießbraucher z.B. eine GmbH, bei der ein **Gesellschafter verstirbt**, dann besteht die GmbH als juristische Person weiter. Im Erbfall gehen die GmbH-Geschäftsanteile kraft Gesetzes **zwingend** auf den oder die Erben des verstorbenen Gesellschafters über (§ 1922 Abs. 2 BGB i.V.m. § 15 Abs. 1 Alt. 2 GmbHG). Ohne Auswirkung auf den Fortbestand der GmbH ist der Tod eines Gesellschafters, so dass die juristische Person **nach wie vor Nießbraucherin bleibt**. Mit dem Tod eines Gesellschafters wird die GmbH **nicht aufgelöst** (§ 60 Abs. 1 GmbHG), es sei denn, der Gesellschaftsvertrag würde die Auflösung für diesen Fall konkret bestimmen, was selten vorkommt. Der Gesellschaftsvertrag der GmbH kann allenfalls eine dem Erbfall nachfolgende Einziehung regeln, nicht aber die Vererbbarkeit abbedingen. 79

Auf die Erben gehen alle gesellschaftsrechtlich begründeten Pflichten und Rechte des Erblassers über, insbesondere die Verwaltungs- und Vermögensrechte. Die Erben haften auch für rückständige Einlagen (§§ 1922, 1967 BGB). Mehrere Erben haften als Gesamtschuldner (§ 2058 i.V.m. §§ 421 ff. BGB). Die Erben des verstorbenen Gesellschafters des Nießbrauchers (der GmbH) haften trotz der Legitimationswirkung des § 16 Abs. 1 S. 1 GmbHG. Sie **haften als Erben unabhängig von ihrer Eintragung in die Gesellschafterliste**.[48] Dies ist sachgerecht, da andernfalls verzögerte Gesellschafterlisten vorkämen, weil Erben ihre Haftung verzögern und gestalten könnten. Die Erben können ihre Haftung nach Maßgabe der allgemeinen Bestimmungen des Erbrechts **allerdings auf den Nachlass beschränken**, z.B. durch die Eröffnung eines Nachlassinsolvenzverfahrens, §§ 1975 ff. BGB. Dies gilt jedoch nur für die Verbindlichkeiten, die vor dem Erbfall bestanden. Übernimmt ein Erbe danach z.B. einen Geschäftsanteil, haftet er unbeschränkt wie jeder Gesellschafter. 80

Ab dem Zeitpunkt, ab dem der Erbe als Gesellschafter in der im Handelsregister aufgenommenen Gesellschafterliste eingetragen ist, **kann er seine Haftung für rückständige Einlagen nicht mehr beschränken**.[49] Die Aufnahme der Erben in die Gesellschafterliste stellt einen eigenständigen Haftungsgrund dar (§ 16 Abs. 2 GmbHG), der mit Mitteln des Erbrechts nicht mehr beschränkt werden kann.[50] 81

---

47 Staudinger/*Heinze*, § 1061 Rn 2; BGH NJW 1953, 1955.

48 *Wachter*, GmbH-Geschäftsanteile im Erbfall, Rn 27.

49 *Bayer*, GmbHR 2012, 1, 4 f.; *Wachter*, GmbH-Geschäftsanteile im Erbfall, Rn 30.

50 *Wachter*, GmbH-Geschäftsanteile im Erbfall, Rn 30 m.w.N.

Die Geschäftsanteile gehen grundsätzlich unverändert auf den oder die Erben über. Der Erbe kann seine Gesellschafterrechte gegenüber der GmbH allerdings erst dann wirksam ausüben, wenn er in der im Handelsregister aufgenommenen Gesellschafterliste eingetragen worden ist. Denn im Verhältnis zur Gesellschaft gilt im Fall einer Veränderung in den Personen oder des Umfangs ihrer Beteiligung als Inhaber des Geschäftsanteils nur, wer als solcher in der im Handelsregister aufgenommenen Gesellschafterliste eingetragen ist (§ 16 Abs. 1 S. 1 GmbHG). **Erst mit der Vollbeendigung** der juristischen Person erlischt der Nießbrauch.

III. Vorzeitiger Verzicht auf den Nießbrauch

82 **Verzichtet** der Berechtigte des Nießbrauchs später zu Lebzeiten auf seinen Nießbrauch und erteilt für den rechtlichen Eigentümer eine Löschungsbewilligung, so sollte nicht übersehen werden, dass in dem Verzicht des Berechtigten eine **freigebige Zuwendung** i.S.v. § 7 Abs. 1 Nr. 1 S. 1 ErbStG liegt.[51] Die Beteiligten sollten sich deshalb steuerlichen Rat einholen, bevor der Nießbrauch tatsächlich aufgegeben wird. Um eine freigebige Zuwendung handelt es sich unabhängig davon, ob der aufzugebende Nießrauch vor oder nach der Erbschaftsteuerreform 2009 bestellt wurde. Wird ein Grundstück übertragen und wurde der zugrunde liegende Vertrag unter Geltung des Abzugsverbots des alten § 25 ErbStG durchgeführt, können sich jedoch zwei **Besonderheiten** ergeben:

- Wurde seinerzeit die **Stundung nach § 25 ErbStG a.F.** in Anspruch genommen, dann entfällt diese Stundung mit dem Verzicht auf den Nießbrauch.
- Zwecks Vermeidung einer Doppelbelastung kann von der Bemessungsgrundlage für den unentgeltlich ausgesprochenen Verzicht die seinerzeit nach § 25 ErbStG a.F. nicht abziehbare Nießbrauchslast abgezogen werden.[52]

E. Grundbuchberichtigung nach dem Erbfall

I. Grundbuchberichtigungen

1. Unrichtigkeit des Grundbuchs

83 Gehört zum Nachlass des Erblassers Grundeigentum, ist der Erblasser in der **ersten Abteilung** des betroffenen Grundbuchs als Eigentümer gebucht. Ab dem Tod des Erblassers steht die weiterbestehende Eigentümereintragung **mit der wahren Rechtslage nicht mehr im Einklang**. Das Grundeigentum des Erblassers ist vom Erbe miterfasst und geht damit gem. § 1922 Abs. 1 BGB mit dem Erbfall auf den oder die Erben als Ganzes über. Mit dem Erbfall ist das Grund-

51 BFH v. 17.3.2004 – II R 3/01, BStBl II 2004, 429.

52 BFH v. 20.5.2014 – II R 7/13, ZEV 2014, 622; Berechnungsbeispiel im ErbStH 2011, E 25; vgl. Groll/*Steiner*, D Rn 159.

buch durch den Rechtsübergang (von Todes wegen) außerhalb des Grundbuchs **unrichtig** geworden.

2. Notwendigkeit der Grundbuchberichtigung

Das unrichtige Grundbuch bedarf einer **Berichtigung** in der Eigentümerspalte **auf den oder die Erben** als neuen Eigentümer (§ 894 Abs. 1 BGB). Nahezu immer ist die Grundbuchberichtigung den Beteiligten **anzuraten und oftmals geboten**, insbesondere wenn ein nachfolgendes Rechtsgeschäft gegen Gefährdungen zu schützen ist[53] oder auch, wenn bei dem Verkauf der Immobilie als nachfolgendes Rechtsgeschäft eine **Vorwegbeleihung der Immobilie** unter Mitwirkung des (eingetragenen) Erben notwendig ist.[54] Nur wenn der Erbe in das Grundbuch voreingetragen ist (§ 39 GBO), kann der Käufer von diesem Erben weitgehend abgesichert erwerben und davor geschützt werden, den Kaufpreis für die Immobilie aufzubringen, aber die als Gegenleistung übereignete Immobilie unter Umständen **nicht behalten zu dürfen.** Stellt sich nämlich später nach der Eigentumsumschreibung heraus, dass der „Erbe" nicht Eigentümer war, z.B. weil dieser als Verkäufer auftrat aber wegen eines späteren Testaments nicht Eigentümer wurde, dann muss der Käufer die Immobilie an den wahren Erben und Eigentümer herausgeben. Dieser Gefahr kann dadurch begegnet werden, den Grundbuchberichtigungsantrag in die Wege zu leiten, so dass der Erbe in das Grundbuch voreingetragen wird. Kauft der Erwerber von dem als Eigentümer eingetragenen Erben, kann er sich auf den **öffentlichen Glauben des Grundbuchs** nach § 892 BGB berufen und ist geschützt. 84

3. Zwang zur Grundbuchberichtigung

Eine Grundbuchberichtigung erfolgt jedoch **nicht automatisch.** Das zuständige Grundbuchamt wird dem oder den Erben bzw. im Fall der Testamentsvollstreckung auch dem Testamentsvollstrecker **die Verpflichtung auferlegen**, den notwendigen Grundbuchberichtigungsantrag zu stellen und die zur Berichtigung des Grundbuchs erforderlichen Unterlagen zu beschaffen (§ 82 GBO), also die Erbnachweise (siehe hierzu Rdn 89 ff.). 85

Wenn ein Nachlassgericht einen Erbschein erteilt oder einen Erben ermittelt hat, soll es bei Kenntnis über Vorhandensein von Grundeigentum die zuständigen Grundbuchämter vom Erbfall und den Erben **benachrichtigen** (§ 83 GBO). Kennt das Nachlassgericht den Aufenthalt der Erben, wird dem Erben zudem mitgeteilt, dass die **Gerichtsgebühren für die Grundbuchberichtigungen ggf. entfallen können**, soweit der Grundbuchberichtigungsantrag innerhalb von zwei Jahren nach dem Erbfall gestellt worden ist. Zu den Einzelheiten siehe Rdn 93 ff. 86

---

53 *Krauß*, Immobilienkaufverträge, Rn 944.
54 *Elsing*, Grundstückskaufvertrag, § 7 Rn 1; *Krauß*, Immobilienkaufverträge, Rn 940 m.w.N.

4. Antragsberechtigung

87 Der Grundbuchberichtigungsantrag kann durch den **Testamentsvollstrecker**, den **Erben**, aber auch nur durch einen **Miterben** allein aus eigenem Antragsrecht gestellt werden. Der Erbe oder Miterbe darf dies auch, wenn Testamentsvollstreckung besteht.[55]

5. Form

88 Der Grundbuchberichtigungsantrag muss i.d.R. weder beurkundet noch notariell beglaubigt werden. Die Berichtigung im Wege der Rechtsnachfolge von Todes wegen erfolgt nach schriftlichem Grundbuchberichtigungsantrag, sobald die Unrichtigkeit i.S.v. § 35 GBO nachgewiesen wird.

6. Erbnachweise

89 Welche Nachweise zur Berichtigung des Grundbuchs im Wege der Rechtsnachfolge von Todes wegen dem Grundbuchamt vorzulegen sind, hängt davon ab, ob ein Erbfall mit **gesetzlicher** Erbfolge oder ein Erbfall mit **gewillkürter** Erbfolge vorliegt und ob im letzteren Fall eine eigenhändige privatschriftliche letztwillige Verfügung vorliegt oder eine öffentliche Urkunde mit eindeutiger Erbeinsetzung.

90 Beruht der Erbfall auf der Grundlage der **gesetzlichen Erbfolge**, gilt § 35 Abs. 1 GBO, so dass als Nachweis der Erbfolge **grundsätzlich ein Erbschein** (§§ 2353 ff. BGB) beizubringen ist.

91 **Kein Erbschein** muss beigebracht werden, wenn gewillkürte Erbfolge und eine **letztwillige Verfügung** innerhalb einer **öffentlichen Urkunde** vorliegt und diese vom Nachlassgericht eröffnet wurde. Als Erbnachweis bedarf es dann der Vorlage einer beglaubigten Abschrift des vom **Nachlassgericht eröffneten** notariell beurkundeten Testaments mit einer beglaubigten Abschrift des **Eröffnungsprotokolls.**

92 Liegt eine gewillkürte Erbfolge vor und hat der Erblasser seine **letztwillige Verfügung** nicht in einer öffentlichen Urkunde, sondern mit **eigenhändig geschriebenem und unterschriebenem** Testament errichtet, dann muss **ebenfalls ein Erbschein** in Ausfertigung vorgelegt werden. Zwar genügt sogar ein eigenhändiges eröffnetes Testament mit Eröffnungsprotokoll als Nachweis zur Legitimation gegenüber einem Kreditinstitut, um die Verfügungsgewalt über die Konten des Erblassers zu erlangen,[56] jedoch kann diese Rechtsprechung **nicht** analog für Grundbuchberichtigungen angewandt werden, weil § 35 Abs. 1 GBO sich **nur**

55 KEHE/*Volmer*, Grundbuchrecht, § 13 GBO Rn 64; OLG Stuttgart v. 30.7.2013 – 8 W 173/12, MittBayNot 2013, 489 = NotBZ 2013, 444.

56 BGH, Urt. v. 5.4.2016 – XI ZR 440/15, openJur 2016, 6809.

auf das Vorliegen einer Erbfolge aufgrund einer Verfügung von Todes wegen bezieht, **die in einer öffentlichen Urkunde enthalten** ist.[57]

7. Gerichtsgebühren der Grundbuchberichtigung, Gebührenfreiheit

Für die Eintragung eines Eigentümers oder Miteigentümers oder auch für die Eintragung eines Gesellschafters einer Gesellschaft bürgerlichen Rechts im Wege der Grundbuchberichtigung erhebt das Amtsgericht (Grundbuchamt) eine 1,0-Gebühr gem. Nr. 14110 KV GNotKG. 93

Geschäftswert ist der Verkehrswert der Immobilie (§ 46 GNotKG) und wenn nur ein Miteigentümer berichtigt wird, der Verkehrswert nur seines Bruchteils an der Immobilie. Dasselbe gilt, wenn ein Gesellschafter der GbR nach einer Erbfolge von Todes wegen berichtigt wird.

Wird der Antrag auf Grundbuchberichtigung in der ersten Abteilung des Grundbuchs auf Eintragung von Erben des Gesellschafters bürgerlichen Rechts erhoben und wird der Eintragungsantrag **binnen zwei Jahren** seit dem Erbfall beim Grundbuchamt eingereicht, dann erhebt das Gericht die Gebühren voraussichtlich **nicht** (bei einer GbR ggf. nur dann nicht, wenn diese bestehen bleibt und nicht ein Rechtsträgerwechsel vom Gericht nachzuprüfen ist). 94

Die Zweijahresfrist ist eine **Ausschlussfrist.** Eine Wiedereinsetzung in den vorherigen Stand bei schuldloser Fristversäumnis ist mithin ausgeschlossen. **Entscheidend für die Fristwahrung** ist die Einreichung des Antrags, nicht dessen Vollzugsreife.[58] Zielt der Erbe auf die Gebührenfreiheit beim Grundbuchamt ab und **droht die zweijährige Ausschlussfrist seit Erbfall zu verstreichen**, so ist ihm zu raten, auch dann den Grundbuchberichtigungsantrag auf Korrektur der Eigentümerspalte beim Grundbuchamt einzureichen, wenn der **beantragte Erbnachweis noch nicht vorliegt.** Damit kann die Zweijahresfrist noch gewahrt werden.[59] Die Erbnachweise sollten unverzüglich, ohne schuldhafte Verzögerung so bald wie möglich dem Grundbuchamt nachgereicht werden. 95

Verstirbt ein im Grundbuch eingetragener **GbR-Gesellschafter**, so bedarf es zur Grundbuchberichtigung dann **nicht noch** der Vorlage des Gesellschaftsvertrags, wenn die Erben ihre Stellung in der Form des § 35 GBO nachgewiesen haben und die Grundbuchberichtigung mit allen weiteren im Grundbuch eingetragenen Gesellschaftern entsprechend den §§ 19, 29 Abs. 1 S. 1 GBO erklärt wurde.[60] 96

---

57 *Elsing*, notarbüro 2016, 74.

58 OLG Frankfurt MittBayNot 2007, 522; *Elsing*, notarbüro 2017, 31, 32; OLG Zweibrücken, Beschl. v. 13.3.1997 – 3 W 176/96, juris, wonach zur Erledigung eine angemessene Frist gesetzt werden kann; *Elsing*, notarbüro 2024, 46; a.A. OLG Karlsruhe, Beschl. v. 12.2.1987 – 4 W 87/867, juris.

59 OLG Frankfurt MittBayNot 2007, 522; *Elsing*, notarbüro 2017, 31, 32.

60 KG, Beschl. v. 29.3.2016 – 1 W 907/15, openJur 2016, 5829.

8. Muster

▼

97 **Muster 2.2: Grundbuchberichtigungsantrag (Eigentümerposition)**

Der im Grundbuch des Amtsgerichts von Blatt in Abteilung I eingetragene Eigentümer, Herr , ist am verstorben.

Als alleiniger Erbe, ausweislich des in Ausfertigung beigefügten Erbscheins des Amtsgerichts , Aktenzeichen , beantrage ich,

Herr ,

geb. am ,

Wohnort: ,

die Berichtigung des vorgenannten Grundbuchs in Abteilung I dergestalt, dass ich Alleinerbe geworden bin.

Meinen Grundbuchberichtigungsantrag werde ich dem Grundbuchamt einreichen, bevor zwei Jahre seit dem Erbfall verstrichen sind, so dass die Gerichtsgebühren gem. Nr. 14110 KV GNotKG nicht erhoben werden.

[*alternativ:*]

Seit dem Erbfall sind mehr als zwei Jahre verstrichen, so dass ich um Übersendung der Gerichtskostenrechnung bitte, ggf. zusammen mit der Benachrichtigung über die Grundbuchberichtigung.

Von der erfolgten Grundbuchberichtigung bitte ich darum, mich durch Übersendung eines einfachen Grundbuchabdrucks an meine Anschrift zu benachrichtigen.

[*Ort, Datum und Unterschrift des Erben*]

▲

Hinweis

Ist das Nachlassgericht, das den Erbschein erteilt hat, bei demselben Amtsgericht, das auch für das Grundbuch zuständig ist, kann darauf verzichtet werden, den Erbschein in Ausfertigung dem Grundbuchamt vorzulegen. Stattdessen genügt in diesem Fall eine Verweisung auf die Nachlassakte unter Angabe des Nachlassaktenzeichens.

▼

Muster 2.3: Löschungsantrag für ein Nießbrauchsrecht/Wohnungsrecht 98

Amtsgericht

Grundbuchamt

Zu den Grundakten des Amtsgerichts von Blatt überreiche ich,

der Eigentümer,

hiermit eine beglaubigte Ablichtung der **Sterbeurkunde** des in Abteilung II unter lfd. Nr. eingetragenen Berechtigten des Nießbrauchsrechts/des Wohnungsrechts.

Durch den Tod des Berechtigten ist sein Nießbrauch/sein Wohnungsrecht kraft Gesetzes erloschen.

Ich beantrage das Grundbuch in Abteilung II dahin zu berichtigen, dass der vorgenannte Nießbrauch/das vorgenannte Wohnungsrecht gelöscht wird.

Durch Übersendung eines einfachen Grundbuchblattabdrucks beantrage ich benachrichtigt zu werden. Meine Anschrift lautet (unverändert): .

[*Ort, Datum und Unterschrift des Eigentümers*]

▲

II. Überweisungszeugnis

1. Reduzierung der Gerichtskosten

Zur Reduzierung der anfallenden Gerichtsgebühren kann es sich anbieten, die Erteilung eines Erbscheins zu meiden. Liegt ein verständliches, eigenhändig vom Erblasser verfasstes Testament vor, so genügt es, eine vom Nachlassgericht beglaubigte Ablichtung mit dem Eröffnungsprotokoll der Bank vorzulegen, um sich als Erbe zu legitimieren und die Verfügungsgewalt über die Konten zu erreichen.[61] 99

2. Vermeidung/Reduzierung von Gebühren bei Grundeigentum

Die Erteilung eines Erbscheins ist jedoch mangels eines öffentlichen Testaments für die Grundbuchzwecke zwingend (§ 35 Abs. 1 GBO). Eine Gebührenreduzierung für einen Erbschein nur für Immobilienzwecke sieht das GNotKG nicht vor. Die Gebühren eines Erbscheins, dem der volle Wert des Nachlasses zugrunde gelegt wird, können jedoch reduziert werden, wenn ein **gerichtliches Überweisungszeugnis gem. § 36 GBO** beigebracht wird. Für ein gerichtliches Überwei- 100

61 BGH, Urt. v. 5.4.2016 – XI ZR 440/15, openJur 2016, 6809.

sungszeugnis fällt eine 1,0-Gebühr gem. Nr. 12210 KV GNotKG an. Der Verkehrswert des Grundstücks, auf das sich das Überweisungszeugnis bezieht, ist dann **allein** zugrunde zu legen (§ 41 GNotKG). Enthält der Nachlass weitere hohe Werte, fließen diese Werte nicht in die Wertberechnung ein.

101 Für die Erteilung eines **Überweisungszeugnisses** ist das Nachlassgericht zuständig (§§ 342 Abs. 1 Nr. 6, 343 FamFG). Der Antrag auf Erteilung nebst der dafür notwendigen eidesstattlichen Versicherung ist unmittelbar dem Nachlassgericht zu übermitteln. Der Antrag kann von einem Notar, z.B. unmittelbar in einem Erbauseinandersetzungsvertrag, mitbeurkundet werden. Dem Grundbuchamt sind zur Grundbuchberichtigung dann eine **Ausfertigung des gerichtlichen Überweisungszeugnisses** und ein **schriftlicher Antrag** gem. § 13 GBO vorzulegen.[62]

3. Muster

▼

102 **Muster 2.4: Antrag auf Erteilung eines Überweisungszeugnisses (§ 36 GBO)**

[*Notarielle Eingangsformel*]

Die Erschienenen baten den Notar um die Beurkundung ihrer Erklärungen zur Erteilung eines Überweisungszeugnisses gem. § 36 GBO:

1. Im Grundbuch des Amtsgerichts von ist als Eigentümer Herr eingetragen. Der Eigentümer ist am in verstorben. Der Verstorbene hat keine letztwillige Verfügung hinterlassen. Er war bis zuletzt verheiratet mit Frau , geb. am , Wohnort , und lebte mit ihr im gesetzlichen Güterstand der Zugewinngemeinschaft.
2. Aus der einzigen Ehe des Verstorbenen sind zwei Kinder hervorgegangen, und . Weitere Kinder sind und waren nicht vorhanden, auch keine einseitigen oder adoptierten Kinder. Gesetzliche Erben des verstorbenen Eigentümers sind somit: die Witwe des Verstorbenen, Frau , zu ½ des Nachlasses, das Kind zu ¼ des Nachlasses und das Kind zu ¼ des Nachlasses.
3. Andere Personen, durch welche die vorgenannten Erben von der Erbfolge ausgeschlossen oder deren Erbteile gemindert werden würden, sind und waren nicht vorhanden. Die Erben haben die Erbschaft angenommen. Ein Rechtsstreit über ihr Erbrecht ist nicht anhängig.
4. Wir sind über die Bedeutung einer eidesstattlichen Versicherung belehrt worden, insbesondere in strafrechtlicher Hinsicht. Wir versichern als Miterben an Eides statt, dass uns nichts bekannt ist, was der Richtigkeit und Vollständigkeit unserer vorstehenden Angaben entgegensteht.
5. Wir, die Erben, haben das Grundstück der Witwe des Verstorbenen, Frau , zum alleinigen Eigentum aufgelassen und ihre Eintragung als alleinige Eigentümerin bewilligt. Die notarielle Ausfertigung der Auflassungsurkunde (UVZ-Nr. / des Notars) wird beigefügt.

62 Vgl. *Krauß*, Immobilienkaufverträge, Rn 964.

6. Wir, die Erben, beantragen, ein Zeugnis nach § 36 GBO zu erteilen, das die gesetzliche Erbfolge und die zur Eintragung erforderlichen Erklärungen bezeugt. Das Überweisungszeugnis bitten wir dem beurkundenden Notar in Ausfertigung zu übersenden.
7. Den Verkehrswert des Grundbesitzes geben wir mit EUR an.
8. Wir überreichen mit diesem Antrag eine beglaubigte Ablichtung der Sterbeurkunde des Verstorbenen, eine beglaubigte Ablichtung der Heiratsurkunde aus dem Familienstammbuch der Tochter, eine beglaubigte Ablichtung der Geburtsurkunde der Tochter sowie eine beglaubigte Ablichtung der Geburtsurkunde des Sohnes.

[*Schlussformel des Notars*]

▲

4. Europäisches Nachlasszeugnis

Seit dem 17.8.2015 kann für das deutsche Grundbuchverfahren auch der Europäi- 103
sche Erbnachweis eingesetzt werden (Art. 62 EuErbVO). Das Europäische Nachlasszeugnis (ENZ) verdrängt den Erbschein nicht. Das ENZ kann auch als Erbnachweis gegenüber dem Grundbuchamt genügen, um eine Grundbuchberichtigung auf den Erben zu erreichen. Das Grundbuchamt darf nicht noch den deutschen Erbschein zusätzlich fordern.[63]

Eine Grundbuchberichtigung kann ggf. sogar dann erreicht werden, wenn weder 104
ein deutscher Erbschein noch ein ENZ beigebracht wird. Voraussetzung ist, dass der Verkehrswert der Immobilie oder des betroffenen Miteigentumsanteils an der Immobilie so niedrig ist, dass er unter dem Betrag von 3.000 EUR liegt. Dann sind der Aufwand und die damit verbundenen Kosten zur Erlangung eines Erbnachweises in keiner vernünftigen Relation zueinander. Unverhältnismäßigkeit liegt dann noch nicht vor, wenn die Kosten der Erbnachweisbeschaffung unter dem Verkehrswert des zu berichtigenden Miteigentumsanteils bzw. der Immobilie liegen.[64]

Das **ENZ** wirkt sowohl in dem Mitgliedstaat, in dem das Zeugnis ausgestellt 105
wurde, wie auch in den übrigen Mitgliedstaaten der EU, ausgenommen **Dänemark, Irland** und das **Vereinigte Königreich**; dort wird die Europäische Erbrechtsverordnung nicht angewandt (§ 1 IntErbRVG).

Das ENZ kann im Gegensatz zum inländischen Erbschein **nicht eingezogen** 106
und **nicht für kraftlos** erklärt werden. Es kann nur berichtigt oder widerrufen werden (Art. 69, 71 EuErbVO, § 38 IntErbRVG). Dies gilt für jedes ENZ, somit

63 Vgl. *Elsing*, Erbrecht in der notariellen Praxis, § 7 Rn 19; Art. 69 Abs. 5 EuErbVO, § 35 GBO.

64 OLG München, Beschl. v. 14.5.2014 – 34 Wx 189/14, NotBZ 2014, 304 = Rpfleger 2014, 666; OLG Jena, Beschl. v. 22.10.2014 – 3 W 423/14; OLG Rostock, Beschl. v. 9.8.2005 – 7 W 45/05, NotBZ 2006, 104; *Böhringer*, NotBZ 2015, 281, 282; *Elsing*, Erbrecht in der notariellen Praxis, § 7 Rn 20.

auch für das in Deutschland erteilte, weil die Grundlagen bei allen Mitgliedstaaten konform sein müssen. Erweist sich eine Erbfolge als unrichtig, sollte der wahre Erbe die unrichtigen Erben sofort auf diesen Umstand hinweisen und durch eine **einstweilige Verfügung** jedwede Handlung zu Verwertung von Vermögen aus dem Nachlass untersagen.[65]

107 Das Grundbuchamt darf ins Blaue hinein weder ein **neues ENZ** noch einen **Erbschein** verlangen, nur weil ggf. ein vorliegendes ENZ nachträglich geändert oder widerrufen sein könnte oder die Wirkung des ENZ ausgesetzt wurde (§ 38 IntErbRVG). Nur dann, wenn das Grundbuchamt Kenntnis von einer Änderung, einem Widerruf oder einer Aussetzung des ENZ hat, darf es ein neues ENZ oder alternativ einen Erbschein fordern.[66]

108 Das ENZ vermittelt Gutglaubensschutz. Es wird vermutet, dass die in ihm festgestellten Sachverhalte wahre Tatsachen sind und dass die im ENZ aufgeführten Erben, Testamentsvollstrecker, Vermächtnisnehmer oder Nachlassverwalter ihre Positionen noch innehaben (Art. 69 Abs. 2 S. 2 EuErbVO). Die Vermutungen gelten für das Registerverfahren und für das Grundbuchverfahren.[67]

109 Das ENZ hat einen Makel, nämlich sein **Verfallsdatum**. Dieses wird im ENZ angegeben (Art. 70 Abs. 3 S. 1 EuErbVO i.V.m. § 42 IntErbRVG). Die Gültigkeitsdauer liegt i.d.R. bei nur sechs Monaten. In Anbetracht langer Eintragungszeiten einiger Grundbuchämter kann die Zeit unzureichend kurz sein. Ausnahmsweise kann das Nachlassgericht auf dem ENZ eine **längere Gültigkeit** bescheinigen, wenn es dies nach eigenem Ermessen als sinnvoll erachtet. Ist das Grundbuch erst einmal auf die Erben berichtigt, schadet die danach abgelaufene Gültigkeitsdauer des ENZ nicht. Für spätere Verfügungen der Erben gilt dann die gesetzliche Vermutungswirkung des § 891 BGB, so dass man sich auf den Grundbuchinhalt verlassen darf. Erwerber werden, wenn sie gutgläubig sein können und es sind, nach § 892 BGB über den öffentlichen Glauben des Grundbuchs geschützt.[68]

65 *Elsing*, Erbrecht in der notariellen Praxis, § 7 Rn 22.
66 *Elsing*, Erbrecht in der notariellen Praxis, § 7 Rn 23.
67 *Everts*, NotBZ 2015, 3, 11; *Schmidt*, ZEV 2014, 389; *Elsing*, Erbrecht in der notariellen Praxis, § 7 Rn 24.
68 *Elsing*, Erbrecht in der notariellen Praxis, § 7 Rn 32.

§ 3 Nießbrauch und Wohnungsrecht

Prof. Dr. Carmen Griesel

Übersicht:

Literatur

Götz/Hülsmann, Der Nießbrauch im Zivil- und Steuerrecht, 13. Aufl. 2023.

A. Nießbrauch

I. Begriff

1 Grundstücke können in der Form belastet werden, dass der Begünstigte berechtigt ist, **sämtliche Nutzungen** daraus zu ziehen (sog. Nießbrauch), § 1030 BGB. Dies umfasst bspw. die Vermietung und Verpachtung der Sache, nicht aber das Recht, die Immobilie in ihrer Substanz zu verwerten. Das Gesetz definiert in § 100 BGB die Nutzungen als die Früchte einer Sache einschließlich aller Vorteile, die der Gebrauch des Grundstücks gewährt. Bei einem Mietwohngrundstück erwirbt der Nießbraucher den Anspruch auf den Mietzins mit der Bestellung des Nießbrauchs; die Abtretung der Mieten ist nicht erforderlich.[1] § 1030 Abs. 2 BGB erlaubt die Beschränkung des Nießbrauchs durch den Ausschluss einzelner Nutzungen, jedoch ohne die Einstufung des Nießbrauchs als umfassendes Nutzungsrecht zu beeinträchtigen. Zulässig ist danach die Beschränkung des Nießbrauchs auf einen Bruchteil oder eine Quote, nicht aber in der Form, dass sich der Eigentümer bei einem Mehrfamilienhaus die Nutzung einer bestimmten Wohnung vorbehält.[2]

> **Hinweis**
>
> Die Beschränkung des Nießbrauchs muss in das Grundbuch eingetragen werden, um gegenüber Dritten zu wirken.

2 Von einem **Bruchteilsnießbrauch** spricht man, wenn der Nießbrauch mehreren jeweils zu (ideellen) Bruchteilen zusteht, § 1066 BGB. Das Innenverhältnis der Bruchteilsnießbraucher untereinander richtet sich nach den §§ 741 ff. BGB

---

1 Grüneberg/*Herrler*, § 1030 Rn 4.

2 BGH v. 27.1.2006 – V ZR 243/04, NJW 2006, 1881.

(Bruchteilsgemeinschaft). Demgegenüber erhält der Nießbrauchsberechtigte bei einem **Quotennießbrauch** das Nutzungsrecht bezogen auf den gesamten Nutzungsgegenstand, jedoch nur in Höhe einer bestimmten Quote (Prozentsatz) bezogen auf die gesamten Nutzungen. Bei dem Quotennießbrauch stehen dem Eigentümer und dem Nießbraucher die Besitz- und Verwaltungsrechte gemeinschaftlich zu, und die Kosten und Lasten im Zusammenhang mit den Nutzungen sind quotenmäßig aufzuteilen, §§ 748, 1041 ff. BGB.

Alternativ kann ein Nießbrauch zugunsten von **Gesamtberechtigten** i.S.v. § 428 BGB vereinbart werden (Zusatz: „Gesamtberechtigte i.S.v. § 428 BGB").

3 Bei dem sog. **Vorbehaltsnießbrauch** wird die Eigentumsübertragung mit dem Vorbehalt des Nießbrauchsrechts zugunsten des ehemaligen Eigentümers verbunden. Der das Eigentum übertragende Eigentümer behält das Nutzungsrecht zurück; es wird daher weniger als das unbelastete Eigentum übertragen.[3] Es fehlt an einer Gegenleistung für die Eigentumsübertragung, wenn diese unentgeltlich erfolgt. Dabei liegt auch dann ein Vorbehaltsnießbrauch vor, wenn die Immobilie übertragen und gleichzeitig (in einem separaten Vertrag) dem Schenker ein Nutzungsrecht an dieser Immobilie eingeräumt wird.

Hinweis

Eine Gegenleistung und damit mindestens eine gemischte Schenkung ist zu bejahen, wenn dem bisherigen Eigentümer nicht das Nutzungsrecht an dem übertragenen Grundstück, sondern an einem dritten Grundstück des Erwerbers eingeräumt wird.[4] Beim un-/entgeltlichen **Zuwendungsnießbrauch** bestellt der Eigentümer einem Dritten einen Nießbrauch an seiner Immobilie; das Eigentum an der Immobilie steht in diesem Fall weiterhin unverändert dem Eigentümer zu.

4 Unter dem Begriff **Bruttonießbrauch** ist die unentgeltliche Einräumung eines Nießbrauchsrechts zu verstehen, bei denen der Eigentümer die in den §§ 1041, 1045, 1047 BGB geregelten Pflichten übernimmt.[5]

Bei einem **Sicherungsnießbrauch** dient der Nießbrauch der Absicherung von Ansprüchen des Nießbrauchers gegen den Nießbrauchsverpflichteten. Der Sicherungsnießbrauch erlischt regelmäßig mit Tilgung der gesicherten Forderung, § 158 Abs. 2 BGB. So kann bspw. zugunsten des Mieters ein Sicherungsnießbrauch durch den Eigentümer bestellt werden. Solange der Sicherungsfall nicht eintritt, stehen die Mieten, die der Mieter zahlt, weiterhin dem Eigentümer zu. Mit Eintritt des Sicherungsfalls entsteht das Nießbrauchsrecht des Mieters, der dann die Mieten „an sich selbst" zahlt.

---

3 BFH v. 14.6.2005 – VIII R 14/04, BStBl II 2006, 15.

4 BFH v. 9.8.1989 – X R 20/86, BStBl II 1990, 128.

5 BMF-Schreiben v. 24.7.1998 – IV B 3-S-2253–59/98, BStBl I 1998, 914, Rn 14; siehe auch BMF-Schreiben v. 30.9.2013 – IV C 1-S-2253/07/10004, BStBl I 2013, 1184.

II. Form

Die Verpflichtung, einen Nießbrauch an einem Grundstück zu bestellen, unterliegt grundsätzlich keinen besonderen Formvorschriften. § 311b Abs. 1 BGB gilt nicht, da Gegenstand eines Nießbrauchsrechts nicht die Übertragung des Eigentums an einer Immobilie ist. Auch die Auflassungserklärung ist dem Grunde nach nicht an eine besondere Form gebunden. 5

Hinweis

Bestellt ein Ehegatte ein Nießbrauchsrecht an einem ihm gehörenden Grundstück, kann die Zustimmung des anderen Ehegatten gem. § 1365 BGB erforderlich sein, soweit eine Verfügung über das Vermögen im Ganzen bejaht wird.[6] Da der Nießbrauch an einer Immobilie den gesamten Grundstückswert erfassen kann,[7] ist die Zustimmung immer dann (vorsorglich) einzuholen, wenn die Immobilie das wesentliche Vermögen des Ehegatten darstellt.

Ist Schenkungsgegenstand ein Nießbrauchsrecht, greift für das Schenkungsversprechen die Pflicht zur notariellen Beurkundung nach § 518 Abs. 1 S. 2 BGB ein.

III. Inhaltliche Ausgestaltung

Der Nießbrauch an einem Grundstück erstreckt sich im Zweifel auch auf das Grundstückszubehör i.S.d. § 97 BGB, vgl. § 1031 BGB. Der Nießbraucher ist zum Besitz der Sache berechtigt, § 1036 Abs. 1 BGB. Bei einer Vermietung der Immobilie an Dritte wird der Nießbraucher mittelbarer Besitzer ersten Grades. Zwar steht dem Nießbraucher kein Verfügungsrecht über das Grundstück zu. § 1048 BGB sieht aber für die Nießbrauchsbestellung an einem Grundstück samt Inventar vor, dass der Nießbraucher über das Inventar im Rahmen einer ordnungsgemäßen Wirtschaft verfügen darf, wenn er zugleich für Ersatz sorgt. 6

Der Nießbraucher ist gegenüber dem Eigentümer gesetzlich verpflichtet, für die Erhaltung der Immobilie in ihrem wirtschaftlichen Bestand Sorge zu tragen, z.B. indem er die gewöhnlich notwendigen Ausbesserungsarbeiten durchführt, vgl. § 1041 BGB.[8] Das Gesetz sieht demgegenüber vor, dass der Nießbraucher die außergewöhnlichen Nachbesserungen nicht tragen muss, § 1050 BGB. Führt er diese dennoch durch, kann sich für den Nießbraucher ein Aufwendungsersatzanspruch nach den Regeln einer Geschäftsführung ohne Auftrag ergeben, vgl. § 1049 BGB. 7

---

6 BGH v. 16.1.2013 – XII ZR 141/10, BGHZ 196, 95.

7 BFH v. 3.11.1976 – II R 43/67, BStBl II 1977, 159, nicht regelmäßig, aber im Einzelfall denkbar.

8 BGH v. 7.7.1993 – IV ZR 90/92, NJW 1993, 3198: Dies gilt nicht für die vollständige Erneuerung des Dachs.

Hinweis

Abweichungen von den gesetzlichen Regelungen können sich aufgrund der vertraglichen Regelungen zwischen den Beteiligten ergeben, mit denen der Nießbrauch bestellt worden ist. Abdingbar sind insbesondere die §§ 1041 S. 2, 1045, 1047 und 1051 BGB.

Entspricht der Abschluss einer Versicherung einem ordnungsgemäßen Wirtschaften, ist der Nießbraucher auch verpflichtet, die Immobilie gegen Feuer u.Ä. zu versichern, vgl. § 1045 Abs. 1 BGB, bzw. die Kosten einer bestehenden Versicherung zu übernehmen. Dabei ist die Versicherung so auszugestalten, dass die Versicherungssumme an den Eigentümer ausgezahlt wird. Dem Nießbraucher steht jedoch das Nießbrauchsrecht an der Versicherungssumme im Wege der Surrogation zu.

8 Der Nießbrauch ist nicht übertragbar; er erlischt zwingend mit dem Tod des Berechtigten, § 1061 S. 1 BGB. Dementsprechend ist es nicht zulässig, ein Nießbrauchsrecht für den Berechtigten und seine Erben zu bestellen. Als Alternative bietet es sich aber an, mit aufschiebenden und auflösenden Bedingungen i.S.d. § 158 BGB zu arbeiten.

Beispiel

G bestellt einen Nießbrauch an einer Immobilie zugunsten seiner Ehefrau E auflösend bedingt durch ihren Tod. Gleichzeitig regelt er, dass sein Sohn S den Nießbrauch an dieser Immobilie erhält, aufschiebend bedingt durch den Tod der E.

In diesem Fall erwirbt S das Nießbrauchsrecht nicht von E, sondern unmittelbar von G.

9 Betreibt ein Gläubiger des Eigentümers bzw. des Nießbrauchsbestellers die **Zwangsversteigerung** der nießbrauchsbelasteten Immobilie nach den Regeln des ZVG, erlischt der Nießbrauch, wenn die Zwangsvollstreckung aufgrund eines Rechts erfolgt, das dem Nießbrauch im Rang vorgeht. Der Nießbrauchsberechtigte hat dann Anspruch auf eine Geldrente aus dem Versteigerungserlös, § 92 ZVG.

Gläubiger des Nießbrauchers können die **Zwangsvollstreckung** in den Nießbrauch dagegen nur betreiben, wenn die Ausübung des Nießbrauchs Dritten überlassen werden kann, § 857 ZPO, § 1059 S. 2 BGB. Bei einem Nießbrauch an Grundstücken ist für die Überlassung der Ausübung an Dritte die Eintragung im Grundbuch erforderlich. Die Vollstreckung erfolgt durch Pfändungsbeschluss und Übertragung der Ausübungsbefugnis (Überweisungsbeschluss), nicht der Verwertungsbefugnis. Die Eintragung der Pfändung in das Grundbuch ist zulässig, jedoch keine Wirksamkeitsvoraussetzung.[9]

9 BGH v. 20.2.1974 – VIII ZR 20/73, BGHZ 62, 133.

Hinweis

Um Zugriffe des Gläubigers des Nießbrauchers auf die Nutzungen der Immobilie zu verhindern, bestehen folgende Möglichkeiten: auflösend bedingter Nießbrauch für den Fall der Zwangsvollstreckung oder Rücktrittsrecht des Eigentümers.

Zwar kann die Ausübungsbefugnis beschränkt und eine Überlassung an Dritte untersagt werden.[10] Dies hindert aber eine Zwangsvollstreckung in den Nießbrauch nicht, vgl. § 851 Abs. 2 ZPO entsprechend.[11]

Bei der **Übertragung** einer Immobilie auf **minderjährige Kinder** bedarf es für 10
die Auflassung der Mitwirkung eines Ergänzungspflegers, da die Eltern von der Vertretung ausgeschlossen sind. Daran ändert auch ein Nießbrauchsvorbehalt zugunsten der Eltern nichts.[12]

Bei der **Zuwendung** eines Nießbrauchsrechts an die minderjährigen Kinder entfällt die Einschaltung des Familiengerichts bzw. der Einsatz eines Ergänzungspflegers nicht, da die Zuwendung nicht lediglich rechtlich vorteilhaft i.S.d. § 107 BGB ist. Denn die Kinder als Nießbrauchsberechtigte treffen auch eine Reihe rechtlicher Verpflichtungen.[13] Dies gilt auch für die Bestellung eines sog. **Bruttonießbrauchs** (Rdn 4), da bei dem Nießbraucher zumindest die Pflichten der §§ 1037 Abs. 1, 1039 Abs. 1 S. 2 BGB verbleiben.[14]

Hinweis

Während der Dauer des Nießbrauchs bedarf es der Bestellung eines Pflegers zugunsten der minderjährigen Kinder nicht, da die Vertretung durch die Eltern im Rahmen des Sorgerechts erfolgen kann.

Ein Gebäude wird nicht wesentlicher Bestandteil des Grundstücks, wenn es 11
nicht vom Grundstückseigentümer, sondern vom Nießbrauchsberechtigten im Rahmen der Ausübung seines Nießbrauchsrechts errichtet wird.[15]

Verkauft der Eigentümer die mit dem Nießbrauch belastete Immobilie, so besteht 12
das Nießbrauchsrecht auch gegenüber dem neuen Eigentümer unverändert fort.

---

10 BGH v. 21.6.1985 – V ZR 37/84, BGHZ 95, 99.

11 BGH v. 21.6.1985 – V ZR 37/84, BGHZ 95, 99.

12 BGH v. 26.1.2005 – XII ZR 70/03, NJW 2005, 1430; BGH v. 30.9.2010 – V ZB 206/10, NJW 2010, 3643.

13 BFH v. 13.5.1980 – VIII R 75/79, BStBl II 1981, 297; BFH v. 31.10.1989 – IX R 216/84, BStBl II 1992, 506.

14 FG Saarland v. 16.1.1990 – 2 K 41/80, EFG 1990, 316; BMF-Schreiben v. 9.2.2001 – IV C 3 – S2253–18/01, BStBl I 2001, 171 mit der Ausnahme für den Fall, dass das Familiengericht die Mitwirkung eines Ergänzungspflegers nicht für erforderlich erachtet hat.

15 Vgl. BGH v. 28.11.1952 – V ZR 26/52, LM Nr. 2 zu § 95 BGB; BFH v. 9.5.1974 – VIII R 42/68, BStBl II 1975, 8; siehe auch § 95 Abs. 1 S. 2 BGB.

Die Zustimmung des Nießbrauchers ist für die Veräußerung daher nicht erforderlich.

Hinweis

Daran ändert sich auch nichts, wenn der Nießbrauch an der Immobilie im Grundbuch eingetragen ist (kein dinglicher Nießbrauch).[16] Die Eintragung des Nießbrauchs im Grundbuch ist keine Wirksamkeitsvoraussetzung (siehe Rdn 1), sondern bietet vor allem Schutz vor einem gutgläubigen unbelasteten Erwerb der Immobilie von einem Dritten, der behaupten könnte, keine Kenntnis von dem Nutzungsrecht gehabt zu haben.

13 Ohne eine grundbuchliche Absicherung liegt lediglich ein sog. **obligatorisches Nutzungsrecht** an einer Immobilie vor. Dieses steht dem dinglichen Nießbrauch gleich, wenn es eine vergleichbare gesicherte Rechtsposition gewährt. Für die Anerkennung des obligatorischen Nutzungsrechts bedarf es keiner Mindestlaufzeit von einem Jahr mehr.[17]

Es stellt sich aber die praktische Frage, ob die mit dem Nießbrauchsrecht belastete Immobilie überhaupt am Markt verkäuflich ist. Falls ein Erwerber gefunden wird, ist dieser regelmäßig nur gegen erhebliche Abschläge zu einem Kauf bereit. Steht der Verzicht auf das Nießbrauchsrecht zwecks belastungsfreier Veräußerung der Immobilie im Raum, gibt es folgende Alternativen für den Nießbraucher:

- entschädigungsloser Verzicht auf das Nießbrauchsrecht oder
- Verzicht gegen eine Entschädigungszahlung oder
- Fortsetzung des Nießbrauchs an der Kaufpreisforderung oder an einer anderen Immobilie als Ersatzwirtschaftsgut (Surrogation).

Hinweis

Für die wirksame Surrogation ist neben dem Verzicht auf den Nießbrauch in der Regel die Neubestellung des Nießbrauchs an der anderen Immobilie erforderlich. Um zu verhindern, dass der Nießbrauchsberechtigte nach dem Verzicht auf das Nießbrauchsrecht rechtlos gestellt ist, empfiehlt es sich, bereits in dem Vertrag über die Einräumung des Nießbrauchs Regelungen für diesen Fall zu treffen.

14 Vorsicht ist im Hinblick auf **Pflichtteilsansprüche** geboten. Die zehnjährige Abschmelzungsfrist, wonach Schenkungen, die länger als zehn Jahre zurückliegen, nicht mehr bei der Pflichtteilsberechnung zu berücksichtigen sind (§ 2325 BGB), beginnt nur dann zu laufen, wenn der Schenker und spätere Erblasser den Gegenstand nicht nur rechtlich, sondern auch wirtschaftlich weggegeben hat. Bei

16 Bestätigend aus steuerlicher Sicht auch BFH v. 24.5.2022 – IX R 1/21, BStBl II 2024, 54.

17 BFH v. 24.10.2012 – IX R 24/11, BFH/NV 2013, 1228; BMF-Schreiben v. 30.9.2013 – IV C 1-S-2253/07/10004, BStBl I 2013, 1184.

einem umfassenden Nießbrauchsvorbehalt kommt der Erblasser trotz rechtlicher Eigentumsumschreibung aber weiterhin in den Genuss der Nutzungen der Sache, so dass es regelmäßig an einer auch wirtschaftlichen Weggabe der Immobilie fehlt.[18] Demgemäß ist die unter Nießbrauchsvorbehalt übertragene Immobilie regelmäßig bei der Berechnung der Pflichtteilsansprüche zu berücksichtigen.

IV. Beendigung

Der Nießbrauch erlischt kraft Gesetz mit dem Tod des Nießbrauchsberechtigten (§ 1061 BGB) oder mit Eintritt einer rechtsgeschäftlich vereinbarten auflösenden Bedingung (§ 158 Abs. 2 BGB). Für die Löschung des Nießbrauchs genügt im ersten Fall der Todesnachweis, wenn dies im Grundbuch entsprechend eingetragen ist (§ 23 Abs. 2 GBO). Bei einem Bruchteilsnießbrauch erlischt nur der Bruchteil des verstorbenen Nießbrauchsberechtigten, so dass der Eigentümer des Grundstücks das Nutzungsrecht nur zu diesem Bruchteil zurückerhält. Steht der Nießbrauch mehreren Berechtigten als Gesamthandsgläubigern zu, ändert sich am Nießbrauchsumfang für die verbleibenden Berechtigten nichts. Der Eigentümer erhält kein anteiliges Nutzungsrecht zurück. 15

Erwirbt der Nießbraucher dagegen das Eigentum, endet das Nießbrauchsrecht, §§ 1063 Abs. 1, 1072 BGB. Besteht ein Nießbrauch an einem Grundstück, endet dieser nicht automatisch mit Zerstörung des Gebäudes, sondern erstreckt sich auf ein wieder aufgebautes Gebäude. 16

Bei Beendigung des Nießbrauchs ist die Immobilie dem Eigentümer zurückzugeben, § 1055 Abs. 1 BGB. Die Löschung des Nießbrauchs ist zu bewilligen, sofern dies erforderlich ist. Ist die Immobilie vermietet, tritt der Eigentümer anstelle des Nießbrauchers in den Mietvertrag ein, §§ 1056 Abs. 1, 566 Abs. 1 BGB. Der Eigentümer ist aber im Rahmen eins **Sonderkündigungsrechts** nach § 1056 Abs. 2 BGB berechtigt, das Mietverhältnis unter Einhaltung der gesetzlichen Kündigungsfrist zu beenden. 17

Hinweis

Auf einen Grundstückserwerber geht dieses Sonderkündigungsrecht nur über, wenn dies explizit mit dem Verkäufer des Grundstücks vereinbart wird.[19]

Der Mieter ist berechtigt, den Eigentümer zur Erklärung innerhalb einer angemessenen Frist aufzufordern, ob er von dem Sonderkündigungsrecht Gebrauch macht, § 1056 Abs. 3 BGB. Die Kündigung durch den Eigentümer ist dann nur innerhalb dieser Frist zulässig.

18 BGH v. 2.12.1987 – IVa ZR 149/86, NJW 1988, 821; BGH v. 27.4.1994 – IV ZR 132/93, NJW 1994, 1791.

19 BGH v. 27.11.2009 – LwZR 12/08, NZM 2010, 474.

Hinweis

Verzichtet der Nießbraucher auf sein Nießbrauchsrecht, besteht das Sonderkündigungsrecht erst ab dem Zeitpunkt, ab dem der Nießbrauch ohne den Verzicht erlöschen würde.

18 Ein Sonderkündigungsrecht ist nach § 242 BGB ausgeschlossen, wenn der Eigentümer den Mietvertrag selbst vor Begründung des Nießbrauchs abgeschlossen hat oder dem Mietvertrag beigetreten ist[20] oder wenn er als Alleinerbe des Nießbrauchers in seine Rechtsstellung nachrückt.[21]

B. Wohnungsrecht

19 Als beschränkte persönliche Dienstbarkeit kann auch das Recht bestellt werden, ein Gebäude oder einen Teil davon **unter Ausschluss des Eigentümers** als Wohnung zu benutzen, § 1093 Abs. 1 S. 1 BGB. Das Wohnungsrecht berechtigt damit grundsätzlich nicht zur Vermietung, sondern beinhaltet das Recht, in der Immobilie zu wohnen.[22] Das Wohnen muss Hauptgegenstand der Vereinbarung sein.[23]

20 Ist das Wohnungsrecht auf einen Gebäudeteil beschränkt, so kann der Berechtigte die zum gemeinschaftlichen Gebrauch der Bewohner bestimmten Anlagen und Einrichtungen mitbenutzen, § 1093 Abs. 3 BGB.

21 Auf das Wohnungsrecht finden die Regelungen zum Nießbrauch (§§ 1031, 1034, 1036, 1037 Abs. 1, 1041 f., 1044, 1049 f., 1057 und 1062 BGB) entsprechende Anwendung. Es ist zulässig, ein Wohnungsrecht für mehrere Personen zu bestellen, z.B. als Gesamthandsberechtigung, aufgrund der Unteilbarkeit aber nicht als Bruchteilsberechtigung.[24]

22 Der Wohnungsrechtsinhaber ist befugt, seine Familie sowie die zur standesmäßigen Bedienung und zur Pflege erforderlichen Personen in die Wohnung aufzunehmen, § 1093 Abs. 2 BGB. Gegenüber diesen Personen muss der Wohnungsrechtsinhaber nicht zum Unterhalt verpflichtet sein. Zulässig ist z.B. auch die Aufnahme des nichtehelichen Lebensgefährten.[25]

---

20 Zu den Fällen, in denen der Eigentümer am Abschluss des Mietvertrags mitgewirkt hat, vgl. BGH v. 12.10.2011 – VIII ZR 50/11, ZEV 2012, 160; BGH v. 20.10.1989 – V ZR 341/87, BGHZ 109, 111.

21 Anders aber, wenn keine Personenidentität besteht, vgl. BGH v. 20.10.2010 – XII ZR 25/09, NJW 2011, 61.

22 OLG Celle v. 25.3.2004 – 11 U 201/03, NJW-RR 2004, 1595.

23 Grüneberg/*Herrler*, § 1093 Rn 3.

24 Grüneberg/*Herrler*, § 1093 Rn 7 m.w.N.

25 BGH v. 7.5.1982 – V ZR 58/81, BGHZ 84, 36.

Für die **Zwangsvollstreckung** in ein Wohnungsrecht gelten grundsätzlich die Regeln für den Nießbrauch gem. § 1092 BGB (dazu Rdn 1 ff.). Das Sozialamt hat aber nicht das Recht, sich ein Wohnungsrecht nach § 93 SGB XII überleiten zu lassen. Eine Besonderheit gilt, wenn das Wohnungsrecht nicht Dritten zur Ausübung überlassen werden darf. Denn dann handelt es sich um ein nicht übertragbares höchstpersönliches Recht, das nicht pfändbar ist. Es unterliegt daher in diesem Fall – anders als der Nießbrauch – nicht der Zwangsvollstreckung. Im Rahmen eines Insolvenzverfahrens fällt es dann auch nicht in die Insolvenzmasse, da dieser nur das der Zwangsvollstreckung unterliegende Vermögen des Insolvenzschuldners zugeordnet wird, soweit es übertragbar ist. Droht eine Insolvenz des Nutzungsberechtigten, erscheint demgemäß die Einräumung eines Wohnungsrechts vorzugswürdig, dessen Überlassung an Dritte nicht gestattet wird. 23

Hinweis

Ein Wohnungsrecht kann – anders als der Nießbrauch – einem Dritten nur dann zur Ausübung überlassen werden, wenn dies ausdrücklich gestattet wird, § 1092 Abs. 1 S. 2 BGB.

Wird anstelle eines umfassenden Nießbrauchsrechts (dazu Rdn 1 ff.) an einer Immobilie lediglich ein Wohnrecht an einer Wohnung in einem Mehrfamilienhaus zurückbehalten bei der Eigentumsübertragung, beginnt regelmäßig die Zehnjahresfrist bei der **Pflichtteilsabschmelzung** (§ 2325 BGB) zu laufen. Denn in diesem Fall kann nicht mehr von dem Zurückbehalt des wirtschaftlichen Eigentums an der (gesamten) Immobilie bzw. der Fortsetzung der Nutzung im Wesentlichen gesprochen werden.[26] Entscheidend sind aber jeweils die Umstände der vertraglichen Regelungen im Einzelfall. Je stärker die Stellung des Wohnrechtsinhabers ist, umso eher kann dies dafür sprechen, dass die Zehnjahresfrist nicht zu laufen beginnt. 24

Der **Kapitalwert** des Wohnungsrechts berechnet sich – wie beim Nießbrauch – nach § 12 Abs. 1 ErbStG, §§ 14 ff. BewG. Dass das Wohnungsrecht zivilrechtlich gesehen ein Weniger an Rechten gegenüber dem Nießbrauch gewährt, bleibt bei der steuerlichen Wertermittlung unberücksichtigt. 25

Bei der Ermittlung des **Jahreswerts** ist auf § 15 Abs. 2 BewG zu achten. Danach sind nicht in Geld bestehende Leistungen, wie insbesondere die Wohnungsüberlassung, mit den üblichen Mittelpreisen des Verbrauchsorts in Ansatz zu bringen. Als Orientierung für die im Verkehr üblichen Mietpreise bieten sich insbesondere die örtlichen Mietspiegel oder Mieten von Vergleichsobjekten an sowie ggf. eine Bewertung durch einen anerkannten Immobiliensachverständigen bzw. den zuständigen Gutachterausschuss. 26

26 BGH v. 29.6.2016 – IV ZR 474/15, BGHZ 211, 38 unter Verweis auf BGH v. 27.4.1994 – IV ZR 132/93, BGHZ 125, 395.

27 Für die Höhe des Kapitalwerts des Wohnungsrechts kommt es nicht darauf an, dass das Wohnungsrecht die ganze Zeit über ausgeübt wurde. Außerdem ist es für den steuerlichen Abzug eines vorbehaltenen Wohnungsrechts keine Voraussetzung, dass das Wohnungsrecht überhaupt tatsächlich ausgeübt wird.[27]

28 Für die Zuwendung eines dinglichen Wohnungsrechts an dem Familienheim an den Ehegatten greift die Steuerbefreiung des § 13 Abs. 1 Nr. 4a und 4b ErbStG nicht ein, da keine Übertragung des Familienheims selbst erfolgt.[28]

27 Vgl. FG Hessen v. 18.5.2015 – 1 K 119/15, n.v., datev Dok-Nr. 5018149 m.w.N. zur BFH-Rspr.

28 BFH v. 3.6.2014 – II R 45/12, BStBl II 2014, 806.

§ 4 Steuerliche Bewertung von Grundvermögen nach dem Bewertungsgesetz

Bernhard Schmid

Übersicht:

A. Allgemeines

I. Historische Entwicklung

1 Zentral für die Bewertung von Grundvermögen im Rahmen der Erbschafts- und Schenkungsbesteuerung ist der Beschluss des BVerfG vom 7.11.2006,[1] wonach der Gesetzgeber verpflichtet wurde, die Ermittlung der erbschaft- bzw. schenkungsteuerlichen Bereicherung – insbesondere durch die Vermeidung verschiedener Bewertungsmethoden – für unterschiedliche Vermögensgegenstände auf eine einheitliche Grundlage zu stellen. Dem ist der Gesetzgeber mit den umfassenden Änderungen des Bewertungsgesetzes (BewG) durch das Erbschaftsteuerreformgesetz (ErbStRG) vom 24.12.2008 mit Wirkung zum 1.1.2009 nachgekommen, mit der Folge, dass grundsätzlich sämtliche Vermögensgegenstände einheitlich, nämlich mit dem **gemeinen Wert**, zu bewerten sind.

2 **Bis zum 31.12.1995** erfolgte die steuerliche Bewertung für Grundbesitz mit den Einheitswerten auf dem Stand vom 1.1.1964 mit den entsprechenden Zuschlägen vom 1.1.1974, wobei diese Bewertungsmethode bei Grundvermögen gegenüber den anderen Vermögensgegenständen zu viel zu niedrigen Werten führte und folgerichtig für verfassungswidrig erklärt wurde.

3 **Bis zum 31.12.2008** erfolgte die Bewertung dann mit dem sog. Bedarfswert. Dabei handelt es sich um ein nicht wertverordnungskonformes Bewertungsverfahren, das letztendlich eine Mischung aus Ertragswertverfahren und Sachwertverfahren ist. Der im Bedarfswertverfahren anzuwendende Kapitalisierungsvervielfältiger von 12,5 % entspricht einem Maklervervielfältiger, der auf dem Renditegesichtspunkt eines Ertragswertverfahrens basiert. Die Alterswertminderung von 0,5 % pro Jahr (max. 24 %) entspricht der vom Sachwertverfahren her bekannten Alterswertminderung (die dort allerdings nicht auf 25 % begrenzt ist, siehe dazu Rdn 82 ff.). Durch die Kumulierung dieser beiden Umstände kam es in den meisten Fällen zu niedrigen Verkehrswerten, denen durch die oben angesprochenen Änderungen des BewG seitens des Gesetzgebers mit Wirkung zum 1.1.2009 entgegengetreten wurde. Im Zuge dieser Erbschaftsteuerreform wurde auch das Baugesetzbuch (BauGB) an die Erfordernisse der Grundvermögensbewertung angepasst.

1 BVerfG v. 7.11.2006 – 1 BvL 10/02, BStBl II 2007, 192.

Das bis zum 31.12.2008 geltende Bewertungsrecht spielt in der Praxis nur noch in seltenen Fällen eine Rolle. Insbesondere bei der Berücksichtigung früherer Erwerbe i.S.d. § 14 ErbStG greifen noch die alten Bewertungsvorschriften. 4

II. Gemeiner Wert

Nach der Legaldefinition des § 9 Abs. 2 S. 1 BewG wird der gemeine Wert durch den Preis bestimmt, der im gewöhnlichen Geschäftsverkehr nach der Beschaffenheit des Wirtschaftsgutes bei einer Veräußerung zu erzielen wäre. Dabei sind alle Umstände, die den Preis beeinflussen, zu berücksichtigen, § 9 Abs. 2 S. 1 BewG. Der gemeine Wert steht mithin dem Verkehrs- bzw. Marktwert gleich. 5

Ungewöhnliche oder persönliche Verhältnisse sind hingegen nicht zu berücksichtigen, § 9 Abs. 2 S. 3 BewG. **Ungewöhnliche Umstände** sind solche, mit denen bei der Schätzung des Werts eines Wirtschaftsgutes üblicherweise nicht gerechnet werden muss. **Persönliche Verhältnisse** haben ihren Grund regelmäßig in Verwandtschaftsbeziehungen, die den Preis bzw. Wert eines Wirtschaftsgutes in der Regel beeinflussen. 6

Gem. § 9 Abs. 3 S. 1 BewG sind auch **Verfügungsbeschränkungen** bei der Bewertung unbeachtlich, die in der Person des Steuerpflichtigen oder eines Rechtsvorgängers begründet sind. Dies gilt etwa für Verfügungsbeschränkungen, die auf letztwilligen Anordnungen beruhen (z.B. langjährige Veräußerungsverbote bei Nachlassimmobilien), oder für Rücktrittsvorbehalte, die im Rahmen der lebzeitigen Übertragung von Immobilienvermögen bei Verfügung durch den Beschenkten vorbehalten wurden. 7

III. Bewertungsstichtag, § 11 ErbStG

Maßgeblich für die Wertermittlung im Erb- und im Schenkungsfall (d.h. für die Bewertung von Aktiva und Passiva) ist gem. § 11 ErbStG grundsätzlich der Zeitpunkt der Entstehung der Steuer i.S.d. § 9 ErbStG. Die Erbschaftsteuer entsteht bei Erwerben von Todes wegen grundsätzlich mit dem Tod des Erblassers, § 9 Abs. 1 Nr. 1 ErbStG, die Schenkungsteuer mit dem Zeitpunkt der Ausführung der Zuwendung, § 9 Abs. 1 Nr. 2 ErbStG. 8

Die Wertermittlung nach § 11 ErbStG stellt eine Momentaufnahme dar. Keinen Einfluss haben mithin **nachträglich eintretende Umstände**, wie z.B. spätere Wertänderungen wegen Kurs- oder Währungsschwankungen oder die Beschädigung von Immobilien. Sind allerdings zum Bewertungsstichtag bereits bewertungsrelevante Tatsachen vorhanden, die erst nach dem Stichtag bekannt werden, sind diese bei der Bewertung zu berücksichtigen, wenn sie durch eine Prüfung der in Betracht kommenden Verhältnisse hätten festgestellt werden können.[2] 9

2 *Schmid*, ZEV 2015, 387, 390.

10 Das **Stichtagsprinzip** des § 11 ErbStG schließt nicht generell eine abweichende Steuerfestsetzung wegen sachlicher Billigkeitsgründe aus, § 163 Abs. 1 S. 1 AO. Allerdings geht die Finanzverwaltung mit solchen Billigkeitsmaßnahmen in der Praxis sehr restriktiv um.

B. Bewertung von beweglichem Vermögen

11 Sofern § 12 ErbStG i.V.m. dem BewG keine besonderen Regelungen bzw. Bewertungsverfahren vorsieht, gilt für die Bewertung der gemeine Wert i.S.d. § 9 BewG. Dies gilt für bewegliche Sachen, wie z.B. Hausrat, Kleidungsstücke, Kraftfahrzeuge, elektronische Geräte, Kunstgegenstände, Münzen, Edelmetalle oder Edelsteine. Wertpapiere sind grundsätzlich mit dem am Stichtag für sie notierten Kurs, § 11 Abs. 1 BewG, Kapitalforderungen und Schulden (z.B. Pflichtteilsanspruch) sind mit deren Nennwert zu bewerten, § 12 Abs. 1 BewG. Forderungen, die uneinbringlich sind, bleiben außer Ansatz, § 12 Abs. 2 BewG. Lebens-, Kapital- oder Rentenversicherungen werden mit dem Rückkaufswert bewertet, d.h. dem Betrag, den das Versicherungsunternehmen dem Versicherungsnehmer im Falle der vorzeitigen Aufhebung des Vertragsverhältnisses zu erstatten hat, § 12 Abs. 4 BewG.

C. Bewertung von Grundvermögen

I. Allgemeines

12 Seit dem 1.1.2009 gilt für sämtliches bebautes und unbebautes Grundvermögen als Bewertungsmaßstab der gemeine Wert i.S.d. § 9 BewG (siehe dazu Rdn 5 ff.). Die Bewertung von Grundvermögen mit dem (am Markt orientierten) **Verkehrswert** führt gerade in Ballungsgebieten mit hohen Immobilienpreisen im Vergleich zur Bewertung nach altem Recht zu einem erheblichen Anstieg der steuerlichen Werte und damit letztlich der Steuerlast im Erb- und Schenkungsfall. Mit dem **Jahressteuergesetz 2022**[3] wurden die Vorschriften des Bedarfswerts für Schenkungs- und Erbfälle des BewG, insbesondere zur Bewertung des Grundvermögens im Ertrags- und Sachwertverfahren sowie zur Bewertung der Sonderfälle, an die Verordnung über die Grundsätze für die Ermittlung der Verkehrswerte von Immobilien und der für die Wertermittlung erforderlichen Daten (Immobili-

3 JStG 2022 v. 16.12.2022, BGBl I 2022, 2294, in Kraft getreten am 21.12.2022; siehe dazu im Einzelnen gleich lautende Erlasse der obersten Finanzbehörden der Länder: Anwendung der Vorschriften für die Bewertung des Grundvermögens – AEBew JStG 2022 – v. 20.3.2023 – S 3015, BStBl I 2023, 738.

enwertermittlungsverordnung)[4] für Bewertungsstichtage nach dem 31.12.2022 angepasst. Die Änderungen des BewG im JStG 2022 sind auf Bewertungsstichtage nach dem 31.12.2022 anzuwenden und führen teilweise zu einer erheblichen Verschärfung für Grundbesitzwertermittlungen zulasten der Erwerber (siehe dazu Rdn 102).

II. Grundbesitz

Im Erbschafts- und Schenkungsfall ist inländischer Grundbesitz (§ 19 Abs. 1 BewG) mit dem auf den Bewertungsstichtag (§ 11 ErbStG; siehe dazu Rdn 8 ff.) festgestellten Wert anzusetzen, § 12 Abs. 3 ErbStG. Der Grundbesitzwert wird dabei gesondert durch das Lagefinanzamt festgestellt (§ 151 Abs. 1 S. 1 Nr. 1 BewG) und dem Erbschaftsteuerfinanzamt mitgeteilt. Es handelt sich insoweit um einen Grundlagenbescheid i.S.d. § 171 Abs. 10 AO. Nach höchstrichterlicher Rechtsprechung ist ein für Zwecke der Schenkungsteuer gesondert festgestellter Grundbesitzwert für alle Schenkungsteuerbescheide bindend, bei denen er in die steuerliche Bemessungsgrundlage einfließt.[5] Das gilt auch für die Berücksichtigung eines früheren Erwerbs bei einem sog. Nacherwerb nach § 14 Abs. 1 S. 1 ErbStG, d.h. bei einer Schenkung, die innerhalb von zehn Jahren nach der ersten Schenkung erfolgt. Ist der festgestellte Grundstückswert nicht korrekt, muss der Bescheid daher auch dann angefochten werden, wenn keine Schenkungsteuer entsteht, da bei einer Zusammenrechnung von mehreren Erwerben innerhalb von zehn Jahren von derselben Person i.S.d. § 14 Abs. 1 ErbStG der Bescheid über den im Rahmen der Vorschenkung festgestellten Wert bestandskräftig wird und dessen Unrichtigkeit bei den nachfolgenden Schenkungsteuerfestsetzungen nicht mehr geltend gemacht werden kann. 13

Die Grundbesitzwerte sind unter Anwendung der typisierenden Verfahren des 6. Abschnitts des Bewertungsgesetzes, **§§ 176–198 BewG**, zu ermitteln. Die Bewertung von Grundvermögen durch das Lagefinanzamt – insbesondere in Ballungszentren – kann teils Jahre dauern, so dass ein zwischenzeitlich ergangener Erbschaftsteuerbescheid dann gem. § 175 Abs. 1 S. 1 Nr. 1 AO Jahre später noch geändert werden kann. 14

4 Verordnung über die Grundsätze für die Ermittlung der Verkehrswerte von Immobilien und der für die Wertermittlung erforderlichen Daten (Immobilienwertermittlungsverordnung – ImmoWertV) v. 14.7.2021, BGBl I 2021, 2805.

5 BFH v. 26.7.2023 – II R 35/21, BFHE 281, 131.

15 **Überblick über die anzuwendenden Normen des BewG:**

Allgemeines	Unbebaute Grundstücke	Bebaute Grundstücke	Sonderfälle
§ 176 Grundvermögen	§ 178 Begriff der unbebauten Grundstücke	§ 180 Begriff der bebauten Grundstücke	
§ 177 Bewertung	§ 179 Bewertung der unbebauten Grundstücke	§ 181 Grundstücksarten	§§ 192–194 Bewertung in Erbbaurechtsfällen
		§ 182 Bewertung der bebauten Grundstücke	§ 195 Gebäude auf fremdem Grund und Boden
		§ 183 Bewertung im Vergleichswertverfahren	§ 196 Grundstücke im Zustand der Bebauung
		§§ 184–188 Bewertung im Ertragswertverfahren	§ 197 Gebäude und Gebäudeteile für den Zivilschutz
		§§ 189–191 Bewertung im Sachwertverfahren	
§ 198 Nachweis des niedrigeren gemeinen Werts			

III. Grundvermögen

16 Die Legaldefinition zum Grundvermögen findet sich in § 176 Abs. 1 BewG. Demnach gehören zum Grundvermögen
- der Grund und Boden, die Gebäude, die sonstigen Bestandteile und das Zubehör,
- das Erbbaurecht,
- das Wohnungseigentum, Teileigentum, Wohnungserbbaurecht und Teilerbbaurecht nach dem Wohnungseigentumsgesetz,

soweit es sich nicht um land- und forstwirtschaftliches Vermögen oder um Betriebsgrundstücke handelt.

Nicht vom Grundvermögen erfasst – und damit grundsätzlich eigenständig zu bewerten – sind Bodenschätze sowie Maschinen und sonstige Vorrichtungen aller Art, die zu einer Betriebsanlage gehören (Betriebsvorrichtungen), § 176 Abs. 2 BewG. Unabhängig von der zivilrechtlichen Beurteilung gehören diese stets nicht zum Grundvermögen.

IV. Unbebaute Grundstücke

1. Typisierung

Unbebaute Grundstücke sind gem. § 178 BewG Grundstücke, auf denen sich keine benutzbaren Gebäude befinden oder lediglich Gebäude, die auf Dauer keiner Nutzung zugeführt werden können bzw. in denen infolge von Zerstörung oder Verfall auf Dauer kein benutzbarer Raum mehr vorhanden ist. Das ist stets der Fall, wenn eine Anordnung der **Bauaufsichtsbehörde** zur sofortigen Räumung des Grundstücks vorliegt, wobei gesondert zu prüfen ist, ob der Zustand von Dauer ist.[6] Hingegen wirken sich **behebbare Baumängel** und Bauschäden sowie aufgestauter Reparaturbedarf infolge von unterlassenen Instandsetzungs- und Reparaturarbeiten regelmäßig nur vorübergehend auf Art und Umfang der Gebäudenutzung aus und betreffen nicht unmittelbar die Konstruktion des Gebäudes, was einer Benutzbarkeit i.S.d. § 178 Abs. 1 S. 1 BewG nicht entgegensteht.[7] Auch ein geringfügig bebautes Grundstück, auf dem sich z.B. nur eine Garage befindet, ist kein unbebautes, sondern ein bebautes Grundstück. Bloße Außenanlagen (z.B. Trennmauern, Zäune und Parkplätze) stellen bewertungsrechtlich keine Bebauung dar. 17

Die **Benutzbarkeit** beginnt im Zeitpunkt der **Bezugsfertigkeit** des Gebäudes. Nach Auffassung der Finanzverwaltung muss den zukünftigen Bewohnern oder sonstigen Benutzern nach objektiven Merkmalen zugemutet werden können, die Wohnungen oder Räume des gesamten Gebäudes zu benutzen. Geringfügige Restarbeiten, die üblicherweise vor dem tatsächlichen Bezug durchgeführt werden (z.B. Malerarbeiten, Verlegen des Bodenbelags), schließen die Bezugsfertigkeit nicht aus.[8] Ist das Gebäude am Bewertungsstichtag bezogen, begründet dies die widerlegbare Vermutung der Bezugsfertigkeit.[9] 18

Bei der Entscheidung, ob ein Gebäude bezugsfertig ist, ist auf das ganze Gebäude und nicht auf einzelne Wohnungen oder Räume abzustellen. Sind z.B. Wohnungen im Erdgeschoss vor dem Bewertungsstichtag, die übrigen Wohnungen jedoch erst danach bezugsfertig geworden, ist das Gebäude als nicht bezugsfertig anzusehen,[10] mithin im Rahmen der Bewertung als Grundstück im Zustand der Bebauung (§ 196 BewG) zu typisieren (siehe dazu Rdn 34 ff.). 19

Grundstücke mit Gebäuden, die dauerhaft nicht nutzbar sind, gelten als unbebaute Grundstücke, § 178 Abs. 2 S. 2 BewG. Dies ist nach Ansicht der Finanzverwaltung der Fall, wenn infolge des Verfalls des Gebäudes oder der Zerstörung 20

---

6 R B 178 Abs. 4 S. 5 ErbStR 2019.

7 R B 178 Abs. 4 S. 6 f. ErbStR 2019.

8 R B 178 Abs. 2 S. 1, 2 und 4 ErbStR 2019.

9 R B 178 Abs. 2 S. 6 ErbStR 2019.

10 R B 178 Abs. 3 S. 1 und 2 ErbStR 2019.

keine auf Dauer benutzbaren Räume vorhanden sind.[11] Dabei ist von einem Verfall auszugehen, wenn erhebliche Schäden an konstruktiven Teilen des Gebäudes eingetreten sind und ein Zustand gegeben ist, der aus bauordnungsrechtlicher Sicht die sofortige Räumung nach sich ziehen würde.[12] Ist ein Gebäude zum Besteuerungszeitpunkt vollkommen verwahrlost bzw. vermüllt (sog. Messi-Haus), ist es allerdings nicht bereits deshalb als unbebautes Grundstück zu qualifizieren.[13]

2. Bewertung von unbebauten Grundstücken

21 Der Wert unbebauter Grundstücke ermittelt sich gem. § 179 BewG grundsätzlich aus der Multiplikation der Fläche mit dem für das Grundstück einschlägigen **Bodenrichtwert.** Der so ermittelte Bodenwert ist auf volle Euro abzurunden.[14] Die Grundstücksfläche lässt sich dem Grundbuch bzw. den Katasterunterlagen entnehmen. In Fällen, in denen das Grundstück zum Bewertungsstichtag noch nicht vermessen ist, gilt das amtliche Vermessungsergebnis rückwirkend.

3. Bodenrichtwerte

22 Grundlage für die Bodenrichtwerte sind die Regelungen des Baugesetzbuchs (BauGB). Die Bodenrichtwerte werden für jedes Gemeindegebiet von den jeweiligen gem. § 192 BauGB zu bildenden **Gutachterausschüssen** nach dem BauGB flächendeckend ermittelt, § 196 BauGB. Basis sind dabei die Kaufpreissammlungen, mithin die tatsächlich bezahlten Kaufpreise für Grundvermögen. Grundlage der Ermittlung der Bodenrichtwerte ist der Entwicklungszustand des Grundstücks i.S.d. § 3 ImmoWertV, d.h. Agrarland, Bauerwartungsland, Rohbauland, erschließungspflichtiges Bauland und erschließungsbeitragsfreies Bauland. Können oder werden Bodenrichtwerte nicht flächendeckenden ausgewiesen, haben die Gutachterausschüsse, ggf. auf Anfrage der Finanzbehörde, eine ergänzende Bodenrichtwertermittlung durchzuführen.[15] Diese von den Gutachterausschüssen ermittelten Daten sind gem. § 177 Abs. 2 S. 4 BewG für längstens drei Jahre ab dem Ende des Kalenderjahres maßgeblich, in dem der vom Gutachterausschuss zugrunde gelegte Auswertungszeitraum endet, mithin mit einem **„Verfallsdatum"** versehen. Eine sicherlich seltene Ausnahme gilt, soweit sich die maßgeblichen Wertverhältnisse nicht wesentlich geändert haben, § 177 Abs. 2 S. 5 BewG.

23 Bodenrichtwerte sind mindestens zu Beginn jedes zweiten Kalenderjahres zu ermitteln. Bei der Wertermittlung ist stets der Bodenrichtwert anzusetzen, der

11 R B 178 Abs. 4 S. 2 ErbStR 2019.
12 R B 178 Abs. 4 S. 4 ErbStR 2019.
13 FG Hessen v. 26.5.2011 – 3 K 2993/09, EFG 2012, 99.
14 R B 179.3 Abs. 1 S. 2 ErbStR 2019.
15 Rössler/Troll/*Halaczinsky*, BewG, § 179 Rn 9.

vom Gutachterausschuss zuletzt zu ermitteln war, § 179 S. 3 BewG. Dies gilt auch dann, wenn der Gutachterausschuss – wie regelmäßig der Fall – die Festlegung des Werts auf den Stichtag (1.1.) erst nachträglich nach dem Besteuerungszeitpunkt vornimmt und/oder erst dann dem Finanzamt mitgeteilt hat.[16] Daher sollte etwa bei lebzeitigen Immobilienübertragungen, die in den Zeitraum fallen, in dem die Bodenrichtwerte noch nicht ermittelt wurden (regelmäßig die ersten Monate des Kalenderjahres, das auf das Ermittlungsjahr folgt), deren Veröffentlichung abgewartet oder eine Erhöhung einkalkuliert werden.

Die Bodenrichtwerte können in der Regel **gebührenpflichtig** bei den jeweiligen Gutachterausschüssen (oftmals auch online) abgerufen werden. 24

4. Abweichungen bzw. Anpassungen von Bodenrichtwerten

a) Wertbeeinflussende Grundstücksmerkmale

Wenn das zu bewertende Grundstück bezüglich seiner lagetypischen Merkmale vom „Standardbodenrichtwertgrundstück" (Bodenrichtwertgrundstück) der einschlägigen Richtwertzone abweicht, kann es zu einer Anpassung des der Bewertung zugrunde zu legenden Bodenrichtwerts kommen. Eine solche Anpassung kann gerade bei großen Grundstücken und/oder in hochwertigen Richtwertzonen zu erheblichen Werterhöhungen und entsprechenden unerwarteten Steuerbelastungen im Rahmen der lebzeitigen Immobilienübertragung führen. **Wertbeeinflussende Grundstücksmerkmale** sind insbesondere 25
- die Art und das Maß der baulichen Nutzung (abweichende Geschossflächenzahl),
- die Grundstückstiefe und die Grundstücksgröße,
- die Unterteilung in erschließungsbeitragspflichtiges oder erschließungsbeitragsfreies Bauland.[17]

b) Abweichende Geschossflächenzahl (GFZ)

In der Praxis kommt es – gerade in Ballungszentren – im Rahmen der Bewertung regelmäßig zu Anpassungen des Bodenrichtwerts wegen einer abweichenden Geschossflächenzahl des zu bewertenden Grundstücks von der des (für die Bodenrichtwertzone durchschnittlichen) Bodenrichtwertgrundstücks. Die Geschossflächenzahl gibt das Verhältnis der gesamten Geschossfläche aller Vollgeschosse der baulichen Anlagen auf einem Grundstück zu der Fläche des Baugrundstücks wieder, § 20 BauNVO. Die Geschossflächenzahl ist also eine Verhältniszahl zwischen der planrechtlich möglichen Bebauung und der Geschossfläche. Sie ergibt sich aus der städteplanerischen Definition eines Baugebiets und ist ein wesentliches Begrenzungsmaß für die zukünftige Bebauungs- 26

16 R B 179.2 Abs. 1 S. 2 ErbStR 2019.
17 R B 179.2 Abs. 1 S. 7 ErbStR 2019.

dichte. So werden z.B. Einfamilienhausgebiete in der Regel mit einer niedrigen GFZ ausgewiesen und Geschäftszentren mit einer entsprechend hohen GFZ.

27 Die Bebaubarkeit bzw. Geschossflächenzahl des zu bewertenden Grundstücks ergibt sich grundsätzlich aus dem einschlägigen **Bebauungsplan**, soweit die Bebaubarkeit nicht nach § 34 BauGB (**Umgebungsbebauung**) ermittelt wird.

28 Die (zulässige oder wertrelevante) Geschossflächenzahl des **Bodenrichtwertgrundstücks** kann der Bodenrichtwertkarte entnommen bzw. bei der Gemeinde oder den Gutachterausschüssen erfragt werden.

Die zulässige Geschossflächenzahl des **zu bewertenden Grundstücks** kann im Einzelfall bei der örtlichen Bauordnungsbehörde erfragt werden bzw. ergibt sich aus dem Bebauungsplan. Zur Ermittlung der wertrelevanten Geschossflächenzahl des zu bewertenden Grundstücks findet man Hinweise in der Immobilienwertermittlungsverordnung (ImmoWertV)[18] Dabei ist m.M.[19] auf die tatsächlichen Verhältnisse abzustellen, d.h. die Geschossflächenzahl ergibt sich aus dem Verhältnis der tatsächlichen Geschossfläche zur tatsächlichen Grundstücksfläche.

Wird vom Gutachterausschuss eine zulässige bzw. wertrelevante Geschossflächenzahl angegeben, ist bei Grundstücken, deren Geschossflächenzahl von der des Bodenrichtwertgrundstücks abweicht, der Bodenwert nachfolgender Formel abzuleiten:

$$\frac{\text{Umrechnungskoeffizient für die Geschossflächenzahl des zu bewertenden Grundstücks}}{\text{Umrechnungskoeffizient für die Geschossflächenzahl des Bodenrichtwertgrundstücks}} \times \text{Bodenrichtwert} = \text{Bodenwert/m}^2$$

29 Umrechnungskoeffizienten sind, sofern durch den Gutachterausschuss keine spezifischen Werte zur Verfügung gestellt werden, die nach H B 179.2 ErbStH (allgemeinen) Umrechnungskoeffizienten zur Angleichung des Bodenrichtwerts.

Weist der Gutachterausschuss z.B. für das zu bewertende Grundstück einen Bodenrichtwert von „1.000 EUR/ m² 0,6 W“ und liegen keine örtliche Umrechnungskoeffizienten der Gutachterausschüsse vor, ist baurechtlich aber eine Geschossflächenzahl von 0,8 aufgrund Bebauungsplan zulässig, kommt es grundsätzlich zu einer Anpassung des Bodenrichtwerts nach oben:

$$\frac{0{,}90}{0{,}78} \times 1.000\ €/\text{m}^2 = 1.153{,}85\ €/\text{m}^2$$

18 2. Abschnitt der Immobilienwertermittlungsverordnung vom 14.7.2021 (BGBl. I, 2805).

19 So auch Hinweise DATEV ErbSt/SchenkSt 2025 classic V.10.0.

c) Abweichende Grundstückstiefe und Grundstücksgröße

Sind die Bodenrichtwerte in Abhängigkeit von der Grundstückstiefe ermittelt worden, ist die Grundstücksfläche in Zonen zu gliedern, deren Abgrenzung sich nach den Vorgaben des Gutachterausschusses richtet.[20] Für das baulich nicht oder nur eingeschränkt nutzbare **Hinterland** ist sodann ein Bewertungsabschlag vorzunehmen. Gleiches gilt bei eingeschränkter Bebaubarkeit wegen Übergröße des zu bewertenden Grundstücks, wenn der Gutachterausschuss entsprechend Umrechnungskoeffizienten für diesen Fall zur Verfügung stellt. 30

d) Abweichung bei Frei- und Verkehrsflächen

Für Frei- und Verkehrsflächen, die als solche ausgewiesen sind, ist vom Bodenrichtwert ein angemessener Abschlag zu machen, soweit er nicht bereits in die Ermittlung eingeflossen ist. Die Höhe des Abschlags ist unter Berücksichtigung der Verhältnisse des Einzelfalls zu bemessen.[21] 31

e) Fehlender Bodenrichtwert bei Grundstücken im Entwicklungszustand

Sofern für Rohbauland und Bauerwartungsland zulässigerweise gem. § 196 BauGB keine Bodenrichtwerte von den Gutachterausschüssen ermittelt worden sind, ist der Bodenwert aus den Werten vergleichbarer Flächen abzuleiten, § 179 S. 4 BewG. Es können dabei Prozentsätze zum vergleichbaren Bauland herangezogen werden: Bauerwartungsland kann mit 25 %, Bruttorohbauland mit 50 % und Nettorohbauland mit 75 % des Baulands bewertet werden.[22] 32

Bauerwartungsland sind Flächen, die nach ihren weiteren Grundstücksmerkmalen, insbesondere dem Stand der Bauleitplanung und der sonstigen städtebaulichen Entwicklung des Gebiets, eine bauliche Nutzung aufgrund konkreter Tatsachen mit hinreichender Sicherheit erwarten lassen.[23] **Rohbauland** sind Flächen, die nach den §§ 30, 33 und 34 BauGB für eine bauliche Nutzung bestimmt sind, deren Erschließung aber noch nicht gesichert ist oder die nach Lage, Form oder Größe für eine bauliche Nutzung unzureichend gestaltet sind.[24] **Bruttorohbauland** schließt (im Gegensatz zum Nettorohbauland) die für öffentliche Zwecke benötigten Flächen des Planungsgebiets ein. **Baureifes Land** sind Flächen, die nach öffentlich-rechtlichen Vorschriften und den tatsächlichen Gegebenheiten baulich nutzbar sind.[25] 33

---

20 R B 179.2 Abs. 4 S. 1, 2 ErbStR 2019.
21 R B 179.2 Abs. 2 S. 1, 2 ErbStR 2019.
22 *Grootens*, ErbStB 2012, 113.
23 R B 179.1 Abs. 3 S. 1 ErbStR 2019.
24 R B 179.1 Abs. 3 S. 3 ErbStR 2019.
25 R B 179.1 Abs. 3 S. 6 ErbStR 2019.

5. Grundstücke im Zustand der Bebauung

34 Im bewertungsrechtlichen Sinne liegt ein Grundstück im Zustand der Bebauung vor, wenn mit den Bauarbeiten begonnen wurde und Gebäude und Gebäudeteile noch **nicht bezugsfertig** sind, § 196 Abs. 1 S. 1 BewG. Der Zustand der Bebauung – in Abgrenzung zum unbebauten Grundstück, § 178 BewG (siehe dazu Rdn 17 ff.) – beginnt mit den Abgrabungen oder der Einbringung von Baustoffen, die zur planmäßigen Errichtung des Gebäudes führen, § 196 Abs. 1 S. 2 BewG.

35 Grundstücke im Zustand der Bebauung werden gem. § 196 Abs. 2 BewG in der Weise bewertet, dass der gem. § 179 BewG ermittelte Wert des unbebauten Grundstücks (siehe dazu Rdn 21) mit den (am Bewertungsstichtag vorhandenen) Gebäuden oder Gebäudeteilen im Zustand der Bebauung addiert wird. Die Gebäude bzw. Gebäudeteile werden dabei mit den bis dahin entstandenen Herstellungskosten bewertet, wobei es keine Rolle spielt, ob diese bereits bezahlt wurden. In solchen Fällen werden sich in der Praxis regelmäßig die bis zum Bewertungsstichtag entstandenen Herstellungskosten nicht eindeutig ermitteln lassen. Sie sind dann anhand des Baufortschritts zu schätzen, wobei nach Ansicht der Finanzverwaltung als Anhaltspunkt für diese Schätzung z.B. § 3 Abs. 2 Nr. 2 MaBV (Makler- und Bauträgerverordnung) dienen kann.[26]

36 Dem Steuerpflichtigen ist auch im Rahmen der Bewertung eines Grundstücks im Zustand der Bebauung die Möglichkeit des **Nachweises des niedrigeren gemeinen Werts** i.S.d. § 198 BewG (siehe dazu Rdn 121 ff.) eröffnet.

6. Bebaute Grundstücke

a) Typisierung

37 Die Bewertung bebauter Grundstücke für Zwecke der Erbschaft- und Schenkungsteuer ist in den §§ 180 ff. BewG geregelt. In Abgrenzung zu unbebauten Grundstücken (§ 178 BewG) und Grundstücken im Zustand der Bebauung (§ 196 BewG) liegt gem. § 180 Abs. 1 S. 1 BewG ein **bebautes Grundstück** vor, wenn sich benutzbare Gebäude (siehe dazu Rdn 18) darauf befinden. Wird ein Gebäude in Bauabschnitten errichtet, ist der fertiggestellte Teil als benutzbares Gebäude anzusehen, § 180 Abs. 1 S. 2 BewG.

26 R B 196.2 Abs. 3 S. 4 ErbStR 2019.

b) Grundstücksarten und Bewertungsverfahren

Die Wahl des einschlägigen Bewertungsverfahrens gem. § 182 BewG erfolgt in Abhängigkeit von der Grundstücksart i.S.d. § 181 BewG. 38

Überblick über die Grundstücksarten nach § 181 BewG:[27]

Grundstücksart	Voraussetzungen
1. Ein- und Zweifamilienhäuser	– Wohngrundstücke mit bis zu zwei Wohnungen – Mitbenutzung für betriebliche oder öffentliche Zwecke zu weniger als 50 % – berechnet nach der Wohn- oder Nutzfläche – ist unschädlich, soweit dadurch nicht die Eigenart als Ein- oder Zweifamilienhaus wesentlich beeinträchtigt wird. – kein Wohnungseigentum nach Nr. 3
2. Mietwohngrundstücke	– Grundstücke, die zu mehr als 80 % – berechnet nach der Wohn- oder Nutzfläche – Wohnzwecken dienen und nicht Ein- und Zweifamilienhäuser i.S.d. Nr. 1 oder Wohnungseigentum nach Nr. 3 sind.
3. Wohnungs- und Teileigentum	– Wohnungseigentum ist das Sondereigentum an einer Wohnung in Verbindung mit dem Miteigentumsanteil an dem gemeinschaftlichen Eigentum, zu dem es gehört (§ 1 Abs. 2 WEG).
	– Teileigentum ist das Sondereigentum an nicht zu Wohnzwecken dienenden Räumen eines Gebäudes in Verbindung mit dem Miteigentum an dem gemeinschaftlichen Eigentum, zu dem es gehört (§ 1 Abs. 3 WEG).
4. Geschäftsgrundstücke	– Grundstücke, die zu mehr als 80 % – berechnet nach der Wohn- oder Nutzfläche – eigenen oder fremden betrieblichen oder öffentlichen Zwecken dienen und nicht Teileigentum nach Nr. 3 sind.
5. Gemischt genutzte Grundstücke	– Grundstücke, die teils Wohnzwecken, teils eigenen oder fremden betrieblichen oder öffentlichen Zwecken dienen und keine Grundstücke i.S.d. Nr. 1–4 sind.
6. Sonstige bebaute Grundstücke	– Grundstücke, die nicht unter Nr. 1–5 fallen.

27 R B 181.1 Abs. 1 S. 1 ErbStR 2019.

39 **Überblick über die Bewertungsverfahren nach § 182 BewG:**

Grundstücksart	Bewertungsmethode	Anmerkung
– Ein- und Zweifamilienhäuser – Wohnungs- und Teileigentum	Vergleichswertverfahren, § 183 BewG	Für die die üblichen Vergleichswerte ermittelt sind.
– Mietwohngrundstücke – Geschäftsgrundstücke – Gemischt genutzte Grundstücke	Ertragswertverfahren, §§ 184–188 BewG	Für die sich auf dem örtlichen Grundstücksmarkt eine übliche Miete ermitteln lässt.
Sonstige bebaute Grundstücke	Sachwertverfahren, §§ 189–191 BewG	
– Ein- und Zweifamilienhäuser – Wohnungs- und Teileigentum	Sachwertverfahren	Für die keine üblichen Vergleichswerte ermittelt sind, § 182 Abs. 4 BewG.
– Geschäftsgrundstücke – Gemischt genutzte Grundstücke	Sachwertverfahren	Für die sich auf dem örtlichen Grundstücksmarkt keine übliche Miete ermitteln lässt, § 182 Abs. 4 BewG.

40 Die unterschiedlichen Bewertungsmethoden sind nicht wertneutral. Daher ist die **Typisierung** der Grundstücksart und die Frage nach der Anwendbarkeit der Auffangregel des § 182 Abs. 4 BewG von erheblicher Bedeutung für die Erbschaftsteuerbelastung.

41 In der Praxis lässt sich in diesem Zusammenhang regelmäßig feststellen, dass das Sachwertverfahren zu für den Steuerpflichtigen günstigeren Ergebnissen führt. Bei der Bewertung von Wohnungs- und Teileigentum kommt es z.B. bei der Bewertung des Bodenwerts i.S.d. § 189 Abs. 2 i.V.m. § 179 BewG (siehe dazu Rdn 21) im Sachwertverfahren nur auf den entsprechenden Flächenanteil laut Teilungserklärung an. Bei einem geringen Flächenanteil fällt der Wert des Grund und Bodens mithin gering aus. Im Vergleichswertverfahren kommt es hingegen in erster Linie auf die Wohn-/Nutzfläche als wesentliches Bewertungsparameter an.

42 Auch durch bauliche Veränderungen kann auf die Grundstücksart und damit auf das einschlägige Bewertungsverfahren Einfluss genommen werden. Wird z.B. in einem (grundbuchlich ungeteilten) Stadthaus mit drei Wohneinheiten die dritte Küche entfernt, liegt statt eines Mehrfamilienhauses ein Zweifamilienhaus vor. Statt dem Ertragswertverfahren wäre dann das Sachwertverfahren einschlägig, was im Einzelfall zu erheblichen Wertdifferenzen führen kann.

aa) Bewertung im Vergleichswertverfahren

Im Vergleichswertverfahren sind zu bewerten (§ 182 Abs. 2 BewG) 43
- Wohnungseigentum,
- Teileigentum,
- Ein- und Zweifamilienhäuser.

Das Vergleichswertverfahren sieht, anders als das Sach- und Ertragswertverfahren, eine Bewertung des Grundstücks im Ganzen vor, also Grund und Boden und Gebäude als Einheit.

Wohnungseigentum ist das Sondereigentum an einer Wohnung in Verbindung 44 mit dem Miteigentumsanteil an dem Gemeinschaftseigentum, § 181 Abs. 4 BewG. **Teileigentum** ist das Sondereigentum an nicht zu Wohnzwecken dienenden – in der Regel gewerblich genutzten – Räumen eines Gebäudes in Verbindung mit dem Miteigentum an dem Gemeinschaftseigentum, § 181 Abs. 5 BewG. Nicht von bewertungsrechtlicher Bedeutung ist, wie das Wohnungseigentum (z.B. Ferienwohnung) bzw. das Teileigentum (z.B. freiberufliches Büro) genutzt wird. Wohnungseigentum liegt auch dann vor, wenn sich die einzelnen Sondereigentumseinheiten in einem Gebäude befinden; diese werden bewertungsrechtlich nicht zu einer wirtschaftlichen Einheit „Mehrfamilienhaus" verschmolzen und im Ertragswertverfahren (siehe dazu Rdn 48 ff.) bewertet.[28]

Solange noch keine Teilungserklärung vorliegt, d.h. beurkundet wurde, und der 45 Eintragungsantrag beim Grundbuchamt eingegangen ist, liegt jedenfalls noch kein Wohnungseigentum vor.[29]

Eine bewertungsrechtliche Legaldefinition der **Wohnung** findet sich in § 181 46 Abs. 9 BewG. Danach ist eine Wohnung die Zusammenfassung einer Mehrheit von Räumen, die in ihrer Gesamtheit so beschaffen sein müssen, dass die Führung eines selbstständigen Haushalts möglich ist. Gem. § 181 Abs. 9 S. 4 BewG kann eine Wohnung als selbstständiges Bewertungsobjekt bereits bei einer Fläche von 20 qm vorliegen,[30] was im Rahmen der Abgrenzung des Zweifamilienhauses (Sachwertverfahren, Vergleichswertverfahren) zum Dreifamilienhaus (Ertragswertverfahren) in der Praxis eine Rolle spielen kann.

Ein- und Zweifamilienhäuser sind Wohngrundstücke, die bis zu zwei grund- 47 buchlich ungeteilte Wohnungen enthalten, also kein Wohnungseigentum sind, § 181 Abs. 2 S. 1 BewG. Ein Grundstück gilt auch dann als Ein- oder Zweifamilienhaus, wenn es zu weniger als 50 %, berechnet nach der Wohn- oder Nutzfläche, zu anderen als Wohnzwecken mitbenutzt und dadurch die Eigenart als Ein- oder

---

28 FG Niedersachsen v. 24.3.2022 – 1 K 267/19, DStRE 2023, 288; Revision zum BFH – II R 17/22.

29 Rössler/Troll/*Halaczinsky*, BewG, § 181 Rn 9, 10.

30 Bis zum Inkrafttreten des JStG 2022 v. 16.12.2022 (BGBl I 2022, 2294, in Kraft getreten am 21.12.2022) waren es 23 qm.

Zweifamilienhaus nicht wesentlich beeinträchtigt wird, § 181 Abs. 2 S. 2 BewG. Wird etwa ein Einfamilienhaus ausschließlich als Arztpraxis genutzt, liegt kein Einfamilienhaus i.S.d. § 181 Abs. 1 BewG vor, sondern ein Geschäftsgrundstück i.S.d. § 181 Abs. 6 BewG (siehe dazu Rdn 49).

bb) Bewertung im Ertragswertverfahren

48 Im Ertragswertverfahren sind zu bewerten (§ 182 Abs. 3 BewG)

- Mietwohngrundstücke,
- Geschäftsgrundstücke und gemischt genutzte Grundstücke, für die sich auf dem örtlichen Grundstücksmarkt eine übliche Miete ermitteln lässt.

Mietwohngrundstücke sind Grundstücke, die zu mehr als 80 %, berechnet nach der Wohn- oder Nutzfläche, Wohnzwecken dienen und nicht Ein- und Zweifamilienhäuser oder Wohnungseigentum sind, § 181 Abs. 3 BewG. Befinden sich etwa in einem Mietshaus neben den Wohneinheiten auch Geschäfte, Kioske, Büros etc., bleibt der Charakter des Mietwohngrundstücks in Abgrenzung zum Geschäftsgrundstück bestehen, wenn deren Nutzflächen unter 20 % der Gesamtfläche liegen. Im Rahmen dieser Wohn-/Nutzflächenrelation wird mithin nicht wie bei der Einheitsbewertung gem. § 75 BewG auf das Verhältnis der Jahresrohmiete abgestellt.

49 **Geschäftsgrundstücke** sind Grundstücke, die zu mehr als 80 %, berechnet nach der Wohn- und Nutzfläche, betrieblichen oder öffentlichen Zwecken dienen und nicht Teileigentum sind, § 181 Abs. 6 BewG. Gemischt genutzte Grundstücke sind Grundstücke, die teils Wohnzwecken, teils betrieblichen oder öffentlichen Zwecken dienen und nicht Ein- und Zweifamilienhäuser, Mietwohngrundstücke, Wohnungseigentum, Teileigentum oder Geschäftsgrundstücke sind, § 181 Abs. 7 BewG.

50 Grundsätzlich ist die Abgrenzung zwischen Mietwohngrundstücken und Geschäftsgrundstücken bzw. gemischt genutzten Grundstücke bewertungsrechtlich nicht von Bedeutung, da in allen Fällen das Ertragswertverfahren greift. Lässt sich allerdings für Letztere auf dem örtlichen Grundstücksmarkt eine übliche Miete nicht ermitteln, können diese im Sachwertverfahren bewertet werden, für Mietwohngrundstücke bleibt es hingegen bei der Ertragswertbewertung.

cc) Bewertung im Sachwertverfahren

51 Im Sachwertverfahren – als Auffangverfahren – sind zu bewerten (§ 182 Abs. 4 BewG)

- Grundstücke, für die an sich das Vergleichswertverfahren greift, für die allerdings kein (von den Gutachterausschüssen ermittelter) Vergleichswert vorliegt,
- Geschäftsgrundstücke und gemischt genutzte Grundstücke, wenn sie nicht im Ertragswertverfahren zu bewerten sind,
- sonstige bebaute Grundstücke.

Sonstige bebaute Grundstücke sind solche, die unter keine der genannten Typisierungen des § 181 Abs. 2–7 BewG fallen, § 181 Abs. 8 BewG. Hierbei handelt es sich um eine subsidiäre „**Sammel-Grundstücksart**".[31]

c) Bewertung im Vergleichswertverfahren

aa) Allgemeines

52 Das Vergleichswertverfahren (§ 183 BewG) ist für Wohnungseigentum, Teileigentum und Ein- und Zweifamilienhäuser anzuwenden, sofern der Gutachterausschuss entsprechende Vergleichspreise oder Vergleichsfaktoren ermittelt hat, § 182 Abs. 2, Abs. 4 Nr. 1 BewG. Der Vergleichswert bebauter Grundstücke umfasst stets auch den Boden- und Gebäudewert. Die Bewertung erfolgt also in einem Schritt.

53 Bei Wohnungseigentum und Teileigentum stellt die im Rahmen der Erbfolge oder der lebzeitigen Übergabe übertragene (anteilige) **Instandhaltungsrücklage** eine von der Grundvermögensbewertung unabhängige und gesondert gem. § 12 BewG (siehe dazu Rdn 11) zu bewertende Kapitalforderung dar,[32] sofern dies z.B. im Rahmen eines Vorbehaltsnießbrauchs nicht anderweitig geregelt ist.

bb) Vergleichspreise

54 Die Vergleichspreise werden in erster Linie aus den von den Gutachterausschüssen mitgeteilten Vergleichspreisen ermittelt, also den tatsächlichen Kaufpreisen von Grundstücken, die hinsichtlich ihrer wertbeeinflussenden Merkmale mit dem zu bewertenden Grundstück hinreichend übereinstimmen (**Vergleichsgrundstücke**), § 183 Abs. 1 BewG.

55 Besonderheiten, insbesondere die den Wert beeinflussende Belastungen privatrechtlicher und öffentlich-rechtlicher Art, bleiben dabei unberücksichtigt, § 183 Abs. 3 BewG. **Rechte und Lasten öffentlich-rechtlicher Art** können sich u.a. aus dem Planungs-, Bauordnungs- und Abgabenrecht sowie aus dem Denkmal-, Landschafts- und Gewässerschutzrecht ergeben. **Privatrechtliche** Belastungen können z.B. sein: Baulast, Abstandsflächen, Wohnrecht, Nießbrauch, Überleitungsrecht, Wege- und Fahrtrecht, Vorkaufsrecht und langfristige Miet- oder Pachtverhältnisse. Sofern solche Belastungen Berücksichtigung finden sollen, ist die entsprechende Wertminderung im Rahmen des Nachweises eines niedrigeren gemeinen Werts gem. § 198 BewG (siehe dazu Rdn 121 ff.) darzustellen. Bei mit einem Nießbrauch oder einem Wohnrecht belasteten zu bewertenden Objekten kommt auch ein erwerbsmindernder Abzug i.S.d. § 10 Abs. 6b ErbStG in Betracht.

---

31 Rössler/Troll/*Halaczinsky*, BewG, § 181 Rn 14.

32 OFD Frankfurt a.M. v. 29.3.2012 – S 3800 A-36-St 119.

56 Eine hinreichende Übereinstimmung der Grundstücksmerkmale der Vergleichsgrundstücke liegt nach Auffassung der Finanzverwaltung grundsätzlich vor, wenn diese insbesondere hinsichtlich ihrer Lage, Art und Maß der baulichen Nutzung, Größe, Erschließungszustand, Gebäudeart und Alter des Gebäudes mit dem zu bewertenden Grundstück weitgehend übereinstimmen.[33] Dies ist regelmäßig in Ballungszentren für Eigentumswohnungen der Fall. Eine Vorlage von Vergleichsobjekten durch den Steuerpflichtigen selbst oder durch das zuständige Finanzamt durch die Hinzuziehung geeigneter Vergleichspreise aus anderen Kaufpreissammlungen[34] wird regelmäßig an der Anzahl scheitern. Ein Vergleichswert, der mithilfe eines sog. Immobilienpreiskalkulators (z.B. der Webseite www.boris.nrw.de) festgestellt wurde, kann die Anforderungen von § 183 Abs. 2 S. 1 BewG grundsätzlich nicht erfüllen.[35]

cc) Vergleichsfaktoren

57 Wenn keine oder nicht ausreichende Vergleichspreise für Vergleichsgrundstücke zur Verfügung stehen, können von den Gutachterausschüssen für geeignete Bezugseinheiten, insbesondere Flächeneinheiten des Gebäudes, ermittelte und mitgeteilte Vergleichsfaktoren herangezogen werden, § 183 Abs. 2 BewG.[36] Sie sind auf den marktüblich erzielbaren jährlichen Ertrag (**Ertragsfaktor**) oder auf eine sonst geeignete Bezugseinheit, insbesondere auf eine Flächen- oder Raumeinheit der baulichen Anlage (**Gebäudefaktor**), zu beziehen, § 20 ImmoWertV.

58 Wie bei den Vergleichspreisen bleiben auch hier Besonderheiten, insbesondere die den Wert beeinflussenden Belastungen privatrechtlicher und öffentlich-rechtlicher Art, und Abweichungen bezüglich Lage, Ausstattung und Zustand (etwa Instandhaltungsrückstau) unberücksichtigt, § 183 Abs. 3 BewG. Es kann daher gerade beim Vergleichsfaktorenverfahren sinnvoll sein, auf die Anwendung des Sachwertverfahrens (siehe dazu Rdn 82 ff.) hinzuwirken oder den **Nachweis eines niedrigeren gemeinen Werts** gem. § 198 BewG (siehe dazu Rdn 121 ff.) zu erbringen.

dd) Verhältnis Vergleichspreise und Vergleichsfaktoren

59 Im Rahmen des Vergleichswertverfahrens sind das Vergleichspreisverfahren gem. § 183 Abs. 1 BewG und das Vergleichsfaktorverfahren gem. § 183 Abs. 2 BewG **gleichrangig** nebeneinanderstehende Verfahren, wobei es im pflichtgemäßen Ermessen der Finanzbehörde steht, sich für eines der beiden Verfahren zu entscheiden.[37] Liegen neben Vergleichsfaktoren auch ordnungsgemäße Vergleichspreise

33 R B 183 Abs. 2 S. 3 ErbStR 2019.
34 R B 183 Abs. 2 S. 7 ErbStR 2019.
35 FG Düsseldorf v. 12.3.2024 – 11 V 78/24 A (BG), ErbStB 2024, 150.
36 § 193 Abs. 5 S. 2 Nr. 4 BauGB.
37 FG Düsseldorf v. 12.3.2024 – 11 V 78/24 A (BG), ErbStB 2024, 150.

vor, dürfte die Finanzbehörde gehalten sein, ihr Ermessen grundsätzlich dahingehend auszuüben, dass zugunsten des Steuerpflichtigen das Verfahren zur Anwendung kommt, das zur niedrigeren Bewertung führt. Aus Gründen der Verfahrensökonomie darf die Finanzverwaltung jedoch auch auf das Vergleichsfaktorverfahren zurückgreifen, ohne den Versuch zu unternehmen, geeignete Vergleichspreise zu ermitteln.[38]

d) Bewertung im Ertragswertverfahren

aa) Allgemeines

Im Ertragswertverfahren (§§ 184–188 BewG) sind zu bewerten: Mietwohngrundstücke, Geschäftsgrundstücke und gemischt genutzte Grundstücke, für die sich auf dem örtlichen Grundstücksmarkt eine übliche Miete ermitteln lässt, § 182 Abs. 3 BewG. Es handelt sich mithin um typische Renditeobjekte. Im Ertragswertverfahren wird der Grundbesitzwert (Ertragswert) aus der **Summe von Bodenwert und Gebäudewert** (Gebäudeertragswert) gebildet, § 184 Abs. 1, Abs. 3 S. 1 BewG. Die Bewertung erfolgt demnach in zwei Bearbeitungsschritten, nämlich der Ermittlung des Bodenwerts und des Gebäudewerts. 60

38 FG Hamburg v. 7.7.2015 – 3 K 244/14, ErbStB 2015, 323.

61 **Überblick Ertragswertverfahren:**[39]

	Rohertrag (Jahresmiete bzw. übliche Miete) (§§ 185 Abs. 1, 186 BewG)
	./.
	Bewirtschaftungskosten (§§ 185 Abs. 1, 187 BewG)
	=
	Reinertrag des Grundstücks (§ 185 Abs. 1 BewG)
	./.
	Bodenwertverzinsung/Bodenwert × Liegenschaftszinssatz (§§ 179, 185 Abs. 2, 188 BewG)
	=
Bodenrichtwert (ggf. angepasster Bodenwert)	Gebäudereinertrag (≥ 0 EUR) (§ 185 Abs. 2 BewG)
×	×
Grundstücksfläche	Vervielfältiger (§ 185 Abs. 3 BewG)
=	=
Bodenwert (§§ 179, 184 Abs. 2 BewG)	Gebäudeertragswert (§ 185 Abs. 1–3 BewG)
=	=

Ertragswert = Grundbesitzwert
(§ 184 Abs. 3 BewG)

bb) Bodenwert

62 Der Bodenwert ist im Ertragswertverfahren (wie im Sachwertverfahren auch) wie bei einem **unbebauten Grundstück** nach Maßgabe des § 179 BewG zu ermitteln (siehe dazu Rdn 21), § 184 Abs. 2 BewG. Dies bedeutet, dass es (unabhängig von der vorhandenen Bebauung) auch hier zu Abweichungen bzw. Anpassungen von Bodenrichtwerten (siehe dazu Rdn 25 ff.) kommen kann.

63 Da der Bodenwert unselbstständiger Teil der Wertermittlung ist, kann der Nachweis des niedrigeren gemeinen Werts i.S.d. § 198 BewG (siehe dazu Rdn 121 ff.)

39 H B 184 ErbStH 2019.

nicht abstrakt für den Bodenwert, sondern nur im Rahmen einer Verkehrswertbegutachtung des gesamten Grundstücks erbracht werden.

cc) Gebäudewert

(1) Allgemeines

Der Gebäudewert bzw. Gebäudeertragswert gem. § 185 BewG wird grundsätzlich durch die Kapitalisierung des nachhaltig für die Restnutzungsdauer erzielbaren Reinertrags ermittelt. Bei einem negativen Gebäudeertragswert ist mindestens der Bodenwert anzusetzen, § 184 Abs. 3 S. 2 BewG. Sonstige bauliche Anlagen, insbesondere Außenanlagen, sind regelmäßig mit dem Ertragswert des Gebäudes abgegolten, § 184 Abs. 3 S. 3 BewG. Sonstige besondere wertbeeinflussende Umstände werden im Rahmen dieser typisierenden Wertermittlung nicht gesondert ermittelt oder angesetzt. In Betracht kommen wohnungs- und mietrechtliche Bindungen sowie Abweichungen vom normalen baulichen Zustand. Der entsprechende Nachweis eines niedrigeren gemeinen Werts ist gem. § 198 BewG (siehe dazu Rdn 121 ff.) zu erbringen. 64

Die **Ermittlung des Gebäudeertragswerts** stellt sich im Einzelnen wie folgt dar: 65
- Der Rohertrag, vermindert um die Bewirtschaftungskosten, ergibt den **Reinertrag.**
- Dieser sodann um die Bodenwertverzinsung zu reduzierende Reinertrag ergibt den **Gebäudereinertrag.**
- Der Gebäudereinertrag, multipliziert mit dem an der Restnutzungsdauer orientierten Vervielfältiger, ergibt den **Gebäudeertragswert** bzw. den **Gebäudewert.**

(2) Rohertrag

Rohertrag ist gem. § 186 Abs. 1 S. 1 BewG das Entgelt, das für die Benutzung des bebauten Grundstücks nach den am Bewertungsstichtag geltenden vertraglichen Vereinbarungen für den Zeitraum von 12 Monaten zu zahlen ist. Abzustellen ist nach Auffassung der Finanzverwaltung auf die letzten 12 Monate vor dem Bewertungsstichtag.[40] 66

Etwaige Mietrückstände spielen dabei keine Rolle.[41] Bei Mietausfall ist somit trotz des geringeren Ertrags eine Bewertung auf der Grundlage der vereinbarten Miete vorzunehmen.[42] Gleiches gilt für Wertsicherungsklauseln und künftige Staffelmieterhöhungen. Mieteinnahmen für Stellplätze und für Nebengebäude (z.B. Garagen) sind in den Rohertrag miteinzubeziehen.[43] Umlagen, die zur De-

40 H B 186.1 ErbStH 2019.
41 R B 186.1 Abs. 1 S. 6 ErbStR 2019.
42 R B 186.1 Abs. 1 S. 7 ErbStR 2019.
43 R B 186.1 Abs. 1 S. 3 ErbStR 2019.

ckung der Betriebskosten gezahlt werden, sind nicht anzusetzen, § 186 Abs. 1 S. 2 BewG. Es handelt sich beim Rohertrag mithin um die vertraglich vereinbarte **Nettokaltmiete**.

67 Neben der vertraglich vereinbarten Miete rechnen u.a. zum Entgelt auch Vergütungen für außergewöhnliche Nebenleistungen des Vermieters, die nicht die Raumnutzung betreffen, aber neben dieser aufgrund des Mietvertrags gewährt werden. Das gilt z.B. für Reklamenutzung (sowie für das Aufstellen von Automaten), Untermietzuschläge, Baukostenzuschüsse und Mietvorauszahlungen, soweit sie auf die Miete anzurechnen sind, Zahlungen des Mieters an Dritte für den Eigentümer, soweit es sich nicht um Betriebskosten i.S.d. § 27 II. BV oder § 2 BetrKV handelt (z.B. Erschließungskosten), und Leistungen des Mieters, die nicht in Geld bestehen, soweit sie nicht gleichzeitig als Betriebskosten zu berücksichtigen wären (z.B. die Übernahme der Grundstücksverwaltung).[44]

68 Nicht in das Entgelt einzubeziehen sind insbesondere Zahlungen für die Überlassung von Einrichtungsgegenständen (z.B. bei möblierten Wohnungen, Ferienwohnungen, Studentenwohnheimen), Dienstleistungen, die nicht die Grundstücksnutzung betreffen (Reinigungsdienste), Aufwendungszuschüsse im öffentlich geförderten Wohnungsbau und die Umsatzsteuer.[45]

69 Ist das Grundstück oder sind Grundstücksteile (z.B. eine Wohneinheit in einem Mehrfamilienhaus) zum Bewertungsstichtag **eigengenutzt**, **ungenutzt**, nur zu **vorübergehendem Gebrauch** (z.B. als Ferienwohnung) oder **unentgeltlich** überlassen, ist die übliche Miete zu ermitteln bzw. anzusetzen, § 186 Abs. 2 S. 1 Nr. 1 BewG. Dies gilt sowohl für ganze Objekte, z.B. Mietwohnhaus oder Geschäftsgrundstück, wie auch für Grundstücksteile (z.B. Wohnungen in einem Mietshaus). Bei unentgeltlicher Überlassung gilt dies unabhängig davon, ob diese an nahe Angehörige oder fremde Dritte erfolgt. Gleiches gilt, wenn die vereinbarte Miete um mehr als 20 % von der üblichen Miete abweicht, § 186 Abs. 2 S. 1 Nr. 1 BewG. Die Finanzverwaltung nimmt insbesondere bei Wohnraumüberlassung an nahe Angehörige eine entsprechende Prüfung vor.

70 Die **übliche Miete** ist in Anlehnung an die Miete zu schätzen, die für Räume gleicher oder ähnlicher Art, Lage und Ausstattung regelmäßig gezahlt wird, wobei Betriebskosten nicht einzubeziehen sind, § 186 Abs. 2 S. 2, 3 BewG. Nach Auffassung der Finanzverwaltung kann die übliche Miete aus Vergleichsmieten oder (einem zum Stichtag gültigen) **Mietspiegel** abgeleitet, mithilfe einer Mietdatenbank (§ 558e BGB) geschätzt oder durch ein Mietgutachten ermittelt werden.[46]

---

44 R B 186.1 Abs. 1 S. 3 ErbStR 2019.
45 R B 186.1 Abs. 1 S. 4 ErbStR 2019.
46 R B 186.5 Abs. 1 S. 1 ErbStR 2019.

(3) Bewirtschaftungskosten

Im Hinblick auf § 185 Abs. 1 S. 2 BewG sind vom Rohertrag die Bewirtschaftungskosten i.S.d. § 187 BewG abzuziehen. Dabei handelt es sich um die bei gewöhnlicher Bewirtschaftung nachhaltig entstehenden Verwaltungskosten, Betriebskosten, Instandhaltungskosten und das Mietausfallwagnis. Die Betriebskosten bleiben unberücksichtigt, soweit sie im Rahmen des Mietverhältnisses auf den Mieter umgelegt werden (z.B. Wasser, Städtische Gebühren, Gebäudeversicherung und Grundsteuer). **Umlagen** werden also weder als Ausgaben noch als Einnahmen behandelt, § 186 Abs. 1 S. 2 BewG. Finanzierungszinsen (auch) für objektbezogene Verbindlichkeiten bleiben außer Ansatz.[47] 71

Maßgebend sind nicht die tatsächlichen Bewirtschaftungskosten des Bewertungsobjekts, sondern analog zu § 12 Abs. 5 S. 2 ImmoWertV die nach dem Verbraucherpreisindex an den Bewertungsstichtag angepassten Bewirtschaftungskosten aus Anlage 23, § 187 Abs. 2 BewG. Anlage 23 zum BewG wurde daher entsprechend Anlage 3 zur ImmoWertV wie folgt gefasst: 72

I. Bewirtschaftungskosten für Wohnnutzung	
1. Verwaltungskosten (Basiswerte)	
jährlich je Wohnung	230 EUR
jährlich je Garage oder ähnlichem Einstellplatz	30 EUR
2. Instandhaltungskosten (Basiswerte)	
jährlich je Quadratmeter Wohnfläche	9 EUR
jährlich je Garage oder ähnlichem Einstellplatz	68 EUR
3. Mietausfallwagnis	
jährlicher Rohertrag	2 %
II. Bewirtschaftungskosten für Nichtwohnnutzung	
1. Verwaltungskosten	
jährlicher Rohertrag	3 %

47 R B 187 Abs. 1 S. 2 ErbStR 2019.

2. Instandhaltungskosten	
jährlich je Quadratmeter Nutzfläche (alle Gebäudearten der Anlage 24, Teil II., mit Ausnahme der nachfolgend genannten Gebäudearten)	100 % der Instandhaltungskosten je Quadratmeter Wohnfläche gem. Nummer I.2
jährlich je Quadratmeter Nutzfläche (Gebäudeart 13 der Anlage 24, Teil II.)	50 % der Instandhaltungskosten je Quadratmeter Wohnfläche gem. Nummer I.2
jährlich je Quadratmeter Nutzfläche (Gebäudearten 15 bis 16 und 18 der Anlage 24, Teil II.)	30 % der Instandhaltungskosten je Quadratmeter Wohnfläche gem. Nummer I.2
jährlich je Garage oder ähnlichem Einstellplatz	100 % der Instandhaltungskosten je Garage oder ähnlichem Einstellplatz gem. Nummer I.2
3. Mietausfallwagnis	
jährlicher Rohertrag	4 %

(4) Bodenwertverzinsung

73 Der Reinertrag (= Rohertrag abzüglich Bewirtschaftungskosten), vermindert um die Bodenwertverzinsung, ergibt den Gebäudereinertrag, § 185 Abs. 2 S. 1 BewG. Diese Reduzierung des Reinertrags um die Verzinsung des Bodenwerts ist der Tatsache geschuldet, dass das in den Grund und Boden investierte Kapital nicht anderweitig genutzt werden kann und daher (im wirtschaftlichen Zusammenhang mit dem erzielten Ertrag stehenden) abzugsfähigen Aufwand darstellt. Mit anderen Worten: Für die Bewertung ist im Prinzip nur der Reinertrag des Gebäudes ausschlaggebend, dieser ist daher um die Verzinsung des Bodenwerts zu reduzieren.

74 Daher ist in Fällen, in denen das Grundstück wesentlich größer ist, als es einer den Gebäuden angemessenen Nutzung entspricht, und eine zusätzliche Nutzung oder Verwertung einer Teilfläche (selbstständig verwertbare Teilfläche) zulässig und möglich ist, ohne dass mehrere wirtschaftliche Einheiten vorliegen, diese Teilfläche bei der Berechnung des Bodenwertverzinsungsbetrags nicht zu berücksichtigen, § 185 Abs. 2 S. 3 BewG. Die Finanzverwaltung versteht dabei unter einer selbstständig nutzbaren Teilfläche jede sinnvolle Nutzung (Lagerfläche, Abstellfläche, Gartenfläche, Schrebergarten usw.), sofern die selbstständig nutzbare Teilfläche hinreichend groß und so gestaltet ist, dass eine entsprechende Nutzung oder Verwertung möglich ist.[48]

48 R B 185.1 Abs. 3 S. 5, 6 ErbStR 2019.

Der Verzinsung des Bodenwerts ist der **Liegenschaftszinssatz** (§ 188 BewG) zugrunde zu legen, § 185 Abs. 2 S. 2 BewG. Der Liegenschaftszinssatz ist der Zinssatz, mit dem der Verkehrswert von Grundstücken im Durchschnitt marktüblich verzinst wird, § 188 Abs. 1 BewG (Renditeerwartung eines Käufers). Anzuwenden sind die von den Gutachterausschüssen i.S.d. §§ 192 ff. BauGB ermittelten örtlichen Liegenschaftszinssätze, § 188 Abs. 2 S. 1 BewG. Nach der Finanzverwaltung sind die Liegenschaftszinssätze anzuwenden, die von den Gutachterausschüssen für den letzten Auswertungszeitraum abgeleitet wurden, der vor dem Kalenderjahr endet, in das der Bewertungsstichtag fällt.[49] Ermittelt der Gutachterausschuss keine örtlichen Liegenschaftszinssätze – die Untätigkeit des Gutachterausschusses bei der Ermittlung örtlicher Liegenschaftszinssätze führt nicht zu einem strukturellen Vollzugsdefizit[50] –, erfolgt die Bewertung und Besteuerung stets nach dem vom Gesetzgeber in § 188 Abs. 2 S. 2 BewG festgelegten Zinssatz.[51] In Betracht kommt in diesem Fall der Nachweis eines niedrigeren gemeinen Werts gem. § 198 BewG (siehe dazu Rdn 121 ff.). 75

Soweit von den Gutachterausschüssen keine geeigneten Liegenschaftszinssätze zur Verfügung stehen, gelten die folgenden (verhältnismäßig hohen) Zinssätze, § 188 Abs. 2 S. 2 BewG: 76
- 3,5 % für Mietwohngrundstücke
- 4,5 % für gemischt genutzte Grundstücke mit einem gewerblichen Anteil von bis zu 50 %, berechnet nach der Wohn- und Nutzfläche
- 5,0 % für gemischt genutzte Grundstücke mit einem gewerblichen Anteil von mehr als 50 %, berechnet nach der Wohn- und Nutzfläche
- 6,0 % für Geschäftsgrundstücke

Der Bodenwert ist mit dem Liegenschaftszinssatz zu multiplizieren. Der sich daraus ergebende Bodenwertverzinsungsbetrag ist vom Reinertrag abzuziehen und ergibt den **Gebäudereinertrag**.

(5) Vervielfältiger

Um den eigentlichen Gebäudewert bzw. Gebäudeertragswert zu errechnen, ist gem. § 185 Abs. 3 S. 1 BewG der Gebäudereinertrag mit dem sich aus der Anlage 21 zum BewG ergebenden Vervielfältiger (Rentenbarwertfaktor) zu kapitalisieren. Der Vervielfältiger bestimmt sich nach dem Liegenschaftszinssatz und der Restnutzungsdauer des Gebäudes, § 185 Abs. 3 S. 2 BewG. Je höher der anzuwendende Liegenschaftszinssatz ist, desto geringer ist der Vervielfältiger und damit der Reinertrag und letztlich der Gebäudewert, da er (fiktiven) Aufwand darstellt. Je länger die Restnutzungsdauer des Gebäudes ist, desto geringer ist der Gebäu- 77

49 Gleich lautende Erlasse der obersten Finanzbehörden der Länder v. 23.9.2020; anders BFH v. 18.9.2019 – II R 13/16, BStBl II 2020, 760.

50 BFH v. 30.8. 2023 – II B 35/22, BFH/NV 2023, 1300.

51 BFH v. 30.8. 2023 – II B 35/22, BFH/NV 2023, 1300.

dewert. Für Fälle, in denen ein vom Gutachterausschuss ermittelter Liegenschaftszinssatz im Rahmen der Bewertung herangezogen wird und nicht direkt in der Anlage 21 zum BewG ausgewiesen ist, enthält diese eine Formel zur Berechnung des Vervielfältigers.

78 Die **Restnutzungsdauer** wird grundsätzlich aus dem Unterschiedsbetrag zwischen der wirtschaftlichen Gesamtnutzungsdauer, die sich aus der Anlage 22 zum BewG ergibt, und dem Alter des Gebäudes am Bewertungsstichtag ermittelt, § 185 Abs. 3 S. 3 BewG. Bei Gebäuden die unterschiedlich genutzt werden (z.B. zu wohn- und gewerblichen Zwecken) ist von einer einheitlichen Restnutzungsdauer auszugehen.[52] Anbauten teilen in der Regel aufgrund Ihrer Bauart und Nutzung das Schicksal des Hauptgebäudes.

79 Die Restnutzungsdauer eines noch nutzbaren Gebäudes beträgt regelmäßig mindestens 30 % der wirtschaftlichen Gesamtnutzungsdauer, § 185 Abs. 3 S. 6 BewG. Diese Regelung greift regelmäßig bei Immobilien, die sich seit mehreren Generationen im Familienbesitz befinden. Sind in den letzten zehn Jahren vor dem Bewertungsstichtag **„durchgreifende“ Modernisierungen** vorgenommen worden, ist die Restnutzungsdauer zu verlängern, wobei nach dem in R B 185.3 Abs. 4 ErbStR vorgesehenen **Punktesystem** zu verfahren ist:

Modernisierungselemente	**Punkte**
Dacherneuerung inkl. Verbesserung der Wärmedämmung	4
Modernisierung der Fenster und Außentüren	2
Modernisierung der Leitungssysteme (Strom, Gas, Wasser, Abwasser)	2
Modernisierung der Heizungsanlage	2
Wärmedämmung der Außenwände	4
Modernisierung von Bädern	2
Modernisierung des Innenausbaus, z.B. Decken und Fußböden	2
Wesentliche Änderung und Verbesserung der Grundrissgestaltung	2
14 bis 16 Punkte: überwiegend modernisiert **mindestens 18 Punkte**: umfassend modernisiert	

80 Liegt eine überwiegende Modernisierung (14–16 Punkte) bzw. eine umfassende Modernisierung (mindestens 18 Punkte) vor, ist die Restnutzungsdauer abhängig von der üblichen Gesamtnutzungsdauer nach den Tabellen in R B 185.3 Abs. 4 ErbStR zu verlängern. Nach Auffassung der Finanzverwaltung kommt eine Verkürzung der Restnutzungsdauer nur in besonderen Einzelfällen in Betracht, wie

52 R B 185.3 Abs. 2 ErbStR 2019.

z.B. bei bestehender Abbruchverpflichtung für das Gebäude, nicht hingegen bei Baumängeln und Bauschäden.[53]

dd) Bodenwert als Mindestwert

Der Wert nach dem Ertragswertverfahren darf nicht unter dem Wert liegen, den 81
das Grundstück hätte, wenn es unbebaut wäre, § 184 Abs. 3 S. 2 BewG. Dieser Wertansatz greift in Fällen, in denen nach Abzug der Bodenwertverzinsung (siehe dazu Rdn 73 f.) kein Gebäudereinertrag mehr bleibt, was bei großen und/oder hochwertigen Grundtücken der Fall sein kann.

e) Bewertung im Sachwertverfahren

aa) Allgemeines

Im Sachwertverfahren (§§ 189–191 BewG) werden nach § 182 Abs. 4 BewG alle 82
Grundstücke bewertet,
- für die an sich das Vergleichswertverfahren greift, für die allerdings keine (von den Gutachterausschüssen ermittelten) Vergleichswerte vorliegen, sowie
- Geschäftsgrundstücke und gemischt genutzte Grundstücke, wenn sie nicht im Ertragswertverfahren zu bewerten sind, und
- sonstige bebaute Grundstücke i.S.v. § 181 Abs. 8 BewG (z.B. Vereins- oder Klubhäuser, Almen, Jagdhütten).

Das Sachwertverfahren stellt mithin im Verhältnis zum Vergleichswertverfahren und Ertragswertverfahren ein subsidiäres „**Auffangverfahren**" für die Bewertung dar.

53 R B 185.3 Abs. 5 ErbStR 2019.

83 **Überblick Sachwertverfahren:**[54]

Regelherstellungskosten
(§ 190 Abs. 1 und 2, Anlage 24 Teil II, III BewG)

×

Brutto-Grundfläche
(§ 190 Abs. 3 S. 2, Anlage 24 Teil I BewG)

×

Baupreisindex
(§ 190 Abs. 3 S. 2, Abs. 4 BewG)

=

durchschnittliche Herstellungskosten des Gebäudes
(§ 190 Abs. 3 S. 2 BewG)

×

Regionalfaktor
(§ 190 Abs. 3 S. 1, Abs. 5 BewG)

×

Alterswertminderungsfaktor
(§ 190 Abs. 3 S. 1, Abs. 5 BewG)

=

Gebäudesachwert
(§ 190 BewG)

Bodenrichtwert
(ggf. angepasster Bodenwert)

×

Grundstücksfläche

=

Bodenwert
(§§ 179, 189 Abs. 2 BewG)

= (Bodenwert) / = (Gebäudesachwert)

vorläufiger Sachwert
(§ 189 Abs. 3 BewG)

×

Wertzahl
(§§ 189 Abs. 3, 191 BewG)

=

Sachwert = Grundbesitzwert
(§ 189 Abs. 3 BewG)

---

54 Gleich lautende Erlasse der obersten Finanzbehörden der Länder v. 20.3.2023 – S 3015, BStBl I 2023, 738, Tz 43.

Bei Anwendung des Sachwertverfahrens ist der Wert des Gebäudes (Gebäudesachwert) getrennt vom Bodenwert zu ermitteln, § 189 Abs. 1 BewG. Der **Bodenwert** und der **Gebäudesachwert** ergeben zusammen den vorläufigen Sachwert des Grundstücks, welcher zur Anpassung an den gemeinen Wert mit der Wertzahl zu multiplizieren ist, § 189 Abs. 3 BewG. 84

Sonstige bauliche Anlagen, insbesondere Außenanlagen, und der Wert der sonstigen Anlagen sind regelmäßig mit dem Gebäudewert und dem Bodenwert abgegolten, § 189 Abs. 4 BewG. Nur in Ausnahmefällen mit besonders werthaltigen Außenanlagen (z.B. ein größerer Swimmingpool) und sonstigen Anlagen werden hierfür gesonderte Wertansätze nach gewöhnlichen Herstellungskosten berücksichtigt.[55] Eine beispielhafte Darstellung findet sich in R B 190.5 ErbStR 2019, H B 189 ErbStH. Im Übrigen trifft die Finanzverwaltung die Nachweispflicht, wenn Außenanlagen wertmäßig berücksichtigt werden sollen. 85

Wie beim Ertragswertverfahren arbeitet der Verordnungsgeber auch beim Sachwertverfahren mit der Annahme vollumfänglicher Instandhaltung. Folglich bleiben **Bauschäden**, unterlassene Instandhaltungsmaßnahmen sowie der sog. **Reparaturrückstau** auch in diesem typisierenden Bewertungsverfahren unberücksichtigt. Die Wertminderung kann nur beim **Nachweis eines niedrigeren gemeinen Werts** gem. § 198 BewG (siehe dazu Rdn 121 ff.) berücksichtigt werden. 86

bb) Bodenwert

Der Bodenwert ist im Sachwertverfahren (wie im Ertragswertverfahren) wie bei einem unbebauten Grundstück nach Maßgabe des § 179 BewG zu ermitteln (siehe dazu Rdn 21), § 189 Abs. 2 BewG. Dies bedeutet, dass es – unabhängig von der vorhandenen Bebauung – auch hier zu Abweichungen bzw. Anpassungen von Bodenrichtwerten (siehe dazu Rdn 25 ff.) kommen kann. 87

Beim Wohnungs- und Teileigentum ist der entsprechende Flächenanteil nach **Teilungserklärung** zugrunde zu legen.

cc) Gebäudesachwert

Zur Ermittlung des Gebäudesachwerts sind die durchschnittlichen Herstellungskosten des Gebäudes mit dem Regionalfaktor sowie dem Alterswertminderungsfaktor zu multiplizieren, § 190 Abs. 1, 3 BewG. 88

(1) Gebäuderegelherstellungswert

Der Gebäuderegelherstellungswert ergibt sich aus der Multiplikation der Regelherstellungskosten mit der **Brutto-Grundfläche** des Gebäudes und dem Baupreisindex, § 190 Abs. 1 S. 2 BewG. 89

55 R B 189 S. 5 ErbStR 2019.

Die **Regelherstellungskosten (RHK)** sind nicht die tatsächlichen, sondern die durchschnittlichen Herstellungskosten je Flächeneinheit und sind in der Anlage 24 Teil II zum BewG enthalten, § 190 Abs. 1 S. 2 und 3 BewG. Es gelten also nicht die tatsächlichen Herstellungskosten des Gebäudes, sondern typisierte Werte. Eine Regionalisierung der Regelherstellungskosten wird über den Regionalfaktor vorgenommen. Die Berücksichtigung der örtlichen Marktverhältnisse erfolgt zudem grundsätzlich über die Anwendung der Wertzahl nach § 191 BewG (siehe dazu Rdn 101 f.). Die Finanzverwaltung ist an die in Anlage 24 Teil II zum BewG festgesetzten Regelherstellungskosten/Brutto-Grundfläche gebunden, es kann mithin nicht zu Abweichungen aufgrund von Gegebenheiten des Einzelfalls, insbesondere wegen regionaler Besonderheiten, kommen.

90 Maßgeblich für die Bestimmung der einschlägigen Regelherstellungskosten aus Anlage 24 zum BewG sind die Grundstücksart, die Gebäudeart und der Gebäudestandard.

Der **Gebäudestandard** wird anhand von fünf (einfachst/einfach/Basis/gehoben/aufwendig) Standardstufen bestimmt, Anlage 24 Teil III zum BewG. Die einzelnen Bauwerksteile, insbesondere Außenwände, Dach, Fenster und Türen, Fußböden, Sanitäreinrichtungen und Heizung, sind nach den fünf Standardstufen zu typisieren. Ein z.B. lediglich mit Wellpappe gedecktes Dach entspricht dem Gebäudestandard einfach, eine Dachbedeckung aus Schiefer oder Kupfer entspricht dem Gebäudestandard aufwendig.

Hinsichtlich des Gebäudetyps wird insbesondere bei Ein- und Zweifamilienhäusern im Rahmen der Unterkellerung und des Dachgeschossausbaus differenziert.

91 Die aus Anlage 24 zum BewG für das Gebäude ermittelten Regelherstellungskosten (Kostenstand 2010) sind nach § 190 Abs. 6 BewG auf den Bewertungsstichtag anzupassen. Diese Anpassung erfolgt mittels vom Bundesministerium der Finanzen im Bundessteuerblatt veröffentlichten **Baupreisindizes** für Wohn- und Nichtwohngebäude. Hierdurch soll dem Gebot der Ermittlung des aktuellen gemeinen Werts Rechnung getragen werden. Dabei ist auf die Preisindizes für die Bauwirtschaft abzustellen, die das Statistische Bundesamt für den Neubau in konventioneller Bauart von Wohn- und Nichtwohngebäuden jeweils als Jahresdurchschnitt ermittelt. Diese Preisindizes sind für alle Bewertungsstichtage des folgenden Kalenderjahres anzuwenden.

92 Mit Schreiben vom 20.1.2025[56] hat das BMF die Baupreisindizes für Bewertungsstichtage im Kalenderjahr 2025 für
- Gebäudearten 1.01. bis 5.1. Anlage 24 Teil II zum BewG – insbesondere Wohngebäude –i.H.v. 183,3 und
- Gebäudearten 5.2. bis 18.2. Anlage 24 Teil II zum BewG – insbesondere Nichtwohngebäude – i.H.v. 186,7

veröffentlicht.

56 BMF-Schreiben v. 20.1.2025 – IV D 4 – S 3225/00006/006/003.

Die **Brutto-Grundfläche (BGF)** ist in der Anlage 24 Teil I zum BewG zwingend definiert. Es handelt sich danach grundsätzlich um die Summe aus den Grundflächen aller Grundrissebenen eines Bauwerks und deren konstruktiven Umschließungen. Konstruktive und gestalterische Vor- und Rücksprünge, Fußsockelleisten sowie vorstehende Teile von Fenster- und Türbekleidungen etc. bleiben dabei unberücksichtigt. Für die Ermittlung der BGF sind die äußeren Maße der Bauteile (einschließlich Bekleidung, z.B. Putz) anzusetzen. Die Finanzverwaltung rechnet auch nicht ausgebaute, aber ausbaufähige Dachgeschosse auf die BGF an.[57] Diese werden mit ihrer vollen Fläche auf die BGF angerechnet, wenn deren lichte Höhe über 1,25 Meter beträgt und sie begehbar sind.[58] 93

Nicht zur BGF gehören z.B. Flächen von Spitzböden und Kriechkellern, Flächen, die ausschließlich der Wartung, Inspektion und Instandsetzung von Baukonstruktionen und technischen Anlagen dienen, sowie Flächen unter konstruktiven Hohlräumen, z.B. über abgehängten Decken.

Die Finanzverwaltung sieht für Wohnungseigentum in Mehrfamilienhäusern einen Umrechnungsfaktor hinsichtlich der BGF von 1,55 x Wohnfläche vor, für Tief- und Hochgaragen von 1,55 x tatsächliche Stellplatzfläche (Länge x Breite).[59] 94

Bei der Ermittlung der BGF wird zwischen folgenden Bereichen unterschieden:[60] 95
- Bereich a: überdeckt und allseitig in voller Höhe umschlossen
- Bereich b: überdeckt, jedoch nicht allseitig in voller Höhe umschlossen
- Bereich c: nicht überdeckt

Die Regelherstellungskosten (RHK) berücksichtigen jedoch nur die BGF der Bereiche a und b. Der Bereich c wird nicht erfasst.

57 R B 190.6 Abs. 5 S. 6 ErbStR 2019.
58 OFD Niedersachsen v. 15.4.2013 – S 3225 37-St 238.
59 Anlage 24 (zu § 190 Abs. 1 S. 3 und Abs. 2 BewG): Regelherstellungskosten.
60 Abbildung: OFD Niedersachsen, Anleitung für die Anlage Grundstück zur Feststellungserklärung (Vordruck BBW 2).

Abbildung zur Zuordnung der Grundflächen zu den Bereichen a, b und c

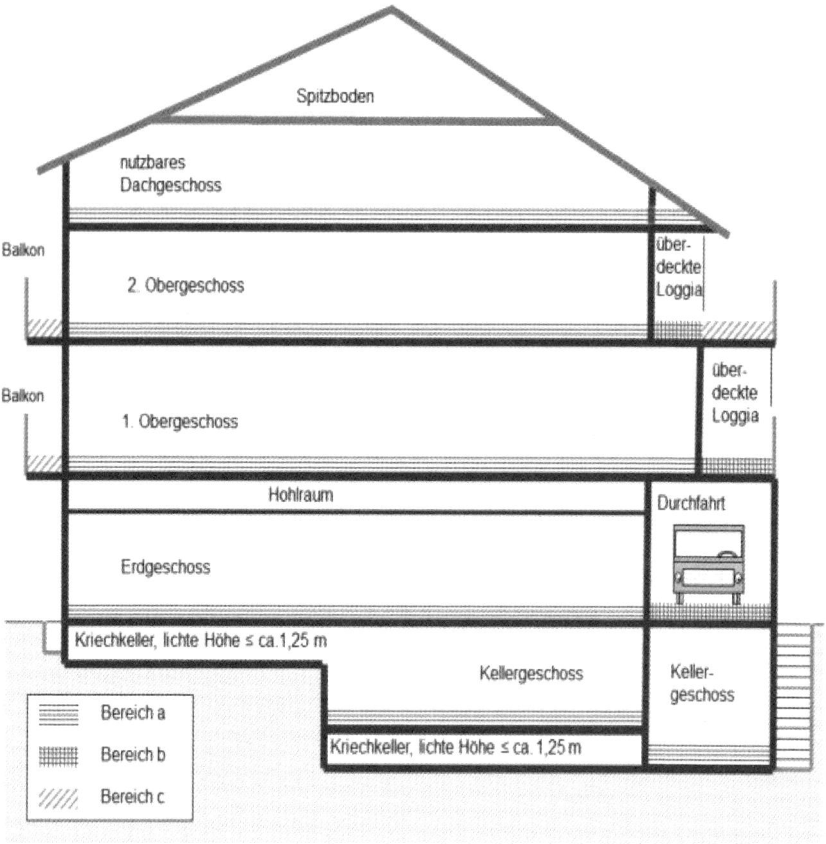

(2) Alterswertminderung

96 Der Gebäuderegelherstellungswert ist gem. § 190 Abs. 3 S. 1 und Abs. 6 BewG mit einem Alterswertminderungsfaktor zu multiplizieren, da das Gesetz beim Herstellungswert von einem neu errichteten Gebäude ausgeht. Der Alterswertminderungsfaktor entspricht dem Verhältnis der Restnutzungsdauer des Gebäudes am Bewertungsstichtag zur Gesamtnutzungsdauer nach Anlage 22, § 190 Abs. 6 S. 1 BewG. Dabei wird von einer linearen jährlichen Wertminderung ausgegangen, so dass etwa bei einer für ein Einfamilienhaus geltenden Gesamtnutzungsdauer von 80 Jahren ein jährlicher Wertabschlag i.H.v. ca. 1,4 % angenommen wird.

Der Berechnung des Gebäudealters sind der Tag der erstmaligen Bezugsfertigkeit (vorher lag kein Gebäude vor) und der Tag der Entstehung der Erbschaft- bzw. Schenkungsteuer gem. § 9 ErbStG zugrunde zu legen.[61] 97

Wie beim Ertragswertverfahren ist eine **Mindestrestnutzungsdauer** anzusetzen. Gem. § 190 Abs. 6 S. 5 BewG ist der nach Abzug der Alterswertminderung verbleibende Gebäudewert regelmäßig mit mindestens 30 % des Gebäuderegelherstellungswerts anzusetzen. Wenn eine geringere Nutzungsdauer objektiv feststeht, wie z.B. bei vertraglicher Abbruchverpflichtung für das Gebäude, kann nach Auffassung der Finanzverwaltung dieser Mindestansatz jedoch unterschritten werden.[62] 98

Sind in den letzten zehn Jahren vor dem Bewertungsstichtag „durchgreifende" Modernisierungen vorgenommen worden, ist die Restnutzungsdauer zu verlängern, wobei nach dem in R B 190.7 Abs. 3 ErbStR vorgesehenen **Punktesystem** zu verfahren ist: 99

Modernisierungselemente	**Punkte**
Dacherneuerung inkl. Verbesserung der Wärmedämmung	4
Modernisierung der Fenster und Außentüren	2
Modernisierung der Leitungssysteme (Strom, Gas, Wasser, Abwasser)	2
Modernisierung der Heizungsanlage	2
Wärmedämmung der Außenwände	4
Modernisierung von Bädern	2
Modernisierung des Innenausbaus, z.B. Decken und Fußböden	2
Wesentliche Änderung und Verbesserung der Grundrissgestaltung	2
14 bis 16 Punkte: überwiegend modernisiert **mindestens18 Punkte**: umfassend modernisiert	

Liegt eine überwiegende Modernisierung (14–16 Punkte) bzw. eine umfassende Modernisierung (mindestens 18 Punkte) vor, ist die Restnutzungsdauer abhängig von der üblichen Gesamtnutzungsdauer (siehe dazu Rdn 96) nach den Tabellen in R B 190.7 Abs. 3 ErbStR zu verlängern.

(3) Regionalfaktor

Mit dem Jahressteuergesetz 2022[63] neu eingeführt wurde ein sog. Regionalfaktor, § 190 Abs. 5 BewG, der den Unterschied zwischen dem bundesdurchschnittli- 100

61 Rössler/Troll/*Halaczinsky*, BewG, §§ 189–191 Rn 18.
62 R B 190.7 Abs. 5 S. 4 ErbStR 2019.
63 JStG 2022 v. 16.12.2022, BGBl I 2022, 2294, in Kraft getreten am 21.12.2022.

chen und dem regionalen Baukostenniveau berücksichtigen soll. Anzuwenden sind die Regionalfaktoren, die von den Gutachterausschüssen ermittelt werden. Soweit von den Gutachterausschüssen keine geeigneten Regionalfaktoren zur Verfügung stehen, gilt der Regionalfaktor 1,0.

(4) Wertzahl

101 Der sich aus dem Bodenwert und dem Gebäudesachwert ergebende vorläufige Sachwert ist mit einer Wertzahl i.S.d. § 191 BewG, in der Regel einem Prozentsatz, zu multiplizieren, § 189 Abs. 3 BewG. Hintergrund ist, dass der vorläufige Sachwert nicht die örtlichen verkehrswertrelevanten Marktfaktoren berücksichtigt und daher von den Gutachterausschüssen ermittelte Sachwertfaktoren **(Marktanpassungsfaktoren)** zur Angleichung an den gemeinen Wert anzuwenden sind.[64]

102 Die Finanzämter müssen grundsätzlich auf von den Gutachterausschüssen ermittelte Sachwertfaktoren zurückgreifen. Soweit von den Gutachterausschüssen keine geeigneten Sachwertfaktoren zur Verfügung gestellt werden, sind die in der Anlage 25 zum BewG bestimmten Wertzahlen zu verwenden, § 191 Abs. 2 BewG. Diese Wertzahlen stehen in Abhängigkeit von der Höhe des vorläufigen Sachwerts und dem Bodenpreisniveau. Bei der Anwendung der Wertzahlen nach Anlage 25 zum BewG ist auf den Bodenrichtwert ohne Wertkorrekturen (siehe dazuRdn 25) abzustellen.[65]

103 Das Jahressteuergesetz 2022[66] hat durch die Anpassung der Wertzahlen für alle Gebäudetypen eine deutliche Verschärfung zulasten der Erwerber gebracht: Diese pauschalierenden Wertzahlen verzichten völlig auf einen regionalen Bezug und stellen zudem auf nur grob gegliederte vorläufige Sachwerte ab. Daher kann in einschlägigen Sachwertfällen die Prüfung eines **Verkehrswertnachweises** i.S.d. § 198 BewG (siehe Rdn 121 ff.) in Betracht kommen.

(5) Endgültiger Grundbesitzwert

104 Der nach unten auf volle Eurobeträge abgerundete Grundbesitzwert wird vom Lagefinanzamt gesondert festgestellt, § 12 Abs. 3 ErbStG, § 157 Abs. 1 i.V.m. § 151 Abs. 1 Nr. 1 BewG.

64 R B 191 Abs. 1 S. 1 ErbStR 2019.
65 R B 191 Abs. 3 S. 1 ErbStR 2019.
66 JStG 2022 v. 16.12.2022, BGBl I 2022, 2294, in Kraft getreten am 21.12.2022.

D. Bewertungsrechtliche Sonderfälle

I. Allgemeines

Bewertungsrechtliche Sonderfälle sind insbesondere die 105
- Bewertung in Erbbaurechtsfällen (§§ 192–194 BewG),
- Bewertung eines Gebäudes auf fremdem Grund und Boden (§ 195 BewG),
- Bewertung eines Gebäudes und Gebäudeteils für den Zivilschutz (§ 197 BewG).

II. Bewertung in Erbbaurechtsfällen

1. Allgemeines

Ist das Grundstück mit einem **Erbbaurecht** belastet, sind die Werte für die wirtschaftliche Einheit Erbbaurecht nach § 193 BewG und für die wirtschaftliche Einheit des belasteten Grundstücks nach § 194 BewG gesondert zu ermitteln, § 192 S. 1 BewG. Diese gesonderte Ermittlung ist der Tatsache geschuldet, dass Erbbaurecht und Eigentum am Grundstück regelmäßig auseinanderfallen. Eine gesonderte Ermittlung ist daher auch dann vorzunehmen, wenn Gegenstand der Bewertung ein Eigentümererbbaurecht ist, d.h. Grundstückseigentümer und Erbbaubrechtiger personenidentisch sind. 106

Mit der Bewertung des Erbbaurechts ist die Verpflichtung zur Zahlung des Erbbauzinses (wertmindernd) und mit der Bewertung des Erbbaurechtsgrundstücks ist das Recht auf den Erbbauzins (erwerbserhöhend) abgegolten, § 192 S. 2 Hs. 1 BewG. Die hiernach ermittelten Grundbesitzwerte dürfen gem. § 192 S. 2 Hs. 2 BewG nicht weniger als 0 EUR betragen. 107

2. Bewertung des Erbbaurechts

Die Bewertung von Erbbaurechten ist durch das Jahressteuergesetz 2022[67] neu geregelt worden. Der Wert des Erbbaurechts richtete sich grundsätzlich nach dem **Vergleichswertverfahren** nach § 183 BewG. Für Bewertungsstichtage ab dem 1.1.2023 ist gem. § 193 Abs. 1 S. 1 BewG der Wert des Erbbaurechts durch Multiplikation des Werts des unbelasteten Grundstücks mit einem **Erbbaurechtskoeffizienten** zu ermitteln. Die Koeffizienten sind von den Gutachterausschüssen i.S.d. §§ 192 ff. BauGB zu ermitteln. Der Wert des unbelasteten Grundstücks ist der Wert des Grundstücks, der nach den §§ 179, 182–196 BewG festzustellen wäre, wenn die Belastung mit dem Erbbaurecht nicht bestünde, § 193 Abs. 1 S. 3 BewG. 108

67 JStG 2022 v. 16.12.2022, BGBl I 2022, 2294, in Kraft getreten am 21.12.2022.

109 Sofern für das zu bewertende Erbbaurecht kein Erbbaurechtskoeffizient von den Gutachterausschüssen vorliegt, findet subsidiär das finanzmathematische Verfahren Anwendung. Danach ist der Wert des Erbbaurechts durch Multiplikation des nach § 193 Abs. 3–5 BewG ermittelten Werts mit einem **Erbbaurechtsfaktor** zu ermitteln, der von den Gutachterausschüssen i.S.d. §§ 192 ff. BauGB veröffentlicht wird, § 193 Abs. 2 S. 1 BewG. Soweit derartige Erbbaurechtsfaktoren nicht zur Verfügung stehen, gilt der Erbbaurechtsfaktor 1,0.

Der Wert des Erbbaurechts ermittelt sich anhand der finanzmathematischen Methode wie folgt:[68]

Wert des unbelasteten Grundstücks nach §§ 179, 182–196 BewG abzüglich des Bodenwerts des unbelasteten Grundstücks nach § 179 BewG
(§ 193 Abs. 3 S. 1 Nr. 1 BewG)

+

über die Restlaufzeit des Erbbaurechts kapitalisierte Differenz aus dem angemessenen Verzinsungsbetrag des Bodenwerts des unbelasteten Grundstücks und dem vertraglich vereinbarten jährlichen Erbbauzins
(§ 193 Abs. 3 S. 1 Nr. 2 i.V.m. Abs. 4 BewG)

–

ggf. nicht zu entschädigender Wertanteil des Gebäudes bei Ablauf des Erbbaurechts
(§ 193 Abs. 3 S. 2 i.V.m. Abs. 5 BewG)

=

finanzmathematischer Wert des Erbbaurechts
(§ 193 Abs. 2 S. 1 i.V.m. Abs. 3–5 BewG)

×

Erbbaurechtsfaktor
(§ 193 Abs. 2 BewG)

=

Wert des Erbbaurechts
(§ 193 Abs. 2 i.V.m. Abs. 3–5 BewG)

3. Bewertung des Erbbaugrundstücks

110 Die Bewertung von Erbbaugrundstücken ist durch das Jahressteuergesetz 2022[69] neu geregelt worden. Der Wert des Erbbaugrundstücks richtete sich grundsätzlich nach dem **Vergleichswertverfahren** nach § 183 BewG. Für Bewertungsstich-

68 Gleich lautende Erlasse der obersten Finanzbehörden der Länder v. 20.3.2023 – S 3015, BStBl I 2023, 738, Tz 68; Berechnungsbeispiel Tz 75.

69 JStG 2022 v. 16.12.2022, BGBl I 2022, 2294, in Kraft getreten am 21.12.2022.

tage ab dem 1.1.2023 ist gem. § 194 Abs. 1 S. 1 BewG der Wert des Erbbaugrundstücks durch Multiplikation des Bodenwerts des unbelasteten Grundstücks mit einem **Erbbaugrundstückskoeffizienten** zu ermitteln. Die Koeffizienten sind von den Gutachterausschüssen i.S.d. §§ 192 ff. BauGB zu ermitteln. Der Bodenwert des unbelasteten Grundstücks ist der Wert des Grundstücks, der nach § 179 BewG festzustellen wäre, wenn die Belastung mit dem Erbbaurecht nicht bestünde, § 194 Abs. 1 S. 3 BewG.

Sofern für das zu bewertende Erbbaugrundstück kein Erbbaugrundstückskoeffizient des Gutachterausschusses vorliegt, findet subsidiär das finanzmathematische Verfahren Anwendung. Danach ist der Wert des Erbbaugrundstücks durch Multiplikation des nach § 194 Abs. 3–5 BewG ermittelten Werts mit einem **Erbbaugrundstücksfaktor** zu ermitteln, der von den Gutachterausschüssen i.S.d. §§ 192 ff. BauGB veröffentlicht wird, § 194 Abs. 2 S. 1 BewG. Soweit derartige Erbbaugrundstücksfaktoren nicht zur Verfügung stehen, gilt der Erbbaurechtsfaktor 1,0. 111

Der Wert des Erbbaugrundstücks ermittelt sich anhand der finanzmathematischen Methode wie folgt:[70]

über die Restlaufzeit des Erbbaurechts abgezinster Bodenwert
des unbelasteten Grundstücks
(§ 194 Abs. 3 S. 1 Nr. 1 i.V.m. Abs. 4 BewG)

\+

über die Restlaufzeit des Erbbaurechts kapitalisierter vertraglich
vereinbarter jährlicher Erbbauzins
(§ 194 Abs. 3 S. 1 Nr. 2 i.V.m. Abs. 5 BewG)

\+

ggf. nicht zu entschädigender Wertanteil des Gebäudes bei
Ablauf des Erbbaurechts
(§ 194 Abs. 3 S. 2 i.V.m. § 193 Abs. 5 BewG)

=

finanzmathematischer Wert des Erbbaugrundstücks
(§ 194 Abs. 2 S. 1 i.V.m. Abs. 3–5 BewG)

×

Erbbaugrundstücksfaktor
(§ 194 Abs. 2 BewG)

=

Wert des Erbbaugrundstücks
(§ 194 Abs. 2 i.V.m. Abs. 3–5 BewG)

---

70 Gleich lautende Erlasse der obersten Finanzbehörden der Länder v. 20.3.2023 – S 3015, BStBl I 2023, 738, Tz 80; Berechnungsbeispiel Tz 85.

III. Bewertung eines Gebäudes auf fremdem Grund und Boden

112 Die Bewertung eines Gebäudes auf fremdem Grund und Boden ist durch das Jahressteuergesetz 2022[71] neu geregelt worden.

113 Ein Gebäude auf fremdem Grund und Boden im steuerlichen Sinne liegt dann vor, wenn ein anderer als der Eigentümer des Grund und Bodens darauf ein Gebäude errichtet hat und ihm das Gebäude steuerlich zuzurechnen ist. Das ist insbesondere der Fall, wenn das Gebäude **Scheinbestandteil i.S.d. § 95 BGB** ist.[72] Sofern dem Nutzungsberechtigten des Gebäudes für den Fall der Nutzungsbeendigung gegenüber dem Eigentümer des Grund und Bodens ein Anspruch auf Ersatz des Verkehrswerts des Gebäudes (aus einer vertraglichen Vereinbarung oder gesetzlich) zusteht, ist bewertungsrechtlich von einem Gebäude auf fremdem Grund und Boden auszugehen.[73]

114 Zur Bewertung von Gebäuden auf fremdem Grund und Boden werden gem. § 195 Abs. 1 BewG die Werte für die wirtschaftliche Einheit des Gebäudes (§ 195 Abs. 2–4 BewG) und die wirtschaftliche Einheit des belasteten Grundstücks (§ 195 Abs. 5–7 BewG) gesondert ermittelt.

Für die Ermittlung des **Werts des Gebäudes** auf fremdem Grund und Boden gilt folgendes Ablaufschema:[74]

Wert des unbelasteten Grundstücks nach §§ 179, 182–196 BewG abzüglich
des Bodenwerts des unbelasteten Grundstücks nach § 179 BewG
(§ 195 Abs. 2 S. 1 Nr. 1 BewG)

+

über die Restlaufzeit des Nutzungsrechts kapitalisierte Differenz aus dem
angemessenen Verzinsungsbetrag des Bodenwerts des unbelasteten
Grundstücks und dem vertraglich vereinbarten jährlichen Nutzungsentgelt
(§ 195 Abs. 2 S. 1 Nr. 2 i.V.m. Abs. 3 BewG)

–

ggf. nicht zu entschädigender Wertanteil des Gebäudes
bei Ablauf des Nutzungsrechts
(§ 195 Abs. 2 S. 2 i.V.m. Abs. 4 BewG)

=

Wert des Gebäudes auf fremdem Grund und Boden
(§ 195 Abs. 2 i.V.m. Abs. 3 und 4 BewG)

---

71 JStG 2022 v. 16.12.2022, BGBl I 2022, 2294, in Kraft getreten am 21.12.2022.

72 R B 195.1 Abs. 2 S. 1 ErbStR 2019.

73 R B 195.1 Abs. 2 S. 3 ErbStR 2019.

74 Gleich lautende Erlasse der obersten Finanzbehörden der Länder v. 20.3.2023 – S 3015, BStBl I 2023, 738, Tz 91; Berechnungsbeispiel Tz 97.

Für die Ermittlung des **Werts des mit dem Nutzungsrecht belasteten Grundstücks** gilt folgendes Ablaufschema:[75]

über die Restlaufzeit des Nutzungsrechts abgezinster Bodenwert
des unbelasteten Grundstücks
(§ 195 Abs. 5 S. 1 Nr. 1 i.V.m. Abs. 6 BewG)

+

über die Restlaufzeit des Nutzungsrechts kapitalisiertes vertraglich
vereinbartes jährliches Nutzungsentgelt
(§ 195 Abs. 5 S. 1 Nr. 2 i.V.m. Abs. 7 BewG)

+

ggf. nicht zu entschädigender Wertanteil des Gebäudes
bei Ablauf des Nutzungsrechts
(§ 195 Abs. 5 S. 2 i.V.m. Abs. 4 BewG)

=

Wert des belasteten Grundstücks
(§ 195 Abs. 5 i.V.m. Abs. 4, 6 und 7 BewG)

Bei der Bewertung nach § 195 BewG handelt es sich um eine stark typisierende 115
Regelung, so dass zum Nachweis eines niedrigeren gemeinen Werts eine **Verkehrswertwertbegutachtung i.S.d. § 198 BewG** (siehe dazu Rdn 121 ff.) in Betracht kommt.

IV. Bewertung von Gebäuden und Gebäudeteilen für den Zivilschutz

Gem. § 197 BewG bleiben Gebäude, Teile von Gebäuden und Anlagen, die wegen 116
der in § 1 ZSKG (Zivilschutz- und Katastrophenhilfegesetz) in der jeweils geltenden Fassung bezeichneten Zwecke geschaffen worden sind und im Frieden nicht oder nur gelegentlich oder geringfügig für andere Zwecke benutzt werden, bei der Ermittlung des Grundbesitzwerts außer Betracht. In der Praxis wird diese Regelung in erster Linie für **Schutzräume** (§ 8 ZSKG) oder bauliche **Betriebsschutzanlagen** (§ 9 ZSKG) Anwendung finden.

Bei entsprechenden Grundstücken ist der ausschlaggebende Wert der des unbebauten Grund und Bodens nach § 179 BewG (siehe dazu Rdn 21).

75 Gleich lautende Erlasse der obersten Finanzbehörden der Länder v. 20.3.2023 – S 3015, BStBl I 2023, 738, Tz 99; Berechnungsbeispiel Tz 103.

E. Bewertung von ausländischem Grundbesitz

117 Gem. § 12 Abs. 7 ErbStG ist ausländischer Grundbesitz nach § 31 BewG zu bewerten. Danach ist der **gemeine Wert** i.S.d. § 9 BewG (siehe dazu Rdn 5 ff.) zum Besteuerungszeitpunkt zugrunde zu legen. § 12 Abs. 7 ErbStG hat nur Bedeutung, soweit der ausländische Grundbesitz nicht durch ein Doppelbesteuerungsabkommen (DBA) von der deutschen Erbschaftsteuer ausgenommen ist. Allerdings kann in Fällen, in denen der Erwerb eines im Ausland belegenen Grundbesitzes aufgrund eines DBA steuerbefreit ist, dessen Wert im Rahmen des Progressionsvorbehalts eine Rolle spielen.

118 Die besonderen Bewertungsvorschriften für Grundvermögen nach den §§ 176–198 BewG finden keine Anwendung. Die Bewertungsmethoden des § 182 BewG (siehe dazu Rdn 39) können allerdings für bebaute ausländische Grundstücke herangezogen werden, wobei sicherlich zu berücksichtigen ist, dass die entsprechenden Bewertungsparameter der inländischen Gutachterausschüsse wie Bodenrichtwerte (siehe dazu Rdn 22 ff.) oder Liegenschaftszinssatz (siehe dazu Rdn 75) nicht zur Verfügung stehen werden. Entsprechende Informationen können durch Sachverständigengutachten oder durch belastbare Angaben des Steuerpflichtigen erbracht werden.[76] Teilweise helfen Werte, die im Ausland für dortige erbschaft- bzw. schenkungsteuerliche Zwecke ermittelt wurden (insbesondere Ertragswerte, sog. „Katastral-Werte“ in Belgien, Spanien oder Frankreich).[77]

119 Sofern die Finanzbehörde den Wert bzw. die Besteuerungsgrundlagen nicht ermitteln oder berechnen kann, **schätzt** sie diese gem. § 162 AO. Um dies zu vermeiden, reicht in der Regel eine nachvollziehbare Darstellung des ausländischen Grundbesitzwerts aus. Diese kann auf Vergleichsobjekte von Online-Immobilienportalen bzw. auf eine Kurzbegutachtung durch einen ortsansässigen Makler gestützt werden.

Den Steuerpflichtigen treffen erhöhte **Mitwirkungspflichten** nach § 90 Abs. 2 AO. Diese können etwa eine Vollmachterteilung zur Einholung von Informationen zur Bewertung durch die Finanzverwaltung beinhalten.

120 Der ausländische Grundbesitz ist – anders als der inländische – nicht gesondert gem. § 151 BewG festzustellen. Ferner sind gem. § 31 Abs. 2 BewG bei der Bewertung von ausländischem Grundbesitz alle Bestandteile und Zubehör (abgesehen von Zahlungsmitteln, Geldforderungen, Wertpapieren und Geldschulden) zu berücksichtigen. Maßgeblich ist dabei das Zivilrecht. Zu den wesentlichen Bestandteilen eines Gebäudes gehören gem. § 94 Abs. 2 BGB die zur Herstellung des Gebäudes eingefügten Sachen, wie Türen, Fenster, Treppen, Aufzüge und Heizanlagen. Bestandteile des Grundstücks sind gem. § 96 BGB Rechte, die mit

76 Troll/Gebel/Jülicher/Gottschalk/*Gebel*, ErbStG, § 12 Rn 939.
77 *Krauß*, Vermögensnachfolge in der Praxis, Rn 6910.

dem Eigentum an einem Grundstück verbunden sind, wie Vorkaufsrechte und Grunddienstbarkeiten. Zubehör sind gem. § 97 BGB bewegliche Sachen, die, ohne Bestandteile der Hauptsache zu sein, dem wirtschaftlichen Zweck der Hauptsache zu dienen bestimmt sind und zu ihr in einem dieser Bestimmung entsprechenden räumlichen Verhältnis stehen. Zum Zubehör i.d.S. gehören etwa Klingel- und Beleuchtungsanlagen.

F. Nachweis eines niedrigeren Verkehrswerts bei Immobilienvermögen, § 198 BewG

I. Allgemeines

Bei den Bewertungsverfahren (Vergleichswert-, Ertragswert- und Sachwertverfahren) handelt es sich um steuerliche **Masseverfahren**, die anhand von Typisierungen und vereinheitlichten Bewertungsparametern zu (in der Praxis teils erheblichen) Volatilitäten führen. Die Regelung des § 198 BewG – auch als **„Escape-Klausel"** bezeichnet – sieht daher im Rahmen der Erbschafts- und Schenkungsbesteuerung die Möglichkeit des Nachweises eines niedrigeren gemeinen Werts durch den Steuerpflichtigen vor. 121

II. Verkehrswertgutachten

1. Rechtsgrundlagen

Sofern – wie in der Praxis regelmäßig der Fall – kein stichtagsnaher Verkauf vorliegt (siehe dazu Rdn 128 ff.), kann der Nachweis des niedrigeren gemeinen Werts durch ein **Verkehrswertgutachten** erbracht werden.[78] Für die Begutachtung gelten grundsätzlich die aufgrund des § 199 Abs. 1 BauGB erlassenen Vorschriften, mithin die ImmoWertV,[79] wobei sämtliche wertbeeinflussenden Umstände zu berücksichtigen sind.[80] 122

2. Auswahl des Gutachters

Gem. § 198 BewG kann als Nachweis des niedrigeren gemeinen Werts regelmäßig ein Gutachten des zuständigen Gutachterausschusses i.S.d. §§ 192 ff. BauGB oder von Personen, die von einer staatlichen, staatlich anerkannten oder nach DIN EN ISO/IEC 17024 akkreditierten Stelle als Sachverständige oder Gutachter für die Wertermittlung von Grundstücken bestellt oder zertifiziert worden sind, dienen. 123

---

78 R B 198 Abs. 3 S. 1 ErbStR 2019.
79 Immobilienwertermittlungsverordnung vom 14.7.2021 (BGBl. I, 2805).
80 R B 198 Abs. 3 S. 4, 5 ErbStR 2019.

3. Bindungswirkung des Gutachtens

124 Das Gutachten – auch wenn der Steuerpflichtige einen öffentlich bestellten und vereidigten Sachverständigen eingeschaltet hat – ist für die Finanzverwaltung nicht bindend, sondern unterliegt der freien Beweiswürdigung des zuständigen Finanzamts und nachfolgend der Finanzgerichtsbarkeit. Diese dürfen und müssen das Gutachten zunächst auf Plausibilität und dann inhaltlich auf sachliche Richtigkeit hin überprüfen. Ist es unschlüssig bzw. enthält es Mängel (z.B. methodische Mängel oder unzutreffende Wertansätze), kann das Finanzamt das Gutachten schlicht (ohne eigenes Gegengutachten) zurückweisen.[81] Geht das Gutachten hingegen von richtigen Tatsachen aus, folgt es einem logischen Aufbau, kommt es zu schlüssigen Ergebnissen und entspricht es der ImmoWertV, ist regelmäßig der im Gutachten ermittelte Wert anzusetzen.[82]

4. Gutachterkosten

125 Die Kosten für das Gutachten trägt stets der Steuerpflichtige, also auch in dem Fall, in dem der Nachweis des niedrigeren gemeinen Werts (erst) im finanzgerichtlichen Verfahren gelingt.

Bei einer **Grundstücksschenkung** sind die Kosten im vollen Umfang abzugsfähig, wenn sie im Rahmen der Verpflichtung zur Abgabe der Schenkungsteuererklärung bzw. Feststellungserklärung angefallen sind. Gleiches gilt für Gutachterkosten zur Ermittlung eines gemeinen Werts im Rahmen eines anschließenden Rechtsbehelfsverfahrens, eines finanzgerichtlichen Verfahrens oder eines Verfahrens, in dem die Änderung der Wertfeststellung beantragt wird. Diese sind – wie die Verfahrenskosten selbst – bei einer Schenkung nicht absetzbar.

126 Im Rahmen der **Erbauseinandersetzung** sind nach Ansicht des BFH die Sachverständigenkosten zum Nachweis des niedrigeren gemeinen Werts eines zum Nachlass gehörenden Grundstücks als Nachlassverbindlichkeit i.S.d. § 10 Abs. 5 Nr. 3 ErbStG abzugsfähig, wenn sie in engem zeitlichen und sachlichen Zusammenhang mit dem Erwerb von Todes wegen anfallen, was regelmäßig der Fall sein wird.[83] Dies gilt auch, wenn das Gutachten erst im Rechtsbehelfsverfahren eingeholt wird.

5. Bewertung eines Miteigentumsanteils an einem Grundstück

127 Im standardisierten steuerlichen Bewertungsverfahren ist gem. § 3 BewG bei der Wertermittlung bei mehreren Beteiligten, mithin wenn ein Wirtschaftsgut mehreren Personen zusteht, der Wert im Ganzen zu ermitteln und sodann auf

---

81 R B 198 Abs. 3 S. 1 ErbStR 2019.

82 Rössler/Troll/*Halaczinsky*, BewG, § 198 Rn 21.

83 BFH v. 19.6.2013 – II R 20/12, BStBl II 2013, 738.

die Beteiligten nach dem Verhältnis ihrer Anteile zu verteilen. Bei einem Erwerb nur eines Miteigentumsanteils an einem Grundstück aufgrund Erbfolge oder lebzeitiger Übertragung bleiben bei der Bewertung eines Miteigentumsanteils an einem Grundstück für Zwecke der Erbschaftsteuer bzw. Schenkungsteuer die dem Miteigentum immanenten rechtlichen Risiken (Verfügungshindernisse, Teilungsversteigerung, Verwaltung etc.) mithin unberücksichtigt. Nach dem FG Münster kann allerdings bei der Bewertung eines Miteigentumsanteils an einem Grundstück im Rahmen eines Gutachtens i.S.d § 198 BewG berücksichtigt werden, dass der Miteigentumsanteil an dem Grundstück weniger wert ist (**Marktanpassungsabschlag**), als es dem rechnerischen Anteil am gemeinen Wert des Grundstücks entspricht,[84] da § 198 BewG lex specialis zu § 3 BewG ist. Im Lichte des anhängigen Verfahrens beim BFH[85] zur der Frage nach einem Marktanpassungsabschlag beim Erwerb von Miteigentum im Rahmen einer Begutachtung i.S.d. § 198 BewG sollte entsprechend verfahrensrechtlich mit einem Einspruch bis zur Entscheidung vorgesorgt werden.

III. Stichtagsnaher Verkauf

Ein **innerhalb eines Jahres** nach oder vor dem Bewertungsstichtag i.S.d. § 11 128
ErbStG (siehe dazu Rdn 8 ff.) durchgeführter Verkauf des zu bewertenden Grundstücks im gewöhnlichen Geschäftsverkehr kann als Nachweis eines niedrigeren gemeinen Werts i.S.d. § 198 BewG (zugunsten des Steuerpflichtigen) dienen.[86] Soweit ein Kaufpreis im gewöhnlichen Geschäftsverkehr zustande gekommen ist, wird die Finanzverwaltung diesen in der Regel ohne Wertkorrekturen ansetzen.[87] Was unter **gewöhnlichem Geschäftsverkehr** zu verstehen ist, ist eine Einzelfallentscheidung. Ein Kaufpreis wird jedenfalls dann anerkannt, wenn dieser genauso unter fremden Dritten zustande gekommen wäre. Bei einem Verkauf an nahe Angehörige i.S.d. § 12 AO wird dies sicherlich zweifelhaft sein.

Veräußerungsnebenkosten, sofern vom Verkäufer (anteilig) getragen (z.B. Notar- 129
und Grundbuchkosten, Maklerprovision[88]), wirken nicht wertmindernd.

Die Jahresfrist ist ausgehend vom Bewertungsstichtag nach § 108 AO i.V.m. 130
§§ 187 ff. BGB rückwärts zu berechnen.

Ist ein Kaufpreis **außerhalb des einjährigen Zeitraums** im gewöhnlichen Geschäftsverkehr zustande gekommen und sind die maßgeblichen Verhältnisse hierfür gegenüber den Verhältnissen zum Bewertungsstichtag unverändert geblieben,

84 FG Münster v. 24.11.2022 – 3 K 1201/21, EFG 2023, 326; Revision zum BFH – BFH II R 57/22.
85 BFH II R 57/22.
86 R B 198 Abs. 4 S. 1 ErbStR 2019.
87 Rössler/Troll/*Halaczinsky*, BewG, § 198 Rn 12.
88 FG Köln v. 12.2.2014 – 4 K 3081/13, EFG 2014, 818.

kann nach Auffassung der Finanzverwaltung auch dieser als Nachweis des niedrigeren gemeinen Werts dienen.[89] In diesem Zusammenhang hat der BFH entschieden, dass der Nachweis eines niedrigeren gemeinen Werts durch einen nach fast drei Jahren nach dem Stichtag erzielten Kaufpreis erbracht werden kann, wenn eine gutachterliche Äußerung des Gutachterausschusses für Grundstückswerte erbracht wird, aus der sich ergibt, dass die Bodenwerte seit dem maßgeblichen Besteuerungszeitpunkt unverändert geblieben sind und die erzielte Jahresmiete seither die Gleiche ist.[90]

131 Liegen im Rahmen des Nachweises des niedrigeren gemeinen Werts ein zeitnah zum Bewertungsstichtag im gewöhnlichen Geschäftsverkehr zustande gekommener Kaufpreis und ein Sachverständigengutachten vor (**Konkurrenz zwischen Sachverständigengutachten und stichtagsnahem Kaufpreis**), ist der Grundbesitzwertfeststellung der Kaufpreis zugrunde zu legen, da ein im gewöhnlichen Geschäftsverkehr vereinbarter bzw. erzielter Kaufpreis den sichersten Anhaltspunkt für den gemeinen Wert liefert.[91]

132 Ein Vergleichspreis nach § 183 Abs. 1 S. 1 BewG kann sich laut BFH[92] – jedenfalls bei der **mittelbaren Grundstücksschenkung** – auch aus einem zeitnah zu (vor und nach) dem Bewertungsstichtag vereinbarten Kaufpreis für das zu bewertende Grundstück ergeben.

133 Ist betreffend den Bescheid über die Feststellung des Grundbesitzwerts **Bestandskraft** eingetreten, § 173 Abs. 1 Nr. 2 AO, kann der innerhalb eines Jahres nach dem Bewertungsstichtag beurkundete Kaufvertrag bzw. der niedrigere Kaufpreis nur berücksichtigt werden, wenn die Beurkundung bereits vor der abschließenden Entscheidung des Finanzamts stattgefunden hat und diesem unbekannt war.[93]

IV. Grundstücke im Zustand der Bebauung

134 Bei Grundstücken im Zustand der Bebauung (§ 196 BewG; siehe dazu Rdn 34 ff.) ist der Verkehrswertnachweis für die gesamte wirtschaftliche Einheit unter Berücksichtigung der baulichen Gegebenheiten zulässig.[94]

89 R B 198 Abs. 4 S. 2 ErbStR 2019.

90 BFH v. 2.7.2004 – II R 55/01, BStBl II 2004, 703.

91 Gleich lautende Erlasse der obersten Finanzbehörden der Länder v. 7.12.2022 – S 3229, BStBl. I 2022, 1671.

92 BFH v. 24.8.2022 – II R 14/20, BStBl II 2023, 693.

93 Gleich lautende Erlasse der obersten Finanzbehörden der Länder v. 7.12.2022 – S 3229, BStBl I 2022, 1671.

94 R B 198 Abs. 4 S. 3 ErbStR 2019.

V. Wann kommt ein Verkehrswertgutachten i.S.d. § 198 BewG in Betracht?

1. Allgemeines

135 Bei der Bewertung von Grundvermögen kommt ein Gutachten immer dann in Betracht, wenn **wertmindernde Umstände** vorliegen, die im Rahmen der typisierenden und pauschalierenden Bewertungsverfahren unberücksichtigt bleiben.

136 Nach Ansicht der Finanzverwaltung ist ein Gutachten nur **für die gesamte Immobilie** möglich, d.h. ein isolierter Nachweis von Bewertungsgrundlagen (z.B. nur Instandhaltungsrückstau bei einem Gebäude; nur der Grund- und Bodenwert bei einem bebauten Grundstück; nur der Nachweis niedrigerer Bewirtschaftungskosten) ist unzulässig. Lediglich der **Einzelnachweis** der üblichen Miete (siehe dazu Rdn 69 f.) ist zulässig.[95]

2. Unbebaute Grundstücke und Grund und Boden

137 **Individuelle Wertminderungsgründe** eines Grundstücks bleiben im Rahmen der Bewertung grundsätzlich außer Ansatz, wie z.B. Ecklage, Zuschnitt, Oberflächenbeschaffenheit, Beschaffenheit des Baugrunds, Außenanlagen, Lärm-, Rauch- und Staubbelästigungen, Altlasten und Grunddienstbarkeiten.[96] Gleiches gilt für Rechte und Lasten öffentlich-rechtlicher Art, die sich u.a. aus dem Planungs-, Bauordnungs- und Abgabenrecht sowie aus dem Denkmal-, Landschafts- und Gewässerschutzrecht ergeben können,[97] sowie für privatrechtliche Rechte und Lasten, insbesondere dinglich gesicherte Nutzungsrechte, Erbbaurechte, Vorkaufsrechte sowie langfristige Miet- und Pachtverträge.[98]

138 Neben den vorgenannten Wertminderungsgründen spielt für die Frage nach einer Begutachtung eine Reihe weiterer Umstände tatsächlicher Art, wie etwa Emissionen und Immissionen durch Mülldeponien oder Biogasanlagen, eine Rolle. Dies kann allerdings dann nicht gelten, wenn diese Faktoren bereits im Rahmen des Bodenrichtwerts (siehe dazu Rdn 22 ff.) Berücksichtigung gefunden haben: Beeinträchtigungen, die sich auf alle Grundstücke einer größeren Bodenrichtwertzone ausgewirkt haben, sind daher für einen Verkehrswertnachweis grundsätzlich nicht relevant.

139 In der Praxis kommt es bei bebauten wie unbebauten Grundstücken regelmäßig zu Anpassungen des **Bodenrichtwerts** (siehe dazu Rdn 25 ff.). Gerade bei der Frage der zulässigen Geschossflächenzahl kann die Einholung eines Gutachtens,

95 R B 198 Abs. 3 S. 7 ErbStR 2019.
96 *Eisele*, NWB 2008, 3447, 3449.
97 *Eisele*, NWB 2008, 3447, 3450.
98 *Tremel*, DStR 2008, 753, 756.

das die Umgebungsbebauung i.S.d. § 34 Abs. 2 BauGB berücksichtigt, zu erheblichen Abweichungen zugunsten des Steuerpflichtigen führen.

3. Bebaute Grundstücke

140 Die Bewertung bebauter Grundstücke des Grundvermögens für Zwecke der Erbschaft- und Schenkungsteuer erfolgt in Abhängigkeit der Grundstücksart nach dem dann einschlägigen Bewertungsverfahren, vgl. § 182 BewG (siehe dazu Rdn 39). Die Typisierungen und Pauschalierungen in diesen Verfahren geben an diversen Stellen Anlass zur Prüfung der Erfolgsaussichten eines Verkehrswertgutachtens.

a) Vergleichswertverfahren

141 Bei der Anwendung des Vergleichswertverfahrens bleiben Besonderheiten, wie **privatrechtliche und öffentlich-rechtliche wertbeeinflussende Belastungen**, unberücksichtigt. Öffentlich-rechtliche Lasten ergeben sich u.a. aus dem Planungs-, Bauordnungs- und Abgabenrecht sowie aus dem Denkmal-, Landschafts- und Gewässerschutzrecht.[99] Privatrechtliche Rechte und Lasten sind dinglich gesicherte Nutzungsrechte (Nießbrauch, Wohnungsrechte), Erbbaurechte, Vorkaufsrechte sowie langfristige Miet- und Pachtverträge.[100] Im Rahmen eines Verkehrswertgutachtens i.S.d. § 198 BewG sind diese wertbeeinflussenden rechtlichen Gegebenheiten und tatsächlichen Eigenschaften zu berücksichtigen. Besteht etwa ein Nießbrauch oder ein Wohnrecht, findet dies im Rahmen der Bewertung Berücksichtigung.[101] Gleiches gilt für Leibrenten.[102] Zu beachten ist aber, dass insbesondere beim Nießbrauch und beim Wohnrecht die Vorschrift des § 16 BewG, mithin die Deckelung des Jahreswerts auf das 18,6-fache des nach dem BewG anzusetzenden Werts der Immobilie, nicht greift.

b) Sachwertverfahren

142 Im Zusammenhang mit dem Verkehrswertnachweis sind im Sachwertverfahren insbesondere die **Alterswertminderung** (siehe dazu Rdn 96) sowie die **Marktanpassung** (siehe dazu Rdn 101 f.) interessant. Nach § 190 Abs. 6 S. 5 BewG ist der nach Abzug der Alterswertminderung verbleibende Gebäudewert regelmäßig mit mindestens 30 % des Gebäuderegelherstellungswerts anzusetzen. Bauschäden, Instandhaltungs- und Reparaturstau bleiben auch in diesem typisierenden Bewertungsverfahren unberücksichtigt. In einschlägigen Sachwertfällen ist es mithin sinnvoll, ein Vorgehen i.S.d. § 198 BewG zu prüfen.[103] Zudem lassen die pauscha-

99 *Eisele*, NWB 2008, 3447, 3450.
100 *Tremel*, DStR 2008, 753, 756.
101 § 2 Abs. 2 Nr. 12 ImmoWertV; *Daragan*, DB 2001, 355.
102 *Eisele*, NWB 2008, 3447, 3450.
103 *Eisele*, NWB 2008, 3447, 3454.

lierenden Wertzahlen der Anlage 25 zu § 191 S. 2BewG einen **regionalen Bezug** völlig außer Acht und stellen nur auf grob gegliederte vorläufige Sachwerte ab, so dass die Prüfung eines Verkehrswertnachweises in einschlägigen Fällen angezeigt ist.[104]

Das Jahressteuergesetz 2022[105] hat durch die Anpassung der **Wertzahlen** für alle Gebäudetypen eine deutliche Verschärfung zulasten der Erwerber gebracht: Da diese pauschalierenden Wertzahlen völlig auf einen regionalen Bezug verzichten und zudem auf nur grob gegliederte vorläufige Sachwerte abstellen, kann in einschlägigen Sachwertfällen die Prüfung eines **Verkehrswertnachweises** i.S.d. § 198 BewG in Betracht kommen. 143

c) Ertragswertverfahren

Im Ertragswertverfahren bieten mehrere wertbildende Faktoren Anknüpfungspunkte für die Einholung eines Sachverständigengutachtens. Dies kann den **Rohertrag** des Objekts in Fällen signifikanter Abweichung von der aktuell üblichen Miete gegenüber den nachhaltig erzielbaren Mieteinnahmen betreffen oder die **Bewirtschaftungskosten**, deren Ansatz gem. § 187 Abs. 2 BewG i.V.m. Anlage 23 (lediglich) pauschaliert erfolgt. 144

Für eine Verkehrswertbegutachtung i.S.d. § 198 BewG kommen ferner höhere örtliche **Liegenschaftszinssätze** gegenüber den Pauschalierungen des § 188 Abs. 2 BewG sowie eine von § 185 BewG abweichende Gesamt- und Restnutzungsdauer, insbesondere beim pauschalen Ansatz der Mindestnutzungsdauer von 30 % (§ 185 Abs. 3 S. 6 BewG), in Betracht. 145

Schließlich ist im Ertragswertverfahren für jedes Grundstück mindestens der Bodenwert anzusetzen, § 184 Abs. 3 S. 2 BewG. Ist der Gebäudeertragswert bei weniger lukrativen Objekten negativ, kann es in einschlägigen Fällen zu Überbewertungen kommen. 146

4. Abbruchkosten

Die typisierenden und pauschalierenden Bewertungsverfahren des Bewertungsrechts sehen grundsätzlich keine Berücksichtigung von Abbruchkosten bei Grundstücken mit nicht mehr benutzbaren Gebäuden vor. Diese können allerdings im Rahmen eines Verkehrswertgutachtens beim Bodenwert als **Freilegungskosten** Berücksichtigung finden.[106] 147

---

104 *Eisele*, NWB 2008, 3447, 3454.

105 JStG 2022 v. 16.12.2022, BGBl I 2022, 2294, in Kraft getreten am 21.12.2022.

106 *Krauß*, Vermögensnachfolge in der Praxis, Rn 6790.

5. Erbbaurecht

148 Bei Erbbaurechten kann es bei Vorliegen regionaler Marktanpassungsfaktoren für Erbbaurechte und für Erbbaugrundstücke sinnvoll sein, einen gutachterlichen Verkehrswertnachweis einzuholen. Ein solcher kommt ferner bei Besonderheiten der Regelungen im **Erbbaurechtsvertrag** in Betracht, z.B. bei fehlenden Wertsicherungsklauseln beim Erbbauzins.

§ 5 Verkehrswertermittlung (§ 194 BauGB)

Wolfgang Glunz/Andreas Jardin

Übersicht:

Literatur

Demharter, Grundbuchordnung, 33. Aufl. 2023; *Gerardy/Möckel/Troff/Bischoff* (Hrsg.), Praxis der Grundstücksbewertung (online-Datenbank zur Wertermittlung von Immobilien); *Jardin/Roscher*, Die Immobilienwertermittlung aus steuerlichen Anlässen, 2019.

A. Einleitung

1 Der Verkehrswert einer Immobilie ist – anders als Geld oder Aktien – nicht unmittelbar mit einem Preis ausgewiesen.

Wertermittlung ist kein rein arithmetischer Vorgang. Sie setzt modellbasierte, am Marktgeschehen ausgerichtete Ableitungen voraus und verlangt eine transparente Herleitung der Eingangsdaten, eine stichtagsgenaue Betrachtung und eine nachvollziehbare Plausibilitätsprüfung der Ergebnisse. Die **Immobilienwertermittlungsverordnung (ImmoWertV)** stellt dafür die Verfahrensgrundlagen bereit; die **Muster-Anwendungshinweise zur ImmoWertV (ImmoWertA)** konkretisieren u.a. Anforderungen an Marktbezug, Datenquellen (insbesondere Kaufpreissammlungen, Bodenrichtwerte und sonstige für die Wertermittlung erforderliche Daten) sowie die konsistente Behandlung der Annahmen. Beliebigkeit wird hierdurch vermieden; verbleibende Ermessensspielräume sind eng zu halten und fachlich zu begründen.

Der Umfang sachverständigen Ermessens wird wesentlich durch Teilmarkt und Datenlage bestimmt. In homogenen Märkten mit hoher Zahl geeigneter Kauffälle lassen sich Parameter eng eingrenzen; die Bandbreite zutreffender Ergebnisse ist entsprechend schmal. Demgegenüber führen hochindividuelle Objekte mit geringen Transaktionszahlen – etwa spezialisierte Produktions- oder Fabrikanlagen – regelmäßig zu breiteren Unsicherheitsintervallen. In solchen Fällen ist es angezeigt, mehrere nach der ImmoWertV zulässige Verfahren heranzuziehen, ihre Ergebnisbeiträge zu beurteilen und den Verkehrswert aus dem oder den Verfahrenswert(en) unter Würdigung ihrer jeweiligen Aussagefähigkeit abzuleiten; zentrale empirische Basis sind dabei die von den Gutachterausschüssen bereitgestellten Marktdaten.[1] 2

B. Grundlagen der Verkehrswertermittlung

I. Rückblick

Die Grundstückswertermittlung im deutschen Recht hat sich nicht sprunghaft, sondern durch eine fortlaufende Verdichtung und Vereinheitlichung von Normen entwickelt. Bereits frühe Regelungen der Beleihungs- und Vollstreckungspraxis legten hierfür Grundlagen: Die preußische Hypotheken- und Konkursordnung von 1722 forcierte eine geordnete Erfassung dinglicher Sicherheiten und schuf damit institutionelle Voraussetzungen für nachvollziehbare Taxationen. Die gegen Ende des 18. Jahrhunderts einsetzende Kritik an überhöhten Schätzungen – insbesondere ländlicher Liegenschaften – verstärkte den Bedarf an überprüfbaren Bewertungsmaßstäben. 3

Einen wesentlichen Professionalisierungsschub bewirkte das Hypothekenbankrecht des Kaiserreichs. Mit dem Hypothekenbankgesetz von 1899 erhielt der damals so bezeichnete Beleihungswert einen einheitlich beaufsichtigten Rahmen, der sich unmittelbar auf die Bewertungspraxis der Kreditwirtschaft auswirkte. 4

Unter den Preislenkungsregimen der 1930er Jahre trat die Wertermittlung zusätzlich in eine fiskalisch-regulative Funktion: Der „Preisstopp“ vom 26.11.1936 fixierte Preisniveaus und verschob damit Referenzpunkte für Grundstückspreise – eine Zäsur, die Verwaltung und Rechtsprechung jener Zeit ausdrücklich rezipierten. Mit dem Ende der „Preisstopp“-Gesetzgebung führte das Bundesbaugesetz vom 23.6.1960 erstmals bundeseinheitliche, zentrale städtebaurechtliche Instrumente ein. Darauf aufbauend etablierte die Wertermittlungsverordnung ab 1961 – gestützt auf die im Bundesbaugesetz angelegte Verordnungsermächtigung – einen verbindlichen bundesweiten Rahmen für Verfahren, Eingangsgrößen und die erforderliche Begründungstiefe; spätere Neufassungen konsolidierten und präzisierten diesen Standard.

1 Vgl. Jardin/Roscher/*Jardin*, Teil II.

5 Heute ist die Wertermittlung primär durch **§ 194 BauGB** bestimmt, der den Verkehrswert als am Wertermittlungsstichtag im gewöhnlichen Geschäftsverkehr erzielbaren Preis definiert, sowie durch die **ImmoWertV 2021**, die dieses Leitbild in ein kohärentes, methodenoffenes Regelwerk überführt. Die Verordnung modernisiert die Verfahren systematisch, ordnet den Einsatz von Marktdaten, Index- und Umrechnungsmechanismen und konkretisiert die Anforderungen an Nachvollziehbarkeit, Datenherleitung und Dokumentation. Eine zentrale Rolle nimmt dabei die geordnete Datenbereitstellung ein. Die nach § 193 BauGB eingerichteten Gutachterausschüsse mit ihren Kaufpreissammlungen, Bodenrichtwerten und sonstigen für die Wertermittlung erforderlichen Daten bilden den maßgeblichen empirischen Unterbau. Die ImmoWertV 2021 schärft die Pflicht zur einheitlichen Datennutzung und zur konsistenten Ableitung wertrelevanter Einflussgrößen aus diesen Quellen und grenzt damit den zulässigen sachverständigen Ermessensspielraum durch Transparenz und Begründungstiefe ein. Die **ImmoWertA** dienen der praktischen Vereinheitlichung der Auslegung, ohne den normativen Vorrang der Verordnung zu verändern.

6 Im Ergebnis ist die Verkehrswertermittlung ein sachverständiger, aber rechtlich eng gerahmter Schätzvorgang: nicht beliebig und nicht schematisch, sondern auf aktuelle, belastbare Marktdaten gestützt, methodisch konsistent hergeleitet und in allen Wertansätzen – von der Auswahl der Verfahren bis zur Parametrisierung.

II. Sachverständigenqualifikation und Verkehrswertermittlung – Einordnung

1. Allgemeines

7 Nach deutschem Rechtsverständnis ist „Sachverständige/r" **keine geschützte Berufsbezeichnung**. Entscheidend sind nach ständiger Praxis besondere fachliche Befähigung, Erfahrung, persönliche Integrität sowie eine unabhängige, unparteiische und gewissenhafte Gutachtenerstattung. Eine allgemeine öffentlich-rechtliche Zulassung ist – abgesehen von speziellen Anerkennungen – nicht erforderlich; irreführende Selbstbezeichnungen können jedoch nach dem Gesetz gegen den unlauteren Wettbewerb (UWG) unzulässig sein. Vor diesem Hintergrund haben sich unterschiedliche Qualifikations- und Anerkennungswege herausgebildet, die – auch im Lichte der ImmoWertV 2021 und der ImmoWertA – wie folgt zu ordnen sind:

2. Öffentlich bestellte und vereidigte Sachverständige

8 Die öffentliche Bestellung (§ 36 GewO) ist ein staatlich kontrolliertes Auswahl- und Aufsichtsverfahren für Sachgebiete mit öffentlichem Bedürfnis. Öffentliche bestellte Sachverständige werden insbesondere auf Unabhängigkeit, Weisungsfreiheit, persönliche Leistungserbringung, Gewissenhaftigkeit und Unparteilichkeit verpflichtet. Die Bestellung kann inhaltlich begrenzt, zeitlich befristet und

mit Auflagen versehen werden; die Wiederbestellung setzt die erneute Feststellung der „besonderen Sachkunde" voraus. Zuständig sind u.a. **Industrie- und Handelskammern** sowie **Architekten- und Ingenieurkammern**. Für die Bewertung von Immobilien ist zusätzlich relevant, dass die ImmoWertV 2021 und die ImmoWertA Anforderungen an die Nachvollziehbarkeit, an die Herleitung der maßgeblichen Daten aus den Quellen der Gutachterausschüsse und an die methodische Konsistenz stellen – Maßstäbe, an denen sich öffentlich Bestellte bei der Gutachtenerstattung zu orientieren haben.

3. Gutachterausschüsse für Grundstückswerte

Gutachterausschüsse sind selbstständige, unabhängige **Kollegialgremien des Städtebaurechts** (§§ 192 ff. BauGB). Zu ihren Kernaufgaben gehören die Führung der Kaufpreissammlung (§ 195 BauGB), die Ableitung sonstiger für die Wertermittlung erforderlicher Daten (§ 193 Abs. 5 BauGB), die Ermittlung von Bodenrichtwerten (§ 196 BauGB) sowie die Erstattung von Verkehrswertgutachten. Diese Gutachten entfalten – wie privat beauftragte Gutachten – grundsätzlich keine Bindungswirkung, soweit nicht gesetzlich angeordnet oder vertraglich vereinbart. Der gelegentlich verwendete Ausdruck „amtliche Verkehrswertermittlung" beschreibt lediglich den behördlichen Organisations- und Auftragsrahmen; er begründet keinen eigenständigen Wertmaßstab. Der Verkehrswert (Marktwert) ist bundesrechtlich einheitlich in § 194 BauGB definiert und gilt unabhängig davon, ob ein Gutachten durch einen Gutachterausschuss oder durch einen privaten Sachverständigen erstellt wird. Die ImmoWertV 2021 und die ImmoWertA knüpfen inhaltlich an diese Datenbasis an und konkretisieren deren Verwendung in der Wertermittlung. 9

4. Gerichtlich ernannte Sachverständige

Die Bestellung im gerichtlichen Verfahren erfolgt ad hoc und verfahrensbezogen; das Gericht bestimmt die Auswahl und Anzahl der Sachverständigen (§ 404 ZPO) und leitet deren Tätigkeit (§ 404a ZPO). Häufig beauftragte Sachverständige erwerben dadurch **keine generelle „Gerichtszulassung"**; entsprechende Werbeaussagen („gerichtlich zugelassen", „vom Gericht bestellt") sind wettbewerbsrechtlich unzulässig. Im Zivilprozessrecht wird der gerichtliche Sachverständige als sachkundiger Gehilfe des Gerichts verstanden; hoheitliche Befugnisse übt er nicht aus.[2] Für Immobilienbewertungen bedeutet dies: Auch im Prozess sind die Anforderungen der ImmoWertV 2021 und die methodischen Klarstellungen der ImmoWertA einzuhalten; insbesondere sind Datenherkünfte, Verfahrenswahl, Parameter und Plausibilitätsprüfung transparent darzulegen. 10

2 Vgl. BGH, Urt. v. 5.10.1972 – III ZR 168/70.

5. Zertifizierte Sachverständige (DIN EN ISO/IEC 17024)

11 Bei Personenzertifizierungen nach DIN EN ISO/IEC 17024 prüfen durch die Deutsche Akkreditierungsstelle GmbH (DAkkS) **akkreditierte Stellen** die fachliche Kompetenz, persönliche Eignung und kontinuierliche Fortbildung. Die Überwachung umfasst regelmäßig Arbeitsproben, Fachgespräche und Rezertifizierungen. In der Immobilienbewertung bestehen DAkkS-akkreditierte Zertifizierungspfade (z.B. HypZert, IfS Zert, Sprengnetter Zertifizierung).

6. Verbandsmäßig anerkannte Sachverständige (berufsständische Standards)

12 Neben nationalen Qualifikationswegen existieren internationale Standards und verbandliche Anerkennungen, etwa die RICS Valuation – Global Standards („Red Book“) oder die Standards der TEGoVA (mit dem Personentitel „Recognised European Valuer – REV“).

7. Freie (selbst ernannte) Sachverständige

13 Gutachten ohne öffentlich-rechtliche Bestellung oder amtliche Anerkennung sind zulässig. Die Führung der Bezeichnung „Sachverständige/r“ setzt allerdings eine nachweislich **überdurchschnittliche Sachkunde** auf einem klar umrissenen Fachgebiet sowie **hinreichende Berufserfahrung** voraus; andernfalls kann die Bezeichnung irreführend sein und gegen das UWG verstoßen. In der Praxis empfiehlt sich eine präzise Offenlegung von Qualifikationen, Referenzen, Tätigkeitsgebieten und – bei Immobilienbewertungen – der systematischen Herleitung gemäß ImmoWertV 2021 und ImmoWertA.

8. Wertbegriff des § 194 BauGB

14 Unabhängig vom jeweiligen Qualifikationsweg gilt für Verkehrswertermittlungen in Deutschland der einheitliche Wertbegriff des **§ 194 BauGB**. Die ImmoWertV 2021 und die ImmoWertA bilden den maßgeblichen methodischen Rahmen und verlangen eine auf die Daten der Gutachterausschüsse gestützte, transparente und überprüfbare Herleitung. Die verschiedenen Anerkennungs- und Zertifizierungswege flankieren diese Anforderungen, ersetzen sie jedoch nicht.

III. Leistungsumfang, Honorar und Qualitätssicherung

15 Die Erstellung eines Verkehrswertgutachtens ist ein werkvertraglich geschuldeter Erfolg und verlangt einen **klar definierten Leistungsumfang** mit sorgfältiger Recherche, Modellwahl und nachvollziehbarer Begründung auf Basis der ImmoWertV 2021 sowie der ImmoWertA. Dazu gehören regelmäßig Grundbuch- und Aktenauswertung, planungs- und beitragsrechtliche Klärungen, Markt- und Da-

tenanalysen sowie die modellkonforme Ableitung der Ergebnisse aus geeigneten, stichtagsbezogenen Marktdaten. Die ImmoWertV 2021 verlangt hierfür u.a. die Berücksichtigung der allgemeinen Wertverhältnisse zum Wertermittlungsstichtag, des Grundstückszustands zum Qualitätsstichtag und eine Marktanpassung; die ImmoWertA konkretisieren die einheitliche Anwendung dieser Vorgaben, insbesondere das Prinzip der Modellkonformität und die Einbindung der von den Gutachterausschüssen bereitgestellten Daten.

In der Praxis ist der Vertrag über ein Verkehrswertgutachten regelmäßig ein 16 **Werkvertrag** (§§ 631 ff. BGB); bei reinen Beratungs- oder Teilleistungen kommen Dienstvertrag (§§ 611 ff. BGB) oder entgeltliche Geschäftsbesorgung (§ 675 BGB) in Betracht.

Die **Vergütung** ist außerhalb der Sachverständigentätigkeit für Gerichte mangels 17 gesetzlicher Gebührenordnung frei vereinbar; eine schriftliche Honorarvereinbarung (Leistungsbild, Datengrundlagen, Fristen, Vergütung, Nebenkosten, Fälligkeit) ist aus Gründen der Klarheit und Beweisbarkeit dringend zu empfehlen. Die Vergütung wird bei Werkverträgen grundsätzlich mit Abnahme des Gutachtens fällig (§ 641 BGB).

Auf die einschlägigen Honorarrichtlinien des BVS (Bundesverband öffentlich bestellter und vereidigter sowie qualifizierter Sachverständiger e.V.)[3] und des BDVI (Bund der öffentlich bestellten Vermessungsingenieure e.V.)[4] wird ergänzend hingewiesen.

Transparente, schriftliche Honorarabreden, ein präzises Leistungsbild nach 18 Maßgabe der ImmoWertV 2021 und der ImmoWertA (Stichtage, Daten, Modellkonformität, Marktanpassung) und eine saubere Abnahme-/Fälligkeitsregelung bilden den rechtssicheren und qualitätsorientierten Rahmen für Verkehrswertgutachten.

C. Rechtliche Grundlagen der Verkehrswertermittlung

I. Allgemeines

Die Hierarchie der Rechtsquellen in der amtlichen Wertermittlung ist klar geord- 19 net: Das Baugesetzbuch (BauGB) – vorher das Bundesbaugesetz (BBauG) – stellt die institutionellen Grundlagen und Begriffsdefinitionen bereit, maßgeblich die §§ 192–199 BauGB für Einrichtung, Aufgaben und Datenbearbeitung der Gutachterausschüsse.

3 www.bvs-ev.de/download/bvs-standpunkte-richtlinien.

4 www.bdvi.de/de/news-medien/pressemitteilungen/2025–04–01-bdvi-veroeffentlicht-aktualisierte-honorierungsempfehlung-fuer-immobilienwertermittlungen.

II. Entwicklung und Systematik seit dem BBauG

20 Mit dem BBauG von 1960 wurden die städtebaurechtlichen Strukturen einschließlich der Gutachterausschüsse bundesweit normiert; darauf fußte 1961 die erste Wertermittlungsverordnung als bundeseinheitlicher Methodenrahmen. Über spätere Novellen hinweg führte dieser Entwicklungspfad zur ImmoWertV 2010 und – als umfassend modernisierte Fassung – zur **ImmoWertV 2021**. Letztere gilt seit dem 1.1.2022 und ersetzt die ImmoWertV 2010 vollständig. Die ImmoWertV 2021 schließt inhaltlich an die Systematik des BauGB an, verzahnt die Verfahrensanforderungen enger mit der amtlichen Dateninfrastruktur der Gutachterausschüsse und erhöht die Anforderungen an Transparenz und Nachvollziehbarkeit der Gutachten.

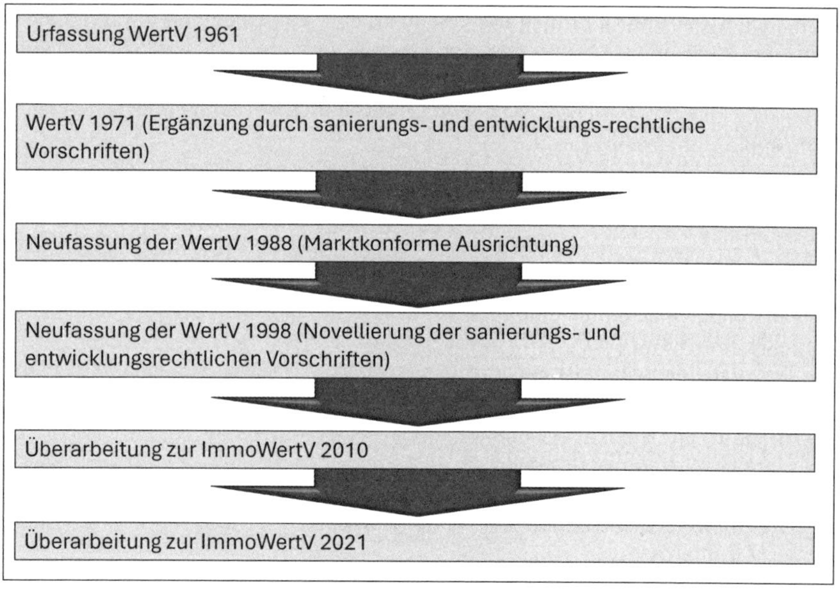

Abb. 1: Entwicklung der Verordnungen zur Verkehrswertermittlung

III. BauGB

21 Die zentralen Regelungen zur amtlichen Grundstückswertermittlung finden sich in den §§ 192–199 BauGB:

- § 192 BauGB ordnet die Einrichtung unabhängiger **Gutachterausschüsse** an und verankert deren organisatorische Selbstständigkeit.
- § 193 BauGB weist den Ausschüssen u.a. die Führung und Auswertung der **Kaufpreissammlung** sowie die Ermittlung und Bereitstellung der für die

Wertermittlung erforderlichen **Daten** zu (insbesondere Bodenrichtwerte, Liegenschaftszinssätze, Umrechnungskoeffizienten, Sachwert- und Vergleichsfaktoren).

- § 194 BauGB definiert den **Verkehrswert** (Marktwert) als den am Wertermittlungsstichtag im gewöhnlichen Geschäftsverkehr erzielbaren Preis; außergewöhnliche oder persönliche Verhältnisse bleiben außer Betracht.
- § 196 BauGB regelt Inhalt, Herleitung und Veröffentlichung der **Bodenrichtwerte** einschließlich abgegrenzter Richtwertzonen mit im Wesentlichen übereinstimmender Art und Maß der Nutzung.
- § 198 BauGB ermöglicht die Bildung oberer Gutachterausschüsse bzw. **zentraler Stellen** zur landesweiten Koordination und Qualitätssicherung.
- § 199 BauGB ermächtigt die Bundesregierung mit Zustimmung des Bundesrats, eine **Rechtsverordnung** über einheitliche Grundsätze der Wertermittlung und der Ableitung der erforderlichen Daten zu erlassen – umgesetzt durch die ImmoWertV.

IV. ImmoWertV 2021

Die Verordnung über die Grundsätze für die Ermittlung der Verkehrswerte von Immobilien und der für die Wertermittlung erforderlichen Daten (ImmoWertV 2021) vom 14.7.2021, in Kraft seit 1.1.2022, bündelt das methodische Regelwerk für Vergleichs-, Ertrags- und Sachwertverfahren und präzisiert deren Eingangsgrößen, Rechenschritte und Ergebnisdarstellung. Sie verpflichtet zur konsequenten Nutzung belastbarer Marktdaten aus der amtlichen Datenhaltung der Gutachterausschüsse und konkretisiert Anforderungen an Qualität, Plausibilität und Offenlegung der herangezogenen Grundlagen. Die Verordnung stellt klar, dass Verfahren und Parameter stichtagsbezogen und marktgerecht anzuwenden sind; Abweichungen sind nur zulässig, wenn sie fachlich begründet und transparent dargelegt werden. Für Gutachten, die **ab dem 1.1.2022 erstellt** oder **fortgeschrieben** werden, ist die ImmoWertV 2021 maßgeblich; der gewählte Wertermittlungsstichtag bleibt davon unberührt. 22

Die **Muster-Anwendungshinweise zur ImmoWertV** (**ImmoWertA**) flankieren als allgemeine Verwaltungsvorschrift die Verordnung, indem sie die Anwendung vereinheitlichen, insbesondere die Nutzung und Auswertung geeigneter Marktdaten (namentlich aus den Kaufpreissammlungen der Gutachterausschüsse), Grundsätze der Modellbildung und Plausibilisierung sowie Anforderungen an Transparenz und Qualitätssicherung konkretisieren. Die ImmoWertA enthalten zu nahezu jedem Paragrafen der ImmoWertV 2021 sowie zu deren Anlagen Hinweise. In den Anhängen sind zudem Hilfetabellen und Beispiele, insbesondere zur Bewertung von Rechten, aufgeführt. 23

24 Insgesamt entsteht ein kohärentes System: Das BauGB schafft Institutionen, Zuständigkeiten und Datenpflichten, die ImmoWertV 2021 normiert Methodik und Qualitätsmaßstäbe und die ImmoWertA sichern eine einheitliche, praxistaugliche Umsetzung.

D. Verkehrswertbegriff nach § 194 BauGB im Detail – Marktwert statt Zahl

25 Ein Verkehrswertgutachten liefert eine fachlich begründete, aus dem Markt hergeleitete Schätzung innerhalb eines engen, transparent dokumentierten Korridors. Grundlage ist der normative Begriff des Verkehrswerts (Marktwert) in § 194 BauGB.

Der **Verkehrswert** (**Marktwert**) wird durch den Preis bestimmt, der
- in dem Zeitpunkt, auf den sich die Ermittlung bezieht,
- im gewöhnlichen Geschäftsverkehr
- nach den rechtlichen Gegebenheiten und
- tatsächlichen Eigenschaften,
- der sonstigen Beschaffenheit und
- der Lage des Grundstücks oder
- des sonstigen Gegenstands der Wertermittlung
- ohne Rücksicht auf ungewöhnliche oder persönliche Verhältnisse

zu erzielen wäre.

26 Die ImmoWertV 2021 präzisiert hierzu die methodischen Leitplanken und die ImmoWertA vereinheitlichen deren Anwendung. Aus diesen Vorgaben ergibt sich, dass die Herleitung des Verkehrswerts sowie jede Annahme nachvollziehbar, überprüfbar und widerspruchsfrei dokumentiert sind. Damit wird der aus § 194 BauGB folgende Marktwertbegriff operabel gemacht und in eine belastbare, regelgebundene Bewertungspraxis überführt.

27 Aus gutachterlicher Perspektive ist der Verkehrswert der Preis, der sich unter typisierten, marktkonformen Bedingungen am Stichtag mit überwiegender Wahrscheinlichkeit einstellen würde (häufig als „**Jedermannswert**“ bezeichnet). Die einzelnen Tatbestandsmerkmale des § 194 BauGB wirken dabei wie Filter: Berücksichtigt werden nur solche preisbildenden Faktoren, die dem gewöhnlichen Geschäftsverkehr entsprechen; besondere, nicht marktübliche Umstände – etwa Drucksituationen, Angehörigengeschäfte, kompensationsfremde Gegenleistungen oder ungewöhnliche Vertragsgestaltungen – bleiben ausgeblendet. Ebenso stichtagsbezogen ist die Betrachtung: Es zählt nicht, was in der Vergangenheit gezahlt wurde oder künftig gezahlt werden könnte, sondern der am Bewertungsstichtag erzielbare Marktpreis unter üblichen Vermarktungsbedingungen.

Inhaltlich entspricht dieser Marktwertbegriff in seiner Preislogik dem **gemeinen Wert**[5] des Bewertungsrechts (§ 9 Abs. 2 BewG). Unterschiede ergeben sich weniger im materiellen Preisverständnis als im Bewertungszweck und in eventuell steuerrechtlich vorgegebenen Typisierungen oder Vereinfachungen. Während das Verkehrswertgutachten strikt am tatsächlichen Markt und am Stichtag ausgerichtet ist, können steuerliche Bewertungen – je nach Bewertungsnorm – besondere Typisierungen, Pauschalierungen oder Fortschreibungsmechanismen vorsehen. Diese Zweckdifferenz erklärt, weshalb identische Objekte je nach Bewertungsanlass mitunter abweichende Werte ausweisen, ohne dass der Marktwertbegriff des § 194 BauGB selbst verlassen würde. 28

Die praktische Umsetzung folgt dem Markt: Auswahl und Gewichtung der Verfahren orientieren sich am im betreffenden Teilmarkt beobachtbaren Preisbildungsmechanismus; Eingangsgrößen (z.B. Erträge, Liegenschaftszinssätze, Kosten- und Alterswertparameter, Vergleichsfaktoren) sind aus geeigneten, repräsentativen Marktinformationen abzuleiten und auf Konsistenz zu prüfen. Die ImmoWertV 2021 verlangt eine geschlossene Argumentationskette von den Marktdaten über die modellhafte Abbildung bis zum Ergebnis, einschließlich Plausibilitätskontrollen und – sofern angezeigt – methodischer Querprüfungen. So entsteht kein „exakter“ Wert im mathematischen Sinn, wohl aber ein rechtlich und fachlich abgesicherter Marktwert, der das zu erwartende Ergebnis eines üblichen Preisbildungsprozesses am Stichtag belastbar widerspiegelt. 29

E. Grundlagen der Wertermittlung

I. Rechtliche Einordnung von Grundstücken

1. Begriffsrahmen

„Sachen“ im Sinne des Zivilrechts sind ausschließlich körperliche Gegenstände; damit sind sie strikt von Personen und von Rechten zu unterscheiden (§ 90 BGB). Der lebende menschliche Körper wird nicht als Sache behandelt; abgetrennte Körperteile (etwa Haare) gelten hingegen als körperliche Gegenstände. Tiere bilden einen Sonderfall: Sie sind rechtlich keine Sachen, auf sie sind aber – soweit nichts anderes bestimmt ist – die für Sachen geltenden Vorschriften entsprechend anzuwenden (§ 90a BGB).[6] 30

5 Praxis der Grundstücksbewertung/*Jardin*, Abschnitt 10.1 (3/2025).
6 Grüneberg/*Ellenberger*, § 90 Rn 1 ff.

2. Was gehört zu einem Grundstück?

31 **Wesentliche Bestandteile** eines Grundstücks sind alle mit dem Grund und Boden fest verbundenen Sachen – „insbesondere Gebäude“ – sowie die Erzeugnisse des Grundstücks, solange sie noch mit dem Boden verwachsen sind (§ 94 Abs. 1, 2 BGB). Aufgrund dieser Wesentlichkeit werden sie rechtlich Teil des Grundstücks. Sie sind nicht selbstständig verkehrsfähig, können also grundsätzlich weder getrennt veräußert noch gesondert belastet werden. Hiervon zu unterscheiden sind **Scheinbestandteile** (§ 95 BGB), also nur zu einem vorübergehenden Zweck eingefügte Anlagen; sie bleiben rechtlich selbstständig. Typische Beispiele sind temporäre Messe-Einbauten oder Mietereinbauten mit wirksamer Rückbauabrede. **Zubehör** (§§ 97, 98 BGB) – etwa fest zugeordnete Maschinen oder betriebsdienliche Einrichtungen – ist dem wirtschaftlichen Zweck der Hauptsache zu dienen bestimmt, wird aber nicht Bestandteil des Grundstücks; es folgt einer eigenen sachenrechtlichen Systematik und kann im Rechtsverkehr grundsätzlich gesondert übertragen oder belastet werden. „Früchte“ (§ 99 BGB), z.B. Feldfrüchte oder Holznutzungen, erlangen erst mit der Trennung vom Mutterboden die Eigenschaft selbstständiger Sachen.

32 Wesentliche Bestandteile (§ 94 BGB) sind zwingend Teil des Bewertungsgegenstands; Scheinbestandteile (§ 95 BGB) und Zubehör (§§ 97, 98 BGB) werden nur erfasst, sofern und soweit dies der Marktüblichkeit und der durch die ImmoWertV 2021 vorgegebenen Bewertungseinheit entspricht. Früchte (§ 99 BGB) sind je nach Trennungszustand und vertraglichen Bindungen stichtagsbezogen zuzuordnen. Eine sorgfältige Abgrenzung entlang dieser Kategorien ist erforderlich, damit die Wertermittlung den rechtlichen Bestand, die marktübliche Kaufpreisbildung und die Vorgaben der ImmoWertV 2021 sowie der ImmoWertA konsistent abbildet.[7]

33 Das **Grundstück** ist im rechtlichen Sinn die im Bestandsverzeichnis eines Grundbuchblatts unter einer laufenden Nummer geführte, räumlich abgegrenzte Teilfläche der Erdoberfläche. Seine dingliche Zuordnung und seine Übertragbarkeit folgen dem System des sachenrechtlichen Erwerbs durch Einigung und Eintragung (§ 873 BGB) sowie der hierfür erforderlichen Auflassung (§ 925 BGB); die grundpfandrechtliche Belastbarkeit ergibt sich aus den Vorschriften über Grundpfandrechte (z.B. § 1113 BGB). Das Grundbuch weist die Grundstücke im Bestandsverzeichnis aus und bezeichnet sie unter Bezug auf das amtliche Verzeichnis (§ 2 Abs. 2 GBO). Ein Grundstück kann ein oder mehrere Flurstücke umfassen; das Flurstück (Parzelle) ist die kleinste buch- und vermessungstechnische Einheit des Liegenschaftskatasters, landesrechtlich definiert und über Gemarkung, Flur und Flurstücknummer eindeutig identifizierbar. Grundbuch (Nachweis dinglicher Rechte) und Liegenschaftskataster (amtliches Verzeichnis der Grundstücke) sind organisatorisch getrennt, aber funktional verknüpft: Das

7 Grüneberg/*Ellenberger*, §§ 93–99 Rn jeweils.

Grundbuch übernimmt zur Bezeichnung der Grundstücke die Festlegungen des Katasters (§ 2 Abs. 2 GBO) und sichert so die Identität zwischen grundbuchlicher Einheit und katastermäßiger Abgrenzung.[8] Auch die tatsächlichen Nutzungen werden aus dem Kataster übernommen, entfalten aber keine unmittelbare rechtliche Bindung, sondern wurden zu unbekannten Zeitpunkten, nach den dann herrschenden, tatsächlichen Gegebenheiten in der Örtlichkeit oder aus Luftbildern von den Katasterbehörden erfasst. Hier ist ggf. davon abweichend bei der Bewertung insbesondere auf die baurechtliche Qualifikation abzustellen. Während das Grundstück grundbuchrechtlich über die laufende Nummer bestimmt ist und seine räumliche Identität auf Katasterdaten beruht, ist für die Verkehrswertermittlung nach der ImmoWertV die **wirtschaftliche Einheit** maßgeblich, die sich an **Marktgegebenheiten** und **tatsächlicher Funktion** orientiert und damit die bloße Flurstücks- oder Grundbuchabgrenzung überschreiten kann.

Für **Wertermittlungszwecke** ist daher stets zu prüfen, ob ein wertbildender 34
Gegenstand wesentlicher Bestandteil (untrennbarer Teil des Grundstücks), Scheinbestandteil (rechtlich selbstständig) oder Zubehör (wirtschaftliche Zuordnung) ist, da die richtige Qualifikation darüber entscheidet, ob und wie der Gegenstand dem Grundstückswert zuzurechnen ist und ob eigenständige Rechte – etwa Sicherungseigentum oder Grundpfandrechte – begründet werden können.

II. Begriff der „wirtschaftlichen Einheit" – Definition im BewG

Der sachen- und grundbuchrechtliche Grundstücksbegriff deckt sich nicht mit 35
der bewertungsrechtlichen „wirtschaftlichen Einheit" des BewG. Bewertungsrechtlich ist maßgeblich, was nach der Verkehrsauffassung unter Berücksichtigung örtlicher Gepflogenheiten, tatsächlicher Übung, Zweckbestimmung und wirtschaftlicher Zusammengehörigkeit als ein zusammengehöriges Bewertungsobjekt erscheint (§ 2 Abs. 1 S. 3 BewG). Demgegenüber knüpft die ImmoWertV 2021 das Wertermittlungsobjekt ausdrücklich an Grundstücke, Grundstücksteile, deren Bestandteile und Zubehör sowie an grundstücksgleiche und sonstige grundstücksbezogene Rechte und Belastungen (§ 1 Abs. 2 Nr. 1, 2 ImmoWertV). Eine **wirtschaftliche Einheit** kann daher mehrere rechtlich selbstständige Liegenschaften und/oder Rechte umfassen, wenn sie funktional und wirtschaftlich als Ganzes auftreten (etwa betriebliche Standorte über mehrere Flurstücke einschließlich Erbbaurecht). Wertermittlungsrechtlich sind dann alle für dieses „eine" Bewertungsobjekt relevanten Grundstücke und Rechte zu erfassen (§ 1 Abs. 2 ImmoWertV), während steuerlich ein einheitlicher Wert für die wirtschaftliche Einheit festzustellen ist (§ 2 Abs. 1 S. 1, 2 BewG); die Trennung im Grundbuch steht dem bei einheitlicher Nutzung und wirtschaftlicher Verflechtung nicht entgegen. Umgekehrt kann ein einziges Recht bewertungsrechtlich auf mehrere

8 *Demharter*, Einl. Rn 3 ff., § 2 Rn 1 ff.

wirtschaftliche Einheiten entfallen, wenn die Verkehrsauffassung dies nahelegt (etwa getrennte Nutzungsbereiche mit eigenständigen Ertrags- und Risikoprofilen). In der Verkehrswertermittlung ist dann zu prüfen, ob getrennte Wertermittlungsobjekte vorliegen (§ 1 Abs. 2 i.V.m. § 2 Abs. 1 ImmoWertV); im Steuerrecht bleibt entscheidend, ob die Merkmale der wirtschaftlichen Einheit jeweils erfüllt sind (§ 2 Abs. 1 S. 3 BewG).[9]

III. Grundstücksgleiche Rechte, sonstige Rechte und Belastungen

36 **Grundstücksgleiche Rechte** sind im Wertermittlungsrecht eigenständige Bewertungsobjekte. Die ImmoWertV 2021 erstreckt ihren Anwendungsbereich ausdrücklich auch auf grundstücksgleiche Rechte (u.a. Erbbaurechte) und Rechte an diesen sowie grundstücksbezogene Rechte und Belastungen, für die der Verkehrswert nach einheitlichen Grundsätzen zu ermitteln ist (§ 1 Abs. 1, 2 ImmoWertV). Letztere Rechte können den Wert des begünstigten wie auch des belasteten Grundstücks beeinflussen und sind – falls erforderlich – selbstständig zu bewerten; hierzu zählen insbesondere beschränkte dingliche Rechte, Baulasten, gesetzliche Eigentumsbeschränkungen sowie miet-, pacht- und wohnungsrechtliche Bindungen (§ 46 Abs. 1, 2 Nr. 1–5 ImmoWertV). Die Bewertung erfolgt nach allgemeinen Grundsätzen: Der Wert kann aus Vergleichspreisen abgeleitet oder – ausgehend vom fiktiv unbelasteten bzw. nicht begünstigten Zustand – durch Umrechnung bzw. explizite Berücksichtigung des Werteinflusses hergeleitet werden; wirtschaftliche Vor- und Nachteile sind über die Restlaufzeit zu kapitalisieren, bei lebenszeitgebundenen Fällen unter Verwendung von Leibrenten- bzw. Zeitrentenbarwertfaktoren (§ 47 Abs. 1–5 ImmoWertV; vgl. ImmoWertA).

37 Für **Erbbaurechte** enthält die Verordnung besondere Verfahrensnormen: Der Verkehrswert des Erbbaurechts und des Erbbaugrundstücks ist unter Beachtung der vertraglichen Vereinbarungen und sonstiger wertbeeinflussender Umstände zu bestimmen; zulässig sind Vergleichswertansätze wie auch finanzmathematische Ableitungen auf Basis des fiktiven Volleigentums, des Bodenwerts und der über die Restlaufzeit kapitalisierten Zinsdifferenzen (§§ 48–52 ImmoWertV).

38 **Wohnungs**- und **Teileigentum** werden wie grundstücksgleiche Rechte bewertet; Gegenstand ist jeweils das Sondereigentum einschließlich des zugeordneten Miteigentums am Gemeinschaftseigentum samt Nutzungsrechten.

39 Maßgeblich für die Bewertung von Rechten und Belastungen sind die rechtlichen und tatsächlichen Verhältnisse am Stichtag und die Marktverhältnisse; die Wertermittlung folgt den verfahrensunabhängigen Regeln der ImmoWertV 2021 (insbesondere §§ 3, 7, 9, 18 ff. i.V.m. § 47 ImmoWertV), ergänzt durch die Hinweise der ImmoWertA.

---

9 Jardin/Roscher/*Jardin*, S. 360.

F. Erstellung und Prüfung von Gutachten

I. Einführung

Die Tätigkeit im Bereich der Immobilienbewertung erschöpft sich nicht allein in der eigenständigen **Erstellung** von Verkehrswertgutachten. Ein wesentliches weiteres Aufgabenfeld ist die Überprüfung und **Plausibilitätsprüfung** bereits vorliegender Gutachten.[10] Solche Prüfungen können aus einer Vielzahl von Anlässen erforderlich werden und treten insbesondere in folgenden Konstellationen auf: 40

- Überprüfung von Privatgutachten, die im Zusammenhang mit Kaufpreisfindungen, Erbauseinandersetzungen, Ehescheidungen oder vergleichbaren Sachverhalten entstanden sind, wenn der Auftraggeber eine fachliche Zweitmeinung einholen möchte
- Begutachtung gerichtlicher Verkehrswertgutachten, die durch einen anderen Sachverständigen erstellt wurden und im Prozess einer kritischen fachlichen Würdigung bedürfen
- Verwendung von Gutachten im Rahmen des Nachweises besonderer Sachkunde, etwa im Kontext einer Zertifizierung oder einer öffentlichen Bestellung
- Plausibilitätskontrollen von Beleihungswertgutachten externer Sachverständiger durch bankinterne Gutachter zur Qualitätssicherung
- Prüfung von Verkehrswertgutachten, die steuerliche Zwecke erfüllen sollen, wie etwa zur Geltendmachung eines niedrigeren gemeinen Werts im Erbschaft- und Schenkungsteuerrecht (§ 198 BewG) oder bei Bewertungen im Rahmen einkommensteuerlicher Fragestellungen, bspw. im Zusammenhang mit der Teilwertermittlung (§ 6 Abs. 1 Nr. 1 S. 3 EStG) oder der Ermittlung des gemeinen Werts bei einer Betriebsaufgabe (§ 9 BewG).

Die Erstellung einer gutachterlichen Stellungnahme zu einem vorhandenen Gutachten kann gegenüber einem vollständig neuen Verkehrswertgutachten den **Vorteil** haben, dass Unstimmigkeiten, methodische Mängel oder unzureichende Ableitungen deutlicher hervortreten. Auf diese Weise werden für den Auftraggeber die Ursachen etwaiger Defizite nachvollziehbarer und die Bewertungslogik des Erstgutachtens transparenter. 41

Bei der Prüfung ist jedoch strikt zwischen den Anforderungen an das zu bewertende **Ausgangsgutachten** und den Anforderungen an das sog. **Prüfgutachten** zu differenzieren. Während für die Abfassung von Verkehrswertgutachten im Allgemeinen und deren inhaltliche Mindestanforderungen klare rechtliche Vorgaben bestehen – namentlich durch die ImmoWertV 2021 (§§ 1, 8, 9, 35 ff. ImmoWertV) sowie deren Anwendungshinweise in den ImmoWertA –, existieren für Prüfgutachten nahezu keine normativen oder rechtsprechungsseitigen Konkretisierungen. Inhalt und Umfang einer solchen Stellungnahme orientieren sich daher 42

10 Zur Prüfung vgl. auch Praxis der Grundstücksbewertung/*Jardin*, Abschnitt 9.2.3 (6/2014).

i.d.R. an den spezifischen Anforderungen des Prüfauftrags sowie an den allgemeinen Grundsätzen sachverständiger Tätigkeit.

43 Darüber hinaus ist zu beachten, dass auch sog. **Schiedsgutachten** – also Gutachten, die von den Parteien zur außergerichtlichen Beilegung eines Konflikts beauftragt werden, um langwierige und kostenintensive Gerichtsverfahren zu vermeiden – als besondere Form einer Prüfung in Betracht kommen können. Gleichwohl stellen Schiedsgutachten im Kontext der Gutachtenprüfung eine Ausnahme dar und sind in der Praxis nur selten anzutreffen.

44 Die Verwertbarkeit und rechtliche Anerkennung von Verkehrswertgutachten ist maßgeblich daran gebunden, dass die nach § 199 Abs. 1 BauGB erlassenen bundesrechtlichen Regelungen beachtet werden. Maßgeblich ist hierbei die zum 1.1.2022 novellierte Fassung der ImmoWertV (**ImmoWertV 2021**). Diese gilt unmittelbar und ist auf alle Wertermittlungen anzuwenden, unabhängig davon, ob ein Bewertungsstichtag in der Vergangenheit liegt. Die ImmoWertA flankieren als allgemeine Verwaltungsvorschrift die Verordnung und konkretisieren deren Anwendung. Damit bilden ImmoWertV 2021 und ImmoWertA die verbindliche Grundlage für die Erstellung und Prüfung von Verkehrswertgutachten.

45 Abweichungen von den in der ImmoWertV geregelten Verfahrensmodellen sind nur zulässig, wenn sie sachlich begründet werden können und mit den „sonstigen für die Wertermittlung erforderlichen Daten" (§ 193 Abs. 5 BauGB) – insbesondere den durch die Gutachterausschüsse veröffentlichten Modellvorgaben – im Einklang stehen. In jedem Fall ist die Darlegungs- und Begründungstiefe so auszugestalten, dass Transparenz, Nachvollziehbarkeit und Prüfbarkeit des Wertermittlungsergebnisses gewährleistet sind (§ 8 Abs. 1 ImmoWertV).

II. Formale Anforderungen

46 Voraussetzung für die Erstellung eines Verkehrswertgutachtens ist, dass der Gutachter über besondere **Sachkunde**, umfassende **Fachkenntnisse** und praktische **Erfahrung** verfügt. Die ImmoWertV 2021 selbst legt keine formale Qualifikation fest, sondern setzt voraus, dass die Wertermittlung sachgerecht, methodisch fundiert und nachvollziehbar erfolgt. Die erforderliche besondere Sachkunde wird regelmäßig durch eine öffentliche Bestellung und Vereidigung, durch Zertifizierung oder durch langjährige nachweisbare Tätigkeit im Bereich der Wertermittlung dokumentiert, ist jedoch rechtlich nicht zwingend an eine bestimmte Form gebunden.

47 Das Urteil des BFH vom 11.9.2013[11] hat in diesem Zusammenhang zu erheblichen Diskussionen geführt. Der BFH vertrat die Auffassung, dass der Nachweis eines niedrigeren gemeinen Werts nach § 198 BewG a.F. nur durch ein Gutachten eines Gutachterausschusses oder eines öffentlich bestellten und vereidigten Sach-

11 BFH, Urt. v. 11.9.2013 – II R 61/11.

verständigen zu führen sei. Der Gesetzgeber hat daher den Paragrafen konkretisiert und festgelegt, dass als Nachweis des niedrigeren gemeinen Werts regelmäßig ein Gutachten des zuständigen Gutachterausschusses i.S.d. §§ 192 ff. BauGB oder von Personen dienen kann, die von einer staatlichen, staatlich anerkannten oder nach DIN EN ISO/IEC 17024 akkreditierten Stelle als Sachverständige oder Gutachter für die Wertermittlung von Grundstücken bestellt oder zertifiziert worden sind. Die Gutachten müssen **plausibel**, **methodisch korrekt** und im Einklang mit der **ImmoWertV 2021** sowie den hierzu ergangenen Verwaltungsvorschriften (**ImmoWertA**) erstellt werden. Entscheidend ist jedoch, ob das Gutachten den inhaltlichen Anforderungen genügt. Es unterliegt der freien richterlichen Beweiswürdigung und kann nur durch Nachvollziehbarkeit, methodische Richtigkeit und innere Schlüssigkeit überzeugen.

Von zentraler Bedeutung ist die strikte **Objektivität**. Schon die Auswahl von 48 Formulierungen, Bildmaterial oder die Auslassung bestimmter Informationen kann Zweifel an der Unparteilichkeit wecken. Ein Gutachten muss daher klar erkennen lassen, dass der Gutachter sich seiner Rolle bewusst ist und die Aufgabenstellung ergebnisoffen und neutral bearbeitet. Die Angabe des **Verwendungszwecks** ist zwingend erforderlich. Der bloße Hinweis, es solle der Verkehrswert für steuerliche Zwecke ermittelt werden, genügt nicht. Vielmehr ist präzise darzustellen, zu welchem Anlass die Wertermittlung erfolgt, etwa zur Vorlage beim Finanzamt als Nachweis eines niedrigeren gemeinen Werts im Rahmen der Erbschaft- oder Schenkungsteuer. Nur so wird deutlich, in welchen Kontext die Wertermittlung einzuordnen ist. Ein Parteigutachten ist nicht gleichzusetzen mit Parteilichkeit. Auch von einer Partei beauftragte Gutachten können – bei Wahrung methodischer und inhaltlicher Neutralität – uneingeschränkt verwertbar sein. Die Offenlegung des Auftragskontexts dient gerade der Transparenz und Nachvollziehbarkeit.

Ein Verkehrswertgutachten ist grundsätzlich **schriftlich** abzufassen. Es soll so 49 aufgebaut und gegliedert sein, dass es auch von fachfremden Lesern nachvollzogen werden kann. Der Aufbau hat systematisch und stringent zu erfolgen, die Argumentation muss auf Tatsachen, Erfahrungswissen und schlüssigen Schlussfolgerungen beruhen. Die ImmoWertV 2021 stellt dabei die maßgebliche Grundlage dar. Die Definition des Verkehrswerts in § 194 BauGB – als der Preis, der im gewöhnlichen Geschäftsverkehr ohne Rücksicht auf ungewöhnliche oder persönliche Verhältnisse zu erzielen wäre – bildet hierbei den normativen Maßstab. Ein Gutachten kann nur dann als tragfähig angesehen werden, wenn die angewandten Verfahren gem. §§ 6 ff. ImmoWertV nachvollziehbar dargelegt und die Ergebnisse auf ihre Plausibilität überprüft sind.

Auf sprachlicher Ebene sind Fachausdrücke zu erläutern oder durch Verweise 50 auf allgemein zugängliche Regelwerke (insbesondere ImmoWertV, ImmoWertA) einzuordnen. Umfangreiche Zitate ganzer Gesetzestexte oder Verordnungen sind nicht erforderlich und lenken eher von der eigenen Begründung ab. Präzise

Verweise sind ausreichend. Entscheidend ist die **klare Herausarbeitung der eigenen Feststellungen**. Ein häufiger Mangel besteht darin, dass Gutachten mit standardisierten, aus Software generierten **Textbausteinen** überfrachtet sind. Dadurch geht der individuelle Bezug zum Bewertungsobjekt verloren. Verkehrswertgutachten erfordern jedoch stets eine individuelle, auf den Bewertungsgegenstand zugeschnittene Bearbeitung. Reine Formulargutachten oder pauschale Massengutachten genügen den heutigen Anforderungen nicht und können die besondere Sachkunde nicht belegen.

51 Auch die sog. „**Kurzgutachten**" sind kritisch zu betrachten. Soweit sie bei unverändertem Qualitätsanspruch mit reduziertem Bearbeitungsumfang angeboten werden, drohen Abstriche an der inhaltlichen Tiefe und Transparenz. Dies kann zu erheblichen **Haftungsrisiken** führen. Denn die Anforderungen an ein Verkehrswertgutachten ergeben sich nicht aus dem Umfang, sondern aus der inhaltlichen Richtigkeit und Nachvollziehbarkeit. Maßgeblich ist stets die vollständige Erfüllung des normativen Verkehrswertbegriffs.

52 **Besondere Bewertungsanlässe**, wie etwa Zwangsversteigerungen, ändern nicht die methodischen Anforderungen. Der Bewertungsgegenstand ist auch hier das Grundstück in seiner Gesamtheit. So ist bei der Ermittlung des Verkehrswerts eines Miteigentumsanteils der Wert zunächst für das gesamte Objekt festzustellen; der anteilige Wert ergibt sich erst anschließend aus dem jeweiligen Anteil.

53 Eine schematische **Übernahme nicht geprüfter Angaben** des Auftraggebers ist unzulässig. Der Sachverständige muss alle wesentlichen Merkmale eigenständig prüfen und darlegen.

54 Schließlich ist hervorzuheben, dass ein Verkehrswertgutachten im Sinne der ImmoWertV 2021 nicht in Abhängigkeit vom Gutachtenzweck **unterschiedliche Bearbeitungstiefen** aufweisen darf. Der Verkehrswert selbst bleibt unabhängig vom Bewertungsanlass einheitlich definiert. Unterschiede bestehen lediglich im Rahmen der Darstellung und Gewichtung einzelner Aspekte, nicht aber in der methodischen Tiefe der Wertermittlung.

III. Sachliche Anforderungen

55 Ein Verkehrswertgutachten verliert seine Verwertbarkeit, sobald es wesentliche nachprüfbar objektiv falsche Angaben enthält. Grundlage jeder Wertermittlung ist daher die **gesicherte Tatsachenbasis**; bloße Vermutungen oder unbelegte Annahmen sind unzulässig und müssen ausgeschlossen werden.

56 Damit ein Gutachten den Anforderungen der ImmoWertV 2021 genügt, sind insbesondere folgende Punkte zwingend einzuhalten:

- **Eindeutige Bestimmung des Bewertungsgegenstands:** Das zu bewertende Grundstück oder grundstücksgleiche Recht ist unmissverständlich zu bezeichnen. Dies umfasst die Lagedaten, die katastermäßige Bezeichnung sowie – sofern einschlägig – die Darstellung bestehender grundbuchlicher Belastungen.

- **Angabe des Bewertungsstichtags:** Der Wertermittlungsstichtag ist ausdrücklich anzugeben. Dieser bildet den zeitlichen Bezugspunkt für sämtliche wertbestimmenden Umstände.
- **Bestimmung des Qualitätsstichtags:** Ist für wertbeeinflussende Daten ein gesonderter Qualitätsstichtag maßgeblich, so ist dieser kenntlich zu machen (§ 2 Abs. 4 ImmoWertV).
- **Beschreibung des Grundstückszustands:** Der bauliche, technische und wirtschaftliche Zustand ist differenziert darzustellen. Sämtliche wertbeeinflussenden Merkmale – wie Art und Maß der baulichen Nutzung, Erschließung, Modernisierungsgrad, Bauzustand, Restnutzungsdauer oder mögliche Altlasten – sind nachvollziehbar zu erfassen.
- **Darlegung rechtlicher und tatsächlicher Gegebenheiten:** Neben öffentlich-rechtlichen Rahmenbedingungen sind privatrechtliche Bindungen, insbesondere Miet- und Pachtverträge, Erbbaurechte oder sonstige Belastungen, darzustellen. Die ImmoWertA betonen in diesem Zusammenhang die Pflicht zur umfassenden Erfassung der wertrelevanten rechtlichen und tatsächlichen Umstände.
- **Abweichungen vom tatsächlichen Zustand:** Wird im Rahmen einer Modellannahme ein vom Ist-Zustand abweichender Zustand zugrunde gelegt – etwa ein fiktiver Neubau oder eine modernisierte Ausstattung –, so ist dies explizit kenntlich zu machen und nachvollziehbar zu begründen.
- **Quellenangaben und Nachweisführung:** Sämtliche verwendeten Informationsquellen sind offenzulegen. Dies gilt in besonderem Maße für Angaben des Auftraggebers, die vom Sachverständigen nicht unabhängig verifiziert werden konnten.
- **Berücksichtigung objektspezifischer Grundstücksmerkmale:** Besondere Merkmale, die über die allgemeinen Grundstücks- und Marktdaten hinausgehen, sind marktgerecht einzubeziehen und im Gutachten gesondert zu erörtern (§ 8 Abs. 3 ImmoWertV). Hierzu zählen insbesondere wertbeeinflussende Besonderheiten wie Grunddienstbarkeiten, Altlasten, außergewöhnliche Lagen oder sonstige Faktoren, die nicht bereits durch allgemeine Marktinformationen abgebildet sind.

Damit gewährleistet das Gutachten eine transparente, methodisch saubere und rechtssichere Wertermittlung i.S.v. § 194 BauGB, wie es die ImmoWertV 2021 i.V.m. den ImmoWertA konkretisiert.

IV. Plausibilitäts- und Wertungsanforderungen

Die in einem Verkehrswertgutachten dargestellten Feststellungen und Wertan- 57
nahmen sind so zu dokumentieren, dass sie sowohl **inhaltlich** als auch **rechnerisch überprüfbar** bleiben. Der Gutachtenerstellende ist verpflichtet, die Grundlagen und Ergebnisse der Wertermittlung nachvollziehbar darzustellen. Dies

schließt ein, dass sämtliche wertrelevanten Annahmen begründet und in Bezug auf ihre Herleitung transparent offengelegt werden.

58 Eine unreflektierte Übernahme von **Angaben Dritter** – etwa zu Flächen, Nutzungen oder baulichen Eigenschaften – ohne eigenständige Erfassung oder Plausibilitätsprüfung durch den Sachverständigen kann die Nachvollziehbarkeit und damit die Belastbarkeit des Gutachtens erheblich beeinträchtigen. Nach § 8 Abs. 2 ImmoWertV sind alle herangezogenen Daten, soweit möglich, zu erläutern und auf ihre Eignung für den konkreten Bewertungsfall hin zu würdigen.

59 Darüber hinaus ist die **Auswahl des Wertermittlungsverfahrens** gem. § 7 Abs. 1 ImmoWertV zu **begründen**. Eine bloße Bezugnahme auf die gesetzliche Regelung genügt nicht. Vielmehr ist darzulegen, warum das gewählte Verfahren unter Berücksichtigung der Eigenschaften des Bewertungsobjekts sowie der im gewöhnlichen Geschäftsverkehr maßgeblichen Gepflogenheiten sachgerecht erscheint.

60 Auch die angewendeten **Parameter** – etwa Liegenschaftszinssätze, Restnutzungsdauern, marktübliche Mieten oder Vergleichsfaktoren – sind nicht lediglich anzugeben, sondern im Hinblick auf ihre Herkunft, Ermittlungsmethodik und Marktkonformität zu **begründen**. Im Sinne der ImmoWertA ist eine nachvollziehbare Herleitung sicherzustellen, die eine externe Prüfung ermöglicht.

61 Schließlich genügt es nicht, auf „sachverständige Erfahrung" oder pauschale Einschätzungen zu verweisen. Vielmehr fordert die ImmoWertV 2021, dass jede Annahme durch **objektiv nachvollziehbare Tatsachen** gestützt wird. Nur so wird gewährleistet, dass die Nachprüfbarkeit des Gutachtens im Sinne von Transparenz, Plausibilität und Belastbarkeit gegeben ist.

V. Prüfungsmaßstäbe und Anforderungen an die Plausibilitätsprüfung von Gutachten

62 Die Maßstäbe, nach denen eine **Überprüfung** von Gutachten vorzunehmen ist, orientieren sich grundsätzlich an denselben Qualitätsanforderungen, die auch für die **Erstellung** eines Gutachtens gelten. Unterschiede bestehen jedoch im Umfang und in der Tiefe der Prüfung:

Wird die Überprüfung etwa im Rahmen einer **internen Qualitätssicherung**, bspw. durch eine Bank, bei der Plausibilitätsprüfung eines von externen Sachverständigen eingereichten Verkehrswertgutachtens, durchgeführt, genügt i.d.R. eine vereinfachte Kontrolle anhand strukturierter Prüfkriterien. Häufig reicht hierfür ein standardisierter Fragenkatalog oder eine Checkliste, die die wesentlichen formalen und inhaltlichen Punkte erfasst, ohne eine detaillierte Auseinandersetzung mit möglichen Fehlerquellen zu erfordern.

Anders verhält es sich, wenn die Prüfung in einem **streitigen Verfahren**, etwa vor Gericht, erfolgt. In diesem Kontext ist eine vollumfängliche Nachvollziehbarkeit unabdingbar. Die Überprüfung muss methodisch stringent, wissenschaftlich fundiert und im Hinblick auf die nach § 1 Abs. 1 und 3 ImmoWertV geforderte Ableitung marktkonformer Werte nachvollziehbar sein. Dies umfasst insbesondere die kritische Würdigung der angewandten Verfahren und der herangezogenen Daten (§§ 193 ff. BauGB i.V.m. der ImmoWertV und den ImmoWertA). Damit nähert sich eine solche Prüfung inhaltlich und formal den Anforderungen, die an ein selbstständiges Verkehrswertgutachten zu stellen sind.

Zu berücksichtigen ist, dass es für den Begriff des „Gutachtens" **keine gesetzliche Definition** gibt. Im sachverständigen Sprachgebrauch sollte diese Bezeichnung allerdings nur dann verwendet werden, wenn eigene Ermittlungen, Feststellungen und Begründungen in vollem Umfang vorgenommen werden. Bei Überprüfungen handelt es sich häufig nicht um eine eigenständige Wertermittlung, sondern um Plausibilitätskontrollen, die eine kritische Würdigung, nicht aber zwingend eine vollständige Neubewertung erfordern. Solche Stellungnahmen sind daher begrifflich nicht als „Gutachten" im engeren Sinne, sondern als „sachverständige Äußerung" oder „Prüfbericht" einzuordnen. 63

Unabhängig von der Intensität der Überprüfung ist jedoch eine **systematische Vorgehensweise** geboten. Auch eine auf Plausibilität ausgerichtete Prüfung hat klar strukturiert und nachvollziehbar zu erfolgen. Dies schließt eine transparente Gliederung, eine nachvollziehbare Begründung der Prüfschritte sowie eine eindeutige Darlegung der Ergebnisse ein. Nur so wird den Anforderungen an Nachvollziehbarkeit und Überprüfbarkeit i.S.d. §§ 1 Abs. 3, 6 Abs. 1 und 7 Abs. 1 ImmoWertV Rechnung getragen. 64

VI. Prüfkonzept für Verkehrswertgutachten – Methodik und Maßstäbe

Eine tragfähige Gutachtenprüfung folgt einem klaren, konsequent am Marktbezug orientierten Aufbau. Das nachfolgend dargestellte Vorgehen ist ein bewährtes – nicht zwingend abschließendes – **Prüfraster** mit dem Ziel, eine stichtags- und objektadäquat begründete Plausibilitätsprüfung entlang der Logik eines Verkehrswertgutachtens zu gewährleisten. Allgemeingültige Patentrezepte verbieten sich aufgrund der Vielgestalt realer Fälle. 65

Zu Beginn sind **Form** und **Auftrag** eindeutig zu klären. Zu prüfen sind Titelblatt und Grundangaben, Reichweite und Zweck des Prüfauftrags (z.B. reine Plausibilitätsprüfung, vertiefte Teilprüfung, Vollprüfung) sowie die Abgrenzung gegenüber rechtlichen Bewertungen. Prüfzweck und -tiefe sind knapp und unmissverständlich auf den konkreten Bedarf zu beschreiben. Zentrale normative Bezugspunkte sind der Wertermittlungsstichtag, der zugrunde zu legende Grundstückszustand sowie der sachverständige Umgang mit besonderen objektspezifischen Grundstücksmerkmalen. Kritik an wertrelevanten Ansätzen ist auftragsbezogen, quellengestützt und fair zu führen; nicht belastbare Einwände sind zu unterlassen. 66

67 Für Lesende mit begrenzter Zeit empfiehlt sich eine kurze, präzise **Kernaussage** vorab. Diese benennt Ergebnis und tragende Begründungslinien (Datenquellen, Annahmen, Rechenschritte), markiert belastbare Elemente und trennt sie von angreifbaren Positionen. Ergibt die Prüfung etwa, dass formelle und materielle Mindestanforderungen eingehalten wurden, einzelne Zu- oder Abschläge nach § 8 ImmoWertV jedoch pauschal und ohne belastbare Herleitung erfolgen (z.B. wegen behaupteter Mängel), ist genau dieser Punkt als defizitär zu kennzeichnen. Sind Mängel abgrenzbar, können die übrigen Ergebnisse anerkannt und nur die unzureichend begründeten Positionen korrigiert werden. Diese Trennschärfe ist ausdrücklich transparent zu machen.

68 Die Prüfdokumentation unterscheidet eindeutig, was **vollständig** geprüft, was auf **Plausibilität** geprüft und was **nicht** geprüft wurde – jeweils mit kurzer Begründung:

- **Vollprüfung:** In streitigen oder unsicheren Konstellationen kann eine Neuermittlung wesentlicher Grundlagen erforderlich sein (Flächen, Baualter, baulich-technischer Zustand, marktübliche Erträge/Mieten). Flächenabweichungen sind erfahrungsgemäß häufig wertbestimmend; je nach Fall sind Unterlagen (Pläne, Aufmaße) und örtliche Feststellungen zu kombinieren.
- **Plausibilitätsprüfung:** Wo eine Vollprüfung nicht angezeigt ist, sind robuste Plausibilitätsanker zu setzen. Beispiele sind überschlägige Ableitungen von Nutz-/Wohnflächen aus bebauter Grundfläche, Geschosszahl und typischen Konstruktionsabzügen; schlüssige Kennzahlenprüfungen (z.B. Verhältnis Brutto-Grundfläche zu Nutz-/Wohnfläche) sowie Querprüfungen von Marktmieten und Liegenschaftszinssätzen anhand belastbarer Marktindikatoren. Wichtig ist, identische Eingangsdatenfehler – insbesondere beim Rohertrag – nicht fortzuschreiben. Einfache Vervielfältiger prüfen nur die Proportion von Ertrag zu Preisniveau und ersetzen keine Prüfung der Flächen- und Ertragsansätze. Ergänzend können moderne Prognoseinstrumente (etwa Discounted-Cash-Flow (DCF)-basierte Sensitivitäten als Belastungstest dienen. Sie ersetzen die nach der ImmoWertV 2021 maßgeblichen normierten Verfahren nicht, machen aber Abhängigkeiten (Restnutzungsdauer, Instandhaltung, Miet-/Leerstandsrisiken) transparent und quantifizieren Plausibilitätskorridore.
- **Nicht geprüfte Punkte** sind ausdrücklich zu kennzeichnen und kurz zu begründen (z.B. fehlende Unterlagen, bewusst begrenzter Prüfauftrag, Unverhältnismäßigkeit von Aufwand und Nutzen).

69 Über die Benennung von **Fehlern** hinaus ist ihre **Wertrelevanz** knapp und ohne lehrbuchhafte Exkurse zu erläutern. Beispiel: In ertragsorientierten Bewertungen mit langer Restnutzungsdauer und nicht dominierendem Grund- und Bodenanteil wirkt sich ein moderater Fehler im Bodenwert häufig begrenzt aus, weil Bodenwert und Bodenwertverzinsung im Kapitalisierungsmechanismus teilweise gegenläufige Effekte entfalten. Wo möglich, ist die Größenordnung der Parameterwirkung zu quantifizieren. Beispiel: Ein um 1,0 Prozentpunkte zu hoher Lie-

genschaftszinssatz kann – in typischen, langfristigen Cashflow-Profilen – eine deutliche Wertminderung (in Größenordnungen um etwa ein Fünftel) auslösen; die tatsächliche Elastizität ist objekt- und laufzeitabhängig anhand der konkreten Zahlungsströme zu belegen.

Parameter sind im Zusammenwirken zu würdigen. Die Kumulation vorsichtiger Annahmen (z.B. hoher Liegenschaftszinssatz, niedrige Marktmiete, kurze Restnutzungsdauer) kann trotz jeweils noch vertretbarer Einzelwerte zu einem verkehrsfremden Ergebnis führen. Maßstab bleibt § 194 BauGB (Verkehrswert als der Preis, der im gewöhnlichen Geschäftsverkehr zu erzielen wäre). Im Lichte der ImmoWertV 2021 und der ImmoWertA sind Eignung, Herleitung und Qualitätssicherung der verwendeten Daten kritisch zu prüfen: Herkunft und Erhebungsmethode, Aktualität, Repräsentativität für den jeweiligen Teilmarkt sowie die Nachvollziehbarkeit der Übertragbarkeit auf das Bewertungsobjekt sind offenzulegen. 70

Auffällige Verhältniskennzahlen sind zu erläutern. Ein ungewöhnlich hoher Bodenwertanteil am ertragsorientierten Ergebnis kann auf Annahmefehler hindeuten und bedarf einer nachvollziehbaren Begründung. Die aus der Beleihungswertermittlung bekannte besondere Begründungspflicht bei überhälftigem Bodenwertanteil ist für den Verkehrswert zwar nicht bindend; eine sachliche Erläuterung auffälliger Boden-/Gebäudewertrelationen ist gleichwohl angezeigt, um die Nachvollziehbarkeit zu stärken. 71

Abschließend sind alle **für die Nachvollziehbarkeit wesentlichen Unterlagen** beizufügen oder eindeutig zu referenzieren (jeweils mit Datum/Stand): Marktdaten und Mietbelege, Herleitungen von Liegenschaftszinssätzen, Bodenwertgrundlagen einschließlich Bodenrichtwerten und dokumentierter Anpassungsschritte, Flächennachweise (Pläne, Aufmaße), Fotodokumentation, technische Gutachten sowie – sofern eingesetzt – Sensitivitätsanalysen. Werden Marktmieten oder -erträge beanstandet, sind Auswahl, Übertragbarkeit und Repräsentativität der Vergleichsbelege transparent zu dokumentieren. Damit werden die Transparenz- und Nachvollziehbarkeitsanforderungen der ImmoWertV 2021 i.V.m. den ImmoWertA methodengerecht erfüllt. 72

G. Wertermittlungsverfahren

Ziel der Wertermittlung ist die Bestimmung des Verkehrswerts (Marktwert) als am Stichtag im gewöhnlichen Geschäftsverkehr erzielbarer Preis; die Wahl und Durchführung der Verfahren hat sich deshalb am tatsächlichen Handeln informierter Marktteilnehmer zu orientieren. 73

I. Verfahrenssystematik und Verfahrenswahl

74 Die ImmoWertV 2021 normiert drei **gleichrangige** Verfahren, die das Marktgeschehen modellhaft abbilden: **Vergleichswert**-, **Ertragswert**- und **Sachwertverfahren**. Ein abstrakter Vorrang besteht nicht; maßgeblich sind Objektart, Marktgepflogenheiten, Datenlage und Beweiszweck. In der Praxis werden renditeorientierte Nutzungsarten (z.B. Mehrfamilienhäuser, gewerbliche Investments) regelmäßig im Ertragswert, eigengenutzte Ein-/Zweifamilienhäuser häufig im Sachwert und standardisierte Wohnungseigentumseinheiten überwiegend im Vergleichswert abgebildet – ohne Dogma und stets unter Marktbezug.

75 Die nachstehende Grafik stellt den Weg vom vorläufigen verfahrensspezifischen Wert zum Verkehrswert nach der ImmoWertV 2021 dar. Ausgangspunkt ist jeweils ein vorläufiger Vergleichs-, Ertrags- oder Sachwert. Diese Werte werden zunächst auf eine Marktanpassung geprüft (§ 7 Abs. 2 ImmoWertV); beim Sachwert ist der Einsatz des Sachwertfaktors nach § 7 Abs. 1 Nr. 3 ImmoWertV besonders hervorgehoben. Das Ergebnis dieses Schritts ist der marktangepasste vorläufige Wert des jeweiligen Verfahrens. Anschließend werden – soweit erforderlich – besondere objektspezifische Grundstücksmerkmale berücksichtigt, wodurch aus den vorläufigen marktangepassten Werten die Verfahrenswerte (Vergleichswert, Ertragswert, Sachwert) entstehen. Am Ende werden die so ermittelten Verfahrenswerte herangezogen, um den Verkehrswert zu begründen und abzuleiten. Kurz gesagt: Von den vorläufigen Werten führt der Prozess über Marktanpassung und ggf. die Berücksichtigung besonderer objektbezogener Merkmale zum Verfahrenswert und schließlich zum Verkehrswert.

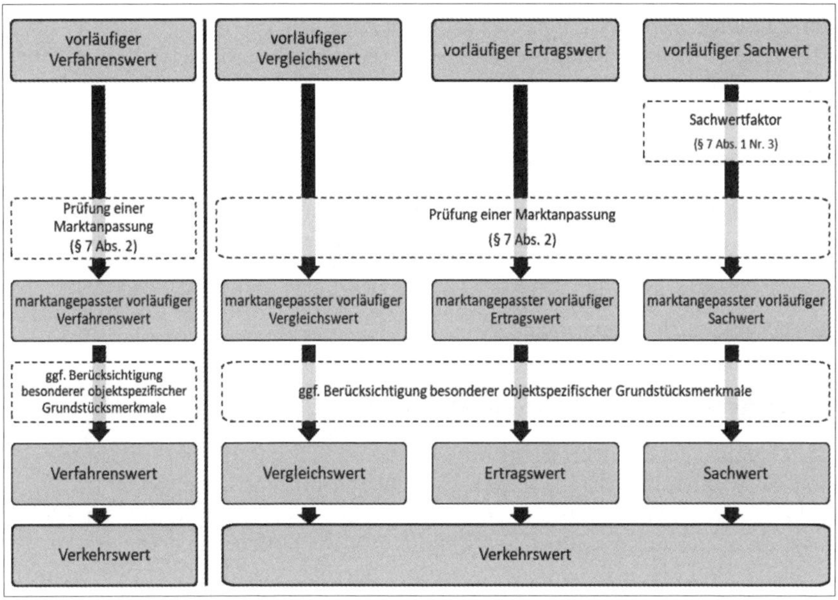

Abb. 2: Worklflow, Überblick über die Wertermittlungsverfahren
Quelle: ImmoWertA 6.(3).2

II. Marktbezug als Bewertungsprinzip

Alle drei Verfahren sind marktbasiert: 76

- Im **Vergleichswert** wird unmittelbar an tatsächlich bezahlte Vergleichspreise angeknüpft.
- Im **Ertragswert** erfolgt die Marktverankerung über den Liegenschaftszinssatz sowie marktkonforme Ertrags- und Kostenansätze.
- Im **Sachwert** wird der aus den Normalherstellungskosten abgeleitete Substanzwert über den Sachwertfaktor an das Preisniveau des Teilmarkts angepasst.

Damit sind Ertrags- und Sachwertverfahren ökonomisch als mittelbare Vergleichsverfahren zu verstehen. Die gegenteilige These, der Sachwert habe „nur geringe Bedeutung“ oder der Vergleichswert sei stets vorrangig, ist mit der Systematik der ImmoWertV 2021 nicht vereinbar.

III. Triangulation und Plausibilitätsprüfung

Wo Datenlage und Marktpraxis es nahelegen, ist eine Triangulation (z.B. Primärverfahren + Zweitverfahren als Plausibilitätskontrolle) sachgerecht. Abweichun- 77 gen zwischen Verfahren sind offenzulegen, sachlich zu begründen und – falls erforderlich – durch Parameteranpassung (z.B. Marktlage, Restnutzungsdauer, Ertragsrisiken) zu harmonisieren.

IV. Datenherkunft und -qualität

78 Die Ableitung der „für die Wertermittlung erforderlichen Daten“ (u.a. Vergleichs-/Umrechnungskoeffizienten, Liegenschaftszinssätze, Sachwertfaktoren, Bodenrichtwerte) erfolgt vorrangig aus der **Kaufpreissammlung der Gutachterausschüsse** (§§ 192 ff. BauGB); Veröffentlichung und Anforderungen sind weitgehend gesetzlich vorgegeben.

V. Wertermittlungsstichtag – Qualitätsstichtag

79 Die Grundlagen der Wertermittlung werden in § 2 ImmoWertV zusammengefasst. So werden als Grundparameter der Wertermittlung die allgemeinen Wertverhältnisse am Wertermittlungsstichtag und der Grundstückszustand am Qualitätsstichtag bestimmt (wobei der Begriff „Qualitätsstichtag“ erstmals mit der ImmoWertV 2010 ins Verordnungsrecht eingeführt wurde). Der **Wertermittlungsstichtag** ist der Zeitpunkt, auf den sich die Wertermittlung bezieht. Der **Qualitätsstichtag** ist der Zeitpunkt, auf den sich der für die Wertermittlung entscheidende Grundstückszustand bezieht. I.d.R. fallen Wertermittlungs- und Qualitätsstichtag zusammen. In steuerlicher Hinsicht könnte dies bei der Feststellung des gemeinen Werts (Verkehrswert) im Rahmen einer Betriebsaufgabe relevant sein, wenn die Betriebsaufgabe erst nach einem Umbau für private Zwecke erfolgt. In diesem Fall wird als Qualitätsstichtag der Zeitpunkt vor dem Umbau gewählt, während der Bewertungsstichtag der Zeitpunkt der Betriebsaufgabe ist.

H. Sachwertverfahren

I. Grundgedanke

80 Das Sachwertverfahren stellt auf die **wertbildende Substanz des Grundstücks** ab. Ausgehend vom Bodenwert „als ob unbebaut“ wird der Sachwert des Grundstücks als Summe aus dem Bodenwert und den vorläufigen Sachwerten der nutzbaren baulichen sowie sonstigen Anlagen ermittelt; anschließend sind Alterswertminderung und Marktanpassung zu berücksichtigen. Die verfahrensrechtliche Systematik ist in den §§ 35–39 ImmoWertV normiert und verpflichtet zur getrennten Ermittlung der Teilwerte und zur nachvollziehbaren Herleitung der Eingangsparameter. Für die Verfahrenswahl bleibt maßgeblich, dass der Markt nicht primär durch Kapitalerträge, sondern durch Substanz und Nutzungsmög-

lichkeiten geprägt ist – typischerweise bei eigengenutzten Ein- und Zweifamilienhäusern sowie vergleichbaren Objektarten.

Der **vorläufige Sachwert** der baulichen Anlagen wird aus durchschnittlichen 81
Herstellungskosten des relevanten Bautyps und der festgestellten Ausstattungsqualität abgeleitet. Diese Herstellungskosten sind gem. § 36 ImmoWertV mit dem regional festgelegten Regionalfaktor sowie mit dem Alterswertminderungsfaktor zu multiplizieren; hierdurch werden regionale Kostenlagen und die technische bzw. wirtschaftliche Alterung modellhaft abgebildet. Der vorläufige Sachwert der baulichen Außen- und sonstigen Anlagen wird ergänzend nach § 37 ImmoWertV bestimmt. Die **Alterswertminderung** ist nach § 38 ImmoWertV in Form eines Faktors anzusetzen; die Summe der vorläufigen Sachwerte ergibt zusammen mit dem **Bodenwert** den vorläufigen Sachwert des Grundstücks nach § 35 ImmoWertV. Die ImmoWertA präzisieren hierzu die Datengrundlagen, die Bezugsgrößen, die Beschreibung der verwendeten Modelle und die Anforderungen an die Dokumentation, um Transparenz und Nachvollziehbarkeit sicherzustellen.

	Normalherstellungskosten (NHK)
x	Alterswertminderungsfaktor
=	Wert der baulichen Anlagen
+	Wert der Außenanlagen
+	Bodenwert
=	Sachwert
+	Marktanpassung !!!!!!
+/-	besondere objektspezifische Grundstücksmerkmale (u.a. Schäden)
=	Verkehrswert

Abb. 3: Rechenprinzip (vereinfacht)

Da Substanzwerte allein keinen Marktpreis darstellen, verlangt die ImmoWertV 82
2021 eine Anpassung an die allgemeinen Wertverhältnisse des Grundstücksmarkts. Diese erfolgt im Sachwertverfahren regelmäßig über **Sachwertfaktoren** i.S.v. § 21 ImmoWertV, die aus dem Verhältnis geeigneter Kaufpreise zu den korrespondierenden (modellkonform ermittelten) vorläufigen Sachwerten abgeleitet werden. Mit Anwendung des Sachwertfaktors wird der vorläufige Sachwert zum marktangepassten Sachwert transformiert. Die Ableitung und Veröffentlichung entsprechender Faktoren durch die Gutachterausschüsse beruht auf der

Auswertung von Kauffällen; bei der Anwendung ist der Grundsatz der Modellkonformität nach § 10 ImmoWertV einzuhalten, d.h., es sind dieselben Modelle und Modellansätze zu nutzen, die der Faktorableitung zugrunde lagen.

83 Die ImmoWertV 2021 schreibt eine **einheitliche Abfolge** vor: Zunächst ist – soweit erforderlich – die Marktanpassung durchzuführen; anschließend sind besondere objektspezifische Grundstücksmerkmale gesondert zu berücksichtigen (§ 8 Abs. 2 und 3 ImmoWertV). Durch diese Systematik wird der Sachwert – nach erfolgter Marktanpassung – ökonomisch als mittelbares Vergleichsergebnis verstehbar, weil die Preisrelationen des Markts über den Sachwertfaktor und nicht über die Kosten selbst in den Wert eingehen.

II. Regelungen und Verfahrensablauf

84 Das Sachwertverfahren ist in der ImmoWertV 2021verbindlich geregelt. Maßgeblich sind die allgemeinen Grundsätze der Verordnung (insbesondere die Berücksichtigung der allgemeinen Wertverhältnisse, der allgemeinen und besonderen objektspezifischen Grundstücksmerkmale sowie die Eignung und Anpassung der Daten) sowie die speziellen Vorschriften zum Sachwertverfahren (§§ 35–39 ImmoWertV). Der Bodenwert wird – grundsätzlich unbeeinflusst von der bestehenden Bebauung – „als ob unbebaut" nach § 40 ImmoWertV abgeleitet. Ergänzende Auslegungshilfen liefern die ImmoWertA.

85 Aus den §§ 35–39 ImmoWertV ergibt sich der **methodische Ablauf**: Zunächst sind die vorläufigen Sachwerte der nutzbaren baulichen und sonstigen Anlagen herzuleiten. Für die baulichen Anlagen sind die „durchschnittlichen Herstellungskosten" unter Beachtung des jeweils maßgeblichen Kostenstands und der einschlägigen Bezugsmaßstäbe – i.d.R. die sog. Brutto-Grundfläche – anzusetzen (§ 36 ImmoWertV). Anschließend ist die Alterswertminderung modellgerecht zu berücksichtigen (§ 38 ImmoWertV), woraus der vorläufige Gebäudesachwert resultiert; zusammen mit den vorläufigen Sachwerten sonstiger Anlagen entsteht der vorläufige Sachwert des Grundstücks. Dieser wird schließlich durch Anwendung eines geeigneten Sachwertfaktors marktangepasst (§ 39 ImmoWertV).

86 Der Bodenwert ist separat zu ermitteln, regelmäßig auf Basis geeigneter Richtwerte oder Vergleichspreise und ohne Einfluss der bestehenden Bebauung (§ 40 ImmoWertV).

87 **Sachwertfaktoren** sind in § 21 Abs. 3 ImmoWertV legaldefiniert als Verhältnis des vorläufigen marktangepassten Sachwerts zum vorläufigen Sachwert. Sie sind auf Grundlage geeigneter Kaufpreise und der hierzu korrespondierenden vorläufigen Sachwerte nach den Grundsätzen der §§ 35–38 ImmoWertV abzuleiten. In der Anwendung setzt dies zwingend ein mit dem Ableitungsmodell kongruentes Bewertungsmodell voraus („Modellkonformität" i.S.v. § 10 ImmoWertV).

88 Die **allgemeinen Regeln** der §§ 7–9 ImmoWertV sind in jedem Schritt mitzudenken: Die allgemeinen Wertverhältnisse des jeweiligen Grundstücksmarkts sind

methodengerecht zu berücksichtigen (im Sachwertverfahren insbesondere über Sachwertfaktoren, § 7 ImmoWertV). Allgemeine Grundstücksmerkmale werden im vorläufigen Verfahrenswert abgebildet; besondere objektspezifische Grundstücksmerkmale (z.B. Baumängel/-schäden, besondere Ertragsverhältnisse, sonstige rechtliche oder tatsächliche Besonderheiten) sind demgegenüber gesondert zu behandeln (§ 8 ImmoWertV). Für alle verwendeten Kaufpreise, Bodenrichtwerte und „sonstige für die Wertermittlung erforderliche Daten" ist die Eignung nach Aktualität und Repräsentativität zu prüfen; erforderlichenfalls sind Daten sachgerecht anzupassen (§ 9 ImmoWertV), wobei Einflüsse aus ungewöhnlichen oder persönlichen Verhältnissen auszuschließen sind.

Zum einen wird der Bodenwert nach § 40 ImmoWertV auf Basis eines objektspe- 89
zifisch angepassten Richtwerts bzw. geeigneter Vergleichspreise ermittelt. Des Weiteren werden die durchschnittlichen Herstellungskosten des konkreten Bautyps samt Ausstattungsniveau und Bezugsmaßstab (z.B. Brutto-Grundfläche/Netto-Grundfläche) einschließlich notwendiger Kostenanpassungen auf den Stichtag gem. § 36 ImmoWertV hergeleitet. Bauliche Außen-/sonstige Anlagen sind gesondert zu erfassen. Danach ist die Alterswertminderung anhand der Gesamt- und Restnutzungsdauer konsistent zum zugrunde liegenden Modell zu bestimmen (§ 37 ImmoWertV). Der so entstehende vorläufige Sachwert wird durch einen geeigneten, modellkonformen Sachwertfaktor marktangepasst (§§ 39, 21 Abs. 3 ImmoWertV). Abschließend sind besondere objektspezifische Grundstücksmerkmale außerhalb der Marktanpassung zu berücksichtigen; Doppelzählungen sind zu vermeiden.

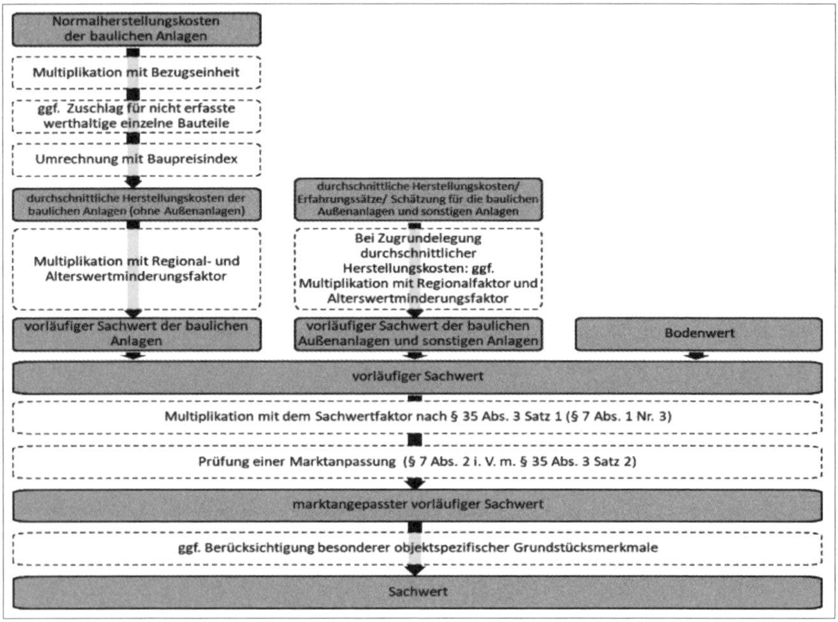

Abb. 4: Workflow des Sachwertverfahrens, Quelle: ImmoWertA 35.1

90 Für die Verwendung veröffentlichter Sachwertfaktoren der Gutachterausschüsse ist **Modellkonformität** zwingende Anwendungsvoraussetzung (§ 10 ImmoWertV): Bezugsjahr und Kostenstand der durchschnittlichen Herstellungskosten, verwendete Regional-/Strukturfaktoren, Standard- und Ausstattungsannahmen einschließlich Bezugsmaßstab (z.B. Brutto-Grundfläche/Netto-Grundfläche), Umfang der Baunebenkosten, das Altersmodell (z.B. linear) und die Einordnung von Gesamt-/Restnutzungsdauer müssen mit dem Ableitungsmodell übereinstimmen; Gleiches gilt für die Behandlung baulicher Außen-/sonstiger Anlagen sowie für den Bodenwertansatz („als ob unbebaut") außerhalb des Faktor-Schritts. Weichen wesentliche Modellparameter ab, ist der veröffentlichte Faktor entweder nicht geeignet (Dateneignung nach § 9 Abs. 1 ImmoWertV) oder vor Anwendung nachvollziehbar anzupassen; die Herleitung ist transparent zu dokumentieren (im Sinne der ImmoWertA).

III. Modellkonformität

91 Wie bei allen Verfahren der Wertermittlung nach der ImmoWertV 2021 kommt auch im Rahmen des Sachwertverfahrens der **Sicherstellung der Modellkonformität** eine zentrale Bedeutung zu. Maßgeblich ist, dass die Daten ausschließlich auf einer einheitlichen und nachvollziehbaren Modellbasis beruhen. Nur wenn

die Datengrundlage die wertrelevanten Merkmale eines Grundstücks vollständig und konsistent abbildet, ist eine sachgerechte Übertragbarkeit auf das zu bewertende Grundstück gewährleistet (§ 10 ImmoWertV).

Die Modellkonformität wird bei den nachfolgend dargelegten Verfahren nicht als eigener Punkt aufgeführt. Dennoch gilt sie auch dort.

IV. Bodenwert

Die Bodenwertermittlung ist in der ImmoWertV 2021 zentral und verfahrensübergreifend normiert. Ausgangspunkt ist § 40 ImmoWertV: Der Bodenwert wird – vorbehaltlich der dort genannten Ausnahmen – ohne Berücksichtigung der vorhandenen baulichen Anlagen ermittelt, also **„als ob unbebaut"**. 92

Für die Herleitung des Bodenwerts ist vorrangig das Vergleichswertverfahren heranzuziehen. Sie wird daher unter Rdn 223 ff. weitergehend erörtert.

Der Bodenwert wirkt sich zusammen mit der Marktanpassung und dem Sachwertfaktor vollständig auf den marktangepassten, vorläufigen Sachwert aus.

Exkurs: Bodenwert im Ertragswertverfahren 93

Im Ertragswert wirkt der identisch hergeleitete Bodenwert strukturell anders: Er ist Grundlage der Bodenwertverzinsung und damit der Aufteilung des Jahresreinertrags in Gebäude- und Bodenkomponente; der Gebäudeertragswert ergibt sich aus dem Reinertrag nach Abzug der Bodenwertverzinsung und wird über die (Rest-)Nutzungsdauer kapitalisiert. Je länger die Restnutzungsdauer ist, desto stärker dominiert der Barwert der Gebäudeerträge gegenüber der Bodenkomponente – obwohl der Bodenwert selbst identisch abgeleitet wurde. Die hierfür maßgeblichen Grundsätze und Rechenbeziehungen sind in den §§ 27 ff. ImmoWertV verankert.

V. Vorläufiger Sachwert der baulichen Anlagen

1. Herstellungskosten

Die ImmoWertV 2021 verlangt im Sachwertverfahren keine Bindung an eine einzelne Kostentabelle, sondern an **„durchschnittliche Herstellungskosten"** auf modellhafter Basis, die am Stichtag sachgerecht indexiert, regionalisiert und – vor allem – modellkonform angewendet werden. Die in der Praxis weiterhin genutzten **Normalherstellungskosten 2010** (NHK 2010), Anlage 4 ImmoWertV, sind modellhafte Kostenkennwerte je Bezugseinheit und beziehen sich auf den Jahresdurchschnitt 2010. Die Bezugsgröße ist die Brutto-Grundfläche (BGF), die im späteren Verlauf hier erläutert wird. 94

Da die Kostenkennwerte auf das Jahr 2010 lauten, sind sie zwingend mit dem für die jeweilige Gebäudeart zutreffenden Baupreisindex des Statistischen Bundesamts auf den Wertermittlungsstichtag fortzuschreiben (§ 36 Abs. 2 S. 4 ImmoWertV), was ebenfalls im späteren Verlauf erläutert wird.

95 Die Anwendung der NHK 2010 und aller sonstigen Daten hat **modellkonform** zu erfolgen (§ 10 ImmoWertV). Das bedeutet: Kostenbasis (inkl. Umsatzsteuer), Bezugsmaßstab (Brutto-Grundfläche), erfasste Kostengruppen, Indexfortschreibung und die Art der Alterswertminderung müssen den Modellen entsprechen, die der Ableitung der örtlichen Sachwertfaktoren zugrunde lagen (§ 21 Abs. 3 i.V.m. § 39 ImmoWertV). Abweichungen sind offenzulegen und – falls unvermeidbar – entweder über einen objektspezifisch angepassten Sachwertfaktor (§ 39 ImmoWertV) oder als besondere objektspezifische Grundstücksmerkmale (§ 8 Abs. 3 ImmoWertV) zu berücksichtigen.

96 Sind Gebäudearten oder Ausstattungsprofile in den NHK 2010 **nicht hinreichend abgebildet**, können „andere geeignete Daten" herangezogen werden – etwa belastbare Kosten-/Marktdatenbanken oder Referenzprojekte; ausnahmsweise ist auch eine Ermittlung nach Einzelbauleistungen zulässig (§ 36 Abs. 2 S. 5 ImmoWertV). In diesen Fällen steigt allerdings das Risiko der Modellinkongruenz zu veröffentlichten Sachwertfaktoren; vor deren Einsatz ist daher deren Eignung nach den §§ 9 und 39 ImmoWertV kritisch zu prüfen und ggf. an das konkrete Objekt anzupassen.

97 Bauliche **Außenanlagen und sonstige Anlagen** sind – soweit wertrelevant – gesondert zu bewerten (§ 37 ImmoWertV); siehe dazu näher Rdn 127 ff. Wird hierfür ebenfalls mit durchschnittlichen Herstellungskosten gearbeitet, folgt die Restnutzungsdauer für die Alterswertminderung regelmäßig derjenigen der baulichen Anlage (§ 37 S. 3 ImmoWertV). Der Alterswertminderungsfaktor selbst ist gesetzlich als lineares Verhältnis der Restnutzungsdauer (RND) zur Gesamtnutzungsdauer (GND) definiert (§ 38 ImmoWertV).

98 Sachwertfaktoren dürfen nur dort unverändert angesetzt werden, wo Kostenbasis (inkl. Baunebenkosten und Umsatzsteuer), Flächenbezug (Brutto-Grundfläche), Indexierung, Regionalfaktor, Einordnung nach Gebäudeart/Standard und die Alterswertminderung dem Ableitungsmodell entsprechen (§ 21 Abs. 3, § 39 i.V.m. § 10 ImmoWertV). Andernfalls ist der Faktor zu justieren oder – wenn eine sachgerechte Anpassung nicht möglich ist – auf eine Berücksichtigung über besondere objektspezifische Grundstücksmerkmale umzusteigen (§ 8 Abs. 3 ImmoWertV).

99 Die ImmoWertA konkretisieren u.a. die lineare Ermittlung des Alterswertminderungsfaktors und die Trennung zwischen Marktanpassung über Sachwertfaktoren und zusätzlichen marktüblichen Zu-/Abschlägen nach § 7 Abs. 2 ImmoWertV. Sie haben keinen Verordnungsrang, unterstützen aber die einheitliche, prüffeste Umsetzung.

100 Die NHK 2010 bleiben als modellhafte Basis zulässig, müssen aber strikt nach der ImmoWertV 2021 und den ImmoWertA auf Stichtag und Region überführt und – vor allem – modellkonform mit den örtlich abgeleiteten Sachwertfaktoren verzahnt werden. Jede Abweichung vom Ableitungsmodell erfordert eine explizite, belegte Anpassungsentscheidung.

2. Brutto-Grundfläche als Bewertungsmaßstab im Sachwertverfahren

Die Brutto-Grundfläche (BGF) ist im Sachwertmodell die maßgebliche Bezugsgröße für die Ableitung der üblichen Herstellungskosten insbesondere nach NHK 2010. Ihre **Ermittlung** orientiert sich an der DIN 277, wurde für Bewertungszwecke jedoch inhaltlich geschärft, um eine konsistente, praxistaugliche Flächenabgrenzung sicherzustellen. 101

Zur Brutto-Grundfläche zählen die Summen der Grundflächen sämtlicher Grundrissebenen eines Bauwerks, jeweils nach den äußeren Kanten der aufgehenden Bauteile gemessen; maßgeblich sind die äußeren Maße in Höhe der Oberkanten der Boden- bzw. Deckenbeläge. Erfasst werden Kellergeschosse ebenso wie Dachgeschosse – unabhängig von deren Einordnung als Vollgeschoss oder Aufenthaltsraum. Die aus der DIN 277 bekannten **Flächenbereiche** bleiben als Zuordnungshilfe zweckmäßig: 102

- **Bereich A** (überdeckt und allseitig in voller Höhe umschlossen) und **Bereich B** (überdeckt, jedoch nicht allseitig in voller Höhe umschlossen) werden der Brutto-Grundfläche zugerechnet.
- **Bereich C** (nicht überdeckt) bleibt unberücksichtigt. Damit gehören Balkone, frei liegende Terrassen, offene Laubengänge sowie sonstige nicht überdeckte Flächen nicht zur Brutto-Grundfläche.

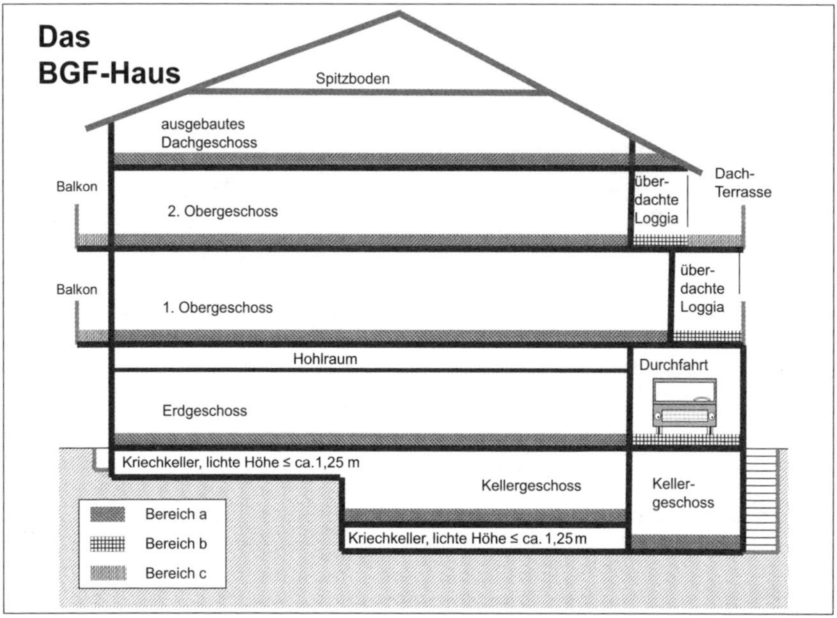

Abb. 5: Das BGF-Haus

103 Die für Bewertungszwecke gebotene Abgrenzung weicht in einzelnen Punkten von der reinen Norminterpretation ab, um Flächen konsistent den Kostenmodellen zuzuordnen. **Nicht zur Brutto-Grundfläche** zählen insbesondere: Spitzböden, Kriechkeller und reine Wartungs-/Installationsgänge ohne eigenständige wirtschaftliche Nutzung, Flächen unter rein konstruktiven Hohlräumen (z.B. abgehängte Decken ohne begehbare Ebene) sowie Vordächer und sonstige auskragende, nicht begehbare Bauteile. Dachaufbauten (z.B. Gauben) erhöhen die Brutto-Grundfläche nicht als „zusätzliche Ebene"; die unter ihnen liegende Grundrissfläche ist jedoch mit ihrer tatsächlichen Ausdehnung selbstverständlich zu erfassen. Entscheidend ist stets die wirtschaftliche Nutzbarkeit der Ebene: Räume in Dach- oder Kellergeschossen sind auch bei eingeschränkter Zweckmäßigkeit (z.B. Lager-, Technik-, Archivflächen) als Brutto-Grundfläche zu berücksichtigen, sofern eine real nutzbare Grundrissfläche vorliegt.

3. Korrekturfaktoren für die Wohnungsgröße und Grundrissart bei Mehrfamilienhäusern

104 Korrekturfaktoren bei Mehrfamilienhäusern sind rein **kostenseitige Stellgrößen** innerhalb des Sachwertmodells. Sie präzisieren die angesetzten, modellkonformen Herstellungskosten – etwa in Abhängigkeit von Gebäudeart, typischer Wohnungsgrößenstruktur oder Erschließungs-/Grundrissart – und fließen damit in den vorläufigen Sachwert der baulichen Anlagen ein. Die Marktanpassung erfolgt erst nach Bildung des vorläufigen Sachwerts (einschließlich Alterswertminderung) durch Anwendung eines Sachwertfaktors.

Korrekturfaktoren sind Zutaten des Kostenmodells.

105 Typische modellinterne Korrekturansätze beziehen sich z.B. auf
- Gebäudeart (Differenzierung zwischen Ein-/Zwei-/Mehrfamilienhäusern),
- mittlere Wohnungsgrößen je Einheit (kleine Einheiten erhöhen i.d.R. die spezifischen Kosten; große Einheiten senken sie),
- Erschließungs-/Grundrissarten (z.B. Einspänner vs. Mehrspänner)

sowie weitere, im jeweiligen Standardmodell definierte Merkmale. Die konkreten Zahlenwerte sind modell- und regionsspezifisch festgelegt und dürfen nicht aus einem anderen Modell „quer" übernommen werden.

In der Praxis spielen Korrekturfaktoren bei Mehrfamilienhäusern keine wesentliche Rolle, da das Sachwertverfahren für diese meist nicht angewandt wird.

106 **Regionale Ergänzungen** durch Gutachterausschüsse haben Vorrang, soweit sie bekannt gemacht sind. Beispiel: In den Standardmodellen der AGVGA.NRW (Arbeitsgemeinschaft der Vorsitzenden der Gutachterausschüsse in Nordrhein-Westfalen) ist u.a. geregelt, dass Kostenkennwerte mit einem Faktor 1,05 auf Zweifamilienhäuser zu übertragen sind; Dreifamilienhäuser mit Wohnflächen < ca. 200 m^2 („unechte Dreifamilienhäuser") können als Zweifamilienhaus bewertet werden. Solche Vorgaben gelten in erster Linie nur im Geltungsbereich des

jeweiligen Modells und setzen eine entsprechend modellkonforme Sachwertermittlung voraus.

4. Regionalfaktoren

Die in den NHK 2010 aufgeführten Kostenkennwerte sind bundesweite Orientierungsgrößen. Maßgeblich ist, dass die herangezogenen Kosten die am Wertermittlungsstichtag üblichen Herstellungsbedingungen widerspiegeln und das verwendete Sachwertmodell in sich widerspruchsfrei ist (**Modellkonformität**). Die ImmoWertA konkretisieren dies dahingehend, dass Kostenebene (Herstellungs- und Baunebenkosten inkl. Indexfortschreibung und ggf. objektspezifischer Besonderheiten) und Marktebene (Marktanpassung des vorläufigen Sachwerts) methodisch strikt zu trennen sind. 107

Vor diesem Hintergrund können vom örtlich zuständigen Gutachterausschuss veröffentlichte **Regionalisierungen** der Kostenbasis – etwa prozentuale Anpassungen der NHK-Werte – eingesetzt werden, sofern das gesamte Sachwertmodell des Gutachterausschusses konsistent hierauf aufbaut und die daraus abgeleiteten Sachwertfaktoren ausdrücklich zu dieser regionalisierten Kostenlogik ermittelt wurden. Fehlt diese Konsistenz, besteht das Risiko einer doppelten Berücksichtigung regionaler Preisniveaus: einmal über (regionalisierte) Kostenansätze und ein weiteres Mal über einen nicht entsprechend angepassten Sachwertfaktor. In solchen Fällen sind entweder die Kosten auf ein bundeseinheitliches Niveau zurückzuführen oder die Marktanpassung ist so zu wählen, dass die Summe der Effekte modellkonform und marktgerecht bleibt. 108

5. Mischkalkulation zur Ermittlung des Kostenkennwerts bei teilweiser Unterkellerung

Gebäude lassen sich bautechnisch nicht immer eindeutig einer einzigen Ausführungsart zuordnen. So kann es bspw. sein, dass nur ein **Teil des Gebäudes unterkellert** ist, während der übrige Teil ohne Keller ausgebildet ist. In solchen Fällen ist der vorläufige Gebäudesachwert modellkonform aus den NHK der jeweils zutreffenden Ausführungsarten **anteilig** abzuleiten. Die Brutto-Grundfläche wird nach unterkellerten und nicht unterkellerten Bereichen getrennt erfasst, den entsprechenden NHK-Kostenkennwerten aus Anlage 4 ImmoWertV zugeordnet und anschließend flächengewichtet zu einem Kostenkennwert des Gesamtgebäudes verdichtet. Grundlage für die Ermittlung der Brutto-Grundfläche ist die Definition der ImmoWertV (Anlage 4), wonach die marktüblich nutzbaren, überdeckten Grundrissebenen maßgeblich sind. 109

6. Nutzbarkeit von Dachgeschossen, Drempel und Spitzboden sowie Staffelgeschossen

Die in den NHK 2010 vorgenommene Dreiteilung von Dachformen (ausgebautes Dachgeschoss, nicht ausgebautes Dachgeschoss, Flachdach/flachgeneigtes Dach) bildet die tatsächliche Bandbreite der Dachraumvarianten – etwa Spitzböden, 110

Staffelgeschosse oder unterschiedliche Drempelhöhen – nur unzureichend ab. Solche Merkmale bestimmen jedoch die **Nutzbarkeit** des Dachraums und wirken damit unmittelbar auf den **wertrelevanten Beitrag** des Gebäudes. Nach Anlage 4 ImmoWertV ist die Brutto-Grundfläche als Summe der bezogen auf die Gebäudeart marktüblich nutzbaren Grundflächen aller Grundrissebenen zu ermitteln; im Dachgeschoss richtet sich die Anrechenbarkeit der Grundflächen ausdrücklich nach ihrer Nutzbarkeit. Dies verlangt eine differenzierte Betrachtung über die bloße Dachklassifikation hinaus.

111 Für das Sachwertverfahren ergibt sich aus der ImmoWertV die Pflicht, den vorläufigen Verfahrenswert sachgerecht herzuleiten und anschließend marktbezogen zu adjustieren. Die Größe des (vorläufigen) Sachwertanteils der baulichen Anlagen hängt damit u.a. davon ab, in welchem Umfang Dachflächen als nutzbar anzusetzen sind. Anlage 4 ImmoWertV konkretisiert: Bei Gebäuden mit ausgebautem Dachgeschoss bestimmt sich der **Grad der wirtschaftlichen Nutzbarkeit** insbesondere nach dem Verhältnis der Wohnfläche zur Grundfläche; maßgebliche Einflussgrößen sind Dachneigung, Giebelbreite und Drempelhöhe. Ein fehlender Drempel ist regelmäßig wertmindernd (Abschlag), ein ausgebauter Spitzboden i.S.d. Anlage 4 ImmoWertV kann demgegenüber wertsteigernd (Zuschlag) zu berücksichtigen sein.

112 Die in den NHK 2010 hinterlegten Modellannahmen sind dabei nicht immer deckungsgleich mit dem konkreten Objekt. So unterstellen die NHK bei Gebäudearteingruppierungen mit ausgebautem Dachgeschoss pauschal einen Drempel von rund 1,0 m, während bei nicht ausgebauten Dachgeschossen typisierend von einem fehlenden Drempel ausgegangen wird; Spitzböden waren in den ursprünglichen Kostenkennwerten nicht eingepreist. Abweichungen hiervon sind – in Übereinstimmung mit § 6 Abs. 3 i.V.m. § 7 ImmoWertV – durch begründete objektbezogene Zu- oder Abschläge auf den Kostenkennwert zu würdigen; die Herleitung ist nachvollziehbar zu dokumentieren.

113 **Regionale** Standardmodelle (z.B. von Gutachterausschüssen veröffentlichte Sachwertmodelle) können ergänzende **Korrekturschemata für besondere Dachgeschossausprägungen** vorsehen. Diese sind grundsätzlich innerhalb ihres jeweiligen Geltungsbereichs anwendbar, insbesondere wenn sie der Ableitung der dort veröffentlichten Sachwertfaktoren zugrunde liegen. Ob und in welchem Umfang etwa Drempelhöhen abweichend von der NHK-Unterstellung proportional zu berücksichtigen sind oder ob Spitzböden gesondert zu würdigen sind, ergibt sich aus den jeweiligen Modellbeschreibungen; teils werden Spitzböden bewusst nicht in die Faktorableitung einbezogen, so dass Zuschläge ggf. außerhalb des Modells – aber im Rahmen der ImmoWertV-Systematik – zu begründen sind.

7. Baupreisindex als Instrument zur Kostenfortschreibung

114 Die NHK 2010 sind modellhafte Kostenkennwerte, die in Anlage 4 ImmoWertV als Euro-Werte je Quadratmeter Brutto-Grundfläche ausgewiesen sind. Sie beziehen sich auf den **Jahresdurchschnitt 2010**. Für eine Anwendung zu **späteren Wertermittlungsstichtagen** müssen diese Kennwerte zwingend auf das jeweilige Stichtagsniveau fortgeschrieben werden. Die Rechtsgrundlage für die Heranziehung durchschnittlicher Herstellungskosten bildet § 36 ImmoWertV. Dort ist vorgesehen, dass modellhafte Kostenkennwerte als NHK zugrunde gelegt werden.

Die Indexfortschreibung erfolgt mit den Baupreisindizes des Statistischen Bundesamts. Diese Indizes werden vierteljährlich veröffentlicht. Sie enthalten die Umsatzsteuer („einschließlich Umsatzsteuer") und bilden somit Änderungen der Umsatzsteuer implizit ab.

115 Für die rechnerische Anpassung ist derselbe Indexzweig wie der betrachtete Gebäudetyp zu verwenden (z.B. „Wohngebäude, Bauleistungen am Bauwerk"). Die Fortschreibung erfolgt grundsätzlich über das relative Verhältnis zwischen dem Indexstand zum Wertermittlungsstichtag und dem Jahresdurchschnitt 2010 derselben Indexreihe. Bei Reihen, die auf Basis 2015 = 100 berechnet wurden, ist der Jahreswert 2010 dieser Reihe als Nenner zu verwenden:

NHK_Stichtag = NHK 2010 × (Index_Stichtag ÷ Index_2010_Jahresdurchschnitt)

8. Gesamtnutzungsdauer als Modellwert

116 Die Gesamtnutzungsdauer ist eine bewusst modellhafte Größe (vgl. Anlage 1 ImmoWertV). Sie dient als **fester Parameter** in der Sachwertermittlung und muss mit den Datengrundlagen übereinstimmen, aus denen Sachwertfaktoren abgeleitet wurden. Rechtlich verankert ist dies zweifach: Zum einen definiert die ImmoWertV den Alterswertminderungsfaktor ausdrücklich als Verhältnis von Restnutzungsdauer (RND) zu Gesamtnutzungsdauer (GND). Zum anderen verlangt sie, dass die allgemeinen Wertverhältnisse im Sachwertverfahren über Sachwertfaktoren angesetzt werden – und zwar konsistent zu den jeweils zugrunde gelegten Modellparametern. Eine Vermischung unterschiedlicher Modellannahmen (z.B. abweichende Gesamtnutzungsdauer) bricht diese Konsistenz.

117 Die „üblichen" Gesamtnutzungsdauern sind nicht frei zu wählen, sondern als Modellansätze in Anlage 1 ImmoWertV verbindlich vorgegeben (z.B. 80 Jahre für Ein-/Zweifamilienhäuser und Mehrfamilienhäuser, 60 Jahre für Bürogebäude, 40 Jahre für Produktionsgebäude). Für nicht gelistete Bauarten ist aus vergleichbaren Anlagen abzuleiten. Diese Bindung ergibt sich ausdrücklich aus § 12 Abs. 5 S. 1 i.V.m. Anlage 1 ImmoWertV.

Die Restnutzungsdauer ist grundsätzlich die Differenz aus Gesamtnutzungsdauer und Alter der baulichen Anlage; bei modernisierten Wohngebäuden ist zur sachgerechten Abbildung von Modernisierungseinflüssen das in Anlage 2 ImmoWertV normierte Modell anzuwenden (Punktesystem mit ggf. Streckung der Restnutzungsdauer bis maximal 70 % der Gesamtnutzungsdauer). Damit stellt die Verordnung ein einheitliches Verfahren für die Bestimmung der Restnutzungsdauer bereit, das ebenfalls an § 12 Abs. 5 S. 1 ImmoWertV anknüpft.

9. Alterswertminderung und wirtschaftliche Restnutzungsdauer

118 Die Alterswertminderung beschreibt den **marktbedingten Wertverlust baulicher Anlagen durch Zeitablauf und Abnutzung**. Sie ist strikt von der steuerlichen Abschreibung (AfA) zu trennen. Während die AfA eine steuerrechtliche Pauschalgröße ist, ist die Alterswertminderung nach der ImmoWertV **wirtschaftlich-objektiv** zu bestimmen. Sie bildet die tatsächlichen Nutzungs- und Marktverhältnisse in Verbindung mit der Modellbetrachtung ab. Seit der Novelle der ImmoWertV ist die normative Festlegung einer linearen Bemessung maßgeblich. Der Alterswertminderungsfaktor ist das Verhältnis der Restnutzungsdauer zur Gesamtnutzungsdauer, woraus sich eine durchgängig lineare Wertminderung über die wirtschaftliche Lebensdauer des Gebäudes ergibt (§ 38 ImmoWertV). Die Restnutzungsdauer selbst ist als Anzahl der Jahre definiert, in denen die bauliche Anlage bei ordnungsgemäßer Bewirtschaftung voraussichtlich noch wirtschaftlich genutzt werden kann, und ist wirtschaftlich (nicht technisch) zu bestimmen; Modernisierungen können sie verlängern, Schäden oder erhebliche Mängel können sie verkürzen. Für modernisierte Wohngebäude stellt die Anlage 2 ImmoWertV ein anzuwendendes Modell zur Ermittlung der Restnutzungsdauer bereit; es kann sachgerecht auf weitere Gebäudearten übertragen werden, sofern die Voraussetzungen vorliegen. Die ImmoWertA präzisieren hierzu, dass die lineare Alterswertminderung nach § 38 ImmoWertV anzusetzen ist und Festlegungen zu Gesamt- und Restnutzungsdauer im Gutachten nachvollziehbar zu belegen sind (ImmoWertA, zu § 38 und zu Anlage 2 ImmoWertV).

Historisch diskutierte, nichtlineare Modelle (z.B. Ross-Kurve) haben sich mangels belastbarer Kaufpreisempirie nicht durchgesetzt.

119 Die Anwendung in der Praxis folgt unmittelbar aus der Verhältnisformel.

Beispiel

Beträgt die übliche Gesamtnutzungsdauer eines Wohngebäudes 80 Jahre und sind 40 Jahre abgelaufen, ergibt sich bei ordnungsgemäßer Bewirtschaftung eine Restnutzungsdauer von 40 Jahren; der Alterswertminderungsfaktor beläuft sich auf 40/80 = 0,50, die Alterswertminderung damit auf 50 %. Werden substantielle Modernisierungen durchgeführt, ist die wirtschaftliche Restnutzungsdauer nach Anlage 2 ImmoWertV neu zu bestimmen; steigt sie etwa auf 56 Jahre, reduziert sich die Alterswertminderung entsprechend (56/80 = 0,70 → 30 % Alterswertminderung).

Entscheidend ist stets die Nachvollziehbarkeit der hergeleiteten Gesamtnutzungs- und Restnutzungsdauern sowie deren Vereinbarkeit mit den örtlichen Marktverhältnissen und den Vorgaben der ImmoWertV einschließlich ihrer Anlage 2; dies ist im Gutachten transparent zu begründen (ImmoWertA).

Befinden sich auf einem Grundstück **mehrere** Gebäude oder Gebäudeteile mit voneinander **abweichender Restnutzungsdauer**, ist nicht automatisch die kürzeste Dauer ausschlaggebend. Eine schematische Gleichbehandlung wird der Komplexität solcher Bewertungsfälle nicht gerecht. Vielmehr ist differenziert zu prüfen, ob einzelne Objekte eine eigenständige Betrachtung erfordern. In solchen Konstellationen kann es sachgerecht sein, getrennte Werte zu berechnen und diese im Anschluss zum Gesamtwert zusammenzuführen. 120

Wenn sich einzelne Gebäudeteile hingegen nicht eindeutig bestimmten Grundstücksflächen oder Nutzungseinheiten zuordnen lassen, bietet sich i.d.R. die Ermittlung einer gewichteten Restnutzungsdauer an. Die Gewichtung kann sich dabei an den erzielbaren Roherträgen, dem nachhaltig erzielbaren Reinertrag oder geeigneten Flächenkennzahlen orientieren.

In jedem Fall bleibt zentral, dass die Restnutzungsdauer nicht als rein rechnerische Größe verstanden wird, sondern Ausdruck der am Markt erkennbaren Erwartungen und Handlungsweisen ist. Damit kommt der marktorientierten Plausibilitätsprüfung eine Schlüsselrolle zu: Nur wenn die wirtschaftliche Nutzbarkeit der Gebäude den tatsächlichen Marktbedingungen entspricht, entspricht die Restnutzungsdauer den Vorgaben der ImmoWertV 2021 und den erläuternden Grundsätzen der ImmoWertA. 121

10. Verlängerung der Restnutzungsdauer infolge von Modernisierungen

Die Gesamtnutzungsdauer eines Bauwerks ist kein feststehender Wert. Sie kann sachverständig begründet sowohl **nach unten** als auch **nach oben angepasst** werden. Maßgeblich sind der technische und der funktionale Zustand, der Umfang unterlassener Instandhaltung, vorhandene Baumängel oder -schäden sowie Qualität und Tiefe erfolgter Modernisierungen. Die ImmoWertA konkretisieren diesen Grundsatz und beschreiben, dass Anpassungen nur dann vorzunehmen sind, wenn sie sich im Marktwertgeschehen widerspiegeln und die wirtschaftliche Nutzbarkeit des Objekts tatsächlich beeinflussen. 122

Unterlassene Instandhaltung, Mängel und Schäden verkürzen regelmäßig die verbleibende wirtschaftliche Nutzbarkeit. Terminologisch ist zu unterscheiden: Ein **Baumangel** liegt vor, wenn der Ist-Zustand vom vertraglich geschuldeten Soll-Zustand abweicht; mangelfrei ist das Werk, wenn es die vereinbarte Beschaffenheit aufweist (§ 633 Abs. 2 S. 1 BGB). Ein **Bauschaden** bezeichnet demgegenüber eine substantielle oder funktionale Beeinträchtigung infolge schädigender Einwirkungen (z.B. Durchfeuchtung nach Rohrbruch) oder eines so weitgehend aufgezehrten Abnutzungsvorrats, dass die bestimmungsgemäße Nutzung beein- 123 trächtigt ist. Solche Umstände sind i.d.R. wertrelevant und als besondere objektspezifische Grundstücksmerkmale gesondert zu berücksichtigen (§ 8 ImmoWertV).

124 **Modernisierungen** sind Maßnahmen, die die Gebrauchstauglichkeit wesentlich verbessern oder nachhaltig Energie- und Ressourceneinsparungen ermöglichen. Typische Beispiele sind die Erneuerung der Wärme- und Anlagentechnik, energetische Verbesserungen der Gebäudehülle oder der Austausch nicht mehr marktgerechter Fenster. Nach den ImmoWertA ist maßgeblich, ob Umfang und Qualität der Maßnahmen aus Marktsicht eine spürbare Verlängerung der wirtschaftlichen Nutzbarkeit erwarten lassen; bloße Instandsetzungen ohne funktionalen Mehrwert rechtfertigen regelmäßig keine Verlängerung.

125 Die Ermittlung der Restnutzungsdauer bleibt trotz vorhandener Modelle eine **Einzelfallentscheidung**. Standardisierte Punkteschemata können als Arbeitshilfe dienen, ersetzen jedoch weder die technische Zustandsanalyse noch die Marktbetrachtung. Gerade bei nicht wohnwirtschaftlich geprägten Gebäuden (z.B. Büro-, Verwaltungs-, Praxis- oder Spezialimmobilien) sind nutzungs- und anlagenspezifische Zyklen (Haustechnik, Ausbau, IT-Infrastruktur) eigenständig zu würdigen. Teilmodernisierungen führen nur dann zu einer spürbaren Verlängerung, wenn die verbleibenden, nicht erneuerten Bauteile den aktuellen Markt- und Nutzungsanforderungen weiterhin genügen.

126 Eine Verlängerung der Restnutzungsdauer ist daher kein Automatismus. Funktional tragfähige Grundriss- und Gebäudekonzepte können auch ohne bauliche Eingriffe marktgerecht bleiben; umgekehrt bewirken kleinteilige oder lediglich ästhetische Eingriffe häufig keine messbare Verlängerung. Bei massiven, bauphysikalisch leistungsfähigen Außenwänden kann die Instandsetzung (z.B. Neuverfugung, Reinigung) die Gebrauchstauglichkeit voll erhalten, ohne dass eine zusätzliche Außendämmung technisch oder wirtschaftlich sinnvoll wäre. Dagegen rechtfertigen punktuelle Anbauten oder Raumzusammenlegungen bei strukturell unzeitgemäßen Grundrissen regelmäßig nur eine geringe oder keine Anpassung.

VI. Außenanlagen

127 Die Bewertung der Außenanlagen ist in § 37 ImmoWertV geregelt. Danach ist der Sachwert der baulichen Außenanlagen und der sonstigen Anlagen – soweit nicht bereits im **Bodenwert** enthalten – entweder aus belastbaren **Erfahrungssätzen** oder anhand der **durchschnittlichen Herstellungskosten** abzuleiten; die Regelungen zu Herstellungskosten (§ 36 ImmoWertV) und Alterswertminderung (§ 38 ImmoWertV) gelten entsprechend. Übliche gärtnerische Gestaltung ist regelmäßig bereits im Bodenwert aufgefangen; eine zusätzliche Wertansetzung wäre dann ein Doppelansatz und zu vermeiden. Nur bei deutlichen Abweichungen vom Marktüblichen ist eine gesonderte Wertermittlung geboten – stets entlang beobachtbarer Marktreaktionen.

Kostenanteile, die auf Maßnahmen im öffentlichen Raum entfallen (z.B. öffentliche Erschließung), sind nicht zusätzlich im Sachwert der Außenanlagen anzusetzen, da sie regelmäßig bereits im Bodenwert über die Erschließung berücksichtigt sind. Werden Sachwertfaktoren der **Gutachterausschüsse** verwendet, ist aus Gründen der Modellkonformität zu prüfen, welche Modellannahmen und Parameter dem jeweiligen Faktor zugrunde liegen und wie Außenanlagen darin typischerweise erfasst sind. Die ImmoWertA verlangen eine transparente Dokumentation der verwendeten Modelle und Parameter durch die Gutachterausschüsse; häufig sind Außenanlagen darin pauschal berücksichtigt (teils prozentual, teils als absolute Zuschläge). Weicht das zu bewertende Objekt hiervon erheblich ab, sind ggf. Zu- oder Abschläge als besondere objektspezifische Grundstücksmerkmale nach § 8 Abs. 3 ImmoWertV vorzunehmen. Dabei ist zugleich zu prüfen, ob die Auswirkung einer baulichen Anlage bereits im Bodenwert steckt. 128

Als praxistaugliche Plausibilisierung wird bei Ein- und Zweifamilienhäusern häufig ein Wertanteil für durchschnittliche bauliche und sonstige Außenanlagen bis etwa 5 % des vorläufigen Gebäudesachwerts herangezogen; bei Wohn- und Geschäftshäusern sind aufgrund der anderen Kosten- und Nachfrageverhältnisse regelmäßig niedrigere Prozentsätze angemessen. Dieser Orientierungswert ersetzt jedoch keine Marktprüfung und ist stets an die Modellannahmen des herangezogenen Sachwertfaktors sowie an die konkret feststellbaren Marktreaktionen zu spiegeln. 129

VII. Sachwertfaktor als Marktanpassungsinstrument

Der Sachwertfaktor ist das maßgebliche Instrument, um den im Sachwertverfahren zunächst kostenorientierten Wertansatz an die tatsächlichen Marktverhältnisse anzubinden. Ausgangspunkt ist der **vorläufige Sachwert** als Summe aus dem Bodenwert, den aus Herstellungskosten unter Berücksichtigung der Alterswertminderung abgeleiteten Sachwerten der nutzbaren baulichen Anlagen sowie den entsprechend ermittelten Werten der baulichen Außen- und sonstigen Anlagen. Dieser vorläufige Sachwert besitzt ohne Marktanpassung keinen hinreichenden Bezug zum gewöhnlichen Geschäftsverkehr; er ist deshalb mit einem **Sachwertfaktor** auf die auf dem örtlichen Grundstücksmarkt vorherrschenden allgemeinen Wertverhältnisse zu transformieren. 130

Die ImmoWertV 2021 präzisiert hierfür zweierlei:

- Zum einen bestimmt sie, dass der Sachwert eines Grundstücks aus den vorläufigen Sachwerten der nutzbaren baulichen und sonstigen Anlagen und dem Bodenwert zu bilden ist (§ 35 Abs. 1 ImmoWertV); die allgemeinen Wertverhältnisse sind „insbesondere durch den Ansatz von Sachwertfaktoren“ zu berücksichtigen (§ 7 Abs. 1 ImmoWertV).
- Zum anderen definiert sie Marktanpassungsfaktoren – und damit auch Sachwertfaktoren – als aus geeigneten Kaufpreisen gegenüber entsprechenden Sachwerten abgeleitete Faktoren (§ 21 Abs. 3 ImmoWertV).

Daraus folgt, dass die Marktintegration im Sachwertverfahren regelgebunden über Sachwertfaktoren zu erfolgen hat; eine freie, nicht datenbasierte Würdigung ersetzt diesen Schritt nicht.

131 Für die Ableitung und Anwendung der Faktoren gelten die Grundsätze der Modell- und Referenzkonformität: Die aus Kaufpreisen gewonnenen Faktoren sind mit demselben Bewertungsmodell und denselben Parameterdefinitionen zu ermitteln und anzuwenden, die auch im Bewertungsgang Verwendung finden.

132 Liegt für das relevante Marktsegment **kein veröffentlichter Sachwertfaktor** vor, entfällt die Marktanpassung nicht. Methodisch unzulässig ist es in diesen Fällen, den Faktor vereinfacht mit 1,00 anzusetzen. Vielmehr ist – unter Beachtung der Datenanforderungen der ImmoWertV 2021 – ein sachgerechter Faktor abzuleiten oder aus hinreichend vergleichbaren Segmenten herzuleiten und zu begründen; maßgeblich sind dabei die Eignung und Anpassung der Daten sowie die dokumentierte Modellkonformität.

133 Kritik, die Eingangsgrößen der Sachwertermittlung – insbesondere herangezogene Herstellungskosten – seien allein nicht marktnah, wird durch die Systematik der ImmoWertV 2021 antizipiert: Herstellungskosten werden zunächst normgerecht und stichtagsbezogen (einschließlich Alterswertminderung) zu einem vorläufigen, kostenbasierten Sachwert verdichtet; die Marktkonformität entsteht erst durch die obligatorische Marktanpassung mittels Sachwertfaktor. Damit reduziert die Verordnung bewertungspraktische Spielräume, erhöht jedoch die Nachvollziehbarkeit und stärkt die Vergleichbarkeit der Ergebnisse.

VIII. Besondere objektspezifische Grundstücksmerkmale

134 Die besonderen objektspezifischen Grundstücksmerkmale (boG) bilden in der Systematik der ImmoWertV 2021 einen eigenen, nachgeordneten Anpassungsschritt: Erst nachdem die allgemeinen Wertverhältnisse (§ 7 ImmoWertV) und die allgemeinen objektspezifischen Merkmale (§ 8 Abs. 2 ImmoWertV) im vorläufigen bzw. marktangepassten vorläufigen Verfahrenswert berücksichtigt wurden, sind die besonderen objektspezifischen Grundstücksmerkmale bei der Ermittlung des (endgültigen) Verfahrenswerts gesondert zu prüfen und wertmäßig anzusetzen (§ 6 Abs. 3 i.V.m. § 8 Abs. 3 ImmoWertV). Diese werden unter Rdn 230 ff. weitergehend erörtert.

IX. Hinführung zum Verkehrswert

135 Das Sachwertverfahren kann zu einem marktkonformen Ergebnis führen, wenn die zugrunde gelegten Modellannahmen den relevanten sachlichen und räumlichen Teilmarkt zutreffend widerspiegeln. Gleichwohl ist der so ermittelte Verfahrenswert nicht mit dem Verkehrswert gleichzusetzen. Nach der ImmoWertV 2021 ist der Verkehrswert stets aus dem oder den Verfahrenswert(en) unter Prüfung ihrer Aussagefähigkeit abzuleiten; eine bloße Übernahme des Ergebnisses eines einzelnen Verfahrens ist damit ausgeschlossen.

Rechtsmaßstab ist § 6 Abs. 4 ImmoWertV: Der Verkehrswert ist aus dem Verfahrenswert des oder der angewendeten Verfahren „unter Würdigung seiner oder ihrer Aussagefähigkeit" zu ermitteln. Diese Würdigung verlangt eine **begründete, am Marktgeschehen orientierte Ableitung** und schließt schematische Rechenoperationen ohne Marktbezug aus.

I. Ertragswertverfahren

I. Grundgedanke

Das Ertragswertverfahren ermittelt den Verkehrswert vorrangig aus der **dauerhaft erzielbaren Ertragskraft des Grundstücks** und der **zeitlich begrenzten Nutzung der baulichen Anlagen.** Der jährliche Reinertrag ergibt sich aus dem Rohertrag abzüglich der marktüblichen Bewirtschaftungskosten (§§ 31, 32 ImmoWertV). Dieser Reinertrag wird – unter strikter Trennung von Boden und Gebäude – kapitalisiert; der Bodenwert ist gesondert zu bestimmen und mit dem Liegenschaftszinssatz zu verzinsen (Bodenwertverzinsung). Der Gebäudewertanteil resultiert aus dem Barwert der verbleibenden Gebäudereinerträge über die wirtschaftliche Restnutzungsdauer; damit wird die Endlichkeit der Ertragsfähigkeit der baulichen Anlagen abgebildet. Die Systematik entspricht der Preisbildung auf Märkten für Mietwohn- und Geschäftsgrundstücke, in denen die Ertragserwartung den Wert bestimmt. 136

	Rohertrag des Grundstücks
./.	**Bewirtschaftungskosten**
=	**Reinertrag des Grundstücks**
./.	**Bodenwertverzinsung**
=	**Reinertrag der baulichen Anlagen**
×	**Barwertfaktor (Vervielfältiger)**
+	**Bodenwert**
=	**Ertragswert**
Ertragswert:	**EW = (RE – p x BW) x V + BW**

Abb. 6: Rechenprinzip des Ertragswertverfahrens („allgemeines" Verfahren)

137 Methodisch ist die Trennung zwischen Boden und Gebäude konsequent einzuhalten. Der **Bodenwert** wird regelmäßig aus den Bodenrichtwerten (§ 196 BauGB) hergeleitet und sachgerecht auf die objektspezifischen Merkmale angepasst. Für die Verzinsung des Bodenwerts und die Kapitalisierung der Gebäudereinerträge ist ein marktabgeleiteter Liegenschaftszinssatz anzusetzen. Liegenschaftszinssätze zählen zu den „sonstigen für die Wertermittlung erforderlichen Daten“ und werden von den Gutachterausschüssen aus Kaufpreisen abgeleitet (§ 193 Abs. 5 BauGB).

138 Die **Ertragskomponente** ist aus nachhaltigen, am Markt erzielbaren Roherträgen abzuleiten. Ausgangspunkt sind marktüblich erzielbare Mieten unter Berücksichtigung mietvertraglicher Regelungen (z.B. Indexierungen, Staffeln, Bindungen) sowie rechtlicher Beschränkungen. Vom Rohertrag sind die objektbezogenen Bewirtschaftungskosten i.S.d. § 32 ImmoWertV abzuziehen (Verwaltungskosten, Instandhaltungskosten, nicht umlagefähige Betriebskostenanteile und Mietausfallwagnis).

139 Gegenüber pauschalen Vielfachen der Jahresrohmiete („Maklerformeln“) gewährleistet das normierte Ertragswertverfahren eine marktkonforme, differenzierte Abbildung der wertbestimmenden Faktoren. Es berücksichtigt die tatsächliche Kostenstruktur, die objektspezifischen Eigenschaften (Bauzustand, Drittverwendungsfähigkeit, Vertragsbindungen), die Restnutzungsdauer sowie den getrennt zu beurteilenden Bodenwert. Pauschale Multiplikatoren sind allenfalls für eine grobe Orientierung geeignet; für eine sachgerechte Verkehrswertermittlung nach der ImmoWertV sind sie ungeeignet, weil sie zentrale Parameter wie Kosten, Risiken und den Zeitwert künftiger Erträge systematisch ausblenden.

II. Regelungen und Verfahrensablauf

140 Die ImmoWertV 2021 schärft die methodischen Anforderungen des Ertragswertverfahrens. Sie verlangt **modell- und marktkonforme Eingangsdaten** sowie eine **nachvollziehbare Herleitung der verwendeten Parameter**. Die ImmoWertA konkretisieren den hierfür erforderlichen Datenbedarf, die Ableitungslogik (bspw. für Liegenschaftszinssätze, Bewirtschaftungsansätze und Restnutzungsdauern) sowie die Plausibilitätsprüfungsschritte. Das Ziel besteht darin, eine transparente und reproduzierbare Bewertung auf Basis einheitlicher Modellgrößen zu erreichen.

141 Methodisch unterscheidet die Verordnung drei Ausprägungen des Ertragswertverfahrens.

- Beim **allgemeinen Ertragswertverfahren** (§ 28 ImmoWertV) werden die marktüblich erzielbaren Erträge zugrunde gelegt. Aus diesen wird zunächst die Bodenwertverzinsung abgeleitet und vom jährlichen Reinertrag abgezogen. Der verbleibende Gebäudereinertrag wird über die Restnutzungsdauer kapitalisiert. Durch Addition von kapitalisiertem Gebäudereinertrag und Bodenwert ergibt sich der vorläufige Ertragswert.

- Beim **vereinfachten Ertragswertverfahren** (§ 29 ImmoWertV) werden ebenfalls marktübliche Erträge zugrunde gelegt. Der Bodenwert wird jedoch über dessen abgezinsten Wert abgebildet, so dass keine explizite Aufteilung in gesonderte Boden- und Gebäudewertanteile erforderlich ist.
- Das **periodische Ertragswertverfahren** (§ 30 ImmoWertV) ist schließlich auf Fälle zugeschnitten, in denen die Erträge über die Zeit schwanken (bspw. infolge auslaufender Mietverträge, staffelnder Mietvereinbarungen oder Sanierungs- bzw. Anlaufphasen). Hier werden die periodisch unterschiedlichen Reinerträge auf den Wertermittlungsstichtag diskontiert und mit dem abgezinsten Bodenwert zusammengeführt.

Obwohl sich die Rechenwege unterscheiden, sind die Verfahren bei identischen Eingangsdaten rechnerisch äquivalent, da sie dieselbe Bewertungslogik mit unterschiedlicher Darstellungsform abbilden. In der Praxis werden vor allem das **allgemeine** und das **vereinfachte** Ertragswertverfahren eingesetzt. Das **periodische** Verfahren empfiehlt sich insbesondere, wenn in den ersten Jahren mit signifikanten Ertragsschwankungen zu rechnen ist, bspw. bei Neubauten mit Anlaufleerständen, projektentwicklungsabhängigen Nutzungen oder befristeten Mietgarantien. Ab dem Schritt des vorläufigen Ertragswerts verlaufen die weiteren Bewertungsstufen einheitlich: Zunächst erfolgen erforderliche Marktanpassungen, anschließend werden besondere objektspezifische Grundstücksmerkmale gem. § 8 Abs. 3 ImmoWertV berücksichtigt. 142

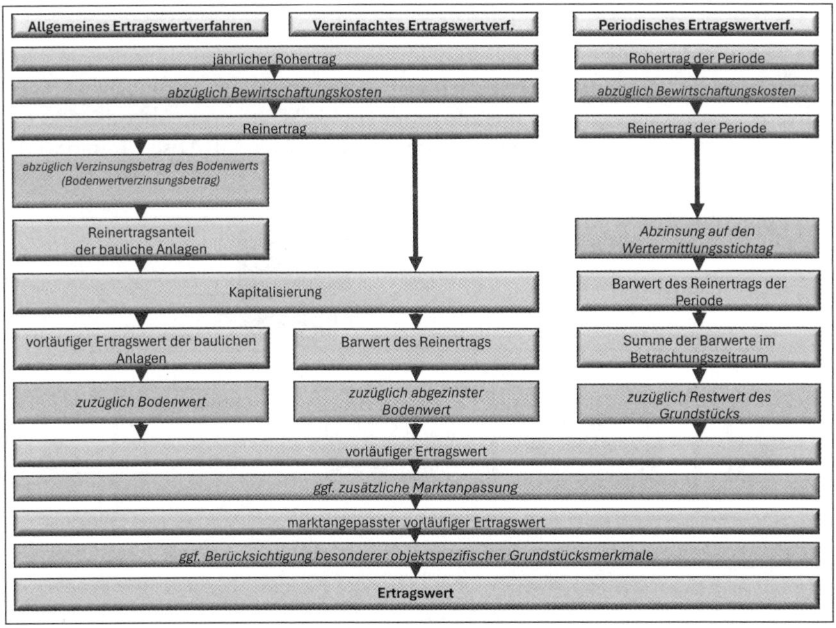

Abb. 7: Workflows des Ertragswertverfahrens

III. Bodenwert im Ertragswertverfahren

143 Die Ermittlung des Bodenwerts ist in § 40 ImmoWertV geregelt. Unabhängig vom gewählten Wertermittlungsverfahren ist der Bodenwert grundsätzlich aus dem Vergleichswertverfahren nach den §§ 24–26 ImmoWertV abzuleiten. Die Ermittlung wird daher unter Rdn 223 ff. näher erläutert.

144 Im Ertragswertverfahren bestimmt die Restnutzungsdauer der baulichen Anlagen die Bedeutung des Bodenwerts für das Ergebnis:

- Bei **kurzer Restnutzungsdauer** gewinnt der Bodenwert aufgrund der geringen Bodenwertverzinsung relativ an Gewicht, da sie nur über einen begrenzten Zeitraum anfällt.
- Bei **langer Restnutzungsdauer** tritt der isolierte Einfluss zurück, weil die laufende Verzinsung und der (nicht verbrauchbare) Bodenwert rechnerisch annähernd gegenläufig wirken.

Diese Wechselwirkung betrifft ausschließlich die Grundstücksflächen, die der Nutzung der baulichen Anlagen zugeordnet sind (typischerweise das Baugrundstück). Für nicht gebäudebezogene Teilflächen mit eigenständiger Nutzung — z.B. separat marktfähige Stellplatzareale oder sonstige Außenflächen — kann sich eine abweichende Marktwirkung ergeben.

145 Im Ertragswert sind nur diejenigen Flächen einzubeziehen, die für die marktübliche und zulässige Nutzung der baulichen Anlagen erforderlich sind. **Selbstständig nutzbare Grundstücksteile**, die für die zweckentsprechende Nutzung nicht benötigt werden und separat verwertbar sind, sind **getrennt** zu bewerten. Für solche Flächen ist ein Bodenwert nach den Grundsätzen des **Vergleichswertverfahrens** zu ermitteln und der hieraus resultierende Wertbeitrag über die „besonderen objektspezifischen Grundstücksmerkmale" nach § 8 Abs. 3 ImmoWertV in die Bewertung aufzunehmen.

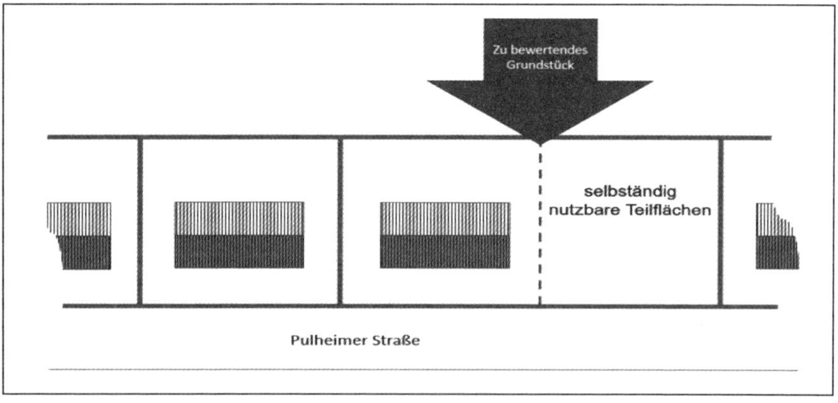

Abb. 8: Selbstständig nutzbare Grundstücksteile

Flächen, die über diese Referenz hinausgehen, dürfen daher nicht schematisch in die Bodenwertverzinsung übernommen werden, da dies systematisch zu Verzerrungen (regelmäßig zu einer Unterbewertung) führen kann.

Werden **zwei** ansonsten gleichartige **Objekte** mit langer Restnutzungsdauer bewertet, von denen nur eines über eine zusätzliche, eigenständig nutzbare Fläche verfügt, wäre eine rein gleichförmige Behandlung beider Objekte methodisch verfehlt. Die Einbeziehung der Erweiterungsfläche in die Bodenwertverzinsung würde deren spezifischen Wertbeitrag nivellieren. Stattdessen ist gutachterlich zu prüfen, ob und in welchem Umfang die zusätzliche Fläche am Markt honoriert wird; dieser Wertbeitrag ist transparent herzuleiten und gesondert auszuweisen – regelmäßig über die besonderen objektspezifischen Grundstücksmerkmale nach § 8 Abs. 3 ImmoWertV. 146

IV. Rohertrag im Ertragswertverfahren

Der Rohertrag ist in § 31 ImmoWertV als die bei ordnungsgemäßer Bewirtschaftung und zulässiger Nutzung **marktüblich erzielbaren Erträge** definiert; bei periodisch unterschiedlichen Erträgen ergeben sie sich insbesondere aus den vertraglichen Vereinbarungen. Damit bildet der Rohertrag die zentrale Ausgangsgröße des Ertragswertverfahrens und beschreibt die am Wertermittlungsstichtag marktüblich erwartbaren Einnahmen. 147

Für die sachgerechte Bestimmung sind die **tatsächlich vereinnahmten** Erträge und die **marktüblich erzielbaren** Erträge **getrennt** zu erheben und fachgerecht gegenüberzustellen. Tatsächliche Erträge sind anhand der bestehenden Miet- oder Pachtverträge nachvollziehbar zu dokumentieren (u.a. Beginn, Restlaufzeit, Verlängerungs-/Kündigungsoptionen, Index- oder Staffelklauseln, Umlage von Betriebs- und Instandhaltungskosten). Marktübliche Erträge sind aus belastbaren Marktdaten abzuleiten, etwa aus qualifizierten Mietspiegeln (§ 558c BGB) für Wohnraummieten, aus Informationen der Gutachterausschüsse oder aus verlässlichen gewerblichen Markterhebungen. 148

Weichen die tatsächlich vereinbarten Zahlungen deutlich von den marktüblichen Erträgen ab, darf der Rohertrag nicht unreflektiert angepasst werden. Stattdessen ist die **Abweichung** i.d.R. im Rahmen der **besonderen objektspezifischen Grundstücksmerkmale** gem. § 8 Abs. 3 ImmoWertV zu bewerten. Dadurch wird verhindert, dass atypische und nicht dauerhaft marktgerechte Vertragsgestaltungen das Ergebnis verzerren. Typische Konstellationen sind insbesondere langfristige Bestandsmieten deutlich unter Marktniveau oder überhöhte, nicht marktinduzierte Konzern- bzw. Sale-and-Lease-Back-Mieten. In solchen Fällen ist darzulegen, ob und in welchem Umfang die Differenz aufgrund von Bindungsdauer, Anpassungsmechanik und Marktperspektive wertrelevant ist. Die ImmoWertA betonen, dass vertragliche Besonderheiten nur insoweit zu berücksichtigen sind, wie sie den Marktteilnehmern zugerechnet werden können und sich wertbildend auf vergleichbare Grundstücke auswirken. 149

150 Zum Rohertrag zählen sämtliche Einnahmen aus der Überlassung der baulichen und sonstigen Anlagen (z.B. Mieten/Pachten für Gebäude, Garagen/Stellplätze, Freiflächen, Werbeanlagen oder sonstige mietvertraglich vereinbarte Nutzungen).

151 **Zukünftige Entwicklungen** dürfen gem. § 2 ImmoWertV nur berücksichtigt werden, wenn sie am Stichtag mit hinreichender Sicherheit aufgrund konkreter Tatsachen zu erwarten sind. Allgemeine, nicht konkret belegbare Erwartungen an Mietsteigerungen werden daher nicht isoliert im Rohertrag fortgeschrieben. Solche Markterwartungen spiegeln sich – soweit sie im Marktpreisbildungsprozess wirksam sind – i.d.R. in den aus Kaufpreisen abgeleiteten Liegenschaftszinssätzen wider. Eine gesonderte Modellierung dynamischer Ertragsreihen ist nur dann angezeigt, wenn die Voraussetzungen des § 2 ImmoWertV erfüllt sind und eine belastbare Quantifizierung möglich ist.

V. Reinertrag und Bewirtschaftungskosten

152 Die Ermittlung des Reinertrags richtet sich nach § 31 Abs. 1 ImmoWertV. Ausgangspunkt ist der jährliche Rohertrag; hiervon sind die Bewirtschaftungskosten abzuziehen. **Bewirtschaftungskosten** sind nach § 32 ImmoWertV solche marktüblichen, regelmäßig jährlich anfallenden Aufwendungen, die für eine ordnungsgemäße Bewirtschaftung sowie die zulässige Nutzung erforderlich sind, soweit sie nicht durch Umlagen oder Kostenübernahmen gedeckt werden.

153 Kostenpositionen, die **mietrechtlich** auf die Nutzer **übertragbar** sind, gehören deshalb nicht zum Aufwand des Eigentümers im Sinne des Ertragswertverfahrens. Sie werden wirtschaftlich vom Nutzer getragen und bleiben bei den Bewirtschaftungskosten unberücksichtigt. Gleichwohl können hohe umlagefähige Nebenkosten (etwa Energieaufwendungen) das erzielbare Mietniveau begrenzen; dieser Effekt ist nicht über einen Zuschlag bei den Bewirtschaftungskosten, sondern über die Marktmiete und damit den Rohertrag abzubilden.

154 **Nicht** den Bewirtschaftungskosten zuzurechnen sind privatrechtliche Finanzierungsbindungen wie Zins- und Tilgungsleistungen oder grundpfandrechtlich besicherte Zahlungen. Sie sind individuell, nicht marktüblich und haben daher in der Verkehrswertermittlung keinen Ansatz.

155 § 32 ImmoWertV differenziert **vier Gruppen von Bewirtschaftungskosten**:

1. Verwaltungskosten, insbesondere für Personal, Organisation, Aufsicht und Geschäftsführung einschließlich eines angemessenen Gegenwerts eigener Verwaltungsleistung,
2. Instandhaltungskosten zur Erhaltung des Ertrags- und Funktionsniveaus während der Restnutzungsdauer,
3. das Mietausfallwagnis für uneinbringliche Mieten, Leerstände und Ausfälle einschließlich vergeblicher Rechtsverfolgung sowie
4. nicht umlegbare Betriebskosten.

VI. Anpassung der Bewirtschaftungskosten auf den Wertermittlungsstichtag

Die in Anlage 3 ImmoWertV aufgeführten Bewirtschaftungskosten beziehen sich jeweils auf einen bestimmten Preisstand. Weicht der Wertermittlungsstichtag davon ab, sind die Ansätze auf den Stichtag zu überführen, damit der vorläufige Ertragswert auf stichtagsgerechten, marktüblichen Parametern beruht. Die **Anpassung der Werte erfolgt jährlich** auf der Grundlage der in Anlage 3 Nr. III ImmoWertV genannten Basiswerte mit dem Prozentsatz, um den sich der vom Statistischen Bundesamt festgestellte **Verbraucherpreisindex** für Deutschland für den Monat Oktober 2001 gegenüber demjenigen für den Monat Oktober des dem Stichtag der Ermittlung des Liegenschaftszinssatzes vorausgehenden Jahres erhöht oder verringert hat. Die Werte für die Instandhaltungskosten pro Quadratmeter sind auf eine Nachkommastelle, die Werte für die Instandhaltungskosten pro Garage oder ähnlichem Einstellplatz sowie die Verwaltungskosten kaufmännisch auf den vollen Euro zu runden. 156

Entsprechend der „Handlungsempfehlung zu den Änderungen durch die ImmoWertV 2021 bei den AGVGA.NRW-Modellen zur Ableitung der Liegenschaftszinssätze und der Sachwertfaktoren" von Dezember 2023 werden ab dem 1.1.2025 die Bewirtschaftungskosten gem. Anlage 3 ImmoWertV angehalten. 157

Nachfolgend sind beispielhaft die Bewirtschaftungskosten für das Jahr 2025 aufgeführt: 158

I. Bewirtschaftungskosten für Wohnnutzung	
1. Verwaltungskosten	
359 EUR	jährlich je Wohnung bzw. je Wohngebäude bei Ein- und Zweifamilienhäusern
429 EUR	jährlich je Eigentumswohnung
47 EUR	jährlich je Garage oder ähnlichem Einstellplatz
2. Instandhaltungskosten	
14 EUR	jährlich je Quadratmeter Wohnfläche, wenn die Schönheitsreparaturen von den Mietern getragen werden
106 EUR	jährlich je Garage oder ähnlichem Einstellplatz einschließlich der Kosten für Schönheitsreparaturen
3. Mietausfallwagnis	
2 %	des marktüblich erzielbaren Rohertrags bei Wohnnutzung

II. Bewirtschaftungskosten für gewerbliche Nutzung	
1. Verwaltungskosten	
3 %	des marktüblich erzielbaren Rohertrags bei gemischter und rein gewerblicher Nutzung
2. Instandhaltungskosten Den Instandhaltungskosten für gewerbliche Nutzung wird jeweils ein Prozentsatz der Instandhaltungskosten für Wohnnutzung zugrunde gelegt.	
100 %	für gewerbliche Nutzung wie z.B. Büros, Praxen, Geschäfte und vergleichbare Nutzungen bzw. gewerblich genutzte Objekte mit vergleichbaren Baukosten, wenn der Vermieter die Instandhaltung für „Dach und Fach" trägt
50 %	für gewerbliche Nutzung wie z.B. SB-Verbrauchermärkte und vergleichbare Nutzungen bzw. gewerblich genutzte Objekte mit vergleichbaren Baukosten, wenn der Vermieter die Instandhaltung für „Dach und Fach" trägt
30 %	für gewerbliche Nutzung wie z.B. Lager-, Logistik- und Produktionshallen und vergleichbare Nutzungen bzw. gewerblich genutzte Objekte mit vergleichbaren Baukosten, wenn der Vermieter die Instandhaltung für „Dach und Fach" trägt
3. Mietausfallwagnis	
4 %	des marktüblich erzielbaren Rohertrags bei reiner bzw. gemischter gewerblicher Nutzung

VII. Erhebliche Abweichungen zwischen objektspezifischen und modellhaften Bewirtschaftungskosten

159 Erhebliche, dauerhafte Abweichungen vom Marktüblichen (z.B. überdurchschnittliche Instandhaltungsaufwendungen infolge besonderer Bauweise oder Denkmalschutz, atypische Betreiber-/Mietvertragslasten, überhöhte Gemeinflächenquoten) sind ggf. außerhalb der Modellrechnung als **besondere objektspezifische Grundstücksmerkmale (bog)** zu erfassen. Die daraus resultierende jährliche Mehr-/Minderbelastung (Bewirtschaftungskosten) wird zumeist mit dem modellkonformen Liegenschaftszinssatz kapitalisiert. Die Verwendung des gleichen Liegenschaftszinssatzes ist sachgerecht, solange sich das Risiko des Objekts gegenüber dem Modellsegment nicht eigenständig verändert. Ein abweichender Liegenschaftszinssatz kommt nur in Betracht, wenn die Kostenbesonderheit zugleich ein anderes Risiko-/Renditeprofil am Markt begründet (z.B. signifikant erhöhte Volatilität, Ausfall- oder Nichtübertragbarkeitsrisiken). In diesen Fällen ist der veränderte Liegenschaftszinssatz gesondert aus Marktdaten abzuleiten

und nachvollziehbar zu belegen. Auch hierfür gilt: zuerst die modellkonforme Hauptrechnung, danach – nur, falls erforderlich – die risikoadäquate Justierung.

Eine **geringfügige Abweichung** – etwa leicht erhöhte Wartungspauschalen für einen einzelnen Aufzug bei ansonsten marktüblichem Standard – kann innerhalb der Hauptrechnung auf der Kostenposition bereinigt werden; der Liegenschaftszinssatz bleibt unverändert. Eine **erhebliche Abweichung** – z.B. eine denkmalgeschützte Fassade mit dauerhaft deutlich höherem Instandhaltungsbedarf – ist meist als Bewirtschaftungskosten außerhalb der Modellrechnung zu kapitalisieren; der Liegenschaftszinssatz bleibt unverändert, solange kein eigenständiges Mehr-Risiko belegt ist. Liegt eine erhebliche Abweichung mit **Risikoänderung** vor – etwa wenn ein Betreibervertrag volatile Instandhaltungs- und Energiekosten auf die Eigentümerseite verlagert –, ist zu prüfen, ob der Markt hierfür eine eigenständige Risiko-/Renditeprämie verlangt; bejahendenfalls ist der Liegenschaftszinssatz begründet anzupassen, statt (oder neben) einer bloßen boG-Kapitalisierung. 160

Im Ergebnis ist im Gutachten klar und prüfbar darzulegen, warum eine Abweichung als geringfügig (Hauptrechnung) oder erheblich (boG) qualifiziert wurde, wie Bewirtschaftungskosten abgeleitet wurde und auf welcher Grundlage der Liegenschaftszinssatz beibehalten oder angepasst wurde. Damit werden die Anforderungen der ImmoWertV 2021 an Modelltreue und Marktkonformität erfüllt, Objektbesonderheiten sachgerecht abgebildet und die Nachvollziehbarkeit für Dritte sichergestellt. 161

VIII. Grundlagen zur Kapitalisierung und Abzinsung

Der zentrale Ansatz des Ertragswertverfahrens besteht darin, den Marktwert eines Grundstücks aus den zukünftig erzielbaren Überschüssen abzuleiten. Dabei ist nicht die historische Entwicklung maßgeblich, sondern die auf den **Bewertungsstichtag abgezinste Erwartung künftiger Erträge** (§§ 27–33 ImmoWertV). Diese Vorgehensweise beruht auf der Prämisse, dass sich der Wert einer Immobilie in erster Linie aus ihrer Fähigkeit zur nachhaltigen Ertragsgenerierung ergibt. 162

Im **Verfahren** werden zunächst die marktüblich erzielbaren Einnahmen festgestellt und um die für eine ordnungsgemäße Bewirtschaftung erforderlichen Kosten gekürzt, so dass der jährliche Reinertrag resultiert. Dieser Reinertrag wird im allgemeinen Ertragswertverfahren anschließend in einen Bodenwertanteil und einen Gebäudereinertrag zerlegt, um den Einfluss des Bodens als nicht abnutzbares Wirtschaftsgut gesondert zu berücksichtigen (§ 29 ImmoWertV). Der Gebäudereinertrag wird mit einem aus den Kaufpreissammlungen abgeleiteten Liegenschaftszinssatz kapitalisiert. Auf diese Weise ergibt sich der Ertragswert der baulichen Anlagen, der mit dem Bodenwert zusammenzuführen ist. 163

Der rechnerische Kern des Verfahrens liegt somit in der Diskontierung der erwarteten Ertragsströme auf den Bewertungsstichtag. Nachfolgend sind die Grundlagen hierzu kurz dargestellt:

164 **Abzinsung:**

Unter Abzinsung (**Diskontierung**) versteht man den Vorgang, **künftige Zahlungsströme oder Werte auf den Bewertungsstichtag zurückzuführen**. Der zentrale Gedanke ist, dass ein heute verfügbarer Geldbetrag wirtschaftlich höher zu bewerten ist als derselbe Betrag, der erst in der Zukunft zufließt. Dies entspricht dem in der Finanzwirtschaft verankerten Prinzip des Zeitwerts des Geldes.

Zur Veranschaulichung: Wird ein Kapital von 100 EUR für ein Jahr zu einem Zinssatz von 4 % angelegt, erhöht sich der Betrag nach Ablauf des Jahres auf 104 EUR. Die Umkehrbetrachtung führt zu dem Ergebnis, dass 104 EUR in einem Jahr zum heutigen Bewertungszeitpunkt lediglich einem Barwert von 100 EUR entsprechen, da gilt:

104 EUR ÷ 1,04 = 100 EUR.

Für längere Zeiträume ergibt sich ein Zinseszinseffekt. Wird der Betrag von 100 EUR über zwei Jahre zu 4 % jährlich angelegt, so resultiert:

100 EUR × 1,04 × 1,04 = 100 EUR × $1{,}04^2$ = 108,16 EUR.

Umgekehrt betrachtet ergibt sich der heutige Wert (Barwert) dieser künftigen Zahlung aus:

108,16 EUR ÷ $1{,}04^2$ = 100 EUR.

$$Barwert\ zur\ Gegenwart = \frac{Zukunftswert}{(1+p)^n}$$

Der Barwert zum Zeitpunkt 0 ergibt sich aus der Abzinsung auf den Bewertungsstichtag Zukunftswert, indem diese durch q^n dividiert wird $\left(\frac{1}{q^n}.\right)$, wobei

$$q = 1 + \frac{p}{100}$$

ist. Diese Formel lässt sich auch, wie in der ImmoWertV geschehen, wie folgt anders darstellen:

$$Abzinsungsfaktor\ (AF) = \left(\frac{1}{q^n}.\right) = q^{-n}$$

Die Abzinsung ist insbesondere in der Immobilienwertermittlung nach der ImmoWertV 2021 von zentraler Bedeutung. Sie findet Anwendung, wenn zukünftige Zahlungsüberschüsse, Restwerte oder anderweitige Nutzenkomponenten auf den Stichtag der Wertermittlung zurückgeführt werden müssen. Dabei dient der marktgerechte Liegenschaftszinssatz als Abzinsungszinssatz, welcher die im gewöhnlichen Geschäftsverkehr am Immobilienmarkt erwarteten Renditeforderungen widerspiegelt (vgl. § 34 ImmoWertV (Barwertfaktor); vgl. auch Tabellenwerk im Anhang C ImmoWertA).

Kapitalisierung: 165

Bei der Kapitalisierung wird der **heutige Wert einer in der Zukunft regelmäßig anfallenden Einnahme** bestimmt. Beispielhaft sei ein jährlicher Ertrag von 100 EUR über drei Jahre betrachtet, der mit einem Zinssatz von 4 % auf den Bewertungsstichtag abgezinst wird:

Barwert zum Zeitpunkt 0

= 100 EUR / 1,04 + 100 EUR / $1{,}04^2$ + 100 EUR / $1{,}04^3$

= 96,15 + 92,46 + 88,90

= 277,51 EUR.

Für die Berechnung kann ein allgemeiner Kapitalisierungsfaktor (Rentenbarwertfaktor) herangezogen werden (vgl. auch Tabellenwerk im Anhang B ImmoWertA):

$$Kapitalisierungsfaktor\ (KF) = \frac{q^n - 1}{q^n\ x\ (q - 1)}$$

Bei einem Betrachtungszeitraum von drei Jahren und einem Zinssatz von 4 % ergibt sich ein Kapitalisierungsfaktor von rund 2,78. Senkt man den Zinssatz auf 3 %, steigt der Faktor auf etwa 2,83; erhöht man ihn auf 5 %, reduziert sich der Faktor auf ungefähr 2,72. Dieses Ergebnis entspricht dem Grundsatz, dass ein höherer Zinssatz zu einem niedrigeren Barwert führt und umgekehrt. Die Zinshöhe wirkt sich somit unmittelbar und deutlich auf die Kapitalisierung aus. So führt etwa eine Senkung des Zinssatzes von 5,0 % auf 4,0 % (bei langer Laufzeit, z.B. 50 Jahre) zu einem Anstieg des Barwertfaktors von 18,26 auf 21,48, was einer Erhöhung von rund 17,7 % entspricht.

Die mathematische Herleitung basiert auf der Annahme einer nachschüssigen Zeitrente, also einer Zahlung am Ende eines Jahres. In der Immobilienpraxis werden Mietzahlungen jedoch typischerweise vorschüssig, d.h. zu Beginn eines Monats, geleistet. Gleichwohl ist für die Wertermittlung der jährliche Reinertrag maßgeblich, der als Ergebnis der periodischen Abrechnung den Charakter einer nachschüssigen Jahresrate hat. Dies entspricht der Modellvorgabe des Ertragswertverfahrens und lässt sich nur durch eine traditionelle Vorgehensweise begründen.

166 Als Zinssatz für die Kapitalisierung ist der Liegenschaftszinssatz heranzuziehen, der gem. § 21 Abs. 2 ImmoWertV auf Grundlage geeigneter Kaufpreise und der entsprechenden Reinerträge nach den §§ 27–34 ImmoWertV ermittelt wird; objektspezifische Anpassungen erfolgen nach § 33 ImmoWertV. Die zugrunde zu legende wirtschaftliche Restnutzungsdauer der baulichen Anlagen richtet sich nach § 4 Abs. 3 ImmoWertV. Damit wird – im Rahmen des Ertragswertverfahrens nach § 27 Abs. 2 ImmoWertV – sichergestellt, dass sowohl die Dauer der Ertragsfähigkeit als auch die marktkonforme Verzinsung sachgerecht berücksichtigt werden.

IX. Restnutzungsdauer

167 Die Bestimmung der Restnutzungsdauer erfolgt vorrangig nach **wirtschaftlichen Gesichtspunkten**. Dabei ist nicht die rein technische Haltbarkeit der baulichen Anlagen maßgeblich, sondern die Einschätzung, wie lange das Gebäude unter Berücksichtigung der Marktgegebenheiten noch sinnvoll genutzt werden kann (§ 4 Abs. 3 i.V.m. Anlagen 1 und 2 ImmoWertV). Ausschlaggebend sind dabei insbesondere die Lagequalität, die bauliche Anpassungsfähigkeit, die Marktgängigkeit der Nutzung sowie die mit einer Erneuerung oder Anpassung verbundenen Kosten.

168 Die methodische Herleitung der Restnutzungsdauer kann im Kern der Vorgehensweise entsprechen, die im Abschnitt zum Sachwertverfahren dargestellt ist. Die dort beschriebenen Überlegungen lassen sich – unter Berücksichtigung der besonderen Anforderungen des Ertragswertverfahrens – übertragen.

X. Liegenschaftszinssatz

169 Der Liegenschaftszinssatz stellt den **kapitalisierungsrelevanten Zinssatz** dar, mit dem Grundstückswerte nach Grundstücksarten **im Durchschnitt marktüblich verzinst** werden. Er ist ein zentraler, aus Markttransaktionen abgeleiteter Parameter des Ertragswertverfahrens und bildet die Renditeerwartungen der Marktteilnehmer ab. Grundlage der Bestimmung sind geeignete Kaufpreise aus der Kaufpreissammlung in Verbindung mit den zugehörigen Reinerträgen, die nach den Vorgaben der ImmoWertV 2021 aufbereitet und bereinigt werden müssen (§ 12 Abs. 2–3 ImmoWertV).

170 Die Ermittlung erfolgt **stichtagsbezogen**, da sämtliche „sonstigen für die Wertermittlung erforderlichen Daten" auf den Wertermittlungsstichtag zu beziehen sind (§ 12 Abs. 1 S. 3 ImmoWertV). Für die Ableitung schreibt die Verordnung den Einsatz geeigneter statistischer Verfahren vor (§ 12 Abs. 4 ImmoWertV). Zur Sicherung der Transparenz und Nachvollziehbarkeit ist eine Modellbeschreibung erforderlich, die u.a. den Stichtag, den räumlichen und sachlichen Geltungsbereich, die Auswahlkriterien der Stichprobe sowie die methodische Vorgehensweise umfasst (§ 10 Abs. 1 i.V.m. § 12 Abs. 6 ImmoWertV).

Inhaltlich ist der Liegenschaftszinssatz ein modellgebundener Marktparameter, der im Rechengang der Ableitung des Ertragswertverfahrens iterativ hergeleitet wird. Formal ergibt sich im statischen Modell die Beziehung zwischen Kaufpreis, Bodenwert, Reinertrag und Vervielfältiger (vgl. §§ 27–34, insbesondere § 34 ImmoWertV „Barwertfaktor"). Da der Zinssatz in dieser Struktur sowohl bei der Bodenwertverzinsung als auch im Barwertfaktor enthalten ist, lässt er sich algebraisch nicht unmittelbar isolieren. In der Praxis wird deshalb ein numerisches Verfahren angewandt, das mit einer Näherung beginnt und schrittweise den Zinssatz präzisiert, bis Kaufpreis und Ertragskomponenten konsistent übereinstimmen. 171

Für die Anwendung in der Wertermittlung ist zu beachten: Der Barwertfaktor nach § 34 ImmoWertV basiert auf der Restnutzungsdauer und dem objektspezifisch angepassten Liegenschaftszinssatz; Letzterer wird aus dem nach § 21 Abs. 2 ImmoWertV ermittelten Liegenschaftszinssatz abgeleitet und gem. § 33 ImmoWertV an die Gegebenheiten des Wertermittlungsobjekts angepasst (i.V.m. § 9 Abs. 1 S. 2–3 ImmoWertV). 172

Der Liegenschaftszinssatz muss mit den in der Verordnung vorgegebenen Modellgrößen im Einklang stehen, etwa mit den in den Anlagen geregelten Gesamtnutzungs- und Restnutzungsdauern sowie den Bewirtschaftungskosten. Maßgeblich sind hierfür die Modellansätze nach § 12 Abs. 5 i.V.m. Anlagen 1–3 ImmoWertV (zusätzlich inhaltlich flankiert von § 19 ImmoWertV). **Abweichungen**, die sich aus objektspezifischen Besonderheiten ergeben, sind nach § 33 ImmoWertV durch Anpassungen zu berücksichtigen. 173

Der Liegenschaftszinssatz ist nicht mit Kapitalmarktzinssätzen oder Finanzierungskonditionen gleichzusetzen. Er reflektiert nicht die Zinskonditionen von Hypothekendarlehen, sondern die im Grundstücks- und Immobilienmarkt wirksam werdenden Renditeanforderungen, die sich aus beobachteten Kaufpreisen ergeben. Als modellgebundener Parameter ist er **ausschließlich** im Kontext des **Ertragswertverfahrens** zu interpretieren (vgl. § 21 Abs. 2 ImmoWertV). 174

Besondere Bedeutung kommt der Prüfung der **Marktgerechtigkeit** zu. Weicht der abgeleitete oder veröffentlichte Liegenschaftszinssatz vom Marktniveau des Wertermittlungsstichtags ab, so ist gem. § 7 Abs. 2 ImmoWertV eine ergänzende Anpassung durch marktübliche Zuschläge oder Abschläge vorzunehmen. Auf diese Weise wird sichergestellt, dass die Bewertungsergebnisse den aktuellen Marktverhältnissen entsprechen. 175

Die Sensitivität des Liegenschaftszinssatzes macht seine präzise Bestimmung besonders bedeutsam: Bereits eine Veränderung um wenige Zehntel-Prozentpunkte kann – insbesondere bei Objekten mit langen Restnutzungsdauern – erhebliche Auswirkungen auf den Ertragswert haben. Damit ist der Liegenschaftszinssatz einer der wirkmächtigsten Parameter der Immobilienbewertung. 176

177 Abschließend ist auf die korrekte **Terminologie** hinzuweisen: Der Begriff „Liegenschaftszinssatz“ bezeichnet stets einen relativen Prozentsatz. Der Begriff „Liegenschaftszins“ hingegen würde eine absolute Geldgröße suggerieren und ist im Kontext der ImmoWertV nicht vorgesehen. Eine unsaubere Begriffswahl kann zu Missverständnissen führen und die fachliche Klarheit der Bewertung beeinträchtigen.

178 Gem. § 193 Abs. 5 S. 2 Nr. 1 BauGB zählen die Liegenschaftszinssätze zu den „sonstigen für die Wertermittlung erforderlichen Daten“ der Gutachterausschüsse und bilden damit die gesetzliche Grundlage für die Kapitalisierung von Erträgen im Rahmen der Verkehrswertermittlung.

XI. Allgemeines Ertragswertverfahren

179 Das allgemeine Ertragswertverfahren ist durch die gesonderte Betrachtung des Bodens einerseits und der baulichen Anlagen andererseits gekennzeichnet und wird daher auch als **„zweigleisiges Verfahren“** bezeichnet. Sein Ursprung geht auf die 1930er Jahre zurück, als ein methodisches Instrument benötigt wurde, das die endliche wirtschaftliche Nutzungsdauer der Gebäude einerseits und die zeitlich unbegrenzte Werthaltigkeit des Grund und Bodens andererseits adäquat abbildet.

180 Im Kern basiert das Verfahren darauf, dass zunächst der jährliche Reinertrag des Grundstücks ermittelt wird. Von diesem ist der auf den Bodenwert entfallende Zinsanteil – die sog. Bodenwertverzinsung – abzuziehen. Der verbleibende Ertragsanteil steht den baulichen Anlagen zu und wird unter Berücksichtigung ihrer Restnutzungsdauer kapitalisiert. Durch die gesonderte Abzinsung dieses Gebäudereinertrags und die anschließende Hinzurechnung des Bodenwerts entsteht der vorläufige Ertragswert.

181 Gem. § 28 ImmoWertV ist hierbei derselbe Liegenschaftszinssatz sowohl für die Abzinsung des **Gebäudereinertrags** als auch für die Verzinsung des **Bodenwerts** heranzuziehen. Der Kapitalisierungsfaktor (Barwertfaktor), der für die Berechnung benötigt wird, ergibt sich entweder aus Anhang B ImmoWertA oder kann nach den in den ImmoWertA dargestellten Grundsätzen rechnerisch bestimmt werden.

182 Die mathematische Darstellung lautet:

vorläufiger Ertragswert (vEW) =

(jährlicher Reinertrag – Bodenwert × Liegenschaftszinssatz) ×

Kapitalisierungsfaktor + Bodenwert

oder abgekürzt:

$vEW = (RE - BW \times LZ) \times KF + BW$

Zur Veranschaulichung folgt ein vereinfachtes Berechnungsbeispiel: 183

Beispiel

Rohertrag	45.000 EUR/Jahr
Bewirtschaftungskosten	– 10.000 EUR/Jahr
Reinertrag	35.000 EUR/Jahr
Bodenwert	220.000 EUR
Bodenwertverzinsung (220.000 EUR × 4 %)	– 8.800 EUR/Jahr
Gebäudereinertrag	26.200 EUR/Jahr
Barwertfaktor (Restnutzungsdauer 50 Jahre, i = 4 %)	21,4822
kapitalisierter Gebäudereinertrag (26.200 EUR × 21,4822)	562.833,64 EUR
+ Bodenwert	+ 220.000 EUR
= vorläufiger Ertragswert	**782.833,64 EUR**

XII. Vereinfachtes Ertragswertverfahren

184 Der Ertragswert im vereinfachten Ertragswertverfahren wird auf Grundlage des kapitalisierten jährlichen Reinertrags zum Wertermittlungsstichtag sowie des über die wirtschaftliche Restnutzungsdauer der baulichen Anlagen abgezinsten Bodenwerts bestimmt. Dieses Verfahren wird in der Praxis auch als **„eingleisiges Verfahren"** bezeichnet. Charakteristisch ist, dass sowohl für die Kapitalisierung des Reinertrags als auch für die Abzinsung des Bodenwerts derselbe Liegenschaftszinssatz herangezogen wird (§ 34 Abs. 3 ImmoWertV).

185 Die Berechnung erfolgt in vereinfachter Form nach folgender Grundstruktur:

vorläufiger Ertragswert = Reinertrag × Kapitalisierungsfaktor

+ Bodenwert × Abzinsungsfaktor

bzw. in abgekürzter Form:

vEW = RE × KF + BW × AF

186 Der Kapitalisierungsfaktor (KF) ergibt sich – in Übereinstimmung mit dem allgemeinen Ertragswertverfahren – aus dem Barwertfaktor einer Rentenreihe. Er kann nach § 34 Abs. 2 ImmoWertV mit der einschlägigen finanzmathematischen Formel berechnet oder direkt aus dem Tabellenwerk im Anhang B ImmoWertA entnommen werden.

187 Der Abzinsungsfaktor (AF) für den Bodenwert basiert auf der Diskontierung eines einmaligen Kapitalwerts am Ende der wirtschaftlichen Restnutzungsdauer. Die maßgeblichen Werte sind auch im Tabellenwerk des Anhangs C ImmoWertA enthalten; alternativ kann die Berechnung ebenfalls über die in den ImmoWertA dargestellten Formeln erfolgen (§ 34 Abs. 3 ImmoWertV).

188 Ein Beispiel verdeutlicht die Anwendung des Verfahrens (identische Eingangswerte wie im Beispiel zum allgemeinen Ertragswertverfahren (siehe Rdn 183); die Abweichung zwischen den Verfahren ist lediglich rundungsbedingt):

Beispiel

Rohertrag	45.000 EUR/Jahr
Bewirtschaftungskosten	– 10.000 EUR/ Jahr
Reinertrag	35.000 EUR/Jahr
Barwertfaktor für Kapitalisierung (50 Jahre, 4 %)	21,4822
Barwert des Reinertrags (35.000 EUR × 21,4822)	751.877 EUR
Bodenwert	220.000 EUR
Abzinsungsfaktor bei 50 Jahren und 4 %	0,1407
abgezinster Bodenwert (220.000 EUR × 0,1407)	30.954 EUR
vorläufiger Ertragswert (751.877 EUR + 30.954 EUR)	**782.831 EUR**

XIII. Periodisches Ertragswertverfahren

189 Das periodische Ertragswertverfahren kommt zum Einsatz, wenn für ein Bewertungsobjekt innerhalb eines absehbaren Zeitraums **mit voneinander abweichenden Reinerträgen zu rechnen** ist. Es weist methodische Parallelen zum angelsächsischen Discounted-Cashflow-Verfahren (DCF) auf, unterscheidet sich jedoch hinsichtlich der anzusetzenden Parameter, wie etwa Erträge, Bewirtschaftungskosten, Zinssätze und Bodenwert. Grundlage ist die Vorgabe der ImmoWertV 2021, wonach die maßgeblichen Ertragsverhältnisse aus konkreten, mit hinreichender Sicherheit belegbaren Tatsachen abzuleiten sind (§ 2 Abs. 2 ImmoWertV). Die ImmoWertA verdeutlichen, dass insbesondere bei Objekten mit komplexen Mietstrukturen die Abgrenzung des Betrachtungszeitraums von zentraler Bedeutung ist.

190 I.d.R. ergibt sich der vorläufige Ertragswert aus der Summe der auf den Wertermittlungsstichtag abgezinsten periodischen Reinerträge innerhalb des Betrachtungszeitraums sowie dem auf den Stichtag diskontierten Restwert der baulichen Anlagen und des Bodens. Der Ablauf lässt sich schematisch wie folgt beschreiben:

$$E_{Betrachtungszeit} = RE_1 \times AF_1 + RE_2 \times AF_2 + \cdots + RE_i \times AF_i$$

Hierbei bezeichnet RE_i den jeweiligen jährlichen Reinertrag und AF_i den entsprechenden Abzinsungsfaktor.

191 Der **Betrachtungszeitraum** ist der Zeitraum, innerhalb dessen die Reinerträge mit der erforderlichen Sicherheit prognostizierbar sind. Seine Länge orientiert

sich typischerweise an den vertraglichen Bindungen, etwa Miet- oder Pachtlaufzeiten. In der Praxis wird er i.d.R. auf maximal zehn Jahre begrenzt, da darüber hinausgehende Zeitspannen mit zunehmender Unsicherheit behaftet sind und keine höhere Genauigkeit bei der Wertermittlung ermöglichen (§ 2 Abs. 2 ImmoWertV).

Der **Restwert** nach Ablauf des Betrachtungszeitraums wird i.d.R. nach dem vereinfachten Ertragswertverfahren bestimmt. Er ergibt sich aus dem kapitalisierten Reinertrag zu Beginn der Restperiode zuzüglich des Bodenwerts, jeweils diskontiert auf den Bewertungsstichtag. Die Berechnung kann wie folgt dargestellt werden: 192

$$RW_{abgezinst} = (RE_{RP} \times KF + BW \times AF_{RP}) \times AF_b$$

wobei RE_{RP} den Reinertrag zu Beginn der Restperiode, *KF* den Kapitalisierungsfaktor, *BW* den Bodenwert, AF_{RP} den Abzinsungsfaktor der Restperiode und AF_b den Abzinsungsfaktor auf den Wertermittlungsstichtag kennzeichnen.

Die Summe aus abgezinsten Erträgen des Betrachtungszeitraums und dem abgezinsten Restwert bildet den vorläufigen Ertragswert des Grundstücks: 193

$$vEW = \sum_{i=1}^{n} RE_i \times AF_i + RW \times AF_b$$

Typische **Anwendungsbeispiele** für dieses Verfahren sind Objekte mit heterogenen Mietstrukturen und gestaffelten Vertragsbedingungen, wie große Bürokomplexe mit vielen Mietparteien oder Einkaufszentren. Gerade bei Shoppingcentern sind in der Anfangsphase häufig nicht alle Flächen vermietet oder es gelten anfänglich reduzierte Mietkonditionen. Ein sachkundiger Investor berücksichtigt hierbei die realistische Erwartung steigender Mieterträge, da Erfahrungswerte aus vergleichbaren Objekten vorliegen und die Marktentwicklung diese Annahme rechtfertigt. 194

Besonderheiten des Liegenschaftszinssatzes ergeben sich daraus, dass der standardmäßig abgeleitete Zinssatz, der auf marktüblichen Erträgen basiert, nicht ohne Weiteres anwendbar ist. Er ist vielmehr auf seine Angemessenheit für die spezifischen Ertragsverhältnisse des betrachteten Objekts zu prüfen und ggf. sachverständig anzupassen. Theoretisch wäre es möglich, den Liegenschaftszinssatz innerhalb des periodischen Verfahrens abzuleiten. In der Praxis ist es jedoch angemessener, das objektspezifische Risiko durch angemessene Zu- oder Abschläge auf den aus Vergleichsmarktinformationen ermittelten Liegenschaftszinssatz zu berücksichtigen. Damit wird der im Markt tatsächlich erwartete Risikoaufschlag sachgerecht in die Wertermittlung integriert. 195

XIV. Liquidation

196 Im Ertragswertverfahren kann von einer Freilegung des Grundstücks bzw. einer Liquidation des Gebäudes ausgegangen werden, wenn im allgemeinen Ertragswertverfahren insbesondere der **Ertrag vollständig von der Bodenwertverzinsung aufgezehrt** wird.

197 Die ImmoWertV 2021 verankert die Behandlung des Liquidationsfalls systematisch in § 8 Abs. 3 S. 2 Nr. 3 und § 40 Abs. 5 Nr. 3 i.V.m. § 43. Demnach ist der Bodenwert um die im gewöhnlichen Geschäftsverkehr berücksichtigungsfähigen Abbruch- bzw. Freilegungskosten zu mindern, wenn eine alsbaldige Freilegung der baulichen Anlagen zu erwarten ist. Von einer alsbaldigen Freilegung kann insbesondere ausgegangen werden, wenn die baulichen Anlagen nicht mehr wirtschaftlich nutzbar sind.

Die ImmoWertA konkretisieren diesen Regelungsgehalt und machen deutlich, dass Liquidationsobjekte verfahrensübergreifend zu behandeln sind. Steht keine alsbaldige Freilegung an, ist der Liquidationscharakter als besonderes objektspezifisches Grundstücksmerkmal (boG) zu berücksichtigen. Bei einer alsbaldigen Freilegung werden die Freilegungskosten im Rahmen der Bodenwertermittlung abgezogen.

XV. Marktanpassungsfaktor im Ertragswertverfahren

198 Nachdem der vorläufige Ertragswert unter Anwendung des allgemeinen, vereinfachten oder periodischen Ertragswertverfahrens bestimmt wurde, ist zu prüfen, ob eine zusätzliche **Anpassung an die Marktverhältnisse** erforderlich ist. Grundsätzlich wird die Marktsituation bereits durch die Berücksichtigung des zutreffenden Liegenschaftszinssatzes gem. § 21 Abs. 1 ImmoWertV i.V.m. den „sonstigen für die Wertermittlung erforderlichen Daten“ gem. § 193 BauGB sachgerecht abgebildet. Zudem erfolgt die Berücksichtigung der allgemeinen Wertverhältnisse im Ertragswertverfahren insbesondere durch den Ansatz marktüblich erzielbarer Erträge und von Liegenschaftszinssätzen nach § 7 Abs. 1 Nr. 2 ImmoWertV. In vielen Fällen erübrigt sich daher eine weitere Korrektur.

199 Erweist sich jedoch, dass der herangezogene Liegenschaftszinssatz oder die übrigen Daten die aktuellen **Marktgegebenheiten** für das konkret zu bewertende Objekt **nicht hinreichend widerspiegeln** – etwa weil sie veraltet sind, zu allgemein gefasst wurden oder die objektspezifischen Besonderheiten nicht berücksichtigen –, ist eine zusätzliche Marktanpassung erforderlich. Diese erfolgt auf Grundlage ergänzender Analysen der wertrelevanten Einflussfaktoren, wie der Entwicklung der regionalen Immobilienmärkte, besonderer Objektrisiken oder der Kaufpreissituation vergleichbarer Liegenschaften.

Eine solche zusätzliche Marktanpassung ist nicht schematisch vorzunehmen, sondern setzt eine fundierte, sachverständige Würdigung voraus. Sie muss nachvollziehbar begründet und transparent in die Wertermittlung eingegliedert werden.

XVI. Besondere objektspezifische Grundstücksmerkmale

Nach Durchführung der Marktanpassung sind die besonderen objektspezifischen Grundstücksmerkmale (boG) zu berücksichtigen. Sie stellen einen eigenständigen Anpassungsschritt dar, der in allen Wertermittlungsverfahren – wie bereits erwähnt – einheitlich Anwendung findet. 200

Da die Systematik in allen Verfahren identisch ist, erfolgt die detaillierte methodische Darstellung dieser Merkmale gesondert in 230 ff.

XVII. Hinführung zum Verkehrswert

Der im Ertragswertverfahren ermittelte Wert entspricht i.d.R. dem Verkehrswert, sofern die gewählte Methode die wertbestimmenden Merkmale des betreffenden sachlichen und räumlichen Teilmarkts zutreffend erfasst. Werden die Marktgegebenheiten durch das Ertragswertverfahren nur **unvollständig** abgebildet, ist eine **Plausibilitätsprüfung** durch den Rückgriff auf weitere normierte Verfahren, wie das Vergleichs- oder das Sachwertverfahren, erforderlich. Eine sachgerechte Würdigung setzt voraus, dass die Eignung der jeweiligen Verfahren unter Berücksichtigung der Marktverhältnisse geprüft wird. Maßgeblich ist, ob die angewandten Verfahren die Preisbildung auf dem Grundstücksmarkt in hinreichender Weise widerspiegeln. 201

J. Vergleichswertverfahren

I. Grundgedanke, Regelungen und Verfahrensablauf

Beim Vergleichswertverfahren wird der Verkehrswert aus den **tatsächlich am Markt realisierten Kaufpreisen vergleichbarer Grundstücke** abgeleitet. 202

Der nachstehende Workflow skizziert den Ablauf des Vergleichswertverfahrens als durchgehende Kette von Schritten. Ausgangspunkt sind entweder geeignete Kaufpreise vergleichbarer Objekte oder alternativ Vergleichsfaktoren. Diese Ausgangsdaten werden zunächst objektspezifisch gem. § 9 Abs. 1 S. 2 und 3 sowie § 26 ImmoWertV angepasst, um Abweichungen in den wertbestimmenden Merkmalen zu bereinigen. Dabei werden Kaufpreise erforderlichenfalls auf eine Bezugsgröße wie EUR/m² Wohn-, Nutz- oder Grundstücksfläche umgerechnet. Vergleichsfaktoren bzw. Bodenrichtwerte, die sich bereits auf einen Bezugsmaßstab beziehen, werden lediglich homogenisiert. Im nächsten Schritt erfolgt die statistische Auswertung der so aufbereiteten Vergleichspreise. Der ermittelte Preis wird anschließend mit der Bezugsgröße des Bewertungsobjekts multipliziert, woraus ein vorläufiger Vergleichswert entsteht. Dieser Wert wird auf Marktkonformität geprüft und bei Bedarf nach § 7 Abs. 2 ImmoWertV marktangepasst. Abschließend werden besondere objektspezifische Grundstücksmerkmale berücksichtigt, z.B. außergewöhnliche Rechte und Lasten, besondere bauliche Zustände oder wirtschaftliche Besonderheiten. Der so bereinigte Betrag wird als Vergleichswert des Bewertungsobjekts ausgewiesen. Dieser Wert beruht somit unmittelbar auf dem beobachtbaren Marktgeschehen und gewährleistet bei einer ausreichenden Datenbasis eine besonders marktkonforme Wertermittlung.

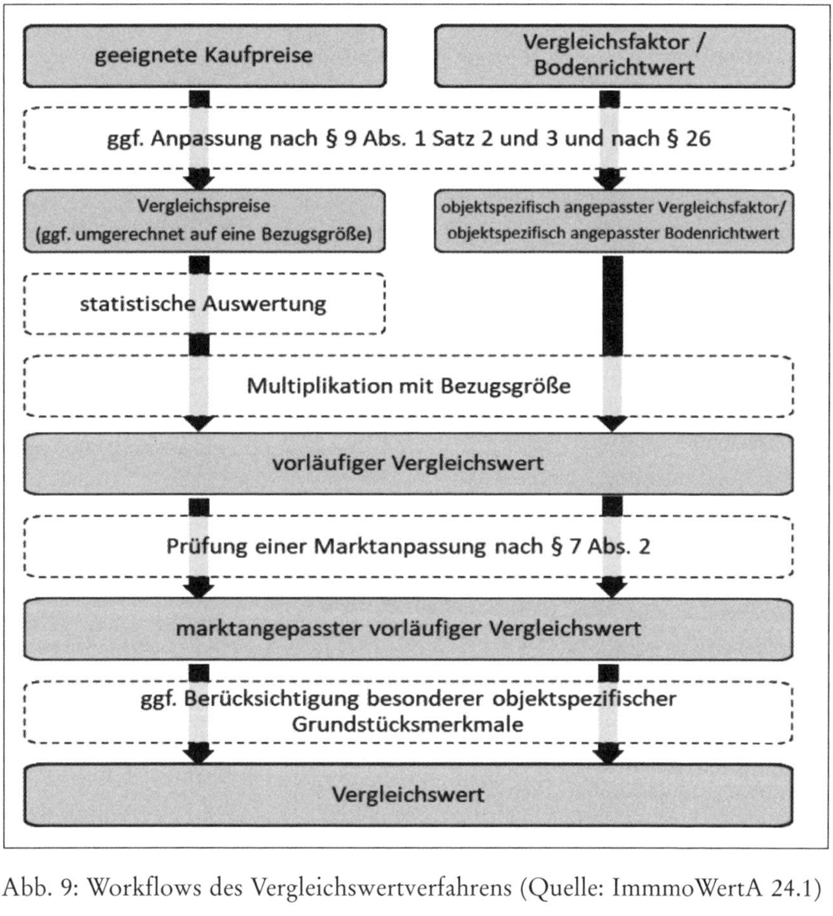

Abb. 9: Workflows des Vergleichswertverfahrens (Quelle: ImmmoWertA 24.1)

203 Typische **Anwendungsfelder** des Vergleichswertverfahrens sind standardisierte Objekttypen des Wohnungsmarkts, bspw. Eigentumswohnungen, Reihenhäuser, Doppelhaushälften sowie freistehende Ein- und Zweifamilienhäuser. Darüber hinaus eignet es sich zur Plausibilitätsprüfung und Kontrolle von Ergebnissen anderer Verfahren.

II. Grundlegende Begrifflichkeiten

Bevor die einzelnen Verfahren dargestellt werden, müssen zentrale Begrifflichkeiten präzisiert werden: 204

Kaufpreise: 205

Sie bilden die originäre Basis für die Ableitung von Vergleichspreisen. Sie dürfen jedoch nur herangezogen werden, wenn sie **nicht durch ungewöhnliche oder persönliche Verhältnisse beeinflusst** sind. Vor ihrer Verwendung ist zu prüfen, ob besondere objektspezifische Grundstücksmerkmale den Preis maßgeblich bestimmt haben. Solche Einflüsse sind herauszufiltern oder sachgerecht zu korrigieren. Zudem müssen die Herkunft der Kaufpreise und das Auswahlverfahren nachvollziehbar dokumentiert werden, um Transparenz und Nachprüfbarkeit zu gewährleisten.

Vergleichspreise: 206

Vergleichspreise entstehen aus geeigneten Kaufpreisen, die bei Bedarf an die **wertrelevanten Unterschiede** zwischen dem **Vergleichsgrundstück** und dem **Bewertungsobjekt** angepasst werden. Dies ist dann der Fall, wenn Grundstücksmerkmale oder allgemeine Wertverhältnisse vom Wertermittlungsobjekt abweichen. Dabei dürfen ausschließlich geeignete Datenquellen wie Umrechnungskoeffizienten oder Indexreihen verwendet werden. Für die herangezogenen Kaufpreise sowie die verwendeten Anpassungsdaten ist eine klare Quellenangabe erforderlich, um die Nachvollziehbarkeit zu gewährleisten.

Eine **hinreichende Vergleichbarkeit** liegt nur vor, wenn die Abweichungen der wertbeeinflussenden Merkmale gering sind oder sich sachgerecht korrigieren lassen. I.d.R. erfolgt dies über normierte Umrechnungskoeffizienten. Weichen die Merkmale jedoch erheblich ab, sind alternative, sachgerechte Anpassungen vorzunehmen. Dies kann etwa über marktgerechte Zu- oder Abschläge erfolgen, sofern die sachverständige Begründung schlüssig dargelegt wird. Werden mehrere Anpassungen kombiniert, ist auf mögliche Überschneidungen zu achten, da eine Doppelberücksichtigung zwingend ausgeschlossen werden muss. Die sorgfältige Trennung der Einflüsse zählt zu den wesentlichen Qualitätsanforderungen des Verfahrens und stellt eine typische Fehlerquelle dar.

Vergleichsfaktoren: 207

Vergleichsfaktoren sind gem. § 20 ImmoWertV durchschnittliche, auf eine geeignete Bezugseinheit bezogene Werte, die aus einer hinreichend großen Zahl von Vergleichspreisen abgeleitet werden. Mögliche Bezugseinheiten sind der marktüblich erzielbare jährliche Ertrag (Ertragsfaktor) oder Flächen- und Raumeinheiten baulicher Anlagen (Gebäudefaktoren). Der wohl bekannteste Vergleichsfaktor ist der **Bodenrichtwert** (§ 196 BauGB). Vergleichsfaktoren müssen stets aus einem mit dem Bewertungsobjekt vergleichbaren, sachlich und räumlich abgegrenzten Teilmarkt, bspw. Eigentumswohnungen innerhalb eines Stadtteils, gewonnen werden.

208 Für die Ermittlung des vorläufigen Vergleichswerts sind Abweichungen zwischen den Grundstücksmerkmalen des Normobjekts und des Wertermittlungsobjekts sowie Unterschiede zwischen den allgemeinen Wertverhältnissen am Stichtag des Faktors und dem Wertermittlungsstichtag auszugleichen. Dies erfolgt i.d.R. mithilfe geeigneter **Umrechnungskoeffizienten** oder **Indexreihen**. In komplexeren Fällen kann auch der Einsatz mehrdimensionaler Schätzfunktionen angezeigt sein. Das Ergebnis ist der angepasste Vergleichsfaktor, der die Grundlage für die weitere Wertableitung bildet.

III. Herkunft der Kaufpreise und Daten

209 Zur Herleitung geeigneter Vergleichspreise sind vorrangig Kaufpreise aus der **Kaufpreissammlung der Gutachterausschüsse** für Grundstückswerte heranzuziehen. Sofern dort keine hinreichende Zahl geeigneter Vergleichsfälle oder keine zur erforderlichen Anpassung nutzbaren Daten verfügbar sind, können auch Kaufpreise oder Vergleichsdaten aus anderen, in ihrer Struktur und Marktsituation vergleichbaren Gebieten berücksichtigt werden. In solchen Fällen ist zwingend sicherzustellen, dass Unterschiede in den regionalen Markt- und Preisverhältnissen sachgerecht erfasst und marktgerecht angepasst werden.

210 Darüber hinaus dürfen Kaufpreise und Vergleichsdaten aus **sonstigen Quellen** herangezogen werden, sofern sie den Anforderungen an Aktualität, Marktbezug und Repräsentativität entsprechen und eine hinreichend detaillierte Beschreibung der Vergleichsgrundstücke enthalten. Entscheidend ist, dass die herangezogenen Daten den maßgeblichen Grundstücksmarkt zutreffend abbilden und die Vergleichbarkeit im Sinne der ImmoWertV 2021 gewährleistet bleibt.

IV. Mögliche wertbeeinflussende Grundstücksmerkmale

211 Gem. § 8 Abs. 2 i.V.m. §§ 6 und 7 ImmoWertV sind bei der Ableitung von Vergleichswerten wertrelevante Abweichungen zwischen dem Wertermittlungsobjekt und den herangezogenen Vergleichsobjekten sachgerecht zu berücksichtigen. Eine Korrektur ist erforderlich, wenn bestimmte Eigenschaften der Grundstücke oder Gebäude zu einer Abweichung vom marktüblich gezahlten Preis führen und sich damit unmittelbar auf den Verkehrswert auswirken.

212 Zu den typischen wertbeeinflussenden Merkmalen am Beispiel von Bodenrichtwerten zählen insbesondere:

- **Beitrags- und abgabenrechtlicher Zustand:** Vorhandene oder noch zu erwartende Erschließungsbeiträge, Anschlussbeiträge oder sonstige Abgaben sind in die Wertermittlung einzubeziehen, soweit sie nicht bereits im Kaufpreis berücksichtigt sind.
- **Maß der baulichen Nutzung:** Von Bedeutung ist die wertrelevante Geschossflächenzahl (WGFZ), die – anders als die baurechtliche Geschossflächenzahl (GFZ) – auch wirtschaftlich genutzte Flächen außerhalb der Vollgeschosse

anteilig abbildet. Sie dient dazu, die tatsächlich am Markt verwertbare Nutzungsmöglichkeit zutreffend widerzuspiegeln, und ermöglicht eine sachgerechte Vergleichbarkeit.

- **Grundstücksgröße und sonstige Grundstücksmerkmale:** Größe, Zuschnitt, Breite und Tiefe des Grundstücks beeinflussen die Bebaubarkeit sowie die wirtschaftliche Nutzbarkeit und damit den Verkehrswert.
- **Lagefaktoren:** Unterschiede in der Lagequalität (z.B. innerhalb eines Stadtteils, Ecklage, Mikrolage) wirken sich regelmäßig wertbestimmend aus.
- **Art der baulichen Nutzung und Bauweise:** Anbauarten wie freistehende Gebäude, Doppelhaushälften oder Reihenhäuser begründen unterschiedliche Marktwerteinschätzungen.
- **Baualter und Modernisierungsstand:** Das Baujahr und durchgeführte Modernisierungen bestimmen die wirtschaftliche Restnutzungsdauer und damit den Wert des Gebäudes (§ 7 Abs. 2 ImmoWertV).
- **Ausstattung:** Sowohl die Standardklassifizierung als auch einzelne Ausstattungsmerkmale (z.B. Qualität von Bädern, Bodenbelägen, Haustechnik) beeinflussen den Vergleichswert.
- **Wohn- und Nutzflächen:** Wohnfläche, Anzahl der Wohneinheiten oder bei landwirtschaftlichen Grundstücken Acker- und Grünlandzahlen sind wertrelevant.
- **Nutzungsverhältnisse:** Bestehende Miet- oder Pachtverhältnisse wirken sich auf die Ertragskraft und damit auf den Marktwert aus.

Damit wird sichergestellt, dass die aus der Kaufpreissammlung gewonnenen Vergleichspreise auf das zu bewertende Objekt in sachgerechter und marktkonformer Weise übertragen werden können. 213

V. Anwendung von Vergleichspreisen und Vergleichsfaktoren mittels statistischer Auswertung

Die Auswertung von Kaufpreisen erfordert die Anwendung mehrerer statistischer Verfahren, um die Repräsentativität und Belastbarkeit der Daten sicherzustellen. Der bloße Durchschnittswert ist vielfach unzureichend, da er insbesondere bei heterogenen oder durch Ausreißer geprägten Datenbeständen nur ein verzerrtes Bild liefert. In der Praxis ist daher stets eine **Kombination** aus arithmetischem Mittel, Median, Streuungsmaßen und Konfidenzintervallen einzusetzen. Erst dadurch kann eine methodisch fundierte Ableitung von Vergleichswerten erfolgen, wie sie die ImmoWertV 2021 i.V.m. den ImmoWertA fordert. 214

VI. Praktische Anwendung von Vergleichspreisen

Mit dem Vergleichswertverfahren wird der Verkehrswert aus den Kaufpreisen von Wohnungen abgeleitet, die hinsichtlich der ihren Wert beeinflussenden Merkmale (z.B. Lage des Grundstücks, Baujahr und Größe des Gebäudes, Bauart und 215

Ausstattung, Vertragszeitpunkte) mit dem Wertermittlungsobjekt hinreichend übereinstimmen (§ 25 ImmoWertV).

216 **Beispiel**

Im Rahmen einer schriftlichen Auskunft des Gutachterausschusses für Grundstückswerte in der Stadt Bottenbroich vom 17.3.2025 wurden Kaufpreise aus der Kaufpreissammlung zur Verfügung gestellt. Die Rohdaten des Gutachterausschusses weisen im Wesentlichen folgende Struktur auf (Richtigkeit der Daten wird unterstellt):

Datenumfang: 13 Preise

- Objekt: Wohnungseigentum in drei vergleichbaren Mehrfamilienhäusern am Rathaus-Platz
- Vertragsdatum: 2019 bis Ende 2024
- Wohnfläche: 86 bis 104 m^2;
- Baujahr: 1972 und 1973
- Anzahl der Wohneinheiten im Gebäude: 22 bis 48 Einheiten
- Anzahl der Geschosse im Gebäude: 7 bis 13 Geschosse

Die recherchierten Kaufpreise sind nur dann zur Wertermittlung heranzuziehen, wenn sie dafür auch geeignet sind. Hierzu wurde zunächst eine Datenselektion durchgeführt. Die Datengrundlage kann insgesamt als repräsentativ angesehen werden.

Die anonymisierten Datensätze der Vergleichsobjekte sind der nachfolgenden Tabelle zu entnehmen. Im vorliegenden Fall müssen folgende Abweichungen berücksichtigt werden:

- Vertragsdatum (Anpassung an die Wertverhältnisse zum jeweiligen Wertermittlungsstichtag)
- Wohnlage
- Geschosslage
- Anzahl der Wohnungen im Objekt

Die Anpassung hinsichtlich der unterschiedlichen Kaufzeitpunkte erfolgt anhand des German Real Estate Index[12] für Wohnungseigentum für die Stadt Düsseldorf. Weitere Anpassungen bzgl. abweichender Merkmale erfolgen über die vom zuständigen Gutachterausschuss in den Grundstücksmarktberichten für die Stadt Bottenbroich angegebenen Umrechnungskoeffizienten sowie in Anlehnung an die Umrechnungskoeffizienten der umliegenden Gutachterausschüsse.

12 Institut für Weltwirtschaft (IfW), Kiellinie 66, 24105 Kiel; www.greix.de.

Sämtliche Vergleichsobjekte wurden von außen in Augenschein genommen.

Für alle übrigen Merkmale wird davon ausgegangen, dass die Qualität der Vergleichsobjekte (durchschnittlich) hinreichend mit der des Bewertungsobjekts übereinstimmt.

Im Folgenden können die Kaufpreise lediglich in anonymisierter Form dargestellt werden, da dies durch eine Auflage im Rahmen der Einsicht in die Kaufpreissammlung geboten ist.

Nach Berücksichtigung der zuvor beschriebenen Abweichungen ergibt sich der Datensatz nunmehr wie folgt:

Nr.	Reg.-Nr.	Vertragsdatum	Hausnr.	Geschosslage	Anzahl der Wohneinheiten im Gebäude	Vermietungssituation	Wohnfläche	ber. Kaufpreis o. Stellpl./Ga. [â€] WTE	Index Kauf-zeitpunkt	Index Stichtag	Faktor	Miet-situation	Faktor	Ausstattung	Faktor	Geschoss-lage	Faktor	angepasste Vergleichswerte in €/m²		angepasste Vergleichswerte nach Ausreißertest in €/m²
1				3. OG	22	unvermietet	86	1.638 €	240,12	242,38	1,01	Mietverh.frei	0,93	mittel	1,05	3. OG	0,99	1.607,22 €		1.607,22 €
2				5. OG	22	unvermietet	86	1.731 €	240,12	242,38	1,01	Mietverh.frei	0,93	mittel	1,05	5. OG	0,99	1.698,47 €		1.698,47 €
3				3. OG	26	unvermietet	91	1.164 €	242,06	242,38	1	Mietverh.frei	0,93	mittel	1,05	3. OG	0,99	1.130,82 €		1.130,82 €
4				11. OG	39	unvermietet	90	1.399 €	242,06	242,38	1	Mietverh.frei	0,93	mittel	1,05	11. OG	0,95	1.304,21 €		1.304,21 €
5				2. OG	26	unvermietet	104	2.750 €	243,82	242,38	0,99	Mietverh.frei	0,93	mittel	1,05	2. OG	1,00	2.671,61 €	x	
6				2. OG	26	unvermietet	104	1.538 €	240,12	242,38	1,01	Mietverh.frei	0,93	mittel	1,05	2. OG	1,00	1.524,34 €		1.524,34 €
7				8. OG	43	unvermietet	103	3.136 €	240,03	242,38	1,01	Mietverh.frei	0,93	mittel	1,05	8. OG	0,99	3.077,08 €	x	
8				8. OG	39	unvermietet	90	1.500 €	237,08	242,38	1,02	Mietverh.frei	0,93	mittel	1,05	8. OG	0,99	1.486,39 €		1.486,39 €
9				3. OG	28	unvermietet	104	1.486 €	199,42	242,38	1,22	Mietverh.frei	0,93	mittel	1,05	3. OG	0,99	1.761,24 €		1.761,24 €
10				4. OG	28	vermietet	104	1.678 €	212,21	242,38	1,14	vermietet	1,00	mittel	1,05	4. OG	0,99	1.988,48 €		1.988,48 €
11				6. OG	28	unvermietet	104	1.245 €	212,21	242,38	1,14	Mietverh.frei	0,93	mittel	1,05	6. OG	0,99	1.378,84 €		1.378,84 €
12				2. OG	28	unvermietet	91	1.183 €	242,4	242,38	1	Mietverh.frei	0,93	mittel	1,05	2. OG	1,00	1.160,89 €		1.160,89 €
13				9. OG	48	unvermietet	90	2.058 €	282,22	242,38	0,86	Mietverh.frei	0,93	mittel	1,05	9. OG	0,95	1.649,96 €		1.649,96 €
																	Mittelwert	1.726,12 €		1.517,35 €
																	Median	1.607,22 €		1.524,34 €
																	Standartabweichung	568,66 €		261,15 €
																	Variationskoeffizienten (= Standardabweichung / arithmetischen Mittelwert)	0,329		0,172
																	Mittelwert plus 1,2 fache Standardabweichung	2.408,51 €		
																	Mittelwert minus 1,2-fache Standardabweichung	1.043,73 €		

Abb. 10: Beispiel Vergleichswertverfahren

Berücksichtigung ungewöhnlicher und persönlicher Verhältnisse:

Um auszuschließen, dass die obige Auswertung Preise enthält, die aufgrund ungewöhnlicher und persönlicher Verhältnisse (vgl. auch BGH unter Verfahrenswahl) zustande gekommen sind, werden die Werte, die um mehr als das 1,2-fache der Standardabweichung vom Mittelwert abweichen, nicht weiter berücksichtigt (üblicher Ausreißertest der Vergleichswertermittlung).

Nach Ausschluss dieser Preise – im vorliegenden Fall liegen zu beiden Wertermittlungsstichtagen sieben Ausreißer vor – ergeben sich folgende Mittelwerte:

rd. 1.517,35 EUR/m^2

Alternative Auswertungsmodelle:

In der Wertermittlungspraxis hat es sich durchgesetzt, im Rahmen von Vergleichswertverfahren qualitativ angepasste Daten einer arithmetischen Mittelbildung (siehe oben) zu unterziehen. Alternativ soll aber an dieser Stelle auch der Median die Stabilität des Datensatzes für die Wertermittlung belegen.

Der Median (auch Zentralwert genannt) bezeichnet die Grenze zwischen zwei Hälften. Ein Wert m ist der Median einer Stichprobe, wenn höchstens die Hälfte der Beobachtungen in der Stichprobe einen Wert kleiner m (< m) und höchstens die andere Hälfte einen Wert größer m (> m) hat. Der Median ergibt sich im vorliegenden Fall zu:

rd. 1.524,34 EUR/m^2

Standardabweichung und Variationskoeffizient:

Die Berechnung von Mittelwerten ist bei einer statistischen Auswertung nicht immer zielführend, da hierbei die Aussagekraft bei stark streuenden Kaufpreisen erheblich eingeschränkt ist. Daher ist es sinnvoll, zusätzlich zu dem Mittelwert und dem Median auch die Standardabweichung auszuweisen. Die Standardabweichung gibt Aufschluss darüber, wie repräsentativ der Mittelwert einer Verteilung tatsächlich ist. Sie ist definiert als die Quadratwurzel der Varianz (s^2). Die Standardabweichung ist Null, wenn alle Werte gleich sind und kann sehr schnell ansteigen, sofern einzelne Werte stark vom üblichen Bereich abweichen.

Die Standardabweichung repräsentiert die Streuung der einzelnen Werte um das arithmetische Mittel. Die Standardabweichung wird mit nachfolgender Formel ermittelt:

$$s = \sqrt{s^2} = \sqrt{\frac{1}{n-1}\sum_{i=1}^{n}(X_i - \overline{X})^2}$$

s= Standardabweichung

s^2= Varianz

$\overline{X}$ = arithmetisches Mittel

x_i = Einzelwert

n= Anzahl Werte

Sofern ein Wert um mehr als das 1,2-fache der Standardabweichung von dem Mittelwert entfernt ist, kann von einem Ausreißer ausgegangen werden. Dieser Wert darf i.d.R. nicht in die weitere Auswertung fließen, da hier vermutlich ungewöhnliche Verhältnisse vorliegen können, die im Rahmen der Ermittlung des Vergleichswerts keine Berücksichtigung finden dürfen.

Mit dem Variationskoeffizienten, d.h. die Standardabweichung dividiert durch den arithmetischen Mittelwert, kann die Güte einer Streuung als Prozentsatz vom Mittelwert anschaulich dargestellt werden. Je kleiner der Koeffizient ist, desto eher ist der errechnete Mittelwert als Vergleichswert geeignet. Bei der Ermittlung des Variationskoeffizienten unter Berücksichtigung der angepassten Kaufpreise ohne den oben genannten Ausreißer zeigt sich, dass hier die Standardabweichung hinreichend klein ist.

Der hier festgestellte Variationskoeffizient von >0,172< kann für derartige Vergleiche als üblich betrachtet werden. Das Vorliegen einer solchen Standardabweichung ist daher marktgängig und regelmäßig bei derartigen Kauffällen vorzufinden.

Ergebnis der Kaufpreisauswertung:

Die Auswertung aller zur Verfügung stehenden Daten des Gutachterausschusses der Kaufpreisauswertung zeigt, dass aufbauend auf dem arithmetischen Mittelwert mit Ausreißertest und der Berücksichtigung des Medians folgende objektspezifisch angepasste Vergleichsfaktoren festzustellen sind:

Vorläufiger Vergleichswert:

1.517,35 EUR/m² x 86,5 m² Wohnfläche = 131.250 EUR = rd. 131.000 EUR

Marktanpassung:

Da der vorläufige Vergleichswert aus dem Markt abgeleitet wurde, bedarf es keiner weiteren Marktanpassung bzw. einer Marktanpassung mit dem Faktor 1,0.

VII. Praktische Anwendung von Vergleichsfaktoren

217 Nach der ImmoWertV können bei der Ableitung von Vergleichswerten für bebaute Grundstücke Vergleichsfaktoren herangezogen werden. Diese beziehen sich entweder auf den marktüblich erzielbaren jährlichen Ertrag (**Ertragsfakto-**

ren) oder auf eine bauliche Bezugseinheit, insbesondere Flächen- oder Raumeinheiten (**Gebäudefaktoren**), und dienen – i.S.d. § 193 Abs. 5 S. 2 Nr. 4 BauGB – der marktkonformen Wertermittlung. Vergleichsfaktoren zählen damit neben Bodenrichtwerten und sonstigen erforderlichen Daten zu den von den Gutachterausschüssen nach § 193 Abs. 5 S. 2 BauGB zu ermittelnden und zu veröffentlichenden Grundlagen.

In Nordrhein-Westfalen veröffentlichen einige Gutachterausschüsse sog. „**Immobilienrichtwerte**" als Vergleichsfaktoren.

Zur praktischen Anwendung stellen die **Gutachterausschüsse** regelmäßig örtliche Fachinformationen und Anpassungsparameter bereit (z.B. zu Lagequalität, Baujahr/Modernisierung, Ausstattung, Balkon/Terrasse, Wohnungsgröße, Zahl der Wohneinheiten, Geschosslage, Mietsituation), um eine modellkonforme Übertragung auf das Bewertungsobjekt zu ermöglichen. Deren Einsatz ersetzt keine fachliche Würdigung: Die Kombination aus (Immobilien-)Richtwert bzw. Vergleichsfaktor und Anpassungen ist kein mechanisches Rechenverfahren. Ein **Ortstermin** bleibt daher auch im Vergleichswertverfahren unverzichtbar. Zur Erläuterung der Anwendung von Vergleichsfaktoren wird auf das Anwendungsbeispiel mittels Bodenrichtwert verwiesen. 218

VIII. Marktanpassungsfaktor im Vergleichswertverfahren

Nach Feststellung des vorläufigen Vergleichswerts kann die Ermittlung des Vergleichswerts eine weitere Marktanpassung erforderlich machen. Zu berücksichtigen ist jedoch, dass der Aspekt der Marktanpassung i.d.R. bereits im vorläufigen Vergleichswert enthalten ist, da dieser auf realisierten Kaufpreisen vergleichbarer Objekte beruht und somit den Marktverhältnissen grundsätzlich Rechnung trägt. Einc zusätzliche Anpassung ist daher nur in **Ausnahmefällen** geboten. 219

Erweist sich der vorläufige Vergleichswert allerdings als nicht hinreichend aussagekräftig – etwa weil die zugrunde liegenden Kaufpreise nicht den maßgeblichen Stichtagsverhältnissen entsprechen oder wesentliche objektspezifische Besonderheiten unzureichend abgebildet sind –, ist eine ergänzende Marktanpassung vorzunehmen. Diese hat auf Grundlage einer vertieften Analyse der vorhandenen Marktdaten sowie unter Berücksichtigung der stichtagsbezogenen Marktverhältnisse zu erfolgen. 220

Die Höhe der Anpassung ist sachverständig zu bestimmen und im Rahmen einer nachvollziehbaren, methodisch konsistenten Begründung darzulegen.

IX. Hinführung zum Verkehrswert

Der im Vergleichswertverfahren ermittelte Wert ist grundsätzlich mit dem Verkehrswert identisch, sofern die herangezogenen Vergleichsfälle die maßgeblichen Marktverhältnisse des relevanten sachlichen und räumlichen Teilmarkts zutref- 221 fend widerspiegeln. In der Praxis ist jedoch regelmäßig zu prüfen, ob ausreichend viele Vergleichsdaten in ausreichender Qualität und Homogenität vorliegen und ob sie die am Wertermittlungsstichtag gegebenen Marktbedingungen realitätsgetreu abbilden.

222 Bestehen Unsicherheiten bezüglich der Marktnähe oder Aussagekraft des Verfahrens, ist gem. § 6 Abs. 1 ImmoWertV eine **Plausibilitätsprüfung** durch die Heranziehung weiterer normierter Verfahren erforderlich. Dabei können das Sachwert- oder das Ertragswertverfahren ergänzend herangezogen werden, um die Eignung der Ergebnisse im Lichte der Marktlage zu überprüfen. Die abschließende Verkehrswertermittlung hat sich gem. § 2 Abs. 1 ImmoWertV stets an den tatsächlichen Gegebenheiten des Grundstücksmarkts zu orientieren.

X. Bodenwert, Bodenwertermittlung durch Vergleich mit Kaufpreisen und Vergleichsfaktoren

223 Der **Bodenwert** ist gemäß ImmoWertV grundsätzlich ohne Berücksichtigung vorhandener baulicher Anlagen und vorrangig im **Vergleichswertverfahren** zu ermitteln. Die Rechtsgrundlagen sind § 40 ImmoWertV („Allgemeines zur Bodenwertermittlung") i.V.m. §§ 24–26 ImmoWertV (Vergleichswertverfahren, Vergleichspreise, objektspezifisch angepasster Bodenrichtwert).

224 **Ausnahmen** vom Regelfall sind in § 40 Abs. 5 ImmoWertV geregelt. Nur eng umgrenzte Konstellationen rechtfertigen, dass die tatsächliche bauliche Nutzung den Bodenwert beeinflusst, bspw. bebaute Grundstücke im Außenbereich, Objekte, die alsbald freigemacht werden müssen (Abrissnähe/Liquidation) oder erhebliche Abweichungen zwischen tatsächlicher und planungsrechtlich maßgeblicher Nutzung (z.B. denkmalgeschützte, zweigeschossige Villa im Bankenviertel in Frankfurt). Die ImmoWertA erläutern diese Fälle ergänzend. Die früher diskutierte „Bodendämpfung" allein wegen vorhandener Bebauung ist damit nicht vereinbar. In der Praxis erfolgt die Ableitung entweder unmittelbar durch die Auswertung geeigneter Kauffälle von unbebauten Grundstücken mit hinreichender Merkmalsübereinstimmung hinsichtlich Zeitnähe, Lage, Art und Maß der baulichen Nutzung sowie Erschließung oder mittelbar über objektspezifisch angepasste Bodenrichtwerte, sofern diese geeignet sind. Die Eignungsprüfung und Anpassung sind dabei zu begründen. Maßgebliche Referenzdaten sind die nach § 196 BauGB ermittelten Bodenrichtwerte. Es dürfen nur merkmalssachgerechte Richtwerte herangezogen werden und die Zonierung muss beachtet werden.

XI. Bodenwertermittlung mithilfe von Bodenrichtwerten

225 Bodenrichtwerte sind **durchschnittliche Lagewerte des Bodens je Quadratmeter Grundstücksfläche**; sie werden flächendeckend auf Grundlage der Kaufpreissammlung gebildet und mindestens alle zwei Jahre, in der Praxis häufig jährlich, ermittelt und veröffentlicht. Sie beziehen sich in bebauten Gebieten stets auf den

Zustand „als ob unbebaut“. Zugang besteht ohne Nachweis eines besonderen Interesses über die länderspezifischen **BORIS**-Portale (Bodenrichtwertinformationssystem; teils gebührenfrei, teils kostenpflichtig).

Der Normkern findet sich in § 196 BauGB: Bodenrichtwerte sind zonenbezogen zu bestimmen; eine **Bodenrichtwertzone** umfasst Gebiete mit weitgehend übereinstimmender Art und Maß der Nutzung. Zu veröffentlichen sind die wertbeeinflussenden Merkmale des Richtwertgrundstücks (u.a. Nutzungsmaß, Entwicklungs-/Erschließungszustand, beitragsrechtlicher Status). Die ImmoWertV 2021 präzisiert hierzu die Bildung von Zonen (§ 15 ImmoWertV) und die Heranziehung objektspezifisch angepasster Bodenrichtwerte in Gutachten (§ 26 Abs. 2 ImmoWertV). 226

Bodenrichtwerte sind nicht nur ein einzelner EUR/m²-Wert – also nicht nur eine Bodenrichtwertzahl. Sie werden stets zusammen mit den **wertbeeinflussenden Merkmalen des jeweiligen Richtwertgrundstücks** bekannt gemacht; nur im Zusammenspiel beider Komponenten ist ein Bodenrichtwert fachgerecht interpretier- und anpassbar. 227

Im Kern gehören dazu insbesondere:
- städtebaulicher Entwicklungszustand (z.B. Bauerwartungsland, Rohbauland, baureifes Land); er bestimmt die Entwicklungsrisiken und die ansatzfähigen Kosten-/Zeitkomponenten.
- Art der baulichen Nutzung (z.B. Allgemeines Wohngebiet (WA), Mischgebiet (MI), Gewerbegebiet (GE) nach der BauNVO) und – soweit marktüblich – der maßliche Rahmen (Grundflächenzahl (GRZ)/Geschossflächenzahl (GFZ) bzw. lokal verwendete Bezugsgrößen wie wertrelevante Geschossflächenzahl (WGFZ)); dies steuert Dichte und Nutzbarkeit und damit die Zahlungsbereitschaft.
- Beitrags- und Erschließungsstatus (z.B. „mit/ohne Erschließungsbeiträge“; Ausbaubeiträge); dieser Status ist für die Vergleichbarkeit und die Umrechnung zwingend zu klären.
- Grundstücksgröße, Zuschnitt und Tiefe/Breite (inkl. Tiefenstaffelungen oder Größenklassen, sofern zonal hinterlegt); Unterschiede erfordern bei der Anwendung regelmäßig Umrechnungen.
- Sonderfall Landwirtschaft: Bodengüte durch Acker- bzw. Grünlandzahl (Bodenschätzung) als agrarische Qualitätsindikatoren, auf die sich landwirtschaftliche Bodenrichtwerte beziehen können.

Exkurs: Grundsteuer 228

Von diesem Grundsatz der Berücksichtigung der Bodenrichtwerte in Verbindung mit definierten Merkmalen weicht der Gesetzgeber im Rahmen der Grundsteuer im Bundesmodell ab. Er sieht die Anwendung der Bodenrichtwertzahl, d.h. ohne Berücksichtigung der Merkmale, als sachgerecht an. Dies wird in der Fachwelt sehr kritisch gesehen.

XII. Anwendungsbeispiel mittels Bodenrichtwert

229 **Beispiel zum Bodenwert eines Einfamilienhauses**

Der im Bodenrichtwertinformationssystem für diese Zone dargestellte Bodenrichtwert ist der im Folgenden beschriebene Ausgangswert.

Dem fiktiven Bodenrichtwertgrundstück sind die nachstehenden „beschreibenden Merkmale“ zugeordnet. Sofern hierzu wertbeeinflussende „Abweichungen der Grundstücksmerkmale des Wertermittlungsobjekts“ vorliegen, sind diese durch entsprechende Anpassungen des Bodenrichtwerts zu berücksichtigen (§ 9 Abs. 1 ImmoWertV) und somit ein „objektspezifisch angepasster Bodenrichtwert“ i.S.d. § 26 Abs. 2 ImmoWertV.

Abgabenfreier Ausgangswert gemäß www.boris.nrw.de: 620 EUR/m²				
	Bodenrichtwert-grundstück	Wertermitt-lungsobjekt	Anpas-sungs-faktor	Er-läute-rung
Stichtag	1.1.2025	30.7.2025	1,04	Nr. 1
Entwicklungs-zustand	baureifes Land	baureifes Land	1,00	Nr. 2
Beitragszustand	beitragsfrei	beitragsfrei	1,00	Nr. 3
Art und Maß der baulichen Nutzung	Wohnbaufläche, II-geschossig	Wohnbauflä-che, I + DG	1,00	Nr. 4
Fläche	250 m²	419 m²	0,89	Nr. 5
Zuschnitt, Topo-grafie	lagetypisch	lagetypisch	1,00	Nr. 6
Lage in der BRW-Zone	kein besonderes Lagemerkmal	kein besonde-res Lagemerk-mal	1,00	Nr. 7
Zuwegung	normal	normal	1,00	Nr. 8

Erläuterungen:

Nr. 1 – Ausgangswert/Stichtag: Der vorstehend aufgeführte Bodenrichtwert wurde zum Stichtag 1.1.2025 festgelegt. Der Wertermittlungsstichtag in diesem Gutachten ist der 11.7.2025.

Am 18.7.2025 nahm der Sachverständige telefonisch Rücksprache mit dem zuständigen Gutachterausschuss für Grundstückswerte im Kreis. Dieser teilte ihm mit, dass die Bodenpreisentwicklung im Zuständigkeitsbereich des Gutachterausschusses seit dem 1.1.2025 ansteigt. Aufgrund der Nähe zum Kölner Stadtgebiet sei die positive Preisentwicklung im Bereich Bottenbroich ausgeprägter als in anderen Teilen des Zuständigkeitsgebiets. Eine Angabe, die den Bodenpreisanstieg quantifiziert, wurde dem Sachverständigen nicht gemacht.

Es ist davon somit auszugehen, dass sich die Bodenwerte in Bottenbroich stärker entwickelt haben als die Entwicklung gemäß der Auswertung des oben genannten GREIX für den gesamten Kreis. Daher wird insgesamt ein **Faktor** von **1,04** für die Bodenwertentwicklung zum Stichtag abgeleitet.

Nr. 2 – Entwicklungszustand: Sowohl bei dem Richtwertgrundstück als auch bei dem Bewertungsobjekt handelt es sich um baureifes Land. Eine Anpassung des Bodenrichtwerts ist nicht erforderlich. Faktor: 1,00

Nr. 3 – Beitragszustand: Sowohl das Richtwertgrundstück als auch das Bewertungsobjekt sind beitragsfrei. Eine Anpassung des Bodenrichtwerts ist nicht erforderlich. Faktor: 1,00

Nr. 4 – Art und Maß der baulichen Nutzung: Es handelt es sich bei dem Bewertungsobjekt um eine Wohnbaufläche, die mit einem eingeschossigen Einfamilienhaus mit ausgebautem Dachgeschoss bebaut ist. Die entspricht dem Richtwertgrundstück. Eine Anpassung des Bodenrichtwerts ist nicht erforderlich. Faktor: 1,00

Nr. 5 – Fläche: Der Bodenrichtwert gilt für eine Grundstücksfläche von 250 m². Das Bewertungsgrundstück hat eine Fläche von 419 m². Den örtlichen Fachinformationen – boris.nrw.de – folgend ergibt sich aufgrund der abweichenden Grundstücksfläche eine Anpassung. Faktor: 0,89

Nr. 6 – Grundstückszuschnitt und Topografie: Das Bewertungsobjekt weist keine Besonderheiten auf. Faktor: 1,00

Nr. 7 – Lage in der Bodenrichtwertzone: Die Lage innerhalb der Bodenrichtwertzone weist keine Besonderheiten auf. Faktor: 1,00

Nr. 8 – Zuwegung: Die Zuwegung zum Bewertungsobjekt ist als normal zu anzusehen. Faktor: 1,00

Der objektspezifische Bodenwert ergibt sich wie folgt:

620 EUR/m² x 1,04 x 0,89 = 552 EUR/m² oder rd. 574 EUR/m²

Bodenwert

Grundstücksteilfläche		Hauptfläche		Nebenfläche 1		Nebenfläche 2		rentierlich	Bodenwert
Nr.	Bezeichnung	m^2	EUR/ m^2	m^2	EUR/ m^2	m^2	EUR/ m^2		EUR
1	Stommelnweg 3	419	550					ja	240.506

BODENWERT (gesamt) 240.506

XIII. Besondere objektspezifische Grundstücksmerkmale

230 Besondere objektspezifische Grundstücksmerkmale (boG) sind **wertrelevante Abweichungen eines Bewertungsobjekts** von den Regelfällen der standardisierten Wertermittlungsmodelle. Sie erfassen Eigenheiten, denen der Markt eigenständige Preisauswirkungen beimisst. Soweit diese Besonderheiten nicht bereits im Vergleichs-, Ertrags- oder Sachwertverfahren und den zugrunde gelegten Eingangsdaten enthalten sind, sind sie außerhalb der Modelle durch marktgerechte Zu- oder Abschläge oder andere geeignete Methoden zu berücksichtigen; eine unmittelbare Integration in die Modellstruktur ist aus Gründen der Modellkonformität oftmals ausgeschlossen. Jede Wertänderung ist nachvollziehbar, marktorientiert und – soweit möglich – verfahrensübergreifend konsistent herzuleiten.

231 Zunächst sind die allgemeinen Marktverhältnisse (Marktanpassung) zu berücksichtigen, erst danach die besonderen objektspezifischen Grundstücksmerkmale. Abweichungen vom Üblichen – etwa Baumängel, Bauschäden, außergewöhnlich kurze oder lange Restnutzungsdauern oder nicht marktübliche Erträge – können gem. § 8 Abs. 3 ImmoWertV durch marktgerechte Zu-/Abschläge oder auf andere sachgerechte Weise angesetzt werden, sofern dies der Übung des gewöhnlichen Geschäftsverkehrs entspricht.

232 **Voraussetzung** für die Berücksichtigung als besonderes objektspezifisches Grundstücksmerkmal ist, dass die Besonderheit weder im angewandten Modell noch in den hierfür herangezogenen Marktdaten bereits enthalten ist und dass der Markt ihr einen eigenständigen Werteinfluss beimisst; Doppelberücksichtigungen sind auszuschließen. So darf etwa im Sachwertverfahren bei bereits verkürzter Restnutzungsdauer für ein stark abgewohntes Gebäude kein zusätzlicher Abschlag „Sanierungsbedarf" erfolgen. Auch stellen in einer Region marktübliche feuchte Altbaukeller, die in aus Kaufpreisen oder Mieten abgeleiteten Faktoren typischerweise mitenthalten sind, kein eigenständiges besonderes objektspezifisches Grundstücksmerkmal dar. Mit der Höhe des Korrekturbetrags steigen die Anforderungen an Begründung, Datenbasis und Plausibilisierung; Herleitungen,

Sensitivitätsanalysen und der Nachweis der Marktangemessenheit sind dann besonders sorgfältig zu dokumentieren.

Bei Baumängeln und Bauschäden hilft eine einfache Logik: **Baumängel** sind Abweichungen vom geschuldeten Soll-Zustand (§ 633 Abs. 2 BGB), **Bauschäden** sind Verschlechterungen infolge von Ereignissen, Mängeln oder unterlassener Instandhaltung. Für die Wertermittlung bietet sich eine Einordnung nach Schwere und Dringlichkeit an – von normalen Gebrauchsspuren (in der Alterswertminderung enthalten) über disponibel zu beseitigende Schäden, zwingend kurzfristig zu beseitigende Schäden bis zu nicht behebbaren Schäden, deren Marktauswirkung gesondert zu ermitteln ist. Die Lage bestimmt die Preisreaktion wesentlich: In angespannten Hochpreisregionen werden selbst deutliche Mängel teils hingenommen, während in strukturschwachen Märkten auch moderate Schäden überproportionale Abschläge auslösen können. Instandsetzung stellt den „normalen" Zustand wieder her; Modernisierung hebt den Standard, kann Erträge erhöhen und die Marktgängigkeit verbessern. 233

Weitere **typische** besondere objektspezifische Grundstücksmerkmale sind z.B.: 234
- Bodenverunreinigungen, deren Einfluss oft über die reinen Sanierungskosten hinausgeht;
- Kosten für Freilegung, Abbruch und Entsorgung, wobei Erlöse aus Verwertung oder ersparte Baukosten gegenzurechnen sind;
- wirtschaftliche Überalterung mit eingeschränkter Drittverwendungsfähigkeit, die häufig schon in Marktdaten abgebildet ist;
- ein überdurchschnittlicher Erhaltungszustand, der nur dann einen Zuschlag rechtfertigt, wenn dieser Effekt nicht bereits in den Daten steckt;
- besondere Zusatzerträge aus Werbung, Photovoltaik oder Mobilfunk, die separat zu kapitalisieren sind; grundstücksbezogene Rechte und Belastungen, deren Wirkung von Dauer, Inhalt, rechtlicher Qualität und Marktakzeptanz abhängt;
- ein merkantiler Minderwert trotz fachgerechter Schadensbeseitigung;
- illegale Nutzungen, deren Wertwirkung von Legalisierungschancen und möglichen Rückbaurisiken bestimmt wird.

Für die **Quantifizierung** gilt: Kosten sind nicht automatisch gleich Wert. Maßgeblich sind marktorientierte Herleitungen – idealerweise durch Vergleichsfälle, alternativ deduktiv aus Ertrags- oder Kostenwirkungen mit marktgerechten Zinssätzen oder durch strukturierte, nachvollziehbar kalibrierte Experteneinschätzungen. Entscheidend sind Konsistenz, Transparenz und erkennbare Anbindung an das beobachtbare Marktverhalten. 235

§ 6 Besteuerung von Erträgen aus Immobilien im Privatvermögen

Prof. Dr. Carmen Griesel

Übersicht:

A. Einkünfte aus Vermietung und Verpachtung

Die einkommensteuerlich relevanten Einkünfte aus der Vermietung einer Immobilie berechnen sich aus dem Überschuss der Einnahmen über die Werbungskosten, § 2 Abs. 2 S. 1 Nr. 2 EStG. 1

I. Einnahmen

Nach § 21 Abs. 1 S. 1 Nr. 1 EStG zählen zu den Einnahmen die Einkünfte aus der (zeitlich begrenzten) Vermietung und Verpachtung von unbeweglichem Vermögen, insbesondere von (unbebauten) Grundstücken, Gebäuden und Gebäude- 2 teilen. Vermietbare Gebäudeteile sind vermietete Wohnungen oder Teile der Fassade bzw. des Dachs eines Gebäudes (z.B. für Werbezwecke oder für Solaranlagen).

3 Neben der **Kaltmiete** sind auch die **Betriebs- und Nebenkosten** (z.B. Strom- oder Wasserkosten) unter den Einnahmenbegriff des § 21 EStG zu subsumieren, soweit diese vom Mieter an den Vermieter gezahlt werden.[1] Die vom Vermieter an die Versorgungsunternehmen verauslagten Gelder stellen zugleich Werbungskosten bei den Einkünften aus Vermietung und Verpachtung dar.

4 **Hinweis**

Übernimmt der Mieter **Erhaltungsaufwendungen** (siehe Rdn 31) des Mietobjekts, verzichtet die Finanzverwaltung aus Vereinfachungsgründen auf einen korrespondierenden Ansatz als Werbungskosten und Einnahmen in der Steuererklärung des Vermieters.[2]

5 Zinsen, die im Rahmen einer **Mietkaution** erwirtschaftet werden (z.B. Sparbuch als Mietsicherheit), sind einkommensteuerlich dem Mieter zuzurechnen. Es liegen keine Einnahmen für den Vermieter vor. Dies ändert sich erst dann, wenn der Vermieter die Kaution nach Ende des Mietverhältnisses einbehält (z.B. für rückständige Mieten oder Schadensersatzansprüche).

6 Zahlungen von **Schadensersatz** an den Vermieter können Einnahmen aus Vermietung und Verpachtung darstellen, wenn sie ihre Ursache in dem Mietverhältnis haben. Dazu zählt neben Verzugszinsen wegen verspäteter Mietzahlung oder der Vertragsstrafe wegen verspäteter Fertigstellung des Mietobjekts z.B. auch der Schadensersatz des Mieters für unterlassene Schönheitsreparaturen oder wegen übermäßiger Beanspruchung der Mietsache.[3] Demgegenüber führen Zahlungen für Substanzschäden regelmäßig nicht zu Einnahmen.[4]

7 Leistet der Mieter für die vorzeitige Beendigung des Mietverhältnisses eine **Abstandszahlung**, liegt kein Entgelt für die Nutzungsüberlassung i.S.d. § 21 EStG vor. Die Zahlung beinhaltet jedoch eine nach § 24 Nr. 1 Buchst. a EStG steuerpflichtige Einnahme (sog. Entschädigung für entgehende Einnahmen).[5]

8 Zahlungen an einen Wohnrechtsinhaber für die vorzeitige Aufgabe des Nutzungsrechts stellen für diesen keine Einnahmen aus Vermietung und Verpachtung dar.[6]

---

1 BFH v. 30.9.2003 – IX R 9/03, BStBl II 2004, 225.
2 R 21.5 Abs. 3 S. 6 EStR.
3 BFH v. 18.12.1967 – VI R 119/66, BStBl II 1968, 309.
4 Schmidt/*Kulosa*, EStG, § 21 Rn 117 „Schadensersatzzahlungen" m.w.N. und der Einschränkung, dass diese keine AfaA ausgleichen.
5 BFH v. 21.8.1990 – VIII R 17/86, BStBl II 1991, 76.
6 BFH v. 9.8.1990 – X R 140/88, BStBl II 1990, 1026.

Wird dem Arbeitnehmer als **Sachlohn** eine **Wohnung** überlassen, ergeben sich aus der ortsüblichen Miete Einnahmen aus Vermietung und Verpachtung für den Arbeitgeber.[7] 9

Ist in zulässiger Weise eine Option zur Umsatzsteuer nach § 9 UStG erfolgt und wird demgemäß an einen anderen Unternehmer zuzüglich der gesetzlichen Umsatzsteuer vermietet, zählt die **Umsatzsteuer** zu den Einnahmen aus Vermietung und Verpachtung. Gleiches gilt für Umsatzsteuer-Erstattungen des Finanzamts, die sich aus den abgegebenen Umsatzsteuer-Voranmeldungen bzw. -Jahreserklärungen ergeben.[8] 10

Auch der **Erbbauzins**, den der Erbbaurechtsbesteller erhält, führt zu Einnahmen aus Vermietung und Verpachtung, und zwar unabhängig davon, ob dieser jährlich laufend oder als Einmalzahlung erbracht wird.[9] 11

Einkünfte aus Vermietung und Verpachtung stellen auch Einkünfte aus der **Veräußerung von Miet- und Pachtzinsforderungen** dar, und zwar auch dann, wenn die Einkünfte im Veräußerungspreis von Grundstücken enthalten sind und die Miet- bzw. Pachtzinsen sich auf einen Zeitraum beziehen, in dem der Veräußerer noch Besitzer war, § 21 Abs. 1 S. 1 Nr. 4 EStG. 12

Gehören die Einkünfte aus Vermietung und Verpachtung zu anderen Einkunftsarten (z.B. gewerbliche Einkünfte i.S.v. § 15 EStG oder Einkünfte aus selbstständiger Tätigkeit, § 18 EStG), so sind sie diesen Einkunftsarten zuzurechnen. 13

Beispiel

Zählt eine Immobilie zu dem Betriebsvermögen eines gewerblichen Einzelunternehmens und befindet sich in dieser Immobilie eine Wohnung, die an einen Dritten vermietet ist, werden die Mieteinkünfte im Rahmen des Einzelunternehmens als gewerbliche Einkünfte nach § 15 EStG versteuert.

II. Werbungskosten

1. Grundlagen und typische Werbungskosten

Werbungskosten sind Aufwendungen zur Erwerbung, Sicherung und Erhaltung der Einnahmen aus Vermietung und Verpachtung, vgl. § 9 Abs. 1 S. 1 EStG. Das Einkommensteuergesetz nennt in § 9 Abs. 1 S. 3 **beispielhaft** 14

- Schuldzinsen und auf besonderen Verpflichtungsgründen beruhende Renten und dauernde Lasten, soweit sie mit den Einkünften aus Vermietung und Verpachtung in wirtschaftlichem Zusammenhang stehen (vgl. Nr. 1), und

7 BFH v. 1.9.1998 – VIII R 3/97, BStBl II 1999, 213.

8 BFH v. 29.6.1982 – VIII R 6/79, BStBl II 1982, 755.

9 BFH v. 20.9.2006 – IX R 17/04, BStBl II 2007, 112; BFH v. 23.9.2003 – IX R 65/02, BStBl II 2005, 159.

- Steuern vom Grundbesitz, sonstige öffentliche Abgaben und Versicherungsbeiträge, soweit solche Ausgaben sich auf Gebäude beziehen, die dem Steuerpflichtigen zur Einnahmeerzielung dienen (Nr. 2), sowie
- Absetzungen für Abnutzung und für Substanzverringerung, Sonderabschreibungen nach § 7b EStG und erhöhte Absetzungen (Nr. 7).

15 Darüber hinaus ordnet § 9 Abs. 3 EStG an, dass
- Abs. 1 S. 3 Nr. 4 i.V.m. Abs. 2 (**Entfernungspauschale**) sowie
- Abs. 1 S. 3 Nr. 4–5a (**Reisekosten u.a.**) und
- Abs. 4a (**Mehraufwendungen für Verpflegung**)

des § 9 EStG bei den Einkünften aus Vermietung und Verpachtung entsprechend anzuwenden und damit Werbungskosten sind. § 9 Abs. 5 EStG verweist auf die sinngemäße Anwendung des § 4 Abs. 5 S. 1 Nr. 1–4, 6b–8a, 10, 12 und Abs. 6 EStG und die darin enthaltenen Beschränkungen für den Werbungskostenabzug (z.B. die Beschränkung auf 70 % des Bewirtungsaufwands bei ordnungsgemäßem Ausfüllen der Belege).

16 **Typische Werbungskosten** bei den Einkünften aus Vermietung und Verpachtung sind
- Maklerprovisionen für die Vermittlung von Mietern
- Kosten für Anzeigen zwecks Mietersuche
- Kontoführungsgebühren des Mietkontos
- vom Vermieter übernommene Schönheitsreparaturen
- Kosten des Steuerberaters für die Ermittlung der Vermietungseinkünfte sowie
- alle vom Vermieter getragenen Betriebskosten (Heizung, Schornsteinfeger, Wasser usw.), unabhängig davon, ob sie von ihm auf den Mieter umgelegt werden oder nicht.

2. Fahrten mit dem eigenen Pkw, Reisekosten

17 Auch **Fahrten mit dem eigenen Pkw** zu dem Mietobjekt sind steuerlich zu berücksichtigen. Es ist jedoch wie folgt zu differenzieren:
- Befindet sich der Mittelpunkt der Vermietungstätigkeit in dem Mietobjekt (z.B. weil sich dort ein Büroraum befindet, in dem die Verwaltung des Objekts erfolgt, oder weil der Vermieter das Objekt an 165 Tagen zur Ausführung von Arbeiten aufsucht[10]), darf nur die einfache Strecke nach den Grundsätzen der Entfernungspauschale (0,30 EUR pro Kilometer für die ersten 20 Kilometer und für jeden weiteren Kilometer 0,38 EUR in den Jahren 2022 bis 2026) angesetzt werden.
- Anderenfalls (z.B. bei nur vereinzelten Besichtigungsfahrten zu dem Mietobjekt) liegen Reisekosten vor, so dass die Entfernung der Hin- und Rückfahrt steuerlich Werbungskosten beinhalten.

10 BFH v. 1.12.2015 – IX R 18/15, BStBl II 2016, 532.

Zu den weiteren als Werbungskosten abzugsfähigen Reisekosten zählen insbesondere **Übernachtungskosten** und die Pauschalen für einen **Verpflegungsmehraufwand** (28 EUR bei einer Abwesenheit von seiner Wohnung von 24 Stunden und 14 EUR bei einer Abwesenheit von mehr als 8 Stunden, § 9 Abs. 4a, 5 EStG). 18

Stehen die Reisekosten im Zusammenhang mit der Anschaffung oder Errichtung eines Mietobjekts, gehören sie demgegenüber regelmäßig zu den Anschaffungs- und Herstellungskosten (siehe Rdn 36 ff.). 19

3. Schuldzinsen

Schuldzinsen stellen Werbungskosten bei den Einkünften aus Vermietung und Verpachtung dar, soweit sie „im wirtschaftlichen Zusammenhang" mit diesen Einkünften stehen, § 9 Abs. 1 S. 3 Nr. 1 EStG. Ob die Schuldzinsen laufend oder einmalig gezahlt werden, ist nicht entscheidend. Ein in der jeweiligen Zahlung enthaltener Tilgungsanteil ist herauszurechnen. 20

Steuerlich abzugsfähig sind auch die **Nebenkosten der Finanzierung**, wie z.B. die **Notar- und Grundbuchkosten** für die Bestellung von im Rahmen der Finanzierung vereinbarten Sicherheiten (Grundschuld, Hypothek)[11] und Bereitstellungszinsen. 21

Entscheidend für die steuerliche Anerkennung der Schuldzinsen ist der **wirtschaftliche Zusammenhang**, der sich nach der tatsächlichen Verwendung der Darlehensmittel bestimmt.[12] 22

Es gilt der **Grundsatz der Finanzierungsfreiheit**, d.h., der Steuerpflichtige ist in der Entscheidung frei, ob er das Mietobjekt mit vorhandenem Eigenkapital erwirbt oder bspw. vollständig fremdfinanziert.[13] Danach kann der Vermieter im Rahmen eines sog. **Zweikontenmodells** die Mieteinnahmen über ein separates Konto vereinnahmen und für private Zwecke verwenden und für die Werbungskosten ein getrenntes Schuldkonto finanzieren. Die anfallenden Schuldzinsen können in diesem Fall zu 100 % als Werbungskosten bei den Einkünften aus Vermietung und Verpachtung zum Abzug gebracht werden.[14] Verwendet der Vermieter ein einheitliches Konto, welches teilweise einen negativen Saldo ausweist, und tätigt er von diesem Konto auch Privatentnahmen, sind die anfallenden Schuldzinsen im Verhältnis der privaten Ausgaben zu den Ausgaben im Zusammenhang mit der Vermietung und Verpachtung aufzuteilen und nur der zweite Teil ist als Werbungskosten abzugsfähig.[15] 23

11 BFH v. 1.10.2002 – IX R 72/99, BStBl II 2003, 399.
12 BFH v. 8.12.1997 – GrS 1–2/95, BStBl II 1998, 193.
13 BFH v. 27.10.1998 – IX R 19/96, BStBl II 1999, 678.
14 Vgl. BFH v. 4.7.1990 – GrS 2–3/88, BStBl II 1990, 817.
15 BFH v. 8.12.1997 – GrS 1–2/95, BStBl II 1998, 193.

24 Wird die finanzierte Immobilie teilweise auch zu eigenen Wohnzwecken genutzt (sog. **gemischt genutztes Mietobjekt**), sind die Schuldzinsen grds. auch nur anteilig als Werbungskosten zum Abzug zugelassen.[16] Aufteilungsmaßstab ist das Verhältnis zwischen dem vermieteten und dem eigengenutzten Teil der Immobilie (z.B. nach Wohn- und Nutzflächen). Bei einer sorgfältigen Gestaltung ist es aber zulässig, den eigengenutzten Teil der Immobilie mit dem Eigenkapital und den zur Vermietung bestimmten Immobilienteil mit Fremdkapital zu finanzieren mit der Folge, dass anfallende Schuldzinsen vollumfänglich als Werbungskosten abzugsfähig sind.[17]

25 **Hinweis**

Bei Erwerb einer gemischt genutzten Immobilie sollte bereits im Rahmen des notariellen Kaufvertrags die beabsichtigte Finanzierung des zur Vermietung bestimmten Immobilienteils festgehalten werden. Auch im Darlehensvertrag mit der finanzierenden Bank ist der Bezug der Finanzierung zu dem vermieteten Teil zu vermerken. Die Darlehensmittel sind getrennt vom Eigenkapital an den Verkäufer bzw. dessen Notaranderkonto zu überweisen, um die Zuordnung des Fremdkapitals zum vermieteten Teil nicht in Frage zu stellen.[18]

Diese gezielte Zuordnung des Fremdkapitals zu dem vermieteten Teil muss von Beginn an gegeben sein; eine nachträgliche Zuordnung ist nicht zulässig.[19]

26 Bei Veräußerung des finanzierten Mietobjekts besteht der wirtschaftliche Zusammenhang der Finanzierungskosten mit den Einkünften aus Vermietung und Verpachtung fort, wenn mit dem Veräußerungserlös ein neues Mietobjekt erworben wird (**Surrogationsprinzip**).[20] Wird der Veräußerungserlös teilweise privat verwendet, sind die Schuldzinsen künftig nur noch anteilig abzugsfähig.[21] Der Steuerpflichtige trägt die Beweislast für die **Umwidmung** des Darlehens und den fortbestehenden wirtschaftlichen Zusammenhang.

27 Demgegenüber ändert eine bloße **Umfinanzierung** (**Umschuldung**) nichts an dem wirtschaftlichen Zusammenhang mit dem Vermietungsobjekt.[22]

16 BMF-Schreiben v. 16.4.2004 – IV C 3-S-2211–36/04, BStBl I 2004, 464.

17 BFH v. 1.4.2009 – IX R 35/08, BStBl II 2009, 663.

18 Siehe aber z.B. BFH v. 25.3.2003 – IX R 38/00, BFH/NV 2003, 1049 für den nur anteiligen Schuldzinsenabzug bei Zusammenführung auf einem einheitlichen Baukonto.

19 BFH v. 4.8.2009 – IX B 56/09, BFH/NV 2009, 1813.

20 BFH v. 1.10.1996 – VIII R 68/94, BStBl II 1997, 454.

21 BFH v. 27.3.2007 – VIII R 28/04, BStBl II 2007, 699.

22 BFH v. 8.4.2014 – IX R 45/13, BStBl II 2015, 635; siehe aber auch Schmidt/*Krüger*, EStG, § 9 Rn 149 m.w.N.

4. Risikolebensversicherungen, Bausparvertrag

Während Beiträge zu Mietausfallversicherungen zu den Werbungskosten gehören, sind Beiträge zu **Risikolebensversicherungen** selbst dann keine Werbungskosten, wenn die finanzierende Bank den Abschluss der Versicherung als Bedingung für die Finanzierung aufgeführt hat.[23] Denn die wesentliche Funktion der Risikolebensversicherung ist die schuldenfreie Übergabe des Objekts an den Bezugsberechtigten und nicht die Finanzierung der Immobilie. 28

Die Gebühren für den Abschluss eines **Bausparvertrags** stellen Werbungskosten bei den Einkünften aus Vermietung und Verpachtung dar, wenn der Vertrag in engem wirtschaftlichen Zusammenhang mit der Herstellung oder dem Kauf eines Mietobjekts steht.[24] In diesem Fall sind die Guthabenzinsen aus dem Bausparvertrag als Einnahmen aus Vermietung und Verpachtung zu berücksichtigen und nicht als Einkünfte aus Kapitalvermögen i.S.v. § 20 Abs. 1 Nr. 7 EStG.[25] 29

5. Instandhaltungsrücklage

Zahlungen der Eigentümergemeinschaft in die Instandhaltungsrücklage führen erst dann zu Werbungskosten, wenn der Hausverwalter die Beträge tatsächlich für Erhaltungsaufwendungen oder andere Werbungskosten ausgibt.[26] Überträgt der Vermieter nach Einzahlung in die Rücklage, aber vor ihrer Verwendung das Wohnungseigentum, erhält der neue Vermieter den Werbungskostenabzug, sobald die Rücklage tatsächlich ausgegeben wird, und dies, obwohl er die Zahlung nicht geleistet hat.[27] 30

6. Erhaltungsaufwand

Unter den Begriff „**Erhaltungsaufwand**" sind Aufwendungen zu subsumieren, die der Instandsetzung eines Mietobjekts dienen. Dies gilt auch für eine werterhöhende Modernisierung, soweit der ursprüngliche Zustand wieder hergestellt wird.[28] 31

> **Hinweis** 32
>
> Aus Vereinfachungsgründen nimmt die Finanzverwaltung sofort abzugsfähigen Erhaltungsaufwand an, wenn die Aufwendungen den Betrag von 4.000 EUR netto je Gebäude nicht übersteigen.[29]

---

23 BFH v. 13.10.2015 – IX R 35/14, BStBl II 2016, 210.
24 BFH v. 8.2.1983 – VIII R 130/79, BStBl II 1983, 554.
25 BFH v. 8.2.1983 – VIII R 163/81, BStBl II 1983, 355.
26 BFH v. 26.1.1988 – IX R 119/83, BStBl II 1988, 577; bei der Verwendung für Herstellungskosten nur höhere Abschreibung, BFH v. 21.10.2005 – IX B 144/05, BFH/NV 2006, 291.
27 BFH v. 9.12.2008 – IX B 124/08, BFH/NV 2009, 571.
28 BFH v. 9.5.1995 – IX R 116/92, BStBl II 1996, 632.
29 R 21.1 Abs. 2 S. 2 EStR.

33 Liegen keine Herstellungskosten (dazu Rdn 41 ff.) vor, handelt es sich stets um sofort abzugsfähigen Erhaltungsaufwand.[30] Treffen Erhaltungsmaßnahmen und Herstellungskosten zusammen, sind diese grds. getrennt voneinander zu beurteilen. Etwas anderes gilt nur dann, wenn die Arbeiten in einem derart engen räumlichen, sachlichen und zeitlichen Zusammenhang stehen, dass sie eine einheitliche Maßnahme bilden (insgesamt Herstellungskosten).[31] Dies ist bspw. der Fall, wenn der Erhaltungsaufwand Vorbedingung für die Herstellungsarbeiten ist oder durch diese verursacht wird.[32]

34 Wird eine Einbauküche in dem Mietobjekt vollständig erneuert, liegen Herstellungskosten eines selbstständigen und über zehn Jahre abschreibungsfähigen Wirtschaftsgutes vor und kein sofort abzugsfähiger Erhaltungsaufwand.[33]

35 Zur Verteilung größeren Erhaltungsaufwands nach § 82b EStDV siehe Rdn 71 ff.

7. Anschaffungskosten

36 Anschaffungskosten sind alle Aufwendungen, die zum Erwerb eines (bestehenden) Mietobjekts notwendig sind einschließlich etwaiger Nebenkosten, vgl. § 255 Abs. 1 HGB. Dazu zählen neben dem Kaufpreis und der Übernahme von Verbindlichkeiten bzw. Belastungen als Anschaffungsnebenkosten z.B. die Maklerkosten für den Immobilienerwerb, die Grunderwerbsteuer, die Kosten der Grundbucheintragung und des notariellen Kaufvertrags.

37 Ein einheitlicher Anschaffungspreis für ein bebautes Grundstück ist auf die Anschaffung des Grund und Bodens und die anteiligen Anschaffungskosten für das Gebäude zu verteilen. Für die Aufteilung hat die Finanzverwaltung Grundsätze im Wege einer sachgerechten Schätzung aufgestellt, die sich an den Sachwerten der Immobilienteile orientieren.[34] Dem Steuerpflichtigen obliegt es, eine andere Verteilung nachzuweisen. Dies kann bspw. durch ein Sachverständigengutachten betreffend die Immobilie erfolgen oder – kostengünstiger – durch die Festschreibung und Einigung über den Aufteilungsmaßstab bereits im Rahmen des notariellen Kaufvertrags.

30 Schmidt/*Kulosa*, EStG, § 6 Rn 188.

31 BFH v. 9.5.1995 – IX R 116/92, BStBl II 1996, 632.

32 BMF-Schreiben v. 18.7.2003 – IV C3-S-2211–94/03, BStBl I 2003, 386 Rn 35 mit Beispielen.

33 BFH v. 3.8.2016 – IX R 14/15, DStR 2016, 2846.

34 Zum Berechnungsschema vgl. die Arbeitshilfe des BMF, Stand Januar 2025, www.bundesfinanzministerium.de, sowie BFH v. 21.7.2020 – IX R 26/19, BStBl II 2021, 372. Für die Anwendung des Sachwertverfahrens als Regelverfahren ebenfalls BFH v. 11.2.2003 – IX R 13/00, BFH/NV 2003, 769.

Beispiel

Im notariellen Kaufvertrag wird neben dem Gesamtkaufpreis von 1 Mio. EUR auch die Aufteilung auf Grund und Boden (300.000 EUR) und das Gebäude (700.000 EUR) festgehalten. Oftmals wird der Verkäufer keine Einwendungen gegen eine Aufteilung des Kaufpreises haben.

Von dieser Aufteilung darf nur abgewichen werden, wenn sie als völlig unverhältnismäßig einzustufen ist und die Aufteilung deshalb als allein im Interesse des Erwerbers erscheint. Nicht jede Abweichung von den Berechnungen der Finanzverwaltung (z.B. Grund und Boden 350.000 EUR und Gebäude 650.000 EUR) rechtfertigt eine Verwerfung durch die Finanzverwaltung.

Als **nachträgliche Anschaffungskosten** kommen z.B. für Grund und Boden Beiträge für bislang nicht vorhandene Erschließungsanlagen in Betracht, soweit sie die Benutzbarkeit des Grundstücks und damit auch seinen Wert steigern.[35] 38

Es liegt sofort abzugsfähiger Erhaltungsaufwand vor, wenn eine bereits vorhandene Erschließungsanlage ersetzt oder modernisiert wird, wie z.B. Ersatz einer privaten Sickergrube durch den Anschluss an das öffentliche Kanalnetz.[36] 39

Mindern sich die Anschaffungskosten nachträglich, z.B. durch eine Kaufpreisminderung oder die Ermäßigung der Maklerprovision, wirkt dies nicht auf den Zeitpunkt der Anschaffung zurück. 40

8. Herstellungskosten

Zu den Herstellungskosten gehören die Kosten für die erstmalige Schaffung eines Wirtschaftsgutes, seine Erweiterung oder seine wesentliche Verbesserung, vgl. § 255 Abs. 2 HGB. 41

a) Erstmalige Herstellung

Zu der erstmaligen Herstellung zählen auch Baumaßnahmen, die die Immobilie in ihrer Funktion oder ihrem Wesen so verändern, dass ein neuer Nutzungszusammenhang möglich wird.[37] Dies gilt bspw. für den fremdvermieteten Anbau an eine eigengenutzte Immobilie oder den Umbau einer Scheune in ein Mehrfamilienhaus,[38] nicht aber für den Umbau eines Großraumbüros in Einzelbüros[39] sowie die nur rechtliche Aufteilung eines Gebäudes in Eigentumswohnungen.[40] 42

35 Dazu z.B. BFH v. 12.1.1995 – IV R 3/93, BStBl II 1995, 632.

36 Vgl. BFH v. 4.11.1986 – VIII R 322/83, BStBl II 1987, 333; siehe auch Schmidt/*Kulosa*, EStG, § 6 Rn 62.

37 Schmidt/*Kulosa*, EStG, § 6 Rn 163 m.w.N., Rn 166.

38 BFH v. 19.8.2008 – IX R 65/07, BFH/NV 2009, 552.

39 BFH v. 16.1.2007 – IX R 39/05, BStBl II 2007, 922.

40 BFH v. 24.11.1992 – IX R 62/88, BStBl II 1993, 188.

Übersteigt der Wert der Baumaßnahmen unter Einbeziehung etwaiger Eigenleistungen den Verkehrswert des ursprünglichen Gebäudes, nimmt die Finanzverwaltung die Schaffung eines neuen Wirtschaftsgutes an.[41]

b) Erweiterung

43 Herstellungskosten sind auch solche, die zu einer Erweiterung der Immobilie und einer damit verbundenen erweiterten Nutzung führen. Dazu zählt in der Regel die Vergrößerung der Nutzfläche des Gebäudes (z.B. Aufstockung, Anbau)[42] und zwar unabhängig von dem Umfang der Flächenerweiterung.[43]

c) Wesentliche Verbesserung

44 Wird die Nutzung der (gesamten) Immobilie gegenüber dem ursprünglichen Zustand wesentlich verbessert, handelt es sich ebenfalls um Herstellungskosten, vgl. § 255 Abs. 2 S. 1 Fall 3 HGB. Die Verbesserung nur eines Immobilienteils führt dagegen zu Erhaltungsaufwand.[44] Für Herstellungskosten muss der Gebrauchswert des Gebäudes wesentlich angehoben werden, also der Standard von einfach auf mittel oder von mittel auf anspruchsvoll erhöht werden. Dies setzt voraus, dass in **mindestens drei** der vier standardprägenden Bereiche (Heizung, Sanitär, Elektro und Fenster) eine wesentliche Funktionserweiterung erfolgt, durch die der Wohnkomfort des Gebäudes insgesamt deutlich ansteigt.[45] Bloße Reparaturen genügen dafür selbst dann nicht, wenn sie alle vier Bereiche betreffen.[46]

45 In die Betrachtung sind alle Einzelmaßnahmen einzubeziehen, die Teil eines Gesamtplans sind. Dies kann auch über mehrere Veranlagungsjahre erfolgen,[47] und zwar bis zu fünf Jahren.[48]

46 **Hinweis**

Ein **Indiz** für eine wesentliche Verbesserung ist die erhebliche Erhöhung der Miete nach Durchführung der Sanierungsmaßnahmen.

---

41 R 7.3 Abs. 5 S. 2 EStR.

42 Schmidt/*Kulosa*, EStG, § 6 Rn 171 mit zahlreichen Beispielen aus der Rspr.

43 BFH v. 15.5.2013 – IX R 36/12, BStBl II 2013, 732.

44 BFH v. 13.3.1979 – VIII R 83/77, BStBl II 1979, 435.

45 BFH v. 12.9.2001 – IX R 39/97, BStBl II 2003, 569; BMF-Schreiben v. 18.7.2003 – IV C 3-S-2211–94/03, BStBl I 2003, 386.

46 BFH v. 20.8.2002 – IX R 10/02, BFH/NV 2003, 35.

47 BFH v. 12.9.2001 – IX R 39/97, BStBl II 2003, 569.

48 BMF-Schreiben v. 18.7.2003 – IV C 3-S-2211–94/03, BStBl I 2003, 386.

9. Anschaffungsnahe Herstellungskosten

47 Zu den Herstellungskosten eines Gebäudes gehören auch Aufwendungen für Instandsetzungs- und Modernisierungsmaßnahmen, die innerhalb von drei Jahren nach der Anschaffung des Gebäudes durchgeführt werden, wenn die Aufwendungen ohne die Umsatzsteuer 15 % der Anschaffungskosten des Gebäudes übersteigen (sog. **anschaffungsnahe Herstellungskosten**), §§ 6 Abs. 1 Nr. 1a, 9 Abs. 5 S. 2 EStG. Nicht erfasst werden Aufwendungen für Erhaltungsarbeiten, die jährlich üblicherweise anfallen (z.B. die jährliche Wartung der Heizungsanlage), sowie Aufwendungen für Erweiterungen i.S.v. § 255 Abs. 2 S. 1 HGB (typische Herstellungskosten), § 6 Abs. 1 Nr. 1a S. 2 EStG. Alle übrigen Kosten für die Beseitigung von Schäden am Gebäude einschließlich der (nicht jährlich zu erbringenden) Schönheitsreparaturen werden damit bei der Ermittlung der **15 %-Grenze** berücksichtigt.[49]

48 Während die relevanten Aufwendungen nach dem klaren Gesetzeswortlaut nur mit ihren **Netto-Beträgen** zu addieren sind, sind die Anschaffungskosten des Gebäudes als Vergleichsposition, aus der sich die 15 %-Grenze ermittelt, in Abhängigkeit von einer Option zur Umsatzsteuer nach § 9 UStG zu berücksichtigen.

Beispiel

Die Netto-Aufwendungen zur Beseitigung von Schäden am Gebäude belaufen sich im ersten Jahr nach der Anschaffung auf 15.002 EUR. Die Anschaffungskosten des Gebäudes betragen 100.000 EUR zzgl. 19 % Umsatzsteuer. Liegt beim Erwerber keine Option zur Umsatzsteuer vor, so ist die 15 %-Grenze (15.002 EUR zu 119.000 EUR) noch nicht überschritten. Kann der Erwerber dagegen die Vorsteuer aus dem Kauf geltend machen, übersteigen die Aufwendungen von 15.002 EUR die 15 %-Grenze (im Verhältnis zu den 100.000 EUR).

49 Der **unentgeltliche Erwerber** der Immobilie tritt in die Fußstapfen des ursprünglichen Eigentümers ein (sog. **Fußstapfentheorie**), so dass die **Dreijahresfrist** für ihn weiterläuft. Bei einer gemischten Schenkung gilt für den entgeltlich erworbenen Teil eine neue Dreijahresfrist.[50] Die Dreijahresfrist berechnet sich nach dem Zeitpunkt der Anschaffung (dazu Rdn 51). Relevant sind alle Maßnahmen, die innerhalb dieser Frist durchgeführt werden.[51] Auf den Zahlungszeitpunkt kommt

49 BFH v. 14.6.2016 – IX R 25/14, BStBl II 2016, 992. Dies gilt auch für die Beseitigung versteckter Mängel, nicht aber für die Beseitigung von Schäden, die erst nach dem Erwerb der Immobilie entstanden sind, vgl. BFH v. 9.5.2017 – IX R 6/16, BStBl II 2018, 9; Schmidt/*Kulosa*, EStG, § 6 Rn 382 m.w.N.

50 R 6.4 Abs. 1 S. 2 EStR.

51 BayLfSt v. 6.8.2010 – S-2211 1.1–4/2 St32, DStR 2010, 1941; siehe auch Schmidt/*Kulosa*, EStG, § 6 Rn 387.

es nicht an. Diese absolute Zeitgrenze eröffnet für den Steuerpflichtigen Gestaltungspotential, indem er gezielt weitere Aufwendungen nach Ablauf der Dreijahresfrist in Auftrag gibt.

50 **Hinweis**

Bei Überschreiten der 15 %-Grenze erst im zweiten oder dritten Jahr können die vorangegangenen Steuerbescheide nach § 175 Abs. 1 S. 1 Nr. 2 AO geändert werden.

10. Abschreibung

51 Die **Anschaffung** verlangt die Erlangung der wirtschaftlichen Verfügungsmacht (Übergang von Besitz, Gefahr und Nutzungen, Lasten, § 446 BGB). Die **Herstellung** beginnt mit Handlungen, die auf die Schaffung, Erweiterung oder wesentliche Verbesserung einer Immobilie gerichtet sind.[52] Sie endet mit der Fertigstellung des Mietobjekts (§ 9a EStDV), d.h. in dem Moment, in dem das Objekt bewohnbar ist.[53] Die Abschreibungsbefugnis richtet sich nach dem wirtschaftlichen Eigentum („Wer hat die Anschaffungs- bzw. Herstellungskosten getragen?") und nicht lediglich nach der zivilrechtlichen Eigentümerstellung.[54]

52 Mit dem Übergang der wirtschaftlichen Verfügungsmacht bzw. mit der Fertigstellung beginnt die Abschreibung für das Gebäude. Im Jahr der Anschaffung oder Herstellung des Wirtschaftsgutes vermindert sich für dieses Jahr der Abschreibungsbetrag um jeweils ein Zwölftel für jeden vollen Monat, der dem Monat der Anschaffung oder Herstellung vorangeht, § 7 Abs. 1 S. 4 EStG.

Beispiel

Bei Anschaffung am 10.8.2024 vermindert sich die Abschreibung um 7/12.

53 Die Höhe der Abschreibung beträgt bei zu Wohnzwecken vermieteten Immobilien des Privatvermögens 2 %, für Gebäude, die vor dem 1.1.1925 fertiggestellt worden sind, jährlich 2,5 % (§ 7 Abs. 4 Nr. 2 EStG). Bei Gebäuden, die nach dem 31.12.2022 fertiggestellt worden sind, erhöht sich die lineare AfA auf 3 %, § 7 Abs. 4 Nr. 2a EStG. Für Wohngebäude wurde eine degressive AfA von 5 % des jeweiligen Restwerts (sog. AfA in fallenden Beträgen) wieder eingeführt, wenn mit der Herstellung des Gebäudes nach dem 30.9.2023 und vor dem 1.10.2029 begonnen wird, § 7 Abs. 5a EStG.[55] Ein späterer Übergang von der degressiven zur linearen AfA ist nach § 7 Abs. 5a S. 7 EStG ausdrücklich zulässig.

---

52 Z.B. Beginn der Abbrucharbeiten zwecks Errichtung eines neuen Gebäudes, vgl. BFH v. 12.6.1978 – GrS 1/77, BStBl II 1978, 620.

53 BFH v. 27.6.1995 – IX R 130/90, BStBl II 1996, 215.

54 BFH v. 21.2.2017 – VIII R 10/14, BStBl II 2017, 819.

55 Gleiches gilt, wenn die Anschaffung bis zum Ende des Jahres der Fertigstellung erfolgt und der Kaufvertrag im Zeitraum nach dem 30.9.2023 und vor dem 1.10.2029 abgeschlossen wird.

Die Nachholung einer unterlassenen Abschreibung ist nach der Rspr. grds. zulässig, soweit nicht der Steuerpflichtige versucht hat, sich durch die unterlassene Abschreibung einen steuerlichen Vorteil zu erschleichen.[56] 54

Bei **unentgeltlich** erworbenen Immobilien bemessen sich die Abschreibungen nach den Anschaffungs- oder Herstellungskosten des Rechtsvorgängers, § 11d Abs. 1 S. 1 EStDV. Die Abschreibungen, die der Rechtsvorgänger und der unentgeltliche Rechtsnachfolger in Anspruch nehmen, sind nur zulässig, soweit sie insgesamt noch nicht zur vollen Absetzung geführt haben, § 11d Abs. 1 S. 2 EStDV. 55

11. Erstattung von Werbungskosten, vorweggenommene Werbungskosten

Werden zu einem späteren Zeitpunkt gezahlte Werbungskosten **erstattet**, liegen im Erstattungsjahr steuerpflichtige Einkünfte aus Vermietung und Verpachtung vor.[57] 56

Vorweggenommene Werbungskosten, also solche, die bereits vor der Vermietung anfallen, sind steuerlich zum Abzug zuzulassen, soweit der Vermieter bereits endgültig den Entschluss zur Vermietung gefasst hatte. Ob die subjektive Einkünfteerzielungsabsicht bereits bestand, bestimmt sich anhand der Umstände des Einzelfalls (siehe Rdn 76 ff.). 57

12. Nachträgliche Werbungskosten

Nachträgliche Werbungskosten zu den Einkünften aus Vermietung und Verpachtung sind von den Kosten der Veräußerung **abzugrenzen**. Letztere können maximal einen evtl. steuerpflichtigen Veräußerungserlös reduzieren bzw. einen Veräußerungsverlust erhöhen (siehe Rdn 114). Dies gilt selbst dann, wenn die Veräußerung planwidrig nicht erfolgt.[58] Nach der Rspr. des BFH können die Kosten eines Maklers für die Immobilienveräußerung als Werbungskosten bei den Einkünften aus Vermietung und Verpachtung in Abzug gebracht werden, soweit der Veräußerungserlös verwendet wird, um ein neues Vermietungsobjekt zu erwerben.[59] Gleiches gilt aber nicht mehr für die bei einem Verkauf anfallende **Vorfälligkeitsentschädigung**. Diese führt selbst dann nicht zu Werbungskosten aus Vermietung und Verpachtung, wenn ein neues Vermietungsobjekt erworben wird.[60] Es handelt sich vielmehr um Veräußerungskosten (siehe Rdn 114), da der wirtschaftliche Zusammenhang mit der Veräußerung den wirtschaftlichen 58

56 BFH v. 3.7.1980 – IV R 31/77, BStBl II 1981, 255.
57 BFH v. 28.3.1995 – IX R 41/93, BStBl II 1995, 704.
58 BFH v. 1.8.2012 – IX R 8/12, BStBl II 2012, 781.
59 BFH v. 11.2.2014 – IX R 22/13, BFH/NV 2014, 1195.
60 BFH v. 11.2.2014 – IX R 42/13, BStBl II 2015, 633; BMF-Schreiben v. 27.7.2015 – IV C 1-S-2211/11/10001, BStBl I 2015, 581 Rn 2 (für Veräußerungen ab dem 27.7.2015).

Zusammenhang mit der Finanzierung überlagert.[61] Wird das Mietobjekt jedoch nicht veräußert und entsteht die Vorfälligkeitsentschädigung im Rahmen einer Umfinanzierung, akzeptiert die Rspr. weiterhin den Ansatz der Vorfälligkeitsentschädigung als Werbungskosten bei den Einkünften aus Vermietung und Verpachtung.[62]

59 Reicht der Veräußerungserlös nicht aus, um die Bankenfinanzierung zurückzuführen, sind die weiterhin anfallenden **Schuldzinsen** als nachträgliche Werbungskosten bei den Einkünften aus Vermietung und Verpachtung abziehbar. Dies gilt unabhängig davon, ob die Veräußerung der Immobilie innerhalb der Zehnjahresfrist des § 23 EStG (dazu Rdn 100) erfolgt oder nicht.[63] Demgemäß können bis zur Darlehensrückführung jedes Jahr negative Einkünfte aus Vermietung und Verpachtung in Höhe der verbleibenden Schuldzinsen entstehen.

III. Zufluss-Abfluss-Prinzip, § 11 EStG

1. Einnahmen

60 Die Einkünfte aus Vermietung und Verpachtung ermitteln sich aus dem Überschuss der Einnahmen über die Werbungskosten, § 2 Abs. 2 Nr. 2 EStG. Es gilt das in § 11 EStG normierte Zufluss-Abfluss-Prinzip.

61 Für die Mieteinnahmen gilt: Die Einnahmen sind innerhalb des Kalenderjahres bezogen, in dem sie dem Vermieter zugeflossen sind, § 11 Abs. 1 S. 1 EStG.

62 Der **Zufluss** meint den Zeitpunkt, in dem der Vermieter über die Einnahmen wirtschaftlich verfügen kann.[64] Dies sind der Moment der Barzahlung, der Gutschrift der Miete auf dem Konto des Vermieters und auch der Erhalt eines gedeckten Schecks.[65] Ausreichend ist auch die Aufrechnung mit Gegenansprüchen des Mieters.

Beispiel

Zahlt der Mieter ein ganzes Jahr keine Miete, sind dem Vermieter keine Einnahmen zugeflossen. Der bloße Anspruch auf Zahlung der Mieten begründet keinen Zufluss. Zahlt der Mieter dann im Folgejahr die Mieten nach, fließen dem Vermieter im Folgejahr nicht nur die monatlichen Mieten, sondern auch die gesamte Jahresmiete des Vorjahres zu.

---

61 Kritisch dazu Schmidt/*Krüger*, EStG, § 9 Rn 137 m.w.N.

62 BFH v. 6.12.2005 – VIII R 34/04, BStBl II 2006, 265; Schmidt/*Krüger*, EStG, § 9 Rn 137 m.w.N.

63 BFH v. 20.6.2012 – IX R 67/10, BStBl II 2013, 275; BFH v. 8.4.2014 – IX R 45/13, BStBl II 2015, 635; BFH v. 16.9.2015 – IX R 40/14, BStBl II 2016, 78; BMF-Schreiben v. 27.7.2015 – IV C1-S-2211/11/10001, BStBl I 2015, 581 Rn 1.

64 BFH v. 30.11.2010 – VIII R 40/08, BFH/NV 2011, 592.

65 BFH v. 30.11.2010 – VIII R 40/08, BFH/NV 2011, 592.

2. Regelmäßig wiederkehrende Einnahmen

Regelmäßig wiederkehrende Einnahmen, zu denen insbesondere die **monatliche Mietzahlung** zählt, die dem Vermieter kurze Zeit vor Beginn oder kurze Zeit nach Beendigung des Kalenderjahres, zu dem sie wirtschaftlich gehören, zugeflossen sind, gelten als in diesem Kalenderjahr bezogen, § 11 Abs. 1 S. 2 EStG. Am einfachsten lässt sich dies anhand eines Beispiels verdeutlichen. 63

Beispiel

Laut Mietvertrag ist die monatliche Miete vorschüssig bis zum dritten Werktag des Monats zu bezahlen. Bei dem Vermieter geht die Miete für den Monat Januar bereits am 30.12. des Vorjahres ein. Diese Miete ist dem Folgejahr zuzurechnen und muss von dem Vermieter auch erst im Folgejahr versteuert werden, so dass sichergestellt werden kann, dass der Vermieter jedes Jahr 12 Monatsmieten versteuert und die Steuerprogression nicht von Zufälligkeiten abhängt.

Als „kurze Zeit" wird grds. ein Zeitraum vom 22.12. bis zum 10.1. angesehen. 64
Die regelmäßig wiederkehrenden Einnahmen müssen auch in diesem Zeitraum fällig werden. Würde der Mieter daher am 5.1. eine Miete für den Monat Oktober des Vorjahres zahlen, greift diese Regelung nicht. Diese Miete wird im Jahr des tatsächlichen Zuflusses erfasst. Anders wäre es, wenn der Mieter am 5.1. die Miete für Dezember des Vorjahres zahlt. Hier könnten die Mieteinnahmen dem Vorjahr zugerechnet werden.

Hinweis 65

Fällt der 22.12. oder der 10.1. auf einen Samstag, Sonntag oder gesetzlichen Feiertag, verlängert sich der Zeitraum nicht.[66]

3. Werbungskosten

Nach § 11 Abs. 2 S. 1 EStG sind Werbungskosten bei der Vermietung und Ver- 66
pachtung für das Kalenderjahr anzusetzen, in dem sie geleistet worden sind. Dabei ist auf den Zeitpunkt abzustellen, in dem der Steuerpflichtige seine wirtschaftliche Verfügungsmacht über den Leistungsgegenstand verliert.[67] Auf den Zeitpunkt des Leistungserfolgs kommt es dagegen nicht an. Der Zeitpunkt des Abflusses ist danach der Zeitpunkt der Barzahlung, die Hingabe eines gedeckten Schecks oder der Zugang der Überweisung bei der Bank[68] bzw. bei Kreditkartenzahlung die Unterschrift auf dem Belastungsbeleg.[69]

66 BFH v. 11.11.2014 – VIII R 34/12, BStBl II 2015, 285; a.A. *Dürr*, DStZ 2016, 645.
67 BFH v. 6.3.1997 – IV R 47/95, BStBl II 1997, 509.
68 BFH v. 14.1.1986 – IX R 51/80, BStBl II 1986, 453.
69 FG Rheinland-Pfalz v. 18.3.2013 – 5 K 1875/10, EFG 2013, 1029.

67 Regelmäßig wiederkehrende Ausgaben können – entsprechend den Mieteinnahmen (siehe Rdn 63) – dem Jahr zugeordnet werden, zu dem sie wirtschaftlich gehören. Dies gilt bspw. für die Sollzinsen eines Mietkontos, die monatlichen Zahlungen an einen Hausverwalter oder Hausmeister usw. Der Steuerpflichtige hat insoweit ein Wahlrecht („kann").

68 § 11 Abs. 2 S. 3 EStG sieht eine Sonderregelung vor: Werden Werbungskosten für eine Nutzungsüberlassung von mehr als fünf Jahren im Voraus geleistet, sind sie insgesamt auf den Zeitraum gleichmäßig zu verteilen, für den die Vorauszahlung geleistet wird. Die gleichmäßige Verteilung über den Zeitraum, für den die Vorauszahlungen geleistet worden sind, ist in diesen Fällen verpflichtend. Ein Wahlrecht besteht für den Steuerpflichtigen nicht. Erfasst wird z.B. die Vorauszahlung eines Erbbauzinses für mehr als fünf Jahre o.Ä.

69 Dies gilt nach § 11 Abs. 2 S. 4 EStG nicht für ein **Damnum** oder **Disagio**, soweit dieses **marktüblich** ist. Damit erlaubt die Marktüblichkeit weiterhin einen sofortigen Abzug als Werbungskosten. Übersteigt das Damnum bzw. Disagio den marktüblichen Teil, ist nur dieser Teil von dem sofortigen Abzug als Werbungskosten ausgeschlossen und über die Laufzeit zu verteilen („soweit"). Die Marktüblichkeit ist nach Ansicht der Finanzverwaltung weiterhin immer dann anzunehmen, wenn das Damnum bzw. Disagio den Betrag von 5 % des Darlehensnennbetrags nicht übersteigt.[70]

70 **Hinweis**

Werden Mieteinnahmen für mehr als fünf Jahre im Voraus gezahlt, so kann der Vermieter diese auf den Zeitraum gleichmäßig verteilen, für den die Vorauszahlung geleistet wird, § 11 Abs. 1 S. 3 EStG.

4. Erhaltungsaufwand

71 Größerer Erhaltungsaufwand (zum Begriff siehe Rdn 31) kann nach § 82b EStDV entgegen dem Zufluss-Abfluss-Prinzip gem. § 11 Abs. 2 EStG auf zwei bis fünf Jahre gleichmäßig verteilt werden. Voraussetzung ist, dass es sich um **größeren**[71] **Aufwand** für eine private Immobilie handelt, die überwiegend Wohnzwecken dient. Eine Immobilie dient **überwiegend Wohnzwecken**, wenn die Grundfläche der Wohnzwecken dienenden Räume des Gebäudes mehr als die Hälfte der gesamten Nutzfläche beträgt, § 82b Abs. 1 S. 2 EStDV. Dabei werden Garagen stets als zu Wohnzwecken dienend angesehen, soweit in ihnen nicht mehr als ein Pkw für jede in dem Gebäude befindliche Wohnung untergestellt werden kann, § 82b Abs. 1 S. 3 EStDV.

---

70 BMF-Schreiben v. 20.10.2003 – IV C3-S-2253a-48/03, BStBl I 2003, 546.

71 Bejaht bereits für einen Betrag von 1.440 DM, BFH v. 27.10.1992 – IX R 66/91, BStBl II 1993, 591.

In einem solchen Fall kann der Steuerpflichtige folglich zwischen dem sofortigen Abzug des Erhaltungsaufwands im Entstehungsjahr oder der gleichmäßigen Verteilung auf zwei bis fünf Jahre wählen. Die Verteilung auf mehrere Jahre kann bspw. sinnvoll sein, um die Steuerprogression optimal auszunutzen, indem sich z.B. Sonderausgaben steuermindernd auswirken können. Außerdem kann Erhaltungsaufwand, der im Jahr der Entstehung versehentlich nicht angesetzt wurde, zumindest anteilig über die verbleibenden Jahre steuerlich zum Abzug gebracht werden.[72] 72

Wird das Gebäude **während des Verteilungszeitraums veräußert**, ist der noch nicht berücksichtigte Teil des Erhaltungsaufwands im Jahr der Veräußerung als Werbungskosten abzusetzen, § 82b Abs. 2 S. 1 EStDV. 73

Bei einer **unentgeltlichen** Übertragung der Immobilie kann der Rechtsnachfolger den (anteiligen) Werbungskostenabzug fortsetzen.[73] 74

Nach §§ 11a und 11b EStG gelten **Sonderregeln** für die Behandlung von Erhaltungsaufwand bei Gebäuden in Sanierungsgebieten und städtebaulichen Entwicklungsbereichen sowie bei Baudenkmalen. 75

IV. Einkünfteerzielungsabsicht

Bei einer auf Dauer angelegten Vermietung einer Wohnung wird die Einkünfteerzielungsabsicht, die Voraussetzung für die steuerliche Anerkennung des Mietverhältnisses ist, **unwiderleglich vermutet**.[74] Eine sog. steuerliche **Liebhaberei** scheidet damit im Regelfall grds. aus. Dies gilt bspw. auch dann, wenn die Mieteinnahmen nicht einmal die laufenden Kosten decken[75] oder bis zur Tilgung von Lebensversicherungen besonders hohe Schuldzinsen zu zahlen sind, die keinen positiven Überschuss ermöglichen.[76] Damit verbleibt für die Prüfung der Einkünfteerzielungsabsicht bei der Vermietung und Verpachtung nur Raum, wenn die Vermietung der Wohnung nicht auf Dauer angelegt ist oder ein besonders gelagerter Ausnahmefall vorliegt. 76

An einer **auf Dauer angelegten Wohnungsvermietung** fehlt es bspw. bei der Vermietung von Gewerbeobjekten oder anderen nicht zu Wohnzwecken geeigneten Objekten (z.B. unbebaute Grundstücke). Gleiches gilt, wenn der Vermieter bereits bei Beginn der Vermietung die Aufnahme der Eigennutzung in absehbarer 77

72 Z.B. BFH v. 27.10.1992 – IX R 152/89, BStBl II 1993, 589; siehe auch Schmidt/*Kulosa*, EStG, § 21 Rn 126 m.w.N.

73 Vgl. Schmidt/*Kulosa*, EStG, § 21 Rn 126 m.w.N.

74 BMF-Schreiben v. 8.10.2004 – IV C3-S-2253–91/04, BStBl I 2004, 933.

75 BFH v. 26.10.2004 – IX R 57/02, BStBl II 2005, 388.

76 BFH v. 19.4.2005 – IX R 10/04, BStBl II 2005, 692.

Zeit ernsthaft beabsichtigt.[77] Denn in diesem Fall ist von vornherein nur eine begrenzte Mietdauer zu betrachten und die Frage zu beantworten, ob für diese eingeschränkte Zeit eine Einkünfteerzielungsabsicht bestand oder bspw. nur steuerliche Verluste generiert werden sollten.

78 Ein besonders gelagerter Ausnahmefall ist bspw. bei der Vermietung außergewöhnlicher Wohnungen zu bejahen, die üblicherweise nicht fremdvermietet werden,[78] oder bei teilweise selbst genutzten **Ferienimmobilien**. Wird dagegen die Ferienwohnung ausschließlich fremdvermietet, gilt wieder die Vermutung der Einkünfteerzielungsabsicht,[79] soweit nicht eine ortsübliche Vermietungszeit um mindestens 25 % unterschritten wird, ohne dass besondere Vermietungshindernisse bestehen.[80] In diesen beiden Ausnahmefällen ist das Vorliegen der Einkünfteerzielungsabsicht anhand der Umstände des Einzelfalls objektbezogen zu prüfen und es kann die Anerkennung des Mietverhältnisses aufgrund steuerlicher Liebhaberei versagt werden.

79 Ist ausnahmsweise die Einkünfteerzielungsabsicht zu prüfen, muss eine **Überschussprognose** erstellt werden. Zur steuerlichen Anerkennung ist erforderlich, dass diese über den Prognosezeitraum einen **Totalüberschuss** ausweist. Der Prognosezeitraum umfasst in der Regel 30 Jahre.[81] Bei einer nicht auf Dauer angelegten Vermietung verkürzt sich der Zeitraum auf die Zeit bis zur Beendigung der Einkünfteerzielung.[82] Umstritten ist, inwieweit bei dieser Zukunftsprognose sowohl bei den zu schätzenden Mieteinnahmen als auch den zu erwartenden Werbungskosten Sicherheitszu- bzw. -abschläge erlaubt sind.[83] Da es lediglich um den Totalüberschuss aus den laufenden Mieteinnahmen geht, dürfen erwartete Veräußerungsgewinne nicht in die Betrachtung mit einbezogen werden.[84]

---

77 Z.B. aufgrund ausdrücklicher Mietvertragsklauseln ersichtlich, BFH v. 9.7.2002 – IX R 57/00, BStBl II 2003, 695 und BFH v. 4.11.2003 – IX R 55/02, BFH/NV 2004, 484 oder BFH v. 25.6.2009 – IX R 24/07, BStBl II 2010, 127 für den Fall, dass die Vermietung dadurch zeitlich legitimiert ist, dass nur für zehn Jahre ein Erbbaurecht besteht. Zu weiteren Indizien vgl. Schmidt/*Kulosa*, EStG, § 21 Rn 33 m.w.N.

78 Z.B. BMF-Schreiben v. 20.2.1995 – IV B3-S-2253-11/95, BStBl I 1995, 150 für Wohnflächen über 250 m^2.

79 BMF-Schreiben v. 8.10.2004 – IV C3-S-2253-91/04, BStBl I 2004, 933; inwieweit dies auch für nach § 23 EStG steuerpflichtige Veräußerungsgewinne gilt, ist umstritten, vgl. Schmidt/*Kulosa*, EStG, § 21 Rn 57.

80 BFH v. 29.11.2005 – IX B 109/05, BFH/NV 2006, 719; BFH v. 26.10.2004 – IX R 57/02, BStBl II 2005, 388.

81 BMF-Schreiben v. 8.10.2004 – IV C3-S-2253-91/04, BStBl I 2004, 933.

82 BFH v. 9.7.2002 – IX R 57/00, BStBl II 2003, 695.

83 Zum Streitstand vgl. Schmidt/*Kulosa*, EStG, § 21 Rn 56.

84 BMF-Schreiben v. 8.10.2004 – IV C3-S-2253-91/04, BStBl I 2004, 933.

Bei **leerstehenden Immobilien** können Werbungskosten im Rahmen einer geplanten Vermietung steuerlich anzuerkennen sein, wenn bereits die Vermietungsabsicht endgültig beschlossen wurde. 80

War die Immobilie **vor dem Leerstand bereits vermietet**, wird der Vermietungsentschluss in der Regel durch die vorherige Vermietung belegt.[85] Der Steuerpflichtige muss daher primär ernsthafte und nachhaltige Vermietungsbemühungen entfalten, um die Vermietung fortzusetzen. Für diese Vermietungsbemühungen trägt der Steuerpflichtige die Feststellungslast.[86] Er muss daher entsprechende Belege sammeln und vorhalten, um die Anerkennung der Vermietungsabsicht durch die Finanzverwaltung nicht zu gefährden. Geeignete Vermietungsbemühungen werden z.B. durch die Schaltung von Anzeigen, die Einschaltung von Maklern oder ähnliche Bemühungen dokumentiert.[87] Nach längerem Leerstand verlangt die Rspr. auch, dass die Vermietungsbemühungen geändert werden (z.B. Einschaltung eines Maklers, wenn zuvor lediglich Inserate geschaltet wurden, oder Zugeständnisse bei der Höhe des Mietzinses).[88] 81

War die Immobilie **bislang noch nicht vermietet**, sind strengere Grundsätze anzulegen. Der Steuerpflichtige muss nachweisen können, dass er die Absicht hat, mit dem Objekt Mieteinkünfte zu erzielen, und nicht lediglich in Veräußerungsabsicht handelt. Denn bei einem Handeln in Veräußerungsabsicht fehlt es an einem notwendigen Vermietungsentschluss.[89] Die anfallenden Kosten können dann maximal Veräußerungskosten beinhalten (dazu Rdn 114). Wird bspw. eine renovierte Wohnung nach wenigen Inseraten nicht vermietet, sondern beginnt dann die Selbstnutzung, ist von vornherein nicht von einer Vermietungsabsicht auszugehen.[90] Andererseits genügt es für eine Vermietungsabsicht, wenn innerhalb eines Zeitraums von rd. 3,5 Jahren auf nahezu sämtliche lokalen Mietgesuche geantwortet und die Wohnung dann auch tatsächlich vermietet wird.[91] 82

V. Verbilligte Vermietung an nahe Angehörige

1. Anerkennung des Mietverhältnisses

Das Steuerrecht erkennt auch Mietverhältnisse zwischen nahen Angehörigen an, so dass z.B. auch eine Vermietung an den Ehegatten, die Eltern oder an leibliche 83

85 Indizwirkung zugunsten des Steuerpflichtigen, BFH v. 11.8.2010 – IX R 3/10, BStBl II 2011, 166.
86 Z.B. BFH v. 11.12.2012 – IX R 14/12, BStBl II 2013, 279.
87 BMF-Schreiben v. 8.10.2004 – IV C3-S-2253–91/04, BStBl I 2004, 933.
88 Z.B. BFH v. 11.12.2012 – IX R 14/12, BStBl II 2013, 279; vgl. dazu ausf. Schmidt/*Kulosa*, EStG, § 21 Rn 137 mit zahlreichen Beispielen aus der Rspr.
89 BFH v. 19.9.1990 – IX R 5/86, BStBl II 1990, 1030.
90 BFH v. 16.6.2015 – IX R 27/14, BStBl II 2016, 144.
91 BFH v. 11.12.2012 – IX R 68/10, BStBl II 2013, 367.

Kinder dem Grunde nach zulässig ist.[92] Damit dieses Mietverhältnis steuerliche Wirkung entfaltet, muss
- das Mietverhältnis zivilrechtlich wirksam vereinbart sein,
- der Vertragsinhalt dem sog. Fremdvergleich standhalten und
- tatsächlich wie vereinbart durchgeführt werden.

84 Dabei begründet nicht jede Abweichung die steuerliche Versagung der Akzeptanz des Mietverhältnisses. Es hat vielmehr eine **Gesamtwürdigung** der Umstände des jeweiligen Einzelfalls zu erfolgen, so dass z.B. eine um einen Tag verspätete Mietzahlung gegenüber den mietvertraglichen Regelungen nicht zwingend zu einer Nichtanerkennung führt.[93]

85 **Hinweis**

Um das Risiko einer Nichtanerkennung des Mietverhältnisses zu minimieren, sollte streng darauf geachtet werden, dass die praktische Abwicklung im Mietverhältnis den vertraglichen Regelungen entspricht.

86 Auch wenn das Gesetz nicht zwingend die **Schriftform** für den Abschluss eines Mietverhältnisses vorschreibt, empfiehlt sich dies doch, um den Abschluss als solchen und den Inhalt der Vereinbarung gegenüber dem Finanzamt belegen zu können.[94]

87 Der Inhalt des Vertrags muss einem **Fremdvergleich** standhalten, also auch mit einem Dritten in dieser Form ernstlich abgeschlossen worden sein können. Fremdüblich kann daher die Vereinbarung einer Warmmiete sein, wenn z.B. eine Zimmervermietung an Studenten erfolgt.[95]

88 **Hinweis**

Die Verwendung von **Formularverträgen** spricht für die Anerkennung des Mietvertrags, so dass diese Vertragsausgestaltung grds. unter Angehörigen zu empfehlen ist.

89 Entspricht die **tatsächliche Durchführung** nicht dem **Vertragsinhalt**, ist das Mietverhältnis steuerlich nicht anzuerkennen. Dies ist z.B. evident, wenn tatsächlich keine Mietzahlung nachweisbar ist[96] oder eine erste Mietzahlung erst fast ein Jahr nach Beginn des Mietverhältnisses geleistet wird.[97] Barzahlungen haftet das erhöhte Risiko an, dass diese nicht vertragsgemäß geleistet werden. Die Überwei-

92 BFH v. 22.4.2002 – IX B 186/01, BFH/NV 2002, 1155 für ein Mietverhältnis mit einer Kapitalgesellschaft, die von einem nahen Angehörigen beherrscht wird; zum Begriff der nahestehenden Personen siehe auch BFH v. 22.1.2013 – IX R 70/10, BFH/NV 2013, 1067.

93 Z.B. BFH v. 28.6.2002 – IX R 68/99, BStBl II 2002, 699.

94 BFH v. 26.6.2001 – IX R 68/97, BFH/NV 2001, 1551.

95 BFH v. 19.10.1999 – IX R 39/99, BStBl II 2000, 224.

96 BFH v. 21.11.2013 – IX R 26/12, BFH/NV 2014, 529.

97 BFH v. 19.6.1991 – IX R 306/87, BStBl II 1992, 75.

sung der monatlichen Miete zu den vereinbarten Fälligkeiten auf ein Konto des Vermieters (ohne Zugriffsrecht des Mieters) bietet die sicherere Alternative.[98]

Im Falle eines **Gestaltungsmissbrauchs** (§ 42 AO) wird ein Mietverhältnis steu- 90
erlich ebenfalls nicht anerkannt. Ein solcher Gestaltungsmissbrauch liegt nach § 42 Abs. 2 AO insbesondere vor, wenn eine unangemessene rechtliche Gestaltung gewählt wird, die dem Steuerpflichtigen einen gesetzlich nicht vorgesehenen Steuervorteil bringt. Dies kann bei der Vermietung und Verpachtung der Fall sein, wenn das Mietverhältnis nur begründet wird, um sich steuerliche Vorteile aus zu erzielenden Verlusten zu verschaffen, und es sich bei wirtschaftlicher Betrachtung nicht um ein „wirkliches" Mietverhältnis handelt. Einen solchen Gestaltungsmissbrauch hat die Rspr. insbesondere in den Fällen der **Überkreuzvermietung** bejaht, wenn sich bspw. die Ehegatten gegenseitig ihre Arztpraxen vermieten[99] oder die Eltern und Kinder sich gegenseitig die jeweils selbst genutzte Eigentumswohnung vermieten.[100] Demgegenüber ist es zulässig und wird steuerlich anerkannt, dass ein Kind eine Immobilie an die Eltern zur Selbstnutzung vermietet, während die Eltern zugleich dem Kind eine weitere Immobilie unentgeltlich zur Selbstnutzung zur Verfügung stellen.[101] Die Abgrenzung ist im Einzelfall schwierig.

Wird eine Immobilie an einen Angehörigen vermietet, dem der Vermieter gegen- 91
über unterhaltsverpflichtet ist, steht es einer steuerlichen Anerkennung des Mietverhältnisses nicht entgegen, wenn der Mieter die Miete aus den **Unterhaltszahlungen** leistet.[102] Empfehlenswert sind getrennte Überweisungen (in die eine Richtung die Unterhaltszahlung und in die andere Richtung die Mietzahlung). Dies ist aber nicht zwingend erforderlich, da die Rspr. bereits ein Mietverhältnis anerkannt hat, in dem der Vermieter die Miete unmittelbar von den Unterhaltszahlungen in Abzug bringt und nur den verbleibenden Restbetrag als Unterhalt an den Mieter überweist.[103] Es ist auch zulässig und kein Gestaltungsmissbrauch, wenn dem Mieter zuvor ein Geldbetrag geschenkt wurde, aus dem er die laufende Miete an den Schenker entrichten kann.[104]

2. Miethöhe (50 %- und 66 %-Grenze)

Beträgt die Miete für die Überlassung einer Wohnung zu Wohnzwecken weniger 92
als 50 % der ortsüblichen Marktmiete, so ist die Nutzungsüberlassung in einen

98 Vgl. Schmidt/*Kulosa*, EStG, § 21 Rn 96 m.w.N.
99 BFH v. 25.1.1994 – IX R 98/90 BStBl II 1994, 738.
100 BFH v. 22.1.2013 – IX R 18/12, BFH/NV 2013, 1094.
101 BFH v. 14.1.2003 – IX R 5/00, BStBl II 2003, 509.
102 BFH v. 16.1.1996 – IX R 13/92, BStBl II 1996, 214; BFH v. 31.7.2007 – IX R 8/07, BFH/NV 2008, 350.
103 BFH v. 19.10.1999 – IX R 30/98, BStBl II 2000, 223.
104 BFH v. 17.12.2002 – IX R 26/01, BFH/NV 2004, 1378.

entgeltlichen und einen unentgeltlichen Teil aufzuteilen, § 21 Abs. 2 S. 1 EStG. Beträgt die Miete bei einer auf Dauer angelegten Wohnungsvermietung mindestens 66 % der ortsüblichen Miete, gilt die Wohnungsvermietung als entgeltlich, § 21 Abs. 2 S. 2 EStG. Liegt die Miete zwischen 50 % und weniger als 66 % der ortsüblichen Miete, kann ein vollentgeltliches Mietverhältnis vorliegen, wenn die Überschusserzielungsabsicht nachgewiesen werden kann (dazu Rdn 79). Anderenfalls kommt es – wie in § 21 Abs. 2 S. 1 EStG vorgesehen – zur anteiligen Aufteilung in eine entgeltliche und eine unentgeltliche Nutzungsüberlassung.

93 Die **50 %- bzw. 66 %-Grenze** orientiert sich an der **ortsüblichen Marktmiete**, die sich primär nach dem örtlichen Mietspiegel richtet.[105] Diese umfasst auch die nach der Betriebskostenverordnung umlagefähigen Betriebskosten.[106] Bei einer möblierten Vermietung hat ein Zuschlag zu erfolgen. Existiert kein Mietspiegel, kann auf tatsächliche Mieten von vergleichbaren Wohnungen abgestellt werden.[107] Ob die 66 %-Grenze eingehalten wird, ergibt sich aus einem Vergleich der vereinbarten Miete mit der ortsüblichen Vergleichsmiete.

94 Beträgt das vereinbarte Mietentgelt weniger als 50 %, spaltet sich die Wohnungsüberlassung in einen entgeltlichen Teil und eine unentgeltliche Wohnungsüberlassung auf. Dies hat zur Konsequenz, dass dann auch die Werbungskosten, die im Rahmen der Vermietung geltend gemacht werden sollen, nur in diesem prozentualen Anteil, der auf den entgeltlichen Teil entfällt, abgezogen werden dürfen. Es entsteht folglich ein anteilig reduzierter Werbungskostenabzug.

Beispiel 1

Die Vermietung einer Eigentumswohnung erfolgt für 600 EUR pro Monat. Es fallen Werbungskosten einschließlich Abschreibungen von insgesamt 6.000 EUR p.a. an. Die ortsübliche Miete liegt bei 1.800 EUR pro Monat. Das Verhältnis von 600 EUR zu 1.800 EUR ergibt einen Prozentsatz von 33,33 %, der damit unterhalb der 50 %-Grenze liegt. Damit liegt nur zu 33,33 % eine entgeltliche Vermietung vor. Der Überschuss der Einkünfte aus Vermietung und Verpachtung ermittelt sich wie folgt:

Einnahmen:	12 x 600 EUR = 7.200 EUR
Werbungskosten:	33,33 % von 6.000 EUR = 1.999,80 EUR
Überschuss:	7.200 EUR – 1.999,80 EUR = **5.200,20 EUR**

95 Wird dagegen die 66 %-Grenze erreicht oder überschritten, ist das Mietverhältnis als voll entgeltlich anzusehen.

105 BFH v. 17.8.2005 – IX R 10/05, BStBl II 2006, 71 (Orientierung an der unteren Preisspanne zulässig); ausf. zur Bestimmung der ortsüblichen Vergleichsmiete OFD Frankfurt v. 7.12.2023 – S 2253 A-00115–0357-St 214, NWB SAAAJ-58937.

106 R 21.3 EStR; vgl. Schmidt/*Kulosa*, EStG, § 21 Rn 160 m.w.N.

107 BayLfSt DStR 2008, 406.

Beispiel 2

Erfolgt die Vermietung im vorgenannten Beispiel nicht für 600 EUR, sondern für 1.300 EUR, errechnet sich im Vergleich zur ortsüblichen Miete (1.800 EUR) ein Prozentsatz von 72,22 %. Das Mietverhältnis ist aufgrund der Überschreitung der 66 %-Grenze daher als voll entgeltlich anzusehen. Der zu versteuernde Überschuss aus Vermietung und Verpachtung errechnet sich daher nunmehr wie folgt:

Einnahmen:	12 x 1.300 EUR = 15.600 EUR
Werbungskosten:	6.000 EUR
Überschuss:	15.600 EUR – 6.000 EUR = **9.600 EUR**

Während die Mieteinnahmen im Beispiel 2 mehr als doppelt so hoch sind, verdoppelt sich der Überschuss aus der Vermietung gegenüber dem Beispiel 1 nicht, da nunmehr die Werbungskosten zu 100 % abzugsfähig sind. Wird bei der verbilligten Vermietung (wie in Beispiel 1) ein Verlust erzielt, führt die Einhaltung der 66 %-Grenze bei einer auf Dauer angelegten Wohnungsvermietung dazu, dass die Einkünfteerzielungsabsicht (dazu Rdn 76 ff.) unterstellt wird. Die steuerliche Anerkennung der Vermietungsverluste kann daher nicht mit der Begründung einer fehlenden Einkünfteerzielungsabsicht abgelehnt werden. 96

Hinweis 97

Die 50 %- und 66 %-Grenze gilt nicht nur für eine Vermietung zwischen Angehörigen, sondern kann auch in einem Mietverhältnis **zwischen fremden Dritten** zur Anwendung kommen.

Diese Sonderregelung gilt damit nach dem Gesetzeswortlaut im Übrigen nur für die Vermietung von **Wohnraum** und nicht für die Vermietung gewerblich genutzter Objekte oder anderer Räume. Das bedeutet, dass in diesen Fällen bei der Abweichung von der ortsüblichen Miete stets eine Aufteilung in eine entgeltliche und unentgeltliche Überlassung erfolgt, verbunden mit der jeweils anteiligen Kürzung der Werbungskosten, auch wenn die Abweichung oberhalb der 66 %-Grenze liegt. 98

B. Private Veräußerungsgeschäfte

I. Begriff

§ 22 Nr. 2 EStG stuft die privaten Veräußerungsgeschäfte als einkommensteuerpflichtige sonstige Einkünfte i.S.d. § 2 Abs. 1 S. 1 Nr. 7 EStG ein. Wie bei den Einkünften aus Vermietung und Verpachtung (siehe Rdn 1 ff.) handelt es sich um sog. Überschusseinkünfte, § 2 Abs. 2 S. 1 Nr. 2 EStG. Bei Grundstücken und Rechten, die den Vorschriften des bürgerlichen Rechts über Grundstücke unter- 99 liegen (z.B. Erbbaurecht), liegt nach § 23 Abs. 1 S. 1 Nr. 1 EStG immer dann ein **privates Veräußerungsgeschäft** vor, wenn der Zeitraum zwischen Anschaffung und Veräußerung **nicht mehr als zehn Jahre** beträgt.

II. Zehnjahresfrist

1. Fristberechnung

100 Die Zehnjahresfrist berechnet sich auf den Zeitpunkt des Abschlusses der schuldrechtlichen Verträge.[108] Entscheidend für Fristbeginn und -ende ist damit das Datum des Notarvertrags betreffend den Immobilienkauf und -verkauf, der seitens der Finanzverwaltung leicht überprüft werden kann, da die Notare verpflichtet sind, Abschriften der Kaufverträge bereits zwecks Ermittlung der Grunderwerbsteuer an die Finanzämter zu übersenden. Unerheblich für die Einhaltung der Zehnjahresfrist ist damit der Zeitpunkt der Grundbucheintragung, der Übergang des wirtschaftlichen Eigentums oder gar die Kaufpreiszahlung. Auf den Grund für die Veräußerung (z.B. Zwangsverkauf) kommt es ebenfalls nicht an. Auch aufschiebende Bedingungen des Kaufvertrags, die erst nach Ablauf der Zehnjahresfrist eintreten, so dass sich der Eigentumswechsel erst nach Ablauf dieser Frist vollziehen kann, sind für die Fristberechnung unerheblich.[109]

2. Unentgeltlicher Erwerb

101 Bei unentgeltlichem Erwerb durch **Schenkung** oder **von Todes wegen** ist dem Einzelrechtsnachfolger die Anschaffung durch den Rechtsvorgänger zuzurechnen, § 23 Abs. 1 S. 3 EStG (sog. Fußstapfentheorie). Dies gilt sowohl für den Zeitpunkt der Anschaffung als auch die Anschaffungskosten.

Beispiel

Der Erblasser hat eine vermietete Immobilie im Privatvermögen am 23.12.2017 angeschafft. Am 1.8.2018 verstirbt er. Erbe wird sein einziger Sohn. Will der Sohn später die Immobilie verkaufen, kommt es für die Frage, ob der Veräußerungsgewinn steuerpflichtig ist, darauf an, ob der Verkauf vor Ablauf der Zehnjahresfrist – berechnet ab der Anschaffung durch den Erblasser – oder später erfolgt. Ein Verkauf bspw. am 2.12.2027 würde eine Steuerpflicht als sonstige Einkünfte i.S.d. §§ 22 Nr. 2, 23 Abs. 1 S.1 Nr. 1 EStG begründen, wobei sich die Höhe des Gewinns aus dem Veräußerungserlös abzüglich der Anschaffungskosten des Erblassers nach Korrektur etwaiger bereits in Anspruch genommener Abschreibungen errechnet. Erfolgt der Verkauf dagegen erst im Januar 2028, ist der Veräußerungsgewinn aufgrund des Ablaufs der Zehnjahresfrist steuerfrei.

---

108 BFH v. 10.2.2015 – IX R 23/13, BStBl II 2015, 487.

109 BFH v. 10.2.2015 – IX R 23/13, BStBl II 2015, 487; anders für den Fall einer notwendigen Genehmigung aber BFH v. 18.9.2006 – IX B 154/05, BFH/NV 2007, 31.

Vorsicht ist bei sog. **gemischten Schenkungen** angezeigt. Bei einer gemischten Schenkung erhält der Beschenkte eine Immobilie, für die er – für die Beteiligten erkennbar und gewollt – nur einen anteiligen Kaufpreis bezahlt (z.B. für eine Immobilie im Wert von 1 Mio. EUR werden nur 400.000 EUR gezahlt). Damit erwirbt er eine Immobilie teilweise unentgeltlich (60 %) und teilweise entgeltlich (40 %). Soweit es sich um einen unentgeltlichen Erwerb handelt, gilt die Fußstapfentheorie und es werden Anschaffungszeitpunkt und Anschaffungskosten fortgeführt. Der entgeltliche Teil führt zu einer eigenständigen Anschaffung durch den Erwerber verbunden mit eigenen Anschaffungskosten und ggf. eigener Abschreibung. Für diesen Teil beginnt die Zehnjahresfrist neu zu laufen. Bei einem späteren Verkauf der Immobilie an einen Dritten könnte daher der Verkaufserlös aus der Immobilie zumindest anteilig steuerpflichtig sein. 102

3. Erbauseinandersetzung

Bei einer Erbauseinandersetzung handelt es sich um einen unentgeltlichen Erwerb einer Immobilie vom Erblasser vor, wenn der Nachlass entsprechend den Erbquoten real zwischen den Miterben verteilt wird.[110] Erwirbt jedoch ein Miterbe mehr als die anderen und leistet er demgemäß Ausgleichszahlungen an die anderen Miterben, so liegt in Höhe der Ausgleichszahlung ein anteiliger entgeltlicher Erwerb (Anschaffung) vor.[111] 103

4. Ausnahme: Eigennutzung

§ 23 Abs. 1 S. 1 Nr. 1 S. 3 EStG regelt eine Ausnahme von der Steuerpflicht für Wirtschaftsgüter, die 104

- im Zeitraum zwischen Anschaffung oder Fertigstellung und Veräußerung ausschließlich zu **eigenen Wohnzwecken** oder
- im Jahr der Veräußerung und in den beiden vorangegangenen Jahren zu eigenen Wohnzwecken

genutzt wurden. Diese Immobilien können somit auch innerhalb der Zehnjahresfrist jederzeit steuerfrei veräußert werden. Dies hat auch zur Konsequenz, dass Veräußerungsverluste bei diesen Objekten steuerlich nicht zum Abzug zugelassen sind. Nicht nur die Veräußerungsgewinne sind steuerfrei, sondern auch die Verluste.

Im Zentrum dieser Ausnahmeregelung steht die Nutzung der Immobilie **„zu eigenen Wohnzwecken"**, wobei dieser Begriff seitens der Finanzverwaltung nicht weit zugunsten des Steuerpflichtigen ausgelegt wird. So kann ein unbebautes Grundstück nicht eigenen Wohnzwecken dienen, auch wenn es für Freizeitak- 105

110 BFH v. 5.7.1990 – GrS 2/89, BStBl II 1990, 837.

111 BFH v. 9.7.1985 – IX R 49/83, BStBl II 1985, 722; zur Erbausschlagung gegen Abfindung vgl. *Zimmermann*, ZEV 2001, 5.

tivitäten genutzt wird.[112] Wird ein Raum als Arbeitszimmer oder für andere betriebliche Zwecke genutzt, lag nach zwischenzeitlich durch die BFH-Rspr.[113] überholter Ansicht der Finanzverwaltung[114] insoweit keine Nutzung zu eigenen Wohnzwecken vor, so dass der Veräußerungsgewinn anteilig (gemessen nach dem prozentualen Anteil des Arbeitszimmers an der Gesamtwohnfläche des Objekts) steuerpflichtig war, wenn die Zehnjahresfrist noch nicht abgelaufen war. Umstritten war auch, ob bei einer **ausschließlich eigengenutzten Ferienimmobilie** die Ausnahmeregelung greift und eine Nutzung zu eigenen Wohnzwecken vorliegt.[115] Dies hat der BFH bejaht und lässt eine nur zeitweise Eigennutzung genügen, soweit die Wohnung in der übrigen Zeit zur privaten Nutzung zur Verfügung steht und insbesondere nicht vermietet ist.[116] Eine – wenn auch nur kurzfristige – Vermietung der Immobilie stellt keine Nutzung zu eigenen Wohnzwecken dar;[117] ein kurzfristiger Leerstand bis zur Veräußerung kann dagegen unschädlich für die durchgängige Eigennutzung sein, wenn der Leerstand zur Veräußerung notwendig war.[118]

106 Der Eigennutzung steht es nicht entgegen, wenn weitere Angehörige die Immobilie unentgeltlich mitbewohnen, jedoch darf keine Vermietung vorliegen.[119] Die Finanzverwaltung sieht darüber hinaus ausnahmsweise auch die unentgeltliche Überlassung einer ganzen Wohnung an kindergeldberechtigte Kinder als unschädlich an.[120]

107 **Hinweis**

Für die Ausnahmeregelung genügt es, wenn die Nutzung zu eigenen Wohnzwecken im Jahr der Veräußerung und den beiden vorangegangenen Kalenderjahren gegeben ist. Dabei muss die Eigennutzung lediglich das mittlere Jahr vollständig erfassen, während in dem ersten und dritten Kalenderjahr eine anteilige Eigennutzung genügt.[121] Bestenfalls erstreckt sich die Eigennutzung daher zwar über drei Kalenderjahre, dauert insgesamt aber nur etwas mehr als ein Jahr.

---

112 BMF-Schreiben v. 5.10.2000 – IV C3-S-2256–263/00, BStBl I 2000, 1383.

113 BFH v. 1.3.2021 – IX R 27/19, BStBl II 2021, 680: Ein Arbeitszimmer steht der Anerkennung der eigenen Wohnnutzung i.S.v. § 23 Abs. 1 S. 1 Nr. 1 S. 3 EStG nicht entgegen.

114 BMF-Schreiben v. 5.10.2000 – IV C3-S-2256–263/00, BStBl I 2000, 1383.

115 Unstreitig keine Nutzung zu eigenen Wohnzwecken liegt bei einer vermieteten Ferienwohnung vor, BMF-Schreiben v. 5.10.2000 – IV C3-S-2256–263/00, BStBl I 2000, 1383.

116 BFH v. 27.6.2017 – IX R 37/16, BStBl II 2017, 1192.

117 Zur Schädlichkeit einer tageweisen Vermietung von Räumlichkeiten siehe auch BFH v. 19.7.2022 – IX R 20/21, BStBl II 2023, 234.

118 BMF-Schreiben v. 5.10.2000 – IV C3-S-2256–263/00, BStBl I 2000, 1383.

119 BMF-Schreiben v. 5.10.2000 – IV C3-S-2256–263/00, BStBl I 2000, 1383.

120 BMF-Schreiben v. 5.10.2000 – IV C3-S-2256–263/00, BStBl I 2000, 1383.

121 BFH v. 27.6.2017 – IX R 37/16, BStBl II 2017, 1192.

III. Veräußerungsgewinn/Veräußerungsverlust

§ 23 Abs. 3 S. 1 EStG definiert den Gewinn bzw. Verlust aus einem privaten Veräußerungsgeschäft als Unterschied zwischen Veräußerungspreis einerseits und den Anschaffungs- oder Herstellungskosten und den Werbungskosten andererseits. Dabei zählt zum Veräußerungspreis jede Gegenleistung, auch wenn diese nicht in Geld, sondern als Sachwert erbracht wird. Werbungskosten sind solche Kosten, die im Zusammenhang mit der Veräußerung anfallen und die vom Veräußerer getragen werden (sog. Veräußerungskosten), wie z.B. Fahrtkosten zum Notartermin und Vorfälligkeitsentschädigungen (dazu Rdn 58). 108

Die zum Abzug zugelassenen Anschaffungs- oder Herstellungskosten mindern sich bei nach dem 31.7.1995 angeschafften Immobilien um die Abschreibungen einschließlich erhöhter Abschreibungen oder Sonderabschreibungen, soweit sie bei der Ermittlung der Einkünfte aus Vermietung und Verpachtung abgezogen worden sind, § 23 Abs. 3 S. 4 EStG. 109

Gebäude und Außenanlagen sind bei der Ermittlung des Veräußerungsgewinns einzubeziehen, soweit sie innerhalb dieses Zeitraums errichtet, ausgebaut oder erweitert werden, § 23 Abs. 1 S. 1 Nr. 1 S. 2 EStG. Dies gilt entsprechend für Gebäudeteile, die selbstständige unbewegliche Wirtschaftsgüter sind, sowie für Eigentumswohnungen und im Teileigentum stehende Räume. 110

Für den Zeitpunkt der Versteuerung gilt das **Zufluss-Abfluss-Prinzip**, § 11 EStG (dazu Rdn 60 ff.). 111

Hinweis 112

Die Zahlung des Kaufpreises auf ein Notaranderkonto führt für den Veräußerer regelmäßig noch nicht zu einem steuerpflichtigen Zufluss, da er noch keinen wirtschaftlichen Zugriff auf das Geld hat, wenn die kaufvertraglichen Bedingungen noch nicht erfüllt sind.[122]

Erfolgt die Veräußerung einer Immobilie gegen **Kaufpreisraten**, entsteht eine Steuerpflicht erst, wenn die zugeflossenen Kaufpreisraten die Anschaffungs- bzw. Herstellungskosten übersteigen. Werden diese Kosten in einem Jahr nur knapp überschritten, kann der übersteigende Betrag steuerfrei sein, soweit er sich im Rahmen der Freigrenze (dazu Rdn 115) bewegt.[123] Ein Veräußerungsverlust ist anteilig über die Veranlagungsjahre nach dem Verhältnis der Teilzahlungsbeträge zum Gesamtveräußerungserlös zu verteilen.[124] Ist in den Kaufpreisraten ein Zinsanteil enthalten, ist dieser herauszurechnen und separat nach § 20 Abs. 1 Nr. 7 EStG steuerpflichtig.[125] 113

122 FinVerw DB 1998, 2041.
123 Vgl. Schmidt/*Levedag*, EStG, § 23 Rn 82 m.w.N.
124 BFH v. 6.12.2016 – IX R 18/16, BStBl II 2017, 676.
125 BMF-Schreiben v. 11.3.2010 – IV C3-S-2221/09/10004, BStBl I 2010, 227.

114 Die Veräußerungskosten sind – ggf. in Abweichung zu § 11 Abs. 2 EStG – im Veranlagungsjahr des Veräußerungsverlusts oder -gewinns steuerlich zu berücksichtigen.[126] Bei einer späteren Entstehung kann z.B. eine Korrektur des Steuerbescheids des Veräußerungsjahres nach § 175 Abs. 1 Nr. 2 AO (rückwirkendes Ereignis) in Betracht kommen.

115 Nach § 23 Abs. 3 S. 5 EStG bleiben Gewinne aus privaten Veräußerungsgeschäften **steuerfrei**, wenn der aus den privaten Veräußerungsgeschäften erzielte Gesamtgewinn im Kalenderjahr weniger als 1.000 EUR betragen hat. Es handelt sich hierbei um eine sog. **Freigrenze** und nicht einen Freibetrag. Erreichen die Gewinne den Betrag von 1.000 EUR oder übersteigen sie diesen, ist der Veräußerungsgewinn ab dem ersten Euro steuerpflichtig.

116 Verluste aus privaten Veräußerungsgeschäften dürfen nur mit Gewinnen aus privaten Veräußerungsgeschäften verrechnet werden, § 23 Abs. 3 S. 7 EStG. Ein Abzug nach § 10d EStG schließt das Gesetz explizit aus. Ein Verlustüberhang darf aber mit Gewinnen aus privaten Veräußerungsgeschäften, die der Steuerpflichtige in dem unmittelbar vorangegangenen Veranlagungsjahr oder in den folgenden Veranlagungszeiträumen erzielt hat, nach Maßgabe des § 10d EStG ausgeglichen werden, § 23 Abs. 3 S. 8 EStG. Eine **Verlustverrechnung** z.B. mit positiven laufenden Einkünften aus Vermietung und Verpachtung oder Angestellteneinkünften ist danach nicht zulässig, wohl aber mit Gewinnen aus anderweitigen privaten Veräußerungsgeschäften, z.B. nach § 23 Abs. 1 S. 1 Nr. 2 EStG. Ein verbleibender Verlustüberhang wird als Verlust aus privaten Veräußerungsgeschäften vom Finanzamt gesondert festgestellt und bis zu einer Verrechnungsmöglichkeit vorgetragen.

C. Besonderheiten bei Betriebsimmobilien

I. Absetzung für Abnutzung

117 Die Abschreibung erhöht sich bei Gebäuden, die zum Betriebsvermögen gehören und nicht Wohnzwecken dienen und für die der Bauantrag nach dem 31.3.1985 gestellt worden ist, von 2 % jährlich auf **3 %** (§ 7 Abs. 4 Nr. 1 EStG).

II. Zehnjahresfrist

118 Die Zehnjahresfrist nach § 23 Abs. 1 S. 1 Nr. 1 EStG gilt nur für Immobilien, die sich im Privatvermögen befinden (siehe ausf. Rdn 100 ff.). Immobilien im Betriebsvermögen sind – unabhängig davon, ob sie betrieblich oder zu Wohnzwecken genutzt werden – bei Verkauf stets steuerpflichtig. Der sich nach Abzug des Buchwerts ergebende Veräußerungsgewinn ist damit immer steuerpflichtig,

126 BFH v. 3.6.1992 – X R 91/90, BStBl II 1992, 1017.

auch wenn die Immobilie bereits 30 Jahre lang gehalten wurde. Umgekehrt kann ein Veräußerungsverlust stets als gewerblicher Verlust geltend gemacht werden, so dass es für den Verlustfall grds. positiv sein kann, wenn sich die Immobilie im Betriebsvermögen befindet.

III. Weitere Besonderheiten

§ 23 EStG regelt weitere Besonderheiten im Zusammenhang mit betrieblichen Immobilien: 119

1. Anschaffung (Entnahme, Betriebsaufgabe)

Als **Anschaffung** der Immobilie im Privatvermögen gilt nach § 23 Abs. 1 S. 2 EStG auch die Überführung einer Immobilie in das Privatvermögen durch **Entnahme** oder **Betriebsaufgabe** (sog. Totalentnahme). Die Entnahme des Grundstücks aus dem Betriebsvermögen führt danach in einem ersten Schritt zu einer Aufdeckung der stillen Reserven, die in der Immobilie aufgelaufen sind (Entnahmewert[127] ./. Buchwert der Immobilie). In einem zweiten Schritt gilt die Immobilie im Zeitpunkt der Entnahme als im Privatvermögen des Steuerpflichtigen angeschafft, so dass die Zehnjahresfrist ab diesem Moment beginnt, soweit nicht die Ausnahmeregel des § 23 Abs. 1 S. 1 Nr. 1 S. 3 EStG (siehe Rdn 104) eingreift. 120

Beispiel

Die veräußerte Immobilie ist noch mit einem Buchwert von 100.000 EUR im Betriebsvermögen der AB GmbH & Co. KG erfasst. A als zu 100 % beteiligter Kommanditist entnimmt die Immobilie am 3.1.2020 in sein Privatvermögen. An diesem Tag hat die Immobilie einen Teilwert von 400.000 EUR. Die Grundstücksentnahme führt zur Aufdeckung der stillen Reserven in Höhe von 300.000 EUR (400.000 EUR ./. 100.000 EUR). Gleichzeitig ist der 3.1.2020 der neue Anschaffungszeitpunkt für die Anschaffung der Immobilie im Privatvermögen (Anschaffungskosten: 400.000 EUR). Ab diesem Zeitpunkt beginnt die Zehnjahresfrist neu zu laufen.

2. Veräußerung (Einlage, verdeckte Einlage)

Als **Veräußerung** einer Immobilie aus dem Privatvermögen i.S.v. § 23 Abs. 1 S. 1 Nr. 1 EStG gilt auch 121

- die **Einlage** einer Immobilie in das Betriebsvermögen, wenn die Veräußerung aus dem Betriebsvermögen innerhalb eines Zeitraums von zehn Jahren seit Anschaffung der Immobilie erfolgt (§ 23 Abs. 1 S. 5 Nr. 1 EStG), oder
- die **verdeckte Einlage** in eine Kapitalgesellschaft (§ 23 Abs. 1 S. 5 Nr. 2 EStG).

127 § 23 Abs. 3 S. 3, § 6 Abs. 1 Nr. 4 EStG.

122 Die **Einlage** einer Immobilie aus dem Privatvermögen in das Betriebsvermögen (Einzelunternehmen oder betrieblich tätige Personengesellschaft) führt nach § 23 Abs. 1 S. 1 Nr. 1 EStG zunächst nicht zur Versteuerung der stillen Reserven, selbst wenn bis zur Einlage noch keine zehn Jahre vergangen sind.

Beispiel

Der Steuerpflichtige B erwirbt am 2.4.2010 eine unbebaute Immobilie im Privatvermögen (Anschaffungskosten 100.000 EUR). Am 10.6.2015 legt er diese Immobilie in das Betriebsvermögen seines gewerblichen Einzelunternehmens ein. Im Zeitpunkt der Einlage ist der Verkehrswert der Immobilie auf 250.000 EUR gestiegen.

Die Einlage in das Betriebsvermögen erfolgt nach § 6 Abs. 1 Nr. 5 EStG mit dem Einlagewert von 250.000 EUR (Teilwert im Zeitpunkt der Einlage). Obwohl die Anschaffungskosten nur 100.000 EUR betragen haben, kann nunmehr im Betriebsvermögen ausgehend von der höheren Bemessungsgrundlage eine höhere Abschreibung erfolgen. Die Wertdifferenz zwischen dem Einlagewert von 250.000 EUR und den Anschaffungskosten von 100.000 EUR (insgesamt 150.000 EUR) bleibt zunächst unversteuert.

123 Erst wenn die in das Betriebsvermögen eingelegte Immobilie innerhalb von zehn Jahren seit der Anschaffung der Immobilie aus dem Betriebsvermögen veräußert wird, ist der aus der Einlage resultierende „Gewinn“ steuerpflichtig. Zeitpunkt der Versteuerung ist der Veranlagungszeitraum, in dem die Veräußerung aus dem Betriebsvermögen erfolgt.

Beispiel (Fortsetzung)

Veräußert B die Immobilie aus dem Einzelunternehmen am **5.8.2020** für 300.000 EUR, dann ist seit der Anschaffung der Immobilie im Privatvermögen des B (2.4.2010) ein Zeitraum von mehr als zehn Jahren vergangen. Der erhöhte Einlagewert ist damit nicht nachzuversteuern. B erzielt lediglich gewerbliche Einkünfte in seinem Einzelunternehmen aus der Veräußerung der Immobilie (300.000 EUR ./. Restbuchwert 250.000 EUR = 50.000 EUR).

Veräußert B dagegen die Immobilie bereits am **1.3.2020** für 300.000 EUR, sind seit der Anschaffung im Privatvermögen noch keine zehn Jahre vergangen. Damit versteuert er neben den gewerblichen Einkünften i.H.v. 50.000 EUR im Jahr 2020 auch ein privates Veräußerungsgeschäft nach §§ 22 Nr. 2, 23 Abs. 1 S.1 Nr. 1EStG i.H.v. 150.000 EUR (Einlagewert 250.000 EUR ./. Anschaffungskosten 100.000 EUR).

124 **Hinweis**

Ist bei der Einlage in das Betriebsvermögen bereits die Zehnjahresfrist abgelaufen, kann die Weiterveräußerung aus dem Betriebsvermögen nach dem Gesetzeswortlaut nicht zu einer Nachversteuerung des Einlagewerts führen.

§ 23 Abs. 1 S. 5 Nr. 1 EStG ist in diesem Fall nicht erfüllt, so dass es lediglich bei der Versteuerung des betrieblichen Gewinns verbleibt.

Erfolgt die Einlage nicht in das Betriebsvermögen eines Einzelunternehmens oder einer Personengesellschaft, sondern liegt eine **verdeckte Einlage** des Grundstücks in eine Kapitalgesellschaft vor, führt dies stets im Jahr der Einlage zu einem steuerpflichtigen privaten Veräußerungsgeschäft, sofern die Anschaffung der eingelegten Immobilie noch nicht länger als zehn Jahre her ist. 125

Beispiel

B legt die für 100.000 EUR am 10.4.2010 angeschaffte unbebaute Immobilie mit einem Wert von 250.000 EUR verdeckt am 10.6.2015 in seine Kapitalgesellschaft, die B-GmbH, ein. Im Jahr 2015 hat B einen Gewinn aus privaten Veräußerungsgeschäften nach §§ 22 Nr. 2, 23 Abs. 1 S.1 Nr. 1, S. 5 Nr. 2 EStG i.H.v. 150.000 EUR (250.000 EUR ./. 100.000 EUR) zu versteuern. Dies gilt nicht, wenn die verdeckte Einlage nach mehr als zehn Jahren seit der Anschaffung (10.4.2010), also z.B. am 1.5.2020, erfolgt. In diesem Fall entfällt eine Versteuerung der verdeckten Einlage aufgrund des Ablaufs der Zehnjahresfrist.

3. Vermögensverwaltende Personengesellschaft und Anteilsveräußerung

§ 23 Abs. 1 S. 4 EStG statuiert, dass die Anschaffung oder Veräußerung einer unmittelbaren oder mittelbaren Beteiligung an einer Personengesellschaft als Anschaffung oder Veräußerung der anteiligen Wirtschaftsgüter gilt. 126

Beispiel 1 127

X erwirbt am 22.3.2024 den Anteil an der Immobilien verwaltenden YZ-GbR für 100.000 EUR (5 %). Am 1.8.2027 veräußert er die Beteiligung für 140.000 EUR an den Z.

Lösung Beispiel 1: X wird so behandelt, als hätte er 5 % der Immobilie erworben und innerhalb der Zehnjahresfrist wieder veräußert. Damit entsteht für ihn ein Gewinn aus privaten Veräußerungsgeschäften i.H.v. 40.000 EUR, den er im Jahr 2027 versteuern muss.

Beispiel 2 128

Die AB-GbR, deren Gesellschafter A und B jeweils zu 50 % sind, erwirbt am 20.3.2025 eine vermietete Immobilie (Anschaffungskosten 400.000 EUR). Zweck der AB-GbR ist die dauerhafte Verwaltung dieser Immobilie. Als sich A und B nicht mehr gut verstehen, überträgt der A am 1.4.2028 seine Beteiligung auf den C und erhält dafür einen Betrag von 250.000 EUR. Dieser Betrag entspricht dem hälftigen Verkehrswert der Immobilie im Veräußerungszeitpunkt.

129 **Lösung Beispiel 2:** Es handelt sich um eine sog. **vermögensverwaltende Personengesellschaft,** da Hauptzweck der Gesellschaft die langfristige Verwaltung einer Immobilie ist. Damit befindet sich die Immobilie nicht im Betriebsvermögen, sondern weiterhin im steuerlichen Privatvermögen. Dass die Immobilie zivilrechtlich im Gesamthandsvermögen der GbR verortet ist, ändert nichts an der steuerlichen Einordnung als Privatvermögen. Mit Anschaffung der Immobilie durch die GbR werden A und B so behandelt, als hätten sie zu diesem Zeitpunkt (20.3.2025) jeweils 50 % der Immobilie in ihrem Privatvermögen erworben. Die GbR ist insoweit steuerlich transparent. Es gilt die sog. **Bruchteilsbetrachtung** des § 23 Abs. 1 S. 4 EStG.[128] Zwar bleibt die Immobilie unverändert im Gesamthandsvermögen der GbR, die Anteilsveräußerung durch A stellt für ihn jedoch steuerlich den Verkauf seines Immobilienanteils dar und begründet ein steuerpflichtiges Veräußerungsgeschäft, da zwischen der anteiligen Anschaffung der Immobilie (20.3.2025) und der Veräußerung des Anteils an der Immobilie (1.4.2028) weniger als zehn Jahre liegen. Die Anteilsveräußerung ist daher für A im Jahr 2028 als privates Veräußerungsgeschäft steuerpflichtig. Es ergibt sich ein steuerpflichtiger Veräußerungsgewinn i.H.v. 250.000 EUR ./. 200.000 EUR = 50.000 EUR.

130 Für Personengesellschaften mit **Betriebsvermögen** gilt diese Regelung u.a. aufgrund der Subsidiaritätsklausel des § 23 Abs. 2 EStG nicht. In diesem Fall werden betriebliche Gewinne unabhängig von der Zehnjahresfrist im Betriebsvermögen aufgrund einer Immobilienveräußerung im Betriebsvermögen erzielt. Für die Veräußerung eines Anteils an einer betrieblichen Personengesellschaft folgt die Besteuerung den Regeln des § 16 EStG.

4. Gewerblich geprägte Personengesellschaft

131 Werden Immobilien von einer Personengesellschaft erworben, die die langfristige Verwaltung von Immobilien bezweckt, liegt grds. keine gewerbliche Betätigung vor, sondern eine vermögensverwaltende Tätigkeit der Gesellschaft. Dies gilt grds. unabhängig von der Gesellschaftsform, so dass auch eine GmbH & Co. KG eine vermögensverwaltende Tätigkeit verfolgen kann. Die Immobilie befindet sich damit weiterhin im steuerlichen Privatvermögen.

132 Bei der Rechtsform der **GmbH & Co. KG** – aber auch bei anderen faktisch haftungsbeschränkten Personengesellschaften – ist jedoch auf § 15 Abs. 3 Nr. 2 EStG zu achten. Danach wandelt sich die vermögensverwaltende Personengesellschaft in eine **gewerbliche Personengesellschaft** mit Betriebsvermögen, wenn die Anforderungen an die gewerbliche Prägung erfüllt sind. Dies setzt voraus, dass an der vermögensverwaltend tätigen Personengesellschaft ausschließlich eine oder mehrere Kapitalgesellschaften persönlich haftende Gesellschafter sind und

128 Für diese „Mischfälle“ ebenso FG Düsseldorf v. 14.1.2015 – 15 K 2051/12 F, EFG 2015, 522; Schmidt/*Levedag*, EStG, § 23 Rn 47, 52 ff.

nur diese oder Personen, die nicht Gesellschafter sind, zur Geschäftsführung befugt sind.

Beispiel

An der AB GmbH & Co. KG sind A und B als Kommanditisten zu je 50 % beteiligt. Einziger Geschäftsführer ist die AB GmbH als Komplementär und damit einziger Vollhafter. Damit sind die Voraussetzungen für eine gewerbliche Prägung erfüllt. Obwohl die KG lediglich die Vermietung einer Immobilie bezweckt, werden gewerbliche Einkünfte erzielt. Die Immobilie befindet sich im Betriebsvermögen der KG und nicht mehr im Privatvermögen der Gesellschafter. Dementsprechend gilt für die Veräußerung der Immobilie die Zehnjahresfrist nicht; Veräußerungsgewinne sind stets steuerpflichtig als gewerbliche Einkünfte.

Bei einer **GbR** kann nur dann eine gewerbliche Prägung entstehen, wenn aus- 133
schließlich Kapitalgesellschaften Gesellschafter der GbR sind.

Die gewerbliche Prägung lässt sich auf zwei Wegen vermeiden: 134

1. Neben der GmbH wird eine natürliche Person als Vollhafter eingesetzt. Würde daher der C auch Komplementär der KG sein, liegen die Voraussetzungen für die gewerbliche Prägung nicht vor. Es bleibt bei der vermögensverwaltenden Tätigkeit und der Zuordnung zum Privatvermögen einschließlich der Anwendung der Zehnjahresfrist.
2. Ein Kommanditist (z.B. der A) wird neben der GmbH als geschäftsführender Kommanditist der AB GmbH & Co. KG eingesetzt. Damit ist ein Gesellschafter zugleich zum Geschäftsführer der KG bestellt, so dass die Voraussetzungen der gewerblichen Prägung in dieser Variante ebenfalls nicht erfüllt sind.
   Es genügt nicht, wenn A lediglich Geschäftsführer der Komplementär-GmbH ist; zur Vermeidung der gewerblichen Prägung muss er vielmehr ausdrücklich (auch) zum geschäftsführenden Kommanditisten der KG bestimmt werden.[129]

Hinweis 135

Bei einer **Immobiliengesellschaft** in Form der **GmbH & Co. KG** kann daher durch die gesellschaftsrechtliche Konstruktion beeinflusst werden, ob die Immobilie steuerlich Privatvermögen bleibt oder dem Betriebsvermögen zugerechnet wird. Für die Zuordnung zum Privatvermögen spricht stets die Geltung der Zehnjahresfrist, so dass erwartete Veräußerungsgewinne unter Umständen steuerfrei vereinnahmt werden können. Besonders wichtig ist aber, dass nicht versehentlich eine falsche Zuordnung erfolgt, weil nicht auf die gesellschaftsvertragliche Ausgestaltung geachtet wird.

129 Dazu BFH v. 23.5.1996 – IV R 87/93, BStBl II 1996, 523.

5. Gewerblicher Grundstückshandel

136 Werden **mehr als drei Immobilien** innerhalb eines Zeitraums von **fünf Jahren** angeschafft und veräußert, liegt ein von der Rspr. entwickelter sog. **gewerblicher Grundstückshandel** vor. Die Fruchtziehung aus einer laufenden Vermietung und Verpachtung wird in diesem Fall überlagert von dem Ziel, mittels Umschichtung substantielle Vermögenswerte zu schaffen. Dies hat eine steuerliche Einstufung als gewerblicher Grundstückshändler zur Folge mit der Konsequenz, dass sich die Immobilien nicht mehr im Privatvermögen befinden, sondern ein gewerbliches Einzelunternehmen (Grundstückshändler) unterstellt wird.

137 Als ein Zählobjekt im Sinne des gewerblichen Grundstückshandels sind dabei nicht nur einzelne Immobilien, sondern auch z.B. Eigentumswohnungen und Beteiligungen an Immobilien verwaltenden Personengesellschaften zu nennen. Wird ein relevantes Zählobjekt übersehen, kann so unfreiwillig die Gewerblichkeit begründet werden, so dass Veräußerungsgewinne – entgegen der Erwartung des Veräußerers – trotz Ablaufs der Zehnjahresfrist steuerpflichtig bleiben.

138 Die Rspr. nimmt in Einzelfällen auch bereits einen gewerblichen Grundstückshandel an, wenn **weniger als drei Objekte zeitnah veräußert** werden. Dies wurde bspw. für die Veräußerung eines Einkaufszentrums angenommen.[130]

139 Demgegenüber sollen **geerbte oder geschenkte Immobilien** grds. nicht als Zählobjekte berücksichtigt werden. Etwas anderes soll aber nach Ansicht des BFH dann gelten, wenn die so unentgeltlich erworbene Immobilie wesentlich verbessert wird (z.B. umfangreiche Sanierungen).[131] Die Fünfjahresfrist berechnet sich in diesem Fall ab dem Ende der Verbesserung bis zum Verkauf der Immobilie und nicht seit der Anschaffung durch den Erblasser bzw. Schenker.

140 Als Zählobjekte werden im Allgemeinen nur die veräußerten und nicht verschenkten Immobilien berücksichtigt. Eine Ausnahme gilt aber, wenn der Schenker vor der Schenkung bereits die zumindest bedingte Absicht hatte, dieses Objekt zu veräußern.[132]

6. Betriebsaufspaltung

141 Liegt eine Betriebsaufspaltung vor, befindet sich die vermietete Immobilie ebenfalls nicht mehr im Privatvermögen, sondern im Betriebsvermögen.[133] Die typische Fallgestaltung einer Betriebsaufspaltung sieht wie folgt aus:

---

130 BFH v. 5.5.2011 – X B 149/10, BFH/NV 2011, 1348; BMF-Schreiben v. 20.12.1990, BStBl I 1990, 884.

131 BFH v. 23.8.2017 – X R 7/15, BFH/NV 2018, 325.

132 BFH v. 23.8.2017 – X R 7/15, BFH/NV 2018, 325.

133 Zu den Voraussetzungen der Betriebsaufspaltung vgl. z.B. BFH v. 27.2.1991 – XI R 25/88, BFH/NV 1991, 454; ausf. Schmidt/*Wacker*, EStG, § 15 Rn 800 ff.

Beispiel

A ist alleiniger Gesellschafter und Geschäftsführer der A-GmbH. A vermietet das Betriebsgrundstück, das ihm allein gehört, an die A-GmbH. Da das Grundstück für die Gesellschaft eine wesentliche Betriebsgrundlage darstellt (sog. **sachliche Verflechtung**) und A sowohl die Immobilie als auch die GmbH beherrscht (sog. **personelle Verflechtung**), sind die Voraussetzungen der Betriebsaufspaltung erfüllt.

Es liegen keine Einkünfte aus Vermietung und Verpachtung für A vor, sondern er erzielt Einkünfte aus Gewerbebetrieb. Die Immobilie befindet sich in einem gewerblichen Einzelunternehmen des A.

In dem Betriebsvermögen des Einzelunternehmens befinden sich darüber hinaus auch die Anteile des A an der A-GmbH. Will A daher bspw. Anteile an der A-GmbH an seinen Sohn S verschenken, führt diese Schenkung zu einer Entnahme der GmbH-Anteile aus dem Betriebsvermögen des Einzelunternehmens des A, so dass die Versteuerung eines Entnahmegewinns (Teilwert der Anteile bei der Entnahme ./. Anschaffungskosten der GmbH-Anteile) erfolgt.

Verschenkt A die Mehrheit der Anteile an der A-GmbH, endet die Betriebsaufspaltung, da A die beherrschende Stellung in der A-GmbH verliert. Dies führt zu einer Betriebsaufgabe des Einzelunternehmens mit der Konsequenz der Aufdeckung aller stillen Reserven – sowohl betreffend die Immobilie als auch betreffend alle Anteile des A an der GmbH. Je nach Werthaltigkeit der Immobilie und der Gesellschaft kann dies zu einer erheblichen Steuerbelastung führen.

Vor dem Erwerb einer betrieblich zu nutzenden Immobilie ist daher genau zu 142
überlegen, ob die Konsequenzen einer Betriebsaufspaltung in Kauf genommen werden sollen oder ob eine Betriebsaufspaltung gezielt vermieden werden soll. Eine typische Gestaltung zur **Vermeidung der Betriebsaufspaltung** ist das sog. **Wiesbadener Modell.**[134] Hier wird darauf geachtet, dass es nicht zu der personellen Verflechtung kommt. So erwirbt die Ehefrau die Immobilie und vermietet diese an die GmbH des Ehemannes. Damit wird sichergestellt, dass sich die Immobilie im Privatvermögen der Ehefrau befindet und nach zehn Jahren steuerfrei veräußert werden kann.

Nicht ausreichend ist, wenn der Ehemann und die Ehefrau gemeinsam die Immo- 143
bilie erwerben, sofern sie beide an der Betriebsgesellschaft beteiligt sind. Denn in diesem Fall gelten beide als eine Personengruppe, die gemeinsam sowohl die Immobilie als auch die Betriebsgesellschaft beherrschen, so dass eine personelle Verflechtung gegeben ist.[135]

---

134 Z.B. BFH v. 30.7.1985 – VIII R 263/81, BStBl II 1986, 359.
135 Schmidt/*Wacker*, EStG, § 15 Rn 823 m.w.N.

144 Besteht eine Betriebsaufspaltung, ist insbesondere bei der **Nachfolgeregelung** darauf zu achten, dass die Betriebsaufspaltung nicht unfreiwillig aufgelöst wird und damit ertragsteuerliche Folgen durch Besteuerung der stillen Reserven in der Immobilie und den Gesellschaftsanteilen eintreten. Es ist daher in den Fällen der Betriebsaufspaltung nicht nur auf eine erbrechtliche bzw. erbschaftsteuerliche Optimierung bei der Immobilienübertragung zu achten, sondern die ertragsteuerlichen Konsequenzen müssen zwingend im Blick behalten und bei der Gestaltung beachtet werden.

§ 7 Ertragsteuerrechtliche Besonderheiten des Nießbrauchs an Immobilien

Dr. Christopher Riedel, LL.M.

Übersicht:

Literatur

Ehlig, Steuerliche Zurechnung von Grundstücken im Privatvermögen nach Schenkung im Wege vorweggenommener Erbfolge unter Vorbehaltsklauseln, DStR 1996, 1629; *Götz*, Vorbehalt eines Nießbrauchrechts zugunsten beider Ehegatten als Gesamtberechtigte versus Sukzessivnießbrauch, DStZ 2023, 505; *Götz/Hülsmann*, Surrogation beim Vorbehaltsnießbrauch: Ertragsteuerliche Aspekte; DStR 2010, 2432; *Herrler*, Risiken und Nebenwirkungen der Aufgabe von Nutzungsrechten (Nießbrauch, Wohnungsrecht etc.), DNotZ 2019, 493; *Kessler/Mirbach*, Grundstücksveräußerung unter Nießbrauchsvorbehalt zur Vermeidung eines Gewinns i.S.d. § 23 EStG, DStR 2015, 926; *Kölmel*, Der unentgeltliche Erwerb von Grundstücksrechten durch Minderjährige, RNotZ 2011, 332; *Korn*, Praxisbezogene Steuerhinweise zum Vorbehalts- und Zuwendungsnießbrauch, KÖSDI 2023, 23090; *Milatz/Bockhoff*, Gestaltungen bei bestehendem Vorbehaltsnießbrauch, Surrogat,

Verzicht, Wertaushöhlung und Ablösung, ErbStB 2013, 384; *Schothöfer*, Zur Einkünfte-Zurechnung bei einem (Quoten-)Nießbrauch am Anteil an einer GbR mit Einkünften aus Vermietung und Verpachtung, DStR 2023, 1695; *Stuhrmann*, Einkommensteuerrechtliche Behandlung des Nießbrauchs und der obligatorischen Nutzungsrechte bei den Einkünften aus Vermietung und Verpachtung, DStR 1998, 1405.

A. Grundsätzliches

I. Wirtschaftliche Zielsetzung

1 Die Vereinbarung von Nutzungsrechten, z.B. eines Nießbrauchs, bietet die Möglichkeit, das eigentlich einheitliche Eigentum an einer Immobilie in zwei Komponenten, nämlich das Eigentum an der **Vermögenssubstanz** auf der einen und die Inhaberschaft der **Nutzungsmöglichkeit** auf der anderen Seite, „aufzuspalten".[1] Denn durch die Vereinbarung eines Nießbrauchsrechts wird ein Grundstück mit einem dinglichen Recht belastet, demzufolge dem Nießbraucher die gesamten laufenden Nutzungen aus dem Grundstück zustehen (bzw. erhalten bleiben), § 1030 Abs. 1 BGB.[2] Die Nutzungen in diesem Sinne umfassen gem. § 100 BGB zum einen die Fruchtziehung und zum anderen die Inanspruchnahme der Vorteile, welche die Nutzung des Grundstücks gewährt.[3] Dadurch kann bei Übertragung eines Grundstücks unter Vorbehalt eines Nießbrauchsrechts eine lebenslange Versorgung für den ehemaligen Eigentümer gewährleistet werden.[4]

2 Der Nießbrauch umfasst nicht nur das Recht zur Nutzung des eigentlichen Grundstücks, sondern auch seiner Bestandteile (§§ 93–96 BGB) sowie des Zubehörs (§ 1031 BGB), und zwar selbst dann, wenn die Bestandteile erst nach Bestellung des Nießbrauchs eingefügt werden.[5]

3 Mit dieser Aufteilung von Eigentum und Nutzungsmöglichkeiten geht oftmals auch eine Aufspaltung der Verantwortlichkeiten und Entscheidungsrechte einher. Denn die laufende Unterhaltung und Verwaltung liegt in der Regel in der Hand des Nießbrauchers als Nutzungsberechtigtem. Das führt bei entsprechender praktischer Handhabung zu einer mitunter nicht unwesentlichen Entlastung des Eigentümers und gleichzeitig zu einer Zuweisung der Verantwortung sowie auch der wirtschaftlichen Erträge an den Nutzungsberechtigten (Nießbraucher).

---

1 Der Nießbrauch ist ein umfassendes Sondernutzungsrecht mit subjektiv persönlich Beteiligten, vgl. BeckOK BGB/*Reischl*, § 1030 Rn 1; BeckNotar-HdB/*Herrler*, § 5 Rn 287.
2 Koenig/*Koenig*, AO, § 39 Rn 43.
3 MüKo-BGB/*Pohlmann*, § 1030 Rn 5.
4 *Kessler/Mirbach*, DStR 2015, 926.
5 BeckNotar-HdB/*Herrler*, § 5 Rn 293.

II. Steuerliche Zurechnung der Vermietungseinkünfte

Soweit die angesprochene Aufspaltung von Eigentum und Nutzungsberechtigung (Fruchtziehung) auch einkommensteuerrechtlich anerkannt bzw. nachvollzogen wird, ergibt sich durch den Nießbrauch eine Verlagerung **steuerpflichtiger Einkünfte** vom Eigentümer auf den Nießbrauchsberechtigten.[6] Dies kann mitunter erhebliche einkommensteuerliche Vorteile für die Familie (insgesamt) bringen, wenn bspw. eine Verlagerung von Einkünften auf Angehörige, die einem niedrigeren Steuersatz als der Eigentümer unterliegen, erfolgt. 4

Grundsätzlich bilden die steuerpflichtigen Einkünfte den Gegenstand der Einkommensteuer. Bei Nießbrauchsverhältnissen werden diese steuerpflichtigen Einkünfte regelmäßig durch den Nießbraucher erzielt.[7] Das gilt jedenfalls dann, wenn er Träger der Rechte und Pflichten aus den Miet- bzw. Pachtverhältnissen ist.[8] Der Eigentümer selbst hat wegen des Nießbrauchs nicht die Möglichkeit, den jeweiligen Vermögensgegenstand zu nutzen bzw. hieraus Einkünfte zu erzielen. Dieses Recht ist vielmehr dem Nießbraucher zugewiesen. Das führt dazu, dass der Eigentümer von der sonst ihm zustehenden Nutzungsmöglichkeit verdrängt wird. Erstreckt sich der Nießbrauch auf das gesamte Objekt, schließt die vollständige Verdrängung des Eigentümers auch die Festsetzung einer etwaigen Zweitwohnungssteuer gegen ihn aus.[9] 5

Für die einkommensteuerliche Behandlung ist prinzipiell darauf abzustellen, wem die Einkünfte aus Vermietung und Verpachtung des Grundstücks zuzurechnen sind.[10] Das ist derjenige, der den Tatbestand der Einkunftsart Vermietung und Verpachtung (§ 21 EStG) verwirklicht und dadurch Einkünfte erzielt,[11] also grundsätzlich der Träger der Rechte und Pflichten des Vermieters,[12] da er die Immobilie kraft seiner Rechtsstellung i.S.d. § 21 Abs. 1 EStG an andere zur Nutzung gegen Entgelt überlässt.[13] 6

Die Zurechnung von Vermietungseinkünften beim Nutzungsberechtigten setzt voraus, dass ihm die volle Besitz- und Verwaltungsbefugnis zusteht, er die Nut- 7

6 Vgl. hierzu Schmidt/*Kulosa*, EStG, § 21 Rn 61 ff. und unten Rdn 18 ff., 47 ff.

7 BeckOK BGB/*Reischl*, § 1030 Rn 2.

8 BFH v. 15.4.1989 – IX R 52/83, NJW 1987, 343; BFH v. 28.5.2020 – IX R 10/18, DStR 2023, 993; BFH v. 29.9.2021 – IX R 2/21, BFH/NV 2022, 228; Schmidt/*Kulosa*, EStG, § 21 Rn 61.

9 Vgl. MüKo-BGB/*Pohlmann*, § 1030 Rn 46 unter Hinweis auf BVerwG v. 13.5.2009 – 9 C 8/08, HFR 2009, 1135.

10 Brandis/Heuermann/*Schallmoser*, § 21 EStG Rn 96; *Kessler/Mirbach*, DStR 2015, 926, 927.

11 BFH v. 7.4.1987 – IX R 103/85, BStBl II 1987, 707 m.w.N.

12 BFH v. 31.10.1989 – IX R 216/84, BStBl II 1992, 506 m.w.N.

13 BFH v. 26.4. 1983 – VIII R 205/80, BStBl II 1983, 502 = NJW 1983, 2840.

zungen tatsächlich zieht, das Grundstück in Besitz hat und es verwaltet.[14] Das ist bei einem reinen Sicherungsnießbrauch[15] regelmäßig nicht erfüllt; er ist daher einkommensteuerrechtlich unbeachtlich.[16]

Voraussetzung für die Einkünftezurechnung beim Nießbraucher ist, dass dieser die Einkunftsquelle „beherrscht". Das setzt nach Auffassung des BFH voraus, dass ihm die „Macht" zur entgeltlichen Nutzungsüberlassung zukommt, er also (selbst) Träger der Rechte und Pflichten aus den Miet- bzw. Pachtverträgen ist.[17] Allein die Weiterleitung von Einkünften an den Nießbraucher genügt nicht,[18] ebenso wenig die bloße Mietzahlung auf ein Konto des Nießbrauchers (der nicht selbst Mietvertragspartei ist).[19]

III. Ertragsteuerliche Unterscheidung verschiedener Nießbrauchsarten

8 Insbesondere aus einkommensteuerrechtlicher Perspektive (aber auch rein tatsächlich) ist zwischen drei Arten von Nießbrauchsverhältnissen zu differenzieren, die sich nach Art und Weise der Begründung bzw. des Zustandekommens des jeweiligen Nießbrauchs deutlich voneinander unterscheiden:[20]
- Vorbehaltsnießbrauch
- Zuwendungsnießbrauch
- Vermächtnisnießbrauch

9 Beim **Vorbehaltsnießbrauch** ist der Nießbraucher der ehemalige Eigentümer des belasteten Vermögensgegenstands. Im Rahmen der Übertragung behält er sich die Erträge des Vermögens, also den Nießbrauch, vor.[21] Der Erwerber erhält somit von vornherein nur den belasteten Vermögensgegenstand.

10 Beim **Zuwendungsnießbrauch** ist die Situation anders. Hier erfolgt die Nießbrauchsbestellung durch den (ursprünglichen) Eigentümer des Gegenstands zugunsten eines Dritten. Es geht im Wesentlichen um die Verschaffung einer Ein-

14 BMF-Schreiben v. 30.9.2013 – IV C 1 – S 2253/07/10004 (Nießbrauchserlass), DStR 2013, 2112 ff., Tz 1; Brandis/Heuermann/*Schallmoser*, § 21 EStG Rn 96.

15 Ein Sicherungsnießbrauch liegt vor, wenn die Vereinbarung des dinglichen Nutzungsrechts lediglich dazu bestimmt ist, die dem Berechtigten versprochenen Leistungen dinglich abzusichern, ohne dass der Berechtigte selbst auf Art und Umfang Einfluss nehmen kann; vgl. BMF-Schreiben v. 11.3.2010 – IV C 3 – S 2221/09/10004, BStBl I 2010, 227, Rn 81 ff. i.V.m. BMF-Schreiben v. 16.9.2004 – IV C 3 – S 2255 – 354/04, BStBl I 2004, 922, Rn 18.

16 BMF-Schreiben v. 30.9.2013 – IV C 1 – S 2253/07/10004 (Nießbrauchserlass), DStR 2013, 2112 ff., Tz 9.

17 BFH v. 24.12.2012 – IX R 24/11, BFH/NV 2013, 1228; BFH v. 29.9.2021 – IX R 2/21, BFH/NV 2022, 228.

18 BFH v. 26.4.2006 – IX R 22/04, BFH/NV 2006, 2046 m.w.N.; Brandis/Heuermann/*Schallmoser*, § 21 EStG Rn 97.

19 BFH v. 26.4.2006 – IX R 22/04, BFH/NV 2006, 2046 m.w.N.; BFH v. 14.3.1989 – IX R 107/85, BFH/NV 1989, 694; Brandis/Heuermann/*Schallmoser*, § 21 EStG Rn 98.

20 Vgl. auch Scherer/*v. Sothen/Kotzenberg/Claussen*, MAH Erbrecht, § 36 Rn 283.

21 Brandis/Heuermann/*Schallmoser*, § 21 EStG Rn 98.

kunftsquelle.[22] Der Zuwendungsnießbrauch ist daher von einer Vermögensübertragung in Ansehung der belasteten Sache vollständig unabhängig. Er gehört vor diesem Hintergrund nur eingeschränkt zum Repertoire der vorweggenommenen Erbfolge.

Kommt es dem Immobilieneigentümer darauf an, nach seinem Tod für die Ver- 11
sorgung eines anderen (auf dessen Lebenszeit) zu sorgen, kann er durch letztwillige Verfügung das Vermögen (bspw. eine Immobilie) bestimmten Personen zuweisen, diese jedoch dazu verpflichten, der zu versorgenden Person den Nießbrauch an dem von Todes wegen erworbenen Vermögen oder Teilen davon einzuräumen (sog. **Vermächtnisnießbrauch**).[23]

Zuwendungs- und Vermächtnisnießbrauch (Nießbrauchsvermächtnis) ist gemein, 12
dass der belastete Vermögensgegenstand beim Eigentümer bzw. dessen Erben verbleibt und dem Nießbraucher von vornherein lediglich das Nutzungsrecht eingeräumt wird. Beim Vorbehaltsnießbrauch ist die Situation hingegen genau umgekehrt: Übertragen wird hier die Vermögenssubstanz; der bisherige Eigentümer behält aber die Nutzungsmöglichkeit im Hinblick auf das übertragene Vermögen für sich selbst zurück.

Die steuerliche Eigentumszurechnung der nießbrauchsbelasteten Immobile er- 13
folgt in allen drei Varianten regelmäßig beim (zivilrechtlichen) Eigentümer.[24] Das gilt auch dann, wenn die Dauer des Nießbrauchs sich nicht an der zu erwartenden Nutzungsdauer der belasteten Immobilie orientiert, sondern an der Lebenserwartung des Nießbrauchers.

Eine abweichende Zurechnung des **wirtschaftlichen Eigentums** (beim Nieß- 14
braucher) kommt nur ausnahmsweise in Betracht, z.B. dann, wenn die Veräußerung des geschenkten Gegenstands der Zustimmung des Nießbrauchers bedarf und dieser darüber hinaus auch die unentgeltliche Rückübertragung an sich verlangen kann, falls der Beschenkte vor ihm versterben sollte.[25] Ähnliches gilt, wenn der Nießbraucher (frühere Eigentümer) auf andere Weise (z.B. durch vorbehaltene Rechte) in der Lage ist, den (neuen) Eigentümer von der Verfügung über die Immobilie auszuschließen, z.B. wenn der Vorbehaltsnießbraucher die belastete Immobilie unter jederzeit ausübbarem freiem Widerrufsvorbehalt auf den jetzigen (rechtlichen) Eigentümer (und Nießbrauchsbesteller) übertragen hat[26] oder/und dieser durch uneingeschränkte Rückauflassungsvormerkung gesichert ist.[27]

---

22 Scherer/*v. Sothen/Kotzenberg/Claussen*, MAH Erbrecht, § 36 Rn 310.

23 Scherer/*v. Sothen/Kotzenberg/Claussen*, MAH Erbrecht, § 36 Rn 327.

24 BFH v. 24.6.2004 – III R 50/01, DStR 2004, 1874; BFH v. 16.12.1988 – III R 113/85, BStBl II 1989, 763; Koenig/*Koenig*, AO, § 39 Rn 44 m.w.N.

25 Scherer/*v. Sothen/Kotzenberg/Claussen*, MAH Erbrecht, § 36 Rn 286.

26 Scherer/*v. Sothen/Kotzenberg/Claussen*, MAH Erbrecht, § 36 Rn 286.

27 *Ehlig*, DStR 1996, 1629; Koenig/*Koenig*, AO, § 39 Rn 44.

B. Vorbehaltsnießbrauch

I. Begründung des Nießbrauchs

1. Vorbehalt bei Immobilienübertragung

15 Der Vorbehaltsnießbrauch zeichnet sich, wie oben bereits angesprochen, dadurch aus, dass sich der bisherige Immobilieneigentümer anlässlich der Übertragung ein Nießbrauchsrecht an dem übertragenen Grundbesitz vorbehält.[28] Steuerlich entspricht dies im Prinzip dem (alternativen) Szenario, dass ein Schenker mit dem von ihm Beschenkten eine Vereinbarung des Inhalts trifft, dass dieser ihm an dem geschenkten Grundstück (nach Eigentumserwerb) einen unentgeltlichen Nießbrauch bestellt.[29]

Die Vereinbarung bzw. Bestellung des Nießbrauchs stellt steuerlich keine Gegenleistung des Erwerbers dar,[30] und zwar unabhängig davon, ob das Grundstück entgeltlich oder unentgeltlich übertragen wird.[31]

2. Nießbrauchsvereinbarung bei mittelbarer Grundstücksschenkung

16 Als Vorbehaltsnießbrauch gilt auch die Vereinbarung eines Nießbrauchs zugunsten des Zuwendenden im Rahmen einer sog. **mittelbaren Grundstücksschenkung**. Bei der mittelbaren Grundstücksschenkung wendet der Schenker dem Beschenkten einen Geldbetrag mit der Maßgabe zu, diesen zum Erwerb eines (mehr oder weniger bestimmten) Grundstücks (oder auch zur Bebauung desselben) zu verwenden. Unabhängig davon, dass bei dieser Gestaltung der Entreicherungsgegenstand auf Seiten des Schenkers und der Bereicherungsgegenstand beim Beschenkten nicht identisch sind, folgt die steuerliche Behandlung der von den Beteiligten intendierten Zielsetzung, so dass im Rahmen der Schenkungsbesteuerung die Immobilie als Zuwendungsgegenstand (und damit maßgeblich für die Bemessungsgrundlage) angesehen wird.[32]

---

28 BMF-Schreiben v. 30.9.2013 – IV C 1 – S 2253/07/10004 (Nießbrauchserlass), DStR 2013, 2112 ff., Tz 39; zur Bestellung eines (neuen) Nießbrauchs an einem nach Veräußerung des (ursprünglich) belasteten Grundstücks erworbenen Ersatzgrundstück vgl. BFH v. 24.1.1995 – IX R 40/92, BFH/NV 1995, 770; *Milatz/Bockhoff*, ErbStB 2013, 384, 385; *Götz/Hülsmann*, DStR 2010, 2432.

29 BFH v. 15.5.1990 – IX R 21/86, BStBl II 1992, 67 = DStR 1991, 211.

30 BFH v. 5.7.1990 – GrS 4–6/89, BStBl II 1990, 847; BFH v. 10.4.1991 – XI R 78/84, BStBl II 1991, 791; BFH v. 24.4.1991 – XI R 5/83, BStBl II 1991, 793; BMF-Schreiben v. 30.9.2013 – IV C 1 – S 2253/07/10004 (Nießbrauchserlass), DStR 2013, 2112 ff., Tz 40.

31 BMF-Schreiben v. 30.9.2013 – IV C 1 – S 2253/07/10004 (Nießbrauchserlass), DStR 2013, 2112 ff., Tz 40.

32 Vgl. hierzu Troll/Gebel/Jülicher/Gottschalk/*Gebel*, ErbStG, § 7 Rn 90 m.w.N.

Nutzt der Schenker aufgrund seines (in diesem Zusammenhang „vorbehaltenen" Nießbrauchsrechts) das zugewendete Grundstück zur Erzielung von Vermietungseinkünften, wird er einkommensteuerrechtlich als Vorbehaltsnießbraucher behandelt.[33] Voraussetzung ist aber (wie bei der Schenkungsteuer), dass die Geldmittel zum Erwerb eines (ganz) konkreten Grundstücks zur Verfügung gestellt wurden.[34]

3. Nießbrauchsvereinbarung bei Erbschaftsausschlagung

Dieselben Grundsätze wie im Fall der mittelbaren Grundstücksschenkung gelten 17
auch dann, wenn ein (vorläufiger) Erbe die ihm angefallene Erbschaft ausschlägt und mit den nachrückenden Ersatzerben eine (Abfindungs-)Vereinbarung des Inhalts trifft, dass ihm ein Nießbrauchsrecht an zum Nachlass gehörenden Immobilien eingeräumt wird.[35] Auch hier wird der Nießbraucher einkommensteuerrechtlich als Vorbehaltsnießbraucher behandelt.

II. Einkünftezurechnung

Beim Vorbehaltsnießbrauch an Grundstücken des Privatvermögens werden die 18
Einkünfte aus Vermietung und Verpachtung (§ 21 EStG) grundsätzlich dem Nießbraucher zugerechnet, soweit ihm die volle Besitz- und Verwaltungsbefugnis zusteht, er die Nutzungen tatsächlich zieht, das Grundstück im Besitz hat und es verwaltet.[36]

Da der Nießbraucher regelmäßig die Vertragsbeziehungen sowie die tatsächlichen Verhältnisse aus seiner Zeit als Eigentümer einfach fortführt, ist die Fortsetzung der Vermietungstätigkeit (und damit auch die steuerliche Zurechnung bei ihm) in der Praxis meist unproblematisch.[37]

33 BFH v. 24.5.2022 – IX R 1/21, DStR 2022, 2355; BFH v. 15.5.1990 – IX R 21/86, BStBl II 1992, 67 (zu erhöhten Absetzungen nach § 7b EStG); BFH v. 4.6.1996 – IX R 59/94, BStBl II 1998, 431; BMF-Schreiben v. 30.9.2013 – IV C 1 – S 2253/07/10004 (Nießbraucherlass), DStR 2013, 2112 ff., Tz 39; Scherer/*v. Sothen/Kotzenberg/Claussen*, MAH Erbrecht, § 36 Rn 289.

34 Brandis/Heuermann/*Brandis*, § 7 EStG Rn 187.

35 BFH v. 4.6.1996 – IX R 59/94, BStBl II 1998, 431; vgl. auch Scherer/*v. Sothen/Kotzenberg/Claussen*, MAH Erbrecht, § 36 Rn 289.

36 BMF-Schreiben v. 30.9.2013 – IV C 1 – S 2253/07/10004 (Nießbrauchserlass), DStR 2013, 2112 ff., Tz 41; Brandis/Heuermann/*Schallmoser*, § 21 EStG Rn 96; *Götz*, DStZ 2023, 505.

37 Scherer/*v. Sothen/Kotzenberg/Claussen*, MAH Erbrecht, § 36 Rn 289.

III. Werbungskosten und AfA-Berechtigung

1. Werbungskosten

19 Die Berechtigung zum Werbungskostenabzug geht grundsätzlich mit der Einkünftezurechnung einher, so dass prinzipiell der Nießbraucher die von ihm getragenen Aufwendungen im Zusammenhang mit der Vermietung als Werbungskosten insoweit abziehen kann, als die (positiven) Einkünfte ihm zugerechnet werden.[38] Im selben Verhältnis ist der Eigentümer vom Werbungskostenabzug ausgeschlossen.[39]

20 Problematisch ist die Zuweisung der abzugsfähigen Werbungskosten aber mitunter im Hinblick auf größere **Erhaltungsaufwendungen**. Diese sind, soweit nicht vertraglich abweichend vereinbart, gem. § 1041 BGB vom Eigentümer zu tragen. Dieser kann sie jedoch nicht als Werbungskosten verwerten, wenn (bzw. soweit) er nicht als Vermieter anzusehen ist und dementsprechend keine Vermietungseinkünfte erzielt.[40]

21 Vor diesem Hintergrund erscheint es steuerlich vorteilhaft, derartige Aufwendungen vertraglich dem Nießbraucher zuzuweisen (sog. **Bruttonießbrauch**[41]), da er als (steuerlicher) Vermieter die entsprechenden **Abschreibungen** steuerlich geltend machen kann. Dies kann auch aus außersteuerlichen Gründen sinnvoll sein, da sich andernfalls oftmals die praktische Frage stellt, wie der Eigentümer solche Kosten eigentlich finanzieren soll, ohne diese aus seinen Einnahmen speisen zu können.

22 Die entsprechende Vereinbarung sollte bereits von Anfang an, also bei der Nießbrauchsbestellung, getroffen werden. Erfolgt dies erst zu einem späteren Zeitpunkt, besteht nämlich das Risiko der Einordnung dieser nachträglichen Abrede als freiwillig begründete Rechtspflicht, was einen Werbungskostenabzug dann nach den Grundsätzen des § 12 Nr. 2 EStG ausschließen kann.[42]

23 Dieselbe Gefahr besteht auch dann, wenn der Nießbraucher die Kosten größerer Erhaltungsaufwendungen trägt, ohne hierzu vertraglich verpflichtet zu sein.[43] Prinzipiell ist hier zwar ein Werbungskostenabzug möglich, wenn der Nießbrau-

---

38 BMF-Schreiben v. 30.9.2013 – IV C 1 – S 2253/07/10004 (Nießbrauchserlass), DStR 2013, 2112 ff., Tz 43, 21.

39 *Kessler/Mirbach*, DStR 2015, 926, 927; BMF-Schreiben v. 30.9.2013 – IV C 1 – S 2253/07/10004 (Nießbrauchserlass), DStR 2013, 2112 ff., Tz 45.

40 Scherer/*v. Sothen/Kotzenberg/Claussen*, MAH Erbrecht, § 36 Rn 290.

41 BeckNotar-HdB/*Herrler*, § 5 Rn 308 ff.; vgl. *Krauß*, Vermögensnachfolge in der Praxis, Rn 1599 ff.

42 Vgl. Scherer/*v. Sothen/Kotzenberg/Claussen*, MAH Erbrecht, § 36 Rn 290; vgl. aber auch FG Köln v. 27.9.2006 – 11 K 5823/04, DStRE 2007, 597.

43 Scherer/*v. Sothen/Kotzenberg/Claussen*, MAH Erbrecht, § 36 Rn 290.

cher die entsprechenden Kosten allein in seinem eigenen Interesse übernimmt[44] (z.B. weil der Eigentümer seinen entsprechenden Verpflichtungen partout nicht nachkommt). § 12 Nr. 2 EStG kann aber anwendbar sein, wenn der Nießbraucher auf seinen Rückgriffsanspruch gegen den Eigentümer (§ 1049 BGB) verzichtet oder von vornherein feststeht, dass der Ersatzanspruch nicht realisierbar ist.[45]

Soweit der Nießbraucher größeren Erhaltungsaufwand nach § 82b EStDV auf mehrere Jahre verteilt, kann nur er selbst die entsprechenden Werbungskosten in späteren Jahren geltend machen. Ein Übergang der während der Dauer des Nießbrauchs nicht verbrauchten Teile auf den Eigentümer oder den Rechtsnachfolger des Nießbrauchers (z.B. den Erben) ist ausgeschlossen.[46] 24

Endet der Nießbrauch vor Ablauf des Verteilungszeitraums (z.B. durch Tod des Nießbrauchers), darf (bzw. muss) der Nießbraucher aber den noch nicht berücksichtigten Teil des Erhaltungsaufwands im Jahr der Beendigung des Nießbrauchs abziehen.[47] 25

Zivilrechtlich besteht auch die Möglichkeit, dem Nießbraucher den Tilgungsdienst einer belasteten Immobilie aufzuerlegen.[48] Ertragsteuerlich hat dies jedoch keinerlei Effekt, da **Tilgungsleistungen** in keinem Fall (also weder beim Eigentümer noch beim Nutzungsberechtigten) als Werbungskosten qualifiziert werden können.[49]

2. AfA-Berechtigung

Abschreibungen können nur unter der Voraussetzung gezogen werden, dass sie im Zusammenhang mit vom Steuerpflichtigen erzielten Einnahmen anfallen. Somit ist ein AfA-Abzug durch den Eigentümer jedenfalls ausgeschlossen, soweit dieser wegen des Nießbrauchs keine Vermietungs- bzw. Verpachtungseinkünfte erzielt.[50] 26

44 BMF-Schreiben v. 30.9.2013 – IV C 1 – S 2253/07/10004 (Nießbrauchserlass), DStR 2013, 2112 ff., Tz 43, 21.

45 Scherer/*v. Sothen/Kotzenberg/Claussen*, MAH Erbrecht, § 36 Rn 290; BMF-Schreiben v. 30.9.2013 – IV C 1 – S 2253/07/10004 (Nießbrauchserlass), DStR 2013, 2112 ff., Tz 43, 21; vgl. auch BFH v. 14.11.1989 – IX R 110/85, BStBl II 1990, 462; BFH v. 5.9.1991 – IV R 40/90, BStBl II 1992, 192.

46 BFH v. 25.9.2017 – IX S 17/17, BeckRS 2017, 128809; ebenso bereits BMF-Schreiben v. 30.9.2013 – IV C 1 – S 2253/07/10004 (Nießbrauchserlass), DStR 2013, 2112 ff., Tz 43.

47 BMF-Schreiben v. 30.9.2013 – IV C 1 – S 2253/07/10004 (Nießbrauchserlass), DStR 2013, 2112 ff., Tz 22.

48 Riedel/*Steger/Guerra*, Unternehmensnachfolge, § 25 Rn 79.

49 Tilgungen sind keine Werbungskosten, vgl. Schmidt/*Krüger*, EStG, § 9 Rn 132; vgl. auch FG Münster v. 27.8.2020 – 3 K 722/16 Erb, EFG 2020, 493, Revision eingelegt (Az BFH: II R 30/20).

50 Schmidt/*Kulosa*, EStG, § 21 Rn 74; Scherer/*v. Sothen/Kotzenberg/Claussen*, MAH Erbrecht, § 36 Rn 312.

Da dem Nießbraucher aber die abzuschreibende Vermögenssubstanz (also das Gebäude) nicht gehört und ihn der Wertverzehr auch nicht wirtschaftlich trifft, kommt bei ihm ein entsprechender Werbungskostenabzug ebenfalls nicht in Betracht. Dies gilt jedenfalls für den (unentgeltlichen) Zuwendungsnießbrauch[51] sowie für den Vermächtnisnießbrauch.[52]

27 Im Hinblick darauf, dass beim Vorbehaltsnießbrauch der jetzige Nießbraucher als früherer Eigentümer sämtliche Anschaffungs- bzw. Herstellungskosten des vermieteten Grundbesitzes getragen hat (oder sie von seinem Rechtsvorgänger getragen wurden, § 11d EStDV), ist es angemessen, dass er – wie zuvor als Eigentümer – die Abschreibungen (**AfA**) in Anspruch nehmen und als Werbungskosten steuermindernd geltend machen kann.[53] Dabei bleiben AfA-Methode und -Bemessungsgrundlage prinzipiell unverändert.[54] Die AfA-Bemessungsgrundlage erhöht sich aber um etwaige nach Nießbrauchsbestellung angefallene zusätzliche Herstellungskosten, soweit sie der Nießbraucher getragen hat.[55]

28 Wird die nießbrauchsbelastete Immobilie veräußert und aus diesem Anlass der ursprüngliche Nießbrauch gegen einen neuen an der erworbenen Ersatz-Immobilie ausgetauscht, kann das dazu führen, dass der ursprüngliche Eigentümer wirtschaftlich auch die Anschaffungs- bzw. Herstellungskosten dieses Ersatzobjekts getragen hat. In diesem Fall stehen ihm auch im Hinblick auf das Ersatzobjekt (sozusagen unverändert) die Abschreibungen auf das Gebäude zu.[56]

Ob dies auch im Falle eines Nießbrauchsvorbehalts, der nicht nur zugunsten des bisherigen Eigentümers, sondern auch zugunsten von dessen Ehegatten gilt, kann nicht pauschal beantwortet werden.

Soweit dem Ehegatten (durch eine Gesamtberechtigung) im Außenverhältnis eine Nießbraucherstellung eingeräumt wurde, es aber im Innenverhältnis bei der

51 Schmidt/*Kulosa*, EStG, § 21 Rn 74.

52 Die AfA-Berechtigung steht hier dem mit dem Vermächtnis beschwerten Erben zu, FG Hamburg v. 17.3.2021 – 2 K 2/19, DStRE 2022, 200; Scherer/*v. Sothen/Kotzenberg/Claussen*, MAH Erbrecht, § 36 Rn 289.

53 BMF-Schreiben v. 30.9.2013 – IV C 1 – S 2253/07/10004 (Nießbrauchserlass), DStR 2013, 2112 ff., Tz 42; BFH v. 28.7.1981 – VIII R 141/77, BStBl II 1982, 454; BFH v. 24.9.1985 – IX R 62/83, BStBl II 1986, 12; BFH v. 30.1.1995 – GrS 4/92, BStBl II 1995, 281; BFH v. 19.2.2021 – X B 34/20, BFH/NV 2021, 632.

54 *Kessler/Mirbach*, DStR 2015, 926, 927.

55 BFH v. 7.6.1994 – IX R 33, 34/92, BStBl II 1994, 927; BMF-Schreiben v. 30.9.2013 – IV C 1 – S 2253/07/10004 (Nießbrauchserlass), DStR 2013, 2112 ff., Tz 47; vgl. auch *Kessler/Mirbach*, DStR 2015, 926, 927; Scherer/*v. Sothen/Kotzenberg/Claussen*, MAH Erbrecht, § 36 Rn 312.

56 Und zwar nach Maßgabe der typisierten Gebäudenutzungsdauer, BFH v. 24.5.2022 – IX R 1/21, BStBl II 2024, 54; Schmidt/*Kulosa*, EStG, § 7 Rn 60; „verlängerter Vorbehaltsnießbrauch“, Scherer/*v. Sothen/Kotzenberg/Claussen*, MAH Erbrecht, § 36 Rn 289; *Bodden*, KÖSDI 23, 23405.

alleinigen Berechtigung des bisherigen Eigentümers (bis zu seinem Tod) bleibt und eine wirtschaftliche Berechtigung des Ehegatten erst nach Wegfall des ursprünglichen Eigentümers beginnen soll, dürfte dies auf die AfA-Berechtigung (zunächst) keinen Einfluss haben. Teilweise wird vertreten, dem überlebenden Ehegatten stünde auch nach dem Tod des ursprünglichen Eigentümers ebenfalls die volle AfA zu, und zwar unabhängig davon, ob eine Gesamtberechtigung oder ein aufschiebend bedingter (neuer) Nießbrauch vereinbart seien.[57] Das erscheint aber zweifelhaft, da beim überlebenden Ehegatten (jedenfalls ab dem Erbfall) ein Zuwendungsnießbrauch vorliegt.[58]

Ist das Grundstück unter Vorbehalt des Nießbrauchs (teil)entgeltlich übertragen 29
worden, richtet sich die AfA nach den **Anschaffungskosten des Nießbrauchers** als ursprünglichem Eigentümer. Die Gegenleistung des Erwerbers mindert die AfA-Bemessungsgrundlage für den Nießbraucher nicht.[59]

Nach Beendigung des Nießbrauchs stehen die noch verbleibenden Abschreibungen auf das Gebäude in vollem Umfang dem Eigentümer zu.[60]

IV. Ablösung/Verzicht

1. Allgemeines

Von Gesetzes wegen endet der Nießbrauch gem. § 1061 BGB (spätestens) mit 30
dem Tod des Nießbrauchers, so dass die vollständige rechtliche und wirtschaftliche Verfügungsmacht über das Grundstück auf den Grundstückseigentümer übergeht. Allerdings kann das Nießbrauchsrecht auch früher durch Verzicht (bei Grundstücken durch einseitige Aufgabeerklärung, § 875 Abs. 1 BGB, und Löschung)[61] beendet werden. Dies kann unentgeltlich oder auf der Grundlage einer Entgeltvereinbarung zwischen dem Nießbraucher und dem Eigentümer geschehen.

---

57 So jedenfalls Schmidt/*Kulosa*, EStG, § 7 Rn 61.

58 Ebenso Scherer/*v. Sothen/Kotzenberg/Claussen*, MAH Erbrecht, § 36 Rn 289; Brandis/Heuermann/*Brandis*, § 7 EStG Rn 191; vgl. auch BFH v. 1.9.2011 – II R 67/09, BStBl II 2013, 210; BFH v. 2.12.2014 – IX R 1/14, BStBl II 2015, 493; *Korn*, DStR 1999, 1461, 1467.

59 BMF-Schreiben v. 30.9.2013 – IV C 1 – S 2253/07/10004 (Nießbrauchserlass), DStR 2013, 2112 ff., Tz 44.

60 BMF-Schreiben v. 30.9.2013 – IV C 1 – S 2253/07/10004 (Nießbrauchserlass), DStR 2013, 2112 ff., Tz 46; weitere Details vgl. unten Rdn 31, 33 f.

61 MüKo-BGB/*Pohlmann*, § 1030 Rn 171; BeckOK BGB/*Reischl*, § 1030 Rn 24.

2. Unentgeltlicher Verzicht

31 Der unentgeltliche Verzicht auf den Nießbrauch ist ertragsteuerrechtlich unbeachtlich.[62] Keiner der Beteiligten erzielt hierbei irgendwelche steuerpflichtigen Einkünfte. Auch auf die (der AfA zugrunde zu legenden) Anschaffungskosten hat der Vorgang keinen Einfluss.

3. Entgeltlicher Verzicht

a) Perspektive des Nießbrauchers

32 Die Vereinbarung eines Entgelts für den Verzicht auf das Nießbrauchsrecht führt beim verzichtenden Nießbraucher nicht zu steuerpflichtigen Einkünften, insbesondere nicht zu solchen aus Vermietung und Verpachtung (§ 21 EStG). Denn es handelt sich für ihn um eine nicht steuerbare Vermögensumschichtung[63] und nicht etwa um eine Entschädigung für entgehende künftige Einkünfte, die nach § 24 Nr. 1 Buchst. a EStG steuerpflichtig wäre.[64]

Werden als Abfindung wiederkehrende Leistungen vereinbart, die nicht als Versorgungsleistungen im Rahmen einer Vermögensübergabe (vorweggenommenen Erbfolge) erbracht werden, sind diese gedanklich in einen Tilgungs- und einen Ertragsanteil aufzuteilen. Der Ertragsanteil ist entweder nach § 20 Abs. 1 Nr. 7 EStG oder – bei Leibrenten – nach § 22 Nr. 1 S. 3 Buchst. a Doppelbuchst. bb EStG steuerbar.[65]

b) Perspektive des Eigentümers

33 Aus der Sicht des Grundstückseigentümers führt die entgeltliche Ablösung des Nießbrauchs zu nachträglichen Anschaffungskosten auf das Grundstück,[66]

---

62 Zivilrechtlich ist eine Schenkung anzunehmen, OLG Köln v. 9.3.2017 – 7 U 119/16, NJW-RR 2017, 915; *Herrler*, DNotZ 2019, 493, 502.

63 BMF-Schreiben v. 30.9.2013 – IV C 1 – S 2253/07/10004 (Nießbrauchserlass), DStR 2013, 2112 ff., Tz 57, 60; vgl. auch *Kessler/Mirbach*, DStR 2015, 926, 928; BFH v. 20.9.2024 – IX R 5/24, DStR 2024, 2682 zu GmbH-Anteilen.

64 Vgl. BFH v. 25.11.1992 – X R 34/89, BStBl II 1996, 663; FG Münster v. 12.12.2023 – 6 K 2489/22 E, DStRE 2024, 922, Revision eingelegt (Az BFH: IX R 4/24); FG Köln v. 29.2.2024 – 7 K 95/23, ZEV 2024, 784 zu GmbH-Anteilen; *Kessler/Mirbach*, DStR 2015, 926, 928.

65 BMF-Schreiben v. 30.9.2013 – IV C 1 – S 2253/07/10004 (Nießbrauchserlass), DStR 2013, 2112 ff., Tz 60.

66 Bei entgeltlichen bzw. Grundstückserwerben, die nicht als „vorweggenommene Erbfolge" qualifizieren; vgl. BMF-Schreiben v. 30.9.2013 – IV C 1 – S 2253/07/10004 (Nießbrauchserlass), DStR 2013, 2112 ff., Tz 59; vgl. auch *Kessler/Mirbach*, DStR 2015, 926, 928.

wenigstens aber zu einer Erhöhung der **AfA-Bemessungsgrundlage.**[67] Denn ursprünglicher Erwerbsgegenstand war das mit einem dinglichen Nutzungsrecht (Nießbrauch) belastete Grundstück. Das Eigentum an diesem war um das vorbehaltene Nutzungsrecht gemindert. Die Ablösung dieses Nutzungsrechts stellt also (lediglich) die Beseitigung dieser Beschränkung der Eigentümerbefugnisse dar und lässt den Eigentümer so in den Vollbesitz der rechtlichen und wirtschaftlichen Verfügungsmacht an dem Grundstück gelangen. Die in diesem Zusammenhang anfallenden Aufwendungen zielen also nicht etwa darauf ab, das Wirtschaftsgut „Nießbrauch“ zu erwerben. Vielmehr geht es darum, das Grundstück von der Nießbrauchsbelastung zu befreien.[68]

Mithin erhöht die an den Nießbraucher zu leistende Abfindung prinzipiell die 34
Anschaffungskosten des Grundstücks[69] und damit auch die AfA-Bemessungsgrundlage des Eigentümers.[70] Soweit die Abfindung in wiederkehrenden Leistungen besteht, ist grundsätzlich deren Barwert nach §§ 13, 14 BewG maßgeblich.[71]

Einschränkend ist allerdings (sowohl für Einmalzahlungen als auch für wieder- 35
kehrende Leistungen) festzuhalten, dass bei einer den tatsächlichen Wert des Nießbrauchs übersteigenden Abfindung nur der angemessene Teil zu steuerlich beachtlichen Anschaffungskosten führt, der überschießende Teil stellt hingegen eine Zuwendung i.S.d. § 12 Nr. 2 EStG dar.[72] Ist der Barwert der wiederkehrenden Leistungen mehr als doppelt so hoch wie der Wert des übertragenen Vermögens, liegt nach Auffassung der Finanzverwaltung sogar insgesamt eine Zuwendung i.S.d. § 12 Nr. 2 EStG vor.[73]

Außerdem ist zu beachten, dass wiederkehrende Leistungen in Zusammenhang mit einer privaten Vermögensumschichtung weder als Rente noch als dauernde

67 So bei (ursprünglich) unentgeltlichen Grundstücksübertragungen im Wege der vorweggenommenen Erbfolge, vgl. BMF-Schreiben v. 30.9.2013 – IV C 1 – S 2253/07/10004 (Nießbrauchserlass), DStR 2013, 2112 ff., Tz 57.

68 *Kessler/Mirbach*, DStR 2015, 926, 928.

69 Zum unentgeltlichen Grundstückserwerb bzw. Fällen der vorweggenommenen Erbfolge vgl. BMF-Schreiben v. 30.9.2013 – IV C 1 – S 2253/07/10004 (Nießbrauchserlass), DStR 2013, 2112 ff., Tz 57.

70 BMF-Schreiben v. 30.9.2013 – IV C 1 – S 2253/07/10004 (Nießbrauchserlass), DStR 2013, 2112 ff., Tz 57; BFH v. 28.11.1991 – XI R 2/87, BStBl II 1992, 381; BFH v. 21.7.1992 – IX R 14/89, BStBl II 1993, 484; BFH v. 21.7.1992 – IX R 72/90, BStBl II 1993, 486.

71 BFH v. 9.2.1994 – IX R 110/90, BStBl II 1995, 47; BFH v. 18.10.1994 – IX R 46/88, BStBl II 1995, 169 (für dauernde Lasten).

72 BMF-Schreiben v. 30.9.2013 – IV C 1 – S 2253/07/10004 (Nießbrauchserlass), DStR 2013, 2112 ff., Tz 59.

73 BMF-Schreiben v. 30.9.2013 – IV C 1 – S 2253/07/10004 (Nießbrauchserlass), DStR 2013, 2112 ff., Tz 59.

Last vom Leistenden steuerlich als Sonderausgaben (o.Ä.) abgezogen werden dürfen.[74]

V. Besonderheiten bei Immobilien im Betriebsvermögen

36 Die (isolierte) Übertragung eines zu einem Betriebsvermögen gehörenden Grundstücks an einen neuen Eigentümer (der nicht gleichzeitig Inhaber desselben Betriebs ist bzw. wird) führt grundsätzlich und unausweichlich zu einer **Entnahme** des Grundstücks.[75] Der Vorbehalt eines Nießbrauchs ändert daran nichts.[76]

Ob der vorbehaltene Nießbrauch (automatisch[77]) Betriebsvermögen des Übertragenden/Nießbrauchers wird, hängt von der Art der Nutzung des Nießbrauchsrechts ab.

Auch bei betrieblicher Nutzung des Nießbrauchsgegenstands kommt eine Einlage des Nießbrauchsrechts zum Teilwert nicht in Betracht.[78] Vielmehr können nur die tatsächlich anfallenden Aufwendungen steuerlich berücksichtigt werden, zu denen aber – beim Vorbehaltsnießbrauch – auch die ursprünglichen Anschaffungs- und Herstellungskosten gehören.

Diese sind gewinnmindernd durch Ansatz einer entsprechenden Einlage zu erfassen. Bemessungsgrundlage für die AfA ist dabei der Entnahmewert (Teilwert) des abzuschreibenden Gebäudes; die als Einlage bzw. Betriebsausgabe zu berücksichtigende AfA kann also höher sein als die vor der Entnahme.[79]

Jedenfalls in den Fällen der **Betriebsaufspaltung**, wenn also die nießbrauchsbelastete Immobilie eine wesentliche Betriebsgrundlage der (mit dem Nießbraucher personell verflochtenen) Betriebsgesellschaft darstellt, gehört der Nießbrauch zum Betriebsvermögen.[80]

---

74 BFH v. 25.11.1992 – X R 34/89, BStBl II 1996, 663 m.w.N.; vgl. auch BMF-Schreiben v. 30.9.2013 – IV C 1 – S 2253/07/10004 (Nießbrauchserlass), DStR 2013, 2112 ff., Tz 59; Scherer/*v. Sothen/Kotzenberg/Claussen*, MAH Erbrecht, § 36 Rn 292.

75 BFH v. 2.8.1983 – III R 170/78, NJW 1984, 1654; ebenso FG Baden-Württemberg v. 30.5.2001 – 5 K 394/99, EFG 2001, 1609.

76 Und mindert nicht etwa den für die Entnahmebesteuerung maßgeblichen Teilwert, vgl. BFH v. 16.12.1989 – III R 113/85, BStBl II 1989, 763; BFH v. 20.9.1989 – I R 140/87, BStBl II 1990, 368. Ausnahme: Vorbehalt eines freien Rückforderungsrechts.

77 Denkbar ist auch die Entstehung des Nießbrauchs im Privatvermögen mit anschließender Einlage in das Betriebsvermögen, vgl. BFH v. 20.9.1989 – X R 140/87, BStBl II 1990, 368; vgl. auch *Krauß*, Vermögensnachfolge in der Praxis, Rn 4914.

78 BFH v. 30.1.1995 – GrS 4/92, BStBl II 1995, 281.

79 BFH v. 20.9.1989 – X R 140/87, BStBl II 1990, 368; Scherer/*v. Sothen/Kotzenberg/Claussen*, MAH Erbrecht, § 36 Rn 292; a.A. Schmidt/*Kulosa*, EStG, § 7 Rn 65 (ursprüngliche Anschaffungs-/Herstellungskosten des Schenkers) m.w.N.

80 Vgl. FG Baden-Württemberg v. 30.5.2001 – 5 K 394/99, EFG 2001, 1609.

Andererseits ist es natürlich auch möglich, dass bislang (rein) private Immobilien im Zuge einer Übertragung einer betrieblichen Nutzung zugeführt werden. Erfolgt bspw. die Vermietung bzw. Verpachtung durch den (nicht unternehmerisch tätigen) Nießbraucher an den unternehmerisch tätigen Eigentümer und nutzt dieser die Immobilie zu **betrieblichen Zwecken**, kommt es dennoch nicht zu einer Zuordnung des Grundbesitzes zum **Betriebsvermögen** (oder bei Mitunternehmerschaften zum **Sonderbetriebsvermögen**). Denn die betriebliche Nutzung beruht auf der Nutzungsüberlassung durch den Nießbraucher und nicht auf der Eigentümerstellung des Unternehmers.[81] Eine Zuordnung zum Betriebsvermögen erfolgt erst mit dem Wegfall des Nießbrauchs, wenn dann die betriebliche Nutzung fortgesetzt wird. 37

VI. Nießbrauchsvorbehalt bei entgeltlicher Immobilienübertragung

Auch wenn die „klassische" Gestaltung beim Nießbrauchsvorbehalt meist mit einer unentgeltlichen Immobilienübertragung einhergehen mag, ist er selbstverständlich auch anlässlich einer entgeltlichen Übertragung denkbar. Dies kann insoweit eine ertragsteuerlich sehr interessante Gestaltungvariante bilden, als der Nießbrauchsvorbehalt und die mit ihm verbundene reduzierte Nutzungsmöglichkeit für den neuen Eigentümer eine **wirtschaftliche Wertminderung** des übertragungsgegenständlichen Grundbesitzes mit sich bringt. Dies schlägt sich regelmäßig im zu vereinbarenden Kaufpreis nieder.[82] 38

Maßstab für die Ermittlung eines etwaigen **Veräußerungsgewinns** nach § 23 EStG ist aber (nur) der tatsächlich vereinbarte bzw. gezahlte Kaufpreis. Eine **Kaufpreisreduzierung** (auf welcher Grundlage auch immer, etwa durch Vorbehaltsnießbrauch) spielt dabei keine Rolle und führt insbesondere nicht zu einer fiktiven Erhöhung des Kaufpreises/Veräußerungsgewinns.[83] Insbesondere wird der Wert des vorbehaltenen Nießbrauchs nicht etwa als Veräußerungsentgelt qualifiziert.[84] Dies gilt auch bei teilentgeltlichen Übertragungen.[85] 39

Spiegelbildlich hat allerdings der Erwerber bei diesem Modell auch nur reduzierte Anschaffungskosten, die sich auch durch einen späteren (unentgeltlichen) Wegfall der Nießbrauchsbelastung nicht verändern.[86]

---

81 Scherer/*v. Sothen/Kotzenberg/Claussen*, MAH Erbrecht, § 36 Rn 291.

82 *Kessler/Mirbach*, DStR 2015, 926, 929.

83 *Kessler/Mirbach*, DStR 2015, 926, 928.

84 BFH v. 24.4.1991 – XI R 5/83, BStBl II 1991, 793.

85 BMF-Schreiben v. 30.9.2013 – IV C 1 – S 2253/07/10004 (Nießbrauchserlass), DStR 2013, 2112 ff., Tz 4; *Kessler/Mirbach*, DStR 2015, 926, 927.

86 *Kessler/Mirbach*, DStR 2015, 926, 927 unter Hinweis auf BMF-Schreiben v. 30.9.2013 – IV C 1 – S 2253/07/10004 (Nießbrauchserlass), DStR 2013, 2112 ff., Tz 41.

40 Wird zu einem späteren Zeitpunkt[87] der Nießbrauch entgeltlich abgelöst, führt auch dies nicht zu einem (zusätzlichen) Veräußerungsgewinn. Denn wie dargestellt handelt es sich für ihn um eine nicht steuerbare Vermögensumschichtung[88] und nicht etwa um eine Entschädigung für entgehende künftige Einkünfte, die nach § 24 Nr. 1 Buchst. a EStG steuerpflichtig wäre.[89]

C. Zuwendungsnießbrauch

I. Begründung des Nießbrauchs

1. Unentgeltliche Nießbrauchseinräumung

41 Die unentgeltliche Bestellung eines Zuwendungsnießbrauchs ist ebenso wie der Nießbrauchsvorbehalt grundsätzlich ertragsteuerlich irrelevant, insbesondere führt sie nicht zur Entstehung steuerpflichtiger Einkünfte aus Vermietung und Verpachtung. Von einem unentgeltlich bestellten Nießbrauch ist auszugehen, wenn entweder gar keine Gegenleistung vereinbart ist oder deren Wert im Verhältnis zum Wert des Nießbrauchs so bemessen ist, dass bei Zugrundelegung einer zwischen Fremden üblichen Gestaltung von einer echten Gegenleistung keine Rede sein kann. Davon ist regelmäßig auszugehen, wenn der Wert der Gegenleistung weniger als 10 % des Werts des Nießbrauchs beträgt.[90]

Um die wirtschaftliche Gleichwertigkeit von Nießbrauch und Gegenleistung beurteilen zu können, bedarf es nicht nur einer Bewertung der Gegenleistung, sondern auch des zu bestellenden Nießbrauchs. Der Wert des Nießbrauchs bestimmt sich nach dem **Kapitalwert** des Nießbrauchs.

2. Entgeltliche Nießbrauchseinräumung

a) Behandlung beim Eigentümer

42 Wird ein Zuwendungsnießbrauch gegen Entgelt bestellt, führt dies zu steuerpflichtigen **Vermietungseinkünften** des Bestellers, und zwar (grundsätzlich in

---

87 Und ohne einen bereits ursprünglich bestehenden Plan hierzu (§ 42 AO!).

88 BMF-Schreiben v. 30.9.2013 – IV C 1 – S 2253/07/10004 (Nießbrauchserlass), DStR 2013, 2112 ff., Tz 57, 60; vgl. auch *Kessler/Mirbach*, DStR 2015, 926, 928.

89 Vgl. BFH v. 25.11.1992 – X R 34/89, BStBl II 1996, 663; FG Münster v. 12.12.2023 – 6 K 2489/22 E, DStRE 2024, 922, Revision eingelegt (Az BFH: IX R 4/24); FG Köln v. 29.2.2024 – 7 K 95/23, ZEV 2024, 784 zu GmbH-Anteilen; *Kessler/Mirbach*, DStR 2015, 926, 928.

90 BMF-Schreiben v. 30.9.2013 – IV C 1 – S 2253/07/10004 (Nießbrauchserlass), DStR 2013, 2112 ff., Tz 13; vgl. auch Scherer/*v. Sothen/Kotzenberg/Claussen*, MAH Erbrecht, § 36 Rn 311.

voller Höhe) im Jahr des Zuflusses der Gegenleistung.[91] Das gilt unabhängig davon, ob beim Nießbraucher Einkünfte aus Vermietung und Verpachtung anfallen. Bei Vorausleistung des Entgelts durch den Nießbraucher für mehr als fünf Jahre können die Einnahmen auf den Zeitraum verteilt werden, für den die Zahlung geleistet wird (§ 11 Abs. 1 S. 3 EStG).[92]

Eine vollentgeltliche Vereinbarung liegt vor, wenn der Wert des Nießbrauchs und der Wert der Gegenleistung nach wirtschaftlichen Gesichtspunkten gegeneinander abgewogen sind.[93] Beim Vergleich von Leistung und Gegenleistung sind die von den Vertragsparteien jeweils insgesamt zu erbringenden Leistungen gegenüberzustellen.[94] 43

Soweit der Zuwendungsnießbrauch zugunsten eines fremden Dritten bestellt wird, ist – bei Vereinbarung eines Entgelts – prinzipiell davon auszugehen, dass der Wert des Nießbrauchs und der Wert der Gegenleistung nach wirtschaftlichen Gesichtspunkten abgewogen sind.[95] Als fremde Dritte in diesem Sinne gelten Personen, die nicht durch verwandtschaftliche oder sonstige enge Beziehungen miteinander verbunden sind.[96] 44

b) Behandlung beim Nießbraucher

Nutzt der Nießbraucher das ihm entgeltlich eingeräumte Nießbrauchsrecht zur Erzielung von Einkünften aus Vermietung und Verpachtung, stellen die Aufwendungen für den Erwerb des Nießbrauchsrechts prinzipiell **Anschaffungskosten** dar,[97] die über die (voraussichtliche) Laufzeit des Rechts linear abzuschreiben sind (§ 7 Abs. 1 EStG).[98] Hängt die Dauer des Nießbrauchs von der Lebenszeit des Berechtigten ab, richten sich Bewertung und Abschreibungsdauer nach der mutmaßlichen Lebenszeit gemäß der im Zeitpunkt der Bestellung aktuellen Sterbetafel des Statistischen Bundesamts.[99] Ausnahmsweise können die Aufwendun- 45

91 Scherer/*v. Sothen/Kotzenberg/Claussen*, MAH Erbrecht, § 36 Rn 311.

92 BMF-Schreiben v. 30.9.2013 – IV C 1 – S 2253/07/10004 (Nießbrauchserlass), DStR 2013, 2112 ff., Tz 28.

93 Scherer/*v. Sothen/Kotzenberg/Claussen*, MAH Erbrecht, § 36 Rn 311.

94 BMF-Schreiben v. 30.9.2013 – IV C 1 – S 2253/07/10004 (Nießbrauchserlass), DStR 2013, 2112 ff., Tz 10.

95 Scherer/*v. Sothen/Kotzenberg/Claussen*, MAH Erbrecht, § 36 Rn 311.

96 BMF-Schreiben v. 30.9.2013 – IV C 1 – S 2253/07/10004 (Nießbrauchserlass), DStR 2013, 2112 ff., Tz 11.

97 Vgl. BFH v. 26.11.1996 – IX R 33/94, DStRE 1997, 709; Schmidt/*Kulosa*, EStG, § 21 Rn 73; vgl. auch BFH v. 14.3.2006 – I R 109/04, BFH/NV 2006, 1812 zu einem schuldrechtlichen Nutzungsrecht.

98 Scherer/*v. Sothen/Kotzenberg/Claussen*, MAH Erbrecht, § 36 Rn 312.

99 BFH 26.11.1996 – IX R 33/94, BFH/NV 1997, 643; BFH v. 24.1.1995 – IX R 40/92, BFH/NV 1995/771; BMF-Schreiben v. 30.9.2013 – IV C 1 – S 2253/07/10004 (Nießbrauchserlass), DStR 2013, 2112 ff., Tz 26; Scherer/*v. Sothen/Kotzenberg/Claussen*, MAH Erbrecht, § 36 Rn 312.

gen insgesamt im Jahr der Zahlung als Werbungskosten geltend gemacht werden, wenn sie für einen Zeitraum von bis zu fünf Jahren geleistet werden.[100]

3. Teilweise entgeltliche Nießbrauchseinräumung

46 Eine Art „Zwitter-Stellung" zwischen voll entgeltlichen und voll unentgeltlichen Vereinbarungen nehmen solche Gestaltungen ein, bei denen ein hinter dem tatsächlichen Wert zurückbleibendes Entgelt vereinbart wird. Diese bezeichnet man auch als **teil**entgeltlich. Von einem teilentgeltlich bestellten Nießbrauch ist immer dann auszugehen, wenn der Wert der Gegenleistung nicht nach wirtschaftlichen Gesichtspunkten abgewogen ist.[101] Ein solcher Vorgang ist in einen entgeltlichen und einen unentgeltlichen Teil aufzuteilen. Dabei berechnen sich der entgeltlich und der unentgeltlich erworbene Teil des Nießbrauchs nach dem Verhältnis des Entgelts zu dem Kapitalwert des Nießbrauchs.[102]

II. Einkünftezurechnung

47 Anders als beim Vorbehaltsnießbrauch bleibt beim Zuwendungsnießbrauch die Eigentümerstellung unverändert. Allerdings wird die Möglichkeit der Nutzung zur Einkommenserzielung auf den Nießbraucher verlagert.[103] Für die steuerliche Einkünftezurechnung kommt es auch hier entscheidend darauf an, wer als **Vermieter** auftritt und die entsprechenden Rechte und Pflichten wahrnimmt (vgl. Rdn 18). Das ist auch beim Zuwendungsnießbrauch zumeist der nach § 567 BGB in die Rechtsstellung des Eigentümers als Vermieter eintretende Nießbraucher.[104] Auch die Ausgestaltung eines Nießbrauchs als Bruttonießbrauch beeinträchtigt die Vermieterstellung eines Nießbrauchers grundsätzlich nicht.[105]

Dem Eigentümer sind regelmäßig keine Einkünfte aus dem nießbrauchsbelasteten Grundstück zuzurechnen.[106]

---

100 BMF-Schreiben v. 30.9.2013 – IV C 1 – S 2253/07/10004 (Nießbrauchserlass), DStR 2013, 2112 ff., Tz 26.

101 Scherer/*v. Sothen/Kotzenberg/Claussen*, MAH Erbrecht, § 36 Rn 311.

102 BMF-Schreiben v. 30.9.2013 – IV C 1 – S 2253/07/10004 (Nießbrauchserlass), DStR 2013, 2112 ff., Tz 12.

103 Riedel/*Steger/Guerra*, Unternehmensnachfolge, § 25 Rn 87.

104 BFH v. 19.11.2003 – IX R 54/00, ZEV 2004, 518, 519; Brandis/Heuermann/*Schallmoser*, § 21 EStG Rn 98.

105 BMF-Schreiben v. 30.9.2013 – IV C 1 – S 2253/07/10004 (Nießbrauchserlass), DStR 2013, 2112 ff., Tz 14.

106 BMF-Schreiben v. 30.9.2013 – IV C 1 – S 2253/07/10004 (Nießbrauchserlass), DStR 2013, 2112 ff., Tz 23.

III. Werbungskosten und AfA-Berechtigung

1. Werbungskosten

Im Hinblick auf die Berücksichtigung laufender Werbungskosten (außer AfA) gelten dieselben Grundsätze wie bereits zum Vorbehaltsnießbrauch dargestellt (vgl. Rdn 19).[107] Vereinfacht ausgedrückt: 48

- Werbungskostenabzug beim Nießbraucher, soweit
  - dieser die Aufwendungen getragen hat[108] und
  - der Nießbrauch reicht (beim Quotennießbrauch also nur anteilig).
- Kein Werbungskostenabzug beim Eigentümer, soweit er wegen des Nießbrauchs keine Vermietungs- bzw. Verpachtungseinkünfte erzielt.

2. AfA-Berechtigung

a) AfA auf die Immobilie

Soweit der Eigentümer aus der nießbrauchsbelasteten Immobilie keine Einkünfte 49
erzielt, kommt auch ein AfA-Abzug nicht in Betracht.[109] Auch der Nießbraucher ist von der **AfA-Berechtigung** auf das Gebäude ausgeschlossen,[110] da er diese nicht (selbst) getragen hat und es einen „Rechtsvorgänger", in dessen AfA-Berechtigung er eingetreten sein könnte, bei dieser Konstellation nicht gibt.[111]

Hat der Nießbraucher auf eigene Kosten Anlagen und Einrichtungen i.S.d. § 95 50
Abs. 1 S. 2 BGB in die Immobilie eingebracht, steht ihm die hierauf entfallende AfA aber zu. Das gilt auch für Aufwendungen auf Einbauten zu nur vorübergehendem Zweck (§ 95 Abs. 1 S. 1 BGB).[112]

Bei Bruchteils- oder Quotennießbrauch gelten die vorstehenden Grundsätze jeweils im Hinblick auf den Teil, zu dem Eigentümer bzw. Nießbraucher aufgrund des Nießbrauchs das Recht zur Einkünfte-Erzielung zusteht.[113]

---

107 Vgl. auch Scherer/*v. Sothen/Kotzenberg/Claussen*, MAH Erbrecht, § 36 Rn 312.

108 BMF-Schreiben v. 30.9.2013 – IV C 1 – S 2253/07/10004 (Nießbrauchserlass), DStR 2013, 2112 ff., Tz 21.

109 BMF-Schreiben v. 30.9.2013 – IV C 1 – S 2253/07/10004 (Nießbrauchserlass), DStR 2013, 2112 ff., Tz 24.

110 BFH v. 24.4.1990 – IX R 9/86, BStBl II 1990, 888; BMF-Schreiben v. 30.9.2013 – IV C 1 – S 2253/07/10004 (Nießbrauchserlass), DStR 2013, 2112 ff., Tz 19.

111 Vgl. Scherer/*v. Sothen/Kotzenberg/Claussen*, MAH Erbrecht, § 36 Rn 312.

112 BMF-Schreiben v. 30.9.2013 – IV C 1 – S 2253/07/10004 (Nießbrauchserlass), DStR 2013, 2112 ff., Tz 19.

113 BMF-Schreiben v. 30.9.2013 – IV C 1 – S 2253/07/10004 (Nießbrauchserlass), DStR 2013, 2112 ff., Tz 25.

b) AfA auf das Nießbrauchsrecht

51 Auf ein unentgeltlich erworbenes Nießbrauchsrecht können keine Abschreibungen vorgenommen werden.[114] Beim entgeltlich bestellten Nießbrauch besteht hingegen eine AfA-Berechtigung des Nießbrauchers. Insoweit ist zu beachten, dass die Anschaffungskosten prinzipiell[115] linear auf die Laufzeit des Nießbrauchs zu verteilen sind. Steht die genaue Laufzeit nicht fest, weil der Nießbrauch für die Zeit bis zum Tod des Berechtigten oder einer anderen Person bestellt ist, müssen die Anschaffungskosten nach § 11 Abs. 2 S. 3 EStG auf die mutmaßliche Lebenszeit der betreffenden Person verteilt werden. Hierzu ist auf die jeweils aktuelle Sterbetafel des Statistischen Bundesamts abzustellen, § 14 Abs. 1 BewG.[116] Die entsprechenden Daten werden jährlich durch die Finanzverwaltung veröffentlicht.[117] Maßgeblich ist für die gesamte Laufzeit jeweils der für das Jahr der Nießbrauchsbestellung aktuelle Stand.

IV. Ablösung/Verzicht

52 Auch bei Verzicht bzw. dafür gezahlter Abfindung ist zwischen unentgeltlich und entgeltlich bestelltem Zuwendungsnießbrauch zu unterscheiden:

Für die Beendigung eines unentgeltlich bestellten Nießbrauchsrechts geleistete Zahlungen fallen steuerlich prinzipiell unter § 12 Nr. 2 EStG und sind damit im Ergebnis sowohl für den Grundstückseigentümer als auch für den Nießbraucher unbeachtlich. Weder werden steuerpflichtige Einkünfte erzielt, noch hat der Leistende Anschaffungs- oder Werbungskosten.[118] Wird anstelle des bisherigen Nießbrauchs ein neuer, sozusagen ein **„Ersatznießbrauch“**, bestellt, ist Letzterer als neu bestellter unentgeltlicher Zuwendungsnießbrauch zu behandeln.[119]

53 Eine Ausnahme vom Prinzip der steuerlichen Unbeachtlichkeit gilt aber dann, wenn der den Nießbrauch ablösende Eigentümer das Grundstück selbst bereits mit der Belastung des Nießbrauchs erworben hatte, also die Nießbrauchsbestellung bereits vor seinem Eigentumserwerb stattgefunden hat.[120] Hier liegt ein

114 BFH v. 28.7.1981 – VIII R 141/77, BStBl II 1982, 454; BMF-Schreiben v. 30.9.2013 – IV C 1 – S 2253/07/10004 (Nießbrauchserlass), DStR 2013, 2112 ff., Tz 20.

115 Ausnahme: Entgelt(voraus)zahlung für maximal fünf Jahre: dann ggf. vollständiger Abzug im Jahr der Zahlung, vgl. BMF-Schreiben v. 30.9.2013 – IV C 1 – S 2253/07/10004 (Nießbrauchserlass), DStR 2013, 2112 ff., Tz 26.

116 BMF-Schreiben v. 30.9.2013 – IV C 1 – S 2253/07/10004 (Nießbrauchserlass), DStR 2013, 2112 ff., Tz 26.

117 Vgl. für 2025: BMF-Schreiben v. 9.12.2024, BStBl I 2024, 1631.

118 BMF-Schreiben v. 30.9.2013 – IV C 1 – S 2253/07/10004 (Nießbrauchserlass), DStR 2013, 2112 ff., Tz 61 unter Hinweis auf BFH v. 13. 10. 1993 – X R 86/89, BStBl II 1994, 451.

119 BMF-Schreiben v. 30.9.2013 – IV C 1 – S 2253/07/10004 (Nießbrauchserlass), DStR 2013, 2112 ff., Tz 61.

120 Vgl. BFH v. 15.12.1992 – IV R 323/87, BStBl II 1993, 488.

entgeltliches Geschäft vor, da der Grundstückseigentümer durch die **Nießbrauchsablösung** (erstmals) unbelastetes Eigentum erwirbt. Folglich führt die Abfindung zu Anschaffungskosten (bei wiederkehrenden Leistungen mit deren Barwert).[121]

Im Fall der Ablösung eines entgeltlich bestellten Zuwendungsnießbrauchs sind etwaige Ablösezahlungen beim Zahlungsempfänger (Nießbraucher) grundsätzlich steuerlich unbeachtlich. Sie werden seiner privaten Vermögensebene zugeordnet und stellen dort lediglich eine Art Umschichtung dar.[122] Eine Ausnahme gilt aber, wenn die Ablösung des entgeltlich erworbenen Nießbrauchs vor Ablauf von zehn Jahren seit der Anschaffung erfolgt. Denn in diesen Fällen greift nach überwiegender Kommentarmeinung die **Spekulationsbesteuerung** nach § 23 Abs. 1 S. 1 Nr. 2 EStG.[123] Das FG Münster qualifiziert aber zu Recht den Verzicht als „veräußerungsähnlichen Vorgang", der nach § 23 EStG nicht steuerbar ist.[124] 54

Beim Eigentümer führen Ablösezahlungen dessen ungeachtet zu negativen Einnahmen aus Vermietung und Verpachtung, und zwar prinzipiell im Jahr der (jeweiligen[125]) Zahlung. Ist das für die Bestellung des Nießbrauchs gezahlte Entgelt nach § 11 Abs. 1 S. 3 EStG auf mehrere Jahre verteilt worden, ist der noch nicht versteuerte Restbetrag beim Eigentümer als Einnahme aus Vermietung und Verpachtung zu erfassen.[126]

V. Besonderheiten bei Immobilien im Betriebsvermögen

Wird der Zuwendungsnießbrauch an einer Immobilie bestellt, die zum Betriebsvermögen des Eigentümers gehört, ändert der Nießbrauch an dieser Zuordnung nichts.[127] Eine zwangsweise Entnahme kommt nur in Betracht, wenn das Grundstück ausnahmsweise dem Nießbraucher als wirtschaftliches Eigentum zuzurechnen ist und durch diese Zuordnung der betriebliche Zusammenhang aufgelöst 55

121 BMF-Schreiben v. 30.9.2013 – IV C 1 – S 2253/07/10004 (Nießbrauchserlass), DStR 2013, 2112 ff., Tz 62.

122 BMF-Schreiben v. 30.9.2013 – IV C 1 – S 2253/07/10004 (Nießbrauchserlass), DStR 2013, 2112 ff., Tz 64 unter Hinweis auf BFH v. 9.8.1998 – X R 140/88, BStBl II 1990, 1026; *Kessler/Mirbach*, DStR 2015, 926, 928.

123 Der Nießbrauch fällt als (dingliches) Recht in die gesetzlich definierte Kategorie des „anderen Wirtschaftsguts", vgl. Brandis/Heuermann/*Ratschow*, § 23 EStG Rn 90; Schmidt/*Levedag*, EStG, § 23 Rn 22.

124 FG Münster v. 12.12.2023 – 6 K 2489/22 E, DStRE 2024, 922, Revision eingelegt (Az BFH: IX R 4/24).

125 Das gilt insbesondere bei wiederkehrenden Leistungen.

126 BMF-Schreiben v. 30.9.2013 – IV C 1 – S 2253/07/10004 (Nießbrauchserlass), DStR 2013, 2112 ff., Tz 63.

127 BFH v. 4.5.2000 – IV R 10/99, BFH/NV 2000, 1039; BFH v. 1.3.1994 – VIII R 35/92, BStBl II 1995, 241; Scherer/*v. Sothen/Kotzenberg/Claussen*, MAH Erbrecht, § 36 Rn 314.

wird.[128] Wird die Immobilie aufgrund des Nießbrauchs weiterhin an den Betrieb des Eigentümers überlassen, stellen hierfür gezahlte Entgelte (soweit sie angemessen sind und nicht unter § 12 Nr. 2 EStG fallen) Betriebsausgaben dar.

Zur Klarstellung: Der Nießbrauch gehört beim Nießbraucher grundsätzlich zu dessen Privatvermögen.

D. Vermächtnisnießbrauch

56 Ein Vermächtnisnießbrauch liegt vor, wenn der Nießbrauch aufgrund bzw. in Erfüllung einer letztwilligen Verfügung des Grundstückseigentümers durch dessen Erben an einem zum Nachlass gehörenden Grundstück eingeräumt wird.[129] Hinsichtlich der steuerlichen Behandlung gelten im Prinzip dieselben Grundsätze wie beim unentgeltlich bestellten Zuwendungsnießbrauch (vgl. Rdn 41, 47 ff.).[130]

Allerdings führen Aufwendungen des Eigentümers (Erben) zur Ablösung eines Vermächtnisnießbrauchs stets zu **nachträglichen Anschaffungskosten** auf das belastete Grundstück.[131] Beim Nießbraucher liegt nicht steuerbare Vermögensumschichtung vor.[132]

E. Mischfälle – Vorbehalts- und Zuwendungsnießbrauch

57 Grundsätzlich endet der Nießbrauch mit dem Tod des Nießbrauchsberechtigten (§ 1061 BGB). Diese Regelung ist – wie alle sachenrechtlichen Vorschriften – nicht abdingbar.

Eine Möglichkeit, der Unvererblichkeit des Nießbrauchs zu begegnen und etwa eine wirtschaftliche Absicherung des Ehegatten des (ursprünglichen) Eigentümers zu gewährleisten, besteht darin, aufschiebend bedingt auf den Tod des Vorbehaltsnießbrauchers einen Zuwendungsnießbrauch zugunsten eines Dritten, z.B. des Ehegatten, zu bestellen (sog. **Sukzessivberechtigung**).[133] Möglich ist

---

128 BFH v. 4.5.2000 – IV R 10/99, BFH/NV 2000, 1039; Scherer/*v. Sothen/Kotzenberg/Claussen*, MAH Erbrecht, § 36 Rn 314; Brandis/Heuermann/*Brandis*, § 7 EStG Rn 192.

129 BMF-Schreiben v. 30.9.2013 – IV C 1 – S 2253/07/10004 (Nießbrauchserlass), DStR 2013, 2112 ff., Tz 32.

130 Das gilt auch für den Vermächtnisnießbrauch an Betriebsgrundstücken, vgl. Scherer/*v. Sothen/Kotzenberg/Claussen*, MAH Erbrecht, § 36 Rn 327.

131 BFH v. 21.7.1992 – IX R 14/89, BStBl II 1993, 484.

132 Vgl. BMF-Schreiben v. 30.9.2013 – IV C 1 – S 2253/07/10004 (Nießbrauchserlass), DStR 2013, 2112 ff., Tz 65; zur Ablösung durch wiederkehrende Leistungen vgl. oben Rdn 34 sowie BMF-Schreiben v. 11.3.2010 – IV C 3 – S 2221/09/10004, BStBl I 2010, 227, Tz 85 ff.

133 BeckNotar-HdB/*Herrler*, § 5 Rn 296 ff.; vgl. auch Scherer/*v. Sothen/Kotzenberg/Claussen*, MAH Erbrecht, § 36 Rn 289.

auch eine entsprechende nur schuldrechtliche Verpflichtung des Eigentümers gegenüber dem Partner des Nießbrauchers oder seinen Erben, die dann aber der späteren dinglichen Umsetzung bedarf.

In diesen Konstellationen liegt zugunsten des ehemaligen Immobilieneigentümers 58
ein Vorbehaltsnießbrauch vor, der, solange er besteht, den entsprechenden steuerlichen Regeln folgt (vgl. Rdn 15 ff.). Beim Tod des Vorbehaltsnießbrauchers entsteht (durch Bedingungseintritt oder Umsetzung der schuldrechtlichen Vereinbarung) ein (neuer) Zuwendungsnießbrauch, der ab diesem Zeitpunkt den für diese Ausprägung des Nießbrauchs geltenden steuerlichen Regeln (vgl. Rdn 41 ff.) unterliegt.[134]

Möglich ist auch die bereits im Rahmen der Grundstücksübertragung implemen- 59
tierte Kombination von Vorbehalts- und Zuwendungsnießbrauch, und zwar dadurch, dass sich der bisherige Grundstückseigentümer einen Nießbrauch vorbehält und gleichzeitig zugunsten eines anderen (z.B. seines Ehepartners) einen Zuwendungsnießbrauch bestellt, wobei beide Nießbraucher Gesamtberechtigte (§ 428 BGB) werden. Soweit dem Ehegatten im Außenverhältnis eine Nießbraucherstellung eingeräumt wurde, es aber im Innenverhältnis bei der alleinigen Berechtigung des bisherigen Eigentümers (bis zu seinem Tod) bleibt und eine wirtschaftliche Berechtigung des Ehegatten erst nach Wegfall des ursprünglichen Eigentümers beginnen soll, dürfte dies auf die AfA-Berechtigung (zunächst) keinen Einfluss haben. Teilweise wird vertreten, dem überlebenden Ehegatten stünde auch nach dem Tod des ursprünglichen Eigentümers ebenfalls die volle AfA zu, und zwar unabhängig davon, ob eine Gesamtberechtigung oder ein aufschiebend bedingter (neuer) Nießbrauch vereinbart seien.[135] Das erscheint aber zweifelhaft, da beim überlebenden Ehegatten (jedenfalls ab dem Erbfall) ein Zuwendungsnießbrauch vorliegt.[136]

F. Besonderheiten bei vermögensverwaltender Personengesellschaft

Gesellschaften bürgerlichen Rechts, die kein eigenes Betriebsvermögen haben, 60
werden ertragsteuerlich mehr oder weniger vollständig ignoriert. Gem. § 39 Abs. 2 Nr. 2 AO werden die (zivilrechtlich) von der Gesellschaft gehaltenen Wirtschaftsgüter anteilig den einzelnen Gesellschaftern zugerechnet. Besteht nun am Anteil an einer solchen GbR ein Nießbrauchsrecht und umfasst das Gesellschaftsvermögen eine vermietete Immobilie, erfolgt die Zurechnung der Einkünfte aus Vermietung und Verpachtung beim Nießbraucher (entsprechend dem

134 Brandis/Heuermann/*Schallmoser*, § 7 EStG Rn 191.
135 So jedenfalls Schmidt/*Kulosa*, EStG, § 7 Rn 61.
136 Ebenso Scherer/*v. Sothen/Kotzenberg/Claussen*, MAH Erbrecht, § 36 Rn 289; Brandis/Heuermann/*Brandis*, § 7 EStG Rn 191; vgl. auch BFH v. 1.9.2011 – II R 67/09, BStBl II 2013, 210; BFH v. 2.12.2014 – IX R 1/14, BStBl II 2015, 493; *Korn*, DStR 1999, 1461, 1467.

ihm aufgrund seiner Stellung zustehenden Anteil), wenn ihm kraft seines Nießbrauchs eine Stellung eingeräumt ist, die der eines Gesellschafters entspricht.[137]

Vielmehr muss dem Nießbraucher die Möglichkeit zustehen, auf Gesellschafterentscheidungen Einfluss zu nehmen.[138] Das setzt voraus, dass er in der Lage sein muss, den Gesellschafter bei allen Entscheidungen innerhalb der Gesellschaft (also auch bei Grundlagengeschäften) wenigstens zur Stimmenthaltung zwingen zu können. Diese Rechtsposition muss auch effektiv durchsetzbar sein. Diese Anforderungen gelten auch dann, wenn lediglich ein Quotennießbrauch vereinbart ist.[139]

Sind diese Anforderungen erfüllt, kommt es auf die Gestaltung des Außenverhältnisses zum Mieter nicht an.[140] Hierfür genügt die bloße Einräumung eines Anspruchs auf Gewinnbezug nicht.[141]

G. Quoten- und Bruchteilsnießbrauch

61 Handelt es sich bei dem Nießbrauch nicht um einen Vollrechtsnießbrauch, sondern um einen Quoten- oder einen Bruchteilsnießbrauch, bei denen der Nießbraucher entweder eine festgelegte Quote der Einkünfte erhält oder das Nießbrauchsrecht als solches von vornherein nur an einem Bruchteil des Grundstücks besteht, werden die Einkünfte anteilig dem Nießbraucher bzw. dem Eigentümer zugerechnet. In dieser Situation erzielen beide **Einkünfte** aus Vermietung und Verpachtung. Somit haben auch beide die Möglichkeit, etwa anfallende **Werbungskosten** steuerlich geltend zu machen. Dies gilt für den Eigentümer auch hinsichtlich der anteiligen Abschreibungen.

Ein **Quotennießbrauch** liegt vor, wenn dem Nießbraucher ein bestimmter Anteil (Bruchteil oder Quote) an den Einkünften aus dem Grundstücks zusteht.[142] Beim **Bruchteilsnießbrauch** wird der Nießbrauch nur an einem Bruchteil eines Grundstücks bestellt.[143]

---

137 BFH v. 9.4.1991 – IX R 78/88, BStBl II 1991, 809; BFH v. 2.4.2008 – IX R 18/06, BStBl II 2008, 679; BMF-Schreiben v. 30.9.2013 – IV C 1 – S 2253/07/10004 (Nießbrauchserlass), DStR 2013, 2112 ff., Tz 1; Scherer/*v. Sothen/Kotzenberg/Claussen*, MAH Erbrecht, § 36 Rn 292.

138 BFH v. 15.11.2022 – IX R 4/20, ZEV 2023, 246.

139 BFH v. 15.11.2022 – IX R 4/20, ZEV 2023, 246; Brandis/Heuermann/*Brandis*, § 21 EStG Rn 98; Schmidt/*Kulosa*, EStG, § 21 Rn 74; vgl. auch *Schothöfer*, DStR 2023, 1695.

140 BFH v. 15.11.2022 – IX R 4/20, ZEV 2023, 246.

141 BFH v. 9.4.1991 – IX R 78/88, BStBl II 1991, 809.

142 *Krauß*, Vermögensnachfolge in der Praxis, Rn 1154.

143 BMF-Schreiben v. 30.9.2013 – IV C 1 – S 2253/07/10004 (Nießbrauchserlass), DStR 2013, 2112 ff., Tz 16.

Die steuerliche Anerkennung setzt grundsätzlich voraus, dass der Nießbraucher aufgrund der zwischen ihm und dem Eigentümer bestehenden vertraglichen Vereinbarungen in der Lage ist, die Einkunftsquelle tatsächlich zu beherrschen.[144] Diese Voraussetzung ist jedenfalls erfüllt, wenn Eigentümer und Nießbraucher die Mietverträge gemeinsam abschließen.[145] 62

Im Hinblick auf die aktuelle Rechtsprechung zum (Quoten-)Nießbrauch an einem GbR-Anteil sollte es aber auf das Außenverhältnis zum Mieter dann nicht ankommen, wenn der Nießbraucher aufgrund der entsprechenden (schuldrechtlichen) Vereinbarungen im Innenverhältnis eine effektive Möglichkeit hat, seine Einflussnahmerechte (wie innerhalb einer GbR) gegenüber dem Eigentümer durchzusetzen.[146]

Allein die Weiterleitung von Einkünften an den Nießbraucher genügt nicht.[147]

Mietzahlungen auf ein **gemeinsames Konto** beeinträchtigen die Vermieterstellung des Quotennießbrauchers oder Bruchteilsnießbrauchers nicht, wenn sichergestellt ist, dass der ihm anteilig zustehende Überschuss schlussendlich in seine alleinige Verfügungsmacht gelangt.[148] 63

H. Wohnungsrecht

Ein Grundstück kann auch in der Weise belastet werden, dass an einer Wohnung ein im Grundbuch eingetragenes Wohnungsrecht zugunsten eines anderen begründet wird. Soweit die Wohnung von dem Berechtigten vermietet wird, sind für die steuerliche Behandlung die für einen Zuwendungsnießbrauch geltenden Grundsätze entsprechend anzuwenden.[149] Wird ein Grundstück übertragen und gleichzeitig dem Erwerber die Verpflichtung auferlegt, dieses mit einem Wohngebäude zu bebauen und dem Veräußerer ein dingliches Wohnungsrecht an einer der errichteten Wohnungen zu bestellen, handelt es sich hierbei um ein auf die 64

144 BFH v. 24.12.2012 – IX R 24/11, BFH/NV 2013, 1228; BFH v. 29.9.2021 – IX R 2/21, BFH/NV 2022, 228.

145 BFH v. 15.11.2022 – IX R 4/20, ZEV 2023, 246; Schmidt/*Kulosa*, EStG, § 21 Rn 71.

146 Vgl. BFH v. 15.11.2022 – IX R 4/20, ZEV 2023, 246.

147 BFH v. 26.4.2006 – IX R 22/04, BFH/NV 2006, 2046 m.w.N.; Brandis/Heuermann/*Schallmoser*, § 21 EStG Rn 97.

148 BMF-Schreiben v. 30.9.2013 – IV C 1 – S 2253/07/10004 (Nießbrauchserlass), DStR 2013, 2112 ff., Tz 16.

149 BMF-Schreiben v. 30.9.2013 – IV C 1 – S 2253/07/10004 (Nießbrauchserlass), DStR 2013, 2112 ff., Tz 33, 49; vgl. auch BeckNotar-HdB/*Herrler*, § 5 Rn 388; erfolgt keine Vermietung, hat der Berechtigte keine steuerpflichtigen Einkünfte.

Anschaffung des Grundstücks gerichtetes Rechtsgeschäft. Die Überlassung des Wohnungsrechts erfolgt unentgeltlich.[150]

65 Zu **Werbungskosten** und **AfA** gilt aus der Perspektive des Grundstückseigentümers Folgendes:

Der Abzug von Werbungskosten und AfA kommt im Hinblick auf die mit dem Wohnungsrecht belastete Wohnung nur in Betracht, soweit das Wohnungsrecht entgeltlich zugewendet wurde.[151] In Bezug auf den nicht mit Wohnungsrechten belasteten Teil der Immobilie stehen ihm dann Werbungskosten- und AfA-Abzug nach den allgemeinen Regeln zu.[152]

66 Hinsichtlich der AfA-Aufteilung auf belastete und unbelastete Gebäudeteile gilt:

Die **Anschaffungskosten** der Gesamtimmobilie sind (einschließlich der Nebenkosten) auf die beiden Wirtschaftsgüter Grund und Boden sowie Gebäude nach dem Verhältnis der Verkehrswerte aufzuteilen. Da sich das Wohnungsrecht nicht auf den Grund und Boden bezieht, wird nur der Verkehrswert des Gebäudes um den kapitalisierten Wert des Wohnungsrechts gemindert. Der Anteil des unbelasteten Gebäudeteils an den tatsächlichen Gebäudeanschaffungskosten ergibt sich dann aus dem Verhältnis des Verkehrswerts des unbelasteten Teils zum Verkehrswert des gesamten Gebäudes abzüglich des kapitalisierten Werts des Nutzungsrechts.[153]

67 Eine von den Vertragsparteien vorgenommene Aufteilung des Kaufpreises auf einzelne Wirtschaftsgüter ist grundsätzlich – auch in den Fällen einer gemischten Schenkung – der Besteuerung zugrunde zu legen, soweit der Verkehrswert des jeweiligen Wirtschaftsguts nicht überschritten wird.[154]

I. Obligatorische Nutzungsrechte

68 Soweit der Inhaber eines nur obligatorischen Nutzungsrechts eine Stellung innehat, die der eines dinglich Berechtigten (Nießbraucher, Wohnungsberechtigter) vergleichbar ist, kann auch er Einkünfte aus Vermietung und Verpachtung (§ 21

150 BMF-Schreiben v. 30.9.2013 – IV C 1 – S 2253/07/10004 (Nießbrauchserlass), DStR 2013, 2112 ff., Tz 33, 50.

151 BMF-Schreiben v. 30.9.2013 – IV C 1 – S 2253/07/10004 (Nießbrauchserlass), DStR 2013, 2112 ff., Tz 34 für zugewendetes Wohnungsrecht und Tz 50 für vorbehaltenes Wohnungsrecht.

152 BFH v. 7.6.1994 – IX R 33, 34/92, BStBl II 1994, 927.

153 BFH v. 31.5.2000 – IX R 50, 51/97, BStBl II 2001, 594; BMF-Schreiben v. 30.9.2013 – IV C 1 – S 2253/07/10004 (Nießbrauchserlass), DStR 2013, 2112 ff., Tz 50.

154 BFH v. 27.7.2004 – IX R 54/02, BStBl II 2006, 9.

EStG) erzielen.[155] Dies setzt grundsätzlich eine entsprechend gesicherte Rechtsposition voraus, also dass der Eigentümer dem Nutzenden den Gebrauch des Grundstücks für eine festgelegte Zeit nicht entziehen kann.[156] Soweit diese Voraussetzungen erfüllt sind, gelten für die steuerliche Behandlung dieselben Grundätze wie für den Nießbrauch (in seinen unterschiedlichen Spielarten),[157] ebenso wenn ein Nießbrauch/Wohnungsrecht mangels Eintragung im Grundbuch bürgerlich-rechtlich nicht wirksam bestellt worden ist.[158] Das kann insbesondere dann gelten, wenn die Beteiligten i.S.v. § 41 Abs. 1 AO das wirtschaftliche Ergebnis der unwirksamen Vereinbarung anerkennen.[159]

J. Besonderheiten bei Rechtsgeschäften zwischen Angehörigen

Für Gestaltungen zwischen nahen Angehörigen gilt der Grundsatz, dass ihre 69
steuerrechtliche Anerkennung den zivilrechtlich wirksamen Abschluss, die klare Vereinbarung und den ernsthaften Willen, sie auch tatsächlich durchzuführen,[160] sowie die Umsetzung dieses Willensentschlusses voraussetzt.[161] Das gilt auch für den Fall der Einräumung von Nutzungsrechten.[162]

Gerade an der **tatsächlichen Durchführung** fehlt es regelmäßig, wenn äußerlich alles beim Alten bleibt und etwa nur die Erträge an den Nutzungsberechtigten abgeführt werden.[163]

Im Fall der Beteiligung **minderjähriger Kinder** führt die Nießbrauchsvereinba- 70
rung grundsätzlich dazu, dass das Kind als Erwerber des belasteten Grundstücks nicht lediglich einen rechtlichen Vorteil erlangt, so dass – bei Geschäften mit den Eltern oder Personen, die mit einem Elternteil in gerader Linie verwandt sind –

155 BMF-Schreiben v. 30.9.2013 – IV C 1 – S 2253/07/10004 (Nießbrauchserlass), DStR 2013, 2112 ff., Tz 6.

156 BFH v. 29.11.1983 – VIII R 215/79, BStBl II 1984, 366.

157 BMF-Schreiben v. 30.9.2013 – IV C 1 – S 2253/07/10004 (Nießbrauchserlass), DStR 2013, 2112 ff., Tz 35 ff., 51 ff.

158 BMF-Schreiben v. 30.9.2013 – IV C 1 – S 2253/07/10004 (Nießbrauchserlass), DStR 2013, 2112 ff., Tz 8.

159 BFH v. 20.3.1953 – IV 249/52 U, BStBl III 1953, 118.

160 Vgl. BFH v. 25.4.1995 – IX R 41/92, BFH/NV 1996, 122; BFH v. 20.6.2023 – IX R 8/22, BFH/NV 2023, 130; vgl. auch *Götz*, DStZ 2024, 48.

161 BMF-Schreiben v. 30.9.2013 – IV C 1 – S 2253/07/10004 (Nießbrauchserlass), DStR 2013, 2112 ff., Tz 2.

162 BFH v. 11.3.1976 – IV R 119/72, BStBl II 1976, 421; BFH v.16.1.2007 – IX R 69/04, BStBl II 2007, 579.

163 BMF-Schreiben v. 30.9.2013 – IV C 1 – S 2253/07/10004 (Nießbrauchserlass), DStR 2013, 2112 ff., Tz 3.

die Mitwirkung eines **Ergänzungspflegers** zwingend erforderlich ist[164] (Ausnahme: das Familiengericht hält – aus welchen Gründen auch immer – die Pflegerbestellung für entbehrlich).[165] Das gilt auch in den Fällen des Bruttonießbrauchs, wenn der Minderjährige als Nießbraucher in bestehende Mietverhältnisse eintreten oder zur Vermietung verpflichtet sein soll.[166] Die Anordnung einer Ergänzungspflegschaft ist aber nur für die Bestellung, nicht für die Dauer des Nießbrauchs erforderlich.[167]

Dessen ungeachtet muss aber sichergestellt sein, dass die Mietzahlungen tatsächlich an den Nießbraucher (also das Kind) geleistet werden. Vertreten Eltern ihre minderjährigen Kinder, müssen die Willenserklärungen im Namen der Kinder abgegeben werden.[168] Im Übrigen ist eine Befristung bis zur Volljährigkeit unschädlich,[169] und zwar selbst dann, wenn später eine Verlängerung vereinbart wird.[170]

K. Risiko: Gestaltungsmissbrauch

71 Bei Vermietung an Dritte besteht grundsätzlich kein Missbrauchsrisiko.[171]

Vermietet der Nutzungsberechtigte (Nießbraucher/Wohnungsrechtsinhaber) die seinem Nutzungsrecht unterliegende Immobilie an den Eigentümer, ist dies nicht grundsätzlich steuerlich problematisch.[172] Allerdings kann hierin in bestimmten Fällen die Rückgängigmachung des Nießbrauchs oder ein Missbrauch von recht-

164 BFH v. 13.5.1980 – VIII R 75/79, BStBl II 1981, 297; BMF-Schreiben v. 30.9.2013 – IV C 1 – S 2253/07/10004 (Nießbrauchserlass), DStR 2013, 2112 ff., Tz 4.

165 Scherer/*Ridder*, MAH Erbrecht, § 32 Rn 82 unter Hinweis auf LG Kaiserslautern v. 13.1.1977 – 5 T 65/76, MittBayNot 1977, 8 f.; MüKo-BGB/*Spickhoff*, § 107 Rn 86 m.w.N.; BMF-Schreiben v. 30.9.2013 – IV C 1 – S 2253/07/10004 (Nießbrauchserlass), DStR 2013, 2112 ff., Tz 5.

166 *Kölmel*, RNotZ 2011, 332, 338; vgl. auch OLG Celle v. 7.11.2013 – 4 W 186/13, MittBayNot 2014, 248.

167 BFH v. 13.5.1980 – VIII R 63/79, BStBl II 1981, 295.

168 BFH v. 13.5.1980 – VIII R 75/79, BStBl II 1981, 297; BMF-Schreiben v. 30.9.2013 – IV C 1 – S 2253/07/10004 (Nießbrauchserlass), DStR 2013, 2112 ff., Tz 6.

169 BFH v. 20.6.2023 – IX R 8/22, DStR 2023, 2664.

170 BFH v. 16.1.2007 – IX R 69/04, BStBl II 2007, 579; BFH v. 29.9.2021 – IX R 2/21, BFH/NV 2022, 228.

171 Das gilt auch bei Beteiligung minderjähriger Kinder, vgl. BFH v. 25.4.1995 – IX R 41/92, BFH/NV 1996, 122; BFH v. 20.6.2023 – IX R 8/22, BFH/NV 2023, 130; Brandis/Heuermann/*Schallmoser*, § 21 EStG Rn 97.

172 Vgl. BFH v. 8.8.1969 – IV R 229/67, BStBl II 1969, 473; BFH v. 30.7.1985 – VIII R 71/81, NJW 1986, 605.

lichen Gestaltungsmöglichkeiten (§ 42 AO) zu sehen sein.[173] Das gilt insbesondere dann, wenn Eltern ihrem minderjährigen Kind einen befristeten Nießbrauch an einem Grundstück bestellen und das Kind den Grundbesitz anschließend an die Eltern zurückvermietet.[174]

Problematisch sind auch Vereinbarungen über die **Unkündbarkeit** eines in zeitli- 72
chem Zusammenhang mit der Nießbrauchsbestellung mit dem Nießbrauchsbesteller vereinbarten Mietverhältnisses oder Gestaltungen, bei denen die Dauer eines befristeten Nießbrauchs auf die Unterhaltsbedürftigkeit des Nießbrauchers abgestimmt ist.[175]

173 BMF-Schreiben v. 30.9.2013 – IV C 1 – S 2253/07/10004 (Nießbrauchserlass), DStR 2013, 2112 ff., Tz 17.

174 BFH v. 18.10.1990 – IV R 36/90, BStBl II 1991, 205; Brandis/Heuermann/*Schallmoser*, § 21 EStG Rn 97.

175 BMF-Schreiben v. 30.9.2013 – IV C 1 – S 2253/07/10004 (Nießbrauchserlass), DStR 2013, 2112 ff., Tz 17; vgl. auch *Stuhrmann*, DStR 1998, 1405, 1407.

§ 8 Grunderwerbsteuer

Bernhard Schmid

Übersicht: Rdn

A. Grunderwerbsteuer im Erbfall

I. Allgemeines

Gehört Grundvermögen zum Nachlass, bleibt der Grundstückserwerb von Todes wegen gem. § 3 Nr. 2 GrEStG **grunderwerbsteuerfrei**, auch wenn der Erwerb z.B. mit einer Auflage belastet ist. Die Regelung soll eine Doppelbesteuerung mit 1

Erbschaftsteuer und Grunderwerbsteuer vermeiden, wobei eine Prävalenz der Erbschaftsteuer gegenüber der Grunderwerbsteuer besteht.[1]

2 Die Steuerbefreiung des § 3 Nr. 2 S. 1 GrEStG greift immer und ausschließlich dann, wenn ein Erwerb i.S.d. § 3 ErbStG von Todes wegen vorliegt. Abzustellen ist dabei auf die **Steuerbarkeit nach dem ErbStG** des Erwerbs dem Grunde nach; unbeachtlich ist, ob auch tatsächlich eine Erbschaftsteuer festgesetzt bzw. entrichtet wurde.[2] Die Grunderwerbsteuerbefreiung greift also auch dann, wenn es z.B. wegen der persönlichen Freibeträge gem. § 16 ErbStG oder der Steuerbefreiung des Familienheims gem. § 13 Abs. 1 Nr. 4b und 4c ErbStG zu keiner Erbschaftbesteuerung kommt. Gleiches gilt, wenn die Finanzverwaltung schlichtweg versäumt, die Erbschaftsteuer geltend zu machen bzw. Festsetzungsverjährung eingetreten ist.

II. Grundstückserwerb von Todes wegen

1. Allgemeines

3 Das für die Grunderwerbsteuer zuständige Finanzamt prüft im Todesfall unter Berücksichtigung des erbschaftsteuerlichen Verfahrens, ob ein Grundstückserwerb von Todes wegen i.S.d. § 3 Nr. 2 S. 1 GrEStG vorliegt. Für die Frage nach der Erbfolge ist regelmäßig der Erbschein zugrunde zu legen.

4 Ein **(außer)gerichtlicher Erbvergleich** schlägt – wie ein **rechtskräftiges Gerichtsurteil** – auf die Besteuerung des Erbfalls durch. Erbschaftsteuerlich ist so zu verfahren, als hätte der Erblasser entsprechende Regelungen durch Verfügung von Todes wegen getroffen.[3] Der grunderwerbsteuerlichen Behandlung, d.h. insbesondere der Anwendbarkeit der Steuerbefreiung nach § 3 Nr. 2 GrEStG, ist der Vergleich dann ebenfalls zugrunde zu legen.

5 Zu beachten ist, dass nur das Ergebnis eines ernsthaft gemeinten Vergleichs, der die gütliche Regelung streitiger Erbverhältnisse zum Ziel hat, für die Besteuerung ausschlaggebend ist. Die durch den Erbfall entstandenen Rechtsverhältnisse (zwischen Erben, Pflichtteilsberechtigten oder Vermächtnisnehmern) müssen zweifelhaft und ernstlich umstritten (gewesen) sein.[4] Entscheidend ist, dass der Vergleich seinen Rechtsgrund im Erbrecht hat und nicht in Zweifeln über die außererbrechtliche Lage.[5] Letzteres gilt etwa für einen Vergleich eines Alleinerben mit einem Dritten über das Bestehen oder die Höhe einer Nachlassforderung. Ein

1 BVerfG v. 15.5.1984 – 1 BvR 464/81, 1 BvR 605/81 und 1 BvR 427/82, 1 BvR 440/82, BStBl II 1984, 608.

2 BFH v. 29.1.1992 – II R 41/89, BStBl II 1992, 420.

3 BFH v. 11.10.1957 – III 139/56 U, BStBl III 1957, 447.

4 BFH v. 19.7.2006 – II R 1/05, BStBl II 2006, 718.

5 BFH v. 25.8.1998 – II B 45/98, BFH/NV 1999, 313; BFH v. 19.9.2000 – II B 10/00, BFH/NV 2001, 163.

einmal geschlossener Vergleich ist der Besteuerung zugrunde zu legen, auch wenn die Beteiligten bei seiner Durchführung hiervon abweichen.[6]

2. Grundstückserwerb durch Erbanfall, § 3 Abs. 1 Nr. 1 ErbStG i.V.m. § 1922 BGB

Grunderwerbsteuerpflichtig ist gem. § 1 Abs. 1 Nr. 3 GrEStG grundsätzlich der Übergang des Eigentums, wenn kein den Anspruch auf Übereignung begründendes Rechtsgeschäft vorausgegangen ist und es auch keiner Auflassung bedarf. Danach stellt der Erwerb eines Grundstücks durch Erbanfall i.S.d. § 1922 BGB einen grunderwerbsteuerbaren Erwerb dar, der allerdings gem. § 3 Nr. 2 S. 1 GrEStG **von der Besteuerung ausgenommen** ist. 6

Sind mehrere Erben vorhanden, greift im Rahmen des Erwerbes einer Nachlassimmobilie die Steuerbefreiung für die Erbengemeinschaft. Setzt sich die Erbengemeinschaft dann auseinander, richtet sich die grunderwerbsteuerliche Behandlung nach § 3 Nr. 3 GrEStG (siehe dazu Rdn 29 ff.). 7

Auch der Erwerb eines Nachlassgrundstücks im Wege der **Vorerbschaft** und sodann durch den Nacherben ist gem. § 3 Nr. 2 S. 1 GrEStG von der Besteuerung ausgenommen. Gleiches gilt für die grundsätzlich gem. § 7 Abs. 1 Nr. 7 ErbStG schenkungsteuerbare lebzeitige Übertragung eines zum Erbe gehörendes Grundstücks vom Vorerben auf den Nacherben vor Eintritt des Nacherbfalls. Verzichtet der Nacherbe auf sein Nacherbenrecht gegenüber dem Vorerben, liegt mangels Rechtsträgerschaft des Nacherben an einem Nachlassgrundstück bzw. mangels entsprechendem Rechtsträgerwechsel schon kein grunderwerbsteuerbarer Erwerbsvorgang i.S.d. § 1 GrEStG vor.[7] Insbesondere greift in diesem Fall § 1 Abs. 2 GrEStG nicht, wonach der Grunderwerbsteuer auch Rechtsvorgänge unterliegen, die es ohne Begründung eines Anspruchs auf Übereignung einem anderen rechtlich oder wirtschaftlich ermöglichen, ein inländisches Grundstück auf eigene Rechnung zu verwerten. Denn dem Nacherben ist (vor Eintritt des Nacherbfalls) keine Verwertung möglich.[8] 8

Die Steuerbefreiung des § 3 Nr. 2 S. 1 GrEStG greift auch im Rahmen des Erwerbs des überlebenden Ehegatten[9] durch Erhöhung des gesetzlichen Erbteils um 1/4 bei Beendigung der Zugewinngemeinschaft durch Tod des anderen Ehegatten/Lebenspartners (erbrechtliche Lösung), §§ 1931 Abs. 3, 1371 Abs. 1 BGB. Unbeachtlich ist, dass für diesen Mehrerwerb die Erbschaftsteuerbefreiung des § 5 9

6 FG Düsseldorf v.18.10.1965 – VI 4/63 Erb, EFG 1966, 127.

7 *Pahlke*, § 3 GrEStG Rn 51.

8 *Pahlke*, § 3 GrEStG Rn 51.

9 Die Regelungen für Ehegatten gelten sämtlich auch für eingetragene Lebenspartner. Nach dem Gesetz zur Einführung des Rechts auf Eheschließung für Personen gleichen Geschlechts (EheRÄndG) können seit 1.10.2017 Lebenspartner auf Antrag ihre Lebenspartnerschaft in eine Ehe umwandeln, § 20a LPartG. Seit dem 1.10.2017 ist die Begründung neuer Lebenspartnerschaften nicht mehr möglich, Art. 3 Abs. 3 EheRÄndG.

ErbStG greift.[10] Danach gilt im Rahmen der erbrechtlichen Lösung beim überlebenden Ehegatten der Betrag, den er nach Maßgabe des § 1371 Abs. 2 BGB als Ausgleichsforderung geltend machen könnte, nicht als Erwerb i.S.d. § 3 ErbStG.

10 Eine **Ausschlagung** der Erbschaft i.S.d. §§ 1942 ff. BGB hat keine grunderwerbsteuerlichen Folgen.[11] Erhält der Erbe allerdings für die Ausschlagung einer Erbschaft eine Abfindung (von einem Miterben oder Dritten), fingiert § 3 Abs. 2 Nr. 4 ErbStG einen erbschaftsteuerpflichtigen Erwerb des Ausschlagenden vom Erblasser. Erfolgt die Abfindung durch Übertragung des Eigentums an einem Grundstück, greift die Grunderwerbsteuerbefreiung des § 3 Nr. 2 S. 1 GrEStG.[12] Etwas anderes gilt, wenn als Abfindung für die Ausschlagung eine Geldzahlung vereinbart wird, die dann durch Leistung eines Grundstücks an Erfüllungs statt i.S.d. § 364 Abs. 1 BGB erbracht wird.[13] Nur soweit im Verhältnis der beteiligten Personen Befreiungstatbestände bestehen (siehe dazu Rdn 49 ff.), kommt es auch dann nicht zu einer Grunderwerbsbesteuerung. Die gleichen Grundsätze gelten für die Abfindungsleistung für einen lebzeitigen Erbverzicht i.S.d. §§ 2346 und 2352 BGB, § 7 Abs. 1 Nr. 5 ErbStG i.V.m. § 3 Nr. 2 S. 1 GrEStG.

3. Grundstückserwerb durch Vermächtnis, § 3 Abs. 1 Nr. 1 ErbStG i.V.m. §§ 2147 ff. BGB

11 Der Erwerb eines Grundstücks auf Grundlage eines Vermächtnisses unterfällt gem. § 3 Abs. 1 Nr. 1 ErbStG der Erbschaftbesteuerung und ist entsprechend der Prävalenz der Erbschaftsteuer gegenüber der Grunderwerbsteuer gem. § 3 Nr. 2 S. 1 GrEStG **grunderwerbsteuerfrei**.

12 Die Steuerbefreiung greift auch für den Erwerb eines Nachlassgrundstücks aufgrund Vorausvermächtnis i.S.d. § 2150 BGB sowie gem. § 3 Nr. 3 GrEStG aufgrund einer Teilungsanordnung i.S.d. § 2048 BGB, wenn ein Erbe das Grundstück im Rahmen der Erbauseinandersetzung erhält (siehe dazu Rdn 29 ff.). Die teils schwierige Frage nach der Abgrenzung von Teilungsanordnung und Vorausvermächtnis kann an dieser Stelle mithin offenbleiben.

13 Ist der Vermächtnisnehmer mit einer Auflage oder einem Untervermächtnis i.S.d. § 2147 BGB belastet, führt dies insoweit nicht zur anteiligen Belastung (i.H.d. Werts der Auflage bzw. des Untervermächtnisses) mit Grunderwerbsteuer.[14] Eine Aufteilung des Erwerbs in einen unentgeltlichen und entgeltlichen Anteil findet nicht statt.

---

10 *Pahlke*, § 3 GrEStG Rn 47.

11 RFH v. 19.1.1932, RStBl 1932, 392.

12 *Hofmann*, § 3 GrEStG Rn 16.

13 Zum Pflichtteils- und Pflichtteilsergänzungsanspruch: BFH v. 10.7.2002 – II R 11/01, BStBl II 2002, 775.

14 *Hofmann*, § 3 GrEStG Rn 10.

Die **Ausschlagung eines Vermächtnisses** gem. § 2180 BGB hat keine grunderwerbsteuerlichen Folgen. Erhält der Vermächtnisnehmer allerdings für die Ausschlagung eine Abfindung (von einem Dritten), fingiert § 3 Abs. 2 Nr. 4 ErbStG einen erbschaftsteuerpflichtigen Erwerb des Ausschlagenden vom Erblasser. Erfolgt die Abfindung durch Übertragung des Eigentums an einem Grundstück, greift die Grunderwerbsteuerbefreiung des § 3 Nr. 2 S. 1 GrEStG. Dies gilt auch für den Fall, dass Gegenstand der Ausschlagung ein Geldvermächtnis ist und dem Ausschlagenden als Abfindung ein Grundstück übertragen wird.[15] Etwas anderes gilt, wenn als Abfindung für die Ausschlagung eine Geldzahlung vereinbart wird, die dann durch Leistung eines Grundstücks an Erfüllungs statt i.S.d. § 364 Abs. 1 BGB erbracht wird.[16] Nur soweit im Verhältnis der beteiligten Personen Befreiungstatbestände bestehen (siehe dazu Rdn 49 ff.), kommt es auch dann nicht zu einer Grunderwerbsbesteuerung. 14

Liegt ein **Verschaffungsvermächtnis** i.S.d. §§ 2170 Abs. 1, 2169 BGB vor, hat also der mit dem Vermächtnis beschwerte Erbe oder Vermächtnisnehmer dem Bedachten ein nicht zum Nachlass gehörendes Grundstück zu verschaffen, ist aus steuerlicher Sicht zu differenzieren: Erwirbt der Beschwerte das Grundstück zunächst für sich und veräußert es dann in Erfüllung des Verschaffungsvermächtnisses an den Vermächtnisnehmer, ist die Anschaffung ein grunderwerbsteuerpflichtiger Kaufvertrag i.S.d. § 1 Abs. Nr. 1 GrEStG und die Erfüllung des Verschaffungsvermächtnisses nach § 3 Nr. 2 GrEStG von der Grunderwerbsteuer befreit.[17] Ist der Beschwerte hingegen bereits Eigentümer des vermächtnisgegenständlichen Grundstücks, ist der Erwerb grunderwerbsteuerfrei.[18] 15

Bei einem **Wahlvermächtnis** i.S.d. § 2154 BGB ordnet der Erblasser an, dass der Bedachte von mehreren Gegenständen nur den einen oder den anderen erhalten soll. Dabei kann das Wahlrecht sowohl dem Erben als auch dem Vermächtnisnehmer oder einem Dritten eingeräumt werden. Erwirbt der (Wahl-)Vermächtnisnehmer ein Grundstück, ist dies als Erwerb von Todes wegen i.S.d. § 3 Nr. 2 S. 1 GrEStG grunderwerbsteuerfrei. Unbeachtlich ist, wem der Erblasser das Wahlrecht eingeräumt hat bzw. von wem es ausgeübt worden ist.[19] 16

Beim **Kaufrechtsvermächtnis** räumt der Erblasser dem Vermächtnisnehmer in einer Verfügung von Todes wegen einen Anspruch auf Abschluss eines Kaufvertrags (regelmäßig zum Erwerb unterhalb des Verkehrswerts) ein. Übt der Vermächtnisnehmer das Kaufrecht an einem Grundstück aus, liegt grundsätzlich ein nach § 1 Abs. 1 Nr. 1 GrEStG steuerbarer Kauf des Grundstücks vor, der gem. 17

15 FG Schleswig-Holstein v. 15.12.1981 – III 299/79, EFG 1982, 363.

16 Zum Pflichtteils- und Pflichtteilsergänzungsanspruch: BFH v. 10.7.2002 – II R 11/01, BStBl II 2002, 775.

17 BFH v. 10.7.2002 – II R 11/01, BStBl II 2002, 775.

18 BFH v. 13.3.1974 – II R 52/66, BStBl II 1974, 555.

19 *Pahlke*, § 3 GrEStG Rn 71.

§ 3 Nr. 2 S. 1 GrEStG i.V.m. § 3 Abs. 1 Nr. 1 Alt. 3 ErbStG nach Auffassung der Finanzverwaltung nur dann von der Grunderwerbsteuer befreit ist, wenn das Grundstück zu einem unter dem Verkehrswert liegenden Preis erworben werden kann.[20] Ist dem Bedachten hingegen (nur) das Recht vermächtnisweise eingeräumt, ein Grundstück zum Verkehrswert zu erwerben, ist der Erwerbsvorgang erbschaftsteuerlich mangels Bereicherung des Bedachten nicht relevant und entsprechend nicht nach § 3 Nr. 2 S. 1 GrEStG grunderwerbsteuerfrei.[21] Eine Steuerbefreiung kommt dann nur unter anderen rechtlichen Gesichtspunkten (z.B. soweit im Verhältnis der beteiligten Personen Befreiungstatbestände bestehen, siehe dazu Rdn 49 ff.) in Betracht.

18 Beim **Vorkaufsrechtsvermächtnis** schließlich kommt eine Grunderwerbsteuerbefreiung gem. § 3 Nr. 2 S. 1 GrEStG mangels Bezug zur Verfügung von Todes wegen nicht in Betracht, da dieses lediglich einen Anspruch auf Einräumung eines (dinglichen) Vorkaufsrechts begründet. Der in Ausübung dieses Rechts noch abzuschließende Grundstückskaufvertrag ist gem. § 1 Nr. 1 GrEStG dem Grunde nach daher steuerbar.

19 **Sonstige Erwerbe**, auf die die für Vermächtnisse geltenden Vorschriften des Bürgerlichen Rechts Anwendung finden, unterfallen gem. § 3 Abs. 1 Nr. 3 ErbStG der Erbschaftsteuer. Hierunter fällt z.B. der Anspruch auf Ausbildungsbeihilfe gem. § 1371 Abs. 4 BGB, Ansprüche des überlebenden Ehegatten auf den Voraus gem. § 1932 BGB und der Anspruch auf den Dreißigsten von zum Haushalt gehörenden Familienangehörigen des Erblassers gem. § 1969 BGB. Für diese Ansprüche gelten die Ausführungen zum Vermächtnis entsprechend.

4. Grundstückserwerb aufgrund eines geltend gemachten Pflichtteilsanspruchs, § 3 Abs. 1 Nr. 1 ErbStG i.V.m. §§ 2303 ff. BGB, und aufgrund Verzichts auf einen noch nicht geltend gemachten Pflichtteilsanspruch, § 3 Abs. 2 Nr. 4 ErbStG

20 Der Pflichtteilsanspruch als Geldanspruch ist grunderwerbsteuerlich grundsätzlich nicht relevant. Wird allerdings ein – **steuerlich geltend gemachter**[22] – Pflichtteilsanspruch oder Pflichtteilsergänzungsanspruch nicht in bar, sondern an Erfüllungs statt i.S.v. § 364 Abs. 1 BGB durch Leistung eines Grundstücks erfüllt, greift die Befreiung i.S.d. § 3 Nr. 2 S. 1 GrEStG nicht.[23] Sofern im Verhältnis der beteiligten Personen keine Befreiungstatbestände bestehen (siehe dazu Rdn 49 ff.), kommt es in diesem Fall zu einer Doppelbelastung mit Erbschaftsteuer und Grunderwerbsteuer.

---

20 Erlass des Finanzministeriums Baden-Württemberg v. 26.6.2003, DStR 2003, 1169.

21 *Pahlke*, § 3 GrEStG Rn 80.

22 Die Geltendmachung des Pflichtteilsanspruchs stellt im Erbschaft- bzw. Schenkungsteuerrecht eine wesentliche Zäsur dar. Siehe *Schmid*, Steuerfallen im Erbrecht, § 3 Rn 10 ff.

23 BFH v. 10.7.2002 – II R 11/01, BStBl II 2002, 775.

Erhält hingegen der Berechtigte als **Abfindung** für den noch nicht geltend gemachten Pflichtteilsanspruch ein Grundstück übertragen, gilt dies erbschaftsteuerlich als Erwerb von Todes wegen vom Erblasser, § 3 Abs. 2 Nr. 4 ErbStG. Der Erwerb ist mithin entsprechend der Prävalenz der Erbschaftsteuer gegenüber der Grunderwerbsteuer nach § 3 Nr. 2 S. 1 GrEStG steuerbefreit. Die unterschiedliche Behandlung der Leistung eines Grundstücks an Erfüllungs statt i.S.d. § 364 Abs. 1 BGB auf einen geltend gemachten Pflichtteilsanspruch und der Leistung eines Grundstücks als Abfindung für den noch nicht geltend gemachten Pflichtteilsanspruch ist daher nicht nur erbschaft- bzw. schenkungsteuerlich, sondern auch grunderwerbsteuerlich von entscheidender Bedeutung. Es sollte daher im Vorfeld der Geltendmachung eines Pflichtteilsanspruchs stets eine genaue Prüfung der steuerlichen Folgen stattfinden. 21

Die Übertragung eines Grundstücks unter Lebenden als Abfindung für einen **Erbverzicht,** §§ 2346 und 2352 BGB, die gem. § 7 Abs. 1 Nr. 5 ErbStG als Schenkung unter Lebenden gilt, ist entsprechend der Abfindung für einen noch nicht geltend gemachten Pflichtteilsanspruch i.S.d. § 3 Abs. 2 Nr. 4 ErbStG nach § 3 Nr. 2 S. 1 GrEStG begünstigt. 22

5. Grundstückserwerb durch Schenkung auf den Todesfall, § 3 Abs. 1 Nr. 2 S. 1 ErbStG i.V.m. § 2301 BGB

Der Erwerb eines Grundstücks durch Schenkung von Todes wegen i.S.d. § 3 Abs. 1 Nr. 2 S. 1 ErbStG ist nach § 3 Nr. 2 S. 1 GrEStG von der **Grunderwerbsteuer befreit**. Die Grunderwerbsteuerfreiheit greift allerdings nicht, soweit der Erwerber für die Grundstückszuwendung eine Gegenleistung zu erbringen hat oder diese in Erfüllung einer Verbindlichkeit erfolgt. Der entsprechende entgeltliche Anteil unterfällt dann nicht der Befreiung des § 3 Nr. 2 S. 1 GrEStG.[24] 23

6. Grundstückserwerb aufgrund eines vom Erblasser geschlossenen Vertrags zugunsten Dritter, § 3 Abs. 1 Nr. 4 ErbStG

Als erbschaftsteuerpflichtiger Erwerb von Todes wegen gilt jeder Vermögensvorteil, der aufgrund eines vom Erblasser geschlossenen Vertrags bei dessen Tod von einem Dritten unmittelbar erworben wird, § 3 Abs. 1 Nr. 4 ErbStG. Der Vermögensvorteil wird außerhalb des Erbrechts (mithin nicht im Rahmen der Erbfolge oder durch Vermächtnis) im Wege eines Vertrags zugunsten Dritter auf den Todesfall gem. §§ 328, 331 BGB erworben. 24

Erwirbt der begünstigte Dritte gegenüber dem vom Erblasser Verpflichteten einen Anspruch auf Auflassung eines Grundstücks als Vermögensvorteil i.S.d. § 3 Abs. 1 Nr. 4 ErbStG, ist dieser nach § 1 Abs. 1 Nr. 2 GrEStG grundsätzlich 25

24 *Hofmann*, § 3 GrEStG Rn 14.

steuerbare Erwerb nach § 3 Nr. 2 S. 1 GrEStG i.V.m. § 3 Abs. 1 Nr. 4 ErbStG von der Grunderwerbsteuer befreit. Hat allerdings der Erwerber eine Gegenleistung zu erbringen, liegt in Höhe des Entgelts (sofern keine anderen – z.B. personenbezogenen – Grunderwerbsteuerbefreiungen vorliegen, siehe dazu Rdn 49 ff.) ein grunderwerbsteuerpflichtiger Vorgang vor.[25]

7. Vermögensübergang auf eine vom Erblasser angeordnete Stiftung, § 3 Abs. 2 Nr. 1 ErbStG

26 Als Erwerb von Todes wegen vom Erblasser gilt auch der Übergang von Vermögen auf eine vom Erblasser angeordnete Stiftung, § 3 Abs. 2 Nr. 1 ErbStG. Ein solcher Erwerb ist grundsätzlich **grunderwerbsteuerfrei,** § 3 Nr. 2 S. 1 GrEStG. Erfolgt der Erwerb allerdings unter einer Auflage, greift die Befreiung insoweit nicht.[26]

27 Die Grunderwerbsteuerbefreiung greift auch bei Zuwendungen von Grundstücken an Familienstiftungen oder an Stiftungen, die wegen ausschließlicher und unmittelbarer Verfolgung kirchlicher, gemeinnütziger oder mildtätiger Zwecke gem. § 15 Abs. 2 bzw. § 13 Abs. 1 Nr. 16 ErbStG erbschaftsteuerlich begünstigt bzw. von der Erbschaftsteuer vollständig befreit sind.[27]

8. Grundstückserwerb aufgrund sonstiger Erwerbe von Todes wegen, § 3 Abs. 2 Nr. 4–7 ErbStG

28 Gem. § 3 Abs. 2 Nr. 4–7 ErbStG gelten bestimmte weitere Erwerbe als vom Erblasser zugewendet und damit als Erwerb von Todes wegen. Besteht in solchen Fällen die Abfindung, das Entgelt oder die Erfüllung des Herausgabeverlangens nach § 2087 BGB in der Übertragung eines Grundstücks, ist der Erwerb nach § 3 Nr. 2 S. 1 GrEStG von der Grunderwerbsteuer befreit. Dies gilt allerdings in den Fällen nicht, in denen aufgrund eines ursprünglich auf Geld gerichteten Anspruchs ein Grundstück an Erfüllungs statt i.S.d. § 364 Abs. 1 BGB übertragen wird (vgl. dazu zum Pflichtteilsrecht Rdn 21 f.).

B. Grunderwerbsteuer und Erbauseinandersetzung

I. Grundsatz der Steuerfreiheit der Erbauseinandersetzung

29 Sind Nachlassimmobilien vorhanden, können sich bei der Auseinandersetzung von Erbengemeinschaften neben erbschaftsteuerlichen und einkommensteuerlichen Fragen auch solche nach der Grunderwerbsteuer stellen.

25 *Pahlke*, § 3 GrEStG Rn 119.
26 *Wachter*, ZEV 2003, 445.
27 *Pahlke*, § 3 GrEStG Rn 123.

Die **Erbauseinandersetzung** stellt bezüglich vorhandener Nachlassgrundstücke grundsätzlich einen grunderwerbsteuerpflichtigen Tatbestand dar. Allerdings ist der Erwerb eines zum Nachlass gehörenden Grundstücks durch Miterben bei der Aufteilung des Nachlasses von der **Grunderwerbsteuer befreit,** § 3 Nr. 3 S. 1 GrEStG. Unbeachtlich für die Steuerbefreiung ist, ob für die Übertragung eines Nachlassgrundstücks Ausgleichszahlungen an Miterben geleistet werden. Den Miterben steht unter bestimmten Voraussetzungen der überlebende **Ehegatte** gleich, § 3 Nr. 3 S. 2 GrEStG (siehe dazu Rdn 42). Ferner greift die Steuerbefreiung für den Erwerb durch Ehegatten der Miterben, § 3 Nr. 3 S. 3 GrEStG (siehe dazu Rdn 42).

Begünstigt i.S.d. § 3 Nr. 3 GrEStG sind grundsätzlich alle Erwerbsvorgänge i.S.d. § 1 GrEStG. Teilen die Miterben ein Nachlassgrundstück im Verhältnis ihrer Erbteile ideell untereinander auf, greift für diese Erwerbe insoweit die Grunderwerbsteuerbefreiung nach § 6 Abs. 2 GrEStG, also nach den Bestimmungen über den Übergang eines Grundstücks von einer Gesamthand auf einen Gesamthänder. Bei einer flächenmäßigen Aufteilung im Verhältnis der Erbteile greift die Steuerbefreiung für die Umwandlung von gemeinschaftlichem Eigentum in Flächeneigentum, § 7 Abs. 2 GrEStG. 30

Besonderheiten gelten im **Personengesellschaftsrecht** (Personengesellschaften können Miterben i.S.d. § 3 Nr. 3 S. 1 GrEStG sein, siehe dazu Rdn 43): Wird eine Personengesellschaft aufgrund einer gesellschaftsvertraglichen Nachfolgeklausel nach dem Tod eines persönlich haftenden Gesellschafters mit dessen Erben fortgesetzt, geht der Gesellschaftsanteil nicht im Wege der Universalsukzession i.S.d. § 1922 BGB auf die Erbengemeinschaft über, sondern im Rahmen der Singularsukzession auf die einzelnen Miterben.[28] Für ein im Gesellschaftsvermögen befindliches Grundstück greift in diesem Fall § 3 Nr. 3 GrEStG nicht, da keine erbrechtliche Auseinandersetzung vorliegt.[29] 31

II. Teilung des Nachlasses

Die **Steuerbefreiung** greift nur, wenn der Erwerb des zum Nachlass gehörenden Grundstücks durch eine begünstigte Person (siehe dazu Rdn 42 ff.) „zur Teilung des Nachlasses“ erfolgt, § 3 Nr. 3 S. 1 GrEStG. Dies kann aufgrund **Auseinandersetzungsvertrags** zwischen den Miterben, im Rahmen der Aufhebung der Gemeinschaft durch **Teilungsversteigerung** oder durch **Übertragungshandlung** eines Testamentsvollstreckers geschehen.[30] 32

Die Teilung des Nachlasses muss nicht in einem Zug, d.h. z.B. auf Grundlage eines (notariellen) Auseinandersetzungsvertrags, erfolgen, sondern kann auch 33

28 Grüneberg/*Retzlaff*, § 711 Rn 14.
29 *Pahlke*, § 3 GrEStG Rn 175.
30 *Pahlke*, § 3 GrEStG Rn 194.

sukzessive vorgenommen werden. Inwieweit die Erbengemeinschaft im Übrigen an anderen Nachlassgegenständen bestehen bleibt, ist für die Steuerbefreiung unbeachtlich.[31] Wurde allerdings ein Auseinandersetzungsvertrag vollzogen, kann dieser nicht mehr (einvernehmlich) durch die Erben mit der Wirkung wieder aufgehoben werden, dass die Erbengemeinschaft dann erneut eine grunderwerbsteuerlich privilegierte Nachlassteilung vornehmen kann.[32]

Eine Teilung des Nachlasses i.S.d. § 3 Nr. 3 GrEStG liegt nicht (mehr) vor, wenn ein bereits vorher ausgeschiedener Miterbe später ein Nachlassgrundstück erwirbt.[33]

34 Bei der Auseinandersetzung von mehreren Bruchteilseigentümern durch **Tausch** unterliegt sowohl die Vereinbarung über die Leistung des einen als auch die Vereinbarung über die Leistung des anderen Vertragsteils der Grunderwerbsteuer, § 1 Abs. 5 GrEStG.

35 Die Steuerbefreiung des § 3 Nr. 3 GrEStG endet mit der schuldrechtlichen Vereinbarung über die Erbauseinandersetzung. Einigen sich die Miterben also noch vor dem Grundbuchvollzug über eine von der Erbquote abweichende Verteilung, ist eine entsprechende Vereinbarung nicht mehr vom Befreiungstatbestand erfasst.[34]

36 Befindet sich ein Grundstück im Nachlass, stellt die Übertragung des **Erbteils** (**durch Verkauf**) an einen (auch den einzig verbleibenden) Miterben oder Dritten grundsätzlich keinen grunderwerbsteuerpflichtigen Vorgang dar. § 1 Abs. 1 Nr. 1 GrEStG setzt den Erwerb von Eigentum am Grundstück selber voraus, so dass der Erwerb eines Anteils an einer Gesamthandgemeinschaft nicht ausreicht.[35] Die h.M.[36] allerdings bejaht bei einer Übertragung auf einen Dritten eine Grunderwerbsteuerpflicht gem. § 1 Abs. 1 Nr. 3 S. 1 GrEStG. Bei einer Übertragung des Erbteils auf einen Miterben greift jedenfalls der Befreiungstatbestand des § 3 Nr. 3 GrEStG, da diese Übertragungen in der Regel auf die Erbauseinandersetzung gerichtet sind.[37]

III. „Voreilige Erbauseinandersetzung"

37 Eine voreilige Erbauseinandersetzung kann die grunderwerbsteuerlichen Vorteile des § 3 Nr. 3 GrEStG vereiteln. Dazu tragen in der Praxis auch die Formschreiben der **Nachlassgerichte/Grundbuchämter** im Erbfall bei. Darin wird in der Regel

31 FG Münster v. 20.2.2002 – 8 K 7765/00 GrE, EFG 2002, 634.
32 RFH RStBl 1944, 636.
33 BFH v. 26.1.1971 – II 86/65, BStBl II 1971, 462.
34 FG Rheinland-Pfalz v. 16.4.2015 – 4 K 1380/13, EFG 2015, 1295.
35 *Pahlke*, § 3 GrEStG Rn 147.
36 BFH v. 4.2.2004 – II B 147/02, BFH/NV 2004, 813.
37 *Hofmann*, § 3 GrEStG Rn 29.

zutreffend ausgeführt, dass die Miterben verpflichtet sind, das Grundbuch zu aktualisieren, und dass die Grundbuchberichtigung innerhalb von zwei Jahren nach dem Erbfall gebührenfrei ist. Allerdings ist mit „**Grundbuchberichtigung**" in diesem Zusammenhang (lediglich) die Eintragung der Erbengemeinschaft anstelle des Erblassers gemeint.

Im Zuge dieser „Grundbuchberichtigung" kommt es immer wieder zur (notariel- 38
len) Aufhebung der gesamten Erbengemeinschaft, also der Gesamthand, und zur entsprechenden Überführung von Nachlassimmobilien in Bruchteilseigentum i.S.d. § 741 BGB. Dabei entsprechen die Beteiligungsquoten der Miterben an der Bruchteilsgemeinschaft denen der (dann auseinandergesetzten) Erbengemeinschaft. Eine spätere Auseinandersetzung der Bruchteilsgemeinschaft ist dann grunderwerbsteuerpflichtig, da die Befreiung des § 3 Nr. 3 GrEStG nur für Grundstücke gilt, die sich in ungeteilter Erbengemeinschaft befinden.[38] Mit anderen Worten: Die Befreiung ist durch eine Überführung in Bruchteilseigentum bereits **verbraucht**.[39]

Bevor im Erbfall Änderungen im Grundbuch vorgenommen werden, sollte daher 39
zunächst geklärt werden, ob bereits Einigkeit der Miterben über die Verteilung der Nachlassimmobilien besteht. Insbesondere bei Geschwistern kann eine voreilige Erbauseinandersetzung ansonsten zu einer erheblichen Grundsteuerbelastung führen, da hier die Steuerbefreiung für Grundstückserwerber durch Verwandte und Gleichgestellte gem. § 3 Nr. 6 GrEStG nicht greift (siehe dazu Rdn 49 ff.).

IV. Zum Nachlass gehöriges Grundstück

Das übertragungsgegenständliche Grundstück muss (steuerlich) zum Nachlass 40
gehört haben bzw. dem Erblasser **zuzurechnen** gewesen sein. Ausreichend ist, wenn der Erblasser zum Zeitpunkt seines Todes einen grunderwerbsteuerpflichtigen Erwerbsvorgang i.S.d. § 1 GrEStG verwirklicht hat. Er braucht also nicht bereits zivilrechtlicher Eigentümer gewesen zu sein. Zum Nachlass i.S.d. § 3 Nr. 3 GrEStG gehören auch Grundstücke, welche die Erbengemeinschaft im Wege der unmittelbaren Ersetzung gem. § 2041 BGB zum Nachlass dazuerworben hat.[40]

Entsprechend liegt kein begünstigtes Nachlassgrundstück i.S.d. § 3 Nr. 3 GrEStG vor, wenn dieses erst von einem Miterben oder der Erbengemeinschaft erworben wird und das Grundstück weder ursprünglich noch kraft **Surrogation** zum Nachlass gehört.[41]

38 BFH v. 7.2.2001 – II R 5/99, BFH/NV 2001, 938.

39 *Pahlke*, § 3 GrEStG Rn 197.

40 BFH v. 10.11.1970 – II 117/65, BStBl II 1971, 251.

41 BFH v. 18.7.1973 – II 165/65, BStBl II 1973, 829.

41 Die Eigenschaft als Nachlassgrundstück endet, wenn die Erbengemeinschaft diesbezüglich wirksam auseinandergesetzt wurde. Wird das Nachlassgrundstück in eine andere Gesamthand (z.B. Personengesellschaft) eingebracht, folgt (auch bei Personen- und Anteilsgleichheit der Beteiligten an der Erbengemeinschaft und der Personengesellschaft) eine veränderte Zuordnung des Grundstücks und damit ein Abschluss der Nachlassteilung. Ein der Einbringung nachfolgender Erwerb des Alleineigentums durch einen Miterben ist dann – anders als die Einbringung bei Personen- und Anteilsidentität – nicht mehr nach § 3 Nr. 2 GrEStG grunderwerbsteuerbefreit.[42]

V. Begünstigter Personenkreis

1. Allgemeines

42 Begünstigt gem. § 3 Nr. 3 S. 1 GrEStG ist der Erwerb eines Nachlassgrundstücks durch einen oder mehrere **Miterben**. Den Miterben steht der überlebende **Ehegatte** gleich, wenn er mit den Erben des verstorbenen Ehegatten gütergemeinschaftliches Vermögen zu teilen hat oder wenn ihm in Anrechnung auf eine Ausgleichsforderung am Zugewinn des verstorbenen Ehegatten ein zum Nachlass gehöriges Grundstück übertragen wird, § 3 Nr. 3 S. 2 GrEStG. Den Miterben stehen außerdem ihre Ehegatten gleich, § 3 Nr. 3 S. 3 GrEStG.

2. Miterben

43 Miterben i.S.d. Regelung sind alle erwerbsfähigen Personen i.S.d. § 1923 BGB, d.h. neben den **natürlichen** auch die **juristischen Personen**. Auch Personengesellschaften (z.B. GbR und OHG) können Miterben i.S.d. § 3 Nr. 3 GrEStG sein, weil eine Gesamthand grunderwerbsteuerlich als selbstständige Rechtsträgerin behandelt wird.[43] Verstirbt ein Miterbe i.S.d. § 3 Nr. 3 S. 1 GrEStG vor der Auseinandersetzung des Nachlassgrundstücks, sind auch dessen Erben Miterben i.S.d. Regelung und damit von der Steuerbefreiung erfasst.[44] Gleiches gilt vor Teilung für den Nacherben mit Eintritt des Nacherbfalls.[45]

44 Hat ein Miterbe die Erbschaft wirksam ausgeschlagen, findet § 3 Nr. 3 S. 1 GrEStG keine Anwendung. Miterbe i.S.d. Regelung ist derjenige, welcher berufen sein würde, wenn der Ausschlagende zur Zeit des Erbfalls nicht gelebt hätte, § 1953 Abs. 2 BGB.[46]

---

42 *Pahlke*, § 3 GrEStG Rn 180.
43 *Pahlke*, § 3 GrEStG Rn 183.
44 BFH v. 27.6.1967 – II 50/64, BFHE 89, 573.
45 BFH v. 22.9.1976 – II S 6/75, BStBl II 1977, 13.
46 BFH v. 20.12.1972 – II R 84/67, BStBl II 1973, 365.

Derjenige, der im Rahmen eines **Erbteilkaufs** i.S.d. §§ 2371 ff. BGB (zur Steuerbarkeit siehe Rdn 36) einen Erbteil erwirbt, wird nicht Miterbe und kann daher die Steuerbefreiung nach § 3 Nr. 3 S. 1 GrEStG beim Erwerb eines Nachlassgrundstücks im Rahmen der Erbauseinandersetzung nicht in Anspruch nehmen.[47] Gleiches gilt bei Schenkung eines Erbteils an einen Nichterben.[48] 45

Überträgt ein Miterbe seinen Erbteil im Ganzen auf einen anderen Miterben oder einen Dritten, endet damit seine Miterbenstellung i.S.d. § 3 Nr. 3 S. 1 GrEStG. 46

3. Überlebender Ehegatte

Grundstückserwerbe des überlebenden Ehegatten sind gem. § 3 Nr. 3 S. 2 GrEStG steuerfrei, wenn er mit den Erben seines verstorbenen Ehegatten gütergemeinschaftliches Vermögen zu teilen hat (**Gütergemeinschaft** i.S.d. §§ 1415 ff. BGB) oder wenn ihm in Anrechnung auf eine Ausgleichsforderung am Zugewinn des verstorbenen Ehegatten ein zum Nachlass gehöriges Grundstück übertragen wird. Im letzteren Fall beschränkt sich der Anwendungsbereich dieser auf den Zugewinnausgleich im Todesfall bezogenen Regelungen auf die **güterrechtliche Lösung** i.S.d. § 1371 Abs. 2 BGB. Erfolgt hingegen der Zugewinnausgleich des Ehegatten im Wege der **erbrechtlichen Lösung**, § 1371 Abs. 1 BGB, ist der Erwerb eines Grundstücks durch den überlebenden Ehegatten zur Teilung des Nachlasses nach § 3 Abs. 1 Nr. 1 ErbStG i.V.m. § 3 Nr. 2 GrEStG grunderwerbsteuerfrei. Ist der überlebende Ehegatte Miterbe seines verstorbenen Ehegatten, greift bereits die Steuerbefreiung des § 3 Nr. 3 S. 1 GrEStG. 47

4. Ehegatte eines Miterben

Steuerfrei können auch Ehegatten eines Miterben ein zum Nachlass gehöriges Grundstück zur Teilung des Nachlasses erwerben. § 3 Nr. 3 S. 3 GrEStG stellt diese den Miterben gleich. Von der Regelung auch erfasst sind die Ehegatten von Erben der Miterben, sofern der Nachlass zum Zeitpunkt des Versterbens eines Miterben noch nicht geteilt ist.[49] 48

Verlobte und Partner einer **nichtehelichen Lebensgemeinschaft** werden von § 3 Nr. 3 S. 3 GrEStG nicht erfasst.[50]

47 BFH v. 10.6.1964 – II 30/61 U, BStBl II 1964, 486.
48 BFH v. 22.9.1976 – II S 6/75, BStBl II 1977, 13.
49 *Pahlke*, § 3 GrEStG Rn 191.
50 BFH v. 25.4.2001 – II R 72/00, BStBl II 2001, 610.

C. Weitere Grunderwerbsteuerbefreiung beim Erwerb von Nachlassgrundstücken

I. Grundstückserwerb durch Verwandte und Gleichgestellte, § 3 Nr. 6 GrEStG

1. Privilegierter Personenkreis

49 Sofern im Erbfall die Steuerbefreiung gem. § 3 Nr. 2 S. 1 GrEStG für den Grundstückserwerb von Todes wegen nicht greift oder im Rahmen der Auseinandersetzung des Nachlasses der Erwerb eines zum Nachlass gehörigen Grundstücks gem. § 3 Nr. 3 GrEStG nicht steuerbefreit ist, kommt die personenbezogene Befreiungsvorschrift des § 3 Nr. 6 GrEStG in Betracht. Die Steuerbefreiung gilt für **sämtliche Erwerbsvorgänge** des § 1 GrEStG, mithin etwa auch für lebzeitige Immobilienübertragungen durch Kauf oder Schenkung unter Auflage im Rahmen der vorweggenommenen Erbfolge.

50 Von der Besteuerung ausgenommen ist danach der Erwerb eines Grundstücks durch Personen, die mit dem Veräußerer **in gerader Linie verwandt** sind, und diesen gleichgestellte Personen (als Kind angenommene Minderjährige, Stiefkinder und Ehegatten der Verwandten in gerader Linie und der Stiefkinder). Den mit dem Veräußerer in gerader Linie Verwandten sind ferner Personen gleichgestellt, deren Verwandtschaft durch die Annahme als Kind nach § 1755 BGB erloschen ist.

51 Verwandte in gerader Linie i.S.d. §§ 1589 S. 1, 1591 ff. BGB sind insbesondere die Eltern, Kinder, Enkelkinder und Großeltern. Im Falle der **Adoption** muss – wie im Erbschaft- und Schenkungsteuerrecht[51] – der Adoptionsbeschluss zum Zeitpunkt des Erwerbs zugestellt worden sein. Stiefkinder sind – wie im Erbschaft- und Schenkungsteuerrecht gem. § 15 Abs. 1 Nr. 2 ErbStG – den eigenen Abkömmlingen gleichgestellt, § 3 Nr. 6 S. 2 GrEStG. Pflegekinder i.S.d. § 15 Abs. 1 Nr. 8 AO fallen nicht unter den Stiefkindbegriff.

52 Zu beachten ist, dass Verwandte in der Seitenlinie, also Personen, die von derselben Person abstammen (§ 1589 S. 2 BGB), nicht von § 3 Nr. 6 GrEStG erfasst sind. Das gilt insbesondere für Geschwister und Nichten bzw. Neffen.

2. „Interpolation"

53 Auch im Rahmen des § 3 Nr. 6 GrEStG kann eine Zusammenschau mit anderen Befreiungsvorschriften des § 3 GrEStG zu Steuerbefreiungen führen, die im Wortlaut der einzelnen Befreiungsvorschriften nicht zum Ausdruck kommen

51 Siehe dazu *Schmid*, Steuerfallen im Erbrecht, § 17 Rn 5.

(sog. Interpolation).[52] Bei dem Erwerb von Nachlassimmobilien kommen dabei z.B. folgende Konstellationen in Betracht:

- Erwirbt eine Person ein vermachtes Nachlassgrundstück direkt vom Erben und gehört diese Person im Verhältnis zu dem Vermächtnisnehmer zu dem nach § 3 Nr. 6 GrEStG begünstigten Personenkreis, ist dieser Vorgang bei interpolierender Betrachtung mit § 3 Nr. 2 GrEStG steuerfrei.
- Steuerfrei ist auch der unmittelbare Erwerb einer Nachlassimmobilie von der Erbengemeinschaft durch eine Person, die im Verhältnis zu einem oder mehreren Miterben zu dem nach § 3 Nr. 6 GrEStG begünstigten Personenkreis gehört. Dies ergibt sich aus interpolierender Betrachtung des § 3 Nr. 3 und Nr. 6 GrEStG.

II. Grundstückserwerb durch Teilung des Gesamtguts der fortgesetzten Gütergemeinschaft, § 3 Nr. 7 GrEStG

Der Erwerb eines zum Gesamtgut gehörigen Grundstücks durch Teilnehmer an 54 einer **fortgesetzten Gütergemeinschaft** i.S.d. §§ 1483 ff. BGB zur Teilung des Gesamtguts ist gem. § 3 Nr. 7 S. 1 GrEStG von der Grunderwerbsbesteuerung ausgenommen. Den Teilnehmern an der fortgesetzten Gütergemeinschaft stehen ihre Ehegatten gleich, § 3 Nr. 7 S. 2 GrEStG.

Die fortgesetzte Gütergemeinschaft wird unter anderem durch den Tod des über- 55 lebenden Ehegatten beendet, § 1494 BGB. Hieran knüpft die Auseinandersetzung über das Gesamtgut an, §§ 1498 ff. BGB. Im Rahmen dieser Auseinandersetzung kann das Grundstück dann gem. § 3 Nr. 7 GrEStG an die daran beteiligten Abkömmlinge und deren Ehegatten steuerfrei veräußert werden.

Zwar sind Erwerbe im Rahmen der Auseinandersetzung mit den Erben oder 56 Miterben des verstorbenen Ehegatten gem. § 3 Nr. 3 S. 3 GrEStG steuerfrei (siehe dazu Rdn 29), allerdings fällt der Anteil eines verstorbenen Ehegatten am Gesamtgut einer fortgesetzten Gemeinschaft nicht in dessen Nachlass, § 1483 Abs. 1 S. 3 BGB. Daher bedarf es der besonderen Steuerbefreiung des § 3 Nr. 7 GrEStG. Tritt die fortgesetzte Gütergemeinschaft z.B. bei Ablehnung i.S.d. § 1484 BGB nicht ein, fällt der Anteil des Erstverstorbenen am Gesamtgut hingegen in den Nachlass. Im Zuge der Auseinandersetzung über das Gesamtgut bei mehreren Erben greift dann dem Grunde nach nicht die Steuerbefreiung des § 3 Nr. 7 GrEStG, sondern die des § 3 Nr. 3 GrEStG.[53]

---

52 Siehe dazu allgemein *Pahlke*, vor § 3 GrEStG Rn 10 f.

53 *Pahlke*, § 3 GrEStG Rn 256.

D. Lebzeitige Übertragung von Immobilienvermögen

I. Grundsatz der Steuerfreiheit der Schenkung

57 Wird ein Grundstück geschenkt, bleibt der Grundstückserwerb bei dem bzw. den Beschenkten nach § 3 Nr. 2 S. 1 GrEStG **grunderwerbsteuerfrei**.

II. Schenkung unter Auflage, gemischte Schenkung

58 Sofern keine Steuerbefreiung nach § 3 GrEStG greift, unterliegt eine Schenkung unter einer Auflage oder eine gemischte Schenkung hinsichtlich des Anteils der Grunderwerbsbesteuerung, der bei der Schenkungsteuer abziehbar ist, § 3 Nr. 2 S. 2 GrEStG. Eine Schenkung unter einer Auflage i.S.d. § 525 Abs. 1 BGB liegt vor, wenn die Leistung des Beschenkten nicht für die Zuwendung, sondern auf der Grundlage und aus dem Wert der Zuwendung erfolgen soll. Die Regelung bezweckt die Vermeidung einer Doppelbesteuerung mit Schenkung- und Grunderwerbsteuer, wobei ein **Vorrang der Schenkungsteuer** besteht.[54] Die Erhebung einer Schenkungsteuer verdrängt mithin stets die Erhebung einer Grunderwerbsteuer, was auch dann gilt, wenn z.B. wegen ausreichend vorhandener Freibeträge keine Schenkungsteuer anfällt.

59 „Gegenleistungen“ (z.B. **Vorbehaltsnießbrauch**) unterliegen mithin der Grunderwerbsteuer. Beim Vorbehaltsnießbrauch bzw. Wohnrecht ist bei der Bemessungsgrundlage dabei Folgendes zu beachten: Die Bewertung von lebenslänglichen Nutzungen ermittelt sich wie bei der Erbschafts- und Schenkungsbesteuerung nach §§ 13 ff. BewG. Die Deckelung des Jahreswerts (und damit der Grunderwerbsteuerschuld) auf den 18,6tel des Steuerwerts nach § 16 BewG greift gem. § 17 Abs. 2 S. 2 BewG bei der Grunderwerbsteuer nicht.[55]

60 Besteht eine Verpflichtung des Erwerbers, ab Erlöschen des Nießbrauchs noch bestehende Verbindlichkeiten zu übernehmen, erhöht sich die Gegenleistung und damit die Bemessungsgrundlage um die Höhe der Verbindlichkeiten. Es handelt sich bei der **Übernahme der Verbindlichkeit** um eine Bedingung i.S.d. § 14 Nr. 1 GrEStG, es entsteht mithin eine erhöhte Grunderwerbsteuer, wobei die Schenkungsteuer auf den unentgeltlichen Teil zu reduzieren ist.[56]

---

54 BVerfG v. 15.5.1984 – 1 BvR 464/81, 1 BvR 605/81 und 1 BvR 427/82, 1 BvR 440/82, BStBl II 1984, 608.

55 BFH v. 20.11.2013 – II R 38/12, BStBl II 2014, 479: Der BFH stellt in diesem Zusammenhang fest, dass § 17 Abs. 2 S. 2 BewG auch in den Fällen keinen Verfassungsverstoß darstellt, wenn aufgrund der unterschiedlichen Bewertungsvorschriften der Wert der Auflage, der der Bemessung der Grunderwerbsteuer zugrunde zu legen ist, höher ist als der bei der Schenkungsteuer abziehbare Wert.

56 *Theissen/Steger*, ErbStB 2009, 158, 166.

III. Steuerbefreiung für Angehörige

In der Praxis greift im Rahmen der vorweggenommenen Erbfolge regelmäßig die Befreiung von der Grunderwerbsteuer gem. § 3 GrEStG. Bei Erwerben durch Personen (oder deren Ehegatten), die mit dem Veräußerer **in gerader Linie verwandt** sind oder deren Verwandtschaft durch die Annahme als Kind bürgerlichrechtlich erloschen ist, fällt gem. § 3 Nr. 6 S. 1 GrEStG keine Steuer an (siehe dazu Rdn 49 ff.). 61

Ferner ist der Grundstückserwerb durch den **Ehegatten** grunderwerbsteuerfrei, § 3 Nr. 4 GrEStG. Gleiches gilt gem. § 3 Nr. 5 bzw. Nr. 5a GrEStG bei Erwerben durch den früheren Ehegatten des Veräußerers im Rahmen der Vermögensauseinandersetzung nach der Scheidung. 62

IV. Schenkungsteuerliche Behandlung der Grunderwerbsteuer

Fällt im Rahmen der lebzeitigen Immobilienübergabe (ausnahmsweise) eine Grunderwerbsteuer an, ist bei deren Behandlung im Rahmen ihrer schenkungsteuerlichen Behandlung zu differenzieren: 63

Trägt der Beschenkte die Grunderwerbsteuer, ist deren Abzug bei der Ermittlung des Werts des steuerpflichtigen Erwerbs ausgeschlossen.[57] Dies gilt auch, wenn Schenkungsgegenstand ganz oder teilweise steuerbefreites Vermögen ist.

Trägt der Schenker die Grunderwerbsteuer, handelt es sich um eine zusätzliche Geldschenkung an den Beschenkten. Ein Abzug bei dem Beschenkten ist ausgeschlossen, da die Grunderwerbsteuer nur den entgeltlichen Teil der Zuwendung betrifft. Die bezahlte Grunderwerbsteuer erhöht mithin die Bemessungsgrundlage der Schenkungsteuer. Dies gilt auch, wenn Schenkungsgegenstand ganz oder teilweise steuerbefreites Vermögen ist.

E. Gesellschaftsrechtliche Ersatztatbestände

I. Personengesellschaften, § 1 Abs. 2a GrEStG

§ 1 Abs. 2a GrEStG erfasst personengesellschaftliche Vorgänge, die jedenfalls wirtschaftlich mit der Verfügung über Grundvermögen vergleichbar sind: Gehört zum Vermögen einer Personengesellschaft ein **inländisches Grundstück** und ändert sich innerhalb von **zehn Jahren** der Gesellschafterbestand unmittelbar oder mittelbar dergestalt, dass mindestens **90 % der Anteile** am Gesellschaftsvermögen auf **neue Gesellschafter** übergehen, fingiert § 1 Abs. 2a S. 1 GrEStG dies als ein auf die Übereignung eines Grundstücks auf eine neue Personengesellschaft 64

57 R E 7.4 Abs. 4 ErbStR 2019.

gerichtetes Rechtsgeschäft. Die Beteiligung eines Gesellschafters am Gesellschaftsvermögen orientiert sich dabei am Zivilrecht.[58] Die Anteile können innerhalb der Zehnjahresfrist auch in mehreren Rechtsvorgängen übertragen (zivilrechtlich wirksame Übertragungen der Gesellschafterrechte nebst Beteiligungen am Vermögen) werden[59] oder auf Grundlage von Umwandlungsvorgängen. Die Zehnjahresfrist ist bei mehreren Grundstücken, die sich im Vermögen einer Personengesellschaft befinden, selbstständig zu ermitteln.

65 Mittelbare Änderungen im Gesellschafterbestand von den an einer Personengesellschaft beteiligten Personengesellschaften (sog. **mehrstufige Beteiligungsverhältnisse**) werden dabei durch Multiplikation der Vomhundertsätze der Anteile am Gesellschaftsvermögen anteilig berücksichtigt, § 1 Abs. 2a S. 2 GrEStG, wobei ein Erwerb von Anteilen von Todes wegen (Erbfolge und Vermächtnis) außer Betracht bleibt, § 1 Abs. 2a S. 2 GrEStG.

II. Kapitalgesellschaften, § 1 Abs. 2b GrEStG

66 Die Regelung des § 1 Abs. 2b GrEStG zu den Kapitalgesellschaften entspricht vom Inhalt her weitestgehend der zu den Personengesellschaften in § 1 Abs. 2a GrEStG. Die Regelung wurde mit dem GrEStÄndG 2021[60] eingeführt und betrifft – analog zu den Personengesellschaften – die Änderungen im Gesellschafterbestand von Kapitalgesellschaften, die Eigentümer von Grundvermögen sind. Erwerbsanzeigepflichtige und **Steuerschuldnerin** ist die Kapitalgesellschaft selbst, §§ 13 Nr. 7, 19 Abs. 1 Nr. 3b GrEStG.

III. Personen- und Kapitalgesellschaften, § 1 Abs. 3 GrEStG

67 Während es sich bei § 1 Abs. 2a und 2b GrEStG um Sonderregelungen für Personen- und Kapitalgesellschaften handelt, betrifft § 1 Abs. 3 GrEStG **alle Gesellschaften** unabhängig von ihrer Rechtsform. Gesellschaften sind insbesondere die AG, die GmbH, die KGaG sowie alle Personengesellschaften. § 1 Abs. 3 GrEStG regelt nicht die grunderwerbsteuerlichen Folgen von Übertragungen von Gesellschaftsanteilen, sondern die (mittelbare und unmittelbare) Vereinigung von mindestens 90 % der Anteile an der Gesellschaft mit inländischem Grundbesitz in der Hand eines Erwerbers.

§ 1 Abs. 3 GrEStG unterstellt, dass ein mit mindestens 90 % beteiligter Gesellschafter wirtschaftlich die Verwertungsmöglichkeit an einem der Gesellschaft gehörenden Grundstück erlangt. Anteilsvereinigungen, § 1 Abs. 3 Nr. 1 und 2 GrEStG, sowie Anteilsübertragungen, § 1 Abs. 3 Nr. 3 und 4 GrEStG, werden

58 BFH v. 28.9.2004 – II B 162/03, BFH/NV 2005, 72.
59 BFH v. 8.11.2000 – II R 64/98, BStBl II 2001, 422.
60 Gesetz zur Änderung des Grunderwerbsteuergesetzes v. 12.5.2021, BGBl I 2021, 986.

als (zivilrechtliche) Grundstücksübertragungen fingiert. Eigene Anteile, die die Gesellschaft selbst hält, sind bei der Berechnung des grunderwerbsteuerlichen Quantums (90 % der Anteile) keine Anteile i.S.d. § 1 Abs. 3 GrEStG.

F. Gesamthandsgemeinschaften

Die §§ 5 und 6 GrEStG regeln Grundstücksübergänge zwischen Gesamthändern und der Gesamthand sowie zwischen **Gesamthandsgemeinschaften**, an denen (**teilweise**) **identische Personen** beteiligt sind. Gesamthandsgemeinschaften i.S.d. §§ 5 und 6 GrEStG sind **insbesondere** die OHG, die KG, die GbR sowie die Erbengemeinschaft (siehe dazu Rdn 7). § 5 GrEStG regelt den Übergang von Miteigentümern (Abs. 1) oder einem Alleineigentümer (Abs. 2) auf eine Gesamthand, § 6 GrEStG den Übergang von einer Gesamthand in das Eigentum mehrerer Gesamthänder (Abs. 1) oder das Alleineigentum eines Gesamthänders (Abs. 2). § 6 Abs. 3 GrEStG regelt den Übergang von einer Gesamthand auf eine andere Gesamthand. Der Gesetzgeber rechnet dabei den einzelnen Gesamthändern – abweichend von der zivilrechtlichen Rechtslage – Bruchteile an dem Grundbesitz zu, um bei Übertragung einen grunderwerbsteuerlichen Grundstücksumsatz zu fingieren. Eine Steuerfreistellung sieht etwa § 5 GrEStG vor, wenn ein Grundstück von einem oder mehreren Miteigentümern auf eine Gesamthand übertragen wird, soweit die Grundstückseigentümer am Vermögen der Gesamthand (wertmäßig) weiter beteiligt sind. 68

Die grunderwerbsteuerlichen Begünstigungen nach Inkrafttreten des MoPeG[61] bleiben für rechtsfähige Personengesellschaften bestehen. Der Gesetzgeber hat eine Verlängerung des Status quo der grunderwerbsteuerlichen Begünstigungen für Personengesellschaften im Zuge des Kreditzweitmarktförderungsgesetzes beschlossen:[62] Nach dem neu eingeführten § 24 GrEStG gelten rechtsfähige Personengesellschaften für Zwecke der Grunderwerbsteuer (bis 31.12.2026) weiterhin als Gesamthand. Die Begünstigungen nach §§ 5, 6, 7 GrEStG greifen also weiterhin. 69

61 Personengesellschaftsrechtsmodernisierungsgesetz v. 10.8.2021, BGBl I 2021, 3436.

62 Art. 29, 30, 36 Abs. 3 und 5 Kreditzweitmarktförderungsgesetz v. 22.12.2023, BGBl I 2023, Nr. 411; vgl. BT-Drucks 20/9782, S. 158, 164 f., 207 f., 213.

G. Steuersätze

70 Die Bundesländer legen den Steuersatz selbst fest, Art. 105 Abs. 2a S. 2 GG.

Baden-Württemberg	5,0 %
Bayern	3,5 %
Berlin	6.0 %
Brandenburg	6,5 %
Bremen	5,0 %
Hamburg	5,5 %
Hessen	6,0 %
Mecklenburg-Vorpommern	6,0 %
Niedersachsen	5,0 %
Nordrhein-Westfalen	6,5 %
Rheinland-Pfalz	5,0 %
Saarland	6,5 %
Sachsen	5,5 %
Sachsen-Anhalt	5,0 %
Schleswig-Holstein	6,5 %
Thüringen	5,0 %

§ 9 Immobilien im Nachlass – Zivilrecht

Dr. Bernd Schmalenbach

Übersicht: Rdn

A. Alleinerbe

I. Universalsukzession und Vonselbsterwerb bei Immobilien nach § 1922 BGB

1 Mit dem Tod einer natürlichen Person geht deren (**Immobilien-**)**Vermögen als Ganzes** auf einen oder mehrere Erben über, § 1922 Abs. 1 BGB. Dies geschieht unabhängig von etwaigen für einzelne Nachlassimmobilien angeordneten Teilungsanordnungen nach § 2048 BGB, Vermächtnisanordnungen nach § 2147 BGB oder Vorausvermächtnissen über Nachlassimmobilien nach § 2150 BGB.

Neben der **Universalsukzession** (**Gesamtrechtsnachfolge**) regelt die Vorschrift des § 1922 BGB den **Vonselbsterwerb** der Rechte und Pflichten des Erblassers durch den oder die Erben, den Anfall der Erbschaft (§ 1942 BGB).

2 Der medizinische Tod[1] des Erblassers bewirkt von selbst, also automatisch, den einheitlichen **Übergang aller vererblichen Rechte und Pflichten des Erblassers** und der sich daraus ergebenden aktiven und passiven Ansprüche auf den **Erben**. Dies kann ohne das Wissen des Erben und sogar gegen dessen Willen erfolgen; hieraus resultiert das Recht des Erben zur Ausschlagung der Erbschaft nach § 1942 BGB.

3 Erbe ist, wer durch gesetzliche oder gewillkürte Erbfolge zum Erben berufen wurde, hierauf im Vorfeld nicht verzichtet hat (§ 2344 BGB), die Erbschaft angenommen hat und diese Rechtsstellung auch nicht nachträglich wieder verloren hat. So verliert der Erbe mit einer Ausschlagung nach § 1953 BGB seine Rechtsstellung rückwirkend wieder zum Eintritt des Erbfalls. Zum gleichen Ergebnis führt die wirksame Anfechtung der Erbeinsetzung nach §§ 2078 ff. BGB oder die Erklärung, dass der Erbe nach § 2344 BGB erbunwürdig ist.[2]

4 Folge des Vonselbsterwerbs ist, dass der erbrechtliche **Übergang des Eigentums an Grundstücken und Grundstücksrechten ohne die sonst erforderliche Auf-**

1 Nach h.M. der Hirntod. Diesem gleichgestellt ist die Todesvermutung nach § 9 Abs. 1 S. 1 VerschollenheitsG.

2 Damrau/Tanck/*Tanck*, § 1922 Rn 4.

lassung und Eintragung dieser Rechtsänderung ins Grundbuch **von selbst** mit dem Tod des Erblassers erfolgt. Das Grundbuch wird dadurch unrichtig, da die im Grundbuch wiedergegeben Eigentumsverhältnisse nicht mehr den tatsächlichen entsprechen. Die (spätere) **Eintragung des Erben im Grundbuch** bestätigt lediglich die bereits eingetretene Rechtsänderung und **berichtigt** das Grundbuch. Eigentümer der Immobilie wird der Erbe somit bereits im Augenblick des Todes des Erblassers (ohne zeitlichen Zwischenraum) und unabhängig davon, ob er vom Tod des Erblasers überhaupt Kenntnis hat oder er den Grund seiner Berufung kennt.

5 Nach **§ 857 BGB** geht **neben dem Eigentum auch der Besitz an der Immobilie** auf den Erben über. Mehrere Erben haben gemeinsamen Mitbesitz an der Nachlassimmobilie, § 866 BGB. Der Erblasser muss im Zeitpunkt des Erbfalls Besitzer gewesen sein, der Erbe übernimmt den Besitz in genau dem rechtlichen Zustand, in welchem ihn der Erblasser innehatte (z.B. Teilbesitz, Mitbesitz, mittelbarer Besitz). Der Erbe genießt vollen **Besitzschutz nach §§ 859, 861, 862, 867 BGB** und **kann gegen Besitzentziehung aus § 861 und § 1007 BGB vorgehen**, gegen eine **Störung seines Besitzes aus § 862 BGB.**[3]

6 **Grunddienstbarkeiten** nach § 1018 BGB, die **Reallast** nach § 1105 Abs. 2 BGB und das **Vorkaufsrecht** nach § 1094 Abs. 2 BGB sind als Bestandteile des Grundstücks mit dem Grundstückseigentum vererblich.[4] **Nicht** hingegen vererblich ist der **Nießbrauch** nach § 1061 BGB sowie beschränkte persönliche Dienstbarkeiten nach § 1090 Abs. 2 BGB.

II. Ausnahmen von der Universalsukzession des § 1922 BGB

7 Ausnahmen von der in § 1922 BGB angeordneten Universalsukzession und des in § 857 BGB angeordneten Übergangs des Besitzes auf den Erben ergeben sich für die gesetzliche angeordnete **Sondererbfolgen** für **land- und forstwirtschaftliche Grundstücke** und gesetzlich angeordnete **Sonderrechtsnachfolgen bei Mietverhältnissen über Wohnraum.**

B. Land- und forstwirtschaftliche Grundstücke – gesetzliche Sondererbfolge

I. Sondererbfolge aufgrund von Höfeordnungen

8 Für die Vererbung von **land- und forstwirtschaftlichen Betrieben und den dazu gehörenden Grundstücken** gilt das Erbrecht des BGB nicht uneingeschränkt.

3 Grüneberg/*Herrler*, § 857 Rn 4.

4 Damrau/Tanck/*Tanck*, § 1922 Rn 22 m.w.N.

Sofern die in einigen Bundesländern noch geltenden Höfeordnungen, Anerbenrechtsgesetze und ähnlichen gesetzlichen Sonderregelungen Anwendung finden, gehen diese **dem Erbrecht bzw. der Erbfolge des BGB vor**. Hierdurch kann es hinsichtlich der **Hofimmobilie** wie auch im Hinblick auf **land- und forstwirtschaftliche Grundstücke, die dem Hofbetrieb dienen**, zu **Sondererbfolgen** kommen, die von der Universalsukzession des § 1922 BGB abweichen.

9 Die HöfeO vom 26.7.1976 gilt in den Bundesländern Hamburg, Niedersachsen, Nordrhein-Westfalen und Schleswig-Holstein. In Rheinland-Pfalz gilt das Gesetz über die Höfeordnung, das mit der HöfeO im Wesentlichen übereinstimmt. In Bremen gilt das Bremische Höfegesetz in der Fassung vom 23.2.1971, in Hessen die Hessische Landgüterverordnung. Lediglich für Teile von Baden-Württemberg gilt das Badische Hofgütergesetz in der Fassung vom 12.7.1949. Das Württembergische Anerbengesetz wurde zum 31.12.2000 aufgehoben und gilt nur noch in Fällen, in welchen der Erblasser vor 1930 geboren wurde.

10 Die Regelung in § 4 HöfeO führt zu einer **Sondererbfolge**, sofern die land- oder forstwirtschaftliche Besitzung mit einer zu ihrer Bewirtschaftung geeigneten Hofstelle ausgestattet ist. Diese Besitzung muss im Alleineigentum einer **natürlichen Person** oder im gemeinschaftlichen Eigentum von **Ehegatten** stehen oder zum Gesamtgut einer Gütergemeinschaft gehören. Und die Besitzung muss einen Grundsteuerwert von mindestens 54.000 EUR haben, § 1 Abs. 1 S. 1 Eine Besitzung, die einen Grundsteuerwert von weniger als 54.000 EUR, mindestens jedoch von 27.000 EUR hat, wird Hof, wenn der Eigentümer erklärt, dass sie Hof sein soll, und wenn der Hofvermerk im Grundbuch eingetragen wird, § 1 Abs. 1 S. 2 HöfeO.

11 Der Hof geht mit dem Erbfall kraft Gesetzes nur auf einen Erben, den **Hoferben** über. Diese Sondererbfolge erstreckt sich nach §§ 2, 3 HöfeO u.a. auf die **Grundstücke, die regelmäßig von der Hofstelle bewirtschaftet werden**, wobei eine zeitweilige Verpachtung nicht schadet, § 2 Buchst. a HöfeO. Es ist daher zu prüfen, welche Grundstücke zum Hof gehören bzw. vom Hof bewirtschaftet werden. Maßgeblich ist hierfür eine **überwiegende landwirtschaftliche Nutzung** der Grundstücke. Selbst die langfristige Vermietung eines Landarbeiterhauses führt jedoch nicht zu einem Verlust der Hofeigenschaft.[5]

II. Zuweisung von landwirtschaftlichen Grundstücken

12 Darüber hinaus sind das **Landguterbrecht** der §§ 2049, 2312 BGB und das **Zuweisungsverfahren** nach dem **Grundstücksverkehrsgesetz** (§§ 13 ff. GrdstVG) zu beachten. Auch diese können zu Durchbrechungen oder Einschränkungen der Universalsukzession führen. Voraussetzungen hierfür sind eine geeignete

5 BGHZ 124, 217.

Hofstelle, ein zur Übernahme bereiter und befähigter Miterbe und ein entsprechender mutmaßlicher oder wirklicher Wille des Erblassers.

Dann kann **bei gesetzlicher Erbfolge** und wenn keine anderen landesgesetzlichen Sonderregelungen gelten, auf Antrag eines Miterben an diesen die Zuweisung nach § 13 Abs. S. 1 GrdstVG im Wege eines gesetzlichen Übernahmerechts erfolgen, so dass auch alle zum Betrieb erforderlichen Grundstücke auf diesen übergehen. 13

Ist die Erbengemeinschaft hingegen durch eine Verfügung von Todes wegen entstanden, findet das Zuweisungsverfahren nicht statt.

Über den Zuweisungsantrag entscheidet das Landwirtschaftsgericht durch Beschluss, in dem der Erwerber und die **zugewiesenen Grundstücke** bezeichnet werden. Mit Rechtskraft des Zuweisungsbeschlusses gehen das Eigentum an den zugewiesenen Sachen und die zugewiesenen Rechte auf den Erwerber über. Der **Eigentumswechsel** tritt also **außerhalb des Grundbuchs** ein. Die weichenden Miterben erhalten eine Abfindung. 14

Zuweisungsgegenstand ist nur der ungeteilte Betrieb, § 13 Abs. 1 S. 1 GrdstVG. Es werden allerdings solche Grundstücke von der Zuweisung ausgenommen, die in absehbarer Zeit keinen landwirtschaftlichen Zwecken mehr dienen werden, sondern z.B. im Rahmen eines Bebauungsplans bebaut werden sollen.

C. Mietverhältnisse über Wohnraum – gesetzliche Sonderrechtsnachfolge

I. Einführung

In der Praxis kommt es häufig vor, dass sich im Nachlass Immobilien befinden, die vermietet sind, oder der Erblasser selbst Mieter einer Immobilie war. Das Mietverhältnis endet nicht automatisch mit dem Tod einer der Vertragsparteien. Stirbt der Mieter, so wird das Mietverhältnis mit dem Erben des Mieters fortgesetzt. Stirbt der Vermieter, so wird es mit dessen Erben fortgesetzt. 15

Hierbei stellen sich für den Alleinerben, aber auch für die Erbengemeinschaft, vielfältige Probleme: von der Einziehung der Miete bis zur Kündigung bestehender Mietverträge aufgrund Eigenbedarfs des Alleinerben oder eines Mitglieds der Erbengemeinschaft. Neben diesen allgemeinen Fragestellungen bei vermieteten Immobilien im Nachlass treten immer dann besondere Problemstellungen auf, wenn bei Wohnraummietverhältnissen die Erben und die Mitbewohner des verstorbenen Mieters nicht dieselben, sondern unterschiedliche Personen sind. 16

Um soziale Härten zu vermeiden, ist der Gesetzgeber von dem Grundsatz der Universalsukzession abgewichen und hat in den §§ 563 ff. BGB ein Instrumentarium einer **gesetzlich angeordneten Sonderrechtsnachfolge** für den Fall 17 geschaffen, dass die Erben und die zukünftigen Parteien des Mietvertrags auseinanderfallen, also beim Tod des Mieters. Beim Tod des Vermieters bleibt es hingegen bei der Universalsukzession des § 1922 BGB.

II. Schriftform bei Abschluss und Kündigung des Mietverhältnisses

18 Sowohl für den Abschluss des Mietverhältnisses als auch für die Kündigung des Mietverhältnisses über Wohnraum auf Seiten des Vermieters wie auch auf Seiten des Mieters gilt die Schriftform des § 126 BGB. Sie gilt für alle Arten der Kündigung. Um das Erfordernis der Schriftform zu erfüllen, muss die **eigenhändige Unterschrift des Kündigenden** auf der Kündigungserklärung enthalten sein. Dies gilt uneingeschränkt auch für **Erben** bzw. **Erbengemeinschaften**. Auch der Abschluss des Mietvertrags erfolgt dadurch, dass beide Seiten, also sämtliche Vertragsbeteiligten, eigenhändig auf der derselben Urkunde unterschreiben. Eine Kündigung per Telefax ist somit nicht wirksam, und auch eine bloße Kopie reicht nicht aus, wie auch keine Kündigung per E-Mail möglich ist. Dies gilt auch für den Abschluss des Mietvertrags.

Lediglich eine Kündigung in elektronischer Form nach § 126a BGB erfüllt ebenfalls das Erfordernis der Schriftform. Erforderlich sind dabei eine qualifizierte elektronische Signatur und ein Einverständnis des Empfängers mit dieser Form der Übermittlung.[6]

19 Für die Mitglieder einer Erbengemeinschaft bedeutet dies, dass **jedes Mitglied der Erbengemeinschaft** eigenhändig sowohl den Mietvertrag als auch die Kündigungserklärung unterschreiben muss. Fehlt eine Unterschrift, ist der abgeschlossene Mietvertrag wie auch eine abgegebene Kündigungserklärung unwirksam. **Stellvertretung** und **Bevollmächtigung** sind möglich und bei einer größeren Erbengemeinschaft unbedingt zu empfehlen. Dabei ist allerdings § 174 BGB zu beachten, so dass insbesondere im Fall der Kündigung dem Original der Kündigung stets das Original der Vollmacht beizufügen ist.

III. Tod des Vermieters

1. Übergang des Mietvertrags

20 Mit dem Tod des Vermieters gehen im Wege der Universalsukzession **Rechte und Pflichten aus dem Mietvertrag** auf den Erben über. Hinterlässt der Erblasser mehrere Erben, so sind die Rechte aus dem Mietverhältnis gemeinschaftliches Vermögen der Erben gem. § 2032 BGB. Da die Erbengemeinschaft selbst aber weder rechtsfähig noch parteifähig ist, ist sie auch nicht Vermieter.[7] Vermieter

6 Schmidt-Futterer/*Streyl*, § 568 BGB Rn 26.
7 BGH NJW 2006, 3715.

sind vielmehr alle Mitglieder der Erbengemeinschaft gemeinsam.[8] Der Mietvertrag muss daher die einzelnen Miterben als gemeinschaftliche Vermieter aufführen. Hinsichtlich ihrer Pflichten aus dem Mietverhältnis sind die Miterben Gesamtschuldner. Sie haben dem Mieter die Mietsache zu überlassen. Der Tod des Vermieters begründet kein außerordentliches Kündigungsrecht für den Mieter, vgl. aber beim Tod des Mieters § 564 BGB[9]

2. Nachweis der Erbenstellung

Nach dem Tod des Vermieters stellt sich für dessen Erben oft das Problem, dass die Mieter ihre Zahlungen zunächst einstellen, da sie nicht wissen, wer Erbe geworden ist. Hierzu sind sie grundsätzlich auch berechtigt, da sie weder ermitteln können noch ermitteln müssen, wer zukünftig ihr neuer Vertragspartner ist.[10] Die Erben werden dann regelmäßig aufgefordert sein, ihre Erbenstellung nachzuweisen. Hierzu sind sie in diesem Fall auch tatsächlich verpflichtet. Denn solange das nicht geschieht und der Schuldner auch nicht auf andere Weise Sicherheit darüber gewinnt, wer Rechtsnachfolger seines Gläubigers geworden ist, unterbleibt die Leistung infolge eines Umstands, den er nicht zu vertreten hat, und eine Kündigung des Mieters wegen Zahlungsverzugs durch den Erben ist daher nicht zulässig.[11] 21

Den **Nachweis**, dass er **Vermieter** ist, kann der Erbe in diesem Fall durch die Vorlage eines Erbscheins oder durch einen entsprechenden Grundbuchauszug erbringen.[12] 22

IV. Tod des Mieters – Mietverhältnisse über Wohnraum

1. Einführung

Zu einer gesetzlich angeordneten **Sonderrechtsnachfolge** kommt es nach §§ 563–563b BGB bei der Nachfolge in Mietverhältnisse über Wohnraum. Ohne diese Regelungen würden die Rechte des Mieters nach § 1922 BGB auf dessen Erben übergehen, unabhängig davon, ob diese im Haushalt des Mieters leben. Der soziale Schutz der Hausgenossen des verstorbenen Mieters erfordert daher Regelungen, die die Gesamtrechtsnachfolge des § 1922 BGB einschränken. 23

Auch der **Anwendungsbereich des § 857** BGB wird durch die §§ 563, 563a BGB eingeschränkt.[13] Soweit nach diesen Vorschriften der Ehegatte, der Lebenspartner 24

---

8 LG Berlin NZM 2002, 780.

9 Grüneberg/*Weidenkaff*, § 564 Rn 6.

10 BGH NZM 2006, 11.

11 BGH NZM 2006, 11.

12 Rißmann/*Maaß*, Erbengemeinschaft, § 18 Rn 16.

13 *Damrau*, ZErb 2009, 326.

oder andere Familienangehörige nach dem Tod des Mieters ohne Rücksicht darauf, ob sie seine Erben geworden sind, in dessen Rechtsposition einrücken, gebietet das Kontinuitätsinteresse der Familienangehörigen, dass auch der Besitz der Mietwohnung auf sie übergeht.[14] Nicht betroffen von der Einschränkung des Besitzes durch die §§ 563, 563a BGB sind Nachlassgegenstände, die sich in der Mietwohnung befinden; für diese findet § 857 BGB uneingeschränkt Anwendung.

2. Eintritt und Fortsetzung des Mietverhältnisses

a) Gesetzliche Regelung

25 Der Gesetzgeber hat den Hausgenossen des verstorbenen Mieters folgende Möglichkeiten eröffnet, ein eigenes Mietverhältnis außerhalb des Erbrechts zu begründen:
- Eintrittsrecht, § 563 BGB
- Fortsetzungsrecht, § 563a BGB
- Fortsetzung mit den Erben, § 564 BGB

Eine hiervon abweichende Regelung zum Nachteil des Mieters ist unzulässig, § 563 Abs. 5 BGB. Dies betrifft z.B. eine mietvertragliche Vereinbarung, nach welcher das Mietverhältnis automatisch mit dem Tod des Vermieters oder Mieters endet, oder eine Regelung, dass nur bestimmte Personen in das Mietverhältnis auf Seiten des Mieters eintreten oder das Mietverhältnis fortsetzen können.

Hinweis

Die Regelungen der §§ 563, 563a und 564 BGB gelten nur bei Tod des Mieters. Stirbt der Vermieter, so tritt dessen Erbe im Rahmen des § 1922 BGB in die Rechtsstellung als Vermieter ein.

b) Eintrittsrecht des § 563 BGB

26 Bei Mietverhältnissen über Wohnraum haben in nachfolgender Reihenfolge
- der Ehegatte,
- der Lebenspartner nach LPartG,
- die Kinder,
- die anderen Familienangehörigen sowie
- sonstige Personen, die mit dem verstorbenen Mieter einen auf Dauer angelegten Haushalt geführt haben (z.B. nichteheliche Lebensgefährten),

ein Eintrittsrecht in das Mietverhältnis des verstorbenen Mieters, **unabhängig davon, ob die eintretende Person Erbe geworden ist oder nicht**. Es handelt sich somit um eine Sonderrechtsnachfolge kraft Gesetzes. Die Reihenfolge der

14 KG, Urt. v. 2.3.2020, ZEV 2020, 758 m.w.N.

Eintrittsberechtigten stellt ein Stufenverhältnis dar,[15] so dass z.B. der Eintritt des Ehegatten alle anderen ausschließt.

Der Eintritt in das bestehende Mietverhältnis erfolgt rückwirkend auf den Tod des Mieters automatisch und von selbst außerhalb des Erbrechts. Will der Eintretende dies verhindern, so muss er aktiv werden und sein Ablehnungsrecht gem. § 563 Abs. 3 BGB ausüben. Sind Personen, die nach § 563 BGB in das Mietverhältnis eintreten, zugleich auch Mitmieter, so sind sie vorrangig gegenüber den anderen eintrittsberechtigten Personen des § 563 BGB (§ 563a BGB). Der verstorbene Mieter muss nicht Alleinmieter gewesen sein; die Vorschriften finden auch dann Anwendung, wenn mehrere Personen gemeinsam Mieter sind.[16] 27

c) Ablehnungsrecht

Den eintrittsberechtigten Personen steht ein Ablehnungsrecht zu, § 563 Abs. 3 BGB. Es handelt sich hierbei um eine einseitige empfangsbedürftige Willenserklärung, die **formfrei gegenüber dem Vermieter** erklärt werden kann. Zu Nachweiszwecken empfiehlt sich allerdings eine schriftliche Erklärung. 28

Problematisch in der Praxis ist die kurze **Ablehnungsfrist von einem Monat,** § 563 Abs. 3 S. 1 BGB. Die Frist beginnt mit der Kenntnis vom Tod des Mieters für jeden Eintretenden. Eine Versäumung der Frist führt zu einem Eintritt in das Mietverhältnis. Die **Anfechtung** der Ablehnung ist wie auch die Anfechtung des Eintritts ausgeschlossen. 29

Ist der **Vermieter eine Erbengemeinschaft,** so muss die Erklärung allen Mitgliedern der Erbengemeinschaft zugehen, sofern nicht ein Verwalter eingesetzt wurde.

d) Rechtsfolge des Eintritts

Der Eintritt in das Mietverhältnis erfolgt mit sämtlichen Rechten und Pflichten, die der verstorbene Mieter hatte. Insbesondere gehen das **Recht auf Mietbesitz** sowie das **Recht auf Unterlassung von Besitzstörungen** auf den Eintretenden über. Ein Anspruch auf Anpassung der Mietvertragsbedingungen besteht nicht.[17] Treten mehrere Personen in das Mietverhältnis ein, so haften sie als Gesamtschuldner. 30

e) Kündigungsrecht des Vermieters

Ist die Person des Eintretenden für den Vermieter nicht zumutbar, so steht diesem ein Kündigungsrecht gem. § 563 Abs. 4 BGB zu. Hierfür muss nach dem Wortlaut 31

15 Schmidt-Futterer/*Streyl*, § 563 BGB Rn 22; OLG Karlsruhe NJW 1990, 581.
16 OLG Karlsruhe NJW 1990, 581.
17 Schmidt-Futterer/*Streyl*, § 563 BGB Rn 44.

der Vorschrift ein „**wichtiger Grund**" vorliegen. Als wichtiger Grund genügen bereits tatsächliche oder rechtliche Auseinandersetzungen zwischen dem Vermieter und dem Eintretenden,[18] die Störung des Hausfriedens oder die Zahlungsunfähigkeit des Eintretenden.[19] Die Umstände müssen in der Person des Eintretenden liegen, wobei ein Verschulden nicht erforderlich ist. Der Vermieter kann dann binnen **Monatsfrist** erklären, dass er das Mietverhältnis nicht fortsetzen möchte, und es kündigen.

32 Die Monatsfrist ist also eine **Erklärungsfrist**, innerhalb der der Vermieter die Kündigung erklären kann. Davon zu unterscheiden ist die Frist, mit welcher der Vermieter die Kündigung erklärt. Hierfür gilt die gesetzliche Kündigungsfrist von drei Monaten nach § 573d BGB. Es handelt sich demnach um eine **außerordentliche Kündigung mit gesetzlicher Kündigungsfrist**.

33 Die Kündigung muss jeder Person zugehen, die in das Mietverhältnis eintritt.[20] Da das Mietverhältnis nur insgesamt gekündigt werden kann, reicht es nach h.M. aus, wenn bei mehreren in das Mietverhältnis eintretenden Personen bei einer Person ein wichtiger Grund für die Kündigung vorliegt.[21]

f) Fortsetzung (nur) mit den überlebenden Mietern, § 563a BGB

34 Sind die Eintrittsberechtigten nach § 563 BGB teilweise zugleich zusammen mit dem verstorbenen Mieter Mitmieter gewesen, so wird nur mit ihnen das Mietverhältnis fortgesetzt und nicht mit den anderen Eintrittsberechtigten nach § 563 BGB. Voraussetzung ist, dass die Eintrittsberechtigten nach § 563a BGB gemeinsam mit dem verstorbenen Mieter Parteien des Mietverhältnisses waren, also ein gemeinschaftliches Mietverhältnis bestand. Es ist daher vorrangig der Mietvertrag daraufhin zu prüfen, wer als Vertragspartei bezeichnet wurde und wer ihn unterschrieben hat.

g) Haftung bei Eintritt oder Fortsetzung, § 563b BGB

35 Für die Haftung beim Eintritt oder bei der Fortsetzung des Mietverhältnisses regelt § 563b BGB, dass diese Personen neben dem Erben für die bis zum Tod des Mieters entstandenen Verbindlichkeiten als Gesamtschuldner haften, § 563b Abs. 1 S. 1 BGB. Im Innenverhältnis haftet aber der Erbe, soweit nichts anderes bestimmt ist, allein, § 563b Abs. 1 S. 2 BGB. Der Erbe kann allerdings von den Haftungsbeschränkungsmöglichkeiten der §§ 1975 ff. BGB Gebrauch machen oder die Einrede der Dürftigkeit des Nachlasses erheben, § 1990 BGB.

---

18 Schmidt-Futterer/*Streyl*, § 563 BGB Rn 69.
19 Schmidt-Futterer/*Streyl*, § 563 BGB Rn 69.
20 Schmidt-Futterer/*Streyl*, § 563 BGB Rn 70 ff.
21 Schmidt-Futterer/*Streyl*, § 563 BGB Rn 70.

h) Mietverhältnis mit dem Erben, § 564 BGB

Treten beim Tod eines Mieters bei Mietverhältnissen über Wohnraum keine Personen in das Mietverhältnis nach § 563 BGB ein oder wird das Mietverhältnis nicht nach den Vorschriften des § 563a BGB fortgesetzt, so wird das Mietverhältnis mit dem Erben fortgesetzt, § 564 BGB. Die Regelung des § 564 BGB ist durch Individualvereinbarung auch zugunsten des Vermieters abdingbar. Sowohl der Erbe als auch der Vermieter können in diesem Fall **innerhalb eines Monats außerordentlich mit der gesetzlichen Frist kündigen** – in diesem Fall also nach § 573d BGB mit einer **Frist von drei Monaten**. 36

Der Vermieter benötigt für die Kündigung kein berechtigtes Interesse an der Beendigung des Mietverhältnisses. Die Sozialklauseln nach §§ 574, 574c, 575a BGB sind jedoch zu beachten. Die **Kündigungserklärung** ist auch hier **schriftlich** und mit der **Belehrung nach § 568 Abs. 2 BGB** zu erklären, also mit dem Hinweis auf das Widerspruchsrecht. Es gelten die Mietschutzvorschriften der §§ 574 ff. BGB. 37

Der Erbe muss sich zur Ausübung der Kündigung nicht durch einen Erbschein legitimieren.[22] Es kommt lediglich auf die tatsächliche Berechtigung an. Für den **Nachweis der Rechtsnachfolge des Mieters** genügt daher nach Ansicht des LG Köln grundsätzlich auch das **privatschriftliche Testament** des Erblassers.[23] Der Vermieter darf dem Erben des Mieters deshalb den Zutritt zur Wohnung nicht mit der Begründung verweigern, dass dieser zunächst einen Erbschein vorzulegen habe. 38

Schlägt der Erbe nach der Erklärung die Erbschaft aus, so bleibt eine zuvor ausgesprochene Kündigung dennoch wirksam.[24] Wie bereits ausgeführt, ist Voraussetzung für den Anwendungsbereich des § 564 BGB, dass der Mieter gestorben ist. Der Tod des Vermieters führt hingegen nicht zu einem außerordentlichen Kündigungsrecht des Mieters.

Bei Vorliegen einer Erbengemeinschaft muss die Kündigung von allen Erben bzw. gegenüber allen Erben erklärt werden und diesen auch zugehen.[25] Bevollmächtigung ist aber möglich. 39

Stirbt lediglich einer von mehreren Mietern und sind die anderen Mieter weder eintrittsberechtigt noch fortsetzungsberechtigt nach §§ 563, 563a BGB, so ist umstritten, ob aufgrund der Unteilbarkeit des Mietverhältnisses zum Schutz der anderen Mieter in diesen Fällen ein Kündigungsrecht ausgeschlossen sein soll oder nicht.[26] 40

---

22 Schmidt-Futterer/*Streyl*, § 564 BGB Rn 10.

23 LG Köln NJWE-MietR 1996, 269.

24 Rißmann/*Maaß*, Erbengemeinschaft, § 18 Rn 80.

25 BGH WuM 2015, 85.

26 Gegen eine Beschränkung des Kündigungsrechts Schmidt-Futterer/*Streyl*, § 564 BGB Rn 17 f. m.w.N.

3. Nachlasspflegschaft bei unbekannten Erben des Mieters

41 In der Praxis kommt es häufig vor, dass ein alleinstehender Mieter verstirbt und dessen Erben nicht bekannt sind. So schlagen oft die nächsten Angehörigen die Erbschaft aus, so dass der Vermieter vor dem Problem steht, wem gegenüber er Erklärungen abgeben soll. Insbesondere besteht sein Interesse an einer zeitnahen Kündigung und Räumung und der Möglichkeit zur schnellen Neuvermietung der Immobilie.

42 Sind die Erben unbekannt, so kann das Nachlassgericht für diejenigen, die Erben werden, einen Nachlasspfleger bestellen, § 1960 Abs. 2 BGB. Gegenüber dem Nachlasspfleger als gesetzlichem Vertreter der Erben kann der Vermieter dann Ansprüche geltend machen oder auch die Kündigung des Mietverhältnisses erklären. Der Nachlasspfleger ist aktiv und passiv prozessführungsbefugt[27] und kann auch Verfügungen über Nachlassgegenstände treffen. Der Nachlasspfleger kann insbesondere den wertlosen Hausrat des Mieters zur Räumung freigeben.

43 Will der Vermieter sich zunächst Informationen beschaffen, ob es bereits ermittelte oder mögliche Erben gibt, so hat auf Antrag des Vermieters das Nachlassgericht **Akteneinsicht in die Nachlassakten** zu gewähren, da ein berechtigtes Interesse durch den Vermieter vorgewiesen werden kann.[28] Zur Glaubhaftmachung reicht üblicherweise die Vorlage des Mietvertrags aus.

44 Die Nachlasspflegschaft wird in der Regel dann nicht angeordnet, wenn die Kosten der Nachlasspflegschaft aus dem Nachlass nicht gedeckt werden können. Der Vermieter hat allerdings die Möglichkeit, zu erklären, dass er für die Kosten der Nachlasspflegschaft, also die Gerichtskosten und die Kosten des Nachlasspflegers, einsteht und ggf. hierauf auch einen Vorschuss leistet.

45 Soweit der Vermieter wirksam sein Vermieterpfandrecht geltend gemacht hat, kann er den Nachlass auch verwerten. Ohne weiteres darf der Vermieter die Gegenstände allerdings nicht entsorgen, so dass auch in diesem Fall die Nachlasspflegschaft beantragt werden sollte, um vom **Nachlasspfleger die Genehmigung zur Entsorgung** einzuholen bzw. die Entsorgung von diesem vornehmen zu lassen.

46 **Exkurs: Gebäudeversicherung**

Ist der Eigentümer oder Mieter der Immobilie verstorben und diese in der Folge unbewohnt, stellt dies eine gefahrerhöhende Tatsache dar. Eine Gefahrerhöhung liegt immer dann vor, wenn die tatsächlichen Umstände sich so verändern, dass der Eintritt des Versicherungsfalls wahrscheinlicher wird. Es gehört daher zu den vertraglichen Obliegenheiten des Erben, den Versicherer vom Tod des Versicherungsnehmers sowie vom Leerstand der Immobilie unverzüglich zu unterrichten.

27 Damrau/Tanck/*Gleumes*, § 1960 Rn 53; OLG Köln ZEV 2011, 582.
28 Rißmann/*Maaß*, Erbengemeinschaft, § 18 Rn 86.

Die Immobilie muss darüber hinaus durch den Erben in einem ordnungsgemäßen Zustand erhalten werden. **Wasserführende Anlagen** und Einrichtungen sind zu überprüfen und bei Leerstand des Gebäudes abzusperren. Im Winter ist dafür Sorge zu tragen, dass keine **Frostschäden an Rohren** entstehen können.

Verletzt der Erbe vorsätzlich und für den Schadenseintritt ursächlich seine Obliegenheiten, wird der Versicherer vollständig leistungsfrei. Bei grob fahrlässiger und für den Schadenseintritt ursächlicher Obliegenheitsverletzung kann der Versicherer seine Leistung entsprechend der Schwere des Verschuldens des Erben kürzen.

Die **Gefahrerhöhung durch den Leerstand des Gebäudes** berechtigt den Versicherer zur Kündigung oder Vertragsanpassung. Eine solche erfolgt regelmäßig durch eine deutliche Erhöhung der Prämie.

D. Erbengemeinschaft

I. Gemeinschaftliches Vermögen, §§ 2032 ff. BGB

Hinterlässt der Erblasser aufgrund gewillkürter oder gesetzlicher Erbfolge mehrere Erben, so werden die Immobilien im Nachlass **gemeinschaftliches Vermögen** der Erben. Die Erbengemeinschaft entsteht kraft Gesetzes als Zufallsgemeinschaft mit dem Tod des Erblassers aufgrund gesetzlicher oder gewillkürter Erbfolge bei einer Mehrheit von Erben. Ersatzerben und Nacherben gehören erst ab dem Eintritt der jeweiligen Voraussetzungen zur Erbengemeinschaft.[29] 47

Ob Immobilien in einer letztwilligen Verfügung durch Teilungsanordnungen einzelnen Erben zugewiesen wurden oder durch Vorausvermächtnis, spielt keine Rolle. Der Nachlass mit sämtlichen Immobilien wird insgesamt zu **Gesamthandsvermögen der Erbengemeinschaft.** Es handelt sich um vom Privatvermögen getrenntes dinglich gebundenes Sondervermögen.[30] 48

Die Erbengemeinschaft ist eine Gesamthandsgemeinschaft und als solche **nicht rechtsfähig.** Die Grundsätze zur Rechtsfähigkeit der GbR sowie der Rechtsfähigkeit der Gemeinschaft der Wohnungseigentümer finden auf die Erbengemeinschaft keine Anwendung.[31] Jeder Miterbe ist an dieser Gesamthandsgemeinschaft mit einem **bestimmten Anteil (Erbteil)** beteiligt. Der Miterbe kann über seinen Anteil am ganzen Nachlass verfügen, nicht aber über seinen Anteil an einzelnen Nachlassgegenständen, § 2033 BGB. Er kann daher nicht über seinen Anteil an einer einzelnen Nachlassimmobilie verfügen. Dies ist erst nach Teilung möglich. 49

29 Damrau/Tanck/*Rißmann*, § 2032 Rn 2 BGB.
30 Damrau/Tanck/*Rißmann*, § 2032 Rn 3 BGB.
31 BGH NJW 2006, 3175.

50 Da die Erbengemeinschaft auch nicht parteifähig ist, können nur die einzelnen Erben klagen. Eine Nachlassimmobilie kann auch nicht an die Erbengemeinschaft aufgelassen werden, sondern lediglich an die einzelnen Miterben „in Erbengemeinschaft“.

II. Verwaltung der Immobilie durch die Erbengemeinschaft

51 Auch wenn das Konzept der Erbengemeinschaft auf ihre Auseinandersetzung gerichtet ist, ist sie bis zu ihrer endgültigen Beendigung darauf angewiesen, den Nachlass zu verwalten. Die erbrechtliche Vorschrift des § 2038 BGB zur gemeinsamen Verwaltung des Nachlasses verweist hierzu auf die Regelungen zur Bruchteilsgemeinschaft in den §§ 743, 745, 746, 748 BGB.

1. Begriff der Verwaltung

52 Der Begriff der Verwaltung umfasst sowohl die Geschäftsführung (Innenverhältnis) als auch die Vertretung (Außenverhältnis) wie auch das rein tatsächliche Tätigwerden aufgrund des erfolgten Beschlusses der Erbengemeinschaft.

53 Verwaltungshandeln sind alle rechtlichen und tatsächlichen Maßnahmen, die den Status Quo des Erblasservermögens, wie es im Zeitpunkt des Erbfalls bestanden hat, **sichern**.[32] Es geht somit bei dem Verwaltungshandeln grundsätzlich darum, das **Erblasservermögen zu bewahren, ggf. zu vermehren und zu nutzen**. Keine Verwaltungsmaßnahmen sind folgerichtig die Veräußerung des gesamten Nachlasses oder der wesentlichen Nachlassgegenstände wie Immobilien, weil die Auseinandersetzung keine Verwaltung und die Veräußerung kein „Sichern und Bewahren“ des Nachlasses ist. Maßnahmen, die sich auf die Auflösung des Nachlasses und nicht auf seine Verwaltung richten, sind demnach keine Verwaltungsmaßnahmen.

54 Der **Verkauf einer Nachlassimmobilie** wird daher in der Regel nicht Gegenstand der Verwaltung des Nachlasses sein, sondern eher eine Maßnahme zur Auseinandersetzung und Beendigung der Erbengemeinschaft. Etwas anderes kann ausnahmsweise dann gelten, wenn andernfalls die Enteignung und Verwertung der Immobilie zu einem niedrigen Erlös erfolgt wäre.[33] In diesem Fall hat der Verkauf der Immobilie der Sicherung und Bewahrung des Nachlasses gedient.

55 Besteht ein Nachlass aus mehreren Immobilien und geht es bei dem Verkauf einer Immobilie hieraus lediglich um eine Umstrukturierung und nicht um eine Auseinandersetzung des Nachlasses, so ist die Veräußerung dieser einen Immobilie eine Maßnahme der Verwaltung, und zwar nicht eine Maßnahme der außeror-

32 *Ann*, Die Erbengemeinschaft, S. 14.
33 BGH FamRZ 1965, 267.

dentlichen Verwaltung, sondern der ordentlichen Verwaltung.[34] Gleiches mag dann gelten, wenn der Nachlass aus mehreren Immobilien besteht und die Veräußerung der Maßnahme dient, Liquidität für die Sanierung der anderen Immobilien zu erhalten. Auch dann dürfte eine Maßnahme der ordentlichen Verwaltung vorliegen und die Verfügung über die Immobilie mit der Mehrheit der Erben möglich sein, so dass die Mehrheit der Erbengemeinschaft in diesem Fall die Veräußerung der Immobilie vollständig durchführen kann.

Beispiele für Maßnahmen der Verwaltung der Nachlassimmobilie sind: 56
- Beschlüsse über die Fremdvermietung der Immobilie unter Ausschluss der Nutzung durch Miterben
- Reparaturen und Instandhaltungsmaßnahmen
- Abschluss von Mietverträgen und von Pachtverträgen
- Abschluss eines Grundstückkaufvertrags[35]
- Einziehung von Miet- und Pachtforderungen[36]
- grundbuchrechtliche Erklärungen
- Regelungen zur Nutzung der Immobilie[37]
- Maßnahmen zur Verkehrssicherungspflicht, wie der Abschluss entsprechender Versicherungen, die Beauftragung von Räum- und Streudiensten etc.

2. Gesetzliche Regelung der gemeinschaftlichen Verwaltung in § 2038 BGB

a) Gemeinschaftsverwaltung, § 2038 Abs. 1 S. 1 BGB (außerordentliche Verwaltungsmaßnahmen)

Die der Gemeinschaftsverwaltung unterliegenden Beschlussgegenstände erfordern, dass **alle Miterben einvernehmlich** durch Beschluss entscheiden. Maßnahmen der Gemeinschaftsverwaltung sind lediglich solche, die den **Nachlass wesentlich verändern und erhebliche wirtschaftliche Bedeutung** haben.[38] Für solche außerordentlichen Verwaltungsmaßnahmen ist Einstimmigkeit erforderlich. 57

Es muss sich also um Maßnahmen der **außerordentlichen Verwaltung** handeln. Ein Verstoß gegen den Grundsatz des gemeinschaftlichen Handelns macht die Maßnahme unwirksam, wobei das gemeinschaftliche Handeln nicht gleichzeitig erfolgen muss, sondern vorherige Erlaubnis und nachträgliche Genehmigung durch Miterben ermöglicht.

34 BGH DNotI-Report 2006, 5.
35 BGH NJW 2006, 439 = ZErb 2006, 95.
36 BGH NJW 2013, 166.
37 BGH WM 1968, 1172.
38 BGHZ 101, 24; BGH NJW-RR 1995, 267.

b) Mehrheitsverwaltung, § 2038 Abs. 2 S. 1 BGB (ordnungsgemäße Verwaltungsmaßnahmen)

58 Die Mehrheitsverwaltung ist der **Regelfall** in der Verwaltung des Nachlasses und der Nachlassimmobilien durch die Erbengemeinschaft. Die Entscheidung der Miterbenmehrheit erfolgt bei allen Maßnahmen der **ordnungsgemäßen Verwaltung.** Dies sind die Mehrzahl der Entscheidungen in der Verwaltung des Nachlasses durch die Erbengemeinschaft.

Die ordnungsgemäße Verwaltung umfasst somit Maßnahmen, die der Beschaffenheit der betreffenden Nachlassimmobilie im konkreten Fall und dem objektiven Interesse aller Miterben nach billigem Ermessen entsprechen,[39] unter Ausschluss wesentlicher Veränderungen entsprechend § 2038 Abs. 2 S. 1 i.V.m. § 745 Abs. 1 BGB.[40]

c) Alleinverwaltung, § 2038 Abs. 1 S. 2 BGB (Notverwaltungsmaßnahmen)

59 Die zur Erhaltung der Nachlassimmobilie notwendigen Maßnahmen kann jeder Miterbe alleine treffen, ohne dabei die Zustimmung der anderen Miterben einholen zu müssen. Es handelt sich somit ausschließlich um **Maßnahmen der Notverwaltung**, die ein Miterbe alleine treffen kann und darf. Im Falle einer solchen Notgeschäftsführung darf der Erbe auch über einzelne Nachlassgegenstände entgegen der Regelung in § 2040 BGB allein verfügen.[41] Derjenige Miterbe, der die Maßnahmen aus eigenen Mitteln tätigt, kann hierfür nachträglich Aufwendungsersatz aus dem Nachlass verlangen.

60 Maßnahmen der Alleinverwaltung sind z.B. Maßnahmen gegen die Zwangsvollstreckung in die Nachlassimmobilie oder deren Enteignung wie auch die Befolgung gerichtlicher Entscheidungen zur Vermeidung der Zwangsvollstreckung.[42] Auch dringende, unaufschiebbare Reparaturarbeiten an der Nachlassimmobilie können zur Alleinverwaltung berechtigen.[43] Dies ist z.B. bei Sturmschäden anzunehmen, wenn sofortige Maßnahmen zur Sicherung und zum Erhalt der Immobilie erforderlich werden.

3. Mitwirkungspflicht bei der Mehrheitsverwaltung für Maßnahmen der ordnungsgemäßen Verwaltung

61 Stehen Maßnahmen der ordnungsgemäßen Verwaltung an, so sind alle **Miterben verpflichtet**, an einer solchen Maßnahme mitzuwirken, sofern sie erforderlich

39 Rißmann/*Rißmann*, Erbengemeinschaft, § 4 Rn 68 m.w.N.

40 Zur gerichtlichen Genehmigung bei minderjährigen Erben bei Verwaltungshandeln der Erbengemeinschaft vgl. *Damrau*, ZEV 2025, 148.

41 BGH ZEV 2010, 37.

42 Grüneberg/*Weidlich*, § 2038 Rn 11.

43 BGHZ 6, 76.

ist, § 2038 Abs. 1 S. 2 Hs. 1 BGB. Ist die Maßnahme nicht erforderlich, so besteht auch keine Mitwirkungspflicht. Erforderlich ist eine Maßnahme immer dann, wenn ohne sie eine ordnungsgemäße Verwaltung nicht gewährleistet ist und eine verständige Person diese Maßnahme treffen würde.

Das **Stimmrecht des Miterben** richtet sich allein nach seiner gesetzlichen oder 62
durch letztwillige Verfügung festgelegten **Erbquote**. Auflagen, zu seinen Lasten angeordnete Vermächtnisse, aber auch Ausgleichungspflichten aufgrund erhaltener Vorempfänge oder zu seinen Gunsten angeordnete Vorausvermächtnisse spielen hierbei grundsätzlich keine Rolle. Gibt es lediglich zwei Miterben mit unterschiedlich hohen Erbquoten, führt dies dazu, dass der Miterbe mit der höheren Erbquote quasi allein entscheiden kann.[44]

Bei der Beschlussfassung in der Erbengemeinschaft besteht **Stimmverbot für 63
einen Miterben** immer dann, wenn der Miterbe in einem Konflikt zwischen eigenen Interessen und seiner Pflicht zur Mitwirkung an einer ordnungsgemäßen Verwaltung befangen ist, der so stark ist, dass die begründete Befürchtung besteht, der Miterbe werde seinen eigenen Interessen den Vorrang geben. Niemand könne Richter in eigener Sache sein, lautet die aus dem Gesellschaftsrecht stammende Regel.

Geht es hingegen nur um die **innere Organisation** der Erbengemeinschaft, kann sich auch der betroffene Miterbe mangels Interessenwiderstreits an der Abstimmung beteiligen.[45]

Der **Mitwirkungsanspruch** kann notfalls im **Klageweg** erzwungen werden.[46] 64
Dies ist dann von Bedeutung, wenn die erforderliche Stimmenmehrheit nicht erreicht wurde. Dabei ist zu beachten, dass der Klagantrag ausschließlich gegen die widersprechenden Miterben zu richten ist. Der Klagantrag lautet auf Zustimmung zu einer bestimmten Maßnahme. Das Urteil ersetzt dann gem. § 894 ZPO die verweigerte Zustimmung.

Die **Verletzung der Mitwirkungspflichten** führt zu **Schadensersatzansprüchen** 65
der anderen Miterben.[47] In dem vom BGH entschiedenen Fall hatte ein Miterbe der Veräußerung eines Nachlassgrundstücks zu einem verkehrswertgerechten Preis nicht zugestimmt. Später wurde das Grundstück zu einem niedrigeren Preis verkauft. Der Miterbe wurde verurteilt, die sich hieraus ergebende Differenz als Schadensersatz zu bezahlen.

44 BGH NJW 2013, 166.
45 BGH NJW 1991, 172.
46 BGHZ 6, 76.
47 BGH NJW 2006, 439.

▼

66 **Muster 9.1: Klage gegen Miterben auf Zustimmung zu einer Verwaltungsmaßnahme**

(Krug/Rudolf/Kroiß/Bittler/*Krug*, Anwaltformulare Erbrecht, § 12 Rn 42)

An das

Amtsgericht

– Zivilabteilung –

Klage

der Frau

– Klägerin –

Prozessbevollmächtigter: Rechtsanwalt

gegen
1. Herrn
2. Herrn

– Beklagte –

wegen: Zustimmung

Namens und in Vollmacht der Klägerin erhebe ich Klage gegen die Beklagten und werde in dem zu bestimmenden Termin beantragen, für Recht zu erkennen:

Die Beklagten werden verurteilt, dem Abschluss eines Werkvertrags betreffend die Reparatur des Balkons am Haus mit der Firma als Auftragnehmerin gemäß deren Angebot vom zuzustimmen.

Falls die Voraussetzungen des § 331 Abs. 3 bzw. § 307 ZPO vorliegen, bitte ich um Erlass eines Versäumnis- bzw. Anerkenntnisurteils ohne mündliche Verhandlung.

Begründung:

Es handelt sich um eine Erbrechtsstreitigkeit, bei der die Klägerin, eine von drei Erben, ihren Anspruch auf Zustimmung zu einer ordnungsmäßigen Verwaltungsmaßnahme für den gemeinsamen Nachlass, nämlich zum Abschluss eines Werkvertrags betreffend die Reparatur eines Balkons am gemeinschaftlichen Gebäude , geltend macht. Die Prozessparteien sind Geschwister.

Am ist Herr , zuletzt wohnhaft in , der Vater der Parteien, gestorben. Die Klägerin und ihre beiden Brüder, die Beklagten, sind die einzigen Kinder, die der Erblasser hinterlassen hat. Es ist gesetzliche Erbfolge eingetreten, so dass alle drei Kinder gesetzliche Erben zu je einem Drittel wurden, § 1924 BGB. Ein Erbschein ist bisher weder erteilt noch beantragt.

Beweis: Beglaubigte Abschrift des Familienbuchs des Erblassers – Anlage K 1 –

Im Nachlass befindet sich das vermietete Sechs-Familien-Haus in . Einer der Balkone im OG zur straße gelegen ist so schadhaft, dass die Bauordnungsbehörde der

Stadt mit Bescheid vom alle Miterben aufgefordert hat, einen bauordnungsmäßigen Zustand wiederherzustellen.

Beweis: Beglaubigte Kopie des bezeichneten Bescheids – Anlage K 2 –

Weil die Beklagten sich nicht um die Angelegenheit gekümmert haben, hat die Klägerin verschiedene Angebote für die Reparaturen eingeholt und hat versucht, sich mit den Beklagten zu einigen. Als dies misslang, hat sie versucht, einen Mehrheitsbeschluss nach § 2038 Abs. 1 S. 2 Hs. 1 i.V.m. § 745 Abs. 1 BGB herbeizuführen. Auch dies ist nicht gelungen, weil die Beklagten sich gegen die Sanierungsmaßnahme ausgesprochen haben. Sie wollen die Reparatur nicht mehr vornehmen, weil das Haus verkauft werden soll. Dieser beabsichtigte Verkauf zieht sich jedoch auch schon über ein Jahr lang hin, ohne dass abzusehen wäre, wann ein Kaufvertrag geschlossen werden könnte.

Die Klägerin hat gegen die Beklagten Anspruch auf Zustimmung zur Erteilung des Auftrags an die Firma , also zum Abschluss eines entsprechenden Werkvertrags, weil die Reparatur des Balkons und damit der Abschluss des Werkvertrags eine ordnungsmäßige Verwaltungsmaßnahme darstellt, § 2038 Abs. 1 S. 1 Hs. 1 BGB. Die Voraussetzungen einer Notverwaltungsmaßnahme i.S.v. § 2038 Abs. 1 S. 2 Hs. 2 BGB liegen nach Ansicht der Klägerin nicht vor. Würde die Klägerin den Werkvertrag alleine abschließen, so würde daraus keine Nachlassverbindlichkeit begründet; sie würde für die Werklohnforderung alleine haften.

Die Klägerin hat verschiedene Angebote der Firmen eingeholt. Dasjenige der Firma ist das günstigste.

Beweis: Je eine beglaubigte Kopie der Angebote der Firmen – Anlagen K 3 bis K 8 –

Der Klage ist demnach wie beantragt stattzugeben.

Streitwert: Die Angebotssumme der Firma beträgt EUR. Die Beklagten trifft im Innenverhältnis eine Beteiligung von 2/3 daran, also EUR. Dies entspricht dem Streitwert.

(Rechtsanwalt)

▲

4. Kosten, Lasten und Erträge

Die Verteilung der Kosten und Lasten für die Erhaltung, Verwaltung und gemein- 67
schaftliche Nutzung von Nachlassgrundstücken ist im Verhältnis der Erbquoten zu tragen, §§ 2038 Abs. 2, 748 BGB.

Die Erträge eines Nachlassgrundstücks stehen den Miterben ebenfalls entsprechend ihren jeweiligen Erbquoten zu. Die Verteilung der Erträge erfolgt aber grundsätzlich erst bei der Auseinandersetzung der Erbengemeinschaft. Ein vorheriger Anspruch auf Abschlagszahlungen besteht nicht, die Erben können aber eine andere Regelung treffen. Dies ist dann allerdings keine Maßnahme der ordentlichen Verwaltung mehr, so dass nur ein gemeinschaftlicher Beschluss hierüber möglich ist.

5. Verfügungen über Nachlassgrundstücke

68 Verfügung ist jedes Rechtsgeschäft, durch das ein Recht unmittelbar übertragen, belastet, geändert oder aufgehoben wird. Praktisch bedeutsam wird dies in der Regel bei einem **Verkauf der Nachlassimmobilie** durch die Erbengemeinschaft sowie bei der **Kündigung eines Mietvertrags** durch die Erbengemeinschaft. Auch die **Erteilung einer Löschungsbewilligung** und die Zustimmung zur **Berichtigung des Grundbuchs** sind Verfügungen über den Nachlassgegenstand.[48] Gleiches gilt für die Bestellung einer Hypothek oder die Veräußerung eines Erbbaurechts.[49]

69 Die schuldrechtliche Verpflichtung zur Übertragung der Immobilie ist keine Verfügung, da jene nicht unmittelbar auf das Recht an der Immobilie einwirkt. Die dingliche Übertragung der Immobilie hingegen ist, wie jedes dingliche Rechtsgeschäft, stets eine Verfügung i.S.d. § 2040 BGB.[50]

70 Die Verfügung über Nachlassgegenstände ist gem. § 2040 BGB nur gemeinschaftlich möglich. Das Zusammenspiel der Regelungen in § 2038 Abs. 1 S. 2 und § 2040 BGB ist umstritten. Hierbei geht es vor allem um die Frage, ob die Verfügung über eine Nachlassimmobilie abweichend von § 2040 BGB wirksam durch die Mehrheit der Erben vorgenommen werden kann, wenn hierzu als Maßnahme der ordnungsgemäßen Verwaltung ein entsprechender Beschluss gem. § 2038 Abs. 1 S. 2 BGB ergangen ist. Hier ist zwischen den Erklärungen im Außenverhältnis, durch die die Verfügung vorgenommen wird, und dem Beschluss im Innenverhältnis zu unterscheiden. Im Rahmen der ordnungsgemäßen Verwaltung kann im Innenverhältnis ein Beschluss mit der Mehrheit der Erben getroffen werden. Dieser Mehrheitsbeschluss führt für das Verpflichtungsgeschäft zu einer Vertretungsmacht der Mehrheit der Erben zum Handeln auch für die überstimmten Miterben.[51] Fraglich ist, wie sich dies nun auf das Verfügungsgeschäft auswirkt.

71 Nach einer Auffassung soll auch für Verfügungen über einen Nachlassgegenstand, die zugleich Maßnahmen der ordnungsgemäßen Verwaltung sind, die speziellere Vorschrift des § 2040 Abs. 1 BGB gelten, so dass Verfügungen nur von sämtlichen Miterben gemeinschaftlich vorgenommen werden können.[52] Nach anderer Auffassung soll die Vorschrift des § 2038 Abs. 1 S. 2 BGB Vorrang vor § 2040 Abs. 1 BGB haben. Eine mehrheitlich beschlossene Maßnahme der ordnungsgemäßen Verwaltung umfasse daher auch die entsprechende Vertretung bei dem Verfügungsgeschäft, so dass Einstimmigkeit nicht erforderlich sei.[53]

48 Grüneberg/*Weidlich*, § 2040 Rn 2.
49 OLG Hamm OLGZ 1966, 574.
50 Damrau/Tanck/*Rißmann*, § 2040 Rn 2.
51 Grüneberg/*Weidlich* § 2038 Rn 9.
52 Grüneberg/*Weidlich*, § 2040 Rn 1; MüKo-BGB/*Gergen*, § 2040 Rn 3, 7.
53 Soergel/*Lettmaier*, § 2038 Rn 3; *Muscheler*, ZEV 1997, 222.

Der BGH hat zuletzt in Abkehr seiner früheren Rechtsprechung mehrfach entschieden, dass auch Verfügungen nach § 2040 BGB mehrheitlich beschlossen werden können.[54] Jedenfalls in Fällen der Ausübung von Gestaltungsrechten (hier: Kündigung) im Rahmen eines bestehenden Vertragsverhältnisses sei eine Mehrheitsentscheidung der Erbengemeinschaft bei Vorliegen eines Verfügungsgeschäfts gem. § 2040 Abs. 1 BGB zulässig, wenn es sich um eine Maßnahme ordnungsgemäßer Verwaltung nach § 2038 Abs. 1 S. 2 BGB handle. Hiernach kann die Erbengemeinschaft ein Mietverhältnis über das gemeinschaftliche Grundstück wirksam mit Stimmenmehrheit kündigen und damit eine Verfügung vornehmen,[55] sofern sich die Kündigung als Maßnahme einer ordnungsgemäßen Verwaltung gem. § 745 Abs. 1 S. 1 BGB darstellt.[56] Wenn die Erben durch Mehrheitsbeschluss im Rahmen der Nachlassverwaltung verbindlich Verträge mit Dritten abschließen und damit obligatorische Rechtspositionen begründen können, sei nicht ersichtlich, so der BGH, wieso es ihnen verwehrt sein sollte, diese Rechte – ebenfalls mehrheitlich – wieder aufzuheben. 72

Es muss sich dann aber um eine Maßnahme der ordnungsgemäßen Verwaltung nach § 2038 BGB handeln, was bei der Veräußerung der Nachlassimmobilie in der Regel nicht der Fall sein wird, da dies kein Verwaltungshandeln ist. Somit kommt hinsichtlich des Verfügungsgeschäfts bei der Veräußerung einer Immobilie eine Vertretung durch die Mehrheit der Erben aufgrund eines entsprechenden Beschlusses in der Regel nicht in Betracht.

6. Verwaltungsmaßnahmen bei vermieteten Immobilien

a) Zahlung der Miete

Ein Miterbe oder mehrere Miterben können die Zahlung der Miete gegenüber dem Mieter geltend machen. Hierbei ist jedoch darauf zu achten, dass der einzelne Miterbe nicht die Zahlung der (anteiligen) Miete an sich selbst verlangen kann. Vielmehr muss der Miterbe die Zahlung der ungeteilten Miete an die Gemeinschaft verlangen.[57] Der Mieter wiederum muss an die Erbengemeinschaft zahlen. Verweigert der Mieter die Zahlung, ist entsprechend § 2039 BGB auf Leistung an sämtliche Miterben zu klagen; der einzelne Miterbe klagt in eigenem Namen in Prozessstandschaft. 73

54 BGH DNotZ 2015, 629 für die Kündigung eines Darlehensvertrags eines Miterben; BGH NJW 2007, 150 für die Kündigung eines Pachtvertrags.

55 BGH NJW 2007, 150.

56 BGH NJW 2010, 765; BGH NZG 2010, 938; BGH NZG 2011, 546; vgl. auch BGH NJW 2013, 166; dem folgend u.a. OLG Frankfurt ZEV 2012, 258; OLG Schleswig ZEV 2015, 101; OLG Brandenburg NJW-RR 2012, 336.

57 BGH NZM 2005, 941.

Formulierungsbeispiel

Antrag: […] den Beklagten zu verurteilen, an die Erbengemeinschaft nach (...), bestehend aus dem Kläger sowie (...), wohnhaft (…), und (...), wohnhaft (…), (…) EUR nebst 5 Prozentpunkten über dem Basiszinssatz seit dem (…) zu zahlen.

74 Die Einziehung von Miet- und Pachtzinsen stellt eine Maßnahme der ordentlichen Verwaltung nach § 2038 BGB dar, sofern die Art und Weise der Vermietung einer ordnungsgemäßen Verwaltung entspricht. Gem. § 754 S. 2 BGB kann jeder Miterbe die gemeinschaftliche Einziehung verlangen.[58]

b) Abschluss eines neuen Mietvertrags durch die Erbengemeinschaft

75 Auch der Abschluss eines neuen Miet- oder Pachtvertrags stellt eine Maßnahme der ordentlichen Verwaltung der Erbengemeinschaft gem. § 2038 BGB dar und kann somit mit der Mehrheit der Stimmen der Erben erfolgen.[59] Da die Erbengemeinschaft selbst nicht rechtsfähig ist, sind in einem Mietvertrag mit einer Laufzeit von mehr als einem Jahr sämtliche Erben aufzuführen. Es müssen auch sämtliche Erben den Mietvertrag unterschreiben, um die **Schriftform des § 550 BGB** zu wahren. Die Folge der fehlenden Rechtsfähigkeit der Erbengemeinschaft ist weiter, dass der Mietvertrag nicht mit der Erbengemeinschaft, sondern mit den einzelnen Miterben zustande kommt.[60]

76 Ein von einem Miterben als Vertreter der „Erbengemeinschaft" abgeschlossener Mietvertrag kann mangels Rechtsfähigkeit der Erbengemeinschaft nicht mit der Erbengemeinschaft als solcher, sondern nur mit den einzelnen Miterben zustande kommen.[61] Dann aber muss die entsprechende **Schriftform des § 126 BGB** oder die **elektronische Form des § 126a BGB** eingehalten worden sein; die einfache Textform nach § 126b BGB reicht nicht. Hierfür wäre nach der Entscheidung des BGH erforderlich gewesen, dass die **Vertragsparteien aus der Urkunde bestimmbar** waren. Dies war jedoch nicht der Fall. Es bestand damit keine Möglichkeit, anhand der Vertragsurkunde die Erben zu ermitteln (und damit festzustellen, ob Vermieter und Grundstückseigentümer identisch sind, was Voraussetzung für den Eintritt in das Mietverhältnis nach § 566 BGB wäre). Ebenso wäre für die Einhaltung der Schriftform erforderlich gewesen, dass entweder sämtliche Vertragsparteien die Vertragsurkunde unterzeichnen oder wenn – wie hier – ein Vertreter den Mietvertrag unterzeichnet, das **Vertretungsverhältnis** in der Urkunde durch einen – das Vertretungsverhältnis anzeigenden – Zusatz hinreichend deutlich zum Ausdruck kommt.[62] Denn grundsätzlich ist es natürlich

58 BGH NZM 2001, 45.
59 BGH NJW 1971, 1265.
60 BGH ZErb 2002, 352.
61 BGH ZErb 2002, 352.
62 BGH ZErb 2002, 352.

möglich und in der Praxis auch sinnvoll, dass die einzelnen Erben der Erbengemeinschaft einem der Miterben oder einem Dritten Vollmacht erteilen, sie zu vertreten.

Handelt ein Vertreter der Erbengemeinschaft, ist für diese Fälle zu empfehlen, die Erbengemeinschaft in ihrem **konkreten Bestand in das Rubrum des Vertrags** aufzunehmen und den Vertreter in der Vertragsurkunde zu benennen. Der Vertreter unterzeichnet dann mit einem das **Vertretungsverhältnis anzeigenden Zusatz** den Mietvertrag.[63] Ohne Vertreter sind ebenfalls alle Miterben in das Rubrum des Vertrags mit aufzunehmen und der Vertrag ist dann von allen Miterben zu unterschreiben. 77

c) Kündigung des Mietverhältnisses durch die Erbengemeinschaft

Für die Kündigungen von Wohnraummietverhältnissen (§ 568 BGB), Mietverhältnissen über Grundstücke und Räume (§ 578 BGB) sowie Landpachtverhältnisse (§ 594 BGB) sehen die Vorschriften die **schriftliche Kündigung in der Schriftform des § 126 BGB vor.** Wird dieses Formerfordernis verletzt, ist die Kündigung gem. § 125 BGB nichtig. 78

Um das Schriftformerfordernis zu erfüllen, muss der Kündigende selbst die Unterschrift **eigenhändig** leisten. Dies gilt sowohl für den kündigenden Mieter als auch den kündigenden Vermieter. Somit scheidet nach der h.M. sowohl die Kündigung per Telefax aus als auch die Übersendung einer (eingescannten) Kündigung, und auch Kündigungen per E-Mail oder SMS oder WhatsApp sind unwirksam. Möglich ist die Kündigung auch nach § 126a BGB (elektronische Form). Erforderlich für die Wirksamkeit ist dabei allerdings, dass der Kündigende zum einen der Kündigungserklärung seinen Namen beifügt und zum anderen, dass das elektronische Dokument qualifiziert signiert wird. Weiteres Wirksamkeitserfordernis ist, dass der Kündigungsempfänger damit – auch formlos oder durch entsprechende Nutzung in der Vergangenheit – einverstanden ist.[64] 79

Wie beim Abschluss des Mietvertrags müssen auch bei dessen Kündigung **sämtliche Mitglieder** der Erbengemeinschaft die Kündigung **eigenhändig** unterschreiben. Fehlt die eigenhändige Unterschrift auch nur eines Mitglieds der Erbengemeinschaft, so ist die Kündigung unwirksam nach § 125 BGB.[65] 80

Die Kündigung ist auch durch einen **Stellvertreter** möglich. Der Beschluss über die Bestellung des Vertreters stellt eine Maßnahme im Rahmen der ordnungsgemäßen Verwaltung nach § 2038 BGB dar und kann somit durch die Mehrheit der Erben erfolgen. Hierbei ist aber wie bei allen fristgebundenen Erklärungen eines Stellvertreters zu beachten, dass dessen Erklärung nach § 174 BGB zurückgewie- 81

63 Rißmann/*Maaß*, Erbengemeinschaft, § 20 Rn 26.
64 Rißmann/*Maaß*, Erbengemeinschaft, § 20 Rn 26.
65 Rißmann/*Maaß*, Erbengemeinschaft, § 20 Rn 27.

sen werden kann, wenn der Erklärung keine **Originalvollmacht** beigefügt war. Folge der sofortigen Zurückweisung kann dann die Versäumung der Kündigungsfrist sein, da erneut unter Vorlage einer Originalvollmacht gekündigt werden muss; die zunächst erklärte Kündigung ist nicht fristgerecht wirksam erklärt worden und somit unwirksam. Daher sollten dem Bevollmächtigten der Erbengemeinschaft im Vorfeld mehrere Originalvollmachten ausgestellt und von sämtlichen Mitgliedern der Erbengemeinschaft unterschrieben werden, damit der Bevollmächtigte genügend Originalvollmachten hat, um entsprechende Erklärungen abzugeben.

82 Da die Kündigung des Mietvertrags nach der h.M. eine Maßnahme der ordnungsgemäßen Nachlassverwaltung nach § 2038 BGB darstellt,[66] gilt zumindest in diesem Fall der Ausübung eines Gestaltungsrechts auch hinsichtlich der damit einhergehenden Verfügung über den Nachlassgegenstand, dass diese Maßnahme von der Mehrheit der Erben vorgenommen werden kann.[67]

83 Ist ein Testamentsvollstrecker bestellt, so erklärt dieser die Kündigung – die Erben sind hierzu nicht berechtigt.

d) Eigenbedarfskündigung der Erbengemeinschaft

84 Befindet sich eine vermietete Immobilie oder Wohnung im Nachlass, so stellt sich regelmäßig die Frage, ob eine Eigenbedarfskündigung möglich ist, wenn einer der Miterben die Immobilie oder Wohnung selbst zukünftig nutzen möchte. Handelt es sich um eine Mehrheit von Vermietern in Gesamthandsgemeinschaft, reicht es ohne Rücksicht auf die Höhe der einzelnen Beteiligung aus, wenn der Eigenbedarf nur für einen der Vermieter, d.h. für einen der Erben, besteht.[68]

85 Für eine nicht rechtsfähige GbR führt der BGH hierzu aus, dass die Gesellschaft bürgerlichen Rechts eine Eigenbedarfskündigung aussprechen kann, sofern einer der Gesellschafter oder dessen Angehörige einen zur Eigenbedarfskündigung berechtigenden Nutzungswillen haben.[69] Da die Erbengemeinschaft selbst nicht rechtsfähig ist, kann nämlich wegen eines möglichen Eigenbedarfs nicht auf Interessen der „Gemeinschaft“ abgestellt werden, maßgeblich ist vielmehr das Interesse der Mitglieder der Gemeinschaft selbst.[70]

86 Die Kündigungserklärung selbst muss allerdings von allen Miterben unterzeichnet werden, es ist nicht ausreichend, dass lediglich der Miterbe, bei dem der Eigenbedarf vorliegt, die Kündigung unterzeichnet. Dabei kann die Kündigung eines Mietverhältnisses über ein gemeinschaftliches Grundstück Gegenstand ei-

66 Grüneberg/*Weidlich*, § 2040 Rn 1; MüKo-BGB/*Gergen*, § 2040 Rn 3.
67 BGH DNotZ 2015, 629; BGH NJW 2007, 150.
68 OLG Karlsruhe NJW 1990, 3278; LG Berlin NZM 2001, 583.
69 BGH NJW 2017, 547.
70 *Drasdo*, NJW-Spezial 2008, 65.

ner Verwaltungsentscheidung sein, die unter den Voraussetzungen des § 2038 i.V.m. § 745 BGB mehrheitlich getroffen werden kann.[71]

e) Verwertungskündigung, § 573 Abs. 2 Nr. 3 BGB

Das Interesse einer Erbengemeinschaft, sich aus pragmatischen Gründen auseinanderzusetzen und deshalb eine ererbte Eigentumswohnung zu veräußern, rechtfertigt für sich allein keine Verwertungskündigung i.S.v. § 573 Abs. 2 Nr. 3 BGB.[72] Wird eine Eigentumswohnung im Wege des Erbgangs in vermietetem Zustand von den Erben erworben, so das OLG Stuttgart in seiner Entscheidung, so sei für die Bewertung der Frage, ob eine Kündigung zur Ermöglichung der Verwertung gerechtfertigt sei, weil ansonsten ein erheblicher Verwertungsverlust entsteht, auf den Wert der Wohnung in vermietetem Zustand abzustellen. Werde daher gekündigt, weil mit einer Wohnung in vermietetem Zustand ein erheblich geringerer Erlös zu erzielen ist als bei einer Veräußerung in unvermietetem Zustand, so sei der Nachteil anhand der Marktverhältnisse von der Erbengemeinschaft konkret nachzuweisen. 87

III. Nutzung der Immobilie durch Miterben oder Dritte

1. Beschlüsse der Erbengemeinschaft über den Gebrauch und die Benutzung der Immobilie

Jeder Miterbe hat nach §§ 2038 Abs. 2, 743 Abs. 2 BGB jeweils **einzeln** ein **eigenständiges Recht zum Gebrauch der Nachlassgegenstände**, soweit die anderen Miterben dadurch nicht beeinträchtigt werden. Dies hindert die Erbengemeinschaft allerdings nicht daran, über die Benutzung der Immobilie im Rahmen der ordnungsgemäßen Verwaltung zu beschließen. Denn die Vorschrift des § 743 Abs. 2 BGB regelt nur das Maß des Gebrauchs der Immobilie, nicht jedoch die Art und Weise.[73] **Art und Weise des Gebrauchs** der Nachlassimmobilie kann die Erbengemeinschaft im Rahmen eines **Mehrheitsbeschlusses** festlegen. Unzulässig wären hingegen Beschlüsse, die dazu führen, dass das Recht des Miterben auf den seinem Anteil entsprechenden Bruchteil der Nutzungen beeinträchtigt wird, § 745 Abs. 3 S. 2 BGB. 88

Die Mehrheit der Erben kann nur eine der Beschaffenheit der Immobilie entsprechende **ordnungsmäßige Verwaltung und Benutzung** beschließen. Ist diese Voraussetzung erfüllt, können alle Maßnahmen zur Nutzung und zum Gebrauch der Immobilie getroffen werden, die nach den individuellen Gegebenheiten im Zeitpunkt der Beschlussfassung vernünftig erscheinen. Dies ist aus objektiver 89

71 BGH NZM 2010, 741, BGH DNotZ 2015, 629.
72 OLG Stuttgart BeckRS 2005, 12823.
73 MüKo-BGB/*K. Schmidt*, § 743 Rn 9.

Sicht zu beurteilen, wobei der „Standpunkt eines vernünftigen und wirtschaftlich denkenden Betrachters"[74] heranzuziehen ist, am Ende also aus derjenigen eines Richters.

90 So besteht z.B. die Möglichkeit, dass die Erbengemeinschaft im Rahmen der ordnungsgemäßen Verwaltung den Mehrheitsbeschluss fasst, dass die **Immobilie fremdvermietet** werden soll, und daher der Miterbe, der die geerbte Immobilie ohne Vorliegen eines Mietvertrags lediglich im Rahmen seines Rechts auf Gebrauch der Nachlassimmobilie nutzt, die Immobilie räumen muss.

91 Der Erbengemeinschaft steht hierbei ein Ermessensspielraum zu.[75] Nicht erforderlich ist, dass die Maßnahmen die Interessen jedes Miterben „bestmöglich" oder optimal wahren. So kann die Erbengemeinschaft z.B. eine Mieterhöhung gegenüber einem die Nachlassimmobilie nutzenden Erben beschließen. Dass auch andere zweckmäßigere Maßnahmen denkbar sind, macht den Beschluss daher noch nicht unwirksam, da der Beschluss aus objektiver Sicht nur „vernünftig" erscheinen muss und die berechtigten Interessen der Minderheit nicht übergehen darf.[76]

92 Die §§ 741 ff. BGB enthalten keine Bestimmungen, die die **Art der Beschlussfassung** näher regeln, so dass der **Mehrheitsbeschluss formlos** gefasst werden kann.[77] Daher kann der Beschluss auf jede denkbare Weise und in jeder Form geschlossen werden, insbesondere auch durch konkludentes Verhalten. Durch **konkludentes Verhalten** können allerdings nur einstimmige Beschlüsse zustande kommen.[78]

93 Aus der Formlosigkeit des Beschlusses folgert die h.M., dass die **Wirksamkeit** des Beschlusses **nicht davon abhängt**, ob der **Minderheit ausreichend Gelegenheit zur Mitwirkung** gegeben worden ist.[79] Die Mehrheit kann daher wirksame Beschlüsse fassen, auch ohne die Minderheit mit einzubeziehen oder ohne dass diese an der Beschlussfassung teilnimmt; die Minderheit oder der von ihr angerufene Richter haben nicht das Recht, ihre eigene Beurteilung an die Stelle der Beurteilung durch die Mehrheit zu setzen.[80]

94 Nach anderer Auffassung ist im Rahmen der Beschlussfassung jedem Miterben zumindest ein angemessenes **„rechtliches" Gehör** zu gewähren.[81] Der Miterbe sei hierzu in angemessenem Umfang und mit ausreichendem zeitlichen Vorlauf über den Beschlussgegenstand zu informieren und allen Miterben im Rahmen

---

74 BGH NJW 2013, 166 (OLG Frankfurt FamRZ 2012, 247 zur Erbengemeinschaft).
75 BGH NJW-RR 2010, 1312.
76 Grüneberg/*Retzlaff*, § 745 Rn 2 unter Verweis auf BGH NJW-RR 2003, 797.
77 BGHZ 140, 63.
78 OLG Celle NZG 1999, 649.
79 BGHZ 56, 47, 56.
80 OLG Schleswig NZG 2010, 103.
81 Grüneberg/*Retzlaff*, § 745 Rn 1.

des praktisch Möglichen und Zumutbaren Gelegenheit zur Teilnahme an der Beschlussfassung zu geben. Die Versagung an der Beschlussfassung berührt allerdings auch nach dieser Auffassung nicht die Wirksamkeit des Beschlusses, sondern begründet lediglich einen Schadensersatzanspruch.[82]

Ein Beschluss, der nicht ordnungsgemäßer Verwaltung entspricht, bindet die 95
Minderheit nicht.[83] Entstehen durch den Beschluss Kosten, so müssen diese aus dem Nachlass im Ganzen zu decken sein. Es ist nicht erforderlich, dass die Kosten lediglich durch die von dem Beschluss betroffene Immobilie gedeckt sind.[84]

▼

Muster 9.2: Beschluss der Erbengemeinschaft über die Fremdvermietung der Immobilie unter Ausschluss der Eigennutzung der Miterben

Beschluss der Erbengemeinschaft „ "

In der Nachlasssache des Herrn/der Frau , geb. , verstorben am , geboren am , zuletzt wohnhaft , hat die Erbengemeinschaft „ ",

bestehend aus

Herrn/Frau	mit einem Anteil am Nachlass von 1/3
Herrn/Frau	mit einem Anteil am Nachlass von 1/3
Herrn/Frau	mit einem Anteil am Nachlass von 1/3

am mit einer Stimmenmehrheit von 2/3 beschlossen, die zum Nachlass gehörende Immobilie , eingetragen im Grundbuch , zukünftig unter Ausschluss der Eigennutzung der Immobilie durch die Miterben vollumfänglich und ausschließlich an Dritte zu vermieten.

Der Miterbe, Herr/Frau , wird von der Erbengemeinschaft beauftragt und bevollmächtigt, die Räumung und Herausgabe der Nachlassimmobilie gegenüber dem Miterben Herrn/Frau für die Erbengemeinschaft zu veranlassen und erforderlichenfalls im Wege der Räumungsklage durchzusetzen.

[*Ort, Datum, Unterschriften*]

▲

---

82 BGH NJW 1971, 1265.

83 OLG Düsseldorf NJW-RR 1987, 1256.

84 *Muscheler*, ZEV 1997, 169.

2. Maßnahmen gegen die unberechtigte Nutzung der Immobilie des Erblassers

96 In der Praxis kommt es häufig vor, dass der überlebende Ehepartner oder Kinder des verstorbenen Elternteils die im Alleineigentum des Erblassers stehende Immobilie bewohnen, obwohl sie lediglich Miterben sind oder ohne überhaupt Erben geworden zu sein. Die (anderen) Miterben stehen dann vor dem Problem, wie zu verfahren ist, wenn ihnen der Zutritt zur Immobilie verwehrt wird bzw. sie von der Nutzung ausgeschlossen sind.

a) Miterbe verweigert Zugang zur Wohnung des Erblassers

97 Nach § 857 BGB geht der Besitz an der Nachlassimmobilie auf den Erben über, mehrere Erben werden Mitbesitzer der Nachlassimmobilie nach § 866 BGB.[85] Besitzschutz erhält daher der Miterbe nur dann, wenn die Grenzen des dem anderen Miterben zustehenden Gebrauchs überschritten werden.

98 Die bloße Weigerung, einem der Miterben den Zutritt und tatsächlichen (Mit-)Besitz an der Wohnung zu verschaffen, stellt nach h.M. keine Besitzentziehung dar.[86] Allerdings kann im Rahmen der ordnungsgemäßen Verwaltung der Immobilie nach § 2038 Abs. 1 BGB von jedem Miterben gefordert werden, dass ihm die anderen Miterben den tatsächlichen Mitbesitz einräumen.[87] Unterlassen sie dies, stellt dies **verbotene Eigenmacht** dar. Hat nämlich ein Miterbe die alleinige Zugriffsmöglichkeit auf die Nachlassimmobilie, etwa weil er allein im Besitz sämtlicher Schlüssel ist, und verweigert er den anderen den Zutritt, so hat der damit **tatsächlichen Alleinbesitz** an der Immobilie begründet und es liegt ein Fall der **verbotenen Eigenmacht** nach § 858 BGB vor.[88]

99 Jeder Miterbe kann die Einräumung des Mitbesitzes nach §§ 985, 861, 2039 BGB verlangen. Neben der Möglichkeit einer **Klage auf Besitzeinräumung** hat der Miterbe die Möglichkeit, durch eine einstweilige Verfügung die Wiederherstellung des Besitzes zu verlangen.[89] So ist es möglich, im Wege **der einstweiligen Leistungsverfügung in Vorwegnahme der Hauptsache die Einräumung des Mitbesitzes geltend zu machen.**[90] Beantragt wird in dieser Leistungsverfügung der „Zugang zur Wohnung".[91] Eines (weiteren) Verfügungsgrundes bedarf es im Falle der Besitzentziehung mittels verbotener Eigenmacht regelmäßig nicht.

100 Aufgrund der Eilbedürftigkeit der Ansprüche aus §§ 861, 862 BGB sind gegen diese possessorischen Ansprüche keine petitorischen Einwendungen zulässig.[92]

85 BGHZ 4, 77, 78.
86 *Damrau*, ZErb 2009, 322 m.w.N.
87 OLG Stuttgart ZEV 2019, 144.
88 *Damrau*, ZErb 2009, 322.
89 *Damrau*, ZErb 2009, 322.
90 OLG Hamm NJW-RR 1991, 1526.
91 *Damrau*, ZErb 2009, 322.
92 OLG Stuttgart NJW-RR 1996, 1516.

b) Der überlebende Ehepartner/Lebenspartner verweigert Zugang zur Wohnung des Erblassers

Oft stehen insbesondere Kinder als Miterben vor dem Problem, dass der überlebende Ehepartner/Lebenspartner des Erblassers die Nachlassimmobilie bewohnt, ohne Erbe zu sein, und dieser den Alleinerben oder Miterben den Zugang verweigert. Eheleute haben nach h.M. **Mitbesitz an der ehelichen Wohnung**. Der Mitbesitz an der Wohnung ist beim Erbfall auf die Kinder als Miterben übergegangen. Indem der Ehepartner/Lebenspartner das Betreten der Wohnung untersagt und sich somit zum Alleinbesitzer erhebt, begeht er **verbotene Eigenmacht**. Somit können sich die Miterben mit einer einstweiligen Verfügung Zutritt zur Wohnung verschaffen. Nicht möglich wird es sein, dass die Erben nun verlangen, in der Wohnung leben zu dürfen; die Grenzen der Miterben zur Mitbenutzung bestimmen sich hierbei nach Treu und Glauben, § 242 BGB. Aber ein Betreten der Wohnung ist den Erben zu gewähren. 101

Handelt es sich um eine **Mietwohnung**, so sind die §§ 563, 564 BGB zu beachten. Der Ehegatte tritt in das Mietverhältnis ein und setzt es alleine fort. Nach der h.M. geht nicht nur das Mietverhältnis als ein Rechtsverhältnis aufgrund der Sondererbfolge auf den überlebenden Ehegatten über, sondern abweichend von § 857 BGB auch der Besitz an der ehemaligen Ehewohnung.[93] Eine einstweilige Verfügung scheidet somit aus. Hier ist mit *Damrau* zu überlegen, ob nach den Vorschriften der §§ 809 ff. BGB eine **Besichtigung der Wohnung** in Betracht kommt.[94] 102

c) Der überlebende Ehepartner/Lebenspartner nutzt weiter die in seinem Miteigentum stehende Ehewohnung alleine

Wie ist zu verfahren, wenn der überlebende Ehepartner/Lebenspartner nicht nur Miteigentümer der Ehewohnung, sondern auch Miterbe ist und die Wohnung weiter alleine nutzt? 103

Hier ist zunächst auf die Möglichkeit zu verweisen, dass die Erben durch Mehrheitsbeschluss gem. §§ 2038 Abs. 2, 743 BGB eine Regelung über den Gebrauch der Wohnung (genauer: des in den Nachlass fallenden Miteigentumsanteils) treffen können. So ist ein Beschluss im Rahmen der ordnungsgemäßen Verwaltung denkbar, der **eine Nutzungsüberlassung gegen Entgelt** vorsieht.

Wird hierüber kein Mehrheitsbeschluss getroffen, kann die Zustimmung von den anderen Miterben hierzu eingeklagt werden. Dabei ist neben der Zustimmungsklage auch noch an eine Klage auf wiederkehrende Leistung zu denken. Zu beachten ist, dass auf Zahlung der gesamten Nutzungsentschädigung an die Er- 104

93 *Damrau*, ZErb 2009, 322.
94 *Damrau*, ZErb 2009, 322.

bengemeinschaft zu klagen ist, eine Aufteilung der Nutzungsentschädigung an die Miterben ist erst im Rahmen der Auseinandersetzung vorzunehmen.

105 Umstritten ist, ob der bloße Umstand, dass ein Miterbe die Nachlassimmobilie alleine unter Ausschluss der anderen Erben nutzt, bereits eine Nutzungsentschädigung auslöst. Dies wird für den Fall verneint, dass die anderen Miterben die Nutzung stillschweigend dulden, ohne eine Nutzungsentschädigung geltend zu machen.[95] Es ist somit zu empfehlen, frühzeitig eine Nutzungsentschädigung zu fordern, da unstreitig ab diesem Zeitpunkt bösgläubiger Besitz mit der Folge der Schadensersatzleistung gem. § 898 BGB vorliegt.

106 Zunächst ist der Miterbe aber gehalten, aufgrund der ihm zustehenden Rechte aus § 2038 i.V.m. § 745 Abs. 2 BGB eine Neuregelung der Benutzung und Verwaltung zu verlangen. Erst wenn dies erfolglos war, kann er eine Nutzungsentschädigung nach billigem Ermessen verlangen.

Lässt sich keine Einigung unter mehreren Miterben finden, kommt hinsichtlich des Mobiliars der Pfandverkauf und hinsichtlich der Immobilie die Zwangsversteigerung in Betracht.

IV. Auseinandersetzung der Erbengemeinschaft

1. Allgemeines

107 Die Erbengemeinschaft ist nicht auf Dauer angelegt, sondern nur vorübergehend mit dem Ziel der endgültigen Abwicklung und Auflösung. Nach § 2042 Abs. 1 BGB kann jeder Miterbe **jederzeit** die **Auseinandersetzung des gesamten Nachlasses** und somit die Auflösung der Erbengemeinschaft verlangen. Eines besonderen Grundes hierfür bedarf es nicht. § 2042 Abs. 2 BGB verweist auf die Vorschriften der §§ 749 Abs. 2, 3, 750–758 BGB. Der **Anspruch** auf Auseinandersetzung ist gem. §§ 2042, 758 BGB **unverjährbar.**[96]

108 Nach Begleichung der Verbindlichkeiten (§ 2046 BGB) und dem Ausgleich von Vorempfängen (§§ 2050 ff. BGB) erfolgt die Teilung und Verteilung des Nachlasses an die Erben. Da eine Teilung in Natur bei Grundstücken in der Regel ausgeschlossen ist, erfolgt die Teilung der Immobilien entsprechend den Vorschriften über die Teilungsversteigerung gem. § 180 ZVG, § 2042 Abs. 2 i.V.m. § 753 Abs. 1 S. 2 BGB durch Zwangsversteigerung und anschließende Verteilung des Erlöses. Die Vorschrift des § 2042 BGB ist entsprechend anwendbar auf den Erbteilserwerber (§ 2033 BGB), den Testamentsvollstrecker (§ 2204 Abs. 1 BGB) wie auch den Abwesenheitspfleger (§ 1884 BGB) und nach Eintritt der Verkaufsberechtigung für den Pfandgläubiger (§ 1258 Abs. 2 BGB).

---

95 BGH NJW-RR 1993, 386, allerdings für den nicht ganz gleich gelagerten Fall des getrennten Ehepaars.

96 Grüneberg/*Weidlich*, § 2042 Rn 2; vgl. aber *Sarres*, ZEV 2010, 292.

Die Auseinandersetzung muss sich stets auf den gesamten Nachlass beziehen. Auf eine gegenständlich beschränkte Teilauseinandersetzung besteht grundsätzlich kein Anspruch – nur in Ausnahmefällen ist sie möglich –,[97] auf eine persönlich beschränkte Auseinandersetzung lediglich hinsichtlich eines Miterben ebenfalls nicht. Einvernehmlich können sich die Miterben hierüber hinwegsetzen und eine Teilauseinandersetzung sowohl in gegenständlicher wie auch persönlicher Hinsicht durchführen.[98] 109

Die Auseinandersetzung der Erbengemeinschaft kann einvernehmlich oder streitig zwischen den Miterben erfolgen. Eine **einvernehmliche Erbauseinandersetzung** kann erfolgen durch eine **Erbteilungsvereinbarung (Auseinandersetzungsvereinbarung)**, die **Übertragung aller Erbteile auf einen Miterben** oder die **Abschichtung**. Darüber hinaus besteht die Möglichkeit eines Vermittlungsverfahrens nach §§ 363–372 FamFG durch den Notar. Die praktische Relevanz dieses Verfahrens ist sehr gering. Lässt sich kein Einvernehmen in der Erbengemeinschaft herstellen, so bleibt dem einzelnen Miterben nur die Möglichkeit einer **Erbteilungsklage bei teilungsreifem Nachlass** oder die Möglichkeit, im Wege der **Teilungsversteigerung zur Herbeiführung der Teilungsreife bei Grundstücken im Nachlass** die Verteilung und/oder Verwertung der Immobilien im Nachlass zu erreichen. 110

Vor diesem Hintergrund sollte der Berater bei Immobilien im Nachlass und unterschiedlichen Interessen der Miterben an deren Verwaltung und Verwertung stets an eine **Testamentsvollstreckung** denken, da dann eine (Auf-)Teilung der Immobilien im Wege des Teilungsplans des Testamentsvollstreckers und dessen Vollzugs erfolgen kann. 111

2. Einvernehmliche Erbauseinandersetzung

a) Erbteilungsvertrag (Auseinandersetzungsvereinbarung)

Der Vorteil einer einvernehmlichen Regelung in einem Erbteilungsvertrag ist vor allem die Freiheit der Parteien, von den gesetzlichen Auseinandersetzungsvorschriften abweichende Regelungen zu treffen. Durch Auslegungsvereinbarungen zum Testament lassen sich Unklarheiten im Vorfeld wirksam regeln. Ziel ist die abschließende und endgültige Regelung über die Verteilung des Nachlasses. 112

Zu beachten ist, dass vorab alle **Nachlassverbindlichkeiten erfüllt** sein müssen, um die gesamtschuldnerische Haftung der Erben zu vermeiden, § 2046 BGB.

Die Grundstücke im Nachlass sind durch **Auflassung und Eigentumseintragung im Grundbuch zu übertragen**, so dass der Erbteilungsvertrag in diesem 113

97 BGH FamRZ 1984, 688. Belange der Erbengemeinschaft oder einzelner Miterben werden nicht beeinträchtigt.

98 BGH NJW 1985, 51.

Fall der **notariellen Form** bedarf. Im Übrigen kann er aber grundsätzlich formfrei geschlossen werden.

114 **Minderjährige Erben** können bei einer Auseinandersetzungsvereinbarung nicht von ihren Eltern vertreten werden, wenn diese selbst oder wenn mehrere ihrer Kinder Miterben sind, §§ 181, 1629, 1824 BGB. Für die minderjährigen Erben ist gem. § 1809 BGB ein Ergänzungspfleger zu bestellen, die Auseinandersetzungsvereinbarung bedarf dann der gerichtlichen Genehmigung nach § 1851BGB.

b) Erbteilsübertragung

115 Die Nachlassauseinandersetzung kann auch dadurch erfolgen, dass ein Miterbe die Erbteile der anderen Miterben erwirbt. Der entsprechende Kaufvertrag bedarf gem. § 2371 BGB der notariellen Beurkundung. Gleiches gilt gem. § 2033 BGB für die Erbteilsübertragung selbst.

c) Abschichtung

116 Die Abschichtung stellt eine **formfreie Möglichkeit** der Erbauseinandersetzung dar. Ein Miterbe oder mehrere Miterben scheiden einvernehmlich gegen Abfindung aus der Erbengemeinschaft aus. Die Miterben einigen sich in der Abschichtungsvereinbarung darauf, dass einer der Miterben mit dem Erhalt bestimmter Nachlassgegenstände aus der Erbengemeinschaft ausscheidet und diese unter den verbleibenden Miterben ohne diesen fortgesetzt wird. Es handelt sich somit um eine **Auseinandersetzung des Nachlasses in personeller Hinsicht**. Die Abschichtungsvereinbarung stellt einen gegenseitigen Vertrag gem. § 320 BGB dar.

117 Auch wenn Grundstücke im Nachlass verbleiben, ist der der Abschichtung zugrunde liegende Abfindungsvertrag formfrei. Denn es handelt sich nicht um eine Verpflichtung zur Veräußerung eines Erbteils nach § 2033 Abs. 1 BGB. Erfolgt allerdings die Abfindungs**leistung** an den **ausscheidenden** Erben in der Form einer Grundstücksübertragung, so ist eine notariell beurkundete Auflassung (§ 925 BGB) erforderlich.

118 Nach dem Vollzug der Abschichtung ist hinsichtlich der Nachlassimmobilie, die in der Erbengemeinschaft verbleibt, eine **Grundbuchberichtigung** nach § 22 GBO vorzunehmen. Der Anteil des ausgeschiedenen Erben ist den anderen Miterben gem. § 738 BGB angewachsen.

119 Auch wenn die Abschichtung selbst formfrei erfolgen konnte, so ist die **Berichtigungsbewilligung** nach § 29 GBO zu beurkunden oder zu beglaubigen. Das bedeutet in der Regel, dass durch den ausgeschiedenen Erben eine beglaubigte Berichtigungsbewilligung abzugeben ist, während die in der Erbengemeinschaft verbliebenen Erben lediglich einen schriftlichen Antrag nach § 13 GBO stellen müssen.

Erfolgt die Abschichtung in der Weise, dass die Erbteile des oder der anderen Miterben aufgekauft werden, bedarf die Abschichtung in diesem Fall nach § 2371 BGB der notariellen Beurkundung.

Der BGH hat in mehreren Entscheidungen[99] die Abschichtung anerkannt und die 120
entsprechende Anwendung von § 17 ZVG bei einer Abschichtung des Miterben bestätigt.[100] Die Abschichtungsvereinbarung, so der BGH, führt nicht zu einer rechtsgeschäftlichen Auseinandersetzung der Erbengemeinschaft, sondern zu einem gesetzlichen Vermögensübergang.

3. Streitige Erbauseinandersetzung

a) Erbteilungsklage (Auseinandersetzungsklage)

Das Ziel der Erbteilungsklage ist die vollständige Teilung des Nachlasses. Gegen- 121
stand der Erbteilungsklage und Klagantrag ist die **Zustimmung zu einem bestimmten vorliegenden Aufteilungsvertrag (Teilungsplan)**. Der Teilungsplan muss die Auseinandersetzung zwischen allen Miterben sowie die **genau bestimmte Art und Weise der Durchführung** enthalten, insbesondere müssen die entsprechenden Teilungsanordnungen des Erblassers enthalten sein.

Das Gericht darf von dem vorgelegten Teilungsplan nicht abweichen, weshalb 122
die Erbteilungsklage erhebliche Risiken birgt. Jede Abweichung ist ein Aliud zum Teilungsplan und führt zur Klagabweisung wegen Unbegründetheit der Klage.

Ist der Nachlass nicht teilungsreif, so ist die Erbteilungsklage unbegründet. Tei- 123
lungsreif ist der Nachlass erst, wenn **sämtliche** Nachlassverbindlichkeiten bereits erfüllt sind und der dann noch vorhandene Rest des Nachlasses entsprechend den Erbquoten in gleichartige Teile ohne Wertverlust aufgeteilt werden kann, §§ 2042, 752 BGB.

Da **Immobilien im Nachlass** in der Regel nicht in Natur teilbar sind, findet bei 124
Ihnen sehr häufig die **Teilungsversteigerung** nach §§ 180 ff. ZVG zur Vorbereitung der Nachlassauseinandersetzung statt. Diese Teilungsversteigerung muss bereits durchgeführt worden sein, sonst ist der Nachlass (noch) nicht teilungsreif.

Liegt hingegen eine **Teilungsanordnung des Erblassers hinsichtlich der Nach-** 125
lassimmobilien vor, so ist eine Teilungsversteigerung nicht erforderlich. Vielmehr kann die Teilungsanordnung bezüglich des Grundstücks in den Teilungsplan mit aufgenommen werden und im Rahmen der Erbteilungsklage geltend gemacht werden.

---

99 BGH DNotI-Report 2005, 24; BGH ZEV 2011, 38.

100 BGH ZEV 2011, 38.

Formulierungsbeispiel: Erbteilungsklage

Die Beklagte wird verurteilt, folgendem Teilungsplan zur Auseinandersetzung des Nachlasses des am (...) verstorbenen Herrn (...), zuletzt wohnhaft in (...), zuzustimmen:

1. Auf den Kläger wird das Alleineigentum an dem Hausgrundstück (...), eingetragen im Grundbuch des Amtsgerichts (...), Band (...), BV Nr. (...), Markung (...), Flst. Nr. (...), Größe (...), übertragen. Die Beklagte bewilligt die Eintragung des Klägers als Alleineigentümer im Grundbuch.
2. (...)

b) Teilungsversteigerung gem. §§ 180 ff. ZVG

aa) Einführung

126 Durch die Teilungsversteigerung wird erreicht, dass die in der Regel in Natur nicht teilbare Immobilie in einen teilbaren Erlös umgewandelt wird, an welchem sich die Erbengemeinschaft fortsetzt. Die Teilungsversteigerung bereitet daher die Erbauseinandersetzung vor, da der bei der Teilungsversteigerung erzielte Erlös nunmehr in Natur geteilt werden kann. Gesetzliche Grundlage für die Teilungsversteigerung ist § 2042 Abs. 1 BGB, wonach jeder Miterbe jederzeit die Auseinandersetzung des Nachlasses, der sich in Erbengemeinschaft befindet, verlangen kann. **Die Größe des Erbteils spielt hierbei keine Rolle.**

127 Dieser Anspruch auf jederzeitige Auseinandersetzung kann dadurch ausgeschlossen sein, dass der Erblasser durch letztwillige Verfügung etwas anderes angeordnet hat oder die Erben im Wege der Vereinbarung nach § 751 Abs. 1 BGB eine ganze oder teilweise Auseinandersetzung des Nachlasses ausgeschlossen haben.

128 Die Anordnung der Teilungsversteigerung erfolgt nur auf Antrag. Sachlich und örtlich zuständig hierfür ist das Amtsgericht als Vollstreckungsgericht, in dessen Bezirk das Grundstück liegt. **Antragsberechtigt** sind u.a. jeder Miterbe, der Vorerbe, der Erbteilserwerber, der Pfändungspfandgläubiger, der Nießbraucher sowie der Testamentsvollstrecker.

129 Ist **Testamentsvollstreckung** angeordnet, so ist der Antrag eines Miterben auf Teilungsversteigerung unzulässig. Der Testamentsvollstrecker selbst wird in der Regel keinen Antrag auf Teilungsversteigerung stellen müssen, da er das alleinige Verfügungs- und Auseinandersetzungsrecht hinsichtlich des gesamten Nachlasses hat, §§ 2204, 2205, 2211 BGB, und an § 753 BGB nicht gebunden ist.

bb) Ablauf des Versteigerungsverfahrens

130
- Antrag durch einen oder mehrere Miterben, § 15 ZVG
- Anordnungsbeschluss des Versteigerungsgerichts und Zustellung des Beschlusses an Antragsgegner
- Bestimmung des Versteigerungstermins

- Ermittlung und Festsetzung des Verkehrswerts
- Ermittlung des geringsten Gebots
- Veröffentlichung des Versteigerungstermins
- Durchführung des Versteigerungstermins
- Erteilung des Zuschlags an den Ersteher
- Erlösverteilung
- Eintragung des Erstehers als neuer Eigentümer im Grundbuch

cc) Antrag auf Teilungsversteigerung

Aus dem Antrag auf Teilungsversteigerung muss sich die **Erbenstellung** des Antragstellers und der Antragsgegner jeweils mit ladungsfähiger Anschrift ergeben, die genaue grundbuchmäßige **Bezeichnung des zu versteigernden Grundstücks**, die Angabe der **Erbengemeinschaft** nach einem bestimmten Erblasser sowie der **Antrag, die Zwangsversteigerung zum Zweck der Aufhebung der Gemeinschaft anzuordnen.** 131

▼

Muster 9.3: Antrag auf Anordnung der Teilungsversteigerung 132

(Krug/Rudolf/Kroiß/Bittler/*Krug*, Anwaltformulare Erbrecht, § 20 Rn 30)

An das

Amtsgericht

– Abteilung für Zwangsversteigerungssachen –

Namens des Herrn , dessen Vollmacht ich anliegend vorlege, beantrage ich hiermit die

Zwangsversteigerung

des im Grundbuch von , Amtsgericht , Band , Heft , Bestandsverzeichnis Nr. , eingetragenen Gebäudegrundstücks der Gemarkung , Flst. Nr. , Größe:

zum Zweck der Aufhebung der daran bestehenden Gemeinschaften nach §§ 180 ff. ZVG.

Im Grundbuch sind als Eigentümer eingetragen die Eheleute Karl und Ida Maier je zur Hälfte.

Beweis: beglaubigte Grundbuchabschrift vom – Anlage 1 –

Herr Karl Maier ist am gestorben. Seine Erben wurden nach dem Erbschein des Amtsgerichts – Nachlassgericht – vom , Az. , die Witwe zur Hälfte, der Sohn S und die Tochter T zu je einem Viertel in Erbengemeinschaft.

Beweis: Ausfertigung des bezeichneten Erbscheins – Anlage 2 – mit der Bitte um Rückgabe. Eine unbeglaubigte Kopie ist beigefügt.

Namens meines Mandanten, des Sohnes S, beantrage ich

die Versteigerung des gesamten Grundstücks und nicht nur der Hälfte, die den Erben nach Karl Maier in Erbengemeinschaft zusteht.

Der Erbteil meines Mandanten am Nachlass seines Vaters Karl Maier stellt weder sein ganzes noch sein wesentliches Vermögen dar. Die Zustimmung seiner Ehefrau im Rahmen der zwischen ihnen bestehenden Zugewinngemeinschaft (§ 1365 BGB) ist also nicht erforderlich.

Weder der Erblasser hat einen Ausschluss der Auseinandersetzung der Gemeinschaft angeordnet, noch haben die Erben einen solchen Auseinandersetzungsausschluss vereinbart. Auch gesetzliche Auseinandersetzungsverbote bestehen nicht.

Das Grundstück ist nach Abt. II des Grundbuchs nicht belastet. In Abt. III ist unter Nr. 1 eine Grundschuld über 100.000 EUR mit einem Jahreszinssatz von 15 % für die Landesbausparkasse XY eingetragen. Diese Grundschuld valutiert zum Ende des vergangenen Monats in Höhe von 35.555,55 EUR. Sie wurde von den Eheleuten Karl und Ida Maier zur Absicherung eines Renovierungsdarlehens bestellt.

Das Gebäude ist vermietet an die Eheleute zu einem monatlichen Mietpreis von EUR zuzüglich Nebenkosten von monatlich EUR.

Beweis: schriftlicher Mietvertrag vom in beglaubigter Kopie – Anlage 3 –

Öffentliche Abgaben, die das Grundstück selbst betreffen, wie Grundsteuern, Anliegerbeiträge u.Ä., sind nicht rückständig.

Die Miteigentümer versuchen schon seit drei Jahren, das Gebäudegrundstück einvernehmlich zu veräußern. Dies ist bisher nicht gelungen. Zur Vorbereitung der Nachlassteilung ist nunmehr die Versteigerung des Gebäudes zum Zweck der Aufhebung der Gemeinschaft erforderlich.

Die ladungsfähigen Anschriften der Beteiligten:

Antragsteller: Prozessbevollmächtigter:

Miteigentümerin Ida Maier

Miteigentümerin T

Landesbausparkasse XY zu Bausparvertrag-Nr.

Der Antragsteller hat zur Ermittlung des Verkehrswerts eine Kurz-Expertise des Maklers M erstellen lassen. Danach beträgt der Verkehrswert per ca. EUR.

Beweis: Kopie der Expertise – Anlage 4 –

(Rechtsanwalt)

▲

dd) Nachweis des Rechts des Antragstellers

Der Antragsteller muss entweder selbst im Grundbuch als Miteigentümer eingetragen sein oder sein Erbrecht nach einem eingetragenen (Mit-)Eigentümer entweder mittels eines Erbscheins oder beglaubigter Abschriften einer Verfügung von Todes wegen samt Eröffnungsprotokoll des Nachlassgerichts nachweisen, § 17 ZVG. 133

Die Eigentumseintragung des Antragstellers oder des Erben muss dem Vollstreckungsgericht gegenüber durch Vorlage eines **Zeugnisses nach § 17 ZVG** oder durch beglaubigte Grundbuchabschrift nachgewiesen werden.

Ist der Erbteil des Erben mit einem **Nießbrauch** belastet, so sind Miterbe und Nießbraucher nur gemeinsam antragsberechtigt, §§ 1066 Abs. 2, 1068 BGB.

ee) Kleines und großes Antragsrecht

Es treten in der Praxis immer wieder Konstellationen auf, in welchen mehrere Grundstücksgemeinschaften miteinander und ineinander verwoben sind. Dies können sowohl mehrere Erbengemeinschaften sein als auch z.B. eine Bruchteilsgemeinschaft, bei der an einem Miteigentumsanteil eine Erbengemeinschaft besteht. 134

Mit dem „kleinen Antrag" kann die Aufhebung einer dieser Gemeinschaften betrieben werden, mit dem „großen Antrag" die Aufhebung aller Gemeinschaften an dem Grundstück. Das große Antragsrecht führt dazu, dass jeder Miterbe eines Bruchteils sofort die Teilungsversteigerung der Bruchteilsgemeinschaft beantragen kann, ohne vorher zunächst die Aufhebung der Erbengemeinschaft zu betreiben. Mit dem großen Antrag können beide Gemeinschaften aufgehoben werden. Welche Vorgehensweise der Antragsteller wählt, hängt nicht zuletzt von taktischen Überlegungen ab. 135

Checkliste: Antrag auf Teilungsversteigerung 136

(In Anlehnung an Krug/Rudolf/Kroiß/Bittler/*Krug*, Anwaltformulare Erbrecht, § 20 Rn 32)

- Zuständigkeit: Amtsgericht – Zwangsversteigerungsabteilung – des belegenen Grundstücks; nicht jedes Amtsgericht hat eine Zwangsversteigerungsabteilung
- Genaue Bezeichnung des zu versteigernden Grundstücks, § 16 ZVG
- Erben oder Erblasser müssen als Eigentümer im Grundbuch eingetragen sein
- Nachweis des Eigentums durch beglaubigte Grundbuchabschrift oder Zeugnis nach § 17 ZVG
- Nachweis des Erbrechts durch Erbschein oder beglaubigte Abschriften von notariellem Testament und Eröffnungsniederschrift

- Angabe des Gemeinschaftsverhältnisses, das aufgehoben werden soll (hier also die Angabe der Erbengemeinschaft nach einem bestimmten Erblasser), sowie der Art der Beteiligung des Antragstellers
- Bei verschiedenen Gemeinschaften: Sollen alle Gemeinschaften aufgehoben werden oder nur eine? (sog. „kleines“ bzw. „großes“ Antragsrecht)
- Angabe der Antragsgegner, also der anderen Miterben, mit ladungsfähiger Anschrift
- Das Ersuchen, die Zwangsversteigerung zum Zweck der Aufhebung der Gemeinschaft anzuordnen
- Gilt für die Erbengemeinschaft ausländisches Recht (Art. 21 ff. EuErbVO)?
- Es darf kein Auseinandersetzungsverbot bestehen:
  - nicht durch Vereinbarung der Erben
  - nicht durch Anordnung des Erblassers – evtl. durch Auslegung zu ermitteln
  - nicht aufgrund gesetzlicher Vorschrift
  - nicht wegen Rechtsmissbrauchs oder Verstoßes gegen § 242 BGB
  - Ist ein ursprüngliches Auseinandersetzungsverbot wirkungslos geworden?
- Besteht Testamentsvollstreckung?
- Besteht Vor- und Nacherbschaft?
- Ist güterrechtliche Zustimmung des Ehegatten des Antragstellers bzw. vermögensrechtliche Zustimmung des eingetragenen Lebenspartners erforderlich?
- Ist die Versteigerung unbeschränkt zulässig oder nur unter allen oder einzelnen Miterben?
- Rechtsschutzinteresse: Warum ist Teilungsversteigerung erforderlich?
- Weitere Angaben:
  - Ist das Objekt ganz oder teilweise vermietet?
  - Bestehen Belastungen?
  - Gibt es bereits eine Bewertung des Objekts?

ff) Zustimmung nach § 1365 BGB

137 Das Vollstreckungsgericht selbst prüft das Vorliegen der Voraussetzungen des § 1365 BGB zwar nicht von sich aus, dennoch ist die Vorschrift unbedingt zu beachten. Stellt der Anteil des Antragstellers sein ganzes oder wesentliches Vermögen nach § 1365 BGB dar, so ist die Zustimmung des Ehegatten erforderlich.

Die fehlende Zustimmung kann vom Antragsgegner als materiell-rechtliche Einwendung im Rahmen der Widerspruchsklage analog § 771 ZPO geltend gemacht werden. Zuständig für die Widerspruchsklage ist das Familiengericht gem. § 111 FamFG, § 23b GVG

gg) Einstellung nach § 180 Abs. 2 ZVG

Auf Antrag eines Miteigentümers ist die einstweilige Einstellung des Verfahrens gem. § 180 Abs. 2 S. 1 ZVG für die Dauer von **längstens sechs Monaten** anzuordnen, wenn dies bei Abwägung der widerstreitenden Interessen der verschiedenen Miteigentümer angemessen erscheint. 138

Der Antrag muss innerhalb einer **Notfrist von zwei Wochen** gestellt werden. 139 Die Frist beginnt mit der Zustellung der Belehrung über die Möglichkeit und die Voraussetzungen der Einstellung, welche zusammen mit dem Anordnungs-/Beitrittsbeschluss erfolgt (§ 180 Abs. 2 S. 3, § 30b ZVG).

Eine einstweilige Einstellung kommt in folgenden Fällen in Betracht: 140
- es gibt **ernsthafte Vergleichsverhandlungen** hinsichtlich der Aufhebung der Erbengemeinschaft;
- es besteht die konkrete, nachvollziehbare und wahrscheinliche **Möglichkeit der Veräußerung der Immobilie** an einen Miterben bzw. die Übernahme der Immobilie durch einen Miterben;
- im Fall einer **unmittelbar bevorstehenden Wertsteigerung** der Immobilie;
- es gibt Schwierigkeiten beim ernsthaften Bemühen um Ersatzwohnraum, ernsthafte und erfolgversprechende Vergleichsverhandlungen sowie die bevorstehende Werterhöhung durch Ausführung von Reparaturarbeiten oder Baumaßnahmen; aber auch nach Erhebung der Widerspruchsklage entsprechend § 771 ZPO.

Die Einstellung darf bis zur Dauer von sechs Monaten angeordnet und einmal wiederholt werden, § 180 Abs. 2 ZVG.

Checkliste: Antrag auf einstweilige Einstellung 141

(Krug/Rudolf/Kroiß/Bittler/*Krug*, Anwaltformulare Erbrecht, § 20 Rn 73)

- Frist: Notfrist von **zwei Wochen** ab Zustellung der Verfügung, die die Belehrung über die Einstellungsmöglichkeit enthält
- Mit jeder Belehrungsverfügung wird **neue Frist** für Einstellungsantrag in Gang gesetzt
- Auf Antrag des Antragsgegners ist die einstweilige Einstellung nur **zweimal** möglich
  - Jedes einzelne Verfahren kann zweimal eingestellt werden
  - Jeder Beitritt eines Miterben ist ein neues Verfahren, das wiederum die zweimalige Einstellung ermöglicht
- Ist der Antragsteller des Versteigerungsverfahrens mit der Einstellung einverstanden?
  - Antrag des (Versteigerungs-)Antragstellers auf Aufhebung des Versteigerungstermins beinhaltet die Bewilligung der Verfahrenseinstellung, § 30 Abs. 2 ZVG

  - Bewilligt der (Versteigerungs-)Antragsteller die Verfahrenseinstellung ein drittes Mal, so liegt darin die Zurücknahme des Versteigerungsantrags, § 30 Abs. 1 S. 3 ZVG
- Einstellung für die Dauer von maximal sechs Monaten
- Ausnahmsweise einstweilige Einstellung nach § 765a ZPO (str.)
- Bei rechtsmissbräuchlicher Geltendmachung des Auseinandersetzungsverlangens oder bei Verstoß gegen § 242 BGB kommt Aufhebung des Versteigerungsverfahrens in Betracht – mit Klage nach § 771 ZPO
- Einstellungsgründe:
  - **Aufschub** der Versteigerung, um vorübergehende ungünstige Umstände zu überbrücken
  - besonderer Einstellungsgrund zum Schutz gemeinschaftlicher Kinder, § 180 Abs. 3 ZVG
  - besonderer Einstellungsgrund bei einem landwirtschaftlichen Hof, § 185 ZVG
  - Erhebung der Widerspruchsklage entsprechend § 771 ZPO

142 **Muster 9.4: Antrag auf einstweilige Einstellung**

(Krug/Rudolf/Kroiß/Bittler/*Krug*, Anwaltformulare Erbrecht, § 20 Rn 72)

An das

Amtsgericht

- Vollstreckungsgericht -

zu Az.

In dem Verfahren auf Versteigerung des Grundstücks zum Zweck der Aufhebung der daran bestehenden Gemeinschaft beantrage ich namens des Antragstellers , dessen Vollmacht ich vorlege,

die einstweilige Einstellung des Verfahrens

für die Dauer der gesetzlich längst möglichen Frist.

Begründung:

Die Durchführung der Teilungsversteigerung zum jetzigen Zeitpunkt bringt für alle Beteiligten und damit auch für meinen Mandanten erhebliche wirtschaftliche Nachteile. Zum einen ist der Grundstücksmarkt zurzeit für die Verkäufer äußerst schlecht, zum anderen werden gerade in Zwangsversteigerungsverfahren erfahrungsgemäß erheblich niedrigere Erlöse erzielt als bei einem freihändigen Verkauf. Diese Umstände dürften gerichtsbekannt sein.

Mein Mandant will noch einmal versuchen, einen potenten Käufer zu finden bei einem Kaufpreis, der von allen Miterben akzeptiert werden kann. Diese Chance sollte noch einmal wahrgenommen werden.

Auf die Entscheidung des BGH in FamRZ 2007, 1010 wird hingewiesen.

(Rechtsanwalt)

▲

hh) Ausschluss der Auseinandersetzung

In seltenen Fällen wird der Antrag auf Teilungsversteigerung rechtsmissbräuchlich sein oder gegen die Grundsätze von Treu und Glauben verstoßen. Häufiger in der Praxis anzutreffen ist ein vom Erblasser angeordneter oder durch Vereinbarung der Miterben bestehender **Auseinandersetzungsausschluss**, der vom Miterben im Wege der Widerspruchsklage nach § 771 ZPO geltend gemacht werden muss. 143

Der **Ausschluss der Auseinandersetzung** kann dabei nicht nur durch Testament, sondern auch durch Erbvertrag oder gemeinschaftliches Testament festgelegt werden. Der Erblasser kann den Auseinandersetzungsausschluss unterschiedlich gestalten. Er kann z.B. **einzelne Nachlassimmobilien von der Auseinandersetzung** ausnehmen oder an ihre Auseinandersetzung bestimmte Voraussetzungen knüpfen. 144

§ 2044 Abs. 2 S. 1 BGB normiert für den Erblasser eine **zeitliche Grenze von 30 Jahren**. Diese Höchstdauer gilt jedoch ausschließlich für juristische Personen. Bei **natürlichen Personen** kann der Erblasser den Ausschluss auch über 30 Jahre hinaus anordnen, wenn das Ende der Frist durch den Eintritt eines bestimmten Ereignisses in der Person eines Erben (Heirat, Tod, Berufsabschluss, Alter) oder den Eintritt des Nacherbfalls gem. § 2139 BGB oder den Anfall eines Vermächtnisses gem. § 2176 BGB bestimmt ist. 145

Der Ausschluss der Auseinandersetzung hat lediglich schuldrechtliche Wirkung, so dass eine Eintragung im Grundbuch nicht möglich ist.[101] 146

Liegt ein **wichtiger Grund** vor, so ist der Auseinandersetzungsausschuss allerdings **unwirksam**, §§ 2044 Abs. 1 S. 2, 749 Abs. 2 BGB. Dies gilt auch dann, wenn die Miterben einstimmig formlos vereinbart haben, dass die Erbengemeinschaft für bestimmte Zeit oder gar nicht auseinandergesetzt werden darf. 147

Als wichtige Gründe gelten neben dem **Tod des Miterben** gem. § 750 BGB Fälle, in denen ein Miterbe der Verwertung und Nutzung des Nachlasses bedarf, z.B. bei Verheiratung oder Vermögensverfall oder wenn ein Verbleib in der Erbengemeinschaft schlichtweg **unzumutbar** ist wie bei einer Verfeindung der Erben.[102] 148

---

101 Grüneberg/*Weidlich*, § 2044 Rn 2; BGHZ 40, 115.

102 LG Düsseldorf FamRZ 1955, 304.

Auch die Wiederverheiratung eines Elternteils kann zu einer Beendigung des Auseinandersetzungsausschlusses führen, maßgeblich ist, ob die Fortsetzung der „Verwaltungs- und Nutzungsgemeinschaft" noch zumutbar ist.[103]

103 BGH WM 1984, 873.

§ 10 Erbschaft- und schenkungsteuerliche Besonderheiten bei Immobilienübertragungen

Dr. Christopher Riedel, LL.M.

Übersicht: Rdn

Literatur

Bäuml/Bauer, Das erbschaftsteuerliche Wohnungsunternehmen im Fokus von Rechtsprechung und Finanzverwaltung, BB 2020, 1757; *Crezelius*, Schenkungssteuer bei unentgeltlicher Überlassung von Darlehen, BB 1979, 1594; *Crezelius*, Unverzinsliches Darlehen und Schenkungsteuerrecht, BB 1978, 621; *Daragan*, Nutzungsrechte und genereller Nachweis eines niedrigeren gemeinen Werts, ZEV 2008, 471; *Fischl-Obermayer*, Die Befreiung des Familienheims nach § 13 Abs. 1 Nr. 4c ErbStG unter dem Gesichtspunkt der verfassungsgemäßen Auslegung, ZErb 2022, 212; *Geck*, Das Familienheim in erbschaft- und schenkungsteuerlicher Sicht, KÖSDI 2022, 22887; *Hannes/Onderka*, Erbschaftsteuerreform: Die Besteuerung des Erwerbs von Betriebsvermögen – keine Sternstunde der Steuervereinfachung, ZEV 2008, 16; *Heinze*, Der Mauracher Entwurf und die Abkehr von der Gesamthand – Gefahren im Steuerrecht?, DStR 2020, 2107; *Hübner*, Erbschaftsteuerreform, 2009; *Jülicher*, „Begünstigungstransfer" im ErbStG – Systematik und Vergleich der Vorschriften, ZErb 2017, 5; *Klarner*, Erbschaftsteuerrechtlich begünstigtes Vermögen einer Wohnungsvermietungsgesellschaft, ZEV 2018, 361; *Schmidt*, Verschonung nach § 13d ErbStG, ErbR 2024, 353; *Schuhmann*, Erbschaftsteuerbefreiung für Familienheime nach der Erbschaftsteuerreform, DStR 2009, 197; *Steck*, Selbstnutzung eines Familienheims durch den Erwerber von Todes wegen im Lichte der neueren Rechtsprechung des BFH, Stbg 2022, 361; *Stein/Dorn*, Update Familienheim: Keine Nachversteuerung trotz Verstoßes gegen Behaltens- und Verwendungsfristen, ErbBstg 2022, 276; *Stoklassa*, Ungeklärte Zweifelsfragen bei der Behandlung von Wohnungsunternehmen i.S.d. § 13b Abs. 4 Nr. 1 S. 2 lit. d ErbStG n.F., ErbStB 2017, 80; *v. Oertzen/Blasweiler*, Geklärtes und Ungeklärtes in der Familienheimbefreiung des ErbStG, ErbR 2021, 503; *v. Oertzen/Hübner*, Behandlung vermögensverwaltender Tochtergesellschaften bei Wohnungsunternehmen i.S.d. ErbStG – Eine kritische Stellungnahme zur Verfügung des LfSt Bayern v. 8.7.2020, DStR 2020, 2586; *Wachter*, Steuerbegünstigung für ein Familienheim bei Zuerwerb, ZEV 2022, 52.

A. Allgemeines

I. Grundsätzliche Steuerpflicht bei (teilweise) unentgeltlichen Immobilienübertragungen

1. Steuerpflicht

1 Unabhängig vom Gegenstand der Zuwendung bzw. des Erwerbs unterliegen nach § 1 Abs. 1 ErbStG prinzipiell alle Erwerbe von Todes wegen sowie Schenkungen unter Lebenden der Erbschaftsteuer. Dies gilt uneingeschränkt, soweit im jeweiligen Fall sog. **unbeschränkte Steuerpflicht** (§ 2 Abs. 1 Nr. 1 und 2 ErbStG) besteht, also wenigstens einer der Beteiligten Steuerinländer ist.[1]

In Bezug auf im Inland belegene Immobilien als Erwerbsgegenstände ist aber festzuhalten, dass ihr (wenigstens teilweise unentgeltlicher) Übergang stets der Besteuerung nach dem ErbStG unterliegt, weil insoweit wenigstens **beschränkte**

1 Vgl. hierzu Daragan/Halaczinsky/Riedel/*Riedel*, ErbStG und BewG, § 2 ErbStG Rn 4 ff.

Steuerpflicht nach § 2 Abs. 1 Nr. 3 ErbStG besteht. Denn bei inländischem Grundbesitz handelt es sich um **Inlandsvermögen** i.S.v. § 121 BewG.[2]

Ebenso wie der Erwerb von Inlandsvermögen unterliegt auch der Erwerb von Ansprüchen auf die Übertragung von Inlandsvermögen (also insbesondere auf Inlandsvermögen gerichtete Vermächtnisse) der beschränkten Steuerpflicht (§ 2 Abs. 1 Nr. 3 S. 1 ErbStG).[3]

2. Erwerbe von Todes wegen

Als **Erwerb von Todes** wegen gilt nach § 3 Abs. 1 Nr. 1 Alt. 1 ErbStG zum einen 2
der Erwerb durch Erbanfall (§ 1922 BGB), dessen Umfang sich nach zivilrechtlichen Maßstäben bestimmt. Zum anderen bildet nach § 3 Abs. 1 Nr. 1 Alt. 2 ErbStG auch der Erwerb des Vermächtnisnehmers (§ 2174 BGB) einen Erwerb von Todes wegen. Während der Erbe (auch der Miterbe) unmittelbar Eigentümer der Nachlassgegenstände, also auch von etwa zum Nachlass gehörenden Immobilien, wird, hat der Vermächtnisnehmer lediglich einen schuldrechtlichen Anspruch. Daher stellt sich in erbschaftsteuerlicher Hinsicht die Frage, was bei einer vermächtnisweisen Immobilienzuwendung eigentlich den Erwerbsgegenstand im erbschaftsteuerlichen Sinne bildet, der Sachleistungsanspruch aus dem Vermächtnis oder die vermächtnisgegenständliche Immobilie selbst.

In der Vergangenheit gingen h.M. und Literatur davon aus, dass der Vermächt- 3
nisgegenstand selbst den Besteuerungsgegenstand darstellen müsse.[4] Für das **Kaufrechtsvermächtnis**[5] und für das **Verschaffungsvermächtnis**[6] wurden dann jedoch in jüngerer Vergangenheit anstelle des Werts des entsprechenden Anspruchsgegenstands die Werte der jeweiligen Sachleistungsansprüche der Besteuerung zugrunde gelegt.

Im Zusammenhang mit der Frage nach der Zugehörigkeit vermachter Grundstücke zum Inlandsvermögen (§ 121 BewG) hat der BFH klargestellt, dass es sich beim Vermächtnis um einen Sachleistungsanspruch handelt.[7] Dies entspricht auch einem grundlegenden Prinzip des ErbStG, nämlich dem auch im Zivilrecht geltenden Anfallprinzip, bei dessen Anwendung auf die Verhältnisse am Todestag abzustellen ist, so dass Besteuerungs- und Bewertungsgegenstand im Ergebnis nur das mit dem Erbfall entstandene Forderungsrecht sein kann.[8]

2 Daragan/Halaczinsky/Riedel/*Riedel*, ErbStG und BewG, § 2 ErbStG Rn 36.

3 Ergänzung von § 2 Abs. 1 Nr. 3 S. 1 ErbStG durch das Wachstumschancengesetz v. 27.3.2024, BGBl I 2024, Nr. 108.

4 Vgl. nur BFH v. 15.10.1997 – II R 68/95, BStBl II 1997, 820.

5 BFH v. 6.6.2001 – II R 76/99, BStBl II 2001, 605.

6 BFH v. 28.3.2007 – II R 25/05, ZEV 2007, 343.

7 BFH v. 23.11.2022 – II R 37/19, DStR 2023, 443.

8 Troll/Gebel/Jülicher/Gottschalk/*Gottschalk*, ErbStG, § 3 Rn 170.

4 Die Vermögensgegenstände, die der Vermächtnisnehmer später durch die Erfüllung seines Vermächtnisanspruchs erlangt, können ihm nicht zum Stichtag der Steuerentstehung (§ 9 Abs. 1 Nr. 1 ErbStG), also zum Todestag, als steuerliche Bereicherung zugerechnet werden.[9] Dessen ungeachtet spielen ihre Charakteristika und wertbestimmenden Eigenschaften, ggf. sogar ihr Wert als solcher, für die Bewertung des Vermächtnisanspruchs eine erhebliche Rolle.[10]

5 Grundsätzlich sind **Sachleistungsansprüche** (also auch Vermächtnisansprüche) mit ihrem gemeinen Wert (§ 12 Abs. 1 ErbStG i.V.m § 9 BewG) anzusetzen,[11] und nicht mit dem „Steuerwert“ des Vermächtnisgegenstands. Im Hinblick darauf, dass seit dem ErbStG 2009 (also auch heute) die Bewertung generell zu Verkehrswerten oder zumindest zu dem Verkehrswert angenäherten Werten erfolgt, spielen Abweichungen nur noch eine verhältnismäßig geringe Rolle.[12] Daher kann in der Praxis im Regelfall davon ausgegangen werden, dass auch bei der vermächtnisweisen Zugendung von Immobilien deren jeweiliger gemeiner Wert (§ 12 Abs. 1 und 3 ErbStG i.V.m. den bewertungsgesetzlichen Vorschriften) maßgeblich ist.

Vermächtnisse bilden aus der Perspektive des Beschwerten (typischerweise des Erben) Nachlassverbindlichkeiten, die als solche erwerbsmindernd zu berücksichtigen sind (§ 10 Abs. 5 Nr. 2 ErbStG). Hinsichtlich der Bewertung gelten dieselben Grundsätze wie für den Vermächtnisanspruch.

6 Während Vermächtnisse nach § 3 Abs. 1 Nr. 1 ErbStG als eigenständige Erwerbe von Todes wegen gelten, werden **Teilungsanordnungen** in § 3 ErbStG nicht genannt. Sie sind daher erbschaftsteuerlich unbeachtlich.[13] Denn auch wenn die Teilungsanordnung im Ergebnis eine gegenständliche Zuweisung ererbten Vermögens bewirkt, beruht der Erwerb zivilrechtlich nicht etwa auf der Teilungsanordnung; er erfolgt vielmehr durch Erbanfall i.S.d. § 3 Abs. 1 Nr. 1 ErbStG. Die Umsetzung der Teilungsanordnung bildet quasi einen zweiten Schritt, der losgelöst vom Anfall der Erbschaft an die Erbengemeinschaft zu betrachten ist. Teilungsanordnungen sind in der Regel für die Erbschaftbesteuerung unbeachtlich.[14]

---

9 Troll/Gebel/Jülicher/Gottschalk/*Gottschalk*, ErbStG, § 3 Rn 170.

10 Troll/Gebel/Jülicher/Gottschalk/*Gottschalk*, ErbStG, § 3 Rn 171 m.w.N.

11 BFH v. 6.12.1989 – II R 103/86, BStBl II 1990, 434; BFH v. 6.3.1990 – II R 63/87, BStBl II 1990, 504; BFH v. 10.4.1991 – II R 118/86, BStBl II 1991, 620; BFH v. 26.6.1991 – II R 117/87, BStBl II 1991, 749; BFH v. 27.11.1991 – II R 12/89, BStBl II 1992, 298; BFH v. 15.10.1997 – II R 68/95, BStBl II 1997, 820; BFH v. 22.5.2002 – II R 61/99, BStBl II 2002, 598 unter B III 2.

12 Troll/Gebel/Jülicher/Gottschalk/*Gottschalk*, ErbStG, § 3 Rn 171.

13 BFH v. 10.11.1982 – II R 85–86/78, BStBl II 1983, 329; BFH v. 1.4.1992 – II R 21/89, BStBl II 1992, 669; R E 3.1 Abs. 1 S. 3 ErbStR 2019; Troll/Gebel/Jülicher/Gottschalk/*Gottschalk*, ErbStG, § 3 Rn 114 m.w.N.

14 Ausnahmen regeln aber §§ 13 Abs. 1 Nr. 4b S. 2, 13 Abs. 1 Nr. 4c S. 2, 13a Abs. 5, 13d Abs. 2, 19a Abs. 2 und 28a Abs. 1 S. 2 ErbStG.

Schließlich gilt nach § 3 Abs. 2 Nr. 2 ErbStG auch dasjenige als vom Erblasser zugewendet, was ein Auflagenbegünstigter aufgrund der Vollziehung einer **Auflage** aus dem Nachlass erwirbt. Die Steuer entsteht hier gem. § 9 Abs. 1 Nr. 1 Buchst. d ErbStG erst mit der Vollziehung der Auflage. Wie die Vermächtnislast bildet auch die Auflage eine abziehbare Nachlassverbindlichkeit. Zur Bewertung gelten dieselben Grundsätze wie bei Vermächtnissen. 7

3. Schenkungen unter Lebenden

Eine steuerpflichtige **Schenkung unter Lebenden** ist gem. § 7 Abs. 1 Nr. 1 ErbStG grundsätzlich jede freigebige Zuwendung, soweit der Bedachte durch sie auf Kosten des Zuwendenden (Schenkers) bereichert wird. Diese Voraussetzung ist jedenfalls dann erfüllt, wenn eine substantielle Vermögensbewegung erfolgt, bei der eine Person (Zuwendender) zugunsten einer anderen Person (Bedachter) einen Gegenstand ihres Vermögens hingibt und dadurch bei der anderen Person eine Vermögensmehrung eintritt. 8

Zu den objektiven Merkmalen eines Zuwendungsvorgangs in diesem Sinne gehören auf der einen Seite die Vermögenshingabe (Entreicherung) beim Zuwendenden und auf der anderen Seite die Vermögensmehrung (Bereicherung) beim Bedachten.[15] Das setzt logischerweise voraus, dass die Zuwendung unentgeltlich (und freiwillig)[16] erfolgt, ihr also keine äquivalente Gegenleistung des Bedachten gegenübersteht. 9

II. Typische erbschaftsteuerliche Besonderheiten beim steuerbaren Übergang von Immobilien

Erbschaftsteuerliche Besonderheiten bestehen hinsichtlich des Schenkungsgegenstands bei sog. mittelbaren Immobilienschenkungen. Dabei handelt es sich um eine von der Zivilrechtsprechung entwickelte und vom BFH übernommene Rechtsfigur, die dem Umstand Rechnung trägt, dass der Gegenstand der entreichernden Vermögenshingabe nicht zwingend mit dem Zuwendungsgegenstand identisch sein muss, weil Letzterer schlussendlich vor allem durch den Parteiwillen der Beteiligten definiert wird.[17] 10

Kennzeichnend für die mittelbare Schenkung ist die Verbindung der Vermögenshingabe mit der Abrede, dass der hingegebene Vermögenswert (in der Regel ein Geldbetrag oder eine Forderung) für den Erwerb oder die Herstellung eines anderen Gegenstands zu verwenden ist. Dann bildet dieser Gegenstand das ei-

15 Troll/Gebel/Jülicher/Gottschalk/*Gebel*, ErbStG, § 7 Rn 17.

16 Vgl. aber BFH v. 28.11.1967 – II 72/63, BStBl II 1968, 239, 241, wonach „erpresste“ Vermögenszuwendungen einer Vermögenshingabe i.S.v. § 7 Abs. 1 Nr. 1 ErbStG gleichstehen sollen.

17 Vgl. Troll/Gebel/Jülicher/Gottschalk/*Gebel*, ErbStG, § 7 Rn 82.

gentliche Zuwendungsobjekt. Voraussetzung für die steuerliche Anerkennung dieses Konstrukts ist, dass der Erwerber durch die Verwendungsabrede tatsächlich gebunden ist, in welcher Weise er das hingegebene Vermögen verwendet. Er muss (wenigstens rechtlich) an einer freien Verfügung gehindert sein.

11 Eine mittelbare Grundstücksschenkung im steuerrechtlichen Sinn setzt in der Regel voraus, dass der Schenker einen nicht ganz unerheblichen Teil (grundsätzlich mehr als 10 %) des Kaufpreises[18] eines (möglichst genau) bestimmten Grundstücks oder eines zu erwerbenden Anspruchs auf Übereignung eines solchen[19] schenkweise zur Verfügung stellt oder zu mehr als 10 % die Kosten für die Errichtung eines (konkreten) Bauvorhabens finanziert.[20]

Zwischen dem Zeitpunkt der Zuwendungszusage einerseits und dem Erwerb des Grundstücks andererseits sollte kein allzu großer zeitlicher Abstand liegen.[21] Jedenfalls muss die Schenkungszusage (sei sie auch wegen Nichtbeachtung von § 518 Abs. 1 BGB formunwirksam) vor dem Abschluss des Grundstückskaufvertrags[22] bzw. vor der Eingehung der Kaufpreisschuld,[23] in Herstellungsfällen vor Fertigstellung des Gebäudes/Abschluss der Sanierungsmaßnahmen[24] erfolgen.

12 Auch wenn seit dem ErbStG 2009 die steuerlich maßgeblichen Werte von Immobilien den Verkehrswerten wenigstens angenähert sind, findet die mittelbare Schenkung gerade im Zusammenhang mit der Zuwendung (bzw. schenkweisen Finanzierung) von Immobilien nach wie vor Anwendung. Interessante steuerliche Effekte lassen sich nach wie vor bspw. dann erzielen, wenn Gegenstand der mittelbaren Zuwendung zu Wohnzwecken vermieteter Immobilienbesitz ist, der nach § 13d ErbStG begünstigt wird.

Vorsicht ist aber bei „umgekehrt gelagerten" Fällen geboten, also dann, wenn eine geschenkte Immobilie (z.B. ein Familienheim i.S.v. § 13 Abs. 1 Nr. 4a ErbStG) kurz nach der Zuwendung veräußert wird. Steuerlich unproblematisch kann dies nur dann sein, wenn hierauf gerichtete Absprachen nicht vorliegen und der Beschenkte gegenüber dem Schenker nicht verpflichtet ist, das Grundstück nur an einen bestimmten Dritten (oder überhaupt) zu veräußern. Außerdem

---

18 Vgl. auch FG München v. 30.7.2003 – 4 K 2805/01, DStRE 2003, 1262; offengelassen in BFH v. 5.10.2005 – II R 48/03, BFH/NV 2006, 302.

19 Das Grundstück muss wenigstens bestimmbar sein, vgl. Troll/Gebel/Jülicher/Gottschalk/*Gebel*, ErbStG, § 7 Rn 102; vgl. auch BFH v. 11.10.1978 – II R 142/72, BStBl II 1979, 533, „gewisse Dispositionsfreiheit" des Erwerbers.

20 „Mittelbare Baukostenschenkung", vgl. R E 7.3. Abs. 3 ErbStR 2019; Troll/Gebel/Jülicher/Gottschalk/*Gebel*, ErbStG, § 7 Rn 110 m.w.N. zu Gebäuden auf eigenem Grund und Boden.

21 R E 7.3 Abs. 1 S. 6 ErbStR 2019; Troll/Gebel/Jülicher/Gottschalk/*Gebel*, ErbStG, § 7 Rn 98.

22 BFH v. 2.2.2005 – II R 31/03, DStRE 2005, 833; R E 3.1 Abs. 1 S. 4 ErbStR 2019.

23 BFH v. 1.6.2004 – IX R 61/03, ZEV 2005, 29.

24 *Hartmann*, ErbStB 2005, 225.

darf auch keine tatsächliche Zwangssituation bestehen, derentwegen er zu einer Veräußerung praktisch gezwungen ist.[25]

Abgesehen von mittelbaren Schenkungen bestehen im Hinblick auf Immobilien 13
als Zuwendungsgegenstand einige weitere, bereits im Gesetz verankerte Sonderregelungen, die für andere Vermögensarten keine Rolle spielen. Zu nennen sind hier die Steuerbefreiungen für zu Wohnzwecken vermietete Immobilien (§ 13d ErbStG) sowie für sog. Familienheime (§ 13 Abs. 1 Nr. 4a–4c ErbStG). Außerdem ergeben sich im Zusammenhang mit verschiedenen, gerade bei Immobilien sehr verbreiteten Übertragungsszenarien erbschaftsteuerliche (teilweise auch ertragsteuerliche) Besonderheiten, bspw. bei Übertragungen unter Vorbehalt von Nutzungsrechten, der Vereinbarung von Versorgungsleistungen oder Gleichstellungsgeldern (vgl. Rdn 16 ff.). Ähnliches gilt, wenn anstatt oder auch gleichzeitig mit einer Immobilie Nutzungsrechte zugewendet werden (vgl. Rdn 23 ff.).

B. Erbschaftsteuerliche Besonderheiten bei Nutzungsrechten, Versorgungsleistungen und Teilentgelten

I. Wirtschaftlicher und zivilrechtlicher Hintergrund

Vielfach hat der Schenker den Wunsch, zwar einerseits bereits frühzeitig das 14
zivilrechtliche Eigentum an Immobilien auf den Beschenkten zu übertragen, kann (oder will) sich aber eine vollständige wirtschaftliche Entäußerung nicht leisten, bspw. weil die Erträge eines Vermietungsobjekts bislang einen wesentlichen Teil seiner für den Lebensunterhalt benötigten Einnahmen generierten. In solchen Fällen erfolgt oftmals eine Schenkung unter Nießbrauchsvorbehalt oder unter Vereinbarung sog. Versorgungsleistungen (zum Begriff und zur ertragsteuerlichen Behandlung vgl. § 12 Rdn 58). Ist die selbstgenutzte Immobilie Gegenstand der Schenkung, kann mitunter ein Wohnungsrechtsvorbehalt sinnvoll sein.

Doch nicht nur die eigene Absicherung des Schenkers gilt es im Rahmen von 15
Immobilienzuwendungen zu gewährleisten. In vielen Fällen soll auch eine wirtschaftliche Gleichstellung bspw. der Geschwister des Erwerbers („Gleichstellungsgelder“) oder eine wirtschaftliche Beteiligung Dritter (Ehegatten, Lebenspartner etc.) an künftigen Immobilienerträgen gewährleistet werden. Dies lässt sich bspw. durch die Zuwendung von Nießbrauchs- oder Wohnungsrechten oder auch von Versorgungsleistungen erreichen, und zwar sowohl bei Schenkungen als auch bei Erwerben von Todes wegen.

All diese wirtschaftlichen und rechtlichen Belastungen der Immobilienzuwendung an den Immobilienerwerber müssen sich selbstverständlich auch erbschaft-

25 BFH v. 26.9.1990 – II R 150/88, BStBl II 1991, 320.

bzw. schenkungsteuerlich auswirken. Die diesbezüglichen Grundsätze sollen nachfolgend erläutert werden.

II. Erbschaftsteuerliche Konsequenzen für den Immobilienerwerber

1. Gemischte Schenkungen

16 Wie bereits angesprochen, liegt eine steuerpflichtige Bereicherung nur dann und auch nur so weit vor, wie der Beschenkte auf Kosten des Schenkers freigebig bereichert ist. Dies ist bei „reinen" Schenkungen im Hinblick auf den gesamten Wert des Zuwendungsgegenstands der Fall. Gemischte Schenkungen zeichnen sich demgegenüber dadurch aus, dass der Zuwendungsempfänger für einen bestimmten wertmäßigen Teil der Zuwendung eine Gegenleistung erbringt. Dieser Teil wird also nicht geschenkt, so dass sich durch die Gegenleistung der Wert der unentgeltlichen Bereicherung des Beschenkten mindert. Dabei muss die Gegenleistung aus dem (außerhalb des Schenkungsgegenstands liegenden) eigenen Vermögen des Beschenkten stammen, also nicht lediglich eine Minderung des Schenkungsgenstands (z.B. durch vorbehaltene Rechte oder Auflagen) darstellen.

17 Der Besteuerung unterliegt bei der gemischten Schenkung lediglich der Vermögenszuwachs, der nach Berücksichtigung der Gegenleistung beim Zuwendungsempfänger verbleibt.[26] Um ihn zu ermitteln, wird vom Wert des Zuwendungsgegenstands der Wert der Gegenleistung abgezogen.[27] Die für Erwerbsfälle vor dem 1.1.2009 noch geltende Maßgabe, dass eine Berücksichtigung der Gegenleistung nur anteilig (entsprechend dem Verhältnis, in dem der Steuerwert des Schenkungsgegenstands zu seinem Verkehrswert stand) erfolgen durfte,[28] spielt im Hinblick auf die Annäherung der steuerlich maßgeblichen Werte an die tatsächlichen Verkehrswerte keine Rolle mehr.[29] Demzufolge stellt sich der Rechenweg im Grunde recht einfach dar.[30]

Beispiel

Der Vater V überträgt dem Sohn S ein Grundstück, das einen gemeinen Wert von 500.000 EUR und einen Verkehrswert von 600.000 EUR hat. Im Gegenzug zahlt S an V einen Geldbetrag von 50.000 EUR, den V verwendet, um die noch auf dem Grundstück lastende Darlehensfinanzierung in Höhe von 50.000 EUR abzulösen.

26 Troll/Gebel/Jülicher/Gottschalk/*Gebel*, ErbStG, § 7 Rn 204.

27 R E 7.4 Abs. 1 S. 2 ErbStR 2019; Daragan/Halaczinsky/Riedel/*Griesel*, ErbStG und BewG, § 7 ErbStG Rn 41.

28 Vgl. hierzu R 17 Abs. 2 ErbStR a.F.; BFH v. 5.4.1989 – II R 45/86, BFH/NV 1990, 506.

29 R E 7.4 Abs. 1 S. 2 ErbStR 2019; Daragan/Halaczinsky/Riedel/*Griesel*, ErbStG und BewG, § 7 ErbStG Rn 41.

30 Vgl. nachfolgendes Beispiel aus Daragan/Halaczinsky/Riedel/*Griesel*, ErbStG und BewG, § 7 ErbStG Rn 40, 41.

Lösung

Die schenkungsteuerliche Bemessungsgrundlage für S beträgt 450.000 EUR (500.000 EUR ./. 50.000 EUR).

Gegenüber der früher anzustellenden Verhältnisrechnung wird S bei einem im Sachverhalt vorgegebenen Auseinanderfallen von Verkehrswert und Steuerwert nach aktueller Verwaltungsauffassung besser gestellt, da die schenkungsteuerliche Bemessungsgrundlage so niedriger ausfällt.

2. Schenkung unter Auflage (u.a. Vorbehalt von Nutzungsrechten)

Leistungsauflagen sind dadurch gekennzeichnet, dass dem Beschenkten im Rahmen des Zuwendungsvertrags eine Leistung auferlegt wird, die Aufwendungen im Sinne von Geld- oder Sachleistungen verursachen.[31] Obwohl die Beteiligten regelmäßig davon ausgehen, dass die Leistungen aus dem Schenkungsgegenstand bzw. aus dessen Erträgen bestritten werden sollen, muss der Beschenkte sie im Zweifel auch aus seinem eigenen Vermögen erbringen. Abgesehen von der Übernahme bereits bestehender Verbindlichkeiten liegt bspw. bei der Vereinbarung von **Gleichstellungsgeldern** typischerweise eine Leistungsauflage vor.[32] 18

Bei **Duldungsauflagen** hat der Beschenkte lediglich Eingriffe in das ihm übertragene Eigentumsrecht, z.B. die Nutzung durch einen anderen, zu dulden.[33]

Das Schenkungsteuerrecht folgt bei Zuwendungen unter Leistungs-, Nutzungs- oder Duldungsauflage nunmehr einheitlich der zivilrechtlichen Betrachtungsweise und sieht einerseits das Geschenk insgesamt als Objekt einer einheitlichen freigebigen Zuwendung an. Andererseits wird die durch diese Zuwendung vermittelte Bereicherung als Saldo aus dem (steuerlichen) Bruttowert des Geschenks (gemeiner Wert des Schenkungsgegenstands) abzüglich des Werts der vom Beschenkten zu tragenden Auflagen berechnet.[34] Der Rechenweg stellt sich genauso dar wie bei der gemischten Schenkung (vgl. Rdn 17). 19

Allerdings ist zu beachten, dass ein Abzug des Werts vorbehaltener Nutzungsrechte stets nur insoweit in Betracht kommt, wie die durch die bestehende Belastung ergebende Wertminderung nicht bereits im Rahmen der Bewertung des Schenkungsgegenstands berücksichtigt wurde (§ 10 Abs. 6b ErbStG). 20

Nießbrauch und Wohnungsrecht können, auch wenn dies im Rahmen der Bewertung nach dem BewG regelmäßig unberücksichtigt bleibt, den Verkehrswert 21

31 Vgl. MüKo-BGB/*Koch*, § 525 Rn 2; Troll/Gebel/Jülicher/Gottschalk/*Gebel*, ErbStG, § 7 Rn 212.

32 Troll/Gebel/Jülicher/Gottschalk/*Gebel*, ErbStG, § 7 Rn 233.

33 Troll/Gebel/Jülicher/Gottschalk/*Gebel*, ErbStG, § 7 Rn 160.

34 R E 7.4 Abs. 1 S. 2 ErbStR 20191.

mindern.[35] Soweit für Zwecke der Erbschaft- und Schenkungsteuer gem. § 198 BewG der niedrigere Verkehrswert durch Gutachten nachgewiesen wird, können sich derartige Nutzungsrechte schon bei der Grundstücksbewertung verkehrswertmindernd auswirken. Für diesen Fall verhindert § 10 Abs. 6b ErbStG, dass Nutzungsrechte an einem Grundstück, die bereits bei der Bewertung des Grundstücks berücksichtigt wurden (vgl. §§ 175 ff. BewG), zusätzlich als Nachlassverbindlichkeit oder Duldungslast abgezogen werden können.[36]

III. Erbschaftsteuerliche Konsequenzen für den Begünstigten der Nutzungsrechte, Versorgungsleistungen und (Teil-)Entgelte

22 Soweit sich der Schenker Nutzungsrechte oder Versorgungsleistungen zu seinen eigenen Gunsten vorbehält, ist dies für ihn selbst schenkungsteuerlich selbstverständlich belanglos. Eine Schenkung an sich selbst ist nicht anzunehmen.

23 Anders ist die Lage aber dann, wenn ein Dritter (also weder der Schenker noch der Immobilienerwerber) begünstigt werden. Denn ungeachtet des für Schenkungen grundsätzlich bestehenden Erfordernisses einer substantiellen Vermögensverschiebung, die sich nicht in einem reinen „Wertübergang" erschöpft, ist § 7 Abs. 1 Nr. 1 ErbStG nicht auf gegenständliche Vermögenshingaben beschränkt.[37] Denn neben der Substanzübertragung kommt auch die Einräumung von Gebrauchs- bzw. Nutzungsrechten sowie von sonstigen Leistungsansprüchen (z.B. Versorgungsleistungen) als tauglicher Zuwendungsgegenstand in Betracht.[38] Soweit der entsprechende Vermögenszuwachs des Begünstigten aus der Erfüllung einer vom Schenker – bspw. im Rahmen einer lebzeitigen Immobilienübertragung – angeordneten **Auflage** resultiert, ergibt sich die Steuerpflicht des Auflagenbegünstigten aus § 7 Abs. 1 Nr. 2 ErbStG. Demnach gilt als Schenkung unter Lebenden auch, was infolge der Vollziehung einer von dem Schenker angeordneten Auflage (§ 525 BGB) oder infolge der Erfüllung einer einem Rechtsgeschäft unter Lebenden beigefügten Bedingung ohne entsprechende Gegenleistung erlangt wird (es sei denn, dass eine einheitliche Zweckzuwendung vorliegt).[39]

24 Die Steuer entsteht in diesen Fällen nach § 9 Abs. 1 Nr. 2 ErbStG erst mit dem Vollzug der Auflage bzw. der Erfüllung der Bedingung. Wenn der Begünstigte

35 Zur Thematik *Daragan*, ZEV 2008, 471.

36 R E 7.4 Abs. 1 S. 3 ErbStR 2019; relevant ist das z.B. dann, wenn ein Nießbrauchsrecht bereits im Rahmen des Nachweises des niedrigeren gemeinen Werts durch Gutachten berücksichtigt wurde.

37 Troll/Gebel/Jülicher/Gottschalk/*Gebel*, ErbStG, § 7 Rn 28; a.A. *Crezelius*, BB 1978, 621 und BB 1979, 1594.

38 Troll/Gebel/Jülicher/Gottschalk/*Gebel*, ErbStG, § 7 Rn 28 unter Hinweis auf BGH v. 27.4.1994 – IV ZR 132/93, NJW 1994, 1791.

39 In letzterem Fall richtet sich die Besteuerung nach § 8 ErbStG.

ein eigenes Forderungsrecht gegen den Beschwerten erworben hat, entsteht die Steuer mit der Begründung der Forderung, also mit dem Vertragsschluss.[40]

Auch eine Zuwendung von Nutzungsrechten oder (zur Gleichstellung bzw. Versorgung gedachten) Geldansprüchen von Todes wegen ist möglich. In Betracht kommen hier insbesondere Vermächtnis- und/oder Auflagenanordnungen. Auch hier besteht für den Begünstigten Erbschaftsteuerpflicht (entweder nach § 3 Abs. 1 Nr. 1 Alt. 2 oder nach § 3 Abs. 2 Nr. 2 ErbStG).

Demzufolge ist in allen vorgenannten Konstellationen eine Steuerpflicht des Begünstigten anzunehmen, und der gemeine Wert der jeweiligen Zuwendung (vgl. hierzu Rdn 26 ff.) unterliegt der Erbschaft- bzw. der Schenkungsteuer. Soweit Gegenstand der Zuwendung ein Anspruch auf wiederkehrende Zahlungen (z.B. eine Rente oder dauernde Last; vgl. hierzu § 12 Rdn 53 ff.) oder ein Nutzungsrecht (Nießbrauch oder Wohnungsrecht) ist, steht dem Steuerpflichtigen nach § 23 ErbStG ein Wahlrecht zu, ob er den Erwerb sofort in voller Höhe nach dem Kapitalwert versteuert oder ob er sukzessive nach dem Jahreswert die Steuer entrichtet. 25

Beispiel

Der Schenker wendet seiner 62-jährigen Ehefrau im Jahr 2025 das lebenslängliche Nießbrauchsrecht an der vermieteten Immobilie (Steuerwert: 900.000 EUR) zu, für die sich ein marktüblicher Reinertrag von 45.000 EUR p.a. ermittelt. Der Kapitalwert des Nießbrauchs, der sich ebenfalls nach § 12 Abs. 1 ErbStG, §§ 14 ff. BewG bestimmt, beläuft sich auf 599.085 EUR (Vervielfältiger von 13,313 x 45.000 EUR Jahreswert).[41] Die Begrenzung des Jahreswerts nach § 16 BewG wirkt sich nicht aus, da der so errechnete Jahreswert höher ist (900.000 EUR : 18,6 = 48.387 EUR). Gegenstand der Schenkung ist der Kapitalwert des Nießbrauchs (599.085 EUR).

Erfolgt die Regelbesteuerung, ergibt sich für die Ehefrau nach Abzug des persönlichen Freibetrags i.S.v. § 16 ErbStG von 500.000 EUR eine schenkungsteuerliche Bemessungsgrundlage von 99.000 EUR (nach entsprechender Abrundung, § 10 Abs. 1 S. 6 ErbStG) und damit eine Schenkungsteuer in Höhe von 10.890 EUR (11 % von 99.000 EUR).

Wählt die Ehefrau die Jahresbesteuerung, muss sie jährlich im Voraus die Steuer auf den Jahreswert von 45.000 EUR entrichten. Der anzuwendende Schenkungsteuersatz ist derjenige, der sich bei der Einmalbesteuerung des Kapitalwerts ergeben würde, § 23 Abs. 1 S. 2 ErbStG, also vorliegend ein Prozentsatz von 11 % (Steuer: 4.950 EUR pro Jahr). Von der Erhebung der

40 BFH v. 22.10.1980 – II R 73/77, BStBl II 1981, 78.

41 Der Vervielfältiger ergibt sich aus dem BMF-Schreiben v. 9.12.2024, BStBl I 2024, 1631. Die geschlechterspezifische Differenzierung ist nicht verfassungswidrig, vgl. BFH v. 20.11.2024 – II R 38/22, BeckRS 2024, 44397.

Jahressteuer kann im Falle der jährlichen Besteuerung so lange abgesehen werden, bis der persönliche Freibetrag der Ehefrau nach § 16 Abs. 1 Nr. 1 ErbStG aufgebraucht ist.[42]

IV. Bewertungsrechtliche Aspekte

1. Grundsätzliches

26 Die Bewertung wiederkehrender Nutzungen (Nießbrauch, Wohnungsrecht) und Leistungen (Renten, dauernde Lasten) ist im BewG speziell geregelt. Maßgeblich sind insoweit die §§ 13 ff. BewG. Diese gelten für die Bewertung sowohl auf der Ebene des Berechtigten als auch des Verpflichteten.[43] Für die Bewertung ist grundsätzlich zwischen Nutzungen und Leistungen von bestimmter, unbestimmter und immerwährender Dauer zu unterscheiden. Die Einzelheiten sind in §§ 13, 14, 15 und 16 BewG geregelt.[44]

27 Grundsätzlich geht es – in allen vorgenannten Varianten – um die Kapitalisierung der Jahreswerte der jeweiligen Nutzungen bzw. Leistungen auf den Bewertungsstichtag. Die Abzinsung erfolgt unter Zugrundelegung eines Zinssatzes von 5,5 % p.a.[45] und – soweit die Dauer der Nutzung oder Leistung von der Lebenszeit einer Person abhängt – der statistischen Lebenserwartung. Die entsprechenden Kapitalisierungsfaktoren werden vom Bundesministerium der Finanzen jährlich bekanntgegeben.[46] Die geschlechterspezifische Differenzierung ist laut BFH nicht verfassungswidrig.[47] Spätere Änderungen der Parameter (Jahreswert bzw. Laufzeit) können bei der Stichtagsbewertung nur dann berücksichtigt werden, wenn sie im Besteuerungszeitpunkt bereits voraussehbar sind.[48]

2. Bestimmung des Jahreswerts

28 Der in die Berechnung einzubeziehende **Jahreswert** (§ 15 BewG) ist der in Geldeinheiten ausgedrückte Wert der Nutzungen und Leistungen, die für die Dauer eines Jahres anfallen.[49] Wann sie anfallen, ob zu Beginn oder erst am Ende oder schon während des Jahres, ist unerheblich. Bei Nutzungen oder Leistungen, deren Jahreswert ungewiss ist oder schwankt, ist als Jahreswert der Betrag anzu-

42 Daragan/Halaczinsky/Riedel/*Griesel*, ErbStG und BewG, § 23 ErbStG Rn 5 ff.

43 BFH v. 20.1.1978 – III R 120/75, BStBl II 1978, 257; gleich lautende Ländererlasse v. 9.9.2022, BStBl I 2022, 1351 ff., Tz 37.

44 Zu Einzelheiten vgl. Daragan/Halaczinsky/Riedel/*Daragan*, ErbStG und BewG, § 13 BewG sowie gleich lautende Ländererlasse v. 9.9.2022, BStBl I 2022, 1351 ff., Tz 34 ff.

45 Daragan/Halaczinsky/Riedel/*Daragan*, ErbStG und BewG, § 13 BewG Rn 13.

46 Vgl. für 2025: BMF-Schreiben v. 9.12.2024, BStBl I 2024, 1631.

47 BFH v. 20.11.2024 – II R 38/22, BeckRS 2024, 44397.

48 R B 13 S. 2 ErbStR 2019.

49 Daragan/Halaczinsky/Riedel/*Daragan*, ErbStG und BewG, § 15 BewG Rn 4.

setzen, der im Durchschnitt der Jahre voraussichtlich erzielt wird. Bei dieser Schätzung können ausnahmsweise auch Ereignisse berücksichtigt werden, die innerhalb nicht allzu langer Zeit nach dem Besteuerungszeitpunkt eingetreten sind.[50]

Versorgungsleistungen bestehen regelmäßig von vornherein in einem Geldanspruch, so dass die Bestimmung ihres Jahreswerts keine weiteren Schwierigkeiten aufwirft. 29

Nutzungsrechte an Immobilien sind demgegenüber nach § 15 Abs. 2 BewG mit dem üblichen Mittelpreis der Nutzungsmöglichkeit, der am jeweiligen Ort anzusetzen wäre, zu bewerten.

Beim **Nießbrauch** an einem Grundstück ist insofern prinzipiell vom jährlichen Reinertrag auszugehen. Dieser kann entweder konkret aus den Mieteinkünften abgeleitet werden oder entspricht (z.B. wenn vor der Schenkung nicht vermietet wurde oder die Konditionen der Vermietung nicht angemessen waren) der Differenz zwischen den marktüblich erzielbaren Erträgen und marktüblich entstehenden Bewirtschaftungskosten (vgl. §§ 31 ff. ImmoWertV).

Im Übrigen spricht vieles dafür, den Reinertrag grundsätzlich nach den §§ 185 ff. 30
BewG zu berechnen, damit der Bewertung des Grundstücks und des Nießbrauchs derselbe Reinertrag zugrunde gelegt wird.[51] Dieser „Reinertrag erster Stufe" ist um die Lasten (insbesondere Zinsen)[52] und sonstigen Aufwendungen zu kürzen, die entsprechend der geltenden Lastenverteilung der Nießbraucher (und nicht der Eigentümer) zu tragen hat.[53] Absetzungen für Abnutzung (AfA) sind nicht zu berücksichtigen,[54] da sich diese nicht auf die dem Nießbraucher zufließenden (Geld-)Beträge auswirken.

Nach der Ermittlung des Jahreswerts nach § 15 BewG ist das Ergebnis in einem 31
zweiten Schritt mit dem nach § 16 BewG zu bestimmenden maximalen Jahreswert zu vergleichen. Denn gem. § 16 BewG kann der maßgebliche Jahreswert einer Nutzung (z.B. eines Wohnungsrechts oder eines Nießbrauchs) nicht höher sein als 1/18,6 des gemeinen Werts des belasteten Wirtschaftsguts (also der Immobilie) selbst. Demzufolge ist der Steuerwert des genutzten Wirtschaftsguts durch 18,6 zu dividieren, um den maximalen Jahreswert nach § 16 BewG zu ermitteln. Steuerwert ist dabei der nach den Vorschriften des BewG anzusetzende Wert des Wirtschaftsguts.[55] Im Falle des § 198 BewG kommt es nach h.M. nicht auf den nachgewiesenen niedrigeren Wert an, sondern auf den Bruttowert, also den Re-

---

50 R B 13 S. 4 ErbStR 2019.

51 Daragan/Halaczinsky/Riedel/*Daragan*, ErbStG und BewG, § 15 BewG Rn 17.

52 BFH v. 28.5.2019 – II R 4/16, BStBl II 2020, 326.

53 Daragan/Halaczinsky/Riedel/*Daragan*, ErbStG und BewG, § 15 BewG Rn 17.

54 *Halaczinsky*, ErbStB 2015, 222.

55 Daragan/Halaczinsky/Riedel/*Daragan*, ErbStG und BewG, § 16 BewG Rn 8.

gelwert vor Abzug des zu bewertenden Nutzungsrechts oder anderer dinglicher Belastungen.[56]

Beispiel

Beträgt der Steuerwert einer Immobilie 1 Mio. EUR, ist der Jahreswert nach § 16 BewG auf 53.763 EUR begrenzt.

3. Kapitalisierung

32 Die Art und Weise der Kapitalisierung richtet sich danach, ob die Laufzeit fest definiert, von der Lebenszeit einer Person (z.B. des Begünstigten) abhängig oder „ewig" ist. Die Einzelheiten hierzu regelt § 13 BewG wie folgt:

a) Nutzungen und Leistungen auf bestimmte Zeit

33 Nutzungen und Leistungen, die auf eine bestimmte Zeit beschränkt sind, werden gem. § 13 Abs. 1 S. 1 BewG bewertet, indem man den Jahreswert mit einem Vervielfältiger multipliziert. Dieser Vervielfältiger fasst (gedanklich/rechnerisch) zwei Rechenschritte zusammen, nämlich die Summierung der Jahreswerte und die Berechnung der Zwischenzinsen.[57] Dies dient der Abkürzung des Rechenwegs und der Vereinfachung der Kapitalwertberechnung. Die Vervielfältiger sind in der Anlage 9a zum BewG aufgelistet, und zwar für Laufzeiten von einem Jahr bis mehr als 101 Jahre.

34 Soweit bereits am Bewertungsstichtag feststeht, dass sich der Jahreswert der zu bewertenden Leistungen oder Nutzungen ab einem (oder verschiedenen) Zeitpunkt ändern wird, ist dies im Rahmen der Kapitalisierung zu berücksichtigen. Das gilt insbesondere für der Höhe und dem Datum nach festgelegte Veränderungen einer Renten- oder sonstigen Versorgungsleistung, kann aber auch dann relevant sein, wenn sich dem Umfang eines Nutzungsrechts zukünftig ändern soll. Im Einzelnen ist wie folgt vorzugehen:[58]

35 **Vermindert** sich der Jahreswert der Nutzung oder Leistung ab einem bestimmten Zeitpunkt, ist zunächst der ursprüngliche (höhere) Betrag auf die Dauer seiner Laufzeit und auf den Zeitpunkt, ab dem die Minderung eintritt, zu kapitalisieren. Außerdem ist der niedrigere (zukünftige) Betrag auf die gesamte Laufzeit zu kapitalisieren und sodann um den auf Grundlage des ursprünglichen Jahreswerts ermittelten Kapitalwert zu erhöhen.

---

56 Vgl. Daragan/Halaczinsky/Riedel/*Daragan*, ErbStG und BewG, § 16 BewG Rn 8 unter Hinweis auf OFD Münster v. 17.2.2012, DB 2012, 892.

57 Daragan/Halaczinsky/Riedel/*Daragan*, ErbStG und BewG, § 13 BewG Rn 14.

58 Vgl. Daragan/Halaczinsky/Riedel/*Daragan*, ErbStG und BewG, § 13 BewG Rn 15; Rössler/Troll/*Eisele*, BewG, § 13 Rn 26 ff.

Erhöht sich der Jahreswert, ist der anfangs geringere Betrag auf die Gesamtlaufzeit und der erhöhte Betrag auf seine Laufzeit zu kapitalisieren, wiederum bezogen auf den Stichtag, ab dem er zu leisten ist. Anschließend sind beide Kapitalwerte zusammenzurechnen.

b) Nutzungen und Leistungen von unbestimmter und „ewiger" Dauer

Nutzungen und Leistungen von unbestimmter Dauer liegen vor, wenn sich weder berechnen noch schätzen lässt, wann die Nutzungen oder Leistungen wegfallen.[59] Die Unbestimmtheit darf allerdings nicht mit der Lebenszeit des Berechtigten zusammenhängen, denn dann wird nach § 14 BewG kapitalisiert.[60] 36

Die Kapitalisierung von Nutzungen und Leistungen von unbestimmter Dauer erfolgt gem. § 13 Abs. 2 BewG grundsätzlich mit dem 9,3-fachen des Jahreswerts. Der Vervielfältiger beträgt also die Hälfte des Vervielfältigers einer ewigen Rente. Im rechnerischen Ergebnis entspricht das einer Zeitrente von 13 Jahren.[61] 37

Immerwährende („ewige") Nutzungen und Leistungen werden nach § 13 Abs. 2 BewG mit dem Vervielfältiger 18,6 multipliziert. Immerwährende Nutzungen und Leistungen liegen vor, wenn das Ende von einem Ereignis abhängt, von dem ungewiss ist, ob es überhaupt und wenn ja wann es eintritt.

c) Nutzungen und Leistungen auf die Lebenszeit einer Person

aa) Grundsätzliches

Auch bei lebenslangen Nutzungen und Leistungen ist die Laufzeit am Bewertungsstichtag ungewiss. Abweichend von § 13 Abs. 2 BewG ergeben sich hier aber besondere Bewertungsvorgaben aus § 14 BewG. Nach § 14 Abs. 1 BewG ist der Kapitalwert lebenslänglicher Nutzungen und Leistungen mit einem bestimmten (dem Grunde nach gesetzlich vorgegebenen) Vielfachen des Jahreswerts anzusetzen. Gem. § 14 Abs. 1 S. 2 BewG sind die Vervielfältiger – vereinfacht ausgedrückt – nach den Sterbetafeln des Statistischen Bundesamts und unter Zugrundelegung einer mittelschüssigen Zahlungsweise sowie einer Verzinsung von 5,5 % p.a. zu ermitteln. Die für das jeweilige Jahr (maßgeblich ist stets der Zeitpunkt der Steuerentstehung bzw. der Bewertungsstichtag) anzuwendenden Vervielfältiger werden vom Bundesministerium der Finanzen berechnet und im Bundessteuerblatt veröffentlicht.[62] 38

59 Daragan/Halaczinsky/Riedel/*Daragan*, ErbStG und BewG, § 13 BewG Rn 18.
60 BFH v. 28.11.1969 – III R 61/66, BStBl II 1970, 1719.
61 Daragan/Halaczinsky/Riedel/*Daragan*, ErbStG und BewG, § 13 BewG Rn 18.
62 Vervielfältiger für 2025 vgl. BMF-Schreiben v. 9.12.2024, BStBl I 2024, 1631.

39 Die Vervielfältiger richten sich nach dem Alter des Berechtigten am Bewertungsstichtag (Beginn der Nutzung oder Leistung). Maßgeblich ist das vollendete Lebensjahr. Gem. §§ 187, 188 BGB ist ein Lebensjahr mit dem Ablauf des Tages, der dem Geburtstag vorausgeht, vollendet.[63]

bb) Mehrere Berechtigte

40 Besonderheiten sind zu beachten, wenn eine Nutzung oder Leistung nicht nur einer Person alleine, sondern mehreren Personen (als Gesamtberechtigten oder nacheinander) zusteht.[64] Den Fall der **Gesamtberechtigung** (typisch bei Regelungen zur Absicherung von Eheleuten) regelt § 14 Abs. 3 BewG, der (logischerweise) danach differenziert, ob die Nutzung oder Leistung mit dem Tod des ersten oder des letzten der Gläubiger endet.

41 Erlischt das Recht mit dem Tod des zuletzt Sterbenden, sind das Lebensalter und das Geschlecht der Person maßgebend, für die sich der höchste Vervielfältiger ergibt (§ 14 Abs. 3 Hs. 1 BewG).[65] Erlischt das Recht mit dem Tod des zuerst Sterbenden, sind – spiegelbildlich – das Lebensalter und das Geschlecht der Person maßgebend, für die sich der niedrigste Vervielfältiger ergibt (§ 14 Abs. 3 Hs. 2 BewG).[66]

42 Wenn die Nutzungen oder Leistungen mehreren Berechtigten nacheinander zustehen, werden sie zunächst nur für den Erstberechtigten kapitalisiert. Das Recht des Zweitberechtigten ist aufschiebend bedingt und wird erst berücksichtigt, wenn der Erstberechtigte verstorben (oder aus anderen Gründen nicht mehr berechtigt) ist und der Zweitberechtigte dann zum Zuge kommt.[67]

cc) „Vorzeitiger" Wegfall der Nutzung oder Leistung

43 Die nach § 14 Abs. 1 BewG vorgesehene Bewertung birgt immanent das Risiko, dass der Berechtigte (lange) vor seinem statistisch zu erwartenden Lebensende verstirbt. Dem trägt § 14 Abs. 2 BewG Rechnung. Der Umfang der danach vorzunehmenden Korrekturen hängt vom Alter des Berechtigten sowie von der tatsächlichen Dauer der Nutzung oder Leistung ab. Die Details sind in § 14 Abs. 2 Nr. 1–10 BewG geregelt.

Beispiel

Der bei Rentenbeginn 62-jährige Berechtigte erhält eine monatliche Rente von 5.000 EUR, die bis zu seinem Tod jeweils zum Ersten eines Monats zu zahlen ist. Vier Jahre nach Rentenbeginn verstirbt er.

63 Daragan/Halaczinsky/Riedel/*Daragan*, ErbStG und BewG, § 14 BewG Rn 6.
64 Daragan/Halaczinsky/Riedel/*Daragan*, ErbStG und BewG, § 14 BewG Rn 11 ff.
65 Daragan/Halaczinsky/Riedel/*Daragan*, ErbStG und BewG, § 14 BewG Rn 13.
66 Daragan/Halaczinsky/Riedel/*Daragan*, ErbStG und BewG, § 14 BewG Rn 14.
67 Daragan/Halaczinsky/Riedel/*Daragan*, ErbStG und BewG, § 14 BewG Rn 15.

Gem. § 14 Abs. 2 BewG ist der Kapitalwert zu korrigieren und nun entsprechend der wirklichen Dauer von vier Jahren, also wie bei einer Zeitrente, zu berechnen. Die bei einem Alter von bis zu 65 Jahren geltende Mindestdauer der Rente von sieben Jahren wurde nicht erreicht.

Die Korrektur erfolgt zugunsten des Berechtigten bzw. seiner Erben nur auf Antrag (§ 14 Abs. 2 S. 1 BewG), der innerhalb eines Jahres nach dem Tod des Berechtigten zu stellen ist (§§ 14 Abs. 2 S. 2, 5 Abs. 2 S. 2 BewG).[68] Der Wegfall einer Belastung wird hingegen auch ohne Antrag von Amts wegen (also zulasten des mit der entsprechenden Verpflichtung Beschwerten) berücksichtigt (§ 14 Abs. 2 S. 3 BewG). 44

d) Nachweis des niedrigeren gemeinen Werts

Für den Fall, dass die grundsätzlichen Vorgaben der §§ 13 und 14 BewG zu unzutreffenden Ergebnissen führen, lassen sowohl § 13 Abs. 3 als auch § 14 Abs. 4 BewG den Nachweis des (niedrigeren oder höheren) gemeinen Werts (§ 9 BewG) zu. Dieser ist dann der Besteuerung zugrunde zu legen. 45

Nach der Rechtsprechung des BFH kommt der Ansatz eines abweichenden gemeinen Werts nur in Frage, wenn er aufgrund von Erfahrungssätzen oder von Denkgesetzen zwingend vom Kapitalwert abweicht.[69] Eine über die Mitwirkungspflicht bei der Sachaufklärung hinausgehende Pflicht oder Nachweispflicht des Steuerpflichtigen besteht nicht.[70] 46

Die praktische Relevanz der Nachweismöglichkeit wird vor allem dadurch eingeschränkt (bzw. eliminiert), dass weder von dem gesetzlich unterstellten Zinssatz noch von der (mittelschüssigen) Zahlungsweise abgewichen werden darf. Ein marktüblicher oder auch ein vertraglich vereinbarter Zinssatz[71] kann daher nicht berücksichtigt werden.[72] Somit beschränkt sich der Anwendungsbereich auf andere Umstände, wie z.B. die Uneinbringlichkeit oder die erschwerte Durchsetzbarkeit eines Leistungsanspruchs oder der Untergang eines Gegenstands, den der Erblasser vermächtnisweise mit einem Nutzungsrecht belastet hat. 47

Im Übrigen ändern § 13 Abs. 3 und § 14 Abs. 4 BewG nichts an der Geltung des Stichtagsprinzips. Maßgebend sind daher immer und ausschließlich (abgesehen von Fällen des § 14 Abs. 2 BewG) die Verhältnisse am Bewertungsstichtag (§ 11 48

---

68 BFH v. 31.1.1964 – III 199/61 U, BStBl III 1964, 179; Daragan/Halaczinsky/Riedel/*Daragan*, ErbStG und BewG, § 14 BewG Rn 9.

69 BFH v. 24.4.1970 – III R 54/67, BStBl II 1970, 715; BFH v. 27.5.1992 – II R 33/89, BStBl II 1992, 990; BFH v. 10.11.2004 – II R 69/01, BStBl II 2005, 259.

70 Daragan/Halaczinsky/Riedel/*Daragan*, ErbStG und BewG, § 13 BewG Rn 22.

71 BFH v. 8.10.1952 – II 205/51 U, BStBl III 1952, 295; BFH v. 26.11.1986 – II R 18/84, BStBl II 1987, 271; BFH v. 27.4.1992 – II R 33/89, BStBl II 1992, 990.

72 Daragan/Halaczinsky/Riedel/*Daragan*, ErbStG und BewG, § 13 BewG Rn 23.

ErbStG). Später eintretende Umstände können nur berücksichtigt werden, wenn sie am Stichtag bereits voraussehbar waren.[73]

C. Erbschaftsteuerliche Privilegierung für Wohnungsunternehmen, §§ 13a ff. ErbStG

I. Grundsätzliches zur Privilegierung von Produktivvermögen

49 Für den steuerpflichtigen Übergang von Unternehmensvermögen enthält das ErbStG sehr weit reichende Verschonungen, die, soweit die entsprechenden Voraussetzungen erfüllt sind, insbesondere die Gewährung eines Verschonungsabschlags (85 % bzw. 100 %) nach § 13a Abs. 1, Abs. 10 ErbStG ermöglichen.

Begünstigungsfähig sind nach § 13b Abs. 1 ErbStG Unternehmen unterschiedlichster Rechtsformen einschließlich solcher im Bereich der Land- und Forstwirtschaft. Das gilt sowohl für Personenunternehmen (Einzelunternehmen und Mitunternehmerschaften) als auch für Kapitalgesellschaften (soweit die Mindestbeteiligungsquote von mehr als 25 %, § 13b Abs. 1 Nr. 3 ErbStG, beim Erblasser/Schenker erfüllt ist).

50 Die Begünstigungsvoraussetzungen sowie die zum dauerhaften Erhalt der Verschonung zu erfüllenden nachlaufenden Verpflichtungen (Behaltensfrist, § 13a Abs. 6 ErbStG, und Lohnsummenkriterium, § 13a Abs. 1 und 3 ErbStG) sind sehr vielfältig und facettenreich, die Verschonungssystematik insgesamt äußerst komplex.[74]

Unter anderem definiert § 13b Abs. 4 ErbStG einen Katalog solcher zum jeweiligen Unternehmen gehörender Vermögensgegenstände (Verwaltungsvermögen), deren Wert von der Anwendung der Verschonungsregelungen grundsätzlich[75] ausgenommen bleibt.

51 Zum Verwaltungsvermögen gehört insbesondere nach § 13b Abs. 4 Nr. 1 S. 1 ErbStG Dritten zur Nutzung überlassener Grundbesitz, soweit nicht eine der Ausnahmen des § 13b Abs. 4 Nr. 1 S. 2 Buchst. a–f ErbStG eingreift.

Von einer Nutzungsüberlassung an Dritte ist immer auszugehen, wenn der Nutzende nicht der Betriebsinhaber selbst ist.[76] Ob die Nutzungsüberlassung entgeltlich oder unentgeltlich erfolgt, ist ohne Belang,[77] ebenso die Art der Nutzung.[78]

---

73 BFH v. 9.9.1960 – III 277/57 U, BStBl III 1961, 18.

74 Auf die entsprechenden Kommentierungen wird verwiesen.

75 Ausnahme: unschädliches Verwaltungsvermögen, § 13b Abs. 7 ErbStG, vgl. z.B. Daragan/Halaczinsky/Riedel/*Riedel*, ErbStG und BewG, § 13b ErbStG Rn 335 ff.

76 Daragan/Halaczinsky/Riedel/*Riedel*, ErbStG und BewG, § 13b ErbStG Rn 192.

77 R E 13b.13 S. 2 ErbStR 2019.

78 Rückausnahme: land- und forstwirtschaftliche Nutzung, § 13b Abs. 4 Nr. 1 S. 2 Buchst. f ErbStG.

Im Hinblick auf die Übertragung von Wohnimmobilien, die in einer gewerblich-unternehmerischen Struktur (z.B. einer Kapitalgesellschaft oder einer gewerblich geprägten Personengesellschaft) gehalten werden, kommt der Ausnahme vom Verwaltungsvermögen nach § 13b Abs. 4 Nr. 1 S. 2 Buchst. d ErbStG (Wohnungsunternehmen) besondere Bedeutung zu. Denn wenn die gesetzlichen Anforderungen an das Vorliegen eines Wohnungsunternehmens in diesem Sinne erfüllt sind, gilt der gesamte Immobilienbesitz des Unternehmens (also nicht nur die Wohnimmobilien)[79] ausnahmsweise nicht als Verwaltungsvermögen, so dass die Verschonungsnormen (§§ 13a ff. ErbStG) anwendbar sind. 52

II. Nutzungsüberlassung im Rahmen eines Wohnungsunternehmens

1. Grundsätzliches

§ 13b Abs. 4 Nr. 1 S. 2 Buchst. d ErbStG regelt eine Ausnahme von der Verwaltungsvermögensqualifikation für solchen Dritten zur Nutzung überlassenen Grundbesitz, der dem Betriebsvermögen[80] eines Einzelunternehmens bzw. einer Personen- oder Kapitalgesellschaft zuzuordnen ist, deren Hauptzweck in der Vermietung von Wohnungen besteht, wenn die Erreichung dieses Zwecks einen wirtschaftlichen Geschäftsbetrieb i.S.v. § 14 AO erfordert. 53

Hiervon erfasst werden sämtliche überlassenen Grundstücke, Grundstücksteile, grundstücksgleichen Rechte[81] und Bauten, die zum Betriebsvermögen eines i.S.v. § 13b Abs. 4 Nr. 1 S. 2 Buchst. d ErbStG qualifizierten Unternehmens gehören, und zwar unabhängig von der Art ihrer jeweiligen Nutzung im konkreten Einzelfall.[82] Voraussetzung ist lediglich, dass sie (unmittelbar) dem Betriebsvermögen eines solchen Unternehmens zuzuordnen sind. Das ist der Fall bei Zugehörigkeit zum Betriebsvermögen eines entsprechenden Einzelunternehmens sowie bei Zugehörigkeit zum Vermögen einer Kapitalgesellschaft und schließlich bei Zugehörigkeit zum gesamthänderisch gebundenen Betriebsvermögen einer Personengesellschaft.[83] Die Zugehörigkeit zum Sonderbetriebsvermögen eines Gesellschafters genügt demgegenüber nicht.[84] 54

79 R E 13b.17 Abs. 2 S. 5 ErbStR 2019; vgl. auch Troll/Gebel/Jülicher/Gottschalk/*Jülicher*, ErbStG, § 13b Rn 291; v. Oertzen/Loose/Stalleiken/*Stalleiken*, ErbStG, § 13b Rn 131; vgl. hierzu auch BFH v. 28.2.2024 – II R 27/21, DStR 2024, 1484 m. Anm. *Kugelmüller-Pugh*.

80 Eine analoge Anwendung auf Immobilien im Privatvermögen kommt nicht in Betracht, BFH v. 29.8.2019 – II B 79/18, BFH/NV 2020, 20.

81 Insb. das Erbbaurecht (nicht aber die spiegelbildliche Verpflichtung), Troll/Gebel/Jülicher/Gottschalk/*Jülicher*, ErbStG, § 13b Rn 291; v. Oertzen/Loose/Stalleiken/*Stalleiken*, ErbStG, § 13b Rn 131.

82 R E 13b.17 Abs. 2 S. 5 ErbStR 2019.

83 *Hübner*, Erbschaftsteuerreform 2009, S. 461.

84 Troll/Gebel/Jülicher/Gottschalk/*Jülicher*, ErbStG, § 13b Rn 291.

55 Ein Wohnungsunternehmen i.S.v. § 13b Abs. 4 Nr. 1 S. 2 Buchst. d ErbStG liegt im Übrigen nur dann vor, wenn zum einen der Hauptzweck des zu prüfenden Betriebs in der Vermietung von Wohnungen i.S.v. § 181 Abs. 9 BewG besteht und zum anderen die Erfüllung dieses Hauptzwecks einen wirtschaftlichen Geschäftsbetrieb i.S.v. § 14 AO erfordert.[85]

56 Eine Wohnung i.S.v. § 181 Abs. 9 BewG muss eine Wohnfläche von mindestens 23 qm aufweisen. Im Übrigen handelt es sich um die Zusammenfassung einer Mehrheit von Räumen, die in ihrer Gesamtheit so beschaffen sein müssen, dass die Führung eines selbstständigen Haushalts möglich ist; sie muss von anderen Wohnungen oder Räumen baulich getrennt sein und eine in sich abgeschlossene Wohneinheit bilden, die einen selbstständigen Zugang hat. Das Vorhandensein aller für die Führung eines selbstständigen Haushalts notwendigen Räume und Nebenräume (Küche, Bad oder Dusche, Toilette) ist konstitutiv.

Im Übrigen sind die Anforderungen allerdings nicht allzu hoch, so dass bspw. auch ein Ferienhaus ohne Telefon-, Internet- oder andere Anschlüsse als Wohnung anzusehen ist.[86]

57 Der Hauptzweck des Betriebs besteht in der Vermietung von Wohnungen, wenn diese den überwiegenden Teil der betrieblichen Tätigkeit ausmacht. Das gilt auch dann, wenn – sozusagen im „Nebenzweck" – Grundstücke oder Grundstücksteile (einschließlich Wohnungen) vermietet werden, die nicht zu Wohnzwecken, sondern z.B. auch zu gewerblichen, freiberuflichen oder öffentlichen Zwecken genutzt werden.[87]

Trotz der grundsätzlichen Anwendbarkeit des Stichtagsprinzips auch im Bereich der Feststellung des Verwaltungsvermögens geht die Finanzverwaltung davon aus, dass auch zur Vermietung bestimmte Wohnungen (oder andere Grundstücke bzw. Grundstücksteile), die am Stichtag – bspw. wegen Mieterwechsels oder Modernisierungsmaßnahmen – unvermietet sind, entsprechend ihrer Zweckbestimmung (Vermietung) wie vermietete Wohnungen (oder anderweitig genutzte Grundstücke bzw. Grundstücksteile) zu behandeln sind.[88]

Die Feststellung, nach welchen Kriterien der Hauptzweck des Betriebs von anderweitigen Aktivitäten abzugrenzen ist, war in der Literatur zunächst unklar.[89] Nach Auffassung der Finanzverwaltung bilden jedoch allein die Grundbesitzwerte den anzuwendenden Entscheidungsmaßstab. Es sind daher die Grundbesitzwerte der zu Wohnzwecken vermieteten Grundstücke bzw. Grundstücksteile zur Summe der Grundbesitzwerte aller vermieteten Grundstücke ins Verhältnis

85 R E 13b.17 Abs. 1 ErbStR 2019.

86 BFH v. 26.8.2020 – II R 39/18, BFH/NV 2021, 347.

87 R E 13b.17 Abs. 2 S. 1 u. 2 ErbStR 2019.

88 R E 13b.17 Abs. 1 S. 3 ErbStR 2019.

89 Für qualitative Kriterien: *Hannes/Onderka*, ZEV 2009, 10, 14; *Richter/Viskorf/Philipp*, DB Beilage 2/2009, 1, 3.

zu setzen.[90] Qualitative Gesichtspunkte oder auch das Verhältnis der erwirtschafteten Umsätze oder Erträge spielen indes keine Rolle.

Vorgaben, wie im Anwendungsbereich von § 13b Abs. 4 Nr. 1 S. 2 Buchst. d ErbStG die maßgeblichen Grundbesitzwerte zu ermitteln sind, enthält das Gesetz nicht. Auch die Finanzverwaltung hat sich hierzu nicht geäußert. Anhaltspunkte dafür, dass, wie im Schrifttum teilweise vertreten, für alle Immobilien einheitlich das Ertragswertverfahren angewendet werden müsste,[91] bestehen nicht. Vielmehr deuten die Vorgaben des BewG für die Bewertung einzelner Grundstücksarten darauf hin, dass diese auch für die Bewertung des Immobilienbesitzes von Wohnungsunternehmen maßgeblich sein müssen.[92]

Die Frage, ob der Hauptzweck des Unternehmens in der Wohnungsvermietung besteht, ist jeweils betriebsbezogen zu beurteilen, nicht für das gesamte auf den Erwerber übergehende Vermögen.[93] 58

2. Wirtschaftlicher Geschäftsbetrieb – Verwaltungsauffassung

Nach Auffassung der Finanzverwaltung sprechen für die Annahme eines wirtschaftlichen Geschäftsbetriebs insbesondere der Umfang der Geschäfte, das Unterhalten eines Büros, die Buchführung zur Gewinnermittlung sowie eine umfangreiche Organisationsstruktur zur Durchführung der Geschäfte. Gleiches gilt für die Bewerbung der Tätigkeit sowie für das Anbieten der Dienstleistung/Produkte gegenüber einer breiteren Öffentlichkeit.[94] Im Übrigen soll ein wirtschaftlicher Geschäftsbetrieb regelmäßig anzunehmen sein, wenn das jeweilige Unternehmen mehr als 300 eigene Wohnungen hält.[95] 59

Soweit ein Wohnungsunternehmen wegen seines Umfangs einen in kaufmännischer Weise eingerichteten wirtschaftlichen Geschäftsbetrieb erfordert, besteht einerseits die Möglichkeit, diesen Betrieb selbst einzurichten, andererseits kann jedoch auch auf die Hilfe externer Dienstleister zurückgegriffen werden. Demzufolge setzt die Anwendbarkeit von § 13b Abs. 4 Nr. 1 S. 2 Buchst. d ErbStG nicht voraus, dass der notwendige wirtschaftliche Geschäftsbetrieb direkt bei dem übertragungsgegenständlichen Unternehmen vorliegen muss. Ausreichend ist es vielmehr auch, wenn die Vermietung und Verwaltung der Wohnungen durch ein externes Dienstleistungsunternehmen erledigt wird.[96] Gleiches gilt, wenn die Vermietung und Verwaltung im Rahmen einer Betriebsaufspaltung durch das 60

90 R E 13b.17 Abs. 2 S. 3 ErbStR 2019; vgl. auch *Mannek*, ZEV 2012, 6, 12.
91 *v. Cölln*, ZEV 2012, 133, 134; Kapp/Ebeling/*Geck*, ErbStG, § 13b Rn 117.
92 *Stoklassa*, ErbStB 2017, 80, 83; Troll/Gebel/Jülicher/Gottschalk/*Jülicher*, ErbStG, § 13b Rn 293.
93 R E 13b.17 Abs. 2 S. 5 ErbStR 2019.
94 R E 13b.17 Abs. 3 S. 1 ErbStR 2019.
95 R E 13b.17 Abs. 3 S. 2 ErbStR 2019.
96 R E 13b.17 Abs. 4 S. 1 u. 2 ErbStR 2019.

Betriebsunternehmen erfolgt oder durch ein Unternehmen, an dem das übertragungsgegenständliche Unternehmen beteiligt ist.[97]

61 Voraussetzung für die Ausnahme vom Verwaltungsvermögen ist auf jeden Fall, dass die Wohnungsvermietung – wegen ihres Umfangs – tatsächlich einen wirtschaftlichen Geschäftsbetrieb erfordert. Allein die Einrichtung eines solchen oder die Inanspruchnahme externer Dienstleister reicht nicht aus.

Soweit aber ein wirtschaftlicher Geschäftsbetrieb wegen des Umfangs der Vermietungstätigkeit erforderlich ist, fordert die Finanzverwaltung (zu Recht) nicht, dass die Gesellschaft diesen selbst (mit eigener Infrastruktur bzw. eigenem Personal) einrichtet bzw. aufrechterhält. Vielmehr können auch externe Dienstleister eingeschaltet werden, um die Verwaltungsaufgaben zu erledigen.[98]

3. Wirtschaftlicher Geschäftsbetrieb – Auffassung der Rechtsprechung

62 Nach dem Urteil des BFH vom 24.10.2017[99] kann ein für die Annahme begünstigten Vermögens nach (dem für Erwerbe bis zum 30.6.2016 geltenden) § 13b Abs. 2 S. 2 Nr. 1 S. 2 Buchst. d ErbStG (entspricht inhaltlich dem seit Juli 2016 anwendbaren § 13b Abs. 4 Nr. 1 S. 2 Buchst. d ErbStG) erforderlicher wirtschaftlicher Geschäftsbetrieb nur dann vorliegen, wenn die Gesellschaft neben der Überlassung der Wohnungen Zusatzleistungen erbringt, die das bei langfristigen Vermietungen übliche Maß überschreiten und der Vermietungstätigkeit einen originär gewerblichen Charakter i.S.d. § 15 Abs. 1 S. 1 Nr. 1, Abs. 2 EStG verleihen. Es genügt nicht, dass sich die Wohnungen im Betriebsvermögen der Gesellschaft befinden.

Aus der gesetzlichen Definition in § 14 AO ergebe sich, dass ein wirtschaftlicher Geschäftsbetrieb i.d.R. durch die Erzielung von Einkünften aus Gewerbebetrieb begründet werde. Denn dabei sei begrifflich auch der Rahmen einer Vermögensverwaltung i.S.d. § 14 S. 3 AO überschritten.

Eine gewerblich geprägte Personengesellschaft i.S.d. § 15 Abs. 3 Nr. 2 S. 1 EStG, die keine originär gewerbliche Tätigkeit i.S.d. § 15 Abs. 1 S. 1 Nr. 1 EStG ausübe, sondern lediglich vermögensverwaltend tätig sei, unterhalte keinen wirtschaftlichen Geschäftsbetrieb i.S.d. § 14 S. 1 AO, auch wenn sie ertragsteuerrechtlich Einkünfte aus Gewerbebetrieb erzielt und buchführungspflichtig ist.

§ 14 AO knüpfe das Vorliegen eines wirtschaftlichen Geschäftsbetriebs eigenständig an. Ein Gleichlauf mit § 15 Abs. 3 Nr. 2 EStG oder ein Verweis auf die Einkünfte i.S.d. § 1 EStG bestehe nicht. Demzufolge begründe z.B. die gewerb-

97 R E 13b.17 Abs. 4 S. 1 u. 2 ErbStR 2019.

98 Vgl. R E 13b.17 Abs. 4 S. 1 u. 2 ErbStR 2019.

99 BFH v. 24.10.2017 – II R 44/15, BStBl II 2018, 358; hierzu Nichtanwendungserlass v. 23.4.2018, BStBl I 2018, 692; siehe hierzu auch *Bäuml/Bauer*, DB 2018, 1757; *Klarner*, ZEV 2018, 361.

liche Prägung bei einer vermögensverwaltenden Wohnungsvermietungsgesellschaft ebenfalls keinen wirtschaftlichen Geschäftsbetrieb i.S.d. § 13b Abs. 2 S. 2 Nr. 1 S. 2 Buchst. d ErbStG. Die Vorschrift stelle ausdrücklich auf einen wirtschaftlichen Geschäftsbetrieb ab und verweise zu dessen Definition auf § 14 AO.

Für die im Rahmen des § 13b Abs. 2 S. 2 Nr. 1 S. 2 Buchst. d ErbStG vorzunehmende Prüfung, ob die Vermietung von Wohnungen einen wirtschaftlichen Geschäftsbetrieb erfordert, seien die ertragsteuerrechtlich maßgebenden Abgrenzungskriterien zur Einstufung einer Vermietungstätigkeit als private Vermögensverwaltung oder als gewerbliche Tätigkeit heranzuziehen. Die Nutzung von Grundbesitz im Sinne einer Fruchtziehung aus zu erhaltenden Substanzwerten (z.B. durch Selbstnutzung oder Vermietung) sei im Regelfall private Vermögensverwaltung und kein Gewerbebetrieb. Dies gelte gleichermaßen für das Ertragsteuerrecht wie für § 14 AO.

Die Vermietung von Grundstücken oder Grundstücksteilen wie etwa Wohnungen sei danach regelmäßig bloße Vermögensverwaltung im Sinne einer Fruchtziehung. Dies gelte auch, wenn es sich um einen großen Wohnungsbestand handele, dessen Vermietung einen erheblichen Einsatz von Arbeitskraft mit sich bringe, die Bautätigkeit des Vermieters einen großen Umfang annehme, der Vermieter bspw. als Architekt oder Bauunternehmer über eine besondere Sachkunde verfüge und erhebliches Fremdkapital in Anspruch nehme.

Die Grundstücksvermietung habe dagegen dann einen gewerblichen Charakter, wenn besondere Umstände gegeben seien. Solche besonderen Umstände lägen vor, wenn bei der Vermietung eine Tätigkeit entfaltet werde, die über das normale Maß einer Vermietertätigkeit hinausgeht.

Von einer gewerblichen Vermietungstätigkeit sei daher auszugehen, wenn der Vermieter bestimmte ins Gewicht fallende, bei der Vermietung von Räumen nicht übliche Sonderleistungen – wie z.B. die Übernahme der Reinigung der vermieteten Wohnungen oder der Bewachung des Gebäudes[100] – erbringe oder wegen eines besonders schnellen, sich aus der Natur der Vermietung ergebenden Wechsels der Mieter oder Benutzer der Räume eine Unternehmensorganisation erforderlich sei.

Eine andere Auslegung des § 13b Abs. 2 S. 2 Nr. 1 S. 2 Buchst. d ErbStG ergebe sich auch nicht aus dessen Entstehungsgeschichte. Soweit die Finanzverwaltung in R E 13b.17 Abs. 3 ErbStR 2011 eine andere Auslegung des § 13b Abs. 2 S. 2 Nr. 1 S. 2 Buchst. d ErbStG vertrete, indem sie insbesondere auf den Umfang der Geschäfte und eine umfangreiche Organisationsstruktur zur Durchführung der Geschäfte abstelle und das Vorliegen eines wirtschaftlichen Geschäftsbetriebs regelmäßig annehme, wenn das Unternehmen mehr als 300 eigene Wohnungen

100 Bedeutsam können natürlich auch andere Nebenleistungen sein, bspw. die Lieferung von Strom.

hält, könne dem nicht gefolgt werden. Verwaltungsvorschriften, zu denen die ErbStR gehörten, seien keine die Gerichte bindenden Rechtsnormen.

63 Festzuhalten ist demnach, dass der BFH im angesprochenen Urteil nicht auf quantitative, sondern allein auf qualitative Merkmale abstellt, um das Kriterium des wirtschaftlichen Geschäftsbetriebs (§ 14 AO) zu beurteilen. Dem hat sich das FG Münster[101] angeschlossen. Bereits vor dem BFH hatte auch das FG München ähnlich geurteilt.[102] Außerdem wird teilweise gefordert, dass alle Immobilien in ein und demselben Unternehmen gehalten werden müssen und nicht etwa in Schwester- oder Mutter- und Tochtergesellschaften.[103]

4. Stellungnahme

64 Auch wenn die Sichtweise der Rechtsprechung dogmatisch nur eingeschränkt überzeugen kann, weil sie zu eng ist, bleibt festzuhalten, dass qualitative Gesichtspunkte bei der Beurteilung des Vorliegens eines wirtschaftlichen Geschäftsbetriebs jedenfalls eine Rolle spielen können. Außerdem ist dem BFH zuzustimmen, dass die quantitative Grenze der Finanzverwaltung (jedenfalls als Ausschlusskriterium) keinen Bestand haben kann.

Die bloße Vermietungstätigkeit geht – auch bei einer großen Zahl von Wohnungen – nach ständiger Rechtsprechung regelmäßig nicht über den Rahmen der Vermögensverwaltung hinaus. Das gilt, wie der II. Senat zutreffend herausstellt, auch dann, wenn zur Ausübung der Vermietungstätigkeit ein in „kaufmännischer" Weise eingerichteter Geschäftsbetrieb unterhalten wird.[104]

65 Im Rahmen des Gesetzgebungsverfahrens zum ErbStG 2009 wollte der Finanzausschuss eine Ausnahme für Wohnimmobilien aus dem Verwaltungsvermögen für solche Konstellationen, in denen die Vermietung im Rahmen eines in kaufmännischer Weise eingerichteten, d.h. wirtschaftlichen, Geschäftsbetriebs erfolge.[105] Die Begrifflichkeiten „in kaufmännischer Weise eingerichtet" und „wirtschaftlicher Geschäftsbetrieb" verstand der Finanzausschuss offenbar synonym.

Auch wenn das etwas weniger technisch geprägte Verständnis des Finanzausschusses von § 14 AO tatsächlich keinen Niederschlag im Gesetz gefunden hat, ging es dem Gesetzgeber erkennbar und offensichtlich allein um den Umfang und nicht um die Qualität der Vermietungstätigkeit. In dieser Situation darauf

101 FG Münster v. 25.6.2020 – 3 K 13/20 (rkr.), EFG 2020, 1316; Revision zurückgenommen (Az BFH: II R 20/20).

102 FG München v. 8.7.2015 – 4 K 360/12, EFG 2015, 1952.

103 FG Münster v. 25.6.2020 – 3 K 13/20, EFG 2020, 1316.

104 Vgl. BFH v. 6.3.1997 – IV R 21/96, DStRE 1997, 757; BFH v. 18.4.2000 – VIII R 68/98, DStR 2000, 1594.

105 BT-Drucks 16/11075 v. 25.11.2008, S. 21.

zu verweisen, dass die Gesetzesmaterialien nicht dazu verleiten dürften, die subjektiven Vorstellungen der gesetzgebenden Instanzen dem objektiven Gesetzesinhalt gleichzusetzen, überzeugt hier insbesondere deshalb nicht, weil bei wortgetreuer Auslegung kaum ein praktischer Anwendungsbereich für die in Rede stehende Norm verbliebe. Schließlich besteht bei den meisten Wohnungsunternehmen das Bestreben, die erweiterte Kürzung bei der Gewerbesteuer (§ 9 Nr. 1 S. 2 GewStG) in Anspruch nehmen zu können, was die Erbringung originär gewerblicher Nebenleistungen ausschließt.

Dies gilt umso mehr, als im Rahmen des Gesetzgebungsverfahrens zum ErbStG 2016 die in Rede stehende Norm inhaltlich unverändert geblieben ist und zum Gesetzeszweck festgehalten wurde, dass es ausdrücklich um große Wohnungsvermietungsunternehmen gehe. „Der Erhalt von bezahlbarem Wohnraum rechtfertigt als besonderer Gemeinwohlgrund eine Rückausnahme für Wohnungsvermietungsunternehmen, deren Hauptzweck in der Vermietung von Wohnungen besteht.“[106]

Vor diesem Hintergrund ist richtigerweise davon auszugehen, dass Wohnungsun- 66
ternehmen i.S.v. § 13b Abs. 4 Nr. 1 S. 2 Buchst. d ErbStG auch dann vorliegen können, wenn sich in ihrem Gesamthandsvermögen weniger als 300 vermietete Wohneinheiten befinden.

Soweit die Gesellschaft keine originär gewerblichen Nebenleistungen erbringt, spielt die Anzahl der vermieteten Wohneinheiten lediglich insofern eine Rolle, als sie für die Notwendigkeit der Einrichtung und Aufrechterhaltung eines in kaufmännischer Weise eingerichteten Geschäftsbetriebs bedeutsam ist. Diese Notwendigkeit besteht praktisch auch deutlich unterhalb der von der Finanzverwaltung willkürlich gesetzten Schwelle von 300 Einheiten.

Sowohl im Hinblick auf die Begünstigungsvoraussetzungen als auch im Hinblick 67
auf den Begünstigungsumfang ist im Übrigen zweifelhaft, ob Wohnungen, die eine gewerblich tätige oder gewerblich geprägte Personengesellschaft mittelbar (durch Beteiligungen an vermögensverwaltenden Personengesellschaften) hält, einzubeziehen sind.

Gem. § 10 Abs. 1 S. 4 ErbStG gilt der Erwerb eines Anteils an einer vermögensverwaltenden Personengesellschaft als Erwerb der (aller) anteiligen Wirtschaftsgüter, die sich im zivilrechtlichen Gesamthandsvermögen dieser Gesellschaft befinden. Nach diesem Grundsatz zählen zum Betriebsvermögen einer gewerblichen bzw. gewerblich geprägten Personengesellschaft, die an einer ihr nachgeordneten vermögensverwaltenden Personengesellschaft beteiligt ist, die (anteiligen) Wirtschaftsgüter der nachgeordneten Gesellschaft. Steuerlich werden diese wie

106 BT-Drucks 18/8911 v. 22.6.2016.

(Bruchteils-)Miteigentumsanteile (und zwar entsprechend der gesellschaftlichen Beteiligungsquote) behandelt.[107]

Vor diesem Hintergrund müssen aus dogmatischen Gründen die (steuerlichen/fiktiven) Miteigentumsanteile an den von einer vermögensverwaltenden Beteiligungsgesellschaft gehaltenen zu Wohnzwecken vermieteten Wohneinheiten im Rahmen von § 13b Abs. 2 S. 2 Nr. 1 S. 2 Buchst. d ErbStG (a.F.) bzw. § 13b Abs. 4 Nr. 1 S. 2 Buchst. d ErbStG 2016 wie unmittelbar gehaltener eigener Grundbesitz der Obergesellschaft behandelt werden. Die entgegengesetzte Verwaltungsauffassung[108] entbehrt jeglicher Begründung und auch der dogmatischen Rechtfertigung.[109]

Tatsächlich sind alle in nachgeordneten vermögensverwaltenden Personengesellschaften gehaltenen Wohneinheiten sowohl bei der Frage, ob ihre Verwaltung einen in kaufmännischer Weise eingerichteten Geschäftsbetrieb erfordert, zu berücksichtigen als auch (bejahendenfalls) als von den Privilegierungen für Produktivvermögen erfasstes Betriebsvermögen zu behandeln.[110]

Dasselbe gilt für mittelbar über Beteiligungen an gewerblichen oder gewerblich geprägten Personengesellschaften gehaltene (Wohn-)Immobilien. Denn bei Vorliegen von im Gesamthandsvermögen gehaltenen Beteiligungen an gewerblichen bzw. gewerblich geprägten Personengesellschaften ist für die Ermittlung des Verwaltungsvermögens auf Ebene der „Obergesellschaft" gem. § 13b Abs. 10 ErbStG auf eine Verbundvermögensaufstellung abzustellen. Im Übrigen sprechen auch die Richtlinien in R E 13b.17 Abs. 3 S. 2 ErbStR 2019 vom „Unternehmen" und nicht von der übertragungsgegenständlichen Gesellschaft, was zusätzlich darauf hindeutet, dass die Finanzverwaltung (zu Recht) kein unmittelbares Immobilieneigentum fordert.

R E 13b.17 Abs. 2 S. 6 ErbStR 2019, der eine betriebsbezogene Prüfung vorsieht und nicht eine auf das gesamte auf den Erwerber übergehende Vermögen bezogene Prüfung, zielt auf den Ausschluss der Anwendbarkeit der Rückausnahme für Wohnungsunternehmen für die Fälle ab, in denen mehrere Schwesterunternehmen im Rahmen einer einheitlichen Schenkung oder eines Erbfalls übergehen, die – jeweils isoliert betrachtet – kein Wohnungsunternehmen darstellen, in Summe aber eine ausreichende Anzahl an Wohnungen besitzen. Diese Fälle sind aber mit dem des Haltens nachgeordneter Beteiligungen im betrieblichen Gesamthandsvermögen nicht vergleichbar.

107 Ebenso *v. Oertzen/Hübner*, DStR 2020, 2586, 2587.

108 BayLfSt, Verfg. v. 8.7.2020 – S 3812b.2.1 – 34/22 St 34, DStR 2020, 2024.

109 *v. Oertzen/Hübner*, DStR 2020, 2586, 2588.

110 *v. Oertzen/Hübner*, DStR 2020, 2586, 2588.

D. Erbschaftsteuerliche Privilegierung für vermieteten Wohnraum, § 13d ErbStG

Während Begünstigungen für Produktivvermögen (§§ 13a ff., 19a, 28 und 28a ErbStG) für unmittelbar privat oder in vermögensverwaltenden Gesellschaften gehaltene Immobilien gar nicht anwendbar sind und auch die zum Betriebsvermögen gehörenden, aber Dritten zur Nutzung überlassenen Immobilien weitestgehend als Verwaltungsvermögen (§ 13b Abs. 4 Nr. 1 ErbstG) von den Verschonungen ausgenommen sind, sieht § 13d ErbStG für zu Wohnzwecken vermietete Immobilien eine besondere (wenn auch nur geringfügige) Verschonung vor. 68

Nach § 13d Abs. 1 ErbStG sind Grundstücke nur mit 90 % ihres Werts erbschaftsteuerlich anzusetzen, wenn diese 69
- zu Wohnzwecken vermietet werden (§ 13d Abs. 3 Nr. 1 ErbStG),
- im Inland oder in einem Mitgliedstaat der EU oder des EWR oder einem Drittstaat[111] belegen sind (§ 13d Abs. 3 Nr. 2 ErbStG) und
- nicht zum begünstigten Betriebsvermögen i.S.d. § 13a ErbStG gehören (§ 13d Abs. 3 Nr. 3 ErbStG).

Im Falle der Belegenheit in einem Drittstaat muss ein effektiver Informationsaustausch gewährleistet sein. D.h., es muss mit diesem Staat ein völkerrechtliches Abkommen oder Übereinkommen bestehen, das ihn verpflichtet, der Bundesrepublik Deutschland auf Ersuchen entsprechend dem OECD-Standard für Transparenz und effektiven Informationsaustausch i.S.d. § 4 Abs. 2 Nr. 2 i.V.m. Abs. 4 S. 1 StAbwG (Steueroasen-Abwehrgesetz) in Bezug auf die Erbschaftsteuer bzw. Schenkungsteuer Amtshilfe zu leisten.[112]

Gegenstand der Verschonung sind bebaute Grundstücke bzw. – sofern zivilrechtlich möglich – auch Grundstückteile i.S.v. § 180 BewG, die zu Wohnzwecken vermietet sind. Hierzu gehören z.B. Ein- und Zweifamilienhäuser, Mietwohngrundstücke, Wohnungseigentum oder entsprechende Grundstücksteile anderer Grundstücksarten (Erbbaurechte,[113] Gebäude auf fremdem Grund und Boden, vgl. § 181 BewG), und zwar unabhängig davon, wie das Grundstück bewertet wird. Die Privilegierung setzt die Benutzbarkeit des Gebäudes voraus.[114] Diese beginnt im Zeitpunkt der Bezugsfertigkeit, also dann, wenn es den künftigen Bewohnern oder sonstigen Benutzern zugemutet werden kann, das Gebäude zu benutzen.[115] 70

111 Eingeführt durch das JStG 2024.

112 Troll/Gebel/Jülicher/Gottschalk/*Jülicher*, ErbStG, § 13d Rn 17.

113 Vgl. *Schmidt*, ErbR 2024, 353, 354. Das mit dem Erbbaurecht belastete Grundstück ist indes nicht begünstigt, R E 13d Abs. 9 S. 5 ErbStR 2019.

114 BFH v. 11.12.2014 – II R 30/14, DStR 2015, 294. Außerdem muss jedenfalls Vermietungsabsicht bestehen, *Schmidt*, ErbR 2024, 353, 354.

115 Vgl. BFH v. 18.4.2012 – II R 58/10, BStBl II 2012, 874.

71 Von einer Vermietung ist auszugehen, wenn für die Nutzungsüberlassung ein Entgelt[116] vereinbart ist und diese entgeltliche Nutzungsüberlassung auch tatsächlich durchgeführt wird.

Die unentgeltliche Überlassung ist nicht begünstigt.[117] Auch die unentgeltliche Einräumung von obligatorischen oder dinglichen Nutzungsrechten, z.B. die Einräumung eines unentgeltlichen Wohnungsrechts, ist der Vermietung zu Wohnzwecken nicht gleichzusetzen.[118] Allerdings muss die Miete nicht unbedingt tatsächlich „fließen“. Auch die Wohnungsüberlassung zur Abgeltung einer Unterhaltsverpflichtung kann als Vermietung im Sinne der Norm anzusehen sein.[119]

72 Begünstigt ist im Übrigen nach dem Gesetzeswortlaut nur die Vermietung zu Wohnzwecken, nicht zu anderen Zwecken. Maßgeblich ist das Gesamtbild der Verhältnisse. Die Nutzung einer vermieteten Wohnung zu anderen als Wohnzwecken ist daher unschädlich, wenn die „anderen Zwecke“ nur von untergeordneter Bedeutung sind, z.B. durch Nutzung eines Arbeitszimmers. Eine gewerbliche oder freiberufliche Mitbenutzung einer Wohnung ist ebenfalls unschädlich, wenn die Wohnnutzung überwiegt.[120] Im Übrigen kommt es auf die vertragliche Vereinbarung zwischen Vermieter und Mieter an. Daher führt ein vertragswidriger Gebrauch zu anderen als Wohnzwecken nicht zum Verlust der Begünstigungen.[121]

Garagen, Nebenräume und Nebengebäude dienen den Wohnzwecken, wenn sie an die (Wohn-)Mieter vermietet sind.[122] Bei Vermietung an Fremde (Nicht-Wohnmieter) liegt keine Vermietung zu Wohnzwecken vor.[123]

73 Bei gemischt genutzten Grundstücken (teils Wohnnutzung, teils gewerbliche, freiberufliche etc.) hat eine Aufteilung zu erfolgen. Dasselbe gilt, wenn sich in der Immobilie eine selbstgenutzte Wohnung (oder gar ein Familienheim, vgl.

---

116 Dessen Höhe spielt keine entscheidende Rolle, R E 13d Abs. 6 S. 2 ErbStR 2019. In Fällen einer „Scheinvermietung“ sind die gesetzlichen Voraussetzungen aber sicher nicht erfüllt; vgl. Daragan/Halaczinsky/Riedel/*Halaczinsky*, ErbStG und BewG, § 13d ErbStG Rn 12.

117 R E 13d Abs. 6 S. 3 ErbStR 2019; vgl. auch *Schmidt*, ErbR 2024, 353, 354.

118 Daragan/Halaczinsky/Riedel/*Halaczinsky*, ErbStG und BewG, § 13d ErbStG Rn 12; Gleiches gilt auch für den Nießbrauch, *Schmidt*, ErbR 2024, 353, 354 unter Hinweis auf R E 13d Abs. 9 S. 5 ErbStR 2019.

119 Troll/Gebel/Jülicher/Gottschalk/*Jülicher*, ErbStG, § 13d Rn 12 unter Hinweis auf BFH v. 29.6.2022 – X R 33/20, BStBl II 2023, 237.

120 Vgl. R E 13d Abs. 6 S. 6 ErbStR 2019; Daragan/Halaczinsky/Riedel/*Halaczinsky*, ErbStG und BewG, § 13d ErbStG Rn 13 m.w.N.

121 Troll/Gebel/Jülicher/Gottschalk/*Jülicher*, ErbStG, § 13d Rn 11 unter Hinweis auf BFH v. 20.1.2009 – IX R 43/08, BFH/NV 2009, 722 zur Eigenheimzulage.

122 R E 13d Abs. 6 S. 1 Hs. 2 ErbStR 2019.

123 R E 13d Abs. 6 S. 1 ErbStR 2019; Daragan/Halaczinsky/Riedel/*Halaczinsky*, ErbStG und BewG, § 13d ErbStG Rn 13.

hierzu Rdn 80) befindet. Der Verschonungsabschlag ist in diesen Fällen nach den tatsächlichen Nutzungsverhältnissen im Besteuerungszeitpunkt allein für den Teil des Grundbesitzwerts zu gewähren, der auf den zu Wohnzwecken vermieteten Teil des Gebäudes entfällt. Die Aufteilung erfolgt nach dem Verhältnis der zu Wohnzwecken vermieteten Wohnfläche zur gesamten Wohn-/Nutzfläche des Gebäudes.[124]

Die Verschonung kann auch dann in Anspruch genommen werden, wenn ein zur Vermietung (zu Wohnzwecken) bestimmtes Objekt im Besteuerungszeitpunkt tatsächlich nicht vermietet ist, z.B. wegen Leerstands bei Mieterwechsel oder wegen Modernisierung.[125] Dasselbe gilt für (neue) Immobilien, die im Zeitpunkt der Steuerentstehung (§ 9 ErbStG) zur Vermietung bestimmt (aber noch nicht vermietet) sind. Hierfür ist es wohl ausreichend, dass eine konkrete Vermietungsabsicht des Erblassers bestand und mit deren Umsetzung (noch zu seinen Lebzeiten) begonnen wurde,[126] was der Steuerpflichtige jeweils anhand objektiver Tatsachen darzulegen hat.[127] Beruht allerdings ein Leerstand darauf, dass ein Verkauf des Objekts beabsichtigt ist/war, kommt die Anwendung von § 13d ErbStG nicht in Betracht.[128] 74

Gehört die zu Wohnzwecken vermietete Immobilie zu einem Betriebsvermögen, bei dem es als nicht begünstigtes Verwaltungsvermögen (§ 13b Abs. 4 Nr. 1 ErbStG) qualifiziert, ist § 13d ErbStG grundsätzlich anwendbar. Das gilt jedenfalls dann, wenn Träger des Betriebsvermögens eine natürliche Person (Einzelunternehmen) oder eine Personengesellschaft (Mitunternehmerschaft) ist. Im Falle von Kapitalgesellschaften bilden die Anteile an diesen den Übertragungsgegenstand (nicht, auch nicht mittelbar, die Immobilien), so dass § 13d ErbStG nicht angewendet werden kann.[129] 75

Demgegenüber ist aber eine Begünstigung von über eine vermögensverwaltende Personengesellschaft gehaltenen Objekten ohne weiteres möglich.[130]

Die Rechtsfolge des § 13d ErbStG ist gem. dessen Abs. 1, dass die zu Wohnzwecken vermieteten Immobilien lediglich mit 90 % ihres steuerlichen Werts angesetzt werden. Der Wertabschlag von 10 % gilt für alle steuerbaren Erwerbe,[131] 76

---

124 R E 13d Abs. 6 S. 7 ErbStR 2019; zur Berechnung vgl. Daragan/Halaczinsky/Riedel/*Halaczinsky*, ErbStG und BewG, § 13d ErbStG Rn 14.

125 R E 13d Abs. 6 S. 4 ErbStR 2019. Das gilt aber wohl nicht für Ferienwohnungen, die lediglich kurzfristig vermietet werden; ebenso *Schmidt*, ErbR 2024, 353, 354.

126 Für Schenkungsfälle sollte dies entsprechend gelten, nichtsdestotrotz ist zu empfehlen, derartige Konstellationen möglichst zu vermeiden.

127 Krug/Daragan/Bernauer/*Daragan*, Die Immobilie im Erbrecht, § 17 Rn 19.

128 *Schmidt*, ErbR 2024, 353, 354.

129 R E 13d Abs. 5 ErbStR 2019; ebenso Krug/Daragan/Bernauer/*Daragan*, Die Immobilie im Erbrecht, § 17 Rn 13; a.A. Troll/Gebel/Jülicher/Gottschalk/*Jülicher*, ErbStG, § 13d Rn 23.

130 Vgl. Krug/Daragan/Bernauer/*Daragan*, Die Immobilie im Erbrecht, § 17 Rn 13.

131 Daragan/Halaczinsky/Riedel/*Halaczinsky*, ErbStG und BewG, § 13d ErbStG Rn 2.

also insbesondere auch bei mittelbaren Grundstücksschenkungen. Die Steuerbefreiung bzw. der Wertabschlag bezieht sich auf den (Brutto-)Steuerwert des betreffenden Grundstücks nach §§ 179, 182 ff. BewG; dazu gehört auch der ggf. nachgewiesene niedrigere Verkehrswert i.S.v. § 198 BewG.[132]

77 Soweit anlässlich des Erwerbs des begünstigten Objekts auch Schulden und Lasten auf den Erwerber übergehen bzw. von ihm übernommen werden, können diese, soweit sie mit der begünstigten Immobilie in wirtschaftlichem Zusammenhang stehen, nur zu 90 % bereicherungsmindernd abgezogen werden (§ 10 Abs. 6a S. 5 ErbStG).[133] Dasselbe gilt auch für die Berücksichtigung vorbehaltener Nutzungen oder vereinbarter Leistungs- oder Duldungsverpflichtungen.[134]

78 Wichtig ist in diesem Zusammenhang auch der Hinweis, dass – anders als beim Produktivvermögen oder beim von Todes wegen übergehenden Familienheim (§ 13 Abs. 1 Nr. 4b bzw. 4c ErbStG) – allein auf den Besteuerungszeitpunkt abzustellen ist. Eine Behaltensfrist besteht nicht.[135] D.h., dass eine Aufrechterhaltung bestehender Mietverhältnisse nicht erforderlich ist und auch ein nach der Übertragung erfolgender Verkauf der begünstigten Immobilie die Verschonung nicht gefährdet.[136]

79 Die Inanspruchnahme des verminderten Wertansatzes ist aber von vornherein ausgeschlossen, soweit der Erwerber das erworbene Grundstücke aufgrund einer letztwilligen Verfügung des Erblassers oder einer rechtsgeschäftlichen Verfügung des Erblassers oder Schenkers auf einen Dritten übertragen muss (§ 13d Abs. 2 ErbStG). Begünstigt wird also allein der „Letzterwerber".[137]

E. Sachliche Steuerbefreiung für das Familienheim, § 13 Abs. 1 Nr. 4a–4c ErbStG

I. Überblick

80 Das Gesetz sieht in § 13 Abs. 1 Nr. 4a–4c ErbStG insgesamt drei unterschiedliche begünstigte bzw. befreite Übertragungsvarianten für sog. Familienheime vor: Die erste (§ 13 Abs. 1 Nr. 4a ErbStG) entspricht im Wesentlichen dem bis Ende 2008 geltenden Recht und regelt die Übertragung des Familienheims zwischen Ehegatten/Lebenspartnern unter Lebenden. Die zweite Variante betrifft ebenfalls Erwerbsvorgänge zwischen Ehegatten/Lebenspartnern, allerdings nicht unter Lebenden, sondern von Todes wegen (§ 13 Abs. 1 Nr. 4b ErbStG). Schließlich regelt

---

132 Daragan/Halaczinsky/Riedel/*Halaczinsky*, ErbStG und BewG, § 13d ErbStG Rn 2.
133 Krug/Daragan/Bernauer/*Daragan*, Die Immobilie im Erbrecht, § 17 Rn 32.
134 Halaczinsky/Riedel/*Halaczinsky*, Die neue Erbschaftsteuer, § 3 Rn 73.
135 Krug/Daragan/Bernauer/*Daragan*, Die Immobilie im Erbrecht, § 17 Rn 30.
136 Vgl. Daragan/Halaczinsky/Riedel/*Halaczinsky*, ErbStG und BewG, § 13d ErbStG Rn 15.
137 Einzelheiten vgl. bei R E 13d Abs. 5 ErbStR 2019.

§ 13 Abs. 1 Nr. 4c ErbStG die – flächenmäßig beschränkte – Möglichkeit für Abkömmlinge, ein Familienheim oder einen Anteil daran von Todes wegen steuerfrei zu erwerben.

Zuwendung des Familienheims		
unter Lebenden	**von Todes wegen**	
	Familienheim (von der Familie genutzte Fläche zzgl. Nebenräume und Garagen) im Inland, EU-/EWR-Ausland	
„Mittelpunkt des familiären Lebens" für Erwerber	**„Mittelpunkt des familiären Lebens" für Erblasser** (Ausnahme: zwingende Gründe, insb. Pflegebedürftigkeit)	
Erwerb durch	**Erwerb durch**	
Ehegatten/Lebenspartner	**Ehegatten/Lebenspartner**	**Kinder**
vollständige Steuerbefreiung	**vollständige Steuerbefreiung**	**Steuerbefreiung für 200 qm**
	soweit unmittelbar an den Erwerb anschließende Selbstnutzung und deren Fortsetzung für zehn Jahre (Ausnahme: Auszug – nach begonnener Selbstnutzung – wegen zwingender Gründe, insb. Pflegebedürftigkeit)	

II. Sachliche Abgrenzung des Begünstigungsgegenstands

Als Familienheim kommen im Inland bzw. im EU-/EWR-Raum belegene 81
Grundstücke, in denen eine Wohnung zu eigenen Wohnzwecken genutzt wird, in Betracht, also Einfamilienhäuser und Eigentumswohnungen sowie Wohnungen in Zwei- oder Mehrfamilienhäusern und Wohneinheiten in Geschäftshäusern oder auch gemischt genutzten Grundstücken. Ob die regionale Einschränkung vor dem Hintergrund der Rechtsprechung zu § 13d ErbStG[138] tatsächlich wirksam ist, darf wohl bezweifelt werden.

Soweit das Familienheim bereits bezogen ist, ergeben sich für die Anwendung von § 13 Abs. 1 Nr. 4 a–4c ErbStG keine Schwierigkeiten. Ob die mittelbare Zuwendung eines noch nicht bezugsfertigen Objekts ebenfalls begünstigt sein kann, ist aber nicht geklärt.[139] Voraussetzung einer Begünstigung ist dann aber in jedem Fall der unverzügliche Einzug nach Fertigstellung.[140]

---

138 EuGH v. 12.10.2023 – C-670/21, DStR 2023, 2334.

139 Dafür R E 13.3 Abs. 4 ErbStR 2019; vgl. aber auch FG München v. 21.2.2018 – 4 K 1464/15 (rkr.), EFG 2018, 756 m. Anm. *Zeller-Müller*.

140 Moench/Weinmann/*Kein-Hümbert*, ErbStG, § 13 Rn 35a; Troll/Gebel/Jülicher/Gottschalk/*Jülicher*, ErbStG, § 13 Rn 63.

82 Von der Begünstigung mit umfasst sind auch die zum Grundstück gehörenden Garagen (soweit sie sich nicht auf einem separaten Grundstück befinden)[141] und sonstigen Nebenräume.[142] Begünstigt ist eine Immobilie nur, soweit darin eine Wohnung zu eigenen Wohnzwecken genutzt wird.[143] Dies setzt voraus, dass die Ehe-/Lebenspartner die Wohnung selbst allein oder mit zum Haushalt gehörenden Mitgliedern der Familie, insbesondere mit Kindern, Enkelkindern oder Eltern, nutzen. Die Mitbenutzung durch Hausgehilfen ist unschädlich.[144] Gleiches sollte für die unentgeltliche Aufnahme von Flüchtlingen gelten.[145]

83 In der Wohnung muss sich der Mittelpunkt des familiären Lebens befinden.[146] Ein Familienheim in diesem Sinne ist daher nicht gegeben, wenn die Wohnung nur als Ferien- oder Wochenendwohnung[147] genutzt wird oder für einen Berufspendler nur die Zweitwohnung darstellt.[148] Es kann zu einem konkreten Zeitpunkt stets nur ein (einziges) Familienheim im erbschaftsteuerlichen Sinne geben.[149] Das bedeutet aber keine Objektbeschränkung.[150] Die mehrmalige Inanspruchnahme der Steuerbefreiung, etwa nach einem zwischenzeitlichen Umzug, ist durchaus möglich.[151]

84 Die Begünstigungen greifen immer, aber auch nur ein, „soweit" das Familienheim zu eigenen Wohnzwecken genutzt wird. Demzufolge hat bei Mischnutzungen eine wertmäßige Aufteilung zu erfolgen, die sich im Regelfall an dem Verhältnis der unterschiedlichen Nutzungen unterliegenden Flächen zu orientieren hat.[152] Ein im Wohnbereich belegenes Arbeitszimmer stellt aber bewertungsrechtlich lediglich einen Raum dar, dem innerhalb der Nutzung zu Wohnzwecken eine

141 Troll/Gebel/Jülicher/Gottschalk/*Jülicher*, ErbStG, § 13 Rn 59; kritisch hierzu *v. Oertzen/Blasweiler*, ErbR 2021, 501, 504.

142 R E 13.3 Abs. 2 S. 14 ErbStR 2019.

143 Troll/Gebel/Jülicher/Gottschalk/*Jülicher*, ErbStG, § 13 Rn 59.

144 R E 13.3 Abs. 2 S. 6 ErbStR 2019. Es muss sich aber tatsächlich um eine Mitbenutzung handeln, der Erblasser muss die Wohnung also regelmäßig und nicht nur gelegentlich selbst nutzen, vgl. BFH v. 5.10.2016 – II R 32/15, BStBl II 2017, 130.

145 Troll/Gebel/Jülicher/Gottschalk/*Jülicher*, ErbStG, § 13 Rn 61; *Fischl-Obermayer*, ZErb 2022, 212.

146 R E 13.3 Abs. 2 S. 3 ErbStR 2019.

147 R E 13.3 Abs. 2 S. 5 ErbStR 2019; Troll/Gebel/Jülicher/Gottschalk/*Jülicher*, ErbStG, § 13 Rn 60; *Schuhmann*, DStR 2009, 197, 198.

148 R E 13.3 Abs. 2 S. 5 ErbStR 2019; FG München v. 4.5.2020 – 4 K 3287/18, EFG 2020, 1088 m. Anm. *Welzel*; zweifelnd Kapp/Ebeling/*Curdt*, ErbStG, § 13 Rn 38.4.

149 Ob der Grundstücksbegriff zivilrechtlich oder bewertungsrechtlich abzugrenzen ist, ist nicht abschließend geklärt, vgl. BFH v. 23.2.2021 – II R 29/19, DStR 2021, 1816.

150 Troll/Gebel/Jülicher/Gottschalk/*Jülicher*, ErbStG, § 13 Rn 63.

151 R E 13.3 Abs. 5 S. 4 ErbStR 2019; *Dorn*, ErbBstg 2022, 273, 274.

152 Troll/Gebel/Jülicher/Gottschalk/*Jülicher*, ErbStG, § 13 Rn 62; so auch R E 13.3 Abs. 2 S. 14 ErbStR 2019.

dieser Nutzung nicht widersprechende Funktion zugewiesen ist.[153] Das Familienheim umfasst daher regelmäßig auch ein solches häusliches Arbeitszimmer.[154]

Noch nicht abschließend geklärt ist, ob der Begriff des Grundstücks zivilrechtlich (also nach grundbuchrechtlicher Einheit/Flurstück) oder bewertungsrechtlich abzugrenzen ist.[155] Diese Frage kann z.B. dann Bedeutung haben, wenn ein angrenzender Garten sich auf einem anderen Flurstück befindet als das eigentliche Wohnhaus. 85

Klar ist insoweit, dass angrenzende selbstständige Parzellen, die grundbuchrechtlich nicht zum Familienheim gehören, nicht begünstigt sein können,[156] und zwar selbst dann, wenn sie eine einzige wirtschaftliche Einheit bilden.[157] Im umgekehrten Fall, wenn also zwei Grundstücke mit einem (einzigen) Gebäude bebaut und dadurch sozusagen „verklammert" sind, müssen beide begünstigt sein.[158]

Außerdem hat jüngst das niedersächsische Finanzgericht die Frage nach der angemessenen/begünstigten Grundstücksgröße aufgeworfen.[159] Begünstigt sollen danach nur die Grundfläche des Gebäudes sowie eine angemessene Zubehörfläche sein. Mangels gesetzlicher Definition der angemessenen Größe kann diese Rechtsauffassung allerdings nicht zutreffend sein.[160] 86

Noch nicht abschließend geklärt ist auch die Frage, ob nur das unmittelbare oder auch das mittelbare, über eine Personengesellschaft gehaltene, Eigentum (sog. „Hamburger Modell") die Anwendung der Befreiungsnorm ermöglicht.[161] 87

III. Begünstigte Übertragung unter Lebenden, § 13 Abs. 1 Nr. 4a ErbStG

1. Begriff des Familienheims

Grundsätzlich liegt ein Familienheim i.S.v. § 13 Abs. 1 Nr. 4a ErbStG vor, wenn die Eheleute/Lebenspartner die Wohnung gemeinsam zu Wohnzwecken selbst allein oder mit zum Hausstand gehörenden Mitgliedern der Familie, insbesondere 88

153 BFH v. 27.8.1997 – X R 26/95, BStBl II 1998, 135.

154 Troll/Gebel/Jülicher/Gottschalk/*Jülicher*, ErbStG, § 13 Rn 62.

155 BFH v. 23.2.2021 – II R 29/19, DStR 2021, 1816; für zivilrechtliche Abgrenzung die Vorinstanz FG München v. 5.4.2018 – 4 K 2568/16, DStRE 2019, 699.

156 BFH v. 23.2.2021 – II R 29/19, DStR 2021, 1816; FG Düsseldorf v. 16.5.2018 – 4 K 1063/17 Erb, EFG 2018, 1211 m. Anm. *Neu*.

157 Troll/Gebel/Jülicher/Gottschalk/*Jülicher*, ErbStG, § 13 Rn 59.

158 FG Hamburg v. 27.10.2017 – 3 K 141/16, EFG 2018, 921 m. Anm. *Hardt*.

159 FG Niedersachsen v. 12.7.2023 – 3 K 14/23, ErbStB 2023, 318, Revision eingelegt (Az BFH: II R 27/23).

160 Troll/Gebel/Jülicher/Gottschalk/*Jülicher*, ErbStG, § 13 Rn 59.

161 Dafür: FG München v. 21.6.2023 – 4 K 1639/21, EFG 2023, 1411 m. Anm. *Welzel*, Revision eingelegt (Az BFH: II R 18/23); vgl. auch *Geck*, KÖSDI 2022, 22887, 22892; *Heinze*, DStR 2020, 2107.

Kindern und Eltern, nutzen. Allerdings genügt es wohl auch, wenn der Zuwendende selbst seinen Lebensmittelpunkt nicht (mehr) in dem von dem anderen Ehegatten/Lebenspartner gemeinsam mit der übrigen Familie, insbesondere einem oder mehreren Kindern, bewohnten Familienheim hat.[162]

2. Begünstigte Zuwendungen

89 § 13 Abs. 1 Nr. 4a ErbStG ist grundsätzlich auf alle Zuwendungstatbestände, die nach dem ErbStG steuerbar sind, anwendbar,[163] also z.B. auch auf die Bereicherung infolge der Vereinbarung der Gütergemeinschaft (§ 7 Abs. 1 Nr. 4 ErbStG) oder steuerbare Abfindungen für Erb- bzw. Pflichtteilsverzicht (§ 7 Abs. 1 Nr. 5 ErbStG).

90 Als begünstigte Zuwendung i.S.v. § 13 Abs. 1 Nr. 4a ErbStG kommt neben der Verschaffung des Allein- oder Miteigentums an einem Familienheim auch die Befreiung des Zuwendungsempfängers von im Zusammenhang mit der Anschaffung oder Herstellung des Familienheims eingegangenen Verpflichtungen in Betracht.

Begünstigungsfähig ist auch die Übernahme nachträglicher Herstellungs- oder Erhaltungsaufwendungen für ein Familienheim, das im Allein- oder wenigstens Miteigentum des Zuwendungsempfängers steht (§ 13 Abs. 1 Nr. 4a S. 2 ErbStG).[164]

Nicht vom Wortlaut des Gesetzes umfasst und daher auch nicht begünstigt ist die Einräumung eines Nießbrauchs- oder Wohnungsrechts an einem Familienheim.[165]

91 Beteiligte der Schenkung müssen im Zeitpunkt der Zuwendung (schon bzw. noch) verheiratete Eheleute oder Partner einer eingetragenen Lebenspartnerschaft sein. Verlobte, Kinder und weitere Verwandte sind nicht begünstigt.[166] Bei beabsichtigter Eheschließung kann daher eine aufschiebend bedingte Übertragung erwogen werden.[167]

---

162 Vgl. insoweit FG Berlin v. 28.1.2003 – 5 K 5267/01, DStRE 2004, 217; *Schuhmann*, DStR 2009, 187, 198 f.; vgl. auch Troll/Gebel/Jülicher/Gottschalk/*Jülicher*, ErbStG, § 13 Rn 60; *Knittel*, ErbStB 2019, 74, 79.

163 *Meincke/Hannes/Holtz*, ErbStG, § 13 Rn 22; Troll/Gebel/Jülicher/Gottschalk/*Jülicher*, ErbStG, § 13 Rn 65; *Knittel*, ErbStB 2019, 74, 80.

164 Troll/Gebel/Jülicher/Gottschalk/*Jülicher*, ErbStG, § 13 Rn 66.

165 BFH v. 3.6.2014 – II R 45/12, BStBl II 2014, 806.

166 Daragan/Halaczinsky/Riedel/*Griesel*, ErbStG und BewG, § 13 ErbStG Rn 26.

167 Troll/Gebel/Jülicher/Gottschalk/*Jülicher*, ErbStG, § 13 Rn 66a; vgl. auch BFH v. 27.10.2010 – II R 37/09, BStBl II 2011, 134; zweifelnd *Meincke/Hannes/Holtz*, ErbStG, § 13 Rn 27; wohl ablehnend Viskorf/Schuck/Wälzholz/*H.-U. Viskorf*, ErbStG, § 13 Rn 39.

3. Umfang der Steuerbefreiung

Soweit der Tatbestand von § 13 Abs. 1 Nr. 4a ErbStG erfüllt ist, bleibt die Zuwendung des Familienheims insgesamt steuerfrei. Dies gilt unabhängig von der Größe oder dem Wert des Zuwendungsobjekts; eine Angemessenheitsprüfung findet grundsätzlich nicht statt.[168] 92

Nach Übertragung des Familienheims bestehen zulasten des erwerbenden Ehegatten/Lebenspartners keinerlei nachlaufende Verpflichtungen. Demzufolge ist bspw. eine Auflösung der Ehe/Lebenspartnerschaft nach erfolgter Zuwendung unschädlich; Gleiches gilt grundsätzlich für eine spätere Veräußerung oder Nutzungsänderung, sofern kein Missbrauch von Gestaltungsmöglichkeiten i.S.v. § 42 AO vorliegt.[169] 93

Auch die mehrmalige Anwendung der Steuerbefreiung ist durchaus denkbar.[170]

IV. Zuwendung unter Ehegatten von Todes wegen, § 13 Abs. 1 Nr. 4b ErbStG

1. Begriff des Familienheims

Als Familienheim kommen grundsätzlich dieselben Objekte in Betracht wie für Übertragungen unter Lebenden. Allerdings ist hier nicht unbedingt die gemeinsame Nutzung der Eheleute/Lebenspartner zu eigenen Wohnzwecken erforderlich. Die Voraussetzungen des § 13 Abs. 1 Nr. 4b ErbStG sind vielmehr auch (bzw. nur) erfüllt, „soweit der Erblasser … bis zum Erbfall eine Wohnung zu eigenen Wohnzwecken genutzt hat oder bei der er aus zwingenden Gründen an einer Selbstnutzung zu eigenen Wohnzwecken gehindert war". Auf den Erwerber des Begünstigungsobjekts kommt es insoweit nicht an; dieser muss allerdings das Objekt unverzüglich nach dem Erbfall selbst zu eigenen Wohnzwecken nutzen.[171] 94

Unschädlich ist eine fehlende Selbstnutzung durch den Erblasser, wenn diese darauf beruht, dass er aus objektiv zwingenden Gründen an einer Selbstnutzung gehindert ist bzw. war.[172] Derartige objektiv zwingende Gründe liegen im Fall einer Pflegebedürftigkeit vor, die die Führung eines eigenen Haushalts nicht mehr 95

---

168 R E 13.3 Abs. 5 S. 2, 3 ErbStR 2019; Troll/Gebel/Jülicher/Gottschalk/*Jülicher*, ErbStG, § 13 Rn 56; vgl. aber FG Niedersachsen v. 12.7.2023 – 3 K 14/23, ErbStB 2023, 318, Revision eingelegt (Az BFH: II R 27/23); vgl. auch oben Rdn 86.

169 R E 13.3 Abs. 5 S. 6 ErbStR 2019.

170 Daragan/Halaczinsky/Riedel/*Griesel*, ErbStG und BewG, § 13 ErbStG Rn 36.

171 Troll/Gebel/Jülicher/Gottschalk/*Jülicher*, ErbStG, § 13 Rn 67.

172 Vgl. R E 13.4 Abs. 2 S. 2 ErbStR 2019; ähnlich bereits: Begründung des Finanzausschusses zu Art. 1 Nr. 10 Buchst. d des Gesetzentwurfs zum ErbStRG (§ 13 Abs. 1 Nr. 4b – neu und 4c – neu), abgedr. in *Hübner*, Erbschaftsteuerreform 2009, S. 179.

zulässt.[173] Andere Gründe, z.B. eine berufliche Versetzung oder der Wunsch, den Lebensabend bei einem Kind zu verbringen, genügen nicht.[174]

Im Übrigen setzt eine begünstigungsunschädliche Aufgabe der Selbstnutzung logischerweise voraus, dass der Erblasser vor Eingreifen der ihn an der Selbstnutzung hindernden zwingenden Gründe das Objekt tatsächlich selbst bewohnt hat. Fehlt es hieran, liegt kein Familienheim im Sinne des Gesetzes vor.[175]

Außerdem gilt auch im Bereich von § 13 Abs. 1 Nr. 4b ErbStG die Regel, dass im Zeitpunkt des Erbfalls nur ein einziges Familienheim vorhanden sein kann. Dies gilt insbesondere auch dann, wenn bspw. mehrere Wohnungen in einem Mehrfamilienhaus vom Erblasser mitgenutzt werden.[176]

Die Begünstigung ist außerdem nur anwendbar, wenn der Erblasser (schon) zivilrechtlicher Eigentümer war. Die bloße Anwartschaft auf Eigentumsübertragung (bspw. nach Beurkundung des Kaufvertrags) genügt nicht.[177] Billigkeitsmaßnahmen (aus sachlichen Billigkeitsgründen) kommen grundsätzlich nicht in Betracht.[178]

96 Zusätzlich zur Wohnnutzung durch den Erblasser bilden aber auch die Nutzungsabsichten des erwerbenden Ehegatten/Lebenspartners ein Tatbestandsmerkmal für die Qualifikation als Familienheim. Denn nur wenn das in Rede stehende Objekt „beim Erwerber unverzüglich zur Selbstnutzung zu eigenen Wohnzwecken bestimmt ist“, liegt tatsächlich ein Familienheim i.S.v. § 13 Abs. 1 Nr. 4b ErbStG vor. Demzufolge muss der überlebende Ehegatte/Lebenspartner in der erworbenen Wohnung „ohne schuldhaftes Zögern“ die Nutzung zu eigenen Wohnzwecken aufnehmen und[179] dort seinen Hauptwohnsitz begründen.[180] Das kann nach dem BFH auch dadurch gewährleistet werden, dass die Wohnung des Erblassers mit einer Wohnung des Erwerbers (im entschiedenen Fall ein Kind) zu einer einheitlich genutzten Einheit verbunden wird.[181]

---

173 FG München v. 11.4.2018 – 4 K 532/17, EFG 2028, 1115 m. Anm. *Zeller-Müller*; FG München v. 16.6.2021 – 4 K 692/20, EFG 2021, 1741 m. Anm. *Welzel*.

174 Vgl. insoweit R E 13.4 Abs. 2 S. 3 ErbStR 2019.

175 FG München v. 24.2.2016 – 4 K 2885/14, EFG 2016, 731; FG Köln v. 27.1.2016 – 7 K 247/14, EFG 2016, 586 m. Anm. *Neu*.

176 Vgl. FG Köln v. 30.1.2019 – 7 K 1000/17, EFG 2019, 1126; FG Niedersachsen v. 13.3.2024 – 3 K 154/23 (rkr.), EFG 2024, 1035 m. Anm. *Vorbeck*.

177 BFH v. 29.11.2017 – II R 14/16, BStBl II 2018, 362.

178 FG München v. 25.7.2018 – 4 K 1028/18, EFG 2018, 1723 m. Anm. *Welzel*, NZB unbegründet, vgl. BFH v. 31.10.2019 – II B 80/18, n.v.; vgl. auch Troll/Gebel/Jülicher/Gottschalk/*Jülicher*, ErbStG, § 13 Rn 68a.

179 Vgl. z.B. FG München v. 24.2.2016 – 4 K 2885/14, EFG 2016, 731; BFH v. 23.6.2015 – II R 13/13, BStBl II 2016, 223; FG Hessen v. 20.7.2015 – 1 K 392/15, BeckRS 2015, 95985.

180 Troll/Gebel/Jülicher/Gottschalk/*Jülicher*, ErbStG, § 13 Rn 69 unter Hinweis auf FG Hessen v. 20.7.2015 – 1 K 392/15.

181 BFH v. 6.5.2021 – II R 46/19, BStBl II 2022, 342; vgl. auch *Wachter*, ZEV 2022, 52.

Insoweit ist grundsätzlich eine Karenzzeit von sechs Monaten anerkannt.[182] Wird diese überschritten, ist dies unschädlich, soweit sachliche, vom Steuerpflichtigen nicht zu vertretende Gründe bestehen, derentwegen ein früherer Einzug bzw. Beginn der Selbstnutzung nicht möglich war,[183] bspw. wegen unverschuldeter Verzögerungen von Renovierungsarbeiten.[184] 97

Verzögert sich nicht der Einzug, aber die Zuweisung des Alleineigentums an den überlebenden Ehegatten/Lebenspartner, weil die hierzu erforderliche Erbauseinandersetzung nicht kurzfristig stattfindet, ist dies unschädlich,[185] soweit die Verzögerung nicht auf einem Entschluss der Erbengemeinschaft beruht, die Auseinandersetzung vorerst nicht vornehmen zu wollen.[186] 98

2. Umfang der Begünstigung

Begünstigt sind sämtliche Erwerbe von Todes wegen i.S.v. § 3 ErbStG.[187] Auch im Bereich von § 13 Abs. 1 Nr. 4b ErbStG erfolgt keine Angemessenheitsprüfung. Begünstigt sind daher Familienheime jeglicher Größenordnung. 99

Soweit ein Familienheim steuerfrei erworben wird, sind die mit diesen im wirtschaftlichen Zusammenhang stehenden Schulden und Lasten gem. § 10 Abs. 6a ErbStG nicht abzugsfähig, können als Nachlassverbindlichkeiten also nicht berücksichtigt werden. 100

3. Weitergabeverpflichtung

Die Inanspruchnahme der Steuerbefreiung ist von vornherein ausgeschlossen, soweit der überlebende Ehegatte/Lebenspartner aufgrund letztwilliger Anordnungen des Erblassers verpflichtet ist, das – grundsätzlich begünstigungsfähige – Familienheim an einen Dritten weiterzugeben, oder soweit eine solche Weitergabe im Rahmen einer freien Erbauseinandersetzung[188] später vereinbart wird (§ 13 Abs. 1 Nr. 4b S. 2 und 3 ErbStG). Erfasst werden hier also sowohl die Fälle, in denen aufgrund von Vermächtnis- oder Teilungsanordnungen des Erblassers eine Weitergabe erfolgt, als auch diejenigen, in denen im Rahmen der Erbausei- 101

182 Troll/Gebel/Jülicher/Gottschalk/*Jülicher*, ErbStG, § 13 Rn 69a; *Meincke/Hannes/Holtz*, ErbStG, § 13 Rn 35.

183 Vgl. BFH v. 6.5.2021 – II R 46/19, BStBl II 2022, 342; BFH v. 16.3.2022 – II R 6/21, BFH/NV 2022, 898; ablehnend aber: BFH v. 28.5.2019 – II R 37/16, BStBl II 2019, 678; FG Nürnberg v. 4.4.2018 – 4 K 476/16, UVR 2018, 264.

184 Vgl. *Steck*, Stbg 2022, 361, 365; *Geck*, KÖSDI 2022, 22887, 22896; Troll/Gebel/Jülicher/Gottschalk/*Jülicher*, ErbStG, § 13 Rn 69a.

185 Vgl. BFH v. 23.6.2015 – II R 39/13, BStBl II 2015, 226; BFH v. 15.5.2024 – II R 12/21, DStR 2024, 2056.

186 Troll/Gebel/Jülicher/Gottschalk/*Jülicher*, ErbStG, § 13 Rn 70.

187 Troll/Gebel/Jülicher/Gottschalk/*Jülicher*, ErbStG, § 13 Rn 68a.

188 Troll/Gebel/Jülicher/Gottschalk/*Jülicher*, ErbStG, § 13 Rn 71.

nandersetzung eine freie Vermögenszuordnung vorgenommen wird, auf deren Grundlage der überlebende Ehegatte/Lebenspartner sich des Eigentums am Familienheim begibt.[189]

102 Da § 13 Abs. 1 Nr. 4b ErbStG grundsätzlich darauf abzielt, denjenigen zu begünstigen, der das Familiengebrauchsvermögen in Form des Familienheims schlussendlich, also unabhängig von der Art und Weise der Abwicklung des Erbfalls, erhält, wird der überlebende Ehegatte/Lebenspartner im Falle der Weitergabe des Familienheims nicht begünstigt. Vielmehr kommt in diesen Fällen eine Begünstigung des Letzterwerbers in Betracht, soweit es sich bei diesem um einen nach § 13 Abs. 1 Nr. 4c ErbStG erfassten Abkömmling handelt.[190]

4. Nachversteuerung/Behaltensfrist

103 Gem. § 13 Abs. 1 Nr. 4b S. 2 ErbStG steht die Steuerbefreiung des Familienheims unter einem Nachsteuervorbehalt. Der überlebende Ehegatte/Lebenspartner ist daher verpflichtet, das erworbene Familienheim für die Dauer von zehn Jahren, beginnend mit dem Erbfall, zu behalten und die Selbstnutzung zu eigenen Wohnzwecken nicht aufzugeben,[191] und zwar als Eigentümer.[192] Daher ist auch die unentgeltliche Weiterübertragung während der Behaltensfrist schädlich, selbst dann, wenn ein Nießbrauchs- oder Wohnungsrecht vorbehalten wird oder/und der Beschenkte das Familienheim selbst hätte begünstigt (vom Erblasser) erwerben können.[193]

Die Aufgabe der Selbstnutzung aus zwingenden Gründen ist jedoch unschädlich. Objektiv zwingende Gründe liegen jedenfalls dann vor, wenn der überlebende Ehegatte pflegebedürftig wird und sein Gesundheitszustand die Führung eines eigenen Haushalts nicht mehr zulässt.[194] Insoweit kommt es wohl auf die „subjektive Unmöglichkeit“ der konkreten Haushaltsführung durch den überlebenden Ehegatten an.[195] Ob der Grad der subjektiven Unzumutbarkeit erreicht ist, muss aber im jeweiligen Einzelfall geprüft werden.[196] Dabei kommen auch psychische

189 *Jülicher*, ZErb 2017, 5.

190 *Jülicher*, ZErb 2017, 5.

191 Troll/Gebel/Jülicher/Gottschalk/*Jülicher*, ErbStG, § 13 Rn 72.

192 „Doppelstellung als nutzender Eigentümer“, Troll/Gebel/Jülicher/Gottschalk/*Jülicher*, ErbStG, § 13 Rn 73.

193 BFH v. 3.6.2014 – II R 45/12, BStBl II 2014, 806; BFH v. 11.7.2019 – II R 38/16, BFH/NV 2020, 54.

194 R E 13.4 Abs. 6 S. 9 ErbStR 2019; ebenso Begründung des Finanzausschusses zu Art. 1 Nr. 10 Buchst. d des Gesetzentwurfs zum ErbStRG (§ 13 Abs. 1 Nr. 4b – neu und 4c – neu), abgedr. in *Hübner*, Erbschaftsteuerreform 2009, S. 179; vgl. BFH v. 1.12.2021 – II R 18/20, BStBl II 2022, 554.

195 Troll/Gebel/Jülicher/Gottschalk/*Jülicher*, ErbStG, § 13 Rn 72.

196 BFH v. 1.12.2021 – II R 18/20, BStBl II 2022, 554; vgl. auch *Stein/Dorn*, ErbBstg 2022, 276; *Steck*, Stbg 2022, 361.

Leiden in Betracht, bspw. eine Depressionserkrankung des überlebenden Ehegatten, die sich nach dem Erbfall durch den Verbleib im Familienheim verstärkt.[197] Reine Zweckmäßigkeitserwägungen genügen grundsätzlich nicht. Die Feststellungslast trägt jeweils der überlebende Ehegatte.[198]

Begünstigungsunschädlich ist auch die Beendigung der Selbstnutzung durch den Tod des überlebenden Ehegatten/Lebenspartners. Dieser führt nie zu einer Nachversteuerung.[199] Gleiches gilt für den Fall der vollständigen Zerstörung durch Naturkatastrophen;[200] es besteht keine Wiederaufbauverpflichtung.

Soweit der Erwerber die Selbstnutzung des Familienheims (als Eigentümer) – 104
ohne objektiv zwingende Gründe – innerhalb eines Zeitraums von zehn Jahren durch Verkauf, Vermietung, längeren Leerstand oder unentgeltliche Überlassung aufgibt, entfällt die Steuerbefreiung vollständig, und zwar mit Wirkung für die Vergangenheit.[201] Das bedeutet, dass die Steuer für den Erwerb des Familienheims nachzuentrichten ist, wobei auch etwaige Progressionseffekte sowie die Besteuerung von Vor- oder Nacherwerben nach § 14 ErbStG zu berücksichtigen sind. Eine Verzinsung der Nachsteuer ist im Gesetz jedoch nicht angeordnet.[202]

V. Übertragung an Kinder von Todes wegen, § 13 Abs. 1 Nr. 4c ErbStG

1. Begriff des Familienheims

Die Definition des Begriffs „Familienheim“ in § 13 Abs. 1 Nr. 4c ErbStG deckt 105
sich im Wesentlichen mit der in Nr. 4b, allerdings mit dem Unterschied, dass Erwerber nicht der überlebende Ehegatte/Lebenspartner ist, sondern die Kinder bzw. die Kinder verstorbener Kinder.[203] Der Erwerb durch Enkelkinder ist grundsätzlich nicht begünstigt. Eine Ausnahme hiervon gilt nur dann, wenn der die Abstammung vom Großelternteil vermittelnde Elternteil bereits vorverstorben ist.

Nach Auffassung der Finanzverwaltung kann aber die Möglichkeit einer eigenständigen Haushaltsführung und damit der Selbstnutzung im Sinne des Gesetzes während der Minderjährigkeit eines Kindes zunächst ausgeschlossen sein.[204] Das ist im Hinblick auf den überlebenden Ehegatten/Lebenspartner kaum vorstellbar.[205]

---

197 BFH v. 1.12.2021 – II R 1/21, BStBl II 2022, 557; anders noch FG Hessen v. 10.5.2016 – 1 K 877/15, UVR 2017, 269.

198 BFH v. 1.12.2021 – II R 18/20, BStBl II 2022, 554.

199 Troll/Gebel/Jülicher/Gottschalk/*Jülicher*, ErbStG, § 13 Rn 72; ebenso R E 13.4 Abs. 6 S. 9 ErbStR 2019.

200 Gleich lautende Erlasse v. 9.2.2022, DStR 2022, 724.

201 R E 13.4 Abs. 6 S. 4 ErbStR 2019.

202 Troll/Gebel/Jülicher/Gottschalk/*Jülicher*, ErbStG, § 13 Rn 74.

203 Troll/Gebel/Jülicher/Gottschalk/*Jülicher*, ErbStG, § 13 Rn 75a.

204 R E 13.4 Abs. 7 S. 5 ErbStR 2019.

205 Troll/Gebel/Jülicher/Gottschalk/*Jülicher*, ErbStG, § 13 Rn 75a.

2. Umfang der Steuerbefreiung

106 Auch der Inhalt der Steuerbefreiung entspricht grundsätzlich dem des § 13 Abs. 1 Nr. 4b ErbStG. Allerdings gilt dies nur qualitativ, nicht aber quantitativ, denn begünstigt ist hier nur der Übergang eines Familienheims, „soweit die Wohnfläche der Wohnung 200 qm nicht übersteigt".[206] Bei größeren Familienheimen ist eine Aufteilung ihres Werts entsprechend dem Verhältnis ihrer tatsächlichen Wohnfläche zu der gesetzlich vorgegebenen maximal begünstigten Fläche von 200 qm vorzunehmen.[207]

3. Weitergabeverpflichtung/Nachversteuerung/Behaltensfrist

107 Die Versagung der Steuerbefreiung für den Fall, dass einer oder mehrere erwerbende Abkömmlinge den ihnen zugefallenen Anteil aufgrund einer entsprechenden Anordnung des Erblassers oder in Folge einer freien Vereinbarung im Zuge der Erbauseinandersetzung auf einen Dritten übertragen (müssen), gilt auch im Rahmen von § 13 Abs. 1 Nr. 4c ErbStG (vgl. § 13 Abs. 1 Nr. 4c S. 2 und 3 ErbStG).

Auch hinsichtlich der Nachsteuer bzw. der Behaltensfrist gelten dieselben Regelungen wie im Bereich von § 13 Abs. 1 Nr. 4b ErbStG.

F. Stundungsmöglichkeiten bei Immobilienerwerben

108 Stundungsmöglichkeiten sieht das ErbStG nur in relativ geringem Umfang vor. Einige solche Möglichkeiten bestehen aber für den Fall des steuerpflichtigen Erwerbs bestimmter Immobilien:

Gehört zum Erwerb (von Todes wegen oder unter Lebenden) zu Wohnzwecken genutzter Grundbesitz (Familienheim oder Objekte i.S.v. § 13d ErbStG), ist dem Erwerber die darauf entfallende Erbschaftsteuer nach § 28 Abs. 3 S. 1 ErbStG auf Antrag bis zu zehn Jahren zu stunden, soweit er die Steuer nur durch Veräußerung der begünstigten Immobilien aufbringen kann.

109 Eine Nutzung zu Wohnzwecken liegt in diesem Zusammenhang auch dann vor, wenn es sich lediglich um eine Ferien- oder Zweitwohnung handelt; die Voraussetzungen, die für ein Familienheim zu erfüllen wären, spielen in diesem Zusammenhang keine Rolle.[208]

Da das Gesetz eine Selbstnutzung nicht verlangt, ist der Wechsel der Nutzungsart (zwischen Eigennutzung und Vermietung) für die Stundung unschädlich.[209]

---

206 Troll/Gebel/Jülicher/Gottschalk/*Jülicher*, ErbStG, § 13 Rn 75a.

207 H E 13.4 Bsp. 1 ErbStH 2019.

208 Troll/Gebel/Jülicher/Gottschalk/*Jülicher*, ErbStG, § 28 Rn 41.

209 Vgl. R E 28 Abs. 6 S. 1 und 5 ErbStR 2019; Troll/Gebel/Jülicher/Gottschalk/*Jülicher*, ErbStG, § 28 Rn 14.

110 In geographischer Hinsicht gelten nur im Hinblick auf sog. Steueroasen Einschränkungen. Denn grundsätzlich kommt es auf die Belegenheit der zu Wohnzwecken genutzten Immobilien nicht an. Soweit diese außerhalb des Inlands bzw. des EU-/EWR-Raums liegen, muss mit dem Belegenheitsstaat jedoch ein völkerrechtliches Abkommen oder Übereinkommen bestehen, das den Belegenheitsstaat verpflichtet, der Bundesrepublik Deutschland auf Ersuchen entsprechend dem OECD-Standard für Transparenz und effektiven Informationsaustausch i.S.d. § 4 Abs. 2 Nr. 2 i.V.m. Abs. 4 S. 1 StAbwG (Steueroasen-Abwehrgesetz) in Bezug auf die Erbschaftsteuer bzw. Schenkungsteuer Amtshilfe zu leisten.[210]

111 Die wirtschaftlichen Voraussetzungen für eine Stundung sind ziemlich rigide. Denn ein Stundungsanspruch kommt nur in Betracht, wenn – aus der Perspektive des Zeitpunkts der Steuerentstehung (§ 9 ErbStG)[211] – die sofortige Begleichung der auf die in Rede stehende Immobilie entfallenden Steuer nur durch Veräußerung der Immobilien aufgebracht werden könnte. Maßgeblich sind dabei allein die wirtschaftlichen Verhältnisse des Erwerbers.[212] Neben dem Einsatz sämtlichen sonstigen geschenkten, ererbten[213] oder (originär) eigenen Vermögens[214] müssen auch sämtliche Möglichkeiten zur Kreditfinanzierung ausgeschöpft werden, wobei aber keine überspannten Anforderungen wie etwa die Anfrage nach „Verwandten-Darlehen" gestellt werden dürfen.[215] Entsprechend dem Gesetzeszweck ist der Steuerpflichtige auch nicht verpflichtet, originär eigene Immobilien, die – bei unterstelltem steuerpflichtigem Erwerb – ihrerseits nach § 28 Abs. 3 ErbStG begünstigt wären, zu verkaufen (eine Beleihung kann aber zumutbar sein).[216] Der Steuerpflichtige ist darlegungs- und beweispflichtig, dass er weder über eigenes Vermögen verfügt noch eine (ausreichende) Kreditfinanzierung erlangen kann.[217] Auch die Möglichkeit, den Schenker für die Zahlung der Schenkungsteuer in Anspruch zu nehmen, sei es wegen einer Übernahme der Steuer nach § 10 Abs. 2 ErbStG oder als Gesamtschuldner, soll einen Stundungsanspruch ausschließen.[218]

112 Weitere Voraussetzung der Stundung ist schließlich, dass der die Steuerzahlung unmöglich machende Liquiditätsengpass allein durch die Erbschaftsteuer verur-

210 Troll/Gebel/Jülicher/Gottschalk/*Jülicher*, ErbStG, § 28 Rn 15.

211 FG Berlin-Brandenburg v. 26.3.2025 – 14 V 14157/24, DStRE 2025, 857.

212 FG Berlin-Brandenburg v. 26.3.2025 – 14 V 14157/24, DStRE 2025, 857.

213 Vgl. hierzu FG München v. 26.1.2022 – 4 K 308/20, EFG 2022, 775.

214 R E 28 Abs. 7 S. 1 ErbStR 2019; Troll/Gebel/Jülicher/Gottschalk/*Jülicher*, ErbStG, § 28 Rn 1.

215 Vgl. FG Münster v. 11.3.2021 – 3 K 3054/19, EFG 2021, 869, Revision zurückgenommen (Az BFH: II R 7/21); FG Berlin-Brandenburg v. 26.3.2025 – 14 V 14157/24, DStRE 2025, 857; vgl. auch Troll/Gebel/Jülicher/Gottschalk/*Jülicher*, ErbStG, § 28 Rn 16.

216 FG Berlin-Brandenburg v. 26.3.2025 – 14 V 14157/24, DStRE 2025, 857.

217 R E 28 Abs. 7 S. 2 ErbStR 2019.

218 R E 28 Abs. 7 S. 4 ErbStR 2019.

sacht sein muss.[219] Beruht er daneben auch auf anderen Verpflichtungen, wie bspw. Vermächtnissen oder Pflichtteilsansprüchen oder dem Schuldendienst bei fremdfinanzierten Immobilien, scheidet eine Stundung aus.[220]

113 Im Übrigen ist die Stundung antragsgebunden; sie wird nicht von Amts wegen gewährt. Ist der Antrag begründet, steht der Finanzverwaltung allerdings keinerlei Ermessensspielraum zu; die Stundung ist dann zu gewähren. Im Hinblick darauf, dass es sich bei der Antragstellung um die Ausübung eines höchstpersönlichen Gestaltungsrechts handelt, kann der Antrag nur vom Steuerpflichtigen selbst, nicht von einem Dritten, bspw. einem Testamentsvollstrecker, gestellt werden.[221]

114 Die Stundung wird für einen Zeitraum von maximal zehn Jahren gewährt. Sie endet bereits früher, wenn sich die wirtschaftliche Situation des Erwerbers in einer Weise verändert,[222] dass die Stundungsvoraussetzungen entfallen.[223] Das ist gem. § 28 Abs. 3 S. 2 ErbStG der Fall, wenn das Grundstück (ggf. auch durch Schenkung)[224] auf Dritte übergeht oder dauerhaft keinen Wohnzwecken mehr dienen soll. Bei fremdvermieteten Wohnimmobilien kommt auch eine ratenweise Begleichung der Erbschaftsteuer in Betracht.[225]

Grundsätzlich gelten für alle Stundungszeiträume die §§ 234 und 238 AO. Es fällt also eine Verzinsung von 6 % p.a. (0,5 % pro Monat) an. Bei Erwerben von Todes wegen ist die Stundung aber zinslos (§ 28 Abs. 3 S. 5 Hs. 2 ErbStG).[226]

G. Erbschaftsteuerliche Bedeutung von Rückforderungsrechten

115 Vielfach werden anlässlich lebzeitiger Immobilienübertragungen Rückforderungsrechte vorbehalten. Dies ist zivilrechtlich in sehr großem Umfang unproblematisch zulässig. Auf das Entstehen der Schenkungsteuer haben derartige Vorbehalte in der Regel keinen Einfluss.[227] Eine schenkungsteuerliche Konsequenz ergibt sich aber dann, wenn ein solches vorbehaltenes Rückforderungsrecht (un-

219 Troll/Gebel/Jülicher/Gottschalk/*Jülicher*, ErbStG, § 28 Rn 18.
220 R E 28 Abs. 7 S. 6 ErbStR 2019; vgl. Troll/Gebel/Jülicher/Gottschalk/*Jülicher*, ErbStG, § 28 Rn 16.
221 Vgl. Troll/Gebel/Jülicher/Gottschalk/*Jülicher*, ErbStG, § 28 Rn 18.
222 Das gilt entsprechend auch bei Stundungen nach § 28 Abs. 1 ErbStG.
223 Troll/Gebel/Jülicher/Gottschalk/*Jülicher*, ErbStG, § 28 Rn 18.
224 Troll/Gebel/Jülicher/Gottschalk/*Jülicher*, ErbStG, § 28 Rn 18.
225 Troll/Gebel/Jülicher/Gottschalk/*Jülicher*, ErbStG, § 28 Rn 18; R E 28 Abs. 7 S. 5 ErbStR 2019.
226 Troll/Gebel/Jülicher/Gottschalk/*Jülicher*, ErbStG, § 28 Rn 19.
227 BFH v. 13.9.1989 – II R 67/86, BStBl II 1989, 1034 für einen freien Widerrufsvorbehalt verbunden mit einer Verfügungsvollmacht an den Zuwendenden; vgl. auch Daragan/Halaczinsky/Riedel/*Griesel*, ErbStG und BewG, § 7 ErbStG Rn 16.

abhängig von seiner zivilrechtlichen Ausgestaltung) tatsächlich ausgeübt wird und in der Folge das Geschenk an den Schenker heraus- oder an einen Dritten weitergegeben wird.

§ 29 Abs. 1 ErbStG bestimmt für diese Konstellationen, dass die ursprünglich festgesetzte Steuer mit Wirkung für die Vergangenheit erlischt. Dem Steuerpflichtigen steht dann ein Erstattungsanspruch hinsichtlich der ursprünglich festgesetzten Steuer zu.[228] Der zu erstattende Steuerbetrag ist nicht zu verzinsen.[229] Allerdings findet eine vollständige Erstattung der Schenkungsteuer dann nicht statt, wenn das Geschenk nur teilweise zurückgegeben wird. Der Beschenkte ist dann so zu besteuern, als sei ihm von vornherein der behaltene Teil zugewandt worden. Ähnliche Grundsätze gelten auch für die Rückforderung einer gemischten Schenkung. 116

Der zivilrechtliche Rückforderungsanspruch umfasst idealtypisch auch die zwischenzeitlich vom Beschenkten gezogenen Nutzungen. Soweit diese aber – insbesondere aufgrund entsprechender Vertragsgestaltung – dem Beschenkten verbleiben und er sie nicht an den Schenker herauszugeben hat, wird er nach § 29 Abs. 2 ErbStG erbschaftsteuerlich „wie ein Nießbraucher“ behandelt.[230] Dies führt zu einer entsprechenden Kürzung der zu erstattenden Steuer, wobei sich die Berechnung der verbleibenden Bereicherung des Beschenkten nach den Regelungen über die Ermittlung des Kapitalwerts von Nutzungen bemisst. Es gelten also die §§ 13–16 BewG, insbesondere § 13 BewG.[231] 117

228 Troll/Gebel/Jülicher/Gottschalk/*Jülicher*, ErbStG, § 29 Rn 76.
229 Vgl. auch Fischer/Pahlke/Wachter/*Pahlke*, ErbStG, § 29 Rn 83.
230 Troll/Gebel/Jülicher/Gottschalk/*Jülicher*, ErbStG, § 29 Rn 121.
231 Troll/Gebel/Jülicher/Gottschalk/*Jülicher*, ErbStG, § 29 Rn 126.

§ 11 Immobilien als Gegenstand letztwilliger Verfügungen

Dr. Christopher Riedel, LL.M.

Übersicht: Rdn

Literatur

Benk, Teilungsanordnung, Vorausvermächtnis, Übernahmerecht, MittRhNotK 1979, 53; *Brambring*, Die Auswirkungen der Schuldrechtsreform auf das Erbrecht, ZEV 2002, 137; *Damrau*, Gegenständlich beschränkte Testamentsvollstreckung und Vermächtnisvollstreckung über einzelne Nachlassgegenstände, ZEV 2023, 1; *Deimann*, Nacherbenvermerk, Rpfleger 1978, 244; *Grziwotz*, Wohnungsrechtsvermächtnis und Grundbucheintragung, ZEV 2010, 130; *Hamdan*, Auslegung: Schenkung, Erbeinsetzung oder Vermächtnis?, ErbR 2023, 435; *Hölscher*, Das aufschiebend bedingte Universalherausgabevermächtnis – Ausschluss bestimmter Personen von einer erbrechtlichen Partizipation am Nachlass, ZEV 2009, 213; *Hübner*, Erbschaftsteuerreform, 2009; *Klawikowski*, Die Grundstücksversteigerung bei Vor- und Nacherbschaft, Rpfleger 1998, 100; *Klumpp*, Handlungsspielraum und Haftung bei Vermögensanlagen durch den Testamentsvollstrecker, ZEV 1994, 65: *Kornexl*, Geld-, Immobilien- und Hausratsvermächtnisse: Risiken für den Verteilungsplan des Erblassers und gestalterische Vorsorge, ZEV 2002, 142; *Kraiß*, Testamentsvollstrecker und Vermächtnis, BWNotZ 1986, 12; *Mayer*, Das zwecklose Zweckvermächtnis – Möglichkeiten und Grenzen der Drittbestimmung bei Vermächtnissen, MittBayNot 1999, 447; *Mayer*, Die Sicherung des Vermächtnisnehmers — Darstellung und Vergleich der verschiedenen Möglichkeiten, BWNotZ 1997, 62; *Natter*, Teilungsanordnung und Vermächtnis, JZ 1959, 151; *Nieder*, Die ausdrücklichen oder mutmaßlichen Ersatzbedachten im deutschen Erbrecht, ZEV 1996, 241; *Pfleiderer*, „Selbstvornahme" bei der Erfüllung eines Grundstücksvermächtnisses?, ZEV 2023, 135; *Rohloff*, Die prozeßrechtliche Stellung des Testamentsvollstreckers, DNotZ 1971, 518; *Scherer/Feick*, Die GbR als Erbin – Thesen und Gestaltungsmöglichkeiten, ZEV 2003, 342; *Schwenck*, Probleme der rechtlichen und wirtschaftlichen Ausgestaltung, MDR 1988, 545; *Siegmann*, Überquotale Teilungsanordnung und Teilungsversteigerung, ZEV 1996, 48; *Stein/Walter*, Die Fruchtauskehr an den Vermächtnisnehmer nach § 2184 BGB aus ertragsteuerlichem Blickwinkel, ZEV 2022, 70; *Terstegen*, Vermächtnisweise Zuwendung von Grundstücken und Rechten an Grundstücken (Teil 1), ZErb 2013, 284; *Vorwerk*, Geldzuwendung durch erbrechtliche Auflage, ZEV 1998, 297; *Watzek*, Vor- und Nachvermächtnis, MittRhNotK 1999, 37; *Welter*, Vertragliche Vereinbarungen im Rahmen einer Erbengemeinschaft, MittRhNotK 1986, 140; *Zawar*, Der bedingte oder befristete Erwerb von Todes wegen, DNotZ 1986, 515; *Zimmermann*, Die Erbeinsetzung auf Einzelgegenstände, ZErb 2024, 41.

A. Einführung – Grundsatz der Gesamtrechtsnachfolge

1 Das deutsche Erbrecht ist vom Grundsatz der **Gesamtrechtsnachfolge** (§ 1922 BGB) geprägt. Hieraus folgt, dass der Nachlass des Erblassers stets als Einheit

auf den oder die Erben übergeht. Das gilt sowohl für das Aktiv-Vermögen als auch für etwa vorhandene Schulden. Die unmittelbar dinglich wirkende **Erbeinsetzung** im Hinblick auf nur einzelne Nachlassgegenstände kommt vor dem Hintergrund von § 1922 BGB aber nicht in Betracht.[1] Die Zuweisung einzelner Gegenstände ist vielmehr nur durch rein schuldrechtlich wirkende erbrechtliche Anordnungen (Teilungsanordnungen, Vermächtnisse, Auflagen) möglich. Der im Rahmen der Gesamtrechtsnachfolge eintretende **Vonselbsterwerb** findet hier gerade nicht statt, vielmehr bedürfen diese Bestimmungen des Erblassers der aktiven Umsetzung durch die Nachlassbeteiligten.

Auch wenn testamentarische Anordnungen durchaus auf Vermächtnis- bzw. Auflagenbestimmungen beschränkt bleiben können, wird es sich in der Regel empfehlen, auch die Erbeinsetzung zu regeln. Dies gilt umso mehr, als (entgegen der Auslegungsregel in § 2087 Abs. 2 BGB) die Zuwendung mehrerer Einzelgegenstände, durch die das Erblasservermögen im Wesentlichen erschöpft wird,[2] ebenso wie auch die Zuwendung eines einzelnen wesentlichen Vermögensgegenstands (bspw. der einzigen dem Erblasser gehörenden Immobilie) mitunter als Erbeinsetzung des bzw. der Bedachten angesehen werden kann.[3] Dies führt dann dazu, dass den Bedachten auch der im Testament nicht individuell bezeichnete **Restnachlass** einschließlich der Schulden zufällt.[4] 2

Vor diesem Hintergrund bildet die Erbeinsetzung regelmäßig einen ganz wesentlichen und zentralen Teil der letztwilligen Verfügung (Testament, Erbvertrag). Dessen ungeachtet hat der Erblasser aber, wie bereits angesprochen, die Möglichkeit, durch weitere Anordnungen auch eine gegenständliche Verteilung seines Nachlasses zu verfügen. Auf diese Weise kann sowohl einzelnen Miterben als auch Nicht-Erben von Todes wegen Vermögen zugewendet werden, bspw. auch Immobilien oder Nutzungsrechte an Immobilien. 3

B. Gegenständliche Verteilung des Nachlasses – Instrumente letztwilliger Verfügungen

Dem Erblasser stehen verschiedene Gestaltungsmittel zur Verfügung, um Personen an seinem Nachlassvermögen zu beteiligen. 4

1 Vgl. z.B. BGH v. 23.11.2012 – BLw 12/11, ZEV 2013, 384; Kössinger/Najdecki/Zintl/*R. Kössinger/Zintl,* HdB Testamentsgestaltung, § 8 Rn 1 m.w.N.
2 Vgl. BayObLG v. 19.12.1996 – 1Z BR 107/96, ZEV 1997, 162.
3 Kössinger/Najdecki/Zintl/*R. Kössinger/Zintl,* HdB Testamentsgestaltung, § 8 Rn 8.
4 BayObLG v. 4.11.1994 – 1Z BR 55/94, FamRZ 1995, 835; OLG Düsseldorf v. 28.4.1995 – 7 U 113/94, ZEV 1995, 410 m. Anm. *Reimann.*

I. Teilungsanordnung und Vorausvermächtnis

5 Das am weitesten reichende Gestaltungsmittel ist, wie oben bereits angesprochen, die Erbeinsetzung, da der Erbe kraft Gesetzes im Wege der Universalsukzession den gesamten Nachlass erwirbt. Fällt der Nachlass einer Mehrzahl von Erben an, entsteht hierdurch eine **Erbengemeinschaft** als Gesamthandsgemeinschaft. Alle Miterben sind entsprechend ihrer jeweiligen Erbquoten am Nachlass (als Ganzem) beteiligt. Verfügungen über einzelne Nachlassgegenstände können grundsätzlich nur alle Miterben gemeinsam treffen. Für die Art und Weise der Teilung des Nachlasses (Auseinandersetzung der Erbengemeinschaft) kann der Erblasser dessen ungeachtet aber eigene Anordnungen treffen, insbesondere durch Vorausvermächtnisse oder Teilungsanordnungen.

6 Das **Vorausvermächtnis** (§ 2150 BGB) ist ein Vermächtnis zugunsten eines Erben bzw. Miterben und zeichnet sich dadurch aus, dass es keiner wertmäßigen Anrechnung auf den Erbteil unterliegt.[5] Der Vorausvermächtnisnehmer erhält es zusätzlich zu seinem Erbteil. Demzufolge steht der Anspruch dem vermächtnisweise bedachten Miterben auch schon dann zu, wenn eine Teilungsreife des Nachlasses nicht gegeben ist, eine Auseinandersetzung der Erbengemeinschaft also noch nicht verlangt werden kann.[6] Aus der Sicht des Nachlasses stellt das Vorausvermächtnis eine **Nachlassverbindlichkeit** i.S.v. § 1967 Abs. 2 BGB dar.[7]

7 Soweit es dem Erblasser lediglich darauf ankommt, bestimmte Nachlassgegenstände bestimmten Personen zukommen zu lassen, ohne hierdurch eine wertmäßige Besserstellung[8] zu bewirken, kommt hierzu die Bestimmung von Teilungsanordnungen nach § 2048 BGB in Betracht.

8 Mit der **Teilungsanordnung** verpflichtet der Erblasser seine Erben, im **Teilungsplan** zur Auseinandersetzung der Erbengemeinschaft eine entsprechende Zuweisung von Nachlassgegenständen an die bedachten Miterben vorzusehen und die angeordnete Teilung umzusetzen. Da eine wertmäßige Besserstellung der Bedachten durch die Teilungsanordnung gerade nicht bewirkt wird, sind die zugewandten Gegenstände mit ihrem tatsächlichen Wert auf den Wert des dem Begünstigten insgesamt zustehenden Erbteils anzurechnen, was in der Praxis diverse Probleme verursachen kann:

Zum einen bergen Bewertungsfragen (nicht nur im Hinblick auf den oder die Gegenstände der Teilungsanordnungen) erhebliches Streitpotential und verursachen mitunter entsprechend hohen Ermittlungsaufwand. Zum anderen ist umstritten, ob eine Verpflichtung zur Umsetzung der Teilungsanordnung auch dann

5 Krug/Daragan/Bernauer/*Bernauer*, Die Immobilie im Erbrecht, § 9 Rn 74.

6 MüKo-BGB/*Rudy*, § 2150 Rn 6.

7 Krug/Daragan/Bernauer/*Bernauer*, Die Immobilie im Erbrecht, § 9 Rn 74.

8 „Begünstigungswille“, vgl. Krug/Daragan/Bernauer/*Bernauer*, Die Immobilie im Erbrecht, § 9 Rn 76 m.w.N.

besteht, wenn der Wert des zugewandten Gegenstands über den Wert der Erbquote des aus ihr begünstigten Miterben hinausgeht. Für den Fall der Umsetzung ergäbe sich jedenfalls eine Verpflichtung des Begünstigten, aus seinem Eigenvermögen einen Wertausgleich in den Nachlass zu leisten.[9]

Die Abgrenzung zwischen Teilungsanordnung und Vorausvermächtnis ist mitun- 9
ter nur schwierig möglich. Grundsätzlich zeichnet sich das Vorausvermächtnis grundsätzlich dadurch aus, dass der Erblasser dem Begünstigten einen Vermögensvorteil verschaffen will.[10] Dieser muss allerdings nicht notwendigerweise auch eine finanzielle Besserstellung beinhalten.[11] Vielmehr genügt es, dass dem Bedachten eine bestimmte Rechtsposition eingeräumt wird.[12] Vergleichsweise eindeutig ist die Situation, wenn die Zuwendung eines bestimmten Gegenstands von der Erbenstellung[13] des Begünstigten unabhängig sein soll.[14] Denn diese Zielsetzung kann ausschließlich durch eine Vermächtnisanordnung erreicht werden.[15]

Um Auslegungsschwierigkeiten von vornherein vorzubeugen, gilt es auf eine 10
möglichst eindeutige Formulierung in der letztwilligen Verfügung zu achten. Denn eine klar zum Ausdruck gebrachte Willensrichtung des Erblassers geht verständlich jeglicher richterlicher Auslegung vor.

Teilungsanordnungen sowie auch (Voraus-)Vermächtnisse stellen **Beschränkun-** 11
gen i.S.v. § 2306 Abs. 1 BGB dar, so dass sie pflichtteilsberechtigte Miterben zur **Ausschlagung** und **Pflichtteilsgeltendmachung** berechtigen.

II. Vermächtnisanordnung

Will der Erblasser eine Person vermögensmäßig begünstigen, ohne sie zum Erben 12
zu berufen, eignet sich hierzu die Vermächtnisanordnung nach § 1939 BGB. Die Einzelheiten regeln die §§ 2147–2191 BGB.

Im Unterschied zum Erben rückt der Vermächtnisnehmer nicht in die Stellung 13
des Erben ein, sondern erhält einen (nur) **schuldrechtlichen Anspruch** auf Übertragung des ihm zugewandten Gegenstands oder Rechts. Dabei wird der Vermögensvorteil, so wie er in § 1939 BGB definiert ist, nach h.M. weit ausgelegt.[16] Auch mittelbare Vorteile sind ausreichend, eine wirtschaftliche Bereicherung des

9 OLG Braunschweig v. 11.11.1994 – 5 U 13/94, ZEV 1996, 69; *Siegmann*, ZEV 1996, 48.
10 BGH v. 27.6.1990 – IV ZR 104/89, NJW-RR 1990, 1220.
11 BGH v. 7.12.1994 – IV ZR 281/93, ZEV 1996, 104; Staudinger/*Otte*, § 2150 Rn 10.
12 MüKo-BGB/*Rudy*, § 2150 Rn 6.
13 Die Quote bleibt unverändert, vgl. Grüneberg/*Weidlich*, § 2150 Rn 3.
14 BGH v. 7.12.1994 – IV ZR 281/93, ZEV 1995, 144.
15 Zu den rechtlichen und praktischen Unterschieden vgl. auch Kössinger/Najdecki/Zintl/*R. Kössinger/Zintl*, HdB Testamentsgestaltung, § 15 Rn 207 ff.
16 Grüneberg/*Weidlich*, § 1939 Rn 4; MüKo-BGB/*Leipold*, § 1939 Rn 11 m.w.N.

Vermächtnisnehmers ist nicht erforderlich. Daher kann der Gegenstand eines Vermächtnisses neben einer Sache oder einer Forderung auch ein Recht sein, bspw. ein bestimmtes Grundstück aus dem Nachlass gegen Zahlung des Verkehrswerts zu übernehmen. Letztlich kann auch ein Anspruch auf Unterlassung Inhalt einer Vermächtnisanordnung sein.[17]

14 Die Abgrenzung zwischen Erbeinsetzung und Vermächtnisanordnung bereitet bei der Auslegung von Testamenten mitunter erhebliche Schwierigkeiten. Das gilt insbesondere dann, wenn der Erblasser bestimmte Gegenstände zuwendet, indem er z.B. anordnet, dass sein Wohnhaus seinem Neffen zufallen, sein Bankguthaben aber seine Nichte bekommen solle.[18] Hier kann durchaus eine vermächtnisweise Zuwendung unter Beibehaltung der gesetzlichen Erbfolge gewollt sein. Alternativ kommt aber auch eine Erbeinsetzung im Verhältnis der Werte der zugewandten Gegenstände (zueinander), verbunden mit einer Teilungsanordnung, in Betracht.[19] Soweit ein einzelner Gegenstand den Hauptteil des Vermögens ausmacht (was bei Immobilien mitunter der Fall ist), kann in der Zuwendung dieses Gegenstands sogar eine (Allein-)Erbeinsetzung zu sehen sein.[20]

15 Vor diesem Hintergrund sollten Unklarheiten, die eine entsprechende Auslegung nach §§ 133, 157 BGB oder gar unter Rückgriff auf die erbrechtlichen Auslegungsregeln, z.B. § 2087 BGB, erforderlich machen, tunlichst vermieden werden. Das bedeutet in der Praxis nicht nur, die juristisch richtigen Begriffe exakt zu verwenden, sondern auch, diese bzw. ihre Bedeutung im konkreten Kontext zusätzlich noch zu erläutern.

III. Anordnung von Auflagen

16 Auflagen schließlich begründen anders als Vermächtnisse nicht notwendigerweise die Zuwendung eines Vermögensvorteils. Es genügt vielmehr die Anordnung jeden Tuns oder Unterlassens zugunsten eines anderen oder zur Verwirklichung eines objektiven Zwecks. Die Auflage gewährt einem eventuell Begünstigten keinen Anspruch auf die Leistung gem. § 1940 BGB, begründet aber dennoch eine echte Verpflichtung.[21]

17 MüKo-BGB/*Leipold*, § 1939 Rn 11 m.w.N.; Krug/Daragan/Bernauer/*Bernauer*, Die Immobilie im Erbrecht, § 9 Rn 2.
18 BayObLG v. 4.11.1994 – 1Z BR 55/94, FamRZ 1995, 835.
19 BGH v. 19.1.1972 – IV ZR 1208/68, DNotZ 1972, 500.
20 MüKo-BGB/*Rudy*, § 2087 Rn 8.
21 MüKo-BGB/*Leipold*, § 1940 Rn 2.

C. Erbeinsetzung

I. Allgemeines

1. Mögliche Erben

Wie bereits erwähnt, bildet die Erbeinsetzung regelmäßig eines der zentralen Elemente einer letztwilligen Verfügung (Testament, Erbvertrag), ergibt sich aus ihr doch, wer nach dem Tod des Erblassers vollumfänglich in seine Fußstapfen treten, alle seine Rechte und Pflichten übernehmen und (im wesentlichen) für die Nachlassabwicklung verantwortlich sein soll.[22] 17

Als taugliche Erben kommen sämtliche natürlichen und juristischen Personen (des öffentlichen und privaten Rechts) in Betracht. Grundsätzlich müssen diese im Zeitpunkt des Erbfalls (bzw. des Nacherbfalls[23]) existieren (also leben bzw. rechtsfähig sein[24]). Diese Regel kennt jedoch einige Ausnahmen: 18

Gem. § 1923 Abs. 2 BGB kann der Erblasser auch von einem noch nicht Geborenen, zur Zeit des Erbfalls aber bereits Gezeugten (**nasciturus**) beerbt werden und diesen auch testamentarisch zum Erben berufen. Kommt der nasciturus lebend zur Welt, gilt er als bereits vor dem Erbfall geboren. Der Anfall der Erbschaft an ihn erfolgt aber dessen ungeachtet erst mit der Geburt (§ 1942 BGB).[25] 19

Für den Bereich der juristische Personen regelt § 84 BGB, dass eine von Todes wegen zu errichtende **Stiftung** als bereits vor dem Erbfall entstanden (und damit rechtsfähig) gilt, wenn sie nach dem Tod des Erblassers errichtet und genehmigt wird.[26] 20

Nicht (wenigstens teilweise) rechtsfähige Gesamthandsgemeinschaften können grundsätzlich nicht zu Erben bestimmt werden. Dies gilt insbesondere für Gütergemeinschaften sowie Miterbengemeinschaften.[27] OHG und KG, die gem. §§ 124 Abs. 1, 161 Abs. 2 HGB als solche am Rechtsverkehr teilnehmen, gelten aber als erbfähig,[28] ebenso auch Außen-GbRs.[29] Die Erbfähigkeit von (selbst rechtsfähi- 21

---

22 Kössinger/Najdecki/Zintl/*R. Kössinger/Zintl*, HdB Testamentsgestaltung, § 8 Rn 44.

23 Vgl. MüKo-BGB/*Leipold*, § 1923 Rn 4.

24 Vgl. zu der Verfügung, wenn der Erblasser sein Vermögen den Tieren zugutekommen lassen will, BayObLG v. 22.4.1988 – 1 Z 64/87, NJW 1988, 2742.

25 MüKo-BGB/*Leipold*, § 1923 Rn 29.

26 MüKo-BGB/*Leipold*, § 1923 Rn 37, 38.

27 MüKo-BGB/*Leipold*, § 1923 Rn 47.

28 MüKo-BGB/*Leipold*, § 1923 Rn 42.

29 Vgl. BGH v. 29.1.2001 – II ZR 331/00, NJW 2001, 1056; BGH v. 17.10.2006 – VIII ZB 94/05, DNotZ 2007, 134; MüKo-BGB/*Leipold*, § 2065 Rn 43; *Scherer/Feick*, ZEV 2003, 342 sowie Kössinger/Najdecki/Zintl/*R. Kössinger/Zintl*, HdB Testamentsgestaltung, § 8 Rn 1, jeweils m.w.N.

gen) Vereinen ist umstritten,[30] aber grundsätzlich zu bejahen. Dasselbe gilt für die rechtsfähige GbR. Die nicht rechtsfähige GbR ist als reine Innengesellschaft nach wie vor nicht erbfähig.[31]

2. Bestimmung des Erben durch den Erblasser (Drittbestimmungsverbot)

22 Bei der Gestaltung letztwilliger Verfügungen zur Regelung der Erbenstellung einer oder mehrerer Personen ist unbedingt die Vorgabe von § 2065 Abs. 2 BGB (**Drittbestimmungsverbot**) zu beachten. Das Gesetz zwingt hier den Erblasser, seinen oder seine Erben selbst konkret zu bestimmen. Anordnungen, kraft derer ein Dritter nach Eintritt des Erbfalls den Erben – mittels eigenen Ermessens – auswählen oder bestimmen soll, sind unzulässig.[32]

Möglich sind aber Anordnungen, die den Kreis möglicher Bedachter eng umreißen und einem (jedem) Dritten die Bestimmung desjenigen, den der Erblasser zum Erben berufen wollte, ohne Ausübung eigenen Ermessens ermöglichen.[33] Der Erbe ist in diesem Fall jedenfalls bestimmbar und kann durch jede sachkundige Person allein anhand des Wortlauts der letztwilligen Verfügung nach objektiven Kriterien festgestellt werden. Eine solche Situation ist bspw. auch dann gegeben, wenn der Erblasser seine „gesetzlichen Erben“ beruft. Wichtig ist in diesem Zusammenhang aber, dass die Identifizierung des Erben allein anhand der testamentarisch vorgegebenen Kriterien ohne Rückgriff auf außerhalb der letztwilligen Verfügung liegende Umstände möglich sein muss.[34]

23 Vor diesem Hintergrund ist sehr genau darauf zu achten, dass der Erblasser die entsprechenden Anordnungen so genau formuliert, dass eine eindeutige Bestimmung des bzw. der Erben ohne Auslegungsspielräume gewährleistet wird.

3. Ersatzerbenberufung

24 Auch wenn der Erblasser seinen Erben rechtswirksam bestimmt hat, kann dieser – sowohl vor als auch nach dem Erbfall – wegfallen.[35] Insbesondere kann der ins Auge gefasste Erbe vor dem Erblasser versterben oder einen Zuwendungsverzicht (§ 2352 BGB) mit ihm vereinbaren. Nach Eintritt des Erbfalls können insbesondere die Ausschlagung oder – in Ausnahmefällen – eine Erbunwürdigkeitserklärung gem. § 2324 BGB zu einem Wegfall des Bedachten führen. Vor

---

30 Dafür z.B. MüKo-BGB/*Leipold*, § 1923 Rn 44; BeckOK BGB/*Müller-Christmann*, § 1923 Rn 14; Grüneberg/*Weidlich*, § 1939 Rn 7.

31 MüKo-BGB/*Leipold*, § 1923 Rn 43.

32 KG v. 23.2.1999 – 1 W 6108/97, 6109/97, ZEV 1999, 313; MüKo-BGB/*Leipold*, § 2065 Rn 35.

33 MüKo-BGB/*Leipold*, § 2065 Rn 35 ff. m.w.N.

34 MüKo-BGB/*Leipold*, § 2065 Rn 35; BeckOK BGB/*Litzenburger*, § 2065 Rn 17.

35 *Nieder*, ZEV 1996, 241.

diesem Hintergrund sollte die letztwillige Verfügung auch eine **Ersatzerbenbestimmung** enthalten, um derartigen Unwägbarkeiten vorzubeugen.

Fehlt eine Ersatzerbenberufung, kommt es entweder zur Anwachsung nach § 2094 BGB (wenn vom Erblasser weitere Erben bestimmt wurden) oder zum Eintritt der gesetzlichen Erbfolge. Gem. § 2099 BGB geht eine Ersatzerbenbestimmung, auch wenn sie aufgrund einer Vermutungsregel (z.B. § 2069 BGB) oder aufgrund einer hypothetischen Ersatzerbenbestimmung eingreift, der Anwachsung grundsätzlich vor. 25

§ 2096 BGB ermöglicht es dem Erblasser, für den Fall, dass der Erbe vor oder nach dem Eintritt des Erbfalls wegfällt, einen anderen als Erben zu bestimmen (**Ersatzerbe**). Der Ersatzerbe wird dabei nur bzw. erst für den Fall zum Erben berufen, dass der zuerst Bedachte nicht Erbe wird. Die Ersatzerbenberufung stellt quasi das Pendant zum Eintrittsrecht des § 1924 Abs. 3 BGB bei gesetzlicher Erbfolge dar. 26

Soweit der Erblasser bei der Ersatzerbenberufung nicht zwischen dem Wegfall vor und nach dem Erbfall unterscheidet, gilt der Ersatzerbe im Zweifel als für beide Fallgruppen eingesetzt.[36] Anderweitige Bestimmungen des Erblassers sind aber möglich.[37] Fehlen ausdrückliche Anordnungen und bleibt die Auslegung anhand des konkret vorliegenden Testaments ohne Ergebnis, können die gesetzlichen Auslegungsregelungen der §§ 2068, 2069 BGB Anwendung finden.[38] 27

Um „zufälligen Ergebnissen" vorzubeugen, empfiehlt sich in jedem Fall eine ausdrückliche Bestimmung des bzw. der Ersatzerben durch den Erblasser selbst. Soll ein Ersatzerbe nicht bestimmt werden, lässt sich auch dies ausdrücklich regeln.[39] Hierdurch kann die Anwendung gesetzlicher oder durch die Rechtsprechung entwickelter Auslegungsregelungen zur Bestimmung (hypothetischer) Ersatzerben ausgeschlossen werden. 28

4. Anwachsung

Fällt einer von mehreren Erben weg und kann an seine Stelle (ggf. wegen entsprechender Anordnungen des Erblassers) kein Ersatzerbe treten, kommt es zur Anwachsung des Erbteils des Weggefallenen zugunsten des bzw. der verbleibenden (weiteren) Erben, § 2094 BGB.[40] Anderslautende Anordnungen des Erblassers sind jedoch auch hier möglich (§ 2094 Abs. 3 BGB). So kann der Erblasser 29

36 Grüneberg/*Weidlich*, § 2096 Rn 6; MüKo-BGB/*Leipold*, § 2065 Rn 7.
37 BayObLG v. 18.1.1989 – 1a Z 28/88, FamRZ 1989, 666; vgl. auch MüKo-BGB/*Leipold*, § 2065 Rn 7.
38 Vgl. *Nieder*, ZEV 1996, 241.
39 Rudolf/Bittler/Seiler-Schopp/*Rudolf*, HdB Testamentsauslegung, § 2 Rn 244.
40 MüKo-BGB/*Rudy*, § 2094 Rn 3.

bspw. die Anwachsung insgesamt oder aber bezüglich der Erbteile einzelner Miterben ausschließen.[41]

Wichtig ist in diesem Zusammenhang, dass eine Anwachsung immer nur dann in Betracht kommt, wenn nicht eine – prinzipiell vorrangige – Ersatzerbenregelung eingreift.[42]

II. Alleinerbe

30 Bestimmt der Erblasser nur eine einzelne Person zu seinem Gesamtrechtsnachfolger, handelt es sich bei dieser um einen **Alleinerben**, der vollumfänglich in sämtliche Rechtspositionen des Verstorbenen eintritt. Sämtliches Nachlassvermögen einschließlich etwaiger Verbindlichkeiten geht automatisch mit dem Erbfall auf ihn über. Eine Auseinandersetzung des Nachlasses, also eine Aufteilung unter mehreren Miterben, ist in dieser Konstellation nicht erforderlich.

31 Dessen ungeachtet kann auch der Alleinerbe durch weitergehende erbrechtliche Anordnungen, insbesondere Vermächtnisse und Auflagen, beschwert werden, so dass der mit dem Erbfall insgesamt auf ihn übergegangene Nachlass nicht dauerhaft bei ihm verbleibt, sondern in Teilen an andere Begünstigte/Nachlassbeteiligte, insbesondere an Vermächtnisnehmer, herausgegeben werden muss.

32 Bestimmt der Erblasser einen Alleinerben und fällt dieser vor oder nach dem Erbfall weg, kommt eine Anwachsung von vornherein nicht in Betracht.[43] Vor diesem Hintergrund sollte gerade bei einer Alleinerbeneinsetzung der Frage möglicher Ersatzerben besondere Aufmerksamkeit geschenkt werden.

III. Erbeinsetzung Mehrerer

1. Allgemeines

33 Der Erblasser hat auch die Möglichkeit, mehrere Personen zu seinen Erben zu berufen. Dies kann dadurch geschehen, dass er diesen bestimmte Quoten bzw. Bruchteile seines Nachlasses zuwendet (§ 2087 Abs. 1 BGB).[44] In diesem Fall geht der Nachlass im Wege der Gesamtrechtsnachfolge nicht auf eine einzelne Person, sondern auf eine Mehrheit von Rechtsnachfolgern über; diese bilden dann eine sog. **Erbengemeinschaft**.[45]

41 MüKo-BGB/*Rudy*, § 2094 Rn 4.
42 MüKo-BGB/*Rudy*, § 2094 Rn 5; Damrau/Tanck/*Kissling*, § 2094 Rn 8.
43 MüKo-BGB/*Rudy*, § 2087 Rn 1; Damrau/Tanck/*Kissling*, § 2094 Rn 2.
44 MüKo-BGB/*Rudy*, § 2087 Rn 1.
45 MüKo-BGB/*Gergen*, § 2032 Rn 4.

Sämtliche Miterben sind gesamthänderisch mit ihren jeweiligen Erbquoten am Nachlass insgesamt, also an allen Nachlassgegenständen, beteiligt.[46] Eine automatisch wirkende dingliche Zuweisung bestimmter Nachlassgegenstände kennt das deutsche Recht nicht. Allerdings kann der Erblasser durch letztwillige Verfügung den Umfang der Erbberechtigung einzelner Miterben selbst bestimmen und ihnen jeweils unterschiedliche **Erbquoten** zuweisen. 34

Möglich (wenn auch nicht zu empfehlen) ist aber auch die Zuweisung einzelner Nachlassgegenstände an bestimmte Rechtsnachfolger. Soweit dabei nicht einer der Beteiligten als Hauptbedachter (und damit Alleinerbe) zu identifizieren ist, sind derartige Regelungen zumeist als Erbeinsetzungen zu verstehen.[47] Die Erbquoten ergeben sich dann entsprechend den Wertverhältnissen der zugewiesenen Einzelgegenstände zum Gesamtnachlass.[48] Nach diesen Erbquoten (und den durch die Zuweisung von Einzelgegenständen ausgesprochenen Teilungsanordnungen) richtet sich dann auch die Aufteilung des nicht ausdrücklich zugewiesenen Restnachlasses. 35

Für die Gestaltungsberatung kann dieses Konzept selbstverständlich nicht empfohlen werden. Den Interessen des Erblassers entspricht es in der Regel wesentlich besser, ausdrückliche Regelungen zum konkret gewollten Umfang der Partizipation der einzelnen Nachlassbeteiligten niederzulegen. 36

2. Erbengemeinschaft

Mehrere Erben, auf die der Nachlass im Wege der Gesamtrechtsnachfolge übergeht, bilden, wie angesprochen, eine Erbengemeinschaft. Der Nachlass bildet (insgesamt und ungeteilt) Gesamthandsvermögen der Erbengemeinschaft. Für die Verwaltung gelten die §§ 2032 ff. BGB. 37

Die Auseinandersetzung der Erbengemeinschaft erfolgt – vorbehaltlich abweichender Erblasseranordnungen – erst nach Herbeiführung der sog. **Teilungsreife**. Diese setzt prinzipiell voraus, dass sämtliche Nachlassverbindlichkeiten erledigt (oder wenigstens sichergestellt) sind.[49] Im Übrigen erfordert die Teilung in natura[50] eine entsprechende Einigkeit unter allen Miterben, da keiner von ihnen gegenüber den anderen Anspruch auf den Erhalt oder die Übernahme einzelner Nachlassgegenstände hat. Kommt eine Einigung unter den Erben nicht zustande, 38

46 MüKo-BGB/*Gergen*, § 2032 Rn 19.

47 BGH v. 28.10.1992 – IV ZR 221/91, NJW 1993, 1005; BayObLG v. 7.6.1994 – 1Z BR 69/93, FamRZ 1995, 246, 248; vgl. auch *Zimmermann*, ZErb 2024, 41; *Hamdan*, ErbR 2023, 435 unter Hinweis auf OLG Brandenburg v. 22.2.2023 – 3 W 31/22, ErbR 2023, 460.

48 BGH v. 8.10.1993 – 15 W 74/94, ZEV 1994, 113; OLG Köln v. 24.1.1992 – 2 Wx 38/91, DNotZ 1993, 133.

49 Damrau/Tanck/*Rißmann*, § 2048 Rn 1; MüKo-BGB/*Fest*, § 2046 Rn 3.

50 MüKo-BGB/*Fest*, § 2046 Rn 26.

muss im Zweifel der Nachlass versilbert (im Zweifel durch Teilungsversteigerung bzw. Pfandverkauf) werden, um anschließend den dann im Nachlass befindlichen Geldbetrag entsprechend den jeweiligen Erbquoten unter den beteiligten Miterben aufzuteilen.[51]

39 Hat der Erblasser den Wunsch, bestimmten Personen bestimmte Nachlassgegenstände zuzuweisen, kann er dies durch Anordnungen für die Auseinandersetzung entsprechend festlegen. Als geeignete Regelungsinstrumente kommen insbesondere Teilungsanordnungen (§ 2048 BGB) und Vermächtnisse bzw. Vorausvermächtnisse in Betracht, mitunter auch Auflagenanordnungen.

3. Teilungsanordnung

a) Grundsätzliches

40 Mithilfe einer Teilungsanordnung nach § 2048 BGB kann der Erblasser regeln, welchem seiner (mehreren) Erben im Rahmen der Auseinandersetzung welche konkreten Nachlassgegenstände (bspw. Immobilien) zufallen sollen. Da mit der Teilungsanordnung keine wirtschaftliche Besserstellung der jeweiligen Begünstigten verbunden ist, geht die gegenständliche Zuweisung einzelner Nachlassgegenstände prinzipiell mit einer Verpflichtung zum **Wertausgleich** unter den Miterben entsprechend der ihnen aufgrund ihrer Erbquoten jeweils zustehenden Nachlassbeteiligungen einher.[52] Dabei muss sich der aus einer Teilungsanordnung begünstigte Miterbe den Wert des ihm zugewiesenen Gegenstands auf den Wert seines Erbteils anrechnen lassen[53] (zur überquotalen Teilungsanordnung vgl. Rdn 46 ff.).

41 Teilungsanordnungen wirken nicht (automatisch bzw.) dinglich, sondern rein schuldrechtlich.[54] Sie verpflichten die Erben, im Rahmen der Auseinandersetzung eine den Vorstellungen des Erblassers entsprechende Aufteilung vorzunehmen.[55] Dabei wirkt diese Verpflichtung nicht nur zugunsten, sondern auch zulasten des „Begünstigten“, denn er ist – vorbehaltlich der Möglichkeit, die Erbschaft auszuschlagen (und ggf. seinen Pflichtteil zu verlangen, § 2306 Abs. 1 BGB) – zur Übernahme des entsprechenden Gegenstands (unter Anrechnung auf seinem Erbteil) verpflichtet.[56] Ein Anspruch darauf, den Wert seiner Erbquote mithilfe anderen Nachlassvermögens zu realisieren, steht ihm grundsätzlich nicht zu[57]

51 MüKo-BGB/*Fest*, § 2046 Rn 27.

52 Damrau/Tanck/*Rißmann*, § 2048 Rn 21 f.

53 Kössinger/Najdecki/Zintl/*R. Kössinger/Zintl*, HdB Testamentsgestaltung, § 15 Rn 199.

54 MüKo-BGB/*Fest*, § 2048 Rn 9.

55 BGH v. 17.4.2002 – IV ZR 226/00, DNotZ 2003, 57.

56 MüKo-BGB/*Fest*, § 2048 Rn 9; Kössinger/Najdecki/Zintl/*R. Kössinger/Zintl*, HdB Testamentsgestaltung, § 15 Rn 200.

57 Staudinger/*Otte*, § 2150 Rn 11.

(Ausnahme: „isoliertes“ Übernahmerecht).[58] Dessen ungeachtet haben aber die Erben ohne weiteres die Möglichkeit, sich einvernehmlich über Teilungsanordnungen (sowie auch über die meisten anderen Erblasseranordnungen) hinwegzusetzen,[59] wenn nicht der Erblasser hiergegen entsprechende Vorkehrungen (z.B. durch eine Testamentsvollstreckungsanordnung) getroffen hat.[60]

Die Teilungsanordnung entfaltet ihre schuldrechtlichen Wirkungen (Rechte und Pflichten) ab dem Zeitpunkt des Erbfalls. Allerdings ist die Umsetzung bis zur Durchführung der Auseinandersetzung, die prinzipiell die Teilungsreife des Nachlasses voraussetzt, aufgeschoben.[61] Vor diesem Hintergrund gewährt die (reine) Teilungsanordnung dem Begünstigten auch keinen Anspruch auf eine (vorgezogene) Teilerbauseinandersetzung. Etwas anderes kann bestenfalls dann gelten, wenn Nachlassverbindlichkeiten nicht (mehr) bestehen und auch im Übrigen eine Gefährdung der berechtigten Interessen der übrigen Miterben ausgeschlossen erscheint.[62] 42

In erbschaftsteuerlicher Hinsicht ist wichtig, dass Teilungsanordnungen prinzipiell unbeachtlich sind.[63] Sie bringen keine steuerbare Begünstigung mit sich, diese beruht vielmehr bereits auf der Erbenstellung. Hinzu kommt die grundsätzliche Trennung von Erbfall einerseits und Erbauseinandersetzung andererseits, die dazu führt, dass auch Übertragungen im Rahmen von Teilungsanordnungen Verstöße gegen etwaige Behaltensfristen darstellen können, so z.B. bei § 13 Abs. 1 Nr. 4b bzw. 4c ErbStG (wenn nicht der jeweilige S. 2 eingreift). Allerdings regelt § 13d Abs. 2 ErbStG einen Begünstigungstransfer zugunsten desjenigen Steuerpflichtigen, auf den zum Nachlass gehörender zu Wohnzwecken vermieteter Grundbesitz durch Teilungsanordnung oder aufgrund freier Erbauseinandersetzung übertragen wird.[64] Dasselbe gilt nach § 13 Abs. 1 Nr. 4a S. 2 und 3 bzw. Nr. 4c S. 2 und 3 ErbStG auch für das Familienheim.[65] 43

b) Formelle und materielle Teilungsanordnungen

Mitunter wird zwischen formellen und materiellen Teilungsanordnungen unterschieden. Dabei bezeichnen die **formellen Teilungsanordnungen** sämtliche Erblasserbestimmungen, die im Hinblick auf die Art der Verwaltung des Nachlasses 44

58 Kössinger/Najdecki/Zintl/*R. Kössinger/Zintl*, HdB Testamentsgestaltung, § 15 Rn 200.

59 Vgl. zu vertraglichen Vereinbarungen z.B. *Welter*, MittRhNotK 1986, 140; vgl. auch Kössinger/Najdecki/Zintl/*R. Kössinger/Zintl*, HdB Testamentsgestaltung, § 15 Rn 202.

60 MüKo-BGB/*Fest*, § 2048 Rn 9 unter Hinweis auf OLG München v. 29.8.2018 – 8 U 3464/17, MittBayNot 2019, 166.

61 MüKo-BGB/*Fest*, § 2048 Rn 9.

62 BGH v. 14.3.1984 – IVa ZR 87/82, NJW 1985, 51, 52.

63 Troll/Gebel/Jülicher/Gottschalk/*Jülicher*, ErbStG, § 3 Rn 14 m.w.N.

64 R E 13d Abs. 5 ErbStR 2019.

65 Kössinger/Najdecki/Zintl/*R. Kössinger/Zintl*, HdB Testamentsgestaltung, § 15 Rn 241; vgl. auch § 10 Rdn 80 ff.

sowie seiner Auseinandersetzung Abweichungen von den dispositiven gesetzlichen Vorgaben beinhalten. Hierzu gehören die Zuweisung besonderer Verwaltungsbefugnisse[66] oder auch von §§ 2042 ff. BGB abweichende Bestimmungen zur Art und Weise oder auch zum Zeitpunkt der Erbauseinandersetzung.[67] Eine formelle Teilungsanordnung liegt auch dann vor, wenn der Erblasser einem Dritten die Kompetenz einräumt, die Erbteilung nach (seinem) billigen Ermessen vorzunehmen (§ 2048 S. 2, 3 BGB).[68]

45 Während also bei den formellen Teilungsanordnungen im Wesentlichen Abweichungen von den das Auseinandersetzungsverfahren betreffenden gesetzlichen Regelungen festgelegt werden, zeichnen sich die **materiellen Teilungsanordnungen** dadurch aus, dass tatsächlich eine gegenständliche Zuweisung bestimmter Bestandteile des Nachlasses erfolgt.[69]

Auch hier kommt es – wie bereits ausgeführt – nicht zu einer echten wirtschaftlichen Begünstigung einzelner Miterben, da die Werte der zugewiesenen Nachlassgegenstände im Rahmen der Auseinandersetzung entsprechend zu berücksichtigen sind und der Begünstigte im Bedarfsfall auch zum Wertausgleich (zugunsten des Nachlasses) verpflichtet ist (jedenfalls bei reinen Teilungsanordnungen i.S.v. § 2048 BGB). Allerdings kann hier im Einzelfall die Abgrenzung zur überquotalen Teilungsanordnung oder auch zum Vorausvermächtnis (§ 2150 BGB) schwierig sein.[70]

c) Überquotale Teilungsanordnung

46 Die mit der reinen Teilungsanordnung verbundene Verpflichtung, im Rahmen der Auseinandersetzung einen wertmäßigen Ausgleich und eine streng an den Erbquoten orientierte Verteilung des Gesamtnachlasses zu gewährleisten, kann in der Praxis erhebliche Schwierigkeiten mit sich bringen. Diese beginnen bei der Bewertung der einzelnen Nachlassgegenstände und gipfeln ggf. – je nach Wertverhältnissen – in der Verpflichtung des aus der Teilungsanordnung Berechtigten, Ausgleichszahlungen in den Nachlass zu leisten.

47 Ist dem Erblasser daran gelegen, grundsätzlich eine den Erbquoten entsprechende Verteilung seines Nachlasses anzuordnen, gleichzeitig aber eine bestimmte gegenständliche Zuweisung zu treffen, kann es zur Vermeidung der soeben angesprochenen Probleme sinnvoll sein, auf den Ausgleich sich etwa ergebender wertmäßiger Spitzen zu verzichten. Dies kann durch die Anordnung einer sog. überquotalen Teilungsanordnung erreicht werden. Hierbei handelt es sich um eine

---

66 MüKo-BGB/*Fest*, § 2048 Rn 6; vgl. auch OLG München v. 5.12.2018 – 7 U 4091/17, ZEV 2019, 269.

67 Kössinger/Najdecki/Zintl/*R. Kössinger/Zintl*, HdB Testamentsgestaltung, § 15 Rn 203.

68 Vgl. hierzu MüKo-BGB/*Fest*, § 2048 Rn 21.

69 Kössinger/Najdecki/Zintl/*R. Kössinger/Zintl*, HdB Testamentsgestaltung, § 15 Rn 204.

70 Kössinger/Najdecki/Zintl/*R. Kössinger/Zintl*, HdB Testamentsgestaltung, § 15 Rn 204.

Kombination aus Teilungsanordnung und Vorausvermächtnis,[71] bei der derjenige Wertanteil des zugewiesenen Nachlassgegenstands, der über die Erbquote des aus der Anordnung Begünstigten hinausgeht, als Vorausvermächtnis (§ 2150 BGB) zugewandt gilt. Letzteres belastet als Wertvermächtnis die übrigen Miterben.[72]

Formulierungsbeispiel

Im Wege der Teilungsanordnung bestimme ich für die Auseinandersetzung der Erbengemeinschaft, dass meine Tochter die Immobilie (...) und mein Sohn die Immobilie (...) erhalten sollen.

Soweit die beiden vorgenannten Immobilien nicht gleichwertig sein sollten, wende ich einen etwaigen Wertüberschuss, um den der Wert der höherwertigen Immobilie den Wert der anderen Immobilie übersteigt, im Wege des Vorausvermächtnisses dem Erwerber der höherwertigen Immobilie zu, dies allerdings nur unter der Bedingung, dass die vorgenannten Teilungsanordnungen umgesetzt werden.

Dieses Vorausvermächtnis fällt erst zum Zeitpunkt der Erbauseinandersetzung an. Im Übrigen stelle ich klar, dass der Vorausvermächtnisnehmer aus dieser Vermächtnisanordnung keine weiteren Vorteile erlangen soll, als dass ihm die ihm per Teilungsanordnung zustehende Immobilie zufällt, ohne dass er einen Wertausgleich in den Nachlass zu leisten hat. An etwaigen Pflichtteilslasten hat sich der Vorausvermächtnisnehmer nicht zu beteiligen; die Anwendbarkeit von § 2318 BGB schließe ich insoweit ausdrücklich aus.

Möglich ist auch die Anordnung, dass der Gegenstand der Teilungsanordnung **48**
nicht mit seinem tatsächlichen Verkehrswert, sondern mit einem anderen, darunter liegenden Wert im Rahmen der Erbauseinandersetzung berücksichtigt werden soll. Dies kann entweder dadurch geschehen, dass der Erblasser konkrete betragsmäßige **Wertvorgaben** macht, oder indem er einen (vereinfachten) Berechnungsmodus vorgibt und/oder einen – bspw. prozentualen – Wertabschlag angeordnet.[73]

Formulierungsbeispiel

Im Wege der Teilungsanordnung bestimme ich für die Auseinandersetzung der Erbengemeinschaft, dass meine Tochter die Immobilie (...) und mein Sohn meine sämtlichen Spar- und Bankguthaben erhalten sollen.

---

71 Kössinger/Najdecki/Zintl/*R. Kössinger/Zintl*, HdB Testamentsgestaltung, § 15 Rn 232; MüKo-BGB/*Rudy*, § 2150 Rn 8 m.w.N.; vgl. auch Staudinger/*Otte*, § 2150 Rn 9.

72 So z.B. BGH v. 14.3.1984 – IVa ZR 87/82, NJW 1985, 51, 52; BGH v. 23.5.1984 – IVa ZR 185/82, FamRZ 1985, 62, 63; Grüneberg/*Weidlich*, § 2048 Rn 5; MüKo-BGB/*Rudy*, § 2150 Rn 5.

73 Vgl. Kössinger/Najdecki/Zintl/*R. Kössinger/Zintl*, HdB Testamentsgestaltung, § 15 Rn 243; MüKo-BGB/*Fest*, § 2048 Rn 7.

Dabei soll aber die Immobilie (...) lediglich mit 80 % ihres Verkehrswerts angesetzt werden; den sich hieraus ergebenden Vermögensvorteil wende ich meiner Tochter als Vorausvermächtnis zu, allerdings nur unter der Voraussetzung, dass die Teilungsanordnung tatsächlich umgesetzt wird. Dieses Vorausvermächtnis fällt erst zum Zeitpunkt der Erbauseinandersetzung an. Im Übrigen stelle ich klar, dass meiner Tochter aus dieser Anordnung keine weiteren Vorteile erwachsen sollen, als dass die Immobilie im Rahmen der Erbauseinandersetzung unterhalb des tatsächlichen Verkehrswerts angesetzt wird.

49 In der Regel wird es dem Erblasser am Herzen liegen sicherzustellen, dass der Begünstigte das Vorausvermächtnis nur dann beanspruchen kann, wenn er auch den ihm durch Teilungsanordnung zugewiesenen Nachlassbestandteil tatsächlich übernimmt. Hierauf sollte bei der Formulierung besonders geachtet werden (vgl. Rdn 47).

50 Im Übrigen stellt sich die Frage, ob nicht der rechtlich einfachere Weg zur Erreichung des hier in Rede stehenden wirtschaftlichen Ziels in der Anordnung eines (Voraus-)Vermächtnisses liegt (vgl. hierzu Rdn 116 ff.). Dies gilt insbesondere dann, wenn die gegenständliche Zuweisung (z.B. einer Immobilie) von der späteren Erbenstellung des Begünstigten unabhängig sein soll.[74] Die (auch überquotale) Teilungsanordnung zwingt den Begünstigten jedenfalls stets dazu, die Erbschaft anzunehmen, will er den ihm vom Erblasser zugedachten Nachlassgegenstand beanspruchen.

d) Übernahmerecht

51 Wie oben dargestellt, stellt die Teilungsanordnung (§ 2048 BGB) für den vom Erblasser ins Auge gefassten Empfänger bestimmter Nachlassgegenstände nicht lediglich eine Begünstigung, sondern gleichzeitig auch eine Verpflichtung dar. Sofern er den ihm hinterlassenen Erbteil nicht ausschlägt, muss er im Rahmen der Auseinandersetzung den Gegenstand der Teilungsanordnung übernehmen, und zwar unter Anrechnung auf seinen Erbteil (Übernahmepflicht).[75]

52 Diese Rechtsfolge entspricht aber oftmals gar nicht den Interessen des Erblassers. Meist kommt es ihm vielmehr darauf an, dem aus der Teilungsanordnung begünstigten Miterben gegenüber den übrigen Nachlassbeteiligten eine privilegierte Stellung, also einen Anspruch auf den Erhalt bestimmter Vermögensgegenstände, einzuräumen. Eine Übernahmeverpflichtung soll hiermit zumeist nicht einhergehen. Selbstverständlich sind auch Erblasseranordnungen dieses Inhalts möglich, und zwar sowohl als Teilungsanordnungen als auch als Vermächtnisse bzw. Vorausvermächtnisse.[76]

---

74 Vgl. OLG Saarbrücken v. 25.6.2014 – 5 U 3/14, ZErb 2015, 153 f.; MüKo-BGB/*Rudy*, § 2150 Rn 6.

75 Staudinger/*Otte*, § 2150 Rn 11; vgl. auch oben Rdn 41.

76 Kössinger/Najdecki/Zintl/*R. Kössinger/Zintl*, HdB Testamentsgestaltung, § 15 Rn 243.

Wird das Übernahmerecht lediglich als **Teilungsanordnung** (und nicht als Vermächtnis) ausgestaltet, gewährt der Erblasser dem Übernahmeberechtigten ein Gestaltungsrecht, das dieser nach dem Erbfall durch rechtsgestaltende Erklärung ausüben kann.[77] Soweit der Erblasser keine weitergehenden Bestimmungen trifft, richtet sich die Abwicklung im Übrigen nach den für Teilungsanordnungen geltenden Grundsätzen (§ 2048 BGB), so dass im Rahmen der Auseinandersetzung ein vollständiger Wertausgleich stattzufinden hat. 53

Formulierungsbeispiel

Für die Auseinandersetzung der Erbengemeinschaft ordne ich zugunsten meiner Tochter ein Übernahmerecht (als Teilungsanordnung) im Hinblick auf die zu meinem Nachlass gehörende Immobilie (...) an. Ich stelle klar, dass der Verkehrswert der Immobilie in voller Höhe auf den Erbteil meiner Tochter bzw. auf das ihr zustehende Auseinandersetzungsguthaben anzurechnen ist.

Ordnet der Erblasser aber zusätzlich zum eigentlichen Übernahmerecht an, dass ein über den Wert der Erbquote hinausgehender Wert des Zuwendungsgegenstands nicht ausgeglichen werden soll, oder definiert er testamentarisch einen Übernahmewert, der unter dem Verkehrswert liegt, handelt es sich insoweit um eine **überquotale Teilungsanordnung.**[78] Soll die Übernahme bereits zu einem Zeitpunkt vor der Erbauseinandersetzung[79] möglich sein, muss allerdings ein Vorausvermächtnis angeordnet werden.[80] 54

e) Teilungsverbot

Der Erblasser kann durch testamentarische Anordnungen (z.B. eine Teilungsanordnung i.S.v. § 2044 Abs. 1 BGB)[81] die Auseinandersetzung seines Nachlasses – ganz oder bezogen auf bestimmte Nachlassgegenstände – für einen bestimmten Zeitraum ausschließen. Die Dauer dieses Ausschlusses beträgt gem. § 2047 Abs. 2 BGB grundsätzlich maximal 30 Jahre.[82] Allerdings verliert sie ihre Wirksamkeit in jedem Fall, sobald ein wichtiger Grund vorliegt, dessentwegen einer der Erben einen Anspruch auf (sofortige) Auseinandersetzung hat (§ 747 Abs. 2 und 3 BGB).[83] Außerdem wirkt der Ausschluss auch nicht gegenüber dem Gläubiger, 55

77 Kössinger/Najdecki/Zintl/*R. Kössinger/Zintl*, HdB Testamentsgestaltung, § 15 Rn 245.
78 Staudinger/*Löhnig* (2020), § 2048 Rn 6; MüKo-BGB/*Fest*, § 2050 Rn 3.
79 Vgl. hierzu BGH v. 14.3.1984 – IVa ZR 87/82, NJW 1985, 51, 52; *Beck*, MittRhNotK 1979, 53, 58.
80 Kössinger/Najdecki/Zintl/*R. Kössinger/Zintl*, HdB Testamentsgestaltung, § 15 Rn 245.
81 Oder auch durch Vermächtnisanordnungen, Auflagen etc.; vgl. Kössinger/Najdecki/Zintl/*R. Kössinger/Zintl*, HdB Testamentsgestaltung, § 15 Rn 247.
82 MüKo-BGB/*Fest*, § 2044 Rn 21.
83 MüKo-BGB/*Fest*, § 2044 Rn 17.

der einen Erbteil gepfändet hat (§ 751 S. 2 BGB), oder im Insolvenzverfahren (§ 84 Abs. 2 InsO).[84]

Im Übrigen können sich die Miterben ohne weiteres einvernehmlich über das durch den Erblasser ausgesprochene Teilungsverbot hinwegsetzen, soweit hieran nicht entsprechende, durch weitere Erblasseranordnungen ausgesprochene Sanktionen geknüpft sind.[85]

56 In der Praxis macht der völlige Ausschluss der Erbauseinandersetzung in aller Regel wenig Sinn. Dies gilt auch für den dauerhaften Ausschluss der Auseinandersetzung in Bezug auf bestimmte Nachlassgegenstände, bspw. zum Nachlass gehörendes Immobilienvermögen.

Äußerst sinnvoll können demgegenüber aber Teilungsverbote in der Form sein, dass der Erblasser für ein Auseinandersetzungsverlangen eine **Kündigungsfrist**[86] vorschreibt oder die Teilung des Nachlasses insgesamt oder die Verwertung bestimmter Gegenstände bspw. von einem **Mehrheitsbeschluss** innerhalb der Erbengemeinschaft abhängig macht.[87]

Formulierungsbeispiel

Abweichend von den gesetzlichen Vorgaben schließe ich das Recht der einzelnen Miterben, jederzeit die Auseinandersetzung der Erbengemeinschaft zu verlangen, aus. Vielmehr ordne ich an, dass eine Auseinandersetzung nur erfolgen darf, wenn die Mehrheit der Erben (nach Köpfen) dies beschließt. Soweit nicht alle Miterben mit diesem Beschluss einverstanden sind, gilt diesen gegenüber für die Aufhebung der Erbengemeinschaft eine Kündigungsfrist von zwölf Monaten.

57 Will der Erblasser nicht nur verhindern, dass seine Erben sich später über ein von ihm ausgesprochenes Teilungsverbot hinwegsetzen, sondern will er dieses auch im Grundbuch absichern, genügt hierzu eine Anordnung nach § 2044 Abs. 1 BGB nicht.[88] Zwar sieht § 2044 Abs. 1 S. 2 BGB eine entsprechende Anwendung von § 1010 Abs. 1 BGB vor. Diese setzt aber voraus, dass der Erblasser eine – jedenfalls auf den Grundbesitz bezogene – Umwandlung (Auseinandersetzung) der Erbengemeinschaft zugelassen und gleichzeitig deren Auseinandersetzung verboten hat.[89] Ein solcher Teilungsausschluss ist auch grundbuchfähig.[90]

84 MüKo-BGB/*Fest*, § 2044 Rn 11.
85 MüKo-BGB/*Fest*, § 2044 Rn 8.
86 MüKo-BGB/*Fest*, § 2044 Rn 5.
87 Kössinger/Najdecki/Zintl/*R. Kössinger/Zintl*, HdB Testamentsgestaltung, § 15 Rn 248 unter Hinweis auf RGZ 110, 273.
88 Würzburger Notar-HdB/*Keim*, Teil 4 Rn 205.
89 Kössinger/Najdecki/Zintl/*R. Kössinger/Zintl*, HdB Testamentsgestaltung, § 15 Rn 257; ein Formular findet sich bei Münchener Vertrags-HdB VI BürgerlR II/*Otto*.
90 Kössinger/Najdecki/Zintl/*R. Kössinger/Zintl*, HdB Testamentsgestaltung, § 15 Rn 257.

IV. Vollerbe – Vorerbe – Nacherbe

1. Grundsätzliches

Soweit der Erblasser keine abweichenden Anordnungen trifft, ist sein Erbe ein sog. Vollerbe. Abzugrenzen ist die Vollerbeneinsetzung insbesondere von der Bestimmung eines Vor- bzw. Nacherben. 58

Sozusagen das Gegenstück zur Vollerbeneinsetzung bildet die Vor- und Nacherbschaft. Sie ist geregelt in den §§ 2100–2146 BGB. Ordnet der Erblasser eine Vor- und Nacherbschaft an, geht der Nachlass zunächst auf eine oder mehrere zu Erben bestimmte Personen über, die aber bei Eintritt der letztwillig festgelegten Bedingung (Nacherbfall) aufhören, Erben zu sein, so dass das von der Vorerbschaft umfasste Vermögen an den oder die Nacherben fällt.[91] Mit dem Eintritt des Nacherbfalls geht die Vorerbschaft – rechtlich automatisch, ungeachtet erforderlicher „Abwicklungsmaßnahmen“ – auf den oder die Nacherben über.[92] 59

Eintritt des Nacherbfalls kann der Tod des Vorerben (§ 2106 Abs. 1 BGB)[93] oder ein sonstiger vom Erblasser zu bestimmender Zeitpunkt sein.

Durch die Anordnung einer Vor- und Nacherbschaft kann eine strenge Familienbindung des Nachlassvermögens erreicht werden. Dies gilt insbesondere dann, wenn auch der Nacherbe seinerseits nur zum Vorerben berufen wird, so dass auch auf ihn ein weiterer Nacherbe folgt.[94] 60

Der **Vorerbe** ist „Erbe auf Zeit“.[95] Der ihm zugefallene Nachlass bildet eine Art Sondervermögen in der Hand des Vorerben,[96] das später nicht nur an den Nacherben herauszugeben ist, sondern – dogmatisch betrachtet – unmittelbar im Wege der Gesamtrechtsnachfolge auf diesen übergeht (Vonselbsterwerb). Der Nacherbe befindet sich bis zum Eintritt des Nacherbfalls in einer „Warteposition“. Vor- und Nacherbe sind jedoch wahre Erben desselben Erblassers und derselben Erbschaft. 61

Daher kommt es bei der Vor- und Nacherbschaft auch nicht etwa zu einer Teilung der Erbenberechtigung zwischen Vor- und Nacherbe mit der Konsequenz einer Erbengemeinschaft. Geregelt wird vielmehr die lediglich zeitliche Aufeinanderfolge verschiedener Erben bezüglich derselben Erbschaft.

Wie angesprochen, bildet die Vorerbschaft in der Hand des Vorerben ein Sondervermögen, das sich nicht mit dem Eigenvermögen des Vorerben vermischt. Dieses 62

91 Kössinger/Najdecki/Zintl/*R. Kössinger/Zintl*, HdB Testamentsgestaltung, § 10 Rn 3.
92 Kössinger/Najdecki/Zintl/*R. Kössinger/Zintl*, HdB Testamentsgestaltung, § 10 Rn 1.
93 Kössinger/Najdecki/Zintl/*R. Kössinger/Zintl*, HdB Testamentsgestaltung, § 10 Rn 3.
94 Vgl. Tanck/Krug/Süß/*Tanck*, Anwaltformulare Testamente (6. Aufl.), § 11 Rn 7; Krug/Daragan/Bernauer/*Krug*, Die Immobilie im Erbrecht, § 12 Rn 4.
95 Kössinger/Najdecki/Zintl/*R. Kössinger/Zintl*, HdB Testamentsgestaltung, § 10 Rn 7.
96 Grüneberg/*Weidlich*, § 2100 Rn 1.

Sondervermögen gehört zwar für die Dauer der Vorerbschaft dem Vorerben, unterliegt in seiner Hand aber einem vom Schicksal seines Eigenvermögens losgelösten Schicksal. So ist z.B. ein Zugriff der Eigengläubiger des Vorerben auf die Vorerbschaft ausgeschlossen (§ 2115 BGB),[97] dem Vorerben sind unentgeltliche Verfügungen über die Vorerbschaft verboten (sie sind dem Nacherben gegenüber sogar unwirksam, § 2113 Abs. 2 BGB)[98] und der Vorerbe kann das Vorerbenvermögen auch nicht selbst weitervererben. Daher eignet sich die Vor- und Nacherbschaft bspw. auch als Gestaltungsmittel zur Reduzierung bzw. Vermeidung von Pflichtteilsansprüchen nach dem Vorerben.[99]

63 Eine Vor- und Nacherbschaft kann bezüglich des gesamten Nachlasses, bezüglich einzelner Erbteile oder Bruchteile angeordnet werden. Eine gegenständliche Beschränkung, z.B. in Bezug auf ein Grundstück, ist nicht möglich.[100] Sofern kein (ausdrückliches) Teilungsverbot besteht, kann sich eine etwaige Erbengemeinschaft auch dann, wenn für den gesamten Nachlass oder einzelne Erbteile eine Nacherbschaft angeordnet ist, nach den allgemeinen Regeln auseinandersetzen; die Zustimmung des oder der Nacherben ist hierzu prinzipiell nicht erforderlich.[101] Ausnahmen gelten aber, wenn für den Vollzug der Auseinandersetzung Verfügungen i.S.d. §§ 2113 Abs. 1, 2114 BGB erforderlich sind. In diesem Fall besteht aber im Hinblick auf das Surrogationsprinzip eine Zustimmungspflicht der Nacherben.[102]

64 Ein wesentlicher Kernpunkt des Konzepts der Vor- und Nacherbschaft ist in § 2111 BGB geregelt, nämlich das Prinzip der **dinglichen Surrogation.**[103] Demzufolge gehört alles das, was der Vorerbe aufgrund eines zum Nachlass gehörenden Rechts oder als Ersatz für die Zerstörung, Beschädigung oder Entziehung eines Erbschaftsgegenstands oder durch Rechtsgeschäfte mit Mitteln der Erbschaft erworben hat, zur Vorerbschaft, sofern es nicht als Ertrag des Vermögens dem Vorerben selbst gebührt.

Gem. § 2111 Abs. 2 BGB gehört zur Vorerbschaft auch, was dem Inventar eines im Nachlass befindlichen Grundstücks zugeführt wird.[104]

65 Da das Surrogationsprinzip, wie angesprochen, ein wesentliches Charakteristikum der Vor- und Nacherbschaft bildet, gilt es zwingend und unabänderlich für

97 Kössinger/Najdecki/Zintl/*R. Kössinger/Zintl*, HdB Testamentsgestaltung, § 10 Rn 11.

98 Roglmeier/Sikora/Krug/*Salzmann*, Anwaltformulare Testamente, § 11 Rn 15, 17.

99 Tanck/Krug/Süß/*Tanck*, Anwaltformulare Testamente (6. Aufl.), § 11 Rn 9.

100 Vgl. Kössinger/Najdecki/Zintl/*R. Kössinger/Zintl*, HdB Testamentsgestaltung, § 10 Rn 7; Roglmeier/Sikora/Krug/*Salzmann*, Anwaltformulare Testamente, § 15 Rn 10; missverständlich OLG Brandenburg v. 13.5.1997 – 10 Wx 36/96, FamRZ 1998, 926.

101 Tanck/Krug/Süß/*Tanck*, Anwaltformulare Testamente (6. Aufl.), § 11 Rn 11.

102 Krug/Daragan/Bernauer/*Krug*, Die Immobilie im Erbrecht, § 12 Rn 130.

103 Kössinger/Najdecki/Zintl/*R. Kössinger/Zintl*, HdB Testamentsgestaltung, § 7 Rn 65; Roglmeier/Sikora/Krug/*Salzmann*, Anwaltformulare Testamente, § 15 Rn 33.

104 MüKo-BGB/*Lieder*, § 2111 Rn 39; Staudinger/*Avenarius*, § 2111 Rn 34.

alle Vorerben, auch im Falle einer umfassenden Befreiung.[105] Eine Befreiung vom Surrogationsprinzip ist nicht möglich.

2. Bestimmung des Vorerben und des Nacherben

Vorerbe und Nacherbe sind Erben. Mithin gelten für ihre Bestimmung dieselben Regeln wie für alle Erben, insbesondere das **Drittbestimmungsverbot** des § 2065 Abs. 2 BGB. 66

Auch Vor- und Nacherbe können – vor oder nach dem Erbfall – wegfallen. Es stellt sich daher im Prinzip die gleiche Problematik wie bei der Einsetzung eines Vollerben: Für jeden Erben sollte ein Ersatzerbe berufen werden.

Allerdings sind im Bereich der Vor- und Nacherbschaft zusätzlich zu § 2069 BGB auch die Vermutungsregeln des § 2102 BGB (für den Wegfall des Vorerben) zu beachten,[106] dessen Anwendbarkeit aber durch ausdrückliche Anordnung des Erblassers ausgeschlossen werden kann.[107] 67

Fällt nicht der Vor-, sondern der Nacherbe weg, stellt sich zusätzlich noch die Frage nach der Vererblichkeit des **Nacherbenanwartschaftsrechts**. Denn soweit diese besteht, bedarf es eines Ersatznacherben für den Nacherben nicht. An die Stelle des weggefallenen (insbesondere des verstorbenen) Nacherben treten dann seine (eigenen) Erben. 68

Auch wenn insoweit diverse Einzelfragen bislang nicht abschließend geklärt sind,[108] hat der Erblasser doch auf jeden Fall die Möglichkeit, zum einen die Vererblichkeit des Nacherbenanwartschaftsrechts durch letztwillige Anordnungen auszuschließen und zum anderen einen Ersatznacherben zu berufen oder die Berufung eines solchen ausdrücklich auszuschließen, so dass beim Wegfall des Nacherben die Vorerbschaft zur Vollerbschaft erstarken kann.[109] 69

3. Beschränkungen des Vorerben und Befreiungen

Der Vorerbe unterliegt von Gesetzes wegen diversen Verpflichtungen und Beschränkungen im Umgang mit dem Vorerbenvermögen. Diese dienen im Wesentlichen dem Schutz bzw. dem Erhalt der Vermögenssubstanz, damit diese möglichst ungeschmälert im Nacherbfall auf den designierten Nacherben übergehen kann. Vor diesem Hintergrund bestehen insbesondere Einschränkungen in Bezug 70

105 Staudinger/*Avenarius*, § 2111 Rn 3; MüKo-BGB/*Lieder*, § 2111 Rn 4 m.w.N.
106 Tanck/Krug/Süß/*Tanck*, Anwaltformulare Testamente (6. Aufl.), § 11 Rn 25.
107 MüKo-BGB/*Lieder*, § 2102 Rn 5.
108 Für Vererblichkeit die (wohl) überwiegende Meinung, vgl. MüKo-BGB/*Lieder*, § 2108 Rn 4; vgl. auch BeckOK BGB/*Müller-Christmann*, § 2108 Rn 10.
109 MüKo-BGB/*Lieder*, § 2108 Rn 9; Roglmeier/Sikora/Krug/*Salzmann*, Anwaltformulare Testamente, § 15 Rn 47.

auf die Möglichkeit des Vorerben, über den Nachlass, insbesondere über dazu gehörende Immobilien (§ 2113 BGB), zu verfügen.[110] Dabei handelt es sich um absolute Verfügungsverbote, sie wirken also gegenüber jedermann.[111]

71 Der Erblasser hat aber dessen ungeachtet die Möglichkeit, durch letztwillige Anordnungen nach § 2136 BGB von verschiedenen Beschränkungen zu befreien, um dem Vorerben so einen freieren Umgang mit dem Vermögen zu ermöglichen. Teilweise sind solche Befreiungen heute sogar erforderlich, um eine sinnvolle Vermögensverwaltung und damit verbunden einen realen (nicht nur nominalen) Vermögenserhalt zu ermöglichen.

Dies gilt allerdings nicht uneingeschränkt. So kann insbesondere vom Prinzip der Surrogation gem. § 2111 BGB nicht befreit werden, ebenso wenig vom **Verbot unentgeltlicher Verfügungen** nach § 2113 Abs. 2 BGB.

72 Befreiungen nach § 2136 BGB kommen insbesondere in Betracht für:[112]
- das Verbot, über Grundstücke zu verfügen (§ 2113 Abs. 1 BGB)
- die Hinterlegungspflicht bei Verfügungen über Grundschulden, Hypothekenforderungen oder Rentenschulden (§ 2114 BGB)
- die Hinterlegungspflicht bei Veräußerung von Wertpapieren (§ 2116 BGB)
- die Verpflichtung, Geld mündelsicher anzulegen (§ 2119 BGB)
- das Gebot ordnungsgemäßer Verwaltung und Rechnungslegung (§ 2130 BGB)
- die Haftung gem. § 2131 BGB
- die Verpflichtung zum Wertersatz (§ 2134 BGB)
- die Erstellung eines Wirtschaftsplans (§ 2133 BGB)
- die Kontroll- und Sicherungsrechte gem. §§ 2127–2129 BGB

73 Im Übrigen kann der Erblasser prinzipiell entweder Einzelbefreiungen anordnen oder eine Gesamtbefreiung aussprechen. Letzteres ist grundsätzlich anzunehmen, wenn der Erblasser den Nacherben auf den Überrest einsetzt (§ 2137 Abs. 1 BGB) oder wenn er bestimmt, dass dem Vorerben ein freies Verfügungsrecht über den Nachlass zustehen soll (§ 2137 Abs. 2 BGB).[113] Die Befreiung von den einzelnen Beschränkungstatbeständen kann auch unter einer Bedingung oder einer Befristung erfolgen.[114]

110 Vgl. zur Grundstückversteigerung bei Vor- und Nacherbschaft *Klawikowski*, Rpfleger 1998, 100.

111 MüKo-BGB/*Lieder*, § 2113 Rn 21; Kössinger/Najdecki/Zintl/*R. Kössinger/Zintl*, HdB Testamentsgestaltung, § 10 Rn 12.

112 Kössinger/Najdecki/Zintl/*R. Kössinger/Zintl*, HdB Testamentsgestaltung, § 10 Rn 35.

113 Kössinger/Najdecki/Zintl/*R. Kössinger/Zintl*, HdB Testamentsgestaltung, § 10 Rn 39.

114 Vgl. hierzu im Einzelnen BayObLG v. 10.7.1984 – BReg. 1 Z 4/84, FamRZ 1984, 1272.

Nach h.M. kommen auch gegenständlich wirkende Befreiungen in Betracht.[115] Auch wenn eine gefestigte Rechtsprechung hierzu noch nicht vorliegt, spricht einiges dafür, diesem Konzept zu folgen. 74

Formulierungsbeispiel

Im Hinblick auf die zu meinem Nachlass gehörende Immobilie (...) befreie ich den Vorerben im weitest möglichen Umfang von sämtlichen Beschränkungen, von denen nach dem Gesetz Befreiung erteilt werden darf.

Sicherer ist jedoch die Zuwendung der entsprechenden Nachlassgegenstände durch – ggf. aufschiebend bedingtes – Vorausvermächtnis, bei dessen Geltendmachung/Erfüllung der Vermächtnisgegenstand in jedem Fall aus der Vorerbenbindung ausscheidet.

Alternativ kann auch eine Verpflichtung des Nacherben zur Zustimmung zu entsprechenden Verfügungen angeordnet werden (sog. Zustimmungsvermächtnis).[116] 75

Formulierungsbeispiel

Den Nacherben beschwere ich mit einem Vorausvermächtnis zugunsten des Vorerben, sämtlichen vollentgeltlichen Grundstücksverfügungen des Vorerben über das zum Nachlass gehörende Grundstück (...) zuzustimmen.

Soweit der Vorerbe über das Grundstück (...) verfügt, tritt ein hierfür erhaltenes Surrogat an die Stelle des veräußerten Grundstücks und unterliegt nach wie vor der Nacherbenbindung.

Die umfassendste Möglichkeit der Befreiung bildet, wie bereits erwähnt, die Einsetzung des **Nacherben auf den Überrest** (§ 2137 Abs. 1 BGB). Diese ermöglicht es dem Vorerben nicht nur, den Nachlass ohne Bindung an die vorgenannten Beschränkungen zu verwalten, sondern auch, im Bedarfsfall auf die Vermögenssubstanz zuzugreifen. Er kann also Vorerbenvermögen für sich verbrauchen. 76

Formulierungsbeispiel

Der Nacherbe wird auf den Überrest eingesetzt. Der Vorerbe ist also im weitest möglichen Umfang von sämtlichen gesetzlichen Beschränkungen befreit, von denen Befreiung erteilt werden kann. Darüber hinaus ist er berechtigt, auch die Vermögenssubstanz der Vorerbschaft für sich zu verbrauchen. Vom Schenkungsverbot ist der Vorerbe allerdings nicht befreit; auch der Surrogationsgrundsatz bleibt anwendbar.

---

115 MüKo-BGB/*Lieder*, § 2136 Rn 13; Tanck/Krug/Süß/*Tanck*, Anwaltformulare Testamente (6. Aufl.), § 11 Rn 53; Kössinger/Najdecki/Zintl/*R. Kössinger/Zintl*, HdB Testamentsgestaltung, § 10 Rn 39. *Salzmann* empfiehlt die Herausnahme der Gegenstände durch Vorausvermächtnis, vgl. Roglmeier/Sikora/Krug/*Salzmann*, Anwaltformulare Testamente, § 15 Rn 86 ff.

116 Kössinger/Najdecki/Zintl/*R. Kössinger/Zintl*, HdB Testamentsgestaltung, § 10 Rn 44.

77 Unentgeltliche Verfügungen sind aber auch dem so befreiten Vorerben prinzipiell verboten. Will der Erblasser (ausnahmsweise) auch solche zulassen, kann dies durch die Anordnung entsprechender (ggf. aufschiebend bedingter) Vorausvermächtnisse erfolgen.[117]

Formulierungsbeispiel

Dem Vorerben wende ich als Vorausvermächtnis das Grundstück (...) zu. Dieses Vorausvermächtnis fällt an, wenn der Vorerbe gegenüber dem Nacherben oder gegenüber dem Nacherbentestamentsvollstrecker schriftlich erklärt, das Grundstück als sein vollwertiges, keiner Nacherbenbindung mehr unterliegendes Vermögen beanspruchen zu wollen. Dieses Vorausvermächtnis steht unter der weiteren Bedingung, dass der Vorerbe die Vorerbschaft angenommen hat.

4. Vorerbschaft und Nachlassteilung

78 Die Stellung des Vorerben ist eine echte Erbenstellung. Vor diesem Hintergrund kann auch der Vorerbe von seinen Mit-Vorerben jederzeit die Auseinandersetzung der Erbengemeinschaft nach § 2042 BGB verlangen.[118] Die tatsächliche Durchführung der Auseinandersetzung bedarf prinzipiell nicht der Zustimmung des Nacherben, und zwar auch dann nicht, wenn der Vorerbe nicht befreit ist.[119] Verfügungen im Rahmen der Erbauseinandersetzung sind auch nicht unentgeltlich i.S.v. § 2113 Abs. 2 BGB, soweit keiner der Miterben wertmäßig mehr erhält, als ihm nach seiner Erbquote zusteht.[120] Außerdem bildet alles das, was dem Vorerben im Rahmen der Auseinandersetzung an Vermögen zugewiesen wird, ein Surrogat (§ 2112 BGB) für seinen ursprünglichen Erbteil, so dass der Nacherbe durch die Erbauseinandersetzung im Grunde nicht beeinträchtigt sein kann.[121]

79 Allerdings sind auch bei Verfügungen des Vorerben zur Nachlassauseinandersetzung die Beschränkungen der §§ 2113 Abs. 1, 2114 BGB zu beachten, so dass der nicht befreite Vorerbe zu Verfügungen über Immobilien (Grundstücke und grundstücksgleiche Rechte) der Zustimmung des Nacherben bedarf.[122] Diese Zustimmung soll aber nach h.M. dann entbehrlich sein, wenn die Teilung (auch über Grundbesitz) in Erfüllung einer vom Erblasser bestimmten Teilungsanordnung

117 MüKo-BGB/*Lieder*, § 2137 Rn 4; Kössinger/Najdecki/Zintl/*R. Kössinger/Zintl*, HdB Testamentsgestaltung, § 10 Rn 41 ff.

118 Staudinger/*Avenarius*, § 2112 Rn 15; MüKo-BGB/*Lieder*, § 2112 Rn 7; BeckOK BGB/*Müller-Christmann*, § 2112 Rn 12.

119 MüKo-BGB/*Lieder*, § 2113 Rn 7.

120 Kössinger/Najdecki/Zintl/*R. Kössinger/Zintl*, HdB Testamentsgestaltung, § 15 Rn 236.

121 MüKo-BGB/*Lieder*, § 2111 Rn 7.

122 MüKo-BGB/*Lieder*, § 2113 Rn 7.

erfolgt.[123] Begründet wird dies damit, dass die Teilungsanordnung nicht nur gegenüber dem Vorerben, sondern auch gegenüber dem Nacherben wirke, für Letzteren nicht nachteilig sei und im Übrigen (zur Erfüllung der Teilungsanordnungen) eine Befreiung des Vorerben anzunehmen sei.[124] Soweit eine Zustimmung erforderlich ist, besteht in der Regel Anspruch auf ihre Erteilung.[125] Wird der Vorerbe im Rahmen der Erbauseinandersetzung Eigentümer eines dem Nachlass zugehörigen Grundstücks, bildet dieses, wie bereits erwähnt, ein Surrogat für seinen ursprünglichen Erbteil.[126] Mithin ist auch bei diesem Grundstück der Nacherbenvermerk (§ 51 GBO) im Grundbuch einzutragen.[127] Dabei ist darauf zu achten, dass, wenn unterschiedlichen Vorerben (derselben Erbengemeinschaft) unterschiedliche Nacherben nachfolgen sollen, nur die dem jeweiligen Vorerben nachfolgenden Nacherben im Grundbuch zu vermerken sind.[128]

Dies gilt allerdings nur für Teilungsanordnungen, die tatsächlich vom Vorerben 80
zu erfüllen sind. Die vorzeitige Umsetzung einer vom Erblasser dem Nacherben auferlegten Teilungsanordnung durch den Vorerben wird hiervon ausdrücklich nicht erfasst.[129]

D. Vermächtnisanordnungen

I. Grundsätzliches

1. Allgemeines

Neben der Erbeinsetzung bildet die Anordnung von Vermächtnissen (§ 1939 81
BGB) eine wesentliche Möglichkeit des Erblassers, bestimmten Personen von Todes wegen Vermögen (oder bestimmte Teile davon) zuzuwenden. Da der Vermächtnisnehmer nicht Gesamtrechtsnachfolger i.S.v. § 1922 BGB wird, können ohne weiteres auch einzelne Gegenstände, bspw. Immobilien, den Gegenstand

123 OLG Hamm v. 19.9.1994 – 15 W 205/94, NJW-RR 1995, 1289 = ZEV 1995, 336 m. Anm. *Graf*.

124 Staudinger/*Avenarius*, § 2110 Rn 12 unter Hinweis auf KG JFG 22, 98; LG Hanau v. 27.8.1986 – 3 T 238/86, Rpfleger 1986, 433; a.M., d.h. lediglich Zustimmungsverpflichtung des Nacherben gem. § 2120 BGB: MüKo-BGB/*Lieder*, § 2113 Rn 8.

125 MüKo-BGB/*Lieder*, § 2113 Rn 7; BeckOK BGB/*Müller-Christmann*, § 2113 Rn 10.

126 MüKo-BGB/*Lieder*, § 2111 Rn 29, § 2112 Rn 7.

127 BGH v. 14.1.1959 – V ZR 28/58, MDR 1959, 290; BayObLG v. 9.12.1983 – 2 Z 93/83, JurBüro 1984, 751 = Rpfleger 1984, 142; BayObLG v. 13.6.1986 – BReg. 2 Z 47/86, Rpfleger 1986, 470; LG Köln v. 26.10.1987 – 11 T 345/87, MittRhNotK 1988, 21; *Deimann*, Rpfleger 1978, 244; a.M. *Beck*, DNotZ 1961, 573 u. evtl. BayObLG v. 27.7.1982 – BReg. 2 Z 12/82, Rpfleger 1982, 467 = DNotZ 1983, 320.

128 Vgl. hierzu *Deimann*, Rpfleger 1978, 244, 245.

129 BayObLG v. 30.7.1974 – 2 Z 28/74, NJW 1974, 2323 = DNotZ 1975, 417.

von Vermächtnissen bilden. Ebenso ist es auch möglich, durch Vermächtnis ein verschiedene Gegenstände umfassendes Vermögen (ggf. sogar den gesamten Nachlass – Universalvermächtnis) oder einen bestimmten Bruchteil davon zuzuwenden.

82 Das Vermächtnis begründet zugunsten des Vermächtnisnehmers lediglich einen schuldrechtlichen Anspruch gegen den Beschwerten (§ 2147 BGB); es wirkt also nicht unmittelbar dinglich.[130] Der Anspruch auf Erfüllung des Vermächtnisses entsteht in der Hand des Vermächtnisnehmers im Zeitpunkt des Vermächtnisanfalls (§ 2176 BGB) und ist ab dann (in Bezug auf Grundstücke) auch durch Eintragung einer Vormerkung nach § 883 BGB sicherbar.[131] Bis zum Anfall hat der Vermächtnisnehmer allerdings keine gesicherte Rechtsposition,[132] und zwar unabhängig davon, ob das Vermächtnis in einem Testament oder in einem Erbvertrag angeordnet wurde.[133]

2. Vermächtnisnehmer und Beschwerter

83 Als **Vermächtnisnehmer** kommen im Grunde dieselben (natürlichen und/oder juristischen) Personen in Betracht wie auch als Erben. Auch wenn der Zeitpunkt, in dem der Vermächtnisnehmer (rechtlich) „vorhanden“ sein muss, der Zeitpunkt des Anfalls ist, regelt § 2160 BGB, dass ein Vermächtnis zugunsten eines zur Zeit des Erbfalls nicht mehr lebenden Begünstigten im Zweifel unwirksam ist. § 2160 BGB gilt allerdings nur dann, wenn der Erblasser keine abweichenden Anordnungen getroffen, insbesondere keinen **Ersatzvermächtnisnehmer** bestimmt hat. Insoweit gelten die Auslegungsregelungen der §§ 2190, 2097–2099 BGB. Nur ausnahmsweise und auch nur dann, wenn ein Vermächtnisgegenstand mehreren Vermächtnisnehmern gemeinsam zugewendet wurde, kommt eine Anwachsung nach § 2158 BGB in Betracht.[134]

84 Der Erblasser sollte – ebenso wie auch bei der Erbeinsetzung – die Frage, ob bzw. wer im Falle des Wegfalls des primär bedachten Vermächtnisnehmers als Ersatzvermächtnisnehmer an dessen Stelle treten soll, in jeden Fall ausdrücklich in seiner letztwilligen Verfügung regeln.

Formulierungsbeispiel

Sollte der vorgenannte Vermächtnisnehmer vor oder nach dem Erbfall wegfallen oder das Vermächtnis nicht annehmen, so sind ersatzweise seine Abkömm-

130 Kössinger/Najdecki/Zintl/*R. Kössinger/Zintl*, HdB Testamentsgestaltung, § 9 Rn 2.

131 Soweit der Erblasser einen entsprechenden Anspruch mit vermacht hat, vgl. Kössinger/Najdecki/Zintl/*R. Kössinger/Zintl*, HdB Testamentsgestaltung, § 9 Rn 28 m.w.N.

132 BGH v. 19.1.1954 – V ZB 28/53, NJW 1954, 633; BGH v. 14.7.1961 – I ZR 40/60, NJW 1961, 1916.

133 Kössinger/Najdecki/Zintl/*R. Kössinger/Zintl*, HdB Testamentsgestaltung, § 9 Rn 2.

134 Kössinger/Najdecki/Zintl/*R. Kössinger/Zintl*, HdB Testamentsgestaltung, § 9 Rn 19.

linge, unter sich nach den Regeln über die gesetzliche Erbfolge, zu Vermächtnisnehmern berufen.

Sind Abkömmlinge des Vermächtnisnehmers nicht vorhanden oder nehmen auch sie das Vermächtnis nicht an, berufe ich ersatzweise (...).

Wichtig ist in diesem Zusammenhang, dass grundsätzlich auch für die Bestimmung des Vermächtnisnehmers die Restriktionen von § 2065 Abs. 2 BGB (Drittbestimmungsverbot) gelten.[135] Allerdings hat der Erblasser die Möglichkeit, die Auswahl des Vermächtnisnehmers sowie des Vermächtnisgegenstands (und auch die Regelung vieler weiterer wesentlicher Details) nach §§ 2151, 2153 BGB in das Ermessen eines Dritten (der die entsprechende Entscheidung auch erst nach dem Erbfall zu treffen braucht) zu stellen[136] (vgl. hierzu Rdn 137). 85

Zur Erfüllung des Vermächtnisanspruchs verpflichtet ist der **„Beschwerte"**. Insoweit kommen ein oder mehrere Erben (auch Vor- bzw. Nacherben) sowie andere Vermächtnisnehmer (Untervermächtnis, §§ 2186–2188 BGB, oder Nachvermächtnis, § 2193 BGB, vgl. Rdn 142 ff.) in Frage.[137] Andere Nachlassbeteiligte, insbesondere Pflichtteilsberechtigte, Auflagenbegünstigte und Erbeserben kommen als Beschwerte ebenso wenig in Betracht wie Empfänger lebzeitiger Zuwendungen des Erblassers.[138] 86

Wer mit einem bestimmten Vermächtnis beschwert sein soll, kann der Erblasser selbst durch letztwillige Verfügung regeln. Macht er von dieser Möglichkeit keinen Gebrauch, gilt im Zweifel der Erbe als beschwert (§ 2147 S. 2 BGB), mehrere Erben im Zweifel unter sich entsprechend ihrer Erbquoten.[139] Im Verhältnis zum Vermächtnisnehmer besteht Gesamtschuldnerschaft (§ 2148 BGB).[140] Fällt der (ursprünglich) Beschwerte vor oder nach dem Erbfall weg, ändert dies prinzipiell an der Wirksamkeit der Vermächtnisanordnung nichts. Als Beschwerter gilt dann derjenige, dem der Wegfall des ursprünglich Beschwerten (erbrechtlich) zustattenkommt (§ 2161 BGB). 87

3. Vermächtnisinhalt – Gegenstand des Vermächtnisses

Gegenstand eines Vermächtnisses kann gem. § 1939 BGB jeder „Vermögensvorteil" sein.[141] Die Bandbreite ist also äußerst groß. In Betracht kommt im Prinzip 88

135 MüKo-BGB/*Leipold*, § 2065 Rn 27.

136 Kössinger/Najdecki/Zintl/*R. Kössinger/Zintl*, HdB Testamentsgestaltung, § 9 Rn 8, 19.

137 Kössinger/Najdecki/Zintl/*R. Kössinger/Zintl*, HdB Testamentsgestaltung, § 9 Rn 18.

138 BGH v. 6.1.1985 – IVa ZR 17/83, NJW-RR 1986, 164.

139 Sind mehrere Vermächtnisnehmer oder Vermächtnisnehmer und Erben beschwert, richtet sich die Verteilung im Innenverhältnis vorbehaltlich abweichender Erblasseranordnungen nach den Wertverhältnissen ihrer jeweiligen Nachlassbeteiligungen zueinander.

140 Krug/Daragan/Bernauer/*Bernauer*, Die Immobilie im Erbrecht, § 9 Rn 12.

141 Krug/Daragan/Bernauer/*Bernauer*, Die Immobilie im Erbrecht, § 9 Rn 2.

alles, was Inhalt einer Leistung sein kann,[142] insbesondere Sachen und Rechte (Gesellschaftsanteile, Nutzungsrechte, insbesondere Nießbrauch und Wohnungsrecht etc., Forderungsrechte). Möglich ist auch die Anordnung von Vermächtnisansprüchen, die auf ein tatsächliches Tun oder Unterlassen des Beschwerten (bspw. den Verzicht auf die Ausübung bestimmter Gestaltungsrechte) gerichtet sind.[143] Im Unterschied zur Auflage muss aber der Inhalt des Vermächtnisses einen Vermögensvorteil für den Vermächtnisnehmer darstellen, wobei dieser nicht zwingend mit einer wirtschaftlichen Bereicherung verbunden sein muss.[144]

89 Bei Sach- bzw. Stückvermächtnissen unterstellt der Gesetzgeber, dass der Vermögensgegenstand regelmäßig Bestandteil des Nachlasses sein muss. Vor diesem Hintergrund stellt § 2169 Abs. 1 BGB die Vermutung auf, dass ein Vermächtnis, dessen Gegenstand im Zeitpunkt des Erbfalls nicht zum Nachlass gehört, grundsätzlich als unwirksam gilt.[145] Soweit dem Erblasser aber für einen im Zeitpunkt des Erbfalls nicht (mehr) vorhandenen Vermächtnisgegenstand ein Wertersatzanspruch zusteht, gilt dieser nach § 2169 Abs. 3 BGB als (anstelle des weggefallenen Vermächtnisgegenstands) als vermacht.[146] Im Falle einer Veräußerung des Vermächtnisgegenstands durch den Erblasser bleibt es hingegen beim (vermuteten) Entfall der Vermächtnisanordnung.[147]

Die vorstehenden Vermutungsregelungen gelten nur, soweit der Erblasser keine eigenen, hiervon abweichenden Anordnungen getroffen hat. Dies ist aber ohne weiteres möglich. So kann der Erblasser bspw. eine Art Surrogationsprinzip anordnen, wenn es ihm primär um die durch die Vermächtniszuwendung bewirkte wirtschaftliche Bereicherung des Vermächtnisnehmers geht.[148]

Formulierungsbeispiel

Für den Fall, dass das vermächtnisgegenständliche Grundstück (...) zum Zeitpunkt meines Erbfalls nicht zu meinem Vermögen gehören sollte, steht dem Vermächtnisnehmer ein Geldanspruch in Höhe von (...) EUR/des Verkehrswerts des Grundstücks (...) im Zeitpunkt meines Erbfalls zu.

90 Außerdem kann der Erblasser auch Verschaffungsvermächtnisse nach § 2170 BGB anordnen, die explizit auf die Zuwendung nicht zum Nachlass gehörender

142 Z.B. BGH v. 7.7.2004 – IV ZR 140/03, DNotZ 2005, 49; vgl. auch Kössinger/Najdecki/Zintl/*R. Kössinger/Zintl*, HdB Testamentsgestaltung, § 9 Rn 8.

143 Kössinger/Najdecki/Zintl/*R. Kössinger/Zintl*, HdB Testamentsgestaltung, § 9 Rn 8; Staudinger/*Otte*, § 1939 Rn 7.

144 Staudinger/*Otte*, § 1939 Rn 8.

145 Baumgärtel/Laumen/Prütting/*Strieder*, HdB der Beweislast, § 2169 Rn 1.

146 Kössinger/Najdecki/Zintl/*R. Kössinger/Zintl*, HdB Testamentsgestaltung, § 9 Rn 9.

147 BGH v. 29.11.1956 – III ZR 4/56, NJW 1957, 424.

148 Kössinger/Najdecki/Zintl/*R. Kössinger/Zintl*, HdB Testamentsgestaltung, § 9 Rn 9 unter Hinweis auf OLG Koblenz v. 26.11.2020 – 12 U 140/20, ZEV 2021, 243.

Gegenstände oder Rechte gerichtet sind (vgl. hierzu Rdn 138 f.).[149] Gerade hierbei wird der Vermächtnisgegenstand regelmäßig nur nach seiner Gattung bestimmt (**Gattungsvermächtnis**).

Beim Stückvermächtnis erstreckt sich der Anspruch im Zweifel nicht allein auf den Vermächtnisgegenstand selbst, sondern umfasst daneben auch etwa vorhandenes Zubehör (§ 2164 Abs. 1 BGB).[150] 91

Soweit der Vermächtnisgegenstand mit dinglichen Rechten belastet ist, hat der Vermächtnisnehmer diese zu übernehmen; der Beschwerte ist nicht zu ihrer Beseitigung verpflichtet (§ 2165 Abs. 1 S. 1 BGB).[151] Etwaige Beseitigungsansprüche, die bereits in der Person des Erblassers entstanden waren, sind aber prinzipiell vom Vermächtnisanspruch mit umfasst (§ 2165 Abs. 1 S. 2 BGB).[152] 92

Für die durch etwaige Grundpfandrechte gesicherten Verbindlichkeiten des Erblassers haftet gem. § 2166 Abs. 1 BGB – im Verhältnis Erbe/Vermächtnisnehmer – der Vermächtnisnehmer bis zur Höhe des Werts des vermächtnisgegenständlichen Grundstücks.[153] Eine Haftung im Außenverhältnis, also gegenüber dem Gläubiger, wird hierdurch nicht begründet. Auch ein grundsätzlicher Freistellungsanspruch des Erben besteht nicht.[154] § 2166 Abs. 1 BGB gilt sowohl für Hypotheken- als auch für Grundschulden.[155] 93

Auch im Hinblick auf die in § 2166 BGB geregelten Haftungsszenarien steht es dem Erblasser aber frei, durch eigene Anordnungen abweichende Regelungen zu treffen. 94

Formulierungsbeispiel

Der Vermächtnisnehmer hat etwa im Grundbuch zulasten des Grundstücks (...) eingetragene Grundpfandrechte in dinglicher Haftung zu übernehmen; ein Löschungsanspruch steht ihm erst dann zu, wenn die zugrunde liegenden Verbindlichkeiten entsprechend den im Zeitpunkt meines Todes bestehenden vertraglichen Vereinbarungen mit den Kreditgebern getilgt wurden.

Der Vermächtnisnehmer hat gegenüber meinen Erben Anspruch darauf, dass diese die durch die Grundpfandrechte gesicherten Verbindlichkeiten ordnungsgemäß erfüllen und ihn bzw. das gegenständliche Grundstück von jegli-

149 Vgl. Kössinger/Najdecki/Zintl/*R. Kössinger/Zintl*, HdB Testamentsgestaltung, § 9 Rn 61.
150 MüKo-BGB/*Rudy*, § 2164 Rn 2.
151 MüKo-BGB/*Rudy*, § 2165 Rn 2.
152 Kössinger/Najdecki/Zintl/*R. Kössinger/Zintl*, HdB Testamentsgestaltung, § 9 Rn 12.
153 Kössinger/Najdecki/Zintl/*R. Kössinger/Zintl*, HdB Testamentsgestaltung, § 9 Rn 38.
154 MüKo-BGB/*Rudy*, § 2166 Rn 2.
155 Kössinger/Najdecki/Zintl/*R. Kössinger/Zintl*, HdB Testamentsgestaltung, § 9 Rn 38; Ausnahme: Sicherungsgrundschuld bei Kreditverhältnis mit laufend wechselnden Schuldenständen, vgl. Kössinger/Najdecki/Zintl/*R. Kössinger/Zintl*, HdB Testamentsgestaltung, § 9 Rn 39.

cher Inanspruchnahme durch die Grundpfandrechtsgläubiger freihalten bzw. auf erstes Anfordern freistellen.

[*Alternative:*]

Der Vermächtnisnehmer hat etwa im Grundbuch zulasten des Grundstücks (...) eingetragene Grundpfandrechte nicht nur in dinglicher Haftung zu übernehmen, sondern auch den Nachlass von sämtlichen durch diese Grundpfandrechte gesicherten Verbindlichkeiten freizustellen. Den mit dem Vermächtnis Beschwerten steht insoweit ein Untervermächtnis zu.

Insoweit bestimme ich, dass, falls eine befreiende Schuldübernahme durch den Vermächtnisnehmer nicht erfolgen sollte, der Vermächtnisnehmer den Nachlass auf erstes Anfordern von jeglicher Inanspruchnahme durch den bzw. die Gläubiger freizustellen hat.

95 Soweit im Grundbuch eingetragene Hypotheken, Grundschulden oder Rentenschulden dem Eigentümer (Erblasser) selbst zustehen, stellt sich die Frage, ob die hieraus resultierenden Gläubigerrechte mit vermacht sind. Da § 2165 Abs. 2 BGB insofern keine Auslegungsregelung enthält,[156] kommt es hierfür auf die Umstände des Einzelfalls, im Idealfall auf die ausdrücklichen Anordnungen des Erblassers, an.[157]

Formulierungsbeispiel

Soweit zulasten des Grundstücks (...) im Grundbuch zu meinen eigenen Gunsten Hypotheken, Grund- oder Rentenschulden eingetragen sein sollten, erstreckt sich das Grundstücksvermächtnis auch auf sämtliche mir aus den Grundpfandrechten zustehenden Gläubigerrechte.

4. Annahme und Ausschlagung

96 Auch wenn der Vermächtnisanspruch durch den Anfall des Vermächtnisses in der Hand des Vermächtnisnehmers entsteht, ist er natürlich nicht gezwungen, dieses anzunehmen und den Vermächtnisgegenstand (durch Erfüllungsvertrag) zu erwerben. Vielmehr hat der Vermächtnisnehmer die Möglichkeit, das Vermächtnis durch formlose empfangsbedürftige Willenserklärung gegenüber dem Beschwerten[158] anzunehmen oder auszuschlagen (vgl. §§ 2176 und 2180 BGB).[159] Schlägt er aus, verliert er dadurch seinen Anspruch. Nimmt er das Vermächtnis an, führt dies allerdings noch nicht zur Vermächtniserfüllung, vielmehr hat der Vermächtnisnehmer lediglich eine Forderung gegenüber dem Beschwerten.[160]

156 MüKo-BGB/*Rudy*, § 2165 Rn 7.
157 Kössinger/Najdecki/Zintl/*R. Kössinger/Zintl*, HdB Testamentsgestaltung, § 9 Rn 36.
158 Nicht das Nachlassgericht, vgl. MüKo-BGB/*Rudy*, § 2180 Rn 3.
159 Kössinger/Najdecki/Zintl/*R. Kössinger/Zintl*, HdB Testamentsgestaltung, § 9 Rn 16.
160 Kössinger/Najdecki/Zintl/*R. Kössinger/Zintl*, HdB Testamentsgestaltung, § 9 Rn 14.

5. Fälligkeit und Erfüllung

Die Fälligkeit des Vermächtnisanspruchs tritt nach § 271 Abs. 1 BGB unmittelbar mit dem Anfall des Vermächtnisses ein.[161] Dem Erben steht aber ggf. die Dreimonatseinrede nach § 2014 BGB zu.[162] Der Erblasser hat aber die Möglichkeit, hinsichtlich der Fälligkeit abweichende Anordnungen zu treffen, und zwar ganz nach seinem Belieben. Er kann auch die Bestimmung des Fälligkeitszeitpunkts einem anderen überlassen. Ist der Beschwerte selbst bestimmungsberechtigt und steht die Festlegung des Fälligkeitszeitpunkts allein in seinem Belieben, tritt die Fälligkeit nach § 2181 BGB im Zweifel erst mit seinem Tod ein.[163] 97

Da Anfall und Fälligkeit bzw. Erfüllung des Vermächtnisses nicht zwingend auf einen Zeitpunkt zusammenfallen, stellt sich oftmals auch die Frage, wem etwaige Erträge des Vermächtnisgegenstands zustehen oder durch ihn ausgelöste Kosten zur Last fallen. Insoweit geht der Gesetzgeber in § 2184 Abs. 1 BGB – jedenfalls für Stückvermächtnisse – davon aus, dass der Beschwerte die seit dem Anfall des Vermächtnisses angefallenen Früchte an den Vermächtnisnehmer herauszugeben hat.[164] Spiegelbildlich[165] ist dieser verpflichtet, die im selben Zeitraum durch den Beschwerten erbrachten Verwendungen und Aufwendungen[166] zu ersetzen (§§ 2185, 994 ff. BGB). 98

Etwa beim Erben anfallende Vermietungseinkünfte sind prinzipiell von diesem der Einkommensteuer zu unterwerfen. Insoweit handelt es sich um eine persönliche Verpflichtung, nicht etwa eine Nachlassverbindlichkeit. Liegt zwischen dem Anfall des Vermächtnisses und seiner Erfüllung das Ende eines steuerlichen Veranlagungszeitraums (also ein Jahreswechsel), kann dies zu Abgrenzungsschwierigkeiten führen.[167] Der Erbe hat die im Jahr des Vermächtnisanfalls erzielten Vermietungseinkünfte zu versteuern, so dass er – wirtschaftlich betrachtet – gar nicht mehr zur ungeschmälerten Herausgabe der Erträge an den Vermächtnisnehmer in der Lage ist. Auch wenn beim Erben im folgenden Veranlagungszeitraum (der Vermächtniserfüllung) negative Vermietungseinkünfte anzunehmen sein sollten und hierdurch die Steuerbelastung im vorangegangenen Veranlagungszeitraum mehr oder weniger ausgeglichen werden sollte, können sich doch Abwicklungsschwierigkeiten ergeben, und auch unbillige Härten sind nicht ausgeschlossen.[168] Vor diesem Hintergrund kann es sich empfehlen, die Anwendbarkeit der 99

---

161 Krug/Daragan/Bernauer/*Bernauer*, Die Immobilie im Erbrecht, § 9 Rn 8.
162 Kössinger/Najdecki/Zintl/*R. Kössinger/Zintl*, HdB Testamentsgestaltung, § 9 Rn 15.
163 Kössinger/Najdecki/Zintl/*R. Kössinger/Zintl*, HdB Testamentsgestaltung, § 9 Rn 15.
164 MüKo-BGB/*Rudy*, § 2184 Rn 2; Krug/Daragan/Bernauer/*Bernauer*, Die Immobilie im Erbrecht, § 9 Rn 175.
165 MüKo-BGB/*Rudy*, § 2185 Rn 1.
166 Vgl. zum Umfang MüKo-BGB/*Rudy*, § 2185 Rn 4–6.
167 Vgl. hierzu ausführlich *Stein/Walter*, ZEV 2022, 70.
168 Vgl. zum Ganzen *Tiedtke/Peterek*, ZEV 2007, 349; *v. Oertzen*, ZEV 1996, 459.

gesetzlichen Vorschriften durch entsprechende Erblasseranordnungen auszuschließen bzw. abzuändern.[169]

Formulierungsbeispiel

Soweit zwischen dem Anfall des Vermächtnisses und seiner Erfüllung ein Zeitraum von nicht mehr als (...) Monaten liegt, schließe ich die Anwendbarkeit der §§ 2184 und 2185 BGB ausdrücklich aus. Wechselseitige Herausgabe- und/oder Erstattungspflichten sollen dann nicht bestehen. Dasselbe gilt, wenn sich die Vermächtniserfüllung aus Gründen, die der Beschwerte nicht zu vertreten hat, über den genannten Zeitraum hinaus verzögert.

Im Übrigen bleibt es aber bei der Anwendbarkeit der gesetzlichen Regelungen (§§ 2184, 2185 BGB).

100 Die eigentliche Vermächtniserfüllung erfolgt regelmäßig durch Vertrag zwischen dem Beschwerten und dem Vermächtnisnehmer, durch den entweder der Vermögensgegenstand übereignet oder das vermächtnisgegenständliche Recht übertragen (bspw. bei Gesellschaftsanteilen) oder begründet (bspw. bei Nießbrauch oder Wohnungsrecht) wird. Aus diesem Anlass anfallende Kosten hat nach § 2147 BGB der Beschwerte zu tragen,[170] soweit der Erblasser diesbezüglich nichts anderes angeordnet hat.

Formulierungsbeispiel

Die Kosten der Vermächtniserfüllung einschließlich etwaiger Beurkundungs- oder Grundbuchkosten hat der Vermächtnisnehmer zu tragen.

101 Beim Stückvermächtnis stehen dem Vermächtnisnehmer gegenüber dem Beschwerten grundsätzlich keine Gewährleistungsansprüche für Sach- oder Rechtsmängel zu.[171] Bei Gattungsvermächtnissen gelten hingegen im Wesentlichen die kaufrechtlichen Vorschriften entsprechend (§§ 2182, 2183 BGB). Abweichende Erblasseranordnungen sind auch insoweit möglich.

102 Im Übrigen haftet der Beschwerte gegenüber dem Vermächtnisnehmer prinzipiell sowohl mit dem Nachlass als auch mit seinem eigenen Vermögen. Der Vermächtnisnehmer kann jedenfalls den vollständigen Einsatz des Nachlasses verlangen.[172] Will der Beschwerte dies verhindern, muss er das ihm Hinterlassene (z.B. die Erbschaft) ausschlagen (§§ 1944, 1945 BGB), so dass dann derjenige zur Erfüllung des Vermächtnisses verpflichtet ist, dem der Wegfall des zunächst Beschwerten unmittelbar zustattenkommt (§ 2161 BGB). Ist der ausschlagende Beschwerte

169 Vgl. Scherer/*Schlitt*, MAH Erbrecht, § 13 Rn 349.

170 BGH v. 20.3.1963 – V ZR 89/62, NJW 1963, 1602; Grüneberg/*Weidlich*, § 2174 Rn 9.

171 Kössinger/Najdecki/Zintl/*R. Kössinger/Zintl*, HdB Testamentsgestaltung, § 9 Rn 7; vgl. auch *Damrau*, ZEV 2023, 1.

172 BGH v. 25.11.1992 – IV ZR 147/91, NJW 1993, 850.

pflichtteilsberechtigt, steht die Ausschlagung gem. § 2306 Abs. 1 BGB der Pflichtteilsgeltendmachung nicht entgegen.

Da es sich beim Vermächtnisanspruch aus der Perspektive des Beschwerten um eine Nachlassverbindlichkeit (§ 1967 BGB) handelt, ist eine Beschränkung der Haftung auf den Nachlass grundsätzlich möglich. Darüber hinaus ist die Erhebung der Dürftigkeitseinrede (§ 1990 BGB) gegenüber Vermächtnisnehmern auch dann möglich, wenn eine die Kosten einer Nachlassverwaltung oder eines Nachlassinsolvenzverfahrens deckende Nachlassmasse nicht vorhanden ist.[173] Schließlich ist zu beachten, dass die Ansprüche des Vermächtnisnehmers gegenüber Erblasserschulden und Pflichtteilsansprüchen nachrangig sind und den Ansprüchen anderer Vermächtnisnehmer sowie etwaigen Auflagen im Range gleichstehen.[174] 103

6. Kürzungsrecht des Erben nach § 2318 BGB

Prinzipiell haftet der Vermächtnisnehmer, da bzw. soweit er nicht Gesamtrechtsnachfolger des Erblassers ist, nicht für Nachlassverbindlichkeiten, auch nicht für Pflichtteilsansprüche. Allerdings gewährt § 2318 Abs. 1 BGB dem mit einem Vermächtnis beschwerten Erben in bestimmten Situationen das Recht, den Vermächtnisanspruch (wertmäßig) zu kürzen. 104

§ 2318 Abs. 1 BGB setzt voraus, dass der Beschwerte neben dem Vermächtnisanspruch auch noch der Inanspruchnahme durch (wenigstens) einen (anderen[175]) Pflichtteilsberechtigten ausgesetzt ist. Für diesen Fall ermöglicht es das Gesetz, den Vermächtnisnehmer entsprechend seiner wertmäßigen Beteiligung am gesamten Nachlass im Innenverhältnis zwischen ihm und dem Beschwerten auch an der Pflichtteilslast zu beteiligen.[176] 105

Wenn dem Beschwerten ein solches **Kürzungsrecht** zusteht, gefährdet dies die Erfüllung der durch den Erblasser angeordneten Vermächtnisse. Soweit der Erblasser sicherstellen möchte, dass der Vermächtnisnehmer den Vermächtnisgegenstand auf jeden Fall, also unabhängig davon, ob bzw. in welchem Umfang Pflichtteilsansprüche geltend gemacht werden, erhalten soll, muss er die Anwendbarkeit von § 2318 BGB ausschließen. Dies ist gem. § 2324 BGB auch ohne weiteres möglich.[177] 106

---

173 Kössinger/Najdecki/Zintl/*R. Kössinger/Zintl*, HdB Testamentsgestaltung, § 9 Rn 32.

174 Kössinger/Najdecki/Zintl/*R. Kössinger/Zintl*, HdB Testamentsgestaltung, § 9 Rn 31.

175 § 2318 BGB setzt immer ein Dreipersonenverhältnis voraus; die eigene (theoretische) Pflichtteilsberechtigung des Beschwerten genügt nicht; der Beschwerte (Erbe) muss wirtschaftlich belastet sein, vgl. Damrau/Tanck/*Lenz-Brendel*, § 2318 Rn 5; Krug/Daragan/Bernauer/*Bernauer*, Die Immobilie im Erbrecht, § 9 Rn 273.

176 Zum Rechenweg vgl. Damrau/Tanck/*Lenz-Brendel*, § 2318 Rn 6.

177 Damrau/Tanck/*Lenz-Brendel*, § 2324 Rn 1, 3 f.

Formulierungsbeispiel

Im Hinblick auf das Grundstück (...) schließe ich die Anwendbarkeit von § 2318 BGB aus; der Vermächtnisnehmer hat sich an etwaigen Pflichtteilslasten wirtschaftlich nicht zu beteiligen.

7. Sicherung der Anspruchsdurchsetzung

107 Da der Vermächtnisnehmer nicht automatisch mit dem Erbfall eine gesicherte bzw. dinglich wirkende Rechtsposition erlangt, stellt sich die Frage, mithilfe welcher Instrumentarien seine schuldrechtlichen Ansprüche wirksam gesichert und die Erfüllung des Vermächtnisses gewährleistet werden können.

108 Einen in gestalterischer Hinsicht relativ einfachen und auch sicheren Weg, den Vermächtnisnehmer vor „Störfeuer" des Beschwerten zu schützen, besteht darin, ihn zum **Testamentsvollstrecker** zu ernennen.[178] Dabei kann das Amt typischerweise auf die Aufgabe der Erfüllung der zu seinen (des Testamentsvollstreckers/Vermächtnisnehmers) eigenen Gunsten angeordneten Vermächtnisse beschränkt werden.[179]

Da die Erfüllung des Vermächtnisses im Grunde nichts anderes darstellt als die Erfüllung einer Nachlassverbindlichkeit, ist ein gleichartiges Auftreten des Vermächtnisnehmers als Testamentsvollstrecker und Begünstigter ohne Verstoß gegen § 181 BGB möglich,[180] so dass es einer gesonderten Befreiung von den entsprechenden Beschränkungen nicht bedarf.

Einen Vergütungsanspruch des Testamentsvollstreckers wird der Erblasser im Regelfall ausschließen.

Formulierungsbeispiel

Ich bestimme den Vermächtnisnehmer zum Testamentsvollstrecker mit der einzigen Aufgabe, das zu seinen Gunsten angeordnete Grundstücksvermächtnis hinsichtlich des Grundstücks (...) zu erfüllen und dieses Grundstück an sich selbst zu übereignen.

Die Bestellung zum Testamentsvollstrecker steht unter der auflösenden Bedingung der Ausschlagung des Grundstücksvermächtnisses. Die Testamentsvollstreckung endet, sobald das Vermächtnis erfüllt wurde (Eintragung im Grundbuch). Ein Vergütungsanspruch des Testamentsvollstreckers ist ausgeschlossen.

---

178 Krug/Daragan/Bernauer/*Bernauer*, Die Immobilie im Erbrecht, § 9 Rn 116.

179 Kössinger/Najdecki/Zintl/*R. Kössinger/Zintl*, HdB Testamentsgestaltung, § 9 Rn 25.

180 MüKo-BGB/*Zimmermann*, § 2205 Rn 85; Grüneberg/*Weidlich*, § 2205 Rn 25, 31; *Kraiß*, BWNotZ 1986, 12.

Als Alternative zur Testamentsvollstreckungsanordnung kommt auch eine Bevollmächtigung des Vermächtnisnehmers[181] aufschiebend bedingt auf bzw. über den Tod des Erblassers hinaus in Betracht. Solange die **Vollmacht** gilt, kann der Vermächtnisnehmer die Vermächtniserfüllung selbst vornehmen.[182] Allerdings hat der Erbe – vorbehaltlich etwaiger durch den Erblasser angeordneter Schutzmechanismen (z.B. Auflagen) – die Möglichkeit, die vom Erblasser erteilte Vollmacht jederzeit zu widerrufen und die Vermächtniserfüllung so zu vereiteln bzw. zu erschweren.[183] 109

Formulierungsbeispiel

Ich bevollmächtige den Vermächtnisnehmer, das zu seinen Gunsten angeordnete Grundstücksvermächtnis hinsichtlich des Grundstücks (...) zu erfüllen und dieses Grundstück in meinem bzw. im Namen der Erben an sich selbst aufzulassen und den Eigentumsübergang an sich zu bewirken. Ich befreie ihn hierzu von den Beschränkungen des § 181 BGB. Die Vollmacht ist aufschiebend bedingt auf meinen Tod sowie die Annahme des Grundstücksvermächtnisses.

Den Erben mache ich zur Auflage, diese Vollmacht nicht zu widerrufen; den Vermächtnisnehmer bestimme ich insoweit zum Vollziehungsberechtigten. Für den Fall des Verstoßes gegen die Auflage ordne ich folgende Sanktion an: (...)

Für Grundstücksvermächtnisse ist zu beachten, dass die Vollmacht, um auch gegenüber dem Grundbuchamt präsentiert werden zu können, der öffentlichen Beglaubigung bedarf.[184] 110

Der Vorteil der Bevollmächtigung des Vermächtnisnehmers besteht darin, dass die Vermächtniserfüllung mitunter sehr viel schneller erfolgen kann als auf der Grundlage der Anordnung einer Testamentsvollstreckung. Denn bei sorgfältiger und richtiger Gestaltung ist der Vermächtnisnehmer unmittelbar nach Eintritt des Erbfalls handlungsfähig. 111

Eine weitere Sicherungsmöglichkeit zugunsten des Vermächtnisnehmers besteht für Grundstücksvermächtnisse, wie in Rdn 82 bereits erwähnt, darin, ihm auch einen Anspruch auf Eintragung einer **Auflassungsvormerkung** (§ 883 BGB) vermächtnisweise zuzuwenden.[185] Verweigert der Erbe seine Mitwirkung, kann 112

181 Vgl. zur Vermächtniserfüllung durch den nicht bevollmächtigten Vermächtnisnehmer *Pfleiderer*, ZEV 2023, 135 unter Hinweis auf OLG Stuttgart v. 25.11.2021 – 19 U 25/21, ZEV 2022, 621 (LS).

182 *Lindemann*, DNotZ 1951, 215.

183 Kössinger/Najdecki/Zintl/*R. Kössinger/Zintl*, HdB Testamentsgestaltung, § 9 Rn 24.

184 BeckNotar-HdB/*Reetz*, § 27 Rn 82; Krug/Daragan/Bernauer/*Bernauer*, Die Immobilie im Erbrecht, § 9 Rn 123.

185 BayObLG v. 22.12.1980 – 2 Z 62/80, Rpfleger 1981, 190; Staudinger/*Otte*, § 2179 Rn 12, § 2174 Rn 20; *Zawar*, DNotZ 1986, 515, 525.

diese auch im Wege einer einstweiligen Verfügung erzwungen werden (§ 885 Abs. 1 BGB); hierfür ist eine Glaubhaftmachung der Gefährdung des Anspruchs nicht erforderlich.[186]

113 Sämtliche Sicherungsmechanismen zugunsten des Vermächtnisnehmers können nur unter der Voraussetzung greifen, dass der Erbfall bereits eingetreten bzw. der Vermächtnisanspruch entstanden ist.[187] Für die Zeit davor scheiden erbrechtliche Anordnungen aus; in Betracht kommt nur ein sog. **Verfügungsunterlassungsvertrag** oder, bspw. bei aufschiebend bedingten Vermächtnissen, ein Verfügungsunterlassungsvermächtnis.[188]

114 Für die Sicherung von Nießbrauchs- und Wohnungsrechtsvermächtnissen kommt schließlich auch die Abgabe der dinglichen Einigungserklärung noch durch den Erblasser als Absicherungsmechanismus in Betracht:

Zur Bestellung von dinglichen Rechten an Grundstücken, bspw. Nießbrauchs- oder Wohnungsrechten, ist stets die dingliche Einigung zwischen dem Grundstückseigentümer und dem Berechtigten erforderlich. Da die Erklärungen der beiden Teile nicht gleichzeitig abgegeben werden müssen, kann der Erblasser, soweit er seine letztwillige Verfügung in notarieller Form errichtet, seine Einigungserklärung bereits in die letztwillige Verfügung aufnehmen.[189] Der Berechtigte (Vermächtnisnehmer) kann seine Erklärung auch noch nach dem Erbfall abgeben.[190]

Formulierungsbeispiel

(Notarielles Testament)

Ich erkläre hiermit die zur Bestellung des Nießbrauchs erforderliche dingliche Einigung gem. § 873 Abs. 1 BGB und bewillige die Eintragung des Nießbrauchs im Grundbuch (§ 873 Abs. 2 BGB, § 19 GBO).

115 Handelt es sich bei dem Zuwendungsgegenstand um das Grundstück selbst, ist nach § 929 Abs. 1 S. 1 BGB für die Protokollierung der Auflassungserklärung die gleichzeitige Anwesenheit beider Vertragsteile erforderlich, so dass sich diese Gestaltung für Grundstücksvermächtnisse nicht bzw. nur mit erheblichen Einschränkungen anbietet.[191]

186 Staudinger/*Otte*, § 2179 Rn 12.
187 Kössinger/Najdecki/Zintl/*R. Kössinger/Zintl*, HdB Testamentsgestaltung, § 9 Rn 30.
188 Kössinger/Najdecki/Zintl/*R. Kössinger/Zintl*, HdB Testamentsgestaltung, § 9 Rn 30.
189 Roglmeier/Sikora/Krug/*Roglmeier/Krug*, Anwaltformulare Testamente, § 16 Rn 23.
190 *Mayer*, BWNotZ 1997, 62.
191 Vgl. Roglmeier/Sikora/Krug/*Roglmeier/Krug*, Anwaltformulare Testamente, § 16 Rn 23.

II. Vorausvermächtnis

1. Grundsätzliches

Vermächtnisnehmer können sowohl Erben als auch Nicht-Erben sein. Das dem Erben zusätzlich zu seinem Erbteil zugewendete Vermächtnis wird auch als Vorausvermächtnis bezeichnet (§ 2150 BGB). Es gilt auch insoweit als Vermächtnis, wie der Vermächtnisnehmer selbst (als Miterbe) damit beschwert ist.[192] 116

Vorausvermächtnisse kommen sowohl zugunsten von Miterben als auch zugunsten von Alleinerben in Betracht. Auch Letzterem wird durch die Vermächtnisanordnung eine zusätzliche, von der Erbenstellung losgelöste Rechtsposition eingeräumt. Insbesondere gilt die Vermächtnisanordnung in der Regel auch dann, wenn er die Erbschaft ausschlägt.[193] Nimmt der mit dem Vorausvermächtnis bedachte Alleinerbe die Erbschaft an, hat das ihm zugewandte Vermächtnis ausnahmsweise dingliche Wirkung;[194] eine Vermächtniserfüllung ist in diesem Fall nicht mehr erforderlich. 117

Ist der Vorausvermächtnisnehmer nur Miterbe, kann ihm durch die Vermächtnisanordnung das alleinige Eigentum an bestimmten Nachlassgegenständen, bspw. einem Familienheim i.S.v. § 13 Nr. 4b bzw. 4c ErbStG, zugewendet werden.[195]

2. Vorausvermächtnis an den Vorerben

Der Gegenstand eines zugunsten eines Vorerben angeordneten Vorausvermächtnisses scheidet gem. § 2110 Abs. 2 BGB – vorbehaltlich abweichender Anordnungen des Erblassers – mit dem Anfall bzw. der Erfüllung des Vermächtnisses aus der Vorerbenbindung aus, so das der Vorerbe hierüber frei verfügen kann. Eine Herausgabepflicht gegenüber dem Nacherben (§§ 2130, 2138 BGB) besteht ebenso wenig, wie es beim Nacherbfall zu einem Übergang des Gegenstands auf den Nacherben kommt.[196] 118

Wird einem Vorerben mit Ausnahme bestimmter Gegenstände der komplette die Vorerbschaft bildende Nachlass durch Vorausvermächtnis zugewandt, kann hierdurch im Ergebnis eine gesetzlich nicht vorgesehene gegenständlich beschränkte Vor- und Nacherbschaft erreicht werden.[197] 119

§ 2110 Abs. 2 BGB stellt allerdings lediglich eine Auslegungsregelung dar. Möchte der Erblasser entgegen dieser Auslegungsregelung erreichen, dass sich die Nach- 120

192 Kössinger/Najdecki/Zintl/*R. Kössinger/Zintl*, HdB Testamentsgestaltung, § 9 Rn 43.
193 MüKo-BGB/*Rudy*, § 2150 Rn 6.
194 BGH v. 10.2.1960 – V ZR 39/58, NJW 1960, 959.
195 MüKo-BGB/*Rudy*, § 2150 Rn 5.
196 Kössinger/Najdecki/Zintl/*R. Kössinger/Zintl*, HdB Testamentsgestaltung, § 9 Rn 45.
197 Kössinger/Najdecki/Zintl/*R. Kössinger/Zintl*, HdB Testamentsgestaltung, § 9 Rn 45.

erbenbindung auch auf den Gegenstand eines Vorausvermächtnisses erstreckt, kann er Entsprechendes anordnen. Dies hat zur Folge, dass nicht etwa ein Nachvermächtnis (§ 2191 BGB) anzunehmen ist, sondern stattdessen die dingliche Vorerbenbindung bestehen bleibt. Der Sinn einer solchen Anordnung kann darin bestehen, einen von mehreren Vorerben gegenüber seinen Mit-Vorerben durch die Zuweisung des Vermächtnisgegenstands zu privilegieren. Eine Besserstellung gegenüber dem oder den Nacherben tritt aber gerade nicht ein.[198]

Formulierungsbeispiel

Zugunsten des Vorerben ordne ich ein Vorausvermächtnis im Hinblick auf das Grundstück (...) an, allerdings mit der Maßgabe, dass sowohl das Grundstück selbst als auch etwaige Surrogate bei Eintritt des Nacherbfalls an die Nacherben fallen sollen.

III. Vermächtnisarten

1. Allgemeines

121 Da Vermächtnisse rein schuldrechtlich wirken, sind die Gestaltungsmöglichkeiten des Erblassers wesentlich facettenreicher als im Bereich der Erbeinsetzung. Nach rechtlichen Kategorien lassen sich diverse verschiedene Vermächtnisarten bzw. rechtliche Gestaltungsmöglichkeiten unterscheiden, die sich teilweise auch an den Spezifika bestimmter Vermächtnisgegenstände orientieren.

Ohne Anspruch auf Vollständigkeit sollen die maßgeblichen Varianten mit Blick auf immobilienbezogene Regelungen nachfolgend kurz umrissen werden.[199]

2. Universalvermächtnis/Quotenvermächtnis

122 Durch ein **Universalvermächtnis** wendet der Erblasser seinen kompletten oder jedenfalls nahezu den ganzen Nachlass einem oder mehreren Vermächtnisnehmern (Erben oder auch Nichterben) zu.[200] Im Hinblick auf die Auslegungsregelung des § 2087 Abs. 1 BGB (fingierte Erbeinsetzung) kommt ein Universalvermächtnis nur aufgrund ausdrücklicher Anordnung des Erblassers in Betracht.[201]

123 Universalvermächtnisse eignen sich insbesondere dazu, nur bestimmte Nachlassbestandteile (z.B. ein Unternehmen, Gesellschaftsanteile oder Immobilien) beim Erben verbleiben zu lassen, das übrige Vermögen jedoch anderen Personen zuzuweisen. Derartige Regelungen sind mitunter unter steuerlichen Gesichtspunkten

---

198 Kössinger/Najdecki/Zintl/*R. Kössinger/Zintl*, HdB Testamentsgestaltung, § 9 Rn 47.

199 Vgl. auch Roth/Maulbetsch/Schulte/*Maulbetsch*, Vermächtnisrecht (2013), § 4.

200 Zum aufschiebend bedingten Universalherausgabevermächtnis *Hölscher*, ZEV 2009, 213.

201 Zum Universalvermächtnis *Schlitt*, ZErb 2006, 226; Kössinger/Najdecki/Zintl/*R. Kössinger/Zintl*, HdB Testamentsgestaltung, § 9 Rn 48.

dringend anzuraten, wenn bspw. Mitunternehmeranteile einschließlich Sonderbetriebsvermögen (typischerweise in Form von Betriebsimmobilien) zum Nachlass gehören (werden).[202] In solchen Konstellationen kann z.B. das gesamte steuerliche Privatvermögen den Gegenstand eines Universalvermächtnisses zugunsten der nicht als Unternehmensnachfolger vorgesehenen Abkömmlinge bilden.

Durch ein **Quotenvermächtnis** kann der Erblasser einen Bruchteil eines Vermö- 124
gens, bspw. des Netto-Nachlasses oder des nach Versilberung des Nachlassvermögens verbleibenden Geldbetrags, einem Begünstigten zuwenden, ohne diesen zum Erben zu berufen.[203] Auch hier ist im Hinblick auf § 2087 Abs. 1 Alt. 2 BGB eine ausdrückliche Anordnung erforderlich.

Möglich ist es auch, dem Vermächtnisnehmer einen bestimmten Bruchteil bzw. eine Quote an einzelnen Nachlassgegenständen, bspw. an zum Nachlass gehörenden Immobilien, zuzuwenden.[204]

3. Stückvermächtnis

Das **Stückvermächtnis** bildet, rechtlich betrachtet, die einfachste Form der Ver- 125
mächtnisanordnung. Hier verfügt der Erblasser, dass ein bestimmter zu seinem Nachlass gehörender Gegenstand dem Vermächtnisnehmer zustehen soll (§§ 2169, 2184, 2185 BGB).[205]

Der Vermögensgegenstand sollte so konkret wie möglich bezeichnet werden, um 126
spätere Auslegungs- bzw. Abgrenzungsschwierigkeiten weitestgehend auszuschließen. Bei Grundstücksvermächtnissen bietet es sich an, nicht nur die postalische Anschrift, sondern auch die genaue Grundbuchbezeichnung anzugeben.[206] Soweit das Grundstück belastet ist und/oder eine Fremdfinanzierung besteht, sollte auch klargestellt werden, ob bzw. in welchem Umfang diese vom Vermächtnisnehmer zu übernehmen sein sollen.[207]

Formulierungsbeispiel

Das Grundstück (…) *[Adresse]*, eingetragen im Grundbuch des AG (…), Band (…), Blatt (…), Flur (…), Flurstück (…), wende ich als Vermächtnis (...), ersatzweise (…), zu.

Sollte das Grundstück zum Zeitpunkt des Erbfalls nicht zu meinem Nachlass gehören, steht (...) ein Anspruch auf Wertersatz zu. Der Wertersatz ist in

202 Vgl. hierzu Riedel/*Riedel*, PHB Unternehmensnachfolge, § 8 Rn 52 f.

203 *Schwenck*, MDR 1988, 545.

204 Kössinger/Najdecki/Zintl/*R. Kössinger/Zintl*, HdB Testamentsgestaltung, § 9 Rn 51; Tanck/Krug/Süß/*Riedel/Krug*, Anwaltformulare Testamente (6. Aufl.), § 14 Rn 78 ff.

205 Kössinger/Najdecki/Zintl/*R. Kössinger/Zintl*, HdB Testamentsgestaltung, § 9 Rn 54; *Kornexl*, ZEV 2002, 142.

206 Roglmeier/Sikora/Krug/*Roglmeier/Krug*, Anwaltformulare Testamente, § 16 Rn 84.

207 Kössinger/Najdecki/Zintl/ *R. Kössinger/Zintl*, HdB Testamentsgestaltung, § 14 Rn 105.

Geld zu leisten, und zwar in Höhe des Verkehrswerts des Grundstücks im Zeitpunkt des Erbfalls. Sollte ich das Grundstück zu meinen Lebzeiten verkauft haben, ist der Wertersatz begrenzt auf den Betrag des Veräußerungserlöses nach Abzug der Transaktionskosten.

127 Handelt es sich bei dem Vermächtnisgegenstand um eine Eigentumswohnung, so ist die genaue Angabe des Miteigentumsanteils sowie des Sondereigentums erforderlich.[208]

Formulierungsbeispiel

Als Vermächtnis wende ich meiner jüngsten Tochter mein im Grundbuch von (...), Band (...) Blatt (...), Fl.Nr. (...), eingetragenes Wohnungseigentum, bestehend aus einem Miteigentumsanteil von (...) an dem Grundstück Fl.Nr. (...) verbunden mit dem Sondereigentum an der im Aufteilungsplan mit Nr. (...) bezeichneten Wohnung, mit allen Rechten und Bestandteilen zu.

4. Gattungsvermächtnis

128 Mitunter möchte der Erblasser einen Vermächtnisgegenstand nicht konkret bezeichnen, sondern lediglich seiner **Gattung** nach bestimmen. Dies ist insbesondere bei **Verschaffungsvermächtnissen**, deren Gegenstand im Vermögen des Erblassers (noch) gar nicht vorhanden[209] ist, auch regelmäßig erforderlich.

129 Insoweit regelt § 2155 Abs. 1 BGB, dass bei einem nur der Gattung nach bestimmten Vermächtnisgegenstand ein Anspruch auf Leistung einer „den Verhältnissen des Bedachten entsprechenden Sache“ besteht. Das bedeutet im Hinblick auf ein durch Gattungsvermächtnis zugewendetes Grundstück u.a., dass dieses frei von Rechtsmängeln (§ 435 BGB) zu sein hat, aber gem. § 2182 Abs. 3 BGB Dienstbarkeiten und Reallasten im Zweifel durch den Vermächtnisnehmer hinzunehmen sind.[210] Dasselbe gilt für Anliegerbeiträge aufgrund vor dem Anfall des Vermächtnisses begonnener Maßnahmen.[211]

130 Vor diesem Hintergrund ist dringend zu empfehlen, dass der Erblasser selbst die maßgeblichen Entscheidungen trifft und in der letztwilligen Verfügung auch entsprechend niederlegt, um Unklarheiten und Auslegungsschwierigkeiten vorzubeugen.

Formulierungsbeispiel

Der Vermächtnisnehmer (...) erhält aus meinem Nachlass als Vermächtnis einen Bauplatz in (...) mit einer Größe von 1.000 qm. Die konkrete Auswahl der Fläche soll der in diesem Testament berufene Testamentsvollstrecker tref-

208 Roglmeier/Sikora/Krug/*Roglmeier/Krug*, Anwaltformulare Testamente, § 16 Rn 91.
209 *Muscheler*, Erbrecht, Rn 2595.
210 Kössinger/Najdecki/Zintl/*R. Kössinger/Zintl*, HdB Testamentsgestaltung, § 9 Rn 59.
211 *Brambring*, ZEV 2002, 140.

fen. Ich stelle allerdings klar, dass der Grundbesitz frei von dinglichen Belastungen sein muss. Die Flächen müssen im Bebauungsplan als Bauland ausgewiesen sein. Etwa nach meinem Tod per Bescheid festgesetzte Anliegerbeiträge fallen dem Vermächtnisnehmer zur Last. Alle bis zu meinem Tod anfallenden Lasten und/oder per Bescheid festgesetzten Abgaben trägt der Nachlass.

Die konkrete Auswahl liegt nach § 243 Abs. 2 BGB grundsätzlich im Ermessen 131
des Beschwerten. Allerdings besteht nach § 2145 Abs. 2 BGB ausdrücklich die Möglichkeit, die Auswahl dem Bedachten oder einem Dritten (z.B. einem Testamentsvollstrecker) zu überlassen.[212] Eine Kombination von Gattungsvermächtnis und Wahlvermächtnis (§ 2154 BGB) ist gem. § 2155 Abs. 2 BGB ausdrücklich zulässig. Dasselbe gilt auch für die Kombination mit einem Bestimmungsvermächtnis (§ 2151 BGB).

Formulierungsbeispiel

Der Testamentsvollstrecker *[alternativ:* Der Beschwerte*]* hat das Recht, die konkrete Auswahl des vermächtnisweise zugewendeten Grundbesitzes zu treffen und den Zeitpunkt sowie die weiteren Bedingungen der Leistung zu bestimmen. Darüber hinaus hat er auch zu entscheiden, welches meiner Kinder welches Grundstück erhalten soll.

5. Wahlvermächtnis

§ 2154 BGB gibt dem Erblasser die Möglichkeit, einem Dritten,[213] ggf. auch dem 132
Vermächtnisnehmer selbst,[214] die konkrete Auswahl des Vermächtnisgegenstands zu überlassen.[215] Hat der Erblasser hierzu keine konkreten Anordnungen getroffen, steht das Wahlrecht prinzipiell nach § 262 BGB dem Beschwerten zu.[216] Dabei zeichnet sich das **Wahlvermächtnis** dadurch aus, dass mehrere konkrete Gegenstände vorhanden sein müssen, von denen einer bzw. einige auszuwählen sind.[217] Insoweit ist es ausreichend, wenn diese Gegenstände lediglich ihrer Gattung nach bestimmt sind. Sie müssen auch nicht zwingend zum Nachlass gehören (Verschaffungsvermächtnis, vgl. Rdn 138 ff.).[218]

Im Hinblick auf Immobilienvermögen kommen Wahlvermächtnisse bspw. in 133
Betracht, um sicherzustellen, dass (nur) ein Kind, das zur unverzüglichen und

212 Kössinger/Najdecki/Zintl/*R. Kössinger/Zintl*, HdB Testamentsgestaltung, § 9 Rn 58.
213 Kössinger/Najdecki/Zintl/*R. Kössinger/Zintl*, HdB Testamentsgestaltung, § 9 Rn 57.
214 MüKo-BGB/*Rudy*, § 2154 Rn 3; *J. Mayer*, MittBayNot 1999, 450; Damrau/Tanck/*Linnartz*, § 2154 Rn 7.
215 Kössinger/Najdecki/Zintl/*R. Kössinger/Zintl*, HdB Testamentsgestaltung, § 9 Rn 57; Krug/Daragan/Bernauer/*Bernauer*, Die Immobilie im Erbrecht, § 9 Rn 100.
216 Damrau/Tanck/*Linnartz*, § 2154 Rn 6.
217 MüKo-BGB/*Rudy*, § 2154 Rn 1.
218 Staudinger/*Otte*, § 2154 Rn 7.

dauerhaften Selbstnutzung bereit und in der Lage ist, das Eigentum an einem zum Nachlass gehörenden Familienheim (§ 13 Abs. 1 Nr. 4c ErbStG) zugewiesen bekommt.

Formulierungsbeispiel

Jedem meiner Kinder wende ich als Vorausvermächtnis eine zum Nachlass gehörende Wohnimmobilie zu. Zur Vermeidung von Streit unter meinen Kindern ordne ich an, dass als erstes das älteste von ihnen das Wahlrecht ausüben darf, danach das nächstjüngere und so fort.

Im Übrigen bestimme ich, dass das von mir im Zeitpunkt meines Todes selbst genutzte Eigenheim (Familienheim im steuerlichen Sinne) nur unter der Voraussetzung gewählt werden darf, dass der jeweilige Vermächtnisnehmer es unverzüglich nach der Wahlrechtsausübung selbst zu eigenen Wohnzwecken nutzt.

6. Übernahmerecht

134 **Übernahmerechte** können entweder als Teilungsanordnung (vgl. hierzu Rdn 51 ff.) oder als Vorausvermächtnis zugunsten eines oder mehrerer Miterben ausgestaltet werden. In beiden Fällen dienen diese Anordnungen der Regelung der Auseinandersetzung der Erbengemeinschaft (nur) unter den Erben. Daneben ist aber auch die Ausgestaltung als (einfaches) Vermächtnis denkbar, die es ermöglicht, auch Nicht-Erben zu begünstigen.

135 Beim vermachten Übernahmerecht ist davon auszugehen, dass der Vermächtnisanspruch auf den Erwerb des Gegenstands unter der aufschiebenden Bedingung der entsprechenden Ausübung des Übernahmerechts steht.[219] Ein Anfall des Vermächtnisses vor Ausübung dieses Gestaltungsrechts kommt in dieser Konstellation nicht in Betracht.

136 Anders als eine Teilungsanordnung kann die Erfüllung des als Vermächtnis ausgestalteten Übernahmerechts unabhängig vom Zeitpunkt der Erbauseinandersetzung bei Fälligkeit des Übernahmeanspruchs verlangt werden.[220]

Typischerweise ist das Übernahmerecht nicht darauf gerichtet, dem Berechtigten/Vermächtnisnehmer den Gegenstand der Übernahme vollständig unentgeltlich und – soweit er Erbe ist – zusätzlich zu seinem Erbteil zukommen zu lassen. Vielmehr soll meist (ähnlich wie bei einer Teilungsanordnung) eine wertmäßige Berücksichtigung im Rahmen der Verteilung des Gesamtnachlasses stattfinden. Den entsprechenden Übernahmewert bzw. die Art und Weise, wie dieser zu ermitteln ist, kann (und sollte) der Erblasser testamentarisch festlegen. Tut er

219 BGH v. 30.9.1959 – V ZR 66/58, NJW 1959, 2252; *Natter*, JZ 1959, 151, 152; *Emmerich*, JuS 1962, 269, 271.

220 Kössinger/Najdecki/Zintl/*R. Kössinger/Zintl*, HdB Testamentsgestaltung, § 15 Rn 244.

dies nicht, ist im Zweifel anzunehmen, dass der Verkehrswert maßgeblich sein soll.[221] Insoweit ist darauf hinzuweisen, dass auch, wenn der Übernahmewert dem Verkehrswert entspricht, die Annahme eines (Voraus-)Vermächtnisses nicht ausgeschlossen ist. Denn allein die Einräumung der Wahlmöglichkeit bildet einen hinlänglichen Vermögensvorteil.[222] Sinnvoll ist es im Übrigen, den Vermächtnisnehmern eine Frist für die Ausübung des Übernahmerechts zu setzen.[223]

Formulierungsbeispiel

Im Wege des Vorausvermächtnisses wende ich meiner jüngsten Tochter das Recht zu, die zum Nachlass gehörende Immobilie (...) aus dem Nachlass zu Eigentum zu erwerben. Das Vorausvermächtnis kann jederzeit nach meinem Erbfall ausgeübt werden; auf den Zeitpunkt der Auseinandersetzung kommt es insoweit nicht an. Das Vorausvermächtnis steht unter der Bedingung, dass die Vermächtnisnehmerin die Erbschaft annimmt.

Soweit meine Tochter das Vorausvermächtnis annimmt, hat sie sich im Rahmen der Auseinandersetzung den Wert der vermächtnisgegenständlichen Immobilie mit 80 % des Verkehrswerts auf ihren Erbteil bzw. auf ihr Auseinandersetzungsguthaben anrechnen zu lassen.

7. Bestimmungsvermächtnis

Nach § 2151 BGB hat der Erblasser die Möglichkeit, die konkrete Auswahl des Vermächtnisnehmers dem Beschwerten oder einem anderen Dritten zu überlassen.[224] Allerdings ergibt sich aus § 2151 Abs. 1 Hs. 2 BGB, dass der Erblasser wenigstens den Kreis der möglichen Vermächtnisnehmer vorgeben muss.[225] 137

Möglich sind auch Kombinationen mit anderen Vermächtnisarten, bei denen der Erblasser Dritten Entscheidungsrechte überlässt, so z.B. den Gegenstand, etwaige Bedingungen sowie den Leistungszeitpunkt (§§ 2156, 2181 BGB). Aus Praktikabilitätsgründen erscheint es aber sinnvoll, dem Bestimmungsberechtigten eine Frist vorzugeben, innerhalb derer er von seinem Bestimmungsrecht Gebrauch machen soll.

Formulierungsbeispiel

Die zu meinem Nachlass gehörende Immobilie (...) wende ich als Vermächtnis einem meiner fünf Kinder zu. Welches meiner Kinder die Immobilie zu Eigentum erhält, bestimmt mein zum Alleinerben berufener überlebender Ehegatte.

221 *v. Lübtow*, ErbR, Bd. 2, S. 262.

222 BGH v. 8.11.1961 – V ZR 31/60, NJW 1962, 343.

223 Kössinger/Najdecki/Zintl/*R. Kössinger/Zintl*, HdB Testamentsgestaltung, § 15 Rn 244.

224 Zu Möglichkeiten und Grenzen der Drittbestimmung bei Vermächtnissen *J. Mayer*, MittBayNot 1999, 447, zum Bestimmungsvermächtnis S. 450.

225 Damrau/Tanck/*Linnartz*, § 2151 Rn 6.

Dieser hat das Bestimmungsrecht innerhalb einer Frist von sechs Monaten nach dem Erbfall auszuüben. Verstreicht die Frist ungenutzt, ist der in diesem Testament berufene Testamentsvollstrecker bestimmungsberechtigt und hat das Bestimmungsrecht unverzüglich, spätestens aber binnen drei Monaten, auszuüben. Die Kosten der Vermächtniserfüllung trägt der Nachlass, ebenso die Kosten der Testamentsvollstreckung.

8. Verschaffungsvermächtnis

138 **Verschaffungsvermächtnisse** sind darauf gerichtet, dem Vermächtnisnehmer Gegenstände zuzuwenden, die im Vermögen des Erblassers und damit in seinen Nachlass gar nicht vorhanden sind.[226] Sie sollen vielmehr mithilfe von Nachlassvermögen dem Vermächtnisnehmer durch den Beschwerten verschafft werden (§ 2170 Abs. 1 BGB).[227] Scheitert dies, weil der Beschwerte zur Verschaffung nicht in der Lage ist (Unvermögen),[228] hat er nach § 2170 Abs. 2 S. 1 BGB Wertersatz zu leisten. Wäre hingegen die Erfüllung des Verschaffungsvermächtnisses nur mit unverhältnismäßigen Aufwand möglich, hat der Beschwerte das Recht, sich durch Wertersatz von seiner Verpflichtung zu befreien (§ 2170 Abs. 2 S. 2 BGB).[229]

139 Um das Risiko der Unwirksamkeit einer Vermächtnisanordnung nach § 2169 Abs. 1 BGB zu vermeiden,[230] ist dringend anzuraten, den Willen des Erblassers, nicht zu seinem Nachlass gehörende Gegenstände vermächtnisweise zuzuwenden, eindeutig zum Ausdruck zu bringen. Neben diesem qualifizierten Zuwendungswillen[231] sollte auch klargestellt werden, in welchem Umfang der Beschwerte zum Einsatz von Nachlassmitteln verpflichtet sein soll, um eine Erfüllung des Vermächtnisses zu bewirken.

Formulierungsbeispiel

Jedes meiner Kinder soll, wenn es ein Hochschulstudium aufnimmt, am Studienort in einer eigenen Wohnung wohnen können. Aus diesem Grund ordne ich zugunsten jedes meiner Kinder unter der Bedingung, dass es ein Hochschulstudium aufnimmt, ein Vorausvermächtnis an, aufgrund dessen ihm/ihr das Eigentum an einer Eigentumswohnung am jeweiligen Hochschulort zu verschaffen ist. Die jeweilige Eigentumswohnung soll eine Größe zwischen 40 und 60 qm haben und Anschaffungskosten in Höhe von (...) EUR nicht

---

226 Krug/Daragan/Bernauer/*Bernauer*, Die Immobilie im Erbrecht, § 9 Rn 85.

227 Damrau/Tanck/*Linnartz*, § 2170 Rn 7.

228 Bei Unmöglichkeit ist das Vermächtnis unwirksam, Damrau/Tanck/*Linnartz*, § 2170 Rn 12; Grüneberg/*Weidlich*, § 2170 Rn 1.

229 Damrau/Tanck/*Linnartz*, § 2170 Rn 9; Kössinger/Najdecki/Zintl/*R. Kössinger/Zintl*, HdB Testamentsgestaltung, § 9 Rn 61.

230 Krug/Daragan/Bernauer/*Bernauer*, Die Immobilie im Erbrecht, § 9 Rn 94.

231 Vgl. hierzu u.a. Kössinger/Najdecki/Zintl/*R. Kössinger/Zintl*, HdB Testamentsgestaltung, § 9 Rn 62.

überschreiten. Ich stelle klar, dass jedes Kind – unabhängig von der Zahl etwaiger Hochschulwechsel – nur Anspruch auf eine Eigentumswohnung hat.

Zugunsten von Kindern, die ihre Hochschulausbildung zum Zeitpunkt meines Todes bereits abgeschlossen oder bereits zu meinen Lebzeiten eine entsprechende Eigentumswohnung von mir erhalten haben, gilt vorstehendes Vermächtnis als nicht angeordnet. Dasselbe gilt für Kinder, die kein Hochschulstudium absolvieren. Ersatzvermächtnisnehmer werden ausdrücklich nicht bestimmt, solche soll es nicht geben.

Verschaffungsvermächtnisse eignen sich auch dazu, Gegenstände, die nicht im alleinigen Eigentum des Erblassers stehen, insgesamt einem oder mehreren Vermächtnisnehmern zukommen zu lassen. Dies gilt bspw. bei gesamthänderischen Beteiligungen oder einer Miteigentümerstellung des Erblassers. Insbesondere in der Situation, dass es sich bei dem Beschwerten um den (einzigen) anderen Gesamthänder bzw. Miteigentümer handelt, bietet sich diese Gestaltung an.[232] 140

Formulierungsbeispiel

Ich bin als Miteigentümer gemeinsam mit meinem von mir zum Alleinerben berufenen Ehegatten an der Immobilie (...) mit einem Miteigentumsanteil von 50 % beteiligt. Diesen Miteigentumsanteil wende ich als Vermächtnis meiner jüngsten Tochter, ersatzweise deren Abkömmlingen, zu. Im Wege des Verschaffungsvermächtnisses beschwere ich darüber hinaus meinen Alleinerben, meiner jüngsten Tochter durch Übertragung des dem Alleinerben gehörenden 50 %igen Miteigentumsanteils das alleinige Eigentum an der Immobilie (...) zu verschaffen. An etwaigen Pflichtteilslasten hat sich meine Tochter nicht zu beteiligen.

In erbschaftsteuerrechtlicher Hinsicht ist anzumerken, dass der Vermächtnisnehmer beim Verschaffungsvermächtnis selbstverständlich einen steuerpflichtigen Erwerb i.S.v. § 3 Abs. 1 Nr. 1 ErbStG hat. Die Bemessungsgrundlage bestimmt sich nach dem gemeinen Wert des beschafften Gegenstands. Das ist nach Auffassung des BFH der Betrag, den der Beschwerte aufwenden muss, um den Vermächtnisgegenstand zu beschaffen.[233] Mit demselben Wert ist das Verschaffungsvermächtnis auf der Ebene des Beschwerten auch als Nachlassverbindlichkeit (§ 10 Abs. 5 Nr. 2 ErbStG) zu berücksichtigen. 141

232 BGH v. 29.5.1964 – V ZR 47/62, NJW 1964, 2298; BGH v. 23.11.1983 – IVa ZR 230/81, NJW 1984, 731, 732; *Bühler*, DNotZ 1964, 581.

233 Nicht etwa der sog. Steuerwert, vgl. BFH v. 28.3.2007 – II R 25/05, ZEV 2007, 343; vgl. auch Troll/Gebel/Jülicher/Gottschalk/*Gebel*, ErbStG, § 3 Rn 174; Roglmeier/Sikora/Krug/*Roglmeier/Krug*, Anwaltformulare Testamente, § 16 Rn 27 m.w.N.

9. Untervermächtnis

142 Mit einem **Untervermächtnis** ist nicht der Erbe, sondern ein anderer Vermächtnisnehmer beschwert. Fälligkeit und Haftung richten sich nach den §§ 2186, 2187 BGB.[234] Untervermächtnisse eignen sich insbesondere dann, wenn ein Teil des Gegenstands des Hauptvermächtnisses an einen weiteren Begünstigten (Untervermächtnisnehmer) weitergegeben werden soll, bspw. eine von mehreren in einem Haus belegenen Wohnungen (vgl. hierzu Rdn 214 ff.). Das Gleiche gilt für den Fall, dass ein Nachlassbeteiligter als Ausgleich dafür, dass einem anderen Beteiligten eine Immobilie (oder anderes wesentliches Vermögen) gegenständlich zugewiesen wird, eine wirtschaftliche Absicherung (auf dessen Kosten) in Form eines Nutzungsrechts (vgl. Rdn 147 ff.) oder einer Versorgungsleistung (vgl. Rdn 162 f.) erhalten soll.

Formulierungsbeispiel

Für den Fall, dass der Vermächtnisnehmer aufgrund des Vermächtnisses die Immobilie (...) erwirbt, beschwere ich ihn mit einem Untervermächtnis zugunsten des überlebenden Ehegatten, aufgrund dessen dieser als Untervermächtnisnehmer Anspruch auf Einräumung eines Nießbrauchsrechts/einer Rente nach Maßgabe der folgenden Regelungen hat.

10. Vor- und Nachvermächtnis

143 Sozusagen als schuldrechtliches Pendant dort zur Vor- und Nacherbschaft hat der Erblasser auch die Möglichkeit zur Anordnung von **Vor- und Nachvermächtnissen** (§ 2191 BGB).[235] Gem. § 2190 Abs. 2 BGB finden diverse Vorschriften zur Vor- und Nacherbschaft (§§ 2102, 2106 Abs. 1, 2107 sowie § 2110 Abs. 1 BGB) entsprechende Anwendung.

144 Anders als die dinglich wirkende Vor- und Nacherbschaft gewährt das Nachvermächtnis dem Berechtigten lediglich einen schuldrechtlichen Anspruch gegenüber dem Vorvermächtnisnehmer auf Übereignung des vermachten Gegenstands, soweit der Nachvermächtnisfall eintritt. Im Grunde handelt es sich also um ein Untervermächtnis, mit dem das Hauptvermächtnis (des Vorvermächtnisnehmers) beschwert ist. Insoweit finden auch die Vorschriften der §§ 2186–2188 BGB Anwendung.[236]

145 Zum Schutz des Nachvermächtnisnehmers gilt im Übrigen § 2179 BGB.[237] Ab dem Zeitpunkt des Erbfalls steht ihm ein Anwartschaftsrecht zu, das im Hinblick

234 Kössinger/Najdecki/Zintl/*R. Kössinger/Zintl*, HdB Testamentsgestaltung, § 9 Rn 67.

235 Vgl. ausführlich *Watzek*, MittRhNotK 1999, 37; Roglmeier/Sikora/Krug/*Roglmeier/Krug*, Anwaltformulare Testamente, § 16 Rn 65 f.

236 MüKo-BGB/*Rudy*, § 2191 Rn 1.

237 Roglmeier/Sikora/Krug/*Roglmeier/Krug*, Anwaltformulare Testamente, § 16 Rn 65.

auf Grundbesitz als Vermächtnisgegenstand prinzipiell auch vormerkungsfähig ist.[238] Was die Vererblichkeit des Anwartschaftsrechts des Nachvermächtnisnehmers angeht, ist im Einzelnen vieles umstritten. Vor diesem Hintergrund empfiehlt sich auch hier dringend, dass der Erblasser selbst diesbezüglich ausdrückliche Anordnungen trifft.[239]

Formulierungsbeispiel

Die Immobilie (...) vermache ich meinem überlebenden Ehegatten als Vorvermächtnisnehmer.

Zu Nachvermächtnisnehmern bestimme ich meine Erben als Gesamtgläubiger (unter sich entsprechend dem Verhältnis ihrer Erbquoten zueinander). Der Nachvermächtnisfall tritt mit dem Tod des überlebenden Ehegatten ein. Das Anwartschaftsrecht der Nachvermächtnisnehmer ist weder vererblich noch übertragbar. Zu Ersatz-Nachvermächtnisnehmern bestimme ich jeweils die Abkömmlinge meiner Erben. Sollte einer der Erben ohne Hinterlassung von Abkömmlingen wegfallen, wächst seine Beteiligung am Nachvermächtnisanspruch den übrigen Nachvermächtnisnehmern anteilig zu.

Den Nachvermächtnisnehmern steht vermächtnisweise ein Anspruch auf Eintragung einer Vormerkung zur Sicherung ihres Anspruchs auf Eigentumsübertragung zu.

Unter Umständen kann es, gerade im Hinblick auf den schuldrechtlichen Charakter des Nachvermächtnisses, dem Erblasser sinnvoll erscheinen, eine zusätzliche Absicherung des Nachvermächtnisnehmers durch Anordnung einer Testamentsvollstreckung für den Vorvermächtnisnehmer zu erreichen.[240] Hier ist jedoch darauf zu achten, dass die Rechte des Vorvermächtnisnehmers nicht über Gebühr ausgehöhlt werden. 146

Formulierungsbeispiel

Der in diesem Testament berufene Testamentsvollstrecker hat auch die Aufgabe, den dem Nachvermächtnis unterliegenden Grundbesitz bis zum Anfall des Nachvermächtnisses zu verwalten. Insbesondere hat er die Aufgabe, die Veräußerung oder/und Belastung des Vermächtnisgegenstands zu verhindern und auch dafür Sorge zu tragen, dass der Vermächtnisgegenstand in seinem wirtschaftlichen Bestand erhalten wird. Im Übrigen soll er jedoch die Verwaltung durch den Vorvermächtnisnehmer lediglich überwachen und nur im Falle einer Gefährdung der berechtigten Interessen der Nachvermächtnisnehmer selbst in die Verwaltung eingreifen.

---

238 Roglmeier/Sikora/Krug/*Roglmeier/Krug*, Anwaltformulare Testamente, § 16 Rn 65 m.w.N.

239 Roglmeier/Sikora/Krug/*Roglmeier/Krug*, Anwaltformulare Testamente, § 16 Rn 67, 68.

240 Roglmeier/Sikora/Krug/*Roglmeier/Krug*, Anwaltformulare Testamente, § 16 Rn 74.

11. Nutzungsrechtsvermächtnis

a) Nießbrauch

147 Gegenstand eines Vermächtnisses kann auch die Einräumung eines **Nießbrauchsrechts** zugunsten des Vermächtnisnehmers sein. Da der Nießbrauch prinzipiell unvererblich ist (§ 1061 BGB), kann der vermächtnisweise eingeräumte Nießbrauch erst nach dem Erbfall begründet werden;[241] es handelt sich also um eine Art von Verschaffungsvermächtnis.[242] Gegenstand des Nießbrauchs sind typischerweise zum Nachlass gehörende Gegenstände, bspw. Immobilien. Es ist jedoch auch vorstellbar, Nießbrauchsvermächtnisse an Gegenständen anzuordnen, die zunächst mit Nachlassmitteln erworben werden müssen.[243]

148 Der Nießbrauch bildet ein dingliches Recht, durch das eine Sache in der Weise belastet wird, dass der Nießbraucher berechtigt ist, die Sache in Besitz zu nehmen, sie zu verwalten und zu bewirtschaften und die Nutzungen aus ihr zu ziehen.[244] Verfügungsberechtigt ist er aber nicht. Die Substanz der belasteten Sache steht vielmehr allein dem Eigentümer zu. Dieser hat im Übrigen lediglich eine Duldungsverpflichtung gegenüber dem Nießbraucher, eigene Leistungen muss er an ihn nicht erbringen.

149 Zwischen dem Eigentümer und dem Nießbraucher besteht ein gesetzliches Schuldverhältnis, aufgrund dessen der Nießbraucher (grundsätzlich) verpflichtet ist, den belasteten Gegenstand zu erhalten und im Rahmen der **gewöhnlichen Unterhaltung** auch Ausbesserungen und Erneuerungen vorzunehmen (§ 1041 BGB).[245] Darüber hinaus ist er zur ordnungsgemäßen Bewirtschaftung verpflichtet (§§ 1036 Abs. 2, 1041 BGB), ebenso dazu, die laufenden öffentlichen und privaten Lasten sowie anfallende Versicherungsbeiträge zu tragen (§§ 1047, 1045 BGB).[246]

150 **Außergewöhnliche Ausbesserungen** und Erneuerungen fallen demgegenüber prinzipiell in den Zuständigkeitsbereich (und in die wirtschaftliche Verantwortung) des Eigentümers.[247] Der Nießbraucher ist zu ihrer Vornahme nicht verpflichtet, im Zweifel aber berechtigt (§§ 1043, 1044, 1049 BGB).[248] Letzteres ist

---

241 Kössinger/Najdecki/Zintl/*R. Kössinger/Zintl*, HdB Testamentsgestaltung, § 10 Rn 157.

242 Kössinger/Najdecki/Zintl/*R. Kössinger/Zintl*, HdB Testamentsgestaltung, § 9 Rn 84.

243 Vgl. zum Wohnungsrecht Kössinger/Najdecki/Zintl/*R. Kössinger/Zintl*, HdB Testamentsgestaltung, § 9 Rn 84.

244 MüKo-BGB/*Pohlmann*, § 1030 Rn 5.

245 Krug/Daragan/Bernauer/*Bernauer*, Die Immobilie im Erbrecht, § 9 Rn 27, 28.

246 Kössinger/Najdecki/Zintl/*R. Kössinger/Zintl*, HdB Testamentsgestaltung, § 10 Rn 158.

247 Krug/Daragan/Bernauer/*Bernauer*, Die Immobilie im Erbrecht, § 9 Rn 31 ff.

248 Kössinger/Najdecki/Zintl/*R. Kössinger/Zintl*, HdB Testamentsgestaltung, § 10 Rn 158.

umso wichtiger, als der Nießbraucher derartige Maßnahmen vom Eigentümer nicht verlangen kann.[249]

Die soeben skizzierten gesetzlichen Vorgaben für das Verhältnis zwischen Eigentümer und Nießbraucher sind aber weitestgehend abdingbar, so dass insbesondere die Lastenverteilung durch Vereinbarung zwischen den Parteien oder durch entsprechende testamentarische Anordnung abweichend ausgestaltet werden kann, und zwar sogar mit dinglicher Wirkung.[250]

Gerade in den Fällen, in denen der Nießbrauch zugunsten eines Elternteils des Beschwerten angeordnet wird, erscheint es vielfach sachgerecht, dem Nießbraucher sämtliche Lasten des Nießbrauchsgegenstands aufzuerlegen. Sozusagen spiegelbildlich können ihm dann auch die Entscheidungsrechte in Bezug auf die Vornahme der von ihm wirtschaftlich zu tragenden Maßnahmen eingeräumt werden. 151

Formulierungsbeispiel

Im Wege eines Verschaffungsvermächtnisses wende ich meinem überlebenden Ehegatten ein lebenslanges unentgeltliches und vollumfängliches Nießbrauchsrecht an meiner Immobilie (...) zu.

Abweichend von den gesetzlichen Vorgaben hat der Nießbraucher während der Dauer des Nießbrauchs sämtliche Kosten und Lasten der nießbrauchsbelasteten Immobilie einschließlich aller im Rahmen einer ordnungsgemäßen Wirtschaft erforderlich werdenden außergewöhnlichen Instandhaltungs- und Ausbesserungsmaßnahmen zu tragen. Während der Dauer des Nießbrauchs stehen dem Nießbraucher – im Rahmen einer ordnungsgemäßen Wirtschaft – sämtliche Entscheidungsrechte im Hinblick auf Instandhaltungs-, Ausbesserungs- und Erneuerungsmaßnahmen im Hinblick auf die belastete Immobilie zu. Im Falle von Meinungsverschiedenheiten zwischen dem Nießbraucher und dem Beschwerten entscheidet der in diesem Testament berufene Testamentsvollstrecker als Schiedsrichter.

Mitunter ist es für die wirtschaftliche Absicherung des Nießbrauchsberechtigten nicht erforderlich, ihm das alleinige Nutzungsrecht an dem belasteten Gegenstand, z.B. einem Mietshaus, einzuräumen. Dann kommt ein **Quotennießbrauch** in Betracht.[251] Durch den Quotennießbrauch wird prinzipiell das ganze Grundstück mit einem Nießbrauchsrecht belastet, dieses ist jedoch nur auf eine Quote der insgesamt anfallenden Nutzungen beschränkt.[252] Hierbei sollte nicht nur die 152

249 BGH v. 4.7.1969 – V ZR 37/66, BGHZ 52, 234, 237; BGH v. 14.12.1990 – V ZR 36/89, BGHZ 113, 179.

250 BayObLG v. 7.8.1979 – 2 Z 5/79, Rpfleger 1979, 382.

251 Kössinger/Najdecki/Zintl/*R. Kössinger/Zintl*, HdB Testamentsgestaltung, § 10 Rn 65.

252 BayObLG v. 3.7.1973 – BReg. 2 Z 25/73, DNotZ 1974, 241; BGH v. 6.6.2003 – V ZR 392/02, NJW-RR 2003, 1290; Grüneberg/*Herrler*, § 1030 Rn 5.

eigentliche Quote ausdrücklich geregelt werden, sondern auch, welchem Beteiligten in welchem Umfang Verwaltungs- bzw. Entscheidungsrechte zustehen und wen die entsprechenden Pflichten treffen.

Formulierungsbeispiel

Im Wege eines Verschaffungsvermächtnisses wende ich meinem überlebenden Ehegatten ein lebenslanges unentgeltliches Nießbrauchsrecht an meinem Mietshaus (...) zu, und zwar mit der Maßgabe, dass ihm 60 % der jährlich anfallenden Nettoerträge der Immobilie zustehen sollen.

Im Wege der Auflage beschwere ich die Erben bzw. den Miterben, der im Rahmen der Erbauseinandersetzung Eigentümer des Mietshauses (...) wird, mit der Auflage, dieses während der Dauer des Nießbrauchs ordnungsgemäß zu verwalten.

Meinem überlebenden Ehegatten steht ihnen/ihm gegenüber vermächtnisweise der Anspruch zu, im Rahmen einer ordnungsgemäßen Wirtschaft Renovierungs- Ausbesserungs- und sonstige Instandhaltungsmaßnahmen verlangen zu können. An den Kosten derartiger Maßnahmen hat sich der Vermächtnisnehmer stets in Höhe seiner Nießbrauchsquote (60 %) zu beteiligen, und zwar unabhängig davon, ob es sich nach der gesetzlichen Lastenverteilung um laufende oder außerordentliche Maßnahmen handelt.

153 Alternativ kommt – theoretisch – auch die Anordnung eines Bruchteilsnießbrauchs in Betracht. Der Unterschied besteht darin, dass bei diesem von vornherein nur ein ideeller Bruchteil des Gesamt-Grundstücks belastet würde.[253]

154 Wie oben bereits angesprochen, ist der Nießbrauchsberechtigte nicht zur Verfügung über den belasteten Gegenstand, bspw. eine Immobilie, berechtigt. Dies schränkt nicht nur seine wirtschaftliche Position ein, sondern insbesondere auch seine Entscheidungskompetenzen. Insoweit hat der Erblasser die Möglichkeit, den Nießbraucher zum Testamentsvollstrecker mit der Aufgabe, den nießbrauchsbelasteten Gegenstand dauerhaft zu verwalten, zu ernennen. Auf diese Weise erhält der Nießbraucher neben dem Nutzungsrecht auch eine umfassende Verwaltungs- und Verfügungsbefugnis (§ 2205 BGB). Macht er hiervon in der Weise Gebrauch, dass er den belasteten Gegenstand, bspw. eine Immobilie, veräußert, fällt der Veräußerungserlös als Surrogat (§ 2041 BGB) in den Nachlass, so dass sich der Nießbrauch hieran fortsetzen kann, wenn entweder der Erblasser dies ausdrücklich angeordnet hat oder der Nießbrauch von vornherein nicht nur den in Rede stehenden Einzelgegenstand, sondern den gesamten Nachlass erfasste.[254]

253 Kössinger/Najdecki/Zintl/*R. Kössinger/Zintl*, HdB Testamentsgestaltung, § 10 Rn 163.
254 Kössinger/Najdecki/Zintl/*R. Kössinger/Zintl*, HdB Testamentsgestaltung, § 10 Rn 170.

Formulierungsbeispiel

Den Nießbraucher berufe ich zum Testamentsvollstrecker mit der alleinigen Aufgabe, die belastete Immobilie während der Dauer des Nießbrauchs zu verwalten. Dies umfasst neben der Wahrnehmung der Vermieterrechte und der damit einhergehenden Vermieteraufgaben auch die Gewährleistung der ordnungsgemäßen Instandhaltung der Immobilie. Der Testamentsvollstrecker hat dabei die in diesem Testament getroffenen Anordnungen zur Lastenverteilung zu beachten und ist zu diesem Zweck auch zur Eingehung von Verbindlichkeiten berechtigt, soweit die im Nachlass vorhandene Liquidität, auf die der Testamentsvollstrecker im Rahmen der Erfüllung der ihm zugewiesenen Aufgaben ausdrücklich Zugriff haben soll, nicht ausreichen sollte.

Im Wege der Auflage beschwere ich den/die Erben mit der Verpflichtung, das zu meinem Nachlass gehörende „Hauskonto" bei der (…)-Bank in (...), IBAN (…), bis zum Wegfall des Nießbrauchs nicht aufzulösen und über dortige Guthaben nur mit ausdrücklicher vorheriger Zustimmung des Testamentsvollstreckers zu verfügen. Im Übrigen haben sie dem Testamentsvollstrecker (der im Zweifel kein Testamentsvollstreckerzeugnis beantragen soll) für dieses Konto eine Vollmacht zu erteilen, die ihn zu Verfügungen über dortige Guthaben berechtigt, und diese Vollmacht bis zum Wegfall des Nießbrauchs nicht zu widerrufen.

Daran, dass die Vermögenssubstanz nach wie vor dem Eigentümer zusteht, ändert 155
diese Konstruktion aber prinzipiell nichts. Möchte der Erblasser hiervon abweichen, kann dies nur durch ein (zusätzliches) Vermächtnis zugunsten des Nießbrauchers geschehen.[255]

Formulierungsbeispiel

Aufschiebend bedingt auf den Verkauf der nießbrauchsbelasteten Immobilie wende ich dem Nießbraucher vermächtnisweise den Anspruch auf den als Surrogat an die Stelle der Immobilie tretenden Kaufpreis zu.

b) Wohnungsrecht

Geht es allein um die Einräumung eines Nutzungsrechts an zu Wohnzwecken[256] 156
bestimmten Immobilien (einschließlich Wohnungseigentum[257]), kommt als Alternative zum Nießbrauch auch ein **Wohnungsrecht** (oder Wohnrecht) in Betracht.

---

255 *Rohloff*, DNotZ 1971, 518, 522.

256 Vgl. BeckOK BGB/*Reischl*, § 1093 Rn 7; ein Wohnungsrecht an nicht zu Wohnzwecken dienendem Teileigentum scheidet daher aus, BayObLG v. 30.10.1986 – BReg. 2 Z 6/86, NJW-RR 1987, 328.

257 Vgl. BeckOK BGB/*Reischl*, § 1093 Rn 8.

Dieses kann entweder als rein schuldrechtliche Nutzungsbefugnis[258] oder (wie im Regelfall) als dingliches Wohnungsrecht nach § 1093 BGB ausgestaltet werden.[259]

157 Das dingliche Wohnungsrecht nach § 1093 BGB bildet einen Unterfall der beschränkten persönlichen Dienstbarkeit. Es berechtigt dazu, die Wohnung oder das Gebäude unter Ausschluss des Eigentümers unentgeltlich zu nutzen.[260] Es ist weder veräußerlich noch vererblich (§§ 1090 Abs. 2, 1061 BGB) und kann nur mit Zustimmung des Eigentümers einem anderen zur Nutzung überlassen werden (§§ 1092 Abs. 1, 1093 Abs. 2 BGB). Bei Ausübung des Wohnungsrechts muss der Begünstigte die berechtigten Interessen des Eigentümers wahren, §§ 1090 Abs. 2, 1020 S. 1 BGB. Eine Umgestaltung oder wesentliche Veränderung des belasteten Gebäudes oder des Gebäudeteils ist daher grundsätzlich nicht zulässig, §§ 1093 Abs. 1, 1037 Abs. 1 BGB.

Formulierungsbeispiel

Im Wege des Vermächtnisses wende ich meinem langjährigen Lebensgefährten ein lebenslanges, nicht übertragbares dingliches Wohnungsrecht (§ 1093 BGB) an den nachfolgend näher bezeichneten Räumlichkeiten in der Immobilie (...) zu. Der Vermächtnisnehmer ist berechtigt, Familienangehörige sowie Personen, die ihn pflegen, in die Wohnung aufzunehmen. Die Überlassung der Wohnung an Dritte ist jedoch ausgeschlossen.

158 Zumeist wird das Wohnungsrecht zugunsten eines Dritten bestellt. Im Hinblick darauf, dass es als persönliche Dienstbarkeit (anders als Nießbrauch und Eigentum) dem Zugriff der Gläubiger des Berechtigten entzogen ist,[261] kann es aber auch interessant sein, ein Wohnungsrecht zugunsten eines Eigentümers[262] oder eines Nießbrauchers zu bestellen. Letzteres soll jedenfalls dann zulässig sein, wenn die Einräumung des Wohnungsrechts aufschiebend bedingt auf das Erlöschen oder die Pfändung des Nießbrauchsrechts erfolgt.[263] Im Übrigen sind aber ohnehin keine schlagenden Argumente erkennbar, die die Zulässigkeit eines Wohnungsrechts zugunsten eines Nießbrauchers einschränken sollten.[264]

159 Auch beim Wohnungsrechtsvermächtnis sollte der Erblasser ausdrücklich klarstellen, ob sich dieses auf das Gebäude insgesamt oder nur auf einzelne Räumlichkeiten (und wenn ja, auf welche) bezieht und in welchem Umfang die Ausübung des Wohnungsrechts auch einem Dritten überlassen werden darf (§ 1092 Abs. 1

258 LG Deggendorf v. 22.1.2002 – 1 O 438/01, ZEV 2003, 247: Qualifizierung als Leihe.
259 *Grziwotz*, ZEV 2010, 130, 132.
260 BGH v. 21.12.1966 – V ZB 24/66, BGHZ 46, 253, 259 = NJW 1967, 627, 629.
261 Vgl. BeckOK BGB/*Reischl*, § 1093 Rn 12.
262 OLG München v. 9.5.2012 – 34 Wx 448/11, DNotZ 2012, 778; Grüneberg/*Herrler*, § 1093 Rn 7.
263 Vgl. hierzu Kössinger/Najdecki/Zintl/*R. Kössinger/Zintl*, HdB Testamentsgestaltung, § 9 Rn 121 m.w.N.
264 Ebenso BeckOK BGB/*Reischl*, § 1093 Rn 12.

S. 2 BGB; zu unterscheiden ist hiervon die Aufnahmebefugnis nach § 1093 Abs. 2 BGB).

Daneben gilt es auch beim Wohnungsrecht klare Anordnungen über die Lastenverteilung zu treffen. Denn ähnlich wie beim Nießbrauch sind die gesetzlichen Vorgaben[265] nicht immer sachgerecht und im Übrigen dazu angetan, Konflikte zwischen den Beteiligten zu provozieren. Dies gilt insbesondere dann, wenn sich das Wohnungsrecht auf einen Teil der Immobilie bezieht und der Wohnungsrechtsberechtigte diese zusammen mit dem Eigentümer nutzt, so dass auch die laufenden Betriebskosten zwischen ihnen aufzuteilen sind.

Formulierungsbeispiel

Das Wohnungsrecht bezieht sich auf die alleinige Nutzung sämtlicher Räumlichkeiten im Dachgeschoss, und zwar unter Ausschluss des Eigentümers. Außerdem ist der Wohnungsrechtsberechtigte zur Mitbenutzung aller Treppenhäuser und Außenanlagen berechtigt. Gleiches gilt für die Waschküche und den Trocken-Keller.

Der Wohnungsrechtsberechtigte hat alle laufenden Kosten, die als Nebenkosten vom Vermieter auf den Mieter abgewälzt werden könnten, nach entsprechender Abrechnung durch den Hauseigentümer zu tragen. Gleiches gilt auch für typischerweise einem Mieter zur Last fallende Schönheitsreparaturen. Alle übrigen Aufwendungen im Zusammenhang mit der belasteten Immobilie, einschließlich Instandhaltungskosten, öffentlichen und privaten Abgaben sowie Versicherungsbeiträgen etc., trägt der Hauseigentümer.

Der Wohnungsrechtsberechtigte ist Testamentsvollstrecker mit der einzigen Aufgabe, das Wohnungsrecht zu seinen Gunsten zu bestellen; ein Vergütungsanspruch steht ihm nicht zu.

Wichtig ist beim Wohnungsrecht auch, zu regeln, was im Falle der **Zerstörung** 160
der betroffenen Immobilie geschehen soll. Denn grundsätzlich erlischt das Wohnungsrecht mit Zerstörung des Gebäudes.[266] Der Immobilieneigentümer ist prinzipiell nicht zum **Wiederaufbau** verpflichtet.[267] Ist dem Erblasser also daran gelegen, eine dauerhafte Wohnmöglichkeit für den Vermächtnisnehmer sicherzustellen, muss er diesbezüglich entsprechende Anordnungen treffen.

265 Vgl. hierzu BeckOK BGB/*Reischl*, § 1093 Rn 26 f.

266 BGH v. 21.11.1952 – V ZR 49/51, NJW 1953, 140; OLG Karlsruhe v. 16.5.1990 – 13 U 174/89, BWNotZ 1990, 171, 172; Staudinger/*Heinze*, § 1093 Rn 63; Krug/Daragan/Bernauer/*Bernauer*, Die Immobilie im Erbrecht, § 10 Rn 7; a.A.: Erlöschen nur bei Unmöglichkeit des Wiederaufbaus, OLG Hamm v. 14.12.2015 – 5 U 67/15, BeckRS 2016, 3145.

267 BGH v. 21.11.1952 – V ZR 49/51, NJW 1953, 140; BGH v. 10.10.1952 – V ZR 159/51, NJW 1952, 1375; BeckOK BGB/*Reischl*, § 1093 Rn 29.

Formulierungsbeispiel

Für den Fall der Zerstörung oder Unbewohnbarkeit der Wohnung hat der Wohnungsrechtsberechtigte (vermächtnisweise) Anspruch gegenüber dem Beschwerten auf Wiederaufbau bzw. Wiederherstellung des Gebäudes oder eines wenigstens gleichwertigen Gebäudes, an dem dem Berechtigten ein Wohnungsrecht des oben dargestellten Inhalts zu bestellen ist.

Für die Zeit bis zur Bezugsfertigkeit ist der Beschwerte verpflichtet, dem Berechtigten diejenigen monatlichen Geldbeträge zu zahlen, die für eine angemessene alternative Wohnmöglichkeit aufzuwenden sind (einschließlich etwaiger Maklerkosten). Dies gilt auch für die angemessenen Kosten des Umzugs in die neue Wohnung bzw. des Rückumzugs in das wohnungsrechtsbelastete Objekt bzw. das an dessen Stelle getretene Gebäude. Über die Angemessenheit entscheidet der in diesem Testament berufene Testamentsvollstrecker abschließend als Schiedsrichter.

161 Regelungsbedürftig ist auch, ob bzw. welche **Entschädigungsansprüche** dem Wohnungsrechtsinhaber gegenüber dem Eigentümer zustehen, falls er das Wohnungsrecht aufgibt, es (bspw. infolge der Zerstörung der Immobilie) verliert oder an der dauerhaften Ausübung des Wohnungsrechts (bspw. aus Gesundheitsgründen) gehindert ist. Was ohne ausdrückliche Regelungen gilt, ist in Rechtsprechung und Literatur teilweise umstritten und im Übrigen sehr stark einzelfallabhängig.[268] Klarheit besteht aber jedenfalls dahingehend, dass ein vertraglicher (und damit auch testamentarischer) Ausschluss von Entschädigungsansprüchen zulässig ist.[269]

Formulierungsbeispiel

Soweit der Wohnungsrechtsberechtigte zeitweise oder dauerhaft an der Nutzung des belasteten Objekts zu eigenen Wohnzwecken gehindert ist, stehen ihm gegenüber dem Beschwerten keinerlei Entschädigungsansprüche zu.

12. Renten- bzw. Versorgungsvermächtnis

a) Grundsätzliches

162 Vielfach liegt es dem Erblasser am Herzen, gerade auch Personen, denen er keine Immobilien zuwendet, wirtschaftlich abzusichern. Als Alternative zu den bereits angesprochenen Nutzungsrechten (Nießbrauch, Wohnungsrecht) können hier Geldleistungen zur wirtschaftlichen Absicherung in Betracht kommen (Renten, dauernde Lasten).[270] Diese haben regelmäßig eine Laufzeit bis zum Tod des

268 Vgl. BeckOK BGB/*Reischl*, § 1093 Rn 30 m.w.N.

269 BGH v. 6.2.2009 – V ZR 130/08, DNotZ 2009, 441, 443 f.; BeckOK BGB/*Reischl*, § 1093 Rn 33 m.w.N.

270 Vgl. hierzu Schmidt/*Weber-Grellet*, EStG, § 22 Rn 20 ff. bzw. 47 ff.

Berechtigten. Ihre Höhe orientiert sich typischerweise zum einen am Absicherungs- bzw. Versorgungsbedürfnis des Vermächtnisnehmers und zum anderen an der erwarteten Leistungsfähigkeit des Beschwerten. Letztere wird vielfach maßgeblich von der Ertragskraft des hinterlassenen Vermögens, bspw. vermieteter Immobilien, bestimmt.

Ein entscheidender Vorteil dieser Gestaltungsvariante besteht für den Vermächtnisnehmer darin, sich – anders als beim Nießbrauch – nicht aktiv um die Verwaltung, z.B. Vermietung der nießbrauchsbelasteten Immobilie, kümmern zu müssen. Außerdem ist sein Leistungsanspruch (rechtlich, wenn auch vielleicht nicht wirtschaftlich) von den tatsächlichen Erträgen, die der Beschwerte aus dem Nachlassvermögen erzielt, unabhängig. 163

Neben Geldzahlungen kommen als Leistungen zur Versorgung und Absicherung, auch tatsächliche Handlungen (Haushaltsführung, Pflege o.Ä.) in Betracht. Hinsichtlich der verschiedenen Formen der Geldzahlungen zu Versorgungszwecken ist, wie bereits angedeutet, zwischen sog. Leibrenten und dauernden Lasten zu unterscheiden. Im Detail gilt hierzu Folgendes: 164

b) Leibrente und dauernde Last

Der Begriff der **Leibrente** ergibt sich aus §§ 749 ff. BGB. Es handelt sich um einen einheitlichen Anspruch auf wiederkehrende Leistungen, die nach Zeitabständen, Art und Höhe gleichmäßig sind, in Geld oder vertretbaren Sachen bestehen und aufgrund eines auf Lebenszeit eines oder mehrerer Menschen begründeten Dauerschuldverhältnisses gewährt werden.[271] Das prägende Merkmal, das auch den entscheidenden Unterschied zur dauernden Last ausmacht, ist die Gleichmäßigkeit bzw. Unabänderbarkeit der vereinbarten Leistung.[272] Diese bezieht sich sowohl auf die Art und die Höhe der Leistung als auch auf die Zeitabstände, in denen die Leistung zu erbringen ist. Wertsicherungsmechanismen sind aber auch bei Leibrenten möglich.[273] 165

Gem. § 761 BGB bedarf das Leibrentenversprechen der Schriftform. Diese ist bei testamentarisch angeordneten Leibrenten unproblematisch erfüllt.[274] Leibrenten können durch Reallast (§ 1105 BGB) oder vormerkungsgesicherten Rückabwicklungsvorbehalt (§ 883 BGB) grundbuchrechtlich gesichert werden. 166

Eine andere Form der wiederkehrenden Leistung bildet die gesetzlich nicht definierte sog. **dauernde Last**. Der wesentliche Unterschied zur Leibrente besteht darin, dass dauernde Lasten sowohl was die Art und die Höhe der Leistung betrifft als auch hinsichtlich der Zeitabstände, in denen sie zu erbringen sind, 167

---

271 Vgl. Schmidt/*Weber-Grellet*, EStG, § 22 Rn 20.
272 Schmidt/*Weber-Grellet*, EStG, § 22 Rn 23.
273 Schmidt/*Weber-Grellet*, EStG, § 22 Rn 25 m.w.N.
274 Kössinger/Najdecki/Zintl/*R. Kössinger/Zintl*, HdB Testamentsgestaltung, § 9 Rn 77.

grundsätzlich ungleichmäßig bzw. abänderbar sind.[275] In der Praxis wird zumeist eine Abänderbarkeit der Höhe der zu erbringenden Zahlungen vereinbart,[276] oft entsprechend § 323a ZPO.[277]

c) Steuerliche Behandlung wiederkehrender Leistungen

168 In ertragsteuerlicher Hinsicht (Einkommensteuer) ist danach zu unterscheiden, ob es sich bei den laufenden Zahlungen um freiwillige oder aufgrund einer freiwillig begründeten Rechtspflicht beruhende Leistungen i.S.v. § 22 Nr. 1 S. 1 und 2 EStG handelt oder um Bezüge i.S.v. § 22 Nr. 1a EStG. Im Regelfall gehören Vermächtnisrenten in die erstgenannte Kategorie, so dass eine Einkommensteuerpflicht beim Vermächtnisnehmer ausscheidet.[278] Ein Sonderausgabenabzug auf Ebene des Beschwerten kommt nicht in Betracht.[279]

Nur wenn die an den Vermächtnisnehmer erbrachten Leistungen bei Vereinbarung im Rahmen einer vorweggenommenen Erbfolge steuerlich als sog. **Versorgungsleistungen** (i.S.v. § 22 Nr. 1a EStG) zu beurteilen wären, besteht eine Einkommensteuerpflicht beim Vermächtnisnehmer,[280] und zwar gleichgültig, ob eine Rente oder eine dauernde Last vorliegt. Das kommt im Hinblick auf Immobilien des Privatvermögens von vornherein nicht in Betracht.

169 Das auf laufende Zahlungen gerichtete Vermächtnis unterliegt mit dem Kapitalwert der Leistungen der Erbschaftsteuer. Mit ebendiesem Wert kann es auch vom Verpflichteten als Nachlassverbindlichkeit (§ 10 Abs. 5 Nr. 2 ErbStG) abgezogen werden. Die Bewertung richtet sich nach § 14 BewG (Details vgl. § 10 Rdn 26 ff.).

170 Nach § 23 ErbStG hat der Vermächtnisnehmer ein Wahlrecht, ob er die auf die laufenden Zahlungen entfallende Erbschaftsteuer sofort in voller Höhe oder in jährlichen, am Jahreswert der Leistungen orientierten Jahresbeträgen begleichen will. Im Falle der Versteuerung nach dem Jahreswert findet grundsätzlich die sog. **Aufzehrmethode** Anwendung.[281] Dabei werden die jeweiligen Jahreswerte so lange gegen einen dem Berechtigten etwa zustehenden persönlichen Freibetrag verrechnet, bis dieser aufgebraucht ist. Erst danach fällt tatsächlich eine effektive Steuerbelastung an. Alternativ hierzu kann der Steuerpflichtige auch die sog. **Kürzungsmethode** wählen, bei der der Jahreswert der Rente um einen Kür-

275 Schmidt/*Weber-Grellet*, EStG, § 22 Rn 47.

276 Kössinger/Najdecki/Zintl/*R. Kössinger/Zintl*, HdB Testamentsgestaltung, § 9 Rn 78.

277 Kössinger/Najdecki/Zintl/*R. Kössinger/Zintl*, HdB Testamentsgestaltung, § 9 Rn 78.

278 Schmidt/*Weber-Grellet*, EStG, § 22 Rn 66 unter Hinweis auf BFH v. 9.2.2010 – VIII R 35/07, BFH/NV 2010, 1793; BFH v. 16.6.2021 – X R 30/20, DStR 2022, 81; ebenso *Streck/Horst*, DStR 2011, 959, 961.

279 Schmidt/*Weber-Grellet*, EStG, § 22 Rn 66; Schmidt/*Loschelder*, EStG, § 12 Rn 36.

280 BMF-Schreiben v. 11.3.2010, ZEV 2010, 212 ff. (IV. Rentenerlass), Tz 2.

281 H E 23 ErbStH 2019; Troll/Gebel/Jülicher/Gottschalk/*Jülicher*, ErbStG, § 23 Rn 14 mit Bsp.

zungsbetrag gekürzt wird, der sich am Verhältnis des Kapitalwerts der Rente zum persönlichen Freibetrag orientiert.[282]

d) Gestaltungshinweise

Bei der Gestaltung von **Versorgungsvermächtnissen** ist zunächst größter Wert auf die genaue Definition der geschuldeten bzw. zu beanspruchenden Leistungen zu legen. Insbesondere die Frage der Abänderbarkeit sollte unbedingt ausdrücklich geregelt werden. Soweit eine dauernde Last gewollt ist, also die Änderung insbesondere der Höhe der zu erbringenden Leistungen angeordnet werden soll, ist daran zu denken, die Rechte der Beteiligten, eine Abänderung zu verlangen, von vornherein zu beschränken. So ist es zumeist sachgerecht, den sich aus einer künftig eintretenden Pflegebedürftigkeit des Vermächtnisnehmers ergebenden finanziellen Mehrbedarf nicht als Rechtfertigung für ein Abänderungsverlangen zuzulassen. Dies dient zum einen dem Schutz des Beschwerten, wirkt sich jedoch in vielen Fällen auch nicht zum Nachteil des Anspruchsberechtigten aus. Denn oftmals genügt die Leistungsfähigkeit des Verpflichteten ohnehin nicht, um eine Inanspruchnahme von Sozialhilfe vollständig zu vermeiden. Die Qualität der Versorgung des Vermächtnisnehmers kann also auch bei zusätzlichen Leistungspflichten des Beschwerten nicht verbessert werden. 171

Formulierungsbeispiel

Rente:

Dem Vermächtnisnehmer steht eine Rente in Höhe von monatlich (...) EUR, zahlbar jeweils zum Monatsanfang auf ein von dem Vermächtnisnehmer rechtzeitig bekanntzugebendes Bankkonto, zu. Der genannte Geldbetrag ist inflationsgesichert und entsprechend der Veränderung des Verbraucherpreisindexes für Deutschland anzupassen. Ausgangsgröße ist der Verbraucherpreisindex für den Monat meines Todes; eine Anpassung kann nur verlangt werden, wenn seitdem bzw. seit der letzten Änderung eine Veränderung um mehr als 5 Prozentpunkte gegenüber dem ursprünglichen Stand bzw. dem Stand bei der letzten Änderung eingetreten ist.

Dauernde Last:

Dem Vermächtnisnehmer steht eine dauernde Last in Höhe von monatlich (...) EUR, zahlbar jeweils zum Monatsanfang auf ein von dem Vermächtnisnehmer rechtzeitig bekanntzugebendes Bankkonto, zu.

Ändern sich die Leistungsfähigkeit des Beschwerten und/oder der Umfang des Versorgungsbedürfnisses des Vermächtnisnehmers, so kann eine Anpassung des vorgenannten Geldbetrags verlangt werden. Insoweit bestimme ich

282 Vgl. H E 23 ErbStH 2019; Troll/Gebel/Jülicher/Gottschalk/*Jülicher*, ErbStG, § 23 Rn 16 mit Bsp.

aber, dass ein Mehrbedarf des Vermächtnisnehmers, der sich aus seiner Pflegebedürftigkeit in einem über den Pflegegrad 2 hinausgehenden Umfang ergibt, kein Anpassungsverlangen rechtfertigen soll. Außerdem ist eine Reduzierung der monatlichen Zahlungen unter einen Betrag von (...) EUR ausdrücklich ausgeschlossen. Der vorgenannte Betrag soll wertgesichert sein (...).

IV. (Weitere) typische Vermächtnisanordnungen im Zusammenhang mit Immobilien

1. Verwaltungsrechtsvermächtnis

172 Wird der Erblasser von einer Erbengemeinschaft beerbt, kommt als Alternative zur Testamentsvollstreckungsanordnung auch ein **Verwaltungsrechtsvermächtnis** zugunsten eines bzw. einzelner Miterben in Betracht, kraft dessen diese die Verwaltung des Nachlasses oder zum Nachlass gehörender Immobilien auch ohne (ständige) Mitwirkung der übrigen Miterben und im Zweifel auch gegen deren Willen erledigen können. Allerdings besteht aufgrund der bloßen Vermächtnisanordnung lediglich ein Anspruch des Vermächtnisnehmers auf Zustimmung bzw. Mitwirkung der übrigen Miterben. Etwa anstehende Maßnahmen allein umsetzen kann er im Zweifel nicht. Diesem Mangel kann aber durch eine entsprechende Bevollmächtigung durch die übrigen Erben abgeholfen werden.

Formulierungsbeispiel

Im Wege des Vorausvermächtnisses räume ich meinem jüngsten Sohn das Recht ein, die zu meinem Nachlass gehörenden Immobilien zu verwalten und alle in diesem Zusammenhang anfallenden Rechtsgeschäfte sowie tatsächlichen Handlungen im Namen der Erbengemeinschaft vorzunehmen.

Der Vermächtnisnehmer ist auch berechtigt, im Namen der Erbengemeinschaft über einzelne Immobilien zu verfügen und einen etwa erzielten Verkaufserlös in die Anschaffung anderen Grundbesitzes zu investieren. Ebenfalls ist er berechtigt, an zum Nachlass gehörendem Grundbesitz Grundpfandrechte zu bestellen und die durch diese Grundpfandrechte abzusichernden Verbindlichkeiten einzugehen.

Dieses Vermächtnis gewährt meinem jüngsten Sohn auch einen Anspruch gegen die übrigen Miterben auf Erteilung einer entsprechenden Vollmacht zu seinen Gunsten, die nur aus wichtigem Grund widerrufen werden darf.

2. Vorkaufsrechtsvermächtnis

173 Wenn es dem Erblasser darauf ankommt, eine bestimmte Immobilie dauerhaft für seine Familie zu erhalten, er aber keinen der Nachlassbeteiligten wirtschaftlich begünstigen möchte oder ihm eigentlich (jedenfalls vorläufig) eine gemeinsame

Verwaltung des Objekts durch seine Erben vorschwebt, kann sich die Anordnung eines **Vorkaufsrechtsvermächtnisses** anbieten.[283]

Durch das Vorkaufsrecht erlangt der Vorkaufsberechtigte einen Anspruch darauf, dass ihm der dem Vorkaufsrecht unterliegende Gegenstand zu denselben Bedingungen verkauft wird, zu denen ihn der Verpflichtete rechtswirksam an einen Dritten verkauft hat. Durch die Ausübung des Vorkaufsrechts kommt also ein Kaufvertrag zwischen dem Berechtigten und dem Verpflichteten zustande, und zwar zu denselben Konditionen, die der Verpflichtete mit dem Dritten vereinbart hatte.[284] 174

Vorkaufsrechte an Grundstücken und grundstücksgleichen Rechten können entweder schuldrechtlich (§§ 463–473 BGB) oder dinglich (§§ 1094–1104 BGB) ausgestaltet werden.[285] 175

Formulierungsbeispiel

Im Wege des Vermächtnisses wende ich meinem Sohn ein dingliches Vorkaufsrecht für den ersten Verkaufsfall an dem Grundstück (...), das durch den Erbfall auf meinen Alleinerben, den überlebenden Ehegatten, übergegangen ist, zu. Zu Ersatzvermächtnisnehmern berufe ich die Abkömmlinge meines Sohnes, unter sich nach den Regelungen über die gesetzliche Erbfolge.

[Alternative:]

Für den Fall, dass die zu meinem Nachlass gehörende Immobilie (...) an einen nicht von mir abstammenden Erwerber verkauft wird, steht meinen Abkömmlingen ein Vorkaufsrecht nach folgender Maßgabe zu: Vorkaufsberechtigte sind meine Kinder, ersatzweise deren Abkömmlinge, jeweils als Gesamtberechtigte. Im Innenverhältnis unter den Vorkaufsberechtigten steht das Vorkaufsrecht insgesamt zunächst dem ältesten Abkömmling zu; soweit dieser von dem Vorkaufsrecht keinen Gebrauch macht, dem nächst jüngeren und so fort.

Mit dem Vorkaufsrecht beschwert ist derjenige, der die Immobilie (...) aus meinem Nachlass als Erbe oder Vermächtnisnehmer erwirbt bzw. erworben hat.

3. Ankaufsrechtsvermächtnis

Das Vorkaufsrecht ist nur anwendbar, wenn tatsächlich eine Verkaufstransaktion ansteht. Geht es dem Erblasser hingegen darum, auch andere Arten von Verfügungen zugunsten von Personen, die ihm nicht genehm erscheinen, verhindern zu können, kommt diesbezüglich die Anordnung eines **Ankaufsrechtsver-** 176

283 Roglmeier/Sikora/Krug/*Roglmeier/Krug*, Anwaltformulare Testamente, § 16 Rn 226 ff.
284 Roglmeier/Sikora/Krug/*Roglmeier/Krug*, Anwaltformulare Testamente, § 16 Rn 227.
285 Roglmeier/Sikora/Krug/*Roglmeier/Krug*, Anwaltformulare Testamente, § 16 Rn 231.

mächtnisses in Betracht.[286] So kann der Erblasser bspw. verhindern, dass eines seiner Kinder, dem er eine bestimmte Immobilie von Todes wegen zugewendet hat, diese an das Schwiegerkind oder einen nichtehelichen Lebenspartner unentgeltlich überträgt.

Formulierungsbeispiel

Für den Fall, dass einer meiner Erben oder Vermächtnisnehmer über von mir stammenden und von Todes wegen erworbenen Grundbesitz entgeltlich oder unentgeltlich zugunsten von Personen, die nicht von mir abstammen, verfügen sollte, steht allen meinen Abkömmlingen (außer dem Beschwerten) als Gesamtberechtigten (§ 428 BGB) ein Ankaufsrecht betreffend diesen Grundbesitz zu.

Der Ankaufspreis entspricht dem Verkehrswert des Grundbesitzes im Übertragungszeitpunkt abzüglich eines Abschlags in Höhe von (...) %. Der Ankaufspreis ist innerhalb von (...) Wochen nach der notariellen Beurkundung des Ankaufsvertrags zur Zahlung fällig und bis dahin zinslos gestundet. Der Beschwerte hat in dem Ankaufsvertrag keinerlei Garantien oder Gewährleistungen zu übernehmen, abgesehen von der Garantie, dass er der Eigentümer ist. Der Beschwerte ist im Übrigen verpflichtet, dem bzw. den Ankaufsberechtigten lastenfreies Eigentum zu verschaffen, soweit nicht etwaige dingliche Belastungen bereits zum Zeitpunkt meines Erbfalls bestanden haben.

Zur Sicherung der Ankaufsrechte sind bei den zu meinem Nachlass gehörenden Grundstücken entsprechende Vormerkungen einzutragen. Die Kosten hierfür trägt der Nachlass.

E. Auflagen

I. Allgemeines

177 Mithilfe von erbrechtlichen Auflagen hat der Erblasser die Möglichkeit, Nachlassbeteiligte zu einer Leistung zu verpflichten, ohne gleichzeitig einem anderen einen eigenen, in seinem Interesse liegenden Leistungsanspruch zuzuwenden (§ 1940 BGB).[287] Kern der Auflage ist also die Verpflichtung des Beschwerten ohne die Begünstigung eines anderen.[288] Dessen ungeachtet sind aber auch Auflagen möglich, die Zuwendungen beinhalten.[289]

286 Roglmeier/Sikora/Krug/*Roglmeier/Krug*, Anwaltformulare Testamente, § 16 Rn 248 f.
287 Kössinger/Najdecki/Zintl/*R. Kössinger/Zintl*, HdB Testamentsgestaltung, § 9 Rn 103.
288 Kössinger/Najdecki/Zintl/*R. Kössinger/Zintl*, HdB Testamentsgestaltung, § 9 Rn 103; Roglmeier/Sikora/Krug/*Suiver*, Anwaltformulare Testamente, § 17 Rn 3.
289 *Vorwerk*, ZEV 1998, 297.

Da die Auflage auch einen bestimmten Zweck verfolgen kann, ohne jemanden direkt zu begünstigen, bildet sie die „Zufluchtsstätte“[290] für alle Leistungen, die nicht als Vermächtnisse ausgestaltet werden können, z.B. solche, die (lediglich) auf ein bestimmtes Verhalten des Beschwerten (Veräußerungsverbot, Verpflichtung zur Bebauung eines Grundstücks etc.) abzielen. Ein messbarer Vermögenswert muss der Auflage nicht zukommen.[291] Der Erblasser kann die Bestimmung des genauen Inhalts von Auflagen auch ohne weiteres einem Dritten überlassen; ein Verstoß gegen § 2065 Abs. 2 BGB liegt hierin – im Rahmen von § 2154 Abs. 1 i.V.m. § 2192 BGB (Wahlauflage) bzw. § 2156 i.V.m. § 2192 BGB (Zweckauflage) – nicht.[292] 178

Mit einer Auflage kann nur ein Erbe oder Vermächtnisnehmer beschwert werden,[293] wobei im Zweifel der Erbe gem. §§ 2147, 2192 BGB als beschwert anzusehen ist.[294] Mehrere Erben gelten im Zweifel im Verhältnis ihrer Erbteile als beschwert. Bei Wegfall des zunächst Beschwerten ist nach § 2161 BGB derjenige beschwert, dem der Wegfall des zunächst Beschwerten unmittelbar zugutekommt. 179

Auch die Auflage fällt grundsätzlich gem. § 2176 BGB mit dem Erbfall an. Der durch eine Auflage Begünstigte kann nicht (wie beim Vermächtnis) seinerseits wieder mit einer Auflage beschwert werden.[295] Eine solche Beschwerung kann jedoch als Bedingung für die Auflage zu seinen Gunsten angeordnet werden. Der Wegfall der Auflage führt in der Regel nicht zum Wegfall der beschwerten Verfügung, sofern nicht ein anderweitiger (auch mutmaßlicher) Wille des Erblassers erkennbar ist, dem dann durch Auslegung zur Geltung verholfen werden kann. 180

Vollziehungsberechtigt ist gem. § 2194 BGB der Erbe gegenüber dem beschwerten Vermächtnisnehmer, der Miterbe[296] gegenüber den beschwerten Miterben und im Übrigen jeder, dem der Wegfall des Beschwerten unmittelbar zustattenkommen würde. Vollziehungsberechtigt ist auch der Testamentsvollstrecker.[297] 181

---

290 Vgl. zu Zuwendungen an nicht rechtsfähige Empfänger Roglmeier/Sikora/Krug/*Suiver*, Anwaltformulare Testamente, § 17 Rn 48 ff.

291 *Muscheler*, Erbrecht, § 39 Rn 2657.

292 Kössinger/Najdecki/Zintl/*R. Kössinger/Zintl*, HdB Testamentsgestaltung, § 9 Rn 111; Roglmeier/Sikora/Krug/*Suiver*, Anwaltformulare Testamente, § 17 Rn 21.

293 Roglmeier/Sikora/Krug/*Suiver*, Anwaltformulare Testamente, § 17 Rn 17.

294 Kössinger/Najdecki/Zintl/*R. Kössinger/Zintl*, HdB Testamentsgestaltung, § 9 Rn 116.

295 Kössinger/Najdecki/Zintl/*R. Kössinger/Zintl*, HdB Testamentsgestaltung, § 9 Rn 116.

296 Nach OLG Karlsruhe v. 7.5.2004 – 14 U 103/02, ZEV 2004, 331 (m. Anm. *J. Mayer*) kann ein Erbe auch dann die Vollziehung einer Auflage verlangen, wenn er selbst durch die Auflage begünstigt wird.

297 Kössinger/Najdecki/Zintl/*R. Kössinger/Zintl*, HdB Testamentsgestaltung, § 9 Rn 119; Roglmeier/Sikora/Krug/*Suiver*, Anwaltformulare Testamente, § 17 Rn 12.

Nach h.M. kann aber der Auflagenbegünstigte nicht vollziehungsberechtigt sein.[298]

Grundsätzlich steht die Ausübung des Vollziehungsrechts im Ermessen des jeweiligen Vollziehungsberechtigten.[299] Eine Verpflichtung zur Durchsetzung der Auflage besteht im Regelfall nicht.[300]

182 Wirkungsvoller als die Überwachung durch einen Testamentsvollstrecker kann daher in vielen Fällen die Anordnung einer Sanktion bei Nichterfüllung der Auflage sein. Der Erblasser kann z.B. die Erbeinsetzung unter der (auflösenden) Bedingung anordnen, dass die Auflage erfüllt wird. Dies sollte aber nur dann getan werden, wenn hinreichend Ersatzerben vorhanden sind, denn es ist in der Regel nicht gewollt, dass ansonsten das Vermögen entfernten Verwandten oder dem Staat zufällt.

II. Typische Auflagenanordnungen

1. Übernahmepflicht

183 Durch Auflagen kann der Erblasser bspw. anordnen, dass einer von mehreren Miterben einen bestimmten Nachlassgegenstand, bspw. ein Grundstück, zu übernehmen hat. In diesem Zusammenhang ist genau festzulegen, mit welchem Wert dieses auf den Erbteil anzurechnen ist. Auf diese Weise können auch (einfache) Teilungsanordnungen hinsichtlich ihrer rechtlichen und tatsächlichen Verbindlichkeit verstärkt werden. Dies gilt insbesondere dann, wenn ein Vollziehungsberechtigter bestimmt wird, der verhindern kann, dass sich die Erben einvernehmlich über die Erblasseranordnungen hinwegsetzen.[301]

Formulierungsbeispiel

Im Wege der Auflage verpflichte ich den Miterben (…), die zum Nachlass gehörende Immobilie (…) im Rahmen der Erbauseinandersetzung zu übernehmen und sich deren Verkehrswert auf seinen Erbteil bzw. das ihm zustehende Auseinandersetzungsguthaben anrechnen zu lassen. Des Weiteren beschwere ich ihn mit der Auflage, den Nachlass (ebenfalls unter Anrechnung auf seinen Erbteil bzw. sein Auseinandersetzungsguthaben) von sämtlichen im Zusammenhang mit dieser Immobilie stehenden Verbindlichkeiten freizustellen.

---

298 Roglmeier/Sikora/Krug/*Suiver*, Anwaltformulare Testamente, § 17 Rn 14 m.w.N.

299 MüKo-BGB/*Rudy*, § 2194 Rn 7.

300 Ausnahme: der Testamentsvollstrecker ist von Amts wegen zur Geltendmachung verpflichtet, Kössinger/Najdecki/Zintl/*R. Kössinger/Zintl*, HdB Testamentsgestaltung, § 9 Rn 124.

301 Vgl. Kössinger/Najdecki/Zintl/*R. Kössinger/Zintl*, HdB Testamentsgestaltung, § 15 Rn 246.

2. Veräußerungsverbot

Hat der Erblasser – aus welchen Gründen auch immer – den Wunsch, eine bestimmte Immobilie dauerhaft für seine Familie zu erhalten, damit diese auch an nachfolgende Generationen weitergegeben werden kann, lässt sich dies ebenfalls im Rahmen einer Auflage regeln. Die hiermit verbundenen Eingriffe in die Dispositionsmöglichkeiten der Erben sind deutlich geringer als im Falle der sonst in Betracht kommenden Anordnung einer Nacherbschaft. 184

Formulierungsbeispiel

Im Wege der Auflage verpflichte ich meine Erben, und zwar jeden einzelnen von ihnen, die Immobilie (...) nicht an nicht von mir bzw. von meinen Eltern abstammende Personen zu veräußern. Die Erbauseinandersetzung schließe ich im Hinblick auf die Immobilie (...) **nicht** aus.

Ich ordne Testamentsvollstreckung an und bestimme den Testamentsvollstrecker zum Vollziehungsberechtigten. Für den Fall des Verstoßes gegen diese Auflage ordne ich an, dass meine Erben bzw. derjenige von ihnen, der gegen die Auflage verstößt, den erzielten Kaufpreis sowie zusätzlich einen Geldbetrag in Höhe von (...) EUR an (...) *[z.B. eine gemeinnützige Organisation]* zu spenden hat. Der Testamentsvollstrecker hat dafür Sorge zu tragen.

3. Auflagen betreffend Miet- und Nutzungsverhältnisse

Mitunter liegen dem Erblasser nicht nur seine Angehörigen bzw. die Person, die er testamentarisch begünstigen möchte, am Herzen, sondern auch andere langjährige Wegbegleiter, bspw. Mieter. Ähnlich kann sich die Situation darstellen, wenn eine betrieblich genutzte Immobilie im Rahmen einer vorweggenommenen Erbfolge in das Privatvermögen des Erblassers überführt wurde, aber dem Unternehmensnachfolger (oder der nun im Wesentlichen diesem gehörenden Gesellschaft) zur Nutzung überlassen ist und die Fortsetzung dieses Nutzungsüberlassungsverhältnisses abgesichert werden soll. 185

Formulierungsbeispiel

Im Wege der Auflage verpflichte ich meine Erben bzw. denjenigen Nachlassbeteiligten, der im Rahmen der Nachlassabwicklung und/oder aufgrund meiner testamentarischen Anordnungen Eigentümer der Immobilie (...) wird, das bestehende Mietverhältnis mit dem Mieter (...) nicht/vor Ablauf von (...) Jahren nach dem Erbfall zu kündigen, es sei denn, es läge ein wichtiger Grund vor.

III. Auflage als Alternative zum Vermächtnis

186 Soll durch eine Auflage einem Miterben oder einem Dritten ein Vermögensvorteil zugewandt werden, kann Gegenstand dieser Auflage, wie bei der Anordnung von Vermächtnissen, jede Art von Vermögen sein. Daher können durch Auflage einer natürlichen oder juristischen Person auch Geld oder Sachleistungen zugewandt werden.[302]

187 Dies kann bspw. dann sinnvoll sein, wenn der Erblasser vermeiden möchte, dass in der Hand des Begünstigten ein Anspruch entsteht, der einem Gläubigerzugriff ausgesetzt sein könnte. Insoweit ist darauf zu achten, dass die Frage, ob auch ein Begünstigter als Vollziehungsberechtigter benannt werden kann, teilweise umstritten ist.[303] Um der Annahme einer Vermächtnisanordnung vorzubeugen, sollten derartige Gestaltungen daher vermieden werden. Besser ist daher sicherlich die Bestimmung eines (dritten) Testamentsvollstreckers zum Vollziehungsberechtigten.

Formulierungsbeispiel

Ich beschwere hiermit den Miterben (...) mit der Auflage, die ihm zustehenden Mietzinseinnahmen aus der Vermietung der im Nachlass befindlichen Eigentumswohnung in (...), (...)-Str., eingetragen im Grundbuch von (...), Blatt (...), Fl.Nr. (...), monatlich zur Hälfte an seine Schwester (...), geb. am (...), abzuführen. Der Betrag ist auf das Konto (...) bei der (...)-Bank zu überweisen. Die Auflage entfällt, wenn der mit der Auflage belastete Miterbe die Wohnung selbst bewohnt oder daraus keine Mieteinnahmen erzielt. Ich ordne Testamentsvollstreckung an und ernenne (...) zum Testamentsvollstrecker mit der Aufgabe, die Erfüllung der Auflage zu überwachen, ggf. zu erzwingen.

F. Weitere Einzelregelungen – Sonderprobleme

I. Testamentsvollstreckungsanordnungen

1. Grundsätzliches

188 Die Anordnung einer Testamentsvollstreckung bietet dem Erblasser die Möglichkeit, noch über den Zeitpunkt seines Todes hinaus Einfluss auf das von ihm stammende Nachlassvermögen zu nehmen und eine Person seines Vertrauens, den Testamentsvollstrecker, mit der Umsetzung seiner Vorstellungen zu beauftragen. Bezüglich der inhaltlichen Ausgestaltung der Testamentsvollstreckung enthält das Gesetz verschiedene Vorgaben, die aber größtenteils durch testamentari-

302 MüKo-BGB/*Leipold*, § 1940 Rn 6.

303 Vgl. Kössinger/Najdecki/Zintl/*R. Kössinger/Zintl*, HdB Testamentsgestaltung, § 9 Rn 121 m.w.N.

sche Anordnungen nach den Vorstellungen des Erblassers modifiziert werden können.[304]

Eines der wesentlichen Charakteristika der Testamentsvollstreckung besteht darin, dass der im Wege der Gesamtrechtsnachfolge (§ 1922 BGB) auf den bzw. die Erben (zu deren Eigentum) übergehende Nachlass, sofern er einer Testamentsvollstreckung unterliegt, eine Art Sondervermögen bildet, das getrennt vom Eigenvermögen der Erben zu verwalten ist. Dies bewirkt nach § 2214 BGB, dass Eigengläubiger des Erben keinen Zugriff auf die durch den Testamentsvollstrecker verwalteten Nachlassbestandteile nehmen können.[305] 189

Gem. § 2205 S. 1 BGB verwaltet der Testamentsvollstrecker den der Testamentsvollstreckung unterliegenden Nachlass. Dies umfasst auch das Recht, den Nachlass sowie alle zu ihm gehörenden Gegenstände in Besitz zu nehmen. Der Testamentsvollstrecker hat nach § 2205 S. 2 BGB das alleinige Verfügungsrecht über diese Gegenstände. 190

Im Hinblick auf zum Nachlass gehörenden Grundbesitz spiegeln sich das Besitzrecht sowie die Verfügungsbefugnis des Testamentsvollstreckers auch im Grundbuch wider. Gem. § 52 GBO ist das Bestehen einer Testamentsvollstreckung (anlässlich dessen Berichtigung und Eintragung der Erben) von Amts wegen im Grundbuch zu vermerken.[306] Als Eigentümer des Grundstücks ist aber der Erbe bzw. die Erbengemeinschaft einzutragen,[307] dessen bzw. deren Verfügungsmöglichkeit nach § 2211 Abs. 1 BGB ausgeschlossen ist. Der gutgläubige Erwerb des Grundstücks vom Erben ist durch die Eintragung des **Testamentsvollstreckervermerks** ausgeschlossen.[308] 191

Verfügungsbefugt ist ausschließlich der Testamentsvollstrecker. Dies gilt unabhängig von der Eintragung des Testamentsvollstreckervermerks im Grundbuch. Fehlt dieser, muss der Testamentsvollstrecker seine Verfügungsbefugnis gem. § 35 Abs. 2 Hs. 2, Abs. 1 GBO gesondert nachweisen (§ 40 Abs. 2 GBO).[309] Dies kann unschwer durch die Vorlage eines Testamentsvollstreckerzeugnisses geschehen oder alternativ durch Vorlage eines notariellen Testaments bzw. Erbvertrags, aus dem sich die Benennung als Testamentsvollstrecker mit dem entsprechenden Aufgabenkreis ergibt, nebst einer Eröffnungsniederschrift (§ 35 Abs. 2 Hs. 2, Abs. 1 S. 2 GBO) sowie eines Nachweises der Amtsannahme (§ 2202 BGB).[310] 192

304 Kössinger/Najdecki/Zintl/*R. Kössinger/Zintl*, HdB Testamentsgestaltung, § 15 Rn 3.

305 Kössinger/Najdecki/Zintl/*R. Kössinger/Zintl*, HdB Testamentsgestaltung, § 15 Rn 86.

306 Es sei denn, das betroffene Grundstück unterliegt ausnahmsweise nicht der Testamentsvollstreckung, KG v. 1.12.1955 – 1 W 3116/55, DNotZ 1956, 195.

307 BayObLG v. 25.10.1995 – 2Z BR 114/95, DNotZ 1996, 99.

308 Kössinger/Najdecki/Zintl/*R. Kössinger/Zintl*, HdB Testamentsgestaltung, § 15 Rn 104.

309 Kössinger/Najdecki/Zintl/*R. Kössinger/Zintl*, HdB Testamentsgestaltung, § 15 Rn 104.

310 Kössinger/Najdecki/Zintl/*R. Kössinger/Zintl*, HdB Testamentsgestaltung, § 15 Rn 107.

193 Nach Veräußerung eines Nachlassgrundstücks an einen Dritten oder auch an einen Erben ist der Testamentsvollstreckervermerk von Amts wegen zu löschen (§ 53 GBO). Dasselbe gilt, wenn der Testamentsvollstrecker ein Nachlassgrundstück aus seiner Verwaltung entlässt (freigibt, § 2217 BGB). In diesem Fall bedarf die Freigabeerklärung der Form des § 29 GBO.[311]

194 Auch wenn, wie erwähnt, im Außenverhältnis alleine der Testamentsvollstrecker über Nachlassgegenstände verfügen kann, trifft ihn im Innenverhältnis zum Erben das zwingende Gebot der ordnungsgemäßen Verwaltung (§§ 2216 Abs. 1, 2219, 2220 BGB). Zu unentgeltlichen Verfügungen ist er (mit Ausnahme sog. Anstandsschenkungen) nicht berechtigt (§ 2205 S. 3 BGB). Was als ordnungsgemäß im Sinne des Gesetzes anzusehen ist, richtet sich ausschließlich nach objektiven Kriterien,[312] nicht nach der persönlichen Einschätzung der Erben. Der Testamentsvollstrecker hat dabei sein eigenes Ermessen auszuüben[313] und im Übrigen die Anordnungen des Erblassers zu befolgen (§ 2216 Abs. 2 S. 1 BGB).[314] Diese muss er im Bedarfsfall auch gegen den Willen der Erben durchsetzen.[315]

195 Der Erblasser kann die Verfügungsmöglichkeiten des Testamentsvollstreckers nach § 2208 Abs. 1 S. 1 BGB einschränken. Ebenso kann er die Handlungsmöglichkeiten des Testamentsvollstreckers erweitern, bspw. dadurch, dass er ihn von den Beschränkungen des § 181 BGB[316] befreit oder ihm eine erweiterte Verpflichtungsbefugnis einräumt.

196 Im Rahmen der ordnungsgemäßen Verwaltung ist der Testamentsvollstrecker auch befugt, Verbindlichkeiten für den Nachlass einzugehen. Dies gilt allerdings nach § 2206 Abs. 1 S. 1 BGB nur für solche Verpflichtungen, deren Eingehung zur ordnungsgemäßen Verwaltung erforderlich ist. Insoweit hat der Testamentsvollstrecker auch einen Anspruch gegenüber den Erben, in die Begründung dieser Verbindlichkeiten einzuwilligen (§ 2206 Abs. 2 BGB). Eine Befugnis, die Erben auch mit ihrem Eigenvermögen zu verpflichten, hat der Testamentsvollstrecker allerdings nicht.[317]

197 Wie bereits angesprochen, kann der Erblasser dem Testamentsvollstrecker nach § 2207 S. 1 BGB eine erweiterte Verpflichtungsbefugnis einräumen. Er ist dann berechtigt, auch Verbindlichkeiten für den Nachlass einzugehen, die für eine

---

311 Vgl. *Schöner/Stöber*, Grundbuchrecht, Rn 3473; OLG Hamm v. 19.12.1972 – 15 W 286/72, DNotZ 1973, 428.

312 BGH v. 2.10.1957 – IV ZR 217/57, BGHZ 25, 275, 280.

313 Maßnahmen, die einer wirtschaftlichen Verwaltung zuwiderlaufen, darf er aber nicht treffen, vgl. BGH v. 3.12.1986 – IVa ZR 90/85, NJW 1987, 1070.

314 Kössinger/Najdecki/Zintl/*R. Kössinger/Zintl*, HdB Testamentsgestaltung, § 15 Rn 43.

315 BGH v. 3.12.1986 – IVa ZR 90/85, NJW 1987, 1070, 1071; *Klumpp*, ZEV 1994, 65, 68 ff.

316 Der nach h.M. grundsätzlich entsprechend anwendbar ist, BGH v. 29.4.1959 – V ZR 11/58, NJW 1959, 1429; BGH v. 12.6.1989 – II ZR 246/88, FamRZ 1989, 963, 964.

317 Kössinger/Najdecki/Zintl/*R. Kössinger/Zintl*, HdB Testamentsgestaltung, § 15 Rn 49.

ordnungsgemäße Verwaltung nicht (zwingend) erforderlich sind. An der Verpflichtung zur ordnungsgemäßen Verwaltung ändert diese Befreiung allerdings prinzipiell nichts, auch wenn hinsichtlich der Bindung der Ermessensentscheidungen hierdurch ein größerer Spielraum bestehen kann.[318]

Den genauen Umfang der Testamentsvollstreckung sowie die einzelnen Aufgaben, die der Testamentsvollstrecker zu erledigen hat, kann der Erblasser sehr individuell bestimmen. So kann er bspw. die Nachlassabwicklung (insgesamt oder beschränkt auf einzelne Nachlassgegenstände) dem Testamentsvollstrecker anvertrauen (§ 2203 BGB) oder ihn auch mit einer dauerhaften, über die Auseinandersetzung hinaus andauernden, Verwaltung des Nachlasses (oder bestimmter Nachlassteile) beauftragen (Dauerverwaltungsvollstreckung, § 2209 S. 1 Hs. 2 BGB). Ebenso ist es möglich, die Testamentsvollstreckung auf einzelne Erbteile bzw. bestimmte Begünstigte (bspw. minderjährige Kinder, Vorerben oder Nacherben) zu beschränken und zeitliche Grenzen vorzusehen. Die Gestaltungsmöglichkeiten sind überaus vielfältig.[319] 198

2. Auseinandersetzung durch den Testamentsvollstrecker

Grundform der Testamentsvollstreckung ist die sog. Abwicklungsvollstreckung (§§ 2203, 2204 BGB). Hierbei beschränkt sich die Aufgabe des Testamentsvollstreckers darauf, die letztwilligen Anordnungen des Erblassers (Vermächtnisse, Teilungsanordnungen, Auflagen etc.) umzusetzen (§ 2003 BGB) bzw. eine etwa bestehende Erbengemeinschaft auseinanderzusetzen (**Auseinandersetzungsvollstreckung**, § 2204 BGB). Bis zum Abschluss dieser Aufgaben hat der Testamentsvollstrecker überdies den Nachlass zu verwalten (§ 2205 S. 1 BGB).[320] Außerdem hat der Testamentsvollstrecker für die Erfüllung der Nachlassverbindlichkeiten zu sorgen.[321] 199

Formulierungsbeispiel

Ich ordne Testamentsvollstreckung in Form der Abwicklungsvollstreckung an. Demzufolge hat der Testamentsvollstrecker zunächst den Nachlass in Besitz zu nehmen und ihn bis zur Auseinandersetzung zu verwalten. Der Testamentsvollstrecker soll die in diesem Testament angeordneten letztwilligen Verfügungen umsetzen und nach Berichtigung der Nachlassverbindlichkeiten die Auseinandersetzung unter meinen Erben bewirken.

318 Vgl. Kössinger/Najdecki/Zintl/*R. Kössinger/Zintl*, HdB Testamentsgestaltung, § 15 Rn 51.

319 Vgl. z.B. Kössinger/Najdecki/Zintl/*R. Kössinger/Zintl*, HdB Testamentsgestaltung, § 15 Rn 3.

320 Bengel/Reimann/Holtz/Röhl/*Bengel*, Testamentsvollstreckung, § 1 Rn 64, 72 ff.

321 OLG Köln v. 23.1.2018 – 22 U 77/16, ZEV 2018, 425; MüKo-BGB/*Zimmermann*, § 2203 Rn 5.

200 Der Erblasser kann durch entsprechende letztwillige Anordnungen die Aufgaben des Testamentsvollstreckers klar umreißen und ihm entsprechende Vorgaben machen. Dies gilt insbesondere auch für die Art und Weise der Auseinandersetzung einer Erbengemeinschaft und den zeitlichen Rahmen, der hierbei beachtet werden soll.

Grundsätzlich hat die Auseinandersetzung entsprechend den gesetzlichen Vorgaben[322] bzw. den Erblasseranordnungen zu erfolgen. Insoweit kann der Erblasser die Details aber auch (anstatt sie selbst minutiös zu regeln) dem billigen Ermessen des Testamentsvollstreckers überlassen.[323]

Formulierungsbeispiel

Der Testamentsvollstrecker soll die Auseinandersetzung des Nachlasses nach billigem Ermessen vornehmen und in der Verteilung des Nachlassvermögens, insbesondere der zum Nachlass gehörenden Immobilien, unter den Erben frei sein.

Der Testamentsvollstrecker soll sich dabei an den von mir vorgegebenen Erbquoten orientieren. Soweit die Verteilung durch den Testamentsvollstrecker jedoch dazu führen sollte, dass einzelne Miterben mehr erhalten, als ihnen wertmäßig nach ihrer Erbquote zustehen würde, so soll der entsprechende Wertüberhang dem jeweiligen Erben als Vorausvermächtnis zugewendet sein. Ich ordne diesbezüglich Bestimmungsvermächtnisse an und benenne den Testamentsvollstrecker als Bestimmungsberechtigten.

201 Ebenso besteht Möglichkeit, die Auseinandersetzung für einen bestimmten Zeitraum auszuschließen oder dem Testamentsvollstrecker einen konkreten Zeitrahmen vorzugeben. Denn rein von Gesetzes wegen ist der Testamentsvollstrecker verpflichtet, die Auseinandersetzung „alsbald" zu bewirken.[324]

Formulierungsbeispiel

Der Testamentsvollstrecker soll die Auseinandersetzung der Erbengemeinschaft binnen eines Zeitraums von zwei Jahren nach dem Erbfall vornehmen. Die Erben beschwere ich mit der Auflage, die Auseinandersetzung nicht zu einem früheren Zeitpunkt zu verlangen.

202 Die Abwicklungsvollstreckung kann auch darauf beschränkt sein, einzelne Anordnungen des Erblassers, bspw. Vermächtnisse, zu erfüllen.

---

322 Kössinger/Najdecki/Zintl/*R. Kössinger/Zintl*, HdB Testamentsgestaltung, § 15 Rn 7.

323 *Natter*, JZ 1959, 151, 153.

324 MüKo-BGB/*Zimmermann*, § 2204 Rn 3.

Formulierungsbeispiel

Die einzige Aufgabe des Testamentsvollstreckers besteht darin, das Vermächtnis im Hinblick auf den Grundbesitz (...) zu erfüllen und dem Vermächtnisnehmer das Eigentum hieran zu verschaffen.

Soweit der Erblasser prinzipiell davon ausgeht, dass seine Erben die Nachlassabwicklung ohne Streit und einvernehmlich nach seinen Vorstellungen umsetzen können und auch werden, besteht für die Anordnung einer Testamentsvollstreckung eigentlich kein Anlass. Dessen ungeachtet kann eine Enttäuschung der vom Erblasser an seine Rechtsnachfolger gestellten Erwartungen mitunter deshalb drohen, weil diese sich über Detail- und insbesondere Bewertungsfragen nicht ohne weiteres einig werden können. Für diese Situation kann es sich anbieten, einen Testamentsvollstrecker mit der alleinigen Aufgabe der Wahrnehmung einer **Schiedsrichterfunktion** zu bestimmen. 203

Formulierungsbeispiel

Ich ordne Testamentsvollstreckung an. Die Aufgabe des Testamentsvollstreckers besteht darin, im Falle von Streitigkeiten zwischen meinen Erben oder zwischen meinen Erben und weiteren Nachlassbeteiligten, insbesondere Vermächtnisnehmern, als Schiedsrichter zu fungieren. Meine Erben sowie die Vermächtnisnehmer beschwere ich jeweils mit der Auflage, im Falle von Streitigkeiten den Testamentsvollstrecker anzurufen, seine Entscheidungen zu respektieren und diese umzusetzen.

Soweit Ursache der Meinungsverschiedenheiten zwischen den Nachlassbeteiligten Bewertungsfragen sind, soll der Testamentsvollstrecker auch diese entscheiden oder, soweit er sich hierzu nicht in der Lage sieht, auf Kosten des Nachlasses einen qualifizierten Sachverständigen beauftragen und dessen Feststellungen als für die Nachlassbeteiligten verbindlich erklären.

3. Dauerhafte Verwaltung durch den Testamentsvollstrecker

Wie bereits angesprochen, hat der Testamentsvollstrecker in jedem Fall den seiner Verwaltung unterliegenden Nachlass bis zur Auseinandersetzung zu verwalten. Im Falle der Abwicklungstestamentsvollstreckung endet die Verwaltung durch den Testamentsvollstrecker aber spätestens mit dem Abschluss der Auseinandersetzung. 204

Gem. § 2209 BGB kann der Erblasser dem Testamentsvollstrecker auch die (dauerhafte) Verwaltung des Nachlasses übertragen.[325] Die **Dauertestamentsvollstreckung** hat nach § 2210 S. 1 BGB grundsätzlich eine maximale Dauer von 30 Jahren. Sie kann aber auch auf die Lebensdauer des betroffenen Erben[326] oder 205

325 Kössinger/Najdecki/Zintl/*R. Kössinger/Zintl*, HdB Testamentsgestaltung, § 15 Rn 10.
326 OLG Zweibrücken v. 29.12.1981 – 3 W 102/81, Rpfleger 1982, 106.

des Testamentsvollstreckers angeordnet werden oder durch ein anderes Ereignis zeitlich begrenzt sein (§ 2210 S. 2 BGB). Mitunter ergibt sich aus der Anordnung einer Dauertestamentsvollstreckung auch (jedenfalls mittelbar) ein Teilungsverbot i.S.v. § 2044 BGB. Es empfiehlt sich daher, die letztwillige Verfügung entsprechend klar zu gestalten.

Formulierungsbeispiel

Ich ordne Dauertestamentsvollstreckung an. Der Testamentsvollstrecker soll meinen Nachlass, insbesondere die zum Nachlass gehörenden Immobilien, dauerhaft verwalten.

Die Auseinandersetzung der Erbengemeinschaft schließe ich auf die Lebenszeit des Testamentsvollstreckers aus. Die Testamentsvollstreckung soll erst durch den Tod des Testamentsvollstreckers beendet werden. Der Testamentsvollstrecker hat aber das Recht, einzelne Nachlassgegenstände (mit Ausnahme der Immobilien) zu einem früheren Zeitpunkt freizugeben.

206 Der Erblasser kann auch eine Fortdauer der Testamentsvollstreckung über den Zeitpunkt der Auseinandersetzung durch letztwillige Verfügung anordnen.[327] Dann setzt sich die Testamentsvollstreckung an den in das Eigentum der einzelnen Nachlassbeteiligten übergegangenen Nachlassgegenständen fort. In der Regel wird der Erblasser hierbei keine umfassende Testamentsvollstreckung wünschen, sondern diese auf einzelne Nachlassbeteiligte bzw. einzelne Nachlassgegenstände beschränken wollen.

207 In Betracht kommt bspw. die Dauertestamentsvollstreckung für junge Begünstigte, bei der der Testamentsvollstrecker das ererbte bzw. vermächtnisweise erworbene Vermögen bis zum Erreichen eines bestimmten Alters des Begünstigten für diesen verwaltet.

Formulierungsbeispiel

Ich ordne Testamentsvollstreckung für junge Begünstigte an. Junge Begünstigte in diesem Sinne sind Erben bzw. Vermächtnisnehmer, die im Zeitpunkt des Erbfalls das 27. Lebensjahr noch nicht vollendet haben.

Die Testamentsvollstreckung für junge Begünstigte erstreckt sich zunächst, also bis zur Erbauseinandersetzung, auf den Erbteil des Begünstigten. Der Testamentsvollstrecker hat alle diesem zukommenden Erbenrechte, insbesondere auch gegenüber den Miterben, für den Begünstigten auszuüben.

Nach der Erbauseinandersetzung bzw. der Vermächtniserfüllung verwaltet der Testamentsvollstrecker die dem jungen Begünstigten aus meinem Nachlassvermögen zugefallenen Vermögensgegenstände, insbesondere Immobilien, bis zur Vollendung des 27. Lebensjahres des Begünstigten. Dann endet die

327 Kössinger/Najdecki/Zintl/*R. Kössinger/Zintl*, HdB Testamentsgestaltung, § 15 Rn 10.

Testamentsvollstreckung. Der Testamentsvollstrecker ist jedoch berechtigt, einzelne Nachlassgegenstände bereits zu einem früheren Zeitpunkt freizugeben, wenn er dies im Hinblick auf die persönliche Reife des Begünstigten für angemessen hält.

Möglich ist auch die Anordnung der Testamentsvollstreckung für einzelne Nach- 208
lassgegenstände, und zwar unabhängig davon, ob diese durch Vermächtnis zugewendet sind oder einem Erben im Rahmen der Erbauseinandersetzung zufallen.

Formulierungsbeispiel

Zulasten des Vermächtnisnehmers (...) ordne ich Dauertestamentsvollstreckung an. Der Testamentsvollstrecker soll die vermächtnisweise (...) zufallende Immobilie auf die Lebenszeit von (...) verwalten.

Hinsichtlich des Grundbesitzes (...) ordne ich Dauertestamentsvollstreckung an. Der in diesem Testament berufene Testamentsvollstrecker soll diesen Grundbesitz dauerhaft verwalten. Die Testamentsvollstreckung endet mit dem Tod des Testamentsvollstreckers.

Hat der Erblasser zulasten des Erwerbers eines bestimmten Gegenstands (insbe- 209
sondere eines Vermächtnisnehmers) eine Auflage oder ein (Unter-)Vermächtnis angeordnet, kann auch die Überwachung dieser Anordnungen die Aufgabe des Testamentsvollstreckers sein.[328]

Formulierungsbeispiel

Der Testamentsvollstrecker hat für die Erfüllung des dem Vermächtnisnehmer auferlegten Untervermächtnisses zu sorgen. Demgemäß hat er zugunsten meines überlebenden Ehegatten ein Wohnungsrecht an der Immobilie (...) nach Maßgabe der in diesem Testament getroffenen Anordnungen zu bestellen.

II. Anordnungen zur Aufteilung eines Grundstücks

Besonderer Regelungen bedarf es, wenn Gegenstand eines Vermächtnisses nicht 210
ein ganzes Grundstück (im grundbuchrechtlichen Sinne) sein soll, sondern lediglich ein Teil eines Grundstücks. In rein praktischer bzw. tatsächlicher Hinsicht kommt es hierbei entscheidend darauf an, die **Teilfläche**, die der Vermächtnisnehmer erhalten soll (oder/und die verbleibende Teilfläche) genau zu bezeichnen. Dies kann durch verbale Beschreibung der geographischen Gegebenheiten erfolgen; sinnvoller erscheint jedoch die Beifügung einer Flurkarte mit entsprechenden Markierungen, die zusätzlich erläutert und insbesondere auch mit Maßangaben ergänzt wird.

In rechtlicher Hinsicht kann sich zusätzlicher Regelungsbedarf ergeben, wenn 211
das Grundstück, von dem die Teilfläche abzutrennen ist, Belastungen aufweist.

328 Kössinger/Najdecki/Zintl/*R. Kössinger/Zintl*, HdB Testamentsgestaltung, § 15 Rn 15.

Ob bzw. in welchem Umfang Belastungen in Abteilung II oder III der einen oder der anderen Teilfläche oder auch beiden anhaften (müssen), ist sehr stark einzelfallabhängig. Insoweit kommt es bspw. bei Wege- oder Leitungsrechten darauf an, welchem Grundstücksteil rein tatsächlich eine dienende Funktion zukommt. Zusätzlich können sich Schwierigkeiten daraus ergeben, dass zur Löschung die Bewilligung der Berechtigten erforderlich sein kann.[329]

Formulierungsbeispiel

Im Wege des Vorausvermächtnisses vermache ich meinem Sohn die in der beigefügten Skizze gekennzeichnete Teilfläche A des mir gehörenden Grundstücks in (…), Grundbuch von (…), Blatt (…), Gemarkung (…), Flurstück (…), mit der postalischen Anschrift (…).

Die Teilfläche A wird umgrenzt von den die in der Skizze mit B, C, D, E und F gekennzeichneten Punkte verbindenden Linien. Die Gerade zwischen den Punkten B und C hat eine Länge von (…) m, die zwischen den Punkten C und D eine Länge von (…) m, die zwischen den Punkten D und E eine Länge von (…) m, die zwischen den Punkten E und F eine Länge von (…) m. Die Teilfläche A umfasst (…) qm.

Das in Abteilung II eingetragene Leitungsrecht hat der Vermächtnisnehmer zu übernehmen. Da dieses Leitungsrecht die verbleibende Grundstücksfläche nicht betrifft, sollte sie nach katasteramtlicher Fortschreibung gem. § 22 GBO zu löschen sein.

In Abteilung III sind Grundpfandrechte eingetragen, die Verbindlichkeiten sichern, welche im wirtschaftlichen Zusammenhang mit dem auf der nicht vermachten Teilfläche errichteten Einfamilienhaus stehen. Insoweit umfasst das Vorausvermächtnis auch den Anspruch gegenüber den Erben auf Freistellung von jeglicher Inanspruchnahme aus den diesen Grundpfandrechten zugrunde liegenden Verbindlichkeiten. Darüber hinaus haben die Erben binnen eines Jahres nach dem Erbfall (im Zweifel durch Schuldentilgung) dafür zu sorgen, dass die in Abteilung III eingetragenen Grundpfandrechte jedenfalls für die Teilfläche A gelöscht werden.

212 Weitere praktische Anforderungen ergeben sich dann, wenn Zugang zur und **Erschließung** der vermächtnisgegenständlichen Teilfläche (noch) nicht gesichert sind. Dies gilt insbesondere dann, wenn die Teilfläche nicht unmittelbar an einer Straße liegt. In diesem Fall muss für eine Erschließung über den restlichen Teil des zu teilenden Grundstücks gesorgt werden. Dies kann insbesondere durch eine Erweiterung des Vermächtnisanspruchs auf Einräumung von Wege- oder/ und Leitungsrechten an dem nicht vermächtnisgegenständlichen Grundstücksteil gewährleistet werden.

329 Vgl. *Terstegen*, ZErb 2013, 284, 290.

Formulierungsbeispiel

Mitvermacht ist auch ein Anspruch auf Einräumung eines Wege- und Leitungsrechts an dem nicht vermächtnisgegenständlichen Teil des Grundstücks, das sich auf die im Lageplan mit X gekennzeichnete Fläche zwischen den Punkten Y und Z mit einer Breite von (…) m und einer Länge von (…) m bezieht und den Eigentümer des vermächtnisgegenständlichen Grundstücks zum Gehen und Fahren sowie zum Verlegen von Leitungen berechtigt.

Die Verkehrssicherungspflicht sowie die Unterhaltungspflicht für die mit X gekennzeichnete Fläche tragen die Eigentümer der beiden Teilflächen zu gleichen Teilen. Die Kosten der Verlegung, Instandhaltung und Instandsetzung von Leitungen trägt jeweils derjenige, dessen Interessen die Leitung dient. Der Vermächtnisnehmer hat Anspruch auf Eintragung einer Dienstbarkeit entsprechenden Inhalts zugunsten der ihm vermachten Teilfläche und zulasten der nach Vermächtniserfüllung verbleibenden Teilfläche.

Die Kosten der Vermächtniserfüllung einschließlich der Vermessung der Teilflächen, der katasteramtlichen Fortschreibung sowie der Beurkundungs- und Grundbuchkosten (auch hinsichtlich der Grunddienstbarkeiten) trägt der Beschwerte.

Spiegelbildlich sind natürlich auch Konstellationen denkbar, in denen die Erschließung der nach Vermächtniserfüllung verbleibenden Grundstücksteile durch entsprechende Anordnungen gewährleistet werden muss. 213

Formulierungsbeispiel

Im Weg des Untervermächtnisses hat der mit dem Hauptvermächtnis Beschwerte Anspruch auf Einräumung eines Wege- und Leitungsrechts an dem vermächtnisgegenständlichen Teil des Grundstücks, das sich auf die im Lageplan mit X gekennzeichnete Fläche zwischen den Punkten Y und Z mit einer Breite von (…) m und einer Länge von (…) m bezieht und das den Eigentümer des nicht vermächtnisgegenständlichen Grundstücksteils zum Gehen und Fahren sowie zum Verlegen von Leitungen berechtigt.

III. Anordnungen zur Umwandlung von Immobilien im WEG

Mitunter scheint es dem Erblasser sinnvoll, eine Immobilie, bspw. ein Mehrfamilienhaus, in der Weise mehreren Erwerbern zuzuwenden, dass diese einzelne in der Immobilie belegene Wohnungen zu Eigentum erhalten sollen. Dies setzt die Bildung von Wohnungseigentum voraus. Angesichts des Umfangs und der Komplexität von **Teilungserklärungen** nach dem WEG bildet die Aufnahme derselben in die letztwillige Verfügung zumeist nur eine theoretische Möglichkeit. Sinnvoller erscheint es vielmehr, nur die groben Parameter testamentarisch vorzugeben und im Übrigen die Umsetzung der Teilung in die Verantwortung eines 214 (hierzu qualifizierten) Testamentsvollstreckers zu legen.[330] Diesem sollte hierzu auch ein entsprechend großer Entscheidungsspielraum eingeräumt werden, um die Details nach eigenem Ermessen zu regeln. Dies gilt jedenfalls dann, wenn es sich bei dem Testamentsvollstrecker nicht um einen der ins Auge gefassten Erwerber einer der Eigentumswohnungen handelt.

215 Die Zuwendung der zu bildenden Eigentumswohnungen an einzelne Erwerber kann durch Teilungsanordnungen oder auch durch Vermächtnisse bzw. Vorausvermächtnisse erreicht werden. Im Hinblick darauf, dass sich im Regelfall Wertdifferenzen ergeben werden und eine genau den Erbquoten entsprechende Zuweisung nicht realistisch erscheint, empfiehlt sich insofern die Anordnung von Vorausvermächtnissen.

Formulierungsbeispiel

Im Wege von Vorausvermächtnissen vermache ich meinen drei Kindern (...), (...) und (...) jeweils eine von drei noch zu bildenden Eigentumswohnungen in meinem Mehrfamilienhaus (...). Dabei soll (...) die Wohnung im Erdgeschoss, (...) die Wohnung im ersten Obergeschoss und (...) die Wohnung im Dachgeschoss erhalten.

Die Aufteilung der Immobilie in Wohnungseigentum hat der Testamentsvollstrecker umzusetzen, dem im Übrigen auch die Erfüllung der hier angeordneten Vorausvermächtnisse obliegt. Im Rahmen der hier angeordneten Vorgaben räume ich dem Testamentsvollstrecker das Recht ein, alle weiteren Details der Teilung, insbesondere auch im Hinblick auf die Bildung von Sondereigentum, nach eigenem Ermessen zu regeln. Allerdings sollen sämtliche Außenanlagen mit Ausnahme der vorhandenen Kfz-Stellplätze Gemeinschaftseigentum werden, das allen Wohnungseigentumseinheiten zur Verfügung steht.

IV. Errichtung einer Familienpoolgesellschaft von Todes wegen

216 Manchem Erblasser ist daran gelegen, das von ihm aufgebaute Vermögen, insbesondere auch sein Immobilienvermögen, als Gesamtheit zusammenzuhalten und auf Dauer (als Einheit) für die Familie zu erhalten. Hierzu bietet sich insbesondere die lebzeitige Errichtung von Familienpoolgesellschaften (vgl. hierzu § 13 Rdn 1 ff.) an. Aber auch wenn der Erblasser zu Lebzeiten alleiniger Eigentümer geblieben ist, kann auch noch nach seinem Tod eine entsprechende gesellschaftsrechtliche Struktur implementiert werden.

217 Je nach angestrebtem Gesellschafterkreis sowie der Art und Weise, wie die einzelnen künftigen Gesellschafter erbrechtlich bedacht werden sollen, lassen sich derartige Gestaltungen im Rahmen einer (Teil-)Erbauseinandersetzung (unter Miter-

330 Ebenso *Terstegen*, ZErb 2013, 284, 292.

ben) realisieren, oder auch durch Vermächtnisanordnungen (mit entsprechenden Auflagen).

Formulierungsbeispiel

Meine Erben beschwere ich mit der Auflage, innerhalb von zwölf Monaten nach dem Erbfall die Erbengemeinschaft im Hinblick auf das zu meinem Nachlass gehörende Immobilienvermögen dadurch auseinanderzusetzen, dass sie dieses auf eine von ihnen zu errichtende Familienpoolgesellschaft bürgerlichen Rechts, an der sie alle entsprechend ihren Erbquoten beteiligt sind, übertragen. Der Gesellschaftsvertrag ergibt sich aus der Anlage zu diesem (notariellen) Testament.

[Alternative:]

Das komplette zu meinem Nachlass gehörende Immobilienvermögen vermache ich meinen Kindern zu gleichen Teilen, ersatzweise deren Abkömmlingen, als Gesamtberechtigten mit der Maßgabe, dass die Vermächtnisnehmer untereinander den aus der Anlage ersichtlichen Gesellschaftsvertrag abzuschließen haben. Das Vermächtnis fällt nur denjenigen Vermächtnisnehmern an, die den Gesellschaftsvertrag innerhalb von sechs Monaten nach meinem Erbfall abschließen bzw. der Gesellschaft innerhalb dieses Zeitraums beitreten. Die Kosten der Vermächtniserfüllung trägt die Gesellschaft der Vermächtnisnehmer.

V. Nachträgliche Ausgleichungsanordnung wegen lebzeitiger Grundstücksübertragung

Erblasser, die ihre Vermögensnachfolge als langfristig angelegtes Projekt betrachten, wenden vielfach bereits lebzeitig Teile ihres Vermögens Angehörigen der nächsten Generation, insbesondere einzelnen Kindern, zu. Vielfach verbinden Sie damit die Vorstellung, zu einem späteren Zeitpunkt auch alle anderen Kinder in entsprechender Weise und auch mit vergleichbaren Werten zu bedenken. Im Endergebnis soll dadurch eine gleichmäßige Verteilung des Vermögens unter allen Kindern erreicht werden. 218

Bei richtiger Gestaltung der lebzeitigen Zuwendungen wird in derartigen Fällen eine Ausgleichungsanordnung (§ 2050 Abs. 3 BGB) getroffen bzw. vereinbart. Denn soweit der Zuwendende bei einer nicht von Gesetzes wegen ausgleichungspflichtigen Zuwendung eine Ausgleichung am dereinstigen Nachlass wünscht, muss er dies spätestens bei Ausführung der Zuwendung entsprechend anordnen. Wurde dies versäumt, kann aber auch noch in der letztwilligen Verfügung durch die Anordnung von Vorausvermächtnissen zugunsten der bislang nicht bzw. 219

nach Auffassung des Erblassers zu wenig bedachten Abkömmlinge nachgesteuert werden.[331]

Formulierungsbeispiel

Anlässlich der Zuwendung des Grundstücks (...) an meiner Tochter (...) im Jahr (...) habe ich keine Ausgleichung nach § 2050 Abs. 3 BGB angeordnet. Um dessen ungeachtet dennoch eine Gleichbehandlung meiner Kinder zu gewährleisten, ordne ich hiermit im Wege des Vorausvermächtnisses zulasten meiner Tochter (...) und zugunsten meiner übrigen Kinder als Gesamtberechtigten (unter sich zu gleichen Teilen) die Ausgleichungspflicht im Rahmen der Auseinandersetzung meines Nachlasses an. Den Vermächtnisnehmern steht demzufolge als Vorausvermächtnis das zu, was sie auch bei Anwendung der gesetzlichen Ausgleichungsvorschriften verlangen könnten, wenn ich im Rahmen der Grundstückszuwendung an meine Tochter (...) die Ausgleichung angeordnet hätte. Die Vorausvermächtnisse sind erst im Rahmen der Erbauseinandersetzung fällig. Zu Ersatzvermächtnisnehmern berufe ich die Abkömmlinge der aus dieser Vermächtnisanordnung berechtigten Kinder (und zwar unter sich nach den Regelungen über die gesetzliche Erbfolge).

220 Ebenso ist es auch möglich, den umgekehrten Fall testamentarisch zu regeln und eine im Rahmen einer lebzeitigen Zuwendung getroffene Ausgleichungsanordnung nach § 2050 Abs. 3 BGB durch Anordnung eines entsprechenden Vorausvermächtnisses auszuhebeln.[332]

Formulierungsbeispiel

Anlässlich der Zuwendung des Grundstücks (…) an meine Tochter (…) im Jahr (…) habe ich gem. § 2050 Abs. 3 BGB die Ausgleichung angeordnet. Diese Anordnung halte ich aus heutiger Perspektive nicht mehr für wünschenswert. Deshalb ordne ich hiermit im Wege des Vorausvermächtnisses zugunsten meiner Tochter (…) und zulasten meiner übrigen mich beerbenden Abkömmlinge an, dass meine Tochter (…) die erwähnte Grundstücksschenkung abweichend von der ursprünglichen Ausgleichungsanordnung nicht auszugleichen hat. Das Vermächtnis steht unter der Bedingung, dass meine Tochter (…) die Erbschaft annimmt; es fällt im Zeitpunkt der Erbauseinandersetzung an und ist zum selben Zeitpunkt fällig. Zu Ersatzvermächtnisnehmern berufe ich die Abkömmlinge meiner Tochter (…) (und zwar unter sich nach den Regelungen über die gesetzliche Erbfolge).

331 Roglmeier/Sikora/Krug/*Roglmeier/Krug*, Anwaltformulare Testamente, § 16 Rn 257.
332 Roglmeier/Sikora/Krug/*Roglmeier/Krug*, Anwaltformulare Testamente, § 16 Rn 259.

VI. Anordnungen im Hinblick auf das Familienheim, § 13 Abs. 1 Nr. 4b und 4c ErbStG

1. Zuwendung an Ehegatten/Lebenspartner von Todes wegen, § 13 Abs. 1 Nr. 4b ErbStG

Soweit zum Nachlass des Erblassers ein Familienheim i.S.v. § 13 Abs. 1 Nr. 4b ErbStG gehört, kann dessen Erwerb durch den überlebenden Ehegatten/Lebenspartner sachlich steuerbefreit sein. Voraussetzung ist, dass es sich bei der in Rede stehenden Immobilie um das Haus bzw. die Wohnung handelt, in der der Erblasser zum Zeitpunkt seines Todes seinen Lebensmittelpunkt hatte (Ausnahme: er war aus zwingenden Gründen an der Nutzung gehindert, vgl. § 10 Rdn 95). Außerdem muss der begünstigte Erwerber unverzüglich die Nutzung zu eigenen Wohnzwecken (als Lebensmittelpunkt) aufnehmen und für eine Dauer von wenigstens zehn Jahren aufrechterhalten (und zwar grundsätzlich als Eigentümer), vgl. § 10 Rdn 103 ff. 221

Auf welche Weise der überlebende Ehegatte oder Lebenspartner das Objekt von Todes wegen erwirbt, spielt für die Anwendbarkeit der Begünstigung keine Rolle. Der Erwerb durch Erbanfall sowie durch Vermächtnis (§ 3 Abs. 1 Nr. 1 ErbStG) kann ebenso begünstigt sein wie auch der im Rahmen einer Auflagenbegünstigung.[333] 222

Wichtig ist aber, dass § 13 Abs. 1 Nr. 4b ErbStG grundsätzlich einen **Eigentumserwerb** an der begünstigten Immobilie voraussetzt.[334] Schuldrechtliche oder auch dingliche Nutzungsrechte (Wohnungsrecht, Nießbrauch) kommen als Begünstigungsgegenstände nicht in Betracht.[335] Vor diesem Hintergrund empfiehlt es sich, durch letztwillige Anordnungen sicherzustellen, dass der überlebende Ehegatte auch tatsächlich Eigentümer des begünstigten Familienheims wird. Dies kann auf den ersten Blick sehr leicht durch eine Alleinerbeneinsetzung (zu Problemen bei Miterben vgl. Rdn 229) erfolgen. Da aber durchaus Situationen eintreten können, in denen es für den überlebenden Ehegatten sinnvoller wäre, die Erbschaft auszuschlagen, sollte flankierend ein (von der Annahme der Erbschaft unabhängiges) Vermächtnis im Hinblick auf das Familienheim angeordnet werden. 223

Formulierungsbeispiel

Die von mir zuletzt selbst genutzte Immobilie (Familienheim im steuerrechtlichen Sinne) wende ich im Wege des Vermächtnisses, dessen Wert nicht auf einen etwaigen Erbteil anzurechnen ist und dessen Anfall unabhängig von der

333 Troll/Gebel/Jülicher/Gottschalk/*Jülicher*, ErbStG, § 13 Rn 68a.

334 Zur zeitlichen Dimension bei verzögerter Erbauseinandersetzung vgl. BFH v. 23.6.2015 – II R 39/13, BStBl II 2015, 226; BFH v. 15.5.2024 – II R 12/21, DStR 2024, 2056; Troll/Gebel/Jülicher/Gottschalk/*Jülicher*, ErbStG, § 13 Rn 70.

335 BFH v. 3.6.2014 – II R 45/12, ZEV 2014, 560 m. Anm. *Jülicher*.

Erbenstellung des Begünstigten sein soll, meinem überlebenden Ehegatten zu, und zwar mit folgender Maßgabe:

Der überlebende Ehegatte hat das (selbstständige und von dieser Vermächtnisanordnung im Übrigen unabhängige) Recht, das Familienheim ab dem Zeitpunkt des Erbfalls unter Ausschluss der übrigen Nachlassbeteiligten (insbesondere Erben) unentgeltlich zu nutzen. Dieses Recht endet sechs Monate nach dem Erbfall.

Macht der überlebende Ehegatte von diesem Recht unverzüglich i.S.v. § 13 Abs. 1 Nr. 4b ErbStG Gebrauch, führt dies zum Anfall eines weiteren Vermächtnisses auf Verschaffung des Eigentums an dem Familienheim.

Nimmt der überlebende Ehegatte nicht unverzüglich nach dem Erbfall die Selbstnutzung des Familienheims auf, entfällt das vorgenannte auf Übereignung der Immobilie gerichtete Vermächtnis.

224 Die Steuerbefreiung des Familienheims steht nach § 13 Abs. 1 Nr. 4b S. 2 ErbStG unter einem Nachsteuervorbehalt. Demzufolge ist der überlebende Ehegatte bzw. Lebenspartner verpflichtet, das begünstigte Familienheim für die Dauer von zehn Jahren, beginnend mit dem Erbfall, zu behalten und die Selbstnutzung zu eigenen Wohnzwecken nicht aufzugeben. Objektiv zwingende Gründe schließen einen Verstoß gegen die Behaltensfrist aber aus (vgl. hierzu § 10 Rdn 103).

225 Im Falle eines Verstoßes gegen die Behaltensfrist fällt die Steuerbefreiung vollständig, und zwar mit Wirkung für die Vergangenheit, weg. Es kommt zu einer nachträglichen Versteuerung des Familienheims mit seinem steuerlich maßgeblichen Wert im Zeitpunkt des Erbfalls.

226 Ungeachtet dieser gesetzlichen Vorgaben erscheint die Anordnung von Auflagen, durch die der überlebende Ehegatte zur Selbstnutzung gezwungen werden soll, zumeist wenig sinnvoll. Dies gilt insbesondere dann, wenn sich die Lebensumstände nach dem Erbfall verändern und aus diesen Gründen ein Umzug ansteht. Erwägenswert ist aber, die Frage, ob der überlebende Ehegatte überhaupt an einer dauerhaften Selbstnutzung des Familienheims interessiert ist, in die Gestaltung der letztwilligen Verfügung mit einfließen zu lassen. Das kann bspw. dadurch geschehen, dass für den Fall, dass der überlebende Ehegatte am Erwerb des Familienheims kein Interesse hat, ein geeigneter Ersatzvermächtnisnehmer (also ein Abkömmling) berufen wird.

Formulierungsbeispiel

Soweit der überlebende Ehegatte nicht aufgrund vorstehender Vermächtnisanordnungen das Eigentum an dem Familienheim erwirbt, berufe ich zum Ersatzvermächtnisnehmer (…).

2. Übertragung des Familienheims an Kinder von Todes wegen, § 13 Abs. 1 Nr. 4c ErbStG

Der Erwerb eines Familienheims durch Kinder bzw. Kinder bereits verstorbener Kinder des Erblassers kann ebenfalls sachlich steuerbefreit sein (§ 13 Abs. 1 Nr. 4c ErbStG), allerdings beschränkt auf eine Wohnfläche von maximal 200 qm.[336] Bei größeren Familienheimen ist eine Aufteilung ihres Werts entsprechend dem Verhältnis ihrer tatsächlichen Wohnfläche zu der gesetzlich vorgegebenen maximal begünstigten Fläche von 200 qm vorzunehmen.[337] 227

Eine verzögerte Erbauseinandersetzung kann zwar unschädlich sein.[338] Sie darf aber nicht auf einem Entschluss der Erbengemeinschaft beruhen, die Auseinandersetzung vorerst nicht vornehmen zu wollen.[339] 228

Nach § 13 Abs. 1 Nr. 4b S. 2 und 3 ErbStG ist ein Begünstigungstransfer zugunsten des Kindes, das tatsächlich in das Familienheim einzieht, möglich. Daher sollte die letztwillige Verfügung (wenigstens) eine entsprechende Teilungsanordnung für das Familienheim enthalten. 229

Sicherer ist aber in jedem Fall die Zuwendung durch Vermächtnis, ggf. in Form des Bestimmungsvermächtnisses.

Formulierungsbeispiel

Im Hinblick auf die von mir vor meinem Tod zuletzt bewohnte Immobilie (Familienheim im steuerrechtlichen Sinne) ordne ich folgendes Vermächtnis, das, soweit es zugunsten eines Erben wirken sollte, als Vorausvermächtnis zu verstehen ist, in Gestalt eines Bestimmungsvermächtnisses nach folgender Maßgabe an:

Als Vermächtnisnehmer kommen alle meine Kinder sowie die Kinder verstorbener Kinder in Betracht.

Der in diesem Testament benannte Testamentsvollstrecker soll aus dem Kreis der vorgenannten möglichen Vermächtnisnehmer denjenigen bzw. diejenige auswählen, der bzw. die das Familienheim zu Eigentum erhält. Er darf dabei nur ein Kind auswählen, das voraussichtlich die gesetzlichen Voraussetzungen zur Erlangung der sachlichen Steuerbefreiung für das Familienheim erfüllen wird. Insbesondere muss das Kind willens und in der Lage sein, die sofortige Selbstnutzung der Immobilie zu beginnen. Meinen Erben mache ich zur Auflage, die unentgeltliche Nutzung des Familienheims durch das vom Testa-

336 Troll/Gebel/Jülicher/Gottschalk/*Jülicher*, ErbStG, § 13 Rn 75a.

337 H E 13.4 Bsp. 1 ErbStH 2019.

338 Vgl. BFH v. 23.6.2015 – II R 39/13, BStBl II 2015, 226; BFH v. 15.5.2024 – II R 12/21, DStR 2024, 2056.

339 Troll/Gebel/Jülicher/Gottschalk/*Jülicher*, ErbStG, § 13 Rn 70.

mentsvollstrecker ausgewählte Kind bis zur Eigentumsverschaffung an dieses Kind zu dulden.

Im Wege des Untervermächtnisses wende ich dem bzw. den Erben als Gesamtberechtigten (unter sich entsprechend dem Verhältnis ihrer Erbquoten zueinander) einen Geldanspruch gegen den bzw. die Erwerberin des Familienheims zu, und zwar in Höhe von (...) % des Verkehrswerts des Familienheims im Zeitpunkt meines Todes. Dieser Geldanspruch ist für die Dauer von bis zu einem Jahr ab meinem Tod zinslos gestundet.

§ 12 Immobilien in der vorweggenommenen Erbfolge

Dr. Christopher Riedel, LL.M.

Übersicht:

Literatur

Auktor, Sozialhilferegress beim Wohnungsrecht – zugleich Anmerkung zu BGH, Urt. v. 19.1.2007, V ZR 163/06, MittBayNot 2008, 14; *Bauer/Münch*, Die Verwertung von übertragenem Vermögen wegen Ansprüchen aus einer dauernden Last bei verminderter Leistungsfähigkeit des Schuldners, ZEV 2007, 6; *Bauer/Wartenburger*, Die Reform des Erbschaftsteuer- und Bewertungsgesetzes, MittBayNot 2009, 85; *Becker*, Kauf gegen Wohnungsrecht, NJW 2021, 1265; *Bengel*, 64. Deutscher Juristentag 2002 in Berlin Abt. A: Zivilrecht, MittBayNot 2003, 270; *Beznoska/Hentze/Kauder*, Anpassung der Freibeträge und Wertgrenzen bei Erbschaften und Schenkungen, DB 2024, 213; *Brambring*, Güterstandsklauseln in Gesellschaftsverträgen, DNotZ 2008, 724; *Everts*, Vorweggenommene Erbfolge, Ausgleichung, Anrechnung und der BGH – zugleich ein Plädoyer für die Ausstattung –, zugleich Anmerkung zu BGH, Urt. v. 27.1.2010, IV ZR 91/09, MittBayNot 2011, 107; *Everts*, Rückforderung einer Schenkung bei Pflegebedürftigkeit des Schenkers, ZEV 2004, 341; *Feick*, Die Schenkung unter Auflage als alternative, pflichtteilsfeste Gestaltung zur (unzulässigen) dinglichen Weiterleitungsklausel, ZEV 2002, 85; *Geck*, Die vorweggenommene Erbfolge gegen Versorgungsleistungen: ein Update aufgrund aktueller Rechtsprechung, ZEV 2022, 128; *Groh*, Die vorweggenommene Erbfolge – ein Veräußerungsgeschäft?, DB 1990, 2187; *Horn*, Vorempfänge im Pflichtteilsrecht, NJW 2020, 2609; *Kappler/Kappler*, Die vorweggenommene Erbfolge: ein schillerndes Konstrukt, MittBayNot 2019, 217; *Keim*, Pflichtteilsberechnung – unentgeltliche Zuwendung im Wege vorweggenommener Erbfolge, ZEV 2010, 190; *Klümpen-Neusel/Gräfe*, Schenkung fremdfinanzierter Immobilien, NWB-EV 2022, 187; *Klumpp*, Die Schenkung von Gesellschaftsanteilen und deren Widerruf, ZEV 1995, 388; *Kölmel*, Der Minderjährige in der notariellen Praxis – unentgeltlicher Erwerb von Grundstücken, RNotZ 2010, 618; *Kollhosser*, Aktuelle Fragen der vorweggenommenen Erbfolge, AcP 194 (1994), 231; *Lange-Parpart*, Die Reallast als Sicherungsmittel in der notariellen Praxis, RNotZ 2008, 377; *Mayer*, Die Rückforderung der vorweggenommenen Erbfolge, DNotZ 1996, 604; *Mayer*, Schenkungswiderruf bei Gesellschaftsanteilen im Spannungsfeld zwischen Gesellschafts- und Schenkungsrecht, ZGR 1995, 93; *Muscheler*, Das Rückforderungsrecht des verarmten Schenkers im Erbfall: Im Wesen ein Unterhaltsanspruch, ZEV 2024, 649; *Pauli*, Unternehmensnachfolge mit Minderjährigen, ZErb 2016, 131; *Pauli*, Unternehmensnachfolge unter Vorbehalt von

Rückforderungsrechten, ZEV 2013, 289; *Rastätter*, Grundstücksschenkungen an Minderjährige, BWNotZ 2006, 1; *Reimann*, Der Minderjährige in der Gesellschaft – Kautelarjuristische Überlegungen aus Anlaß des Minderjährigenhaftungsbeschränkungsgesetzes, DNotZ 1999, 179; *Röhl*, Vermächtniserfüllung zugunsten Minderjähriger durch den gesetzlichen Vertreter als (Mit-)Erben – zugleich Anmerkung zu den Beschlüssen des OLG München v. 23.9.2011, 34 Wx 311/11 und v. 8.2.2011, 34 Wx 18/11, MittBayNot 2012, 111; *Rosendorfer*, Überleitung von Ansprüchen aus Überlassungsverträgen auf den Sozialhilfeträger, MittBayNot 2005, 1; *Rupp*, Der Minderjährige im Notariat, notar 2011, 300; *Sikora/Soutier*, Vorweggenommene Erbfolge in der Gestaltungspraxis, JA 2012, 53; *Spiegelberger*, Die Rückabwicklung der vorweggenommenen Erbfolge, MittBayNot 2000, 1; *Weidlich*, Das Verhältnis von vertraglichen Rückforderungsrechten und Pflichtteilsrecht, MittBayNot 2015, 193.

A. Einleitung – Begriffsbestimmung

Gerade in Bezug auf Immobilien als Gegenstand lebzeitiger Übertragungen wird oft von einer Vorwegnahme der Erbfolge gesprochen. Dies hat seine Ursache sicherlich vor allem darin, dass Immobilien in der Regel einen – verglichen mit dem Gesamtvermögen des Übergebers/Schenkers – bedeutsamen Wert repräsentieren und daher die Übertragung des Eigentums als eine – teilweise – lebzeitige Vorwegnahme des Erbfalls angesehen wird. Gerade diese soeben angesprochenen Wertrelationen bringen es auch mit sich, dass bei lebzeitigen Immobilienübertragungen neben persönlichen, zivil- und steuerrechtlichen Aspekten auch sozialrechtliche Gesichtspunkte eine (mitunter sogar ganz erhebliche) Rolle spielen. Vor diesem Hintergrund wird die Gestaltung vorweggenommener Erbfolgen mitunter auch als „hohe Schule der Kautelarjurisprudenz“ bezeichnet.[1] 1

Unabhängig davon, ob man dieses Prädikat nun für angemessen oder vielleicht doch zu hochgestochen ansieht, gilt es in jedem Fall, den Sachverhalt sowie die individuelle Interessenlage der Beteiligten exakt zu erfassen und zu verstehen, um auf dieser Grundlage eine interessengerechte und rechtssichere Gestaltung zu entwickeln.[2]

Das gilt nicht nur für Immobilienübertragungen unter der Bezeichnung „vorweggenommene Erbfolge“, sondern natürlich grundsätzlich für alle – entgeltlichen oder unentgeltlichen – Immobilienübertragungen. Und bei weitem nicht jede (wenigstens teilweise) unentgeltliche Übertragung stellt – gerade bei vermögenderen Eigentümern – eine vorweggenommene Erbfolge dar – weder nach der Vorstellung der Beteiligten noch nach rechtlicher Definition. 2

Dies gilt umso mehr, als sowohl der Begriff als auch die Rechtsfolgen der vorweggenommenen Erbfolge in Literatur und Rechtsprechung nicht einheitlich ge-

1 *Westermann*, in: FS Kellermann (1991), S. 505.
2 Vgl. z.B. die ausführliche Checkliste bei BeckNotar-HdB/*Krauß*, § 5 Rn 2.

braucht bzw. definiert werden und eine gesetzliche Begriffsdefinition fehlt.[3] Die Begriffe „Vorwegnahme der Erbfolge" bzw. „vorweggenommene Erbfolge" finden sich zwar (wörtlich) in § 17 HöfeO, § 144 Abs. 4 Nr. 2 BauGB und § 593a S. 1 BGB und werden in anderen Vorschriften ganz offenbar vorausgesetzt (vgl. §§ 511, 1374 Abs. 2, 1477 Abs. 2 S. 2 und 1478 Abs. 2 Nr. 2 BGB). Eine Legaldefinition besteht aber nicht.[4]

3 Üblicherweise meint der Begriff „vorweggenommene Erbfolge" eine lebzeitige, (wenigstens teilweise) unentgeltliche Vermögensübertragung, die mit Rücksicht auf die zukünftige Erbfolge erfolgt.[5]

4 *Spiegelberger* definiert die vorweggenommene Erbfolge als einen über ein Wirtschaftsgut oder über das im Wesentlichen gesamte Vermögen des Übergebers abgeschlossenen Generationennachfolgevertrag, der regelmäßig die Anrechnung auf das gesetzliche Pflichtteilsrecht des Erwerbers und/oder eine Regelung über die Erbausgleichung enthält und häufig auch die Versorgung des Übergebers zum Gegenstand hat. Dabei soll typischerweise das übergebene Vermögen weiterhin der Existenzsicherung des Übergebers dienen, weshalb für den Fall der Bedürftigkeit des Übergebers zumeist eine – gesetzliche oder vertraglich vereinbarte – Rückgabeverpflichtung besteht.[6] Die entsprechende Vereinbarung umfasst oft auch die Versorgung des Ehegatten des Übergebers und Ausgleichsleistungen an die Geschwister des Erwerbers.[7]

5 Verschiedentlich hat der Begriff der vorweggenommenen Erbfolge auch in der Rechtsprechung bereits eine Rolle gespielt:

So geht der BFH[8] davon aus, dass der Erwerb im Wege einer vorweggenommenen Erbfolge dem Erwerb durch Erbanfall materiell vergleichbar sein müsse. Daran fehle es, wenn der Schenker nicht seine volle Rechtsstellung, sondern nur einen Ausschnitt daraus übertrage (z.B. eine atypisch stille Unterbeteiligung).

6 Der BGH hat den Begriff der vorweggenommenen Erbfolge in der Vergangenheit dahingehend verstanden, dass durch seine Verwendung eine Ausgleichungsanordnung ausgesprochen werden könne.[9] Andere Auslegungen waren bzw. sind aber nicht grundsätzlich ausgeschlossen.[10]

---

3 *Kappler/Kappler*, MittBayNot 2019, 217; vgl. auch *Mayer*, DNotZ 1996, 604, 610, „offener Typus".

4 Scherer/*Kögel*, MAH Erbrecht, § 40 Rn 191.

5 Vgl. zu dem Begriff der vorweggenommenen Erbfolge und zu dessen historischer Entwicklung *Kollhosser*, AcP 194 (1994), 231; *Sikora/Soutier*, JA 2012, 53.

6 *Spiegelberger*, MittBayNot 2000, 1.

7 *Spiegelberger*, MittBayNot 2000, 1; *Kappler/Kappler*, MittBayNot 2019, 217, 218.

8 Vgl. BFH v. 25.1.2001 – II R 52/98, BB 2001, 819 m. Anm. *Scherer/Geuyen*.

9 BGH v. 23.9.1981 – IVa ZR 185/80, BGHZ 82, 274, 278.

10 *Everts*, MittBayNot 2011, 107.

Dies bestätigt der BGH auch in jüngeren Entscheidungen,[11] indem er eine (implizierte) Ausgleichungsanordnung je nach den gegebenen Umständen des Einzelfalls für möglich, aber nicht zwingend hält.[12] 7

Festzuhalten ist überdies, dass auch Schenkungsverträge bzw. Vereinbarungen über gemischte Schenkungen, bei denen der Begriff der vorweggenommenen Erbfolge gar nicht verwendet wird, ebenfalls Ausgleichungs- und Anrechnungsbestimmungen enthalten können und nach dem Willen der Beteiligten vorweggenommene Erbfolgen darstellen.[13]

Praxistipp

Wichtig ist, im Schenkungs- bzw. Übertragungsvertrag den tatsächlichen Willen der Beteiligten eindeutig festzuhalten. Die bloße Verwendung des Begriffs „vorweggenommene Erbfolge" genügt nicht. Insbesondere sollten klare Aussagen zu Ausgleichung und Anrechnung getroffen werden.

B. Motive für lebzeitige Übertragungen

Insbesondere werden von der vorweggenommenen Erbfolge Übergabeverträge in Bezug auf Immobilien erfasst. Die Motive für lebzeitige Übertragungen von Immobilien können vielfältig sein. Häufig ist die Motivation auch nicht monokausal zu sehen. Vielmehr tragen oft mehrere Gründe (kumulativ) die Entscheidung, schon zu Lebzeiten des Übergebers/Erblassers Vermögen abgeben und die spätere Erbfolge (teilweise) vorwegnehmen zu wollen. 8

In Anlehnung an *Bengel*[14] lassen sich typische (aber nicht abschließend bzw. vollständig aufzuzählende) Motive wie folgt skizzieren:

I. Steuerliche Zehnjahresfrist

Typischerweise hat der künftige Erblasser ein Interesse daran, dass sein Vermögen im Falle des Übergangs auf seinen Rechtsnachfolger nicht bzw. nur in möglichst geringem Umfang einer Besteuerung unterliegt. Bei lebzeitigen Vermögensübertragungen ergibt sich aus der in § 14 ErbStG definierten Zehnjahresfrist, innerhalb derer steuerpflichtige Erwerbe von ein und demselben Erblasser/Schenker zusammenzurechnen sind, dass eine Aufteilung von Übertragungen und deren Ausführung in Abständen von mehr als zehn Jahren die mehrfache Inanspruchnahme der persönlichen Freibeträge (§ 16 ErbStG) ermöglicht. 9

---

11 BGH v. 27.1.2010 – IV ZR 91/09, ZErb 2010, 144.

12 Krit. *Keim*, ZEV 2010, 190.

13 BGH v. 18.10.2011 – X ZR 45/10, NJW 2012, 605; BeckOK BGB/*Wagner*, § 593a Rn 4.

14 *Bengel*, MittBayNot 2003, 270, 275.

Praxistipp

Der persönliche Freibetrag eines jeden Kindes in Höhe von derzeit[15] 400.000 EUR steht diesem hinsichtlich jedes Elternteils zu. Mithin kann es sinnvoll sein, zunächst das elterliche Vermögen möglichst gleichmäßig unter beiden Elternteilen zu verteilen. Ist bspw. nur ein Elternteil Eigentümer einer wertvollen Immobilie, kann erwogen werden, zunächst einen Miteigentumsanteil auf den anderen Elternteil zu übertragen, um bei einer späteren Weiter-Übertragung an ein oder mehrere Kinder die Ausnutzung des Freibetrags auch des ursprünglich weniger vermögenden Elternteils zu ermöglichen (Kettenschenkung).[16] Die Übertragungen in der Elterngeneration können dabei oftmals steuerfrei gestaltet werden, z.B. im Rahmen eines steuerfreien Zugewinnausgleichs oder bei Übertragung des Familienheims (vgl. hierzu § 10 Rdn 80 ff.)

II. Sozialhilferegress

10 Zunehmend gewinnt die Überlegung an Bedeutung, dass bereits zu Lebzeiten übertragenes Vermögen im Fall einer kostenintensiven Pflege des Schenkers dem Zugriff des Sozialhilfeträgers entzogen werden kann. Gem. §§ 93, 94 SGB XII kann der Sozialhilfeträger bei Eintritt einer Hilfebedürftigkeit des Schenkers innerhalb von zehn Jahren seit der Schenkung **Rückübertragungsansprüche** gegen den Beschenkten nach § 528 Abs. 1 BGB auf sich überleiten. Hauptanwendungsfall bei der vorweggenommenen Erbfolge ist gem. § 93 SGB XII die Überleitung des Rückforderungsanspruchs des Übergebers wegen Verarmung nach § 528 BGB.[17] In der Praxis wird die tatsächliche Rückübereignung zumeist durch die Zahlung der Unterhaltskosten des Übergebers/Schenkers durch den Beschenkten abgewendet (§ 528 Abs. 1 S. 2 BGB). Denn die Rückgabe der Immobilie liegt in der Regel nicht im Interesse der Beteiligten (einschließlich des Sozialhilfeträgers). Der Anspruch aus § 528 BGB richtet sich daher meist auf laufende Zahlungen,[18] (kumuliert) maximal bis zum Wert des Geschenks.

15 Aktuell ist unter dem Az 1 BvF 1/23 beim BVerfG eine konkrete Normenkontrollklage Bayerns gegen die unterlassene Anhebung der Freibeträge anhängig, vgl. auch *Beznoska/Hentze/Kauder*, DB 2024, 213; Troll/Gebel/Jülicher/Gottschalk/*Jülicher*, ErbStG, § 16 Rn 9.

16 Zum Thema Gestaltungsmissbrauch bei Kettenschenkung vgl. Daragan/Halaczinsky/Riedel/*Griesel*, ErbStG und BewG, § 7 ErbStG Rn 30 m.w.N.

17 MüKo-BGB/*Koch*, § 528 Rn 10; *Muscheler*, ZEV 2024, 649, 651.

18 MüKo-BGB/*Koch*, § 528 Rn 5–7.

III. Pflichtteilsreduzierung

Schenkungen im Rahmen der vorweggenommenen Erbfolge bilden neben einem notariell beurkundeten Pflichtteilsverzicht eine der wesentlichen rechtlichen Möglichkeiten, Pflichtteilsansprüche anderer Personen (als dem Übernehmer) hinsichtlich des Gegenstands der Übertragung zu mindern – bis hin zum völligen Ausschluss. Vor allem bei der Übertragung von Immobilien, die zwar einen erheblichen Verkehrswert repräsentieren, aber nur schwer in liquide Mittel umzusetzen sind, steht dieses Ziel oft im Zentrum des Interesses der Beteiligten. Denn Pflichtteilsberechtigte werden aufgrund der Übertragung der Immobilie vom „ordentlichen Pflichtteil" auf den Pflichtteilsergänzungsanspruch verwiesen. Dieser unterliegt der Abschmelzung nach § 2325 Abs. 3 BGB. Zudem können dem Pflichtteilsergänzungsanspruch in der Vergangenheit erhaltene Schenkungen (sog. Eigengeschenke) entgegengehalten werden.[19] 11

Praxistipp

Bei Übertragungen unter Eheleuten beginnt die Frist des § 2325 Abs. 3 BGB nicht schon mit der Übertragung, sondern erst mit der Auflösung der Ehe zu laufen. Außerdem kann (bei allen Beschenkten) auch der Vorbehalt von Nutzungsrechten einem Fristbeginn entgegenstehen.[20]

IV. Streitvermeidung

Soweit der Vermögensinhaber die Sorge hat, dass sein Tod Streitigkeiten unter seinen Hinterbliebenen auslösen wird, kann auch dem durch lebzeitige Übertragungen bestimmter Vermögensgegenstände auf einzelne potentielle Erben vorgebeugt werden. Werden dabei nicht alle künftigen Erben/Pflichtteilsberechtigten „gleichmäßig" bedacht, sollte auf die Beteiligung „weichender Erben" an der Übertragung hingewirkt werden, da sonst die erhebliche Gefahr besteht, dass an die Stelle des (vermiedenen) Streits über die Immobilie als solche ein Streit über andere erbrechtliche Ansprüche (Ausgleichung, Pflichtteilsergänzung etc.) tritt. 12

V. Versorgung im Alter

Die lebzeitige Übertragung des vom Übergeber (und seinem Partner/Ehegatten) selbst genutzten Wohnhauses ist prinzipiell ein zweischneidiges Schwert. Der grundsätzlich richtigen Erwägung, bereits lebzeitig Vermögen weiterzugeben, steht das Risiko gegenüber, nicht mehr „Herr im eigenen Hause" zu sein. Vor diesem Hintergrund kommt eine Übertragung der selbst genutzten Immobilie meistens nur zugunsten eines Abkömmlings in Betracht, der (bereits oder zukünftig) im selben Hause wohnt und bereit ist, den Übergeber bzw. dessen 13

---

19 Vgl. Damrau/Tanck/*Lenz-Brendel*, § 2327 Rn 1, 7.

20 Vgl. Damrau/Tanck/*Riedel*, § 2325 Rn 89 ff.

Ehegatten zu versorgen und im Bedarfsfall zu pflegen. Zur Definition der geschuldeten Leistungen und ihres Umfangs kann auf die Pflegegrade nach dem Pflegeversicherungsgesetz (§ 15 SGB XI) Bezug genommen werden (vgl. hierzu auch Rdn 75 f.). Dies ermöglicht eine abstrakte Formulierung des Vertrags und stellt gleichzeitig einen einigermaßen objektiven Maßstab dar. Zum 1.1.2017 wurden die vormals geltenden Pflegestufen durch die fünf neuen Pflegegrade ersetzt.

VI. Umgehung der Bindungswirkung

1. Grundsätzliches

14 Übertragungen schon zu Lebzeiten des (künftigen) Erblassers werden im steigenden Umfang auch vorgenommen, um die Bindungswirkung aufgrund eines Erbvertrags oder eines gemeinschaftlichen Testaments mit **wechselbezüglichen Verfügungen**[21] zu umgehen. Das ist jedoch nur in vergleichsweise engen Grenzen möglich, da sich der Beschenkte Ansprüchen der Vertrags- oder Schlusserben nach § 2287 BGB bzw. der erbvertraglich oder testamentarisch gesicherten Vermächtnisnehmer nach § 2288 Abs. 2 S. 2 BGB ausgesetzt sehen kann.[22]

15 Daher ist stets vorab zu prüfen, ob durch die beabsichtigte Übertragung eine objektive Beeinträchtigung des testamentarisch/vertraglich Bedachten eintritt. Ist dies – wie regelmäßig – der Fall, kommen Ansprüche gegenüber dem Beschenkten aber nur dann in Betracht, wenn der Motivation des Erblassers/Schenkers die Absicht zugrunde lag, den/die im Erbvertrag oder gemeinschaftlichen Testament bedachten Schlusserben oder Vermächtnisnehmer zu beeinträchtigen.

2. Lebzeitiges Eigeninteresse

16 Eine zu sanktionierende Benachteiligung des/der Vertrags- bzw. Schlusserben ist nach der Rechtsprechung[23] dann ausgeschlossen, wenn bzw. soweit der Erblasser/Schenker an der Schenkung ein **lebzeitiges Eigeninteresse** hatte.[24] Soweit der Übergeber durch die Übertragung (zu den konkret vereinbarten Bedingungen, also bspw. unter Vereinbarung einer Pflegeverpflichtung) seine Altersversorgung bzw. Absicherung zu verbessern sucht, ist regelmäßig von einem die Zuwendung rechtfertigenden lebzeitigen Eigeninteresse auszugehen.[25] Dasselbe gilt, wenn es darum geht, den (jüngeren) Ehegatten für zu erwartende Phasen der Betreuungsbedürftigkeit „an sich zu binden".[26]

---

21 Analoge Anwendung; BGH v. 23.9.1981 – IVa ZR 185/80, BGHZ 82, 274, 276.
22 Ausführliche Darstellung bei BeckNotar-HdB/*Krauß*, § 5 Rn 9 ff.
23 BGH v. 5.7.1972 – IV ZR 125/70, NJW 1973, 240.
24 Vgl. BeckNotar-HdB/*Krauß*, § 5 Rn 13.
25 OLG Köln v. 22.9.1999 – 11 U 53/98, ZEV 2000, 317.
26 BGH v. 17.6.1992 – IV ZR 88/91, NJW 1992, 2630.

Die erwartete Pflege- und Unterstützungsleistung muss im Übertragungsvertrag nicht unbedingt als „Gegenleistung" ausbedungen werden (auch wenn dies sicher zu empfehlen ist). Der Erwerber muss sich nicht rechtlich bindend zur Pflege verpflichten.[27] Vielmehr genügt es, dass der Schenker sie erwartet und der Beschenkte sie tatsächlich erbringt bzw. auch weiter erbringen will.[28] Handelt es sich um „echte Gegenleistungen", wirken sie sich allerdings doppelt günstig aus: Sie reduzieren den Schenkungsanteil (vgl. Rdn 18) und belegen – hinsichtlich der verbleibenden Schenkung – das lebzeitige Eigeninteresse. 17

Dessen ungeachtet sind die Anforderungen an das lebzeitige Eigeninteresse recht streng:[29] Insbesondere rechtfertigt der Wunsch, eine Korrektur der bindenden Verfügungen herbeizuführen, lebzeitige Zuwendungen nicht.[30] Auch die Absicht, durch die lebzeitige Verfügung für eine Gleichbehandlung der Abkömmlinge zu sorgen, stellt kein beachtenswertes lebzeitiges Eigeninteresse dar.[31] Dasselbe gilt für den Wunsch, so die Zuneigung zum zweiten Ehegatten[32] oder zum nichtehelichen Lebenspartner[33] zu dokumentieren oder diesen zu versorgen. 18

Vorstehende Grundsätze gelten auch dann, wenn der Erblasser/Schenker erst nachträglich zu der Erkenntnis gelangt ist, den (nun beschenkten) Ehegatten zu gering bedacht zu haben, oder weil nachträglich ein unerwarteter erheblicher Vermögenszuwachs stattgefunden hat, der bei der Abfassung des Erbvertrags noch gar nicht berücksichtigt werden konnte.[34] Gleiches gilt für den umgekehrten Fall, dass ursprünglich vorhandenes Vermögen, z.B. durch Insolvenz, verloren geht.[35]

Allerdings kann ein Anspruch aus § 2287 Abs. 2 BGB immer nur in dem Maße bestehen, in dem tatsächlich in erbvertragliche Bindungen eingegriffen wird. Das ist bspw. bei einer belohnenden Schenkung, als (angemessener) Ausgleich für Pflegeleistungen, nicht der Fall. Solche Zuwendungen sind daher regelmäßig privilegiert.[36] 19

Außerdem tritt z.B. durch Schenkungen des Erblassers an einen konkret Pflichtteilsberechtigten keine Beeinträchtigung der Vertragserben ein, sofern die Schenkungen den Pflichtteil nicht übersteigen. Gedanklich kann der pflichtteilsberech-

27 OLG Karlsruhe v. 25.11.2022 – 14 U 274/21, ZEV 2023, 100.
28 BGH v. 12.6.1980 – IVa ZR 5/80, NJW 1980, 2307; BeckOK BGB/*Litzenburger*, § 2287 Rn 16.
29 BeckNotar-HdB/*Krauß*, § 5 Rn 14.
30 BGH v. 27.10.1976 – IV ZR 81/75, WM 1977, 201.
31 BGH v. 29.6.2005 – IV ZR 56/04, ZEV 2005, 479.
32 OLG Celle v. 15.6.2006 – 6 U 99/06, RNotZ 2006, 477.
33 OLG Köln v. 30.9.1991 – 2 W 140/91, NJW-RR 1992, 200.
34 BGH v. 27.1.1982 – IVa ZR 240/80, NJW 1982, 1100.
35 OLG Karlsruhe v. 8.4.2015 – 13 U 68/12, ErbR 2016, 643.
36 BeckNotar-HdB/*Krauß*, § 5 Rn 13a.

tigte Beschenkte sozusagen gegen den Bereicherungsanspruch des Vertragserben „aufrechnen" – sogar ohne eine entsprechende Einrede zu erheben.[37]

3. Besonderheiten bei bindender Vermächtnisbegünstigung

20 Eines noch weitergehenden Schutzes als der Vertrags-/Schlusserbe bedarf derjenige, der durch Erbvertrag oder gemeinschaftliches Testament bindend als Sachvermächtnisnehmer eingesetzt ist, da sein künftiger Vermächtnisanspruch bereits durch bloßes „Wegschaffen" des vermachten Gegenstands (Verkauf, Verschenken, Zerstörung) vereitelt werden könnte, §§ 2279, 2169, 2171 BGB.[38]

21 Daher wird der Vertragsvermächtnisnehmer nach § 2288 BGB auch gegen Beeinträchtigungen durch tatsächliche (willensunabhängige) Ereignisse (Zerstörung, Beschädigung etc., § 2288 Abs. 1 BGB) geschützt. Dasselbe gilt nach § 2288 Abs. 2 BGB selbstverständlich auch im Hinblick auf willkürliche Maßnahmen, wie Veräußerung oder Belastung, und zwar gleichgültig, ob diese unentgeltlich oder gegen Entgelt erfolgen.[39] Auf der Rechtsfolgenseite gewährt § 2288 BGB nicht nur – wie § 2287 BGB – einen (schwachen) Bereicherungsanspruch, sondern darüber hinaus einen **Wertersatz**- oder **Verschaffungsanspruch** vermächtnisrechtlicher Art (allerdings gegen den Erben, nicht gegen den Beschenkten).

Praxistipp

Lebzeitige Schenkungen stellen nur mit Einschränkungen ein geeignetes Instrument zur Korrektur bindender gemeinschaftlicher Verfügungen dar. Vor diesem Hintergrund sollte nach dem Tod des erstversterbenden Ehegatten überprüft werden, welche Folgen sich aus bindenden letztwilligen Verfügungen ergeben und ob diese ggf. durch Ausschlagung (ggf. gegen Abfindung) vermieden werden sollten. Ist die Ausschlagung nicht (mehr) möglich oder nicht opportun, ist an den Abschluss eines in der Praxis noch weitgehend unbekannten Zuwendungsverzichtsvertrags[40] zu denken.

---

37 BGH v. 27.9.1995 – IV ZR 217/93, ZEV 1996, 25, 26.

38 BeckNotar-HdB/*Krauß*, § 5 Rn 15.

39 MüKo-BGB/*Musielak*, § 2088 Rn 3.

40 Dies gibt dem gebundenen Erblasser aber nur dann seine Testierfreiheit zurück, wenn entweder keine Ersatzerben bzw. Ersatzvermächtnisnehmer vorhanden sind oder auch diese (alle!) wirksam verzichtet haben.

VII. Überblick: Chancen und Risiken

Insgesamt bildet die vorweggenommene Erbfolge ein sehr wichtiges und bedeutendes Gestaltungsinstrument in der Praxis der Vermögensnachfolgeplanung. Bei sachgerechter Gestaltung überwiegen die **Vorteile** die Nachteile deutlich:[41] 22

- Eine genaue zeitliche Planung der Vermögensübertragung ist nur unter Lebenden möglich; es ergeben sich Vorteile in zivil- und steuerrechtlicher Hinsicht.
- Regelmäßig kann der Schenker auch nach der Vermögensübertragung (zumindest faktisch) noch Einfluss auf den Beschenkten und ggf. den weitergegebenen Vermögensgegenstand (z.B. bei vorbehaltenen Rechten) nehmen.
- Durch eine schrittweise Übertragung des Vermögens können die Nachfolger zudem behutsam an das Vermögen herangeführt werden.
- Darüber hinaus können, wie oben bereits als Motiv dargestellt, die alle zehn Jahre gewährten erbschaftsteuerlichen Freibeträge gem. § 16 ErbStG mehrfach ausgenutzt werden.
- Ertragsteuerlich kann die Verlagerung des Vermögens und der aus ihm zu erzielenden Einkünfte auf die Beschenkten zu einer eventuell niedrigeren Progression führen.
- Schließlich sollte auch der psychologische Aspekt des Schenkens „mit warmer Hand“ nicht unterschätzt werden. Der Schenker kann selbst noch miterleben, wie die Beschenkten von seinem Geschenk profitieren.

Dem stehen im Wesentlichen folgende **Nachteile** gegenüber:

- Reue des Schenkers, Teile seines Vermögens zu früh aus der Hand gegeben zu haben.
- Undankbarkeit des Beschenkten führt nicht selten zu familiären Konflikten.

Praxistipp

Es gilt zunächst der Grundsatz „geschenkt ist geschenkt“. Aus Sicht des Schenkers ist es im Rahmen der vorweggenommenen Erbfolge daher besonders wichtig, in die Vereinbarung angemessene Sicherungsmechanismen, insbesondere Rückforderungsrechte,[42] mit aufzunehmen (siehe im Einzelnen hierzu Rdn 129 ff.).

C. Möglichkeiten der lebzeitigen Immobilienübertragung

I. Reine Schenkung

Wie bereits angesprochen, zeichnen sich Übertragungen im Wege der vorweggenommenen Erbfolge insbesondere dadurch aus, dass sie (wenigstens teilwiese) 23

41 Bonefeld/Wachter/*Feick/Hammes*, FA Erbrecht, § 17 Rn 6.
42 Bonefeld/Wachter/*Feick/Hammes*, FA Erbrecht, § 17 Rn 7.

unentgeltlich erfolgen. Die Grundform der unentgeltlichen Vermögensübertragung bildet die (reine) **Schenkung**, also die vollständig ohne Gegenleistung und/oder sonstige Verpflichtungen des Übernehmers erfolgende Immobilienübertragung.

24 Gem. § 516 Abs. 1 BGB handelt es sich beim Schenkungsvertrag um eine Vereinbarung über die Zuwendung eines Gegenstands aus dem Vermögen des Schenkers zur Bereicherung des Beschenkten, wobei sich Schenker und Beschenkter einig sind, dass die Zuwendung unentgeltlich erfolgt.[43] Zur Wirksamkeit dieser Vereinbarung ist gem. § 518 Abs. 1 S. 1 BGB die **notarielle Beurkundung** des Schenkungsversprechens (also der Erklärung des Schenkers) erforderlich. Bei Immobilienschenkungen müssen gem. § 311b Abs. 1 BGB sowohl das Angebot als auch die Annahme beurkundet werden.

25 Formunwirksame Schenkungsverträge können durch Vollzug, also Bewirkung der versprochenen Leistung, geheilt werden, § 518 Abs. 2 BGB. Voraussetzung hierfür ist, dass die Leistung durch den Schenker freiwillig bewirkt wird.[44] Der Eintritt des beabsichtigten Leistungserfolgs ist nicht notwendig, wenn der Schenker bereits alles aus seiner Sicht für den Vollzug Notwendige getan hat.[45] Dieser Aspekt ist allerdings für Immobilienschenkungen (wegen § 925 Abs. 1 BGB, Auflassung) nur von untergeordneter Bedeutung.

Die Heilung führt dazu, dass der Vertrag seinem gesamten Inhalt nach wirksam wird, also einschließlich etwa vereinbarter nicht beurkundeter Auflagen.[46]

26 Eine (reine) Schenkung kommt regelmäßig nur dann in Betracht, wenn das beim Übergeber verbleibende Vermögen einen solchen Umfang hat, dass es – ggf. zusammen mit einer Altersversorgung aus anderen Quellen – zu seiner **wirtschaftlichen Absicherung** (und der seines Ehegatten/Partners) ausreicht. Des Weiteren benötigt der Übergeber oftmals noch Vermögen, um eine gewünschte bzw. erbrechtlich (insbesondere pflichtteilsrechtlich) gebotene (lebzeitige oder erbrechtliche) Vermögensbeteiligung der (anderen) Kinder gewährleisten zu können.

---

43 BGH v. 3.6.2020 – IV ZR 16/19, NJW 2020, 2396; BGH v. 14.3.2018 – IV ZR 170/16, NJW 2018, 1475, 1476; BeckOK BGB/*Gehrlein*, § 518 Rn 2.

44 BeckOK BGB/*Gehrlein*, § 518 Rn 5.

45 BGH v. 30.1.2018 – X ZR 119/15, NJW-RR 2018, 518; BGH v. 12.7.1989 – IV ZR 174/88, NJW-RR 1989, 1282; BGH v. 12.11.1986 – IVa ZR 77/85; NJW 1987, 840; vgl. auch BeckOK BGB/*Gehrlein*, § 518 Rn 6 m.w.N., der aber die Forderung des Eintritts des Leistungserfolgs für vorzugswürdig hält; ebenso MüKo-BGB/*Koch*, § 518 Rn 9.

46 Vgl. BFH v. 15.1.2019 – X R 6/17, NJW 2019, 1101.

II. Schenkung unter Nießbrauchsvorbehalt

1. Grundlagen

Das verbreitetste rechtliche Instrument zum Vorbehalt von Nutzungsrechten ist der Nießbrauch. Durch den Nießbrauch wird eine Sache in der Weise belastet, dass derjenige, zu dessen Gunsten die Belastung erfolgt, berechtigt ist, die Nutzungen aus der Sache zu ziehen, § 1030 BGB. Die Nießbrauchsbestellung führt also dazu, dass Eigentum und Nutzungsberechtigung einer Sache auseinanderfallen und verschiedenen Personen zustehen.[47] 27

Beim Nießbrauch handelt es sich um ein **beschränkt dingliches Recht**.[48] Demzufolge kann der Nießbrauchsberechtigte in seiner Nutzungsmöglichkeit nicht durch einseitige Rechtshandlungen eines anderen (des Eigentümers oder eines Dritten) beeinträchtigt werden. Vielmehr steht ihm die umfassende (bei Vereinbarung eines sog. Quotennießbrauchs nur die anteilige) Nutzung des Gegenstands zu;[49] über die Vermögenssubstanz als solche kann er jedoch nicht verfügen. Der Nießbrauch ist in der Regel nicht übertragbar;[50] die Vererblichkeit ist ausgeschlossen.[51] 28

Der Nießbrauch kann an dem Anteil eines Miteigentümers (§ 1066 BGB), aber auch an Eigentumsbruchteilen des Alleineigentümers bestellt werden.[52] Von diesem sog. **Bruchteilsnießbrauch**[53] ist der **Quotennießbrauch**[54] zu unterscheiden, bei dem das gesamte Grundstück belastet wird, jedoch nur zu einem Bruchteil.[55] 29

Möglich ist auch die Belastung eines (ganzen) Grundstücks bei gleichzeitiger Beschränkung der Ausübung auf eine Teilfläche.[56] Gleiches gilt für die Begründung des Nießbrauchs an einer realen Teilfläche, wobei allerdings die §§ 7 Abs. 2, 2 Abs. 3 GBO zu beachten sind[57] Die Bestellung eines Vorbehaltsnießbrauchs an 30

47 BeckOK BGB/*Reischl*, § 1030 Rn 1; wegen Details der zivilrechtlichen Rahmenbedingungen vgl. § 3 Rdn 1 ff.; zu steuerlichen Aspekten vgl. § 7 sowie § 10 Rdn 18 ff.

48 MüKo-BGB/*Pohlmann*, § 1030 Rn 1; BeckOK BGB/*Reischl*, § 1030 Rn 1; BeckNotar-HdB/*Herrler*, § 5 Rn 287; Scherer/*Scheel*, MAH Erbrecht, § 49 Rn 2.

49 BeckNotar-HdB/*Herrler*, § 5 Rn 286; BeckOK BGB/*Reischl*, § 1030 Rn 27.

50 MüKo-BGB/*Pohlmann*, § 1030 Rn 7.

51 BGH v. 18.12.2015 – V ZR 269/14, DNotZ 2016, 465; BeckOK BGB/*Reischl*, § 1030 Rn 23; MüKo-BGB/*Pohlmann*, § 1030 Rn 7; BeckNotar-HdB/*Herrler*, § 5 Rn 289.

52 Grüneberg/*Herrler*, § 1030 Rn 3; BeckNotar-HdB/*Herrler*, § 5 Rn 291; *Krauß*, Vermögensnachfolge in der Praxis, Rn 1535 ff.

53 BeckOK BGB/*Reischl*, § 1030 Rn 31.

54 BeckOK BGB/*Reischl*, § 1030 Rn 32.

55 Grüneberg/*Herrler*, § 1030 Rn 5.

56 MüKo-BGB/*Pohlmann*, § 1030 Rn 34.

57 *Schöner/Stöber*, Grundbuchrecht, Rn 1365; MüKo-BGB/*Pohlmann*, § 1030 Rn 9.

dem realen Teil eines Gebäudes, etwa einer Wohnung, ist demgegenüber wohl nicht möglich.[58]

31 Der Übergeber kann sich mithilfe eines Nießbrauchsrechts den Ertrag und mitunter auch die wirtschaftliche Verfügungsbefugnis über den zu übertragenden Grundbesitz oder auch Teile davon vorbehalten, während die Substanz – häufig aus steuerlichen Gründen – bereits auf die nächste oder gar übernächste Generation übertragen wird.[59] Seit durch die Erbschaftsteuerreform zum 1.1.2009 der frühere § 25 ErbStG, der einen Abzug des Nießbrauchwerts von der steuerlichen Bemessungsgrundlage ausgeschlossen hatte, ersatzlos entfallen ist, hat die Schenkung unter Nießbrauchsvorbehalt gerade auch aus schenkungsteuerlicher Sicht eine noch größere Bedeutung erlangt.[60]

2. Hinweise zur Vertragsgestaltung

32 Wichtig ist natürlich zunächst, den genauen Umfang des Nießbrauchsvorbehalts festzulegen (Quotennießbrauch, Bruchteilsnießbrauch etc.).

Formulierungsbeispiel

Der Übergeber behält sich an dem übertragenen Grundbesitz, namentlich an dem Grundstück (…) (Grundbuch des AG, Flur (…), Flurstücke (…)) den lebenslangen unentgeltlichen dinglichen Nießbrauch vor, und zwar einschließlich aller Grundstücksbestandteile und des Zubehörs.

Dieser Nießbrauch bezieht sich auf (…) [*100 %*] aller Nutzungen und Erträge des belasteten Grundbesitzes.

Besondere Aufmerksamkeit verdient im Übrigen die Verteilung der während der Dauer des Nießbrauchs anfallenden **Lasten und Kosten**: Nach dem Leitbild des Gesetzes ist der Nießbraucher verpflichtet, die nießbrauchsbelastete Sache auf seine Kosten zu versichern (§ 1045 BGB) und sämtliche auf sie entfallenden öffentlichen Lasten zu tragen (§ 1047 BGB).[61] Daneben hat der Nießbraucher die belastete Sache auf eigene Kosten in ihrem rechtlichen Bestand zu erhalten (§ 1041 BGB).[62]

33 Vor dem Hintergrund, dass die Interessen von Nießbraucher und Eigentümer hinsichtlich der Art und Weise der Erhaltung und der Tragung der Kosten nicht immer gleichgerichtet sind, empfiehlt es sich, bereits bei der vertraglichen Vereinbarung über die Bestellung des Nießbrauchs entsprechende Regelungen aufzu-

58 BGH v. 27.1.2006 – V ZR 243/04, NZM 2006, 541; MüKo-BGB/*Pohlmann*, § 1030 Rn 9.
59 Bonefeld/Wachter/*Feick/Hammes*, FA Erbrecht, § 17 Rn 8.
60 Vgl. *Bauer/Wartenburger*, MittBayNot 2009, 85, 87 f.
61 Bonefeld/Wachter/*Feick/Hammes*, FA Erbrecht, § 17 Rn 12.
62 BeckNotar-HdB/*Herrler*, § 5 Rn 304; *Krauß*, Vermögensnachfolge in der Praxis, Rn 1599 ff.

nehmen und die Lastentragung entsprechend den individuellen Vorstellungen der Parteien eigenständig zu regeln.[63]

Im Normalfall entspricht es den Vorstellungen der Beteiligten, in Abweichung von den §§ 1041 S. 2, 1047 BGB zu regeln, dass der Nießbraucher auch die außerordentlichen öffentlichen Lasten zu tragen sowie die außergewöhnlichen Ausbesserungen und Erneuerungen[64] vorzunehmen hat,[65] um dem Nießbraucher einen möglichst umfassenden Abzug der Werbungskosten (die sich beim Eigentümer mangels Vermietungseinkünften nicht auswirken würden) zu ermöglichen. 34

Formulierungsbeispiel

Abweichend von den gesetzlichen Bestimmungen hat der Nießbraucher alle öffentlichen und privaten Lasten des vertragsgegenständlichen Grundbesitzes einschließlich seiner Bebauung zu tragen, einschließlich der außerordentlichen (also der als auf den Stammwert gelegt geltenden) Lasten sowie der Ausbesserungen und Erneuerungen, die über die gewöhnliche Erhaltung hinausgehen. Der Nießbraucher ist auch verpflichtet, das auf dem Grundbesitz befindliche Gebäude im Falle seiner Zerstörung wieder aufzubauen.[66] Verwendungsersatzansprüche und Wegnahmerechte des Nießbrauchers sind sowohl für die Dauer des Nießbrauchs als auch bei bzw. nach seiner Beendigung ausgeschlossen.

Der (künftige) Eigentümer verpflichtet sich gegenüber dem Nießbraucher, zur Finanzierung von außerordentlichen Ausbesserungen und Erneuerungen auf höchstpersönliches Verlangen des Nießbrauchers Hypotheken oder Grundschulden bis zu einem Gesamtbetrag von (…) EUR samt bis zu (…) jährlichen Zinsen und einmaligen Nebenleistungen von bis zu (…) % zugunsten durch den Nießbraucher zu bestimmender (inländischer) Kreditinstitute zu bestellen.

Korrespondierend mit der Lastenverteilung sollten auch die **Entscheidungsbefugnisse** der Beteiligten geregelt werden. Wer die Kosten zu tragen hat, sollte in der Regel auch berechtigt sein, über deren Anfall bzw. die konkrete Ausgestaltung der kostenträchtigen Maßnahmen zu bestimmen. Wenigstens sollten entsprechende Zustimmungspflichten des Eigentümers vereinbart werden, um dem Nießbraucher die Durchführung objektiv sinnvoller Maßnahmen zu ermöglichen. 35

63 Zur Zulässigkeit vgl. *Krauß*, Vermögensnachfolge in der Praxis, Rn 1599 ff.; BeckNotar-HdB/*Herrler*, § 5 Rn 355 ff.

64 Das kann sogar eine Verpflichtung zum Wiederaufbau nach Zerstörung umfassen, vgl. OLG Bremen v. 17.6.2020 – 3 W 15/20, RNotZ 2022, 96 m.w.N.

65 BeckNotar-HdB/*Herrler*, § 5 Rn 307.

66 Hier sollte klargestellt werden, welcher Standard insoweit zu erfüllen ist.

Formulierungsbeispiel

Im Hinblick auf die von den gesetzlichen Regelungen abweichende Lastenverteilung ist der Eigentümer verpflichtet, sämtliche Ausbesserungs- und Erneuerungsmaßnahmen des Nießbrauchers zu dulden, soweit diese bauordnungsrechtlich zulässig sind und – nach objektiven Kriterien – einer ordnungsgemäßen Verwaltung bzw. Bewirtschaftung des vertragsgegenständlichen Grundbesitzes entsprechen.

Im Falle von diesbezüglichen Meinungsverschiedenheiten zwischen den Parteien entscheidet – wenn eine einvernehmliche Regelung, etwa nach Durchführung einer Mediation, scheitert – ein öffentlich bestellter und vereidigter Sachverständiger für die Bewertung bebauter Grundstücke, der – vorbehaltlich einer einvernehmlichen Auswahl durch die Parteien – vom Vorsitzenden der örtlich zuständigen Gutachterausschusses zu bestimmen ist, als Schiedsrichter.

36 Da der Nießbrauch mit dem Tod des Berechtigten automatisch und von Gesetzes wegen endet, kann eine Absicherung Dritter, bspw. des Ehegatten/Lebenspartners des Übergebers, durch einen **Vorbehaltsnießbrauch** nicht erfolgen. Möglich ist aber die aufschiebend bedingte Bestellung eines **Zuwendungsnießbrauchs**, wobei die Bedingung durch den Tod des Übergebers eintritt (Sukzessivnießbrauch).[67]

Formulierungsbeispiel

Aufschiebend bedingt auf den Tod des Übergebers (durch den dessen Nießbrauch erlischt) bestellt der Erwerber hiermit zugunsten des an dieser Urkunde als Partei beteiligten Ehegatten des Übergebers ein Nießbrauchsrecht nach Maßgabe der zugunsten des Übergebers getroffenen Bestimmungen.

Die Nießbrauchsbestellung zugunsten des Ehegatten des Übergebers steht unter der auflösenden Bedingung des Todes des Übergebers sowie unter der weiteren Bedingung, dass die Ehe mit dem Übergeber bei dessen Tod rechtsgültig bestand und weder der Übergeber noch der Ehegatte Scheidungsantrag gestellt oder die häusliche Gemeinschaft beendet hatten.

III. Schenkung unter Vorbehalt eines Wohnungsrechts

1. Grundlagen

37 Wohnungsrechte werden oft im Rahmen von Übergabeverträgen zugunsten des Übergebers selbst bzw. zugunsten seines Ehegatten vorbehalten oder auch mitunter zugunsten anderer naher Angehöriger des Übergebers vereinbart. Die wesentliche Zielsetzung besteht dabei in der Absicherung der Nutzungsmöglichkeit (zu

67 BeckNotar-HdB/*Herrler*, § 5 Rn 296.

eigenen Wohnzwecken) des Berechtigten, und zwar nicht nur für die Dauer der Eigentümerstellung des Grundstückserwerbers, sondern auch für den Fall der Einzelrechtsnachfolge oder Zwangsvollstreckung in das belastete Grundstück sowie der Insolvenz des Eigentümers.

Dem Wohnungsrechtsberechtigten steht das Recht zu, das belastete Gebäude bzw. den belasteten Teil des Gebäudes unter Ausschluss des Eigentümers als Wohnung zu nutzen. Das Wohnungsrecht stellt eine Sonderform der persönlichen Dienstbarkeit dar, so dass prinzipiell §§ 1090–1092 BGB anwendbar sind.[68] Es ist weder vererblich (§ 1090 Abs. 2 i.V.m. § 1061 BGB)[69] noch übertragbar.[70] Im Übrigen hat das Wohnungsrecht wegen der recht umfassenden Verweisung in § 1093 Abs. 1 S. 2 BGB einen dem Nießbrauch stark angenäherten Charakter.[71] Wesentlicher Unterschied zum Nießbrauch ist und bleibt aber, dass die Nutzung zu Wohnzwecken den Hauptinhalt der Dienstbarkeit bilden muss. Bei gemischter Nutzung (z.B. teils zu gewerblichen Zwecken) ist § 1093 BGB so weit anwendbar, wie die Wohnnutzung reicht; im Übrigen gilt § 1090 BGB. Bildet die gewerbliche Nutzung nur einen untergeordneten Nebenzweck, ist dies für § 1093 BGB aber unschädlich.[72] 38

Zu den prägenden Merkmalen des Wohnungsrechts gehört außerdem, dass auf seiner Grundlage der Eigentümer – wenigstens in Bezug auf einzelne Räume bzw. eine Teilfläche – von der Nutzung des belasteten Grundstücks (und Gebäudes) ausgeschlossen sein muss.[73] Soll lediglich ein Recht zur Mitbenutzung neben dem Eigentümer begründet werden, kann dies nur mithilfe einer beschränkten persönlichen Dienstbarkeit gem. § 1090 BGB erreicht werden.[74] 39

In steuerrechtlicher Hinsicht gelten für das Wohnungsrecht prinzipiell dieselben Grundsätze wie beim Nießbrauch.[75] Im Ergebnis kommen diese allerdings nur dann zum Tragen, wenn bzw. soweit der Wohnungsrechtsberechtigte mithilfe des Wohnungsrechts Einkünfte erzielt. Die ausschließliche Selbstnutzung (die in der Praxis die Regel darstellt) ist ertragsteuerlich nicht relevant. 40

---

68 MüKo-BGB/*Mohr*, § 1093 Rn 2.

69 MüKo-BGB/*Mohr*, § 1093 Rn 2.

70 BeckOGK/*Kazele*, § 1093 BGB Rn 61.

71 Grüneberg/*Herrler*, § 1093 Rn 1.

72 OLG Brandenburg v. 30.4.2024 – 5 W 26/24, BeckRS 2024, 9884; BeckOK BGB/*Reischl*, § 1093 Rn 7 m.w.N.

73 Grüneberg/*Herrler*, § 1093 Rn 4; MüKo-BGB/*Mohr*, § 1093 Rn 5.

74 Grüneberg/*Herrler*, § 1093 Rn 4; MüKo-BGB/*Mohr*, § 1093 Rn 5.

75 Vgl. Brandis/Heuermann/*Schallmoser*, § 21 EStG Rn 101–107 sowie § 7 EStG Rn 174 ff.; BMF-Schreiben v. 30.9.2013 – IV C 1 – S 2253/07/10004 (Nießbrauchserlass), DStR 2013, 2112 ff., Tz 33, 49; vgl. auch BeckNotar-HdB/*Herrler*, § 5 Rn 388; erfolgt keine Vermietung, hat der Berechtigte keine steuerpflichtigen Einkünfte.

2. Hinweise zur Vertragsgestaltung

41 Das Wohnungsrecht belastet das Grundstück selbst, nicht das auf ihm befindliche Gebäude.[76] Als beschränkte persönliche Dienstbarkeit kann das Wohnungsrecht (anders als der Nießbrauch) nicht an einem ideellen Miteigentumsanteil bestellt werden.[77]

> **Formulierungsbeispiel**
>
> Zugunsten des Übergebers vereinbaren die Parteien ein unentgeltliches, lebenslanges, dingliches Wohnungsrecht mit folgendem Inhalt:
>
> Der Wohnungsrechtsberechtigte ist zur alleinigen/den Eigentümer ausschließenden Nutzung der Räume im Erdgeschoss des übertragungsgegenständlichen Hausanwesens sowie zur Mitbenutzung des Gartens, der Waschküche im Keller sowie sämtlicher Verbindungswege zwischen den von ihm zu nutzenden Gebäude- bzw. Grundstücksteilen berechtigt.

42 Möglich ist auch die Bestellung eines Wohnungsrechts an einem Erbbaurecht oder einem Wohnungseigentum.[78] Die Bestellung eines Wohnungsrechts an einem unbebauten Grundstück ist zulässig, wenn die Errichtung eines Gebäudes zuverlässig geplant ist.[79]

> **Formulierungsbeispiel**
>
> Die Bebauung des bislang unbebauten übertragungsgegenständlichen Grundstücks mit einem Zweifamilienhaus ist seitens des Übernehmers geplant. Die Bauplanungsunterlagen sind den Parteien bekannt, auf eine Verlesung bzw. Beifügung zu dieser Urkunde wird allseits verzichtet.
>
> Zugunsten des Übergebers vereinbaren die Parteien ein unentgeltliches, lebenslanges, dingliches Wohnungsrecht an der in dem zu errichtenden Gebäude geplanten Wohneinheit im Erdgeschoss. Dieses Wohnungsrecht beginnt mit der Bezugsfertigkeit der Wohnung. Der Übernehmer verpflichtet sich, die Bezugsfertigkeit binnen (…) ab der heutigen Beurkundung herbeizuführen. Eine Sanktion für den Fall der Nichterfüllung dieser Verpflichtung wollen die Parteien trotz Belehrung nicht vereinbaren.

43 Wohnungsrechte können auch bedingt oder befristet bestellt werden. Dies kann etwa dann sinnvoll sein, wenn eine Absicherung des Wohnens nur bis zum Erreichen eines bestimmten Lebensalters des Berechtigten erforderlich erscheint. Im Übrigen dürfte es in aller Regel sachgerecht sein, den Auszug des Berechtigten

---

76 BGH v. 20.10.1967 – V ZR 130/64, BB 1968, 105.

77 Grüneberg/*Herrler*, § 1093 Rn 6, § 1090 Rn 2; MüKo-BGB/*Mohr*, § 1090 Rn 42; Beck-Notar-HdB/*Herrler*, § 5 Rn 344.

78 Vgl. MüKo-BGB/*Mohr*, § 1090 Rn 42, § 1093 Rn 2.

79 BeckOK BGB/*Reischl*, § 1093 Rn 3; Grüneberg/*Herrler*, § 1093 Rn 6.

aus der in Rede stehenden Wohnung als auflösende Bedingung zu vereinbaren.[80] Denn von Gesetzes wegen führen der Eintritt der **Pflegebedürftigkeit** des Wohnungsrechtsberechtigten und der dadurch ausgelöste bzw. erforderlich werdende Umzug in eine Pflegeeinrichtung nicht zum Erlöschen des Wohnungsrechts.[81]

Auch wenn (oder gerade weil) die Rechtsprechung hierin in der Vergangenheit mehrfach einen Wegfall der Geschäftsgrundlage (§ 313 BGB) gesehen hat, besteht das erhebliche Risiko, dass ein nicht mehr ausübbares Wohnungsrecht Geldzahlungsansprüche auslösen kann, die auch auf den Sozialhilfeträger übergeleitet werden können.[82] Dies werden die meisten Vertragsparteien gerne vermeiden wollen.[83]

Formulierungsbeispiel

Das Wohnungsrecht steht unter der auflösenden Bedingung, dass der Berechtigte aus der Wohnung auszieht. Ein Auszug in diesem Sinne liegt insbesondere vor, wenn der Berechtigte sich länger als sechs Monate, gleich aus welchen Gründen, nicht längerfristig in der Wohnung aufgehalten hat. Dies gilt insbesondere auch im Fall der alters- oder gesundheitsbedingten Unterbringung in einer Betreuungs- oder Pflegeeinrichtung oder bei Umzug in ein Senioren- oder Altersheim oder eine ähnliche Einrichtung. Für den Fall des Bedingungseintritts sind sämtliche etwa an die Stelle der Wohnungsrechtsberechtigung tretenden Ansprüche ausgeschlossen.

Auch im Falle einer vorübergehenden Verhinderung des Berechtigten an der Ausübung seines Wohnungsrechts sind sämtliche etwa denkbaren Ansprüche gegenüber dem Grundstückseigentümer ausgeschlossen.

Gem. § 1093 Abs. 2 BGB darf der Wohnungsrechtsberechtigte seine Familie sowie die zur standesmäßigen Bedienung und Pflege erforderlichen Personen in die belastete Wohnung aufnehmen.[84] Zur Familie in diesem Sinne gehört selbstverständlich auch der eingetragene Lebenspartner (§ 11 LPartG). Der mit dem Berechtigten in nichtehelicher Lebensgemeinschaft zusammenlebende Partner darf jedenfalls dann aufgenommen werden, wenn beide Partner unverheiratet 44

80 BGH v. 13.7.2012 – V ZR 206/11, NJW 2012, 3572; BGH v. 7.8.1997 – 2Z BR 61/97, DNotZ 1998, 299; BeckNotar-HdB/*Herrler*, § 5 Rn 367; vgl. auch *Auktor*, MittBayNot 2008, 14.

81 OLG Celle v. 13.7.1998 – 4 W 129/98, NJW-RR 1999,10.

82 Vgl. OLG München v. 28.1.1998 – 15 U 4067/96, NJW-RR 1999, 1358; OLG Koblenz v. 6.1.2004 – W 826/03, ZEV 2004, 341; OLG Celle v. 13.7.1998 – 4 W 129/98, NJW-RR 1999, 10; siehe näher *Everts*, ZEV 2004, 495; *Rosendorfer*, MittBayNot 2005, 1.

83 BeckNotar-HdB/*Herrler*, § 5 Rn 370.

84 BeckNotar-HdB/*Herrler*, § 5 Rn 354; MüKo-BGB/*Mohr*, § 1093 Rn 12.

sind und die Gemeinschaft auf Dauer angelegt ist.[85] Eine Überlassung zur Alleinnutzung ist aber grundsätzlich unzulässig.[86]

Formulierungsbeispiel

Der Wohnungsrechtsberechtigte ist ausdrücklich berechtigt, Dritte, insbesondere auch eine Pflegeperson, in die Wohnung aufzunehmen.

Das Mitbenutzungsrecht endet nicht automatisch mit dem Umzug des (eigentlichen) Berechtigten in ein Alten- bzw. Pflegeheim, vielmehr kann es (faktisch) zum Alleinnutzungsrecht erstarken (solange die Rückkehr nicht völlig ausgeschlossen ist).[87]

Somit kann es sinnvoll erscheinen, dies bei der Vereinbarung des Wohnungsrechts ausdrücklich zu regeln.

45 Eine Übertragbarkeit des Wohnungsrechts ist aber (ebenso wie beim Nießbrauch) ausgeschlossen (§ 1092 Abs. 1 S. 1 BGB). Die Überlassung zur Ausübung kann aber bei der Ausgestaltung des Wohnungsrechts zugelassen werden (§ 1092 Abs. 1 S. 2 BGB). Daher kann auch eine Möglichkeit zur Vermietung der Wohnung mit dinglicher Wirkung vereinbart werden.[88] Dabei sollte allerdings nicht übersehen werden, dass diese Ausgestaltung den Gläubigern des Wohnungsrechtsberechtigten den Zugriff auf etwa zu erzielende Mieterträge bzw. die Nutzungsmöglichkeit als solche und hierauf gerichtete Zwangsvollstreckungsmaßnahmen ermöglichen kann.

Formulierungsbeispiel

Die Überlassung des Wohnungsrechts an einen Dritten zur Ausübung ist ausgeschlossen.

[Alternative:]

Die Überlassung des Wohnungsrechts an einen Dritten zur Ausübung ist nur mit ausdrücklicher schriftlicher Zustimmung des Eigentümers (im jeweiligen Einzelfall) zulässig.

Der Eigentümer ist zur Zustimmung verpflichtet, wenn der durch den Wohnungsrechtsinhaber vorgeschlagene Mieter für den Eigentümer nicht unzumutbar ist.

46 Während des Bestehens des Wohnungsrechts hat der Grundstückseigentümer (lediglich) die Pflicht, die Ausübung zu dulden. Das spiegelt sich auch in der gesetzlichen Verteilung der Kosten und Lasten wider. Denn § 1093 BGB verweist

85 BGH v. 7.5.1982 – V ZR 58/81, NJW 1982, 1868.

86 MüKo-BGB/*Mohr*, § 1093 Rn 12; BeckOGK/*Kazele*, § 1093 BGB Rn 178.

87 OLG Schleswig v. 2.1.2007 – 3 U 116/06, NJOZ 2007, 1134; *Becker*, NJW 2021, 1265, 1266 ff.; BeckNotar-HdB/*Herrler*, § 5 Rn 354.

88 MüKo-BGB/*Mohr*, § 1092 Rn 8.

nicht auf § 1047 BGB, so dass der Eigentümer anders als beim Nießbrauch zunächst sämtliche auf dem Grundstück ruhenden **privaten und öffentlichen Lasten** (Zins- und Tilgungsleistungen auf Grundpfandrechte, Grundsteuer, Erschließungskosten etc.) zu tragen hat.[89]

Der Wohnungsrechtsberechtigte hat nur für die Erhaltung der Sache in ihrem wirtschaftlichen Bestand zu sorgen. Für Ausbesserungen oder Erneuerungen ist er nur verantwortlich, soweit sie zur gewöhnlichen Unterhaltung der Wohnung des Grundstücks gehören.[90] Die normale Abnutzung hat er weder auszugleichen noch ihretwegen Ausbesserungen vorzunehmen (§§ 1041, 1050, 1093 Abs. 1 S. 2 BGB). Betriebskosten (Nebenkosten für Heizung, Kalt- und Warmwasser, Müllabfuhr etc.) muss der Wohnungsrechtsberechtigte allerdings selbst tragen.[91] 47

Eine gewisse Regelungslücke ergibt sich in Bezug auf außergewöhnliche Ausbesserungen und Erneuerungen an den dem Wohnungsrechtsberechtigten zur alleinigen Nutzung zugewiesenen Räumen. Denn zu solchen Maßnahmen ist weder der Eigentümer noch der Berechtigte verpflichtet.[92] Ähnlich wie beim Nießbrauch sind aber vom Gesetz abweichende Vereinbarung zwischen den Parteien möglich und (jedenfalls teilweise) auch sinnvoll.

Formulierungsbeispiel

Die für die dem Wohnungsrecht unterliegenden Räume anfallenden Kosten für Heizung, Strom und Warmwasser sowie alle übrigen Betriebskosten, die üblicherweise in entsprechender Anwendung der II. Berechnungsverordnung auf einen Mieter umgelegt werden, trägt der Wohnungsrechtsberechtigte. Soweit hinsichtlich der vom Berechtigten zu tragenden Betriebskosten eine verbrauchsabhängige Abrechnung und Kostenumlegung praktisch möglich und rechtlich zulässig ist, hat diese zu erfolgen, sofern eine der Vertragsparteien dies wünscht.

Der Übernehmer ist verpflichtet, die Wohnung im Obergeschoss des Anwesens in bewohnbarem Zustand zu erhalten und im Falle der Zerstörung wiederherzustellen. Zu den Erhaltungskosten gehören auch Schönheitsreparaturen.

Diese Ansprüche werden durch eine Reallast auf dem Grundstück abgesichert.

89 Vgl. BeckNotar-HdB/*Herrler*, § 5 Rn 361 ff.

90 BGH v. 21.1.2011 – V ZR 57/11, NJW 2012, 522; MüKo-BGB/*Mohr*, § 1093 Rn 9; BeckOGK/*Kazele*, § 1093 BGB Rn 193.

91 BayObLG v. 29.7.1988 – BReg. 2 Z 76/88, DNotZ 1989, 569; MüKo-BGB/*Mohr*, § 1093 Rn 9; BeckNotar-HdB/*Herrler*, § 5 Rn 366.

92 *Schöner/Stöber*, Grundbuchrecht, Rn 1250, „Pattsituation"; BeckNotar-HdB/*Herrler*, § 5 Rn 361; vgl. auch BGH v. 4.7.1969 – V ZR 37/66, NJW 1969, 1847.

IV. Schenkung unter Vereinbarung von Versorgungsleistungen

1. Grundlagen

a) Allgemeines – Zielsetzung

48 Oftmals ist der Übergeber nur dann bereit, sein Immobilieneigentum aufzugeben, wenn er im Gegenzug eine wirtschaftliche Absicherung in Form **wiederkehrender Bezüge** erhält. Es geht also hier um Vereinbarungen, in denen der Übernehmer „als Gegenleistung" für die Übergabe zu regelmäßigen Zahlungen an den Übergeber verpflichtet wird. Diese haben in der Regel eine Laufzeit bis zum Tod des Schenkers/Übergebers; teilweise sind sie aber nach dessen Tod auch an seine Hinterbliebenen, insbesondere den Ehegatten, zu leisten.[93]

Typischerweise orientiert sich die Höhe der wiederkehrenden Leistungen nicht in erster Linie am Verkehrswert der zu übergebenden Immobilie.[94] Sie richtet sich vielmehr nach dem angenommenen **Versorgungsbedürfnis** des Übergebers bzw. seiner Angehörigen (sog. Versorgungsleistungen).[95]

49 Der Begriff der Versorgungsleistung ist stark einkommensteuerrechtlich geprägt. Nach § 10 Abs. 1a Nr. 2 EStG können Versorgungsleistungen im Zusammenhang mit der Übertragung bestimmter betrieblicher Einheiten als abziehbare Sonderausgaben zu qualifizieren sein.[96] Auch wenn die Anwendung von § 10 Abs. 1a Nr. 2 EStG im Bereich der vorweggenommenen Erbfolge in Bezug auf Immobilien nicht in Betracht kommt,[97] sind die einkommensteuerrechtlich maßgeblichen Abgrenzungskriterien zur Unterscheidung von Versorgungsleistungen auf der einen Seite und echten (vollwertigen oder reduzierten) Kaufpreisen bzw. Kaufpreisrenten auf der anderen Seite dennoch hilfreich.

50 Der Schenker/Übergeber will seine Altersversorgung sichergestellt wissen, nicht eine nach kaufmännischen Grundsätzen abgewogene angemessene Gegenleistung für die Hingabe seines Vermögens erhalten.[98] Dessen ungeachtet besteht aus der Sicht der Beteiligten regelmäßig die Vorstellung, die zukünftig zu erbringenden Leistungen – jedenfalls wirtschaftlich betrachtet – aus den Erträgen des übernommenen Objekts zu finanzieren.[99]

---

93 Scherer/*v. Sothen/Kotzenberg/Claussen*, MAH Erbrecht, § 36 Rn 199 ff.

94 BMF-Schreiben v. 11.3.2010 – IV C 3 – S 2221/09/10004, DStR 2010, 545, 546, Tz 4; vgl. auch Schmidt/*Krüger*, EStG, § 10 Rn 112, 115 (auch wenn bei privaten Immobilienübertragungen kein Fall von § 10 Abs. 1a Nr. 2 EStG vorliegt).

95 BMF-Schreiben v. 11.3.2010 – IV C 3 – S 2221/09/10004, DStR 2010, 545, 550, Tz 50.

96 Vgl. hierzu Brandis/Heuermann/*Vogel*, § 10 EStG Rn 410 ff.; MüKo-BGB/*Raude*, § 759 Rn 17 ff.

97 Vgl. hierzu Brandis/Heuermann/*Vogel*, § 10 EStG Rn 435.

98 BMF-Schreiben v. 11.3.2010 – IV C 3 – S 2221/09/10004, DStR 2010, 545, 546, Tz 5.

99 BMF-Schreiben v. 11.3.2010 – IV C 3 – S 2221/09/10004, DStR 2010, 545, 548, Tz 26 f.

Ein entscheidender Vorteil dieser Gestaltungsvariante besteht für den Schenker darin, sich nicht mehr aktiv um das „Management" des übergebenen Grundbesitzes kümmern zu müssen. Gleichzeitig hat er aber die Möglichkeit, sich wirtschaftlich einen Teil der zu erwartenden Erträge vorzubehalten, um – ohne weitere Arbeit zu haben – abgesichert zu sein bzw. zu bleiben. 51

Neben Geldzahlungen kommen als Versorgungsleistungen auch tatsächliche Handlungen (Haushaltsführung, Pflege o.Ä.) in Betracht.[100] Hinsichtlich der verschiedenen Formen der Geldzahlungen zu Versorgungszwecken ist im Detail, wie bereits angedeutet, zwischen sog. Leibrenten und dauernden Lasten zu unterscheiden. 52

b) Leibrente/dauernde Last/Versorgungszeitrente

Leibrenten (§ 759 BGB)[101] zeichnen sich dadurch aus, dass sich der Übernehmer zur Erbringung regelmäßig wiederkehrender – typischerweise lebenslänglicher – und nach Art, Höhe und Zahlungszeitpunkt bzw. Zahlungsrhythmus gleichbleibender Leistungen (regelmäßig Geldleistungen) verpflichtet.[102] Die Rechtsprechung versteht unter einer Leibrente ein einheitlich nutzbares Recht, das für die Lebenszeit eines Menschen eingeräumt ist und dessen Erträge aus fortlaufend wiederkehrenden gleichmäßigen Leistungen in Geld oder vertretbaren Sachen bestehen.[103] 53

Diese Vorgaben müssen sich auch in der Vertragsgestaltung widerspiegeln.[104] Als sog. abgekürzte Leibrente kann auch eine vor dem Tod einer Person zur Beendigung der Rente führende Höchstlaufzeit vereinbart werden; ebenso ist die Vereinbarung einer Mindestlaufzeit (dann im Zweifel zugunsten der Erben des ursprünglich Rentenberechtigten) möglich,[105] wobei der sachenrechtliche Bestimmtheitsgrundsatz allerdings keine Bezugnahme auf die allgemeine Abänderungsmöglichkeit nach § 323 ZPO erlaubt.[106]

Die Gleichförmigkeit der Leistungen (nach Art, Höhe und Zeitpunkt) bildet das wesentliche Abgrenzungskriterium gegenüber der dauernden Last.[107] Dies 54

100 Scherer/*Ridder*, MAH Erbrecht, § 32 Rn 102 f.; BeckNotar-HdB/*Herrler*, § 5 Rn 439.
101 Vgl. zum Begriff BeckOK BGB/*Litzenburger*, § 759 Rn 1 ff.; MüKo-BGB/*Raude*, § 759 Rn 1 ff.
102 BeckOK BGB/*Litzenburger*, § 759 Rn 6.
103 BGH v. 1.2.1966 – VI ZR 193/64, BB 1966, 305; krit. hierzu BeckOK BGB/*Litzenburger*, § 759 Rn 1; MüKo-BGB/*Raude*, § 759 Rn 3 ff.
104 Vgl. BeckNotar-HdB/*Herrler*, § 5 Rn 390 ff.
105 Grüneberg/*Retzlaff*, § 759 Rn 9.
106 Kössinger/Najdecki/Zintl/*R. Kössinger/Zintl*, HdB Testamentsgestaltung, § 9 Rn 78; Scherer/*Ridder*, MAH Erbrecht, § 32 Rn 127.
107 Grüneberg/*Retzlaff*, § 759 Rn 10; BeckOK BGB/*Litzenburger*, § 759 Rn 6.

schließt allerdings die Vereinbarung von Wertsicherungsklauseln, bspw. durch Anpassung an einen Preisindex, nicht aus.[108]

55 Gem. § 761 BGB bedarf das Leibrentenversprechen der **Schriftform**.[109] Eine Heilungsmöglichkeit (wie etwa in § 518 BGB) durch Vollzug des formunwirksamen Versprechens besteht nicht.[110] Eine Ausnahme gilt nur dann, wenn das zugrunde liegende Rechtsgeschäft eigentlich beurkundungspflichtig ist und durch seinen Vollzug gem. § 311b Abs. 2 BGB eine **Heilung** eintritt. Diese erstreckt sich dann auch auf das Rentenversprechen.[111]

Leibrenten können durch **Reallast** (§ 1105 BGB) oder vormerkungsgesicherten Rückabwicklungsvorbehalt (§ 883 BGB) grundbuchrechtlich gesichert werden.

56 Eine andere Form der wiederkehrenden Leistung bildet die gesetzlich nicht definierte sog. **dauernde Last**.[112] Der wesentliche Unterschied zur Leibrente besteht darin, dass dauernde Lasten sowohl was die Art und die Höhe der Leistung betrifft, als auch hinsichtlich der Zeitabstände, in denen sie zu erbringen sind, grundsätzlich abänderbar sind.[113] In der Praxis wird zumeist eine Abänderbarkeit der Höhe der zu erbringenden Zahlungen vereinbart.

Im Gegensatz zur Leibrente bedarf die Vereinbarung von dauernden Lasten nicht der Einhaltung irgendwelcher Formvorschriften, insbesondere gilt § 761 BGB nicht, auch nicht entsprechend.[114] Eine Sicherung durch **Reallast** gem. § 1105 BGB ist auch bei der dauernden Last möglich.[115]

57 Neben Leibrenten und dauernden Lasten sind in der Praxis mitunter auch sog. **Versorgungszeitrenten** anzutreffen. Sie werden nicht auf die Lebenszeit einer oder mehrerer Personen vereinbart, sondern vielmehr für einen von vornherein

108 Siehe auch BFH v. 15.7.1991 – GrS 1/90, NJW 1992, 71; BeckNotar-HdB/*Herrler*, § 5 Rn 395 ff.

109 Alternativ kann das Leibrentenversprechen auch in elektronischer Form abgegeben werden (§ 126 Abs. 3 BGB), sofern dabei die qualifizierten Anforderungen des § 126a Abs. 1 BGB eingehalten werden, vgl. BeckOK BGB/*Litzenburger*, § 761 Rn 3; MüKo-BGB/*Raude*, § 761 Rn 8.

110 BeckOK BGB/*Litzenburger*, § 761 Rn 5; MüKo-BGB/*Raude*, § 761 Rn 10 m.w.N.

111 BGH v. 17.3.1978 – V ZR 217/75, NJW 1978, 1577; Grüneberg/*Retzlaff*, § 761 Rn 1; Staudinger/*Liebrecht*, § 761 Rn 14; BeckOK BGB/*Litzenburger*, § 761 Rn 5; a.A. MüKo-BGB/*Raude*, § 761 Rn 10.

112 Vgl. hierzu Kössinger/Najdecki/Zintl/*R. Kössinger/Zintl*, HdB Testamentsgestaltung, § 9 Rn 78; Schmidt/*Weber-Grellet*, EStG, § 22 Rn 47.

113 BFH v. 18.10.1994 – IX R 46/88, BStBl II 1995, 169; Scherer/*Ridder*, MAH Erbrecht, § 32 Rn 123; *Bauer/Münch*, ZEV 2007, 6.

114 Scherer/*Ridder*, MAH Erbrecht, § 32 Rn 127.

115 Scherer/*Ridder*, MAH Erbrecht, § 32 Rn 127.

bestimmten Zeitraum.[116] Der jeweilige Zahlungstermin ist dabei regelmäßig nach dem Kalender (oder einem kalendermäßig bestimmbaren Zeitraum) definiert.[117]

Bei der Versorgungszeitrente handelt es sich aber nicht um ein nach kaufmännischen Grundsätzen ermitteltes und anschließend verrentetes Entgelt (z.B. Kaufpreis, vgl. hierzu Rdn 97 ff.). Vielmehr orientiert sich auch hier die Höhe der Rentenbezüge in erster Linie am **Versorgungsinteresse** des Empfängers (bzw. der Leistungsfähigkeit des Zahlenden). Ein typisches Anwendungsszenario besteht in der Überbrückung einkommensloser Zeiträume, bspw. bis zum Eintritt in das Rentenalter.

c) Ertragsteuerliche Behandlung wiederkehrender Leistungen

aa) Grundsätzliche Einordnung

Steuerlich wird grundsätzlich zwischen Versorgungsleistungen, Unterhaltsleistungen und Austauschverträgen mit Gegenleistung unterschieden.[118] Dabei sind Leib- und Versorgungszeitrenten sowie dauernde Lasten begrifflich als **Versorgungsleistungen** zu qualifizieren. Im Bereich der Unternehmensnachfolge stellen solche Versorgungsleistungen ertragsteuerlich kein Entgelt für die Grundstücksübertragung dar.[119] 58

Diese Grundsätze gelten aber in Bezug auf die Übertragung privater Immobilien nicht.[120] Denn nach Ansicht des BFH kann lediglich die Vermögensübergabe gegen Versorgungsleistungen, die einen der Tatbestände des § 10 Abs. 1a Nr. 2 EStG erfüllen, einkommensteuerrechtlich „fiktiv als unentgeltlicher Vorgang behandelt" werden.[121] 59

Grundsätzlich[122] gilt zwar die Vermutung, dass eine im Angehörigenverhältnis vereinbarte Gegenleistung unabhängig vom Wert der übertragenen Vermögenswerte nach dem Versorgungsbedürfnis der Eltern bzw. nach der Ertragskraft des übertragenen Vermögens bemessen wird und daher prinzipiell einen familiären, unentgeltlichen Charakter hat.[123] Dessen ungeachtet geht der BFH aber davon

116 Brandis/Heuermann/*Nacke*, § 22 EStG Rn 124; Scherer/*Ridder*, MAH Erbrecht, § 32 Rn 129.

117 BMF-Schreiben v. 11.3.2010 – IV C 3 – S 2221/09/10004, DStR 2010, 545, 550, Tz 56.

118 BMF-Schreiben v. 11.3.2010 – IV C 3 – S 2221/09/10004, DStR 2010, 545, Tz 1.

119 Schmidt/*Krüger*, EStG, § 10 Rn 12; Brandis/Heuermann/*Vogel*, § 10 EStG Rn 410 ff.; Scherer/*v. Sothen/Kotzenberg/Claussen*, MAH Erbrecht, § 35 Rn 415 f.

120 BFH v. 29.9.2021 – IX R 11/19, DStR 2022, 28; vgl. bereits zuvor BFH v. 28.4.2020 – IX R 11/19, ZEV 2020, 504.

121 BFH v. 29.9.2021 – IX R 11/19, DStR 2022, 28, 31.

122 Also im Einzelfall widerlegbar, vgl. BMF-Schreiben v. 11.3.2010 – IV C 3 – S 2221/09/10004, DStR 2010, 545 ff., Tz 5.

123 BFH v. 9.2.1994 – IX R 110/90, DStR 1994, 1727; BFH v. 29.1.1992 – X R 193/87, BFHE 167, 95 = DStR 1992, 646 m.w.N.

aus, dass bei Vermögensübertragungen innerhalb der Familie (z.B. von Eltern auf Kinder) gegen eine – nicht nach kaufmännischen Grundsätzen abgewogene – Gegenleistung grundsätzlich kein vollständig unentgeltlicher Vorgang anzunehmen sei, sondern vielmehr ein (teil)entgeltliches Geschäft.[124]

bb) Einkommensteuer des Übergebers

(1) Privates Veräußerungsgeschäft

60 Auf Seiten des Übergebers stellt sich zunächst die Frage nach einer etwaigen Veräußerungsgewinnbesteuerung, soweit es sich bei der übertragenen Immobilie um ein Objekt handelt, das – mangels Selbstnutzung, § 23 Abs. 1 Nr. 1 S. 3 EStG, bzw. Ablaufs der Spekulationsfrist, § 23 Abs. 1 Nr. 1 S. 1 EStG – Gegenstand eines steuerpflichtigen privaten Veräußerungsgeschäfts im Anwendungsbereich von § 23 EStG ist.[125]

61 Im Fall der teilentgeltlichen Veräußerung von Wirtschaftsgütern des Privatvermögens erfolgt nach der ständigen Rechtsprechung für einkommensteuerliche Zwecke eine Aufteilung in einen voll entgeltlichen und einen voll unentgeltlichen Teil nach dem Verhältnis der Gegenleistung zum Verkehrswert des übertragenen Wirtschaftsguts.[126]

Diese Grundsätze gelten auch für teilentgeltliche Übertragungen im Anwendungsbereich von § 23 EStG.[127]

Die zur Ermittlung des Veräußerungsgewinns dem Erlös (hier dem Barwert der Versorgungsleistungen) gegenüberzustellenden Anschaffungskosten (bereinigt um die AfA)[128] sind entsprechend der „Entgeltlichkeitsquote“[129] aufzuteilen.[130]

---

124 BFH v. 29.9.2021 – IX R 11/19, DStR 2022, 28, 31.

125 Die bei Drucklegung verfügbare Kommentarliteratur berücksichtigte noch nicht das Urt. des BFH v. 11.3.2025 – IX R 17/24, DStR 2025, 1265; vgl. Schmidt/*Levedag*, EStG, § 23 Rn 37 ff., 64 ff.; Brandis/Heuermann/*Ratschow*, § 23 EStG Rn 162, „Versorgungsleistungen sind grds. kein Entgelt“.

126 BFH, Urt. v. 11.3.2025 – IX R 17/24, DStR 2025, 1265, 1266 unter Hinweis auf BFH v. 17.7.1980 – IV R 15/76, BStBl II 1981, 11; BFH v. 14.6.2005 – VIII R 37/03, DStRE 2006, 117; BFH v. 10.11.1998 – VIII R 28/97, BeckRS 1998, 30032375; BFH v. 12.12.2023 – IX R 15/23, DStRE 2024, 788 m. Anm. *Trossen*, Rn 21.

127 BFH, Urt. v. 11.3.2025 – IX R 17/24, DStR 2025, 1265, 1266 unter Hinweis auf BFH v. 29.6.2011 – IX R 63/10, BStBl II 2011, 873 = DStR 2011, 1607; BFH v. 12.12.2023 – IX R 15/23, DStRE 2024, 788 m. Anm. *Trossen*, Rn 22; ähnlich bereits BFH v. 22.9.1987 – IX R 15/84, BFHE 151, 143 = BStBl II 1988, 250; BFH v. 20.4.2004 – IX R 5/02, DStR 2004, 1077.

128 BFH, Urt. v. 11.3.2025 – IX R 17/24, DStR 2025, 1265,1268.

129 Vgl. hierzu BMF-Schreiben v. 5.10.2000 – IV C 3 – S 2256–263/00, BStBl I 2000, 1383, Tz 30.

130 BFH, Urt. v. 11.3.2025 – IX R 17/24, DStR 2025, 1265, 1266.

Der Barwert der wiederkehrenden Leistungen ist nach §§ 12 ff. BewG (bei lebenslänglichen Leistungen nach § 14 Abs. 1 BewG) oder nach versicherungsmathematischen Grundsätzen zu berechnen (vgl. R 6.2 S. 1 EStR).[131] Bei der Berechnung des Barwerts ungleichmäßig wiederkehrender Leistungen (dauernde Lasten) ist als Jahreswert der Betrag zugrunde zu legen, der – aus der Sicht des Anschaffungszeitpunkts – in Zukunft im Durchschnitt der Jahre voraussichtlich erzielt wird.[132] 62

Übersteigt der Barwert (Tilgungsanteil) der wiederkehrenden Leistungen den Wert des übertragenen Vermögens, ist Entgeltlichkeit nur in Höhe des angemessenen Kaufpreises anzunehmen. Der übersteigende Betrag ist eine einkommensteuerlich unbeachtliche Zuwendung i.S.v. § 12 Nr. 2 EStG.[133] Schenkungsteuerlich kann eine freigebige Zuwendung vorliegen. 63

Ist der Barwert der wiederkehrenden Leistungen mehr als doppelt so hoch wie der Wert des übertragenen Vermögens, liegt insgesamt eine Zuwendung i.S.v. § 12 Nr. 2 EStG vor.[134]

Der Zinsanteil von Leibrenten ist nach der Ertragsanteilstabelle des § 22 Nr. 1 S. 3 Buchst. a Doppelbuchst. bb EStG (ggf. i.V.m. § 55 Abs. 1 EStDV) zu ermitteln,[135] wobei hier auch eine Berechnung nach finanzmathematischen Grundsätzen unter Verwendung eines Zinsfußes von 5,5 % möglich ist. Dabei ist die voraussichtliche Laufzeit nach der zum jeweiligen Berechnungszeitpunkt geltenden Sterbetafel zu bemessen.[136] 64

(2) Besteuerung laufender Einnahmen

Während Versorgungsleistungen im Rahmen privilegierter Vermögensübergaben nach § 22 Nr. 1a EStG (also mit korrespondierendem Sonderausgabenabzug beim Leistenden, §§ 10 Abs. 1a Nr. 2 EStG) keinen zu versteuernden Ertrags- bzw. Zinsanteil enthalten, unterliegen andere Leibrenten (also auch die hier in Rede stehenden) der Besteuerung, und zwar mit dem sog. Ertragsanteil, § 22 Nr. 1 S. 3 Buchst. a Doppelbuchst. bb EStG.[137] Dieser muss auch dann steuerpflichtig sein, wenn der Kapitalanteil wegen bereits abgelaufener Spekulationsfrist oder im 65

---

131 BMF-Schreiben v. 11.3.2010 – IV C 3 – S 2221/09/10004, DStR 2010, 545 ff., Tz 69, 73.

132 BMF-Schreiben v. 11.3.2010 – IV C 3 – S 2221/09/10004, DStR 2010, 545 ff., Tz 69 unter Hinweis auf BFH v. 18.10.1994 – IX R 46/88, BStBl II 1995, 169.

133 BMF-Schreiben v. 11.3.2010 – IV C 3 – S 2221/09/10004, DStR 2010, 545 ff., Tz 66.

134 BMF-Schreiben v. 11.3.2010 – IV C 3 – S 2221/09/10004, DStR 2010, 545 ff., Tz 66.

135 BMF-Schreiben v. 11.3.2010 – IV C 3 – S 2221/09/10004, DStR 2010, 545 ff., Tz 71; BFH v. 25.11.1992 – X R 91/89, DStR 1993, 685.

136 BMF-Schreiben v. 11.3.2010 – IV C 3 – S 2221/09/10004, DStR 2010, 545 ff., Tz 71; BFH v. 25.11.1992 – X R 91/89, DStR 1993, 685.

137 BFH v. 18.5.2010 – X R 32–33/01, BStBl II 2011, 675; BFH v. 29.9.2021 – IX R 11/19, DStR 2022, 28; Schmidt/*Levedag*, EStG, § 20 Rn 119; ebenso BMF-Schreiben v. 11.3.2010 – IV C 3 – S 2221/09/10004, DStR 2010, 545 ff., Tz 75.

Hinblick auf § 23 Abs. 1 Nr. 1 S. 3 EStG nicht der Einkommensbesteuerung unterliegt.[138]

66 Bei dauernden Lasten ist der zu ermittelnde Zinsanteil als Einkünfte aus Kapitalvermögen nach § 20 Abs. 1 Nr. 7 EStG zu versteuern.[139]

cc) Einkommensteuer des Erwerbers

67 Die vom Erwerber zu leistenden laufenden Zahlungen sind keine steuerlich nicht abziehbaren Aufwendungen i.S.v. § 12 EStG. Denn es handelt sich bei ihnen weder um Unterhaltsleistungen noch um Zuwendungen aufgrund einer freiwillig begründeten Rechtspflicht.[140]

Ebenso wenig handelt es sich um Sonderausgabenabzug, da sie nicht auf der Übergabe eines nach § 10 Abs. 1a Nr. 2 S. 2 Buchst. a–c EStG begünstigten Vermögens beruhen.[141]

Demgegenüber führen die vereinbarten Versorgungsleistungen aber sowohl zu (jeweils anteilig) Anschaffungskosten als auch zu Werbungskosten (soweit das Übertragungsobjekt zur Erzielung von Vermietungs- bzw. Verpachtungseinkünften genutzt wird).[142]

In Höhe des Barwerts der Versorgungsleistungen (wohl begrenzt auf den Wert der übertragenen Immobilie)[143] liegen Anschaffungskosten vor,[144] die – soweit sie nicht auf den Grund und Boden entfallen, sondern auf die aufstehenden Gebäude – über die Nutzungsdauer als AfA (Werbungskosten) geltend gemacht werden können.

68 Für die Bestimmung des Barwerts bzw. der Anschaffungskosten gilt Folgendes:

Bei wiederkehrenden Leistungen auf bestimmte Zeit und bei für eine Mindestlaufzeit zu erbringenden wiederkehrenden Leistungen liegen Anschaffungskosten in Höhe des nach § 13 Abs. 1 BewG zu ermittelnden (ggf. anteiligen) Barwerts (Tilgungsanteil) vor. Bei wiederkehrenden Leistungen auf die Lebenszeit des Berechtigten, die auf eine bestimmte Zeit beschränkt sind, hat der Verpflichtete Anschaffungskosten in Höhe des nach § 13 Abs. 1 S. 2 i.V.m. § 14 BewG zu

138 Ebenso BMF-Schreiben v. 11.3.2010 – IV C 3 – S 2221/09/10004, DStR 2010, 545 ff., Tz 75.

139 BMF-Schreiben v. 11.3.2010 – IV C 3 – S 2221/09/10004, DStR 2010, 545 ff., Tz 75; BFH v. 25.11.1992 – X R 34/89, DStR 1993, 683; BFH v. 26.11.1992 – X R 187/87, DStR 1993, 433.

140 BFH v. 29.9.2021 – IX R 11/19, DStR 2022, 28, 31.

141 BFH v. 29.9.2021 – IX R 11/19, DStR 2022, 28, 31.

142 Vgl. BMF-Schreiben v. 11.3.2010 – IV C 3 – S 2221/09/10004, DStR 2010, 545 ff., Tz 72.

143 Vgl. *Geck*, ZEV 2022, 128, 131.

144 BFH v. 29.9.2021 – IX R 11/19, DStR 2022, 28, 32.

ermittelnden Barwerts. Der Barwert kann auch nach versicherungsmathematischen Grundsätzen ermittelt werden.[145]

Soweit das übergebene Vermögen unentgeltlich erworben wird, ist die AfA gem. § 11d Abs. 1 S. 1 und 2 EStDV nach den (anteiligen) Anschaffungs- und Herstellungskosten des Übergebers und nach dem Prozentsatz, der für diesen maßgebend sein würde, wenn er noch Eigentümer wäre, zu bemessen, und zwar (nur) bis zur Höhe des vom Rechtsvorgänger noch nicht ausgeschöpften AfA-Volumens.[146] 69

Der Ertragsanteil der wiederkehrenden Leistungen ist ebenfalls als Werbungskosten abziehbar,[147] und zwar nach § 9 Abs. 1 S. 3 Nr. 1 S. 1 und 2 EStG jeweils sofort bei Abfluss der Zahlungen.[148] 70

d) Schenkungsteuerliche Behandlung von Versorgungsleistungen

In erbschaftsteuerrechtlicher Hinsicht führt die Vereinbarung von Versorgungsleistungen – anders als bei der Einkommensteuer – zur Qualifikation des Übertragungsvorgangs als **gemischte Schenkung.**[149] Dabei wird der (aufgrund der statistischen Lebenserwartung) kapitalisierte Wert der Versorgungsleistung wie eine (echte) Gegenleistung des Beschenkten behandelt. Laut früherer BFH-Rechtsprechung sollte daher eine Aufteilung in einen voll entgeltlichen und einen voll unentgeltlichen Teil erfolgen, wobei nur der unentgeltliche Teil überhaupt der Schenkungsbesteuerung zugrunde zu legen war (sog. Trennungstheorie).[150] 71

Hieraus hatten in der Vergangenheit sowohl die Rechtsprechung als auch die Finanzverwaltung den Schluss gezogen, dass die schenkungsteuerliche Bemessungsgrundlage im Rahmen einer Verhältnisrechnung ermittelt werden müsse, bei der der Verkehrswert der Bereicherung des Bedachten ins Verhältnis zum Verkehrswert des geschenkten Vermögens gesetzt wurde.[151]

---

145 Vgl. BMF-Schreiben v. 11.3.2010 – IV C 3 – S 2221/09/10004, DStR 2010, 545 ff., Tz 77.

146 BFH v. 29.9.2021 – IX R 11/19, DStR 2022, 28, 32.

147 BFH v. 29.9.2021 – IX R 11/19, DStR 2022, 28, 31 unter Hinweis auf BT-Drucks 16/6739, 8; *Risthaus*, DB 2007, 240, 243, 245; *Geck/Messner*, ZEV 2007, 373; *Röder*, DB 2008, 146; *Risthaus*, ZErb 2007, 314, 324; *Risthaus*, DB 2010, 744, 749; *Reddig*, DStZ 2010, 445, 450; *Wälzholz*, DStR 2008, 273, 277; *Grün*, NWB 2010, 1042, 1058; *Korn*, KÖSDI 2010, 16920, 16921 f., 16929 f.; *Paus*, NWB 2014, 992, 995; *Günther*, EStB 2019, 27, 30; *Herkens*, EStB 2020, 310, 312.

148 BFH v. 29.9.2021 – IX R 11/19, DStR 2022, 28, 31; BFH v. 19.8.2008 – IX R 56/07, DStRE 2009, 75 m.w.N.

149 Daragan/Halaczinsky/Riedel/*Griesel*, ErbStG und BewG, § 7 ErbStG Rn 50; Bonefeld/Wachter/*Feick/Hammes*, FA Erbrecht, § 17 Rn 41; vgl. hierzu auch § 10 Rdn 14 ff.

150 BFH v. 12.12.1979 – II R 157/78, BStBl II 1980, 260; BFH v. 14.7.1982 – II R 125/79, BStBl II 1982, 714; vgl. auch Daragan/Halaczinsky/Riedel/*Griesel*, ErbStG und BewG, § 7 ErbStG Rn 39.

151 BFH v. 5.4.1989 – II R 45/86, BFH/NV 1990, 506.

Dies ist heute nicht mehr aktuell. Vielmehr wird der Wert des Teilentgelts mit seinem nach § 12 BewG (bzw. bei wiederkehrenden Leistungen nach §§ 13–16, insbesondere § 14 BewG) zu bestimmenden Wert vom bewertungsrechtlichen Wert der zugewendeten Immobilie abgezogen[152] (vgl. auch § 10 Rdn 16 ff.). Dabei sind – soweit im Hinblick auf die Immobilie Steuerbefreiungen anwendbar sind – auch die Abzugsverbote nach § 10 Abs. 6a ErbStG zu beachten.[153]

2. Gestaltung von Versorgungsvereinbarungen

72 Aus der Sicht des Schenkers haben Versorgungsleistungen den Vorteil, dass – anders als beim Nießbrauch – die Verpflichtung des Beschenkten zur Leistung der vereinbarten Versorgungsbezüge unabhängig davon besteht, ob bzw. welche Erträge aus der übernommenen Immobilie tatsächlich erzielt werden. Zwar gehen die Parteien regelmäßig davon aus, dass das übergehende Objekt eine bestimmte Ertragskraft aufweist. Ob diese Ertragskraft aber tatsächlich zu Überschüssen führt, aus denen im jeweiligen Fälligkeitszeitpunkt die Versorgungsleistungen bestritten werden können, spielt keine entscheidende Rolle. Dies gilt bspw. auch dann, wenn sich der Übernehmer entschließt, die bislang vermietete (also Ertrag bringende) Immobilie künftig selbst zu nutzen.

Formulierungsbeispiel

Der Übernehmer verpflichtet sich gegenüber dem Übergeber zur Zahlung einer lebenslangen monatlichen Rente in Höhe von (…) EUR.

Die Zahlungen sind jeweils monatlich vorschüssig bis spätestens zum dritten Werktag eines jeden Monats unbar auf ein von dem Übergeber zu benennendes inländisches Bankkonto (frei von Kosten und/oder Gebühren) zu leisten.

Der Rentenbetrag soll wertgesichert sein.[154] Er erhöht sich in demselben prozentualen Verhältnis, in dem sich der Verbraucherpreisindex für Deutschland auf der Basis 2020 = 100 gegenüber dem für den gegenwärtigen Monat festzustellenden Index erhöht. Eine Erhöhung des jeweils zu zahlenden Betrags tritt jedoch erst dann ein, wenn die Indexveränderung zu einer Erhöhung des jeweils zu zahlenden Betrags um mindestens 5 % (fünf vom Hundert) führt, von dem auf das Anpassungsverlangen folgenden Monatsersten an. Diese Wertsicherungsklausel findet immer wieder erneut Anwendung, wenn sich der Verbraucherpreisindex um weitere 5 % (fünf vom Hundert) nach oben verändert und die Anpassung vom Berechtigten verlangt wird.

73 Aus der Sicht des Übernehmers kann es angeraten erscheinen, die Versorgungsleistungen nicht als betragsmäßig nicht abänderbare Leibrente auszugestalten,

---

152 Vgl. Daragan/Halaczinsky/Riedel/*Griesel*, ErbStG und BewG, § 7 ErbStG Rn 41 unter Hinweis auf R E 7.4 Abs. 1 S. 2 ErbStR 2019.

153 Bonefeld/Wachter/*Feick/Hammes*, FA Erbrecht, § 17 Rn 43.

154 Vgl. zu Wertsicherungsklauseln auch BeckNotar-HdB/*Herrler*, § 5 Rn 400 ff.

sondern eine **Abänderbarkeitsklausel** nach § 239 FamFG bzw. § 323a ZPO (analog) zu vereinbaren.[155] Dann ist bei einer Veränderung der tatsächlichen Verhältnisse, die zu einer Reduzierung der Leistungsfähigkeit des Verpflichteten oder zu einem Mehrbedarf des Berechtigten führt, eine Änderung der ursprünglich vereinbarten Beträge möglich. Hierbei ist aber unbedingt darauf zu achten, dass ein Mehrbedarf aufgrund des Eintritts einer Pflegebedürftigkeit ein Erhöhungsverlangen des Berechtigten nicht rechtfertigen sollte.[156]

Formulierungsbeispiel

Der Beschenkte verpflichtet sich, dem Schenker auf dessen Lebenszeit monatlich vorschüssig einen Betrag in Höhe von (...) EUR als dauernde Last zu zahlen.

Die Parteien sind sich darüber einig, dass diese Versorgungsleistungen bestimmt und geeignet sind, den Lebensunterhalt des Berechtigten zu gewährleisten. Die Höhe der Versorgungsleistungen wird in Abhängigkeit vom Versorgungsinteresse des Berechtigten sowie von den bisherigen und zu erwartenden Erträgen der übertragungsgegenständlichen Immobilie festgelegt und wird auf Dauer in dieser Höhe festgelegt.

Die Versorgungsleistung ist als dauernde Last vereinbart. § 323a ZPO ist anwendbar. Ein Versorgungsmehrbedarf, der sich aus einer etwaigen zukünftigen Pflegebedürftigkeit des Berechtigten oder seines Ehegatten ergeben könnte, soll aber dessen ungeachtet nicht zu einer Anpassung der Versorgungsleistungen berechtigen.

Möglich sind auch Gestaltungen, bei denen eine Versorgungsleistung aufschiebend bedingt vereinbart wird, bspw. für den Fall, dass von einem ursprünglich vorbehaltenen Wohnungsrecht kein Gebrauch mehr gemacht werden soll/kann. Auf diese Weise kann auch einem Streit darüber vorgebeugt werden, ob im Falle der Nichtausnutzung eines vorbehaltenen Wohnungsrechts ein finanzieller Ausgleich geschuldet wird und, falls ja, in welcher Höhe. 74

Formulierungsbeispiel

Nach der Wahl des Übergebers kann dieser im Falle der Aufgabe des in diesem Vertrag vorbehaltenen Wohnungsrechts/Nießbrauchsrechts Zug um Zug gegen dessen Löschung von dem Übernehmer die Zahlung einer lebenslangen monatlichen Rente in Höhe von (...) EUR verlangen.

155 Bonefeld/Wachter/*Feick/Hammes*, FA Erbrecht, § 17 Rn 36.
156 Bonefeld/Wachter/*Feick/Hammes*, FA Erbrecht, § 17 Rn 36.

V. Schenkung unter Vereinbarung von Pflegeleistungen

1. (Nur) Pflegeleistungen

75 Pflegeleistungen werden zunehmend seltener vereinbart, obwohl die häusliche Pflege sicher nach wie vor dem Interesse einer Vielzahl (potentieller) Übergeber entspricht. In aller Regel kann die Übernahme von Pflegeleistungen, die über den Pflegegrad 2 (§ 15 Abs. 1, Abs. 3 S. 4 Nr. 2 SGB XI) hinausgehen, nicht empfohlen werden.[157] Es ist dringend zu empfehlen, diesbezüglich eine eindeutige Klarstellung in die Vereinbarung aufzunehmen.

76 Ist der Veräußerer in einen Pflegegrad eingeordnet, dessen Leistungen geschuldet sind, und erhält er deshalb ein Pflegegeld, sollte klargestellt werden, ob bzw. dass dieses Pflegegeld ihm als Anspruchsberechtigtem (§ 37 Abs. 1 SGB XI) verbleibt.[158] Da häufig auch nicht in der Vereinbarung genannte Ehegatten oder Kinder des Erwerbers sowie auch Geschwister die Pflege mit- oder gar deren Hauptlast tragen, ermöglicht es die Verfügung über das Pflegegeld dem Veräußerer, die aus der Versicherung gezahlten Summen gezielt denjenigen zukommen zu lassen, deren Leistung er besonders entgelten möchte.

Formulierungsbeispiel

Der Übernehmer verpflichtet sich zur häuslichen Wart und Pflege des Übergebers. Dies umfasst die hauswirtschaftliche Versorgung, insbesondere die Hilfe bei Einkäufen, Reinigung der Wohnung, Wäsche, Zubereitung der Mahlzeiten, Spülen, Heizen sowie die Begleitung bei erforderlichen Arztbesuchen, Post- und Bankgeschäften, Friseurbesuchen etc., einschließlich der Gewährleistung des Transports dorthin.

Mit umfasst ist auch die Hilfe bei der Körperpflege, Ernährung und häuslichen Betreuung, allerdings beschränkt auf einen Umfang, der dem Pflegegrad 2 entspricht.

Die Erbringung der Pflegeleistungen hat der Übernehmer nicht zwingend in eigener Person zu erbringen; er darf sich hierzu auch der Hilfe mit ihm in häuslicher Gemeinschaft lebender Angehöriger bedienen; der Übergeber kann dies nicht beanstanden.

Soweit dem Übergeber ein Anspruch auf Pflegegeld zusteht, ist er verpflichtet, die entsprechenden Beträge an den pflegeverpflichteten Übernehmer weiterzugeben.

Die hier vereinbarte Pflegeverpflichtung steht unter der auflösenden Bedingung, dass der Berechtigte aus seiner Wohnung auszieht. Ein Auszug in diesem Sinne liegt insbesondere bei alters- oder gesundheitsbedingter Unterbringung

157 BeckNotar-HdB/*Herrler*, § 5 Rn 442a.

158 BeckNotar-HdB/*Herrler*, § 5 Rn 443.

in einer Betreuungs- oder Pflegeeinrichtung oder bei Umzug in ein Senioren- oder Altersheim oder eine ähnliche Einrichtung vor. Für den Fall des Bedingungseintritts sind sämtliche etwa an die Stelle der Pflegeverpflichtung tretenden Ansprüche ausgeschlossen.

Auch im Falle einer vorübergehenden Abwesenheit des Übergebers sind sämtliche etwa denkbaren Ansprüche gegenüber dem Übernehmer ausgeschlossen.

Im Hinblick darauf, dass die „häusliche Versorgung“ äußerst facettenreich und nach den Vorstellungen der Beteiligten (oder auch außenstehender Dritter) durchaus unterschiedlich zu definieren sein kann, sollte eine möglichst eindeutige Vereinbarung hierüber getroffen werden. Dies gilt nicht zuletzt auch aus sozialhilfe- und grundbuchrechtlichen Gründen. Dabei sollten insbesondere folgende Aspekte angesprochen und geregelt werden: 77

Checkliste: Pflegeklauseln[159]
- Pflegeanlass: Krankheit und/oder Gebrechlichkeit; Pflegebedürftigkeit gem. SGB XI
- Durchführung: persönlich und/oder durch Dritte (vgl. § 613 S. 1 BGB); Vererblichkeit (der Verpflichtung)
- Ort: im übergebenen Anwesen oder in der jeweiligen Wohnung des Erwerbers; Wegzugsklausel
- Art und Umfang: Körperpflege, Ernährung, Mobilität, hauswirtschaftliche Versorgung
- Zumutbarkeit für die Pflegeperson: Zeitaufwand, Vereinbarkeit mit beruflicher und familiärer Belastung, Begrenzung bis zu einem bestimmten Pflegegrad
- Störfallvorsorge? Konsequenzen der Nicht- (oder nicht ordnungsgemäßen – Überprüfbarkeit problematisch!) Erbringung der geschuldeten Pflegeleistungen (Vertragsstrafe, Rückerwerbsrecht)[160]
- Pflegeversicherung: Pflicht zur Antragstellung; Pflicht zur Weiterleitung des Pflegegeldes
- Ersatz von Aufwendungen
- Verhältnis zu Geschwistern des Pflegeverpflichteten: Eigenes Forderungsrecht? Freistellungsverpflichtung (Unterhaltsansprüche)

Eine Absicherung von Wart- und Pflegeverpflichtungen kann durch Bestellung einer **Reallast** (§ 1105 BGB) erreicht werden.[161] Dabei muss der Leistungsumfang wenigstens „bestimmbar“ sein. Grundbuchrechtlich genügt es daher, wenn der geschuldete/abgesicherte Leistungsumfang im gerichtlichen Verfahren geklärt werden kann. Der BGH hat deshalb eine bestimmbare Leistung bei Übernahme 78

159 Vgl. hierzu BeckNotar-HdB/*Herrler*, § 5 Rn 441.

160 Vgl. hierzu BGH v. 9.7.2021 – V ZR 30/20, DNotZ 2022, 290; OLG Hamm v. 19.12.2022 – 22 U 97/17, ZEV 2023, 606.

161 BeckNotar-HdB/*Herrler*, § 5 Rn 445.

einer persönlichen Pflegepflicht bejaht, „soweit sie den Übernehmern unter Berücksichtigung ihrer beruflichen und familiären Verhältnisse, insbesondere unter Berücksichtigung der Betreuung von Kindern der Übernehmer, und nach deren körperlichen Fähigkeiten und ihrem Vermögen zur Pflege nach ihrer Ausbildung und ihren Kenntnissen zumutbar ist".[162]

Planungssicherheit für die Beteiligten sieht aber sicherlich anders aus. Umso wichtiger erscheint es daher, bezüglich des Wart- und Pflegeumfangs klare, eindeutige und derartige gerichtliche Auslegungen obsolet machende Vereinbarungen zu treffen.[163]

2. Altenteil/Leibgedinge

79 Eine Zusammenfassung von mehreren Duldungs- und Leistungskomponenten zur Sicherung der umfassenden Versorgung des Übergebers in seiner gewohnten Umgebung ermöglicht die Vereinbarung eines sog. **Altenteils/Leibgedings**.

Ebenso wie der Begriff der vorweggenommenen Erbfolge ist auch der des Altenteils gesetzlich nicht definiert. Allerdings finden sich zwar (wenigstens) vier unterschiedliche Normen, in denen er vorausgesetzt (und privilegiert) wird: Art. 96 EGBGB, § 49 GBO, § 9 Abs. 1 EGZVG, § 850b Abs. 1 Nr. 3, Abs. 12 ZPO. Hierzu ist anzumerken, dass den genannten Vorschriften offensichtlich kein einheitliches Begriffsverständnis zu entnehmen ist. Klar ist aber dessen ungeachtet, dass der Versorgungscharakter des Altenteils ein nach kaufmännischen Grundsätzen bestimmtes ausgewogenes Verhältnis der vereinbarten Leistungen und Gegenleistungen ausschließt. Außerdem besteht ein wesentliches Charakteristikum des Altenteils darin, dass nicht lediglich Geldleistungen vereinbart werden, sondern (zumindest auch) Duldungspflichten (wie beim Wohnungsrecht) bzw. Sach- und Dienstleistungen.[164]

80 Im Rahmen von Art. 96 EGBGB und § 850b Abs. 1 Nr. 3, Abs. 2 ZPO genügt für die Annahme eines Altenteils auch nicht, dass anlässlich einer Grundstücksübertragung ein Wohnungsrecht sowie Versorgungsverpflichtungen vereinbart werden. Vielmehr muss das überlassene Grundstück für den Übernehmer eine (wenigstens teilweise existenzsichernde) Lebensgrundlage bieten, aus der er neben seinem eigenen Lebensunterhalt auch die dem Altenteiler geschuldeten Leistungen (wenigstens teilweise) gewinnen kann.[165]

---

162 BGH v. 13.7.1995 – V ZB 43/94, DNotZ 1996, 93; vgl. hierzu *Lange-Parpart*, RNotZ 2008, 377, 388 f.

163 Vgl. hierzu BeckNotar-HdB/*Herrler*, § 5 Rn 444.

164 BeckNotar-HdB/*Herrler*, § 5 Rn 453.

165 BGH v. 23.9.1994 – V ZR 113/93, DNotZ 1996, 636; hierzu krit. *J. Mayer*, DNotZ 1996, 620 und *Rosendorfer*, MittBayNot 2005, 1.

81 Der BGH definiert den Begriff des Leibgedings i.S.v. Art. 96 EGBGB in ständiger Rechtsprechung als „Inbegriff von Rechten verschiedener Art, die durch ihre Zweckbestimmung, dem Berechtigten ganz oder teilweise für eine bestimmte Zeit oder dauernd Versorgung zu gewähren, zu einer Einheit verbunden sind".[166] „Der Wesenszug eines solchen Altenteils liegt in einem Nachrücken der folgenden Generation in eine die Existenz – wenigstens teilweise – begründende Wirtschaftseinheit unter Abwägung der Interessen des abziehenden Altenteilers und des nachrückenden Angehörigen der nächsten Generation. Tritt in einer schuldrechtlichen Vereinbarung demgegenüber der Charakter eines gegenseitigen Vertrags mit beiderseits gleichwertigen Leistungen in den Vordergrund, so kann im Allgemeinen nicht angenommen werden, es handele sich um eine Altenteilsvereinbarung."[167]

82 Diese Auslegung ist also eher einschränkend und stellt die „die Existenz wenigstens teilweise begründende Wirtschaftseinheit" als qualitatives Element in den Vordergrund. Das Übergabeobjekt muss also so beschaffen sein, dass der Übernehmer des Grundstücks aus dessen Nutzungen für sich eine Lebensgrundlage schaffen und gleichzeitig den dem Leibgedingsberechtigten geschuldeten Unterhalt zumindest teilweise gewinnen kann.[168]

Bei diesem Begriffsverständnis scheidet die Vereinbarung eines Leibgedings (i.S.v. Art. 96 EGBGB) anlässlich der Übertragung eines (selbstgenutzten) Wohnhauses von vornherein aus.[169] Der Anwendungsbereich des Instituts liegt daher eher im Bereich der Übergabe von Betrieben/Grundstücken der **Land- und Forstwirtschaft**.

VI. Schenkung unter Auflage

83 Die Vereinbarung von Auflagen ist in der Praxis relativ weit verbreitet. Die Möglichkeiten der inhaltlichen Ausgestaltung von Auflagen sind vielfältig. Prägend ist aber stets, dass sich die Auflage aus rechtlicher Sicht als Belastung des Geschenks darstellt, so dass sie also aus dem bzw. mithilfe des Geschenks erfüllbar sein muss.[170] Von dieser Einschränkung abgesehen kann Gegenstand einer Auflage aber jedes Tun oder Unterlassen, mit oder ohne Vermögenswert, sein. Ob die Erfüllung der Auflage im Interesse des Schenkers, eines Dritten oder sogar des Beschenkten selbst liegt, ist (rechtlich) unbeachtlich.[171]

Zu beachten ist weiterhin, dass die Erfüllung der Auflage vom Schenker erst verlangt werden kann, nachdem die Schenkung bereits vollzogen ist (§ 525 Abs. 1

166 MüKo-BGB/*Raude*, Art. 96 EGBGB Rn 5 m.w.N.
167 MüKo-BGB/*Raude*, Art. 96 EGBGB Rn 6.
168 Ausführliche Kriterien MüKo-BGB/*Raude*, Art. 96 EGBGB Rn 7–9.
169 MüKo-BGB/*Raude*, Art. 96 EGBGB Rn 8 m.w.N.
170 „Aus dem Wert der Zuwendung", vgl. BGH v. 2.10.1981 – V ZR 134/80, NJW 1982, 818 f.
171 MüKo-BGB/*Koch*, § 525 Rn 2; BeckOK BGB/*Gehrlein*, § 525 Rn 2.

BGB). Es handelt sich also nicht etwa um eine Verpflichtung, die der Beschenkte Zug um Zug gegen Erfüllung des Schenkungsversprechens zu erbringen hätte;[172] vielmehr liegt ein echtes Aliud zum entgeltlichen Vertrag vor.

84 Erfüllt der Beschenkte die ihm im Rahmen der Schenkung gemachte Auflage nicht, hat der Schenker nach § 527 Abs. 1 i.V.m. §§ 323 ff. BGB die Möglichkeit, das Geschenk insoweit zurückzufordern, als es zur Vollziehung der Auflage hätte verwendet werden müssen. Der Beschenkte haftet hierfür aber nur nach Bereicherungsgrundsätzen (§ 527 Abs. 1 BGB).

85 Hauptanwendungsfälle der Schenkung unter Auflage sind neben der Vereinbarung vorbehaltener Rechte oder von aus Erträgen des Übertragungsgegenstands zu leistenden Geldzahlungen insbesondere Gleichstellungsgelder (vgl. hierzu Rdn 101 ff.) bzw. Abfindungszahlungen an die übrigen, sog. weichenden Erben. Bei Renten und sonstigen Versorgungsleistungen sollte aber im Interesse des Schenkers/Übergebers ausdrücklich eine Art „Vorleistungspflicht“ des Beschenkten/Übernehmers in der Weise vereinbart werden, dass die Leistungserbringung zwar nicht vom Bestand der Schenkung losgelöst sein soll, aber doch nicht von den (aktuellen) Erträgen des Geschenks abhängt.

86 Zur schenkungsteuerlichen Behandlung von Auflagen vgl. § 10 Rdn 18 ff.

VII. Sonderfall: Mittelbare Schenkung

87 Bereits zivilrechtlich besteht keine zwingende Identität zwischen dem Vermögensopfer des Schenkenden auf der einen und dem Zuwendungsgegenstand beim Beschenkten auf der anderen Seite.[173] Gleiches gilt auch im Schenkungsteuerrecht. Denn hier fordert § 7 Abs. 1 Nr. 1 ErbStG lediglich eine Bereicherung des Bedachten „auf Kosten des Zuwendenden“.

Im Rahmen einer sog. **mittelbaren Grundstücksschenkung** wendet der Schenker dem Beschenkten einen Geldbetrag mit der Maßgabe zu, diesen für den Erwerb einer Immobilie einzusetzen. Die zivil- und schenkungsteuerliche Beurteilung erfolgt dabei so, als ob der Schenker dem Beschenkten unmittelbar das Grundstück zugewendet hätte (vgl. hierzu auch § 10 Rdn 10 f.).

88 Konsequenterweise beziehen sich bei mittelbaren Grundstücksschenkungen etwa bestehende gesetzliche (§§ 527, 528, 530 BGB) oder auch vertraglich vereinbarte Widerrufs- und/oder Rückforderungsrechte auf den Grundbesitz und nicht auf den (vermeintlich geschenkten) Geldbetrag.[174]

---

172 Abweichende Vereinbarungen sind aber möglich, BeckOK BGB/*Gehrlein*, § 525 Rn 5; RGRK/*Metzger*, § 525 Rn 8.

173 BGH v. 2.7.1990 – II ZR 243/89, DNotZ 1991, 819.

174 Zusammenfassend *Spiegelberger*, MittBayNot 2000, 1, 2.

Interessante Gestaltungsmöglichkeiten ergeben sich hieraus – auch unter Geltung des am 1.1.2009 in Kraft getretenen Bewertungsrechts – insbesondere in Bezug auf den (mittelbaren) Erwerb vermieteter Wohnimmobilien, für die der 10 %-ige Bewertungsabschlag gem. § 13d ErbStG beansprucht werden kann.[175] 89

VIII. Gemischte Schenkungen

1. Vereinbarung eines (Teil-)Entgelts

a) Zivilrechtliche Grundsätze

Eine Entgeltvereinbarung zeichnet sich prinzipiell dadurch aus, dass Leistung und Gegenleistung nach kaufmännischen Gesichtspunkten bestimmt bzw. abgewogen werden. 90

Vereinbaren die Parteien, dass der so bestimmte Wert in voller Höhe als Gegenleistung erbracht werden soll, ist von einem vollentgeltlichen Geschäft auszugehen. Das ist bei Übertragungen im Rahmen der vorweggenommenen Erbfolge nicht der Fall, da sich diese – wie oben erläutert – gerade durch ihre wenigstens teilweise Unentgeltlichkeit auszeichnen.

Möglich (und auch verbreitet) sind aber Übertragungen gegen nicht vollwertiges Entgelt (Kaufpreis), also teilentgeltlich. Hierbei handelt es sich zumeist um sog. gemischte Schenkungen. Nach allgemeiner Definition liegt eine gemischte Schenkung vor, wenn ein wesentlicher Unterschied zwischen dem Wert von Leistung und Gegenleistung besteht und die Differenz dem einen Vertragspartner (Beschenkten) unentgeltlich zugewendet werden soll.[176] Dabei besteht ausdrücklich kein Erfordernis einer bestimmten Relation des entgeltlichen zum unentgeltlichen Anteil; der unentgeltliche Anteil muss nicht (einmal) überwiegen.[177] Vielmehr genügt ein „objektives, über ein geringes Maß hinausgehendes Missverhältnis von Leistung und Gegenleistung“.[178] 91

Die genaue zivilrechtliche Einordnung der gemischten Schenkung ist teilweise umstritten.[179] Die Rechtsprechung geht aber überwiegend davon aus, dass der von den Beteiligten vorausgesetzte Vertragszweck den wesentlichen Beurteilungsmaßstab bildet (**Zweckwürdigungstheorie**),[180] so dass es für die rechtliche 92

175 Bonefeld/Wachter/*Feick/Hammes*, FA Erbrecht, § 17 Rn 87.

176 BGH v. 19.7.2002 – V ZR 240/01, NJW 2002, 3165; BGH v. 6.3.1996 – IV ZR 374/94, NJW-RR 1996, 754 m.w.N.

177 BGH v. 18.10.2011 – X ZR 45/10, ZEV 2012, 110.

178 BGH v. 6.11.2013 – XII ZB 434/12, MittBayNot 2015, 225.

179 Bonefeld/Wachter/*Feick/Hammes*, FA Erbrecht, § 17 Rn 124.

180 Vgl. z.B. BGH v. 3.12.1971 – V ZR 134/69, NJW 1972, 247; BGH v. 17.6.1992 – XII ZR 145/91, NJW 1992, 2566; MüKo-BGB/*Koch*, § 516 Rn 36 ff., 38; Grüneberg/*Weidenkaff*, § 516 Rn 14.

Qualität des jeweiligen Vertrags (Einordnung als Kauf oder Schenkung) auf den von den Parteien verfolgten konkreten Zweck ankommt.[181] Dessen ungeachtet sollte bei der Vertragsgestaltung darauf geachtet werden, die Rechtsfolgen, insbesondere etwaiger Leistungsstörungen (bspw. die Konsequenzen der Nichterfüllung einer dem Beschenkten auferlegten Verpflichtung), eindeutig zu regeln.

93 Dies gilt umso mehr, als die Abgrenzung nicht immer unproblematisch ist. Bei deutlichem Auseinanderfallen der Werte von Leistung und Gegenleistung und dem Bewusstsein der Parteien über dieses Missverhältnis wird jedoch im Regelfall davon auszugehen sein, dass ein Wille zur unentgeltlichen Bereicherung des Vertragspartners besteht und daher vorrangig das Schenkungsrecht maßgeblich sein soll.[182]

b) Ertragsteuerliche Folgen der (teilweisen) Entgeltlichkeit

94 Soweit Immobilien des Privatvermögens entgeltlich übertragen (veräußert) werden, kann dies im Anwendungsbereich des § 23 EStG[183] zu steuerpflichtigen Veräußerungsgewinnen führen.[184]

Erfolgt eine Übertragung teilentgeltlich (also als gemischte Schenkung), ist das – zivilrechtlich einheitliche – Rechtsgeschäft traditionell für steuerliche Zwecke in einen voll entgeltlichen und einen voll unentgeltlichen Anteil aufzuspalten,[185] wobei sich der Aufteilungsmaßstab nach der Relation des Verkehrswerts der Immobilie zum Verkehrswert der Gegenleistung (des Teilentgelts) richtet.[186] Zur Verrentung des (Teil-)Kaufpreises vgl. Rdn 97 ff.

95 Auf der Erwerberseite führt die Zahlung eines Entgelts zu Anschaffungskosten, die – soweit sie nicht auf das Grundstück, sondern das aufstehende Gebäude entfallen – in Form von AfA zukünftig als Werbungskosten (bei Vermietung) geltend gemacht werden können. Dies gilt aber – spiegelbildlich zur Behandlung auf der Übergeber-/Veräußerer-Seite – nur, soweit überhaupt ein entgeltlicher

---

181 BGH v. 2.7.1990 – II ZR 243/89, NJW 1990, 2616, 2620; MüKo-BGB/*Koch*, § 516 Rn 38 ff.; BeckOK BGB/*Gehrlein*, § 516 Rn 13; Bonefeld/Wachter/*Feick/Hammes*, FA Erbrecht, § 17 Rn 124.

182 Vgl. auch BeckNotar-HdB/*Herrler*, § 5 Rn 142.

183 Voraussetzungen insbesondere: Anschaffung und Veräußerung innerhalb von zehn Jahren, keine Eigennutzung im Jahr der Veräußerung und in den letzten beiden unmittelbar davor liegenden Jahren, vgl. § 23 Abs. 1 Nr. 1 S. 1, S. 3 EStG.

184 BFH v. 29.9.2021 – IX R 11/19, DStR 2022, 28; BFH v. 11.3.2025 – IX R 17/24, DStR 2025, 1265.

185 BFH v. 29.9.2021 – IX R 11/19, DStR 2022, 28; BFH v. 11.3.2025 – IX R 17/24, DStR 2025, 1265; BFH v. 29.6.2011 – IX R 63/10, BStBl II 2011, 873; BFH v. 12.7.1988 – IX R 149/83, BStBl II 1988, 942; vgl. auch Schmidt/*Levedag*, EStG, § 23 Rn 65, 66 m.w.N.

186 BFH v. 24.4.1991 – XI R 5/83, NJW 1991, 2856; BFH v. 16.9.2002 – IX B 35/02, BFH/NV 2003, 40.

Erwerb vorliegt. Daher muss auch auf der Erwerberseite die oben angesprochene Aufteilung in einen entgeltlichen und einen unentgeltlichen Teil erfolgen.[187]

c) Schenkungsteuerliche Folgen der (teilweisen) Entgeltlichkeit

Das (Teil)-Entgelt wird für Zwecke der Schenkungsteuer als echte Gegenleistung mit seinem sich nach § 12 BewG ergebenden Wert als bereicherungsmindernd berücksichtigt,[188] so dass schlussendlich lediglich der um die Gegenleistung reduzierte (steuerliche) Wert der übertragenen Immobilie der Schenkungsteuer unterliegt. 96

2. Besonderheiten bei Kaufpreisrenten

Auf die Art und Weise der Begleichung des Teilentgelts kommt es nicht entscheidend an; mithin ist also auch eine Verrentung des Kaufpreises möglich. Dabei wird der nach objektiven Kriterien bestimmte Kaufpreis entsprechend der statistischen Lebenserwartung des Verkäufers/Übergebers aufgeteilt und in eine Rente umgewandelt. Soweit gewünscht, kann die Dauer der Rente auch von der Lebenszeit eines anderen Berechtigten, bspw. des Ehegatten des Verkäufers, abhängig gemacht werden. Der entscheidende Unterschied zur oben angesprochenen Versorgungsrente (siehe Rdn 57) besteht darin, dass es bei der Bemessung der Rentenhöhe gerade nicht auf das Versorgungsinteresse des Veräußerers ankommt (dies fließt bestenfalls im Rahmen von Kontrollüberlegungen ein). Maßgeblich sind allein der nach kaufmännischen Gesichtspunkten bestimmte und abgewogene Kaufpreis/Immobilienwert sowie die statistische Lebenserwartung des Rentenberechtigten und der – im Regelfall ebenfalls nach kaufmännischen Gesichtspunkten abgewogene – Rentenzinsfuß. 97

Die Verrentung eines Kaufpreises birgt regelmäßig für alle Beteiligten gewisse Risiken. Denn soweit die tatsächliche Lebensdauer des Rentenberechtigten von der der Rentenbemessung zugrunde gelegten statistischen Lebenserwartung abweicht, kommt es entweder zu einer Kaufpreisminderung (früheres Versterben) oder zu einer Kaufpreiserhöhung (späteres Versterben). Vor diesem Hintergrund wird mitunter eine Mindestlaufzeit für die Rente vereinbart. Verstirbt der Rentenberechtigte vor Ablauf der Mindestdauer, sind die Zahlungen gegenüber seinen Erben bzw. Vermächtnisnehmern zu erbringen. Auf diese Weise kann sichergestellt werden, dass tatsächlich ein Mindestbetrag als Kaufpreis gezahlt wird. 98

Das Pendant hierzu, also die Begrenzung der Rentendauer auf einen Maximalzeitraum, ist in der Praxis eher selten anzutreffen. Dies liegt insbesondere daran, dass der Veräußerer mit der Vereinbarung der Rente zumeist eine wirtschaftliche 99

---

187 Vgl. BFH v. 11.3.2025 – IX R 17/24, DStR 2025, 1265, 1266; siehe auch oben Rdn 61 f.

188 Vgl. Daragan/Halaczinsky/Riedel/*Griesel*, ErbStG und BewG, § 7 ErbStG Rn 41 unter Hinweis auf R E 7.4 Abs. 1 S. 2 ErbStR 2019.

Absicherung anstrebt. Auch wenn für die Bemessung der Rentenhöhe sein Versorgungsinteresse keine entscheidende Rolle spielt, will er in seinen letzten Lebensjahren auf diesen Teil seiner Unterhaltssicherung nicht verzichten. In vielen Fällen wäre ihm dies auch wirtschaftlich gar nicht zuzumuten.

100 In einkommensteuerrechtlicher Hinsicht ist zu beachten, dass – unabhängig vom Willen bzw. sogar ausdrücklichen Vereinbarungen der Beteiligten – zwingend eine Aufteilung der Rentenzahlungen in einen gedanklichen Tilgungs- und einen Zinsanteil zu erfolgen hat.[189] Der **Tilgungsanteil** ist – bei Übertragungen von Privatvermögen und außerhalb des Anwendungsbereichs von § 23 EStG (vgl. hierzu Rdn 60 ff.) – steuerfrei; er führt zu keinen steuerpflichtigen Einkünften. Demgegenüber zählt der **Zinsanteil** zu den Einkünften aus Kapitalvermögen (§ 20 Abs. 1 Nr. 7 EStG). Sein Wert ist durch Abzinsung (in der Regel mit einem Zinsfuß von 5,5 % p.a., vgl. § 12 Abs. 3 S. 2 BewG)[190] zu bestimmen.

Bei der Schenkungsteuer gelten, soweit der kapitalisierte Wert der Rente hinter dem Verkehrswert der übertragenen Immobilie zurückbleibt, die Grundsätze der gemischten Schenkung.[191]

3. Vereinbarung von Gleichstellungsgeldern

101 Oftmals verfügt der Schenker neben dem zu übergebenden Grundbesitz nicht über ausreichendes Vermögen, alle Abkömmlinge ohne Versilberung des Besitzes wirtschaftlich gleich zu behandeln. Nichtsdestotrotz besteht oftmals der Wunsch, zum einen das Vermögen in seiner Substanz, also gegenständlich, zu erhalten und in dieser Form weiterzugeben und andererseits eine – wenigstens annähernde – wirtschaftliche Gleichbehandlung aller Kinder zu erreichen. Dies kann durch die Vereinbarung sog. Gleichstellungsgelder erreicht werden, wenn der Beschenkte bereit und wirtschaftlich in der Lage ist, seinen Geschwistern entsprechende Ausgleichszahlungen zu leisten.[192]

Insoweit ist zunächst zu unterscheiden, ob die Gleichstellungsgelder aus dem verschenkten Vermögen bzw. dessen Erträgen bestritten (dann handelt es sich im Zweifel um eine Auflage, vgl. Rdn 83 f.) oder aus dem Eigenvermögen des Beschenkten gezahlt werden sollen.

102 Ungeachtet dieser Frage ist jedoch im Regelfall davon auszugehen, dass es sich bei der Leistung des Beschenkten an seine Geschwister – rechtlich betrachtet – nicht um Zuwendungen des Beschenkten, sondern um Zuwendungen des Schen-

189 BFH v. 21.10.1980 – VIII R 190/78, BStBl II 1981, 160; BMF-Schreiben v. 11.3.2010 – IV C 3 – S 2221/09/10004, DStR 2010, 545 ff., Tz 65.

190 Vgl. hierzu z.B. BFH v. 18.5.2010 – X R 32–33/01, BStBl II 2011, 675; BMF-Schreiben v. 11.3.2010 – IV C 3 – S 2221/09/10004, DStR 2010, 545 ff., Tz 75, 71.

191 Vgl. Daragan/Halaczinsky/Riedel/*Griesel*, ErbStG und BewG, § 7 ErbStG Rn 41.

192 Bonefeld/Wachter/*Feick/Hammes*, FA Erbrecht, § 17 Rn 122.

kers handelt.[193] Der Beschenkte verpflichtet sich im Rahmen eines **Vertrags zugunsten Dritter** (§ 328 BGB), an seine Geschwister Gleichstellungsgelder zu zahlen.[194] Dabei nimmt der Beschenkte die Rolle des Versprechenden ein, und der Schenker die des Versprechensempfängers. Begünstigte sind die gleichzustellenden Empfänger, typischerweise die Geschwister des Beschenkten. Ihnen steht nach § 328 Abs. 2 BGB im Regelfall ein eigenes Forderungsrecht zu, was jedoch abdingbar ist, so dass es in jedem Fall geboten erscheint, in den Schenkungsvertrag eine entsprechende Klarstellung aufzunehmen.

Soweit der Beschenkte zur Leistung der vereinbarten Gleichstellungsgelder auch 103
eigenes Vermögen einsetzen muss, handelt es sich bei seinem Vertrag mit dem Schenker um eine **gemischte Schenkung**.

Hinsichtlich der genauen Ausgestaltung der Gleichstellungsverpflichtungen sind unterschiedliche Regelungen denkbar. Die einfachste Variante besteht darin, dass der Beschenkte einen festgelegten Geldbetrag an seine Geschwister (oder andere Gleichstellungsberechtigte) zu zahlen hat. Dies kann in unmittelbarem zeitlichen Zusammenhang mit der Durchführung der Schenkung erfolgen.

Oftmals wird aber auch so vorgegangen, dass die Zahlung der Gleichstellungsgelder erst nach dem Tod des Schenkers zu leisten ist. Dies gilt insbesondere dann, wenn der Beschenkte weitere Gegenleistungen, z.B. in Form von Wart- und Pflegeverpflichtungen und/oder sonstigen Versorgungsleistungen, übernommen hat und deren Wert nicht typisiert, sondern konkret nach den Verhältnissen des vorliegenden Einzelfalls ermittelt werden soll.

Mitunter beschränken sich die Gleichstellungsverpflichtungen auch auf den Fall, 104
dass der Beschenkte die übertragene Immobilie innerhalb bestimmter Fristen nach der Übergabe bzw. nach dem Tod des Übergebers versilbert. Denn genau in dieser Situation fällt die ursprünglich vorhandene Rechtfertigung für eine etwaige wirtschaftliche Besserstellung des Übernehmers gegenüber seinen Geschwistern (Erhalt des Vermögens in seiner ursprünglichen Gestalt) weg, so dass eine wirtschaftliche Gleichbehandlung sämtlicher Abkömmlinge nicht nur angemessen erscheint, sondern auch unproblematisch umsetzbar ist.

Formulierungsbeispiel

Veräußert der Empfänger die übertragungsgegenständliche Immobilie innerhalb von 10 Jahren nach Ableben des Schenkers, spätestens jedoch innerhalb von 20 Jahren nach dem Tag der heutigen Beurkundung, hat er an seine Geschwister zu jeweils gleichen Teilen Nachabfindungen zu zahlen, und zwar in Höhe von jeweils (…) % des Verkaufserlöses nach Abzug sowohl der Veräußerungskosten als auch der mit der heutigen Urkunde übernommenen

193 Bonefeld/Wachter/*Feick/Hammes*, FA Erbrecht, § 17 Rn 123.
194 Bonefeld/Wachter/*Feick/Hammes*, FA Erbrecht, § 17 Rn 123.

Verbindlichkeiten. In die Stellung der jeweiligen Geschwister des Empfängers rücken im Falle des Versterbens deren jeweilige Abkömmlinge nach.

105 In schenkungsteuerrechtlicher Hinsicht führt die Vereinbarung von Gleichstellungsgeldern oder sonstigen Abstandszahlungen zur Qualifikation des Übertragungsvorgangs als gemischte Schenkung.[195] Eine solche liegt nach der Rechtsprechung vor, wenn ein Missverhältnis zwischen dem Verkehrswert der Leistung und der Gegenleistung besteht (vgl. Rdn 100).

106 In ertragsteuerlicher Hinsicht handelt es sich bei Gleichstellungsgeldern grundsätzlich um einen an den Schenker/Übergeber gezahlten **Veräußerungspreis,**[196] und zwar unabhängig davon, ob das Gleichstellungsgeld aus dem übernommenen Vermögen oder aus dem Eigenvermögen des Beschenkten geleistet wird.[197]

Bei aufgeschobener Fälligkeit ist als Veräußerungspreis der abgezinste **Barwert** anzusetzen.[198]

Der möglicherweise eintretenden Gewinnrealisierung auf der Ebene des Schenkers steht auf der Ebene des Beschenkten/Übernehmers die Berücksichtigung von Anschaffungskosten für den übertragenen Grundbesitz und damit die Möglichkeit eigener (nicht vom Schenker fortgeführter) Abschreibungen auf die übernommenen Gebäude gegenüber.

4. Schuldenübernahme

107 Oftmals ist das zu übertragende Objekt noch mit **Verbindlichkeiten** belastet.[199] In dieser Situation geht das Interesse des Schenkers regelmäßig dahin, dass die (oftmals zum Erwerb der Immobilie eingegangenen) Verbindlichkeiten vom Beschenkten übernommen werden. Dies gilt umso mehr, wenn zur Rückzahlung der Schulden sowie der Leistung der anfallenden Zinsen primär die Erträge aus der übertragungsgegenständlichen Vermietungsimmobilie eingesetzt werden. Daneben dient diese oftmals auch zur Absicherung der Verbindlichkeiten.

108 Zur Erreichung der angestrebten **wirtschaftlichen Freistellung** des Schenkers von den bestehenden Verbindlichkeiten bestehen grundsätzlich zwei Möglichkeiten: Zum einen kann der Erwerber eine so hohe Gegenleistung erbringen, dass

---

195 Bonefeld/Wachter/*Feick/Hammes*, FA Erbrecht, § 17 Rn 126; vgl. auch BMF-Schreiben v. 13.1.1993 – IV B 3 – S 2190 – 37/92, BStBl I 1993, 80, Rn 7–9; BMF-Schreiben v. 14.3.2006 – IV B 2 – S 2242 – 7/06, ZEV 2006, 154, Rn 14–17; vgl. hierzu auch oben Rdn 90 ff.

196 Vgl. BMF BStBl I 1991, 80, Rn 24 i.V.m. 7; BFH v. 29.9.2021 – IX R 11/19, DStR 2022, 28, 31; vgl. auch BFH v. 3.9.2019 – IX R 8/18, DStR 2020, 33, Rn 14.

197 *Groh*, DB 1990, 2187, 2189.

198 BFH v. 24.4.1991 – XI R 9/84, BStBl II 1991, 794 (zu Privatvermögen); FinMin Baden-Württemberg v. 26.8.1998 – 3 – S 3802/17, DB 1998, 1841.

199 *Klümpen-Neusel/Gräfe*, NWB-EV 2022, 187.

diese eine Tilgung der restlichen Schulden ermöglicht. Zum anderen kommt eine Übernahme der Darlehensverbindlichkeiten durch den Beschenkten in Betracht, ersatzweise eine Freistellung des Schenkers.

Eine befreiende Schuldübernahme ist aber nur mit Zustimmung des betroffenen Gläubigers möglich (§ 415 Abs. 1 BGB).[200] Die bloße Vereinbarung zwischen Schenker und Beschenktem, dass Verbindlichkeiten übergehen sollen, genügt nicht (Stichwort: Vertrag zulasten Dritter). Wird diese verweigert, gilt die Schuldübernahme als nicht erfolgt (§ 415 Abs. 2 BGB).[201] 109

Vor diesem Hintergrund sollte nicht nur im Vorfeld eine Abstimmung mit den Gläubigern herbeigeführt werden. Empfehlenswert ist darüber hinaus auch eine entsprechende Vertragsgestaltung, die für den Fall der Weigerung der Gläubiger, die Schuldübernahme zu genehmigen, eine **Freistellungsverpflichtung** des Beschenkten vorsieht.

Formulierungsbeispiel

Der Übernehmer übernimmt die in Abt. III eingetragenen Grundschulden sowohl in dinglicher Haftung als auch die durch diese gesicherten Verbindlichkeiten gegenüber dem Übergeber mit schuldbefreiender Wirkung.

Dem Übernehmer sind sämtliche vorgenannten Verbindlichkeiten bekannt. Auf eine Einzelbenennung dieser Verbindlichkeiten wird daher allseits nach Belehrung verzichtet. Entstandene Eigentümerrechte und Rückgewähransprüche werden entschädigungslos an den Übernehmer mit seiner Zustimmung abgetreten. Der Übernehmer nimmt die Abtretungen hiermit an.

Der Übergeber wird dafür Sorge tragen, dass die vorbezeichneten befreienden Schuldübernahmen den Gläubigerbanken unverzüglich mitgeteilt und deren Genehmigungen zur befreienden Schuldübernahme eingeholt werden. Werden die Genehmigungen ganz oder teilweise nicht erteilt, so werden sich die Beteiligten im Innenverhältnis wirtschaftlich so stellen, wie sie stehen würden, wenn die Genehmigungen erteilt bzw. bewirkt worden wären, mithin also die Verbindlichkeiten auf den Übernehmer übergegangen wären. Der Übernehmer wird also den Übergeber auf erstes Anfordern vollumfänglich von jeglicher Inanspruchnahme für die vorbenannten Verbindlichkeiten freihalten bzw. freistellen.

In steuerlicher Hinsicht handelt es sich auch bei der Übernahme von Verbindlichkeiten regelmäßig um eine gemischte Schenkung[202] mit der Folge, dass sowohl in ertragsteuerlicher als auch in schenkungsteuerrechtlicher Hinsicht im Wesentlichen dieselben Grundsätze gelten wie bei der Vereinbarung von Gleichstellungsgeldern. 110

200 BeckOK BGB/*Rohe*, § 414 Rn 7, 11.

201 MüKo-BGB/*Heinemeyer*, § 415 Rn 15.

202 Bonefeld/Wachter/*Feick*/*Hammes*, FA Erbrecht, § 17 Rn 57.

IX. Ausstattung, § 1624 BGB

111 Eine besondere Form der Vermögenszuwendung ist die Ausstattung i.S.v. § 1624 Abs. 1 BGB. Gemäß der gesetzlichen Definition ist eine Ausstattung dasjenige, was einem Kind

- mit Rücksicht auf seine Verheiratung,
- mit Rücksicht auf die Erlangung einer selbstständigen Lebensstellung,
- zur Begründung oder Erhaltung der Wirtschaft oder
- zur Begründung oder Erhaltung der Lebensstellung

vom Vater und/oder von der Mutter zugewendet wird, wobei ein Anspruch auf Gewährung einer Ausstattung prinzipiell nicht besteht.[203]

Ob die Zuwendung tatsächlich „bei" (also im zeitlichen Zusammenhang mit der) Heirat oder „bei" Erlangung der Lebensstellung erfolgt, spielt keine Rolle. Die Ausstattung ist daher zeitlich nicht auf bestimmte Anlässe limitiert, entscheidend ist vielmehr die vom Elternteil verfolgte Zielsetzung. Daher können Ausstattungen auch anlassunabhängig vorliegen, wenn Eltern einen Bauplatz oder eine vermietete Eigentumswohnung, auf deren Erträge sie nicht mehr angewiesen sind, übertragen.[204]

112 Der Vorbehalt von Nutzungs- und Rückforderungsrechten schließt das Vorliegen einer Ausstattung nicht aus, soweit der gesetzliche Ausstattungszweck durch den Vorbehalt nicht unterminiert wird (z.B. für den Fall der Zwangsvollstreckung oder Insolvenz). Problematisch sind daher freie Widerrufsvorbehalte oder die Vereinbarung eines Totalnießbrauchs.[205]

113 Wichtig ist, das Rechtsinstitut der Ausstattung nicht mit dem Begriff der „Aussteuer" gleichzusetzen. Letzteres stellt zwar prinzipiell eine Unterart der Ausstattung dar,[206] diese ist aber viel facettenreicher als die Aussteuer, die als Rechtsinstitut im Übrigen bereits 1957 durch das Gleichberechtigungsgesetz abgeschafft wurde.

114 In der Praxis führt § 1624 BGB ein Schattendasein – sowohl in der wissenschaftlichen Aufarbeitung als auch in der praktischen Anwendung.[207] Vielfach taucht die Frage nach § 1624 BGB erst ex post auf, wenn es – lange nach der Grundstücksübertragung – zu Streitigkeiten zwischen den Beteiligten oder ihren Erben kommt. Dies ist umso misslicher, als die Ausstattung diverse Schnittstellenprobleme zu wichtigen Instituten des Schenkungsrechts, des Familienrechts, des Erbrechts, des Betreuungsrechts und des Insolvenz- und Anfechtungsrechts mit sich bringt.

---

203 Str., MüKo-BGB/*v. Sachsen Gessaphe*, § 1624 Rn 1.

204 MüKo-BGB/*v. Sachsen Gessaphe*, § 1624 Rn 4, *Everts*, MittBayNot 2011, 107 m.w.N.

205 BeckNotar-HdB/*Herrler*, § 5 Rn 182; *Schindler*, ZEV 2006, 389, 391.

206 *Everts*, MittBayNot 2011, 107.

207 *Everts*, MittBayNot 2011, 107.

Der Charme des Instituts der Ausstattung besteht vor allem darin, dass die Bestimmungen des Schenkungsrechts nur eingeschränkt anwendbar sind, nämlich nur in Bezug auf die Kinder und nur hinsichtlich sog. Übermaßausstattungen.[208] In Bezug auf Dritte spielen die schenkungsrechtlichen Vorgaben (mit Ausnahme des Steuerrechts) hingegen keine Rolle. So sind insbesondere die Formvorschrift des § 518 BGB, der Rückforderungsanspruch wegen Verarmung (§ 528 BGB) oder das Widerrufsrecht wegen groben Undanks (§ 530 BGB) auf Ausstattungen nicht (auch nicht analog) anwendbar. Das Gleiche gilt für die Gläubigeranfechtung (§ 4 Abs. 1 AnfG) sowie für die Insolvenzanfechtung (§ 134 InsO).[209] Denn die Ausstattung unterliegt wohl nur der Anfechtung nach § 3 Abs. 2 AnfG bzw. § 133 Abs. 2 InsO (Anfechtung innerhalb von zwei Jahren bei entgeltlichen Verträgen mit nahestehenden Personen).[210] 115

Vor diesem Hintergrund kann der Sozialhilfeträger (wenn er später Leistungen für den Ausstattenden erbringt) keine (gar nicht bestehenden) Rückforderungsansprüche nach § 528 BGB auf sich überleiten bzw. gegenüber dem Erwerber geltend machen.[211] Die Zuwendung in Form der Ausstattung beschert dem Empfänger somit potentiell größeren Schutz vor etwaigen Rückforderungen. 116

Außerdem unterliegen Ausstattungen (soweit sie angemessen sind) nicht der Pflichtteilsergänzung (§ 2325 BGB).[212]

Auch das Schenkungsverbot in § 1804 a.F. BGB galt für Ausstattungen nicht, so dass z.B. Betreuer über § 1908i Abs. 2 BGB jenseits der Diskussion über eine sittliche Pflicht diesbezüglich handlungsfähig waren.[213] Nach aktueller Rechtslage bedarf der Betreuer für unentgeltlichen Zuwendungen, die nicht nach den Lebensverhältnissen des Betreuten angemessen sind oder Gelegenheitsgeschenke darstellen, gemäß § 1854 Nr. 8 BGB der gerichtlichen Genehmigung.

Vor diesem Hintergrund stellt sich die Ausstattung als äußerst interessantes Gestaltungsmittel der vorweggenommenen Erbfolge dar. Auch wenn die beiden Begriffe ganz und gar nicht synonym zu verstehen sind, schließen sie einander aber auch nicht aus. Im Gegenteil: Fast jede größere Ausstattung beinhaltet auch den Aspekt einer (teilweisen) Vorwegnahme der Erbfolge.[214] 117

Entscheidend für die rechtliche Einordnung der Vermögensübertragung ist stets die subjektive Willensrichtung der Beteiligten, insbesondere des Leistenden. Dabei muss der „Ausstattungswille“ der Eltern nicht unbedingt ausdrücklich erklärt werden. Er kann sich auch aus den Umständen ergeben, wobei eine eindeutige 118

208 MüKo-BGB/*v. Sachsen Gessaphe*, § 1624 Rn 11; BeckOK BGB/*Pöcker*, § 1624 Rn 12.
209 *Everts*, MittBayNot 2011, 107.
210 BeckNotar-HdB/*Krauß*, § 5 Rn 183.
211 BeckOK BGB/*Pöcker*, § 1624 Rn 6.
212 MüKo-BGB/*v. Sachsen-Gessaphe*, § 1624 Rn 15.
213 BeckOK BGB/*Pöcker*, § 1624 Rn 8.2; *Everts*, MittBayNot 2011, 107.
214 *Everts*, MittBayNot 2011, 107.

Bezeichnung aber dennoch zu empfehlen ist. Dies gilt umso mehr, als eine Zuwendung, die bei der Hingabe ausdrücklich als Ausstattung bezeichnet wurde, nicht zur Schenkung „umqualifiziert" werden kann, solange nicht dargetan bzw. nachgewiesen wird, dass entgegen der ausdrücklichen Erklärung mit der Zuwendung keine Ausstattungsabsicht verfolgt wurde. Ob der verfolgte Ausstattungszweck die eingesetzten Vermögensmittel objektiv erfordert, ist für die Qualifikation grundsätzlich unbeachtlich.[215] Allerdings wird die **Übermaßausstattung**, also der Teil der Ausstattung, der angesichts der Vermögens- und sonstigen Verhältnisse das angemessene Maß überschreitet, auf der Rechtsfolgenseite (z.B. hinsichtlich Rückforderungs- oder Pflichtteilsergänzungsansprüchen) wie eine Schenkung behandelt.[216]

119 Andererseits können die Beteiligten angesichts der bestehenden Vertragsfreiheit ohne weiteres eine Schenkung vereinbaren, obwohl vom Gegenstand und den Begleitumständen her objektiv „an sich" eine Ausstattung vorliegen könnte. Denn schließlich steht es Vater und Mutter frei, auf die **subjektive Zwecksetzung** bewusst zu verzichten. Umgekehrt kann aber eine Schenkung nur bei objektivem Ausstattungsanlass als Ausstattung deklariert werden. Ein „Wahlrecht" besteht also nur eingeschränkt. Insbesondere reicht es nicht, die vorweggenommene Erbfolge bloß verbal in den Mantel der Ausstattung zu kleiden, wenn der notwendige materielle Inhalt fehlt.[217]

120 Weitere Rechtsfolge der Ausstattung ist, dass die Zuwendung (automatisch) **ausgleichungspflichtig** i.S.v. § 2050 BGB[218] ist (soweit die Ausgleichung nicht bei Ausführung der Zuwendung ausgeschlossen wurde).[219] Diese Rechtsfolge kann bei Schenkungen nur durch ausdrückliche Anordnung des Schenkers (spätestens bei Ausführung der Zuwendung) erreicht werden.[220] Bei Ausstattungen tritt sie demgegenüber von Gesetzes wegen ein. Allerdings kann auch hier durch entsprechende Anordnung des Zuwendenden die spätere Ausgleichung ausgeschlossen werden.[221] Die Ausstattung verliert hierdurch nicht ihren Ausstattungscharakter.

121 Die Ausgleichung ist im Übrigen nicht etwa eine bloße „Anrechnung auf den Erbteil" (von der im Volksmund, leider aber auch in notariellen Urkunden immer wieder die Rede ist). Diese gibt es in der Systematik des BGB gar nicht. Vielmehr setzt die Ausgleichung zwingend zwei Schritte voraus: erstens die Erhöhung des real vorhandenen Nachlasses um die ausgleichungspflichtigen Zuwendungen und

---

215 BeckOK BGB/*Pöcker*, § 1624 Rn 3; MüKo-BGB/*v. Sachsen-Gessaphe*, § 1624 Rn 5.

216 *Everts*, MittBayNot 2011, 107.

217 *Everts*, MittBayNot 2011, 107.

218 Damrau/Tanck/*Kreienberg/Bothe*, § 2050 Rn 7; BeckOK BGB/*Lohmann*, § 2050 Rn 8.

219 BeckOK BGB/*Lohmann*, § 2050 Rn 12; MüKo-BGB/*Fest*, § 2050 Rn 21; vgl. hierzu auch unten Rdn 188 ff.

220 Damrau/Tanck/*Kreienberg/Bothe*, § 2050 Rn 23.

221 Damrau/Tanck/*Kreienberg/Bothe*, § 2050 Rn 7.

zweitens die anschließende Anrechnung derselben auf den erhöhten (sog. Ausgleichungs-)Nachlass.[222]

Hinweis

Wenn eine „Anrechnung auf den Erbteil" gewünscht ist, muss hierzu eine eindeutige Regelung in den Vertrag aufgenommen werden, die sich nicht allein auf dieses Schlagwort beschränkt, sondern auch darstellt, wie die Anrechnung sich rechnerisch darstellen soll. Außerdem muss auch geregelt werden, ob die Berücksichtigung nur im Rahmen der Erbauseinandersetzung erfolgen soll oder auch eine Anrechnung auf den Pflichtteil nach § 2315 BGB gewollt ist.[223]

Pflichtteilsrechtlich ist im Übrigen stets § 2316 Abs. 3 BGB zu beachten, wonach kein Ausschluss der Ausgleichung zum Nachteil eines Pflichtteilsberechtigten erfolgen kann. Daher hindert auch eine vertragliche Regelung, dass keine Ausgleichungspflicht bestehen solle, nicht die Erhöhung des Pflichtteils eines nicht ausgestatteten Kindes,[224] und zwar ohne zeitliche Befristung, da die Zehnjahresgrenze des § 2325 Abs. 3 BGB bei der Ausstattung nicht gilt. Demzufolge kommt auch eine Abschmelzung nicht in Betracht. In diesem Kontext ist also die Ausstattung u.U. der Schenkung gegenüber nachteilig. Gegensteuern kann ein gegenständlich auf den Ausgleichspflichtteil (Erhöhungswirkung) beschränkter Verzicht der nicht ausgestatteten Geschwister gegenüber dem Veräußerer.[225]

X. Sonderfall: Familiengesellschaft

Ein weiteres (beinahe „klassisches") Instrument der Vermögensnachfolge, gerade auch im Zusammenhang mit (größerem) Immobilienvermögen, bildet die Implementierung einer **Familiengesellschaft** (zu Details vgl. § 13 Rdn 1 ff.).[226] Auf diese Weise kann das Immobilienvermögen gebündelt und in dieser gebündelten Form an mehrere Vermögensnachfolger (und auch mehrfach über Generationen hinweg) übertragen werden. Auch eine schrittweise Beteiligung der Nachfolger am Vermögen ist so relativ einfach möglich. 122

Einen wesentlichen Vorteil der Familiengesellschaft bildet dabei die Möglichkeit, mehrere in Betracht kommende Vermögensnachfolger an einer oder mehreren Immobilien zu beteiligen, ohne diese gegenständlich auf die verschiedenen Erwerber aufteilen zu müssen. Gerade bei Personengesellschaften bietet es sich vielfach an, die Rechte der verschiedenen Gesellschafter oder auch Gesellschafterstämme unterschiedlich auszugestalten, um so eine etwa gewünschte Führungsrolle desjenigen, der die eigentlichen „unternehmerischen" Verantwortung tragen 123

222 Grüneberg/*Weidlich*, § 2050 Rn 4; Damrau/Tanck/*Kreienberg/Bothe*, § 2050 Rn 2.
223 BeckNotar-HdB/*Krauß*, § 5 Rn 183.
224 Damrau/Tanck/*Lenz-Brendel*, § 2316 Rn 4; *Horn*, NJW 2020, 2609, 2610.
225 Damrau/Tanck/*Lenz-Brendel*, § 2316 Rn 4.
226 Bonefeld/Wachter/*Feick/Hammes*, FA Erbrecht, § 17 Rn 58 ff.

und die operative Führung bzw. die Immobilienverwaltung übernehmen soll, abzusichern. In Betracht kommt hier bspw. die Übertragung der Komplementärstellung oder auch eine disquotale Stimmrechtsverteilung. Denkbar wäre auch die mehrheitliche Zuwendung der Geschäftsanteile an einer Komplementär-GmbH bei gleichzeitigem Ausschluss des Widerspruchsrechts der Kommanditisten.

Die so ermöglichte (vielleicht sogar gleichmäßige) vermögensmäßige Beteiligung sämtlicher Pflichtteilsberechtigter sorgt auch zuverlässig dafür, dass die sonst drohenden pflichtteilsrechtlichen Probleme vollständig vermieden werden.

124 Für gleitende Übergaben, also schrittweise Beteiligungen der nachfolgenden Generation, besteht auf Seiten der abgebenden Gesellschafter oftmals der nachvollziehbare Wunsch, ungeachtet der beabsichtigten Vermögensabgabe nach wie vor die maßgeblichen Entscheidungsrechte in der Hand zu behalten. Dies kann durch gesellschaftsvertraglich statuierte disquotale Stimmrechtsverteilungen, Mehrfachstimmrechte oder auch Vetorechte erreicht werden.

125 Vermögensverwaltende Personengesellschaften sind steuerlich transparent; Vermögen und Verbindlichkeiten werden den Gesellschaftern entsprechend den Beteiligungsquoten anteilig zugerechnet (§ 39 Abs. 2 Nr. 2 AO).

Das führt dazu, dass der unentgeltliche Erwerb eines Anteils an einer vermögensverwaltenden Personengesellschaft steuerlich gleichzeitig den (anteiligen) Erwerb bzw. Eintritt in etwaige Verbindlichkeiten der Gesellschaft mit sich bringt. In diesen Fällen liegt also steuerlich ein wenigstens teilweise entgeltlicher Vorgang vor, der ertragsteuerlich zu Anschaffungskosten (spiegelbildlich zu Veräußerungserlösen) führt.[227] Diese Anschaffungskosten führen beim neuen Gesellschafter auch zu zusätzlichen Abschreibungsmöglichkeiten.[228]

Schenkungsteuerlich ist der Erwerber lediglich um den Saldo des (anteiligen) Aktivvermögens und der teilweise übernommenen Verbindlichkeiten bereichert.[229]

D. Sonderfall: Schenkweise Einräumung eines Nießbrauchsrechts (Zuwendungsnießbrauch)

126 Beim **Zuwendungsnießbrauch** wird das Nießbrauchsrecht nicht zugunsten des Übergebers, sondern zugunsten eines Dritten, z.B. des Ehegatten des Übergebers,

---

227 BFH v. 3.5.2022 – IX R 22/19, DStR 2022, 1945; vgl. auch *Klümpen-Neusel/Gräfe*, NWB-EV 2022, 187, 190 sowie oben Rdn 61 ff.

228 BFH v. 3.5.2022 – IX R 22/19, DStR 2022, 1945; vgl. *Klümpen-Neusel/Gräfe*, NWB-EV 2022, 187, 191.

229 *Klümpen-Neusel/Gräfe*, NWB-EV 2022, 187, 190; vgl. hierzu oben Rdn 96.

bestellt. Dies kommt im Bereich der vorweggenommenen Erbfolge vor allem dann in Betracht, wenn die Immobilie als solche einem oder mehreren bestimmten Erwerbern zugedacht ist, gleichzeitig aber eine wirtschaftliche Absicherung anderer Beteiligter angestrebt wird. Typisches Beispiel hierfür ist die Übertragung der Immobilie auf Angehörige der nächsten Generation bei gleichzeitiger Bestellung eines (üblicherweise Quoten-)Nießbrauchs zugunsten des Ehegatten/Partners. Denkbar ist natürlich auch der Einsatz beim „Überspringen“ einer Generation, wenn also Großeltern das Immobilieneigentum auf ihre Enkel übertragen und deren Eltern (bzw. das die Verwandtschaft vermittelnde Kind) mit einem Nießbrauch bedenken.

In zivilrechtlicher Hinsicht ergeben sich keine Besonderheiten gegenüber den obigen Ausführungen zum Vorbehaltsnießbrauch (vgl. hierzu Rdn 27 ff.). Wegen ertragsteuerlicher Besonderheiten vgl. § 7 Rdn 41 ff. 127

In schenkungsteuerlicher Hinsicht besteht der Charme solcher Gestaltungen darin, dass zum einen der steuerliche Wert des zu übertragenden Grundbesitzes um den Wert des Zuwendungsnießbrauchs zu mindern ist und zum anderen durch die größere Anzahl an Zuwendungsempfängern möglicherweise zusätzliche persönliche Freibeträge zur Geltung gebracht werden können.[230] 128

E. Absicherung des Übergebers

I. Grundsätzliche Notwendigkeit

Die Vorwegnahme der Erbfolge bzw. das Verschenken von Vermögen birgt für den Schenker – mitunter ganz erhebliche – Risiken. So verbindet er (ebenso wie auch der Beschenkte) mit der geplanten Immobilienübergabe regelmäßig bestimmte Erwartungen, z.B. die, dass er nicht vor dem Beschenkten verstirbt, dessen Ehe nicht geschieden wird, er – wenn er irgendwann einmal verstirbt – Abkömmlinge hinterlässt oder das geschenkte Grundstück nicht von Gläubigern des Beschenkten gepfändet wird bzw. in anderer Weise „verloren geht“. 129

Vor dem Hintergrund der bereits mit diesen wenigen Aspekten angedeuteten Bandbreite solcher Erwartungen stellen sich die wenigen im Gesetz berücksichtigten möglichen Fehlentwicklungen (Verarmung des Schenkers, § 528 BGB, und grober Undank des Beschenkten, § 530 BGB) als völlig unzulänglich dar.[231]

Sicherlich bedarf es auch gar keiner Absicherung gegen alle denkbaren künftigen Abweichungen von den Vorstellungen der Beteiligten. Bestimmte – mehr oder weniger typische – unerwünschte Entwicklungen erscheinen aber so schwerwie- 130

230 Daragan/Halaczinsky/Riedel/*Griesel*, ErbStG und BewG, § 7 ErbStG Rn 57.

231 Vgl. hierzu Bonefeld/Wachter/*Feick/Hammes*, FA Erbrecht, § 17 Rn 93 ff.; BeckNotar-HdB/*Herrler*, § 5 Rn 466 ff.

gend, dass es für den Schenker schier unerträglich wäre, hier nicht „nachsteuern“ (und ggf. die Schenkung rückabwickeln) zu können. Das gilt umso mehr, als sich dies oftmals auch für andere Beteiligte als vorteilhaft darstellen kann. Mitunter kann der Vorbehalt einer **Rückforderungsmöglichkeit** in bestimmten Fällen auch gerade dazu beitragen, den Eintritt des Rückforderungsgrunds zu vermeiden. Man denke nur an eine dem Beschenkten vertraglich auferlegte Verpflichtung, mit seinem (künftigen) Ehegatten zu vereinbaren, dass im Falle einer Beendigung der Ehe oder des Güterstands bestimmte Vermögensgegenstände (z.B. das Geschenk bzw. die Steigerung seines Werts während der Ehe[232]) vom Zugewinnausgleich ausgenommen bleiben. Die drohende Rückforderung mag hier im einen oder anderen Fall als „Argumentationshilfe“ für den Beschenkten dienen können.

131 Vor diesem Hintergrund kommt bei der Konzeption und Umsetzung von Schenkungsverträgen insbesondere auch der Gestaltung von Rückforderungsrechten eine gesteigerte Bedeutung zu. Taugliche Gestaltungsmittel bilden vor allem **Widerrufsvorbehalte** und **Rücktrittsrechte** (nebst Absicherung), die sinnvollerweise auch die Art und Weise der Rückabwicklung regeln sollten.

II. Gesetzliche Rückübertragungsgründe

132 Das Spektrum der Rückabwicklungsvarianten ist so bunt wie die vielen unter den Begriff der vorweggenommenen Erbfolge fallenden Rechtsgeschäfte.[233]

1. Nichtvollziehung der Auflage, § 527 BGB

133 Kommt der Beschenkte seiner Auflagenverpflichtung nicht nach, steht etwaigen Auflagebegünstigten kein eigener Erfüllungsanspruch aus § 525 Abs. 1 BGB zu. Schadensersatzansprüche nach §§ 280, 281, 283, 286 BGB sind zwar (theoretisch) denkbar, scheitern aber in der Regel am Schadensnachweis.[234] Allerdings kann der Schenker nach § 527 Abs. 1 BGB – unter den Rücktrittsvoraussetzungen für gegenseitige Verträge (§ 323 BGB, ggf. i.V.m. § 326 Abs. 5 BGB) – die Rückgabe des Geschenks fordern, und das verschuldensunabhängig.[235]

---

232 Das Geschenk also solches fällt nach § 1374 Abs. 2 BGB ohnehin nicht in den Zugewinnausgleich, es wird mit seinem Wert im Schenkungszeitpunkt sowohl dem Anfangs- als auch dem Endvermögen hinzugerechnet. Konsequenterweise wirken sich aber zwischenzeitliche Wertsteigerungen auf den Umfang des Zugewinns aus, so dass z.B. ein erfolgreich wirtschaftender Unternehmer hier erheblichen Ausgleichsforderungen ausgesetzt sein kann.

233 *Spiegelberger*, MittBayNot 2000, 1,2.

234 BeckOK BGB/*Gehrlein*, § 527 Rn 1.

235 BeckOK BGB/*Gehrlein*, § 527 Rn 1.

Der Rückgabeanspruch nach § 527 Abs. 1 BGB richtet sich nach Bereicherungsrecht und reicht im Übrigen von vornherein nur so weit, wie das Geschenk zur Vollziehung der Auflage hätte verwendet werden müssen.[236] 134

Ist auch ein Dritter vollziehungsberechtigt, ist der gesetzliche Rückforderungsanspruch ausgeschlossen (§ 527 Abs. 2 BGB), damit der Schenker nicht durch seine Rückforderung den bereits entstandenen Anspruch des Dritten gefährden kann.[237]

Der Anspruch besteht auch bei einer als Schenkung anzusehenden Ausstattung und kann auch noch nach rechtskräftiger Verurteilung des Beschenkten zum Auflagenvollzug geltend gemacht werden.[238] 135

2. Verarmung des Schenkers, § 528 BGB

Verschlechtert sich die wirtschaftliche Situation des Schenkers nach der Vollziehung der Schenkung in einem Maße, dass er außerstande ist, seinen angemessenen Unterhalt zu bestreiten, besteht ein Rückforderungsanspruch nach § 528 Abs. 1 S. 1 BGB. Gleiches gilt, wenn der Schenker seinen gesetzlichen Unterhaltspflichten gegenüber Dritten nicht mehr nachkommen kann. Auch in den Fällen des § 528 Abs. 1 BGB richtet sich der Herausgabeanspruch (nur) nach den Vorschriften über die Herausgabe einer ungerechtfertigten Bereicherung.[239] Gem. § 528 S. 2 BGB kann der Beschenkte die Herausgabe durch Zahlung des für den Unterhalt erforderlichen Betrags abwenden.[240] Bei regelmäßig wiederkehrendem Unterhaltsbedarf des Schenkers richtet sich der Anspruch aus § 528 Abs. 1 S. 1 BGB also in der Regel auf wiederkehrende Leistungen des Beschenkten in einer dem angemessenen Unterhaltsbedarf entsprechenden Höhe, bis der Wert des Schenkungsgegenstands erschöpft ist.[241] 136

Ansprüche nach § 528 Abs. 1 BGB können gem. § 93 SGB XII durch den Sozialhilfeträger auf sich übergeleitet werden.[242] Voraussetzung hierfür ist aber, dass der Überlassungsvertrag tatsächlich wenigstens teilweise eine Schenkung darstellt bzw. beinhaltet. Sofern bereits erbrachte oder im Übergabevertrag versprochene Pflege- oder sonstige Gegenleistungen[243] den Wert der Schenkung mindern, scheidet ein Zugriff des Sozialhilfeträgers aus. 137

---

236 LSG Niedersachsen-Bremen v. 23.4.2012 – L 9 AS 695/08, NZS 2012, 955.

237 MüKo-BGB/*Koch*, § 527 Rn 1.

238 BeckOK BGB/*Gehrlein*, § 527 Rn 1.

239 BeckOK BGB/*Gehrlein*, § 528 Rn 3 m.w.N.

240 BeckOK BGB/*Gehrlein*, § 528 Rn 5; MüKo-BGB/*Koch*, § 528 Rn 21 f.

241 BGH v. 17.1.1996 – IV ZR 184/94, ZEV 1996, 152; BeckOK BGB/*Gehrlein*, § 528 Rn 5; MüKo-BGB/*Koch*, § 528 Rn 22 m.w.N.

242 MüKo-BGB/*Koch*, § 528 Rn 10.

243 Freiwillig erbrachte Pflegeleistungen kann der Beschenkte dem Anspruch aber nicht entgegenhalten, vgl. BGH v. 28.10.1997 – X ZR 157/96, NJW 1998, 537.

Praxistipp

Das Risiko der Herausgabe der übertragenen Immobilie kann durchaus kalkulierbar sein, wenn es die finanziellen Möglichkeiten erlauben, die Herausgabe durch Unterhaltszahlungen abwenden zu können. Letztendlich stellen sich dann die Unterhaltszahlungen als Finanzierungskosten der Immobilie dar.

3. Grober Undank, § 530 BGB

138 Eine Schenkung kann gem. § 530 Abs. 1 BGB widerrufen werden, wenn sich der Beschenkte durch eine schwere Verfehlung gegen den Schenker oder einen nahen Angehörigen des Schenkers groben Undanks schuldig macht. Die Herausgabe erfolgt gem. § 531 Abs. 2 BGB wiederum nach den Vorschriften über die ungerechtfertigte Bereicherung.[244]

Die Hürde zur Erfüllung des Tatbestands ist relativ hoch. Der Beschenkte muss sich durch eine schwere Verfehlung des groben Undanks schuldig gemacht haben, wobei eine trennscharfe Differenzierung zwischen diesen beiden Tatbestandsmerkmalen kaum möglich ist. Denn die schwere Verfehlung muss sich im Lichte der vorangegangenen Schenkung zugleich als grober Undank darstellen.[245]

III. Vertragliche Rückübertragungsgründe

1. Allgemeines

139 Die gesetzlichen Widerrufsgründe betreffen nur einen kleinen Ausschnitt der möglichen Entwicklungen, für die aus der Sicht der Parteien, insbesondere der Übergeber/Schenker, Vorsorge getroffen werden sollte. Sie werden daher in der Vertragspraxis vielfach als unzureichend empfunden.[246] Die Vereinbarung vertraglicher Rückforderungsrechte kann diesem Mangel aber wirksam abhelfen und sollte daher bei jedem Gestaltungsvorhaben in die Überlegungen einbezogen werden.

140 Dabei gilt es zunächst zu definieren, in welchen Fällen bzw. unter welchen Voraussetzungen eine Rückabwicklung verlangt werden können soll. Aus der Perspektive des Schenkers könnte auf den ersten Blick ein **freier Widerrufsvorbehalt** erstrebenswert erscheinen. Das wäre aber aus der Sicht des Beschenkten kaum zumutbar, da dieser berechtigterweise eine gewisse Planungssicherheit erwarten darf.

---

244 MüKo-BGB/*Koch*, § 531 Rn 4.

245 MüKo-BGB/*Koch*, § 530 Rn 2; zu Einzelfällen vgl. MüKo-BGB/*Koch*, § 530 Rn 9 m.w.N.

246 Ausführlich *Spiegelberger*, MittBayNot 2000, 1, 2.

Zivilrechtlich sind Rückabwicklungsvorbehalte grundsätzlich unproblematisch,[247] und zwar selbst dann, wenn die Entscheidung über die Durchführung der Rückabwicklung allein dem Schenker zukommt und seine Dispositionsbefugnis in keiner Weise eingeschränkt ist oder bestimmten Bedingungen unterliegt. 141

Da die Erbschaft- und Schenkungsteuer grundsätzlich an die zivilrechtliche Rechtslage anknüpft und – wie gesehen – auch im Falle des Vorbehalts einer freien Rückabwicklungsmöglichkeit eine zivilrechtlich wirksame Schenkung vorliegt, haben Rückabwicklungsvorbehalte – ungeachtet der Frage, ob sie frei oder nur in bestimmten Fallkonstellationen bestehen sollen – auf die Entstehung von Erbschaft- bzw. Schenkungsteuer grundsätzlich keinen Einfluss.[248] Die Steuer entsteht mit der Ausführung der Schenkung. Wird der Rückabwicklungsvorbehalt ausgeübt und das Geschenk infolgedessen zurückgewährt, greift § 29 Abs. 1 Nr. 1 ErbStG mit der Folge, dass die ursprünglich entstandene Schenkungsteuer mit Wirkung für die Vergangenheit erlischt.[249] 142

Die typischen Gründe, bei deren Vorliegen eine Rückforderung möglich sein sollte, stellen sich im Wesentlichen wie folgt dar:

2. Tod des Beschenkten

Gerade für den Fall, dass der Beschenkte (oder auch ein späterer Eigentümer)[250] zu Lebzeiten des Schenkers verstirbt, sollte die Möglichkeit zur Rückforderung vorbehalten werden, um es dem Schenker zu ermöglichen, das Geschenk an andere Abkömmlinge oder Dritte weitergeben zu können. Mitunter kann es sinnvoll erscheinen, diesen Rückabwicklungsgrund auf den Fall einzuschränken, dass der Beschenkte ohne Hinterlassung eigener Abkömmlinge verstirbt. Hier ist jedoch zu beachten, dass es unter steuerlichen Gesichtspunkten sinnvoller sein kann, wenn dessen ungeachtet ein Schenkungswiderruf erfolgt und der Schenker die Erben des ursprünglich Beschenkten erneut beschenkt. Dies gilt namentlich dann, wenn der Beschenkte selbst über ein entsprechend umfangreiches Vermögen verfügt und seine Erben (auch) im Verhältnis zum Schenker der Steuerklasse I angehören. 143

247 BeckNotar-HdB/*Herrler*, § 5 Rn 473; vgl. auch *Klumpp*, ZEV 1995, 388; *Kollhosser*, AcP 194 (1994) 230, 236 ff.

248 BFH v. 13.9.1989 – II R 67/86, BStBl II 1989, 1034; Troll/Gebel/Jülicher/Gottschalk/*Jülicher*, ErbStG, § 29 Rn 58; *Pauli*, ZEV 2013, 289, 290; vgl. auch § 10 Rdn 115 f.

249 BFH v. 13.9.1989 – II R 67/86, BStBl II 1989, 1034; Troll/Gebel/Jülicher/Gottschalk/*Jülicher*, ErbStG, § 29 Rn 76 m.w.N.

250 BeckNotar-HdB/*Herrler*, § 5 Rn 479. Der Rückforderungsanspruch sollte dann durch Vormerkung gesichert werden, vgl. BGH v. 13.2.2014 – V ZB 88/13, DNotZ 2014, 606.

3. Geschäftsunfähigkeit/Betreuungsbedürftigkeit

144 Grundsätzlich geht der Schenker davon aus, dass der Beschenkte zum einen von dem Geschenk einen wirtschaftlichen Vorteil haben wird und zum anderen die geschenkte Immobilie selbst verwalten oder (in eigener Verantwortung) verwalten lassen kann. Diese Erwartungen sind gefährdet, wenn der Beschenkte (oder sein Rechtsnachfolger) geschäftsunfähig wird, eine Beschränkung seiner Geschäftsfähigkeit eintritt oder für ihn ein Betreuer bestellt wird.

Daher kann es sinnvoll sein, sich als Schenker auch für diese Fälle ein Recht zur Rückabwicklung der Schenkung vorzubehalten.[251] Denn in derartigen Situationen ist es oftmals sinnvoll, dass der Schenker das Vermögen wieder an sich zieht, um den Erhalt des wirtschaftlichen Werts zu sichern und auf diese Weise die Möglichkeit zu schaffen, den ursprünglich Beschenkten in seiner persönlichen Situation in angemessener Weise zu unterstützen. Die sinnvolle Verwaltung der geschenkten Immobilie ist einem Beschenkten in einem der hier angesprochenen Geisteszustände im Regelfall ohnehin nicht (mehr) möglich. Gleichzeitig wird auf diese Weise etwaigen Eigengläubigern des Beschenkten (das kann auch der Sozialhilfeträger sein) der Zugriff auf das Geschenk verwehrt.

4. Scheidung der Ehe des Beschenkten

145 Einen typischen Rückforderungsgrund bildet auch die Scheidung der Ehe des Beschenkten. Selbstverständlich kann es hierbei nicht darum gehen, die Entscheidungsfreiheit des Beschenkten, ob oder wen er heiratet, in irgendeiner Weise einzuschränken (zumal dies sicherlich sittenwidrig wäre[252]). Ungeachtet dessen hat der Schenker aber ein berechtigtes Interesse an der Vereinbarung von Sicherungsmechanismen, die – aus seiner Sicht – unerwünschten vermögensrechtlichen Konsequenzen einer Ehe/Partnerschaft vorbeugen. Dabei geht es in erster Linie um die Absicherung gegen **Zugewinnausgleichsforderungen**.

Auch wenn der Wert vor oder während der Ehe erhaltener Geschenke im Rahmen der Zugewinnausgleichsberechnung grundsätzlich nicht (bzw. sowohl beim Anfangs- als auch beim Endvermögen, § 1374 Abs. 2 BGB) berücksichtigt wird,[253] stellen während der Dauer der Ehe eingetretene **Wertsteigerungen** geschenkter Immobilien Zugewinn dar, der ggf. auszugleichen ist.[254] Vermeiden lässt sich dies dadurch, dass der Schenker im Falle der Scheidung der Ehe des Beschenkten die Rückabwicklung der Schenkung verlangen kann. Die Rückabwicklung führt dann dazu, dass die Immobilie (mit ihrem seit Schenkung gestiegenen Wert) im Endvermögen des Beschenkten nicht (mehr) enthalten ist. Ein Zugewinnaus-

251 BeckNotar-HdB/*Herrler*, § 5 Rn 480.

252 Vgl. insoweit BVerfG v. 22.3.2004 – 1 BvR 2248/01, ZEV 2004, 241.

253 BeckOK BGB/*Scheller/Sprink*, § 1374 Rn 17, 29.

254 BGH v. 9.6.1983 – IX ZR 41/82, NJW 1983, 2244.

gleichsanspruch im Hinblick auf die während der Ehe eingetretene Wertsteigerung ist damit ausgeschlossen.

Mitunter legt der Schenker auch Wert darauf, dass der Beschenkte einen **Ehevertrag** abschließt und darin (insbesondere) eine geschenkte Immobilie (und etwaige Wertsteigerungen) vom Zugewinnausgleich ausschließt. Sinnvollerweise sollte ehevertraglich auch eine **Vollstreckung in den Schenkungsgegenstand** (z.B. wegen einer im Übrigen bestehenden Zugewinnausgleichsforderung) ausgeschlossen werden. 146

Bei der Ausgestaltung eines entsprechenden Rückforderungsrechts kann dieses von vornherein auf den Fall beschränkt werden, dass der Beschenkte einen Ehevertrag des beschriebenen Inhalts nicht binnen einer bestimmten Frist abschließt bzw. den Ehevertragsabschluss nicht gegenüber dem Schenker nachweist. Es ist jedoch darauf zu achten, dass derartige Klauseln so offen gestaltet werden, dass keine Verpflichtung zur Vereinbarung eines bestimmten Güterstands besteht. Sonst droht Sittenwidrigkeit.[255]

5. Rechtsverletzungen

Behält sich der Schenker in Bezug auf die verschenkte Immobilie Mitbestimmungsrechte (z.B. Verkauf, Belastung etc.) oder Nutzungsrechte (Nießbrauch, Wohnungsrecht) vor, können diese sich aber als „stumpfes Schwert" erweisen, wenn Verstöße des Beschenkten gegen die getroffenen Vereinbarungen nicht geahndet werden können. Gleiches gilt für etwa angeordnete Auflagen oder sonstige im Schenkungsvertrag vereinbarte Verpflichtungen des Beschenkten. 147

Abhilfe bzw. eine angemessene Sicherung schafft hier die Vereinbarung eines Rückforderungsrechts für den Fall, dass der Beschenkte Verpflichtungen aus dem Schenkungsvertrag verletzt.[256] Für den Fall nicht vorsätzlicher Verletzungen können ggf. Einschränkungen dahingehend vereinbart werden, dass der Rückabwicklungsanspruch nur nach entsprechender Abmahnung bzw. Setzung einer Nachfrist geltend gemacht werden kann.

6. Verfügung/Verpfändung/Belastung

Soweit der Schenker Wert darauf legt, dass die verschenkte Immobilie – jedenfalls zu seinen Lebzeiten – durch den Beschenkten nicht (ohne Zustimmung des Schenkers) weitergegeben wird,[257] sollte bei entsprechenden Zuwiderhandlungen des Beschenkten ein Rückabwicklungsanspruch bestehen. Dieser sollte aber nicht nur auf Fälle der tatsächlichen Verfügung beschränkt, sondern so definiert wer- 148

255 Vgl. hierzu *Brambring*, DNotZ 2008, 724 m.w.N.

256 BeckNotar-HdB/*Herrler*, § 5 Rn 481.

257 Vgl. hierzu auch BeckNotar-HdB/*Herrler*, § 5 Rn 474.

den, dass auch Vorgänge mit ähnlicher wirtschaftlicher Wirkung (z.B. Nießbrauchsbestellungen, Verpfändungen, Begründung von Treuhandverhältnissen etc.) erfasst sind. Außerdem sollte auch die Belastung mit Grundpfandrechten mit eingeschlossen werden.

7. Insolvenz/Vermögensverfall

149 Vermeiden möchte der Schenker in der Regel auch einen Zugriff von Gläubigern des Beschenkten. Daher sollte auch für den Fall einer **Zwangsvollstreckung** in die Immobilie ein Rückforderungsrecht vereinbart werden. Das Gleiche gilt, wenn der Beschenkte in allgemeinen **Vermögensverfall** gerät, so dass eine Insolvenz droht, die unter Umständen auch den Verlust der geschenkten Immobilie zur Folge haben könnte.[258]

8. Recht zur Pflichtteilsentziehung/Pflichtteilsunwürdigkeit

150 Unabhängig davon, ob es sich beim Beschenkten um einen nach dem Schenker Pflichtteilsberechtigten handelt, sollten alle Umstände, die den Schenker zu einer Pflichtteilsentziehung berechtigen würden, auch zu einer Rückabwicklung der Schenkung berechtigen.[259] Das zugrunde liegende Verhalten des Beschenkten rechtfertigt zwar in vielen Fällen auch einen Schenkungswiderruf wegen groben Undanks (§ 530 BGB). Dieser setzt allerdings stets voraus, dass der Schenker selbst von den Handlungen des Beschenkten betroffen (also das Opfer) ist. Ist Ziel des Beschenkten hingegen eine andere Person, z.B. der Ehegatte oder der Lebenspartner des Schenkers, greift § 530 BGB nicht bzw. nicht in jedem Fall.[260]

9. Drogenabhängigkeit/Sucht

151 Eine Drogenabhängigkeit des Beschenkten oder eine andere vergleichbare schwere Suchterkrankung (Alkoholabhängigkeit, Medikamentenabhängigkeit etc.) sind ebenso wie eine krankhafte Spielsucht geeignet, den wirtschaftlichen Bestand der verschenkten Immobilie zu gefährden. Zum einen muss der Schenker befürchten, dass sie zur Finanzierung der Sucht verwendet wird, zum anderen besteht die Gefahr, dass der Beschenkte die zum verantwortungsbewussten Umgang mit dem geschenkten Objekt erforderliche Einsichtsfähigkeit verliert und dann – ungeachtet der Frage, ob ein Betreuungsbedürfnis besteht – nachteilige Vermögensdispositionen trifft oder mit der Verwaltung überfordert ist.

Wichtig ist gerade in diesem Zusammenhang die genaue Definition des Rückforderungsgrundes, also des die Rückforderung rechtfertigenden Zustands des Be-

258 Vgl. BeckNotar-HdB/*Herrler*, § 5 Rn 476 ff.
259 BeckNotar-HdB/*Herrler*, § 5 Rn 481.
260 MüKo-BGB/*Koch*, § 530 Rn 5; BeckOK BGB/*Gehrlein*, § 530 Rn 3; vgl. auch z.B. BGH v. 19.1.1999 – X ZR 60/97, NJW 1999, 1623.

schenkten und wie dieser festgestellt werden soll. Insoweit wird mitunter eine Bezugnahme auf die Vorschriften des Betäubungsmittelgesetzes empfohlen.[261] Das allein reicht aber nicht aus, da auf diese Weise nur der Missbrauch von Drogen im engeren Sinne sanktioniert werden kann. Für Medikamenten- oder Alkoholmissbrauch ist der Rückgriff auf das Betäubungsmittelgesetz jedoch nicht geeignet. Außerdem spielen die strafrechtlichen Aspekte aus der Sicht des Schenkers gewöhnlich nur eine untergeordnete Rolle. Ihm kommt es vielmehr darauf an, Fehlentscheidungen, die auf eine der Suchtkrankheit geschuldete Trübung der Geisteskräfte zurückzuführen sind, vorzubeugen. Daher erscheint es sinnvoll, für die Entscheidung darüber, ob eine Suchtkrankheit vorliegt, auf die Expertise eines qualifizierten Arztes bzw. Psychiaters zurückzugreifen.

10. Zugehörigkeit zu Sekten

Ähnlich schwierig wie die Feststellung einer etwaigen Drogenabhängigkeit ist 152
auch die Abgrenzung im Fall einer Sektenzugehörigkeit. Bereits der Begriff „Sekte" ist nur schwer fassbar. Ähnliches gilt oft auch für die Frage, ob der Beschenkte Mitglied einer Sekte ist bzw. sich ihr in einer Weise angeschlossen hat, die auf eine Gefährdung seines Vermögens, insbesondere der übertragenen Immobilie, schließen lässt.

Schließlich ist in diesem Zusammenhang auch zu beachten, dass der Schenker dem Beschenkten keine Vorgaben machen darf, die dessen Recht auf freie Religionsausübung einschränken. Mithin kommt praktisch nur eine Sanktionierung von nicht als Religionsgemeinschaften im Sinne des Art. 4 GG anerkannten Organisationen in Betracht.

11. Steuerliche Probleme

Vielfach verfolgen die Beteiligten mit einer lebzeitigen Vermögensübertragung 153
auch ein bestimmtes steuerliches Konzept. Die Beteiligten gehen – zumeist übereinstimmend – davon aus, dass mit der Übertragung bestimmte steuerliche Konsequenzen verbunden sein werden, bspw. bezüglich der Bewertung der Zuwendung oder der Anwendbarkeit der Verschonungsregelung des § 13d ErbStG. Denkbar ist auch, dass man einen bestimmten Betrag der effektiven Schenkungsteuerbelastung im Auge hat, der nicht überschritten werden soll. Auf der ertragsteuerlichen Seite kommen bspw. Annahmen betreffend die Behandlung von Nießbrauchsgestaltungen oder von Übergaben gegen Versorgungsleistungen in Betracht.

Treten die erwarteten bzw. erstrebten steuerlichen Konsequenzen nicht ein oder lassen sie sich gegenüber der Finanzverwaltung (ggf. auch unter Inanspruchnahme gerichtlicher Hilfe) nicht durchsetzen, kann dies die Übergabe als solche

261 Vgl. z.B. Bonefeld/Wachter/*Feick/Henn*, FA Erbrecht (3. Aufl.), § 18 Rn 117.

– jedenfalls nach dem zugrunde liegenden Konzept – in Frage stellen. In diesen Fällen kann durch eine Rückabwicklung der Schenkung die Möglichkeit eröffnet werden, das (steuerliche) Übergabekonzept nochmals zu überdenken und eine steuerlich günstigere Struktur zu wählen.

12. Verarmung des Schenkers, § 528 BGB

154 Eine der wenigen bereits im BGB vorgesehenen Rückforderungsgründe ist – wie in Rdn 136 f. bereits angesprochen – die sog. Verarmung des Schenkers (§ 528 BGB). Der Begriff der Verarmung ist ein unbestimmter Rechtsbegriff und daher auslegungsbedürftig.[262] Um diesbezügliche Unklarheiten bzw. Streit unter den Beteiligten zu vermeiden, sollte die Vermögenssituation des Schenkers, in der er sich „verarmt fühlt“ und daher eine Rückabwicklung der Schenkung verlangen darf, vertraglich definiert bzw. genauer umschrieben werden. Denkbar ist dabei z.B. die Bezugnahme auf ein bestimmtes Einkommensniveau oder den Wert bestimmter nicht verschenkter Vermögensgegenstände. In diesem Zusammenhang ist auch zu erwägen, eine Abwendungsbefugnis zugunsten des Beschenkten vorzusehen, die es ihm ermöglicht, eine Rückabwicklung der Schenkung durch „Unterhaltszahlungen“ an den Schenker zu vermeiden.

13. Grober Undank, § 530 BGB

155 Auch der Begriff des groben Undanks (§ 530 BGB, vgl. Rdn 138) ist auslegungsbedürftig.[263] Allerdings wird hier eine Eingrenzung aus der Sicht des Schenkers in aller Regel nicht erstrebenswert erscheinen. Sinnvoll ist es aber sicher, bestimmte Situationen exemplarisch zu umschreiben, ohne hierdurch eine weitere Auslegung des Begriffs auszuschließen.

156 Die vorstehend ausgeführten Gesichtspunkte erheben keinerlei Anspruch auf Vollständigkeit. Im Einzelfall mögen die Beteiligten ganz andere bzw. weit über die genannten Aspekte hinausgehende Sorgen und Ängste bewegen, die mithilfe von Rückabwicklungsansprüchen entschärft werden können. Die Aufgabe des Beraters besteht daher stets darin, etwaigen Regelungsbedarf herauszuhören und sinnvolle Möglichkeiten für einen konstruktiven Umgang damit herauszuarbeiten.

---

262 Vgl. hierzu Soergel/*Mühl/Teichmann*, § 530 Rn 3; BeckOK BGB/*Gehrlein*, § 528 Rn 2 m.w.N.

263 BGH v. 25.3.2014 – X ZR 94/12, ZEV 2014, 429; MüKo-BGB/*Koch*, § 530 Rn 3; BeckOK BGB/*Gehrlein*, § 530 Rn 3; vgl. auch MüKo-BGB/*Koch*, § 529 Rn 6.

IV. Rechtliche Konstruktion von Rückabwicklungsvorbehalten

1. Allgemeines

Zur technischen Umsetzung von Rückabwicklungsvorbehalten kommen verschiedene rechtliche Gestaltungen in Frage, insbesondere **Widerrufsrechte** sowie die Vereinbarung von **Rücktrittsrechten**. 157

Regelungsbedürftig ist dabei mitunter auch, innerhalb welcher Fristen ein Rückabwicklungsrecht ausgeübt werden kann bzw. muss. Ob die zehnjährige Frist des § 529 Abs. 1 BGB analog auf andere Rückabwicklungsgründe anwendbar sein sollte, ist jedenfalls zweifelhaft.[264] Außerdem stellt sich die Frage nach der tatsächlichen Interessenlage der Beteiligten, insbesondere des Übergebers. Dies gilt umso mehr, als § 529 BGB ohnehin abdingbar ist.[265] Eine **Sittenwidrigkeit** lang andauernder Rückforderungsmöglichkeiten[266] sollte nur im Ausnahmefall anzunehmen sein, nämlich dann, wenn die Vertragsgestaltung den Beschenkten dermaßen benachteiligt, dass sie mit dem Anstandsgefühl aller billig und gerecht Denkenden nicht mehr vereinbart werden könnte. Die grundsätzliche Entscheidungsfreiheit des Schenkers, ob er überhaupt eine Zuwendung aus seinem Vermögen vornehmen und den Beschenkten auf diese Weise unentgeltlich bereichern will, schließt eine Sittenwidrigkeit von – auch lange nach Ausführung der Schenkung noch ausübbaren – Rückforderungsrechten aber weitgehend aus. Im Hinblick auf die gesetzliche Regelung des § 529 Abs. 1 BGB ist daher davon auszugehen, dass Rückabwicklungsmöglichkeiten für eine Dauer von zehn Jahren nach Ausführung der Schenkung in der Regel unbedenklich sein dürften.[267]

Die Unterscheidung zwischen Widerrufsvorbehalt auf der einen und Rücktrittsrecht auf der anderen Seite stellt sich im Wesentlichen wie folgt dar: 158

2. Widerrufsvorbehalt

Die Ausübung eines (bloßen) Widerrufsrechts führt gem. § 531 Abs. 2 BGB zur Rückabwicklung der Schenkung nach bereicherungsrechtlichen Grundsätzen.[268] Seit Ausführung der Schenkung gezogene Nutzungen sind ggf. nach § 818 Abs. 1 159

264 Bonefeld/Wachter/*Feick/Hammes*, FA Erbrecht, § 17 Rn 105.
265 *Klumpp*, ZEV 1995, 388.
266 Vgl. hierzu *Schmidt*, BB 1990, 1992, 1997.
267 *Schmidt*, BB 1990, 1992, 1997; vgl. auch *Mayer*, ZGR 1995, 93, 105, der eine Frist von 15 Jahren als zulässig ansieht; MüKo-BGB/*Koch*, § 531 Rn 4; BeckOK BGB/*Gehrlein*, § 531 Rn 2.
268 BGH v. 19.4.1961 – IV ZR 217/60, BGHZ 35, 103, 107 = NJW 1961, 1458.

BGB herauszugeben.[269] Der Beschenkte kann sich allerdings grundsätzlich gem. § 818 Abs. 3 BGB auf einen evtl. **Wegfall der Bereicherung** berufen.[270]

160 Außerdem wirkt der Widerruf des Schenkungsvertrags nur schuldrechtlich; die dingliche Rückabwicklung muss gesondert vorgenommen bzw. im Bedarfsfall auch durchgesetzt werden. Mithin führt der Schenkungswiderruf zwar zum Entfall des Schenkungsvertrags, seine ursprüngliche Eigentümerstellung erlangt der Schenker aber nicht automatisch zurück.[271]

161 Aus der Sicht des Schenkers zu empfehlen ist daher, (wenigstens) die Rechtsfolgen des Widerrufs sowie die Art und Weise der Rückabwicklung der Schenkung, einschließlich des Bestehens bzw. des Umfangs etwaiger wechselseitiger Nutzungs- und/oder Aufwendungsentschädigungen, im Schenkungsvertrag ausdrücklich zu regeln. Dabei kann es durchaus sinnvoll erscheinen, die Nutzungen ausdrücklich dem Beschenkten zu belassen und korrespondierend eine Ersatzpflicht des Schenkers lediglich für solche Aufwendungen des Beschenkten vorzusehen, die bei Rückabwicklung noch eine Werterhöhung der Immobilie begründen.

162 Insgesamt ist die Rechtsstellung des widerrufsberechtigten Schenkers nicht besonders stark. Insbesondere die Möglichkeit des Beschenkten, sich auf einen Wegfall der Bereicherung zu berufen, kann den Widerrufsvorbehalt insgesamt entwerten. Gleiches gilt für die mangelnde dingliche Wirkung (zu Sicherungsmechanismen vgl. Rdn 164 f.). Immerhin ist das Widerrufsrecht grundsätzlich nicht pfändbar.

3. Vertragliche Rücktrittsrechte

163 Anders als ein Widerrufsrecht gibt ein vertraglich vorbehaltenes Rücktrittsrecht dem Schenker die Möglichkeit, den Schenkungsvertrag insgesamt zu Fall zu bringen, so dass er rückabgewickelt werden muss.[272] Die Rechtsfolgen des Rücktritts richten sich daher auch nicht nach Bereicherungsrecht, sondern nach den §§ 346 ff. BGB.[273]

Der Schenkungs- bzw. Übertragungsvertrag ist insgesamt rückabzuwickeln; etwaige Aufwendungen des Vertragspartners (Beschenkten) sind – vorbehaltlich

269 Die Rechtslage ist umstritten: Für eine Wirkung ex nunc und damit keine Erstattungspflicht offenbar Staudinger/*Wimmer-Leonhardt* (2005), § 531 Rn 5; für eine Herausgabepflicht aber MüKo-BGB/*Koch*, § 531 Rn 5; vgl. auch BeckOK BGB/*Wendenhorst*, § 818 Rn 15 m.w.N.

270 BGH v. 19.1.1999 – X ZR 42/97, NJW 1999, 1626; BeckOK BGB/*Gehrlein*, § 531 Rn 2.

271 BGH v. 2.7.1990 – II ZR 243/89, NJW 1990, 2616, 2617; BayObLG v. 15.4.1992 – 2Z BR 31/92, NJW-RR 1992, 1236.

272 Bonefeld/Wachter/*Feick/Hammes*, FA Erbrecht, § 17 Rn 98.

273 Soweit nicht vertraglich abweichend geregelt, vgl. BeckNotar-HdB/*Herrler*, § 5 Rn 472.

abweichender Regelungen – zu erstatten, gezogene Nutzungen herauszugeben.[274] Der Entreicherungseinwand des § 818 Abs. 3 BGB steht (insbesondere) dem Beschenkten nicht zu.[275] Die Rechtsstellung des Schenkers ist also ungleich stärker als beim Widerrufsvorbehalt.[276]

4. Möglichkeiten einer (dinglichen) Absicherung

Sowohl bei Widerrufs- als auch bei Rücktrittsrechten sollte unbedingt sicherge- 164
stellt werden, dass der Beschenkte die von ihm geschuldete Rückgewähr bzw. Rückabwicklung auch tatsächlich leisten kann. Wertersatz- bzw. Schadensersatzansprüche sind für den Schenker meist nicht besonders interessant; ein Wert kommt aber auch ihnen nur dann zu, wenn der Schuldner auch tatsächlich über das erforderliche Vermögen verfügt, sie zu bedienen. Aus diesem Grund sollten Widerrufs- und Rücktrittsrechte dinglich gesichert werden, um so bspw. auch bei Insolvenz[277] des Beschenkten noch die Möglichkeit zu haben, wieder auf die verschenkte Immobilie zuzugreifen. Das geeignete Instrument hierzu ist die Eintragung einer **Rückauflassungsvormerkung** (§ 883 BGB).[278]

Möglich ist ein auch zeitlich bis zum Ableben des Schenkers **unwiderrufliches** 165
Angebot auf Rückübertragung der geschenkten Immobilie. Dieses sollte dann unmittelbar in der Übertragungsurkunde enthalten und so ausgestaltet sein, dass der Schenker es später ohne (erneute) Mitwirkung des Beschenkten annahmen kann. Ebenso kommt eine Bevollmächtigung des rückforderungsberechtigten Schenkers in Betracht.[279]

5. Weiterleitungsklauseln/auflösende Bedingungen

Soweit der Schenker für bestimmte Fälle bereits sehr konkrete Vorstellungen 166
hat, was mit der verschenkten Immobilie geschehen bzw. wer sie anstelle des ursprünglich Beschenkten erhalten soll, kann hierfür eine sog. Weiterleitungsklausel vorgesehen werden, also die Vereinbarung, dass bei Eintritt bestimmter

274 Bonefeld/Wachter/*Feick/Hammes*, FA Erbrecht, § 17 Rn 98; *J. Mayer*, DNotZ 1996, 604, 605 ff.

275 Bonefeld/Wachter/*Feick/Hammes*, FA Erbrecht, § 17 Rn 98.

276 Bonefeld/Wachter/*Feick/Hammes*, FA Erbrecht, § 17 Rn 98; *Spiegelberger*, MittBayNot 2000, 1, 6; a.A. aber z.B. *J. Mayer*, DNotZ 1996, 604, 606.

277 Ohne entsprechende Vorkehrungen erhält der Schenker hier nur die Insolvenzquote (wie alle anderen Gläubiger auch), vgl. Bonefeld/Wachter/*Feick/Hammes*, FA Erbrecht, § 17 Rn 98.

278 Vgl. BeckNotar-HdB/*Herrler*, § 5 Rn 496 unter Hinweis auf BayObLG v. 22.8.1996 – 2Z BR 84/96, DNotZ 1997, 155.

279 Bonefeld/Wachter/*Feick/Hammes*, FA Erbrecht, § 17 Rn 100.

Voraussetzungen die Immobilie (unmittelbar) vom ursprünglich Beschenkten an einen Dritten, den Weiterleitungsempfänger, weiterzugeben ist.[280]

167 Dabei darf aber nicht übersehen werden, dass sich der Schenker – anders als bei Widerrufs- bzw. Rücktrittsrechten – seiner Dispositionsfreiheit im Zeitpunkt des Eintritts der jeweiligen Bedingung vollständig begibt. Er kann dann nicht mehr frei entscheiden, inwieweit er vielleicht trotz allem am ursprünglichen Vertrag festhalten oder einen bei Vertragsschluss noch gar nicht ins Auge gefassten Dritten begünstigen möchte. Daher erscheint es ratsam, anstelle einer (starren) Weiterleitungsklausel zugunsten des Schenkers entsprechende **Wahlrechte** vorzusehen, die es ihm ermöglichen, bei Bedingungseintritt noch zu entscheiden, ob tatsächlich die Weiterleitungsklausel umgesetzt werden soll oder er die Rückübertragung an sich selbst verlangt.

168 Zivilrechtlich bringen Weiterleitungsklauseln außerdem oft die Schwierigkeit mit sich, dass der Weiterleitungsempfänger am Vertragsschluss nicht beteiligt ist, so dass ein Vertrag mit ihm zunächst gar nicht vorliegt. Daher ist (vorerst) unklar, was geschieht, wenn z.B. der Weiterleitungsempfänger den Schenkungsgegenstand später nicht annimmt oder ein Vertragsschluss mit ihm aus anderen Gründen nicht zustande kommt. Um diesen Unwägbarkeiten vorzubeugen, sollte der Weiterleitungsempfänger also sinnvollerweise von vornherein als Partei am Vertragsschluss beteiligt werden oder die (bedingte) Zuwendung an ihn anderweitig (formgerecht) geregelt werden.[281]

169 Wenig empfehlenswert erscheint auch die Vereinbarung einer **auflösenden Bedingung**, die allein an das objektive Vorliegen der vorgenannten (oder anderer) ein Rückforderungsrecht begründenden Tatsachen anknüpft. Denn auch bei solchen Gestaltungen hat der Schenker später keinerlei Entscheidungsmöglichkeit mehr, ob er – trotz der veränderten Umstände – an der ursprünglichen Schenkung festhalten will.

6. Besonderheiten bei minderjährigen Beschenkten

170 Soweit sich die Art und Weise der Rückabwicklung allein nach den gesetzlichen Vorgaben richtet, ist die bloße Vereinbarung eines Widerrufs- bzw. Rücktrittsrechts grundsätzlich nicht als rechtlich nachteilig anzusehen. Denn im Zweifel hat der Minderjährige nur die geschenkte Immobilie herauszugeben.[282] Abweichungen von den gesetzlichen Vorgaben, insbesondere Erweiterungen der Pflich-

280 Wegen Bedenken bzgl. der rechtlichen Zulässigkeit vgl. *Feick*, ZEV 2002, 85, 86. Für grundsätzliche Zulässigkeit BeckNotar-HdB/*Herrler*, § 5 Rn 503 unter Hinweis auf *Jülicher*, ZEV 1998, 201.

281 BeckNotar-HdB/*Herrler*, § 5 Rn 504.

282 Vgl.OLG Brandenburg v. 10.9.2020 – 9 WF 198/20, NJW 2021, 447; OLG München v. 17.7.2007 – 31 Wx 18/07, NJW-RR 2008, 672, 674 f.; vgl. auch Bonefeld/Wachter/*Feick/Hammes*, FA Erbrecht, § 17 Rn 102 m.w.N.

ten des Herausgabeverpflichteten, können aber dem Schenkungsvertrag insgesamt den Charakter der ausschließlichen rechtlichen Vorteilhaftigkeit nehmen.[283] Dann ist die Vertretung des Minderjährigen durch einen **Ergänzungspfleger** nach § 1809 Abs. 1 BGB zwingend erforderlich, soweit an dem Vertragsschluss auch ein Eltern- oder Großelternteil beteiligt ist (§§ 1629 Abs. 2, 1824 Abs. 1 Nr. 1 BGB).

7. Überlassung mit aufgeschobener Erfüllung

Die Rechtsform der Schenkung unter Lebenden mit auf den Tod des Schenkers aufgeschobener Erfüllung eignet sich in allen Fällen, in denen der Schenker unwiderruflich keine anderweitige Verfügung über den Schenkungsgegenstand, sei es unter Lebenden, sei es von Todes wegen, treffen, aber dennoch aus persönlichen Gründen den dinglichen Vollzug der Schenkung hinausschieben will. Steht der Schutz des Übergebers oder das Aufschieben der Schenkungsbesteuerung, z.B. wegen einer derzeit ungünstigen Steuerklasse (Heiratsabsicht nach vorheriger Scheidung) im Vordergrund, ist der Überlassungsvertrag mit auf den Tod des Schenkers aufgeschobener Erfüllung die ideale Gestaltung. Allerdings wird die steuerliche Zehnjahresfrist nicht in Lauf gesetzt.[284] 171

F. Sonderprobleme bei der Gestaltung vorweggenommener Erbfolgen

I. Beteiligung Minderjähriger

1. Vertretung minderjähriger Beteiligter

a) Eltern als gesetzlicher Vertreter

Gesetzlicher Vertreter des minderjährigen Kindes sind gem. § 1629 Abs. 1 S. 2 BGB die Eltern, also Vater und Mutter gemeinsam (Gesamtvertretung).[285] Dies gilt jedenfalls dann, wenn nicht einem von ihnen allein die **elterliche Sorge** übertragen ist (§ 1629 Abs. 1 S. 3 BGB). Die Eltern sind aber nach § 1629 Abs. 2 S. 1 BGB von der Vertretung ausgeschlossen, wenn auch ein Betreuer nach § 1824 BGB an der Vertretung gehindert wäre. Sinn und Zweck dieser Regelung ist es, 172

283 MüKo-BGB/*Spickhoff*, § 107 Rn 158; *Rastätter*, BWNotZ 2006, 1, 7 f.; Bonefeld/Wachter/*Feick/Hammes*, FA Erbrecht, § 17 Rn 102 m.w.N.

284 *Spiegelberger*, MittBayNot 2000, 1, 5.

285 MüKo-BGB/*Huber*, § 1629 Rn 1; Scherer/*Kögel*, MAH Erbrecht, § 40 Rn 213; BeckOK BGB/*Veit/Schmidt*, § 1629 Rn 11.

den Minderjährigen vor den Folgen möglicher Interessensgegensätze[286] zwischen ihm und seinem gesetzlichen Vertreter zu schützen.[287]

173 Ein solches Vertretungshindernis liegt nach § 1824 BGB insbesondere vor, wenn Rechtsgeschäfte (es sei denn, es liegt lediglich die Erfüllung einer Verbindlichkeit vor) abgeschlossen werden sollen zwischen dem Kind und

- dem gesetzlichen Vertreter,
- dem Ehegatten des gesetzlichen Vertreters,
- einem Angehörigen des gesetzlichen Vertreters, mit dem dieser in gerader Linie verwandt ist.

174 Das führt dazu, dass bei Maßnahmen im Bereich der vorweggenommenen Erbfolge grundsätzlich gem. § 1809 Abs. 1 S. 1 BGB die Einschaltung von Ergänzungspflegern erforderlich ist, wenn auch minderjährige Kinder beteiligt sind. Dies gilt selbst dann, wenn von der Großelterngeneration Vermögen auf die Kinder übertragen werden soll.

175 Eine Ausnahme von diesem Grundsatz besteht aber dann, wenn die geplante Übertragung für den (bereits beschränkt geschäftsfähigen) Minderjährigen **lediglich rechtlich vorteilhaft** i.S.v. § 107 BGB ist.[288] Gleiches gilt für Rechtsgeschäfte, die lediglich der Erfüllung einer entstandenen und fälligen Verbindlichkeit dienen, etwa bei der Entgegennahme von Gegenständen zur Erfüllung eines zugunsten des Kindes zulasten der Eltern als Erben angeordneten Vermächtnisses.[289]

Die Frage, wann mit einem Rechtsgeschäft lediglich rechtliche Vorteile verbunden sind, ist indes nicht immer ohne weiteres zu beantworten. Auch wenn prinzipiell nur die unmittelbaren Folgen des Geschäfts betrachtet werden dürfen, sind nicht nur die sich ergebenden Haupt-, sondern auch die Nebenpflichten zu berücksichtigen.[290] Überblicksartig ergibt sich folgendes Bild:

---

286 Vgl. BeckOK BGB/*Veit/Schmidt*, § 1629 Rn 35; MüKo-BGB/*Huber*, § 1629 Rn 48.

287 *Pauli*, ZErb 2016, 131; MüKo-BGB/*Huber*, § 1629 Rn 41; eine konkrete Gefährdung der Unabhängigkeit des gesetzlichen Vertreters ist nicht erforderlich. § 1629 Abs. 2 S. 1 BGB zielt vielmehr auf den präventiven Ausschluss von der Vertretungsmacht aufgrund abstrakter Gefährdungssituationen und führt daher zum Ausschluss elterlicher Vertretungsmacht schlechthin; BGH v. 14.6.1972 – IV ZR 53/71, NJW 1972, 1708; OLG Hamm v. 13.1.1993 – 15 W 216/92, FamRZ 1993, 1122, 1123; BayObLG v. 27.6.1974 – 2 Z 38/74, FamRZ 1976, 168; KG v. 18.2.1974 – 3 W 96/74, FamRZ 1974, 380.

288 MüKo-BGB/*Huber*, § 1629 Rn 51; BeckOK BGB/*Veit/Schmidt*, § 1629 Rn 40 ff.; ausführlich *Kölmel*, RNotZ 2010, 618; zum Erfordernis familiengerichtlicher Genehmigung *Rupp*, notar 2011, 300.

289 OLG München v. 23.9.2011 – 34 Wx 311/11, ZEV 2011, 658 m. Anm. *Keim*; zustimmend *Röhl*, MittBayNot 2012, 111; anders noch OLG München v. 8.2.2011 – 34 Wx 18/11, MittBayNot 2011, 239; vgl. auch BeckOK BGB/*Veit/Schmidt*, § 1629 Rn 48.

290 MüKo-BGB/*Spickhoff*, § 107 Rn 38 ff.

Als lediglich rechtlich vorteilhaft gelten Zuwendungen auch bei:[291] 176

- Übergang allgemeiner, durch das Innehaben des Eigentums begründeter Verpflichtungen, etwa zur Tragung (jedenfalls) der wiederkehrenden öffentlich-rechtlichen Grundstückslasten[292]
- durch das Rechtsgeschäft ausgelöster Pflicht zur Tragung der Notar- und Gerichtskosten sowie der Grunderwerb- bzw. Schenkungsteuer[293]
- Vorbehalt eines Nießbrauchs oder Wohnungsrechts, jedenfalls sofern der Eigentümer nicht zum Aufwendungs- und Kostenersatz gem. §§ 1049, 667 ff. BGB verpflichtet ist
- Vorbehalt der Beleihungsmöglichkeit durch den Veräußerer
- Übernahme (nur) dinglicher Belastungen ohne Verbindlichkeiten
- Übernahme von Dienstbarkeiten, sofern nicht dem Grundstückseigentümer die Unterhaltung einer Anlage unterliegt mit der reallastähnlichen Haftung der §§ 1021 Abs. 3, 1108 Abs. 1 BGB
- Übernahme dinglicher Vorkaufsrechte oder vorgemerkter Wiederkaufsrechte
- Anordnung der Ausgleichspflicht nach § 2050 Abs. 3 BGB[294]
- Vereinbarung eines Rückforderungsvorbehalts bei Beschränkung der Haftung des Minderjährigen auf das Objekt analog § 818 Abs. 3 BGB („Bereicherung“)[295]

Die lediglich rechtliche Vorteilhaftigkeit ist ausgeschlossen, wenn einer der nachfolgend genannten Fälle vorliegt:[296] 177

- Gegenstand der Übertragung ist ein vermietetes Objekt, und zwar auch dann, wenn Vermieter zunächst der Veräußerer bleibt (z.B. aufgrund vorbehaltenen Nießbrauchs)[297]
- Übertragungsgegenstand ist eine Eigentumswohnung[298]

291 Ausführlich BeckNotar-HdB/*Krauß*, § 5 Rn 163–164 ff.

292 BGH v. 25.11.2004 – V ZB 13/04, NJW 2005, 415; BGH v. 3.2.2005 – V ZB 44/04, NJW 2005, 1430.

293 OLG Köln v. 10.11.1997 – 14 Wx 10/97, MittBayNot 1998, 106.

294 BGH v. 10.11.1954 – II ZR 165/53, BGHZ 15, 168.

295 BayObLG v. 31.3.2004 – 2Z BR 45/04, ZEV 2004, 340.

296 BeckNotar-HdB/*Krauß*, § 5 Rn 166.

297 BGH v. 3.2.2005 – V ZB 44/04, ZNotP 2005, 227 m. insoweit zust. Anm. *Feller*.

298 Wegen der im Außenverhältnis unbeschränkbaren, primären, akzessorischen, anteiligen Haftung für die Verbindlichkeiten eines Dritten, des Verbands der Wohnungseigentümer (§ 9a Abs. 4 WEG) sowie möglicherweise auch als Folge der Wirkung nicht im Grundbuch eingetragener Beschlüsse gegen den Rechtsnachfolger; vgl. BeckNotar-HdB/*Krauß*, § 5 Rn 165.

- der Veräußerer ordnet (rechtzeitig) die Anrechnung auf den künftigen Pflichtteil an (§ 2315 BGB)[299]
- der Schenker verbindet die Schenkung mit Auflagen[300]

Einen rechtlichen Nachteil bildet selbstverständlich (erst recht) die nachträgliche Vereinbarung von Rechten am oder in Bezug auf den Schenkungsgegenstand zugunsten des Schenkers. Sicherheitshalber sollten daher der Umschreibungsantrag und ein etwaiger Antrag auf Eintragung beschränkt dinglicher Rechte zugunsten des Veräußerers miteinander in einer Urkunde verbunden sein.[301]

b) Vertretung durch Ergänzungspfleger

178 Ist die beabsichtigte Übertragung (von entsprechenden Verwandten/Angehörigen) an einen oder mehrere Minderjährige nicht im dargestellten Sinne lediglich rechtlich vorteilhaft, ist eine Vertretung der Minderjährigen durch Ergänzungspfleger erforderlich (§ 1809 BGB). Zuständig ist dabei das Amtsgericht, in dessen Bezirk das betreffende Kind seinen gewöhnlichen Aufenthalt hat, § 152 Abs. 2 FamFG.[302] Zuständig ist der Rechtspfleger, § 3 Nr. 2 Buchst. a RPflG, sowohl für die Anordnung der Pflegschaft als auch hinsichtlich der Auswahl und Bestellung des Pflegers, §§ 151 Nr. 5, 111 Nr. 2 FamFG.

Sind an der Schenkung mehrere minderjährige Kinder beteiligt, muss im Zweifel jedes Kind durch einen eigenen Pfleger vertreten werden.[303]

179 Mitunter besteht der Wunsch, den Vertrag so rasch als möglich abzuschließen bzw. zu beurkunden. Ist der Zeitdruck (aus welchen Gründen auch immer) so groß, dass eine Pflegerbestellung vor Vertragsschluss nicht möglich ist, kommt folgende Vorgehensweise in Betracht: Die Vertragsteile (ggf. einschließlich des als Ergänzungspfleger Ausersehenen) bevollmächtigen den Notar, für sie die Bestellung des Pflegers bei Gericht anzuregen, später dann den Bestallungsausweis von dem Ergänzungspfleger entgegenzunehmen, und hierüber – befreit von § 181 BGB – eine Eigenurkunde zu errichten. In der Aushändigung des Bestallungsausweises an den Notar liegt die Nachgenehmigung des als Ergän-

---

299 OLG München v. 17.7.2007 – 31 Wx 18/07, ZErb 2007, 461; a.A. jedoch BGH v. 15.3.1996 – V ZR 316/94, MittBayNot 1996, 291.

300 BGH v. 10.11.1954 – II ZR 165/53, NJW 1955, 1353; OLG Frankfurt v. 22.8.1974 – 20 W 399/74, MittBayNot 1974, 255; OLG Stuttgart v. 7.2.1992 – 2 U 187/91, NJW-RR 1992, 706.

301 BeckNotar-HdB/*Krauß*, § 5 Rn 166. Die Gerichte nehmen eine solche Verbindung überwiegend ohnehin an, vgl. OLG München v. 25.10.2005 – 32 Wx 107/05, Rpfleger 2006, 318; krit. hierzu *Bestelmeyer*, Rpfleger 2006, 318.

302 BeckNotar-HdB/*Krauß*, § 5 Rn 167.

303 Vgl. OLG Zweibrücken v. 14.1.1999 – 3 W 253/98, NJW-RR 1999, 1174 = NZG 1999, 717; MüKo-BGB/*Lange*, § 2315 Rn 9; Scherer/*Ridder*, MAH Erbrecht, § 32 Rn 81; *Reimann*, DNotZ 1999, 179, 190.

zungspfleger vorgesehenen Beteiligten zu den bereits von ihm abgegebenen Erklärungen in seiner später erlangten Eigenschaft als Ergänzungspfleger.[304]

2. Erforderlichkeit familiengerichtlicher Genehmigungen

Unabhängig von der Frage der gesetzlichen Vertretung des Minderjährigen ist weiterhin zu prüfen, ob das in Aussicht genommene Geschäft der Genehmigung durch das Familiengericht bedarf. Von besonderer Bedeutung ist in diesem Zusammenhang die Genehmigungsbedürftigkeit für den „entgeltlichen Erwerb" eines Grundstücks (§ 1643 Abs. 1 i.V.m. § 1850 Nr. 6 BGB). Allein der (kraft Gesetzes sich vollziehende) Eintritt in einen Mietvertrag gilt dabei allerdings nicht als „Entgelt",[305] ebenso wenig der Vorbehalt des Nießbrauchs oder von Rückforderungsrechten.[306] 180

Ein Genehmigungsbedürfnis besteht auch, wenn der Minderjährige im Hinblick auf eine Immobilienzuwendung einen **Pflichtteilsverzichtsvertrag** (§ 2347 BGB) abschließen soll (§ 1851 Nr. 9 BGB).[307] In der Praxis dürfte diese Genehmigung aber nur im Ausnahmefall erteilt werden.[308] 181

3. Familienrechtliche Anordnungen

Die statistische Wahrscheinlichkeit der Scheidung der Ehe des Beschenkten nimmt stetig zu. Daher besteht insbesondere bei Übertragungen von Großeltern auf ihre noch minderjährigen Enkelkinder die Sorge, dass im Falle der Scheidung der Ehe des das Verwandtschaftsverhältnis vermittelnden Kindes das von den Großeltern stammende Vermögen vom (dann ehemaligen) Schwiegerkind (mit)verwaltet wird. Ähnliches gilt, wenn Eltern lebzeitig Vermögen auf ihre noch minderjährigen Kinder übertragen. 182

Für derartige Konstellationen bietet § 1638 BGB eine Lösungsmöglichkeit: Der Schenker kann danach entweder bestimmen, dass beide Eltern von der Verwaltung des Kindesvermögens ausgeschlossen sind.[309] Alternativ kann er aber auch nur einen Elternteil von der Verwaltung des geschenkten Vermögens ausschließen. Dann wird dieses gem. § 1638 Abs. 3 BGB allein von dem anderen Elternteil verwaltet und dieser vertritt das Kind insoweit auch allein. Wird das Vermögenssorgerecht beiden Elternteilen entzogen, ist hierfür ein Zuwendungspfleger (§ 1811 BGB) zu bestellen. 183

---

304 Siehe Klauselvorschlag bei BeckNotar-HdB/*Krauß*, § 5 Rn 168.

305 OLG München v. 25.10.2005 – 32 Wx 107/05, Rpfleger 2006, 318.

306 BGH v. 30.9.2010 – V ZB 206/10, NotBZ 2011, 94 m. Anm. *Krauß*.

307 Vgl. auch zutreffend *Pauli*, ZErb 2016, 131, 136.

308 Bonefeld/Wachter/*Feick/Hammes*, FA Erbrecht, § 17 Rn 137.

309 Vgl. Bonefeld/Wachter/*Feick/Hammes*, FA Erbrecht, § 17 Rn 159.

184 **Formulierungsbeispiel**

Bezüglich der verschenkten Immobilie entzieht der Schenker hiermit dem Vater/der Mutter das elterliche Vermögenssorgerecht. Der andere Elternteil soll die Vermögenssorge insoweit alleine ausüben. Ersatzweise benenne ich als Zuwendungspfleger Frau/Herrn (...), ersatzweise Frau/Herrn (...). Sie/Er wird von der Verpflichtung zur Rechnungslegung gegenüber dem Familiengericht nicht befreit.

Ferner wird dem Vater/der Mutter das Recht entzogen, Einkünfte des beschenkten Kindes aus der geschenkten Immobilie nach § 1649 Abs. 2 S. 1 BGB für seinen/ihren eigenen Unterhalt zu verwenden.

185 Nach § 1639 BGB hat der Übergeber auch die Möglichkeit, den Eltern bzw. dem verwaltenden Elternteil bestimmte Vorgaben für die Verwaltung des zugewendeten Grundbesitzes zu machen. Diese Anordnungen sind prinzipiell verbindlich. Abweichungen sind nur aufgrund familiengerichtlicher Genehmigung möglich/zulässig.[310]

186 Vielfach unberücksichtigt bleibt in der Praxis die Vorschrift des § 1640 Abs. 1 BGB, die den Eltern die Verpflichtung auferlegt, das ihrer Verwaltung unterliegende Vermögen ihrer Kinder, das diese von Todes wegen oder durch unentgeltliche Zuwendungen erworben haben, zu verzeichnen. Die Richtigkeit und Vollständigkeit des Verzeichnisses ist an Eides Statt zu versichern und das Verzeichnis ist beim Familiengericht einzureichen. Gem. § 1640 Abs. 2 Nr. 2 BGB hat der Schenker (Erblasser) aber die Möglichkeit, die Eltern von diesen Verpflichtungen zu befreien.[311]

II. Ausgleichungs- und Anrechnungsbestimmungen

1. Allgemeines

187 Bei der Gestaltung von Schenkungsverträgen sollte auch berücksichtigt werden, wie sich die lebzeitigen Zuwendungen auf die gesetzliche Erbfolge und etwaige Pflichtteilsansprüche auswirken und ob diese Auswirkungen im konkreten Fall auch tatsächlich gewünscht sind. In den meisten Fällen wünschen die Beteiligten – jedenfalls dann, wenn die Familie in die Planungsüberlegungen des Schenkers mit einbezogen wurde – eine von den gesetzlich vorgesehenen Folgen abweichende Regelung. Auch diese ist im Schenkungsvertrag festzuhalten.

Eine besondere Bedeutung kommt dabei den Rechtsinstituten der **Ausgleichung** (§§ 2050 ff. BGB) sowie der **Pflichtteilsanrechnung** (§ 2315 BGB) zu.

310 BeckOK BGB/*Veit/Schmidt*, § 1639 Rn 3 f.
311 BeckOK BGB/*Veit/Schmidt*, § 1640 Rn 39.

2. Ausgleichung, §§ 2050 ff. BGB

Die Ausgleichung (§§ 2050 ff. BGB) zielt auf eine gerechte Verteilung des „gesamtlebzeitigen Vermögens“[312] des Erblassers ab. Über § 2316 BGB findet die Ausgleichung unter Abkömmlingen auch Eingang in das Pflichtteilsrecht.[313] Die Ausgleichung führt zu einer Art Umverteilung des Nachlasses unter den gesetzlich erbberechtigten Abkömmlingen mit der Folge, dass der den Abkömmlingen zustehende Teil des tatsächlich vorhandenen Nachlasses unter Berücksichtigung lebzeitig erfolgter, ausgleichungspflichtiger Zuwendungen verteilt wird.[314] 188

Die Ausgleichung findet nur unter sog. **quotengleichen Abkömmlingen** statt, also unter solchen, die entweder als gesetzliche Erben und mit identischen Quoten zur Erbfolge gelangen oder durch den Erblasser testamentarisch (bzw. durch Erbvertrag) mit identischen Quoten als Erben eingesetzt wurden.[315] Ausgleichungspflichtige Zuwendungen sind gem. § 2050 BGB sog. Ausstattungen (§ 1624 BGB), Zuschüsse, die als Einkünfte dienen, und bestimmte Aufwendungen für die Berufsausbildung.[316] Darüber hinaus hat der Erblasser auch die Möglichkeit, den Anwendungsbereich der Ausgleichungsvorschriften zu erweitern, indem er für bestimmte lebzeitige Zuwendungen an Abkömmlinge die Ausgleichung ausdrücklich anordnet. Dies muss allerdings spätestens bei Ausführung der Zuwendung erfolgen. Eine spätere Anordnung ist grundsätzlich wirkungslos.[317]

Im Übrigen ist die Anwendung der §§ 2050 ff. BGB aber dispositiv und findet nur dann statt, wenn der Schenker/Erblasser keine hiervon abweichenden Anordnungen getroffen hat.[318]

Im Rahmen der Ausgleichung wird die ausgleichungspflichtige Zuwendung, z.B. eine Ausstattung, (mit ihrem inflationsbereinigten Wert) im Rahmen der Auseinandersetzung des Nachlasses des Ausstattenden (Erblassers) dem tatsächlich vorhandenen Nachlass hinzugerechnet. Der Empfänger dieser lebzeitigen Zuwendung muss sich diese mit demselben Wert auf seinen Erbteil anrechnen lassen,[319] 189

312 Wegen des Begriffs siehe *Kerscher/Riedel/Lenz*, Pflichtteilsrecht, § 8 Rn 4.

313 OLG Nürnberg v. 25.2.1992 – 1 U 3542/91, NJW 1992, 2303 f.

314 Bonefeld/Wachter/*Feick/Hammes*, FA Erbrecht, § 17 Rn 113.

315 MüKo-BGB/*Fest*, § 2050 Rn 3, 4 m.w.N.

316 MüKo-BGB/*Fest*, § 2050 Rn 1; Damrau/Tanck/*Kreienberg/Bothe*, § 2050 Rn 3; Bonefeld/Wachter/*Feick/Hammes*, FA Erbrecht, § 17 Rn 114.

317 Ausnahme: Die Ausgleichung wird später im Rahmen eines Erb- bzw. Pflichtteilsverzichtsvertrags mit dem von der Ausgleichung negativ betroffenen Beschenkten vereinbart, vgl. Damrau/Tanck/*Lenz-Brendel*, § 2316 Rn 7; Damrau/Tanck/*Kreienberg/Bothe*, § 2050 Rn 10; vgl. auch Bonefeld/Wachter/*Wirich/Riedel*, FA Erbrecht, § 19 Rn 90 m.w.N.

318 MüKo-BGB/*Fest*, § 2050 Rn 1; Damrau/Tanck/*Kreienberg/Bothe*, § 2050 Rn 7; Bonefeld/Wachter/*Feick/Hammes*, FA Erbrecht, § 17 Rn 115.

319 Damrau/Tanck/*Kreienberg/Bothe*, § 2050 Rn 2, Rn 5.

so dass ihm von dem tatsächlich vorhandenen Nachlassvermögen nur noch ein entsprechend geringerer Anteil zusteht.

190 Die Ausgleichung ändert nichts an der Erbquote und der dinglichen Zuordnung des übertragenen Vermögens, sondern stellt nur eine Berechnungsregel bei der Nachlassteilung dar. Sie verpflichtet weder zu einer Herausgabe des erhaltenen Besitzes (§ 2056 BGB), noch begründet sie Geldansprüche.[320]

191 Die Ausgleichungsvorschriften kommen unabhängig von anders lautenden Anordnungen des Erblassers auch im Rahmen der **Pflichtteilsberechnung** zum Tragen (§ 2316 BGB).[321] Die sich hieraus ergebenden Konsequenzen können – ungeachtet der Anordnungen des Erblassers/Schenkers im Übrigen – nur durch Pflichtteilsverzichtsverträge zwischen dem Erblasser/Schenker und dem bzw. den Pflichtteilsberechtigten vollständig vermieden werden.

3. Anrechnung auf den Pflichtteil, § 2315 BGB

192 In vielen Fällen ist der Schenker der Auffassung, dass er dem Beschenkten durch die Übergabe der Immobilie einen so großen Anteil seines Vermögens bereits lebzeitig zuwendet, dass eine Vermögensbeteiligung von Todes wegen (durch Erbeinsetzung oder Vermächtnisanordnung) nicht mehr erforderlich ist bzw. unter Berücksichtigung der übrigen Angehörigen wirtschaftlich gar nicht mehr möglich wäre (von der Zuwendung bestimmter persönlicher Gegenstände – Erinnerungsstücke – einmal abgesehen). Im Falle einer späteren Enterbung des Beschenkten würden diesem aber unter Umständen Pflichtteilsansprüche am späteren Nachlass des Schenkers zustehen. Deren Geltendmachung würde die ins Auge gefassten Erben zusätzlich (nachdem ein wesentlicher Teil des Erblasservermögens, nämlich die Immobilie, bereits nicht mehr zum Nachlass gehört) belasten.

Dies kann dadurch vermieden werden, dass der Schenker im Rahmen des Schenkungsvertrags die Anrechnung des Werts der Zuwendung auf den späteren Pflichtteil anordnet. Ebenso wie eine Ausgleichungsanordnung muss die **Anrechnungsbestimmung** spätestens bei Ausführung der Zuwendung erfolgen.[322] Vor diesem Hintergrund sollte sie in der Praxis Bestandteil des Schenkungsvertrags sein.

III. Regelungen zum Zugewinnausgleich

193 Soweit der Schenker in Zugewinngemeinschaft verheiratet ist (und der lebzeitige Zugewinnausgleich nicht ausgeschlossen wurde), sind auch Regelungen im Hin-

320 Grüneberg/*Weidlich*, § 2050 Rn 4.
321 Mayer/Süß/Riedel/Bittler/*Lenz-Brendel*, Handbuch Pflichtteilsrecht, § 6 Rn 2 ff.
322 Vgl. zum Ganzen Bonefeld/Wachter/*Wirichs/Riedel*, FA Erbrecht, § 19 Rn 100.

blick auf § 1375 Abs. 2 Nr. 1 BGB empfehlenswert. Denn nach dieser Vorschrift werden dem Endvermögen eines Ehegatten lebzeitige Schenkungen, durch die er (innerhalb der letzten zehn Jahre vor der Feststellung des Endvermögens, § 1375 Abs. 3 BGB) sein Vermögen gemindert hat, hinzugerechnet. Kein Ehegatte soll also die Möglichkeit haben, sich zulasten seines Partners „arm zu schenken".

Um zu vermeiden, dass die erfolgte Schenkung durch spätere Zugewinnausgleichsansprüche des Ehegatten infrage gestellt wird, ist es daher sinnvoll, die Anwendbarkeit von § 1375 Abs. 2 Nr. 1 BGB im Hinblick auf im Rahmen einer vorweggenommen Erbfolge übertragene Immobilien auszuschließen (§ 1375 Abs. 3 Alt. 2 BGB). Der sicherste Weg, die Zustimmung des verzichtenden Ehegatten zu dokumentieren, ist dessen Mitwirkung an der Übertragung.

IV. Schenkungsversprechen von Todes wegen

Abzugrenzen sind Schenkungen unter Lebenden (§§ 516 ff. BGB) von sog. 194
Schenkungen von Todes wegen bzw. Schenkungen „auf den Todesfall" nach § 2301 Abs. 1 BGB. Hierbei handelt es sich um Schenkungen, die unter der Bedingung erfolgen, dass der Beschenkte den Schenker überlebt (**Überlebensbedingung**). Gem. § 2301 Abs. 1 BGB finden hier grundsätzlich die erbrechtlichen Formvorschriften Anwendung. Dies gilt allerdings dann nicht, wenn bzw. soweit der Vertrag noch zu Lebzeiten des Schenkers vollzogen wird. Auch hier muss der Schenker zu seinen Lebzeiten wenigstens alles aus seiner Sicht für die Erfüllung des Versprechens Erforderliche getan haben. Der Eintritt des dinglichen Leistungserfolgs ist also nicht unbedingt Voraussetzung.

§ 13 Der Familienpool als Instrument zur strukturierten Nachfolgegestaltung

Dr. Ansgar Beckervordersandfort, LL.M., EMBA/Prof. Dr. Jens Escher, LL.M.

Übersicht: Rdn

Literatur

Beckervordersandfort (Hrsg.), Gestaltungen zum Erhalt des Familienvermögens, 2. Aufl. 2020; *Birnbaum/Escher*, Inkongruente Gewinnverteilung bei Kapital- und Personengesellschaften, DStR 2014, 1413; *Dorn/Stein*, Die vermögensverwaltende Personengesellschaft – Einsatzfelder, Nießbrauch und steuerliche Behandlung, GmbHR 2025, 687; *Eckhardt*, Rechtssichere Abfindungsvereinbarungen in Gesellschaftsverträgen: ein unlösbares Problem für die Gestaltungspraxis?, notar 2015, 347; *Groß*, Abfindungsregelungen im Rahmen der Gesellschafternachfolge, ErbStB 2004, 134; *Hoebbel*, Rückwirkende Vereinbarung der Zugewinngemeinschaft und § 5 ErbStG, NJW 1994, 2135; *Krauß*, Familiengesellschaften als Instrument der Vermögensnachfolge – eine Übersicht, ErbR 2025, 86; *Krumm*, Gesellschaftsvertragliche Abfindungsklauseln und erbschaftsteuerliche Schenkungsfiktion – Veränderte steuerliche Rahmenbedingungen nach der Erbschaftsteuerreform, NJW 2010, 187; *Lange*, Pflichtteil als Gestaltungsgrenze bei der Nachfolge in Personengesellschaften (II), ZErb 2014, 121; *U. Mayer*, Der Abfindungsausschluss im Gesellschaftsrecht: pflichtteilsfester Vermögenstransfer am Nachlass vorbei, ZEV 2003, 355; *Mutter*, Der reziproke Familienpool, ZEV 2007, 512; *Schäfer*, Der Bestimmtheitsgrundsatz ist (wirklich) Rechtsgeschichte, NZG 2014, 1401; *Schimpfky*, Steuerorientierte Gestaltung der Nachfolge bei privatem Immobilienvermögen, ZEV 2013, 662; *Schindler*, Aktuelle (ungelöste) Fragen des Pflichtteilsrechts, ZErb 2012, 149; *Schulz/Brunner/Werz*, Die disproportionale Gewinn- und Stimmrechtsverteilung – ein Instrument für die Nachfolgeplanung, Spezial zu

BB 2005, Heft 32; *Ulmer*, Die große, generationenübergreifende Familien-KG als besonderer Gesellschaftstyp, ZIP 2010, 549; *Ulmer*, Die Beschränkung des Austrittsrechts und der Abfindungsansprüche in der Familien-KG, ZIP 2010, 805; *Viskorf* (Hrsg.), Familienunternehmen in der Nachfolgeplanung, 2020; *Werner*, Liegt bei der Übertragung von Anteilen an einer vermögensverwaltenden Familien-GbR eine Schenkung vor?, ZEV 2013, 66; *Wolf*, Abfindungsbeschränkungen bei Familiengesellschaften, MittBayNot 2013, 9.

A. Einleitung

Durch den Einsatz eines sog. Familienpools[1] kann die Vermögensnachfolge gerade bei komplexen Vermögen optimal strukturiert werden. Die nachfolgenden Generationen können auf diese Weise als Gesellschafter an dem Vermögen der Familie beteiligt werden, wobei die Stimmrechte sowie die Gewinnbezugsrechte[2] zunächst noch überproportional bei den „Senioren" verbleiben können. Diese Gestaltung bietet sich bereits bei Familien mit mittlerem Vermögen an und bietet diverse Vorteile im Vergleich zur Bruchteilsgemeinschaft. Bei großen komplexen Vermögen wird der Berater den Einsatz eines Familienpools zwingend in Betracht ziehen müssen, da so eine „Zersplitterung" des Vermögens vermieden und eine langfristig rentable Vermögensverwaltung sichergestellt werden kann.[3] Bei der Nachfolgegestaltung mithilfe eines Familienpools sind diverse zivilrechtliche und steuerrechtliche Aspekte zu berücksichtigen. 1

B. Fallbeispiel für typische Einsatzbereiche eines Familienpools

Der Einsatzbereich und die erheblichen Gestaltungsspielräume durch den Einsatz eines Familienpools sollen anhand des nachfolgenden Fallbeispiels deutlich gemacht werden. 2

1 In der Praxis werden statt des Begriffs „Familienpool" auch die Begriffe „Familienvermögensverwaltungsgesellschaft" oder „Familiengesellschaft" verwendet.

2 Die Gewinnbezugsrechte können z.B. über die Vereinbarung einer sog. disquotalen Gewinnverteilung trotz einer nur noch geringen Beteiligung der Senioren am Vermögen der Gesellschaft diesen noch zu einem großen Teil zustehen. Die steuerliche Behandlung einer solchen Gestaltung ist jedoch in vielen Punkten noch ungeklärt. Besser ist daher meist eine Übertragung der Anteile unter Nießbrauchsvorbehalt.

3 Viele bekannte große Familienunternehmen werden seit Generationen als Familiengesellschaft geführt und haben inzwischen oft mehr als 100 Gesellschafter. *Ulmer*, ZIP 2010, 549, fordert für generationenübergreifende Familien-KGs sogar die Schaffung eines Sonderrechts, um auf die spezifischen Belange bei der Reduzierung von Entnahmerechten, Kündigungsmöglichkeiten und Abfindungsbeschränkungen zur Bestandssicherung der Familienunternehmen Rücksicht nehmen zu können.

3 **Fallbeispiel**

Die Eheleute M und F leben im Güterstand der Gütertrennung und haben die Kinder T und S, die jeweils verheiratet sind und bereits jeweils zwei eigene noch minderjährige Kinder haben.

F ist Eigentümerin von zwei vermieteten Immobilien mit einem Verkehrswert von jeweils ca. 3 Mio. EUR sowie von einem selbst bewohnten Einfamilienhaus im Wert von ca. 1 Mio. EUR. Zudem verfügt F über ein Aktiendepot mit einem Kurswert von derzeit 4 Mio. EUR (Anschaffung aller Papiere vor 2009). Eine der Immobilien ist an einen gewerblichen Mieter vermietet und erbringt Mieteinnahmen von 200.000 EUR, sie ist nur sehr schwer anders zu nutzen. Die andere Immobilie ist an diverse Privatleute zu Wohnzwecken vermietet und erbringt jährliche Mieteinnahmen von ca. 150.000 EUR. Da sich die Immobilien bereits seit Generationen im Familienbesitz der Familie von F befinden, sind sie komplett abgeschrieben. Beide Mehrfamilienhäuser sind noch jeweils mit Krediten i.H.v. 1 Mio. EUR belastet.

Das Vermögen stammt komplett aus der Familie von F, hatte im Zeitpunkt der Zuwendung aber nur einen Wert von 2 Mio. EUR.

Weder die Kinder noch die Enkelkinder haben bisher finanzielle Zuwendungen erhalten.

Gestaltungsziel: Das Vermögen soll langfristig für die Familie erhalten bleiben und steueroptimiert auf die Kinder und Enkelkinder übertragen werden, wobei M und F die größtmögliche Flexibilität behalten wollen. Insbesondere wollen sie sich im Alter nicht finanziell einschränken müssen.

C. Gestaltungsmöglichkeiten durch Familienpool

4 Gerade bei Immobilien bietet der Familienpool enorme Gestaltungsmöglichkeiten. Nachfolgend werden die diversen zivilrechtlichen und steuerrechtlichen Aspekte bei der Nachfolgegestaltung unter Einsatz eines Familienpools sowohl abstrakt als auch konkret anhand des Fallbeispiels dargestellt.

I. Wann eignet sich der Familienpool als Nachfolgeinstrument?

5 Zunächst muss überlegt werden, ob die Gründung eines Familienpools für die konkrete Familienkonstellation das richtige Nachfolgeinstrument ist. Wenn bereits jetzt absehbar ist, dass es in der nachfolgenden Generation ein großes Konfliktpotential gibt und die Zusammensetzung des Vermögens auch eine Aufteilung unter den Familienmitgliedern möglich macht, sollte von der Gründung eines Familienpools eher abgesehen werden, sofern nicht andere Argumente für die Gründung eines Familienpools die Nachteile durch ein erhöhtes Konfliktpo-

tential überwiegen. Größere komplexe Immobilien mit mehreren Familienmitgliedern als Bruchteilsgemeinschaft zu halten ist aber meistens nicht zielführend, da die Miteigentumsanteile dann frei übertragbar und vererblich sind und bei wichtigen Entscheidungen der Verwaltung oder einer Veräußerung der Immobilie alle Miteigentümer mitwirken müssen.[4]

1. Argumente für die Gründung eines Familienpools

- Bündelung des Immobilienvermögens/Schutz vor Zersplitterung 6
- Ganzheitliche Strategie der Familie zum dauerhaften Erhalt und Aufbau des Vermögens
- Frühzeitige Einbindung der nächsten Generation/sukzessive Heranführung der nächsten Generation an den verantwortungsvollen Umgang mit den Immobilien
- Sicherstellung des fortdauernden Einflusses der Übergeber-Generation
- Optimale Nutzung der schenkungsteuerlichen Freibeträge durch regelmäßige Schenkungen von Anteilen
- Generierung künftiger Wertsteigerungen des Vermögens bereits bei der Nachfolgegeneration
- Verteilung der Einkünfte auf möglichst viele Personen (Nutzung der Grundfreibeträge/ESt-Progressionsvorteil)
- Schaffung neuen Abschreibungspotentials in Bezug auf Bestandsimmobilien

2. Argumente gegen die Gründung eines Familienpools

- Nachfolgende Generationen müssen regelmäßig zusammen Entscheidungen treffen 7
- Nachfolgende Generationen können nur mit Zustimmung der Mitgesellschafter die Vermögenssubstanz für den allgemeinen Konsum liquidieren
- Kosten für die Gründung des Familienpools
- Leicht erhöhte Kosten für die laufende Verwaltung
- Nachfolgende Generation ist schon jetzt stark zerstritten und hat kein Interesse an gemeinsamen Aktionen
- Vermögen ist zu gering
- Gesellschafter des Familienpools müssen mit ihrem Namen, Geburtsdatum und dem Wohnort in das Gesellschaftsregister oder Handelsregister eingetragen werden, wobei die Register öffentlich einsehbar sind
- Gesellschafter, die unmittelbar oder mittelbar Eigentümer von mehr als 25 % des Kapitals sind, mehr als 25 % der Stimmrechte kontrollieren oder auf vergleichbare Weise Kontrolle ausüben (z.B. als Komplementär oder durch ein

4 Sehr gute Darstellung der Vor- u. Nachteile von Familienpoolgesellschaften durch *Krauß*, ErbR 2025, 86.

Vetorecht), müssen als wirtschaftlich Berechtigte in das Transparenzregister eingetragen werden

II. Wahl der richtigen Rechtsform für den Familienpool

8 Wenn die Familie sich für die Gründung eines Familienpools entschieden hat, muss zunächst die richtige Rechtsform gewählt werden. Ein Familienpool ist grundsätzlich in allen Rechtsformen denkbar. Meist kommt er in der Rechtsform der Gesellschaft bürgerlichen Rechts (GbR), der Kommanditgesellschaft (KG), der GmbH & Co. KG oder der GmbH vor.[5]

1. Familienpool in der Rechtsform der GbR

9 Vor der Handelsrechtsreform im Jahr 1998 konnten Gesellschaften, die nur eigenes Vermögen verwalten, nicht in das Handelsregister eingetragen werden. Dies war der Grund dafür, dass rein vermögensverwaltende Familienpools in der Vergangenheit meist in der Rechtsform der GbR vorkamen.

a) Zivilrechtliche Aspekte

10 Die Rechtsform der GbR hat allerdings viele Nachteile. So ist insbesondere die persönliche gesamtschuldnerische Haftung gerade bei einem größeren Gesellschafterkreis problematisch, da hier nicht mehr alle Gesellschafter in die Entscheidungsprozesse eingebunden werden können, aber dennoch alle Gesellschafter mit ihrem gesamten Vermögen unbeschränkt haften. Gem. § 721 BGB ist eine anderslautende Vereinbarung Dritten gegenüber unwirksam. Dieser erhebliche Nachteil der GbR führt dazu, dass die GbR insbesondere für die Einbeziehung der oft noch minderjährigen Kinder und Enkelkinder bei der Nachfolgegestaltung ungeeignet ist, denn die unbeschränkte Haftung führt zwingend zur Beteiligung eines Ergänzungspflegers bei der Übertragung von Anteilen.

11 Seit Inkrafttreten des MoPeG am 1.1.2024 besteht für eine GbR, die grundbuchfähige Rechte erwerben oder veräußern möchte oder in einem anderen Register als Gesellschafterin eingetragen werden soll, zumindest faktisch die Pflicht zur Eintragung in das neue Gesellschaftsregister (§ 47 Abs. 2 GBO, § 40 Abs. 1 S. 3 GmbHG, § 67 Abs. 1 S. 3 AktG, § 51 Abs. 2 SchRegO). Einzutragen sind der Name der Gesellschaft, die Geschäftsanschrift, die Vertretungsbefugnis und die Gesellschafter mit Namen, Geburtsdatum und Wohnort. Der Gesellschaftsvertrag muss nicht beim Gesellschaftsregister eingereicht werden. Mit der Eintragung der GbR in das Gesellschaftsregister muss sich die eGbR dann auch gem. § 20 GwG in das Transparenzregister eintragen. Damit verliert die GbR ihren letzten Vorteil, den sie bisher im Vergleich zur KG noch hatte. Die GbR ist daher

5 Tabellarische Übersicht zu den einzelnen Rechtsformen bei *Krauß*, ErbR 2025, 86, 96.

unter zivilrechtlichen Gesichtspunkten regelmäßig keine geeignete Rechtsform für einen Familienpool.

Eine Pflicht zur Offenlegung des Jahresabschlusses besteht auch bei der eGbR weiterhin nicht. 12

b) Ertragsteuerrechtliche Aspekte

Die GbR ist wie alle Personengesellschaften im Grundsatz[6] steuerlich transparent, d.h. sie unterliegt selbst nicht der Einkommen- oder Körperschaftsteuer. Die Besteuerung findet vielmehr anteilig auf der **Ebene der Gesellschafter** statt. Die Gesellschafter werden also im Grundsatz so behandelt, als hätten sie die Einkünfte der Gesellschaft entsprechend ihrem Anteil an der Gesellschaft bzw. an deren Gewinn selbst erzielt (sog. Bruchteilsbetrachtung).[7] Die Einkünfte werden hierzu gleichwohl einheitlich und gesondert festgestellt (§§ 180 Abs. 1 S. 1 Nr. 2, 181 AO). Ob die Gewinnanteile der Gesellschafter aus der Gesellschaft entnommen werden oder ob diese thesauriert werden, ist für die Besteuerung der Gesellschafter ohne Belang. 13

Beschränkt sich die Tätigkeit der GbR auf die **Verwaltung eigenen Vermögens,** z.B. von Immobilien, so erzielen die Gesellschafter entsprechend ihrem Anteil Einkünfte aus der jeweiligen Einkunftsart, z.B. Einkünfte aus Vermietung und Verpachtung (§ 21 EStG). Auch Gewinne aus der Veräußerung von Immobilien werden unmittelbar auf Ebene der Gesellschafter besteuert, denen die von der Gesellschaft gehaltenen Immobilien nach Bruchteilen anteilig zugerechnet werden (§ 39 Abs. 2 Nr. 2 AO). Hieran hat sich auch für rechtsfähige Personengesellschaften durch das MoPeG nichts geändert, wie § 39 Abs. 2 Nr. 2 S. 2 AO jetzt explizit klarstellt.[8] Es gelten im Grundsatz die für die Veräußerung von Immobi- 14

6 Seit dem VZ 2022 können sich Personen„handels“gesellschaften nach dem sog. „Optionsmodell“ (§ 1a KStG) jedoch für ertragsteuerliche Zwecke wie eine Kapitalgesellschaft behandeln lassen, mit der Folge eines fiktiven Formwechsels zur Kapitalgesellschaft gem. §§ 20, 25 UmwStG; vgl. hierzu *Schiffers*, DStZ 2021, 852; *Demuth*, NWB 2021, 2586; *Brühl/Weiss*, DStR 2021, 889; *Dorn/Weiss*, DStR 2021, 2489; *Herkens*, GmbH-StB 2022, 123; zu erbschaftsteuerlichen Implikationen siehe *Winkler/Carlé*, NWB 2021, 2508 und *Wighardt/Storz*, 2022, 132; BMF-Schreiben zu § 1a KStG v. 10.11.2021, BStBl I 2021, 2212. Aufgrund der jüngsten Änderungen durch das „Wachstumschancengesetz“ v. 27.3.2024 (BGBl. 2024 I, Nr. 108) steht das Optionsmodell jetzt auch einer in das Gesellschaftsregister eingetragenen GbR offen. Außerdem wurde die Möglichkeit geschaffen, einen Formwechsel einer Körperschaft in eine Personengesellschaft direkt mit einer Option gem. § 1a KStG zu verbinden, so dass ertragsteuerlich konstant eine Kapitalgesellschaft vorliegt; hierdurch sollte die Besteuerung offener Rücklagen gem. § 7 UmwStG aufgrund eines zwischenzeitlichen (auch steuerlichen) Rechtsformwechsels zur Personengesellschaft vermieden werden können.

7 Vgl. etwa BFH, Urt. v. 9.5.2000 – VIII R 41/99, BStBl II 2000, 686.

8 Vgl. hierzu *Heckschen*, ZPG 2024, 18.

lien im Privatvermögen geltenden Besteuerungsregeln. Danach unterliegt der Gewinn aus einer Immobilienveräußerung im Grundsatz nur dann der Einkommensteuer, wenn zwischen Erwerb und Veräußerung noch nicht mehr als zehn Jahre vergangen sind (§§ 22 Nr. 2, 23 Abs. 1 S. 1 Nr. 1 EStG). Im Übrigen können Immobilien-Veräußerungsgewinne, auch bei Zwischenschaltung einer vermögensverwaltenden Personengesellschaft, steuerfrei vereinnahmt werden, sofern die Grenzen zur steuerlichen Gewerblichkeit nicht überschritten werden (siehe hierzu Rdn 16). Zu beachten ist ferner, dass das Gesetz die Anschaffung oder Veräußerung der Beteiligung an einer (vermögensverwaltenden) Personengesellschaft einer Anschaffung oder Veräußerung des anteilig auf den Gesellschafter entfallenden Gesellschaftsvermögens gleichstellt (§ 23 Abs. 1 S. 4 EStG).[9] Mit Blick auf die genannte Zehnjahresfrist sind daher auch „Mischfälle" zu berücksichtigten, nämlich die Anschaffung von Immobilien durch die Gesellschaft und eine nachfolgende Anteilsveräußerung durch den Gesellschafter und umgekehrt.[10]

15 Da eine rein vermögensverwaltende GbR keinen Gewerbebetrieb (§ 2 Abs. 1 GewStG) unterhält, unterliegt die GbR **nicht der Gewerbesteuer**. Mangels eines Handelsgewerbes bzw. Gewerbebetriebs ist die vermögensverwaltende GbR zudem weder nach handelsrechtlichen (§§ 238 ff. i.V.m. §§ 6 Abs. 1, 107 Abs. 1 HGB) noch nach steuerlichen Vorschriften (§§ 140, 141 AO) buchführungspflichtig.

16 Besonderes Augenmerk ist darauf zu legen, dass die steuerlichen Grenzen der Vermögensverwaltung nicht (ggf. unbemerkt) überschritten werden. Erzielt die Gesellschaft zumindest „auch" gewerbliche Einkünfte, so liegt im Grundsatz[11] insgesamt ein Gewerbebetrieb vor (sog. **gewerbliche Abfärbung** oder **Infektion**, § 15 Abs. 3 Nr. 1 EStG). Eine solche gewerbliche Infektion kann sich auch aus der Beteiligung an einer anderen Personengesellschaft ergeben, die im steuerli-

9 Zu beachten ist in diesem Zusammenhang, dass auch die spätere Änderung der Beteiligungsquote aufgrund von Einlagen oder Entnahmen eines Gesellschafters oder des Eintritts bzw. Austritts eines Gesellschafters zu steuerpflichtigen Veräußerungsgeschäften in Bezug auf das von der vermögensverwaltenden Personengesellschaft gehaltene Vermögen führen kann; vgl. etwa in Bezug auf Kapitalvermögen BMF v. 19.5.2022 – IV C 1 – S 2252/19/10003 :009, BStBl I 2023, 46, Tz 74 ff.

10 Vgl. hierzu Schmidt/*Levedag*, EStG, § 23 Rn 47.

11 Nach der BFH-Rechtsprechung gilt eine Bagatellgrenze für äußerst geringfügige und abtrennbare gewerbliche Tätigkeiten. Die Nettoumsatzerlöse hieraus dürfen 3 % der Gesamtnettoumsatzerlöse der Gesellschaft und den Betrag von 24.500 EUR im Veranlagungszeitraum nicht übersteigen; vgl. BFH, Urt. v. 27.8.2014 – VIII R 6/12, BStBl II 2015, 1002.

chen Sinne als gewerblich zu qualifizieren ist.[12] Insbesondere Beteiligungen an anderen Personengesellschaften, die ggf. als im steuerlichen Sinne gewerblich zu qualifizieren sein könnten, sollten daher allenfalls mittelbar über eine zwischengeschaltete „Blocker-GmbH" gehalten werden. Die Grenze zur Gewerblichkeit kann ferner insbesondere durch Begründung eines gewerblichen Grundstückshandels[13] überschritten werden, ferner durch Begründung einer sog. Betriebsaufspaltung.[14] Von einer Gewerblichkeit ist auch dann auszugehen, wenn über die reine Vermietung hinaus Zusatzleistungen angeboten werden, die nicht im überwiegenden wirtschaftlichen Interesse des Vermieters liegen.[15]

2. Familienpool in der Rechtsform der rein vermögensverwaltenden KG

Seit der Handelsrechtsreform im Jahr 1998 ist auch die Eintragung rein vermögensverwaltender Kommanditgesellschaften in das Handelsregister möglich (§§ 107 Abs. 1, 161 Abs. 2 HGB). 17

a) Zivilrechtliche Aspekte

Die KG ist aus zivilrechtlicher Sicht die optimale Rechtsform für vermögensverwaltende Familienpools. Die Senioren können als Komplementäre die Geschäftsführung übernehmen und somit weiterhin eine größtmögliche Entscheidungsbefugnis behalten. Die persönliche Haftung der Komplementäre stellt bei rein vermögensverwaltenden Familienpools kein Problem dar, da die Risiken selbst einkalkuliert werden können und regelmäßig überschaubar sind. Die nachfolgenden Generationen werden Kommanditisten und haben damit nur eingeschränkte Mitspracherechte, haften dafür aber auch nur mit ihrer Einlage. Die Vertretungsbefugnis der Komplementäre lässt sich leicht über das Handelsregister nachweisen. Bei einem Wechsel im Gesellschafterbestand ist das Grundbuch nicht zu berichtigen. Auch minderjährige Familienmitglieder können als Kommanditisten ohne große Probleme an einem Familienpool in der Rechtsform einer vermögensverwaltenden KG beteiligt werden. 18

Der Name der Gesellschaft, die Geschäftsanschrift, die Vertretungsbefugnis und die Gesellschafter mit Namen, Geburtsdatum und Wohnort sind in das Handels- 19

---

12 Vgl. zur doppelstöckigen Personengesellschaft Schmidt/*Wacker*, EStG, § 15 Rn 189. Ob eine gewerbliche Infektion gem. § 15 Abs. 3 Nr. 2 Alt. 2 EStG auch für gewerbesteuerliche Zwecke gilt, ist nicht abschließend geklärt; verneinend jetzt BFH, Urt. v. 6.6.2019 – IV R 30/16, BFH/NV 2019, 994; hiergegen gleichl. Ländererl. v. 1.10.2020, DStR 2020, 2252. Siehe aber jetzt auch BFH, Urt. v. 5.9.2023 – IV R 24/20, BFH/NV 2024, 88.

13 Vgl. hierzu BMF v. 26.3.2004 – IV A 6 – S 2240 – 46/04, BStBl I 2004, 434; Schmidt/*Wacker*, EStG, § 15 Rn 47 ff.

14 Vgl. hierzu Schmidt/*Wacker*, EStG, § 15 Rn 800 ff. m.w.N.

15 Vgl. BFH, Urt. v. 14.7.2016 – IV R 34/13, BStBl II 2017, 175; vgl. auch *Escher*, in: Kanzler/Kraft/Bäuml/Marx/Hechtner, EStG, § 21 Rn 167 zu weiteren Einzelfällen.

register einzutragen, wobei die Komplementäre ohne Hinweis auf das Festkapital und die Kommanditisten mit der Haftsumme eingetragen werden. Der Gesellschaftsvertrag muss nicht beim Handelsregister eingereicht werden. Die KG muss auch gem. § 20 GwG in das Transparenzregister eintragen werden.

20 Eine Pflicht zur Offenlegung des Jahresabschlusses besteht auch bei der KG nicht.

b) Ertragsteuerrechtliche Aspekte

21 Die zur rein vermögensverwaltenden GbR dargestellten steuerlichen Grundsätze gelten ganz überwiegend auch für die rein vermögensverwaltende KG. Den an der KG beteiligten natürlichen Personen werden die von der Gesellschaft erzielten Einkünfte infolge der im Grundsatz[16] geltenden ertragsteuerlichen Transparenz anteilig wie eigene Einkünfte zugerechnet, es gelten die Besteuerungsregeln der jeweils einschlägigen Einkunftsart. Auch die im Zusammenhang mit der GbR dargestellten Grenzen zur steuerlichen Gewerblichkeit gilt es zu beachten.

22 Die in das Handelsregister eingetragene KG gilt allerdings im Gegensatz zur GbR aus handelsrechtlicher Sicht als Kaufmann (§§ 6, 107 Abs. 1 HGB) und ist daher handelsrechtlich buchführungs- und bilanzierungspflichtig (§§ 238 ff. HGB). Die besonderen für den Jahresabschluss von Kapitalgesellschaften geltenden handelsrechtlichen Vorschriften (§§ 264 ff. HGB) gelten für eine nur durch natürliche Personen gegründete KG allerdings nicht (§ 264a Abs. 1 Nr. 1 HGB). Da für die vermögensverwaltende KG keine Veröffentlichungspflicht besteht, wird die Einhaltung der handelsrechtlichen Buchführungs- und Bilanzierungspflicht von keiner öffentlichen Stelle geprüft bzw. eingefordert. In der Praxis wird bei vermögensverwaltenden KGs daher meist nicht bilanziert. Für steuerliche Zwecke ist mangels Vorliegens eines Gewerbebetriebs ohnehin nicht zu bilanzieren.[17] Die Ermittlung der Einkünfte erfolgt nach den allgemein für Überschusseinkünfte geltenden Regeln (§ 2 Abs. 2 S. 1 Nr. 2, S. 2 EStG) und die ermittelten Einkünfte sind den Gesellschaftern anteilig zuzuweisen.[18] Die Einkünfte werden auch hier einheitlich und gesondert festgestellt (§§ 180 Abs. 1 S. 1 Nr. 2, 181 AO).

---

16 Personengesellschaften können sich für ertragsteuerliche Zwecke optional wie eine Kapitalgesellschaft behandeln lassen (§ 1a KStG, „Optionsmodell“). Siehe hierzu auch bereits oben Fn 6. Bei einer vermögensverwaltenden Personengesellschaft kommt eine Buchwerteinbringung gem. § 20 UmwStG allerdings nicht in Betracht; vgl. BMF-Schreiben zu § 1a KStG v. 10.11.2021, BStBl I 2021, 2212, Tz 30.

17 Die §§ 4, 5 EStG setzen einen Gewerbebetrieb voraus; vgl. Schmidt/*Weber-Grellet*, EStG, § 5 Rn 7. Vgl. hierzu auch Klein/*Rätke*, AO, § 140 Rn 4; *Früchtl/Prokscha*, DStZ 2010, 595, 598.

18 Vgl. auch Schmidt/*Wacker*, EStG, § 15 Rn 200.

3. Familienpool in der Rechtsform der rein vermögensverwaltenden GmbH & Co. KG

Auch eine rein vermögensverwaltende GmbH & Co. KG ist als Rechtsform für einen Familienpool möglich. 23

a) Zivilrechtliche Aspekte

Neben den Vorteilen der zuvor dargestellten rein vermögensverwaltenden KG hat die rein vermögensverwaltende GmbH & Co. KG den Vorteil, dass keines der Familienmitglieder als Gesellschafter die persönliche Haftung übernehmen muss. Zudem kann hier z.B. bei der Komplementär-GmbH ein familienfremder Geschäftsführer angestellt werden. Diese Rechtsform ist daher insbesondere für größere Familienvermögen geeignet, wenn kein Familienmitglied gewillt oder in der Lage ist, die Geschäftsführung des Familienpools zu übernehmen. Zu beachten ist jedoch, dass die GmbH & Co. KG zwingend zur Aufstellung von Jahresabschlüssen verpflichtet ist und den allgemeinen Publizitätspflichten unterliegt, wenn keine natürliche Person zu den persönlich haftenden Gesellschaftern gehört (§ 264a Abs. 1 HGB). Letzteres ist zur Vermeidung der sog. „gewerblichen Prägung" (siehe dazu Rdn 28) jedoch häufig der Fall. 24

b) Ertragsteuerrechtliche Aspekte

Damit der rein vermögensverwaltende Familienpool in der Rechtsform der GmbH & Co. KG steuerlich wie eine rein vermögensverwaltende KG behandelt wird, muss eine sog. „gewerbliche Prägung" (§ 15 Abs. 3 Nr. 2 EStG) vermieden werden. Hierzu muss neben der Komplementär-GmbH entweder eine natürliche Person als weiterer persönlich haftender Gesellschafter an der GmbH & Co. KG beteiligt werden oder einem der Kommanditisten[19] muss im Gesellschaftsvertrag neben der Komplementär-GmbH eine Geschäftsführungsbefugnis eingeräumt werden.[20] 25

Im Übrigen gelten die zur vermögensverwaltenden KG dargestellten steuerlichen Grundsätze (siehe Rdn 21) für die rein vermögensverwaltende GmbH & Co. KG entsprechend.

4. Familienpool in der Rechtsform der gewerblich geprägten GmbH & Co. KG

Bis zur Erbschaftsteuerreform im Jahr 2009 wurden Familienpools in der Rechtsform der gewerblich geprägten GmbH & Co. KG verwendet, um die erbschaftsteuerlichen Vergünstigungen für Betriebsvermögen zu erhalten. Seit dem Jahr 26

19 Dies kann nach Auffassung der Finanzverwaltung auch eine Kapitalgesellschaft sein, z.B. eine weitere GmbH; vgl. R 15.8 Abs. 6 S. 2 EStR 2012; a.A. Schmidt/*Wacker*, EStG, § 15 Rn 222.

20 Vgl. hierzu Schmidt/*Wacker*, EStG, § 15 Rn 221 ff.

2009 erhalten Familienpools in der Rechtsform der gewerblich geprägten GmbH & Co. KG zwar regelmäßig nicht mehr die erbschaftsteuerrechtlichen Vergünstigungen für Betriebsvermögen.[21] Allerdings können im Einzelfall einkommensteuerrechtliche Vorteile genutzt werden, die es gegen die mit der steuerlichen Gewerblichkeit verbundenen Nachteile abzuwägen gilt.

a) Zivilrechtliche Aspekte

27 Zivilrechtlich sind eigentlich keine Besonderheiten gegenüber der normalen KG oder der vermögensverwaltenden GmbH & Co. KG zu berücksichtigen. Teilweise müssen jedoch aufgrund von steuerrechtlichen Implikationen Anpassungen vorgenommen werden. So ist z.B. darauf zu achten, dass auch die nachfolgenden Generationen einkommensteuerlich zu Mitunternehmern werden. Die Rechte der „Senioren" dürfen daher trotz der zivilrechtlichen Zulässigkeit, anders als bei der normalen KG, nicht zu stark ausgestaltet werden.

b) Ertragsteuerrechtliche Aspekte

28 Eine GmbH & Co. KG, bei der ausschließlich die Komplementär-GmbH zur Geschäftsführung befugt ist, gilt ertragsteuerlich stets in vollem Umfang als Gewerbebetrieb (sog. „gewerbliche Prägung", § 15 Abs. 3 Nr. 2 EStG), auch wenn sie ausschließlich eine rein vermögensverwaltende Tätigkeit ausübt.[22] Die gewerblich geprägte GmbH & Co. KG ist für einkommensteuerliche Zwecke zwar wie alle Personengesellschaften im Grundsatz[23] „transparent", d.h. die Einkünfte werden den Gesellschaftern anteilig – unabhängig von einer Entnahme[24] – zugerechnet. Die **Gesellschafter** erzielen jedoch ausschließlich Einkünfte aus **Gewerbebetrieb** (§ 15 EStG).[25]

---

21 Hintergrund ist, dass vermietete Immobilien sowie Wertpapiere erbschaftsteuerlich als sog. „Verwaltungsvermögen" zu qualifizieren sind, welches schon seit der Erbschaftsteuerreform 2009 nur noch bei Einhaltung bestimmter Quoten an einer erbschaftsteuerlichen Verschonung teilhaben konnte und welches seit den zum 1.7.2016 in Kraft getretenen Änderungen im Grundsatz überhaupt nicht mehr zum begünstigten Betriebsvermögen (§ 13b Abs. 2 ErbStG) gehört; vgl. hierzu Rdn 184.

22 Die gewerbliche Prägung entsteht erst mit Eintragung der Gesellschaften, da erst dann die notwendige Haftungsbeschränkung eintritt; vgl. BFH, Urt. v. 4.2.2009 – II R 41/07, BStBl II 2009, 600.

23 Personengesellschaften können sich auf Grundlage des sog. Optionsmodells für ertragsteuerliche Zwecke optional wie eine Kapitalgesellschaft behandeln lassen (§ 1a KStG). Siehe hierzu bereits oben Fn 6.

24 Unter bestimmten Voraussetzungen kann auf Antrag für thesaurierte Gewinne jedoch eine begünstigte Besteuerung in Anspruch genommen werden (§ 34a EStG). Vgl. hierzu BMF v. 11.8.2008 – IV C 6 – S 2290-a/07/10001, BStBl I 2008, 838; *Bodden*, FR 2014, 920.

25 Insoweit kann auch eine ggf. später erfolgende Begründung eines gewerblichen Grundstückshandels nicht mehr dazu führen, dass steuerliches Privatvermögen (ggf. unbemerkt) zu Betriebsvermögen wird.

Hinsichtlich der Besteuerung bestehen auch im Übrigen keine Unterschiede gegenüber einer originär gewerblichen GmbH & Co. KG. Da die Gesellschaft ausschließlich über Betriebsvermögen verfügt, gelten mit Blick auf **Immobilienveräußerungen** nicht die für Immobilien im Privatvermögen geltenden Besteuerungsregeln (insbesondere nicht die zehnjährige Spekulationsfrist, § 23 Abs. 1 S. 1 Nr. 1 EStG), sondern Gewinne aus der Veräußerung von Immobilien des Gesellschaftsvermögens unterliegen im Grundsatz auf Ebene der **Gesellschafter** der **Einkommensteuer**. Ggf. ist es jedoch möglich, eine sofortige Versteuerung der beim Verkauf realisierten Wertsteigerungen (stillen Reserven) zu vermeiden. Hierzu kann unter bestimmten Voraussetzungen in Höhe des realisierten Veräußerungsgewinns ein gewinnmindernder Abzug von den Anschaffungs-/Herstellungskosten von im selben oder im vorangegangenen Wirtschaftsjahr angeschafften anderen Immobilien erfolgen oder es kann eine gewinnmindernde Rücklage gebildet werden, die in späteren Jahren auf neu angeschaffte Immobilien „übertragen" werden kann (§ 6b EStG).[26] Hierdurch kommt es zu einem Steuerstundungseffekt. 29

Die **Gesellschaft** selbst unterliegt im Grundsatz der **Gewerbesteuer**. Eine auf Ebene der Gesellschaft zu zahlende Gewerbesteuer kann – innerhalb gewisser Höchstgrenzen – auf die Einkommensteuer der Gesellschafter angerechnet werden (§ 35 EStG). In jedem Fall wird der Gewerbeertrag bei immobilienhaltenden Gesellschaften um 1,2 % des Einheitswerts des zum Betriebsvermögen gehörenden, nicht von der Grundsteuer befreiten Grundbesitzes gekürzt (§ 9 Nr. 1 S. 1 GewStG). Beschränkt sich die Tätigkeit der Gesellschaft jedoch auf die Vermietung eigenen Grundbesitzes[27] oder wird daneben ausschließlich eigenes Kapitalvermögen verwaltet, so wird der maßgebliche Gewerbeertrag stattdessen auf Antrag um den Teil gekürzt, der auf die Verwaltung und Nutzung des eigenen Grundbesitzes entfällt (sog. erweiterte Kürzung, § 9 Nr. 1 S. 2 GewStG).[28] Die Erträge einer ausschließlich grundstücksverwaltenden GmbH & Co. KG unterliegen daher im Regelfall nicht der Gewerbesteuer. 30

Die gewerblich geprägte GmbH & Co. KG ist sowohl handelsrechtlich (§§ 6, 107 Abs. 1 HGB) als auch steuerrechtlich (§ 140 AO) **buchführungspflichtig** 31

26 Vgl. hierzu Schmidt/*Loschelder*, EStG, § 6b Rn 14 ff.

27 Es muss sich um „eigenen" Grundbesitz handeln; die Beteiligung an einer anderen vermögensverwaltenden Personengesellschaft steht der erweiterten Kürzung daher nach bisheriger Rechtsprechung entgegen, auch wenn die Untergesellschaft ihrerseits nur eigenen Grundbesitz verwaltet; vgl. BFH, Urt. v. 19.10.2010 – I R 67/09, BStBl II 2011, 367. Unschädlich ist hingegen die Beteiligung an einer grundstücksverwaltenden, nicht gewerblich geprägten Personengesellschaft; vgl. BFH, Beschl. v. 25.9.2018 – GrS 2/16, BStBl II 2019, 262.

28 Insbesondere ein gewerblicher Grundstückshandel steht der erweiterten Kürzung allerdings entgegen; vgl. Brandis/Heuermann/*Gosch*, § 9 GewStG Rn 58, 60. Vgl. zu möglichen weiteren Ausschlussgründen auch *Greiser/Rotter*, NWB 2017, 1084, 1085.

und zur Aufstellung von Jahresabschlüssen (§§ 238 ff., 264 ff., 264a Abs. 1 HGB; §§ 4 Abs. 1 S. 1, 5 Abs. 1 EStG) verpflichtet. Der steuerliche Gewinn wird durch Betriebsvermögensvergleich ermittelt (§ 5 Abs. 1 EStG) und den Gesellschaftern anteilig zugewiesen. Auch hier erfolgt eine einheitliche und gesonderte Gewinnfeststellung (§§ 180 Abs. 1 S. 1 Nr. 2, 181 AO). Es ist zudem zu berücksichtigen, dass handelsrechtlich eine Pflicht zur Offenlegung der Jahresabschlüsse im elektronischen Bundesanzeiger besteht (§§ 325–329 HGB). Diese kann auch nicht dadurch vermieden werden, dass eine natürliche Person als weiterer Komplementär bestellt wird. Denn dann wäre die Gesellschaft steuerlich nicht mehr gewerblich geprägt (§ 15 Abs. 3 Nr. 2 EStG).

32 Zu beachten ist, dass die Gesellschafter einer gewerblich geprägten GmbH & Co. KG (ebenso wie bei einer originär gewerblichen Personengesellschaft) sog. **Sonderbetriebsvermögen** haben können.[29] Hierzu zählt etwa ein der Gesellschaft gewährtes Darlehen oder eine Immobilie, die vom Gesellschafter an die GmbH & Co. KG vermietet wird. Das Sonderbetriebsvermögen gehört steuerlich zum Mitunternehmeranteil des Gesellschafters, nicht zu dessen Privatvermögen.

33 Vergütungen, die der Gesellschafter für eine Tätigkeit im Dienst der Gesellschaft oder die Hingabe von Darlehen bzw. die Überlassung von Wirtschaftsgütern von der Gesellschaft bezieht, führen als Sonderbetriebseinnahmen ebenfalls zu gewerblichen Einkünften (§ 15 Abs. 1 S. 1 Nr. 2 S. 1 Hs. 2 EStG).[30] Auch Verbindlichkeiten eines Gesellschafters gegenüber Dritten (z.B. im Zusammenhang mit der Finanzierung des Gesellschaftsanteils) oder gegenüber der Gesellschaft selbst sind passives Sonderbetriebsvermögen, wenn ein hinreichender Veranlassungszusammenhang mit dem Betrieb der Gesellschaft oder der Beteiligung an dieser besteht. Auf solche Verbindlichkeiten entfallende, vom Gesellschafter geleistete Zinsen führen bei diesem zu Sonderbetriebsausgaben.[31]

5. Familienpool in der Rechtsform der GmbH

34 Ein Familienpool in der Rechtsform der GmbH unterliegt sowohl zivilrechtlich als auch steuerrechtlich vollumfänglich anderen Regeln und bietet ebenfalls immense Gestaltungsmöglichkeiten.

---

29 Vgl. hierzu im Einzelnen Schmidt/*Wacker*, EStG, § 15 Rn 506 ff.

30 Der hierauf entfallende Gewerbeertrag unterliegt gewerbesteuerlich nicht der erweiterten Kürzung (§ 9 Nr. 1 S. 5 Nr. 1a GewStG).

31 Vgl. hierzu Schmidt/*Wacker*, EStG, § 15 Rn 645.

a) Zivilrechtliche Aspekte

Ein großer Vorteil der GmbH ist die **Haftungsbeschränkung** für alle Gesellschafter, was gerade bei einem größeren Gesellschafterkreis wichtig ist. Zudem können bei der GmbH auch externe Geschäftsführer das Tagesgeschäft übernehmen. Die Familie übt dann nur noch die Kontrollrechte als Gesellschafter aus. Auch dies ist gerade bei größeren Familien stark konfliktvermeidend und insbesondere in Familien wichtig, in denen keine Familienmitglieder die Geschäftsführung übernehmen können oder wollen. 35

Die Gesellschafter sind über die Liste der Gesellschafter im Handelsregister frei einsehbar. Auch die Gesellschaftssatzung ist einsehbar. Die GmbH und ihre wirtschaftlich Berechtigten müssen auch gem. § 20 GwG in das Transparenzregister eintragen werden. 36

Es besteht zudem die Pflicht zur Offenlegung des Jahresabschlusses. 37

b) Ertragsteuerrechtliche Aspekte

Wird der Familienpool in der Rechtsform einer GmbH errichtet, so ergibt sich in ertragsteuerlicher Hinsicht ein erheblicher Unterschied gegenüber der Wahl einer Personengesellschaft. Denn während für Personengesellschaften steuerlich im Grundsatz das „Transparenzprinzip" gilt, gilt für Kapitalgesellschaften wie die GmbH steuerlich das **„Trennungsprinzip"**. Die GmbH unterliegt selbst der Besteuerung mit Körperschaftsteuer und Gewerbesteuer. Für die Familienmitglieder als Gesellschafter ergeben sich hingegen keine unmittelbaren ertragsteuerlichen Folgen, solange seitens der Gesellschaft keine Gewinne als Dividende an die Gesellschafter ausgeschüttet werden oder Anteile an der Gesellschaft nicht unter Vereinnahmung eines Gewinns veräußert werden. Eine Kapitalgesellschaft schirmt ihre Gesellschafter ertragsteuerlich also gewissermaßen ab. 38

Auf Ebene der **Gesellschaft** zählen sämtliche Einkünfte zu den Einkünften aus Gewerbebetrieb (§ 8 Abs. 2 KStG), die Gesellschaft hat folglich ausschließlich **Betriebsvermögen**. Der Gewinn wird durch Betriebsvermögensvergleich, also im Wege der Bilanzierung, ermittelt (§§ 4 Abs. 1, 5 Abs. 1 EStG). Gewinne aus der Veräußerung von Immobilien des Gesellschaftsvermögens unterliegen im Grundsatz der Besteuerung. Die für Immobilien im Privatvermögen maßgebliche „Spekulationsfrist" (Zehnjahresfrist, § 23 Abs. 1 S. 1 Nr. 1 EStG) gilt nicht. Unter bestimmten Voraussetzungen können jedoch auch auf Ebene einer GmbH Steuerstundungseffekte durch Vornahme eines gewinnmindernden Abzugs von den Anschaffungs-/Herstellungskosten einer neu angeschafften Immobilie bzw. durch Rücklagenbildung erzielt werden (§ 6b EStG).[32] 39

32 § 6b EStG gilt, mit Ausnahme des § 6b Abs. 10 EStG, auch für Kapitalgesellschaften; vgl. Schmidt/*Loschelder*, EStG, § 6b Rn 2.

40 Mit Blick auf die **Gewerbesteuer** gelten auch für die GmbH die bereits genannten Möglichkeiten einer Kürzung des maßgeblichen Gewerbeertrags, insbesondere besteht für reine Immobiliengesellschaften grundsätzlich die Möglichkeit der erweiterten Kürzung (§ 9 Nr. 1 S. 2 GewStG). Soweit Immobilienerträge auf Ebene der GmbH danach nur einer Belastung durch Körperschaftsteuer unterliegen (inkl. Solidaritätszuschlag 15,825 %), ist daher eine steuerlich vorteilhafte Gewinnthesaurierung und Reinvestition auf Ebene der Gesellschaft erreichbar.

41 Steuerlich vorteilhaft erweist sich die Rechtsform der GmbH häufig auch, soweit diese Erträge aus Beteiligungen an anderen Kapitalgesellschaften erzielt. So bleiben Gewinne aus der Veräußerung von Anteilen an anderen Kapitalgesellschaften aufgrund des sog. „**Beteiligungsprivilegs**" auf Ebene der veräußernden GmbH im Ergebnis zu 95 % steuerfrei (§ 8b Abs. 2, 3 KStG, § 7 S. 1 GewStG). Das gilt auch für Streubesitzanteile an börsennotierten Aktien. Dividendenerträge können im Ergebnis ebenfalls zu 95 % steuerfrei bleiben (§ 8b Abs. 1, 2 KStG), hier gelten aber Mindestbeteiligungsanforderungen (Körperschaftsteuer: 10 %, § 8b Abs. 4 KStG; Gewerbesteuer: 15 %, §§ 8 Nr. 5, 9 Nr. 7 GewStG). Dividenden aus einem von der GmbH gehaltenen Aktienportfolio sind daher regelmäßig auf Ebene der GmbH voll körperschaft- und gewerbesteuerpflichtig. Soweit die maßgeblichen Beteiligungserträge der GmbH allerdings vor allem aus Veräußerungsgewinnen stammen, erweist sich die GmbH (jedenfalls bei Thesaurierung und Wiederanlage der Erträge) häufig als ideale Holding-Rechtsform für Beteiligungen/Aktien sowie insbesondere auch geschlossene Fonds (in der Rechtsform einer Kapitalgesellschaft oder einer Personengesellschaft), die in Anteile an nichtbörsennotierten Kapitalgesellschaften investieren (insbesondere Private Equity Fonds).[33]

42 Auf Ebene der Gesellschafter ergeben sich steuerliche Folgen im Grundsatz erst dann, wenn eine **Gewinnausschüttung** durch die Gesellschaft erfolgt. Werden die GmbH-Anteile (wie im Regelfall) im Privatvermögen gehalten, so unterliegt die Dividende (§ 20 Abs. 1 Nr. 1 EStG) bei den Gesellschaftern im Grundsatz nicht dem progressiven Einkommensteuertarif, sondern dem für Kapitalerträge geltenden Abgeltungsteuertarif (inkl. Solidaritätszuschlag 26,375 %).[34] Hinsichtlich der Besteuerung von Veräußerungsgewinnen ist zu unterscheiden: Beträgt die Beteiligung des Gesellschafters mindestens 1 %, so unterliegt ein Gewinn aus einer Anteilsveräußerung im Ergebnis nur zu 60 % der Besteuerung (sog. **Teileinkünfteverfahren**, §§ 3 Nr. 40 S. 1 Buchst. c, 3c Abs. 2 EStG), wobei der progressive Einkommensteuertarif zur Anwendung kommt. Bei Beteiligungen von weniger als 1 % unterliegt ein Gewinn aus einer Anteilsveräußerung im

33 Im Einzelfall ist jedoch zu prüfen, ob ein Investmentfonds i.S.d. InvStG gegeben ist (§ 1 InvStG); in diesem Fall finden die besonderen Besteuerungsvorschriften des InvStG Anwendung.

34 Zu Ausnahmen vgl. § 32d Abs. 2 Nr. 3 EStG.

Grundsatz als Kapitalertrag der Abgeltungsteuer (§§ 20 Abs. 2 S. 1 Nr. 1, 32d Abs. 1 EStG).[35]

6. Ergebnis zur Wahl der richtigen Rechtsform

Die Frage der richtigen Rechtsform kann nur mit Blick auf die individuellen Umstände des Einzelfalls und die konkreten Gestaltungsziele beantwortet werden. Hierbei sind sowohl die mit der jeweiligen Rechtsform verbundenen steuerlichen Aspekte als auch die zivilrechtlichen Aspekte, insbesondere mit Blick auf die Haftungs- und Publizitätsfragen, gegeneinander abzuwägen. Wesentlichen Einfluss auf die Rechtsformwahl hat auch die Frage, welche steuerlichen Auswirkungen die Übertragung des Vermögens auf den Familienpool auslöst. Sollen Bestandsimmobilien auf den Familienpool übertragen werden, wird die unmittelbare Errichtung des Familienpools in der Rechtsform einer GmbH regelmäßig bereits aus grunderwerbsteuerlichen Gründen ausscheiden. 43

Zivilrechtliche Aspekte bei der Rechtsformwahl: 44
- Art des zu poolenden Vermögens
- Haftungsgesichtspunkte
- Finanzierungsaspekte
- Internationale Aspekte
- Größe des (zukünftigen) Gesellschafterkreises
- Beteiligung Minderjähriger an der Gesellschaft
- Organisation der Geschäftsführung (durch Familienmitglieder und/oder externe Dritte)
- Intensität der Einflussnahme der Gesellschafter auf die Geschäftsführung
- Publizitätsfragen

Steuerliche Aspekte bei der Rechtsformwahl: 45
- Steuerliche Belastung des Familienpools abhängig von diversen Faktoren, u.a.
  - Zusammensetzung der Einkünfte und des Vermögens
  - Thesaurierungspolitik der Gesellschaft
  - evtl. Ansässigkeit der Gesellschafter (Auswirkungen eines DBA und steuerliche Behandlung im Ansässigkeitsstaat/Ausland)
- Je nach Sachverhalt auch weitere Aspekte steuerlich relevant, bspw.
  - Mobilität der Gesellschafter (Wegzugsbesteuerung, insbesondere bei Kapitalgesellschaften, § 6 AStG)
  - Flexibilität bzgl. Vermögensumschichtung (Unternehmensverkauf)

35 Dies gilt jedenfalls bei entgeltlicher Anschaffung des Anteils nach dem 31.12.2008. Die Veräußerung eines vor dem 1.1.2009 angeschafften Anteils an einer Kapitalgesellschaft von weniger als 1 % wäre im Privatvermögen hingegen infolge des Ablaufs der früher geltenden „Spekulationsfrist" für Wertpapiere nicht steuerbar (§ 52 Abs. 28 S. 11, Abs. 31 S. 2 EStG).

  - erbschaft- und schenkungsteuerliche Optimierung des Vermögensübergangs auf die nächste Generation
  - Schaffung von neuem AfA-Potential bei Immobilien
- Ggf. Errichtung mehrerer Parallelvehikel für verschiedene Assetklassen
- Errichtung mehrstufiger Gesellschaftsstrukturen, insbesondere Zwischenschaltung einer GmbH unterhalb einer Personengesellschaft („Blocker-GmbH“):
  - zur steuerlichen Abschirmung der Gesellschafter vor den auf Ebene der GmbH thesaurierten Erträgen
  - als Schutz einer vermögensverwaltenden Personengesellschaft vor einer gewerblichen Infektion aufgrund unmittelbarer Beteiligung an gewerblichen geschlossenen Fonds
  - zur gezielten Nutzung des steuerlichen Beteiligungsprivilegs (95 %-Steuerfreiheit) für auf Ebene der GmbH erzielte Gewinne aus Beteiligungsverkäufen

III. Gründung des Familienpools

46 Die Art und Weise der Gründung eines Familienpools hängt von der gewählten Rechtsform, der steuerlichen Situation der Einbringungsgegenstände und der Struktur der Gesellschafter ab. Nachfolgend werden – Bezug nehmend auf das einleitend dargestellte Fallbeispiel (siehe Rdn 3) – die Gründungsvorgänge für die am häufigsten vorkommenden Rechtsformen, nämlich die rein vermögensverwaltende KG, die gewerblich geprägte GmbH & Co. KG und die GmbH, dargestellt. Eine besondere steuerliche Herausforderung stellt hierbei die Übertragung der Bestandsimmobilien auf den Familienpool dar.

1. Vorüberlegung: Steuereffiziente Beteiligung des Ehegatten

47 Wenn Ehegatten, die bisher nicht oder nur in geringem Umfang am Familienvermögen beteiligt sind, Gesellschafter des Familienpools werden sollen, bestehen im Grundsatz zwei Gestaltungsvarianten. Einerseits können vorab Vermögenswerte im gewünschten Umfang zwischen den Ehegatten übertragen werden, welche sodann in einem zweiten Schritt auf den Familienpool übertragen werden. Andererseits kann der Vermögensträger auch in einem ersten Schritt alle Vermögenswerte alleine auf den Familienpool übertragen und in einem zweiten Schritt Anteile am Familienpool an seinen Ehegatten übertragen. Letzterer Weg wird in der Praxis zumeist gewählt, insbesondere weil die Übertragung von Grundstücken auf den Familienpool mit nur einem Übertragungsakt realisiert werden kann und sich nicht die Frage stellt, welche steuerlichen Folgen sich im Einzelfall aus der Einbringung von Immobilien durch mehrere Personen ergeben.

48 Zu beachten ist in diesem Zusammenhang, dass der für Übertragungen zwischen **Ehegatten** verfügbare **Schenkungsteuerfreibetrag** von 500.000 EUR (§ 16

Abs. 1 ErbStG) nur **alle zehn Jahre** zur Verfügung steht, da Schenkungen von derselben Person innerhalb dieses Zeitraums zusammengerechnet werden (§ 14 ErbStG). Schenkungsteuerfrei sind jedoch auch lebzeitige Übertragungen zwischen Ehegatten zur Erfüllung eines fälligen Zugewinnausgleichsanspruchs (§ 5 Abs. 2 ErbStG).[36]

Soll über den Schenkungsteuerfreibetrag hinaus Vermögen schenkungsteuerfrei auf den Ehegatten übertragen werden, bietet sich vor diesem Hintergrund die Übertragung von Vermögenswerten im Rahmen einer sog. **Güterstandsschaukel** an.[37] Leben die Ehegatten im Güterstand der Gütertrennung, müssen sie hierfür zunächst rückwirkend auf den Beginn der Ehe den Güterstand der Zugewinngemeinschaft vereinbaren. Zivilrechtlich ist eine solche rückwirkende Vereinbarung der Zugewinngemeinschaft ohne weiteres möglich; sie ist so zu verstehen, dass insbesondere für das Anfangsvermögen nicht der Vertragsschluss, sondern der Zeitpunkt der Eheschließung maßgebend sein soll.[38] 49

Es können auch „rückwirkend" alle sonst zulässigen Modifikationen des Güterstands vereinbart werden, denn § 1374 BGB ist in zivilrechtlicher Hinsicht im vollen Umfang dispositiv.[39] Auch steuerlich ist die rückwirkende Vereinbarung der Zugewinngemeinschaft auf den Zeitpunkt der Eheschließung anzuerkennen, wenn später durch einen erneuten Wechsel des Güterstands tatsächlich die güterrechtliche Abwicklung stattfindet.[40] Die Ehegatten können also (ggf. nach Ablauf einer gewissen Schamfrist) wieder den Güterstand der Gütertrennung vereinbaren, um dann den entstandenen Zugewinn auszugleichen. Diese konkret berechnete[41] Zugewinnausgleichsforderung kann schenkungsteuerfrei erfüllt werden.[42] 50

---

36 Die sog. Güterstandsschaukel kann auch genutzt werden, um eine durch frühere Zuwendungen zwischen den Ehegatten (ggf. auch unbewusst) ausgelöste Schenkungsteuer rückwirkend zum Erlöschen zu bringen. Gem. § 1380 Abs. 1 S. 2 BGB sind frühere Zuwendungen im Zweifel auf die Zugewinnausgleichsforderung anzurechnen. Kommt es zu dieser Anrechnung, entfällt rückwirkend die durch die frühere Zuwendung ausgelöste Schenkungsteuer (§ 29 Abs. 1 Nr. 3 ErbStG). Nicht abschließend geklärt ist, ob in diesem Fall auch etwaige Hinterziehungszinsen (§ 235 AO) rückwirkend entfallen (vgl. hierzu FG Hessen, Urt. v. 7.5.2018 – 10 K 477/17, EFG 2018, 1253; *Cornelius/Niendorf*, AOStB 2019, 153; *Wachter*, BB 2018, 2204).

37 Grundlegend *Kleffmann*, Die Güterstandsschaukel, 2017.

38 BGH, Urt. v. 1.4.1998 – XII ZR 278/96, BGHZ 138, 239; *Hoebbel*, NJW 1994, 2135.

39 MüKo-BGB/*Koch*, § 1374 Rn 49; BeckOK BGB/*Scheller/Sprink*, § 1374 Rn 43 ff.

40 Vgl. BFH, Urt. v. 12.7.2005 – II R 29/02, ZEV 2005, 490; FG Düsseldorf, Urt. v. 14.6.2006 – 4 K 7107/02 Erb, ZErb 2007, 24; FG Hessen, Urt. v. 15.12.2016 – 1 K 199/15, EFG 2017, 871; BeckNotar-HdB/*Grziwotz*, § 12 Rn 78.

41 Dies erfordert regelmäßig eine stichtagsnahe Bewertung der Immobilien.

42 Meincke/Hannes/Holtz/*Hannes/Holtz*, ErbStG, § 5 Rn 48; Daragan/Halaczinsky/Riedel/*Griesel*, ErbStG und BewG, § 5 ErbStG Rn 41 ff.; BFH, Urt. v. 12.7.2005 – II R 29/02, ZEV 2005, 490; FG Düsseldorf, Urt. v. 14.6.2006 – 4 K 7107/02 Erb, ZErb 2007, 24; FG Köln, Urt. v. 30.4.2003 – 7 K 6553/01, DStRE 2004, 216.

51 Der Güterstand der Zugewinngemeinschaft kann nach der Rechtsprechung des BFH auch bei Fortbestand der Ehe beendet werden. Erforderlich ist aber stets, dass der Güterstand zumindest vorübergehend tatsächlich gewechselt wird. Der sog. **fliegende Güterstandswechsel** ist unter keinen Umständen ausreichend.[43] Da der Ausgleich des durch den Güterstandswechsel entstandenen Zugewinnausgleichsanspruchs ein entgeltlicher Vorgang ist, gehen damit sowohl ertragsteuerliche Chancen (Schaffung von neuem AfA-Potential) als auch Risiken (Aufdeckung stiller Reserven) einher.[44]

52 Im **Fallbeispiel** (Rdn 3) würde sich ein Zugewinnausgleichsanspruch von M gegen F i.H.v. 3,5 Mio. EUR ergeben. Dieser könnte z.B. durch Übertragung von Miteigentumsanteilen von jeweils 50 % an den vermieteten Immobilien der F[45] und unter Übernahme von 50 % der noch valutierenden Verbindlichkeiten durch M erfüllt werden. Der dann noch bestehende Restzugewinnausgleichsanspruch von 1,5 Mio. EUR könnte z.B. durch Übertragung von Teilen des Depots erfüllt werden. Es ist dabei unbedingt zu berücksichtigen, dass die Übertragung der Miteigentumsanteile an den Immobilien und der Anteile des Wertpapierdepots in Erfüllung des Zugewinnaugleichsanspruchs einkommensteuerrechtlich einen entgeltlichen Vorgang mit den entsprechenden einkommensteuerrechtlichen Folgen darstellt. Es kann sich daher insbesondere bei Immobilien des Privatvermögens ein steuerpflichtiger Veräußerungsgewinn ergeben, wenn noch nicht die zehnjährige Haltefrist abgelaufen ist (§ 23 Abs. 1 S. 1 Nr. 1 EStG). Bei im Privatvermögen gehaltenen Wertpapieren kann sich ebenfalls ein steuerpflichtiger Veräußerungsgewinn ergeben (§ 20 Abs. 2 EStG).

Alternativ könnte F die fremdvermieteten Immobilien (Wert 6 Mio. EUR) nebst den damit zusammenhängenden Verbindlichkeiten (2 Mio. EUR) sowie das Wertpapierdepot (4 Mio. EUR) auf einen von ihr errichteten Familienpool übertragen. Im Anschluss könnte F an M in Erfüllung der Zugewinnausgleichsforderung einen Anteil an der Gesellschaft im Wert von 3,5 Mio. EUR übertragen. Auch in diesem Zusammenhang ist zu beachten, dass die Anteilsübertragung im Zuge der Erfüllung der Zugewinnausgleichsforderung aus steuerlicher Sicht einen entgeltlichen Vorgang darstellt.

53 Ob und inwieweit durch eine Güterstandsschaukel bzw. die Erfüllung des Zugewinnausgleichsanspruchs Einkommensteuer ausgelöst wird, ist im Einzelfall kritisch zu prüfen. Denn der gesetzliche Zugewinnausgleichsanspruch ist im Grund-

---

43 BFH, Urt. v. 12.7.2005 – II R 29/02, ZEV 2005, 490; so auch die h.M. in der Literatur, siehe z.B. Daragan/Halaczinsky/Riedel/*Griesel*, ErbStG und BewG, § 5 ErbStG Rn 43; a.A. Meincke/Hannes/Holtz/*Hannes/Holtz*, ErbStG, § 5 Rn 49 ff.

44 *Beckervordersandfort/Klönne*, ErbR 2024, 91.

45 Eine Übertragung eines hälftigen Miteigentumsanteils am selbstgenutzten Einfamilienhaus im Zuge der Güterstandsschaukel bietet sich jedenfalls aus steuerlichen Gründen nicht an, da insoweit ohnehin eine schenkungsteuerfreie Übertragung zwischen Ehegatten möglich ist (§ 13 Abs. 1 Nr. 4a ErbStG).

satz ein Geldanspruch; die Hingabe anderer Wirtschaftsgüter an Erfüllungs statt führt ggf. zu einem steuerpflichtigen Veräußerungsgeschäft (etwa gem. §§ 17, 20 Abs. 2 oder 23 EStG).[46] Handelt es sich bei dem Familienpool um eine vermögensverwaltende Personengesellschaft, kommt es insoweit im Ergebnis darauf an, inwieweit die einzelnen auf den Familienpool übertragenen Vermögensgegenstände „steuerverstrickt" sind. Bei einer gewerblichen Personengesellschaft unterliegt eine Anteilsveräußerung zwar im Grundsatz der Einkommensteuer. Im Zuge der Einbringung in den Familienpool werden jedoch (ggf. ertragsteuerneutral bei „nicht-steuerverstricktem" Vermögen) Anschaffungskosten des Einbringenden in Höhe des Verkehrswerts des Vermögens geschaffen, so dass bei der anschließenden entgeltlichen Übertragung kein Veräußerungsgewinn realisiert wird.

Im **Fallbeispiel** (Rdn 3) würde bei Erfüllung des Zugewinnausgleichsanspruchs durch Übertragung der Immobilien oder der Wertpapiere keine Einkommensteuerbelastung entstehen, da die Immobilien mehr als zehn Jahre im Privatvermögen gehalten werden und die Wertpapiere vor 2009 angeschafft wurden. 54

2. Gründung des Familienpools in der Rechtsform der rein vermögensverwaltenden KG oder GmbH & Co. KG

55

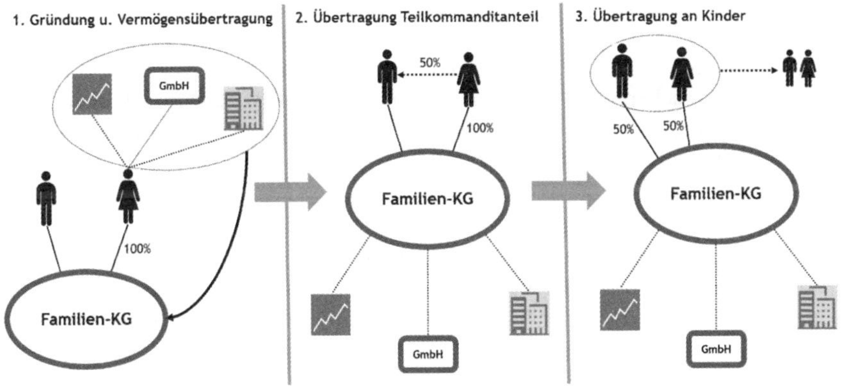

a) Überblick zur Errichtung der Struktur

Bei der Gründung des Familienpools in der Rechtsform der rein vermögensverwaltenden KG ist zu beachten, dass eine Errichtung durch mindestens zwei 56

46 Siehe auch H 16 Abs. 4 EStH 2019; vgl. auch R E 13a.12 Abs. 3 Nr. 2 ErbStR 2019 zur Möglichkeit eines Haltefristverstoßes i.S.d. § 13a ErbStG. Zu Gestaltungsmöglichkeiten vgl. *Beckervordersandfort/Klönne*, ErbR 2024, 169, 171 ff.; *Wachter*, FR 2020, 840, 847 f.

natürliche Personen erfolgen muss, von der eine die Rolle des Komplementärs und die andere die Rolle des Kommanditisten einzunehmen hat.

57 Im **Fallbeispiel** (Rdn 3) könnte z.B. M zunächst die Rolle eines nicht am Vermögen der Gesellschaft beteiligten Komplementärs einnehmen, F die Rolle der zu 100 % am Vermögen der Gesellschaft beteiligten Kommanditistin. Nach Gründung der Gesellschaft könnte F das Vermögen nebst den zugehörigen Verbindlichkeiten auf die Gesellschaft übertragen. Im nächsten Schritt könnte F einen Teilkommanditanteil auf M übertragen (dieser wächst dort dem bereits gehaltenen Anteil als Komplementär an), wobei der bereits beschriebene Weg einer Güterstandsschaukel genutzt werden kann, um den zwischen Ehegatten verfügbaren Freibetrag von 500.000 EUR (§ 16 Abs. 1 ErbStG) zu schonen. Im nächsten Schritt können die Eheleute M und F Anteile am Gesellschaftsvermögen auf die Kinder S und T übertragen, verbunden mit der Bestimmung, dass diese im Zeitpunkt der Übertragung Kommanditisten der Gesellschaft werden. Durch Nutzung der noch nicht ausgenutzten Schenkungsteuerfreibeträge von zurzeit jeweils 400.000 EUR pro Kind und Elternteil von den Eltern M und F könnte auf diese Weise bereits Vermögenssubstanz i.H.v. 1.600.000 EUR auf die nächste Generation übertragen werden.[47] Weitere Anteilsschenkungen könnten zugunsten der Enkel erfolgen, die ebenfalls Kommanditisten der Gesellschaft würden (Freibeträge in Bezug auf M und F als Großeltern je Enkel 200.000 EUR). Um die Höhe der zu verschenkenden Anteile so bemessen zu können, dass die verfügbaren Freibeträge nicht überschritten werden, ist eine Bewertung des Gesellschaftsvermögens nach den Grundsätzen des Bewertungsgesetzes (BewG) erforderlich, die für schenkungsteuerliche Zwecke Berücksichtigung finden kann. Dies erfordert insbesondere eine Einzelbewertung aller zum Gesellschaftsvermögen gehörenden Immobilien (§§ 176 ff. BewG).[48]

Soll der Familienpool hingegen in der Rechtsform einer vermögensverwaltenden GmbH & Co. KG geführt werden, könnten z.B. F und M im ersten Schritt eine GmbH gründen, deren Anteile je zur Hälfte von M und F gehalten werden. Sodann könnte eine KG gegründet werden, an welcher sich die GmbH und M[49] als nicht am Vermögen der Gesellschaft beteiligte Komplementäre und F als zu 100 % am Gesellschaftsvermögen beteiligte Kommanditistin beteiligen. Die

---

47 Weitere Vorteile lassen sich durch Übertragung des Gesellschaftsanteils unter Nießbrauchsvorbehalt erzielen, da der Kapitalwert des Nießbrauchs (§ 14 BewG) den für die Schenkungsteuer maßgeblichen Wert des übertragenen Gesellschaftsanteils mindert. Vgl. hierzu ausf. *Schimpfky*, ZEV 2013, 662, 663.

48 Vgl. zur Möglichkeit des Nachweises eines geringeren gemeinen Werts durch Gutachten OFD NRW v. 26.6.2014, DB 2014, 2196; *Eisele*, ZEV 2014, 295.

49 Zur Vermeidung einer gewerblichen Prägung i.S.d. § 15 Abs. 3 Nr. 2 EStG. Die gewerbliche Prägung würde auch vermieden, wenn F als Kommanditistin in dem Gesellschaftsvertrag zusätzlich zur Komplementär-GmbH zur Geschäftsführung befugt wird.

weiteren Schritte des Errichtungsvorgangs entsprächen dann dem zuvor zur vermögensverwaltenden KG Ausgeführten.[50]

b) Steuerliche Auswirkungen der Einbringung von Wirtschaftsgütern

aa) Führt die Einbringung zu einem steuerpflichtigen Veräußerungsgewinn?

Die steuerlichen Auswirkungen der Übertragung von Wirtschaftsgütern auf den Familienpool hängen von diversen Faktoren ab. So ist zum einen relevant, ob die Wirtschaftsgüter zum steuerlichen Privatvermögen oder zum Betriebsvermögen gehören und wie lange der Einbringende bereits Eigentümer der Einbringungsgegenstände ist. Zum anderen ist der steuerliche Status der Gesellschaft (vermögensverwaltend oder gewerblich) von Bedeutung. Zudem ist relevant, ob dem Einbringenden eine Gegenleistung gewährt wird; in diesem Fall stellt sich die Frage eines steuerpflichtigen Veräußerungsgeschäfts. 58

Bei der Übertragung von **Wirtschaftsgütern des Privatvermögens** auf eine Personengesellschaft stellt sich insbesondere die Frage, ob eine unentgeltliche Übertragung oder ein tauschähnlicher Vorgang gegeben ist. Nur in letzterem Fall kann ein potentiell steuerpflichtiges Veräußerungsgeschäft vorliegen. Anders als bei Vermögensübertragungen auf im steuerlichen Sinne gewerbliche Personengesellschaften (siehe dazu Rdn 77 ff.) ist bei vermögensverwaltenden Personengesellschaften insoweit nicht relevant, wie die Verbuchung des übertragenen Wirtschaftsgutes auf Ebene der Personengesellschaft erfolgt. Entscheidend ist vielmehr, ob und inwieweit sich die (wirtschaftliche) Beteiligung der involvierten Personen an dem übertragenen Wirtschaftsgut bzw. den von der Gesellschaft gehaltenen Wirtschaftsgütern ändert. 59

Da die von einer im steuerlichen Sinne vermögensverwaltenden Personengesellschaft gehaltenen Wirtschaftsgüter den Gesellschaftern anteilig nach Bruchteilen zuzurechnen sind (§ 39 Abs. 2 Nr. 2 AO), ist eine entgeltliche Veräußerung von Immobilien an eine vermögensverwaltende KG bzw. GmbH & Co. KG (und umgekehrt) aus steuerlicher Sicht nicht möglich, soweit der veräußernde Gesellschafter selbst an der Gesellschaft beteiligt ist.[51] Ein entgeltliches Austauschgeschäft liegt nur in Höhe der Quote vor, in welcher Dritte als Gesamthänder an 60

50 Die Anteile an der Komplementär-GmbH würden F und M zurückbehalten, um so die volle Kontrolle über diese Gesellschaft zu behalten.

51 Ob diese Grundsätze auch nach Inkrafttreten des MoPeG zum 1.1.2024 (Aufgabe des zivilrechtlichen Gesamthandsprinzips bei Personengesellschaften) weiter gelten werden, wurde kontrovers diskutiert; vgl. hierzu *Mayer/Käshammer*, NWB 2021, 2514; *Hubert/Stokes*, NWB 2021, 637. Der Gesetzgeber hat zwischenzeitlich die Fortgeltung des Gesamthandsprinzips jedoch für rechtsfähige Personengesellschaften jedenfalls für Zwecke der Ertragsbesteuerung über den 31.12.2023 hinaus gesetzlich in § 39 Abs. 2 Nr. 2 AO verankert.

der Gesellschaft beteiligt sind.[52] Eine entsprechende Bruchteilsbetrachtung gilt auch im Fall der Einbringung eines Grundstücks gegen Gewährung von Gesellschafterrechten unter Übernahme von Verbindlichkeiten des Einbringenden durch die Gesellschaft. Soweit das eingebrachte Grundstück nach der Einbringung anderen Gesellschaftern nach Bruchteilen zuzurechnen ist, ist für diese Gesellschafter von einem Anschaffungsvorgang auszugehen. Auch die von der Gesellschaft übernommenen Verbindlichkeiten sind entsprechend der Beteiligungsquote den anderen Gesellschaftern zuzuordnen und stellen für diese Anschaffungskosten in Bezug auf das eingebrachte Grundstück dar.[53] Ob für den Einbringenden zugleich ein einkommensteuerpflichtiges Veräußerungsgeschäft entsteht, hängt im Fall der Einbringung einer Immobilie des Privatvermögens davon ab, ob die zehnjährige Haltefrist (§ 23 Abs. 1 S. 1 Nr. 1 EStG) bereits abgelaufen ist.

61 Dementsprechend führt auch die Einbringung von Miteigentumsanteilen an Grundstücken in eine vermögensverwaltende Personengesellschaft nur insoweit zu Veräußerungs- und Anschaffungsvorgängen, als sich die Anteile der Gesellschafter an den eingebrachten Grundstücken gegenüber ihrer früheren Beteiligungsquote erhöhen; insoweit ist von einem **Tauschgeschäft** auszugehen.[54] Dies gilt auch bei Einbringung verschiedener Grundstücke durch mehrere Gesellschafter; hier werden – wirtschaftlich gesehen – jeweils Miteigentumsanteile an den eingebrachten Grundstücken getauscht.[55]

62 Bringt im **Fallbeispiel** (Rdn 3) ausschließlich F als zu 100 % am Gesellschaftsvermögen beteiligte Kommanditistin Immobilienvermögen gegen Erhöhung ihres Kapitalanteils in die vermögensverwaltende KG bzw. GmbH & Co. KG ein, ist ihr das eingebrachte Vermögen steuerlich weiterhin aufgrund der Bruchteilsbetrachtung in vollem Umfang zuzurechnen und zählt steuerlich (mittelbar) zu ihrem Privatvermögen. Dasselbe würde im Fall eines Verkaufs an die Gesellschaft gelten, ebenso im Fall einer (unentgeltlichen) verdeckten Einlage. Ein steuerlich relevanter Veräußerungsvorgang wäre hierin nicht zu sehen. Vor diesem Hintergrund bietet es sich an, auch auf Ebene der Gesellschaft die bisherigen Buchwerte bzw. Anschaffungskosten fortzuführen.

52 Vgl. auch *Geck*, KÖSDI 2010, 16842, 16845.

53 BFH, Urt. v. 18.10.2011 – IX R 15/11, BStBl II 2012, 205.

54 BFH, Urt. v. 2.4.2008 – IX R 18/06, BStBl II 2008, 679; BFH, Urt. v. 18.10.2011 – IX R 15/11, BStBl II 2012, 205.

55 Vgl. auch *Wacker*, DStR 2005, 2014, 2018.

▼

Muster 13.1: Regelung zur Gegenleistung in Einbringungsurkunde 63

§ Gegenleistungen

(1) Die Einbringung des Grundbesitzes und des Depots erfolgt zum Buchwert.

(2) Die Einbringung des Grundbesitzes erfolgt gegen Gewährung von Gesellschafterrechten, also gegen Erbringung des vereinbarten Festkapitalanteils und wird auf dem Festkapitalkonto (Kapitalkonto I) verbucht (offene Einlage). Soweit der Wert der Einlage die Höhe des übernommenen Festkapitalanteils übersteigt, wird der überschießende Betrag in die Kapitalrücklage der Gesellschaft eingestellt und auf dem gesamthänderisch gebundenen Rücklagenkonto verbucht.

(3) Sonstige Gegenleistungen werden für die vorstehend vereinbarte Einbringung nicht vereinbart.

▲

bb) Führt die Einbringung zu neuem AfA-Potential?

64 Da im Umfang der eigenen Beteiligungsquote an der Gesellschaft keine entgeltliche Übertragung auf eine vermögensverwaltende Personengesellschaft denkbar ist, scheidet eine solche im Umfang der Beteiligungsquote des Einbringenden zugleich als Gestaltungsmittel aus, wenn zur Schaffung eines erhöhten AfA-Potentials gezielt eine Wertaufstockung beabsichtigt ist. Dies wäre nur bei Wahl einer gewerblich tätigen Personengesellschaft oder einer gewerblich geprägten GmbH & Co. KG möglich.[56]

65 Soweit die Einbringung verschiedener Grundstücke durch unterschiedliche Gesellschafter nach den vorstehenden Grundsätzen (siehe Rdn 61) als Anschaffungsvorgang zu werten ist, entstehen den einbringenden Gesellschaftern zugleich Anschaffungskosten (in Bezug auf die anteilig erworbenen Objekte, welche der Gesellschaft von anderen Gesellschaftern übertragen wurden), welche die AfA-Bemessungsgrundlage für die betreffenden Gebäude erhöhen. Die Anschaffungskosten bemessen sich nach dem gemeinen Wert des hingegebenen Gebäudeteils. Erwirbt ein Gesellschafter im Zuge der Einbringung eines bislang unmittelbar gehaltenen Grundstücks Bruchteile an verschiedenen anderen, von anderen Gesellschaftern eingebrachten Grundstücken hinzu, ist der gemeine Wert des hingegebenen Gebäudeteils nach dem Verhältnis des Werts der erworbenen Anteile aufzuteilen.[57]

66 Wenn F im **Fallbeispiel** (Rdn 3) zunächst nur Gesellschafterin einer rein vermögensverwaltenden Kommanditgesellschaft werden würde und ihre eigenen Vermögenswerte in diese Gesellschaft einbringt, entsteht kein neues AfA-Potential.

---

56 Vgl. auch *Geck*, KÖSDI 2010, 16842, 16845.

57 BFH, Urt. v. 2.4.2008 – IX R 18/06, BStBl II 2008, 679 m.w.N.

cc) Führt die Einbringung zu Grunderwerbsteuer?

67 Die Übertragung eines Grundstücks auf eine Personengesellschaft unterliegt im Grundsatz der Grunderwerbsteuer (§ 1 Abs. 1 GrEStG). Allerdings wird die Grunderwerbsteuer in Höhe des Anteils nicht erhoben, zu dem der bisherige Alleineigentümer am Vermögen der Gesamthand beteiligt ist (§ 5 Abs. 2 GrEStG). Entsprechendes gilt, wenn mehrere Miteigentümer ein Grundstück auf eine Personengesellschaft übertragen (§ 5 Abs. 1 GrEStG).[58] Soweit andere Gesellschafter am Vermögen der Gesamthand beteiligt sind, können andere Befreiungstatbestände eingreifen, z.B. für schenkweise Übertragungen (§ 3 Nr. 2 GrEStG) oder für Übertragungen an Ehegatten (§ 3 Nr. 5 GrEStG) oder in gerader Linie verwandte Personen (§ 3 Nr. 6 GrEStG).[59] Grunderwerbsteuer kann jedoch ausgelöst werden, soweit sich der Anteil des Übertragenden am Vermögen der Personengesellschaft innerhalb von zehn Jahren[60] nach dem Übergang des Grundstücks auf die Gesamthand vermindert (§ 5 Abs. 3 GrEStG). Dies gilt jedoch nicht, wenn Anteile innerhalb der Frist unentgeltlich im Wege einer Schenkung[61] oder von Todes wegen übertragen werden (§ 3 Nr. 2 GrEStG), oder bei Übertragung auf den in § 3 Nr. 4–6 GrEStG genannten Personenkreis (insbesondere Ehepartner/Lebenspartner sowie Verwandte in gerader Linie).[62] Nach Ablauf der genannten Frist kann nach herrschender Auffassung eine Umwandlung in eine Kapitalgesellschaft erfolgen, ohne dass Grunderwerbsteuer ausgelöst wird.[63]

68 Diese Grundsätze gelten auch nach Inkrafttreten des MoPeG – jedenfalls vorerst bis einschließlich 2026 – befristet weiter.[64] Denn rechtsfähige Personengesellschaften (§ 14a Abs. 2 Nr. 2 AO) gelten nach § 24 GrEStG n.F. für Zwecke der Grunderwerbsteuer als Gesamthand und deren Vermögen als Gesamthandsvermögen. § 24 GrEStG tritt allerdings am 1.1.2027 außer Kraft.[65]

69 Zu beachten ist ferner, dass das GrEStG bei einer Personengesellschaft, die bereits inländischen Grundbesitz hält, einen Grundstückserwerb durch eine neue Perso-

---

58 Einschränkungen gelten jeweils, falls die Option gem. § 1a KStG ausgeübt wurde; vgl. § 5 Abs. 1 S. 2, Abs. 2 S. 2 GrEStG n.F.

59 Vgl. BFH, Urt. v. 20.12.2011 – II R 42/10, BFH/NV 2012, 1177; Viskorf/*Viskorf*, GrEStG, § 5 Rn 61 ff.

60 Die Frist wurde ab dem 1.7.2021 von fünf Jahren auf zehn Jahre erhöht; vgl. hierzu BT-Drucks 19/28528 v. 15.4.2021.

61 Bei Schenkungen unter Nießbrauchsvorbehalt ist zu beachten, dass diese grunderwerbsteuerrechtlich nicht als vollständig unentgeltlich gewertet werden (§ 3 Nr. 2 S. 2 GrEStG).

62 Vgl. gleichl. Ländererl. v. 5.3.2024, BStBl I 2024, 410, Tz 7.4.1 und 7.4.2.

63 Vgl. Viskorf/*Viskorf*, GrEStG, § 5 Rn 100, 113. Zum fiktiven Formwechsel zur Kapitalgesellschaft gem. § 1a KStG vgl. § 5 Abs. 3 S. 3 GrEStG n.F.

64 Siehe zur vorangegangenen Diskussion *Mayer/Käshammer*, NWB 2021, 2514, 2520 f.

65 Siehe Art. 30, 36 Abs. 5 Kreditzweitmarktförderungsgesetz v. 22.12.2023, BGBl I 2023, Nr. 411.

nengesellschaft unterstellt, wenn sich innerhalb von zehn Jahren der Gesellschafterbestand unmittelbar oder mittelbar dergestalt ändert, dass mindestens 90 % der Anteile am Gesellschaftsvermögen auf neue Gesellschafter übergehen (§ 1 Abs. 2a GrEStG).[66] Auch die Aufstockung einer eigenen Beteiligungsquote durch einen Altgesellschafter einer Personengesellschaft ist insoweit als anteiliger Übergang auf einen „neuen" Gesellschafter zu werten;[67] eine Grundstückseinbringung gegen Erhöhung der eigenen Beteiligungsquote kann demnach im Einzelfall zu einer Überschreitung der maßgeblichen 90 %-Quote führen. Auch in diesem Zusammenhang können jedoch personenbezogene Steuerbefreiungen[68] eingreifen, was mit Blick auf den konkreten Fall sorgfältig zu prüfen ist.

Grunderwerbsteuer würde im **Fallbeispiel** (Rdn 3) durch die Übertragung von Grundvermögen auf den Familienpool in Form einer rein vermögensverwaltenden Personengesellschaft nicht anfallen. 70

c) Absicherung der „Senioren" durch Rücktrittsrechte

Bereits in der Einbringungsurkunde kann ein Widerrufs- und Rücktrittsrecht der Einbringenden enthalten sein. So können die Einbringenden notfalls der Gesellschaft wieder die „Substanz" entziehen, wenn z.B. eines der Kinder insolvent wird oder die Gesellschaft kündigt. Dieses Sicherungsinstrument sollte aber nur im äußersten Notfall genutzt werden, da hierdurch alle Gesellschafter benachteiligt werden, obwohl möglicherweise nur ein Minderheitsgesellschafter den Widerrufs- und Rücktrittstatbestand verwirklicht hat. Besser ist es, die Absicherung über Widerrufs- u. Rückforderungsrechte in den Übertragungsverträgen zu gewährleisten. Dies ist auch der Grund dafür, dass die nachfolgende Generation idealerweise nicht bereits bei der Gesellschaftsgründung, sondern erst in einem zweiten Schritt durch Anteilsabtretung an dem Familienpool beteiligt werden sollte. 71

d) Besonderheiten bei Beteiligung von Minderjährigen

Wenn Minderjährige beteiligt werden sollen, erfolgt das am besten in einem zweiten Schritt, nachdem der Familienpool gegründet wurde. Die direkte Beteiligung der Enkelkinder bereits bei der Gründung der Gesellschaft bietet sich schon deshalb nicht an, da dann zwingend ein **Ergänzungspfleger** und ggf. die Genehmigung des Familiengerichts erforderlich sind. Zudem muss dann für jedes Enkelkind ein separater Ergänzungspfleger bestellt werden, denn bei Gesellschaftsgründung können theoretisch widerstreitende Interessen zwischen den 72

---

66 Absenkung der Quote ab dem 1.7.2021 von zuvor 95 %; vgl. hierzu BT-Drucks 19/28528 v. 15.4.2021.

67 BFH, Urt. v. 15.3.2017 – II R 36/15, DStR 2017, 1659.

68 Zum Verhältnis des § 1 Abs. 2a GrEStG zu Befreiungsvorschriften vgl. gleichl. Ländererl. v. 10.5.2022, BStBl I 2022, 804, Tz 9.

Enkelkindern bestehen, was die Bestellung nur eines Ergänzungspflegers für alle Enkelkinder ausschließt.

73 Die schwenkweise Übertragung eines bereits bestehenden, voll eingezahlten Kommanditanteils (sog. derivativer Anteilserwerb) wird von der wohl h.M. richtigerweise als lediglich rechtlich vorteilhaft angesehen.[69] Die Haftung des Minderjährigen und das Verlustrisiko sind durch die zuvor vollständig erbrachte Hafteinlage auf diese beschränkt.[70] Auch die Gefahr der wiederauflebenden Haftung nach § 172 Abs. 4 HGB stellt keinen rechtlichen Nachteil dar, da die Haftung nur dann wieder auflebt, wenn die Einlage an den Minderjährigen selbst zurückgezahlt wird.[71] Ob nach der Neufassung des § 176 Abs. 2 HGB durch das MoPeG zur Vermeidung der persönlichen Haftung des Minderjährigen die Anteilsabtretung noch aufschiebend bedingt erfolgen muss, ist umstritten.[72] Selbst davor wurde teils schon zutreffend angenommen, dass es keinen Grundsatz gebe, immer die Konstruktion mit dem geringsten Risiko zu wählen, also z.B. eine aufschiebend bedingte Übertragung.[73] Denn dadurch können andere Nachteile auftreten, die durch die unbedingte Übertragung kompensiert werden können (z.B. Steuerersparnis, was aber konkret nachvollziehbar dargelegt werden sollte). Für etwaige in der Praxis häufig vorkommende Vereinbarungen im Schenkungsvertrag, wie den Vorbehalt eines Nießbrauchsrechts, die Vereinbarung von Rückforderungsrechten oder die Anrechnungsbestimmung auf den Pflichtteil nach § 2315 BGB, kann die Rechtsprechung zur Grundstücksschenkung entsprechend herangezogen werden, so dass auch diese Vereinbarungen bei richtiger Formulierung nichts an der rechtlichen Vorteilhaftigkeit ändern.

74 Auch die unentgeltliche Übertragung eines voll eingezahlten (Teil-)Festkapitalanteils eines Komplementärs auf einen Minderjährigen, der dann Kommanditist der Gesellschaft wird, ist lediglich rechtlich vorteilhaft, wenn die Abtretung des (Teil-)Festkapitalanteils aufschiebend bedingt auf die Eintragung des Minderjährigen als Kommanditist im Handelsregister erfolgt. Die Auffassung, dass in dieser Konstellation aufgrund des Grundsatzes der Einheitlichkeit der Beteiligung der

69 OLG Bremen, Beschl. v. 16.6.2008 – 2 W 38/08, ZEV 2008, 608, 608; OLG Jena, Beschl. v. 22.3.2013 – 2 WF 26/13, ZEV 2013, 521, 522; OLG München, Beschl. v. 3.8.2023 – 16 WF 193/23 e, ErbR 2024, 72 m. zust. Anm. *Beckervordersandfort*; OLG München, Beschl. v. 6.10.2022 – 34 Wx 378/22, MittBayNot 2024, 177 m. zust. Anm. *Kemper*; OLG Köln, Beschl. v. 26.3.2018 – 4 Wx 2/18, NJW-RR 2018, 1310, 1311; Grüneberg/*Götz*, § 1824 Rn 8; *Krafka*, Registerrecht, 12. Aufl. 2024, Rn 749; *Grunsky*, ZEV 2008, 610, 611; *Lamberz*, ErbR 2024, 749, 755; *Maier-Reimer/Marx*, NJW 2005, 3025, 3026; *Pauli*, ZErb 2006, 131, 132 f.

70 OLG Bremen, Beschl. v. 16.6.2008 – 2 W 38/08, ZEV 2008, 608, 609; *Pauli*, ZErb 2016, 131, 132.

71 OLG Bremen, Beschl. v. 16.6.2008 – 2 W 38/08, ZEV 2008, 608, 609; *Pauli*, ZErb 2016, 131, 132; *Lamberz*, ErbR 2024, 749, 756.

72 Gute, ausführliche Darstellung bei *Langheld/Haagen*, NZG 2023, 1540.

73 OLG Karlsruhe, Beschl. v. 9.11.2022 – 5 WF 77/22, NJW-RR 2023, 582, 583, Rn 15.

abgetretene Anteil erst beim Minderjährigen zu einem Kommanditanteil werde und der Minderjährige damit für eine „logische" Sekunde Komplementär ist und dadurch für Altverbindlichkeiten haftet,[74] ist zumindest dann nicht zutreffend, wenn die Abtretung des (Teil-)Festkapitalanteils unter der aufschiebenden Bedingung der Eintragung des Minderjährigen als Kommanditist im Handelsregister erfolgt, denn der Minderjährige wird dann nicht mit Verpflichtungen belastet, für deren Erfüllung er persönlich mit seinem sonstigen Vermögen haftet.

Eine familiengerichtliche Genehmigung ist nur dann erforderlich, wenn ein Genehmigungstatbestand vorliegt. Bei der Übertragung von Gesellschaftsanteilen im Wege der vorweggenommenen Erbfolge kommt meist nur der Genehmigungstatbestand aus § 1852 Nr. 1 BGB in Betracht. Gem. § 1852 BGB besteht seit dem 1.1.2023 eine Genehmigungspflicht für eine Verfügung und die Eingehung der Verpflichtung zu einer solchen Verfügung, durch die der Minderjährige ein Erwerbsgeschäft oder einen Anteil an einer Personen- oder Kapitalgesellschaft, die ein Erwerbsgeschäft betreibt, erwirbt oder veräußert. Anders als bei § 1822 Nr. 3 BGB a.F. sind jetzt also unstrittig auch unentgeltliche Anteilserwerbe genehmigungspflichtig, wenn die Gesellschaft ein Erwerbsgeschäft betreibt und nicht nur eigenes Vermögen verwaltet.[75] Das bloße Verwalten bereits vorhandenen Vermögens, also die Fruchtziehung, die nicht auf dem persönlichen Einsatz eines Beteiligten beruht, stellt jedoch keine erwerbsgeschäftliche Betätigung, sondern eine private Vermögensverwaltung dar.[76] Das OLG Dresden hat in seiner Entscheidung vom 25.4.2018[77] für die Praxis bedeutsame Indizien für das Vorliegen einer privaten Vermögensverwaltung und der damit verbundenen Genehmigungsfreiheit entwickelt. Insbesondere der Unternehmensgegenstand (ausschließlich Vermögensverwaltung, Verbot der Gewerblichkeit), die Firmierung, die personelle Zusammensetzung ausschließlich mit Familienmitgliedern und die Kommanditeinlage von geringer Höhe sollen demnach für eine Genehmigungsfreiheit sprechen. Demnach bedarf die Schenkung von Anteilen an üblichen vermögensverwaltenden Kommanditgesellschaften an minderjährige Kinder oder Enkelkinder keiner familiengerichtlichen Genehmigung. 75

Im **Fallbeispiel** (Rdn 3) würden M und F erst nach Gründung des Familienpools die voll eingezahlten Teilkommanditanteile auf die Enkelkinder übertragen. Es bedarf dann keiner Beteiligung eines Ergänzungspflegers und keiner familiengerichtlichen Genehmigung. 76

74 DNotI-Report 2018, 26.

75 *Nellen*, ZErb 2021, 382, 387.

76 Vgl. OLG Bremen, Beschl. v. 16.6.2008 – 2 W 38/08, ZEV 2008, 608; OLG Zweibrücken, Beschl. v. 14.1.1999 – 3 W 253/98, NJW-RR 1999, 1174; LG Münster, Beschl. v. 18.7.1996 – 5 T 383/96, FamRZ 1997, 842; *Hohaus/Eickmann*, BB 2004, 1707, 1709.

77 OLG Dresden, Beschl. v. 25.4.2018 – 17 W 160/18, ZEV 2018, 669, 670.

3. Gründung des Familienpools in der Rechtsform der gewerblich geprägten GmbH & Co. KG

77

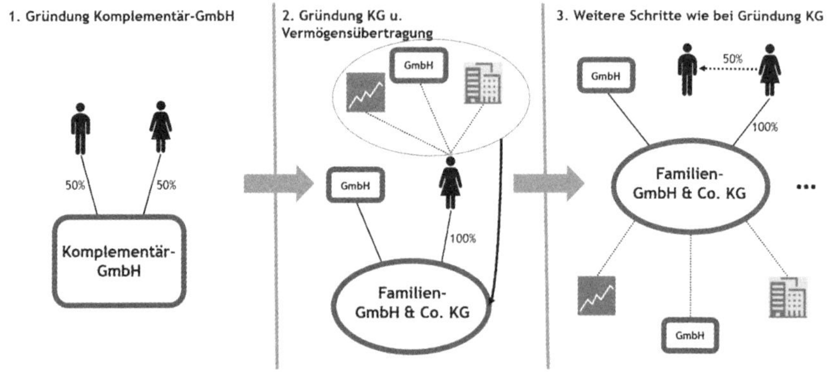

a) Überblick zur Errichtung der Struktur

78 Bei der Gründung des Familienpools in der Rechtsform der gewerblich geprägten GmbH & Co. KG erfolgen die Gesellschaftsgründung und die Einbringung der Immobilien oder der sonstigen Vermögenswerte ähnlich wie im bereits beschriebenen Fall der vermögensverwaltenden GmbH & Co. KG, mit nur einem wesentlichen Unterschied: Um eine gewerbliche Prägung der Gesellschaft i.S.d. § 15 Abs. 3 Nr. 2 EStG herzustellen, wird Komplementärin der Gesellschaft ausschließlich die GmbH. Die Familienmitglieder werden lediglich Kommanditisten. Anders als bei der Gründung einer vermögensverwaltenden KG oder GmbH & Co. KG sind hier zwingend zwei Beurkundungstermine erforderlich, da die Gesellschaft erst mit ihrer Eintragung im Handelsregister als gewerblich geprägte GmbH & Co. KG existiert.

79 Im **Fallbeispiel** (Rdn 3) sollten M und F Gesellschafter der Komplementär-GmbH werden. Kommanditistin der Gesellschaft (ohne gesellschaftsvertragliches Recht zur Geschäftsführung) mit 100 % Beteiligung am Vermögen der Gesellschaft wird zunächst nur F. Sie überträgt dann ihre Vermögenswerte auf die Gesellschaft. Im Anschluss können von F Teilkommanditanteile an M sowie an die Kinder S und T übertragen werden. Auch M kann im Anschluss Teilkommanditanteile an S und T übertragen. Weitere Anteilsschenkungen können zugunsten der Enkel erfolgen.

b) Steuerliche Auswirkungen der Übertragung des Vermögens

80 Anders als bei einer vermögensverwaltenden Personengesellschaft, an welche eine ertragsteuerlich anzuerkennende Veräußerung nur insoweit erfolgen kann, wie der veräußernde Gesellschafter nicht selbst an der Gesellschaft beteiligt ist (siehe dazu Rdn 60 f.), ist eine Veräußerung an eine gewerblich (geprägte) Personenge-

sellschaft ertragsteuerlich im Grundsatz anzuerkennen. Insbesondere gilt hier nicht eine strenge Bruchteilsbetrachtung (§ 39 Abs. 2 Nr. 2 AO).[78]

aa) Entgeltliche oder unentgeltliche Übertragung

Die grundsätzliche steuerliche Anerkennung von Veräußerungsvorgängen zwi- 81
schen Gesellschafter und Gesellschaft, selbst bei 100 % Beteiligung des Gesellschafters am Gesellschaftsvermögen, erlaubt insbesondere einen Verkauf von Immobilien an die Gesellschaft auf der Basis des aktuellen Verkehrswerts zur Schaffung einer neuen AfA-Bemessungsgrundlage.[79]

Vor diesem Hintergrund bietet es sich in der Situation des **Fallbeispiels** (Rdn 3) 82
zwecks Schaffung neuen Abschreibungspotentials an, dass die beiden vermieteten Immobilien durch F zum Verkehrswert an die Gesellschaft verkauft werden, wobei der Kaufpreis durch Übernahme der noch valutierenden Verbindlichkeiten durch die Gesellschaft und Gewährung eines Darlehens von F an die Gesellschaft in Höhe des Restbetrags (Stundung des Restkaufpreises) erfüllt wird.

▼

Muster 13.2: Entgeltliche Übertragung der Immobilien auf Grundlage eines Kaufvertrags 83

§ 1 Verkauf

(nachfolgend auch „Verkäuferseite" oder „Verkäuferin" genannt) verkauft den vorbezeichneten Grundbesitz mit allen wesentlichen Bestandteilen und Zubehör an die Vermögensverwaltungs GmbH & Co. KG (nachfolgend auch „Käuferseite" oder „Gesellschaft" genannt).

§ 2 Übernahme von Belastungen

[optional, falls Rechte gelöscht werden sollen:]

(1) Die in den Grundbüchern der Objekte und in Abteilung II eingetragenen Nießbrauchsrechte für sollen gelöscht werden. bewilligt und beantragt die Löschung der Nießbrauchsrechte im Grundbuch.

(2) Die weiteren in Abteilung II und III jeweils aufgeführten Belastungen werden, soweit nicht ausdrücklich anders geregelt, von der Käuferseite dinglich übernommen. Insbesondere übernommen wird die Belastung in Abteilung II lfd. Nr. .

(3) Die in Abteilung III eingetragenen Belastungen sichern derzeit noch Verbindlichkeiten der Verkäuferseite. Die Gesellschaft übernimmt daher diese in § aufgeführten Grundschulden samt Zinsen und sonstigen Nebenleistungen zur dinglichen Haftung; gleichzeitig übernimmt sie für den Eingang der nominellen Grundschuldbeträge samt Zinsen und Nebenleistun-

---

78 Vgl. nur BFH, Urt. v. 28.11.2002 – III R 1/01, BStBl II 2003, 250 m.w.N.

79 Die Gestaltung sollte hierbei so gewählt werden, dass Zins- und Tilgungsleistungen aus den Mietüberschüssen getragen werden können; vgl. hierzu im Einzelnen *Schimpfky*, ZEV 2013, 662, 664.

gen, soweit diese ab heute anfallen, auch die persönliche Haftung gegenüber dem jeweiligen Grundschuldgläubiger. Wegen der persönlichen Zahlungsverpflichtung aufgrund dieser Haftungsübernahme und wegen der übernommenen Grundschulden als solcher je in Haupt- und Nebensache unterwerfen sich die Gesellschaft und zusätzlich jeder der Verkäufer der Verkäuferseite als Gesellschafter gegenüber der -Bank der sofortigen Zwangsvollstreckung aus dieser Urkunde jeweils in ihr bzw. sein gesamtes Vermögen mit der Maßgabe, dass Vollstreckungsklauseln zu erteilen sind, ohne dass der Gläubiger den Eintritt der Umstände nachweisen muss, von denen die Entstehung, die Fälligkeit oder sonstige Geltendmachung der Forderung gegen den Schuldübernehmer abhängig sind. Soweit in Ansehung der für die übernommenen Darlehen eingetragenen Grundschulden bis zur Eigentumsumschreibung Eigentümerrechte und/oder Rückgewährsansprüche entstanden sind, werden diese hiermit entschädigungslos an die Gesellschaft abgetreten und wird die Umschreibung von Eigentümerrechten im Grundbuch auf sie bewilligt, womit die Gesellschaft einverstanden ist.

(4) Zudem übernimmt die Gesellschaft die zur Anschaffung bzw. Herstellung aufgenommenen und noch nicht getilgten, in § näher bezeichneten Verbindlichkeiten bei der -Bank mit der Darlehens-Nr. einschließlich Zinsen und Nebenleistungen mit Wirkung zum Stichtag. Die übernommenen Verbindlichkeiten zum Stichtag betragen voraussichtlich insgesamt EUR. Die Beteiligten werden versuchen, mit den jeweiligen Darlehensgebern eine Vertragsübernahme oder hilfsweise einen Schuldbeitritt zu vereinbaren. Sollte der Darlehensgeber einer Vertragsübernahme nicht zustimmen, so wird möglichst ein Schuldbeitritt vereinbart. Auf jeden Fall stellen die Beteiligten sich im Innenverhältnis dann wirtschaftlich so, als wenn eine Vertragsübernahme stattgefunden hätte. Die Gesellschaft stellt die Verkäuferseite dann aus den Darlehensverbindlichkeiten frei.

§ 3 Kaufpreis

(1) Der Kaufpreis für den Kaufgegenstand beträgt EUR und setzt sich wie folgt zusammen:

- **Immobilie 1:** EUR (dabei entfallen nach dem Verhältnis der Sachwerte auf das Grundstück % und auf das Gebäude %).
- **Immobilie 2:** EUR (dabei entfallen nach dem Verhältnis der Sachwerte auf das Grundstück % und auf das Gebäude %).

(2) Der nach Übernahme der Darlehensvaluten nach § 2 noch gegenüber dem Verkäufer geschuldete Restkaufpreis i.H.v. EUR ist fällig am , nicht jedoch vor Ablauf einer Woche nach einer schriftlichen Mitteilung des Notars an den Käufer, dass die folgenden Voraussetzungen erfüllt sind:

a) die zum Vertrag und zu seiner Durchführung erforderlichen Genehmigungen und Bescheinigungen – mit Ausnahme der steuerlichen Unbedenklichkeitsbescheinigung – liegen dem Notar vor;
b) die zuständige Gemeinde hat bestätigt, dass ein gesetzliches Vorkaufs- und Grunderwerbsrecht nicht besteht oder ausgeübt wird.

(3) Die Käuferseite kommt in Verzug, wenn sie nicht innerhalb einer Woche nach Fälligkeit Zahlung leistet. Der Notar hat die Beteiligten darauf hingewiesen, dass der Verzugszinssatz für das Jahr gem. § 288 Abs. 1 BGB 5 Prozentpunkte über dem jeweiligen Basiszinssatz beträgt.

(4) Die Käuferseite unterwirft sich wegen der Zahlung des Restkaufpreises der Verkäuferseite gegenüber der sofortigen Zwangsvollstreckung aus dieser Urkunde in ihr gesamtes Vermögen. Der Verkäuferseite kann jederzeit eine vollstreckbare Ausfertigung dieser Urkunde erteilt werden, nicht jedoch vor Eintritt der Kaufpreisfälligkeit.

(5) Die Parteien werden sich voraussichtlich darauf verständigen, dass die Verkäuferseite den Restkaufpreis nicht unmittelbar durch Zahlung von der Käuferseite erhält, sondern der Käuferseite ein Darlehen in Höhe des geschuldeten Restkaufpreises gewährt. Die Parteien werden dann einen schriftlichen Darlehensvertrag abschließen.

(6) Der Notar wird unwiderruflich angewiesen, die Eintragung des Eigentumswechsels erst zu veranlassen, wenn ihm die Zahlung des Restkaufpreises oder der Abschluss des Darlehensvertrags über den Restkaufpreis von der Käuferseite nachgewiesen oder von der Verkäuferseite angezeigt wurde.

▲

Erfolgt die Übertragung des Vermögens auf die Gesellschaft **nicht auf der Grundlage eines Kaufvertrags**, kommt es hinsichtlich der Frage der Entgeltlichkeit des Übertragungsvorgangs maßgeblich darauf an, auf welchen bei der Gesellschaft geführten Konten der Gegenwert des auf die Gesellschaft übertragenen Gegenstands verbucht wird und welche Regelungen der Gesellschaftsvertrag hinsichtlich der einzelnen Konten vorsieht. 84

Bei einer GmbH & Co. KG werden für jeden Gesellschafter regelmäßig verschiedene Konten geführt.[80] In der Praxis häufig anzutreffen ist das sog. **Vier-Konten-Modell:** 85

- Hierbei wird für jeden Gesellschafter ein Festkapitalkonto (**Kapitalkonto I**) geführt, auf welchem die vertraglich übernommene Kapitaleinlage verbucht wird. Regelmäßig richtet sich auch das Maß der Gesellschafterrechte (Stimmrecht, Beteiligung am Gesamthandsvermögen sowie am Gewinn und Verlust, Anteil am Liquidationserlös) jedes Gesellschafters nach dem Stand dieses Kapitalkontos.
- Daneben wird ein variables Kapitalkonto (**Kapitalkonto II**) geführt, auf welchem zusätzliche Einlagen des Gesellschafters sowie nicht entnahmefähige Gewinne verbucht werden. Regelmäßig hat der Stand dieses variablen Kapitalkontos nach dem Gesellschaftsvertrag keinen Einfluss auf das Maß der Gesellschafterrechte.
- Darüber hinaus wird ein **Privat- oder Darlehenskonto** geführt, auf welchem entnahmefähige Gewinne sowie sonstige Forderungen und Verbindlichkeiten zwischen Gesellschafter und Gesellschaft ausgewiesen werden. Auch dieses Konto gewährt keine Gesellschafterrechte, es handelt sich um ein Fremdkapitalkonto.
- Schließlich wird für jeden Gesellschafter ein **Verlustvortragskonto** geführt.

80 Zu den verschiedenen Kontenmodellen vgl. *Werner*, NWB 2012, 1523, 1524 ff.; *Kraft*, NWB 2016, 996, 997 ff.

- Ergänzend wird, regelmäßig für alle Gesellschafter, ein Konto geführt, über welches die Gesellschafter nur gemeinschaftlich verfügen können (sog. **gesamthänderisch gebundenes Rücklagenkonto**) und an welchem alle Gesellschafter entsprechend ihrer Beteiligung am Gesellschaftsvermögen (Kapitalkonto I) anteilig beteiligt sind.[81]

86 Jedenfalls dann, wenn der Gegenwert des eingebrachten Vermögens (zumindest auch) auf dem Kapitalkonto I gutgeschrieben wird, also zusätzliche Gesellschafterrechte gewährt werden, ist nach Ansicht der Finanzverwaltung von einem voll entgeltlichen Übertragungsvorgang auszugehen.[82] Dasselbe gilt bei einer Übertragung gegen Verbuchung auf dem Privat-/Darlehenskonto.[83] Darüber hinaus ist auch dann ein in vollem Umfang entgeltliches Geschäft anzunehmen, wenn der Wert des eingebrachten Wirtschaftsguts nicht nur dem Kapitalkonto I, sondern zum Teil auch dem Kapitalkonto II gutgeschrieben oder in eine gesamthänderisch gebundene Rücklage eingestellt wird.[84] Erfolgt die Verbuchung hingegen ausschließlich auf dem Kapitalkonto II, so ist, wenn dieses keine Gesellschafterrechte gewährt, von einem unentgeltlichen Übertragungsvorgang auszugehen.[85]

87 Auch dann, wenn die Verbuchung ausschließlich auf einem gesamthänderisch gebundenen Rücklagenkonto erfolgt, ist ertragsteuerlich von einer unentgeltlichen Übertragung auf die Gesellschaft auszugehen, d.h. nicht von einem Veräußerungsgeschäft.[86] Von einem teilentgeltlichen Vorgang ist demgegenüber auszuge-

81 Vgl. hierzu auch *Wälzholz*, DStR 2011, 1815, 1817, der von einem „Fünf-Konten-Modell" spricht.

82 BMF v. 11.7.2011 – IV C 6 – S 2178/09/10001, BStBl I 2011, 713 (unter I.1. und II.2.). Das dürfte selbst dann gelten, wenn der Einbringende bereits zuvor zu 100 % die Gesellschafterrechte innehatte und sich diese nur absolut erhöhen; vgl. zur entsprechenden Fragestellung bei einer Einbringung gem. § 24 UmwStG BFH, Urt. v. 1.2.2024 – IV R 9/20, BFH/NV 2024, 625.

83 BMF v. 11.7.2011 – IV C 6 – S 2178/09/10001, BStBl I 2011, 713 (unter I.2.); *Schmudlach*, NWB 2016, 3305, 3306.

84 Vgl. BMF v. 11.7.2011 – IV C 6 – S 2178/09/10001, BStBl I 2011, 713 (unter II.2.a); BFH, Urt. v. 4.2.2016 – IV R 46/12, BStBl II 2016, 607 m.w.N.; BFH, Urt. v. 23.3.2023 – IV R 2/20, BStBl II 2023, 999.

85 BFH, Urt. v. 4.2.2016 – IV R 46/12, BStBl II 2016, 607; BMF v. 26.6.2016 – IV C 6 – S 2178/09/10001, BStBl I 2016, 684; a.A. noch BMF v. 11.7.2011 – IV C 6 – S 2178/09/10001, BStBl I 2011, 713 (unter I.2.). Voraussetzung ist in diesem Fall jedoch, dass das Kapitalkonto II tatsächlich Eigenkapitalcharakter hat. Der Gesellschaftsvertrag sollte daher bestimmen, dass der Bestand des Kontos Rücklagencharakter hat und für eine Verlustverrechnung zur Verfügung steht; außerdem sollte ein Anspruch des Kommanditisten auf jederzeitige Auszahlung des Kapitalkontos II ausgeschlossen sein (vgl. *Kersten/Feldgen*, FR 2013, 197, 199 m.w.N.; zur jederzeitigen Entnahmefähigkeit als Indiz für den Fremdkapitalcharakter vgl. auch OFD Niedersachsen v. 21.2.2017, DB 2017, 579).

86 BMF v. 11.7.2011 – IV C 6 – S 2178/09/10001, BStBl I 2011, 713 (unter II.2.b); *Schmudlach*, NWB 2016, 3305, 3309 f.

hen, wenn nur ein Teil des Verkehrswerts des übertragenen Gegenstands auf dem Kapitalkonto I oder dem Darlehens-/Privatkonto des Einbringenden gutgeschrieben wird (z.B. der „Buchwert" entsprechend den fortgeführten Anschaffungskosten) und im Übrigen keine buchmäßige Erfassung erfolgt. In diesem Fall ist nur im Umfang der Verbuchung auf dem Kapitalkonto I bzw. dem Darlehens-/Privatkonto von einem entgeltlichen Einbringungsvorgang auszugehen. Im Übrigen liegt eine verdeckte Einlage vor.[87]

Gestaltungsmöglichkeiten bei gewerbl. geprägter GmbH & Co. KG 88

- Ertragsteuerlich anzuerkennende Veräußerung zwischen Gesellschaft und Gesellschafter möglich; keine strenge Bruchteilsbetrachtung
- Entgeltlichkeit des Vorgangs abhängig von Grundlage der Übertragung:
  - Kaufvertrag grds. anzuerkennen und damit entgeltlich
  - Ansonsten abhängig von Verbuchung bei der Gesellschaft und gesellschaftsvertraglicher Ausgestaltung der Konten; Bsp. Vier-Konten-Modell:
  - Kapitalkonto I – ausschließlich oder teilweise: voll entgeltlich
  - Kapitalkonto II – ausschließlich: unentgeltlich (wenn dieses keine Gesellschaftsrechte gewährt)
  - Privat- oder Darlehenskonto – ausschließlich: voll entgeltlich
  - Rücklagenkonto (gesamthänderisch gebunden) – ausschließlich: unentgeltlich (Werterhöhung d. Anteile anderer Gesellschafter ggf. schenkungsteuerpflichtig!)

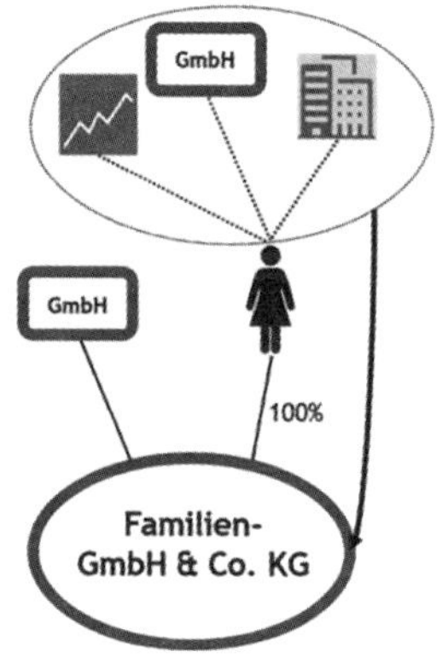

Zu beachten ist, dass bei Verbuchung auf dem gesamthänderisch gebundenen Rücklagenkonto auch eine Wertsteigerung der Anteile der übrigen Gesellschafter eintritt, soweit solche im Einlagezeitpunkt bereits beteiligt sind. In diesem Umfang ist von einer potentiell schenkungsteuerpflichtigen Zuwendung an die anderen Gesellschafter auszugehen, wenn diese nicht ihrerseits gleichwertige Einlagen in die Gesellschaft erbringen. Die Personengesellschaft ist insoweit auch schenkungsteuerrechtlich „transparent".[88] 89

Bei Verbuchung der Einlage auf dem Kapitalkonto II ist vor dem Hintergrund der jüngsten BFH-Rechtsprechung allerdings auch eine „personengebundene verdeckte Einlage" möglich, denn die im Kapitalkonto II erfasste Vermögensposition steht nur dem individuellen Gesellschafter zu.[89] Eine anteilige Schenkung an die übrigen Gesellschafter dürfte dann ausscheiden. 90

87 BMF v. 11.7.2011 – IV C 6 – S 2178/09/10001, BStBl I 2011, 713 (unter II.2.d).

88 Vgl. BFH, Urt. v. 14.9.1994 – II R 95/92, BStBl II 1995, 81; *Schmudlach*, NWB 2016, 3305, 3309.

89 Vgl. auch *Otto*, BB 2016, 497.

▼

91 **Muster 13.3: Entgeltliche Übertragung der Immobilien auf Grundlage eines Einbringungsvertrags**

§ Gegenleistungen, Rechtsgrund

(1) Die Einbringung des Grundbesitzes erfolgt zum Verkehrswert mit Wirkung zum Einbringungsstichtag. Der Verkehrswert des Grundbesitzes zum Einbringungsstichtag beträgt insgesamt 6.000.000 EUR und setzt sich wie folgt zusammen:
- **Immobilie 1:** 3.000.000 EUR (dabei entfallen nach dem Verhältnis der Sachwerte auf das Grundstück 25 % und auf das Gebäude 75 %).
- **Immobilie 2:** 3.000.000 EUR (dabei entfallen nach dem Verhältnis der Sachwerte auf das Grundstück 25 % und auf das Gebäude 75 %).

(2) Die Einbringung des Grundbesitzes erfolgt gegen Gewährung von Gesellschafterrechten, also gegen Aufstockung des Festkapitalanteils des Einbringenden um EUR auf EUR, und wird auf dem Festkapitalkonto (Kapitalkonto I) des Einbringenden verbucht (offene Einlage). Soweit der Wert der Einlage die Höhe des übernommenen Festkapitalanteils übersteigt, wird der überschießende Betrag auf dem Privat- oder Darlehenskonto des Einbringenden verbucht.

(3) Sonstige Gegenleistungen werden für die vorstehend vereinbarte Einbringung nicht vereinbart.

▲

bb) Führt die entgeltliche Übertragung auf die Gesellschaft zu einem steuerpflichtigen Veräußerungsgewinn?

92 Soweit Wirtschaftsgüter des Privatvermögens in eine gewerbliche Personengesellschaft gegen Gewährung von Gesellschaftsrechten eingebracht werden, liegt begrifflich ein Tausch vor (§ 6 Abs. 6 S. 1 EStG), also ein Veräußerungsvorgang.[90] Innerhalb von zehn Jahren seit Anschaffung einer Immobilie führt dieser Vorgang daher bei Immobilien des Privatvermögens – ebenso wie ein Verkauf – zu einem steuerbaren privaten Veräußerungsgeschäft (§§ 22 Nr. 2, 23 Abs. 1 S. 1 Nr. 1 EStG).[91] Die Einbringung von seit 2009 angeschafftem Kapitalvermögen gegen Gewährung von Gesellschaftsrechten oder einer Darlehensforderung führt für den Einbringenden zu einem steuerbaren Veräußerungsgeschäft i.S.d. § 20 Abs. 2 EStG.

90 Vgl. Schmidt/*Levedag*, EStG, § 23 Rn 51 m.w.N.

91 Zu beachten ist, dass die Einbringung in eine Personengesellschaft gegen Gewährung von Gesellschaftsrechten im Einzelfall auch zur Begründung eines gewerblichen Grundstückshandels führen kann, da die Einbringung eine Veräußerung i.S.d. „3-Objekt-Grenze" darstellt; vgl. BMF v. 26.3.2004 – IV A 6 – S 2240–46/04, BStBl I 2004, 434, Tz 7; Schmidt/*Wacker*, EStG, § 15 Rn 56 m.w.N.

Bei einer unentgeltlichen Übertragung (verdeckte Einlage) richtet sich der steuerliche Bewertungsansatz auf Ebene der Gesellschaft nach § 6 Abs. 1 Nr. 5 EStG.[92] Immobilien sind danach mit dem Teilwert anzusetzen, höchstens jedoch mit den fortgeführten[93] Anschaffungs- oder Herstellungskosten, wenn diese innerhalb der letzten drei Jahre angeschafft oder hergestellt wurden. Der steuerliche Gewinn der Gesellschaft wird durch eine verdeckte Einlage nicht erhöht (§ 4 Abs. 1 S. 1 EStG). Für den einlegenden Gesellschafter löst die verdeckte Einlage meist keine unmittelbaren steuerlichen Folgen aus. Dies gilt auch für die Einlage von Immobilien des Privatvermögens innerhalb der noch laufenden Zehnjahresfrist (§ 23 Abs. 1 S. 1 Nr. 1 EStG). Denn die Einlage in ein Betriebsvermögen ist nur dann als Veräußerung zu werten, wenn nach der Einlage innerhalb von zehn Jahren seit ursprünglicher Anschaffung der Immobilie deren Veräußerung aus dem Betriebsvermögen erfolgt (d.h. ein Verkauf durch die GmbH & Co. KG).[94] Die unentgeltliche Einlage von privatem Kapitalvermögen in eine gewerbliche GmbH & Co. KG löst ebenfalls keine unmittelbare Besteuerung aus.[95] Die Gesellschaft hat vielmehr bei ab 2009 angeschafftem (d.h. „steuerverstricktem“) Kapitalvermögen die Anschaffungskosten des einlegenden Gesellschafters fortzuführen (§ 6 Abs. 1 Nr. 5 S. 1 Buchst. c EStG), ein späterer Verkauf führt dann zu positiven oder negativen gewerblichen Einkünften (§ 15 EStG).[96] 93

Würden im **Fallbeispiel** (Rdn 3) die vermieteten Immobilien und das Wertpapierdepot von F teilweise gegen Gewährung von Gesellschafterrechten (Kapitalkonto I) und teilweise gegen Verbuchung auf einem für F bei der Gesellschaft geführten Darlehenskonto auf die Gesellschaft übertragen (unter Zugrundelegung der Verkehrswerte der Immobilien), so wäre nach den vorstehenden Grundsätzen von einem vollentgeltlichen Geschäft auszugehen. Für F würde sich die entgeltliche Übertragung einkommensteuerlich neutral darstellen, da sowohl die Immobilien als auch die vor 2009 angeschafften Wertpapiere nicht „steuerverstrickt“ waren. 94

92 *Schmudlach*, NWB 2016, 3305, 3306.

93 Vgl. § 6 Abs. 1 Nr. 5 S. 2 EStG.

94 § 23 Abs. 1 S. 5 Nr. 1 EStG. Zur Berechnung des Veräußerungsgewinns siehe § 23 Abs. 3 S. 2 EStG, zum Zeitpunkt der Besteuerung siehe § 23 Abs. 3 S. 6 EStG.

95 Vgl. auch Schmidt/*Kulosa*, EStG, § 6 Rn 603.

96 Bei vor 2009 angeschafftem Kapitalvermögen, das im Grundsatz auch nach Einführung der Abgeltungsteuer auf Kapitalerträge steuerfrei veräußert werden könnte, ist zu beachten, dass dieses bei der Gesellschaft mit dem Teilwert anzusetzen ist. Nach der Einlage in das Betriebsvermögen eintretende Gewinne bzw. Verluste führen bei ihrer Realisation zu gewerblichen Einkünften (§ 15 EStG).

cc) Führt die entgeltliche Übertragung der Immobilien zu neuem AfA-Potential?

95 Im Wege einer verdeckten Einlage (d.h. **unentgeltlich**) auf die Gesellschaft übertragene Immobilien sind in der Bilanz der Gesellschaft im Grundsatz mit dem Teilwert anzusetzen, im Fall einer Anschaffung oder Herstellung innerhalb der letzten drei Jahre hingegen mit den fortgeführten Anschaffungs- oder Herstellungskosten (§ 6 Abs. 1 Nr. 5 EStG). Der maßgebliche Einlagewert ist im Grundsatz auch Bemessungsgrundlage der künftigen Abschreibungen (§ 7 Abs. 1 EStG).[97] Zu beachten ist jedoch, dass sich der Einlagewert für Zwecke der Bestimmung der AfA-Bemessungsgrundlage mindert, wenn die verdeckt eingelegten Immobilien zuvor im Privatvermögen zur Erzielung von Einkünften aus Vermietung und Verpachtung eingesetzt worden sind; dann ist der Einlagewert um die zuvor vorgenommenen steuerlichen Abschreibungen zu mindern (§ 7 Abs. 1 Nr. 5 EStG). Hierdurch soll eine doppelte Abschreibung verhindert werden.[98] Diese Grundsätze gelten nach herrschender Auffassung auch bei Herstellung der gewerblichen Prägung (§ 15 Abs. 3 Nr. 2 EStG) einer bestehenden vermögensverwaltenden Personengesellschaft; hierdurch lässt sich eine Erhöhung der AfA-Bemessungsgrundlage folglich nicht erreichen.[99]

96 Soweit die Übertragung der Immobilien hingegen **entgeltlich** erfolgt, also gegen Gewährung von Gesellschafterrechten oder sonstige Gegenleistungen der Gesellschaft, liegen aus Sicht der erwerbenden Gesellschaft Anschaffungskosten vor. Diese bestimmen, soweit sie auf die Gebäude entfallen, die zukünftige AfA-Bemessungsgrundlage (§ 7 Abs. 1 EStG).[100] Mittels einer voll entgeltlichen Übertragung der Immobilien unter Orientierung am aktuellen Verkehrswert lässt sich somit eine Aufstockung des auf die Gebäude entfallenden AfA-Volumens im maximal möglichen Umfang erreichen. Soweit die veräußerten Immobilien mehr

---

97 Vgl. Schmidt/*Kulosa*, EStG, § 7 Rn 121.

98 Vgl. Schmidt/*Kulosa*, EStG, § 7 Rn 123; BMF v. 27.10.2010, BStBl I 2010, 1204.

99 Die gewerbliche Prägung führt zu einer Betriebseröffnung i.S.d. § 6 Abs. 1 Nr. 6 EStG, für welche § 6 Abs. 1 Nr. 5 EStG entsprechend anzuwenden ist; vgl. BFH, Urt. v. 11.4.2013 – IV R 11/10, BFH/NV 2013, 1569; FG Hamburg, Urt. v. 29.3.2019 – 3 K 287/17, EFG 2019, 1378; Schmidt/*Kulosa*, EStG, § 15 Rn 233. Die von der Finanzverwaltung aufgestellten Grundsätze zur Beurteilung der Entgeltlichkeit je nach Art der Verbuchung des Vorgangs gelten nicht; vgl. BMF v. 11.7.2011 – IV C 6 – S 2178/09/10001, BStBl I 2011, 713 (unter III.); *Stegemann/Middendorf*, GStB 2005, 105, 109; a.A. wohl Haase/Dorn/*Behrendt*, Vermögensverwaltende Personengesellschaften, 6. Aufl. 2025, 3. Teil Rn 224 ff.

100 Im Fall einer entgeltlichen Übertragung liegt keine „Einlage" i.S.d. § 7 Abs. 1 S. 5 EStG in die Personengesellschaft vor, wonach die AfA-Bemessungsgrundlage von aus dem Privatvermögen eingelegten Wirtschaftsgütern um bereits gezogene AfA zu reduzieren wäre; vgl. BFH, Urt. v. 24.1.2008 – IV R 37/06, BStBl II 2011, 617; BFH, Urt. v. 24.1.2008 – IV R 66/05, BFH/NV 2008, 1301; BFH, Urt. v. 23.3.2023 – IV R 2/20, BStBl II 2023, 999; Schmidt/*Kulosa*, EStG, § 7 Rn 125.

als zehn Jahre im Privatvermögen gehalten wurden, kann dies einkommensteuerfrei erreicht werden.[101]

Im **Fallbeispiel** (Rdn 3) läge aus Sicht der Gesellschaft eine entgeltliche Anschaffung vor. Die dem Verkehrswert entsprechenden Anschaffungskosten der Immobilien wären als Grundlage der künftigen Abschreibungen anzusetzen (§ 7 Abs. 1 EStG). 97

dd) Führt die entgeltliche Übertragung der Immobilien zu Grunderwerbsteuer?

Im Fall der Übertragung der Immobilien auf eine im steuerlichen Sinne gewerbliche GmbH & Co. KG gelten die oben zur vermögensverwaltenden KG bzw. GmbH & Co. KG beschriebenen Grundsätze entsprechend (siehe Rdn 67, 69). Grunderwerbsteuerlich ergeben sich insoweit keine Unterschiede. 98

Grunderwerbsteuer fällt im **Fallbeispiel** nicht an. 99

c) Beteiligung von Kindern und Enkelkindern an Familienpool

Die Kinder und Enkelkinder werden nach der Gründung des Familienpools und nach der Einlage oder Einbringung bzw. dem Verkauf der Immobilien durch Anteilsübertragung in Höhe der noch nicht ausgenutzten Schenkungsteuerfreibeträge beteiligt. Wenn Ehegatten zur optimalen Ausnutzung der Schenkungsteuerfreibeträge kapitalmäßig an dem Familienpool beteiligt werden sollen, erfolgt diese Beteiligung vorher durch Übertragung von Teilkommanditanteilen. Dies kann z.B. auch im Rahmen einer sog. Güterstandsschaukel erfolgen. 100

d) Besonderheiten bei der Beteiligung von Minderjährigen

Bei einer späteren Beteiligung der Enkelkinder durch Abtretung von Gesellschaftsanteilen an die Enkelkinder kann ein Ergänzungspfleger alle Enkelkinder gemeinsam vertreten, da gleichgerichtete Interessen vorliegen. Mittlerweile wird der Erwerb eines voll eingezahlten Kommanditanteils zutreffend als lediglich rechtlich vorteilhaft angesehen, so dass die Beteiligung eines Ergänzungspflegers dann nicht erforderlich ist.[102] Solange die Gesellschaft nur eigenes Vermögen verwaltet, ist eine Genehmigung durch das Familiengericht nicht erforderlich.[103] 101

---

101 Vgl. auch *Schimpfky*, ZEV 2013, 662, 666.

102 OLG München, Beschl. v. 3.8.2023 – 16 WF 193/23 e, ErbR 2024, 72 m. zust. Anm. *Beckervordersandfort*; OLG München, Beschl. v. 6.10.2022 – 34 Wx 378/22, MittBayNot 2024, 177 m. zust. Anm. *Kemper*; Grüneberg/*Götz*, § 1824 Rn 8; *Lamberz*, ErbR 2024, 749, 755; *Grunsky*, ZEV 2008, 610, 611; *Maier-Reimer/Marx*, NJW 2005, 3025, 3026; OLG Bremen, Beschl. v. 16.6.2008 – 2 W 38/08, ZEV 2008, 608, 608; OLG Jena, Beschl. v. 22.3.2013 – 2 WF 26/13, ZEV 2013, 521, 522; *Pauli*, ZErb 2006, 131, 132 f.

103 Vgl. OLG Bremen, Beschl. v. 16.6.2008 – 2 W 38/08, ZEV 2008, 608; OLG Zweibrücken, Beschl. v. 14.1.1999 – 3 W 253/98, NJW-RR 1999, 1174; LG Münster, Beschl. v. 18.7.1996 – 5 T 383/96, FamRZ 1997, 842; *Hohaus/Eickmann*, BB 2004, 1707, 1709.

Es sollte daher darauf geachtet werden, dass der Gegenstand der Gesellschaft vorsieht, dass nur eigenes Vermögen verwaltet werden darf.

4. Gründung des Familienpools in der Rechtsform der GmbH

102

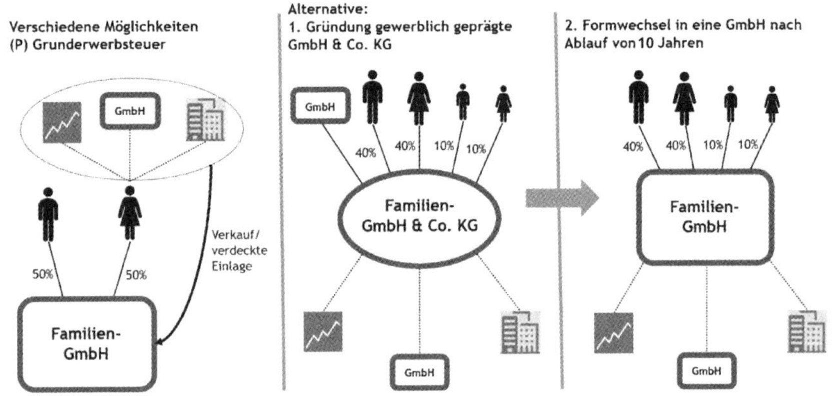

103 Bei der Gründung des Familienpools in der Rechtsform der GmbH gibt es verschiedene Möglichkeiten. Ein Weg ist die Gründung einer GmbH im Wege der Bargründung und der anschließende Verkauf der Immobilien an die Gesellschaft gegen Übernahme der noch valutierenden Verbindlichkeiten und darlehensweise Zurverfügungstellung des verbleibenden Restkaufpreises an die Gesellschaft. Die Übertragung würde also im Wege einer **entgeltlichen Veräußerung** erfolgen, wodurch auf Ebene der Gesellschaft eine neue Bemessungsgrundlage für Abschreibungen geschaffen würde. Zugleich läge für den veräußernden Gesellschafter ein potentiell einkommensteuerpflichtiges Veräußerungsgeschäft vor (für Immobilien des Privatvermögens gem. §§ 22 Nr. 2, 23 Abs. 1 S. 1 Nr. 1 EStG, für „steuerverstricktes" Kapitalvermögen gem. § 20 Abs. 2 EStG). Aber auch im Fall einer **verdeckten Einlage** von Vermögensgegenständen des Privatvermögens in eine GmbH, also bei Übertragung auf die GmbH ohne eine Gegenleistung, ist ertragsteuerlich sowohl bei Immobilien (§ 23 Abs. 1 S. 5 Nr. 2 EStG) als auch bei steuerverstricktem Kapitalvermögen (§ 20 Abs. 2 S. 2 EStG) von einer entgeltlichen Veräußerung auszugehen.

104 Nachteilig wirkt sich in beiden Varianten aus, dass die Übertragung von (inländischen) Immobilien auf eine GmbH Grunderwerbsteuer auslöst (§ 1 GrEStG), da der (noch aktuelle) Befreiungstatbestand des § 5 GrEStG nur für Übertragungen auf Personengesellschaften gilt.

105 In der Vergangenheit ging man daher zur Vermeidung des Anfalls von Grunderwerbsteuer häufig in drei Schritten vor, wenn als Zielrechtsform des Familienpools eine GmbH gewählt wurde. Es wurde zunächst eine gewerblich geprägte

GmbH & Co. KG gegründet und die Immobilien wurden an die Gesellschaft verkauft bzw. in diese eingebracht. Insoweit kann auf die Ausführungen zur Gründung eines Familienpools in der Rechtsform der gewerblich geprägten GmbH & Co. KG verwiesen werden (siehe Rdn 77 ff.). Nach Ablauf von fünf Jahren (§ 5 Abs. 3 GrEStG a.F.[104]) wurde die GmbH & Co. KG dann im Wege eines Formwechsels in eine GmbH umgewandelt.[105] Seit Anhebung der in § 5 Abs. 3 GrEStG geregelten Sperrfrist auf zehn Jahre erweist sich eine entsprechende Planung regelmäßig aber als zu langfristig. Abhilfe könnte durch Reformpläne zur Novellierung des GrEStG geschaffen werden, die – rechtsformneutral – auch die Möglichkeit zur grunderwerbsteuerfreien Einbringung von Grundstücken in Gesellschaften erlauben würden, soweit der Einbringende am Vermögen der Gesellschaft beteiligt ist und vorerst bleibt. Ob und wann dies realisiert werden könnte, ist derzeit aber noch unklar.[106]

IV. Regelungen im Gesellschaftsvertrag

Die konkrete Ausgestaltung der Regelungen in dem Gesellschaftsvertrag des Familienpools hängt natürlich teilweise von der gewählten Rechtsform ab. Nachfolgend werden die Regelungen für einen Familienpool in der Rechtsform der KG oder GmbH & Co. KG dargestellt.[107] Bei einem Familienpool in der Rechtsform der GbR oder der GmbH können aber im Ergebnis durch eine entsprechende Vertragsgestaltung gleiche Ergebnisse erzielt werden. 106

1. Kontengliederung

Um auch bei mehreren Gesellschaftern den Überblick zu behalten, hat sich die nachfolgend dargestellte Kontengliederung bewährt. Indem in dem Gesellschaftsvertrag vorgesehen ist, dass mit einfacher Mehrheit eine andere Kontengliederung und Verzinsung beschlossen werden kann, ist eine ausreichende Flexibilität sichergestellt. 107

---

104 Diese Frist wurde ab dem 1.7.2021 von zuvor fünf Jahren auf zehn Jahre verlängert; vgl. hierzu BT-Drucks 19/28528 v. 15.4.2021.

105 Dies kann ertragsteuerlich grundsätzlich zu Buchwerten erfolgen, §§ 25, 20 Abs. 2 S. 2 UmwStG. Zur grunderwerbsteuerlichen Behandlung siehe gleichl. Ländererl. v. 5.3.2024, BStBl I 2024, 410, Tz 7.3.2.2.

106 Siehe hierzu Diskussionsentwurf eines „Grunderwerbsteuer-Novellierungsgesetzes" des BMF v. 15.6.2023.

107 Einen kompletten Mustergesellschaftsvertrag eines Familienpools in der Rechtsform einer Kommanditgesellschaft gibt es bei Beckervordersandfort/*Beckervordersandfort/Escher*, Gestaltungen zum Erhalt des Familienvermögens, § 8 Rn 48.

▼

108 **Muster 13.4: Kontengliederung**

§ Gesellschafterkonten

(1) Der Anteil der Gesellschafter am Festkapital der Gesellschaft wird auf dem jeweiligen **Festkapitalkonto** gebucht (Kapitalkonto I). Die Höhe der Festkapitalkonten ist grundsätzlich unveränderlich und ausschlaggebend für die mitgliedschaftlichen Rechte und Pflichten der Gesellschafter, insbesondere für deren Anteil am Ergebnis und Vermögen einschließlich an den stillen Reserven. Das Festkapitalkonto ist unverzinslich.

(2) Auf dem **Rücklagenkonto** (Kapitalkonto II) werden die dem Gesellschafter zustehenden, jedoch nicht entnahmefähigen Gewinne sowie über die Pflichteinlage hinausgehende Zuzahlungen, die die Gesellschafter in das Eigenkapital leisten, gebucht. Es dient zur Stärkung des Eigenkapitals der Gesellschaft und weist keine Verbindlichkeit der Gesellschaft aus; es wird nicht verzinst *[optional*: es wird mit 2 % p.a. verzinst; die Zinsen werden dann unbeschadet der steuerlichen Behandlung wie Aufwand der Gesellschaft bzw. Ertrag des Gesellschafters behandelt*]*. Von dem Rücklagenkonto sind etwaige Verluste anteilig abzubuchen. Die Gesellschafter können mit einer Mehrheit von 75 % der abgegebenen Stimmen beschließen, dass Guthaben auf den Rücklagenkonten auf das Privatkonto umgebucht werden. Für alle Gesellschafter kann zudem gemeinsam ein Konto geführt werden, an welchem die Gesellschafter stets im Verhältnis ihrer Festkapitalanteile beteiligt sind und über welches die Gesellschafter nur gemeinschaftlich verfügen können (sog. gesamthänderisch gebundenes Rücklagenkonto). Auf dem gesamthänderisch gebundenen Rücklagenkonto werden insbesondere thesaurierte Gewinne sowie freiwillige schlichte Einlagen erfasst, die zu keiner Veränderung der Beteiligungsverhältnisse führen.

(3) Auf dem **Verlustvortragskonto** werden Verluste gebucht, die nicht mehr durch Guthaben auf dem Rücklagenkonto ausgeglichen werden können. Gewinne können immer erst nach einem Ausgleich des Verlustvortragskontos auf dem Privatkonto gutgeschrieben werden.

(4) Auf dem **Privatkonto** werden Entnahmen, Einlagen sowie der sonstige Zahlungsverkehr zwi-schen der Gesellschaft und dem jeweiligen Gesellschafter verbucht. Dies gilt insbesondere für Gewinngutschriften, soweit diese nicht zum Ausgleich des Verlustvortragskontos benötigt werden. Die Verzinsung wird im Einzelfall durch einen mit einfacher Mehrheit zu fassenden Beschluss festgelegt; die Zinsen werden dann unbeschadet der steuerlichen Behandlung wie Aufwand der Gesellschaft bzw. Ertrag des Gesellschafters behandelt.

(5) Auf dem **Darlehenskonto** werden die von den oder an die Gesellschafter gewährten Darlehen verbucht. Die Verzinsung der Gesellschafterdarlehen wird im Einzelfall durch einen mit einfacher Mehrheit zu fassenden Beschluss festgelegt. Die Zinsen werden unbeschadet der steuerlichen Behandlung wie Aufwand der Gesellschaft bzw. Ertrag des Gesellschafters behandelt und auf dem Privatkonto verbucht.

(6) Die Gesellschafter können mit einfacher Mehrheit eine andere Kontengliederung und Verzinsung beschließen.

▲

2. Gewinnverteilung, Entnahmen und Stimmrechte

In Gesellschaftsverträgen von Familienpoolgesellschaften werden die Gewinnverteilung, die Entnahmen und die Stimmrechte oft abweichend von der Beteiligung der Gesellschafter am Festkapital geregelt. Grundsätzlich sind sog. **disquotale Gewinnbezugs- und Stimmrechte** zulässig.[108] Damit die gesellschaftsvertraglichen Regelungen aber auch bei einer zwar aktuell nicht absehbaren, aber dennoch natürlich immer möglichen Änderung der Rechtsprechung nicht unwirksam werden, sollte von zu extremen Gestaltungen abgesehen werden. Schließlich kann gerade ein Familienpool als generationenübergreifendes Gestaltungsmittel noch vielen Gesetzes- und Rechtsprechungsänderungen ausgesetzt sein. Zudem müssen die teilweise strengeren steuerrechtlichen Anforderungen bei der Gestaltung berücksichtigt werden. 109

a) Gewinnverteilung

In Literatur und Rechtsprechung besteht weitgehend Einigkeit darüber, dass die Regelung zur Gewinnverteilung im Gesellschaftsvertrag von den gesetzlichen Vorgaben und damit auch vom Verhältnis der Kapitalanteile abweichen kann. Für die KG regelte § 168 Abs. 2 HBG a.F. dies vor Inkrafttreten des MoPeG ausdrücklich. Auch für die GmbH wird in § 29 Abs. 3 S. 2 GmbHG ausdrücklich eine abweichende Regelung in der Satzung zugelassen. Kritisch können evtl. sehr stark disquotal ausgestaltete Gewinnverteilungsschlüssel (z.B. Gewinnanteil 95 % bei einem Kapitalanteil von 5 %) sein. 110

▼

Muster 13.5: Disquotale Gewinnbeteiligung 111

§ Gewinnverteilung

(1) Abweichend von der Beteiligung der Gesellschafter am Festkapital nehmen diese am Gewinn und Verlust in folgendem Anteilsverhältnis teil:

a) der Gesellschafter *[M]* zu 35 %
b) die Gesellschafterin *[F]* zu 35 %
c) der Gesellschafter *[S]* zu 11 %
d) die Gesellschafterin *[T]* zu 11 %
e) der Gesellschafter *[E1]* zu 2 %
f) der Gesellschafter *[E2]* zu 2 %
g) der Gesellschafter *[E3]* zu 2 %
h) der Gesellschafter *[E4]* zu 2 %.

108 *Mutter*, ZEV 2007, 512; *Schulz/Brunner/Werz*, Spezial zu BB 2005, Heft 32.

(2) Das Gewinnbezugsrecht von *[M]* und *[F]* geht nach dem Tod des Erstversterbenden von beiden auf den überlebenden Ehegatten über. Nach dem Ausscheiden von *[M]* und *[F]* nehmen die Gesellschafter am Ergebnis im Verhältnis ihrer Festkapitalanteile teil.

▲

112 Die Finanzverwaltung erkennt eine disquotale Gewinnverteilung bei Personengesellschaften einkommensteuerrechtlich in gewissen Grenzen an.[109] Einschränkungen gelten jedoch jedenfalls bei schenkweiser Aufnahme von nicht mitarbeitenden Kindern in gewerbliche Personengesellschaften. Eigene Einkünfte können dem Kind dann steuerlich nur im Rahmen der Angemessenheit zugerechnet werden; hiervon ist bei einer Durchschnittsrendite von bis zu 15 % des tatsächlichen Werts des geschenkten KG-Anteils auszugehen.[110] Zu beachten ist, dass die Einräumung eines überhöhten Gewinnbezugsrechts an einer Personengesellschaft auch schenkungsteuerrechtlich relevant sein kann (§ 7 Abs. 6 ErbStG).[111] Möchten die Senioren die Gewinne der Gesellschaft vollständig oder ganz überwiegend weiter erhalten, sollten die Gesellschaftsanteile unter Vorbehalt eines Nießbrauchs auf die nächste Generation übertragen werden.

b) Entnahmerecht

113 Zudem kann in dem Gesellschaftsvertrag eine die Gründungsgesellschafter begünstigende Entnahmeregelung enthalten sein.

---

109 Steht die Gewinnverteilung in offensichtlichem Missverhältnis zu den Leistungen der Gesellschafter, kann ein Missbrauch i.S.d. § 42 AO vorliegen; vgl. R 15.9 Abs. 3 S. 2 EStR 2012.

110 H 15.9 Abs. 3 EStH 2012; Schmidt/*Wacker*, EStG, § 15 Rn 776 m.w.N. Für vermögensverwaltende Personengesellschaften ergeben sich Grenzen der Anerkennungsfähigkeit disquotaler Gewinnverteilungsabreden jedenfalls aus Fremdvergleichsgrundsätzen; vgl. hierzu *Birnbaum/Escher*, DStR 2014, 1413, 1417. Zu Möglichkeiten und Grenzen einer disquotalen Gewinnverteilung bei Kapitalgesellschaften vgl. BFH, Urt. v. 28.9.2022 – VIII R 20/20, BStBl II 2024, 697; BMF v. 4.9.2024, DStR 2024, 2125. Zur Möglichkeit inkongruenter Gewinnverwendungen unter Bildung personengebundener Rücklagen in einer Kapitalgesellschaft siehe BFH, Urt. v. 28.9.2021 – VIII R 25/19, BFH/NV 2022, 267; zur schenkungsteuerlichen Relevanz der nachträglichen quotalen Zuordnung personengebundener Rücklagen ohne angemessenen Ausgleich siehe BFH, Urt. v. 19.6.2024 – II R 40/21, DStR 2024, 2319.

111 Vgl. hierzu ausf. *Birnbaum/Escher*, DStR 2014, 1413, 1418 m.w.N.

▼

Muster 13.6: Entnahmerecht 114

§ Entnahmen

(1) Zur Bildung einer angemessenen Rücklage werden mindestens 15 % des Überschusses der gesamthänderisch gebundenen Rücklage zugeführt, solange und soweit die Gesellschafter nicht mit einer Mehrheit von 75 % der vorhandenen Stimmen eine abweichende Regelung beschließen.

(2) Der verbleibende Überschuss wird dem Privatkonto des jeweiligen Gesellschafters gutgeschrieben und kann entnommen werden, wenn die Gesellschafter nicht mit einfacher Mehrheit etwas anderes beschließen. Bei dem Gesellschafterbeschluss über die Entnahmen von den Privatkonten sind die Ertrags- und Liquiditätslage der Gesellschaft sowie evtl. bereits existierende Vereinbarungen über die Rückführung von Darlehen zu berücksichtigen. Jeder Gesellschafter kann von seinem positiven Privatkonto stets mindestens die auf seinen Gewinnanteil entfallende Steuerbelastung zum Höchststeuersatz entnehmen.

(3) *[M]* und *[F]* können aus der Gesellschaft bis zu ihrem Tod monatlich einen Betrag von insgesamt bis zu EUR entnehmen, wobei diese Entnahme von deren Privatkonto erfolgt. Sollte kein ausreichendes Guthaben auf dem Privatkonto bestehen, erteilen die Gesellschafter bereits jetzt ihre Zustimmung zur Gewährung eines entsprechenden Gesellschafterdarlehens an *[M]* und *[F]*. Nach dem Tod eines Ehegatten kann der überlebende Ehegatte eine Entnahme von bis zu EUR alleine tätigen.

(4) Der Entnahmebetrag in Absatz 3 soll wertbeständig sein. Er erhöht oder vermindert sich in demselben prozentualen Verhältnis, in dem sich der Verbraucherpreisindex für Deutschland auf der Basis 2020 = 100 gegenüber dem für den gegenwärtigen Monat festzustellenden Index erhöht oder vermindert. Eine Erhöhung oder Verminderung des jeweils zu zahlenden Betrags tritt jedoch erst dann ein, wenn die Indexveränderung zu einer Erhöhung oder Verminderung des jeweils zu zahlenden Betrags um mindestens 10 % – zehn vom Hundert – führt, von dem auf das Anpassungsverlangen folgenden Monatsersten. Diese Wertsicherungsklausel findet immer wieder erneut Anwendung, wenn sich der Verbraucherpreisindex um weitere 10 % – zehn vom Hundert – nach oben oder unten verändert und die Anpassung vom Berechtigten verlangt wird.

▲

Es sind auch Regelungen denkbar, wonach Gesellschafter bis zu einem bestimm- 115
ten Alter nur mit Zustimmung mindestens eines Elternteils Entnahmen tätigen dürfen. Bei einer gewerblich geprägten GmbH & Co. KG ist jeweils mit dem Steuerberater für den konkreten Einzelfall zu klären, ob die **Entnahmebeschränkung** schädlich für die steuerliche Mitunternehmereigenschaft ist.

▼

116 **Muster 13.7: Entnahmebeschränkung**

Gesellschafter, die noch nicht das 30. Lebensjahr vollendet haben, können Entnahmen immer nur mit Zustimmung des mit den Gründungsgesellschaftern in gerader Linie verwandten Elternteils vornehmen. Für den Fall, dass der mit den Gründungsgesellschaftern in gerader Linie verwandte Elternteil verstorben oder geschäftsunfähig ist, muss der Testamentsvollstrecker des verstorbenen Gesellschafters oder der Vorsorgebevollmächtigte des geschäftsunfähigen Gesellschafters der Entnahme zustimmen. Weiter ersatzweise kann bzw. muss der andere Elternteil der Entnahme zustimmen. Diese Entnahmebeschränkung gilt nicht, soweit sich die Entnahme auf von dem Gesellschafter selbst eingebrachtes Kapital bezieht. Auch vor Vollendung des 30. Lebensjahres kann jeder Gesellschafter von seinem positiven Privatkonto stets mindestens die auf seinen Gewinnanteil entfallende Steuerbelastung zum Höchststeuersatz entnehmen.

▲

c) Stimmrecht

aa) Disquotale Ausgestaltung

117 Sowohl bei Personen- als auch bei Kapitalgesellschaften bestehen nach ganz herrschender Auffassung grundsätzlich keine Bedenken gegen eine disquotale Ausgestaltung der Stimmrechte.[112] Die disquotale Ausgestaltung der Stimmrechte ermöglicht es, die Vermögenssubstanz zur Ausnutzung der Schenkungsteuerfreibeträge auf die nächste Generation zu übertragen, ohne dass die „Senioren" zwingend auch schon ihre Leitungsmacht verlieren. Der Gesellschaftsvertrag des Familienpools kann z.B. eine Regelung enthalten, wonach die Gründungsgesellschafter immer mindestens 75 % der Stimmen haben.[113] Bei einer gewerblich geprägten GmbH & Co. KG ist jeweils mit dem Steuerberater für den konkreten Einzelfall zu klären, ob die disquotale Stimmrechtsregelung schädlich für die Mitunternehmereigenschaft ist.

---

112 Vgl. für die Personengesellschaft: BGH, Urt. v. 14.5.1956 – II ZR 229/54, NJW 1956, 1198; Hopt/*Roth*, HGB, § 109 Rn 31; *Mutter*, ZEV 2007, 512, 512; für die Kapitalgesellschaft: Noack/Servatius/Haas/*Noack*, GmbHG, § 47 Rn 69; *Mutter*, ZEV 2007, 512, 513; bei der Aktiengesellschaft ist zu beachten, dass eine Satzungsregelung, die Aktionären größere Stimmrechte zuspricht, als sie ihrer Kapitalbeteiligung entsprechen würden, nicht zulässig ist. Es können aber stimmrechtslose Vorzugsaktien ausgegeben werden.

113 Die spätere Aufgabe eines Sonderstimmrechts ist kein schenkungsteuerbarer Vorgang; vgl. BFH, Urt. v. 30.1.2013 – II R 38/11, BFH/NV 2013, 1033 zum Verzicht auf ein Mehrstimmrecht bei einer GmbH.

▼

Muster 13.8: Disquotale Ausgestaltung der Stimmrechte, falls das Vermögen nur von der Ehefrau stammt und der Ehemann und die Kinder erst nach Gründung am Familienpool beteiligt werden 118

§ Gesellschafterbeschlüsse

(1) Beschlüsse werden grundsätzlich in Gesellschafterversammlungen gefasst. Außerhalb von Gesellschafterversammlungen können Beschlüsse, soweit nicht gesetzlich eine andere Form vorgeschrieben ist, im Umlaufverfahren per E-Mail oder vergleichbaren elektronischen Medien sowie im Rahmen einer Telefon- oder Videokonferenz gefasst werden, wenn alle Gesellschafter an dieser Art der Beschlussfassung mitwirken. Ausdrücklich zulässig ist auch eine Kombination aus beiden Beschlussverfahren und jede andere Art der Beschlussfassung, wenn kein Gesellschafter dem widerspricht und alle Gesellschafter an der Beschlussfassung teilnehmen.

(2) Die Stimmrechte richten sich grundsätzlich nach den Festkapitalanteilen, soweit in diesem Vertrag keine abweichende Regelung getroffen wurde. Je 1 EUR Festkapitalanteil gewährt eine Stimme.

(3) Wenn zukünftig neben der Gründungsgesellschafterin auch der Ehemann sowie die gemeinsamen Kinder Gesellschafter sein sollten, sind die Stimmrechte unabhängig von der Beteiligung am Festkapital so verteilt, dass die Gründungsgesellschafterin über 76 % der Stimmen verfügt. Die weiteren Gesellschafter verfügen dann über die verbleibenden 24 % der Stimmen, wobei sich die Stimmen gleichmäßig nach Köpfen verteilen. Sollte die Gründungsgesellschafterin vor ihrem Ehemann versterben und ist die Ehe dann nicht geschieden und auch kein zulässiger Scheidungsantrag gestellt, so verfügt der Ehemann unabhängig von seiner Beteiligung am Festkapital über 52 % der Stimmen. Die gemeinsamen Kinder verfügen dann über insgesamt 48 % der Stimmen, wobei sich die Stimmen gleichmäßig nach Köpfen verteilen. Ist die Ehe geschieden, ein zulässiger Scheidungsantrag gestellt worden oder auch der Ehemann nicht mehr Gesellschafter, richten sich die Stimmrechte nach dem Anteil am Festkapital.

▲

▼

Muster 13.9: Vetorecht, falls das Mehrfachstimmrecht problematisch ist wegen der Mitunternehmerstellung 119

Solange und/oder Gesellschafter sind, sind Beschlüsse stets nur mit Zustimmung von mindestens einem von diesen wirksam.

▲

bb) Zulässigkeit von Mehrheitsentscheidungen

Bis zur endgültigen Aufgabe des sog. Bestimmtheitsgrundsatzes durch den BGH 120
in seiner Entscheidung vom 21.10.2014[114] wurde meist verlangt, dass die der Mehrheitsentscheidung unterfallenden Beschlussgegenstände explizit bis ins De-

114 BGH, Urt. v. 21.10.2014 – II ZR 84/13, DNotZ 2015, 65.

tail aufgelistet werden müssen. Nunmehr ist ein Mehrheitsbeschluss bereits dann zulässig, wenn die Auslegung des Gesellschaftsvertrags nach allgemeinen Auslegungsgrundsätzen ergibt, dass der entsprechende Beschlussgegenstand einer Mehrheitsentscheidung unterworfen sein soll. Für eine restriktive Auslegung allgemeiner Mehrheitsklauseln mit der Herausnahme von Grundlagengeschäften und ungewöhnlichen Vertragsänderungen aus ihrer Reichweite besteht kein Anlass mehr. Die endgültige **Aufgabe des Bestimmtheitsgrundsatzes** durch den BGH ist im Schrifttum auf breite Zustimmung gestoßen.[115]

121 Nach wie vor wichtig bleibt die Unterscheidung der einzelnen Gesellschafterrechte in
- gegen den Willen des Gesellschafters unentziehbare (siehe Rdn 122) und
- schlicht unverzichtbare Rechte des Gesellschafters (siehe Rdn 124).[116]

122 Von „**unentziehbaren**" oder auch „**relativ unentziehbaren**" Gesellschafterrechten spricht man, wenn ein Beschluss nicht gegen den Willen des betroffenen Gesellschafters gefasst werden, der Gesellschafter selbst aber auf diese Rechte nachträglich oder vorab im Gesellschaftsvertrag verzichten kann. Der Verzicht auf diese Gesellschafterrechte erfolgt meist durch antizipierte Erklärung der Zustimmung des Gesellschafters zu dem Eingriff in seine Mitgliedschaftsrechte. Für die Wirksamkeit einer antizipierten Zustimmung müssen Art und Umfang des Eingriffs bereits in der gesellschaftsvertraglichen Regelung möglichst genau umschrieben werden. Einigkeit besteht inzwischen dahingehend, dass Beitragserhöhungen, unmittelbare Eingriffe in das Stimmrecht, Änderungen des Gewinnverteilungsschlüssels und der Liquidationsfolgen, Änderungen des Gesellschaftszwecks, die Auflösung der Gesellschaft, Änderungen bei der Ausgestaltung der Geschäftsführung sowie Vertragsverlängerungen als relativ unentziehbar einzustufen sind.[117]

123 **Muster 13.10: Antizipierte Zustimmung zu relativ unentziehbaren Rechten**

Die Gesellschafter erklären bereits jetzt ihre Zustimmung zu Änderungen des Gesellschaftsvertrags, die den Gesellschaftern   und   trotz einer geringeren Beteiligung am Festkapital der Gesellschaft einen Gewinnanteil von bis zu 75 % des Jahresüberschusses gewähren.

124 Von „**unverzichtbaren**" oder auch „**absolut unentziehbaren**" Gesellschafterrechten spricht man, wenn ein Verzicht auch mit ausdrücklicher Zustimmung des betroffenen Gesellschafters nicht zulässig ist. Die verwendete Terminologie ist irreführend, da dem Gesellschafter grundsätzlich sämtliche Recht, die mit

115 *Schäfer*, NZG 2014, 1401 m.w.N.
116 *Schäfer*, NZG 2014, 1401, 1404.
117 Grüneberg/*Retzlaff*, § 714 Rn 15 ff.

seiner Gesellschafterstellung verbunden sind, entzogen werden können, da er zumindest unter bestimmten Umständen aus wichtigem Grund aus der Gesellschaft ausgeschlossen werden kann. Die Diskussion zu den „unverzichtbaren" oder auch „absolut unentziehbaren" Gesellschafterrechten ist daher richtigerweise eine Diskussion um das „Abspaltungsverbot".[118]

3. Laufzeitregelungen

Die Vertragsfreiheit ist durch das MoPeG bei Regelungen zur Kündigung der Gesellschaft gestärkt worden, da § 725 Abs. 6 BGB und § 132 Abs. 6 HGB nunmehr nur Einschränkungen der Kündigung aus wichtigem Grund für unwirksam erklären. Gesellschaftsvertragliche Einschränkungen des ordentlichen Kündigungsrechts können daher zukünftig nur noch einer Sittenwidrigkeitsprüfung unterzogen werden, in deren Rahmen alle im jeweiligen Einzelfall betroffenen schutzwürdigen Interessen unter Berücksichtigung der Umstände im Zeitpunkt des Abschlusses der gesellschaftsvertraglichen Vereinbarung gegeneinander abzuwägen sind. Der komplette gesellschaftsvertragliche Ausschluss des ordentlichen Kündigungsrechts ist danach im Personengesellschaftsrecht nicht mehr grundsätzlich unzulässig. Es wird daher zu Recht von einem Paradigmenwechsel im Kündigungsrecht der Personengesellschaften gesprochen.[119] 125

Es bleibt nun abzuwarten, ob die Rechtsprechung ihre zuletzt zunehmend restriktive Beurteilung von gesellschaftsvertraglichen Beschränkungen des ordentlichen Kündigungsrechts ändert. Bei einer Kapitalanlagegesellschaft in der Form einer GbR hielt der BGH bisher einen Ausschluss der ordentlichen Kündigung der Beteiligung für 30 Jahre wegen des damit für den Anleger verbundenen unüberschaubaren Haftungsrisikos für eine unzulässige Kündigungsbeschränkung.[120] Familienpools zur reinen Vermögensverwaltung in der Form einer Kommanditgesellschaft sind aber gerade mit den vom BGH entschiedenen Fällen nicht vergleichbar. Laut BGH lässt sich die Frage, wo die zeitliche Grenze zulässiger Zeitbestimmungen liegt, auch nicht abstrakt, sondern nur unter Abwägung der konkreten Umstände des Einzelfalls bestimmen. Hierbei seien auf der einen Seite die schutzwürdigen Interessen der Gesellschafter an einer absehbaren, einseitigen Lösungsmöglichkeit, auf der anderen Seite aber auch die Struktur der Gesellschaft, die Art und das Ausmaß der für die Beteiligten aus dem Gesellschaftsvertrag folgenden Pflichten sowie das durch den Gesellschaftsvertrag begründete Interesse an einem möglichst langfristigen Bestand der Gesellschaft in den Blick zu nehmen. Danach müsste bei Familienpools zur reinen Vermögensverwaltung in der Form einer Kommanditgesellschaft nunmehr auch ein Ausschluss des ordentlichen Kündigungsrechts für länger als 30 Jahre zulässig sein, wenn keine 126

118 Grüneberg/*Retzlaff*, § 714 Rn 16.
119 *Löcherbach/König/Großmann*, DStR 2024, 244, 249.
120 BGH, Urt. v. 22.5.2012 – II ZR 205/10, DNotZ 2012, 869.

Wettbewerbsverbote für die Gesellschafter in die Gesellschaftsverträge aufgenommen werden.[121]

127 Zusätzlich zur Laufzeitregelung in dem Gesellschaftsvertrag selbst kann in den Einbringungsverträgen oder den Übertragungsverträgen betreffend die Gesellschaftsanteile des Familienpools ein **Rückforderungsrecht** für den Fall der Gesellschaftskündigung vor Erreichen eines bestimmten Alters der Gesellschafter oder vor dem Tod der Gründungsgesellschafter vorgesehen werden. Diese Regelungen unterliegen nicht den Wirksamkeitsbedenken betreffend einen überlangen Kündigungsausschluss.

128 Zudem sollte überlegt werden, ob nicht nach dem Tod der Gründungsgesellschafter bzw. der einbringenden Eltern eine **ordentliche Kündigung** bewusst zugelassen wird, um ausstiegswillige Familienmitglieder nicht gegen deren Willen an die Gesellschaft zu „fesseln" und dadurch Konfliktpotential in der Gesellschaft zu schaffen. Das Risiko eines übermäßigen Liquiditätsabflusses kann meist durch geeignete Regelungen zur Abfindung minimiert werden.

129 Im Kapitalgesellschaftsrecht ist der gänzliche Ausschluss der ordentlichen Kündigung immer schon zulässig. Regelmäßig ist es aber auch hier sinnvoll, eine ordentliche Kündigung mit einer angemessenen Frist und Beschränkung der Abfindungshöhe zumindest nach dem Ausscheiden der Gründungsgesellschafter vorzusehen.

4. Abfindungsregelungen

130 Ein ausscheidender Gesellschafter hat grundsätzlich einen Anspruch auf Abfindung zum vollen Wert seiner Beteiligung. Die Abfindung ausscheidender Gesellschafter kann aber in dem Gesellschaftsvertrag betragsmäßig reduziert oder über einen längeren Zeitraum gestreckt werden. Im Erbfall kann die Abfindung sogar in bestimmten Fällen ganz ausgeschlossen werden.

a) Abfindungshöhe

131 Der BGH hält eine Abfindungsregelung gem. § 138 Abs. 1 BGB für nichtig, wenn eine vertraglich vereinbarte Abfindung in einem groben Missverhältnis zu der Abfindung nach dem vollen wirtschaftlichen Wert des Gesellschaftsanteils steht.[122] Ein **grobes Missverhältnis** liegt vor, wenn die gesetzlich vorgesehene Abfindung nach dem Verkehrswert vollkommen unangemessen verkürzt wird. Schematische prozentuale Grenzen für das Vorliegen eines groben Missverhältnisses gibt es nicht, da stets eine Einzelfallabwägung zwischen den Vermögensin-

---

121 Vgl. zur alten Rechtslage *Ulmer*, ZIP 2010, 805, 808, der dann von einem Kündigungsausschluss von zumindest 30 Jahren ausging. *Holler*, DStR 2019, 931, 941, plädierte schon nach altem Recht für eine zulässige Höchstgrenze von über 30 Jahren.

122 BGH, Urt. v. 16.12.1991 – II ZR 58/91, MittBayNot 1992, 213.

teressen des betroffenen ausscheidenden Gesellschafters und dem Bestandsinteresse der Gesellschaft sowie der verbleibenden Gesellschafter vorzunehmen ist. Dabei spielt es nach der Rechtsprechung keine Rolle, aus welchem Rechtsgrund die Beteiligung erworben wurde. Selbst wenn der Gesellschafter den Anteil schenkweise erhalten hat, macht ihn dies nicht zu einem Gesellschafter „zweiter Klasse".[123] Eine Abfindung i.H.v. 65–70 % des Verkehrswerts wurde nach der früheren Rechtslage allgemein für wirksam erachtet.[124] Auch wenn durch das MoPeG die Kontrollmaßstäbe für die Wirksamkeitskontrolle von Abfindungsklauseln nicht verändert werden sollten,[125] dürfte die Vertragsfreiheit auch bei der Höhe des Abfindungsanspruchs eher größer geworden sein. § 728 BGB sieht jetzt eine „angemessene" Abfindung vor, sofern im Gesellschaftsvertrag nichts anderes vereinbart ist.

Jorde/Immens sprechen sich bei Familiengesellschaften sogar für die Zulässigkeit 132
einer Abfindung in Höhe von lediglich 55–60 % des Verkehrswerts aus.[126]

Teilweise wird eine weitergehende Abfindungsbeschränkung bei Gesellschaftern 133
ohne Kapitaleinlage oder solchen Gesellschaftern, die ihren Anteil unentgeltlich oder auf erbrechtlichem Weg zugewendet bekommen haben und die somit vor allem am Gewinnrecht und an der Anwachsung der stillen Reserven beteiligt sein sollen, für zulässig gehalten.[127] Diese Ansicht ist jedoch vor dem Hintergrund der Entscheidung des BGH, der sich ausdrücklich gegen Gesellschafter zweiter Klasse und eine Berücksichtigung der Unentgeltlichkeit des Anteilserwerbs ausgesprochen hat, mit einer gewissen Rechtsunsicherheit behaftet. Allerdings kann man in der Rechtsprechung des BGH insbesondere zum Ausschluss der Abfindung bei Mitarbeiter- und Managerbeteiligungen sowie der Entscheidung aus 2014, in der der BGH festhielt, dass ein sachlicher Grund für einen Abfindungsausschluss in dem mangelnden Kapitaleinsatz des ausscheidenden Gesellschafters liege,[128] eine gewisse Abkehr von der früheren Nichtberücksichtigung der (Un-)Entgeltlichkeit des Anteilserwerbs sehen. Eine rechtssichere, wirksame Gestaltung, die im Hinblick auf die Abfindungshöhe nach dem jeweiligen vermögenswerten Beitrag des Gesellschafters durch das Einbringen von Kapital und Arbeit differenziert, dürfte (noch) schwierig sein und bedürfe daher einer Auffangklausel.[129]

123 BGH, Urt. v. 19.9.2005 – II ZR 342/03, NJW 2005, 3644.

124 Das Schrifttum hielt Abfindungsbegrenzungen, die unter der Hälfte des Verkehrswerts liegen, stets für sittenwidrig, soweit die Begrenzung nicht durch besondere Umstände gerechtfertigt wird, vgl. *Wolf*, MittBayNot 2013, 9, 10 m.w.N.

125 MüKo-BGB/*Schäfer*, § 728 Rn 41.

126 *Jorde/Immens*, WPg 2017, 270, 278.

127 MüKo-BGB/*Schäfer*, § 738 Rn 58 f.

128 BGH, Urt. v. 29.4.2014 – II ZR 216/13, juris Rn 13.

129 MüKo-BGB/*Schäfer*, § 728 Rn 56 ff.

134 Für große, generationenübergreifende Familiengesellschaften, die insbesondere in der Rechtsform einer GmbH & Co. KG strukturiert sind, wird im Schrifttum zudem diskutiert, ob als Maßstab der Abfindungshöhe nicht die tatsächlichen Ausschüttungen dienen müssten. Aufgrund der Nähe zur Familienstiftung seien Gesellschafter dieser Gesellschaften eher mit Destinatären vergleichbar.[130]

b) Regelung der Auszahlungsmodalitäten

135 Der Gesellschaftsvertrag kann auch hinsichtlich der Auszahlungsmodalitäten Regelungen treffen. Üblich ist insoweit eine zeitliche Streckung, etwa Auszahlung in mehreren gleichen Jahres- oder Halbjahresraten bei marktüblicher Verzinsung. Jedoch darf auch diesbezüglich nicht grob unbillig von der gesetzlichen Regelung des § 271 BGB abgewichen und ein übermäßig langer Auszahlungszeitraum bestimmt werden. Ein Auszahlungszeitraum von bis zu fünf Jahren ist in der Regel nicht zu beanstanden. Bei einer sonst gesellschafterfreundlichen Abfindungsklausel kann unter Umständen auch ein längerer Zeitraum noch angemessen sein. Ein Zeitraum von mehr als zehn Jahren wird für unzulässig gehalten.[131]

c) Abfindungsausschluss bei Tod eines Gesellschafters

136 Es wird von der Rechtsprechung und Literatur nach wie vor zugelassen, dass die Abfindung für Erben, die nach den Regelungen des Gesellschaftsvertrags nicht nachfolgeberechtigt sind, völlig ausgeschlossen wird.[132]

d) Abfindungsausschluss bei treuhänderischer Beteiligung

137 Zu begrüßen wäre es, wenn zumindest der Grundgedanke der Rechtsprechung des BGH zum Abfindungsausschluss bei treuhänderisch gehaltenen Beteiligungen von Mitarbeitern[133] auf rein vermögensverwaltende Familienpools angewendet würde.[134] Diese Auffassung vertritt wohl zumindest das OLG Karlsruhe.[135] In dem der Entscheidung zugrunde liegenden Sachverhalt hatte der Ehemann von seinen Schwiegereltern unentgeltlich eine Beteiligung an einer vermögensverwaltenden KG erhalten, deren Gesellschafter die Familienmitglieder seiner Ehefrau waren. Nach dem Gesellschaftsvertrag war der Ehemann im Fall einer Schei-

---

130 *Ulmer*, ZIP 2010, 549, 552 ff.; *Ulmer*, ZIP 2010, 805, 816; *Wolf*, MittBayNot 2013, 9, 14 ff.

131 *Ulmer*, ZIP 2010, 805, 810; *Eckhardt*, notar 2015, 347, 352.

132 Grüneberg/*Retzlaff*, § 728 Rn 12; Hopt/*Roth*, HGB, § 135 Rn 24; schon RG, Urt. v. 23.10.1934 – II 129/34 (Familiengesellschaft); BGH, Urt. v. 22.11.1956 – II ZR 222/55, NJW 1957, 180; Bestätigung der Rechtsprechung des BGH aus 1956 in BGH, Urt. v. 29.4.2014 – II ZR 216/13, NZG 2014, 820.

133 Vgl. BGH, Urt. v. 19.9.2005 – II ZR 342/03, BeckRS 2005, 12051; BGH, Urt. v. 29.4.2014 – II ZR 216/13, NZG 2014, 820.

134 *Wolf*, MittBayNot 2013, 9, 13 f.

135 OLG Karlsruhe, Urt. v. 12.10.2006 – 9 U 34/06, NZG 2007, 423.

dung verpflichtet, den Gesellschaftsanteil nach Wahl seiner Ehegattin auf diese oder die zu ihrem Stamm gehörigen Kinder unentgeltlich zu übertragen. Obwohl der Fall zu Ausführungen über die Wirksamkeit von Abfindungsklauseln keinen Anlass bot, war das OLG Karlsruhe der Auffassung, dass der Gesellschaftsvertrag eine Abfindung zugunsten des weichenden Ehemannes hätte ausschließen können. Da der Ehemann den Gesellschaftsanteil in einem weiteren Sinne als Treuhänder für den durch seine ehemalige Gattin repräsentierten Familienstamm erhalten und gehalten habe, bestünden unter gesellschaftsrechtlichen Gesichtspunkten gegen eine entschädigungslose Übertragung keine Bedenken. Zwar habe ein ausscheidender Gesellschafter grundsätzlich einen Abfindungsanspruch in Höhe des Verkehrswerts seines Geschäftsanteils. Der BGH habe jedoch für das sog. Mitarbeitermodell die weitgehende Beschränkung des Abfindungsanspruchs für gerechtfertigt erachtet, weil der Gesellschaftsanteil den einzelnen Mitarbeitern nur treuhandähnlich habe zugewandt werden sollen. Der Satzungszweck, das Gesellschaftsvermögen für künftige Generationen von Mitarbeiter-Gesellschaftern zu erhalten und zu vermehren, könne nur erreicht werden, wenn die Geschäftsanteile zu den Bedingungen zurückübertragen würden, zu denen sie überlassen worden seien. Das Gericht hielt den zu entscheidenden Sachverhalt für vergleichbar.[136]

e) Rechtsfolge unwirksamer Abfindungsklauseln

Bei der Prüfung der Zulässigkeit einer Abfindungsklausel ist zu differenzieren, 138
- ob von Anfang an ein Missverhältnis zwischen der vertraglich vorgesehenen Abfindungshöhe und der Abfindung nach dem vollen Wert des Geschäftsanteils bestand (**Inhaltskontrolle**) oder
- ob sich das Missverhältnis erst nachträglich entwickelt hat (**Ausübungskontrolle**).

Ist die Abfindungsklausel bereits bei Gründung der Gesellschaft grob unbillig, so 139 führt dies zur Nichtigkeit. An die Stelle der im Gesellschaftsvertrag vorgesehenen Abfindung tritt dann die gesetzliche Abfindung, also die Abfindung zum vollen Verkehrswert des Gesellschafts- bzw. Geschäftsanteils.[137]

Kommt es nachträglich zu einem erheblichen Missverhältnis zwischen der im 140 Gesellschaftsvertrag vorgesehenen Abfindung und der Abfindung nach dem Verkehrswert, ist die gesellschaftsvertragliche Klausel nicht nichtig. Vielmehr ist im Wege ergänzender Vertragsauslegung des Gesellschaftsvertrags, unter Berücksichtigung der konkreten Umstände des Einzelfalls und unter Abwägung der beiderseitigen Interessen zu bestimmen, wie hoch die Abfindung des ausschei-

---

136 *Ulmer*, ZIP 2010, 805, 813 ff. sieht zwar keine Prallelen zwischen den „Managergesellschaftern" und den „Familiengesellschaftern", befürwortet dann aber auch eine stärkere Begrenzungsmöglichkeit der Abfindung bei Familiengesellschaften.

137 BGH, Urt. v. 7.4.2008 – II ZR 181/04, FD-MA 2008, 263473.

denden Gesellschafters ist. Dabei ist auch die aktuelle Ertrags- und Vermögenslage der Gesellschaft von Bedeutung.

f) Schenkungsrechtliche Auswirkungen von Abfindungsklauseln

141 Werfen Abfindungsklauseln bereits unter dem gesellschaftsrechtlichen Blickwinkel zahlreiche Fragen hinsichtlich ihrer Wirksamkeit auf, bereitet bisweilen auch deren erb- und steuerrechtliche Qualifizierung unter schenkungsrechtlichen Gesichtspunkten Schwierigkeiten.

aa) Abfindungsmodifikationen als ergänzungspflichtige Schenkungen i.S.d. §§ 2325 ff. BGB

142 Ist durch den Gesellschaftsvertrag eine Abfindung des ausscheidenden Gesellschafters wirksam ausgeschlossen oder bleibt sein Abfindungsanspruch hinter dem tatsächlichen Wert zurück, stellt sich die Frage, ob der vertragliche Abfindungsverzicht als Schenkung zu qualifizieren ist und daher Pflichtteilsergänzungsansprüche nach den §§ 2325 ff. BGB auslöst. Im Fall einer Schenkung wäre auch von einer freigebigen Zuwendung i.S.d. § 7 Abs. 1 Nr. 1 ErbStG auszugehen.

143 Die h.M. verlangt für eine Schenkung i.S.d. § 2325 Abs. 1 BGB objektiv eine Bereicherung des Begünstigten aus dem Vermögen des Erblassers sowie subjektiv die Einigung der Parteien über die Unentgeltlichkeit der Zuwendung.[138] Da dem ausscheidenden Gesellschafter gem. § 728 Abs. 1 S. 1 BGB, § 135 Abs. 1 S. 1 HGB oder §§ 161 Abs. 2, 135 Abs. 1 S. 1 HGB grundsätzlich ein Anspruch auf eine angemessene Abfindung zusteht, lässt sich ein gesellschaftsvertraglicher Verzicht durchaus als Verfügung über einen künftigen Anspruch begreifen, der zu einer Bereicherung des Anspruchsschuldners führt.[139] Die Bereicherung erfolgt auch ohne Zweifel aus dem Vermögen des Erblassers. Entscheidendes Kriterium ist damit die Einigung über die Unentgeltlichkeit der Zuwendung. Die h.M. differenziert hier grundsätzlich drei Fallkonstellationen:

144 **Fallkonstellation 1:** Bei Ausschlüssen oder Beschränkungen zulasten nur einzelner Gesellschafter fehle es an einer Gegenleistung derjenigen Gesellschafter, bei denen Abfindungsansprüche ihrer Erben gegen die Gesellschaft nicht ausgeschlossen seien.[140] Besteht also, mit anderen Worten, ein auffallend grobes Miss-

---

138 Grüneberg/*Weidlich*, § 2325 Rn 7; BGH, Urt. v. 26.3.1981 – IVa ZR 154/80 Tz 10, BeckRS 9998, 103727.

139 Nicht vertieft werden soll an dieser Stelle, dass entgegen der herkömmlichen Darstellung in der Literatur Beschenkte i.S.d. § 2325 BGB nicht unmittelbar die verbleibenden Gesellschafter sind, denn die ihnen in Form der Anwachsung (§ 712 Abs. 1 BGB) zustattenkommende wirtschaftliche Bereicherung stellt lediglich einen Rechtsreflex dar. Schuldnerin des Abfindungsanspruchs ist vielmehr die seit BGH, Urt. v. 29.1.2001 – II ZR 331/00, BGHZ 146, 341 rechtsfähige Personengesellschaft selbst.

140 *Lange*, ZErb 2014, 121, 123; Grüneberg/*Weidlich*, § 2325 Rn 15.

verhältnis zwischen den zugrunde zu legenden Werten von Leistung und Gegenleistung oder ist eine Gegenleistung überhaupt nicht vorhanden, muss nach dem BGH im Einklang mit der Lebenserfahrung zunächst davon ausgegangen werden, dass die Vertragsparteien dies erkannt haben und sich in Wahrheit über die Unentgeltlichkeit der Bereicherung einig waren.[141]

Fallkonstellation 2: Verzichten hingegen alle Gesellschafter wechselseitig auf eine Abfindung, nimmt die h.M. aufgrund des aleatorischen Charakters der Vereinbarung einen gegenseitigen entgeltlichen Vertrag an.[142] Dasselbe gilt für eine Beschränkung der Abfindung. Auch der Erbrechtssenat des BGH scheint in diesen Konstellationen grundsätzlich keine Ergänzungspflicht zu sehen, wenn die Sicherung der Fortführung eines Unternehmens Grund für den Abfindungsausschluss ist. Es sei aber den Umständen des jeweils vorliegenden Geschäfts im Einzelnen sorgfältig nachzugehen und zu prüfen, ob besondere Umstände, die die Annahme einer in dem Abfindungsausschluss liegenden Schenkung rechtfertigen könnten, vorliegen.[143] 145

Fallkonstellation 3: Verzichten zwar formal alle Gesellschafter wechselseitig auf eine Abfindung, stehen die jeweiligen Risiken jedoch in einem groben Missverhältnis, etwa aufgrund einer ungleichen Lebenserwartung, entfalle der Wagnischarakter der Vereinbarung, mit der Folge einer Ergänzungspflicht.[144] 146

Die vorstehende Differenzierung wird für den Abfindungsausschluss bei einer vermögensverwaltenden GbR angezweifelt. Der Verzichtende erhalte für den Fall des Zuerst-Versterbens keinen den Nachteil seiner Zuwendung ausgleichenden Vorteil; ihm fehle der persönliche Anreiz zur Risikobegrenzung.[145] Die Kritik an der vorstehend dargestellten Differenzierung dürfte jedoch weder im Ergebnis noch in ihrer Begründung berechtigt sein. Denn einen die Zuwendung des Verzichtenden ausgleichenden, für diesen spürbaren Vorteil kann es aus der Natur der Sache nicht geben, wenn dieser zuerst verstirbt. Vielmehr ergibt sich der Entgeltlichkeitswert des wechselseitigen Abfindungsverzichts gerade aus der Ungewissheit, welcher Gesellschafter zuerst verstirbt, und der Aussicht, im Falle des eigenen Überlebens wirtschaftlich überproportional zu partizipieren. 147

Eine Sonderstellung kommt den vermögensverwaltenden Gesellschaften jedoch in anderer Hinsicht zu. Denn zu beachten ist, dass der BGH Abfindungsbeschränkungen oder ihren völligen Ausschluss gewöhnlich nicht isoliert betrach- 148

141 BGH, Urt. v. 26.3.1981 – IVa ZR 154/80, BeckRS 9998, 103727. Der BGH spricht insoweit von einer „Beweiserleichterung im Sinne einer tatsächlichen Vermutung".

142 BGH, Urt. v. 26.3.1981 – IVa ZR 154/80, BeckRS 9998, 103727; Grüneberg/*Weidlich*, § 2325 Rn 15 m.w.N.

143 BGH, Urt. v. 3.6.2020 – IV ZR 16/19, NZG 2020, 947.

144 BGH, Urt. v. 26.3.1981 – IVa ZR 154/80, BeckRS 9998, 103727; Grüneberg/*Weidlich*, § 2325 Rn 14.

145 *Schindler*, ZErb 2012, 149, 154.

tet, sondern einen Zusammenhang mit den Umständen der Gesellschaftsgründung oder Anteilsübertragung herstellt.[146] Angesprochen ist hier der Versuch, durch die Einbringung von Vermögensgegenständen in eine Gesellschaft und die Vereinbarung eines Abfindungsausschlusses den Pflichtteilsberechtigten Vermögen vorzuenthalten. Hierfür eignen sich vermögensverwaltende Personengesellschaften in besonderem Maße. Es verwundert deshalb nicht, dass die Rechtsprechung die Einbringung eines Unternehmens oder einer werthaltigen Immobilie durch den Erblasser in eine mit seiner Ehefrau neu gegründete Gesellschaft nicht als ergänzungsfeste Zuwendung angesehen hat.[147] Denn auch wenn vertreten wird, dass eine „Flucht in das Gesellschaftsrecht" die Aushebelung des Pflichtteilsrechts ermögliche,[148] dürften offensichtliche Umgehungsgestaltungen jedenfalls im Hinblick auf eine Pflichtteilsergänzungspflicht kritisch sein.

149 Rechtstechnisch betrachtet handelt es sich hierbei indes nicht um ein Problem der Abfindungsbeschränkung. Denn die Frage, ob die Aufnahme in eine – insbesondere vermögensverwaltende – Personengesellschaft oder die Übertragung eines entsprechenden Anteils als ergänzungspflichtige Schenkungen anzusehen sind, stellt sich losgelöst von etwaigen Abfindungsbeschränkungen im Gesellschaftsvertrag. So hat auch der BGH ohne Bezugnahme auf eine Abfindungsbeschränkung angenommen, dass ein Kommanditanteil Gegenstand einer Schenkung sein kann.[149] Ebenso nimmt die jüngere obergerichtliche Rechtsprechung ohne Rekurs auf eine Abfindungsklausel bei der Übertragung von Beteiligungen an einer vermögensverwaltenden GbR eine ergänzungspflichtige Schenkung an, wenn eine persönliche Inanspruchnahme des Erwerbers aufgrund der Vermögensstruktur der Gesellschaft äußerst unwahrscheinlich ist und der Arbeitseinsatz des Begünstigten in den Hintergrund tritt.[150]

150 Legt man die Rechtsprechung des BGH[151] zugrunde, wonach es für den Fristbeginn nach § 2325 Abs. 3 BGB nicht ausreicht, dass der Erblasser alles seinerseits Erforderliche für den Erwerb durch den Beschenkten getan hat, sondern ein Zustand geschaffen worden sein muss, dessen Folgen der Erblasser selbst zehn Jahre zu tragen hatte und der schon im Hinblick auf diese Folgen von einer

146 Ebenso *U. Mayer*, ZEV 2003, 355, 356; BGH, Urt. v. 26.3.1981 – IVa ZR 154/80, BeckRS 9998, 103727; OLG Schleswig, Urt. v. 27.3.2012 – 3 U 39/11, ZEV 2013, 91.

147 BGH, Urt. v. 3.6.2020 – IV ZR 16/19, NZG 2020, 947; BGH, Urt. v. 26.3.1981 – IVa ZR 154/80, BeckRS 9998, 103727.

148 *Werner*, ZEV 2013, 66, 69.

149 BGH, Urt. v. 2.7.1990 – II ZR 243/89, MittBayNot 1990, 316.

150 OLG Schleswig, Urt. v. 27.3.2012 – 3 U 39/11, ZErb 2012, 168.

151 BGH, Urt. v. 17.9.1986 – IVa ZR 13/85, MittBayNot 1987, 40; an dieser Rechtsprechung wurde zuletzt in BGH, Urt. v. 29.6.2016 – IV ZR 474/15, BGHZ 211, 38 ausdrücklich festgehalten.

„böslichen“ Schenkung abhält, fängt die Frist des § 2325 Abs. 3 BGB möglicherweise nicht vor dem Tod des Erblassers an zu laufen.[152]

Anspruchsgegner des Pflichtteilsergänzungsanspruchs ist grundsätzlich der Erbe. 151
Nur soweit der Erbe zur Ergänzung des Pflichtteils nicht verpflichtet ist, haftet gem. § 2329 BGB der Beschenkte, also möglicherweise die Mitgesellschafter. Das ist insbesondere dann der Fall, wenn der Nachlass überschuldet ist. In der Praxis dürften die Mitgesellschafter daher aber wohl nur selten auf Ergänzung des Pflichtteils in Anspruch genommen werden.

bb) Erbschaftsteuerliche Schenkungsfiktionen bei Abfindungsmodifikationen

Löst der Abfindungsverzicht (wie regelmäßig) noch nicht im Zeitpunkt des Ab- 152
schlusses des Gesellschaftsvertrags eine freigebige Zuwendung i.S.d. § 7 Abs. 1 Nr. 1 ErbStG aus, so kann sich aber ein erbschaft- bzw. schenkungsteuerpflichtiger Erwerb im Zeitpunkt des Ausscheidens aus der Gesellschaft ergeben. Ist dem zu Lebzeiten aus einer Personengesellschaft ausscheidenden Gesellschafter grundsätzlich eine dem Wert seines Anteils angemessene Abfindung zu zahlen, bemisst sich der Abfindungsanspruch nach dem Verkehrswert der Beteiligung, mithin nach dem anteiligen Ertragswert auf der Basis einer fortgesetzten Gesellschaft (Going-concern-Prinzip).[153] Sieht der Gesellschaftsvertrag eine Abfindungsbeschränkung, etwa auf den Buchwert der Beteiligung, vor, wächst der Anteil des ausscheidenden Gesellschafters den Mitgesellschaftern wertmäßig gleichwohl ungemindert nach § 712 Abs. 1 BGB an. Dies führt zu einer objektiven Bereicherung der verbleibenden Mitgesellschafter. § 7 Abs. 7 S. 1 ErbStG fingiert daher bei einem nicht todesbedingten Anteilsübergang auf die verbleibenden Gesellschafter eine Schenkung in Höhe des den Abfindungsanspruch übersteigenden Steuerwerts des anwachsenden Anteils.[154] Stellt der Anteil im Einzelfall begünstigungsfähiges Betriebsvermögen dar, kommt für diesen Erwerb eine Verschonung gem. §§ 13a–13c, 28a ErbStG in Betracht, nicht aber für den Abfindungsanspruch.[155]

Auch die anlässlich des Todes eines Gesellschafters eintretende Anwachsung ist 153
zulasten der bereicherten Mitgesellschafter gem. § 3 Abs. 1 Nr. 2 S. 2 ErbStG als Erwerb von Todes wegen steuerbar, soweit der nach § 12 ErbStG i.V.m. § 11 Abs. 2 BewG ermittelte Verkehrswert der anwachsenden Beteiligung die Abfindungsansprüche Dritter übersteigt. Auch hier ist ggf. eine Verschonung gem. §§ 13a–13c, 28a ErbStG für den fiktiven Anteilserwerb möglich.[156]

152 Grüneberg/*Weidlich*, § 2325 Rn 15.
153 *Groß*, ErbStB 2004, 134; *Krumm*, NJW 2010, 187, 188.
154 Vgl. hierzu ausf. Daragan/Halaczinsky/Riedel/*Griesel*, ErbStG und BewG, § 7 ErbStG Rn 170 ff.; *Wälzholz*, DStZ 2009, 591; *Jesse*, FR 2011, 201 und 303.
155 Vgl. R E 10.13 Abs. 3, 13b.2 Abs. 1 ErbStR 2019.
156 Vgl. R E 13b.1 Abs. 1 ErbStR 2019.

5. Erbfolgeregelungen

154 Die Erbfolgeregelungen in Gesellschaftsverträgen für einen Familienpool sollen meist sicherstellen, dass die Gesellschaftsbeteiligung immer nur an Abkömmlinge der Gründungsgesellschafter oder andere Gesellschafter vererbt werden kann. Ist der Familienpool als Personengesellschaft ausgestaltet, kann dieses Ziel durch eine qualifizierte Nachfolgeklausel erreicht werden. Die Erben oder Vermächtnisnehmer, die nicht die in dem Gesellschaftsvertrag geforderten Qualifikationen aufweisen, werden dann gar nicht erst Gesellschafter des Familienpools und erhalten je nach Ausgestaltung des Gesellschaftsvertrags eine Abfindung nach der normalen Abfindungsregelung in der Satzung oder gar keine Abfindung. Es ist dann zwingend darauf zu achten, dass die testamentarischen Regelungen genau auf die gesellschaftsvertraglichen Regelungen abgestimmt sind. Wird hier „unsauber" gearbeitet, ergeben sich oft nur schwer lösbare Situationen. Es sollte daher immer überlegt werden, ob nicht auch in Personengesellschaften zunächst der Gesellschaftsanteil frei vererblich gestellt werden sollte und den Gesellschaftern sodann, wie bei Familiengesellschaften in der Rechtsform der GmbH, das Einziehungs- bzw. Kündigungsrecht zusteht, wenn der nachfolgende Erbe bzw. Vermächtnisnehmer nicht über die in dem Gesellschaftsvertrag geforderte Qualifikation verfügt. Wenn die nicht zur Nachfolge qualifizierten Erben allerdings keine Abfindung erhalten sollen, sollte vorsichtshalber weiter mit einer klassischen qualifizierten Nachfolgeklausel gearbeitet werden, da nicht sicher vorausgesagt werden kann, ob die Rechtsprechung zur Zulässigkeit des Abfindungsausschlusses für diese Fälle auch auf die Fälle einer Hinauskündigung angewendet werden kann.

155 **Muster 13.11: Erbfolgeregelung eines Familienpools**

§ Erbfolge

(1) Beim Tod eines Gesellschafters wird die Gesellschaft mit dessen Erben fortgesetzt, sofern es sich hierbei um Mitgesellschafter oder Abkömmlinge des Gründungsgesellschafters (qualifizierte Nachfolger) handelt. Ist der Gesellschaftsanteil des verstorbenen Gesellschafters ganz oder teilweise zur Nachfolge qualifizierten Personen per Vermächtnis zugewendet, haben die Erben den Gesellschaftsanteil insoweit unverzüglich an die zur Nachfolge qualifizierten Vermächtnisnehmer abzutreten. Zur Vermächtniserfüllung können auch Erben, die eigentlich nicht zur Nachfolge qualifiziert sind, vorübergehend Gesellschafter werden; die Erben halten den Gesellschaftsanteil dann bis zur Vermächtniserfüllung treuhänderisch für die Vermächtnisnehmer, so dass es auch bei einer vorübergehenden Vereinigung aller Gesellschaftsanteile in der Hand eines Gesellschafters nicht zum Erlöschen der Gesellschaft kommt.

(2) Ist kein Erbe oder Vermächtnisnehmer gem. Absatz 1 Satz 1 zur Nachfolge qualifiziert, so wird die Gesellschaft unter Ausschluss der Erben des verstorbenen Gesellschafters von den verbleibenden Gesellschaftern fortgesetzt. Der Anteil des verstorbenen Gesellschafters wächst den übrigen Gesellschaftern dann im Verhältnis ihrer Anteile an. Die nicht zur Nachfolge

qualifizierten Erben oder Vermächtnisnehmer erhalten dann eine Abfindung gemäß den Abfindungsregeln dieses Vertrags. [*alternativ, keine Abfindung:* Den nicht zur Nachfolge qualifizierten Erben oder Vermächtnisnehmern ist von den Gesellschaftern dann keine Abfindung zu zahlen. Sollte der Abfindungsausschluss nicht zulässig sein, erhalten die Erben oder Vermächtnisnehmer nur den niedrigsten zulässigen Abfindungswert.] Die Gesellschafter können auch einstimmig einen nicht nachfolgeberechtigten Erben oder Vermächtnisnehmer als Nachfolger zulassen. Dieser Beschluss kann sowohl vor als auch nach dem Erbfall gefasst werden.

(3) Sind Vermächtnisnehmer gem. Absatz 1 Satz 1 zur Nachfolge in den Gesellschaftsanteil qualifiziert und weigert sich der Erbe, die Vermächtnisse zu erfüllen, so steht dem zur Nachfolge qualifizierten Vermächtnisnehmer das Recht zu, zu den Bedingungen der Mitgliedschaft des verstorbenen Gesellschafters seinen Eintritt in die Gesellschaft gegenüber den übrigen Gesellschaftern zu erklären. Die anderen Gesellschafter halten den Kapitalanteil des verstorbenen Gesellschafters dafür zunächst treuhänderisch. Erklärt der Vermächtnisnehmer seinen Eintritt nicht spätestens sechs Monate nach Aufforderung durch einen der Gesellschafter, wird die Gesellschaft von den übrigen Gesellschaftern ohne Abfindung der nicht zur Nachfolge qualifizierten Erben oder nicht eingetretenen Vermächtnisnehmer des verstorbenen Gesellschafters fortgesetzt. Der Anteil des verstorbenen Gesellschafters wächst den übrigen Gesellschaftern dann im Verhältnis ihrer Anteile an. Tritt der zur Nachfolge qualifizierte Vermächtnisnehmer in die Gesellschaft ein, so haben ihm die überlebenden Gesellschafter, wozu sie sich hiermit ihm gegenüber verpflichten, den bis dahin treuhänderisch gehaltenen Kapitalanteil des verstorbenen Gesellschafters unentgeltlich zu übertragen. Abfindungsansprüche der nicht zur Nachfolge qualifizierten Erben oder Vermächtnisnehmer des verstorbenen Gesellschafters gegen die Gesellschaft oder die Gesellschafter sind ausgeschlossen.

(4) Die Anordnung der Testamentsvollstreckung für Gesellschaftsanteile ist zulässig. Der oder die Testamentsvollstrecker können auch berechtigt werden, als Bevollmächtigte oder als Treuhänder der Erben oder Vermächtnisnehmer sämtliche Rechte aus dem Gesellschaftsanteil auszuüben. Für die treuhänderische Übertragung von Gesellschaftsanteilen auf Testamentsvollstrecker und die Rückübertragung auf die Erben oder Vermächtnisnehmer bedarf es der vorherigen Zustimmung der anderen Gesellschafter.

(5) Gegenüber der Gesellschaft gelten die zur Nachfolge qualifizierten Erben oder Vermächtnisnehmer erst dann als Gesellschafter, wenn sie als Gesellschafter im Handelsregister eingetragen sind. Eine von zur Nachfolge qualifizierten Erben oder Vermächtnisnehmern in Bezug auf das Gesellschaftsverhältnis vorgenommene Rechtshandlung gilt als von Anfang an wirksam, wenn sie zeitnah als Gesellschafter im Handelsregister eingetragen werden.

[optional bei KG:]

(6) Die persönlich haftenden Gesellschafter können testamentarisch oder zu Lebzeiten bestimmen, welcher Gesellschafter oder zur Nachfolge qualifizierte Erbe oder Vermächtnisnehmer nach deren Tod oder bereits vorher persönlich haftender Gesellschafter wird. Ansonsten wird die Gesellschaft nach dem Ausscheiden des letzten persönlich haftenden Gesellschafters von den übrigen Gesellschaftern grundsätzlich als KG fortgeführt, wobei der älteste Kommanditist die Komplementärstellung übernimmt, wenn die übrigen Gesellschafter nicht mit einfacher

Mehrheit einen anderen persönlich haftenden Gesellschafter wählen oder beschließen, die Gesellschaft in einer anderen Rechtsform fortzusetzen.

▲

156 Gerade bei der zweiten Generation können die Vorgaben aus dem Gesellschaftsvertrag des Familienpools, wonach oft nur Abkömmlinge dauerhaft als Gesellschafter vorgesehen sind, mit dem Wunsch der Ehegatten, sich wechselseitig zu Erben einzusetzen, kollidieren. Es muss dann durch die zusätzliche Anordnung von Vermächtnissen zugunsten der Abkömmlinge oder ersatzweise zugunsten der anderen Familienpoolangehörigen sichergestellt werden, dass die Vorgaben des Gesellschaftsvertrags eingehalten werden.

▼

157 **Muster 13.12: Vermächtnisregelung zur Einhaltung der Vorgaben aus dem Gesellschaftsvertrag eines Familienpools**

§   Vermächtnis über Vermögenswerte aus den jeweiligen Familien

(1) Der Erstversterbende der Ehegatten wendet jeweils die Vermögenswerte, die er aus seiner Familie zu Lebzeiten oder durch Verfügung von Todes wegen erhalten hat bzw. noch erhalten wird, den gemeinsamen Kindern zu gleichen Teilen per Vermächtnis zu. Sollte einer der Vermächtnisnehmer vorversterben oder aus einem sonstigen Grund nicht Vermächtnisnehmer werden, treten dessen Abkömmlinge entsprechend den Regeln über die gesetzliche Erbfolge an dessen Stelle. Weiter ersatzweise tritt Anwachsung ein. Sollten im Zeitpunkt des Todes keine gemeinsamen Abkömmlinge vorhanden sein, so sind jeweils die Geschwister der Ehegatten Ersatzvermächtnisnehmer, das heißt , geb. am , ist Ersatzvermächtnisnehmer beim Tod der Ehefrau und , geb. am , ist Ersatzvermächtnisnehmer beim Tod des Ehemannes. Weiter ersatzweise sind deren Abkömmlinge Ersatzvermächtnisnehmer.

(2) Die Vermögenswerte, die die Ehegatten aus ihren Familien zu Lebzeiten oder durch Verfügung von Todes wegen erhalten haben bzw. noch erhalten werden, sind bei der Ehefrau insbesondere die Beteiligung an der   GmbH & Co. KG (Amtsgericht   HRA) und die Immobilie   in . Bei dem Ehemann sind dies insbesondere die Beteiligung an der   GmbH & Co. KG (Amtsgericht   HRA) und die Immobilie   in . Als Vermögenswerte, die die Ehegatten aus ihren Familien zu Lebzeiten oder durch Verfügung von Todes wegen erhalten haben bzw. noch erhalten werden, gelten auch Surrogate, insbesondere Ersatzinvestitionen, Nachfolgeunternehmen und Tochterunternehmen, unabhängig von der verwendeten Rechtsform. Auch Guthaben auf Gesellschafterkonten oder Instandhaltungsrücklagen der vorbezeichneten Vermächtnisgegenstände werden per Vermächtnis zugewendet. Nicht von dem Vermächtnis umfasst sind Vermögensgegenstände, die die Ehegatten von den laufenden Erträgen der vorbezeichneten Vermögenswerte angeschafft haben.

[optional: Untervermächtnis für Enkelkinder]

(3) Die Kinder   und   sind jeweils mit dem Untervermächtnis belastet, jedem ihrer Kinder Vermögenswerte in Höhe der dann gültigen Erbschaftsteuerfreibeträge für Enkelkinder zu übertragen, zurzeit also jeweils Vermögenswerte i.H.v. 200.000 EUR. Es wird klarge-

stellt, dass sich die Vermächtnisse und Untervermächtnisse gegenständlich auf die jeweiligen Vermögenswerte beziehen, die der jeweilige Ehegatte aus seiner Familie erhalten hat.

[optional: Quotennießbrauch für länger lebenden Ehegatten]

(4) Der länger lebende Ehegatte erhält im Wege eines Untervermächtnisses einen Quotennießbrauch i.H.v. % der laufenden Erträge der Beteiligung des erstversterbenden Ehegatten an der Familie -KG (Amtsgericht HRA). Dem länger lebenden Ehegatten stehen im Umfang seiner Nießbrauchquote sämtliche auf den Vermächtnisgegenstand entfallenen laufenden Erträge zu. Die Stimmrechte werden allein von dem Vermächtnisnehmer ausgeübt, es sei denn, der Gesellschaftsvertrag enthält eine konkrete Regelung für die Ausübung der Stimmrechte (z.B. eine disquotale Stimmrechtsverteilung). Sollte der Vermächtnisgegenstand nach Erfüllung des Vermächtnisses veräußert werden, setzt sich der Nießbrauch nach Maßgabe der vorstehenden Regelungen in der von dem länger lebenden Ehegatten bestimmten Quote an den Erträgen des Veräußerungserlöses fort.

[alternativ: Nießbrauchoptionsrecht]

(5) Dem länger lebenden Ehegatten wird per Untervermächtnis das Recht eingeräumt, auf seine Lebenszeit durch einseitige Erklärung gegenüber dem Vermächtnisnehmer die Einräumung eines quotalen unentgeltlichen Nießbrauchs an bis zu % der laufenden Erträge der Beteiligung des Erblassers an der Familie -KG (Amtsgericht HRA) zu verlangen.

(6) Falls der länger lebende Ehegatte von dem Nießbrauchoptionsrecht Gebrauch macht, wird weiter vereinbart, dass dem länger lebenden Ehegatten im Umfang seiner Nießbrauchquote sämtliche auf den Vermächtnisgegenstand entfallenen laufenden Erträge zustehen. Die Stimmrechte werden allein von dem Vermächtnisnehmer ausgeübt, es sei denn, der Gesellschaftsvertrag enthält eine konkrete Regelung für die Ausübung der Stimmrechte (z.B. eine disquotale Stimmrechtsverteilung). Sollte der Vermächtnisgegenstand nach Erfüllung des Vermächtnisses veräußert werden, setzt sich der Nießbrauch nach Maßgabe der vorstehenden Regelungen in der von dem länger lebenden Ehegatten bestimmten Quote an den Erträgen des Veräußerungserlöses fort. Dies gilt auch für den Fall, dass wesentliche Vermögenswerte der Gesellschaft veräußert werden.

▲

6. Ehevertrags- und Pflichtteilsverzichtsklauseln

Gesellschaftsverträge von Familienpoolgesellschaften enthalten oft die Verpflich- 158
tung für verheiratete Gesellschafter, mit ihren Ehegatten einen **Ehevertrag** und **Pflichtteilsverzichtsvertrag** abzuschließen, der dem Schutz des Gesellschafters vor Ansprüchen des Ehepartners bezogen auf die Gesellschaftsbeteiligung dient und von den Verfügungsbeschränkungen des § 1365 BGB befreit. Ein fehlender oder nicht hinreichender Ehevertragsabschluss berechtigt dann meist zum Ausschluss des Gesellschafters aus der Gesellschaft.

a) Zulässigkeit

159 Soweit ersichtlich, wird aktuell (noch) nicht ernsthaft vertreten, dass Ehevertrags- und Pflichtteilsverzichtsklauseln in Gesellschaftsverträgen, die von Gesellschaftern zum Schutz des Gesellschafts- bzw. Familienvermögens den Abschluss von Ehe- und Pflichtteilsverzichtsverträgen verlangen, unwirksam sind. Aufgrund der aktuellen Tendenz der Rechtsprechung zur zunehmend kritischen Überprüfung von Ehe- und Pflichtteilsverzichtsverträgen sollte der Vertragsgestalter jedoch erhöhte Vorsicht walten lassen.

160 Gesellschaftsverträge unterliegen nur den allgemeinen Anforderungen der §§ 138 Abs. 1, 242 BGB. Im Rahmen der erforderlichen Gesamtwürdigung aller Umstände im Einzelfall sind sowohl die Interessen der Gesellschaft (bzw. der Gesamtheit der Gesellschafter) als auch die Interessen des einzelnen zum Abschluss eines Ehevertrags und Erb- oder Pflichtteilsverzichtsvertrags verpflichteten Gesellschafters wie auch diejenigen seines Ehegatten zu berücksichtigen. Im Rahmen der Gesellschaftsinteressen ist zu berücksichtigen, dass im Fall der Scheidung oder des Todes eines Gesellschafters nicht nur dieser selbst, sondern mittelbar auch die Gesellschaft von Ausgleichs- und Zahlungsansprüchen des Ehegatten betroffen ist. Das Interesse, die Gesellschaft in ihrer Substanz, ihrem Fortbestand und ihrer Liquidität vor diesen Ansprüchen zu schützen, ist grundsätzlich schützenswert.[157] Eine Klausel, die auf diesen Erwägungen beruht, verfolgt daher ein sachlich gerechtfertigtes Interesse, was grundsätzlich gegen eine Sittenwidrigkeit spricht.[158]

161 Allerdings sind ohne weiteres Fälle vorstellbar, in denen eine Gefährdung der Gesellschaft von vornherein ausgeschlossen werden kann (z.B. geringfügige Beteiligung mit geringem Wert, Nachweis ausreichenden Privatvermögens, aus dem die Ausgleichsforderung erfüllt werden kann, etc.).[159] Im Hinblick auf die Erforderlichkeit von Klauseln zur ehevertraglichen Modifizierung des gesetzlichen Güterstands der Zugewinngemeinschaft nach § 1363 BGB ist zu berücksichtigen, dass der Gesellschaftsanteil oftmals ohnehin zum Anfangsvermögen nach § 1374 BGB gehören wird, so dass sein Wert nicht in die Berechnung des ausgleichspflichtigen Zugewinns gem. §§ 1378, 1373 BGB einfließt. Auch im Rahmen des Erb- bzw. Pflichtteilsverzichts beschränkt sich das berechtigte Gesellschaftsinteresse darauf, die Gesellschaft aus der Erbschaft bzw. deren Wert aus der Berechnung des Pflichtteils herauszunehmen. Es wäre im Gesellschaftsinteresse also lediglich ein gegenständlich beschränkter Pflichtteilsverzicht erforderlich, der

157 BGH, Urt. v. 26.3.1997 – XII ZR 250/95, juris Rn 33 f.; *Brambring*, DNotZ 2008, 724, 729 f. m.w.N.

158 *Scherer*, BB 2010, 323, 326.

159 *Brambring*, DNotZ 2008, 724, 733.

den Wert der Gesellschaftsbeteiligung bei der Berechnung des Pflichtteils außer Betracht lässt.[160]

Im Hinblick auf den betroffenen Gesellschafter ist zu berücksichtigen, dass dieser zum Abschluss des Ehevertrags und Erb- oder Pflichtteilsverzichtsvertrags mit seinem Ehegatten verpflichtet ist und diesen dem Ehegatten gegenüber durchsetzen muss. Dies tangiert seine nach Art. 6 GG geschützt Freiheit zum Abschluss und zur Ausgestaltung seiner ehelichen Beziehung (zumindest geringfügig). Bei einer Nichterfüllung dieser Pflicht droht ihm der Ausschluss aus der Gesellschaft durch die anderen Gesellschafter. Dies kann insofern eine besonders harte Sanktion darstellen, als dass die Abfindungsansprüche beim Ausscheiden des Gesellschafters in der Regel beschränkt sind. Der Gesellschafter hat daher mit Blick auf Art. 14 Abs. 1 GG ein schutzwürdiges Interesse daran, dass bei der Ausschlussentscheidung die anderen Gesellschafter dazu verpflichtet sind, zu prüfen, ob der Ausschluss im Einzelfall gerechtfertigt ist.[161] An einer solchen sorgfältigen Prüfung hat nicht zuletzt die Gesellschaft selbst ein Interesse, da sich beim Ausscheiden des Gesellschafters wegen eines Verstoßes gegen die Ehevertrags- und Erb- oder Pflichtteilsverzichtsklausel wegen seines Abfindungsanspruchs gerade die Gefahren realisieren, vor denen die Klausel zu schützen sucht. 162

Schließlich sind die Interessen des von der Klausel mittelbar betroffenen Ehegatten zu berücksichtigen, der vor einer evidenten einseitigen Lastenverteilung im Rahmen der Ehe und deren Beendigung zu schützen ist. Eine rein einseitige Fixierung der Klausel auf die Gesellschaftsinteressen, die die Bedürfnisse des Ehegatten vollkommen außer Acht lässt, könnte zu einem Verstoß gegen § 138 Abs. 1 BGB führen.[162] 163

Dabei ist zu berücksichtigen, dass der BGH in einer Entscheidung aus 2017 zur Inhaltskontrolle eines Ehevertrags in einer sog. Unternehmerehe zwar nicht das berechtigte Interesse des Unternehmer-Ehegatten aberkannt hat, das Vermögen des Erwerbsbetriebs einem möglicherweise existenzbedrohenden Zugriff im Scheidungsfall zu entziehen und damit nicht nur für den Unternehmer, sondern letztlich für die Familie die Lebensgrundlage zu erhalten sowie Arbeitsplätze zu sichern.[163] Im Hinblick auf die Wirksamkeit des Unterhaltsverzichts statuierte der BGH allerdings ausdrücklich, dass sowohl das Interesse des Unternehmensschutzes als auch das Verlangen der Mutter des Ehemannes, die die Übertragung von Gesellschaftsanteilen vom Abschluss des Ehevertrags abhängig machte, diesen nicht zu rechtfertigen vermochten.[164] Auch darüber hinaus kann die Entschei- 164

160 *Brambring*, DNotZ 2008, 724, 736.

161 *Brambring*, DNotZ 2008, 724, 733 f.

162 *Scherer*, BB 2010, 323, 326.

163 BGH, Beschl. v. 15.3.2017 – XII ZB 109/16, juris Rn 36 m.w.N.; *Reetz*, DNotZ 2017, 809, 820 f.

164 BGH, Beschl. v. 15.3.2017 – XII ZB 109/16, juris Rn 45.

dung des BGH so verstanden werden, dass – anders als bei der Betrachtung der ehevertraglichen Einzelregelungen – im Rahmen einer Gesamtbetrachtung der ehevertraglichen Klauseln das rechtfertigende Interesse am Unternehmensschutz die berechtigten Belange der Versorgungs- und Existenzsicherung des Nichtunternehmer-Ehegatten nicht oder nicht vollständig überspielen kann.[165] Der BGH hat damit das Gewicht des Interesses am Unternehmensschutz erheblich relativiert, was auch im Rahmen der Überprüfung der Ehevertragsklausel im Gesellschaftsvertrag zu berücksichtigen ist.

b) Gestaltungsempfehlung

165 Mit Blick auf die schützenswerten Interessen der Gesellschaft ist es zulässig und sinnvoll, überhaupt eine Ehevertrags- und Pflichtteilsverzichtsklausel in den Gesellschaftsvertrag aufzunehmen. Bei deren Ausgestaltung sollte jedoch darauf geachtet werden, das Gesellschaftsinteresse nicht in überschießendem Maße zu verwirklichen. Gerade wegen der gesteigerten Anforderungen an die Wirksamkeits- und Ausübungskontrolle von Eheverträgen in der höchstrichterlichen Rechtsprechung sollte bereits in der Ehevertragsklausel nicht allein auf das Gesellschaftsinteresse abgestellt werden, sondern auch eine hinreichende Absicherung des anderen Ehegatten ermöglicht werden. Im Hinblick auf geforderte Pflichtteilsverzichte sollte darauf geachtet werden, dass nur gegenständlich beschränkte Pflichtteilsverzichte gefordert werden.

166 Die Möglichkeit des Ausschlusses des Gesellschafters als Sanktion für eine mangelnde Regelung mit dem Ehegatten sollte mit Blick auf die Interessen des betroffenen Gesellschafters, aber auch der Gesellschaft selbst, in der Weise geregelt werden, dass der Ausschluss nicht schematisch und übereilt erfolgt, sondern die ultima ratio im Einzelfall darstellt. Dazu könnte dem Gesellschafter zunächst das Recht zugestanden werden, im Rahmen einer Anhörung darzulegen, warum im Einzelfall auch ohne Regelung mit dem Ehegatten eine Gefährdung der berechtigten Interessen der Gesellschaft ausgeschlossen ist. Die übrigen Gesellschafter wären dann auf Grundlage dieses Vorbringens zu einer ermessensgerechten Entscheidung über den Ausschluss berufen.

▼

167 **Muster 13.13: Ehevertrags- und Pflichtteilsverzichtsklausel im Gesellschaftsvertrag**

§ Ehelicher Güterstand/Pflichtteilsverzicht/Vollmacht

(1) Verheiratete Gesellschafter sind verpflichtet, mit ihrem Ehegatten geeignete vertragliche Regelungen zu treffen, die dem Schutz des Gesellschafters sowie dem langfristigen Fortbestand der Gesellschaft dienen, indem Ansprüche des Ehepartners bezogen auf die Gesellschaftsbeteiligung und eventuelle Surrogate, Nebenrechte sowie der Gesellschaft langfristig zur Nutzung überlassene Vermögensgegenstände ausgeschlossen sind. Zudem ist sicherzustellen, dass der

165 BGH, Beschl. v. 15.3.2017 – XII ZB 109/16, juris Rn 45; *Reetz*, DNotZ 2017, 809, 821.

Gesellschafter diesbezüglich stets alleine verwaltungs- und verfügungsbefugt ist. Bei der Vertragsgestaltung ist dem schutzwürdigen Interesse des Ehepartners an einer hinreichenden Absicherung Rechnung zu tragen und insbesondere darauf zu achten, dass die vertraglichen Regelungen in einem fairen und transparenten Verfahren wirksam zustande kommen und an veränderte Umstände angepasst werden. Der Gesellschafter genügt den Anforderungen dieser Satzung regelmäßig, wenn er mit seinem Ehegatten einen gegenständlich beschränkten Zugewinn- und Pflichtteilsverzicht abschließt, wonach der Wert der Gesellschaftsbeteiligung und eventueller Surrogate, Nebenrechte sowie der Gesellschaft langfristig zur Nutzung überlassener Vermögensgegenstände nicht in die Berechnung von Zugewinn- und Pflichtteilsansprüchen einfließt.

(2) Eine Befreiung von der vorstehenden Verpflichtung kann die Gesellschafterversammlung vor oder nach der Hochzeit des Gesellschafters mit einfacher Mehrheit aussprechen.

(3) Volljährige Gesellschafter sind zudem verpflichtet, durch die Errichtung einer notariellen Vollmacht sicherzustellen, dass auch im Falle der Geschäftsunfähigkeit die Handlungsfähigkeit auch ohne die Einrichtung einer gerichtlichen Betreuung sichergestellt ist.

(4) Erfüllt ein Gesellschafter die vorstehenden Verpflichtungen nicht innerhalb von sechs Monaten, nachdem er von der Geschäftsführung in vertretungsberechtigter Anzahl durch eingeschriebenen Brief oder eine vergleichbare Zustellungsart hierzu aufgefordert worden ist, so kann der Gesellschafter durch Beschluss mit einfacher Mehrheit, wobei der betroffene Gesellschafter nicht stimmberechtigt ist, aus der Gesellschaft ausgeschlossen werden. Dem Gesellschafter steht das Recht zu, sich in einer schriftlichen oder mündlichen Anhörung zu äußern und insbesondere darzulegen, warum im Einzelfall ausnahmsweise sachliche Gründe für das vorgeworfene Verhalten bestehen und warum trotz mangelnder unmittelbarer Behebung des Ausschlussgrundes eine Gefährdung der berechtigten Interessen der Gesellschaft ausgeschlossen ist. Die übrigen Gesellschafter treffen ihren Beschluss unter ermessensgerechter Berücksichtigung dieses Vorbringens. Eine Befreiung von der vorstehenden Verpflichtung kann die Gesellschafterversammlung vor oder nach der Hochzeit des Gesellschafters mit einfacher Mehrheit aussprechen.

(5) Die vorstehenden Verpflichtungen gelten auch für gleichgeschlechtliche Partnerschaften sowie sonstige Partnerschaften nach in- und ausländischen Rechtsordnungen, die zu Ansprüchen führen können, die mit den deutschen Zugewinn- und Pflichtteilsansprüchen vergleichbar sind. Eine nachträgliche Änderung oder Aufhebung der vorstehend geforderten Regelungen haben die Gesellschafter unaufgefordert der Geschäftsführung mitzuteilen. Die vorstehenden Verpflichtungen gelten auch, wenn ein Gesellschafter nur mittelbar an der Gesellschaft beteiligt ist.

[optional:]

(6) Zum Schutz der Gesellschaft vor einer ungewollten Öffentlichkeit soll in dem Ehevertrag vereinbart werden, dass alle Informationen über die Gesellschaft gegenüber Dritten stets vertraulich zu behandeln sind. Die Einhaltung der Vertraulichkeitsregelung soll möglichst durch eine angemessene Vertragsstrafe sichergestellt werden.

▲

V. Übertragung von Anteilen am Familienpool

1. Allgemeines

168 Nach der Gründung des Familienpools können weitere Gesellschafter durch Abtretung von Gesellschaftsanteilen in den Familienpool aufgenommen werden. Auch in diesem Zusammenhang können sich je nach Rechtsform und steuerlicher Qualifikation besondere Anforderungen und Fragestellungen ergeben.

2. Übertragung von Anteilen an vermögensverwaltenden Personengesellschaften

a) Zivilrechtliche Aspekte

aa) Besteht Beurkundungspflicht?

169 GbR-Anteile können privatschriftlich übertragen werden, ebenso im Grundsatz Anteile an einer KG. Werden bei einer GmbH & Co. KG neben den Kommanditanteilen allerdings auch GmbH-Anteile übertragen, kann sich insgesamt eine Beurkundungspflicht ergeben (§ 15 Abs. 3 GmbHG, §§ 125, 139 BGB).

bb) Ergänzungspfleger erforderlich?

170 KG-Anteile werden meist im Wege der Sonderrechtsnachfolge übertragen, damit die Haftung des Kommanditisten nicht wiederauflebt. Wie in Rdn 73 dargestellt, ist auch bei der Übertragung von voll eingezahlten Kommanditanteilen auf Minderjährige regelmäßig kein Ergänzungspfleger erforderlich.

cc) Familiengerichtliche Genehmigung erforderlich?

171 Wie in Rdn 75 dargestellt, ist bei der Übertragung von Gesellschaftsanteilen einer vermögensverwaltenden Gesellschaft auch keine familiengerichtliche Genehmigung erforderlich.

dd) Sicherung der Einflussnahme der Übergeber

172 Durch eine entsprechende Ausgestaltung von Widerrufs- und Rücktrittsrechten in den Schenkungsverträgen kann für in dem Übertragungsvertrag definierte Rückforderungstatbestände eine zielgenaue „Störfallvorsorge" erreicht werden.[166] Abgesichert wird die Rückübertragung dadurch, dass Übergeber und Übernehmer bereits in dem Abtretungsvertrag aufschiebend bedingt auf den wirksamen Widerruf der Übertragung die Rückübertragung des Gesellschaftsanteils auf den Übergeber vereinbaren. Einen Schutz vor Zwischenverfügungen bietet insoweit § 161 BGB.

---

166 Vgl. hierzu ausf. Viskorf/*Escher*, Familienunternehmen in der Nachfolgeplanung, S. 355 ff.

Bei einer GmbH & Co. KG ergibt sich durch (ggf. überquotalen) Rückbehalt der Anteile an der Komplementär-GmbH (soweit es sich nicht um eine Einheits-KG handelt, die GmbH-Anteile also von der KG selbst gehalten werden) die Möglichkeit, dem Schenker eine zusätzliche Möglichkeit zur Einflussnahme zu sichern. In der Satzung der Komplementär-GmbH kann ihm ein satzungsmäßiges Sonderrecht auf Ausübung der Geschäftsführung in der GmbH eingeräumt werden. Die Kommanditisten sind hingegen im Grundsatz von der Geschäftsführung ausgeschlossen und somit nicht gegenüber der Komplementär-GmbH weisungsbefugt, auch nicht in Form eines Gesellschafterbeschlusses.[167] Der Schenker hat bei Entscheidungen in der Komplementär-GmbH daher lediglich den Gesellschaftsvertrag, eine etwaige Geschäftsordnung sowie gesellschaftsrechtliche Treuepflichten zu berücksichtigen und kann Entscheidungen im Übrigen nach freiem Ermessen treffen. Schon um eine „gewerbliche Prägung“ (§ 15 Abs. 3 Nr. 2 EStG) der GmbH & Co. KG auch nach der Anteilsschenkung zu vermeiden, sollte jedenfalls der Schenker aber daneben auch unmittelbar zur Geschäftsführung der KG befugt sein, sei es als weiterer Komplementär oder als Kommanditist mit einer vertraglich eingeräumten Geschäftsführungsbefugnis. Bei Rückbehalt einer wenigstens kleinen, persönlich gehaltenen Komplementär- oder Kommanditbeteiligung kann die Rechtsposition des Schenkers zudem dadurch abgesichert werden, dass für wichtige Beschlüsse die Zustimmung des Schenkers gesellschaftsvertraglich vorgeschrieben wird. So kann insbesondere verhindert werden, dass die Gesellschafterversammlung der GmbH & Co. KG (im Wege einer Vertragsänderung) über die Abberufung der Komplementär-GmbH als Geschäftsführerin oder die Aufhebung der Geschäftsführungsbefugnis des Schenkers als geschäftsführender Kommanditist entscheidet. 173

b) Schenkungsteuerliche Aspekte

Werden Anteile eines Familienpools durch Schenkung übertragen, so unterliegt der Erwerb im Grundsatz der deutschen Erbschaft- bzw. Schenkungsteuer, wenn der Schenker und/oder der Erwerber in Deutschland ansässig ist (§ 2 Abs. 1 Nr. 1 ErbStG). Ist kein Beteiligter in Deutschland ansässig, kann sich eine beschränkte Erbschaft- oder Schenkungsteuerpflicht ergeben, soweit zum Erwerb in Deutschland belegenes Vermögen gehört (§ 2 Abs. 1 Nr. 3 ErbStG i.V.m. § 121 BewG), insbesondere in Deutschland belegene Immobilien oder Anteile an inländischen Kapitalgesellschaften bei einer Beteiligung von mindestens 10 %. Für eine Übertragung an Familienangehörige können persönliche Freibeträge in Anspruch genommen werden (§ 16 ErbStG), wobei Vermögensübertragungen zwischen denselben Personen innerhalb von zehn Jahren zusammengerechnet werden (§ 14 ErbStG). Der Steuertarif steigt mit dem Wert des steuerpflichtigen Erwerbs an und ist im Übrigen abhängig vom Verwandtschaftsverhältnis der Beteiligten untereinander (§ 19 Abs. 1 ErbStG). 174

167 Vgl. Hopt/*Roth*, HGB, § 164 Rn 1 m.w.N.

175 Vermögensverwaltende Personengesellschaften sind erbschaft-/schenkungsteuerlich „transparent“; das gilt sowohl für Zuwendungen an bzw. durch die Gesellschaft (siehe nach Inkrafttreten des MoPeG jetzt klarstellend § 2a ErbStG) als auch für die Zuwendung von Gesellschaftsanteilen. Der Erwerb eines Anteils gilt daher als anteiliger Erwerb der zum Gesellschaftsvermögen gehörenden Wirtschaftsgüter, also z.B. der Immobilien, Beteiligungen oder Wertpapiere, deren gemeiner Wert jeweils zum Stichtag der Anteilsübertragung einzeln zu ermitteln ist (§ 12 ErbStG i.V.m. §§ 9 ff. BewG). Schulden und Lasten der Gesellschaft sind bei der Ermittlung der für die Bemessung der Erbschaft-/Schenkungsteuer maßgeblichen Bereicherung des Erwerbers wie eine Gegenleistung abzuziehen (§ 10 Abs. 1 S. 4 ErbStG), so dass steuerliche Bemessungsgrundlage im Ergebnis nur der Netto-Vermögenserwerb ist.[168] Der Erwerber wird folglich so behandelt, als hätte er das zum Gesellschaftsvermögen gehörende Vermögen (nebst etwaiger Gesellschaftsschulden) anteilig erworben. Zum Gesellschaftsvermögen gehörende Immobilien etwa sind hierzu nach den Regeln des BewG einzeln zu bewerten (§§ 176 ff. BewG) und die Werte sind gesondert festzustellen (§ 151 Abs. 1 Nr. 1 BewG). Den anteilig erworbenen Immobilien steht bereicherungsmindernd der Wert der anteilig erworbenen Gesellschaftsverbindlichkeiten gegenüber, wodurch die schenkungsteuerliche Bemessungsgrundlage ggf. erheblich reduziert werden kann.[169] Entsprechende Verbindlichkeiten können z.B. auch durch entgeltliche Übertragung von Immobilien auf die Gesellschaft gegen Stundung der Kaufpreisforderung geschaffen werden.[170] Eine Anwendung der besonderen Verschonungsregeln für unternehmerisches Vermögen (§§ 13a, 13b, 13c, 28a ErbStG) scheidet bei vermögensverwaltenden Personengesellschaften hingegen von vornherein aus. Soweit zum Vermögen der Gesellschaft allerdings zu Wohnzwecken vermietete Grundstücke im Inland oder im EU-/EWR-Gebiet gehören, kann ein Bewertungsabschlag von 10 % vorgenommen werden (§ 13d ErbStG).

176 Eine Minderung der schenkungsteuerlichen Bemessungsgrundlage kann zudem durch Vereinbarung eines Nießbrauchsvorbehalts erreicht werden.[171] Mittels des Nießbrauchs behält sich der Schenker des Anteils das Recht vor, die laufenden

168 Vgl. hierzu Daragan/Halaczinsky/Riedel/*Uricher*, ErbStG und BewG, § 10 ErbStG Rn 29.

169 Stehen die Verbindlichkeiten in wirtschaftlichem Zusammenhang mit vermieteten Wohnimmobilien, die gem. § 13d ErbStG nur mit 90 % ihres Werts anzusetzen sind, so sind auch die Verbindlichkeiten nur mit 90 % in Abzug zu bringen, § 10 Abs. 6 S. 5 ErbStG.

170 Zu beachten ist in diesem Zusammenhang allerdings, dass die hieraus resultierende Forderung ggf. in vollem Umfang der Erbschaftsteuer unterliegen würde. Die Belastung vermieteter Wohnimmobilien i.S.d. § 13d ErbStG mit einer Forderung des Einbringenden kann sich vor diesem Hintergrund nachteilig auswirken; vgl. auch *Schimpfky*, ZEV 2013, 662, 664.

171 Zur Bestellung eines Nießbrauchs an Personengesellschaftsanteilen vgl. *Wälzholz*, DStR 2010, 1786.

Erträge aus dem übertragenen Anteil zu ziehen.[172] Der Kapitalwert eines lebenslang vorbehaltenen Nießbrauchsrechts ist unter Berücksichtigung der durchschnittlichen Höhe der auf den Nießbraucher entfallenden Beträge (Jahreswert der Nutzungen, §§ 15, 16 BewG) und eines sich nach der statistischen Lebenserwartung des Nießbrauchers richtenden Multiplikators zu ermitteln (§ 14 Abs. 1 BewG).[173] Der so ermittelte Kapitalwert des Nießbrauchs mindert ähnlich einer vom Beschenkten übernommenen Gegenleistung den steuerpflichtigen Erwerb des Beschenkten (§ 10 ErbStG).[174]

c) Ertragsteuerliche Aspekte

Die vermögensverwaltende Personengesellschaft ist ertragsteuerlich transparent, 177
die von der Gesellschaft gehaltenen Wirtschaftsgüter werden den Gesellschaftern anteilig nach Bruchteilen zugerechnet (§ 39 Abs. 2 Nr. 2 AO). Für Zwecke der Einkommensteuer wird die Anteilsschenkung also so behandelt, als würden anteilig die von der Gesellschaft gehaltenen Vermögensgegenstände verschenkt. Dies vollzieht sich im Grundsatz steuerneutral, d.h. der Beschenkte tritt (ggf. anteilig) in die Anschaffungskosten des Schenkers in Bezug auf die einzelnen Vermögensgegenstände ein.[175]

Nicht abschließend geklärt sind die steuerlichen Folgen, wenn zum Gesellschafts- 178
vermögen neben „steuerverstricktem Vermögen" (z.B. Immobilien innerhalb der Zehnjahresfrist des § 23 EStG) zum Schenkungszeitpunkt auch Gesellschaftsschulden gehören. Wie vorstehend dargelegt, wird im Fall einer Anteilsschenkung die schenkungsteuerliche Bemessungsgrundlage durch Verbindlichkeiten der vermögensverwaltenden Personengesellschaft reduziert; das Schenkungsteuerrecht fingiert insoweit eine teilentgeltliche Übertragung (§ 10 Abs. 1 S. 4 ErbStG). Fraglich ist, ob aufgrund des wirtschaftlichen Übergangs der Gesellschaftsschulden auf den Beschenkten (Bruchteilsbetrachtung, § 39 Abs. 2 Nr. 2 AO) auch für einkommensteuerliche Zwecke von einer teilentgeltlichen Übertragung auszugehen ist. In diesem Fall könnte es auf Seiten des Anteilsschenkers ggf. zu einem steuerpflichtigen Veräußerungsgeschäft i.S.d. § 20 Abs. 2 EStG (Wertpapiere) oder § 23 EStG (Immobilien) kommen; auf Seiten des Beschenkten könnten

---

172 Vgl. hierzu *Wälzholz*, DStR 2010, 1930, 1932. Unter Berücksichtigung der ggf. hohen Abschreibungen bietet es sich u.U. an, den Nießbrauch nicht auf den entnahmefähigen Gewinnanteil zu beziehen, sondern auf den tatsächlichen Cash Flow; vgl. *Schimpfky*, ZEV 2013, 662, 667.

173 Der Kapitalwert ist hierbei umso höher, je jünger der Nießbraucher ist; vgl. hierzu Daragan/Halaczinsky/Riedel/*Daragan*, ErbStG und BewG, § 14 BewG Rn 1 ff.

174 Bei wirtschaftlichem Zusammenhang mit vermieteten Wohnimmobilien, für die der verminderte Wertansatz gem. § 13d ErbStG zur Anwendung kommt, kann der Kapitalwert des Nießbrauchs nur anteilig abgezogen werden, vgl. § 10 Abs. 6 S. 5 ErbStG.

175 Vgl. für Kapitalvermögen § 20 Abs. 4 S. 6 EStG; für „steuerverstrickte" Immobilien vgl. § 23 Abs. 1 S. 3 EStG; für Anteile i.S.d. § 17 EStG vgl. § 17 Abs. 2 S. 5 EStG.

korrespondierend Anschaffungskosten und daher potentiell eine Erhöhung der AfA-Bemessungsgrundlage für zum Gesellschaftsvermögen gehörende Immobilien anzunehmen sein.[176] Nach Ansicht des BFH erhöhen die Gesellschaftsschulden das maßgebliche Entgelt und daher auch die AfA-Bemessungsgrundlage des Erwerbers zumindest dann, wenn eindeutig ein entgeltlicher Anteilserwerb vorliegt und der Erwerber für die Gesellschaftsschulden (wie bei einer GbR) auch persönlich haftet.[177] Offen ist hingegen, ob die bloße Existenz von Gesellschaftsschulden auch bei einer bloßen Anteilsschenkung (ohne jede Barzahlungskomponente) zur Annahme eines teilentgeltlichen Geschäfts führen würde. Die besseren Gründe sprechen dafür, dass in diesem Fall nicht allein aufgrund der Bruchteilsbetrachtung von einer tatbestandlichen Veräußerung i.S.d. § 23 EStG ausgegangen werden kann; denn eine Schenkung ist eben keine „Veräußerung“, wie sie der Tatbestand des § 23 Abs. 1 S. 4 oder des § 20 Abs. 2 S. 3 EStG erfordert.[178] Jedenfalls aber dürfte im Fall der Übertragung eines Kommanditanteils an einer KG oder GmbH & Co. KG aufgrund der beschränkten Haftung (§ 171 HGB) nicht davon auszugehen sein, dass allein die Existenz von Gesellschaftsschulden zu einem (teil)entgeltlichen Veräußerungsgeschäft des Schenkers führt. Dies dürfte mangels eines vom Erwerber aufgewandten Entgelts weiterhin zu verneinen sein.[179]

d) Grunderwerbsteuerliche Aspekte

179 Das GrEStG unterstellt bei einer Personengesellschaft, die inländischen Grundbesitz hält, einen der Grunderwerbsteuer unterliegenden Grundstückserwerb durch eine neue Personengesellschaft, wenn sich innerhalb von fünf Jahren der Gesellschafterbestand unmittelbar oder mittelbar dergestalt ändert, dass mindestens 90 % der Anteile am Gesellschaftsvermögen auf neue Gesellschafter übergehen (§ 1 Abs. 2a GrEStG).[180] Allerdings können auch in diesem Zusammenhang die üblichen Steuerbefreiungen gem. § 3 GrEStG eingreifen.[181] Befreit sind daher insbesondere Anteilsübergänge von Todes wegen oder aufgrund Schenkung unter Lebenden (§ 3 Abs. 1 Nr. 2 ErbStG). Zu beachten ist in diesem Zusammenhang allerdings, dass die Befreiung für unentgeltliche Übertragungen nicht eingreift,

---

176 In diesem Sinne *Hans*, Stbg 2019, 251, 266; *Steben*, GStB 2015, 432, 438.

177 BFH, Urt. v. 3.5.2022 – IX R 22/19, BFH/NV 2022, 1244.

178 Vgl. ausf. *Escher/Weiten*, DStR 2020, 2478; im Ergebnis auch *Kotzenberg/Riedel*, Ubg 2020, 332, 336; jetzt auch Schmidt/*Levedag*, EStG, § 23 Rn 46; BeckOK EStG/*Trossen*, § 23 Rn 244.3; Korn/*Bodden*, EStG, § 15 Rn 327; *Ratschow*, HFR 2022, 1017; offen *Dorn/Stein*, GmbHR 2025, 687, 693.

179 Vgl. auch BeckOK EStG/*Trossen*, § 23 Rn 293; in diesem Sinne auch bereits BFH, Urt. v. 6.9.2016 – IX R 27/15, BStBl II 2018, 335; vgl. auch *Riedel*, FR 2020, 264; *Escher/Weiten*, DB 2022, 473.

180 Diese Quote wurde ab dem 1.7.2021 von zuvor 95 % gesenkt; vgl. hierzu BT-Drucks 19/28528 v. 15.4.2021.

181 Gleichl. Ländererl. v. 10.5.2022, BStBl I 2022, 801, Tz 9.

soweit Anteile unter Nießbrauchsvorbehalt oder einer anderen erbschaft-/schenkungsteuerlich abzugsfähigen Auflage übertragen werden (§ 3 Abs. 1 Nr. 2 S. 2 ErbStG); jedenfalls in Höhe des Werts der abzugsfähigen Auflage greift die Steuerbefreiung des § 3 Abs. 1 Nr. 2 ErbStG nicht ein. Gleichwohl kann die Anteilszuwendung auch in diesem Fall einer anderen Steuerbefreiung unterliegen, etwa derjenigen für Übertragungen an Ehegatten (§ 3 Nr. 4 GrEStG) oder an in gerader Linie verwandte Personen (§ 3 Nr. 6 GrEStG).

Zu beachten ist ferner, dass aus der Einbringung der Immobilien in den Familienpool noch eine Frist laufen kann, die durch eine nachfolgende Anteilsschenkung verletzt werden und zur Auslösung von Grunderwerbsteuer führen kann. So wird eine Grunderwerbsteuer bei Einbringung von Immobilien in eine Personengesellschaft in Höhe des Anteils nicht erhoben, zu dem der Einbringende am Vermögen der Gesellschaft beteiligt ist (§ 5 Abs. 2 GrEStG).[182] Es kommt jedoch nachträglich zur Besteuerung des Einbringungsvorgangs, soweit sich der Anteil des Einbringenden an der Gesellschaft innerhalb von zehn Jahren[183] nach der Einbringung der Immobilie vermindert (§ 5 Abs. 3 GrEStG). Zu einer Verletzung der Sperrfrist kommt es allerdings nicht, soweit die Anteilsübertragung ihrerseits durch einen Befreiungstatbestand des § 3 GrEStG privilegiert wäre; insbesondere eine Anteilsschenkung (ohne schenkungsteuerlich abzugsfähige Auflage, § 3 Nr. 2 S. 1 GrEStG) bzw. eine Anteilsübertragung auf den Ehegatten (§ 3 Nr. 4 GrEStG) oder Verwandte in gerader Linie (§ 3 Nr. 6 GrEStG) könnten daher auch kurz nach der Immobilieneinbringung vollzogen werden, ohne hierdurch einen Sperrfristverstoß auszulösen.[184] Problematisch in diesem Zusammenhang sind jedoch etwa Anteilsschenkungen an Nichten und Neffen unter Nießbrauchsvorbehalt. 180

3. Übertragung von Anteilen an gewerblich geprägten Personengesellschaften

a) Zivilrechtliche Aspekte

Zivilrechtlich sind gegenüber der Übertragung von Anteilen an einer vermögensverwaltenden Personengesellschaft keine Besonderheiten zu berücksichtigen. Es sollte aber möglichst darauf geachtet werden, dass der Gegenstand der Gesellschaft vorsieht, dass nur eigenes Vermögen verwaltet werden darf, denn sollte die Gesellschaft nicht nur eigenes Vermögen verwalten, sondern eine originär gewerbliche Tätigkeit ausüben, führt § 1852 Nr. 1 BGB auch bei einem unentgeltlichen Erwerb des Anteils zu einer Genehmigungsbedürftigkeit durch das Famili- 181

182 Soweit neben dem Einbringenden andere Personen am Vermögen der Gesellschaft beteiligt sind, können jedoch insbesondere personenbezogene Befreiungstatbestände eingreifen, z.B. diejenigen für Ehegatten (§ 3 Nr. 4 GrEStG) oder in gerader Linie verwandte Personen (§ 3 Nr. 6 GrEStG); vgl. hierzu gleichl. Ländererl. v. 5.3.2024, BStBl I 2024, 410, Tz 5.

183 Diese Frist wurde ab dem 1.7.2021 von fünf Jahren auf zehn Jahre verlängert; vgl. hierzu BT-Drucks 19/28528 v. 15.4.2021.

184 Vgl. hierzu gleichl. Ländererl. v. 5.3.2024, BStBl I 2024, 410, Tz 7.4.1 f.

engericht. Sollte sich das Handelsregister auf den Standpunkt stellen, dass eine familiengerichtliche Genehmigung erforderlich ist, stellt dies aber auch kein Problem dar, denn die Genehmigung darf nur bei einer konkreten Gefährdung des Minderjährigen versagt werden. Bei einer Kommanditgesellschaft oder auch einer GmbH stellen weder der Gesellschaftsvertrag noch der Anteilsübertragungsvertrag eine konkrete Gefährdung dar, da eine persönliche Haftung des Minderjährigen ausgeschlossen ist. Der Minderjährige kann höchstens seine Einlage verlieren, die er aber nicht aus eigenen Mitteln aufbringen muss. Demgegenüber stellt die Beteiligung des Minderjährigen an dem Familienpool eine erhebliche Gewinnchance dar und ist daher regelmäßig vom Familiengericht zu genehmigen.[185]

182 Auch bei einer gewerblich geprägten GmbH & Co. KG bietet es sich an, dass der Schenker die Anteile an der Komplementär-GmbH (soweit es sich nicht um eine Einheits-KG handelt) vollständig oder jedenfalls überquotal zurückbehält. Auch hier sollte sich der Schenker neben der Beteiligung an der Komplementär-GmbH stets wenigstens auch einen kleinen Kommanditanteil zurückbehalten, ggf. in Kombination mit einem gesellschaftsvertraglichen Mehrstimmrecht oder Vetorecht zugunsten des Schenkers in der Gesellschafterversammlung der KG. Auch aus steuerlicher Sicht ist dem Schenker zu empfehlen, sich neben dem Komplementäranteil (steuerliches Sonderbetriebsvermögen) auch einen Teil seiner Kommanditbeteiligung zurückzubehalten, damit die umfassend ertragsteuerneutrale Übertragung der Kommanditbeteiligung nicht gefährdet wird (§ 6 Abs. 3 EStG).[186]

b) Schenkungsteuerliche Aspekte

183 Bei einer gewerblichen Personengesellschaft (z.B. einer gewerblich geprägten GmbH & Co. KG) ist Erwerbs- und Bewertungsgegenstand aus Sicht des Erbschaft- und Schenkungsteuerrechts im Grundsatz der Gesellschaftsanteil selbst. Hier ist der Gesamtwert des Betriebsvermögens grundsätzlich nach den Regeln des BewG zu ermitteln (unter Berücksichtigung der Ertragsaussichten oder einer anderen marktüblichen Methode, §§ 109 Abs. 1, 95 Abs. 1 i.Vm. § 11 Abs. 2 BewG) und sodann auf dieser Grundlage der Wert des übertragenen Anteils zu bestimmen (§ 97 Abs. 1a BewG). Für nicht-betriebsnotwendige Immobilien des Gesellschaftsvermögens hat eine Einzelbewertung zu erfolgen (§ 200 Abs. 2 BewG).

184 Handelt es sich bei dem Familienpool um eine im steuerlichen Sinne gewerbliche Personengesellschaft (etwa eine gewerblich geprägte GmbH & Co. KG), so

185 OLG Jena, Beschl. v. 22.3.2013 – 2 WF 26/13, ZEV 2013, 521.

186 Andernfalls käme es anlässlich der vollständigen Übertragung des Kommanditanteils zur steuerlichen Entnahme des Komplementäranteils aus dem Sonderbetriebsvermögen, wodurch ggf. stille Reserven aufgedeckt werden können (§ 6 Abs. 1 Nr. 4 EStG).

könnte der Anteil an dieser Gesellschaft zwar im Grundsatz zum begünstigungsfähigen unternehmerischen Vermögen gehören, für welches unter bestimmten Voraussetzungen weitgehende Steuerbefreiungen bis zu 100 % gewährt werden können (§§ 13a, 13b, 13c, 28a ErbStG).[187] Allerdings nimmt sog. Verwaltungsvermögen im Grundsatz nicht an einer steuerlichen Verschonung des unternehmerischen Vermögens teil (§ 13b Abs. 2 S. 1 ErbStG).[188] Besteht das Vermögen der Gesellschaft im Übertragungszeitpunkt zu mindestens 90 % aus sog. Verwaltungsvermögen, kommt eine steuerliche Verschonung insgesamt nicht in Betracht (§ 13b Abs. 2 S. 2 ErbStG). Zum sog. Verwaltungsvermögen gehören aber gerade diejenigen Vermögensgegenstände, die typischerweise über den Familienpool gehalten werden, also insbesondere fremdvermietete Immobilien (§ 13b Abs. 4 Nr. 1 S. 1 ErbStG), Streubesitzanteile an Kapitalgesellschaften (§ 13b Abs. 4 Nr. 2 ErbStG), Wertpapiere und vergleichbare Forderungen (§ 13b Abs. 4 Nr. 4 ErbStG) sowie Forderungen und andere Finanzmittel (§ 13b Abs. 4 Nr. 5 ErbStG). Vor diesem Hintergrund wird eine Anwendung der besonderen Verschonungsregeln für unternehmerisches Vermögen in den hier relevanten Konstellationen regelmäßig ausscheiden.[189]

Kein Verwaltungsvermögen sind allerdings vermietete Immobilien, die zum (gesamthänderisch gebundenen) Betriebsvermögen einer Personengesellschaft (oder einer Kapitalgesellschaft) gehören, deren Hauptzweck in der Vermietung von Wohnungen i.S.d. § 181 Abs. 9 BewG besteht und dessen Erfüllung einen kaufmännisch eingerichteten Geschäftsbetrieb (§ 14 AO) erfordert (sog. Wohnungsunternehmen, § 13b Abs. 4 Nr. 1 Buchst. d ErbStG). Hieraus können sich bei einem großen Portfolio vermieteter Wohnimmobilien interessante Gestaltungsoptionen ergeben. Ob der Hauptzweck der Gesellschaft in der Wohnungsvermietung besteht, richtet sich nach dem Verhältnis der Werte der zu Wohnzwecken vermieteten Grundstücke zum Wert aller vermieteten Grundstücke.[190] Das Vorliegen eines wirtschaftlichen Geschäftsbetriebs ist grundsätzlich im Rahmen einer 185

187 Vgl. hierzu ausf. Daragan/Halaczinsky/Riedel/*Riedel*, ErbStG und BewG, Vorb. zu §§ 13a ff. ErbStG Rn 13 ff.; *Stalleiken*, Ubg 2016, 569; *Geck*, ZEV 2016, 546; *Söffing*, ErbStB 2016, 339.

188 Vgl. hierzu ausf. Daragan/Halaczinsky/Riedel/*Riedel*, ErbStG und BewG, § 13b ErbStG Rn 160 ff.

189 Etwas anderes kann gelten, wenn der Familienpool in der Rechtsform einer gewerblich geprägten GmbH & Co. KG oder GmbH zugleich als Holdinggesellschaft für eine Beteiligung am Familienunternehmen fungiert. Hier kann in Abhängigkeit vom Einzelfall auch sog. Verwaltungsvermögen jedenfalls in kleinerem Umfang (10 % des um den Nettowert des Verwaltungsvermögens gekürzten Unternehmenswerts, § 13b Abs. 7 ErbStG) an einer Verschonung teilhaben.

190 R E 13b.17 Abs. 2 S. 4 ErbStR 2019.

Einzelfallprüfung festzustellen.[191] Hält das Unternehmen jedoch mehr als 300 eigene Wohnungen, so ist nach Auffassung der Finanzverwaltung ohne weitere Prüfung regelmäßig von einem wirtschaftlichen Geschäftsbetrieb auszugehen.[192]

186 Kann eine Verschonung für unternehmerisches Vermögen nicht in Anspruch genommen werden, so kommt für zu Wohnzwecken vermietete Immobilien einer im steuerlichen Sinne gewerblichen Personengesellschaft allerdings wiederum ein Bewertungsabschlag von 10 % zur Anwendung (vgl. auch § 13d Abs. 3 Nr. 3 ErbStG).[193]

187 Eine weitergehende Minderung der schenkungsteuerlichen Bemessungsgrundlage kann durch eine Übertragung unter Nießbrauchsvorbehalt erreicht werden. Hierbei ist jedoch sicherzustellen, dass sowohl der Schenker als Nießbraucher als auch der Beschenkte als Gesellschafter als Mitunternehmer im ertragsteuerlichen Sinne (hierzu im Einzelnen Rdn 188 ff.) zu qualifizieren sind, was besondere Sorgfalt bei der vertraglichen Ausgestaltung der Rechte der Beteiligten erfordert.[194]

c) Ertragsteuerliche Aspekte

188 Die Anteile an einer gewerblichen Personengesellschaft stellen „Mitunternehmeranteile“ i.S.d. § 15 Abs. 1 S. 1 Nr. 2 EStG dar. Die unentgeltliche Übertragung eines Mitunternehmeranteils erfolgt im Grundsatz einkommensteuerneutral zu Buchwerten (§ 6 Abs. 3 EStG). Bleibt der Schenker nicht ebenfalls Mitunternehmer der Gesellschaft, so ist hierzu jedoch sicherzustellen, dass der gesamte Mitunternehmeranteil übertragen wird; hierzu gehört auch das funktional wesentliche Sonderbetriebsvermögen.[195] Die Unentgeltlichkeit der Anteilszuwendung wird bei der gewerblichen Personengesellschaft auch nicht in Frage gestellt, wenn die Gesellschaft Verbindlichkeiten hat.[196] Ebenso wenig steht ein Nießbrauchsvorbehalt der Unentgeltlichkeit der Übertragung bzw. einer Übertragung zu Buchwerten gem. § 6 Abs. 3 EStG entgegen.[197]

---

191 Indizien sind insbesondere der Umfang der Geschäfte, das Unterhalten eines Büros, eine Buchführung zur Gewinnermittlung, eine umfangreiche Organisationsstruktur, eine Bewerbung der Tätigkeit sowie ein Bewerben gegenüber einer breiteren Öffentlichkeit; vgl. R E 13b.17 Abs. 3 ErbStR 2019.

192 R E 13b.17 Abs. 3 S. 2 ErbStR 2019, entgegen BFH, Urt. v. 24.10.2017 – II R 44/15, BStBl II 2018, 258 (hierzu Nichtanwendungserl. v. 23.4.2018, DB 2018, 1185 m. Anm. *Escher*); vgl. hierzu auch *Escher*, BB 2018, 800.

193 Vgl. R E 13d Abs. 4 S. 1 ErbStR 2019; a.A. Daragan/Halaczinsky/Riedel/*Halaczinsky*, § 13d ErbStG Rn 10.

194 Vgl. hierzu *Bisle*, NWB 2017, 65; *Stein*, ZEV 2019, 131.

195 Vgl. hierzu BMF v. 20.11.2019, BStBl I 2019, 1291, Tz 6, 8 ff.

196 Schmidt/*Kulosa*, EStG, § 6 Rn 719 m.w.N.

197 Vgl. hierzu BMF v. 20.11.2019, BStBl I 2019, 1291, Tz 7.

Besondere Vorsicht ist bezüglich der steuerlichen Mitunternehmerstellung des Beschenkten geboten. Nur wenn der Beschenkte Mitunternehmer der Gesellschaft im steuerlichen Sinne wird, können ihm künftig ertragsteuerlich Gewinnanteile aus dem übertragenen Gesellschaftsanteil als eigene Einkünfte zugerechnet werden (§ 15 Abs. 1 S. 1 Nr. 2 EStG). Auch die Gewährung der erbschaft- und schenkungsteuerlichen Begünstigung einer Anteilsübertragung hängt davon ab, dass (gerade) der übertragene Anteil dem Beschenkten eine Mitunternehmerstellung vermittelt.[198] 189

Die Mitunternehmerstellung erfordert neben der Tragung von Mitunternehmerrisiko die Möglichkeit, Mitunternehmerinitiative entfalten zu können. Letztere erfordert die Möglichkeit der Ausübung von Gesellschaftsrechten, die wenigstens den Stimm-, Kontroll- und Widerspruchsrechten angenähert sind, die einem Kommanditisten nach dem HGB zustehen.[199] Dem Gesellschafter muss hierzu jedenfalls die Möglichkeit zur Teilnahme an den sog. Grundlagengeschäften verbleiben.[200] Dies gilt es sowohl bei der Ausgestaltung des Gesellschaftsvertrags zu beachten, etwa in Bezug auf die Frage der Ausgestaltung von Mehrstimmrechten,[201] als auch bei der Ausgestaltung des Schenkungsvertrags.[202] 190

Ob eine hinreichende Mitunternehmerstellung des Beschenkten begründet wird, ist stets im Wege einer Gesamtschau im Einzelfall festzustellen. Gerade im Fall der Kombination von im Schenkungsvertrag vereinbarten Verwaltungsvorbehalten zugunsten des Schenkers, welche die Mitunternehmerinitiative des Beschenkten in Frage stellen können, mit weiteren dem Beschenkten gesellschaftsvertraglich auferlegten Beschränkungen (z.B. Beschränkung der Teilhabe am Gewinn, Entnahme- oder Kündigungsbeschränkungen), welche zugleich das Mitunternehmerrisiko des Beschenkten beschneiden können, ist Zurückhaltung geboten.[203] Dies gilt nicht zuletzt für die Kombination von Verwaltungsvorbehalten mit einem Nießbrauchsvorbehalt.[204] 191

---

198 BFH, Urt. v. 23.2.2010 – II R 42/08, BStBl II 2010, 555.

199 BFH, Urt. v. 6.5.2015 – II R 34/13, BStBl II 2015, 821.

200 BFH, Urt. v. 16.12.2009 – II R 44/08, BFH/NV 2010, 690.

201 Diese sollten so ausgestaltet werden, dass sich die Stimmen jedes Beschenkten jedenfalls bei Grundlagengeschäften in entscheidungserheblicher Weise auswirken können; vgl. BFH, Urt. v. 11.7.1989 – VIII R 41/84, BFH/NV 1990, 92; BFH, Urt. v. 7.11.2000 – VIII R 16/97, BStBl II 2001, 186; BFH, Urt. v. 6.5.2015 – II R 34/13, BStBl II 2015, 821.

202 Vgl. hierzu ausf. Viskorf/*Escher*, Familienunternehmen in der Nachfolgeplanung, S. 345 ff.; ausf. zu Widerrufs- und Verwaltungsvorbehalten auch *Escher*, FR 2008, 985; *Welzer*, NWB 2018, 3102.

203 Vgl. hierzu zuletzt FG Düsseldorf, Urt. v. 22.6.2018 – 1 K 3020/16 F, EFG 2018, 2023 m. Anm. *Oosterkamp*.

204 BFH, Urt. v. 6.5.2015 – II R 34/13, BStBl II 2015, 821; BFH, Urt. v. 6.11.2019 – II R 34/16, BFH/NV 2020, 433; ausf. hierzu *Wachter*, DB 2020, 634. Zur Problematik der „doppelten Mitunternehmerstellung“ von Vorbehaltsnießbraucher und Gesellschafter vgl. zuletzt etwa OFD NRW v. 16.3.2022 – S 2241 – 2020/0021 – St 115.

d) Grunderwerbsteuerliche Aspekte

192 In grunderwerbsteuerlicher Hinsicht kann auf die obenstehenden Ausführungen zur vermögensverwaltenden Personengesellschaft verwiesen werden (siehe Rdn 179 f.). Aus der ertragsteuerlichen Gewerblichkeit der Gesellschaft ergeben sich insoweit keine Besonderheiten.

4. Übertragung von GmbH-Anteilen

a) Zivilrechtliche Aspekte

aa) Besteht Beurkundungspflicht?

193 In zivilrechtlicher Hinsicht ist darauf hinzuweisen, dass die Übertragung von GmbH-Anteilen stets der notariellen Beurkundung bedarf (§ 15 Abs. 3 GmbHG).

bb) Ergänzungspfleger erforderlich?

194 Die schenkweise Übertragung von GmbH-Geschäftsanteilen ist im Hinblick auf die potentielle Ausfallhaftung bzw. Haftung bei Kapitalrückzahlung des Minderjährigen gem. §§ 16, 24, 31 Abs. 3 GmbHG nicht lediglich rechtlich vorteilhaft, so dass ein Ergänzungspfleger zu bestellen ist, wenn der Schenker gleichzeitig gesetzlicher Vertreter ist.[205] Dies gilt auch dann, wenn der Schenker mit einem der gesetzlichen Vertreter in gerader Linie verwandt ist. Für die gleichzeitige Schenkung an mehrere Minderjährige genügt ein Ergänzungspfleger, da die Rechtsgeschäfte allein zwischen den jeweiligen Minderjährigen und dem Übertragenden stattfinden.[206] Die Schenkung von voll eingezahlten Aktien ist hingegen stets lediglich rechtlich vorteilhaft, da eine entsprechende Ausfallhaftung nicht in Betracht kommt.[207]

cc) Familiengerichtliche Genehmigung erforderlich?

195 Gem. § 1852 BGB besteht heute auch bei der Abtretung von GmbH-Geschäftsanteilen eine Genehmigungspflicht, wenn die GmbH ein Erwerbsgeschäft betreibt und nicht nur eigenes Vermögen verwaltet. Die Übertragung von voll eingezahlten Geschäftsanteilen einer als Familienpool ausgestalteten GmbH wird daher seit dem 1.1.2023 bei der Genehmigungspflicht genauso behandelt wie die

---

205 Erman/*Müller*, § 107 Rn 8; Scherer/*Ridder*, MAH Erbrecht, § 32 Rn 82; Scherer/*Kögel*, MAH Erbrecht, § 40 Rn 217; *Beckervordersandfort/Steinbrink*, ZErb 2022, 125, 126; *Bürger*, RNotZ 2006, 156, 162; *Maier-Reimer/Marx*, NJW 2005, 3025, 3025 f.; a.A. *Lamberz*, ErbR 2024, 749, 756.

206 *Bürger*, RNotZ 2006, 156, 163; *Maier-Reimer/Marx*, NJW 2005, 3025, 3026 f.

207 *Maier-Reimer/Marx*, NJW 2005, 3025, 3025.

Übertragung von voll eingezahlten Kommanditanteilen eines als KG ausgestalteten Familienpools.

b) Schenkungsteuerliche Aspekte

Hinsichtlich der schenkungsteuerlichen Aspekte kann auf die obenstehenden Ausführungen zur gewerblichen Personengesellschaft verwiesen werden (siehe Rdn 183 ff.). Der Wert der Gesellschaft ist grundsätzlich unter Berücksichtigung der Ertragsaussichten oder einer anderen marktüblichen Methode zu ermitteln (§§ 109 Abs. 2, 97 Abs. 1 i.Vm. § 11 Abs. 2 BewG) und sodann auf dieser Grundlage der Wert des übertragenen Anteils zu bestimmen (§ 97 Abs. 1b BewG). Auch hier gilt, dass nicht-betriebsnotwendige Immobilien einer Einzelbewertung unterliegen (§ 200 Abs. 2 BewG). 196

Die Anteile unterliegen im Grundsatz mit dem ermittelten gemeinen Wert der Erbschaftsteuer. Ebenso wie bei gewerblichen Personengesellschaften können im Grundsatz die Regelungen zur Betriebsvermögensverschonung eingreifen (§§ 13a, 13b, 13c, 28a ErbStG), es gelten jedoch dieselben Einschränkungen in Bezug auf vorhandenes Verwaltungsvermögen in der Gesellschaft. Hieran wird die steuerliche Verschonung der Anteilsübertragung bei typischen vermögensverwaltenden Familienpools in der Rechtsform einer GmbH regelmäßig scheitern. 197

Für zum Vermögen einer Kapitalgesellschaft gehörende Wohnimmobilien kommt nach Ansicht der Finanzverwaltung auch ein Bewertungsabschlag von 10 % gem. § 13d ErbStG nicht in Betracht.[208] 198

c) Ertragsteuerliche Aspekte

Die Schenkung von im Privatvermögen gehaltenen Anteilen an einer Kapitalgesellschaft vollzieht sich ertragsteuerlich neutral, der Beschenkte tritt in die „Fußstapfen" des Schenkers in Bezug auf Anschaffungskosten und -zeitpunkt ein. Dies gilt sowohl für Beteiligungen von mindestens 1 % (§ 17 Abs. 2 S. 5 EStG) als auch für geringere Beteiligungen (§ 20 Abs. 4 S. 6 EStG). 199

Besondere Anforderungen in Bezug auf die Ausgestaltung der Rechte des Beschenkten wie bei der Übertragung von Mitunternehmeranteilen sind nicht zu beachten, insbesondere müssen nicht die Voraussetzungen einer Mitunternehmerstellung erfüllt werden. Auch bei der Schenkung von GmbH-Anteilen ist jedoch etwa bei der Vereinbarung einer Stimmrechtsvollmacht zugunsten des Schenkers eine gewisse Vorsicht geboten: Jedenfalls bei Kombination eines Nießbrauchsvorbehalts mit weitgehenden Verwaltungsvorbehalten zugunsten des Schenkers soll dies im Einzelfall den Übergang des wirtschaftlichen Eigentums 200

208 R E 13d Abs. 5 ErbStR 2019.

(§ 39 AO) an den Anteilen auf den Beschenkten hindern können.[209] Nur der wirtschaftliche Eigentümer zählt aber ertragsteuerlich als Anteilseigner (vgl. § 20 Abs. 5 EStG).

201 Hinsichtlich der Frage, unter welchen Umständen dem Nießbraucher die vom Nießbrauch erfassten Dividenden steuerlich als eigene Einkünfte zugerechnet werden können, besteht aktuell allerdings einige Unsicherheit. In der Praxis erkannte die Finanzverwaltung bislang sehr regelmäßig ohne weitere Anforderungen eine steuerliche Zurechnung beim Nießbraucher an, was insoweit auch sinnvoll erscheint, weil der tatsächliche Empfänger der Dividende diese auch zu versteuern hat. Dies war auch früher in einer Verwaltungsanweisung für den Fall eines Vorbehaltsnießbrauchs so festgeschrieben.[210] Die BFH-Rechtsprechung der letzten Jahre zeigt inzwischen aber eine andere Tendenz: Während der VIII. Senat des BFH[211] es zuletzt noch für möglich hielt, dass die Dividenden zumindest dann dem Nießbraucher steuerlich zurechenbar sind, wenn er kraft einer Stimmrechtsvollmacht das Stimmrecht aus den übertragenen Anteilen weiter ausüben kann, war der IX. Senat des BFH[212] jüngst noch restriktiver; danach soll eine Einkünftezurechnung beim Nießbraucher nur noch möglich sein, wenn dieser als „wirtschaftlicher Eigentümer" der Anteile (§ 39 AO) anzusehen ist. Die Hürde hierfür würde allerdings sehr hoch liegen (z.B. Vereinbarung eines freien Widerrufsrechts für die Schenkung). Wenn sich diese Sichtweise durchsetzen würde, wäre eine steuerliche Zurechnung der Dividenden beim Nießbraucher kaum noch darstellbar.

d) Grunderwerbsteuerliche Aspekte

202 Die Übertragung von Anteilen an einer Kapitalgesellschaft, die Grundstücke oder grundstücksgleiche Rechte hält, unterliegt aktuell nur dann der Grunderwerbsteuer, wenn hierdurch mehr als 90 % der Anteile der Gesellschaft rechtlich oder wirtschaftlich in der Hand eines Erwerbers vereinigt werden (§ 1 Abs. 3, 3a GrEStG).[213] Anteilsübertragungen auf Ehegatten (§ 3 Nr. 4 GrEStG) oder in gerader Linie verwandte Personen (§ 3 Nr. 6 GrEStG) können jedoch auch hier steuerfrei bleiben, ebenso Anteilsübertragungen auf andere Personen im Wege

---

209 BFH, Urt. v. 24.1.2012 – IX R 51/10, BStBl II 2012, 308; krit. hierzu zu Recht *Daragan*, ZEV 2012, 286 und abw. im zweiten Rechtszug auch BFH, Urt. v. 18.11.2014 – IX R 49/13, BStBl II 2015, 224; vgl. aber auch FG Niedersachsen, Urt. v. 19.3.2002 – 1 K 178/97, ZEV 2003, 299 (rkr.).

210 BMF v. 23.11.1983, BStBl I 1983, 508, Tz 55; in aktuellen „Positivlisten" der Finanzverwaltung aber nicht mehr genannt.

211 BFH, Urt. v. 14.2.2022 – VIII R 29/18, BStBl II 2022, 544.

212 BFH, Urt. v. 20.9.2024 – IX R 5/24, BFH/NV 2025, 71.

213 Diese Quote wurde ab dem 1.7.2021 von 95 % auf 90 % gesenkt. Zudem löst neben der Anteilsvereinigung nun auch die Übertragung von mindestens 90 % der Anteile auf verschiedene Erwerber eine Grunderwerbsteuer aus, § 1 Abs. 2b GrEStG.

der Erbschaft oder Schenkung (§ 3 Nr. 2 GrEStG). Unkritisch ist dies allerdings nur, wenn eine 100 %-Beteiligung an der GmbH unentgeltlich übertragen wird (Übertragung bereits vereinigter Anteile). Kommt es hingegen durch verschiedene Übertragungsakte zu einer Anteilsvereinigung erst beim Beschenkten, ist der Umfang einer eingreifenden Steuerbefreiung im Einzelfall sorgfältig zu prüfen.[214]

214 Vgl. zu Einzelheiten gleichl. Ländererl. v. 5.3.2024, BStBl I 2024, 383, Tz 8.

§ 14 Immobilien und Pflichtteilsrecht

Dr. Pierre Plottek

Übersicht: Rdn

A. Grundlagen

Werden Pflichtteilsansprüche geltend gemacht, spielen dabei häufig Nachlassimmobilien oder zu Lebzeiten übertragene Immobilien eine wesentliche Rolle. Aus 1 mehreren Gründen kann die Immobilie im Pflichtteilsrecht unterschiedliche Probleme bereiten, sei es bei der Frage einer möglichen Anrechnung oder Ausgleichung zu Lebzeiten übertragener Immobilien oder bei der Frage, wie die Immobilie für die Berechnung des Pflichtteilsanspruchs zu bewerten ist. Nachfolgend soll ein besonderer Schwerpunkt auf die Frage der Immobilie und ihre Behandlung im Rahmen der Pflichtteilsergänzung gelegt werden. Hier hat es in jüngerer Zeit eine Reihe von zu beachtenden Entscheidungen in der Judikatur gegeben.

I. Pflichtteilsrecht als Grenze der Testierfreiheit

2 Dem Erblasser ist es rechtlich möglich, durch eine letztwillige Verfügung Anordnungen zu treffen, welche mit seinem Ableben umfassenden Einfluss auf seinen Nachlass finden sollen. Er ist dabei nicht verpflichtet, seinen nächsten Angehörigen etwas zuzuwenden.[1] Dieser Gestaltungsfreiheit wird als Grenze das Pflichtteilsrecht gesetzt. Das gesetzliche Pflichtteilsrecht stellt eine Kompromisslösung zwischen dem gesetzlichen Familienerbrecht einerseits („das Gut rinnt wie das Blut“) und der völligen Testierfreiheit andererseits dar.[2] Sind Pflichtteilsberechtigte vorhanden, so sind deren gesetzliche Ansprüche zwingend zu berücksichtigen. Es kann daher dem Erben mitunter eine nicht unerhebliche Last dadurch entstehen, Pflichtteilsansprüche erfüllen zu müssen.[3]

II. Grundlagen und Systematik des Pflichtteilsrechts

1. Pflichtteilsrecht und Pflichtteilsanspruch

3 Das deutsche Pflichtteilsrecht ist kein Zwangs- oder Noterbrecht,[4] verbunden mit dem Übergang von Sachwerten, sondern gewährt lediglich einen **Geldanspruch** gegenüber dem/den testamentarischen Erbe(n). Das Pflichtteilsrecht ermöglicht somit eine vom Erblasser gewollte Vererbung seines Nachlasses an andere Personen. Es muss jedoch zwischen **Pflichtteilsrecht** und **Pflichtteilsanspruch** unter-

1 Vgl. BVerfGE 99, 341, 350 ff. = ZEV 1999, 268 m. Anm. *Vollkommer*; MüKo-BGB/*Lange*, § 2303 Rn 1.

2 MüKo-BGB/*Lange*, § 2303 Rn 1–2; *Oechsler*, AcP 200 (2000), 603, 610 ff.; *Reimann*, WPK-Mitt. 2000, 92, 94.

3 Vgl. hierzu *Dahlkamp*, RNotZ 2014, 257, der die gesetzliche Pflichtteilslast und deren Belastungen für die Erben erläutert und dabei Lösungsansätze für die notarielle Praxis aufzeigt.

4 Anders hingegen z.B. in Spanien oder Italien, vgl. *Wiedemann/Novelli*, in: Süß, Erbrecht in Europa, S. 858 Rn 133 oder *Steinmetz/Huzel/García Alcázar*, in: Süß, Erbrecht in Europa, S. 1499 Rn 149, dort gibt es eine dingliche Beteiligung am Nachlass aufgrund eines gesetzlichen Noterbrechts.

schieden werden.[5] Das Pflichtteilsrecht ergibt sich, wie das gesetzliche Erbrecht, aus den familienrechtlichen Beziehungen der Beteiligten. Das Pflichtteilsrecht ist somit der Ursprung des Pflichtteilsanspruchs. Erst mit dem Erbfall steht fest, ob das Pflichtteilsrecht auch zu einem Pflichtteilsanspruch führt.[6] Erst dann kann überprüft werden, ob jeweils pflichtteilsberechtigte Personen eventuell einen Erbteil zugewandt bekommen haben, der den Pflichtteil unterschreitet, abdeckt oder überscheitet. Das Pflichtteilsrecht kann schon zu Lebzeiten des Erblassers rechtliche Wirkung (§§ 311b Abs. 5, 2281, 2346 BGB) begründen. Höchstrichterlich ist anerkannt, dass der Pflichtteilsberechtigte ein rechtliches Interesse an der baldigen Feststellung haben kann, dass die in einer letztwilligen Verfügung des Erblassers unter Bezug auf bestimmte Vorfälle angeordnete Entziehung des Pflichtteils unwirksam ist.[7]

2. Systematik des Pflichtteilsrechts

Die gesetzlichen Bestimmungen des Pflichtteilsrechts lassen sich wie folgt systematisieren:[8] 4

- Pflichtteilsberechtigte, Arten des ordentlichen Pflichtteils (§§ 2303–2309 BGB)
- pflichtteilsrechtliches Bewertungsrecht (§§ 2310–2313 BGB)
- Auskunfts- und Wertermittlungsanspruch (§ 2314 BGB)
- Anrechnung und Ausgleichung auf den Pflichtteil (§§ 2315, 2316 BGB)
- Entstehen und Übertragbarkeit des Pflichtteilsanspruchs (§ 2317 BGB)
- Pflichtteilslast (§§ 2319–2324 BGB)
- Pflichtteilsergänzungsanspruch (§§ 2325–2331 BGB)
- Stundung, Verjährung (§§ 2331a, 2332 BGB)
- Pflichtteilsentziehung, Pflichtteilsbeschränkung (§§ 2333–2338 BGB)

3. Pflichtteilsanspruch

Stets ist Voraussetzung für den Pflichtteilsanspruch, dass der Pflichtteilsberechtigte durch Verfügung von Todes wegen von der gesetzlichen Erbfolge ausgeschlossen worden ist, §§ 2303, 2306 Abs. 1 und 2 BGB. Dabei setzt sich der Anspruch aus dem sog. **ordentlichen Pflichtteil**, der sich nach dem realen Nach- 5

5 MüKo-BGB/*Lange*, § 2303 Rn 16 f.

6 Wegen der Differenzierung vgl. BGH NJW 1997, 521 = DNotZ 1997, 422.

7 BGH MDR 2004, 941; zuvor hatte der BGH bereits ein Feststellungsinteresse des Testators für eine positive Feststellungsklage gegen einen Pflichtteilsberechtigten auf Feststellung eines Rechts zur Entziehung des Pflichtteils bejaht, weil die Klärung der Grenzen der Testierfreiheit im Allgemeinen keinen größeren Aufschub vertrage, so BGHZ 109, 306, 309 = MDR 1990, 420.

8 Vgl. jurisPK-BGB/*Birkenheier*, § 2303 Rn 18; BeckOK BGB/*Müller-Engels*, § 2303 Rn 2–4.

lass berechnet, und dem **Pflichtteilsergänzungsanspruch** zusammen. Der Pflichtteilsergänzungsanspruch bestimmt sich nach den §§ 2325 ff. BGB aus dem **fiktiven Nachlass**, der sich aus der Hinzurechnung der ergänzungspflichtigen Schenkungen zum realen Nachlass ergibt. Er ist ein gegenüber dem ordentlichen Pflichtteil selbstständiger Anspruch und nicht nur ein reiner Rechnungsposten.[9]

6 **Pflichtteilsberechtigt** sind die Abkömmlinge, der Ehegatte und die Eltern des Erblassers (§ 2303 Abs. 1 S. 1, Abs. 2 S. 1 BGB) sowie der Lebenspartner (§ 10 Abs. 6 LPartG). Abkömmlinge sind alle diejenigen Personen, die mit dem Erblasser in gerader abstammender Linie verwandt sind, also Kinder, Enkel, Urenkel usw. (§ 1589 S. 1 BGB). Entferntere Abkömmlinge und die Eltern des Erblassers sind insoweit nicht pflichtteilsberechtigt, als ein Abkömmling, der sie im Falle der gesetzlichen Erbfolge ausschließen würde, den Pflichtteil verlangen kann oder das ihm Hinterlassene annimmt, § 2309 BGB.[10] Ob der näher Berechtigte – für den Fall der Enterbung – den Pflichtteil tatsächlich verlangt, ist dabei unerheblich.

7 Entferntere Berechtigte (Eltern, Enkelkinder, Urenkel) kommen als Pflichtteilsberechtigte nur in Betracht, wenn im Zeitpunkt des Erbfalls

- entweder ein (näherer) Abkömmling nicht vorhanden ist
- oder der nähere Berechtigte den Pflichtteil nicht verlangen kann (§ 2309 Alt. 1 BGB), weil
  - ihm dieser wirksam entzogen worden ist (§§ 2333 ff. BGB),
  - er erb- bzw. pflichtteilsunwürdig ist (§ 2345 BGB),
  - er wirksam auf das gesetzliche Erb- bzw. Pflichtteilsrecht verzichtet hat (§ 2346 BGB), wobei allerdings beim Pflichtteilsverzicht die Erstreckungswirkung gem. § 2349 BGB zu beachten ist,
- oder der nähere Berechtigte das ihm hinterlassene Erbe annimmt (§ 2309 Alt. 2 BGB).

B. Immobilie im Nachlass

8 Befindet sich eine Immobilie im Nachlass, stellt diese Immobilie in vielen Fällen den größten Wertposten dar. Fast schon denklogisch wird daher häufig bei der Frage der Verwertung und vor allem bei der **Bewertung der Immobilie** zwischen den Parteien gestritten. Gerade für die Berechnung eines Pflichtteilsanspruchs entstehen des Öfteren größere Diskrepanzen zwischen dem geschätzten Wert der Immobile und dem tatsächlichen Wert. Im Nachfolgenden wird sich daher mit

---

9 Vgl. hierzu BGHZ 103, 333, 337 = NJW 1988, 1667; BGHZ 132, 240, 244 = NJW 1996, 1743; BGHZ 146, 114, 119; BeckOK BGB/*Müller-Engels*, § 2303 Rn 1.

10 Eine gute Übersicht hierzu findet sich bei Scherer/*Horn*, MAH Erbrecht, § 29 Rn 18 ff.

den allgemeinen Grundsätzen der Wertbestimmung im Pflichtteilsrecht und im Speziellen mit der Bewertung einer Immobilie befasst.

I. Allgemeine Grundsätze der Wertermittlung

1. Maßgeblicher Zeitpunkt (Stichtagsprinzip)

Nach § 2311 Abs. 1 S. 1 BGB ist für die Berechnung des Pflichtteils der Wert des Nachlasses **zur Zeit des Erbfalls** zugrunde zu legen. Es gilt somit das sog. **Stichtagsprinzip**, wonach der Bestand und Wert des Nachlasses zunächst auf den Zeitpunkt des Erbfalls zu ermitteln sind.[11] Maßgebend ist letztlich der Wert der einzelnen Vermögenspositionen des Nachlasses im Zeitpunkt des Todes des Erblassers. Wertsteigerungen oder Wertminderungen einzelner Vermögenspositionen des Nachlasses, die erst nach dem Erbfall eintreten, ändern somit an dem Betrag des Pflichtteils, der nach den Verhältnissen im Todeszeitpunkt des Erblassers ermittelt ist, grundsätzlich nichts.[12] 9

2. Wertbestimmung des Erblassers

Nach § 2311 Abs. 2 S. 2 BGB sind Wertbestimmungen des Erblassers ausdrücklich nicht maßgebend, selbst wenn sie für den Pflichtteilsberechtigten vorteilhaft wären. Aufgrund der Tatsache, dass die Höhe des Pflichtteils vom Willen des Erblassers unabhängig sein soll, kann der Erblasser auch kein bestimmtes Bewertungsverfahren oder einen bestimmten Gutachter bzw. Schätzer vorschreiben.[13] 10

Etwas anderes gilt nur dann, wenn in der Wertbestimmung eine zulässige teilweise Entziehung des Pflichtteils nach § 2333 BGB liegt. Hier müssen dann allerdings auch die Voraussetzungen des § 2336 BGB erfüllt sein. Wird durch die Wertbestimmung der Pflichtteil eines Beteiligten nicht verkürzt, kann in der Wertbestimmung eine Teilungsanordnung i.S.d. § 2048 BGB liegen.[14] 11

Eine mögliche Vereinbarung zwischen dem Pflichtteilsberechtigten und dem Erblasser über eine abweichende Bewertung muss der Form des § 2348 BGB entsprechen.[15] Dagegen ist eine Einigung über die Bewertung zwischen Pflichtteilsbe- 12

11 BeckOK BGB/*Müller-Engels*, § 2311 Rn 1.

12 BGHZ 7, 134–143; jurisPK-BGB/*Birkenheier*, § 2311 Rn 44; MüKo-BGB/*Lange*, § 2311 Rn 24–26; Grüneberg/*Weidlich*, § 2311 Rn 1.

13 MüKo-BGB/*Lange*, § 2311 Rn 30; jurisPK-BGB/*Birkenheier*, § 2311 Rn 45.

14 MüKo-BGB/*Lange*, § 2311 Rn 30; Grüneberg/*Weidlich*, § 2311 Rn 6; jurisPK-BGB/*Birkenheier*, § 2311 Rn 47 f.

15 MüKo-BGB/*Lange*, § 2311 Rn 30; BeckOK BGB/*Müller-Engels*, § 2311 Rn 16.

rechtigtem und Pflichtteilsschuldner nach dem Erbfall jederzeit formlos möglich.[16] Vor dem Erbfall ist hingegen § 311b Abs. 5 BGB zu beachten.[17]

3. Wert i.S.d. § 2311 BGB

13 Zunächst ist nach dem gesetzlichen Bewertungsziel zu fragen. Dieses Ziel ergibt sich aus der anerkannten Erbersatzfunktion des Pflichtteils. Der Pflichtteil soll demnach den Pflichtteilsberechtigten in Geld so stellen, wie wenn er mit seinem halben gesetzlichen Erbteil am Nachlass beteiligt und dieser im Erbfall in Geld umgesetzt worden wäre.[18] Wert i.S.d. § 2311 BGB ist folglich der sog. **gemeine Wert**. Der Pflichtteilsberechnung wird also der Wert, den der Nachlassgegenstand für jeden hat, also der **Verkehrs- oder Normalverkaufswert**, zugrunde gelegt.[19] Als Bewertungsgrundlagen scheiden somit die nach den Grundsätzen ordnungsgemäßer Buchführung ermittelten sog. **Buchwerte** oder die **steuerlichen Einheitswerte** aus.[20]

14 Die Begrifflichkeit des gemeinen Werts wird allerdings im BGB weder erwähnt noch definiert, sondern bereits vorausgesetzt.[21] Dieser gemeine Wert oder Verkehrswert ist grundsätzlich mit dem am Markt erzielbaren **Normalverkaufswert** gleichzustellen.[22] Dies ist der Preis, der im gewöhnlichen Geschäftsverkehr nach der Beschaffenheit des Wirtschaftsguts bei einer Veräußerung unter normalen und erlaubten Verhältnissen voraussichtlich zu erzielen wäre, vgl. auch § 9 Abs. 2 BewG.[23]

---

16 MüKo-BGB/*Lange*, § 2311 Rn 30; Staudinger/*Herzog*, § 2311 Rn 195.

17 Staudinger/*Herzog*, § 2311 Rn 196.

18 BVerfG NJW 1988, 2723, 2724; BGH NJW-RR 1991, 900, 901; OLG Düsseldorf ZEV 1994, 361; OLG Frankfurt ZEV 2003, 364, 365; OLG München FamRZ 2013, 329, 330; *Schlichting*, ZEV 2006, 197; BeckOK BGB/*Müller-Engels*, § 2311 Rn 17; MüKo-BGB/*Lange*, § 2311 Rn 31; jurisPK-BGB/*Birkenheier*, § 2311 Rn 50.

19 BGH NJW 1954, 1764, 1765; BGH NJW-RR 1991, 900; OLG München BB 1988, 429, 431; OLG Frankfurt ZEV 2003, 364; OLG Düsseldorf ZEV 1994, 361; BeckOK BGB/*Müller-Engels*, § 2311 Rn 17; MüKo-BGB/*Lange*, § 2311 Rn 31; jurisPK-BGB/*Birkenheier*, § 2311 Rn 49.

20 BVerfG NJW 1988, 2723, 2724; Staudinger/*Herzog*, § 2311 Rn 181; BeckOK BGB/*Müller-Engels*, § 2311 Rn 17; MüKo-BGB/*Lange*, § 2311 Rn 31; jurisPK-BGB/*Birkenheier*, § 2311 Rn 50.

21 *Riedel*, in: Mayer/Süß/Riedel/Bittler, Handbuch Pflichtteilsrecht, § 5 Rn 70; BeckOK BGB/*Müller-Engels*, § 2311 Rn 19.

22 OLG Düsseldorf ZEV 1994, 361; OLG Frankfurt ZEV 2003, 364; *J. Mayer*, ZEV 1994, 331; Staudinger/*Herzog*, § 2311 Rn 185; MüKo-BGB/*Lange*, § 2311 Rn 31; BeckOK BGB/*Müller-Engels*, § 2311 Rn 19.

23 Staudinger/*Herzog*, § 2311 Rn 185; *J. Mayer*, ZEV 1994, 331; MüKo-BGB/*Lange*, § 2311 Rn 31; BeckOK BGB/*Müller-Engels*, § 2311 Rn 19.

4. Wertermittlung durch tatsächlich erzielten Verkaufserlös

Wird ein Nachlassgegenstand alsbald nach dem Erbfall veräußert, so lässt die Rechtsprechung eine Orientierung am tatsächlich erzielten Verkaufserlös zu.[24] Nach Ansicht des BGH ist es, abgesehen von Ausnahmefällen, nicht gerechtfertigt, im erbrechtlichen Bewertungsrecht die relativ gesicherte Ebene tatsächlich erzielter Verkaufserlöse zu verlassen, und zwar unabhängig davon, ob der Schätzwert ober- oder unterhalb des Verkaufserlöses liegt.[25] Nach dieser gefestigten Rechtsprechung ist der Verkaufspreis abzüglich der verkaufsbedingten Kosten anzusetzen, wenn dieser **alsbald nach dem Erbfall** erzielt wurde.[26] Ein solcher Wert gilt sowohl für den Fall, dass der Verkaufserlös höher als der Schätzwert eines Gutachters ausfällt, als auch für den Fall, dass er niedriger ausfällt.[27] 15

Bei dem Verkauf eines **Nachlassgrundstücks** ist zu prüfen, ob und in welchem Umfang der tatsächlich erzielte Erlös mit Rücksicht auf die Entwicklung der Grundstückspreise nach dem Erbfall zu korrigieren ist.[28] Der BGH hat die Rechtsprechung noch weiterentwickelt und festgehalten, dass eine **Bindung an den tatsächlich erzielten Verkaufspreis** jedenfalls dann **nicht** in Betracht kommt, wenn der darlegungs- und beweispflichtige Pflichtteilsberechtigte Tatsachen vorträgt, wonach der Verkaufserlös nicht dem tatsächlichen Verkehrswert im Zeitpunkt des Erbfalls entspricht.[29] 16

> **Hinweis**
>
> Dies eröffnet Pflichtteilsberechtigten die Möglichkeit, den Verkehrswert anzugreifen.

24 BGH NJW-RR 1991, 900, 901; BGH ZEV 2011, 29; BeckOK BGB/*Müller-Engels*, § 2311 Rn 23; MüKo-BGB/*Lange*, § 2311 Rn 35; jurisPK-BGB/*Birkenheier*, § 2311 Rn 52.

25 BGH NJW 2011, 1004; BGH NJW-RR 1991, 900, 901; BGH NJW-RR 1993, 131; OLG Frankfurt ZEV 2003, 364; *J. Mayer*, ZEV 1994, 331, 332; BeckOK BGB/*Müller-Engels*, § 2311 Rn 23; MüKo-BGB/*Lange*, § 2311 Rn 35.

26 BGH NJW 1982, 2497, 2498 (Unternehmensverkauf nach einem Jahr); BGH NJW-RR 1991, 900; BGH NJW-RR 1993, 131 (Versteigerung fünf Jahre nach Erbfall); BGH NJW-RR 1993, 834 (Grundstücksverkauf nach sechs Monaten); BGH ZEV 2011, 29; OLG Düsseldorf ZEV 1994, 361, 362 (Grundstücksverkauf nach sieben Monaten); OLG Frankfurt ZEV 2003, 364; OLG Oldenburg ZEV 2007, 484; BeckOK BGB/*Müller-Engels*, § 2311 Rn 23; Staudinger/*Herzog*, § 2311 Rn 206.

27 BGH ZEV 2011, 29, 30; jurisPK-BGB/*Birkenheier*, § 2311 Rn 52.

28 BGH NJW-RR 1993, 834; jurisPK-BGB/*Birkenheier*, § 2311 Rn 52; BeckOK BGB/*Müller-Engels*, § 2311 Rn 23.

29 BGH ZEV 2015, 349; jurisPK-BGB/*Birkenheier*, § 2311 Rn 52; MüKo-BGB/*Lange*, § 2311 Rn 35.

5. Wertermittlung durch Schätzung

17 Stehen keine Verkaufserlöse zur Verfügung, ist der Wert des Nachlassgegenstands nach § 2311 Abs. 2 S. 1 BGB durch **Schätzung** zu ermitteln. Eine bestimmte Wertberechnungsmethode ist dabei rechtlich nicht vorgeschrieben. Vielmehr ist es die Aufgabe des Gerichts, unter Zuziehung eines Sachverständigen zu entscheiden, welche der in der Betriebswirtschaftslehre vertretenen Bewertungsmethoden im zu entscheidenden Einzelfall zu einem angemessenen Ergebnis führt.[30]

18 Grundsätzlich kommen hier folgende Verfahren in Betracht, die untereinander kombiniert oder aber durch entsprechende Differenzierungen weiterentwickelt werden können:[31]

- **Vergleichswertverfahren:** Wenn ein Markt mit festen Preisvorstellungen für vergleichbare Objekte besteht, kann auf Vergleichspreise zurückgegriffen werden.[32]
- **Substanz- oder Sachwertverfahren:** Angesetzt wird der Wiederbeschaffungspreis des veräußerungsfähigen Vermögensgegenstands (Reproduktionswert). Dem liegt die Vorstellung zugrunde, dass der Nachlass so viel wert ist, wie benötigt würde, um ein vergleichbares Objekt zu reproduzieren.[33]
- **Ertragswertverfahren:** Dieses Verfahren kommt zur Anwendung bei ihrer Art nach grundsätzlich ertragsfähigen Nachlassobjekten und ist der Barwert der zukünftig erzielbaren Einnahme-Überschüsse. Dem liegt die Überlegung zugrunde, dass ein Käufer sich bei seiner Investitionsentscheidung und damit Kalkulation des Kaufpreises immer an dem zu erwartenden Ertrag orientieren würde.[34]

II. Bewertung der Immobilie im Nachlass

1. Gutachterausschuss

19 Maßgeblich für die Bewertung der Immobilie ist der **Verkehrswert zur Zeit des Erbfalls** (siehe Rdn 9). Liegt keine Wertermittlung durch einen tatsächlich erzielten Verkaufserlös (siehe Rdn 15, 16) vor, die als Bewertungsgrundlage herangezogen werden kann, ist der Wert durch einen Sachverständigen zu schätzen.

---

30 BGH NJW-RR 1993, 131; BGH NJW 1972, 1269; BGH NJW 2004, 2671, 2672; OLG Frankfurt ZEV 2003, 364; OLG München BB 1988, 429, 430; Staudinger/*Herzog*, § 2311 Rn 214; MüKo-BGB/*Lange*, § 2311 Rn 37; BeckOK BGB/*Müller-Engels*, § 2311 Rn 24.

31 Vgl. hierzu BeckOK BGB/*Müller-Engels*, § 2311 Rn 24; Staudinger/*Herzog*, § 2311 Rn 215 ff.; MüKo-BGB/*Lange*, § 2311 Rn 37.

32 BGH NJW-RR 1990, 68 (zu § 1376 BGB); BGH NJW 2004, 2671, 2672 (allg. zur Wertermittlung); OLG Düsseldorf BB 1988, 1001 (betr. Mietgrundstück); Staudinger/*Herzog*, § 2311 Rn 216; BGH NJW 2004, 2671, 2672 (betr. Eigentumswohnung).

33 Staudinger/*Herzog*, § 2311 Rn 218; MüKo-BGB/*Lange*, § 2311 Rn 39.

34 Staudinger/*Herzog*, § 2311 Rn 217; BeckOK BGB/*Müller-Engels*, § 2311 Rn 24.

Die meisten Parteien entschließen sich dazu, einen Gutachter des **regionalen Gutachterausschusses** zu beauftragen, da dieser in der Regel von allen Parteien und vom Gericht akzeptiert wird. Dabei stellt auch ein **Privatgutachten** (welches auch vom regionalen Gutachterausschuss erstellt worden sein kann) einen rein substantiierten Parteivortrag dar.[35]

Hinweis 20

Um Streitigkeiten zu vermeiden, bietet es sich daher an, **einvernehmlich** einen Gutachter zu bestimmen.

Dem Wunsch der Parteien, einen **Makler** (meistens aus Kostengründen) einzusetzen, sollte nicht nachgegeben werden, da er bei streitigen Fällen nicht geeignet ist, den Wert zu bestimmen.[36] 21

2. Ermittlungsmethode und Art des zu bewertenden Grundstücks

a) Grundsatz

Bei der Bestimmung des Verkehrswerts kann die Immobilienwertermittlungsverordnung[37] i.V.m. § 194 BauGB angewendet werden, die über die Zwecke des BauGB hinaus allgemein anerkannte Grundsätze der Ermittlung des Verkehrswerts von Grundstücken enthält.[38] Seit der erfolgten Änderung der bei der Erbschaftsteuerfestsetzung anzuwendenden Bewertungsvorschriften zum 1.1.2009 kann man auch auf die §§ 177 ff. BewG zurückgreifen, weil diese nunmehr auch zu einer weitgehend realen Beurteilung des Werts führen.[39] Letztlich stehen verschiedene Verfahren zur Verfügung: das Vergleichswert-, das Ertragswert- und das Sachwertverfahren (siehe Rdn 18). Dabei ist für die maßgebliche Ermittlungsmethode nach der **Art** der zu beurteilenden Grundstücke zu differenzieren.[40] 22

35 Staudinger/*Herzog*, § 2311 Rn 223.

36 So wohl auch im Ergebnis Staudinger/*Herzog*, § 2311 Rn 223.

37 ImmoWertV i.d.F. v. 14.7.2021, BGBl I 2021, 2805.

38 BGH NJW 2004, 2671, 2672; BeckOK BGB/*Müller-Engels*, § 2311 Rn 25; Staudinger/*Herzog*, § 2311 Rn 224; *J. Mayer*, ZEV 1994, 331, 333. Die h.M. geht davon aus, dass die ImmoWertV nur für die Gutachterausschüsse verbindlich ist, so jedenfalls BeckOK BGB/*Müller-Engels*, § 2311 Rn 25; für eine allgemeine Verbindlichkeit der Bewertung *P. Zimmermann*, ZErb 2000, 46, 48 f.

39 So im Ergebnis BeckOK BGB/*Müller-Engels*, § 2311 Rn 25; Staudinger/*Herzog*, § 2311 Rn 224.

40 Staudinger/*Herzog*, § 2311 Rn 228 ff.; BeckOK BGB/*Müller-Engels*, § 2311 Rn 25; MüKo-BGB/*Lange*, § 2311 Rn 40.

b) Unbebautes Grundstück

23 Da in der Regel eine ausreichende Anzahl vergleichbarer Kaufpreise zur Verfügung steht, kann bei unbebauten Grundstücken das **Vergleichswertverfahren** angewendet werden.[41] Bei der Schätzung werden die Kaufpreise vergleichbarer Grundstücke zugrunde gelegt, die von den Gutachterausschüssen für die Ermittlung von Grundstückswerten **gesammelt** werden. Diese Kaufpreissammlungen bilden sodann die Grundlage für die ermittelten Bodenrichtwerte (welche örtlich, zonen- oder straßenbezogen gesammelt werden), welche wiederum von den Gutachterausschüssen gem. § 196 BauGB alle zwei Jahre neu festgelegt werden.[42]

24 Dabei ist zu beachten, dass der **Bodenrichtwert** nicht automatisch den tatsächlichen Verkehrswert pro qm Bodenfläche darstellt, sondern nur eine Orientierung für Bodenwerte in der Umgebung des betreffenden Grundstücks aufzeigt.[43] Letztlich ist, ausgehend vom Bodenrichtwert, das konkrete Grundstück darauf zu untersuchen, ob eine Wertminderung oder Werterhöhung aufgrund seiner Besonderheiten wie Größe, Zuschnitt, Lage in der jeweiligen Zone, bauliche Ausnutzungsmöglichkeit, etwaige Baugrenzen und Baulinien oder Nachbarbebauung gerechtfertigt ist.[44]

25 Welche **subjektiven Nutzungsabsichten** der Erbe hinsichtlich des überlassenen Grundstücks hat, ist im Hinblick auf das Bewertungsziel unerheblich.[45] Hat der Erbe z.B. nicht die Absicht, ein baureifes Grundstück zu bebauen, sondern will er es landwirtschaftlich oder vielleicht gärtnerisch nutzen, so ist dies unbeachtlich.[46]

c) Eigengenutztes Einfamilienhaus/Eigengenutzte Eigentumswohnung

26 Bei dem eigengenutzten Einfamilienhaus und der eigengenutzten Eigentumswohnung stehen beim potentiellen Erwerber die möglichen Herstellungskosten der Immobilie und der durch Preisvergleich zu ermittelnde Grundstückswert im Vordergrund.[47] Es ist daher für den Gebäudeverkehrswert das **Sachwertverfah-**

41 BGH FamRZ 1989, 1276, 1279; OLG Düsseldorf BB 1988, 1001, 1002; *J. Mayer*, ZEV 1994, 331, 333; jurisPK-BGB/*Birkenheier*, § 2311 Rn 59; Staudinger/*Herzog*, § 2311 Rn 228.

42 Vgl. hierzu die Ausführungen von jurisPK-BGB/*Birkenheier*, § 2311 Rn 59.

43 JurisPK-BGB/*Birkenheier*, § 2311 Rn 59.

44 JurisPK-BGB/*Birkenheier*, § 2311 Rn 59.

45 MüKo-BGB/*Lange*, § 2311 Rn 41; Staudinger/*Herzog*, § 2311 Rn 229; BeckOK BGB/*Müller-Engels*, § 2311 Rn 26; anders hingegen *Weber*, BWNotZ 1992, 14, 16: Möchte der Erbe das Grundstück landwirtschaftlich nutzen, sei dies bei der Wertberechnung zu berücksichtigen, um die Entscheidungsfreiheit des Erben nicht unangemessen zu beeinträchtigen.

46 MüKo-BGB/*Lange*, § 2311 Rn 41; Staudinger/*Herzog*, § 2311 Rn 229.

47 Staudinger/*Herzog*, § 2311 Rn 230; BeckOK BGB/*Müller-Engels*, § 2311 Rn 27.

ren zu empfehlen.[48] Im Falle von Baumängeln oder Renovierungsstau kann es zu **Abschlägen** kommen, je nach Alter und Abnutzung der Immobilie.[49]

d) Fremdgenutzte Immobilie (Mietobjekt)

Bei der fremdgenutzten Immobilie, also bei Mietshäusern und bei sog. Renditeobjekten, ist für einen potentiellen Käufer in der Regel eine angemessene Verzinsung seines eingesetzten Kapitals entscheidend. Es ist daher das **Ertragswertverfahren** anzuwenden.[50] Die Rechtsprechung lässt jedoch auch einen Mischwert aus Ertrags- und Sachwert zu.[51] 27

Handelt es sich um Mehrfamilienhäuser, die sich in Eigentumswohnungen umwandeln lassen können, ist ein sich aus dieser günstigeren Verkaufsmöglichkeit ergebender **Wertzuschlag** zu machen.[52] 28

Da meist eine ausreichende Zahl von Vergleichsobjekten vorhanden ist und sich der Immobilienmarkt regelmäßig allein am Quadratmeterpreis orientiert, wird bei **Eigentumswohnungen** regelmäßig die Vergleichswertmethode herangezogen.[53] 29

e) Problemfälle

aa) Wertkorrektur durch Zu- und Abschläge

Die vorstehenden Ausführungen haben bei der maßgeblichen Ermittlungsmethode nach der Art der zu beurteilenden Grundstücke differenziert und dabei eine simulierte Kaufentscheidung durchschnittlicher und typischer Marktteilnehmer bei einem funktionierenden Markt zugrunde gelegt. Bleiben jedoch wertbil- 30

---

48 BGH NJW 1970, 1018, 1019; OLG Köln ZEV 2006, 77, 78; *Bissmaier*, ZMR 1995, 106, 107; *J. Mayer*, ZEV 1994, 331, 333; a.A. wohl MüKo-BGB/*Lange*, § 2311 Rn 42, der darauf hinweist, dass eine bestimmte Bewertungsmethode rechtlich nicht vorgeschrieben sei und sich deshalb Sach- und Ertragswertverfahren gegenüberstehen würden. Der Sachwert und der Ertragswert müssten daher angemessen berücksichtigt werden. Letztlich sei die Gewichtung beider Faktoren wiederum eine Sache des Einzelfalls.

49 § 32 Abs. 1, Abs. 2 S. 1 Nr. 2, § 38 ImmoWertV; MüKo-BGB/*Lange*, § 2311 Rn 42; Staudinger/*Herzog*, § 2311 Rn 231.

50 BGH NJW 1970, 2018; OLG Düsseldorf BB 1988, 1001, 1002; OLG Frankfurt FamRZ 1980, 576; *J. Mayer*, ZEV 1994, 331, 333; *Tremel*, ZEV 2007, 365; MüKo-BGB/*Lange*, § 2311 Rn 42; Staudinger/*Herzog*, § 2311 Rn 234; BeckOK BGB/*Müller-Engels*, § 2311 Rn 28.

51 BGH NJW-RR 1986, 226, 227; anders hingegen Staudinger/*Herzog*, § 2311 Rn 234, die die Rechtsprechung als „überholt" ansieht.

52 BGH NJW-RR 1993, 131, 132; Staudinger/*Herzog*, § 2311 Rn 235; BeckOK BGB/*Müller-Engels*, § 2311 Rn 28; *J. Mayer*, ZEV 1994, 331, 333.

53 BGH NJW 2004, 2671, 2672; Staudinger/*Herzog*, § 2311 Rn 233; BeckOK BGB/*Müller-Engels*, § 2311 Rn 28; MüKo-BGB/*Lange*, § 2311 Rn 42.

dende Faktoren im Bewertungsverfahren unberücksichtigt, weil für das betreffende Objekt kein Markt vorhanden ist oder aber dieser Markt durch staatliche Eingriffe verzerrt ist, dann ist in diesen Fällen grundsätzlich durch entsprechende **Zu- oder Abschläge** der nach den oben genannten Bewertungsmethoden erzielte **Wert** zu **korrigieren**.[54] Die Bemessung des Abschlags bzw. Zuschlags ist dem Tatrichter vorbehalten.[55]

bb) Miteigentumsanteil

31 Schwierigkeiten können bspw. aufkommen, wenn nur ein **Miteigentumsanteil** an einem Grundstück zum Nachlass gehört, das durch den anderen Miteigentümer genutzt wird. Es wird die Ansicht vertreten, es sei in der Regel unzulässig, den halben Verkehrswert des Grundstücks samt Gebäude anzusetzen, wenn ein halber Miteigentumsanteil einer vom anderen Miteigentümer eigengenutzten Immobilie in den Nachlass fällt. Aufgrund der Tatsache, dass die Wahrscheinlichkeit, diesen Anteil unter marktwirtschaftlichen Bedingungen veräußern zu können, sehr gering sei, müsse ein deutlicher **Wertabschlag** vorgenommen werden.[56] Die Rechtsprechung hat jedoch zu Recht festgehalten, dass der Wert des hälftigen Miteigentumsanteils jedenfalls dann für die Pflichtteilsberechnung dem **hälftigen Wert** der Immobilie insgesamt entspricht, wenn der Alleinerbe bereits Eigentümer der anderen ideellen Miteigentumshälfte ist. Denn es seien keine Gründe ersichtlich, einen Wertabschlag vorzunehmen, da die Immobilie in diesem Fall problemlos verwertet werden könne.[57]

cc) Bauerwartungsland

32 Einen **Aufschlag** hingegen soll es bei sog. **Bauerwartungsland** geben.[58] Hier ist, soweit dieser wertbestimmende Faktor nicht schon bei den Vergleichswerten berücksichtigt wurde, ein entsprechender Aufschlag zu berücksichtigen.[59] Dies ist folgerichtig, da Bauerwartungsland aufgrund der besseren Verwertbarkeit in der Regel einen höheren Wert hat.

dd) Belastung mit Rechten Dritter (z.B. Nießbrauch, Wohnungsrecht)

33 Problematisch ist die Frage, wie **Rechte Dritter** bei der Wertermittlung berücksichtigt werden. Ist das Grundstück bspw. mit einem **Nießbrauch**[60] oder mit

---

54 Vgl. hierzu die Ausführungen von Staudinger/*Herzog*, § 2311 Rn 235.

55 BGH FamRZ 1993, 1183, 1185.

56 Staudinger/*Herzog*, § 2311 Rn 236; *Schopp*, ZMR 1994, 552; *Bissmaier*, ZMR 1995, 106.

57 BGH NJW 2015, 2336, 2337; OLG Schleswig OLGR 2000, 241; dem folgend BeckOK BGB/*Müller-Engels*, § 2311 Rn 27; jurisPK-BGB/*Birkenheier*, § 2311 Rn 66; ablehnend hingegen MüKo-BGB/*Lange*, § 2311 Rn 40; *Lange*, ZEV 2015, 482, 484.

58 Vgl. OLG Stuttgart NJW 1967, 2410, 2411.

59 Staudinger/*Herzog*, § 2311 Rn 237.

60 Vgl. die Wertberechnung in BGH NJW 1992, 2887, 2888; LG Bonn ZEV 1999, 154.

einem **dinglichen Wohnrecht** belastet, ist der Wert des Nießbrauchsrechts oder des dinglichen Wohnrechts abzuziehen.[61]

Ist das Grundstück mit einem **Rückkaufsrecht** eines Dritten zu einem Festpreis belastet, wird zwar hierdurch nicht die Nutzungsmöglichkeit der Immobilie beeinträchtigt, wohl aber deren Verwertbarkeit als „Vermögenshandelsobjekt", was zu einem Wertabschlag führt.[62] 34

Bei **geschlossenen Immobilienfonds** bzw. sog. **Abschreibungsgesellschaften** besteht die Gefahr, dass es keine Möglichkeit für eine Weiterveräußerung gibt. Es wird folglich die Auffassung vertreten (allerdings ohne konkrete Lösung des Problems), dass die Vergleichswertmethode daher durchwegs ausscheidet. Die Ertragswertmethode führt wiederum zu zu geringen Ansätzen, da der eigentliche Wert der Beteiligung in dem durch die Verlustzuweisung begründeten Steuervorteil liegt, der aber letztlich schwer zu bemessen ist.[63] Folglich könnte das Substanz- oder Sachwertverfahren herangezogen werden. Es stellt sich jedoch die Frage, ob überhaupt der Wiederbeschaffungspreis des veräußerungsfähigen Vermögensgegenstands (hier der Anteil an einem geschlossenen Immobilienfonds) darstellbar ist. Sollte dies der Fall sein, könnte er herangezogen werden. 35

C. Immobilie und (ordentlicher) Pflichtteil

Liegt der Fall vor, dass der Pflichtteilsberechtigte durch Verfügung von Todes wegen von der gesetzlichen Erbfolge ausgeschlossen worden ist und er den sog. ordentlichen Pflichtteil geltend machen kann, ergeben sich bei der Berechnung des Pflichtteilsanspruchs schnell mehrere Fragen. Häufig stellt gerade die Immobilie ein Anrechnungsobjekt für lebzeitige Zuwendungen des Erblassers dar oder sie ist als ausgleichspflichtiger Vorempfang zu berücksichtigen. 36

I. Immobilie als Anrechnungsobjekt lebzeitiger Zuwendungen des Erblassers

1. Anrechnungsbestimmung

Gem. § 2315 BGB muss sich der Pflichtteilsberechtigte auf seinen Pflichtteil **anrechnen** lassen, was ihm vom Erblasser mit der Bestimmung zugewendet wurde, dass es auf den Pflichtteil angerechnet werden soll. § 2315 BGB stellt ebenso wie § 2316 BGB hinsichtlich der Berechnung des Pflichtteils eine Ausnahme zu dem in § 2311 BGB festgelegten allgemeinen Grundsatz dar, dass der 37

61 Zur Verkehrswertbestimmung vgl. BGH FamRZ 1989, 1051, 1052; OLG Koblenz FamRZ 1988, 64; OLG Celle FamRZ 1993, 1204.
62 BGH FamRZ 1993, 1183, 1184; Staudinger/*Herzog*, § 2311 Rn 239.
63 Vgl. hierzu die Ausführungen von BeckOK BGB/*Müller-Engels*, § 2311 Rn 29.

Berechnung des Pflichtteils der Bestand und der Wert des Nachlasses zur Zeit des Erbfalls zugrunde zu legen sind.[64]

38 Der **Zuwendungsempfänger** muss zu dem Kreis der pflichtteilsberechtigten Personen zählen. Lebzeitige Zuwendungen des Erblassers, gleichgültig an wen, beeinflussen die Berechnung des (ordentlichen) Pflichtteils grundsätzlich nicht, soweit das Gesetz nichts anderes vorsieht.[65] Für eine wirksame Anrechnung i.S.d. § 2315 BGB hat die Zuwendung unmittelbar an ihn und nicht an seinen Ehegatten und/oder seine Abkömmlinge zu erfolgen.

39 Problematisch ist oft, dass die Zuwendung (häufig in notariellen Übertragungsverträgen zu lesen) **„im Wege der vorweggenommenen Erbfolge unentgeltlich"** erfolgen soll. Es bedarf sodann – für die Pflichtteilsberechnung – einer Auslegung, welche Anordnungen der Erblasser hierbei bei der Zuwendung tatsächlich getroffen hat. In Betracht kommen die Anordnung der Ausgleichung gem. §§ 2316 Abs. 1, 2050 Abs. 3 BGB, eine Anrechnung gem. § 2315 Abs. 1 BGB oder kumulativ Ausgleichung und Anrechnung gem. § 2316 Abs. 4 BGB.[66] Die **Ermittlung des Erblasserwillens** erfordert nach der Rechtsprechung eine **Gesamtbewertung** aller relevanten Umstände, wobei insbesondere auch die zeitlichen Zusammenhänge zwischen Zuwendung und Testamentserrichtung, der Vermögensgegenstand und seine wirtschaftliche Nutzbarkeit durch den Empfänger vor dem Erbfall sowie die Größenordnung der vorgezogenen Vermögenszuwendung zu berücksichtigen sind.[67] Entscheidend für die Ermittlung des Erblasserwillens ist, ob mit der Zuwendung zugleich auch eine Enterbung des Empfängers mit bloßer Pflichtteilsberechtigung gewünscht war oder ob der Empfänger lediglich bereits zu Lebzeiten des Erblassers das, was ihm im Todesfalle zustehen würde, erhalten sollte, es aber im Übrigen bei den rechtlichen Wirkungen einer Zuwendung im Erbfall verbleiben sollte.[68]

40 Für die Feststellung des Werts der Zuwendung müssen zunächst die Erben im Rahmen ihrer Darlegungs- und Beweislast hinreichend konkret vortragen. Ist dies geschehen, ist es im Hinblick auf die Auskunftspflicht gem. § 2057 BGB oder zusätzlich aus § 242 BGB Sache des Pflichtteilsberechtigten, dem Vorbringen der Erben so konkret zu entgegnen, dass auf dieser Grundlage – erforderlichenfalls mittels sachverständiger Beratung und durch Vernehmung von Zeugen – der Wert der Zuwendung zum Zeitpunkt ihres Vollzugs ermittelt werden kann.[69]

64 JurisPK-BGB/*Birkenheier*, § 2315 Rn 1.
65 JurisPK-BGB/*Birkenheier*, § 2315 Rn 1.
66 Vgl. hierzu die Ausführungen von jurisPK-BGB/*Birkenheier*, § 2315 Rn 8 zu der lesenswerten Entscheidung des BGH ZErb 2010, 144.
67 BGH ZErb 2010, 144, 146; jurisPK-BGB/*Birkenheier*, § 2315 Rn 8.
68 BGH ZErb 2010, 144, 146; jurisPK-BGB/*Birkenheier*, § 2315 Rn 8.
69 BGH ZErb 2010, 144, 147; jurisPK-BGB/*Birkenheier*, § 2315 Rn 8.

Die Anrechnungsbestimmung hat grundsätzlich **zugleich** mit der Zuwendung zu erfolgen, kann allerdings für künftige Zuwendungen im Voraus getroffen werden, **nachträglich** hingegen grundsätzlich **nicht.**[70] Eine Anrechnungsbestimmung ist eine einseitige empfangsbedürftige Willenserklärung des Erblassers gegenüber dem Anrechnungspflichtigen. Die Erklärung erfolgt **formlos,**[71] sollte gleichwohl aber aus Beweissicherungsgründen schriftlich fixiert werden. Ratsam ist auch eine schriftliche Bestätigung durch den Zuwendungsempfänger. 41

2. Maßgeblicher Wert

Für die Anrechnung ist der Verkehrswert des zugewendeten Vermögensgegenstands **im Zeitpunkt der Zuwendung** maßgebend, § 2315 Abs. 2 S. 2 BGB. Damit trägt der Erbe als Pflichtteilsschuldner das Risiko der Wertsteigerung, der Anrechnungspflichtige ist dem Wertminderungsrisiko unterworfen (gilt insbesondere bei fallenden oder steigenden Aktienkursen, bei Beschädigung oder Zerstörung zugewendeter Gegenstände oder bei Änderungen der Bauleitplanung bei Zuwendung einer Immobilie). Zu beachten ist jedoch, dass der auf den Zuwendungszeitpunkt ermittelte Wert nach der Rechtsprechung unter Berücksichtigung des Kaufkraftschwundes auf den Wert **zur Zeit des Erbfalls** umgerechnet wird.[72] Unerheblich ist, ob der Gegenstand der Zuwendung zum Zeitpunkt des Erbfalls noch existiert oder untergegangen ist.[73] 42

3. Beispiel zur Berechnung der Kaufkraftanpassung

Auch bei der Übertragung einer Immobilie ist auf den Zeitpunkt der Zuwendung abzustellen. Dies ist der Zeitpunkt des Rechtsübergangs, also der **Zeitpunkt der Grundbucheintragung.**[74] 43

Für die Wertberechnung der Zuwendung zur Verwirklichung der wirtschaftlichen Vergleichbarkeit des Wertmessers Geld ist ein vom Zeitpunkt der Zuwendung bis zum Erbfall eingetretener **Kaufkraftschwund** zu berücksichtigen. Es ist daher zunächst nach den allgemeinen Bewertungsmethoden der Wert der Zuwendung im Zuwendungszeitpunkt zu ermitteln und dann der Zuwendungswert mit dem für das Jahr des Todes des Erblassers geltenden Verbraucherpreisin- 44

70 OLG München ZErb 2009, 155; jurisPK-BGB/*Birkenheier*, § 2315 Rn 31; a.A. Grüneberg/*Weidlich*, § 2315 Rn 5; MüKo-BGB/*Lange*, § 2315 Rn 12; Staudinger/*Otte*, § 2315 Rn 21, demnach gelte dies dann nicht, wenn der Erblasser spätestens zum Zeitpunkt der Zuwendung einen Vorbehalt erklärt habe dahingehend, er behalte sich eine Anrechnungsbestimmung vor.

71 MüKo-BGB/*Lange*, § 2315 Rn 11; Grüneberg/*Weidlich*, § 2315 Rn 2; jurisPK-BGB/*Birkenheier*, § 2315 Rn 24, 26.

72 BGH NJW 1975, 1831; BGHZ 96, 174, 180; dazu auch BGHZ 61, 385, 388, 393.

73 JurisPK-BGB/*Birkenheier*, § 2315 Rn 38.

74 BGH NJW 1975, 1831.

dex zu multiplizieren und durch den Verbraucherpreisindex für das Zuwendungsjahr zu dividieren.[75]

45 Als **Formel** ausgedrückt bedeutet dies:

$$\text{um Kaufkraftschwund bereinigter Zuwendungswert} = \frac{\text{Zuwendungswert im Zeitpunkt der Zuwendung x Verbraucherpreisindex im Erbfall}}{\text{Verbraucherpreisindex zur Zeit der Zuwendung}}$$

46 Als maßgeblicher Index wurde früher überwiegend ein Vier-Personen-Arbeitnehmerhaushalt mit mittlerem Einkommen angenommen.[76] Seit Januar 2003 wird nur noch der **Verbraucherpreisindex** für Deutschland festgestellt. Die Preisindices werden vom Statistischen Bundesamt jährlich veröffentlicht und können im Internet abgerufen werden.[77]

47 **Beispiel**

Ein Grundstück wurde im Jahr 2005 zum damaligen Verkehrswert von 50.000 EUR zugewandt. Der Erbfall trat im Jahr 2021 ein.

- Verbraucherpreisindex 2005: 86,2
- Verbraucherpreisindex 2021: 103,1

Berechnung:

50.000 EUR x 103,1 : 86,2 = 59.802,78 EUR

4. Beispiel zur Anrechnung

48 § 2315 Abs. 2 S. 1 BGB besagt, dass bei einer lebzeitigen Zuwendung des Erblassers zugunsten des Pflichtteilsberechtigten mit **wirksamer Anrechnungsbestimmung** im ersten Schritt der (indexierte) Wert der Zuwendung dem (realen) Nachlass hinzuzurechnen ist. Aus der Summe ist dann im zweiten Schritt der Pflichtteil mit der für den jeweiligen Pflichtteilsberechtigten maßgeblichen Quote zu berechnen. Hierauf ist sodann im dritten Schritt der (indexierte) Wert der Zuwendung anzurechnen, d.h. in Abzug zu bringen.[78]

49 Für die Berechnung gilt daher, dass der Pflichtteil sich von einem **fiktiven Nachlass** (realer Nachlass zzgl. anrechnungspflichtige Zuwendungen) errechnet. Dieser fiktive Nachlass hat für **jeden Pflichtteilsberechtigten**, abhängig vom Wert

75 Vgl. die Ausführungen und das Beispiel von BeckOK BGB/*Müller-Engels*, § 2315 Rn 14.

76 Vgl. hierzu Staudinger/*Otte*, § 2315 Rn 45.

77 Siehe https://www.destatis.de/DE/ZahlenFakten/GesamtwirtschaftUmwelt/Preise/Verbraucherpreisindizes/Tabellen_/VerbraucherpreiseKategorien.html.

78 Vgl. hierzu die Ausführungen und Berechnungsbeispiele bei jurisPK-BGB/*Birkenheier*, § 2315 Rn 54–56, 58 sowie bei MüKo-BGB/*Lange*, § 2315 Rn 21 f.

der nur ihm zugeflossenen anrechnungspflichtigen Zuwendungen, eine unterschiedliche Höhe.

Hinweis 50

Es ist also für jeden Pflichtteilsberechtigten eine **gesonderte Berechnung** vorzunehmen, bei der nur die speziell ihm zuteilgewordenen anrechnungspflichtigen Zuwendungen in den fiktiven Nachlass einfließen.[79]

Beispiel 1 51

Erblasser E hinterlässt als einzigen Pflichtteilsberechtigten seinen Sohn S. Erbin ist die familienfremde F. Der Nachlasswert beträgt 100.000 EUR. S muss sich einen kurz vor dem Tod des E erhaltenen Vorempfang von 20.000 EUR auf seinen Pflichtteil anrechnen lassen. Der aus dem fiktiven Nachlass von 100.000 EUR + 20.000 EUR zu errechnende Pflichtteil des S beträgt (100.000 EUR + 20.000 EUR) : 2 = 60.000 EUR. Davon ist der Vorempfang von 20.000 EUR abzuziehen. S erhält also 40.000 EUR.

Beispiel 2 52

Erblasser E hinterlässt als einzigen Pflichtteilsberechtigten seinen Sohn S. Erbin ist die familienfremde F. Der Nachlasswert beträgt 100.000 EUR. Im Jahr 2005 ist dem S ein Grundstück im Wert von 50.000 EUR geschenkt worden mit der Bestimmung, sich die Schenkung auf den Pflichtteil anrechnen zu lassen.

Berechnung des Pflichtteils des S

Nachlasswert (100.000 EUR) + indexierter Wert der Schenkung (59.802,78 EUR; zur Berechnung siehe Rdn 44 ff.), hier also 159.802,78 EUR.

Der Pflichtteil des S beträgt 1/2, also 79.901,39 EUR. Hiervon wiederum in Abzug zu bringen ist die indexierte Schenkung in Höhe von 59.802,78 EUR, so dass ein Pflichtteilsanspruch in Höhe von 20.098,61 EUR besteht.

Beispiel 3 53

Erblasser E hinterlässt zwei Pflichtteilsberechtigte, nämlich seinen Sohn S und seine Tochter T. Erbin ist die familienfremde F. Der Nachlasswert beträgt 100.000 EUR. Im Jahr 2005 ist dem S ein Grundstück im Wert von 50.000 EUR geschenkt worden mit der Bestimmung, sich die Schenkung auf den Pflichtteil anrechnen zu lassen. Im Jahr 2012 ist der T ein kleines Grundstück im Wert von 20.000 EUR geschenkt worden mit der Bestimmung, sich die Schenkung auf den Pflichtteil anrechnen zu lassen.

---

79 JurisPK-BGB/*Birkenheier*, § 2315 Rn 55.

1. Berechnung des Pflichtteils des S

Nachlasswert (100.000 EUR) + indexierter Wert der Schenkung (59.802,78 EUR; zur Berechnung siehe Rdn 44 ff.), hier also 159.802,78EUR.

Der Pflichtteil des S beträgt 1/4, also 39.950,69 EUR. Hiervon wiederum in Abzug zu bringen ist die indexierte Schenkung in Höhe von 59.802,78 EUR, so dass dem S **kein** Pflichtteilsanspruch verbleibt. Er braucht allerdings dem Nachlass auch nichts zu erstatten.

2. Berechnung des Pflichtteils der T

Nachlasswert (100.000 EUR) + indexierter Wert der Schenkung ((20.000 EUR x 107,4) ./. 104,1 = 20.634,00 EUR), hier also 120.634,00 EUR.

Der Pflichtteil der T beträgt 1/4, also 30.158,50 EUR. Hiervon wiederum in Abzug zu bringen ist die indexierte Schenkung in Höhe von 20.634,00 EUR, so dass der T ein Pflichtteilsanspruch in Höhe von 9.524,50 EUR zusteht.

II. Immobilie als ausgleichspflichtiger Vorempfang

1. Grundsatz der Ausgleichungspflicht

54 Die Vorschrift des § 2316 BGB regelt – anders als § 2315 BGB – Ausgleichungspflichten nur im Hinblick auf **Abkömmlinge** des Erblassers. Zu den ausgleichungspflichtigen **Zuwendungen** gehören

- die vom Erblasser herrührenden **Ausstattungen** nach § 2050 Abs. 1 BGB,
- die **Zuschüsse zum Unterhalt** und **Ausbildungskosten** nach § 2050 Abs. 2 BGB und
- die vom Erblasser ausdrücklich für **ausgleichungspflichtig erklärten Zuwendungen,** § 2050 Abs. 3 BGB.

55 Auch wenn die Bestimmungen der §§ 2050 ff. BGB grundsätzlich nur die gesetzliche Erbfolge betreffen und damit dispositiver Natur sind, müssen die Ausstattungen nach § 2316 Abs. 3 BGB bei der Pflichtteilsberechnung der übrigen Abkömmlinge stets berücksichtigt werden.

56 Nach § 2316 Abs. 1 BGB berechnet sich der Pflichtteil nach demjenigen, was auf den gesetzlichen Erbteil unter Berücksichtigung der Ausgleichungspflichten bei der Teilung entfallen würde. Zunächst wird unter Berücksichtigung sämtlicher Ausgleichungsbeträge der **fiktive Nachlass** ermittelt.[80] Es können dann die fiktiven Erbteile der einzelnen Abkömmlinge berechnet werden. Hiervon werden die gegenüber jedem Abkömmling gewährten – **ausgleichungspflichtigen** – Zuwendungen in Abzug gebracht. Der hälftige Betrag entspricht dann dem Pflichtteilsanspruch des einzelnen Abkömmlings.

80 Vgl. hierzu die Ausführungen von MüKo-BGB/*Lange*, § 2316 Rn 14.

2. Berechnung des Pflichtteils

Es gilt also, bei der Berechnung des Pflichtteils wie folgt vorzugehen:[81] 57

1. Ermittlung des ausgleichungspflichtigen Restnachlasses i.S.d. § 2055 Abs. 1 S. 2 BGB durch Abzug des Teils, der auf den gesetzlichen Erbteil von Personen entfällt, die an der Ausgleichung nicht teilnehmen (Ehegatten scheiden immer aus; eventuell Abkömmlinge, die nach § 2056 S. 2 BGB außer Betracht bleiben).
2. Bildung des Ausgleichsnachlasses durch Hinzurechnung sämtlicher ausgleichungspflichtiger Vorempfänge, jedoch ohne den nicht zu berücksichtigenden Ehegatten oder die Abkömmlinge, die wegen § 2056 BGB aus der Ausgleichung ausscheiden.
3. Ermittlung des Ausgleichserbteils, indem der Ausgleichsnachlass durch die (hypothetische) gesetzliche Erbquote geteilt wird, jedoch ohne Berücksichtigung der bereits aus der Ausgleichung ausgeschiedenen Abkömmlinge und des Ehegatten.
4. Abzug der Vorempfänge des jeweiligen Abkömmlings nach § 2055 Abs. 1 S. 1 BGB. Dabei empfiehlt es sich, mit demjenigen zu beginnen, der die größte Zuwendung erhalten hat, da hier die Möglichkeit am größten ist, dass er wegen § 2056 S. 2 BGB aus dem ganzen Ausgleichungsverfahren ausscheidet.
5. Ist der Vorempfang größer als der Ausgleichungserbteil, so scheidet der Abkömmling mit seinem Vorempfang nach § 2056 S. 2 BGB aus der Ausgleichsberechnung aus. Dann ist wieder nach Ziff. 1–4 vorzugehen, mit Ausgleichung nur zwischen den übrigen Abkömmlingen.
6. Ermittlung des Ausgleichspflichtteils; das ist die Hälfte des so ermittelten Ausgleichserbteils. Ist dieser kleiner oder gleich null, so besteht keine Ausgleichspflicht (siehe Ziff. 5).

Soweit die Bestimmung des § 2057a BGB die Berücksichtigung von **Leistungen eines Abkömmlings an den Erblasser** vorsieht (pflegerische Dienste, Mithilfe im Haushalt etc.), wird der fiktive Nachlass dadurch ermittelt, dass die Zuwendung von dem für die Abkömmlinge maßgeblichen Nachlasswert abgezogen wird. Dem Erbteil des begünstigten Abkömmlings wird die Summe der Leistungen gem. § 2057a BGB wieder zugeschlagen, um anschließend durch Halbierung seinen Pflichtteil zu bestimmen.[82] 58

81 Vgl. hierzu die Darstellung von BeckOK BGB/*Müller-Engels*, § 2316 Rn 6; jurisPK-BGB/*Birkenheier*, § 2316 Rn 46.

82 Zum schwierigen Umgang mit Anrechnungs- und Ausgleichungsbestimmungen vgl. *Schäfer*, ZEV 2013, 63; *Everts*, notar 2013, 219; *Heinze*, ZNotP 2010, 64.

3. Berechnungsbeispiele

59 Die nachfolgenden Beispiele enthalten Berechnungen zur Ausgleichungspflicht bei verschiedenen Konstellationen:[83]

a) Ausgleichspflichtteil ohne Ehegatten

60 **Beispiel**

Erblasser E hinterlässt 42.000 EUR und drei pflichtteilsberechtigte Söhne. Es haben ausgleichungspflichtige Vorempfänge bei A in Höhe von 12.000 EUR und bei B in Höhe von 6.000 EUR stattgefunden, C hat nichts erhalten. Die Vorempfänge (wie in allen nachfolgenden Beispielen auch) haben kurz vor dem Tod des E stattgefunden. Erbe ist der Fremde F geworden.

Berechnung Ausgleichspflichtteil

A:	{[(42.000 + 12.000 + 6.000) : 3]	– 12.000}	: 2 =	4.000
B:	{[(42.000 + 12.000 + 6.000) : 3]	– 6.000}	: 2 =	7.000
C:	{[(42.000 + 12.000 + 6.000) : 3]	– 0,00}	: 2 =	10.000

Die Pflichtteilslast des Erben F beträgt insgesamt 21.000 EUR und ändert sich durch die Ausgleichung nicht. C wird jedoch genauso gestellt, wie wenn die Vorempfänge noch im Nachlass wären. Unter Berücksichtigung ihrer Vorempfänge stehen sich A (total 16.000 EUR) und B (total 13.000 EUR) immer noch besser, und zwar um die Hälfte ihres Vorempfangs. Eine gleichmäßige Behandlung kann also durch die Ausgleichung nicht erreicht werden.[84]

b) Ausgleichspflichtteil bei einem „Zuvielbedachten"

61 Erneut soll zunächst der Ausgleichspflichtteil ohne Ehegatten berechnet werden. Allerdings wurde einer der Abkömmlinge „zuviel bedacht".[85]

62 **Beispiel**

Erblasser E hinterlässt vier Söhne und einen Nachlass von 240.000 EUR. Es haben ausgleichungspflichtige Vorempfänge bei A in Höhe von 240.000 EUR, bei B in Höhe von 40.000 EUR, bei C in Höhe von 0 EUR und bei D in Höhe von 80.000 EUR stattgefunden.

---

83 Die Berechnungsbeispiele folgen BeckOK BGB/*Müller-Engels*, § 2316 Rn 9 ff.; für Beispiele mit einer notwendigen Indexierung vgl. jurisPK-BGB/*Birkenheier*, § 2316 Rn 48 ff.; weitere Beispiele zu § 2316 BGB zudem bei *Tanck*, ZErb 2003, 41.

84 BeckOK BGB/*Müller-Engels*, § 2316 Rn 9.

85 BeckOK BGB/*Müller-Engels*, § 2316 Rn 10.

Berechnung Ausgleichspflichtteil

A: {[(240.000 + 240.000 + 40.000 + 80.000) : 4] – 240.000} : 2 = – 45.000

A scheidet damit einschließlich seines Vorempfangs aus der Berechnung aus (beachte jedoch, es könnte unter Umständen aber ein Pflichtteilsergänzungsanspruch bestehen). Folglich ist eine Neuberechnung nach der gesetzlichen Regelung des § 2056 BGB notwendig:

B: {[(240.000 + 40.000 + 80.000) : 3] – 40.000} : 2 = 40.000

C: {[(240.000 + 40.000 + 80.000) : 3] – 0,00} : 2 = 60.000

D: {[(240.000 + 40.000 + 80.000) : 3] – 80.000} : 2 = 20.000

c) Überlebender Ehegatte bei Gütertrennung

Beispiel 63

Erblasser E hinterlässt die Witwe W und drei Kinder. Sein Nachlass beträgt 200.000 EUR. Ausgleichspflichtige Vorempfänge haben bei A in Höhe von 20.000 EUR, bei B in Höhe von 40.000 EUR und bei C in Höhe von 60.000 EUR stattgefunden.[86]

Der ausgleichungspflichtige Restnachlass beträgt 200.000 EUR abzgl. gesetzlicher Erbteil W (= 50.000 EUR) = 150.000 EUR.

W hat somit einen Pflichtteil in Höhe von 25.000 EUR.

Berechnung Ausgleichspflichtteil

A: {[(150.000 + 20.000 + 40.000 + 60.000) : 3] – 20.000} : 2 = 35.000

B: {[(150.000 + 20.000 + 40.000 + 60.000) : 3] – 40.000} : 2 = 25.000

C: {[(150.000 + 20.000 + 40.000 + 60.000) : 3] – 60.000} : 2 = 15.000

d) Zugewinngemeinschaftsehe

Beispiel 64

Erblasser E hinterlässt die Witwe W und drei Kinder. Der Nachlass beträgt 40.000 EUR. An ausgleichungspflichtigen Vorempfängen haben A 4.000 EUR und B 8.000 EUR erhalten,[87] C hat nichts erhalten.

1. Güterrechtliche Lösung

Witwe W schlägt den gesetzlichen Erbteil aus oder wird enterbt. Der Zugewinnausgleich soll null sein.

---

86 BeckOK BGB/*Müller-Engels*, § 2316 Rn 11.

87 BeckOK BGB/*Müller-Engels*, § 2316 Rn 12–14.

Der ausgleichungspflichtige Restnachlass beträgt 40.000 EUR abzgl. gesetzlicher Erbteil des Ehegatten (= 10.000 EUR) = 30.000 EUR.

W hat somit einen Pflichtteil in Höhe von 5.000 EUR.

Berechnung Ausgleichspflichtteil

A:	{[(30.000 + 4.000 + 8.000) : 3]	– 4.000}	: 2 = 5.000
B:	{[(30.000 + 4.000 + 8.000) : 3]	– 8.000}	: 2 = 3.000
C:	{[(30.000 + 4.000 + 8.000) : 3]	– 0,00}	: 2 = 7.000

2. Erbrechtliche Lösung

Diesmal wird Witwe W Erbin. Sie schlägt nicht aus.

Der ausgleichungspflichtige Restnachlass beträgt 40.000 EUR abzgl. gesetzlicher Erbteil des Ehegatten (= 20.000 EUR) = 20.000 EUR.

Berechnung Ausgleichspflichtteil

A:	{[(20.000 + 4.000 + 8.000) : 3]	– 4.000}	: 2 = 3333,33
B:	{[(20.000 + 4.000 + 8.000) : 3]	– 8.000}	: 2 = 1333,33
C:	{[(20.000 + 4.000 + 8.000) : 3]	– 0,00}	: 2 = 5333,33

D. Immobilie und Pflichtteilsergänzung

I. Grundsätze

65 Die gesetzliche Regelung des Pflichtteilsergänzungsanspruchs – § 2325 BGB – ist gerade bei der Übertragung von Immobilien von großer praktischer Bedeutung. Wenn Pflichtteilsberechtigte durch letztwillige Verfügung (Testament) des Erblassers von der Erbfolge ausgeschlossen werden, werden in vielen Fällen Verfügungen vom Erblasser bereits zu Lebzeiten vorgenommen, mit denen der Nachlass zum Zeitpunkt des Erbfalls zum Nachteil der Pflichtteilsberechtigten gezielt verringert und das Vermögen des Erblassers zur Vermeidung hoher Pflichtteilsansprüche rechtzeitig zugunsten der in der letztwilligen Verfügung bedachten Personen umgeschichtet werden soll.

66 § 2325 BGB schützt daher den Pflichtteilsberechtigten dagegen, dass der ordentliche Pflichtteil durch lebzeitige Schenkungen umgangen wird.[88] Daher erhält der Pflichtteilsberechtigte zeitlich und sachlich begrenzt einen Ergänzungsanspruch gegen den Erben, hilfsweise sogar gegen den Beschenkten nach § 2329 BGB.

88 BVerfG NJW 1991, 217; BGH NJW 2004, 1382.

Die Schenkung wird zunächst dem Nachlass hinzugerechnet und dann aus dem so ergänzten (**fiktiven**) **Gesamtnachlass** der Pflichtteilsanspruch berechnet.[89] Gleichzeitig ist jedoch für den Pflichtteilsberechtigten zu akzeptieren, dass ihm nur ein sehr beschränkter Schutz gegen lebzeitige Zuwendungen nach Maßgabe der §§ 138, 826 BGB gewährt werden kann.[90] Denn hierdurch würde nicht nur die lebzeitige Verfügungsfreiheit des Erblassers übermäßig beschränkt, sondern auch die Sicherheit des Rechtsverkehrs beeinträchtigt.[91] 67

Die Rechtsnatur des § 2325 BGB wird als ein **selbstständiger außerordentlicher Pflichtteilsanspruch** eingeordnet, der unabhängig vom ordentlichen Pflichtteilsanspruch entsteht, neben diesem steht und von dessen tatsächlichem Bestehen unabhängig ist.[92] Er ist nicht auf eine wertmäßige dingliche Beteiligung am Nachlass gerichtet, weil der Gegenstand der Schenkung nicht zum Nachlass gehört, sondern ein nur **auf Zahlung von Geld** gerichteter Anspruch.[93] 68

II. Schenkung

Der Schenkungsbegriff im Rahmen des § 2325 BGB ist mit demjenigen der §§ 516, 517, 1624 BGB identisch.[94] Das bedeutet, dass der Empfänger **objektiv** aus dem Vermögen des Erblassers bereichert sein muss und **subjektiv**, dass Zuwendender und Empfänger darüber einig gewesen sein müssen, dass die Zuwendung ganz oder teilweise unentgeltlich erfolgt.[95] Anders als bei §§ 2287 ff. BGB ist eine Beeinträchtigungsabsicht hier nicht erforderlich. Die bloße Bezeichnung als „vorweggenommene Erbfolge“ sagt allerdings noch nichts über die Unentgeltlichkeit aus.[96] 69

Für die Frage, ob eine Schenkung vorliegt, ist auf den **Zeitpunkt der Zuwendung** abzustellen.[97] Es ist zu beachten, dass eine Schenkung i.S.v. § 2325 BGB – auch die vollzogene Schenkung auf den Todesfall nach § 2301 Abs. 2 BGB – sowie ein nicht erfülltes Schenkungsversprechen Berücksichtigung finden, da ein solches Versprechen als Verbindlichkeit den Wert des Nachlasses schmälert.[98] Eine nicht 70

89 Was gleichsam zu einer Wiedereinsetzung in den vorigen Stand führt, BGH NJW 1973, 40; BGH NJW 1997, 2676, 2677; BeckOK BGB/*Müller-Engels*, § 2325 Rn 1.

90 BGH FamRZ 1972, 255, 257.

91 Staudinger/*Herzog*, Vorbem. § 2325 Rn 3; BeckOK BGB/*Müller-Engels*, § 2325 Rn 1.

92 BGH NJW 1973, 995; BGH NJW 1988, 1667; Staudinger/*Herzog*, Vorbem. § 2325 Rn 9; BeckOK BGB/*Müller-Engels*, § 2325 Rn 2; jurisPK-BGB/*Birkenheier*, § 2325 Rn 6; MüKo-BGB/*Lange*, § 2325 Rn 5.

93 JurisPK-BGB/*Birkenheier*, § 2325 Rn 6; Grüneberg/*Weidlich*, § 2325 Rn 3.

94 BGHZ 116, 178 = NJW 1992, 558; BGHZ 59, 132; BGH NJW 1982, 2497.

95 OLG Oldenburg FamRZ 2000, 638; MüKo-BGB/*Lange*, § 2325 Rn 17.

96 BGH NJW 1995, 1349; BGH NJW-RR 1996, 754 (zu § 528 BGB); ansonsten OLG Braunschweig OLGR 2001, 242.

97 MüKo-BGB/*Lange*, § 2325 Rn 17; jurisPK-BGB/*Birkenheier*, § 2325 Rn 41.

98 RG LZ 1928, 53, 54 ff.; BGH NJW 1983, 1485, 1486; MüKo-BGB/*Lange*, § 2325 Rn 17.

vollzogene Schenkung auf den Todesfall i.S.d. § 2301 Abs. 1 BGB, die der Form der Verfügungen von Todes wegen genügt, kann dagegen als Vermächtnis einen Ergänzungsanspruch nicht auslösen, weil Vermächtnisse hinter dem Pflichtteilsrecht rangieren und daher den Pflichtteilsanspruch nicht schmälern können.[99]

III. Gemischte Schenkungen

71 Die soeben genannten objektiven und subjektiven Schenkungselemente (siehe Rdn 69) müssen auch bei der sog. **gemischten Schenkung** vorliegen, was die Fälle in der Praxis betrifft, in denen der Erblasser für die Übertragung eines Vermögensgegenstands (z.B. einer Immobilie) zumindest teilweise eine Gegenleistung erhält. Man spricht also von einer gemischten Schenkung, wenn der Wert der Gegenleistung nur zu einem Teil dem Wert der Leistung entspricht und wenn die Vertragsparteien darüber einig sind, dass der überschießende Betrag unentgeltlich sein soll. Gemischte Schenkungen sind daher nur hinsichtlich ihres Schenkungsteils ergänzungspflichtig.[100]

72 Es gilt hier der Grundsatz der **subjektiven Äquivalenz**. Danach steht es den Parteien im Rahmen der Vertragsfreiheit grundsätzlich frei, den Wert der auszutauschenden Leistungen selbst zu bestimmen.[101] Diesem Prinzip, wonach die Parteien grundsätzlich selbst im Rahmen der Vertragsfreiheit den Wert der auszutauschenden Leistungen festlegen, sind jedoch Grenzen gesetzt, insbesondere sind **willkürliche** Bewertungen gegenseitiger Leistungen unzulässig.[102] Gleichwohl verbleibt ein Gestaltungsspielraum. Erst bei einem **auffallend groben Missverhältnis** zwischen dem wirklichen Wert von Leistung und Gegenleistung kann von einer – teilweisen – unentgeltlichen Zuwendung ausgegangen werden.[103] In diesem Zusammenhang hat die Rechtsprechung im Hinblick auf die Vereinbarung von Pflegeleistungen (gegen Übertragung eines Hausgrundstücks) festgestellt, dass sich ein Erblasser die Sicherstellung seiner Versorgung in gewohnter Umgebung etwas kosten lassen darf, ohne sich schnell dem Vorwurf ausgesetzt zu sehen, er habe willkürlich dafür zu viel ausgegeben, also zum Nachteil des Pflichtteilsberechtigten etwas verschenkt.[104]

73 Zur **Beweiserleichterung** für den Pflichtteilsberechtigten (beachte: hiermit ist keine Beweislastumkehr gemeint) hat der Anspruchsgegner die für die Begrün-

---

99 MüKo-BGB/*Lange*, § 2325 Rn 17.

100 OLG Koblenz OLGR 2005, 113; OLG Düsseldorf MittRhNotK 2000, 208, 209.

101 BGHZ 59, 132, 136; BGH NJW 1964, 1323; BGH NJW 1965, 1526; BGH NJW 1974, 650; OLG Oldenburg NJW-RR 1992, 778; OLG Düsseldorf MittRhNotK 2000, 208, 209; BeckOK BGB/*Müller-Engels*, § 2325 Rn 9.

102 BGH NJW 1961, 604, 605; jurisPK-BGB/*Birkenheier*, § 2325 Rn 59.

103 BGH NJW 1972, 1709, 1710; BGH NJW 1961, 604, 605; BGH NJW 1981, 1956; MüKo-BGB/*Lange*, § 2325 Rn 21.

104 OLG Oldenburg NJW-RR 1992, 778.

dung der Gegenleistung maßgeblichen Tatsachen im Wege des **substantiierten Bestreitens** der Unentgeltlichkeit vorzutragen.[105] Bei einem groben Missverhältnis zwischen Leistung und Gegenleistung spricht eine tatsächliche Vermutung dafür, dass sich die Parteien über die Unentgeltlichkeit der Wertdifferenz einig waren.[106] Würde man nun dem Pflichtteilsberechtigten diese Beweiserleichterung nicht einräumen, würde das zu einer der Absicht des Gesetzgebers zuwiderlaufenden Beschränkung seiner Rechte führen.[107] Legt ein **notarieller Vertrag** die Entgeltlichkeit einer Zuwendung fest, so muss dennoch für eine Schenkung der **Vollbeweis** erbracht werden.[108] Obendrein ist für den Pflichtteilsberechtigten zu beachten, dass er zudem in jedem Falle die Beweislast für das Missverhältnis an sich, also für die Werte der jeweiligen Leistung und Gegenleistung, trägt.[109]

IV. Anstands- und Pflichtschenkung

1. Grundsätze

In der Praxis nicht unerheblich sind die sog. Anstands- und Pflichtschenkungen. 74
Nach § 2330 BGB wird der Anwendungsbereich der §§ 2325–2329 BGB eingeschränkt, indem Schenkungen, durch die einer **sittlichen Pflicht** oder einer **auf den Anstand zu nehmenden Rücksicht** entsprochen wird, von der Pflichtteilsergänzung ausgenommen werden. Dass die in der Vorschrift genannten Schenkungen von der Pflichtteilsergänzung ausgenommen werden, beruht auf Rücksichtnahme auf den Erblasser und den Beschenkten im Hinblick auf die **moralische Verpflichtung**, die den Pflicht- und Anstandsschenkungen in der Regel zugrunde liegt.[110]

Zwischen einer Pflicht- und einer Anstandsschenkung ist **abzugrenzen**. Eine 75
solche Abgrenzung ist nach **objektiven Kriterien** vorzunehmen, insbesondere nach den persönlichen Beziehungen der Beteiligten zueinander, ihrer Lebensstellung, den jeweiligen Vermögens- und Lebensverhältnissen sowie dem Gewicht zu belohnender Leistungen des Beschenkten.[111] Allein auf die subjektiven Beweg-

105 BGH NJW 1992, 558; BGH ZEV 1996, 186, 187; MüKo-BGB/*Lange*, § 2325 Rn 22.

106 BGH NJW 1972, 1709, 1710; BGH NJW 1981, 1956; BGH NJW 1981, 2458, 2459; OLG Düsseldorf ErbR 2015, 93 (Grundstücksübertragung deutlich unter Verkehrswert); OLG Oldenburg NJW-RR 1992, 778 (Erbbaurechtsübertragung gegen Einräumung eines Altenteilrechts); OLG Köln AgrarR 1993, 28 (Hofübertragung gegen Altersversorgung und Abfindungsleistungen); OLG Koblenz ZEV 2002, 460, 461; MüKo-BGB/*Lange*, § 2325 Rn 21.

107 BGH NJW 1972, 1709, 1710; MüKo-BGB/*Lange*, § 2325 Rn 22.

108 OLG Karlsruhe ErbR 2010, 296.

109 BGH NJW 1981, 2458, 2459; MüKo-BGB/*Lange*, § 2325 Rn 22.

110 JurisPK-BGB/*Birkenheier*, § 2330 Rn 3; Staudinger/*Herzog*, § 2330 Rn 2.

111 OLG Braunschweig FamRZ 1963, 376, 377; OLG Nürnberg WM 1962, 1200, 1203; MüKo-BGB/*Lange*, § 2330 Rn 4.

gründe des Erblassers oder die subjektive Einschätzung der Beteiligten ist nicht abzustellen.[112] Es kommt auch nicht darauf an, ob die Beteiligten des Schenkungsvorgangs in dem Bewusstsein handeln, dass durch die Zuwendung einer sittlichen Pflicht oder einer auf den Anstand zu nehmenden Rücksicht entsprochen wird,[113] ebenso wenig auf einen entsprechenden Hinweis des Schenkers bei der Schenkung.[114]

2. Anstandsschenkung

76 Anstandsschenkungen sind **kleinere Zuwendungen** aus besonderem Anlass, wie die üblichen Gelegenheitsgaben zu bestimmten Tagen oder Anlässen (Weihnachten, Geburtstag, Hochzeit) oder wie das Trinkgeld. Für die einzelfallbezogene Einordnung spielt die örtliche oder gesellschaftliche Verkehrssitte eine große Rolle.[115] Abzustellen ist daher auf die Ansichten und Gepflogenheiten der dem Schenker sozial Gleichgestellten, insbesondere ist die Frage zu beantworten, ob die Unterlassung des Geschenks zu einer Einbuße an Achtung in diesem Personenkreis führen würde.[116] Bei **Immobilien**, die durchaus als **außergewöhnliche Schenkungsobjekte** einzuordnen wären, ist dies kaum zu bejahen.[117] Umfasst die Schenkung die Hälfte des wesentlichen Teils des Vermögens des Schenkers, ist eine Anstandsschenkung nicht gegeben.[118]

3. Pflichtschenkung

77 Für Schenkungen, durch die einer **sittlichen Pflicht** entsprochen wird, gibt es hinsichtlich der Größenordnung ihres Werts keine bestimmte Grenze. Schenkungen aufgrund einer sittlichen Pflicht können also durchaus einen erheblichen Wert haben und im Ausnahmefall sogar den Nachlass im Wesentlichen erschöpfen.[119]

78 Für die Bejahung einer sittlichen Pflicht genügt es nicht, dass die Schenkung sittlich noch zu rechtfertigen ist; sie muss vielmehr in einer Weise sittlich geboten sein, dass ihr Unterbleiben dem Erblasser als **Verletzung** einer sittlichen Pflicht

112 JurisPK-BGB/*Birkenheier*, § 2330 Rn 4; Staudinger/*Herzog*, § 2330 Rn 9; Grüneberg/*Weidlich*, § 2330 Rn 1.

113 RGZ 125, 380, 382 ff.; in diese Richtung auch BGH LM Nr. 4 zu § 138 BGB, wenn auch die Frage letztlich offenblieb; jurisPK-BGB/*Birkenheier*, § 2330 Rn 4; Staudinger/*Herzog*, § 2330 Rn 9; MüKo-BGB/*Lange*, § 2330 Rn 4.

114 BGH WM 1978, 905; MüKo-BGB/*Lange*, § 2330 Rn 4.

115 BGH NJW 1984, 2939, 2943; BGH WM 1980, 1336; BeckOK BGB/*Müller-Engels*, § 2330 Rn 2.

116 BeckOK BGB/*Müller-Engels*, § 2330 Rn 2.

117 So jedenfalls Grüneberg/*Weidenkaff*, § 534 Rn 3.

118 BGH NJW 1984, 2934, 2943; BeckOK BGB/*Müller-Engels*, § 2330 Rn 2.

119 BGH WM 1978, 905; BGH NJW 1981, 2458, 2459; BGH NJW 1984, 2939, 2940; OLG Karlsruhe OLGZ 1990, 457; OLG Celle HRR 1934 Nr. 942.

anzulasten wäre.[120] Zugleich entspricht es aber auch einer sittlichen Pflicht, den Pflichtteil eines Angehörigen nicht durch rechtlich gerade noch zulässige Schenkungen auszuhöhlen. Es ist daher eine **Interessenabwägung** vorzunehmen.[121] Mitunter kann auch die Zuwendung eines Grundstücks oder eines Nießbrauchs aus Dankbarkeit für unbezahlte langjährige Dienste im Haushalt oder für unentgeltliche Pflege und Versorgung einer sittlichen Pflicht entsprechen.[122]

Prozessual ist zu beachten, dass der Beschenkte die **Darlegungs- und Beweislast** 79
dafür trägt, dass die Voraussetzungen für eine Ausnahme von der Ergänzung vorliegen, es sich also um eine Pflicht- oder Anstandsschenkung handelt.[123] Die Tatsache, dass überhaupt eine Schenkung vorliegt, muss der pflichtteilsberechtigte Anspruchsteller beweisen.

Der Erbe und der Beschenkte sind verpflichtet, auch über Pflicht- oder Anstands- 80
schenkungen des Erblassers substantiiert **Auskunft** zu erteilen, selbst wenn sich im Ergebnis herausstellen könnte, dass sie bei der Berechnung des Pflichtteilsergänzungsanspruchs gem. § 2330 BGB nicht zu berücksichtigen sind.[124] Der Auskunftspflichtige soll somit den Umfang seiner Auskunftspflicht nicht durch weite Auslegung des Begriffs der Pflicht- oder Anstandsschenkung selbst bestimmen können.[125] Der Pflichtteilsberechtigte soll überprüfen können, ob es sich tatsächlich um eine Pflicht- oder Anstandsschenkung gehandelt hat. Die pauschale Angabe, es habe sich bei den Schenkungen des Erblassers nur um „übliche" Anstands- bzw. Pflichtschenkungen gehandelt, genügt nicht.[126]

V. Zehnjahresfrist

1. Fristenregelung/Abschmelzungsmodell

§ 2325 Abs. 3 S. 2 BGB regelt, dass Schenkungen grundsätzlich nur dann ergän- 81
zungspflichtig sind, wenn zur Zeit des Erbfalls **zehn Jahre** seit der Leistung des verschenkten Gegenstands noch nicht verstrichen sind; davon ausgenommen

120 BGH NJW 1984, 2939, 2940; BGH ZEV 1996, 186, 188; BGH NJW 2000, 3488; MüKo-BGB/*Lange*, § 2330 Rn 3.

121 OLG Koblenz ZEV 2002, 460, 462; OLG Koblenz ZErb 2006, 419; MüKo-BGB/*Lange*, § 2330 Rn 3; zur Frage, wann Stiftungen unter § 2330 BGB fallen, *Richter*, ZErb 2005, 134, 137 ff.

122 BGH WM 1977, 1410, 1411; BGH WM 1978, 905; BGH NJW 1984, 2939; a.A. OLG Koblenz NJW-RR 2002, 512, 514.

123 OLG Koblenz FamRZ 2006, 1789; OLG Schleswig ZEV 2013, 86, 89; MüKo-BGB/*Lange*, § 2330 Rn 8; Grüneberg/*Weidlich*, § 2330 Rn 1; Staudinger/*Herzog*, § 2330 Rn 36; *Klingelhöffer*, ZEV 2007, 361, 363.

124 BGH NJW 1962, 245, 246; MüKo-BGB/*Lange*, § 2330 Rn 8; Grüneberg/*Weidlich*, § 2330 Rn 1; Staudinger/*Herzog*, § 2330 Rn 38.

125 JurisPK-BGB/*Birkenheier*, § 2330 Rn 22; *Edenfeld*, ZErb 2005, 346, 348.

126 JurisPK-BGB/*Birkenheier*, § 2330 Rn 22.

sind Schenkungen an Ehegatten oder eingetragene Lebenspartner (§ 2325 Abs. 3 S. 3 BGB), hier ist der Fristbeginn auf den Zeitpunkt der Auflösung der Ehe verschoben.

82 Es handelt sich um eine **Ausschlussfrist**, die insoweit auch verfassungsrechtlich unbedenklich ist.[127]

83 § 2325 Abs. 3 BGB sieht für **Erbfälle ab dem 1.1.2010** vor, dass Schenkungen für die Berechnung der Pflichtteilsergänzung nur noch im Rahmen eines sog. **Abschmelzungsmodells** Berücksichtigung finden.[128] Lediglich noch die Schenkungen **im ersten Jahr** vor dem Erbfall werden in voller Höhe in die Berechnung der Pflichtteilsergänzung einbezogen. Im zweiten Jahr vor dem Erbfall erfolgt dann nur noch eine Berücksichtigung zu 90 %, im dritten Jahr zu 80 % usw. Nach zehn Jahren finden Schenkungen im Rahmen der Pflichtteilsergänzung keinerlei Berücksichtigung mehr.

2. Fristbeginn

a) Fristbeginn allgemein

84 Der Pflichtteilsergänzungsanspruch unterliegt der Frist des § 2325 Abs. 3 BGB (siehe Rdn 81). Interessant sind hierzu die Überlegungen des historischen Gesetzgebers, aus dessen Sicht zu berücksichtigen ist, dass „für die Aufnahme einer Frist (…) schon die billige Rücksichtnahme auf den Beschenkten“ spricht, „dessen Recht nicht zu lange Zeit im Schwebezustand gehalten werden dürfe“.[129] Der ursächliche Zusammenhang zwischen der Schenkung und der Vermögensminderung schwächt sich umso mehr ab, je weiter die Schenkung vor dem Erbfall liegt: „Es bestehe (…) ein innerer Grund für die Fristbestimmung darin, dass während einer längeren Zwischenzeit zwischen der Vornahme der Schenkung und dem Tode des Erblassers nicht nur der letztere selbst, sondern auch seine pflichtteilsberechtigten Angehörigen sich in den durch die eingetretene Vermögensminderung geschaffenen Zustand eingewöhnt hätten (…), die pflichtteilsberechtigten Abkömmlinge würden andere Verhältnisse vielleicht gar nicht gekannt haben. Sie würden daher die auf eine weit zurückliegende Schenkung zurückzuführende Verringerung ihres Pflichtteils nicht als Schädigung empfinden.“[130]

85 Die **Darlegungs- und Beweislast** hat der Erbe zu tragen, da es sich um einen Ausnahmetatbestand handelt.[131] Bei der Begrifflichkeit „Leistung“ i.S.v. § 2325

127 Staudinger/*Herzog*, § 2325 Rn 156.

128 Vgl. hierzu die Ausführungen von *Müller*, notar 2011, 315, 316; *Trappe*, ZEV 2010, 388; *Herrler*, notar 2010, 92.

129 MüKo-BGB/*Lange*, § 2325 Rn 70; Prot. V S. 587.

130 MüKo-BGB/*Lange*, § 2325 Rn 70; Prot. V S. 588; vgl. auch *Muscheler*, ErbR 2010, 279, 286.

131 MüKo-BGB/*Lange*, § 2325 Rn 70; Staudinger/*Herzog*, § 2325 Rn 290.

Abs. 3 S. 2 BGB wird mehr als ein bloßes Leistungs**versprechen** verlangt.[132] Umstritten ist dabei, ob auf den Leistungs**erfolg**, die Leistungs**handlung** oder ein **Zwischenstadium** abzustellen ist.[133]

Nach der Rechtsprechung **beginnt** die Frist grundsätzlich „erst dann, wenn der Erblasser einen Zustand geschaffen hat, dessen Folgen er selbst noch zehn Jahre lang zu tragen hat und der schon im Hinblick auf diese Folgen von einer böslichen Schenkung abhalten kann".[134] Für die in der Praxis häufig vorkommenden **Grundstücksschenkungen** hat die Rechtsprechung herausgearbeitet, dass Voraussetzung für den Beginn der Frist die **Umschreibung** im Grundbuch ist und nicht etwa bereits der Erwerb einer Anwartschaft.[135] Für den Fristbeginn des § 529 BGB wird als ausreichend betrachtet, dass der Beschenkte nach dem formgerechten Abschluss des Schenkungsvertrags und der Auflassung einen **Antrag auf Eintragung der Rechtsänderung** beim Grundbuchamt eingereicht hat.[136] 86

Nach h.M. sollte man im Interesse des Pflichtteilsberechtigten allein auf den **Eintritt des rechtlichen Leistungserfolgs** abstellen.[137] Diese Schlussfolgerung lässt sich der Rechtsprechung nachzeichnen, wenn bei der Schenkung von Mobilien und Immobilien auf den Eigentumserwerb abstellt wird.[138] 87

Es lässt sich daher zusammenfassen, dass der **Leistungserfolg** und somit der Fristbeginn gem. § 2325 Abs. 3 S. 2 BGB grundsätzlich eintritt[139] 88
- bei der schenkweisen Übertragung eines Grundstücks mit Umschreibung des Eigentums im Grundbuch,[140]
- bei der Schenkung beweglicher Gegenstände mit Vollendung des Eigentumsübergangs gem. §§ 929 ff. BGB,[141]
- bei durch den Tod des Erblassers aufschiebend bedingten oder befristeten Übertragungen mit dem Todesfall,[142]

132 MüKo-BGB/*Lange*, § 2325 Rn 70.

133 Vgl. hierzu die Ausführungen von MüKo-BGB/*Lange*, § 2325 Rn 70.

134 BGH NJW 1987, 122; OLG Hamm FamRZ 1985, 967.

135 BGH FamRZ 1988, 280; OLG Düsseldorf FamRZ 1997, 1114; a.A. *Behmer*, FamRZ 1999, 1254.

136 BGH ErbR 2011, 311, 313.

137 BGH NJW 1988, 821, 822; MüKo-BGB/*Lange*, § 2325 Rn 72; *N. Mayer*, FamRZ 1994, 739, 745; *Nieder*, DNotZ 1987, 319, 320; vgl. auch *Werkmüller*, ZEV 2001, 97, 100 (für den Fall der aufschiebend bedingten Abtretung).

138 So in der Schlussfolgerung MüKo-BGB/*Lange*, § 2325 Rn 72, der wiederum auf *Nieder*, DNotZ 1987, 319 und *Paulus*, Rpfleger 1986, 206 verweist.

139 Vgl. die Auflistung bei jurisPK-BGB/*Birkenheier*, § 2325 Rn 175.

140 BGH FamRZ 1988, 280; OLG Düsseldorf FamRZ 1997, 1114; a.A. *Behmer*, FamRZ 1999, 1254.

141 JurisPK-BGB/*Birkenheier*, § 2325 Rn 175; Grüneberg/*Weidlich*, § 2325 Rn 25.

142 JurisPK-BGB/*Birkenheier*, § 2325 Rn 175; *Schindler*, ZEV 2005, 290.

- bei der schenkweisen Zuwendung eines dinglichen Rechts an einem Grundstück (z.B. Wohnungsdienstbarkeit, Nießbrauch an Grundstück) mit der Eintragung des Rechts im Grundbuch, bei Schenkung eines Rechts an einer beweglichen Sache mit Einigung und Übergabe (z.B. Nießbrauch, § 1032 BGB; Pfandrecht, § 1205 BGB),
- bei der schenkweisen Aufhebung eines Rechts bei Grundstücken mit der Löschung des Rechts im Grundbuch, bei beweglichen Sachen mit Zugang der Aufgabeerklärung beim Eigentümer oder Besteller,[143]
- beim schenkweisen Erlass einer Forderung im Zeitpunkt des Zustandekommens des Erlassvertrags (§ 397 BGB),[144]
- bei der Schenkung eines Guthabens auf einem „Oder-Konto", über das der Erblasser selbst noch bis zu seinem Tod Verfügungsbefugnis besitzt, erst mit dem Tod des Erblassers,[145]
- bei einem Vertrag zugunsten Dritter, z.B. der Errichtung eines Bankkontos zugunsten eines Dritten durch den Erblasser, mit dem Todestag, sofern sich der Erblasser die Verfügungsbefugnis vorbehalten hat.[146]

b) Fristbeginn bei Nießbrauchsvorbehalt/Vorbehalt des Nießbrauchsrechts

89 Kommt es in der Praxis zu Übertragungen von Immobilien im Rahmen der sog. **vorweggenommenen Erbfolge**, so erfolgt die Übertragung (als Schenkung) häufig unter **Nießbrauchsvorbehalt**. Für die Frage des Fristbeginns nach § 2325 Abs. 3 S. 1 und 2 BGB stellt sich die Frage, ob und wenn ja inwieweit die Schenkung als **geleistet** anzusehen ist. Allein die Aufgabe der Rechtsposition als Eigentümer ist nicht ausreichend, vielmehr muss der Erblasser/Schenker auch darauf verzichten, den verschenkten Gegenstand weiterhin **im Wesentlichen** zu nutzen.

90 Die Rechtsprechung hat hierzu die sog. **Genuss-Theorie** entwickelt. Schenkungen innerhalb und außerhalb der Zehnjahresfrist werden gleichbehandelt, wenn sich der Erblasser/Schenker einen Nießbrauch vorbehalten hat. Dies deshalb, weil die Schenkung i.S.v. § 2325 Abs. 3 S. 1 und 2 BGB noch nicht vollzogen wurde.[147] Die Rechtsprechung begründet diesen Schritt damit, dass ein Erblasser, der ein Grundstück unter **Nießbrauchsvorbehalt** außerhalb der Zehnjahresfrist verschenkt hat, „den Genuss des verschenkten Gegenstandes nicht tatsächlich

---

143 JurisPK-BGB/*Birkenheier*, § 2325 Rn 175; *Schindler*, ZEV 2005, 290.

144 BGH NJW 1987, 122.

145 JurisPK-BGB/*Birkenheier*, § 2325 Rn 175; MüKo-BGB/*Lange*, § 2325 Rn 71; Staudinger/*Herzog*, § 2325 Rn 165; *Schindler*, ZEV 2005, 290.

146 JurisPK-BGB/*Birkenheier*, § 2325 Rn 175; *Schindler*, ZEV 2005, 290, 291.

147 BGH NJW 1994, 1791 m. Anm. *Leipold*, JZ 1994, 1121; MüKo-BGB/*Lange*, § 2325 Rn 76; *Meyding*, ZEV 1994, 202; *Reiff*, NJW 1995, 1136; *Schwane*, JA 1994, 357; *Wegmann*, MittBayNot 1994, 307.

entbehren muss".[148] Hierzu bedarf es „jedenfalls einer wirtschaftlichen Ausgliederung des Geschenks aus dem Vermögen des Erblassers".[149]

Teile der Literatur halten der „Genuss-Theorie" der Rechtsprechung entgegen, dass letztlich jede schenkweise Übereignung eines Gegenstands eine Leistung i.S.d. § 2325 Abs. 3 BGB darstellt, und zwar ohne Rücksicht darauf, ob sich der Schenker schuldrechtlich oder **dinglich**, allumfassend oder teilweise die Nutzung vorbehält.[150] Darüber hinaus würde die Rechtsprechung mit der Betonung des „Genusses des Gegenstands" einseitig auf den Nutzungswert abstellen und dabei verkennen, dass daneben auch der im Schenkungsgegenstand liegende Substanzwert von Bedeutung ist.[151] Nach der Literatur sollte es daher für den Fristbeginn im Interesse der **Rechtssicherheit** und **Rechtsklarheit** bei dem Eintritt des rechtlichen **Leistungserfolgs** für den maßgeblichen Zeitpunkt des Fristbeginns verbleiben.[152] 91

Hinweis 92

Die Praxis wird jedoch nicht umhinkommen, die Vorgaben der Rechtsprechung bei Vermögensübertragungen, die unter Nießbrauchsvorbehalt stehen, zu berücksichtigen und die Genuss-Theorie bei ihrer Beratung und späteren Gestaltung einfließen zu lassen.

Was jedoch bei einer solchen Gestaltung und Beratung zu beachten ist, ist die Tatsache, dass die vorbezeichnete grundlegende Rechtsprechung zum Vorbehalt eines **vollständigen Nießbrauchsrechts** ergangen ist. Unklar bleibt die Handhabung bei einem **Bruchteils- und Quotennießbrauch** und der dann maßgeblichen Wesentlichkeitsgrenze.[153] Dabei bleibt auslegungsfähig, wie hinsichtlich des Vorbehalts der **„wesentlichen Nutzung"** darauf abzustellen ist, dass sich der Übergeber mehr oder weniger als 50 % der Nutzungen vorbehalten hat.[154] Schwierigkeiten bereitet es hier auch, die Abgrenzungskriterien zur Ermittlung einer solchen Grenze zu entwickeln, da nicht klar ist, wie die Quote zu ermitteln ist. In der Literatur wird als praktische Lösung gelegentlich die Übergabe des Mietshau- 93

148 BGH NJW 1994, 1791 unter Berufung auf BGH NJW 1987, 122; vgl. hierzu auch die lesenswerten Ausführungen von Staudinger/*Herzog*, § 2325 Rn 167 ff.

149 BGH NJW 1987, 122.

150 MüKo-BGB/*Lange*, § 2325 Rn 76; *Reiff*, Die Dogmatik der Schenkung unter Nießbrauchsvorbehalt und ihre Auswirkungen auf die Ergänzung des Pflichtteils und die Schenkungsteuer, 1989, S. 288 ff.; *Reiff*, NJW 1992, 2857, 2862; *Reiff*, ZEV 1998, 241, 246; *Kollhosser*, AcP 194 (1994), 231, 264; *N. Mayer*, FamRZ 1994, 739, 745; *N. Mayer*, ZEV 1994, 325, 326 ff.; krit. zudem Staudinger/*Herzog*, § 2325 Rn 168.

151 MüKo-BGB/*Lange*, § 2325 Rn 76; *N. Mayer*, ZEV 1994, 325, 326 ff.; Staudinger/*Herzog*, § 2325 Rn 168.

152 MüKo-BGB/*Lange*, § 2325 Rn 72; *N. Mayer*, ZEV 1994, 325, 326 ff.; Staudinger/*Herzog*, § 2325 Rn 168.

153 Vgl. hierzu die Ausführungen von MüKo-BGB/*Lange*, § 2325 Rn 77.

154 MüKo-BGB/*Lange*, § 2325 Rn 77.

ses gegen Zahlung einer Leibrente (§§ 759–761 BGB) in Höhe der monatlichen Mieteinnahmen vorgeschlagen.[155] Auf der Grundlage der Rechtsprechung könnte man – so Teile der Literatur – im Gegenteil dazu kommen, dass bei dieser Gestaltung kein „Genussverzicht" vorliegt.[156]

c) Fristbeginn bei Vorbehalt eines Wohnungsrechts

94 Weit verbreitet ist in der Praxis die Übertragung der Immobilie **unter Vorbehalt eines Wohnungsrechts**. Die vorherigen Ausführungen (siehe Rdn 89 ff.) haben bereits verdeutlicht, wie schwer sich Literatur und Rechtsprechung in der Vergangenheit getan haben, einen Fristbeginn i.S.d. § 2325 Abs. 3 BGB festzulegen. Anders ist es auch nicht bei der Frage, wie sich der Vorbehalt eines dinglichen Wohnungsrechts nach § 1093 BGB auf den Fristlauf des § 2325 Abs. 3 BGB auswirkt. Dies war lange Zeit umstritten.[157]

95 Zunächst sind verschiedene Entscheidungen der Obergerichte[158] ergangen, wonach man davon ausgehen konnte, dass im Rahmen des § 2325 Abs. 3 BGB der Vorbehalt eines Wohnungsrechts dem Fristlauf entgegenstehen kann, wenn die vorbehaltene Nutzungsbefugnis als Vorbehalt der **wesentlichen Nutzungen** im Sinne der Rechtsprechung des BGH angesehen werden kann. Dabei wurde nicht strikt auf den Umfang des vorbehaltenen Wohnungsrechts und die Einhaltung einer 50 %-Grenze bei der Nutzung (bezogen auf die qm) abgestellt, sondern es wurden auch weitere vorbehaltene Rechte, wie bspw. Rückforderungsrechte, berücksichtigt, so dass es im Ergebnis auf eine **Einzelfallbetrachtung** und **Gesamtabwägung** aller Umstände ankam.[159]

96 Nach Teilen der Obergerichte wird demnach der Fristbeginn nicht gehemmt, wenn sich das Wohnungsrecht nur auf eine von mehreren Wohnungen in dem Gebäude bezieht und nicht auf Dritte übertragen werden darf,[160] nur an einer von zwei übergebenen Wohnungen vorbehalten wird[161] oder sich nur auf einzelne Zimmer mit Mitbenutzung nur der gemeinschaftlichen Einrichtungen[162] oder von Küche und Bad im Rahmen eines üblichen Leibgedings bezieht.[163] Teilweise

---

155 MüKo-BGB/*Lange*, 7. Aufl. 2017, § 2325 Rn 64.

156 MüKo-BGB/*Lange*, 7. Aufl. 2017, § 2325 Rn 64.

157 Vgl. hierzu *Gehse*, RNotZ 2009, 361; *Wegmann*, MittBayNot 1994, 308; *N. Mayer*, ZEV 1994, 325, 329; *Herrler*, ZEV 2008, 461; MüKo-BGB/*Lange*, § 2325 Rn 79.

158 Einen guten Überblick über die obergerichtlichen Entscheidungen bietet MüKo-BGB/*Lange*, § 2325 Rn 79.

159 BeckOK BGB/*Müller-Engels*, § 2325 Rn 54.

160 OLG Oldenburg ZEV 2006, 80; ebenso OLG Karlsruhe NJW-RR 2008, 601.

161 OLG Düsseldorf FamRZ 1999, 1114, das aber noch weitere Abwägungskriterien heranzieht, so insb. das Rückübereignungsrecht; insoweit anders OLG Karlsruhe ZEV 2008, 244.

162 OLG Bremen NJW 2005, 1726.

163 LG Münster MittBayNot 1997, 113 (ca. 30 qm alleinige Nutzung).

soll allein entscheidend sein, dass die tatsächlichen Wohnverhältnisse auch nach der Schenkung fortbestehen.[164]

Im Jahr 2016 hat der **BGH** zur Problematik ausdrücklich Stellung genommen.[165] 97
Er entschied, dass in Ausnahmefällen der Beginn des Fristlaufs gem. § 2325 Abs. 3 BGB gehindert sein kann, wenn sich der Erblasser bei der Schenkung eines **Grundstücks** ein **Wohnungsrecht** an diesem oder Teilen daran vorbehalte. Letztlich blieb der BGH damit bei seinem vorherigen Grundsatzurteil,[166] wonach eine **Leistung i.S.v. § 2325 Abs. 3 S. 2 BGB** nur angenommen werden kann, wenn der Schenker nicht nur seine Rechtsstellung als Eigentümer endgültig aufgegeben habe, sondern auch darauf verzichtet habe, den verschenkten Gegenstand – sei es aufgrund vorbehaltener dinglicher Rechte oder durch Vereinbarung schuldrechtlicher Ansprüche – im Wesentlichen weiterhin zu nutzen (**Aufgabe des sog. wirtschaftlichen Eigentums**).[167]

Obwohl Unterschiede zwischen Nießbrauch und dinglichem Wohnungsrecht 98
bestehen, hält es der BGH für denkbar, dass in **Ausnahmefällen** auch bei Einräumung eines Wohnungsrechts der Fristlauf gehindert sein kann.[168] Maßgeblich hierfür sind nach Ansicht des BGH die Umstände des **Einzelfalls**, anhand derer beurteilt werden müsse, ob der Erblasser den verschenkten Gegenstand auch nach Vertragsschluss noch im Wesentlichen weiterhin nutzen konnte.[169]

Hinweis 99

Die vorbezeichnete Entscheidung ist für die Praxis von großer Bedeutung, wenngleich ihre rechtliche Umsetzung nicht leichtfällt. Der Entscheidung fehlt die Vorgabe von abschließenden Kriterien, bei denen von einem **„fristschädlichen“** Nutzungsrechtsvorbehalt ausgegangen werden kann. Es lässt

164 OLG München ZEV 2008, 480; Kritik hieran von *Herrler*, ZEV 2008, 464, der darauf hinweist, dass diese Entscheidung im Widerspruch zu OLG Karlsruhe NJW-RR 2008, 601 steht.

165 BGH NJW 2016, 2957.

166 BGH NJW 1994, 1791.

167 BGH NJW 1994, 1791.

168 BGH NJW 2016, 2957; vgl. hierzu zudem die Ausführungen von BeckOK BGB/*Müller-Engels*, § 2325 Rn 55; Staudinger/*Herzog*, § 2325 Rn 174; MüKo-BGB/*Lange*, § 2325 Rn 79.

169 BGH NJW 2016, 2957; BeckOK BGB/*Müller-Engels*, § 2325 Rn 55; für den konkret vorliegenden Fall verneinte der BGH die wesentliche Weiternutzung im Hinblick darauf, dass sich die Eltern nur an Teilen des aus drei Etagen bestehenden Hauses ein Wohnungsrecht vorbehalten hätten und dieses eingeschränkte Wohnungsrecht zudem nicht übertragbar ausgestaltet gewesen sei; damit seien die Übergeber nicht mehr „Herr im Haus“ gewesen und ihre rechtliche Stellung hinsichtlich des Hauses einschließlich der wirtschaftlichen Verwertbarkeit des Grundstücks sei jedenfalls deutlich eingeschränkt worden.

sich aus kautelarjuristischer Sicht daher zu Recht kritisieren, dass die Entscheidung für die Vertragsgestaltung wenig brauchbar sei.[170]

100 Selbst bei einem **umfassenden Wohnungsrechtsvorbehalt** scheint der BGH, der die Fristhemmung ausdrücklich auf **Ausnahmefälle** beschränkte, nicht zwingend einen fehlenden Fristlauf annehmen zu wollen, was bislang jedoch als sicher galt.[171]

101 **Hinweis**

Bei der **notariellen Vertragsgestaltung** dürfte es ratsam sein, den Vorbehalt des Wohnungsrechts auf den für den Übergeber erforderlichen (**möglichst geringen**) **Umfang** zu beschränken.[172] Teilweise wird sogar empfohlen, bei Übergabe von Objekten mit mehreren Wohnungen vorher eine Aufteilung der Immobilie in Wohnungseigentum vorzunehmen. Hierdurch werden rechtlich eigenständige Zuwendungsgegenstände geschaffen, die auch hinsichtlich des Fristlaufs getrennt betrachtet werden müssten, so dass die fehlende wirtschaftliche Ausgliederung sich auf die mit dem Wohnungsrecht belastete Wohnung beschränkt, während ansonsten die Zehnjahresfrist in Gang gesetzt würde.[173]

d) Fristbeginn bei Schenkungen unter Ehegatten

102 Bei Schenkungen unter Ehegatten findet § 2325 Abs. 3 S. 3 BGB Anwendung. Danach beginnt die Frist nicht vor Auflösung der Ehe. Wird die Ehe durch Tod aufgelöst, sind somit alle während der gesamten Ehezeit von dem Erblasser an seinen überlebenden Ehegatten gemachten Schenkungen ergänzungspflichtig, auch wenn sie Jahrzehnte zurückliegen. Nur wenn die Ehe schon vor dem Erbfall durch Scheidung nach § 1564 BGB, Aufhebung nach § 1313 BGB, Nichtigerklärung oder durch den Tod des beschenkten Ehegatten endete und von da an bis zum Erbfall mindestens zehn Jahre verstrichen sind, bleiben die Schenkungen des Erblassers während der Ehezeit an seinen früheren Ehegatten unberücksichtigt.[174] Damit wird der **Umgehungsschutz** zeitlich erweitert, weil der schenkende Ehegatte in der Regel die Folgen der Zuwendung so lange „noch nicht wirklich" spürt, da er noch weiter die **faktische Nutzungsmöglichkeit** hat, und die Gefahr der Benachteiligung anderer Pflichtteilsberechtigter hier besonders groß ist.[175]

---

170 So *Grziwotz*, FamRZ 2016, 1455; andererseits wird der Entscheidung auch entnommen, dass sogar nunmehr ein größerer Gestaltungsspielraum bei der Einräumung von Wohnungsrechten eröffnet wurde, so *Gockel*, ErbR 2016, 575.

171 BGH NJW 2016, 2957; BeckOK BGB/*Müller-Engels*, § 2325 Rn 56.

172 So BeckOK BGB/*Müller-Engels*, § 2325 Rn 57.

173 BeckOK BGB/*Müller-Engels*, § 2325 Rn 57.

174 Vgl. hierzu die Ausführungen von Staudinger/*Herzog*, § 2325 Rn 184.

175 BeckOK BGB/*Müller-Engels*, § 2325 Rn 62; Prot. V S. 588; in diese Richtung auch BVerfG NJW 1991, 217; zur Frage der Verfassungsmäßigkeit vgl. Staudinger/*Herzog*, § 2325 Rn 187.

VI. Niederstwertprinzip

1. Grundsätze

Auch wenn der Erblasser den „Genuss“ des verschenkten Gegenstands bis zum Erbfall nicht entbehrt hat, kommt es nach der Rechtsprechung zum sog. **Niederstwertprinzip** für die Höhe des gem. § 2325 Abs. 2 S. 2 BGB zu berechnenden Pflichtteilsergänzungsanspruchs auf den (den Wert der vorbehaltenen Rechte übersteigenden) wirtschaftlichen Wert des im Zeitpunkt der Schenkung übertragenden Eigentums an, mag dieser Stichtag auch mehr als zehn Jahre vor dem Erbfall liegen.[176] 103

Die Schenkung eines Grundstücks ist demnach in dem Umfang anzusetzen, in dem der Wert des weggeschenkten Gegenstands den Wert des kapitalisierten Nießbrauchs übersteigt. Zunächst ist allerdings zu prüfen, ob das Grundstück ohne Berücksichtigung der vorbehaltenen Rechte **im Zeitpunkt der Umschreibung im Grundbuch** inflationsbereinigt weniger wert war als beim Erbfall.[177] Ist das der Fall, kommt es auf die **Differenz** zwischen dem Grundstückswert und dem Wert der vorbehaltenen Rechte im Zeitpunkt der Umschreibung im Grundbuch an.[178] 104

In der Literatur wird darauf hingewiesen, dass mit der Berechnungsmethode der Rechtsprechung nur dann angemessene Ergebnisse erzielt werden, wenn der – nach Hochrechnung mit dem Verbraucherpreisindex ermittelte – Verkehrswert im Zeitpunkt des Schenkungsvollzugs niedriger ausfällt als im Zeitpunkt des Erbfalls.[179] Liegt der Verkehrswert zur Zeit des Schenkungsvollzugs höher, so muss bei Anwendung des Niederstwertprinzips der Wert im Zeitpunkt des Erbfalls berücksichtigt werden, wobei das nunmehr erloschene Nießbrauchsrecht nicht mehr abgezogen werden kann. 105

2. Berechnung

Ist der vorbehaltene Nießbrauch/das vorbehaltene Wohnungsrecht bei der Bewertung der Schenkung zu berücksichtigen, stellt sich die Frage, auf welche Weise dieses Recht zu **kapitalisieren** ist. Die h.M. stellt auf die im Zeitpunkt des Vollzugs der Schenkung anzunehmende **allgemeine Lebenserwartung** des Schenkers ab, nimmt also eine **„ex ante-Betrachtung“** bzw. **„abstrakte Berechnung“** vor.[180] Die Rechtsprechung nimmt jedoch auch eine **Missbrauchskon-** 106

176 BGH NJW-RR 2006, 877; BGH FamRZ 1992, 802; BGH FamRZ 1994, 885.

177 BGH NJW 1992, 2887; BGH NJW 1994, 1791.

178 BGH NJW-RR 2006, 877, 878; BGH NJW 1994, 1791; BGH MDR 1992, 681; BGH FamRZ 1991, 572.

179 *Dingerdissen*, JZ 1993, 402; MüKo-BGB/*Frank*, 3. Aufl. 1997, § 2325 Rn 17a.

180 BGH NJW-RR 1996, 705, 707; BGH NJW-RR 1990, 1158.

trolle vor. So wurde bspw. bei vorhersehbarer kurzer Laufzeit eines Rechts – z.B. wegen schlechten Gesundheitszustands des Schenkers – ein erheblicher Wertabschlag vorgenommen.[181] Auf der Grundlage der h.M. ist daher für die Kapitalisierung vorbehaltener Nutzungsrechte die **statistische Lebenserwartung** des Berechtigten zum Zeitpunkt der Zuwendung zugrunde zu legen.

3. Berücksichtigung von Pflegeleistungen

107 Auch **Pflegeleistungen** sind grundsätzlich voll abzugs- und berücksichtigungsfähig und können demnach zu einer reinen Schenkung – also ohne Mischtatbestand – führen. Auch hier findet das bereits für die Kapitalisierung vorbehaltener Nutzungsrechte maßgebliche Verfahren Anwendung.

108 Zusätzlich stellt sich die Frage, wie die jeweiligen Pflegeleistungen zu bewerten sind.[182] Problematisch ist die Bewertung vor allem, wenn die **Pflegebedürftigkeit** im Zeitpunkt der Zuwendung in vorweggenommener Erbfolge noch nicht gegeben war und – wenn überhaupt – erst später einritt. Auch hier ist das Prinzip des **subjektiven Äquivalents** einschlägig, also die gemeinsame Überzeugung der Vertragsparteien im Zeitpunkt des Vertragsschlusses, ob und in welchem Umfang die Pflege für erforderlich gehalten wurde. Von der tatsächlichen Erbringung der Pflegeleistung bzw. deren Inanspruchnahme hängt die Bewertung demnach nicht ab.[183]

---

181 BGH NJW 1999, 1626; OLG Oldenburg NJW-RR 1999, 735; OLG Köln MittRhNotK 1997, 79.

182 Vgl. hierzu *Kues*, ZEV 2000, 434 mit Vergütungstabelle inklusive Leistungsverzeichnis und Vergütungssätzen.

183 BGH FamRZ 1995, 597; BGH NJW-RR 1986, 977; OLG Koblenz FamRZ 2002, 772; OLG Oldenburg FamRZ 1998, 516; OLG Oldenburg NJW-RR 1992, 778.

§ 15 Immobilien im Ausland

Christian Reiter

Übersicht: Rdn

Literatur

Endres/Ballester Mora, Der praktische Fall: Erwerb, Unterhalt und Übertragung einer Ferienimmobilie auf den Balearen – Teil 1, PIStB 2020, 195, Teil 2, PIStB 2020, 227; *Farré/Kaminski/Strunk/Ramallo Pallast*, Steuerprobleme inländischer Gesellschafter von spanischen Immobilien-Kapitalgesellschaften, IStR 2016, 653; *Hofstätter/Ressler*, Das Ferienhaus in Österreich – Implikationen für deutsche Steuerpflichtige, nwb-EV (Erben und Vermögen) 2017, 144; *Löber/Lozano*, Immobilienbesteuerung in Spanien – Ein Überblick mit Hinweisen für deutsche Eigentümer und Erwerber, iwb 2015, 767; *Novak*, Die Ferienimmobilie in Österreich – Steuerliche Konsequenzen für deutsche Eigentümer, nwb-EV 2018, 283; *Olfen/Plattes/Meinecke*, Der deutsche Steuerfahnder auf Mallorca – Aufkommende strafrechtliche Risiken bei unentgeltlich genutzter Ferienfinca, DStR 2016, 355; *Rindermann-Haugwitz*, Nutzung einer spanischen Ferienimmobilie als verdeckte Gewinnausschüttung nach Maßgabe der aktuellen Rechtslage, BB 2015, 2654; *Wassermeyer* (Hrsg.), Doppelbesteuerung – Kommentar zu allen deutschen Doppelbesteuerungsabkommen, Stand: 170. EL. Juli 2025.

Internetadressen

BDO, Verschärfungen bei GrESt und ImmoESt durch das BBG 2025 (Begutachtungsentwurf), abrufbar unter https://www.bdo.at/de-at/blog/tax-news/verschaerfungen-bei-grest-und-immoest-durch-das-bbg-2025

dwif-Consulting GmbH, Marktstudie private Ferienimmobilien 2019, abrufbar unter https://www.dwif.de/images/Zahl_der_Woche/2019/Marktstudie_Private-Ferienimmobilien_2019.pdf

DLA Piper, Real Estate Investment in Spain – The Legal Perspective, 2021, abrufbar unter https://www.dlapiperrealworld.com/export/sites/real-world/guides/downloads/Spain-Investment-Guide-2021.pdf

European@accounting, Mandantendepesche Mallorca 2030; abrufbar unter https://willipedia.plattes.net/fileadmin/user_upload/Redirect/Depesche_07–18.pdf

EY (Ernst & Young Global), Worldwide Estate and Inheritance Tax Guide, 2024, https://www.ey.com/content/dam/ey-unified-site/ey-com/en-gl/technical/tax/documents/en-gl-worldwide-estate-inheritance-tax-guide-07–2024.pdf

EY (Ernst & Young Global), Worldwide Personal Tax and Immigration Guide 2024–2025, March 2025, abrufbar unter https://www.ey.com/content/dam/ey-unified-site/ey-com/en-gl/technical/tax-guides/documents/en-gl-wptig-25-april-2025.pdf

EY (Ernst & Young Global), Worldwide VAT, GST and Sales Tax Guide, 2025, abrufbar unter https://www.ey.com/en-gl/technical/tax-guides/worldwide-vat-gst-and-sales-tax-guide

minkner & bonitz s.l./W. Breidenbach, Nachrichten, 16.2.2022, abrufbar unter https://www.minkner.com/auslaender-kauften-in-den-letzten-10-jahren-56–272-mallorca-immobilien/

Österreichisches Bundesministerium der Finanzen (öBMF), Immobilien und Steuern – Ein Service zu Kauf, Verkauf, Vermietung und Verpachtung, Februar 2020, abrufbar unter https://www.bmf.gv.at/dam/jcr:86f44b8d-3a8e-4202-a61e-49a742ece91e/Immobilien Steuern-2020-Barrierefrei.pdf

Österreichisches Bundesministerium der Justiz (öBMJ), Befreiung von der Grundbuch-Eintragungsgebühr bei Erwerb von Wohnraum, abrufbar unter https://www.bmj.gv.at/themen/Zivilrecht/Befreiung-von-der-Grundbuch-Eintragungsgebühr-bei-Erwerb-von-Wohnraum.html

Rudmann, Grunderwerbsteuer Spanien 2025: Was Käufer zu ITP und IVA wissen müssen, abrufbar unter https://rudmannguzek.com/grunderwerbsteuer-in-spanien

Rudmann, Grundsteuer in Spanien – IBI, abrufbar unter https://rudmannguzek.com/grundsteuer-ibi-spanien/

Rudmann, Kosten beim Immobilienkauf in Spanien (2025), abrufbar unter https://rudmannguzek.com/kosten-beim-immobilienkauf-in-spanien/

A. Einführung

Der Erwerb einer Immobilie im Ausland stellt angesichts hoher Wertzuwächse[1] für viele Deutsche trotz gestiegener Finanzierungszinsen weiterhin eine sehr attraktive Investitionsoption dar. Motive sind dabei im ständigen historischen Vergleich vorrangig die Eigennutzung bzw. Vermietung als Ferienimmobilie sowie die Verwendung als Altersruhesitz oder Bestandteil der Altersvorsorge.[2] 1

Die Entscheidung für den Kauf einer Auslandsimmobilie zieht im jeweiligen Land für den Investor eine Vielzahl von steuerlichen Folgewirkungen nach sich. Bspw. sieht sich der im Inland steuerpflichtige Käufer im Fall internationaler Investments dem Risiko einer Doppelbesteuerung ausgesetzt. Bei einem Lebensmittelpunkt des Erwerbers in Deutschland wird dessen gesamtes Welteinkommen und Weltvermögen der inländischen unbeschränkten Einkommen- bzw. Erbschaft-/Schenkungsteuerpflicht unterworfen.[3] Werden im Belegenheitsstaat der Immobilie dann aufgrund des dort geltenden nationalen Steuerrechts ebenfalls Steuerfolgen durch das Grundstückseigentum ausgelöst, muss eine entstehende Kollision vorrangig nach den Regelungen eines bestehenden bilateralen Doppelbesteuerungsabkommens zwischen Deutschland und dem jeweiligen Auslandsstaat oder ggf. nach den allgemeinen Vorschriften der §§ 34c dEStG, 21 dErbStG aufgelöst werden, Steuernachteile, die z.B. infolge einer innerstaatlichen Beschränkung der Anrechnung eintreten können,[4] sind hinzunehmen. Diese Situation verschärft sich gerade auf dem Gebiet der Substanzbesteuerung mit Erbschaft- bzw. Schenkungsteuer, da Deutschland hier (im Gegensatz zur Einkommensteuer) nur wenige Doppelbesteuerungsabkommen mit ausländischen Staaten abgeschlossen hat.[5]

---

1 So sind z.B. auf Mallorca die Immobilienpreise zwischen 2010 und 2021 um ca. 42 % gestiegen, wobei der durchschnittliche Quadratmeterpreis auf Mallorca der höchste in ganz Spanien ist (3.607 EUR im Vergleich zu 1.863 EUR), minkner & bonitz s.l./ *W. Breidenbach*, Nachrichten, 16.2.2022.

2 *dwif-Consulting GmbH*, S. 4.

3 § 1 Abs. 1 S. 1 dEStG, § 2 Abs. 1 Nr. 1 S. 1 dErbStG.

4 So sieht bspw. § 21 Abs. 2 Nr. 1 dErbStG eine Anrechnung ausländischer Erbschaft- bzw. Schenkungsteuer nur dann vor, wenn diese auf Gegenstände entfällt, die (bei einer fiktiven Betrachtung) zum Katalog des (deutschen) Inlandsvermögens zählen würden. Anrechenbar wäre dann die ausländische Substanzsteuer, soweit sie auf nicht-deutsches Grundvermögen entfällt. Ausgeschlossen ist eine Anrechnung des ausländischen Steueranteils, soweit er z.B. auf Kapitalvermögen entfällt, das ein deutscher Steuerpflichtiger zum renovierenden Erhalt der ausländischen Immobilie auf ein bei einer lokalen Bank geführtes Konto eingelegt hat.

5 So hat Deutschland bisher mit fünf Ländern aktive Doppelbesteuerungsabkommen auf dem Gebiet der Erbschaft- und Schenkungsteuern geschlossen, namentlich mit Dänemark, Frankreich, Griechenland, der Schweiz und den USA (vgl. BMF-Schreiben v. 20.1.2025 – IV B 2 – S 1301/01499/004/003 Anlage I.2., BeckVerw 648680).

Der folgende Beitrag stellt die Komplexität der steuerlichen Fragestellungen für die zwei bei Deutschen beliebtesten Domizilländer, Spanien und Österreich, im Überblick dar. Die Ausführungen orientieren sich dabei an der Sicht eines in Deutschland steuerpflichtigen Immobilienkäufers.

Behandelt werden die typischen Phasen des Immobilienbesitzes:
- Erwerb
- Laufende Besteuerung
- Verkauf bzw. unentgeltliche Übertragung

B. Spanien

2 Nach Deutschland ist Spanien der bei Deutschen beliebteste Ort zum Erwerb eines Feriendomizils.[6] Allerdings sieht sich der potentielle ausländische Erwerber einer Vielzahl von steuergesetzlichen Regelungen ausgesetzt, die regional abweichen können und daher den Kaufprozess erheblich verkomplizieren.

I. Erwerb

1. Grunderwerbsteuer bei Immobilienkauf unter Privaten (ITP-TPO)

3 Wird die spanische (Gebraucht-)Immobilie unter Privaten (d.h. nicht-gewerblich[7]) gekauft, fällt vorrangig Grunderwerbsteuer (ITP-TPO[8]) an, deren Steuersatz in den autonomen Regionen Spaniens zwischen 6 % und 11 %[9] bzw. bis zu 13 % (auf den balearischen Inseln)[10] variiert. Der Käufer muss beim lokalen Finanzamt ein Formular zur Selbsterklärung der ITP-TPO (Modelo 600) einreichen. Diese Selbstveranlagung ist innerhalb von 30 Werktagen ab Unterzeichnung der notariellen Kaufurkunde abzugeben, damit u.a. die Immobilie im spanischen Grundbuch (*Registro de la propiedad*) eingetragen werden kann.

---

6 Durchschnittlich ca. 9 % der deutschen Immobilienerwerber entscheiden sich für ein in Spanien belegenes Objekt, *dwif-Consulting GmbH*, S. 6.

7 *Löber/Lozano*, iwb 2015, 767, 768.

8 „ITP-TPO“ steht abgekürzt für *„Impuesto sobre transmissions patrimonials – Transmissions Patrimonials Oneroses*“; siehe auch *Löber/Lozano*, iwb 2015, 767, 768 Fn 1. Die ITP-TPO ist geregelt in Gesetz (Ley) 1/1993 (zuletzt geändert durch Gesetz v. 1.3.2019, RDL 7/2019) sowie der Verordnung (Real Decreto 828/1995, zuletzt geändert durch Ley 31/2022), Wassermeyer/*Behrenz*, Anhang Überblick über das Steuerrecht Spaniens, Rn 34.

9 *DLA Piper*, 7.1.1 A., S. 16.

10 *Rudmann*, Tabellarische Übersicht unter Punkt „Grunderwerbsteuer (ITP) nach Region: Wie hoch ist der ITP-Steuersatz in Valencia, Andalusien & Co.?“.

Beispiel 4

Privatmann P verkauft aufgrund von Liquiditätsengpässen seine mallorquinische Eigentumswohnung an den deutschen Erwerber E zu einem Preis von 500.000 EUR, der so auch der Finanzverwaltung gemeldet wird. Der Marktwert der Immobilie beträgt jedoch 750.000 EUR.

Lösung

Seit dem 1.1.2023 gelten u.a. auf den Balearen die folgenden progressiven Grunderwerbsteuersätze auf den Marktwert:[11]

Grundstückswert von ...	bis ...	Steuersatz
0 EUR	400.000 EUR	8 %
400.000,01 EUR	600.000 EUR	9 %
600.000,01 EUR	1.000.000 EUR	10 %
1.000.000,01 EUR	2.000.000 EUR	12 %
2.000.000,01	unlimitiert	13 %

Auf Basis des Kaufpreises fällt Grunderwerbsteuer in Höhe von insgesamt 41.000 EUR an (für die ersten 400.000 EUR: 32.000 EUR; für die nächsten 100.000 EUR: 9.000 EUR). Da jedoch der tatsächliche Verkehrswert (also 750.000 EUR) maßgeblich ist, kann die Finanzverwaltung für den Restwert von 250.000 EUR weitere ITP-TPO in Höhe von 24.000 EUR nachfordern.

2. Mehrwertsteuer bei Immobilienkauf im Rahmen nicht-privater Tätigkeit (IVA)

Erwirbt der Immobilienkäufer eine (Neu-)Immobilie von einem spanischen Unternehmen (z.B. Bauträger) im Rahmen dessen gewerblicher Betätigung, ist ausschließlich die Mehrwertsteuer (IVA[12]) (und keine Grunderwerbsteuer) einschlä- 5

11 Homepage der Agència tributària Illes Balears unter „A. Transmissions Patrimonials Oneroses, Punkt 4", abrufbar unter https://www.atib.es/TA/contenido.aspx?Id=9854; *European@ccounting*, Mandantendepesche Mallorca 2030, S. 7.

12 „IVA" steht abgekürzt für „*Impuesto sobre el Valor Añadido*", *EY*, Worldwide VAT-Guide 2025, Spain, A. At a glance; *Löber/Lozano*, iwb 2015, 767, 769. Die IVA ist geregelt in Gesetz (Ley) 37/1992 und der Verordnung (Real Decreto 1624/1992), Wassermeyer/*Behrenz*, Anhang Überblick über das Steuerrecht Spaniens, Rn 35.

gig. Bei Wohnimmobilien[13] ist derzeit ein Steuersatz von 10 %[14] (bzw. auf den Kanaren von 7 %[15]) anwendbar.

3. Stempelsteuer (AJD)

6 Unterliegt der Immobilienerwerb der Mehrwertsteuer (IVA), wird zudem eine Stempel- oder Beurkundungssteuer (IAJD[16]) fällig, die von der jeweils erhebenden Autonomen Region individuell festgelegt wird und derzeit von 0,5 % bis 1,5 %variiert.[17] Auf den Balearen liegt der Steuersatz aktuell bei 1,5 %.[18]

4. Wohnsitzbegründung

7 Einen steuerlichen Wohnsitz begründet in Spanien für ein Kalenderjahr, wer dort seinen gewöhnlichen Aufenthalt mehr als 183 Tage im Kalenderjahr unterhält oder hier seinen (familiären) Lebensmittelpunkt hat.[19] Werden diese Kriterien nicht erfüllt, wird die jeweilige Person als Steuerausländer (*no residentes*) geführt.[20]

II. Laufende Besteuerung

1. Grundsteuer (IBI)

8 Die Grundsteuer (IBI[21]) wird von der zuständigen Gemeinde auf Basis des Katasterwerts von Grundstücken erhoben und ist jährlich zu entrichten. Die Steuerpflicht trifft insbesondere den Immobilieneigentümer (aber auch den Inhaber von

13 *EY*, Worldwide VAT-Guide 2025, Spain, D. VAT Rates; *Löber/Lozano*, iwb 2015, 767, 768.

14 *DLA Piper*, 7.1.1 A., S. 16.

15 Kanarische Umsatzsteuer („*Impuesto General Indirecto de Canarias*", *IGIC*), *Rudmann*, Grunderwerbsteuer Spanien 2025: Was Käufer zu ITP und IVA wissen müssen, Punkt „Erwerb eines Neubaus in Spanien: Umsatzsteuer (IVA) statt Grunderwerbsteuer".

16 „IAJD" steht abgekürzt für „*Impuesto sobre Actos Jurídicos Documentados*" und ist wie die ITP-TPO geregelt in Gesetz (Ley) 1/1993 sowie der Verordnung (Real Decreto 828/1995), Wassermeyer/*Behrenz*, Anhang Überblick über das Steuerrecht Spaniens, Rn 34.

17 *Rudmann,* Kosten beim Immobilienkauf in Spanien (2025), unter „Was ist die Stempelsteuer bzw. Beurkundungssteuer in Spanien?

18 Homepage der Agència tributària Illes Balears unter „C. Actos Jurídicos Documentados, Punkt 4".

19 Wassermeyer/*Behrenz*, Anhang Überblick über das Steuerrecht Spaniens, Rn 66 f.; *EY*, Worldwide Personal Tax Guide 2025, Spain, A. Income Tax.

20 Wassermeyer/*Behrenz*, Anhang Überblick über das Steuerrecht Spaniens, Rn 62.

21 „IBI" steht abgekürzt für „*Impuesto sobre Bienes Inmuebles*" und ist geregelt in Gesetz (Ley) 7/1985 sowie der Verordnung (Real Decreto 2/2004), *Rudmann*, Grundsteuer in Spanien – IBI, Punkt „Was ist die Grundsteuer in Spanien?".

Sachrechten an dem Grundstück, z.B. Nießbrauchsberechtigter),[22] auch wenn er Steuerausländer ist.

Die Höhe der IBI variiert in Abhängigkeit von der jeweiligen Erhebungsgemeinde zwischen 0,4 % und 1,1 % (bei erschlossenen Grundstücken). Bemessungsgrundlage ist der von der Gemeinde festzustellende Katasterwert der Immobilie, auf den unter Berücksichtigung verschiedener Faktoren (z.B. Lage, Grundstücksart und Einwohnerzahl) der gemeindeabhängige Steuersatz angewendet wird.[23] 9

2. Einkommensteuer bei Steuerausländern (IRNR)

In Spanien wird bei Steuerausländern die Eigennutzung einer Immobilie zu Wohnzwecken im Rahmen von Urlaubsaufenthalten fiktiv besteuert. Steuerliche Bemessungsgrundlage hierfür ist entweder 1,1 % des im Zehnjahreszeitraum aktualisierten oder 2 % des unveränderten Katasterwerts[24] der Immobilie, auf den der besondere Steuersatz für EU-/EWR-Steuerausländer von 19 % (bzw. bei Einwohnern aus Drittstaaten 24 %) angewendet wird. 10

Im Fall eines Steuerausländers ist bei Fremdvermietung die Differenz zwischen Bruttoertrag und abzugsfähigen Vermietungskosten (z.B. Abschreibung, Finanzierungsaufwendungen) als steuerpflichtige Nettomiete[25] der Einkommensteuer (IRNR[26]) zu unterwerfen, die bei EU-Staatsbürgern 19 % (statt 24 %)[27] beträgt. 11

Das Besteuerungsrecht für die Vermietungseinkünfte steht aufgrund des Belegenheitsprinzips in Art. 6 Abs. 1 DBA Deutschland – Spanien (DBA Dtl. – Span.)[28] dem spanischen Staat zu, wobei die spanische Steuer auf die deutsche Einkommensteuer angerechnet wird. 12

---

22 *Löber/Lozano*, iwb 2015, 767, 770.

23 Wassermeyer/*Behrenz*, Anhang Überblick über das Steuerrecht Spaniens, Rn 34.

24 *Endres/Ballester Mora*, PIStB 2020, 195, 201; *EY*, Worldwide Personal Tax Guide 2025, Spain, A. Income Tax.

25 *Löber/Lozano*, iwb 2015, 767, 771; *Endres/Ballester Mora*, PIStB 2020, 195, 201.

26 „IRNR" steht abgekürzt für „*Impuesto sobre la Renta de No Residentes*" und ist geregelt in Gesetz (Ley) 5/2004 sowie der Verordnung (Real Decreto 1776/2004), Wassermeyer/*Behrenz*, Anhang Überblick über das Steuerrecht Spaniens, Rn 27.

27 *EY*, Worldwide Personal Tax Guide 2025, Spain, A. Income Tax.

28 Art. 6 Abs. 1, 22 Abs. 2 b) vii des Abkommens zwischen der Bundesrepublik Deutschland und dem Königreich Spanien zur Vermeidung der Doppelbesteuerung und zur Verhinderung der Steuerverkürzung auf dem Gebiet der Steuern vom Einkommen und vom Vermögen v. 3.2.2011, BGBl II 2012, 18.

13 **Beispiel**

Der in Deutschland ansässige S vermietete sein Appartement auf Mallorca mit einem Katasterwert (seit über zehn Jahren unverändert) von 120.000 EUR zwischen Juli und September 2016 an ein spanisches Ehepaar. Vom 1.1. bis 30.6.2024 und vom 1.10. bis 31.12.2024 stand das Objekt teilweise leer und teilweise (weniger als 183 Tage) wohnte S hier selbst zu Ferienzwecken.[29]

Lösung

Aus der Fremdvermietung erzielt S in Spanien mit dem besonderen Steuersatz von 19 % zu belegende Einkünfte aus unbeweglichem Vermögen.

Für den Rest des Jahres (auch während des Leerstands) erzielt S steuerpflichtige Erträge aus fiktiver Eigennutzung:

2 % x 120.000 EUR = 2.400 EUR x 273/365 = 1.795,07 EUR x 19 % = **341,06 EUR**

3. Vermögensteuer (IP)

14 Als Steuersubjekte der zentral[30] verwalteten Vermögensteuer (IP[31]) kommen nur natürliche Personen in Betracht. Bei Ansässigkeit im Ausland ist Anknüpfungspunkt ausschließlich das in Spanien belegene Nettovermögen[32] (z.B. Ferienimmobilie mit dazugehörigem Bankkonto, über das z.B. Steuerzahlungen, Erhaltungsaufwendungen etc. abgewickelt werden).

15 Die Vermögensteuer wird auf Basis des höchsten der folgenden Werte festgesetzt:[33]
- Katasterwert (oder für Immobilien mit Erwerb nach dem 1.1.2022 der durch das Katasteramt bestimmte Referenzwert)
- Anschaffungskosten
- Verkehrswert[34]

16 Der Steuersatz beträgt zwischen 0,2 % und 3,5 % (ab einem Grenzwert von 10.695.996,06 EUR).[35]

---

29 Beispiel nachgebildet nach Beispiel 3 in *Löber/Lozano*, iwb 2015, 767, 771.

30 *Löber/Lozano*, iwb 2015, 767, 771.

31 „IP" steht abgekürzt für „*Impuesto sobre el Patrimonio*" und ist geregelt in Gesetz (Ley) 19/1991 sowie der Verordnung (Real Decreto 1704/1999) mit abweichenden Regelungen in den Autonomen Regionen Navarra und Baskenland, Wassermeyer/*Behrenz*, Anhang Überblick über das Steuerrecht Spaniens, Rn 28.

32 Wassermeyer/*Behrenz*, Anhang Überblick über das Steuerrecht Spaniens, Rn 28.

33 Wassermeyer/*Behrenz*, Anhang Überblick über das Steuerrecht Spaniens, Rn 260.

34 A.A. *Löber/Lozano*, iwb 2015, 767, 772: vom Finanzamt festgesetzter Wert.

35 Wassermeyer/*Behrenz*, Anhang Überblick über das Steuerrecht Spaniens, Rn 260.

Im Ausland ansässige Steuerpflichtige können pro Person einen Freibetrag von 700.000 EUR[36] bzw. z.B. auf den Balearen 3.000.000 EUR[37] in Anspruch nehmen, so dass sich insbesondere bei Ehegatten der jeweils hälftige Erwerb von Miteigentum an einer Immobilie steuerlich positiv auswirken kann. 17

Beispiel 18

Der in Deutschland ansässige S ist Eigentümer einer spanischen Immobilie mit einem Katasterwert von 500.000 EUR. Der Verkehrswert beträgt 1.200.000 EUR.

Lösung

Die Bemessungsgrundlage für die IP beträgt 500.000 EUR (1.200.000 EUR abzgl. 700.000 EUR (Freibetrag)).

Vermögen bis	Steuerquote #1	Delta	Steuersatz	Steuerquote #2	Steuerquote insgesamt
334.252,88 EUR	835,63 EUR	165.747,12 EUR	0,5 %	828,74 EUR	1.664,37 EUR

Der EuGH[38] hat in 2014 aus Gründen der europarechtlich gebotenen Gleichbehandlung auch im Ausland steuerlich ansässigen Personen mit EU-Staatsbürgerschaft das Recht zugesprochen, sich für Zwecke der Erbschaft- und Schenkungsteuer auf das anwendbare Recht der jeweiligen Autonomen Region zu berufen, wenn dieses im Vergleich zum Erbschaftsteuer- und Schenkungsteuergesetz der Zentralregierung günstigere Vorschriften enthält. Diese Rechtsprechung ist auch auf die Vermögensteuer anwendbar,[39] wobei z.B. auf den Balearen (u.a. Mallorca) das lokale Recht höhere Steuerlasten vorsieht.[40] 19

Zum 28.12.2022 wurde in Spanien die nunmehr zeitlich unbeschränkte Steuer auf Großvermögen[41] eingeführt, die die bestehende Vermögensteuer ergänzt und auf das Nettovermögen von natürlichen Personen über 3.000.000 EUR in allen Regionen Spaniens[42] erhoben wird. 20

36 *Löber/Lozano*, iwb 2015, 767, 772; *Endres/Ballester Mora*, PIStB 2020, 195, 201.

37 *EY*, Worldwide Estate and Inheritance Tax Guide 2025, Spain, 3.2 Net wealth tax; siehe hier auch die Sonderregelungen in anderen Autonomen Regionen Spaniens.

38 EuGH, Urt. v. 3.9.2014 – Rs. C-127/12 (Kommission gegen Spanien), BeckEuRS 2012, 677695.

39 *Löber/Lozano*, iwb 2015, 767, 771 f.

40 *Endres/Ballester Mora*, PIStB 2020, 195, 201.

41 „ITSGF" steht abgekürzt für *„Impuesto de Solidaridad de las Grandes Fortunas"* und ist geregelt in Gesetz (Ley) 38/2024 sowie der Verordnung (Real Decreto 8/2023), Wassermeyer/*Behrenz*, Anhang Überblick über das Steuerrecht Spaniens, Rn 270.

42 *EY*, Worldwide Estate and Inheritance Tax Guide 2025, Spain, 3.3 Solidarity tax on large fortunes.

Die Steuersätze starten über einem Freibetrag von 3.000.000 EUR mit 1,7 % und betragen maximal 3,5 % auf einen Höchstbetrag von 10.695.996,06 EUR.[43]

Für das als Hauptwohnung genutzte Eigenheim wird ein genereller Grundfreibetrag von 700.000 EUR gewährt.[44]

III. Verkauf bzw. unentgeltliche Übertragung

1. Verkauf

a) Einkommensteuer

21 Wird die spanische Ferienimmobilie verkauft, unterliegt der Veräußerungsgewinn (unabhängig von der Haltedauer[45]) als Differenz zwischen dem Veräußerungspreis und den um die Abschreibungen reduzierten, aber inflationsindexierten[46] Anschaffungskosten zuzüglich der Veräußerungskosten der spanischen Einkommensteuer mit einem mehrstufigen Tarif (Steuersatz von 19 % für die ersten 5.999,99 EUR; Steuersatz von 21 % für Beträge zwischen 6.000 und 49.999,99 EUR; Steuersatz von 23 % für Beträge zwischen 50.000 und 200.000 EUR; Steuersatz von 27 % für Beträge zwischen 200.000,01 und 300.000 EUR; seit 2024 gilt für Beträge oberhalb von 300.000 EUR ein Höchststeuersatz von 3,5%. Ist der Verkäufer als *no residente* einzustufen, beträgt der Steuersatz pauschal 19 %.[47]

22 Bei Verkauf seitens Steuerausländern ist ein Steuereinbehalt gegen nachlaufende Anrechnung auf die Gewinnsteuer von 3 % durch den Käufer vorgesehen, um die Steuerzahlung in Spanien sicherzustellen.[48]

23 Das Besteuerungsrecht für den Veräußerungsgewinn steht nach den Regelungen des Doppelbesteuerungsabkommens[49] Spanien zu. Die spanische Steuer wird zur Vermeidung der Doppelbesteuerung auf die deutsche Einkommensteuer des Veräußerers angerechnet.[50]

---

43 *EY*, Worldwide Estate and Inheritance Tax Guide 2025, Spain, 3.3 Solidarity tax on large fortunes.

44 Wassermeyer/*Behrenz*, Anhang Überblick über das Steuerrecht Spaniens, Rn 270.

45 Für Immobilien mit Anschaffungsdatum vor dem 1.1.1995 kann ein Freibetrag für den 400.000 EUR überschreitenden Mehrbetrag in Anspruch genommen werden, *Löber/Lozano*, iwb 2015, 767, 772 f.

46 *EY*, Worldwide Personal Tax Guide 2025, Spain, A. Income Tax Capital gains and losses; a.A. *Löber/Lozano*, iwb 2015, 767, 773: keine Indexierung.

47 *Löber/Lozano*, iwb 2015, 767, 773; *Endres/Ballester Mora*, PIStB 2020, 227, 227.

48 *Löber/Lozano*, iwb 2015, 767, 773 f.

49 Art. 13 Abs. 1, 6 Abs. 1 DBA Dtl. – Span.

50 Art. 22 Abs. 2 b) vii DBA Dtl. – Span.; OFD Frankfurt a.M., Verfügung v. 16.5.2012 – S 1301 A – ES.08 – St 56, Tz 4 a.E., DStR 2012, 1345, 1346.

b) Wertzuwachssteuer (IIVTNU)

Bei Immobilienverkauf ist schließlich noch die gemeindliche Wertzuwachssteuer (Plusvalía oder IIVTNU[51]) einschlägig, die innerhalb eines Maximalzeitraums von 20 Jahren entstandene stille Reserven im Grund und Boden besteuert. 24

Seit einer Neuregelung im November 2021 kann die Wertzuwachssteuer entweder objektiv auf Basis der Wertsteigerung des Katasterwerts des Bodens während des Eigentumszeitraums (ausgedrückt durch gemeindliche Koeffizienten, vergleichbar dem deutschen Bodenrichtwert) oder effektiv auf Basis der tatsächlichen Wertsteigerung berechnet werden. Auf den für den Verkäufer günstigeren (da niedrigeren) Wert ist ein Höchstsatz von 30 %[52] anzuwenden. Eine vertragliche Überwälzung auf den Käufer ist ausgeschlossen.[53]

2. Unentgeltliche Übertragung

a) Erbschaft- und Schenkungsteuer (ISD)

Im Fall von Schenkung und Erwerb von Todes wegen unterliegen Steuerausländer in Spanien lediglich der auf das spanische Inlandsvermögen beschränkten Erbschaft- und Schenkungsteuerpflicht auf Basis des nationalen Rechts.[54] 25

Die Bemessungsgrundlage ist grundsätzlich der Verkehrswert (bei Immobilien ist ab dem 11.7.2021 der Referenzwert heranzuziehen).[55] Anwendbar ist ein progressiver Steuersatz von 7,65 % bis 34 %,[56] der allerdings mit einem vom Eigenvermögen des Erwerbers abhängigen Vervielfältiger multipliziert werden muss (bis zu 81,60 % Maximalsteuersatz).[57] Persönliche Freibeträge im Erbfall sind ebenfalls einschlägig (z.B. 15.956 EUR für den Ehegatten in der Steuerklasse II). 26

---

51 „IIVTNU“ steht abgekürzt für „*Impuesto sobre el Incremento de Valor de los Terrenos de Naturaleza Urbana*“ und ist geregelt in Gesetz (Ley) 7/1985 sowie der Verordnung (Real Decreto 2/2004), Wassermeyer/*Behrenz*, Anhang Überblick über das Steuerrecht Spaniens, Rn 30.

52 Wassermeyer/*Behrenz*, Anhang Überblick über das Steuerrecht Spaniens, Rn 33.

53 *Löber/Lozano*, iwb 2015, 767, 774 mit Hinweis auf die Rspr. des EuGH, Urt. v. 16.1.2014 – Rs. C-226/12, BeckRS 2014, 80035.

54 „ISD“ steht abgekürzt für „*Impuesto sobre Sucesiones y Donaciones*“ und ist geregelt in Gesetz (Ley) 29/1987 sowie der Verordnung (Real Decreto 1629/1991) mit abweichenden Regelungen in den Autonomen Regionen Navarra und Baskenland, Wassermeyer/*Behrenz*, Anhang Überblick über das Steuerrecht Spaniens, Rn 35.

55 Wassermeyer/*Behrenz*, Anhang Überblick über das Steuerrecht Spaniens, Rn 35; *EY*, Worldwide Estate and Inheritance Tax Guide 2025, Spain, 6. Assessments and valuations.

56 *EY*, Worldwide Estate and Inheritance Tax Guide 2025, Spain, 3. Rates.

57 *EY*, Worldwide Estate and Inheritance Tax Guide 2025, Spain, 3. Rates.

27 Zu beachten ist, dass sich seit der Entscheidung des EuGH[58] aus 2014 auch Steuerausländer günstigere Regelungen in lokalem Recht der Autonomen Regionen zu eigen machen können. So ist z.B. auf den Balearen der Erwerb von Todes wegen durch Erwerber der Steuerklasse I (z.B. Abkömmling unter 21 Jahren) steuerbefreit.[59]

28 Sind aus deutscher steuerlicher Sicht am unentgeltlichen Erwerbsvorgang Personen (Erblasser/Schenker und/oder Erbe/Beschenkter) beteiligt, die aufgrund eines deutschen Wohnsitzes und/oder gewöhnlichen Aufenthalts im Inland als Steuerinländer gelten, greift insoweit die unbeschränkte, auf das Weltvermögen (also auch den ausländischen Grundbesitz) gerichtete deutsche Erbschaft- bzw. Schenkungsteuerpflicht.[60] Die unbeschränkte Steuerpflicht gilt auch innerhalb der nachlaufenden Fünfjahresfrist nach einem Wegzug deutscher Staatsangehöriger ins Ausland.[61]

29 Der ausländische Grundbesitz ist mit dem gemeinen Wert (Verkehrswert) für steuerliche Zwecke anzusetzen.[62]

30 Mit Spanien besteht kein Doppelbesteuerungsabkommen für Erbschaftsteuerzwecke, so dass die Anrechnung der spanischen Erbschaft- oder Schenkungsteuer in Deutschland nur über die Regelung des § 21 ErbStG in Betracht kommt.

b) Sonstige Steuern

31 Sowohl bei Erwerb durch Schenkung als auch im Erbfall erfolgt eine zusätzliche Erhebung der Wertzuwachssteuer (Plusvalía oder IIVTNU) beim Erwerber.[63]

32 Grunderwerbsteuer oder Stempelabgaben fallen bei unentgeltlicher Übertragung nicht an.[64]

IV. Exkurs: Halten der Immobilie über eine spanische Immobilien S.L.

33 In der Vergangenheit wurde vor allem in Deutschland steuerpflichtigen Personen der Erwerb einer spanischen Immobilie über eine nicht-aktive spanische Kapitalgesellschaft (*Sociedad de responsabilidad limitada – S.L.*) empfohlen. Hieraus ergaben sich vor der Steuerreform zum 1.1.2007 steuerliche Vorteile, bspw. weil bei einem Verkauf der Immobilie als Privatperson ein Einkommensteuersatz von

58 EuGH, Urt. v. 3.9.2014 – Rs. C-127/12 (Kommission gegen Spanien), BeckEuRS 2012, 677695.
59 *EY*, Worldwide Estate and Inheritance Tax Guide 2025, Spain, 3. Rates.
60 § 2 Abs. 1 Nr. 1, S. 1, S. 2 Nr. 2 a) dErbStG.
61 § 2 Abs. 1 S. 2 Nr. 2 c) dErbStG.
62 § 12 Abs. 7 dErbStG i.V.m. §§ 31 Abs. 1 S. 1, 9 Abs. 1 dBewG.
63 *Löber/Lozano*, iwb 2015, 767, 769 f.
64 *EY*, Worldwide Estate and Inheritance Tax Guide 2025, Spain, 1. Types of tax.

35 % anwendbar war, wohingegen die S.L. lediglich mit Körperschaftsteuer von 15 % belegt wurde.[65]

Diese steuerlichen Vorteile sind aber sukzessive entfallen, so dass eine Zwischenschaltung der S.L. nur noch aus Gründen der Anonymitätswahrung über die Person des Erwerbers sinnvoll erscheint. 34

So löst z.B. der Erwerb von Gesellschaftsanteilen an einer Immobilien-S.L., deren Aktiva wertmäßig zu mehr als 50 % aus spanischen Immobilien ohne Zuordnung einer wirtschaftlichen Tätigkeit bestehen, weder Grunderwerb- noch Mehrwertsteuer aus, die aber nacherhoben werden können, wenn sich die Zwischenschaltung der Gesellschaft als reine Steuerumgehung ohne wirtschaftliche Rechtfertigung darstellt.[66]

Dasselbe gilt für die Vermögensteuer, der die S.L. als juristische Person per se nicht unterliegt. Herangezogen werden aber deren Gesellschafter.[67]

Schließlich unterliegt auch die S.L. mit ihren laufenden Einkünften der spanischen Körperschaftsteuer (IP) in Höhe von derzeit 25 %.[68]

Die vorgenannte Reduktion der steuerlichen Vorteile der S.L. gipfelt nicht zuletzt in der Entscheidung des BFH aus 2013,[69] in der die mietzinslose Nutzung der Ferienimmobilie durch den Gesellschafter der S.L. als steuerpflichtige verdeckte Gewinnausschüttung[70] qualifiziert wurde. Bei Nichtdeklaration als Einkunft aus Kapitalvermögen in der Steuererklärung kann diese unvollständige Mitteilung steuerlich erheblicher Tatsachen als strafbare Steuerhinterziehung i.S.d. § 370 AO durch die deutsche Finanzverwaltung geahndet werden und hat einen entsprechenden Verfolgungsdruck durch die deutschen Finanzbehörden ausgelöst.[71] 35

65 *Farré/Kaminski/Strunk/Ramallo Pallast*, IStR 2016, 653, 653.

66 *Löber/Lozano*, iwb 2015, 767, 775.

67 *Löber/Lozano*, iwb 2015, 767, 775 f.

68 „IP" steht abgekürzt für „*Impuesto sobre Sociedades*" und ist geregelt in Gesetz (Ley) 4/2004 sowie der Verordnung (Real Decreto 1777/2004), Wassermeyer/*Behrenz*, Anhang Überblick über das Steuerrecht Spaniens, Rn 29.

69 BFH, Urt. v. 12.6.2013 – I R 109–111/10, ISR 2013, 374 m. Anm. *Reiter.*

70 Siehe hierzu ausf. u.a. *Rindermann-Haugwitz*, BB 2015, 2654.

71 Siehe hierzu instruktiv *Olfen/Plattes/Meinecke*, DStR 2016, 355.

C. Österreich

36 Österreich steht aufgrund der räumlichen Nähe zu Deutschland und des gemeinsamen Sprachraums weit oben im Ranking deutscher Immobilienkäufer.[72]

I. Erwerb

1. Grunderwerbsteuer

37 Der Erwerb österreichischer Grundstücke unterliegt mit Abschluss des schuldrechtlichen Verpflichtungsgeschäfts (z.B. Kaufvertrag) oder anderer wirtschaftlich vergleichbarer Vorgänge der Grunderwerbsteuer.[73]

38 **Beispiel**

Verkäufer V verkauft seine Immobilie an T. T handelt hierbei jedoch nicht für sich, sondern erwirbt das Grundstück treuhänderisch für den Erwerber E.[74]

Lösung

Der Treuhänder T (der aus Anonymitätsgründen für E handelt) erwirbt zivilrechtlich den Übereignungsanspruch von V. Aufgrund des zwischen T und K bestehenden Treuhandverhältnisses erwirbt E die wirtschaftliche Verfügungsmacht über das Grundstück.

Grunderwerbsteuerpflichtig sind beide Erwerbe, da auch die Einräumung der wirtschaftlichen Verfügungsmacht einen die Grunderwerbsteuer auslösenden Tatbestand darstellt.

39 Bemessungsgrundlage beim Kauf ist die Gegenleistung,[75] d.h. regelmäßig der Kaufpreis einschließlich der vom Käufer übernommenen sonstigen Leistungen und der dem Verkäufer vorbehaltenen Nutzungen bspw. in Form eines Nießbrauchs (Fruchtgenussrechts).

Anzuwenden ist im Fall des Erwerbs durch entgeltliches Rechtsgeschäft ein fixer Steuertarif von 3,5 %.[76]

---

72 Im Schnitt entschieden sich ca. 6 % der deutschen Immobilienkäufer für den Erwerb eines in Österreich gelegenen Objekts, so dass Österreich nach Spanien der beliebteste Standort für Ferienimmobilien ist, *dwif-Consulting GmbH*, S. 6.

73 § 1 Abs. 1 öGrEStG (Bundesgesetz v. 2.7.1987 betreffend die Erhebung einer Grunderwerbsteuer – Grunderwerbsteuergesetz 1987 – GrEStG 1987, öBGBl Nr. 309/1987, abrufbar unter https://www.ris.bka.gv.at/GeltendeFassung.wxe?Abfrage=Bundesnormen&Gesetzesnummer=10004531).

74 *öBMF*, Februar 2020, S. 9.

75 § 5 Abs. 1 Nr. 1 öGrEStG.

76 § 7 Abs. 1 Nr. 3 öGrEStG.

Gesamtschuldnerische Steuerschuldner sind die am Kaufvertrag beteiligten Parteien.[77] Diese können über den beurkundenden Notar bzw. sonstigen Parteienvertreter die Grunderwerbsteuer selbst berechnen[78] und an das Verkehrssteuerfinanzamt abführen lassen, mit dem Vorteil, dass die Selbstberechnungserklärung einer Unbedenklichkeitsbescheinigung gleichsteht und somit kurzfristig eine Grundbuchumschreibung erfolgen kann. Alternativ besteht die Möglichkeit zur elektronischen Anzeige des Rechtsvorgangs und zur Steuerveranlagung durch das Finanzamt. 40

2. Grundbucheintragungsgebühr und sonstige Erwerbskosten

Der entgeltliche Erwerb von Immobilien in Österreich ist neben der Grunderwerbsteuer mit einer Grundbucheintragungsgebühr von 1,1 %[79] und Notarkosten von ca. 1 % bis 3 % des Kaufpreises belastet, wobei in der Praxis die Möglichkeit zur Vereinbarung eines Pauschalhonorars besteht. Bei Immobilien in begehrten Lagen kann zudem eine verhandelbare Maklerprovision hinzukommen. 41

3. Wohnsitzbegründung

Der Immobilienkauf in Österreich kann für Deutsche einen steuerlichen Wohnsitz auslösen, wenn die Liegenschaft zum dauerhaften Wohnen geeignet ist und dem Eigentümer die „Schlüsselgewalt" hierüber zusteht.[80] Dies gilt umso mehr, 42

77 § 9 Nr. 1 Hs. 1 öGrEStG; im Innenverhältnis wird regelmäßig vertraglich eine Überwälzung auf den Käufer vereinbart.

78 Selbstberechnung und elektronische Anzeige müssen spätestens bis zum 15. des übernächsten Kalendermonats nach Steuerentstehung erfolgen. Im Fall der Selbstberechnung muss die Grunderwerbsteuer dann bis spätestens zum 15. des übernächsten Kalendermonats nach Selbstberechnung abgeführt werden, während bei der elektronischen Anzeige die Grunderwerbsteuer innerhalb eines Monats nach Zustellung des Festsetzungsbescheids fällig wird, *öBMF*, Februar 2020, S. 28.

79 *Hofstätter/Ressler*, nwb-EV 2017, 144, 144; *Novak*, nwb-EV 2018, 283, 283; für Kaufverträge über Wohnraum mit Abschluss nach dem 31.3.2024 (Nachweis eines dringenden Wohnbedürfnisses durch Hauptwohnsitzmeldung erforderlich), bei denen die Eintragung im Grundbuch zwischen dem 1.4.2024 und dem 1.7.2024 erfolgt, gilt eine gestaffelte Gebührenbefreiung (bis zu 500.000 EUR: vollständige Befreiung; ab 500.000,01 EUR bis 2.000.000 EUR: Gebühr von 1,1 % nur für den Teil über 500.000 EUR; ab 2.000.000,01 EUR (Luxusimmobilien): keine Befreiung), *öBMJ*, Befreiung von der Grundbuch-Eintragungsgebühr bei Erwerb von Wohnraum.

80 Die Begriffe des abgabenrechtlichen Wohnsitzes in § 26 öBAO (Bundesgesetz über allgemeine Bestimmungen und das Verfahren für die von den Abgabenbehörden des Bundes, der Länder und Gemeinden verwalteten Abgaben – Bundesabgabenordnung, öBGBl Nr. 194/1961, abrufbar unter https://www.ris.bka.gv.at/GeltendeFassung.wxe?Abfrage=Bundesnormen&Gesetzesnummer=10003940) und in § 8 AO decken sich insoweit (*Hofstätter/Ressler*, nwb-EV 2017, 144, 145; *Novak*, nwb-EV 2018, 283, 284 mit Hinweis auf die Zweitwohnsitzverordnung).

als Österreich das Konzept des abgeleiteten (auch den Ehepartner und die minderjährigen Kinder des Immobilieneigentümers umfassenden) Wohnsitzes kennt.[81]

43 Das Risiko einer Doppelbesteuerung des weltweiten Einkommens wird allerdings durch die Regelungen des zwischen Deutschland und Österreich bestehenden Doppelbesteuerungsabkommens (DBA Dtl. – Öst.)[82] entschärft, die bei einer österreichischen, nur als Zweit- oder Feriendomizil genutzten Liegenschaft von einer fortbestehenden Ansässigkeit der Eigentümer(familie) in Deutschland[83] ausgehen und konsequenterweise ein Besteuerungsrecht in Österreich auf dort entstehende Quelleneinkünfte beschränken.

4. Ferienwohnsitzbewilligung

44 Einige österreichische Bundesländer haben den Immobilienerwerb durch Ausländer von der positiven Verbescheidung im Rahmen eines behördlichen Genehmigungsverfahrens abhängig gemacht.[84] Von dieser generellen Einschränkung sind deutsche Staatsangehörige aufgrund der europarechtlichen Niederlassungsfreiheit jedoch ausgenommen.[85]

45 Allerdings steht in einzelnen Bundesländern die Nutzung eines Objekts als reiner Ferienwohnsitz unter dem Vorbehalt einer zusätzlichen gemeindlichen Bewilligung[86] unter Berücksichtigung entsprechender raumordnungsrechtlicher Vorgaben (z.B. Verhältnis der Flächen für Ferienwohnsitze im Verhältnis zu den gesamtgemeindlichen Bauflächen).[87] Die Bewilligung ist regelmäßig auf die Selbst-

---

81 *Hofstätter/Ressler*, nwb-EV 2017, 144, 145 m.w.N.

82 Abkommen zwischen der Bundesrepublik Deutschland und der Republik Österreich zur Vermeidung der Doppelbesteuerung auf dem Gebiet der Steuern vom Einkommen und vom Vermögen v. 24.8.2000 (BGBl II 2002, 735) in der Neufassung v. 5.11.2024 (BGBl. II 2024, Nr. 483).

83 Dieses Prinzip des Mittelpunkts der Lebensinteressen bei Doppelwohnsitzlern (vgl. Art. 4 Abs. 2 a) DBA Dtl. – Öst.) setzt auch die nach österreichischem Sonderrecht (§ 1 Abs. 1 Zweitwohnsitz-VO – Verordnung des Bundesministers für Finanzen betreffend inländische Zweitwohnsitze, öBGBl II Nr. 528/2003, abrufbar unter https://www.ris.bka.gv.at/GeltendeFassung.wxe?Abfrage=Bundesnormen&Gesetzesnummer=20003027) bestehende zwingende Wohnsitzvermutung in Österreich bei Aufenthalt am österreichischen Wohnsitz von mehr als 70 Tagen im Kalenderjahr außer Kraft. In der Praxis sollten aber aus Vorsichtsgründen sämtliche Aufenthalte in Österreich z.B. über Fahrtbelege dokumentiert werden (*Hofstätter/Ressler*, nwb-EV 2017, 144, 145; *Novak*, nwb-EV 2018, 283, 284).

84 Für das Bundesland Tirol ist diese Regelung z.B. in § 1 T-GVG vorgesehen (Tiroler Grundverkehrsgesetz 1996, öLGBl Nr. 61/1996, abrufbar unter https://www.ris.bka.gv.at/GeltendeFassung.wxe?Abfrage=LrT&Gesetzesnummer=20000005).

85 Vgl. z.B. § 3 Abs. 1 T-GVG.

86 Vgl. z.B. § 12 T-GVG.

87 Vgl. z.B. § 13 Abs. 1 c) T-GVG.

nutzung durch den Eigentümer oder seine Familie beschränkt, so dass eine Fremdvermietung zu Erholungszwecken, bspw. bei Leerstand, untersagt ist.[88] Eine Missachtung dieser Vorgaben kann als Verwaltungsübertretung (Ordnungswidrigkeit) mit Geldstrafen[89] sanktioniert werden. Genehmigte Ferienwohnsitze sind durch die Gemeinde in einem elektronischen Verzeichnis zu führen.[90]

II. Laufende Besteuerung

1. Grundsteuer

Die Gemeinden erheben aber bei bebauten Grundstücken regelmäßig Grundsteuer auf den aus dem Einheitswert abgeleiteten Grundsteuermessbetrag mit einem Hebesatz bis zu 500 %[91] und bei unbebauten Grundstücken eine Bodenwertabgabe in Höhe von 1 % des Einheitswerts, soweit dieser die Grenze von 14.600 EUR übersteigt.[92] 46

2. Einkommensteuer

Österreich kennt keine Ertragsbesteuerung der Eigennutzung von Immobilien. 47

Die Fremdvermietung von Immobilien führt zu in Österreich[93] steuerpflichtigen Einkünften aus Vermietung und Verpachtung[94] in Höhe der um Werbungskosten 48

88 Vgl. z.B. § 13 Abs. 2 T-ROG (Tiroler Raumordnungsgesetz 2022 – T-ROG 2022, öLGBl Nr. 43/2022, abrufbar unter https://www.ris.bka.gv.at/GeltendeFassung.wxe?Abfrage=LrT&Gesetzesnummer=20000910).

89 Vgl. z.B. § 13a Abs. 3 T-ROG, wonach Geldstrafen bis zu 80.000 EUR vorgesehen sind.

90 Vgl. z.B. § 14 Abs. 1 T-ROG.

91 § 1 Abs. 1 Nr. 2 öGrStG (Bundesgesetz v. 13.7.1955 über die Grundsteuer – Grundsteuergesetz 1955 – GrStG 1955, öBGBl Nr. 149/1955, abrufbar unter https://www.ris.bka.gv.at/GeltendeFassung.wxe?Abfrage=Bundesnormen&Gesetzesnummer=10003845).

92 §§ 1, 4 Abs. 2 öBWAG (Bundesgesetz v. 15.12.1960 über eine Abgabe vom Bodenwert bei unbebauten Grundstücken und über eine Änderung des Einkommensteuergesetzes 1953 zur stärkeren Erfassung des Wertzuwachses bei Grundstücksveräußerungen – Bodenwertabgabegesetz – BWAG, öBGBl Nr. 285/1960, abrufbar unter https://www.ris.bka.gv.at/GeltendeFassung.wxe?Abfrage=Bundesnormen&Gesetzesnummer=10003924).

93 Art. 6 Abs. 1, 23 Abs. 1 a) DBA Dtl. – Öst. stellen diese Einkünfte in Deutschland von einer Besteuerung frei. Auch eine Berücksichtigung im Progressionsvorbehalt ist nicht zulässig, § 32b Abs. 1 S. 2 dEStG.

94 §§ 2 Abs. 3 Nr. 6, 28 öEStG (Bundesgesetz v. 7.7.1988 über die Besteuerung des Einkommens natürlicher Personen – Einkommensteuergesetz 1988 – EStG 1988, öBGBl Nr. 400/1988, abrufbar unter https://www.ris.bka.gv.at/GeltendeFassung.wxe?Abfrage=Bundes normen&Gesetzesnummer=10004570).

(z.B. AfA, Finanzierungsaufwendungen) reduzierten Bruttomiete mit entsprechender Erklärungspflicht.[95]

Der progressiv ausgestaltete Steuersatz reicht bis zu 50 %.[96] Bei Vermietung zu fremden Wohnzwecken besteht zusätzlich Umsatzsteuerpflicht mit einem reduzierten Steuersatz von 10 %.[97] Für schriftlich abgeschlossene Mietverträge besteht zudem ggf. eine Gebührenpflicht in Höhe von 1 % auf den höchstens dreifachen Jahreswert der Mietzahlungen (bei Wohnraummiete).[98]

Gelegentliche Vermietungen zu Wohnzwecken dürften regelmäßig als (auch umsatz)steuerfreie Liebhaberei einzustufen sein, wenn eine Prognoserechnung über einen Zeitraum von 20/23 Jahren (bei Vermietung von Eigenheimen) keinen Gesamtüberschuss der Einnahmen über die Werbungskosten erwarten lässt.[99]

III. Verkauf bzw. unentgeltliche Übertragung

1. Verkauf

a) Immobilienertragsteuer

49 Für Immobilienverkäufe, bei denen der Kaufvertrag (nicht die Überlassung) nach dem 31.3.2012 abgeschlossen worden ist, gilt bereits die neue, ab April 2012 geltende Rechtslage, wonach eine Besteuerung des Veräußerungsgewinns in Höhe des Veräußerungserlöses nach Abzug der ursprünglichen Anschaffungskosten – unabhängig vom Ablauf der Spekulationsfrist von zehn Jahren nach Anschaffung – der Einkommensteuer ab 2016 in Höhe eines Pauschalsteuersatzes von 30 % mit Möglichkeit der Option zur Regelbesteuerung[100] unterliegt.[101]

50 Bei „Altvermögen“ (d.h. Grundstücken, die vor dem 1.4.2012 angeschafft worden sind) besteht alternativ die Möglichkeit, die Bemessungsgrundlage aus Nachweis-

95 Einzureichen sind nach derzeitigem Stand dann die Formulare E1 und E1b, *öBMF*, Februar 2020, S. 38.

96 § 33 Abs. 1 öEStG.

97 §§ 6 Abs. 1 Nr. 16 S. 2, 10 Abs. 2 Nr. 3 a) öUStG (Bundesgesetz über die Besteuerung der Umsätze – Umsatzsteuergesetz 1994 – UStG 1994, öBGBl Nr. 663/1994 i.d.F. öBGBl Nr. 819/1994, abrufbar unter https://www.ris.bka.gv.at/GeltendeFassung.wxe?Abfrage=Bundesnormen&Gesetzesnummer=10004873). Bei Vermietung zu fremden gewerblichen Zwecken besteht die Möglichkeit der Option zur steuerpflichtigen Vermietung mit dem Normalsteuersatz von 20 %, *öBMF*, Februar 2020, S. 51 f.

98 *öBMF*, Februar 2020, S. 61 f.

99 Sog. „kleine“ Vermietung, vgl. *öBMF*, Februar 2020, S. 59.

100 § 30a Abs. 1, 2 öEStG; zu den Verschärfungen bei der sog. „Immobilienertragsteuer“ zum 1.7.2025 siehe *BDO*, Verschärfungen bei GrESt und ImmoESt durch das BBG 2025 (Begutachtungsentwurf).

101 §§ 2 Abs. 3 Nr. 7, 29 Nr. 2, 30 öEStG.

gründen und zur Senkung der Steuerbelastung[102] pauschal zu ermitteln. In diesem Fall werden die ursprünglichen Anschaffungskosten pauschal mit 86 % (oder 40 % im Fall der Umwidmung in Bauland) des Veräußerungspreises angesetzt.[103] Wegen des Pauschalwertansatzes ist dann die Berücksichtigung weiterer Kosten (z.B. Kosten für die Selbstberechnung der Immobilienertragsteuer durch den Notar bzw. einen anderen Parteienvertreter[104]) ausgeschlossen.[105]

Bei Einfamilienhäusern mit nicht mehr als zwei Wohnungen bzw. bei Wohneigen- 51
tum kann die Hauptwohnsitzbefreiung von der Immobilienertragsteuer für Gebäude sowie Grund und Boden geltend gemacht werden, wenn die Immobilie ab dem Kauf (bzw. Errichtung) durchgehend unmittelbar bis zum Verkauf mindestens zwei Jahre oder innerhalb der letzten zehn Jahre vor dem Verkauf für mindestens fünf Jahre durchgehend als Hauptwohnsitz nachweisbar genutzt worden ist.[106]

Dasselbe gilt für selbst hergestellte, neu errichtete Gebäude (Herstellerbefreiung), wenn diese nicht innerhalb der letzten zehn Jahre vor dem Verkauf der Erzielung von Einkünften gedient haben.[107]

Die Einbringung der Grundstücke vor dem Verkauf in betriebliche Strukturen 52
(z.B. öGesmbH) kann zur Optimierung der Immobilienertragsteuer sinnvoll sein. Bspw. wird der Gewinn aus der Immobilientransaktion durch eine Kapitalgesellschaft nur in Höhe von 25 %[108] besteuert und es fällt keine Immobilienertragsteuer an, so dass bei permanenter Thesaurierung[109] auf Ebene der öGesmbH ein positives Steuersatzgefälle von 5 % entsteht, das gegen die „Rüstkosten" (z.B. laufende Jahresabschluss- und Steuerberatungskosten der öGesmbH) gegengerechnet werden muss. Im Einzelfall können sich dieselben Thesaurierungsvorteile

102 Diese Erleichterung ist insbesondere eingeführt worden, um bei Grundstücken, die sich sehr lange im Familieneigentum befinden, Schwierigkeiten bei der Ermittlung der ursprünglichen Anschaffungskosten zu vermeiden, *öBMF*, Februar 2020, S. 83.

103 § 30 Abs. 4 öEStG.

104 Nicht abziehbar sind jedoch auch bei Verkauf von „Neuvermögen" (d.h. Grundstücken, die nach dem 31.3.2002 angeschafft worden sind) z.B. Kosten für Maklerprovisionen, Inserate oder Fremdkapitalzinsen, wenn die Besteuerung mit dem Pauschalsteuersatz von 30 % gewählt wird, *öBMF*, Februar 2020, S. 85.

105 *öBMF*, Februar 2020, S. 83.

106 § 30 Abs. 2 Nr. 1 öEStG.

107 § 30 Abs. 2 Nr. 2 öEStG.

108 § 22 Abs. 1 öKStG (Bundesgesetz v. 7.7.1988 über die Besteuerung des Einkommens von Körperschaften – Körperschaftsteuergesetz 1988 – KStG 1988, öBGBl Nr. 401/1988, abrufbar unter https://www.ris.bka.gv.at/GeltendeFassung.wxe?Abfrage=Bundesnormen&Gesetzesnummer=10004569.

109 Bei Ausschüttung der thesaurierten Beträge ist zusätzliche Kapitalertragsteuer in Höhe von 27,5 % einzubehalten (vgl. § 27a Abs. 1 Nr. 2 öEStG), die ggf. auf Ebene des Gesellschafters zumindest teilweise angerechnet werden kann.

auch aufgrund der Zwischenbesteuerung auf Ebene von österreichischen Privatstiftungen ergeben.[110]

53 Wie bei der Grunderwerbsteuer kann die Immobilienertragsteuer alternativ selbst berechnet oder der steuerauslösende Rechtsvorgang über die elektronische Steuererklärung dem Finanzamt gemeldet werden.[111]

b) Umsatzsteuer

54 Wird eine umsatzsteuerpflichtig vermietete Wohnliegenschaft veräußert, kann der Grundstücksumsatz nach Wahl des Veräußerers als steuerpflichtig behandelt werden (ggf. unter Berücksichtigung einer entsprechenden Vorsteuerkorrektur).[112]

2. Unentgeltliche Übertragung

a) Erbschaft- bzw. Schenkungsteuer

55 Österreich erhebt im Gegensatz zu Deutschland seit dem 1.8.2008 keine Erbschaft- und Schenkungsteuer mehr.

56 Allerdings besteht ausschließlich bei Übertragungen unter Lebenden und einem bestehenden Feriendomizil in Österreich eine Pflicht zur Anmeldung der Schenkung bei der österreichischen Finanzverwaltung, wenn der gemeine Wert der Schenkung (bei österreichischen Immobilien nur des beweglichen Inventars) keine Gelegenheitszuwendung von weniger als 1.000 EUR darstellt und innerhalb von fünf Jahren zusammengerechnet den Betrag von 50.000 EUR seitens einer zuwendenden Person überschreitet. Zu beachten ist, dass die Schenkungsmeldung auch die Zuwendung von reinem Auslandsvermögen (z.B. eines deutschen Wertpapierdepots) erfasst und binnen drei Monaten ab Erwerb elektronisch vorzunehmen ist. Bei Missachtung der Anmeldungsverpflichtung ist eine Sanktion mit einer Geldstrafe bis zu 10 % des Verkehrswerts der Zuwendung vorgesehen, wenn nicht innerhalb eines Jahres nach Ablauf der dreimonatigen Anzeigefrist eine strafbefreiende Selbstanzeige eingereicht wird.[113]

b) Grunderwerbsteuer

57 Der österreichischen Grunderwerbsteuer unterliegen auch unentgeltliche Rechtsvorgänge wie Schenkung und Übertragung im Erbfall.[114] Als unentgeltlich gilt

110 § 24 Abs. 5 öKStG.
111 *öBMF*, Februar 2020, S. 87 ff., 91.
112 *öBMF*, Februar 2020, S. 94.
113 *Hofstätter/Ressler*, nwb-EV 2017, 144, 146 f.
114 *öBMF*, Februar 2020, S. 8.

eine Transaktion auch bei einer Gegenleistung von weniger als 30 % des Grundstückswerts.[115]

Bemessungsgrundlage ist in diesen Fällen jedoch stets der Grundstückswert,[116] der alternativ nach der Pauschalwertmethode (Additionswert aus Grund- und Gebäudewert),[117] einem geeigneten Immobilienpreisspiegel (z.B. Immobiliendurchschnittspreise der Statistik Austria mit einem Abschlag von derzeit 28,75 %) oder dem nachgewiesenen niedrigeren Verkehrswert ermittelt werden kann. 58

Im Fall der unentgeltlichen Grundstücksübertragung kommt für Zwecke der Grunderwerbsteuer ein Stufentarif[118] zur Anwendung. Dieser beträgt 59

- für die ersten 250.000 EUR: 0,5 %
- für die nächsten 150.000 EUR: 2,0 %
- und darüber hinaus: 3,5 %

Beispiel 60

In 2025 schenken die Eltern V und M jeweils zu 50 % an den Sohn eine Immobilie mit dem Gesamtsteuerwert von 500.000 EUR.

Lösung

Da es sich bei dem Grundstück um eine wirtschaftliche Einheit handelt, ist eine Zusammenrechnung durchzuführen und die Steuer mit 0,5 % von 250.000 EUR, mit 2,0 % von 150.000 EUR und mit 3,5 % von 100.000 EUR zu berechnen.

Werden Anteile an einer grundstückshaltenden Personen- bzw. Kapitalgesellschaft unentgeltlich und jenseits der gesetzlich vorgesehenen Grenzwerte (mind. 95 % der Anteile) übertragen, fällt Grunderwerbsteuer in Höhe von max. 0,5 % des Grundstückswerts an. In diesen Fällen wird – im Gegensatz zur unentgeltlichen Direktübertragung – auch keine Grundbucheintragungsgebühr in Höhe von 1,1 % auf den Verkehrswert (ggf. begrenzt auf das Dreifache des Einheitswerts) der übergehenden Immobilie ausgelöst, so dass die mittelbare Übertragung von Immobilien im Rahmen von Gesellschaftsanteilen eine attraktive Gestaltungsoption darstellen kann.[119] 61

Allerdings sind durch das Budgetbegleitgesetz 2025 zum 1.7.2025 erhebliche Verschärfungen der Grunderwerbsteuer in Österreich in Kraft getreten. So wurde

115 § 7 Abs. 1 Nr. 1 a) öGrEStG.

116 § 4 Abs. 1 S. 1 öGrEStG.

117 Für die Ermittlung des Pauschalwerts steht auf der Homepage des *öBMF* ein Berechnungsprogramm zur Verfügung (https://service.bmf.gv.at/service/allg/gwb).

118 § 7 Abs. 1 Nr. 2 a) öGrEStG.

119 *Hofstätter/Ressler*, nwb-EV 2017, 144, 145.

die bisherige Anteilsschwelle von 95 % auf 75 % gesenkt. Zudem lösen steuerrelevante Anteilsübertragungen bei Immobiliengesellschaften zukünftig einen erhöhten Steuersatz von 3,5 % (statt 0,5 %) aus, sofern die Übertragung nicht im Familienverband erfolgt.[120]

D. Exkurs: Besteuerung in Deutschland

62 Abschließend sollen die gleichzeitig eintretenden Besteuerungsfolgen aus einem Immobilienkauf für einen in Deutschland steuerpflichtigen und ansässigen Erwerber skizziert werden.

Deutschland hat sowohl mit Spanien als auch mit Österreich auf dem Gebiet der Einkommen- und Vermögensteuer bilaterale Doppelbesteuerungsabkommen abgeschlossen. Abweichend vom Inhalt der Mehrzahl der deutschen Doppelbesteuerungsabkommen ist im Verhältnis zu **Spanien** für laufende Vermietungseinkünfte aus einer privat gehaltenen Immobilie die Anrechnungsmethode[121] angeordnet, d.h. im Belegenheitsstaat Spanien, dem die Besteuerungshoheit für diese Einkunftsart zugeordnet ist, entfallende Ertragsteuern sind auf eine etwaige deutsche Einkommensteuer anzurechnen. Dasselbe gilt für Einkünfte aus der Veräußerung der Immobilie.[122]

63 Im Einzelfall ist zu prüfen, welche weiteren in Spanien erhobenen laufenden Steuern angerechnet werden können, was nicht zuletzt davon abhängt, ob diese Steuerarten dem sachlichen Anwendungsbereich des Doppelbesteuerungsabkommens unterliegen.[123]

64 Im Gegensatz zu Spanien, folgt das Doppelbesteuerungsabkommen mit **Österreich** auf dem Gebiet der Ertragsteuern der regelmäßig vorgesehenen Freistellungsmethode, so dass laufende Vermietungseinkünfte ausschließlich in Österreich zu versteuern sind.[124] Eine Einbeziehung in den Progressionsvorbehalt aus deutscher Sicht scheidet bei EU-Immobilien grundsätzlich aus.[125] Dasselbe gilt

120 *BDO*, Verschärfungen bei GrESt und ImmoESt durch das BBG 2025 (Begutachtungsentwurf).

121 Art. 6 Abs. 1, 22 Abs. 2 b) vii DBA Dtl. – Span.

122 Art. 13 Abs. 1, 22 Abs. 2 b) vii DBA Dtl. – Span.; dies gilt grundsätzlich selbst dann, wenn die Immobilie über eine zwischengeschaltete Gesellschaft gehalten wird (Art. 13 Abs. 2, 22 Abs. 2 b) ii DBA Dtl. – Span.).

123 Hierzu weiterführend Wassermeyer/*Behrenz*, DBA Spanien, Rn 4 ff.

124 Art. 6 Abs. 1, 3, 23 Abs. 1 a) S. 1 DBA Dtl. – Öst.

125 § 32b Abs. 1 S. 2 Nr. 3 dEStG.

für Einkünfte aus der Veräußerung eines bebauten Grundstücks, das in Österreich belegen ist.[126]

Mangels vorrangiger Doppelbesteuerungsabkommen auf dem Gebiet der Erbschaft- bzw. Schenkungsteuer zwischen Deutschland und Spanien sowie Österreich wird die Anrechnung ausländischer Steuern nur über die allgemeine Vorschrift des § 21 dErbStG geregelt. Zu beachten ist dabei, dass Österreich die Erbschaft- und Schenkungsteuer zum 1.8.2008 abgeschafft hat. 65

126 Art. 13 Abs. 1, 23 Abs. 1 a) S. 1 DBA Dtl. – Öst.; wird die Immobilie mittelbar über eine Immobilienkapitalgesellschaft gehalten, kommt im Veräußerungsfall regelmäßig die Anrechnungsmethode zur Anwendung (Art. 13 Abs. 2, 23 Abs. 1 b) dd) DBA Dtl. – Öst.).

Stichwortverzeichnis

Fette Zahlen = §§, magere Zahlen = Randnummern